BLICKPUNKT
SOZIALWISSENSCHAFTEN

2 Qualifikationsphase SII
Nordrhein-Westfalen

Prof. Dr. Joachim Detjen

Dennis Knebel

Katrin Krämer

Karl-Heinz Meyer

Christian Raps

Jens Schmidt

Jürgen Westphal

Schroedel

BLICKPUNKT SOZIALWISSENSCHAFTEN

2 Qualifikationsphase SII
Nordrhein-Westfalen

Prof. Dr. Joachim Detjen
Dennis Knebel
Katrin Krämer
Karl-Heinz Meyer
Christian Raps
Jens Schmidt
Jürgen Westphal

mit Beiträgen von Werner Launhardt

in Zusammenarbeit mit der Verlagsredaktion

© 2015 Bildungshaus Schulbuchverlage
Westermann Schroedel Diesterweg Schöningh Winklers GmbH, Braunschweig
www.schroedel.de

Druck A[1] / Jahr 2015
Alle Drucke der Serie A sind im Unterricht parallel verwendbar.

Redaktion: Dr. Shida Kiani
Layout und Satz: Jesse Konzept & Text, Hannover
Umschlaggestaltung: typografix-design GmbH, Braunschweig
Grafik: Langner & Partner, Hannover
Druck und Bindung: westermann druck GmbH, Braunschweig

ISBN 978-3-507-**11545**-3

Inhaltsverzeichnis

* Insbesondere im Rahmen des Kernlehrplans Sozialwissenschaften/Wirtschaft zu behandelndes Thema.

3. Strukturen sozialer Ungleichheit, sozialer Wandel und soziale Sicherung

Seite 240/241

Liebe Schülerinnen und Schüler,

dieser zweite Band von „Blickpunkt Sozialwissenschaften" wird Sie während der letzten beiden Jahre in der Sekundarstufe II im Fach Sozialwissenschaften bzw. Sozialwissenschaften/Wirtschaft begleiten. Er bietet zuverlässige Informationen, verschafft Grundwissen und hilft, Zusammenhänge zu verstehen. Damit möchten wir Sie zum einen sicher auf das Abitur vorbereiten, in dem Sie das Fach als Grund- oder als Leistungskurs belegt haben. Zum anderen hoffen wir, Sie für die Inhalte des Faches zu begeistern und Sie zu Antworten auf die für die Gestaltung der Zukunft entscheidenden Fragen anzuregen, wie wir uns verantwortungsvoll in politische Prozesse einbringen, bewusst am Wirtschaftsleben teilnehmen und respektvoll unser Zusammenleben einrichten können.

„Blickpunkt Sozialwissenschaften" orientiert sich an den **Vorgaben des neuen Kernlehrplans** und ist darauf ausgerichtet, dass Sie die darin geforderten Kompetenzen erwerben können. Dies werden Sie sicherlich in erster Linie in Ihrem Kursverband tun. Um Ihnen darüber hinaus auch das selbstständige Arbeiten mit dem Band zu erleichtern, möchten wir Ihnen seine Grundstruktur erläutern und auf einige Besonderheiten hinweisen.

Der Band gliedert sich in **vier große Hauptkapitel**, die den im Kernlehrplan für die Qualifikationsphase vorgesehenen Inhaltsfeldern entsprechen und die sich jeweils einem zentralen Themengebiet der Sozialwissenschaften widmen: der Wirtschaftspolitik, der Europäischen Union, den Strukturen sozialer Ungleichheit und dem sozialen Wandel sowie der Globalisierung.

Jedes Hauptkapitel beginnt mit einer **Auftaktdoppelseite**. Auf ihr wird durch Bildmaterial und Aufgabenstellungen ein anschaulicher Zugang zu dem Themengebiet ermöglicht. Auf der jeweils rechten Seite finden Sie außerdem einen strukturierten Überblick über die inhaltlichen Schwerpunkte, in denen Sie in den folgenden Kapiteln fachspezifische Kompetenzen erwerben.

Die einzelnen Kapitel sind ebenfalls nach dem **Doppelseitenprinzip** aufgebaut. Die Doppelseiten dienen zur Orientierung innerhalb eines Themengebietes und können als unterrichtspraktische Abschnitte genutzt werden.

Eine **Einstiegsseite** am Beginn jedes Kapitels führt mittels eines Autorentextes in die jeweils behandelte Thematik ein. Auch hier finden sich Bildelemente und Aufgabenstellungen, um einen lebendigen Einstieg zu gewährleisten.

Im **Basiswissen** wird kurz wiederholt, was das Kapitel an Vorkenntnissen aus der Sekundarstufe I bzw. der Einführungsphase voraussetzt.

Umfassende **Materialseiten** mit fundierten Grundlagentexten, ausgewählten Fallbeispielen und vielfältigen statistischen und bildlichen Materialien regen zusammen mit den **Aufgabenstellungen** zur kontroversen Auseinandersetzung an und unterstützen das eigenständige Arbeiten.

MATERIAL **1**

In den Aufgabenstellungen sind die klausur- bzw. abiturrelevanten **Operatoren hervorgehoben**, um den selbstverständlichen Umgang mit ihnen zu festigen. Dabei unterstützt Sie auch der **Operatorentrainer** im Anhang auf S. 462 bis 465. Er enthält eine Übersicht über alle Operatoren und Anforderungsbereiche und erläutert Ihnen, welcher Operator welche Anforderung an Sie stellt.

1 Aufgabenstellungen, die dunkelblau unterlegt sind, enthalten Zusatz- oder Alternativaufgaben und dienen dem Ziel der **Binnendifferenzierung**. Der Unterricht kann so den unterschiedlichen Kenntnissen, Fähigkeiten und Interessen angepasst werden.

Am Rand finden Sie wichtige Informationen zu Personen und Begriffen sowie Internetlinks für Recherchen und weitere Tipps. Verweise auf das Glossar teilen Ihnen mit, welche Begriffe dort nachgeschlagen werden können. Querverweise verdeutlichen thematische Zusammenhänge.

INFO   **INTERNET**   **GLOSSAR**   **QUERVERWEIS**

Der Band legt einen Schwerpunkt auf **methodenorientiertes Lernen**. Unterschieden werden hierbei fachspezifische Methoden (z. B. Ideologiekritik), sozialwissenschaftliche Modelle (z. B. Weltordnungsmodelle) und Lernwege, die der handlungsorientierten Unterrichtsgestaltung dienen (z. B. Podiumsdiskussion). Diese drei Elemente werden auf farblich hervorgehobenen Sonderseiten im konkreten thematischen Kontext vorgestellt und an Beispielen erklärt. Im Verlauf des Bandes wird immer wieder auf diese Seiten Bezug genommen.

METHODE   MODELL   LERNWEG

Die jedes Kapitel abschließende Seite **Wissen kompakt** fasst das Wichtigste zusammen und hilft Ihnen beim Wiederholen für Leistungskontrollen. Sie ersetzt aber nicht die Arbeit mit den vorangegangenen Seiten. Hier wird ggf. auch darauf verwiesen, was offen bleibt bzw. strittig ist.

WISSEN KOMPAKT

Am Ende jedes Hauptkapitels finden Sie eine **Übungsklausur mit Erwartungshorizont**, anhand derer Sie überprüfen können, ob Sie sich gut auf Leistungskontrollen vorbereitet fühlen. Auch können Sie hier am Beispiel ersehen, wie Klausuren in der Sekundarstufe II und im Abitur aufgebaut sein können und was von Ihnen darin gefordert wird.

KLAUSUR

Bei Ihrer Vorbereitung auf das Abitur möchte Sie außerdem der **Abiturtrainer** auf S. 454 bis 461 mit Hinweisen und Tipps inbesondere zum mündlichen Abitur unterstützen.

Des Weiteren erhalten Sie auf S. 466 bis 477 die Möglichkeit zur **Selbstprüfung zu den erworbenen Kompetenzen**. An dieser Stelle sind alle Kompetenzen, die Sie laut Kernlehrplan während der Qualifikationsphase erwerben sollen, aufgeführt. Seitenangaben verweisen darauf, wo die jeweilige Kompetenz in diesem Band schwerpunktmäßig bzw. beispielhaft behandelt wird.

Im Anschluss daran folgt ein ausführliches **Glossar** mit Begriffserklärungen sowie ein detailliertes **Stichwortverzeichnis** mit Seitenverweisen.

Wir hoffen, dass Sie mit diesem Band das Fach Sozialwissenschaften bzw. Sozialwissenschaften/Wirtschaft erfolgreich fortführen und vertiefen werden. Für Rückmeldungen und Kritik sind wir sehr dankbar. Richten Sie diese bitte an den Schroedel Verlag: info@schroedel.de.

Das Autorenteam und die Redaktion

1. Wirtschaftspolitik

„Politik ist nur der Spielraum, den die Wirtschaft ihr lässt."

Dieter Hildebrandt (1927–2013), deutscher Kabarettist

„Weit davon entfernt, ein Zeichen für die dem System des freien Unternehmertums innewohnende Instabilität zu sein, ist die große Depression in den Vereinigten Staaten vielmehr ein Beweis dafür, wie viel Schaden durch die Fehler einiger weniger Männer angerichtet werden kann, wenn sie die ganze Macht über das Geldsystem eines Landes ausüben."

Milton Friedman (1912–2006), US-amerikanischer Wirtschaftswissenschaftler

Zeichnung: Nicola Maier-Reimer

In diesen inhaltlichen Schwerpunkten erwerben Sie fachbezogene Kompetenzen

1. Die wirtschaftliche Entwicklung verläuft nicht kontinuierlich, sondern in Wellenbewegungen, den **Konjunktur- und Wachstumsschwankungen.** Gemessen wird wirtschaftlicher Wachstum und Wohlstand in der Regel, und so auch in der Bundesrepublik Deutschland, mit dem Bruttosozialprodukt. Daneben werden bei der Einordnung der wirtschaftlichen Entwicklung weitere Indikatoren berücksichtigt, vor allem die Inflationsrate und die Arbeitslosenquote. Der wellenförmige Verlauf der Konjunktur bildet auch den Ausgangspunkt für die Wirtschaftspolitik des Staates.

2. Bei seinem wirtschaftspolitischen Handeln verfolgt jeder Staat bestimmte **Zielgrößen der gesamtwirtschaftlichen Entwicklung**. Dies gilt auch für den Wirtschaftsstandort Deutschland. Hier spielen die im Stabilitäts- und Wachstumsgesetz (StWG) festgelegten Ziele des sogenannten Magischen Vierecks sowie seine Erweiterungen zum Sechs- oder Achteck eine entscheidende Rolle. Das StWG bildet dabei die zentrale Legitimationsgrundlage staatlichen Handelns im Bereich Wirtschaftspolitik in der sozialen Marktwirtschaft der Bundesrepublik. Wirtschaftsprognosen sollen dem Staat dabei helfen, sein Handeln besser auf die Zukunft abzustimmen, versuchen aber zugleich zum Teil selbst, Einfluss auf staatliche Entscheidungen zu nehmen.

3. Bezüglich des wirtschaftspolitischen Handelns gibt es verschiedene **wirtschaftspolitische Konzeptionen**, d. h. theoretische Grundrichtungen, die unterschiedliche Vorgehensweisen vorschlagen. Sie konzentrieren sich entweder auf die Angebotsseite (Klassik), auf die Nachfrageseite (Keynesianismus) oder auf die Geldpolitik (Monetarismus). Daneben werden ständig Alternativen entwickelt, wenn die etablierten Theorien an die Grenzen ihrer Erklärungskraft geraten.

4. Diese wirtschaftspolitischen Konzeptionen finden auch in den **Bereichen und Instrumenten der Wirtschaftspolitik** ihren Niederschlag. So umfasst jede wirtschaftspolitische Ausrichtung verschiedene Instrumente, mittels derer ein Eingriff in die Wirtschaft erfolgen kann. Beispielsweise gibt es fiskalpolitische und geldpolitische Maßnahmen, und auch die Lohnpolitik kann eine Rolle spielen. Daneben erstrecken sich die Maßnahmen auf unterschiedlichste Politikfelder, sei es der Bereich der Marktintervention, also der Eingriffe des Staates in Marktprozesse, oder der Bereich der Verteilungspolitik.

5. Kritisch betrachtet wird zunehmend die stark an rein wirtschaftlichen Größen bzw. Indikatoren orientierte Messung des Wohlstandes sowie des Wachstums. Demgegenüber würden, so die Kritik, die ökologische Komponente vernachlässigt und der Gedanke der Nachhaltigkeit unzureichend gewürdigt. Daher werden Forderungen nach neuen Messgrößen und Indikatoren für Wachstum laut, die eine Modifizierung oder komplette Überarbeitung der Wachstumsmessung durch das Bruttoinlandsprodukt fordern. Hierbei kommt der Aspekt von **qualitativem Wachstum und nachhaltiger Entwicklung im Spannungsfeld von Ökonomie und Ökologie** zum Tragen.

1 Analysieren Sie die Zeichnung im Hinblick auf ihre Aussage über die Entwicklung der Wirtschaft.

2 Fassen Sie stichpunktartig Ihre Ideen zu den Begriffen Konjunktur, Wachstum, Wirtschaftspolitik, Wohlstand zusammen und stellen Sie mögliche Zusammenhänge her. Überprüfen Sie Ihre Notizen nach der Bearbeitung des Kapitels und ziehen Sie dann ein Resümee.

1.1 Konjunktur- und Wachstumsschwankungen

GLOSSAR

Wirtschaft
Konjunktur
Bruttoinlandsprodukt

In den Nachrichten ist entweder zu lesen, dass die Wirtschaft gerade boomt oder dass eine Flaute herrscht. Manchmal wird die wirtschaftliche Flaute auch zu einer anhaltenden Krise, über die dann berichtet wird, so zuletzt bei der Finanz- und Wirtschaftskrise ab 2008. Bekannt dürfte auch die Weltwirtschaftskrise aus dem Jahr 1929 sein.

In allen Krisen kann man die gleichen Phänomene beobachten: Der Bevölkerung geht es finanziell schlechter, die Betriebe klagen über Nachfrageausfälle, es werden Arbeitsplätze abgebaut und die Arbeitslosigkeit steigt. In diesen Phasen des schwindenden Wohlstandes einer Gesellschaft werden Rufe nach staatlichem Handeln laut, die Bevölkerung erwartet von der Politik, dass diese Lösungsvorschläge diskutiert und den Staat und seine Wirtschaft aus der Krise führt. Oftmals werden Regierungen daran gemessen, wie gut ihnen in diesen Zeiten das Krisenmanagement gelungen ist.

Doch wie kommt es dazu, dass es in einer Wirtschaft unterschiedlich „gut" läuft? Wie hängen Boom, Flaute und Krise zusammen? Welche Untersuchungen hat es hierzu gegeben?

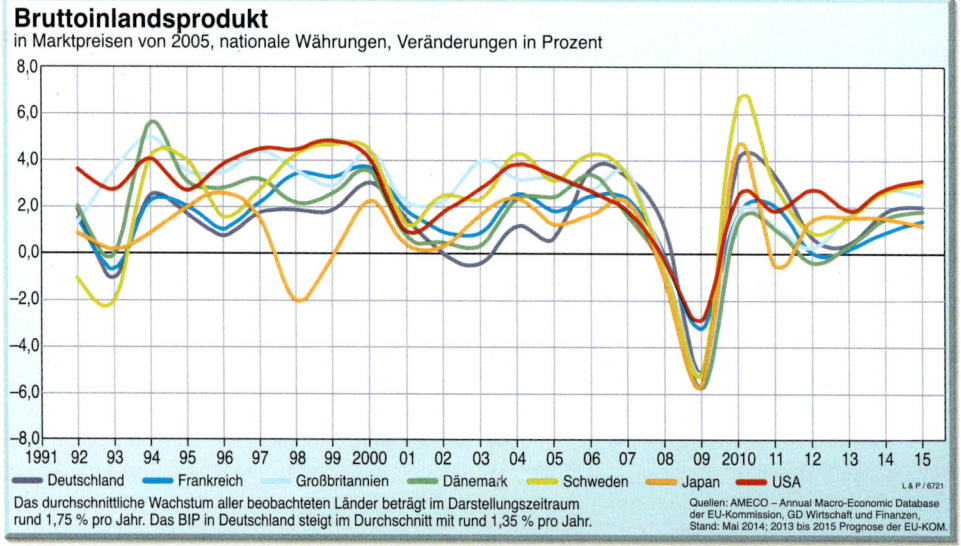

Bruttoinlandsprodukt
in Marktpreisen von 2005, nationale Währungen, Veränderungen in Prozent

Legende: Deutschland — Frankreich — Großbritannien — Dänemark — Schweden — Japan — USA

L & P / 6721

Das durchschnittliche Wachstum aller beobachteten Länder beträgt im Darstellungszeitraum rund 1,75 % pro Jahr. Das BIP in Deutschland steigt im Durchschnitt mit rund 1,35 % pro Jahr.

Quellen: AMECO – Annual Macro-Economic Database der EU-Kommission, GD Wirtschaft und Finanzen, Stand: Mai 2014; 2013 bis 2015 Prognose der EU-KOM.

Basiswissen

Private Haushalte, Unternehmen, der Staat und die Banken interagieren in der Wirtschaft eines Staates miteinander (**erweiterter Wirtschaftskreislauf**). Der **Staat** kann dabei im Rahmen seiner **Ordnungspolitik** und seiner **Prozesspolitik** in die Wirtschaft eingreifen, wobei er sich im Rahmen der marktwirtschaftlichen Ordnung bei Eingriffen in das Wirtschaftsgeschehen tendenziell eher zurückhält. Privatpersonen bzw. **private Haushalte** treten als Nachfrager von Waren und Dienstleistungen sowie als Anbieter von Arbeitskraft auf, **Unternehmen** als Anbieter von Waren und Dienstleistungen und Nachfrager von Arbeit.

1 Erläutern Sie – ggf. durch eigene Recherche – den erweiterten Wirtschaftskreislauf.

2 Werten Sie die Grafik zur Veränderung des Bruttoinlandsprodukts ausgewählter Nationalstaaten **aus.**

3 Vergleichen Sie Ihren Wohlstandsbegriff mit M 1.

4 Geben Sie die Bestandteile der Berechnung des BIP **wieder** (M 2); **nennen** Sie Beispiele.

Wohlstand und Wachstum

Wohlstand

MATERIAL **1**

QUERVERWEIS

Das BIP als Wohl-
standsindikator?
S. 96–99

Bei der Definition des Begriffs Wohlstand gehen die Meinungen weit auseinander. Materieller bzw. wirtschaftlicher Wohlstand ist der Versorgungsgrad einer Person, eines
5 Haushalts, einer Gruppe oder einer Gesellschaft mit Gütern und Dienstleistungen einschließlich der öffentlichen Güter und der Haushaltsproduktion. In dieser Definition wird Wohlstand mit Lebensstandard gleichgesetzt. Einem allgemeineren Verständnis
10 zufolge umfasst Wohlstand auch Eigenschaften wie subjektives Wohlbefinden, allgemeine Lebensbedingungen oder subjektive Zufriedenheit und wird mit den Begriffen Wohlfahrt und Lebensqualität gleichgesetzt.
15 Lebensqualität ist im Unterschied zu Lebensstandard schwer zu erfassen und zu messen.

Aus: Duden Ratgeber, Wie Wirtschaft funktioniert, Berlin 2013, S. 52

Das Bruttoinlandsprodukt (BIP)

MATERIAL **2**

INFO

Volkswirtschaftliche Gesamtrechnung (VGR)
Statistik, die einen quantitativen Gesamtüberblick über das Wirtschaftsgeschehen in einem bestimmten Zeitraum in einem bestimmten Wirtschaftsgebiet (Volkswirtschaft) gibt; erfasst werden die Güter-, Einkommens- und Finanzierungsströme, die zwischen den Sektoren (private Haushalte, Unternehmen, Staat) und zum Ausland fließen („Buchführung der Volkswirtschaft"). Siehe auch M 3 und Glossar.

Das BIP wird von den meisten Ökonomen als das beste Maß zur Erfassung der wirtschaftlichen Lage eines Landes betrachtet. Diese Größe, die in Deutschland vierteljährlich
5 vom Statistischen Bundesamt aus einer Vielzahl von Primärstatistiken berechnet wird, versucht, den Euro-Wert der ökonomischen Aktivitäten einer Volkswirtschaft in einer einzigen Kennzahl auszudrücken. Genauer
10 gesagt misst das BIP zwei Dinge:
- die Gesamtheit der Einkommen, die in einer Volkswirtschaft entstehen, und
- die Summe aller Ausgaben, die für den Erwerb der produzierten Waren und Dienst-
15 leistungen anfallen.

Aus der Perspektive des Einkommensstandpunktes gesehen misst das BIP etwas, worauf die Menschen sehr achten – ihr Einkommen. Vom Ausgabenstandpunkt aus betrach-
20 tet lässt sich festhalten, dass eine Wirtschaft, die viel Output produziert, die Bedürfnisse von Haushalten, Unternehmen und Staat besser befriedigen kann.

Es handelt sich hier in Wirklichkeit um zwei
25 Seiten derselben Medaille: Für die Volkswirtschaft als Ganzes müssen Einkommen und Ausgaben notwendigerweise gleich sein. Weil an jeder Transaktion ein Käufer und ein Verkäufer beteiligt sind, muss jeder Euro,
30 den ein Käufer ausgibt, beim Verkäufer zu einem Euro Einkommen werden.

Um für eine komplexe Wirtschaft das BIP ermitteln zu können, benötigt man eine präzisere Definition: Das BIP ist der Marktwert
35 aller Endprodukte einer Volkswirtschaft, die in einem bestimmten, abgeschlossenen Zeitraum erzeugt wurden. Für Ökonomen und Wirtschaftspolitiker ist nicht nur die Gesamtproduktion von Waren und Dienstleis-
40 tungen von Interesse, sondern auch die Aufteilung der produzierten Güter auf verschiedene Verwendungszwecke.

Die **Volkswirtschaftliche Gesamtrechnung** teilt die im BIP erfassten Ausgaben in vier weit gefasste Kategorien ein:
45
- **Konsum (C):** Ausgaben der Haushalte für Waren und Dienstleistungen,
- **Investitionen (I):** Güter, die gekauft werden, um sie in künftigen Perioden zu nutzen,
50
- **Staatsausgaben (G):** Käufe von Waren und Dienstleistungen durch den Bund, die Bundesländer und die Gemeinden,
- **Nettoexporte (NX):** Wert aller Waren und Dienstleistungen, die in andere Länder
55 exportiert werden, vermindert um den Wert der Waren und Dienstleistungen, die aus anderen Ländern bezogen werden.

Bezeichnet man das BIP mit dem Symbol Y, dann gilt: **$Y = C + I + G + NX$**.
60
Das BIP ist die Summe von Konsum, Investitionen, Staatsausgaben und Nettoexporten.

Y: engl.: Yield = Ertrag
C: engl.: Consumption
I: engl.: Investment
G: engl.: Government Purchases/ Spending etc.
NX: engl.: Net Exports

Nach: N. Gregory Mankiw, Makroökonomik, Stuttgart 2011, S. 21–32

Grundlagen der Volkswirtschaftlichen Gesamtrechnung (VGR)

Zunächst einmal fließen manche im Inland erzielten Einnahmen ins Ausland ab. Wochenendpendler aus Tschechien, die bei einer Softwarefirma in München arbeiten, steigern
5 zwar die Produktion (BIP) in Deutschland; sie erhöhen aber das Einkommen in Tschechien. Die von Ausländern im Inland erzielten Einnahmen müssen vom BIP abgezogen werden, wenn wir das Einkommen der In-
10 länder ermitteln wollen. Umgekehrt gilt: Einem deutschen Studenten, der Aktien einer Biotechfirma in Kalifornien gekauft hat, fließen die aus der dortigen Produktion erwirtschafteten Dividenden als Einkommen
15 in Deutschland zu. Solche im Ausland erzielten Einnahmen der Inländer müssen wir bei der Ermittlung des Einkommens zum BIP addieren.
Das Einkommen der Inländer bezeichnet
20 man als Bruttonationaleinkommen (BNE). (Früher – bis 1999 – wurde es als Bruttosozialprodukt (BSP) bezeichnet.) Es unterscheidet sich von der inländischen Produktion

(dem BIP) durch den Saldo der Primäreinkommen – die Differenz der Erwerbs- und 25 Vermögenseinkommen von Inländern und Ausländern: Alle im Ausland erzielten Einnahmen der Inländer werden addiert; die im Inland erzielten Einnahmen von Ausländern dagegen abgezogen. 30
Auch das BNE entspricht aber noch keineswegs dem frei verfügbaren Einkommen. In jedem Jahr wird ein gewisser Teil der im Produktionsprozess verwendeten Maschinen durch Verschleiß unbrauchbar. Ein Teil der 35 Produktion muss deshalb aufgewendet werden, um veraltete Kapitalanlagen zu ersetzen. Solche Ersatzinvestitionen stellen keine reale Wertschöpfung dar; sie können deshalb nicht als Löhne oder Gewinne ausgezahlt 40 werden. Das BNE muss daher um diese Abschreibungen korrigiert werden.
So erhalten wir das Nettonationaleinkommen NNE. (Analog gilt: Zieht man vom BIP die Abschreibungen ab, erhält man das 45 Nettoinlandsprodukt; NIP.)

Aus: Olivier Blanchard/Gerhard Illing, Makroökonomie, München 2004, S. 44 f.

Berechnungsarten des BIP

Es gibt **drei verschiedene Methoden**, um das Bruttoinlandsprodukt eines Landes zu berechnen: die Entstehungsrechnung, die Verwendungsrechnung und die Verteilungs-
5 rechnung. Sie alle führen jedoch zum gleichen Ergebnis.

Am weitesten verbreitet ist die **Verwendungsrechnung**. Diese Berechnungsart setzt an der Nachfrageseite an. Die Gesamtheit
10 der Ausgaben für den Endverbrauch, also private und staatliche Konsumausgaben, Investitionen und Außenbeitrag, wird zur Messung herangezogen (siehe hierzu ausführlich M 2).

15 Die **Entstehungsrechnung** stellt im Gegensatz dazu die Produktionsseite dar. Als zen-

trale Größe wird die Bruttowertschöpfung, also die Summe sämtlicher Produktionen vermindert um die Vorleistungen, herangezogen. Hier zeigt sich die Leistungsfähigkeit 20 der wirtschaftlichen Produktion. Abschließend werden Gütersteuern, z. B. die Mineralölsteuer, addiert und Gütersubventionen subtrahiert.

Bei der **Verteilungsrechnung** liegt der Fo- 25 kus der Messung auf den Einkommen. Das BIP wird errechnet als Differenz von BNE und Primäreinkommen aus der übrigen Welt. Allerdings ist die Berechnung des BIP über die Verteilungsseite in Deutschland 30 wegen fehlender Basisdaten über die Unternehmens- und Vermögenseinkommen nicht möglich.

Autorentext nach: Statistisches Bundesamt, Bruttoinlandsprodukt (BIP), www.destatis.de/DE/ZahlenFakten/GesamtwirtschaftUmwelt/VGR/Methoden/BIP.html (Zugriff: 27.10.2014)

Reales und nominales BIP

Betrachten wir [eine] Wirtschaft, die nur Äpfel und Birnen erzeugt. In dieser Ökonomie ist das BIP die Summe der Werte aller produzierten Äpfel und Birnen, es gilt also:

5 BIP = (Apfelpreis × Apfelmenge) + (Birnenpreis × Birnenmenge).

Wirtschaftswissenschaftler bezeichnen den zu laufenden Preisen gemessenen Wert aller Waren und Dienstleistungen als **nominales**
10 **BIP**. Man beachte, dass das nominale BIP entweder steigen kann, weil die Preise gestiegen sind oder weil die Mengen zugenommen haben. Das so ermittelte BIP ist offensichtlich kein geeignetes Maß für die
15 ökonomische Wohlfahrt. Es gibt nicht präzise wieder, in welchem Umfang die Wirtschaft in der Lage ist, die Nachfrage von Konsumenten, Unternehmen und öffentlichem Sektor zu befriedigen. Verdoppelten sich bei ge-
20 gebenen Mengen alle Preise, käme es zu einer Verdopplung des BIP. Die Behauptung, dass sich die Fähigkeit der betrachteten Wirtschaft zur Erfüllung von Nachfragewünschen verdoppelt hat, wäre aber offensicht-
25 lich falsch, denn die produzierten Mengen blieben ja unverändert.

Ein geeigneteres Maß der ökonomischen Wohlfahrt würde nur auf die erzeugten Waren und Dienstleistungen abstellen und dürf-
30 te nicht durch Preisveränderungen beeinflusst werden. Ein solches Maß stellt das **reale BIP** dar, das den Wert von Waren und Dienstleistungen zu konstanten Preisen misst. Das reale BIP zeigt also, wie sich die
35 Ausgaben verändert hätten, wenn die Mengen gestiegen oder gesunken, die Preise aber gleich geblieben wären. Um das reale BIP zu berechnen, wird ein Basisjahr gewählt, beispielsweise 2010. Die Güter werden dann un-
40 ter Verwendung der Preise des Basisjahres zum realen BIP zusammengefasst. In unserer Beispielwirtschaft ergäbe sich das reale BIP für 2010 folgendermaßen:

Reales BIP = (Apfelpreis 2010 × Apfelmenge
45 2010) + (Birnenpreis 2010 × Birnenmenge 2010).

In analoger Weise ergäbe sich für das reale BIP des Jahres 2011:

Reales BIP = (Apfelpreis 2010 × Apfelmenge 2011) + (Birnenpreis 2010 × Birnenmenge
50 2011).

[...] Weil die Preise konstant gehalten werden, ändert sich das reale BIP im Zeitverlauf nur, wenn sich die Mengen ändern. [...]

Unter Verwendung des nominalen und rea-
55 len BIP lässt sich eine dritte statistische Kennzahl berechnen: der **BIP-Deflator**. Der BIP-Deflator, der auch als impliziter Preisindex des BIP bezeichnet wird, ist definiert als das Verhältnis von nominalem zu realem
60 BIP:

BIP-Deflator = (nominales BIP)/(reales BIP).

Der BIP-Deflator beschreibt, was mit dem allgemeinen Preisniveau einer Wirtschaft passiert. [...] Wir können diese Gleichung auch
65 schreiben als:

reales BIP = (nominales BIP)/(BIP-Deflator).

In dieser Form lässt sich gut erkennen, woher der BIP-Deflator seinen Namen hat: Er wird verwendet, um das nominale BIP zu
70 deflationieren, d.h. die Inflation herauszurechnen.

Nach: N. Gregory Mankiw, Makroökonomik, Stuttgart 2011, S. 28 ff.

INFO

Preisbereinigung des BIP
Die Preisbereinigung des BIP wurde früher durch die Festpreisbasis (ein fixes Basisjahr) durchgeführt. Heute wird jeweils das Vorjahr als Preisbasis zugrunde gelegt, da so die aktuellsten Preisrelationen berücksichtigt werden können, was die Genauigkeit erhöht. So erfolgt eine Deflationierung nicht in Bezug zum Basisjahr, sondern immer im Verhältnis zu den Preisen des Vorjahres.

1 Beschreiben Sie die einzelnen Berechnungswege des BIP und vergleichen Sie diese (M 4).

2 Entwickeln Sie Hypothesen, warum es verschiedene Berechnungsarten des BIP gibt (M 4). Beziehen Sie dabei den Ansatzpunkt der jeweiligen Messung mit ein.

3 Erklären Sie den Unterschied zwischen realem und nominalem BIP (M 5).

4 Charakterisieren Sie den Zusammenhang zwischen BIP, BNE, NNE und NIP (M 3).

5 Recherchieren Sie auf der Homepage des Statistischen Bundesamtes Informationen zum BIP und erstellen Sie für das vergangene Jahr eine eigenständige Berechnung des BIP nach den drei Berechnungsarten (M 4).

6 Diskutieren Sie, inwieweit das Maß des realen BIP als Wohlstandsindikator geeignet ist.

INTERNET

www.destatis.de
Homepage des Statistischen Bundesamtes

Der Konjunkturzyklus und der Begriff der Inflation

MATERIAL **6**

Inflation und ihre Ursachen

FILMTIPP

Das Unternehmen *explainity* bietet im Rahmen seines *education projects* zu verschiedenen der hier behandelten Themen (Inflation, Deflation, Konjunkturzyklen) kurze, verständliche Erklärfilme an. Ansehen können Sie sich diese Filme auf:

www.youtube.com/ user/explainity

GLOSSAR

Inflation
Deflation

Inflation ist ein andauernder Prozess der Geldentwertung durch steigende Preise. Durch außergewöhnliche Ereignisse wie Missernten oder Streiks verursachte Preiserhöhungen sowie anziehende Preise auf vereinzelten Märkten gelten nicht als Inflation. [...] Um zu erklären, warum Preise auf breiter Front steigen, wurden unterschiedliche Theorien entwickelt. [...] Von einer Nachfragesoginflation (*demand pull inflation*) spricht man, wenn infolge einer konjunkturellen Überhitzung die in Geld gemessene Gesamtnachfrage stärker als das Güterangebot wächst und somit ein Nachfrageüberschuss entsteht. Einer verstärkten Ausweitung der Staats-, Auslands-, Investitions- oder Konsumgüternachfrage begegnen die Unternehmen mit Preissteigerungen, wenn kurzfristig keine Möglichkeit besteht, die Kapazitäten auszuweiten. Daneben gibt es verschiedene Formen angebotsinduzierter Inflation. Bei der Kostendruckinflation (*cost push inflation*)

führen steigende Kosten zu steigenden Preisen. Ein Kostendruck kann z. B. dadurch entstehen, dass Gewerkschaften höhere Nominallöhne durchsetzen (Lohndruckinflation), dass Vor- und Zwischenprodukte teurer werden oder dass Steuern und Sozialabgaben angehoben werden. [...] Auch ohne Kostenerhöhungen können Unternehmen aufgrund ihrer Marktmacht versuchen, höhere Preise durchzusetzen (Gewinndruckinflation). Steigende Preise wiederum führen zu höheren Lohnforderungen, sodass eine Lohn-Preis-Spirale in Gang gesetzt wird. [...] Heute geht man davon aus, dass die letzte Ursache einer Inflation immer ein überhöhtes Geldmengenwachstum (oder eine Erhöhung der Umlaufgeschwindigkeit des Geldes) ist. Steigt die Geldmenge schneller als die gesamtwirtschaftliche Produktion, so entstehen überschüssige Kassenbestände, deren Verausgabung bei ausgelasteten Kapazitäten inflationär wirkt.

Aus: Duden Ratgeber, Wie Wirtschaft funktioniert, Berlin 2013, S. 116, 120

MATERIAL **7**

Messung von Inflation

INTERNET

www.destatis.de/ DE/ZahlenFakten/ Gesamtwirtschaft-Umwelt/Preise/ Verbraucherpreis-indizes /Warenkorb-Waegungsschema/ Content75/Persoen-licherInflationsrech-nerUebersicht.html persönlicher Inflationsrechner des Statistischen Bundesamtes, mit dem man seine Betroffenheit von Inflation grob abschätzen kann (Zugriff: 27.8.2014)

Die Inflation wird am Anstieg eines Preisindex gemessen, der das allgemeine Preisniveau bestmöglich widerspiegelt. Der prozentuale Anstieg des Preisindex in einem bestimmten Zeitraum ist gleichbedeutend mit der Inflationsrate (Preissteigerungsrate, Teuerungsrate). [...] Die Inflationsrate informiert über den jährlichen Kaufkraft- oder Geldwertverlust, sie gibt somit Auskunft darüber, ob das Ziel, das Preisniveau stabil zu halten, erreicht ist. Ein Preisindex ist die Summe gewichteter Preise von Gütern, bezogen auf ein Basisjahr. Üblicherweise wählt man für das Basisjahr den Wert 100. Ein Preisindex kann nur bezüglich seiner Veränderungsraten, nicht jedoch hinsichtlich seines absoluten Niveaus sinnvoll interpretiert

werden. Die Inflationsrate ist von der absoluten Veränderung des Preisindex zu unterscheiden. Steigt der Index z. B. um 10 Punkte (etwa von 110 auf 120), so bedeutet dies eine Teuerungsrate von 9,1 %. [...] Im Fall des Verbraucherpreisindex (Preisindex für die Lebenshaltung aller privaten Haushalte) gibt der zugrunde liegende Warenkorb die als repräsentativ angesehene Verbrauchsstruktur der privaten Haushalte an. Diese besteht aus rund 700 Sachgütern und Dienstleistungen, die in zwölf Hauptgruppen eingeteilt sind. Die Ausgaben für diese Positionen (Lebenshaltungskosten) bilden entsprechend ihrem Anteil an den Gesamtausgaben das Gewichtungsschema für die Preise.

Aus: Duden Ratgeber, Wie Wirtschaft funktioniert, Berlin 2013, S. 118

Verbraucherpreisindex und Inflationsrate

MATERIAL **8**

QUERVERWEIS

METHODE Indikatoren
auf ihre Validität über-
prüfen
S. 170 f.

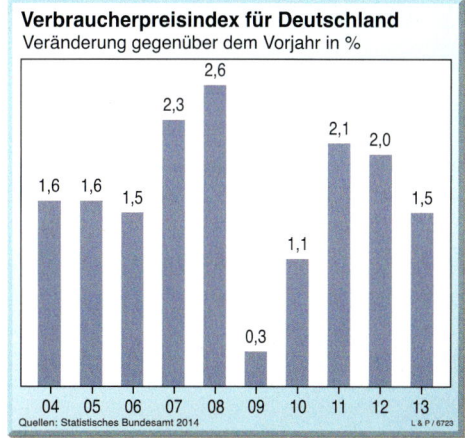

Verbraucherpreisindex für Deutschland
Veränderung gegenüber dem Vorjahr in %

Quellen: Statistisches Bundesamt 2014   L & P / 6723

Verbraucherpreisindizes für alle Gütergruppen,
Deutschland 2013
Veränderung gegenüber dem Vorjahr in %

Quellen: Statistisches Bundesamt 2014   L & P / 6724

Vermeidung und Bekämpfung von Inflation

MATERIAL **9**

So komplex sich Inflationsursachen und In-
flationswirkungen darstellen, so einfach gestalten sich im Prinzip Inflationsvermeidung
und Inflationsbekämpfung. Auf einen Nen-
5 ner gebracht heißt Inflationsvermeidung
und -bekämpfung Einhaltung der vierten
Kardinaltugend, die besagt, dass man im
Leben das Gebot des rechten Maßes befolgen
soll. Doch wer ist angesprochen, wenn eine
10 maßvolle Wirtschaftspolitik gefordert ist?
Vier Akteure sind es, die Gutes oder Schlechtes bewirken können, nämlich die Zentralbank, der Staat, die Arbeitgeber und die Arbeitnehmer. Die Zentralbank ist für eine
15 moderate Zinspolitik und der Staat für eine
moderate Abgabenpolitik zuständig, während Arbeitgeber für moderate Preise und
Arbeitnehmer für moderate Löhne verantwortlich sind.

Aus: Lothar Wildmann, Wirtschaftspolitik, München 2012, S. 71 f.

Eine maßvolle Politik ist deshalb wichtig, 20
weil die Wirtschaft Zeit braucht, sich an
veränderte Gegebenheiten anzupassen. Inflation ist letztlich Ausdruck dafür, dass
Störungen und Ungleichgewichte im Wirtschaftssystem vorhanden sind, deren Ur- 25
sachen, wie beschrieben, vielschichtig sein
können. Und eine maßvolle Wirtschaftspolitik ist auch deshalb vonnöten, weil bei zu
überstürztem und unausgewogenem Handeln die Gefahr von „Nebenwirkungen" sehr 30
groß ist.
Es können bei der Inflationsbekämpfung
Zielkonflikte durch die Beeinträchtigung anderer Ziele auftreten – und dazu gehört vor
allem die Beschäftigungssicherung. Dass es 35
hier immer wieder Konflikte zwischen Inflation und Arbeitslosigkeit gibt, zeigt die
Phillipskurve.

INFO

Deflation
ist das Gegenteil der
Inflation, tritt aber seltener auf; hierbei han-
delt es sich um einen
Prozess permanenter
Preissenkung. Deflation
entsteht, wenn der
gesamtwirtschaftlichen
Gütermenge eine zu
geringe Geldmenge
gegenübersteht, das
Angebot also größer als
die Nachfrage ist, in der
Regel während eines
Konjunkturtiefs. Folgen
sind u. a. sinkende
Unternehmensgewinne,
wachsende Arbeitslo-
sigkeit, weiter sinkende
Nachfrage ...

QUERVERWEIS

Phillipskurve
S. 42 f.

1 Beschreiben Sie, was man unter Inflation versteht, und **stellen** Sie die drei Hauptursachen der Inflation mithilfe von Beispielen **dar** (M 6).

2 Erläutern Sie, wie Inflation in der Bundesrepublik Deutschland gemessen wird (M 7).

3 Analysieren Sie die Entwicklung des Verbraucherpreisindex in M 8.

4 Arbeiten Sie aus M 9 die Kernaussagen und ihre Begründungen **heraus**.

5 Entwickeln Sie Empfehlungen, wie sich die vier in M 9 genannten Akteure zur
Vermeidung von Inflation verhalten sollten.

6 Beurteilen Sie die Aussage, dass sich Inflationsbekämpfung einfach gestalte (M 9).

Konjunkturindikatoren

	Definition	Beispiele	Erklärungen
Früh-indikatoren	Daten, die auf die zukünftige Entwicklung der Wirtschaft schließen lassen	■ Auftragseingänge und -bestände ■ Baugenehmigungen ■ Investitionen	Auftragseingänge steigen, Investitionen von Unternehmen steigen, Baugenehmigungen steigen → „Anziehen" der Konjunktur.
Präsenz-indikatoren	Beschreibung des momentanen und aktuellen Zustands der Wirtschaft	■ Lagerbestandsveränderungen ■ Auslastung der Produktionskapazitäten ■ Lieferzeiten	Lange Lieferzeiten, höhere Nachfrage als erwartet, reduzierte Lagerbestände, Auslastung der Produktionskapazitäten → Kunden „müssen" auf ihre Produkte warten.
Spät-indikatoren	Rückblick auf das Konjunkturklima: starker Aufschwung → Güterpreise↑, Löhne und Gehälter↑, Unternehmensgewinne↑	■ Preise ■ Löhne und Gewinne ■ Zahl der Erwerbstätigen u. Arbeitslosen ■ offene Stellen ■ Kurzarbeit	Effekte der konjunkturellen Entwicklung treten zeitverzögert ein; positive Entwicklung der Indikatoren lässt Rückschluss auf Aufschwungphase zu.

Aus: Lothar Wildmann, Wirtschaftspolitik, München 2012, S. 84 f.

Phasen des Konjunkturzyklus

GLOSSAR

Konjunkturindikatoren

■ Im Konjunkturtief stagnieren Nachfrage, Produktion, Gewinne, Preise, Löhne und Zinsen auf niedrigem Niveau; es wird nicht investiert; Betriebe müssen schließen, und es gibt viele Arbeitslose; die Ersparnis ist – aus Zukunftsangst – eher hoch.

■ Im Aufschwung steigen Nachfrage und Produktion, die Unternehmer erwarten zunehmende Gewinne, investieren und stellen zusätzliche Arbeitskräfte ein. Mit der Nachfrage beginnen die Löhne, Preise und Zinsen zu steigen, die Sparneigung nimmt ab.

■ In der Hochkonjunktur herrscht Vollbeschäftigung bzw. Arbeitskräftemangel, sodass die Löhne und damit die Einkommen und die kaufkräftige Nachfrage, aber auch die Preise und Zinsen (bei geringer Sparneigung) stark steigen, die Produktion durch Neuinvestitionen noch erheblich erhöht wird und es zur Überhitzung kommt: Überproduktion und Marktsättigung lassen die Gewinne schrumpfen.

■ Im Abschwung wird wegen der nun negativen Absatz- und Ertragserwartungen die Produktion verringert, es werden nur noch Ersatzinvestitionen getätigt und Arbeitskräfte entlassen, die Löhne sinken, die kaufkräftige Nachfrage (bei gleichzeitig höherem Sparen) ebenfalls, die Preise und Zinsen sinken, es kommt zu Firmenzusammenbrüchen.

Aus: Schul/Bank, Bundesverband der deutschen Banken, Lehrermappe Wirtschaft, Berlin 2014, S. 37

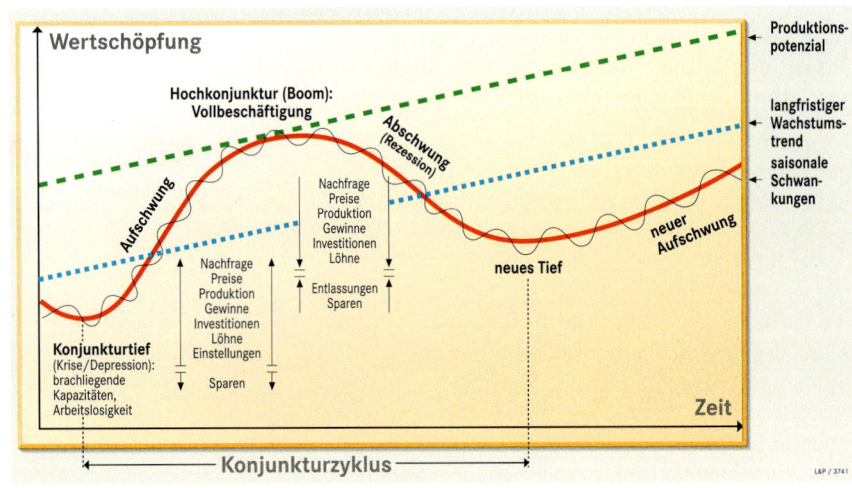

Konjunkturverlauf (kurze Welle) im Modell

Theorien zur Ursache von Konjunkturzyklen

MATERIAL **12**

a) Die **Überinvestitionstheorie** und die **Unterkonsumptionstheorie** erklären die Schwankungen in der Wirtschaftsentwicklung durch Ungleichgewichte auf dem Güter- und Arbeitsmarkt. Überinvestitionen erklären (bedingen) einen Konjunkturaufschwung. Das Volumen der Investitionstätigkeit und des damit verbundenen Angebots auf dem Gütermarkt ist größer als die Nachfrage nach diesem erhöhten Angebot. Es werden mehr Kapazitäten für die Güterproduktion aufgebaut, als letztlich gebraucht und Güter nachgefragt werden. Die Frage, die sich hier stellt, ist die nach den Gründen für dieses Ungleichgewicht von Soll und Ist, von Produktionspotenzial und tatsächlicher Nachfrage. Die Antworten auf diese Frage sind unterschiedlich. Man könnte sagen, dass die Unternehmer in der „Euphorie" des Aufschwungs mehr investieren und Kapazitäten aufbauen, als sie letztlich brauchen werden. [...] Es findet eine bewusste oder unbewusste Überschätzung der Unternehmer im Hinblick auf die Kaufkraftmöglichkeiten der Lohnempfänger und Verbraucher statt. Denn die Lohneinkommen hinken üblicherweise den Gewinneinkommen hinterher. Und damit sind wir bei der Unterkonsumptionstheorie. Die Unterkonsumptionstheorie wird zur Erklärung herangezogen, wie es von Aufschwungphasen wieder zu Abschwungphasen kommen kann. Die Begründung stützt sich auf *time-lags* in der Einkommensverteilung. Im Aufschwung hinken die Lohneinkommen den Gewinneinkommen hinterher, so dass die Kaufkraft nicht ausreicht, die erhöhte Produktion zu konsumieren. [...]

b) In den **monetären Theorien** wird die Bedeutung der Zins- und Geldmengenentwicklung für die Konjunktur hervorgehoben. Eine Zinssenkung kann und soll die Nachfrage der privaten Haushalte und die Investitionen der Unternehmen stimulieren. Eine Zinssenkung macht Geld billiger, die Geldmenge steigt, Produktion und Nachfrage werden ausgeweitet. Wir erleben einen Aufschwung. Der positive Impuls verliert schließlich an Bedeutung und der Aufschwung schwächt sich wieder ab. Ein anderes Argument bedient sich der Philosophie des Opportunitätszinses. Der **Opportunitätszins** (Zinseinnahmeverzicht) ergibt sich aus dem Unterschied von Geldzins und Renditezins. Wenn der Geldzins sinkt, wird der Renditezins relativ höher, sodass die Geldanlage weniger attraktiv wird und stattdessen eine potenzielle Investitionsverzinsung lohnender sein könnte. Die Investitionstätigkeit nimmt zu. [...]

c) Der österreichische Ökonom **Joseph Schumpeter** erklärt Konjunkturzyklen aus dem innovatorischen und dynamischen Verhalten der Unternehmer. Aus der Notwendigkeit und dem Verlangen, Gewinne zu erzielen und sich im Wettbewerb zu behaupten, befinden sich die Unternehmen in einem ständigen Prozess von Produkterfindungen und Produktentwicklungen. Schumpeter unterscheidet hier Inventionen und Innovationen. Inventionen sind Erfindungen und Entdeckungen. Innovationen sind die schöpferische Umsetzung dieser Erfindungen und Entdeckungen in neue Produkte und Verfahren. Altes vergeht, Neues kommt – ein Prozess der „schöpferischen Zerstörung".

Aus: Lothar Wildmann, Wirtschaftspolitik, München 2012, S. 88–92

INFO

Joseph Alois Schumpeter
* 8.2.1883 in Triesch, Mähren, Österreich-Ungarn
† 8.1.1950 in Taconic, Connecticut, USA
Österreichisch-amerikanischer Ökonom, der auch die deutsche Staatsbürgerschaft besaß; Theoretiker des Kapitalismus, bekannte Werke: *Theorie der wirtschaftlichen Entwicklung* (1911), *Kapitalismus, Sozialismus und Demokratie* (englischsprachige Erstausg. 1942).

Opportunitätszins
Das Opportunitätsprinzip besagt, dass immer das Geschäft zu wählen ist, bei dem mehr als bei einem vergleichbaren Alternativgeschäft erwirtschaftet werden kann. Als Entscheidungskriterium dafür dient am Geld- und Kapitalmarkt der Zinssatz. Es wird demnach jenes Geschäft gewählt, welches einen höheren Opportunitätszinssatz erwirtschaftet.

Aus: www.banklexikon.info (Zugriff: 27.10.2014)

1 Stellen Sie die Indikatoren zur Erkennung der konjunkturellen Entwicklung in Deutschland **dar** und **erläutern** Sie ihre Erhebung anhand von Beispielen (M 10).

2 Beschreiben Sie den klassischen Konjunkturzyklus in M 11.

3 Erläutern Sie das Auftreten von Konjunkturzyklen mithilfe von M 11.

4 a) Erklären Sie die Theorien zur Ursache von Konjunkturzyklen (M 12).
   b) Ermitteln Sie, inwieweit die Theorien aus M 12 im Modell eines Konjunkturzyklus (M 11) abgebildet sind.

5 Diskutieren Sie die Aussagekraft des Modells in M 11.

6 Erörtern Sie Reichweite und Effizienz des Modells des Konjunkturzyklus und der Theorien zur Erklärung von Konjunkturzyklen (M 10 bis M 12).

Konjunkturschwankungen und Arbeitslosigkeit

MATERIAL **13**   Konjunkturelle Arbeitslosigkeit

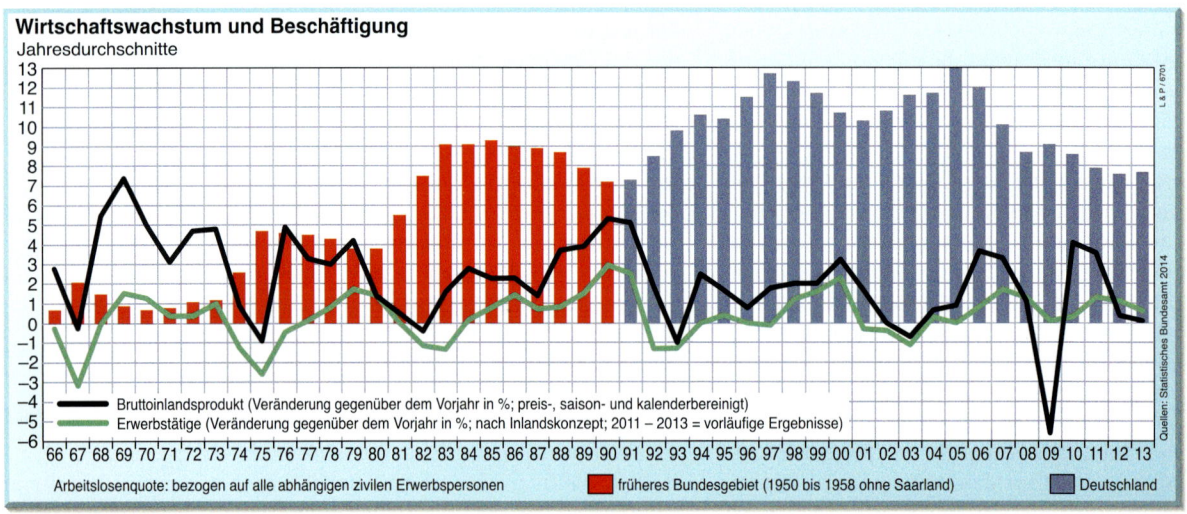

Wirtschaftswachstum und Beschäftigung
Jahresdurchschnitte

Bruttoinlandsprodukt (Veränderung gegenüber dem Vorjahr in %; preis-, saison- und kalenderbereinigt)
Erwerbstätige (Veränderung gegenüber dem Vorjahr in %; nach Inlandskonzept; 2011 – 2013 = vorläufige Ergebnisse)

Arbeitslosenquote: bezogen auf alle abhängigen zivilen Erwerbspersonen   ▢ früheres Bundesgebiet (1950 bis 1958 ohne Saarland)   ▢ Deutschland

Quellen: Statistisches Bundesamt 2014

GLOSSAR

Arbeit

QUERVERWEIS

Erfolgreiche
Konjunkturpolitik?
Fallbeispiel
Abwrackprämie
S. 51–53

Konjunkturelle Arbeitslosigkeit (AL) ist idealtypisch ein gesamtwirtschaftliches Phänomen, d.h., der Produktions- und Beschäf-
tigungsrückgang tritt in allen Branchen,
5 Regionen und Berufen in etwa gleichmäßig
auf. Konjunkturelle AL ist Folge eines zeitlich befristeten („temporären") Rückgangs
der gesamtwirtschaftlichen Nachfrage nach
Waren und Diensten, also eines Rückgangs
10 der privaten Konsumnachfrage, privaten
Investitionstätigkeit, Nachfrage des Staates
nach Waren und Diensten und/oder Auslandsnachfrage (Exporte saldiert mit den
Importen).
15 Von konjunktureller Arbeitslosigkeit sollte
man nur dann sprechen, wenn es sich tatsächlich um Unterbeschäftigung als Folge
eines temporären Nachfrageeinbruchs handelt. Stagnieren Produktion und Beschäfti-

gung, weil das wirtschaftliche Wachstum 20
über eine längere Periode hinweg zu gering
ist, um alle Arbeitswilligen zu beschäftigen,
so liegt kein konjunkturelles, sondern ein
zählebiges oder „strukturelles" gesamtwirtschaftliches Phänomen vor → anhaltende 25
Unterbeschäftigung → „wachstumsdefizitäre
Arbeitslosigkeit" als Teil der strukturellen
Arbeitslosigkeit im weiten Sinne.
Zyklische Erscheinungen und längerfristige
Trendbrüche sind also zu unterscheiden. Im 30
ersten Fall sind befristete Konjunkturprogramme durchaus erfolgversprechend, im
zweiten Fall sind dagegen derartige Konjunkturprogramme nicht nur wirkungslos,
sondern sogar schädlich. Eine richtige Diag- 35
nose ist daher die entscheidende Basis für
die Formulierung einer erfolgversprechen-
den Therapie.

Aus: Jürgen Pätzold, Das Beschäftigungsproblem, www.juergen-paetzold.de/stabpol/BG+Infl/
Beschaeftigung.html (Zugriff: 18.8.2014)

1 Stellen Sie die verschiedenen Formen der Arbeitslosigkeit in Form einer Tabelle **dar**
   (M 13, M 14) und geben Sie Beispiele.

2 Analysieren Sie die Grafik zur konjunkturellen Arbeitslosigkeit im Hinblick auf den
   Zusammenhang zwischen Wachstum und Beschäftigung (M 13).

3 Erörtern Sie Gründe, die zu Langzeitarbeitslosigkeit führen können (M 13, M 14).

4 Beurteilen Sie die Anwendbarkeit der Grafik M 15 für das 21. Jahrhundert.

Weitere Formen der Arbeitslosigkeit

MATERIAL 14

Unter friktioneller Arbeitslosigkeit versteht man die häufig unvermeidliche Arbeitslosigkeit zwischen der Aufgabe der alten und dem Finden einer neuen Tätigkeit. Sie ist in der
5 Regel nur von kurzer Dauer und auch in Phasen einer Vollbeschäftigung unvermeidlich, im Strukturwandel oft sogar sinnvoll. Eine solche Arbeitslosigkeit ist eine Begleiterscheinung aller durch Arbeitsvertragsfrei-
10 heit gekennzeichneten Arbeitsmärkte. [...] Strukturelle Arbeitslosigkeit kann differenziert werden nach sektoralen, regionalen, technologischen oder qualifikationsspezifischen Ursachen. So zeigt sich, dass sich der
15 Schwerpunkt der wirtschaftlichen Tätigkeit zunächst vom primären Wirtschaftssektor (Rohstoffgewinnung) auf den sekundären (Rohstoffverarbeitung) und anschließend auf den tertiären Sektor (Dienstleistung) verla-
20 gert hat. Die damit verbundenen Anpassungsprozesse haben häufig zu struktureller Arbeitslosigkeit geführt, da den in einem Sektor beschäftigten Arbeitnehmern die Qualifikationen zur Arbeitsaufnahme in einem ande-
25 ren Sektor fehlten und erst in beruflicher Weiterbildung zu vermitteln waren. Gleichzeitig gelten diese Verbindungen auch für Verschiebungen innerhalb der Sektoren. Diese sind sehr häufig verbunden mit tech-
30 nologischen Entwicklungen, beispielsweise der zunehmenden Ersetzung der Arbeitskräfte durch Maschinen oder aktuell insbesondere durch den Wandel von einer Industriegesellschaft zu einer Informationsgesell-
35 schaft. Da jene Arbeitskräfte, die bereits arbeitslos sind oder durch die Abnahme der nachgefragten Arbeit in der Industrie arbeitslos werden, von ihrem Qualifikationsprofil nicht identisch sind mit jenen, die für
40 die Kommunikations- und Informationstechnologien gebraucht werden, entsteht strukturelle Arbeitslosigkeit (im Fachjargon „mismatch"). Strukturelle Arbeitslosigkeit kann aber auch durch zu hohe Reallöhne begrün-
45 det sein, die die Produktivität eines Arbeitsplatzes übersteigen [...]. Letztlich kann strukturelle Arbeitslosigkeit auch durch regionale Verwerfungen entstehen: zum einen durch eine räumliche Immo-
50 bilität der Arbeitskräfte, die einen regionalen Arbeitsmarktausgleich verhindert oder erschwert, zum anderen durch einen Arbeitsnachfragerückgang durch Standortänderung von Betrieben ohne entsprechend große Abwanderung von Arbeitskräften. [...]
Saisonale Schwankungen ergeben sich im Jahresverlauf aufgrund von Klimabedingungen oder aufgrund von Nachfrageschwankungen. Arbeitslosigkeit, die dadurch entsteht,
60 dass einige Sektoren der Volkswirtschaft jahreszeitbedingt unterschiedlich ausgelastet sind, bezeichnet man als saisonale Arbeitslosigkeit. Diese Form der Arbeitslosigkeit verschwindet üblicherweise wieder im Jahresverlauf.
65

Aus: Frank Oschmiansky, Arten der Arbeitslosigkeit, in: Bundeszentrale für politische Bildung, Dossier: Arbeitsmarktpolitik, www.bpb.de/politik/innenpolitik/arbeitsmarktpolitik/54892/arten-der-arbeitslosigkeit, 1.6.2010 (Zugriff: 27.8.2014)

INFO

Beispiele saisonaler Arbeitslosigkeit
55 – Arbeitslosigkeit in der Bau- oder Landwirtschaft im Winter
– in der Tourismusbranche in der Nebensaison

MATERIAL 15

Psychische Folgen der Arbeitslosigkeit

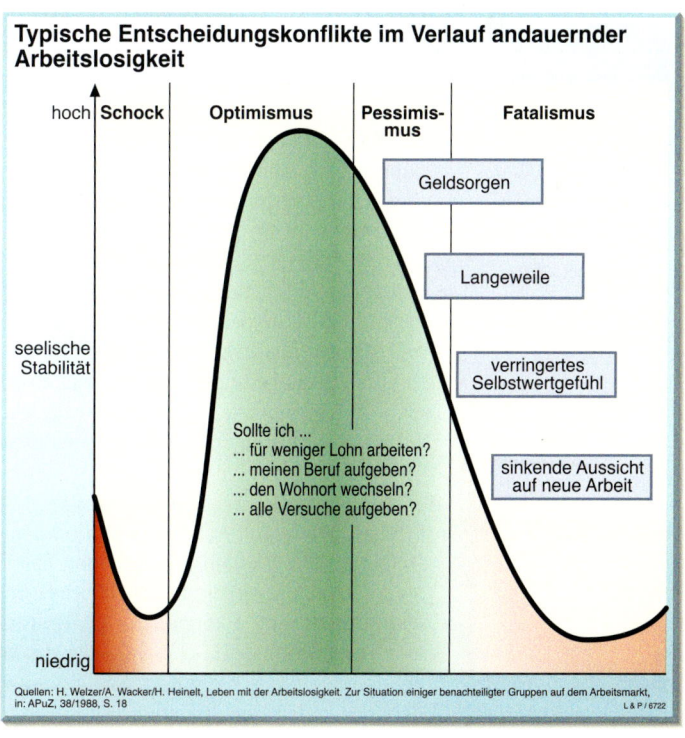

Typische Entscheidungskonflikte im Verlauf andauernder Arbeitslosigkeit

hoch | Schock | Optimismus | Pessimismus | Fatalismus

Geldsorgen

Langeweile

verringertes Selbstwertgefühl

sinkende Aussicht auf neue Arbeit

seelische Stabilität

Sollte ich ...
... für weniger Lohn arbeiten?
... meinen Beruf aufgeben?
... den Wohnort wechseln?
... alle Versuche aufgeben?

niedrig

Quellen: H. Welzer/A. Wacker/H. Heinelt, Leben mit der Arbeitslosigkeit. Zur Situation einiger benachteiligter Gruppen auf dem Arbeitsmarkt, in: APuZ, 38/1988, S. 18
L & P / 6722

METHODE Anforderungen an eine Facharbeit

Themensuche

- **Zeitfenster:** Achten Sie unbedingt auf die zeitlichen Vorgaben der Schule. Beginnen Sie nicht „auf den letzten Drücker" damit, sich ein Thema auszusuchen. Weil Sie noch nie eine solche Ausarbeitung geschrieben haben, kann es z. B. passieren, dass Sie das Ausmaß Ihres Themas unterschätzen. Oftmals muss das Thema daher in Gesprächen eingegrenzt werden, und das braucht Zeit!
- **Exposé:** Wenn Sie ein Thema gefunden haben, schreiben Sie nicht direkt los. Recherchieren Sie zuerst Literatur und stellen Sie dabei fest, ob es überhaupt genügend Literatur zu Ihrem Thema gibt. Anschließend sollten Sie sich die Fragestellung, eine Grobstruktur der Arbeit sowie die Inhalte der einzelnen Kapitel überlegen und diese in Form eines Exposés (Länge: ca. eine DIN-A4-Seite) zur Besprechung mit dem Korrektor mitnehmen. So kann Ihre Beratung besser erfolgen, und Sie merken, ob Sie vielleicht Schwierigkeiten mit dem Thema haben.

Gliederung und Aufbau der Facharbeit

Die Facharbeit besteht klassischerweise aus drei Teilen: Einleitung, Hauptteil und Schluss.

- **Einleitung:** Die Einleitung ist das erste Kapitel Ihrer Facharbeit. Geben Sie diesem Kapitel keine inhaltliche Überschrift, nennen Sie es einfach Einleitung. In der Einleitung sollten Sie
  - den Kontext des Themas näher erörtern,
  - eine Fragestellung aufwerfen,
  - ggf. eine Hypothese formulieren, die Sie im Verlauf Ihrer Arbeit untersuchen wollen.

  Am Ende der Einleitung ist es empfehlenswert, den weiteren Verlauf der Arbeit zu beschreiben, also die Gliederung vorzustellen. Dazu sollten Sie jeweils in einem Satz festhalten, was in den einzelnen Kapiteln behandelt wird. So erhält der Korrektor bereits einen Überblick über Ihre gesamte Arbeit und er hat einen „roten Faden", an dem er sich orientieren kann.

  Grundsätzlich ist es sinnvoll, die Einleitung erst am Schluss der Arbeit fertigzustellen. Sie können sich zur Sicherheit eine erste Version fertigstellen und diese am Ende überarbeiten.

- **Hauptteil:** Der Hauptteil ist das Kernstück der Facharbeit. Hier geht es darum, die aufgeworfene Frage zu beantworten, die aufgestellte Hypothese zu testen und zu einem Ergebnis zu gelangen. Dabei beginnen Sie in der Regel mit der Darstellung eines theoretischen Grundkonzepts, dessen Sie sich bedienen, oder mit der Definition und Klärung von Fachbegriffen, die Sie im weiteren Verlauf Ihrer Arbeit benötigen. Anschließend erfolgt mithilfe von Primärquellen bzw. selbst gewonnenen Daten sowie Sekundärliteratur (Fachliteratur) die Auseinandersetzung mit Ihrer eingangs gestellten Frage. Alle Aussagen Ihres Textes sollten funktional zur Beantwortung dieser Frage sein.

- **Fazit:** Die Arbeit schließt im letzten Kapitel mit dem Fazit und ggf. mit einem Ausblick. Im Fazit müssen Sie den „roten Faden" aus der Einleitung wieder aufgreifen und die aufgeworfene Frage beantworten bzw. die Hypothese bestätigen oder verwerfen. Achten Sie darauf, dass Ihre Schlussfolgerungen einen Bezug zu Ihren vorher verfassten Kapiteln haben und dass Sie die von Ihnen erbrachte Eigenleistung verdeutlichen. Sie können ferner einen Ausblick auf weitere Überlegungen geben, die aus Ihren Ergebnissen resultieren.

Literaturhinweise

- **Literaturauswahl:** Achten Sie auf eine ausgewogene Literaturauswahl. Nutzen Sie nicht nur Onlinequellen. Wählen Sie auf jeden Fall Fachliteratur, die Sie hinzuziehen. Nutzen Sie dazu die Schulbibliothek, die Stadtbibliothek oder sonstige Büchereien.
- **Onlinequellen:** Sie können zur Literatursuche jederzeit das Internet verwenden. Nutzen Sie eine Suchmaschine Ihrer Wahl. Achtung: Wikipedia ist grundsätzlich keine seriöse Quelle! Sie können allerdings bei guten Wikipedia-Artikeln an deren Ende Literaturangaben finden und haben so einen Anhaltspunkt für Ihre weitere Recherche.

Formalia

- **Umfang:** Der Umfang der Facharbeit ist in den Vorgaben Ihrer Schule festgelegt und umfasst in der Regel ca. 8 bis 12 Seiten (am PC getippt), das Inhaltsverzeichnis, das Literaturverzeichnis und ein etwaiger Anhang zählen nicht dazu. Sie sollten auch nicht für jedes Kapitel oder Teilkapitel eine neue Seite beginnen oder einen größeren Absatz lassen. Formatieren Sie die Überschriften in einer anderen Schriftgröße und drucken Sie diese fett, schreiben Sie aber ansonsten einfach in der nächsten Zeile weiter.
- **Formatierung:** Achten Sie auf die richtige Formatierung. Es empfiehlt sich, diese vorher einzustellen. Beachten Sie unbedingt die Formvorgaben der Schule (z. B. Zeilenabstand, Schriftart und Schriftgröße, Größe des Seitenrandes ...).
- **Deckblatt:** Das Deckblatt hat keine Seitenzahl. Auf dem Deckblatt sollten Ihr Name, das Fach, der Kurs, das Thema der Arbeit, der Name des Korrektors, das Datum der Abgabe und der Name der Schule zu finden sein. Ein grafisches Element ist nicht nötig.
- **Inhaltsverzeichnis:** Prüfen Sie, ob das Inhaltsverzeichnis nach den Vorgaben Ihrer Schule eine eigene Seitenzahl haben soll oder nicht. Das Inhaltsverzeichnis beinhaltet die Abfolge Ihrer Kapitelunterschriften und ggf. der Teilüberschriften. Geben Sie immer nur die Seitenzahl an, auf der das Kapitel beginnt (nicht von ... bis ...)!
  Anhand der Überschriften im Inhaltsverzeichnis sollte der Korrektor klar erkennen können, ob im jeweiligen Kapitel Hypothesen vorgestellt, Materialien ausgewertet, theoretische Grundlagen dargelegt oder eigene Schlüsse gezogen werden.
- **Abbildungsverzeichnis:** Falls Sie in Ihrer Facharbeit Grafiken, Abbildungen oder Tabellen verwenden, so sollten Sie an das Inhaltsverzeichnis auf einer neuen Seite ein Abbildungsverzeichnis anschließen. Hier nennen Sie jeweils Nummer der Abbildung, Titel und Seitenzahl.

Hinweise und Tipps

- Legen Sie sich eine Zeitleiste an, auf der Sie sich konkrete Ziele vermerken. Bringen Sie diesen Zeitplan gut sichtbar an der Seite Ihres Computerbildschirms an. Sorgen Sie dafür, dass Sie den Zeitstrahl immer im Blick haben. Er hilft Ihnen, sich selbst zu disziplinieren.
- Setzen Sie sich ein Zeitfenster für jedes Kapitel der Facharbeit. Für kleinere Abschnitte können Sie den Zeitumfang besser einschätzen. Da Sie sich bei der Gliederung Gedanken über den Seitenumfang der jeweiligen Kapitel gemacht haben, können Sie diese Überlegungen hier einfließen lassen.
- Planen Sie auf jeden Fall einen Puffer von mindestens zwei Wochen ein. Das bedeutet, dass Sie Ihren Zeitplan realistisch gestalten sollten mit der Maßgabe, dass eine Fertigstellung der Arbeit zwei Wochen vor dem endgültigen Abgabetermin geplant ist. Dieser Puffer ist äußerst wichtig, da es zu unvorhergesehenen Ereignissen kommen kann (Druckerpatrone ist leer, Systemabsturz des Rechners, Verlust einzelner Kapitel ...).
  Aber Achtung: Dieser Puffer soll Sie nicht zu dem Gedanken verleiten, dass noch genügend Zeit sei. Haben Sie immer Ihren originären Zeitplan im Auge!
- Drucken Sie die Facharbeit nicht erst am Tag der Abgabe oder am späten Abend des Vortags der Abgabe aus. Technische Probleme oder fehlende Materialien können für unnötigen Stress sorgen!
- Lassen Sie Ihre fertige Facharbeit von einem Erwachsenen auf Fehler hin Korrektur lesen. Sie sind mittlerweile so sehr in die Materie der Facharbeit eingetaucht, dass Sie „betriebsblind" geworden sind. Daher muss sich der Leser auch nicht mit dem Thema der Arbeit auskennen. Er wird Sie durch Nachfragen und Hinweise besser auf mögliche „Blindstellen" aufmerksam machen können als mancher Experte.

METHODE   Zitate statt Plagiate

Richtig zitieren

Die Erkenntnisse, die Sie aus der Sekundärliteratur gewinnen, müssen in Haus- oder Facharbeiten belegt werden. Dies gilt ausnahmslos für alles, was Sie wörtlich oder sinngemäß anderen Werken entnehmen. Der Erkenntnisgewinn, den Sie aus anderen Werken adaptieren (übernehmen), ist nicht „ehrenrührig": Jede wissenschaftliche Arbeit basiert auf den Werken anderer Wissenschaftler. Indem Sie diese anführen, zeigen Sie, dass Sie sich in aller gebotenen Breite mit Ihrem Thema vertraut gemacht haben.

Kennzeichnen Sie diese Übernahmen in Form von Zitaten, Ergebnissen oder Daten nicht, so machen Sie sich des Plagiats schuldig. An immer mehr Gymnasien und Universitäten gibt es entsprechende Software, um denjenigen auf die Schliche zu kommen, die sich „mit fremden Federn" schmücken wollen.

Das Belegen von Erkenntnissen anderer Autoren erfolgt durch die Arbeit mit Zitaten, die Sie auf verschiedene Art in Ihre Arbeit einbringen können:

- Sie integrieren ein wörtliches Zitat in Ihren eigenen Satzbau; hierbei müssen Sie das, was Sie wörtlich übernehmen, in Anführungszeichen setzen.
- Sie übernehmen ein längeres wörtliches Zitat, das satzwertig ist; auch dieses ist in Anführungszeichen zu setzen.

Wenn Sie aus Gründen der richtigen Syntax etwas an Ihrem Zitat grammatikalisch verändern müssen oder inhaltliche Kürzungen vornehmen, so ist dies folgendermaßen kenntlich zu machen.

- Auslassungen werden durch eckige Klammern und drei Punkte kenntlich gemacht.

   Beispiel: „Parteien [...] sind gesellschaftliche Gebilde."

- Müssen Sie innerhalb des Zitats etwas hinzufügen, so setzen Sie das Hinzugefügte in eckige Klammern.

   Beispiel: Der Verfasser zeigt auf, dass Parteien „Integrationsgemeinschaften [sind]."

Die Orthografie und die Zeichensetzung eines Zitats müssen in jedem Fall beibehalten werden. Stoßen Sie auf einen Druck- oder Rechtschreibfehler, dürfen Sie diesen nicht korrigieren. Als Zeichen dafür, dass es sich nicht um einen Fehler Ihrerseits handelt, setzt man in diesem Fall ein „(sic!)" hinter den entdeckten und übernommenen Fehler. Dies gilt nicht für Schreibweisen, die sich bedingt durch die Rechtschreibreform verändert haben.

Da Sie vieles in Ihren Arbeiten nicht selbst erforscht haben werden, sollten Sie, vor allem bei wertenden Passagen, ebenfalls in den Fußnoten auf die Quellen Ihrer Erkenntnisse hinweisen. Idealerweise findet man im Rahmen der Literaturauswertung widersprüchliche Aussagen zu einem Thema. Diese Widersprüche werden in den Fußnoten dargestellt. Auch weiterführende Erklärungen, die nicht in den Fließtext passen, können hier ausgeführt werden.

Anlage von Fußnoten

Bei der Anlage von Fußnoten sollten Sie besonders auf Konsequenz achten und nicht von der einmal verwendeten Vorgehensweise abweichen.

- Wenn Sie zum ersten Mal aus einem Buch zitieren, so wird der vollständige Titel einschließlich Seitenzahl in der Fußnote aufgeführt.

  Beispiel: Detjen, Joachim u. a.: Blickpunkt Sozialwissenschaften 1. Einführungsphase SII, Nordrhein-Westfalen, Braunschweig 2014, S. 100.

- Bei einem direkt darauf folgenden Zitat aus gleicher Quelle genügt ein „Ebd." für „ebenda", bei abweichender Seitenzahl, aber gleichem Titel ein „Ebd." mit differierender Angabe der Seite.

  Beispiel: Ebd., S. 152.

- Wenn Sie zum zweiten Mal aus einem bereits verwendeten Buch zitieren, genügt ein Kurztitel in der Fußnote, der den Autorennachnamen, ein Schlagwort aus dem Titel und eine Seitenzahl enthält.

  Beispiel: Detjen, Sozialwissenschaften, S. 12.

- Wenn Sie in den Fußnoten auf weiterführende Literatur zu einem Thema verweisen wollen, so setzen Sie ein „vgl." (für „vergleiche") vor den Buchtitel, auf den Sie sich beziehen.
  Das Gleiche gilt auch, wenn Sie einen Text paraphrasieren, also die Inhalte indirekt wiedergeben. Gedanken, die Sie von anderen übernehmen, werden auf diese Weise kenntlich gemacht.

  Beispiel (weiterführende Literatur): Detjen, Sozialwissenschaften 1, S. 219; vgl. dazu ausführlich Gollwitzer, Mario/Schmitt, Manfred: Sozialpsychologie kompakt, Weinheim 2009, S. 78–89.

  Beispiel (Paraphrase): Vgl. Detjen, Sozialwissenschaften 1, S. 219.

- Wenn Sie auf einen Widerspruch in der Literatur stoßen, so übernehmen Sie im Fließtext die Position, die Sie überzeugt und/oder mehrheitsfähig ist, und verweisen dann in den Fußnoten auf andere Darstellungen.

  Beispiel: Müller, Soziologie, S. 10; anders Maier, Moderne Soziologie, S. 13: Er sieht die Hauptursache für den Rückgang der Geburtenziffern nicht in der Emanzipation der Frau, sondern im zunehmenden Konsumdenken.

Amerikanische Zitierweise (auch: Harvard-System)

In Abweichung von oben Gesagtem verweist die US-amerikanische Zitierweise direkt im Fließtext auf den Ursprung eines Zitats. Dabei werden nur der Nachname des Autors/Herausgebers, Erscheinungsjahr und Seitenzahl genannt. Der vollständige Titel erscheint nur im Literaturverzeichnis Ihrer Arbeit.

  Beispiel: „Durch den Konsum funktioniert unser Wirtschaftskreislauf […]" (Detjen, 2014, S. 10).

Zitate, die in einer Fremdsprache verfasst sind, werden in dieser übernommen und grammatikalisch richtig in den Fließtext eingefügt. Außer bei der Wissenschaftssprache Englisch werden alle fremdsprachigen Zitate in der Fußnote übersetzt.

Wohlstand und Wachstum

Die Bedeutung des **Begriffs Wohlstand** ist nicht abschließend geklärt. Wohlstand kann sowohl mit **Lebensstandard** als auch mit **Wohlfahrt** oder **Lebensstandard** gleichgesetzt werden.

Das **Bruttoinlandsprodukt (BIP)** ist ein Indikator, mit dessen Hilfe das Wachstum und der Wohlstand einer Volkswirtschaft gemessen werden kann. Das BIP ist definiert als der Marktwert aller Güter und Dienstleistungen, die in einem abgeschlossenen Zeitraum in einer Volkswirtschaft produziert wurden. Verkürzt kann man das BIP auf die Formel bringen:

Das BIP kann **nach mehreren Arten berechnet** werden: der **Entstehungsrechnung**, der **Verwendungsrechnung** und der **Verteilungsrechnung**. All diese Rechnungen setzen an anderen Punkten an, liefern jedoch das identische Ergebnis.

Beim BIP unterscheidet man das **nominale** und das **reale BIP**, wobei das reale BIP inflationsbereinigt ist, also den Wert der Waren und Dienstleistungen zu konstanten Preisen misst.

Das BIP ist ein Teil der **Volkswirtschaftlichen Gesamtrechnung**. Diese umfasst daneben weitere Größen, z. B. das **Bruttonationaleinkommen (BNE)**. Hier werden alle im Ausland erzielten Einnahmen der Inländer addiert, die im Inland erzielten Einnahmen von Ausländern dagegen abgezogen. Es ist also die in Preisen ausgedrückte Leistung einer Volkswirtschaft. Dem **BNE** liegt das **Inländerkonzept** zugrunde, während für das **BIP** das **Inlandskonzept** angewandt wird.

Der Begriff der Inflation

Als Inflation wird ein andauernder Prozess der **Geldentwertung und gleichzeitiger Preissteigerung** bezeichnet. Einzelne Ereignisse, die eine Preissteigerung nach sich ziehen, werden demnach nicht als Inflation bezeichnet. Es gibt **verschiedene Arten der Inflation**. So spricht man von einer Nachfrage(sog-)inflation, wenn in Folge einer konjunkturellen Überhitzung ein Nachfrageüberschuss entsteht. Bei einer Kostendruckinflation (= einer Form der Angebotsinflation) führen steigende Kosten der Unternehmer zu steigenden Preisen. Letztlich geht man davon aus, dass eine Inflation stets darin begründet liegt, dass die **Geldmenge schneller steigt als die gesamtwirtschaftliche Produktion**. **Deflation** nennt man im Gegensatz dazu einen anhaltenden Prozess der **Senkung des Preisniveaus**, bei dem die Geldmenge geringer als die gesamtwirtschaftlich produzierte Gütermenge ist.

Inflation wird mithilfe des **Verbraucherpreisindex** gemessen, der die Preisentwicklung aller Waren und Dienstleistungen misst, die private Haushalte zum Zweck des Konsums kaufen. Seine Veränderung gegenüber dem Vorjahresmonat wird auch als **Inflationsrate** bezeichnet. Dem Verbraucherpreisindex in der Bundesrepublik Deutschland liegt ein **Warenkorb** aus rund 700 Sachgütern und Dienstleistungen zugrunde.

Bei der **Vermeidung und Bekämpfung von Inflation** spielen vier Akteure und ihre Handlungsweisen eine Rolle: die Zinspolitik der Zentralbank, die Abgabenpolitik des Staates, die Preispolitik der Arbeitgeber und die Lohnforderungen der Arbeitnehmer.

Der Konjunkturzyklus

Die gesamtwirtschaftliche Entwicklung zeigt keinen kontinuierlich ansteigenden Verlauf, sondern schwankt. Dieses regelmäßige Auf und Ab nennt man Konjunktur, in der verschiedene Phasen unterschieden werden, in denen sich bestimmte Messgrößen charakteristisch entwickeln.

In der **Phase des Aufschwungs** steigt die Nachfrage, daraufhin wird die Produktion erhöht, Unternehmen erzielen höhere Gewinne, erhöhen ihre Investitionen und stellen mehr Arbeitskräfte ein. Auch das Lohnniveau steigt, die höhere Nachfrage bewirkt steigende Preise.

In der **Phase der Hochkonjunktur** sind die Kapazitäten voll ausgelastet, der Markt ist gesättigt. Die Preise haben einen Höchststand erreicht, es zeichnet sich bereits ein „Umkippen" in einen wirtschaftlichen Abschwung ab.

In der **Phase des Abschwungs** geht die Nachfrage zurück, somit sinken die Produktion und die Unternehmensgewinne, die Unternehmen entlassen Personal und senken die Kosten. Ferner steigt die Sparneigung der Verbraucher.

In der **Phase des Konjunkturtiefs** liegen die Produktionskapazitäten brach und die Arbeitslosigkeit hat einen Höchststand erreicht. Investitionen werden kaum noch getätigt und das Lohnniveau ist stark gesunken.

Es gibt **verschiedene Theorien zur Ursache von Konjunkturzyklen**. Die **Überinvestitionstheorie** und die **Unterkonsumptionstheorie** führen die Schwankungen auf Ungleichgewichte auf dem Güter- und dem Arbeitsmarkt zurück. Die Überinvestitionstheorie legt den Fokus auf Investionen: Wachsen diese und damit auch das Angebot auf dem Gütermarkt schneller als die Nachfrage, kommt es nach einem anfänglichen Aufschwung wieder zum Abschwung. Die Unternehmer haben „überinvestiert", d.h. mehr Kapazitäten geschaffen, als Güter benötigt werden. Die Vertreter der Unterkonsumptionstheorie sehen als entscheidende Ursache eines wirtschaftlichen Abschwungs hingegen nicht die Überproduktion, sondern eine mangelnde Nachfrage an. Da die Lohneinkommen in der Regel den Gewinneinkommen hinterherhinken, bleiben nach ihrer Auffassung die Kaufinteressen weit hinter den Kauferwartungen der Unternehmer zurück.

Die Vertreter der rein **monetären Theorien** sind dagegen der Ansicht, dass der Zins und die Geldmengenentwicklung eine hervorgehobene Bedeutung für die Konjunktur haben. So beeinflussten Zinsveränderungen das Verhalten der Konsumenten und damit den Konjunkturverlauf.

Der österreichische Ökonom **Joseph Schumpeter** erklärt dem Verlauf der Konjunktur mit dem für die Unternehmer notwendigen Prozess von Produkterfindungen und Produktentwicklungen. Er charakterisiert die Konjunktur als einen **Prozess der „schöpferischen Zerstörung"**.

Arbeitslosigkeit

Die wichtigsten Formen der Arbeitslosigkeit können wie folgt zusammengefasst werden:

Systematik der Ursachen von Arbeitslosigkeit		
Typus Zeitdauer	gesamtwirtschaftliches Phänomen	teilwirtschaftliches Phänomen
kurzfristig	■ friktionelle Arbeitslosigkeit („Sucharbeitslosigkeit")	■ saisonale Arbeitslosigkeit
mittelfristig („temporär")	■ konjunkturelle Arbeitslosigkeit (temporäre Arbeitslosigkeit in der Rezession) ■ wachstumsdefizitäre Arbeitslosigkeit	■ „strukturalisierte" konjunkturelle Arbeitslosigkeit (temporäre Arbeitslosigkeit in der Rezession mit struktureller Ausprägung) ■ strukturelle Arbeitslosigkeit („Mismatch-Arbeitslosigkeit")
langfristig („zählebig")	■ Stagnationsarbeitslosigkeit ■ technologische Arbeitslosigkeit ■ lohninduzierte Arbeitslosigkeit („klassische Arbeitslosigkeit") ■ Kapitalmangelarbeitslosigkeit ■ demographische Arbeitslosigkeit	■ regionale Arbeitslosigkeit ■ branchenspezifische Arbeitslosigkeit ■ qualifikationsspezifische Arbeitslosigkeit ■ geschlechtsspezifische Arbeitslosigkeit ■ auf sonstigen persönlichen Eigenschaften beruhende Arbeitslosigkeit (Nationalität, Gesundheit ...) ■ Kurzarbeit
	■ strukturelle Arbeitslosigkeit im weiten Sinne	

Aus: Jürgen Pätzold, Stabilisierungspolitik, 6. Aufl., Stuttgart u. a. 1998

Arbeitslosigkeit kann neben den **finanziellen Auswirkungen** auch enorme **psychische Folgen** für die jeweils Betroffenen haben. Dabei ist zu beobachten, dass die Motivation im Hinblick auf den Erhalt eines neuen Jobs direkt nach der Arbeitslosigkeit sinkt, dann jedoch stark ansteigt. Je länger die Dauer der Arbeitslosigkeit anhält, desto stärker nimmt die Motivation allerdings wieder ab.

1.2 Zielgrößen der gesamtwirtschaftlichen Entwicklung

*Zeichnung:
Burkhard Mohr,
6.1.2014*

„Bund und Länder haben bei ihrer Haushaltswirtschaft den Erfordernissen des gesamtwirtschaftlichen Gleichgewichts Rechnung zu tragen" (Art. 109 Abs. 2 GG). Dieser Vorgabe des Grundgesetzes wurde 1967 mit dem Gesetz zur Förderung der Stabilität und des Wachstums der Wirtschaft (StWG) entsprochen. Darin werden vier grundlegende Ziele der Wirtschafts- und Finanzpolitik definiert: Die Maßnahmen des Staates sollen dazu führen, dass möglichst gleichzeitig die Stabilität des Preisniveaus, ein hoher Beschäftigungsstand, ein außenwirtschaftliches Gleichgewicht sowie stetiges und angemessenes Wirtschaftswachstum erreicht werden. Diese vier Ziele des „Magischen Vierecks" bilden zusammen das im Grundgesetz benannte Staatsziel des gesamtwirtschaftlichen Gleichgewichts.

1994 wurde der Umweltschutz als weiteres Staatsziel ins Grundgesetz (Art. 20a GG) aufgenommen. Seitdem sind umweltverträgliches und nachhaltiges Wirtschaften ebenfalls grundlegendes Ziel wirtschaftspolitischen Handelns. Eine weitere Ergänzung stellt das gesellschaftspolitische Ziel der gerechten Einkommens- und Vermögensverteilung dar, das aus dem Sozialstaatsgebot (Art. 20,1 GG) abgeleitet wird. Der allgemeine Fortschritt, die Wohlstandsentwicklung in Deutschlands Industrie- und Dienstleistungsgesellschaft haben zum breiten gesellschaftlichen Konsens darüber geführt, humane Arbeitsbedingungen und die Ressourcensicherung als weitere Ziele der Wirtschaftspolitik für den Wirtschaftsstandort Deutschland anzusehen.

Animator

Es bedarf der Zauberei, sollen diese so unterschiedlichen Ziele zugleich erreicht werden. Schon bei der Vorgabe der vier Ziele des StWG sprach man vom „Magischen Viereck" der Wirtschaftspolitik. Seither sind die wirtschaftspoltischen Rahmenbedingungen in den EU- bzw. Eurostaaten in Richtung eines europäischen Binnenmarktes verändert worden. Aber trotz des bereits seit 1992/93 gültigen Binnenmarktkonzepts ist dieser EU-weite Binnenmarkt immer noch nicht vollendet. Der Wirtschaftsstandort Deutschland weist nach wie vor einige Besonderheiten auf, die den Marktteilnehmern bewusst sein müssen.

Basiswissen
Wirtschaftliches Handeln ist Grundlage aller menschlichen Existenz. **Wettbewerb** auf vollen Konsumentenmärkten und **Geldgeschäfte** als Preis- und Marktprozesse bzw. als Tauschgeschäfte bestimmen den Alltag. In einer zunehmend globalisierten Warenwelt ist die zentrale Rolle des Geldes unübersehbar; die unterschiedlichen **Funktionen des Geldes** sind als Alltagspraxis eingeübt: Geld ist Recheneinheit, Zahlungsmittel, Tauschmittel und Wertaufbewahrungsmittel.

---

1 **Analysieren** Sie die Karikatur hinsichtlich der darin festgestellten Rollenverteilung: In welchem Zusammenhang stehen Wirtschaft und Politik? Wer animiert, wer setzt Ziele? Und wer ist für das „System von Wirtschaft und Politik" verantwortlich?

Wirtschaftsstandort Deutschland

Wirtschaftsentwicklung in Deutschland

MATERIAL **1**

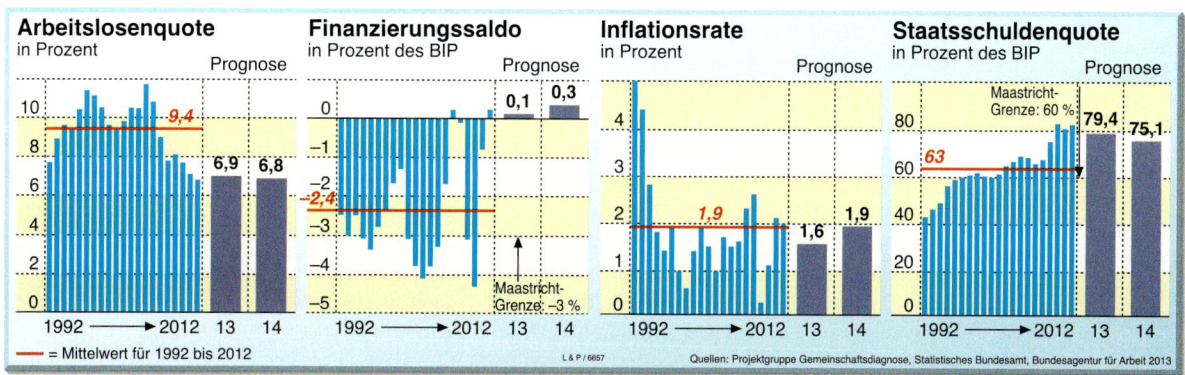

Die wirtschaftliche Lage – Bilanz und Momentaufnahme

MATERIAL **2**

Meine Damen und Herren,
bevor wir nun auf die nächsten Jahre schauen, sollten wir kurz zurückblicken: auf den Beginn dieses Jahrhunderts. Damals galt
5 Deutschland als der kranke Mann Europas. Die soziale Marktwirtschaft, die unser Land im 20. Jahrhundert nachhaltig geprägt hat, wurde national wie international fast schon als Auslaufmodell angesehen. Manche mein-
10 ten, dass unsere Wirtschafts- und Sozialordnung zu behäbig, zu altmodisch für die Anforderungen der Globalisierung im 21. Jahrhundert geworden sei.
Und heute, zehn Jahre später? Heute können
15 wir feststellen: Deutschland geht es so gut wie lange nicht. Die Wirtschaft wächst, die Beschäftigung ist auf dem höchsten Niveau seit der Wiedervereinigung, die Menschen schauen so optimistisch in die Zukunft wie
20 seit dem Fall der Mauer nicht mehr, und von der sozialen Marktwirtschaft als Auslaufmodell spricht keiner mehr, von Deutschland

als krankem Mann Europas erst recht nicht. Im Gegenteil: Deutschland ist Wachstums-
25 motor in Europa, Deutschland ist Stabilitätsanker in Europa. Wir sind rascher und stärker aus der weltweiten Wirtschafts- und Finanzkrise herausgekommen als andere. Wir tragen maßgeblich dazu bei, dass die europäische Staatsschuldenkrise überwun-
30 den werden kann. Für diese Erfolgsgeschichte ist das Zusammenspiel der Sozialpartner ganz entscheidend, das Zusammenspiel der Arbeitgeber und der Gewerkschaften, das unserem Land gemeinsam mit klugen poli-
35 tischen Entscheidungen die Stabilität und Stärke gibt, die heute notwendig sind. Sie sind notwendig, wenn wir den Anspruch haben, nicht einfach irgendwie die Krisen und Herausforderungen unserer Zeit zu meis-
40 tern, sondern so, dass sich die Werte und Interessen Deutschlands und Europas auch in Zukunft im harten weltweiten Wettbewerb behaupten können.

Aus: Regierungserklärung der Bundeskanzlerin Angela Merkel vor dem Deutschen Bundestag, 29.1.2014

INFO

Regierungserklärung
Mit einer Regierungserklärung stellt eine neu gebildete Regierung ihre politischen Absichten bzw. ihre Programmatik für die kommende Amtszeit vor. Außerdem gibt es Regierungserklärungen anlässlich besonderer Ereignisse.

QUERVERWEIS

Deutschland im Geflecht globaler Zusammenhänge
S. 366–369

‖‖‖**1** Analysieren Sie die Entwicklung des Wirtschaftsstandorts Deutschland (M 1).
‖‖‖**2** Ermitteln Sie den aktuellen Stand der Wirtschaftsentwicklung in Deutschland (M 1).
‖‖‖**3** Arbeiten Sie aus M 2 **heraus**, wie Bundeskanzlerin Angela Merkel die wirtschaftliche Entwicklung in Deutschland erklärt. **Vergleichen** Sie dies mit den Daten in M 1.

MATERIAL **3**

Das verarbeitende Gewerbe als Deutschlands Wohlstandsbasis

Es gab einmal eine Zeit, in der Deutschland wegen seiner hohen Abhängigkeit von der Industrie belächelt worden ist. Die Zukunft einer großen Volkswirtschaft liege ganz wo-
5 anders, sagten vor Jahren viele Experten, in der Dienstleistungsbranche z. B. oder in der Finanzwirtschaft, bei Banken, Vermögens-verwaltern und Versicherungen. Industrie war „out", das sogenannte produzierende Ge-
10 werbe sei mittelfristig dem Untergang ge-weiht. Alles andere aber galt als „in".
Es kam anders – bis jetzt jedenfalls. Dass sich dieses Land auf eine international wett-bewerbsfähige Industrie verlässt, die auch
15 noch in vielen klassischen Branchen vertre-ten ist, erweist sich heute als der große Vor-teil. Deutschland ist von den großen etablier-ten Wirtschaftsnationen mit Abstand am besten durch die schwere Finanz- und Wirt-
20 schaftskrise gekommen. Es gibt relativ hohes Wachstum, eine niedrige Arbeitslosigkeit und eine vergleichsweise geringe Staatsver-schuldung. Kaum eine Volkswirtschaft ist international so vernetzt ist wie die deut-
25 sche. Die deutschen Autobauer gehören welt-weit zu den erfolgreichsten. Ob Siemens, BASF, Linde – die großen Industriekonzerne sind überall auf der Welt vertreten. Noch wichtiger ist der deutsche Mittelstand, vor
30 allem im Maschinen- und Anlagenbau. Hier-zulande gibt es nach Schätzungen 1 300 Fir-men, die in ihrer Nische zu den Weltmarkt-führern gehören. [...]
Die Zahlen sind beeindruckend: Das verar-
35 beitende Gewerbe in Deutschland beschäf-tigte in rund 22 000 Unternehmen gut 5,2 Millionen Mitarbeiter und erzielte einen Um-satz von mehr als 1,6 Billionen Euro. Im Feb-ruar [2014] sind Aufträge und Umsätze der
40 Industrie erneut gestiegen und tragen die deutsche Wirtschaft. Noch wichtiger ist die relative Bedeutung des produzierenden Ge-werbes. Während in vielen wichtigen Län-dern der Anteil der Industrie an der gesam-ten Wirtschaft in den vergangenen Jahren 45 zum Teil massiv gesunken ist, legte Deutsch-land sogar gegen den Trend zu. Fast ein Vier-tel beträgt der Beitrag zum Bruttoinlandspro-dukt (BIP) inzwischen, im Durchschnitt aller EU-Länder sind es 15 Prozent, in Frankreich 50 und Großbritannien nur etwa zehn Prozent. Die USA träumen nach dem Fracking-Boom schon von einer Renaissance der Industrie nach deutschem Vorbild. Das wird kaum schnell gehen. 55
Die USA, Frankreich oder Großbritannien zeigen aber auch, wie gefährlich schleichend die industrielle Basis verloren gehen kann. Manchmal erkennt man die Gefahr erst, wenn es zu spät ist. Deutschland ist hier 60 durchaus gefährdet. Die Infrastruktur, auf die gerade viele Industriefirmen angewiesen sind, ist teilweise in schlechtem Zustand. Bei Straßen, Brücken, Bahnlinien liegt vieles im Argen – ganz zu schweigen vom Ausbau der 65 flächendeckenden Versorgung mit schnel-lem Internet. Auch in Bildung muss die Gro-ße Koalition in Berlin massiv investieren, fä-hige und bestens qualifizierte Mitarbeiter sind das Wichtigste, was Unternehmen in 70 Zukunft brauchen. Nur in soziale Wohltaten zu investieren, ist für die Politik zwar ein-facher, weil sich der öffentliche Applaus schnell einstellt, aber gefährlich. Es geht da-rum, künftiges Wachstum und damit künfti- 75 gen Wohlstand zu ermöglichen. Die Politik muss die richtigen Rahmenbedingungen set-zen. Deutschland darf sich auf den Erfolgen der Vergangenheit nicht ausruhen, darf kei-nesfalls zum Industriemuseum werden. 80

Aus: Caspar Busse, Wer zuletzt lacht, in: Süddeutsche Zeitung, 8.4.2014, S. 17

1 Fassen Sie M 3 und M4 in eigenen Worten **zusammen**.

2 **a) Vergleichen** Sie Merkels Darstellung der wirtschaftlichen Entwicklung in Deutschland in M 2 mit dem Bericht von Caspar Busse in M 3 und dem Handbuchtext in M 4.
b) Arbeiten Sie aus M 2 bis M 4 Aussagen und zukunftsbezogene Festlegungen **heraus**.

3 **Ermitteln** Sie mithilfe Ihrer Ergebnisse zu Aufgabe 1, welche wirtschaftspolitischen Produktions- und Rahmenbedingungen für solche Ergebnisse (M 3, M 4) notwendig sind.

4 **Nehmen** Sie **Stellung** zu der Aussage, dass Deutschland sich nicht auf den Erfolgen der Vergangenheit ausruhen dürfe (M 3). Beziehen Sie dabei die Daten aus der Info ein.

Starke Branchen in Deutschlands Industrie

MATERIAL **4**

Als Triebfeder bei der wirtschaftlichen Erholung [nach der Krise ab 2008] könnte sich einmal mehr die Innovationsfähigkeit der deutschen Wirtschaft herausstellen. Rund
5 2,6 Prozent seines Bruttoinlandsproduktes gibt Deutschland zurzeit für Forschung und Entwicklung (F & E) aus, was deutlich über dem EU-Durchschnitt von 1,9 Prozent (2008) liegt. Bis 2015 will die Bundesregierung zu-
10 sammen mit den Ländern und der Wirtschaft die Ausgaben für Forschung und Entwicklung auf drei Prozent des Bruttoinlandsprodukts steigern. Mit 49 Milliarden US-Dollar hat Deutschland auch einen Spitzenplatz
15 bei den unternehmensfinanzierten F & E-Ausgaben inne. Auch der Erfindergeist ist ungebrochen: 2009 haben Investoren und Unternehmen aus Deutschland rund elf Prozent der weltweiten Patente angemeldet – Platz
20 drei der Weltrangliste.
In vielen zukunftsträchtigen Technologien gehört Deutschland daher zu den führenden Nationen. Dazu zählen die Bio-, Nano- und die Informationstechnologie sowie Hochtech-
25 nologiebereiche wie Biometrie, Luft- und Raumfahrt, Elektrotechnik, Logistik. Auf den internationalen Märkten sehr gut positioniert zeigt sich die deutsche Umwelttechnologiebranche (Windenergie, Photovoltaik,
30 Biomasse), wobei die Windenergieanlagenhersteller über einen Weltmarktanteil von knapp 28 Prozent verfügen. Die Informations- und Kommunikationstechnologie (IKT) gehört neben dem Fahrzeug-/Maschinenbau
35 und der Elektronikindustrie zu den größten Wirtschaftszweigen. Die IKT-Branche wächst deutlich stärker als die Gesamtwirtschaft. In der Bio- und Gentechnologie belegt Deutschland in Europa seit Jahren einen Spitzen-
40 platz, in der Nanotechnologie verfügt das Land über hohe Wissenspotenziale.
Das Fundament für die internationale Wettbewerbsfähigkeit bilden dabei nicht nur die 30 im Deutschen Aktienindex (DAX) notier-
45 ten Großunternehmen wie Siemens, Volkswagen, Allianz, SAP oder BASF, sondern Zehntausende kleiner und mittelständischer Firmen (bis 500 Beschäftigte) des verarbei-

tenden Gewerbes, insbesondere des Maschinenbaus, der Zulieferindustrie, aber auch
50 der Nano- und Biotechnologie, die sich häufig in **Clustern** organisieren. Der Mittelstand, der als Rückgrat der deutschen Wirtschaft gilt, beschäftigt mit über 25 Millionen Menschen die meisten Arbeitnehmer und stellt
55 zudem die überwiegende Anzahl an Ausbildungsplätzen für junge Menschen. Gleichwohl ist die Industrie eine wichtige Säule der deutschen Wirtschaft. Sie hat im Vergleich zu anderen Industriestaaten wie Groß-
60 britannien oder den USA eine breite und beschäftigungsstarke Basis – fünf Millionen Menschen arbeiten in Industriebetrieben. In keiner anderen der traditionellen Wirtschaftsnationen spielt die klassische industrielle Produktion eine vergleichbar zentrale Rolle.
65 Zur deutschen Wirtschaftsleistung steuert sie etwa 37 Prozent bei.
Deutschland ist spezialisiert auf die Entwicklung und Herstellung komplexer industrieller Güter, vor allem auf Investitionsgü-
70 ter und innovative Produktionstechnologien. Die bedeutendsten Industriezweige sind der Automobilbau, der Maschinenbau, die Elektrotechnik und die chemische Industrie. Allein in diesen vier Branchen arbeiten 2,9
75 Millionen Menschen, die einen Umsatz von mehr als 800 Milliarden Euro generieren. Der Automobilbau ist zugleich Innovationsmotor: Rund 30 Prozent aller unternehmensinternen F & E-Aufwendungen der deut-
80 schen Wirtschaft kommen aus dieser Branche. [...]
Mit einem Anteil von gut 13 Prozent liegen die knapp 6 000 Unternehmen des Maschinenbaus beim Umsatz auf Platz zwei nach
85 dem Fahrzeugbau. Als größtem industriellen Arbeitgeber (965 000 Arbeitsplätze) und führender Exportbranche kommt dem Maschinenbau eine Schlüsselstellung in der deutschen Wirtschaft zu. Die Elektroindustrie
90 gehört zu den stärksten und besonders innovativen Wachstumsbranchen. Über 20 Prozent der in Deutschland von der Industrie getätigten F & E-Investitionen entfallen auf die Elektroindustrie. [...]
95

INFO
Cluster
räumliche Zusammenballung von eng miteinander kooperierenden Unternehmen und unterstützenden Einrichtungen, z. B. auch Forschungsinstitutionen, Hochschulen, Behörden, Kammern etc., innerhalb eines bestimmten Wirtschaftszweigs, die zusammen ein komplexes Netzwerk bilden

Aus: Handbuch „Tatsachen über Deutschland", www.tatsachen-ueber-deutschland.de/de/wirtschaft.html (Zugriff: 28.7.2014)

MATERIAL **5**

Mittelstand und Familienunternehmen

INFO
Mittelstand
(dt. Definition)
Kleinunternehmen
bis 9 Beschäftigte,
weniger als 1 Mio. Euro
Umsatz
Mittlere Unternehmen
10 bis 499 Beschäftigte,
1 bis 50 Mio. Euro
Umsatz
Großunternehmen
500 und mehr Beschäf-
tigte, mehr als 50 Mio.
Euro Umsatz

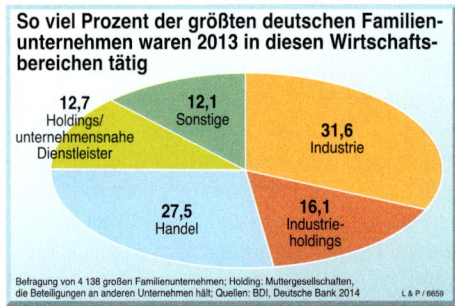

So viel Prozent der größten deutschen Familien-unternehmen waren 2013 in diesen Wirtschafts-bereichen tätig

12,7 Holdings/unternehmensnahe Dienstleister
12,1 Sonstige
31,6 Industrie
27,5 Handel
16,1 Industrie-holdings

Befragung von 4 138 großen Familienunternehmen; Holding: Muttergesellschaften,
die Beteiligungen an anderen Unternehmen hält; Quellen: BDI, Deutsche Bank 2014   L & P / 6659

Eigenkapital und Gewinnsituation

	Eigenkapital-quote	Gewinn in Prozent des Umsatzes
2009	33,6	2,3
2010	34,5	3,4
2011	35,3	3,2
2012	36,5	2,8

Eigenkapitalquote: Eigenkapital in Prozent der Bilanzsumme
Quellen: BDI, Deutsche Bank 2014   L & P / 6660

Nicht nur im Mittelstand dominieren famili-eneigene Betriebe, auch in Tausenden von deutschen Großunternehmen hat die Familie das letzte Wort – sie tummeln sich vor allem
5 in der Industrie. Von zehn mittelständischen Unternehmen in Deutschland sind mehr als neun eigentümergeführte Familienbetriebe. Das heißt, sie wurden entweder von der El-terngeneration auf den jetzigen Eigner über-
10 tragen oder sie stehen vor einem Generatio-nenwechsel innerhalb der Verwandtschaft. Insgesamt gibt es in der Bundesrepublik rund 3,4 Millionen kleinere Familienunter-nehmen – also Einzelunternehmen, Perso-
15 nengesellschaften und GmbHs in Familien-besitz, die weniger als 500 Mitarbeiter be-schäftigen und maximal 50 Millionen Euro im Jahr umsetzen. Eine ganze Reihe familiengeführter Firmen
20 sprengt allerdings diesen Rahmen – man denke nur an Schwergewichte wie Haribo, Trumpf oder Melitta. Das Institut für Mittel-standsforschung Bonn hat im Auftrag des Bundesverbands der Deutschen Industrie
25 (BDI) ermittelt, wie viele Unternehmen es davon in der Bundesrepublik derzeit gibt: In

Deutschland existieren rund 4 500 Familien-unternehmen, die mehr als 50 Millionen Euro jährlich umsetzen – und dies oft mit deutlich mehr als 500 Mitarbeitern.
30 Von Ausnahmen abgesehen – Meyra, der ehemalige europäische Marktführer für hochwertige Rollstühle aus Ostwestfalen, ist seit März 2013 insolvent – agieren große Familienunternehmen sehr erfolgreich: Ihr
35 Umsatz ist seit dem Krisenjahr 2009 um durchschnittlich ein Viertel gestiegen. Nach zweistelligen Zuwächsen in den Jahren 2010 und 2011 schwächelte das Umsatzplus im Jahr 2012 mit nur noch 3 Prozent jedoch
40 deutlich, so dass auch die Gewinne nachga-ben. [...] Ein Viertel der 4 500 umsatzstarken deut-schen Familienunternehmen hat seinen Sitz in Nordrhein-Westfalen, ein Fünftel ist in
45 Bayern ansässig. Die Hauptstadt des Family-business liegt jedoch im Norden: In Hamburg wohnen 2,1 Prozent der Bevölkerung, beim Anteil der großen Familienunternehmen kommt die Hansestadt auf stolze 4,4 Prozent.
50 In Ostdeutschland gibt es insgesamt nur rund 300 große Familienunternehmen

Aus: Erfolgreiches Family-Business, © 2014, IW Medien – iwd 1/2014, Institut der deutschen Wirtschaft
Köln Medien GmbH, 2.1.2014, S. 8

1 Arbeiten Sie aus M 5 **heraus,** worauf sich die besondere Bedeutung des Mittelstands und der Familienunternehmen in Deutschlands Wirtschaft gründet.

2 a) Erläutern Sie die Veränderungen im Außenhandel (M 6) und die drei Aspekte der Wirtschaftsentwicklung in Deutschland (M 7). Schlussfolgern Sie daraufhin auf Rahmenbedingungen für die Produktion und den deutschen Außenhandel.
b) Vergleichen Sie Ihre Ergebnisse mit denen zu Aufgabe 2 auf Seite 30.

3 Überprüfen Sie die Aussagen von M 2 und M 3 anhand der finanzpolitischen Kenn-ziffern in M 8 und **begründen** Sie Ihre Einschätzung.

4 Fassen Sie Ihre Untersuchungsergebnisse zum Wirtschaftsstandort Deutschland (M 1 bis M 8) **zusammen** und ziehen Sie ein begründetes Resümee.

Deutscher Außenhandel nach Regionen

MATERIAL 6

QUERVERWEIS

Deutscher
Außenhandel
S. 155, M 9

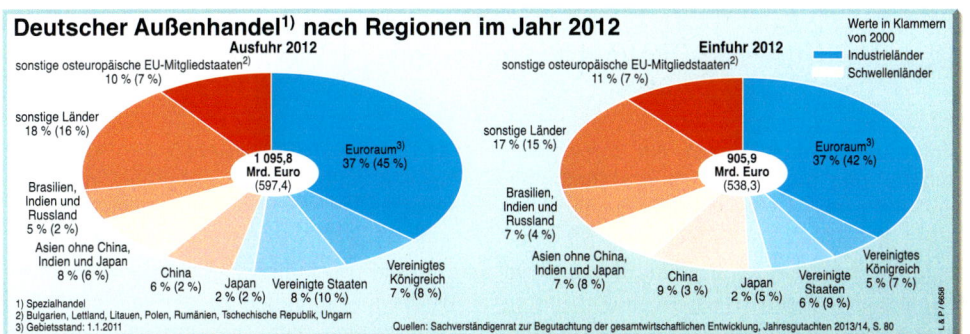

Deutschland – Wirtschaftswunderland?

MATERIAL 7

INFO

Spreizung
hier: Auseinanderentwicklung von Industrielöhnen

Beschäftigtenzahl
Als beschäftigt gilt (laut Statistischem Bundesamt), wer mehr als 1 Std./Woche gegen Lohn arbeitet.

Arbeitslosenquote
Prozentzahl = Quotient aus Zahl der registrierten Arbeitslosen × 100 durch Summe aus zivilen Erwerbstätigen und Arbeitslosen

Finanzpolitische Kennziffern für Deutschland als Gesamtstaat

MATERIAL 8

	2005	2006	2007	2008	2009	2010	2011	2012	2013	2014
Finanzierungssaldo[1]	-3,3	-1,7	0,2	-0,1	-3,3	-4,3	-1,1	0,1	0,0	0,0
Struktureller Finanzierungssaldo[2]	-2,8	-1,5	0,2	-0,3	-1,7	-2,4	-1,4	–	–	–
Schuldenstandsquote[3]	68,5	57,9	65,2	66,7	74,4	83,2	80,4	81,0	78,3	75,0
Staatsquote[4]	46,9	45,3	43,5	44,0	48,1	47,9	45,6	44,7	44,6	44,2
Abgabenquote[5]	38,6	38,9	38,9	39,1	39,6	38,4	39,3	39,4	39,5	39,0
Steuerquote[6]	21,9	22,6	23,5	23,7	23,4	22,6	23,4	23,6	23,8	23,4
Sozialbeitragsquote[7]	16,8	16,3	15,5	15,5	16,1	15,8	15,9	15,9	–	–
Zins-Steuer-Quote[8]	13,3	12,9	12,3	11,9	11,7	11,3	10,7	–	–	–

[1]Gesamtstaat (Bund, Länder, Sozialversicherung) [2]Gesamtstaat-Finanzierungssaldo, um konjunkturelle Einflüsse und transitorische Effekte bereinigt [3]Staatsschuldensumme in Relation zum BIP in Prozent [4]Gesamtstaatliche Ausgaben [5]Steuern einschließlich Erbschaftsteuer, Steuern an die EU und tatsächliche Sozialbeiträge [6]Steuern einschließlich Erbschaftssteuer, Steuern an die EU [7]tatsächliche Sozialbeiträge in Relation zum BIP in Prozent [8]Anteil der Zinsausgaben an den öffentlichen Ausgaben

Nach: Sachverständigenrat zur Begutachtung der gesamtwirtschaftlichen Entwicklung, Jahresgutachten 2011/12, S. 190; 2013/14, S. 91

Vom „Magischen Viereck" zum „nachhaltigen Achteck"

MATERIAL **9**

Das Stabilitäts- und Wachstumsgesetz (StWG), 8. Juni 1967

INFO

StWG

Mit dem als „prozesspolitisches Grundgesetz" eingestuften „Gesetz zur Förderung der Stabilität und des Wachstums der Wirtschaft" (StWG) von 1967 verband sich die Hoffnung auf eine „Globalsteuerung" der Wirtschaft im Sinne einer systematischen Beeinflussung der gesamtwirtschaftlichen Zielgrößen und damit eine Gewichtsverlagerung von der Ordnungs- zu einer an Keynes orientierten Prozesspolitik. Der Schwerpunkt des StWG liegt bei der gesamtwirtschaftlichen Ausrichtung und Koordinierung der Einnahmen- und Ausgabenpolitik der verschiedenen Gebietskörperschaften.

Aus: Uwe Andersen/ Wichard Woyke (Hrsg.), Handwörterbuch des politischen Systems der Bundesrepublik Deutschland, 5. Aufl., Opladen 2003

§ 1

Bund und Länder haben bei ihren wirtschafts- und finanzpolitischen Maßnahmen die Erfordernisse des gesamtwirtschaftlichen Gleichgewichts zu beachten. Die Maßnahmen sind so zu treffen, dass sie im Rahmen der marktwirtschaftlichen Ordnung gleichzeitig zur Stabilität des Preisniveaus, zu einem hohen Beschäftigungsstand und außenwirtschaftlichem Gleichgewicht bei stetigem und angemessenem Wirtschaftswachstum beitragen.

§ 2

(1) Die Bundesregierung legt im Januar eines jeden Jahres dem Bundestag und dem Bundesrat einen Jahreswirtschaftsbericht vor. Der Jahreswirtschaftsbericht enthält:
1. die Stellungnahme zu dem Jahresgutachten des Sachverständigenrates [...];
2. eine Darlegung der für das laufende Jahr von der Bundesregierung angestrebten wirtschafts- und finanzpolitischen Ziele (Jahresprojektion) [...];
3. eine Darlegung der für das laufende Jahr geplanten Wirtschafts- und Finanzpolitik.

§ 9

(1) Der Haushaltswirtschaft des Bundes ist eine fünfjährige Finanzplanung zugrunde zu legen. In ihr sind Umfang und Zusammensetzung der voraussichtlichen Ausgaben und die Deckungsmöglichkeiten in ihren Wechselbeziehungen zu der mutmaßlichen Entwicklung des gesamtwirtschaftlichen Leistungsvermögens darzustellen, gegebenenfalls durch Alternativrechnungen.

(2) Der Finanzplan ist vom Bundesministerium der Finanzen aufzustellen und zu begründen. Er wird von der Bundesregierung beschlossen und Bundestag und Bundesrat vorgelegt.

(3) Der Finanzplan ist jährlich der Entwicklung anzupassen und fortzuführen.

§ 23

Die einzelnen Länder haben durch geeignete Maßnahmen sicherzustellen, dass die Beschaffung von Geldmitteln im Wege des Kredits durch das Land, seine Gemeinden, Gemeindeverbände und Zweckverbände sich im Rahmen der auf Grund dieses Gesetzes angeordneten Beschränkungen hält.

MATERIAL **10**

„Magisches Viereck – Sechseck – Achteck"

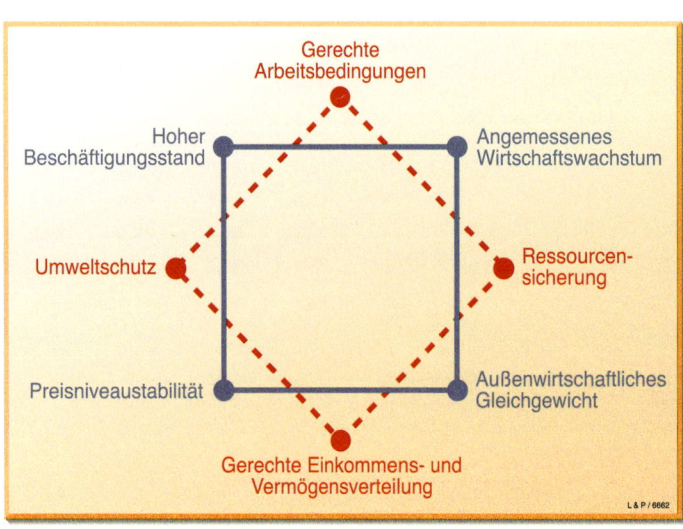

Vollbeschäftigung: Ermittlung anhand der Arbeitslosenquote; Zielerreichung bei Vollbeschäftigung, hier definiert als Arbeitslosenquote unter 2 Prozent

Preisniveaustabilität: Ermittlung mittels eines Warenkorbs; Zielerreichung bei Preisniveausteigerungen bis zu 2 Prozent

Wirtschaftswachstum: Ermittlung anhand der Veränderung des realen Bruttoinlandprodukts; zufriedenstellende Zielerreichung bei ca. 2 Prozent

Außenwirtschaftliches Gleichgewicht: Ermittlung der Quote des Außenbeitrags (Exporte minus Importe von Waren und Dienstleistungen bezogen auf das BIP); Zielerreichung bei ausgeglichener Leistungsbilanz bzw. einem positiven Wert des Außenbeitrags

Ein Leserbrief aus dem Jahr 1996

Ministerpräsident Gerhard Schröder, wiederernannter wirtschaftspolitischer Sprecher der SPD, hat gefordert, die hohe Arbeitslosigkeit mit höherer staatlicher Verschuldung zu
5 bekämpfen. Dabei hat er sich auch auf den alten Spruch von Helmut Schmidt aus dem Jahre 1972 berufen: „Lieber fünf Prozent Inflation als fünf Prozent Arbeitslosigkeit."
Dies hat mich dazu bewogen, ihn an die wah-
10 re Geschichte von damals zu erinnern. Als Leiter der wirtschaftspolitischen Grundsatzabteilung im Bundeswirtschaftsministerium erklärte ich dem damaligen Superminister [Schmidt]: „Herr Minister, was Sie gestern
15 abend gesagt haben und heute morgen in den Zeitungen steht, ist falsch!" Den Versuch einer Begründung unterbrach er mit folgender Antwort: „Dass dies fachlich falsch ist, weiß ich selbst. Aber Sie können mir nicht
20 raten, was ich auf einer Wahlveranstaltung vor zehntausend Ruhrkumpeln in der Dortmunder Westfalenhalle zu sagen für politisch zweckmäßig halte."
Schon damals haben wissenschaftliche Er-
25 kenntnis und praktische Erfahrung gezeigt, dass mit inflationärer Politik allenfalls ein beschäftigungspolitisches Strohfeuer entfacht werden kann, dem mit höheren Zinsen und Lohnkosten sowie mit verschlechterten
30 Erwartungen der Unternehmer, Arbeitnehmer und Konsumenten der Katzenjammer auf dem Arbeitsmarkt folgt. Heute sind die Staatsausgaben, die öffentliche Verschul-

35 dung und die Arbeitskosten aus dem Ruder gelaufen. Selbst wenn wir eine konjunkturelle Nachfrageschwäche hätten, wäre das Pulver für eine kreditfinanzierte Stimulierung längst verschossen. Eine neue Wachstums- und Beschäftigungsdynamik erfordert, die
40 strukturellen Fehlentwicklungen zu korrigieren. Quantitative und qualitative Haushaltskonsolidierung gehört dazu, ist kein Konjunktur- und Jobkiller, sondern Voraussetzung dafür, verlorengegangene Hand-
45 lungsspielräume wieder zurückzugewinnen. Wie man das richtig macht, kann übrigens auch bei Altmeister Helmut Schmidt (Die Zeit Nr. 3/1996) nachgeschlagen werden: In einem Kürzungsprogramm alle konsumtiven
50 Ausgaben, alle Subventionen und Steuererleichterungen unter die Lupe nehmen und in einem Haushaltssicherungsgesetz umsetzen.
Gerhard Schröder hat inzwischen erwidert, dass er mit dem Satz von Schmidt daran
55 erinnern wollte, „dass im Stabilitäts- und Wachstumsgesetz Geldwertstabilität und Vollbeschäftigung gleichwertige Zielsetzungen sind". Da hat er recht, die richtige Interpretation heißt sogar, sich auf das am meis-
60 ten verletzte Ziel zu konzentrieren. Bei zwei Prozent Preissteigerung und neun Prozent Arbeitslosigkeit ist evident, was die zentrale Aufgabe ist. Nur: Das geht unter den heutigen Bedingungen eben nicht mit noch höhe-
65 rer Verschuldung.

Aus: Leserbrief von Otto Schlecht, in: Die Zeit, Nr. 6/2.2.1996

INFO

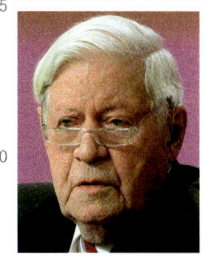

Helmut Schmidt
*23.12.1918 in Hamburg
SPD-Politiker; 1974–1982
Bundeskanzler

Gerhard Schröder
*7.4.1944 in Mossenberg
SPD-Politiker; 1998–2005
Bundeskanzler

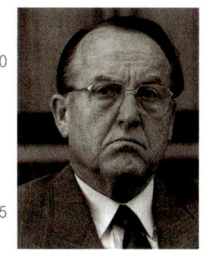

Otto Schlecht
*21.12.1925 in Biberach
an der Riß
† 3.12.2003 in Bonn
1953–1991 tätig im
Bundeswirtschafts-
ministerium, seit 1973
als Staatssekretär

1 Arbeiten Sie aus dem StWG (M 9) **heraus,** mit welchen Zielen und auf welche Art und Weise (M 10) in der Bundesrepublik Deutschland ein „gesamtwirtschaftliches Gleichgewicht" erreicht werden soll. Erläutern Sie die Messmethoden für die Ziele.

2 Überprüfen Sie, ob bzw. wie es der Wirtschaftspolitik der Bundesrepublik Deutschland gelungen ist, die Werte für die vier Ziele des Magischen Vierecks zu erreichen (M 10).

3 Beschreiben Sie die Erweiterungen des Ziele-Vierecks zum Ziele-Sechseck bzw. Ziele-Achteck (M 10); erläutern Sie mögliche Messmethoden auch für diese Ziele.

4 Analysieren Sie anhand des Leserbriefes (M 11) den Disput der drei Politiker (Schmidt, Schlecht, Schröder), die in ihren Ämtern zugleich einflussreiche Wirtschaftsexperten waren, bezüglich ihrer Auffassung vom Zusammenhang der wirtschaftspolitischen Ziele.

MATERIAL 12

Der Wandel des „Magischen Vierecks"

Die Magie feiert fröhliche Urstände, wie ein Diskussionspapier des von SPD, Grünen und Gewerkschaften getragenen „Denkwerks Demokratie" zeigt. Darin schlagen die Autoren vor, die Wirtschafts-, Finanz- und Sozialpolitik in Deutschland auf ein völlig neues Fundament zu stellen und das vom einstigen SPD-Starminister Karl Schiller 1967 kreierte „Magische Viereck" der Wirtschaftspolitik durch ein zeitgemäßes Tetragon zu ersetzen: Statt wie bisher nach stetigem Wachstum, stabilen Preisen, hoher Beschäftigung und außenwirtschaftlichem Gleichgewicht zu streben, soll die Bundesregierung vier neue Ziele ins Visier nehmen, die allesamt dem Primat der Nachhaltigkeit gehorchen – nachhaltige Staatsfinanzen, nachhaltiger Wohlstand, soziale Nachhaltigkeit und schließlich ökologische Nachhaltigkeit. Schillers ursprünglicher Vierklang leitete sich aus den Grundsätzen der Freiheit, der Gerechtigkeit und des Wohlstands ab, die die nach dem Krieg entworfene „soziale Marktwirtschaft" der Bundesrepublik kennzeichnen sollten. [...] Rasch wurde aus dem Vierklang das „Magische Viereck", was einerseits beschwörerisch anmutete, zugleich aber die Erkenntnis widerspiegelte, dass sich alle vier Ziele kaum auf einmal umsetzen lassen. [...] Nicht diese [Ziel-]Konflikte sind es jedoch, die das „Denkwerk Demokratie" zu einer Neudefinition des wirtschaftspolitischen Koordinatensystems bewogen haben. Die vier Vorstandsmitglieder verweisen in ihrem Beitrag vielmehr auf den Unterschied zwischen der statistisch gemessenen und der gefühlten Lage. „Deutschland geht es wirtschaftlich gut. Gemessen am ,Bruttoinlandsprodukt' und an der ,Zahl der Erwerbstätigen' leben wir offenbar in goldenen Zeiten", so die Autoren. Tatsächlich jedoch sagten die beiden herkömmlichen Indikatoren wenig über die Lebensqualität und die soziale Realität aus. „Sie verschleiern wachsende Ungerechtigkeit und Unzufriedenheit und liefern keine Informationen über die Zukunftsfähigkeit unserer Wirtschaft."

Aus Sicht des Denkwerks ist die deutsche Wirtschaft grundsätzlich „aus der Balance geraten": Die Finanzindustrie dominiere mit ihren falschen Leitbildern und Fehlanreizen die Realwirtschaft, der Wohlstand sei ungleich verteilt, die Umwelt werde weiter zerstört, und immer mehr Menschen könnten von ihrer Hände Arbeit nicht leben. Deshalb müsse die Politik „ein neues ,Magisches Viereck' definieren, das den Herausforderungen des 21. Jahrhunderts gerecht wird". Eine künftige Bundesregierung solle die neuen Zielmarken verbindlich festschreiben, etwa in einem Wohlstands- und Nachhaltigkeitsgesetz. [...] Zudem soll die Regierung einen jährlichen „Jahreswohlstandsbericht" vorlegen, der die bereits bestehenden Berichte – darunter der Jahreswirtschafts-, der Armuts- und der Nachhaltigkeitsbericht – zusammenführt.

Zur Nachhaltigkeit der Staatsfinanzen heißt es im Vierecks-Entwurf, die öffentliche Verschuldung müsse „abgebaut werden, ohne notwendige Zukunftsausgaben zu vernachlässigen". Dazu seien „ausreichende Einnahmen" nötig. Die „ökonomische Nachhaltigkeit" soll gewährleistet werden, indem die Politik die Rahmenbedingungen für Vollbeschäftigung und „eine möglichst ausgeglichene Leistungsbilanz" schafft. „Soziale Nachhaltigkeit" lasse sich vor allem durch eine „gerechtere Einkommensverteilung und bessere Bildungschancen" erreichen. Unter „ökologischer Nachhaltigkeit" verstehen die Initiatoren etwa die „Entkopplung von Wachstum und Ressourcenverbrauch".

Aus: Christoph Hickmann/Claus Hulverscheidt, Magische Vierecke, in: Süddeutsche Zeitung, 13.2.2013, S. 17

1 Stellen Sie die Kritik des „Denkwerk Demokratie" und die Motive **dar**, die zur Ablehnung des „Magischen Vierecks" und zum neuen „Achteck" geführt haben (M 12).
2 Erörtern Sie diesen Ansatz (M 12), auch vor dem Hintergrund von M 1, M 6 bis M 9.
3 Recherchieren Sie zum Programm und zu den Aktivitäten des „Denkwerk Demokratie"; suchen Sie nach weiteren „Think-Net"-Akteuren in der politischen Hauptstadtszene.

Wirtschaftspolitische Ziele und die Mittel der Politik

MATERIAL **13**

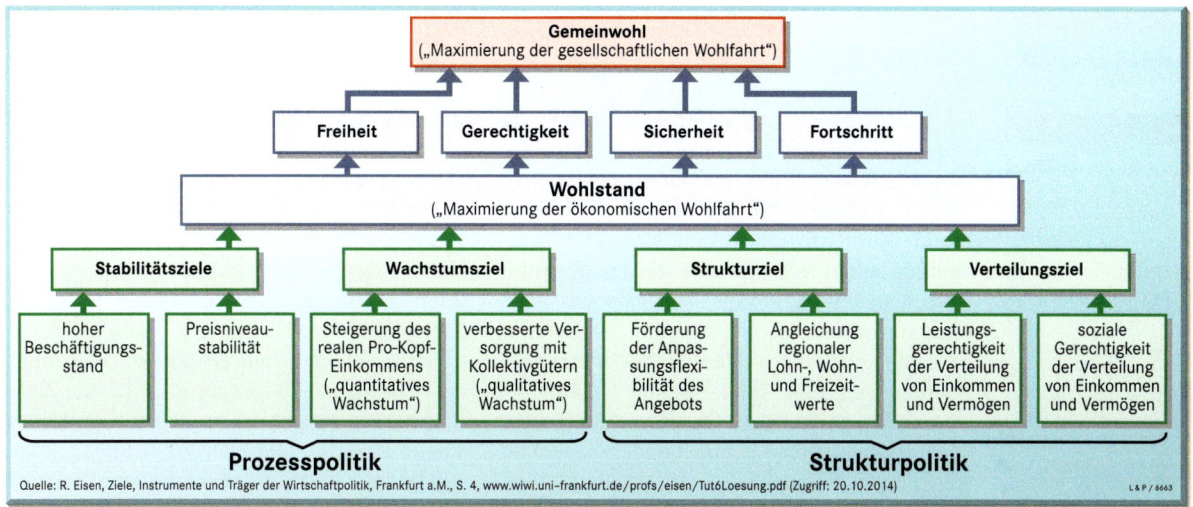

Quelle: R. Eisen, Ziele, Instrumente und Träger der Wirtschaftspolitik, Frankfurt a.M., S. 4, www.wiwi.uni-frankfurt.de/profs/eisen/Tut6Loesung.pdf (Zugriff: 20.10.2014)   L & P / 6663

Wirtschaftspolitik als Dauerexperiment

MATERIAL **14**

Die praktische Wirtschaftspolitik differenziert sich in modernen Demokratien immer weiter aus, auch weil Regulierungen und wohlfahrtsstaatliche Leistungen, aber auch
5 eine gesamtwirtschaftliche Fiskalpolitik attraktiv für Parteien im Wettbewerb um Wählerstimmen sind. So wird eine umverteilende Wirtschaftspolitik nicht nur im Bereich der Steuer- und Transferpolitik betrieben; auch
10 die gesetzlichen Sozialversicherungen kombinieren typischerweise das Versicherungsprinzip (sogenanntes Äquivalenzprinzip von Beitragszahlung und Leistungsberechtigung) mit Umverteilungselementen (zum Beispiel
15 für einkommensschwache Gruppen oder Mütter). Es ist sowohl theoretisch als auch empirisch strittig, ob und unter welchen Be-
dingungen eine solche regulatorische und umverteilende Wirtschaftspolitik folgenlos
20 für die Funktionsfähigkeit marktwirtschaftlicher Ordnungen bleibt, diese ergänzt oder sogar verbessert oder aber Nebenwirkungen in Form von Wachstumsverlusten, Inflation und Arbeitslosigkeit hervorruft. Da solche
25 gesamtwirtschaftlichen Folgen gleichfalls zur Abwahl von Parteien und Politikern führen können, gleicht die praktische Wirtschaftspolitik in modernen Demokratien einem Dauerexperiment. Es vollzieht sich in
30 der Globalisierung unter der Bedingung wachsender weltwirtschaftlicher Integration und intensivierten internationalen Wettbewerbs um Ressourcen, Güter und Investitionsstandorte.

Aus: Gerhard Wegner, Wirtschaftspolitik, in: Uwe Jean Heuser/Birger P. Priddat, Volkswirtschaft –
Was man wirklich wissen muss, Hamburg 2013, S. 117

4 **Beschreiben** Sie den Aufbau der Ziele-Hierarchie und der Mittel-Zuordnung in M 13.
5 **Erläutern** Sie die je vier Felder der Prozess- und der Strukturpolitik in M 13 an eigenen Beispielen; zeigen Sie den Unterschied zwischen diesen beiden Wirtschaftspolitiken auf.
6 **Prüfen** Sie, worin der ordnungspolitische Kern des Wirtschaftspolitikschemas in M 13 für die soziale Marktwirtschaft besteht.
7 **Setzen** Sie sich mit Gerhard Wegners These von der „Wirtschaftspolitik als Dauerexperiment" **auseinander** (M 14, Z. 29).

Legitimation staatlichen Handelns im Bereich Wirtschaftspolitik

MATERIAL **15**

Wirtschaftspolitische Ziele

INFO

Ordoliberalismus
Deutsche Variante des
Liberalismus, die seit
den 1930er-Jahren
besonders an der
Universität Freiburg
entwickelt und vor allem
in der Nachkriegszeit
politisch bedeutsam
wurde; sie beruht auf
der Auffassung, dass
der Staat mithilfe eines
rechtlichen Rahmens
die notwendigen Vor-
aussetzungen für eine
freiheitliche marktwirt-
schaftliche Ordnung mit
Wettbewerb schaffen
soll. Bekannte Vertreter
waren: Walter Eucken,
Franz Böhm, Ludwig
Erhard, Wilhelm Röpke,
Alfred Müller-Armack.

Präferenz
Vorliebe

kohärent
zusammenhängend,
in sich stimmig

QUERVERWEIS

Das Stabilitäts- und
Wachstumsgesetz
(StWG), 8. Juni 1967
S. 34, M 9

Der Staat übernimmt zentrale Aufgaben in einer Volkswirtschaft. Und zwar unabhängig davon, ob es sich um eine Plan- oder Markt-wirtschaft, um **Ordoliberalismus** oder So-
5 ziale Marktwirtschaft handelt. Allerdings unterscheidet sich die Rolle des Staates hin-sichtlich des Regelungsanspruchs und der Regelungstiefe ebenso wie der Vorstellun-gen, was durch staatliches Handeln erreicht
10 werden soll und kann. In einer planwirt-schaftlich gesteuerten Ökonomie umfassen die Staatsaufgaben weitgehendere Kompe-tenzen wie beispielsweise die Zuteilung von Produktionsfaktoren oder die Distribution von Gütern und Dienstleistungen als in einer
15 Marktwirtschaft, in der sich der Staat auf die Aufgaben des Sozialstaates und der Marktaufsicht zurückziehen kann. In beiden Fällen nimmt der Staat also direkt oder in-
20 direkt Einfluss auf die Wirtschaftsprozesse einer Volkswirtschaft. Die politikwissen-schaftlich interessante Frage ist hierbei, an welchen Leitlinien sich die entsprechenden politischen Entscheidungsträger orientieren.
25 Kurzum, welche Ziele verfolgt die Wirt-schaftspolitik? Politik ist ein Tagesgeschäft. So lautet eine umgangssprachliche Beschrei-bung der politischen Zielfindung. Damit ist gemeint, dass Politik kurzfristig auf die Be-
30 dürfnisse von Wählern, Interessengruppen oder von Politikern selbst reagiert und somit von Tag zu Tag neu definieren kann und muss, was wichtig und richtig ist. Diese Aus-sage erklärt jedoch nicht, warum dennoch langfristige Trends in der gesamtwirtschafts-
35 politischen Ausrichtung eines Landes zu er-kennen sind. Diese Trends, beispielsweise

die Wahrung der Preisstabilität oder die Haushaltsdisziplin, lassen die zugrunde lie-gende Präferenzordnung eines Staates er- 40 kennen.
Dabei ist zu beachten, dass einzelne gefes-tigte **Präferenzen** nicht unbedingt **kohärent** zueinander sind. Sehr häufig kommt es zu Zielkonflikten. Nicht alle Ziele können 45 gleichzeitig in ihrem jeweiligen Maximum erreicht werden, entweder weil sich die Ziele gegenseitig ausschließen oder die Mittel zu knapp sind, um alle Ziele zu erfüllen. Gene-rell wird der Staat versuchen, eine Balance 50 zwischen der Erfüllung von Präferenzen zu erreichen: Wenngleich also nicht alle Ziele gleichzeitig vollständig erfüllt werden kön-nen, so sollen zumindest alle Ziele mehr oder weniger gleich weit erfüllt werden. [...] 55 Welches sind nun die wirtschaftspolitischen Ziele? Die Antwort auf diese Frage muss zwangsläufig von Land zu Land unterschied-lich ausfallen, da sie von länderspezifischen historischen, kulturellen und ökonomischen 60 Aspekten geformt und abhängig ist. In Deutschland sind die vier wirtschaftspoliti-schen Ziele (1) Preisniveaustabilität, (2) an-gemessenes und stetes Wirtschaftswachs-tum, (3) hoher Beschäftigungsstand und (4) 65 außenwirtschaftliches Gleichgewicht im Ge-setz zur Förderung der Stabilität und des Wachstums der Wirtschaft (StabG [bzw. StWG]) vom 8. Juni 1967 festgelegt. Das Sta-bilitätsgesetz selbst wiederum beruft sich 70 auf die Grundwerte und -rechte in unserer Gesellschaft sowie die demokratische Legiti-mation der Politik durch die Wählerinnen und Wähler.

Aus: Daniel Buhr u. a., Wirtschaft und Politik – eine Einführung, Stuttgart 2014, S. 87–89

1 Stellen Sie dar, wie in Deutschland Eingriffe des Staates in die Wirtschaft legitimiert sind (M 15).

2 Arbeiten Sie heraus, weshalb der Staat in die Wirtschaft eingreift (M 16).

3 Analysieren Sie die Karikatur M 17 im Hinblick auf das Zusammenspiel von Humanität und Inhumanität.

4 Nehmen Sie vor dem Hintergrund der Textaussagen von M 15 und M 16 Stellung zu den Aussagen der Karikatur M 17.

Ist Wirtschaftspolitik überflüssig und illegitim?

MATERIAL **16**

Gegenstand der Wirtschaftspolitik sind legitimierte Handlungen wirtschaftspolitischer Träger wie des Staates oder der Notenbank, um das Wirtschaftsgeschehen so zu beein-
5 flussen, dass wirtschaftspolitische Ziele, wie etwa hoher Beschäftigungsstand oder Preisniveaustabilität, erreicht werden. Deutschland hat sich, wie die meisten Länder, für eine Marktwirtschaft entschieden.

10 In einer idealen Marktwirtschaft lässt sich eine größtmögliche Wohlfahrt aus den Ressourcen einer Gesellschaft ziehen, ohne dass Wirtschaftspolitiker eingreifen müssen. Dies wird als **Allokationseffizienz** bezeichnet.
15 Dies ist die Eigenschaft einer bestimmten Ressourcenallokation, die Wohlfahrt aller Mitglieder einer Gesellschaft zu maximieren. In einer solchen idealisierten Welt wäre Wirtschaftspolitik (zumindest aus allokati-
20 ver Sicht) überflüssig. In der realen Welt arbeiten die Märkte allerdings nicht optimal, sondern „leiden" unter Funktionsmängeln. Nur wenn diese vorliegen, kann wirtschaftspolitisches Handeln gerechtfertigt sein. Um
25 eine Metapher heranzuziehen: Wäre die Wirtschaft ein Auto, so wäre der Wirtschaftspolitiker ein Kfz-Mechaniker. Fährt das Auto reibungslos, so ist es im übertragenen Sinne allokationseffizient. Der Kfz-Mechaniker
30 wird nicht benötigt. Erst wenn das Auto nicht mehr richtig funktioniert, kann der Kfz-Me-

chaniker tätig werden. Allerdings können wirtschaftspolitische Maßnahmen die Lage auch verschlechtern. Das bedeutet, eine Situation mit Funktionsmängeln wäre dann ohne 35 wirtschaftspolitische Maßnahme besser als mit wirtschaftspolitischem Eingriff. Dies wird als Staatsversagen bezeichnet. Damit also wirtschaftspolitisches Handeln gerechtfertigt ist, müssen zum einen Funktionsmän- 40 gel bestehen und zum anderen darf kein Staatsversagen vorliegen. Dies kann allerdings nur im Einzelfall einer konkreten Maßnahme geprüft werden. [...]
In einer Marktwirtschaft wird die Wirt- 45 schaftspolitik nicht grundsätzlich tätig, sondern nur, wenn Funktionsmängel vorliegen. In einer zentralen Verwaltungswirtschaft dagegen wird die Wirtschaftspolitik grundsätzlich tätig. Dort wird die Koordination 50 des Marktes durch eine wirtschaftspolitische Koordination ersetzt. Das heißt, ohne Wirtschaftspolitik kann kein Wirtschaften stattfinden. Grundsätzlich werden in einer Marktwirtschaft drei Funktionsmängel un- 55 terschieden: Instabilität, Inhumanität und Ineffizienz. Sie werden jeweils durch eine bestimmte Art von Wirtschaftspolitik bekämpft. So wird bspw. der Funktionsmangel Instabilität durch die Maßnahmen der Sta- 60 bilisierungspolitik bekämpft.

Aus: Detlef Beeker, Wirtschaftspolitik, Stuttgart 2011, S. 14 f.

INFO

Allokation
Zuweisung/Zuteilung von finanziellen Mitteln, Materialien und Produktivkräften (aus einem Etat)

GLOSSAR

Marktwirtschaft

Muss der Staat eingreifen?

MATERIAL **17**

Zeichnung:
Frits Ahlefeldt-Laurvig

MATERIAL **18**

Funktionsmängel und politische Lösungsansätze in der Marktwirtschaft

Nach: Detlef Beeker, Wirtschaftspolitik, Stuttgart 2011, S. 15

MATERIAL **19**

Stabilisierungs-, Humanisierungs- und Allokationspolitik

QUERVERWEIS

Inflation
S. 16 f.

Stabilisierungspolitik

In den frühen 1920er-Jahren betrug die monatliche Inflation in Deutschland 32 400 %. Zum Vergleich: Im Jahr 2010 betrug die In-
5 flationsrate in Deutschland nur 1,1 % pro Jahr. Darüber hinaus beschleunigte sich die Abwertung gegenüber dem US-Dollar, bis schließlich im November 1923 der Kurs für 1 US-Dollar 4,2 Billionen Mark entsprach.
10 Zu der Hyperinflation kam als Folge der Weltwirtschaftskrise eine Massenarbeitslosigkeit. Im Februar 1932 erreichte die Krise auf dem Arbeitsmarkt in Deutschland ihren Höhepunkt: Die Arbeitslosenquote betrug
15 43,7 %. Zudem gab es eine große Masse schlecht bezahlter Kurzarbeiter und Angestellter sowie die kurz vor dem Ruin stehenden Kleinunternehmer. Zur damaligen Zeit herrschte die ökonomische Meinung vor,
20 dass die Selbstheilungskräfte der Märkte ausreichen, um eine solche Krise zu über-

winden. Angesichts von Massenarbeitslosigkeit und Hyperinflation wurde es offenkundig, dass dies nicht zutraf. Dies war ein zentraler Schritt der Etablierung der Stabili- 25 sierungspolitik. [...]

Humanisierungspolitik

Eine Wettbewerbswirtschaft, die effizient ist, kann aus sozialer Sicht ungerechte Einkommensverteilung hervorbringen. Bildlich ge- 30 sprochen geht es bei der Allokation um die Größe des zu verteilenden Kuchens, während es bei der Einkommensverteilung (Distribution) darum geht, wer welchen Teil des Kuchens erhält. Das Einkommen ist von vie- 35 len Faktoren abhängig, wie der Motivation des Einzelnen, seiner Ausbildung, seinem ererbten Vermögen und auch schlicht vom Glück. Die sich daraus ergebende Einkommensverteilung ist nicht automatisch ge- 40 recht. Ferner richtet sich die Güterprodukti-

on nach der Kaufkraft und nicht nach den dringlichsten Bedürfnissen der Menschen. Ein Wirtschaftssystem kann auf Dauer nur
45 funktionieren, wenn es von den Menschen akzeptiert wird. Dafür ist es notwendig, dass es sozial gerecht ist. Deswegen ist es erforderlich, die marktlich entstandene Einkommensverteilung, die sog. Primärverteilung,
50 sozial- und verteilungspolitisch zu korrigieren. Die meisten Volkswirtschaften verfahren in dieser Weise. Dies wird als gelenkte Marktwirtschaft bezeichnet, im Gegensatz zur reinen Marktwirtschaft, in der keine ver-
55 teilungspolitische Korrektur vorgenommen wird. [...]
Die soziale Marktwirtschaft der Bundesrepublik Deutschland ist ebenfalls eine gelenkte Marktwirtschaft. Zentrale Ziele sind hierbei
60 soziale Gerechtigkeit, soziale Sicherung, humane Arbeitsbedingungen und Mitbestimmung. [...]
Somit bilden die Hauptbereiche der Humanisierungspolitik:

65 ■ **Umverteilungspolitik:** Hierbei wird die marktmäßig entstandene Einkommensverteilung nach sozialen Gesichtspunkten korrigiert. Es entsteht die Sekundärverteilung. Ziel ist es, eine gleichmäßigere
70 Einkommensverteilung zu erreichen.
■ **Sozialpolitik:** Im Rahmen der Sozialpolitik werden soziale Sicherungssysteme geschaffen, wie z. B. Kranken-, Renten- und Arbeitslosenversicherung.
75 ■ **Humanisierung und Demokratisierung der Arbeitswelt:** Im Jahr 2008 gab es weltweit mehr als 90 Mio. Kinder zwischen neun und elf Jahren, die teilweise unter elenden Bedingungen arbeiten müs-
80 sen. Alle Maßnahmen, die zu einem humaneren Arbeitsleben beitragen, gehören zur Humanisierung der Arbeitswelt. Eine wichtige Rolle spielt darüber hinaus die Demokratisierung der Arbeitswelt. Hier-

85 zu gehören alle Formen der Mitbestimmung der Arbeitnehmer im Betrieb.

Allokationspolitik

Die Wirtschaft funktioniert, unter der Annahme der vollständigen Konkurrenz, allo-
90 kationseffizient. Dieses Wirkungsprinzip ist von Adam Smith auf eine theoretische Grundlage gestellt worden. In seinem Werk „Der Wohlstand der Nationen: Eine Untersuchung seiner Natur und seiner Ursachen"
95 schrieb er, dass jedes Individuum trotz egoistischer Verfolgung eigener, persönlicher Vorteile „von einer unsichtbaren Hand" geleitet wird, letztlich doch ein Ziel zu verfolgen, das es ursprünglich nicht beabsichtigt hatte. Indem der Mensch seinen eigenen Nutzen an-
100 strebt, fördert er häufig den Nutzen der Gesellschaft wirksamer, als hätte er dies beabsichtigt. Führt ein freier, funktionierender Markt nicht zu einer effizienten Allokation, so wird dies als Marktversagen bezeichnet.
105 Es gibt viele Varianten des Marktversagens [...]. Wettbewerbsbeschränkungen können ebenfalls zu Ineffizienzen führen. Sie entstehen durch Kartelle, Monopole, Marktmacht-
110 missbrauch oder Fusionen. Ein Monopolist kann und wird den Marktpreis bestimmen. Er steht nicht mehr unter dem Druck der Konkurrenz. Somit hat er keinen Anreiz, sein Produkt zu verbessern, Konsumenten-
115 bedürfnisse zu berücksichtigen usw. Im Regelfall liegt der Monopolpreis zudem über dem Preis in einem wettbewerblichen Markt (Polypol). Für Wettbewerbsbeschränkungen ist die Wettbewerbspolitik zuständig. Wett-
120 bewerbspolitik umfasst alle Bestrebungen, Handlungen und Maßnahmen staatlicher Institutionen, die einen freien funktionsfähigen Wettbewerb in einem marktwirtschaftlichen System ermöglichen ordnen und
125 sichern

Aus: Detlef Beeker, Wirtschaftspolitik, Stuttgart 2011, S. 16–19

|||||**1**||| **Stellen** Sie anhand von M 18 **dar**, welche Funktionsmängel in der Marktwirtschaft existieren und wie politisch darauf reagiert wird.

|||||**2**||| **Erklären** Sie die Beispiele für die Stabilisierungs-, Humanisierungs- und Allokationspolitik (M 19).

|||||**3**||| **Nehmen** Sie kriterienorientiert **Stellung** zu der Aussage in M 19: „Ein Wirtschaftssystem kann auf Dauer nur funktionieren, wenn es von den Menschen akzeptiert wird."

Die Phillipskurve: Vollbeschäftigung vs. Preisniveaustabilität

INFO

Alban William Phillips
*18.11.1914 in Te Rehunga, Neuseeland
† 4.3.1975 in Auckland, Neuseeland
Ökonom und Professor an der London School of Economics; Anhänger des Keynesianismus

Das Stabilitätsgesetz verlangt zur Herstellung eines gesamtwirtschaftlichen Gleichgewichts das gleichzeitige Erreichen aller vier Ziele – in der Realität ist dies aber bisher
5 kaum geschehen. Besonders die Beziehung zwischen Vollbeschäftigung und Preisniveaustabilität gilt seit jeher als konfliktbehaftet und ist Gegenstand wissenschaftlicher wie politischer Auseinandersetzungen. So veröf-
10 fentlichte der Wirtschaftswissenschaftler Alban William Phillips im Jahre 1958 die Ergebnisse einer Untersuchung, die feststellte, dass in England bei Vollbeschäftigung höhere Lohnforderungen durchgesetzt wurden.
15 Die grafische Darstellung dieser Korrelation bezeichnet man seither als Phillipskurve.

Obwohl die Phillipskurve in der Wirtschaftspraxis nur bedingt nachweisbar ist – weil andere Faktoren die Ergebnisse verwischen –, wird Phillips' Erkenntnis allgemein
20 geteilt. Andere empirische Untersuchungen haben ergeben, dass die Phillipskurve nur kurzfristig gilt. Denn gerade in Deutschland kam es zu einem gleichzeitigen Auftreten von hohen Inflationsraten und hoher Ar-
25 beitslosigkeit (vor allem 1975 bis 1983, aber auch zu Beginn der 1990er-Jahre). Das heißt: Langfristig ist die Phillipskurve offenbar nicht gültig. Arbeitslosigkeit kann dauerhaft nicht mit steigenden Inflationsraten be-
30 kämpft werden.
Übersteigt das Wirtschaftswachstum die Kapazitäten einer Volkswirtschaft, so steigt das Preisniveau – und der Geldwert sinkt. Wird umgekehrt versucht, die Inflation zu be-
35 kämpfen, geht dies meist zulasten von Wachstum und Beschäftigung; die Wirtschaft wird gedrosselt: Verknappung des Geldangebots kann über höhere Zinsen erreicht werden, die wiederum die Kredite ver-
40 teuern und damit die Investitionslaune dämpfen. Doch gerade Investitionen sind eine wichtige Voraussetzung für wirtschaftliches Wachstum.

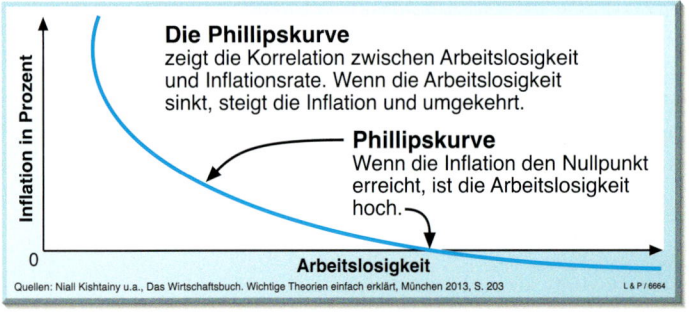

Aus: Daniel Buhr u. a., Wirtschaft und Politik – eine Einführung, Stuttgart 2014, S. 95 f.

Das Magische Viereck der Wirtschaftspolitik in Deutschland

1. **Beschreiben** Sie, was man unter der Phillipskurve versteht (M 20).
2. **Prüfen** Sie, inwieweit die Wirtschaftslage 2011–2013 (M 21) dem Modell der Phillipskurve (M 20) entspricht.
3. **Erläutern** Sie die aktuelle Diskussion um die Phillipskurve (M 22).
4. **Diskutieren** Sie ausgehend von M 22, welche Rolle Erwartungen über die zukünftige Entwicklung in der Wirtschaft spielen.
5. **Entwickeln** Sie anhand von M 20 und M 21 weitere mögliche Zielkonflikte.

Die Diskussion um die Phillipskurve

MATERIAL 22

QUERVERWEIS
Milton Friedman
S. 61, Info

a) In den Vereinigten Staaten ist eine bemerkenswerte Diskussion entbrannt. Im Kern geht es um die Frage, warum Amerika nach der Rezession 2008/2009 nicht in die Deflation oder eine Phase sehr niedriger Inflation rutschte. Und das, obwohl doch die Arbeitslosenquote mit zehn Prozent ungewohnte Höhen erreichte. Ganz offensichtlich folgte die Wirtschaft nicht den keynesianisch inspirierten Modellen, nach denen der schweren Rezession ein entsprechender Preisverfall folgen muss. Im Kern fußt die Diskussion auf der Idee der Phillipskurve. Diese fast mythische Beziehung zwischen Arbeitslosenquote und Inflationsrate wurde in einer Urform 1958 vom neuseeländischen Ökonomen William Phillips am historischen britischen Beispiel festgestellt und trägt seinen Namen. Im Kern glaubten viele Ökonomen in der Folge von Phillips, dass Wirtschafts- und Geldpolitiker wählen können: Arbeitslosigkeit oder Inflation. Populär machte das 1972 in Deutschland der damalige Wirtschafts- und Finanzminister Helmut Schmidt mit der Formel des „Lieber fünf Prozent Inflation als fünf Prozent Arbeitslosigkeit".

Vier Jahr zuvor hatte allerdings Milton Friedman schon aufgezeigt, dass das Auswahlmenü zwischen Arbeitslosigkeit und Inflation, wenn überhaupt, nur kurzfristig existierte. Nur auf kurze Sicht kann eine lockere Geldpolitik die Arbeitslosigkeit drücken. Auf mittlere Sicht gelingt das nicht. Wenn die Notenbank mehr Geld druckt und Inflation zulässt, sinken mit steigendem Preisniveau die realen, die inflationsbereinigten Löhne. Arbeit wird billiger, die Beschäftigung steigt. Merken die Arbeitnehmer dann, dass sie betrogen wurden, dass sie als Folge der Inflation weniger in der Tasche haben, und setzen sie höhere Löhne durch, sinkt die Beschäftigung wieder. Auf lange Sicht ist eine aktivistische Geldpolitik so gegen Arbeitslosigkeit machtlos. Durchschauen die Arbeitnehmer und Unternehmer das Spiel der Notenbanken sogar sofort, dann hilft eine expansive Geldpolitik noch nicht mal kurzfristig der Beschäftigung. Entscheidend für eine langfristig gute Entwicklung am Arbeitsmarkt sind danach andere Faktoren wie die Produktivität, der Lohnzuwachs oder die Qualität der Ausbildung. Friedmans Schluss war, dass expansive geldpolitische Versuche der Notenbanken zu mehr Inflation und mehr Arbeitslosigkeit führten. So kam es in den Siebzigerjahren. Doch noch 1977 setzte der amerikanische Kongress der amerikanischen Notenbank Federal Reserve die Aufgabe, Vollbeschäftigung und Preisniveaustabilität zu gewährleisten. Den amerikanischen Geldpolitikern ist das Denken in den Kategorien der Phillipskurve gesetzlich vorgegeben, und nur wenige können sich davon lösen.

Aus: Patrick Welter, Sonntagsökonom, in: Frankfurter Allgemeine Sonntagszeitung, 6.7.2014, S. 36

b) Wenn nämlich Arbeitnehmer und Arbeitgeber sich auf Löhne einigen, die für einige Zeit fest bleiben sollen, so machen sie sich dabei Gedanken, wie viel man sich für diese Löhne in Zukunft kaufen kann. Sie brauchen dazu Erwartungen über die zukünftige Entwicklung der Preise, also der Inflation. Vor Überraschungen ist man dabei nicht gefeit: Sollte die Inflation gelegentlich höher ausfallen als erwartet, so tritt der beschriebene, die Arbeitslosigkeit dämpfende Effekt ein. Aber im statistischen Mittel werden sich die Verhandlungsführer nicht täuschen lassen. Und dann gibt es auch den Zusammenhang nicht, dass Inflation die Arbeitslosigkeit senkt.

Sollten die Regierung und die Zentralbank sich auf den Weg machen, in Zukunft im Schnitt zehn Prozent Inflation walten zu lassen, so wäre es eben nicht rational, beim Abschluss der Lohnverhandlungen auf zwei Prozent Lohnplus zu hoffen. Die zukünftigen zehn Prozent werden vernünftigerweise bei den Lohnverhandlungen im Blick behalten – und dann auch die Löhne entsprechend steigen.

Aus: Harald Uhlig, Die Leute sind nicht verrückt; in: Frankfurter Allgemeine Sonntagszeitung, 8.9.2013, S. 36

Möglichkeiten und Grenzen von Wirtschaftsprognosen

Prognosen und Realitäten – Die Aussichten für Deutschland

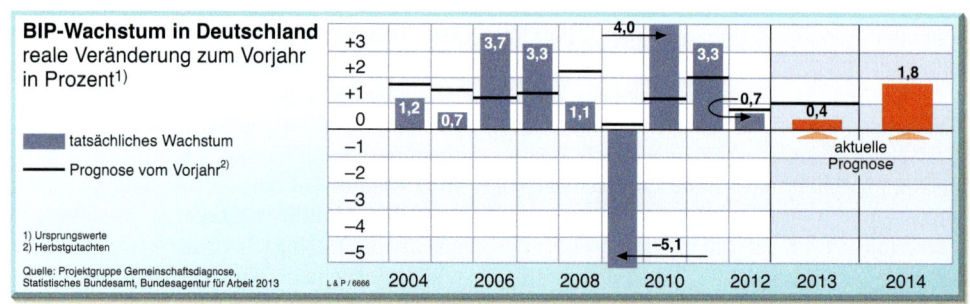

Braucht die Politik Prognosen?

An Prognosen der wirtschaftlichen Entwicklung führt kein Weg vorbei, in Krisenzeiten ebenso wenig wie in ruhigeren Zeiten. Politik sollte vorausschauend angelegt sein, sowohl in der aktiven Gestaltung ihrer Ziele als auch in der präventiven Abwehr von Gefahren. Gleichzeitig vollzieht sich Politik nicht auf Knopfdruck, sondern zwischen Erkennen, Entscheiden, Handeln und Wirkung vergeht Zeit. Auch diese bekannten Verzögerungen verlangen die Vorwegnahme von Zukunft durch Planung. Diese Planung drückt sich wesentlich in Zahlen aus, und dies auf vielen Feldern. Schließlich soll Politik konsistent sein.

Alle diese Eigenschaften und Anforderungen der Wirtschaftspolitik fokussieren sich in Prognosen im Rahmen der Volkswirtschaftlichen Gesamtrechnungen. Dabei sind die Prognosehorizonte ebenso unterschiedlich wie die ihnen zugrunde liegenden Planungs- und Entscheidungsziele. So genügt dem Jährlichkeitsprinzip bei der Aufstellung der öffentlichen Haushalte eine Kurzfristprognose für das kommende Jahr. Geldpolitische Entscheidungen, die aufgrund der bekannten Wirkungsverzögerungen über ein Jahr hinauswirken können, benötigen einen entsprechend längeren Prognosehorizont. Weiter ausgreifend erfordert eine mittelfristige Finanzplanung, die auf fünf Jahre ausgelegt ist, eine fristenkongruente Prognose „... zu

der mutmaßlichen Entwicklung des gesamtwirtschaftlichen Leistungsvermögens ...“ (§ 9 (1) Stabilitäts- und Wachstumsgesetz, StWG). Fragen der langfristigen Tragfähigkeit der öffentlichen Haushalte, insbesondere in Zeiten schrumpfender und alternder Bevölkerung, oder die langfristige Sicherstellung der Energieversorgung erfordern Prognosen, die über die mittlere Frist hinaus Einnahmen und Ausgaben bzw. die Nachfrage nach Energie auch über ein halbes Jahrhundert hinweg beschreiben.

Prognosen richten sich dabei meist auf mehrere Größen zugleich. So fordert das Stabilitäts- und Wachstumsgesetz von Wirtschafts- und Finanzpolitik zur Einhaltung des gesamtwirtschaftlichen Gleichgewichts und im Rahmen der marktwirtschaftlichen Ordnung Maßnahmen, die „... gleichzeitig zur Stabilität des Preisniveaus, zu einem hohen Beschäftigungsstand und außenwirtschaftlichem Gleichgewicht bei stetigem und angemessenem Wirtschaftswachstum beitragen.“ (§ 1 StWG) Die Entwicklung des Bruttoinlandprodukts, des Preisniveaus, des Außenbeitrags und der Beschäftigung sind daher Zielgrößen jeder Kurz- und Mittelfristprognose, die ihrerseits „Vorleistung“ für zahlreiche andere, zukunftsgerichtete Rechenwerke insbesondere die Haushalte der Gebietskörperschaften und der sozialen Sicherungssysteme sind.

65 Die Politik selbst hat sich zur Erstellung von Prognosen – teilweise auf gesetzlicher Basis – verpflichtet. Die Bundesregierung kommt dem Gesetzesauftrag im Vorfeld der Verabschiedung des Jahreswirtschaftsberichts 70 durch die Erläuterung von voraussichtlicher Wirtschaftsentwicklung und Wirtschaftspolitik in getrennten Gesprächen mit den Tarifvertragsparteien, im Konjunkturrat mit Vertretern von Ländern und Kommunen sowie mit der Vorlage der Jahresprojektion selbst 75 nach.

Aus: Willi Koll, Was erwartet die Politik von Prognosen, in: Wirtschaftsdienst 2/2009, S. 84 ff.

Viel mehr als Kaffeesatzleserei

MATERIAL **25**

Was sollen Prognosen, wenn es sie wie Sand am Meer gibt und sie einander widersprechen? Vor wenigen Tagen stellten die Wirtschaftsforschungsinstitute ihre Schätzungen 5 vor, nun legt Wirtschaftsminister Sigmar Gabriel für die Bundesregierung nach. Um zwei Prozent soll die Wirtschaft 2014 wachsen, heißt es bei ihm, die Forscher sagten 1,9 Prozent vorher. Auf den ersten Blick ein 10 marginaler Unterschied. Allerdings liegt die Fehlermarge bei plus/minus einem Prozentpunkt. Theoretisch ist zwischen 0,9 und drei Prozent also alles möglich. Dies macht Prognosen so tückisch. Ihre Grundlage besteht – 15 grob gesagt – aus einer Portion Umfragen bei Firmen und Verbrauchern, einem Teil Rückschau auf frühere Geldmarktprozesse, dazu je ein Schuss Zins- und Steueranalyse und eine Prise Risikoabschätzung. Aus all dem ziehen Experten ihre – eben unterschiedli 20 chen – Schlüsse. Nur in einem sind sie sich einig: dass sie falsch liegen können. Dennoch sind Prognosen wichtig, denn sie zeigen Tendenzen auf. Das Wissen darum baut Unsicherheiten ab, bei Investoren und Kon 25 sumenten. Überdies basiert die Haushaltsplanung der Regierung darauf – und so auch die zu erwartende Steuerlast jedes Bürgers. Es lohnt sich also, sich den Prognosen zu widmen. 30

Aus: Melanie Heike Schmidt, Viel mehr als Kaffeesatzleserei, in: Grafschafter Nachrichten, 16.4.2014, S. 2

Fortschreibung der gesamtstaatlichen Schuldenstandsquote

MATERIAL **26**

Fortschreibung der gesamtstaatlichen Schuldenstandsquote bis 2060

— T+   – – T+   — T–   – – T–

1) Bei diesem Szenario wird angenommen, dass trotz des steigenden Kostendrucks durch Konsolidierung bzw. Reformen in jedem Jahr ein ausgeglichener Haushalt erreicht wird und damit die geltenden Fiskalregeln mit geringem Sicherheitsabstand eingehalten werden.
Quelle: Statistisches Bundesamt (Ist-Werte), MFP: Mittelfristprojektion der Bundesregierung Herbst 2013 (2013 bis 2016), Werding/ifo (2014) (Projektionen ab 2019), nach: BMF, März 2014, S. 50

QUERVERWEIS

Staatsverschuldung
S. 29, M 1; S. 33, M 8;
S. 72 f., M 5–M 8;
Glossar

|||| **1** Analysieren Sie den Zusammenhang von prognostizierten und erzielten Werten in M 23.

|||| **2** Arbeiten Sie aus M 24 **heraus**, was die Menschen von Politik erwarten, wie Wirtschaftsprognosen für die Politik von Nutzen sind und wozu sie verwendet werden.

|||| **3** Erläutern Sie mithilfe von M 25 die Vorzüge solcher Wirtschaftsprognosen und ergänzen Sie diese Liste um eine Liste der Nachteile.

|||| **4** Analysieren Sie die Prognose zur Fortschreibung der gesamtstaatlichen Schuldenstandsquote (M 26); hinterfragen Sie die verwendeten Messgrößen und ggf. Annahmen.

|||| **5** Recherchieren Sie in der aktuellen Presse einige gesamtwirtschaftliche Prognosen und **beurteilen** Sie ihre Aussagekraft bzw. Wahrscheinlichkeit.

QUERVERWEIS

METHODE
Indikatoren auf ihre
Validität überprüfen
S. 170 f.

MATERIAL **27**

Sachverständigenrat und Wirtschaftsforschungsinstitute

Die Mitglieder des Sachverständigenrats [zur Begutachtung der gesamtwirtschaftlichen Entwicklung], die „Fünf Weisen", sind in der Regel Universitätsprofessoren, die diese Funktion nebenamtlich wahrnehmen. Sie werden auf Vorschlag der Bundesregierung nach Anhörung der aktiven Mitglieder des Rats auf fünf Jahre berufen. Der Rat soll in seinem Gutachten, das am 15. November erscheint, die gesamtwirtschaftliche Entwicklung analysieren. Außerdem soll er darlegen, wie Ziele des sogenannten Magischen Vierecks erreicht werden können. Das Gremium darf dabei zwar keine Empfehlung ausspre-chen; faktisch umgeht der Rat dieses Verbot aber dadurch, dass er für verschiedene Alternativen deutlich macht, welche aus seiner Sicht die beste ist. [...]

Die Wirtschaftsforschungsinstitute sind formal unabhängig. Ihre finanzielle Basis besteht aus einer staatlichen Grundfinanzierung – in der Regel gespeist aus den Haushalten von Bund und Ländern. Zum andern wird ein nicht unerheblicher Teil ihrer Etats durch bezahlte Auftragsforschung abgedeckt. Auftraggeber sind oftmals die Europäische Kommission sowie Bundes- und Landesministerien.

Aus: Duden Ratgeber, Wie Wirtschaft funktioniert, Berlin 2013, S. 148

MATERIAL **28**

Arbeit der Forschungsinstitute

INFO

Weitere wichtige Wirtschaftsforschungsinstitute

Hamburgisches Welt-WirtschaftsInstitut (HWWI),
www.hwwi.org

Institut für Weltwirtschaft an der Uni Kiel (IfW),
www.ifw-kiel.de

Institut der deutschen Wirtschaft Köln (IW),
www.iwkoeln.de

Zentrum für Europäische Wirtschaftsforschung (ZEW),
www.zew.de

Die Institute der Projektgruppe Gemeinschaftsdiagnose legen hiermit ihre im Auftrag des Bundesministeriums für Wirtschaft und Energie erstellte Analyse der Entwicklung der deutschen Wirtschaft und der Weltwirtschaft vor. Diese 129. Gemeinschaftsdiagnose steht unter dem Titel „Deutsche Wirtschaft stagniert – Jetzt Wachstumskräfte stärken". Die Analyse zeigt, dass die Einschätzung der Institute vom Frühjahr 2014 wohl zu optimistisch war. [...]

Nicht nur die Institute wurden in ihren Erwartungen enttäuscht; auch in den Unternehmen und bei den privaten Haushalten hat sich Ernüchterung über die Aussichten breit gemacht. Dies liegt zum einen am außenwirtschaftlichen Umfeld: Die europäischen Nachbarländer scheinen sich langsamer als erwartet von der Krise zu erholen und die globale wirtschaftliche Dynamik hat sich eingetrübt. Zum anderen bleiben die binnenwirtschaftlichen Expansionskräfte hinter den Erwartungen zurück: Die Institute waren bisher davon ausgegangen, dass die für Deutschland historisch niedrigen Zinsen die Investitionstätigkeit stimulieren würden. Mehr und mehr zeichnete sich in den vergangenen Monaten aber ab, dass die deut-sche Investitionsschwäche nicht überwunden wird. Die Wirtschaftspolitik ist in diesem Umfeld gefordert, die Wachstumsmöglichkeiten in Deutschland zu verbessern. Die deutsche Finanzpolitik hat angesichts einer momentan günstigen Haushaltslage gestalterische Spielräume für einen Mix aus Abgabenentlastungen und zusätzlichen investiven Staatsausgaben.

Der Projektgruppe Gemeinschaftsdiagnose gehören an:

- Deutsches Institut für Wirtschaftsforschung e. V., *www.diw.de*, in Kooperation mit: Österreichisches Institut für Wirtschaftsforschung, *www.wifo.ac.at*
- ifo Institut – Leibniz-Institut für Wirtschaftsforschung an der Universität München e. V., *www.ifo.de*, in Kooperation mit: KOF Konjunkturforschungsstelle der ETH Zürich, *www.kof.ethz.ch*
- Institut für Wirtschaftsforschung Halle, *www.iwh-halle.de*, in Kooperation mit: Kiel Economics, *www.kieleconomics.de*
- Rheinisch-Westfälisches Institut für Wirtschaftsforschung, *www.rwi-essen.de*, in Kooperation mit: Institut für Höhere Studien Wien, *www.ihs.ac.at*.

Aus: Projektgruppe Gemeinschaftsdiagnose (Hrsg.), Gemeinschaftsdiagnose Herbst 2014:
Deutsche Wirtschaft stagniert – Jetzt Wachstumskräfte stärken, Berlin, 7.10.2014, S. 3

Ergebnisse der Gemeinsamen Konjunkturprognose

MATERIAL 29

Die deutsche Wirtschaft wird in diesem Jahr um 1,3 Prozent und im kommenden Jahr um 1,2 Prozent wachsen. [...] Demzufolge hat sich die Konjunktur in Deutschland merklich
5 abgekühlt. [...] Schwach ist sowohl die Binnennachfrage – das Konsumklima hat sich zuletzt verschlechtert und die Unternehmen halten sich mit Investitionen weiterhin zurück – als auch die Auslandsnachfrage. Be-
10 lastend wirken das mäßige Expansionstempo der Weltwirtschaft und die auch im Prognosezeitraum niedrige Dynamik im Euroraum. In diesem Umfeld sprechen sich die Wirtschaftsforschungsinstitute für eine Stärkung
15 der Wachstumskräfte und günstigere Rahmenbedingungen für Investitionen aus. Der finanzielle Spielraum für ein investitionsfreundlicheres Steuersystem und mehr Ausgaben in wachstumsförderlichen Bereichen
20 wie Sach- und Humankapital sei vorhanden. Die geldpolitische Ausrichtung in den fortgeschrittenen Volkswirtschaften hat sich entsprechend den unterschiedlichen Konjunkturverläufen im Jahr 2014 zu differenzieren
25 begonnen. In den USA liegt der Leitzins zwar weiter an der Nullprozentmarke. Er dürfte aber, wenn sich der Konjunkturaufschwung fortsetzt, im Frühjahr 2015 angehoben werden. Die Europäische Zentralbank (EZB) hat hingegen angesichts der schwachen Kon-
30 junktur im Euroraum im September den Hauptrefinanzierungssatz auf 0,05 Prozent und den Einlagensatz auf –0,2 Prozent gesenkt. [...] Die Finanzpolitik bleibt im Prognosezeitraum in den meisten fortgeschritte-
35 nen Volkswirtschaften restriktiv ausgerichtet, der Restriktionsgrad dürfte jedoch weiter abnehmen. In den USA wird kaum noch konsolidiert. Die Institute gehen davon aus, dass die Konsolidierungsbestrebungen in vielen
40 Ländern des Euroraums hinter den jeweiligen Stabilitätsprogrammen zurückbleiben werden, obwohl die Zinsen auf Staatsschuldtitel niedrig sind und damit die Zinsbelastung sinkt. [...] Es gibt aber auch eine Reihe
45 stützender Faktoren für die Konjunktur: Die Finanzpolitik wird im Prognosezeitraum voraussichtlich deutlich weniger restriktiv ausfallen als in den Vorjahren, die strukturellen Defizite gehen langsamer zurück. Die Ver-
50 mögenspreise steigen in vielen Ländern wieder, und die Arbeitsmärkte stabilisieren sich. Außerdem begünstigt der gesunkene Wechselkurs die Ausfuhren.

Aus: Deutsches Institut für Wirtschaftsforschung e. V., Pressemitteilung vom 9.10.2014 (Zugriff: 13.10.2014)

Expertenbefragung

METHODE

1. **Vorbereitung:** Thema klären, Experten auswählen, Fragenkatalog entwerfen, Fragen hierarchisieren, Ort und Art der Befragung klären (Schule/Arbeitsplatz, Einzel-/Gruppeninterview)
2. **Organisation:** Abholung des Gastes, Sitzordnung, Getränke, Moderation, Aufnahmegerät ...
3. **Ablauf:** Anmoderation, Fragen laut und deutlich stellen, auf Experten eingehen, Verabschiedung und Dank ...
4. **Ergebnispräsentation:** Flipchart, Plakat, Artikel in Schülerzeitung, Feedbackbrief, Collage ...

1 Vergleichen Sie die Arbeit des Sachverständigenrates mit der Arbeit der Wirtschaftsforschungsinstitute (M 27, M 28).

2 Analysieren Sie die Gemeinsame Konjunkturprognose in den Bereichen Außenhandel, Produktion, Geldpolitik und Finanzpolitik mithilfe einer Tabelle (M 29).

3 Erörtern Sie, warum für die Entwicklung der Wirtschaft in Deutschland Bezug zu anderen Volkswirtschaften genommen wurde (M 29).

4 Führen Sie eine Expertenbefragung z. B. eines Gewerkschafts- oder eines Arbeitgebervertreters zur Einschätzung der Ergebnisse der Konjunkturprognose durch.

GLOSSAR

Gewerkschaften
Arbeitgeberverbände

WISSEN KOMPAKT

Zielgrößen der gesamtwirtschaftlichen Entwicklung

Wenn es darum geht, die gesamtwirtschaftliche Entwicklung in Deutschland darzustellen, führt kein Weg am **Gesetz zur Förderung der Stabilität und des Wachstums (StWG, 1967)** und den darin festgeschriebenen Zielen des sogenannten **„Magischen Vierecks"** vorbei: **Stabilität des Preisniveaus, hoher Beschäftigungsstand, außenwirtschaftliches Gleichgewicht, angemessenes Wirtschaftswachstum**.

Um diese vier Ziele gleichzeitig über längere Zeit und konfliktfrei zu erreichen, bedarf es der Magie – keiner Wirtschaftspolitik ist das bisher gelungen, nicht vor und auch nicht seit Beginn des EU-Binnenmarktes (ab 1992). Wenn dennoch Experten dem Standort Deutschland gute wirtschaftspolitische Rahmenbedingungen bescheinigen, so haben sie vor allem die politischen Freiheiten, die Regierungsführung und die Qualität der Demokratie in Deutschland im Blick.

Wirtschaftsstandort Deutschland

Der **Wirtschaftsstandort Deutschland** zeigt sich in einer Momentaufnahme des Jahres 2014 als international wettbewerbsfähiger Standort. Der hohe Beschäftigungsstand mit relativ niedriger Arbeitslosenquote und wachsender Beschäftigtenzahl, die deutlich unter dem Zielwert liegende Geldentwertungs-/Inflationsrate, der seit Jahrzehnten erstmalig wieder ausgeglichene Bundeshaushalt und die zwar überhöhte, aber langsam wieder sinkende Staatsschuldenquote lassen Deutschland – auch aus Regierungssicht – als Wachstumsmotor innerhalb der EU erscheinen.

Die **Industrie** stellt den Kern der deutschen Volkswirtschaft dar, die international vernetzt und auf den globalisierten Weltmarkt orientiert ist. Der Vergleich der deutschen Entwicklung mit den Deindustrialisierungstendenzen in den USA, in Frankreich oder in Großbritannien weist darauf hin, dass die stete Gefahr eines schleichenden Verlustes dieser Kernkompetenz besteht. Typisch für Deutschlands Industrie sind der starke Mittelstand und die vielen Familienbetriebe, deren Innovationsfähigkeit als Triebfeder des Wachstums und der internationalen Wettbewerbsfähigkeit gilt. Die Entwicklung und Herstellung komplexer industrieller Güter – vor allem Investitionsgüter und innovative Produktionstechnologien – gelten als Spezialität der deutschen Industrie.

Die **finanzpolitischen Kennziffern** für den Staat Deutschland seit 2005 zeigen an, wie tief der Absturz der deutschen Wirtschaft im Gefolge der Finanz- und Wirtschaftskrise nach 2008 war: Der Staat griff ins Wirtschafts- und Finanzgeschehen ein, was die Staatsquote erheblich vergrößerte. Die Schuldenstandsquote des Staates stieg zwischenzeitlich dramatisch an, ebenso der Finanzierungssaldo des Staates. Dass die Abgabenquote, die Steuerquote und die Sozialbeitragsquote im Gefolge des dramatischen Wirtschaftseinbruchs dennoch fast konstant blieben, zeigt die Flexibilität des wirtschaftspolitischen Handelns der damaligen Bundesregierung und der Tarifpartner bei der Bewältigung der Krise an.

Vom „Magischen Viereck" zum „nachhaltigen Achteck"

Das **gesamtwirtschaftliche Gleichgewicht** ist seit der Verabschiedung des Gesetzes zur Förderung der Stabilität und des Wachstums (StWG, 1967) übergeordnetes wirtschaftspolitisches Ziel, das die Bundesregierung zu einer aktiven, zielorientierten gestalterischen Rolle innerhalb des ansonsten marktwirtschaftlichen Rahmens der Wirtschaft in Deutschland anhält. Vor allem verpflichtet das StWG die Bundesregierung auf einen jährlich wiederkehrenden Zeitplan für die Vorlage eines **Jahreswirtschaftsberichts** und einer jährlich fortzuschreibenden **fünfjährigen Finanzplanung**, die auf der Bundes- wie auf der Länderebene erörtert werden. Weil sowohl der Bundestag wie auch der Bundesrat an den Haushaltsbeschlüssen und an der Erstellung des Bundeshaushalts beteiligt werden bzw. die Haushaltspläne in den einzelnen Bundesländern jeweils den Vorgaben der fünfjährigen Finanzplanung angepasst werden, entfaltet das StWG im Bundesstaat zugleich eine zentrale Steuerungs- wie auch eine föderale Koordinationsfunktion.

Die rasante Fortschritts- und Wohlstandentwicklung der Wirtschaft in Deutschland hat im Verlauf der Jahrzehnte nach dem StWG und erst recht im Gefolge der Entwicklungen nach der Wiedervereinigung Deutschlands 1990 ein zustimmendes und ein kritisches Echo gefunden. Die gesamtgesellschaftliche Diskussion hat mit dem Ziel der **Humanisierung der Arbeit** und mit dem Gedanken des **Naturschutzes** zunächst eine doppelte Erweiterung des „Magischen Vierecks" zum **Sechseck** erbracht.

Die Diskussionen zur Idee einer umfassend ausgestalteten Nachhaltigkeit haben weitere Ausdifferenzierungen des Ziele-Katalogs gebracht. An deren Ende stand das **„nachhaltige Tetragon"**, das neben den Umwelt- auch den **Ressourcenschutz** stellte, so wie zuvor schon die **Gerechtigkeit in der Einkommens- und in der Vermögensverteilung** zum Ziel geworden war.

Der 1996 in der Öffentlichkeit ausgetragene Disput zwischen dem damaligen Altkanzler Helmut Schmidt und dem späteren Bundeskanzler Gerhard Schröder darüber, ob eine hohe Inflationsrate schädlicher als eine gleichhohe Arbeitslosenquote sei, gibt Einblick in die zum Teil uneindeutige Qualität der Beziehungen zwischen den vier bzw. sechs bzw. acht Zielen der deutschen Wirtschaftspolitik.

Und nicht nur der Ziele-Katalog für ein gesamtwirtschaftliches Gleichgewicht ist nicht völlig kohärent, auch die dem obersten Ziel (Gemeinwohl) zugeordneten vier Qualitätsfaktoren jeder Wohlstandentwicklung (Freiheit, Gerechtigkeit, Sicherheit, Fortschritt) müssen entweder als Prozesspolitik (hoher Beschäftigungsstand, Preisniveaustabilität, Steigerung des Pro-Kopf-Einkommens, verbesserte Versorgung mit Kollektivgütern) oder als Strukturpolitik (anpassungsflexibles Angebot, Angleichung regionaler Lohn-, Wohn- und Freizeitwerte, Leistungerechtigkeit der Verteilung von Einkommen und von Vermögen, soziale Gerechtigkeit der Verteilung von Einkommen und Vermögen) umgesetzt werden.

Insoweit ist die **praktische Wirtschaftspolitik** in Deutschland ein **Dauerexperiment**. Die grundgesetzlich fundierte Aufgabe der Parteien, an der Willensbildung des Volkes teilzunehmen, führt zu parteilich werbenden Programmen und wegen der Parteienkonkurrenz tendenziell zu umverteilenden Konzepten, die auf eine regulatorische bzw. intervenistische Wirtschaftspolitik abzielen. Da zugleich die Bedingungen der weltwirtschaftlichen Integration des dicht mit Europa und mit der ganzen Welt vernetzten Wirtschaftsstandorts Deutschland auf einen Kosten senkenden Wettbewerb ausgelegt sind, geraten diese Standorterfordernisse mit einer tendenziell expansiven Umverteilungspolitik in Konflikt – hier zeigt sich Wirtschaftspolitik als Dauerexperiment.

Indikatoren der Zielgrößen – Möglichkeiten und Grenzen von Prognosen

Genau zu wissen, was den Wirtschaftsstandort Deutschland ausmacht, ist nicht nur eine Frage der amtlichen und der privatwirtschaftlichen Statistik. Die im Nachhinein ermittelten Zahlen und Fakten schaffen Gewissheit und Sicherheit bezüglich der Vergangenheit. Dieser **Ex-post-Analyse** entsprechen der Wunsch und die Notwendigkeit eines möglichst ebenso fundiert ermittelten Bildes von der Zukunft, einer wissenschaftlich exakten **Ex-ante-Analyse als Prognose**. Prognosen sind, weil sie mehr sind als Kaffeesatzleserei, unverzichtbar geworden. Spätestens mit dem StWG ist ein Ausbau der amtlichen betriebs- und volkswirtschaftlich orientierten Statistik verbunden, der – in vergleichbarer Weise auch in den übrigen EG- bzw. EU-Mitgliedstaaten vollzogen – die **Voraussetzungen zu einer zielgerichteten und konzeptionellen Wirtschaftspolitik** auf der europäischen Ebene des vergemeinschafteten Binnenmarkts erst schuf.

Und auch auf den nationalen statistischen Raum – Deutschland – bezogen, sind vielerlei binnenwirtschaftliche und gesamtgesellschaftliche Prognosen möglich; zahlreiche offizielle Institutionen, viele privatwirtschaftliche Unternehmen und Einrichtungen sowie zahllose private Initiativen prognostizieren – alles Mögliche. Wichtig für die Nutzung solcher Prognosen sind dabei ein **quellenkritischer Umgang** mit allen Prognosen und nach Möglichkeit ein **multiperspektivischer Blick** auf alle vermeintlichen Gewissheiten der Zukunft.

1.3 Wirtschaftspolitische Konzeptionen

Der Staat muss den langen Wellen der Konjunktur nicht nur tatenlos zusehen und die Auswirkungen des Auf und Ab des Konjunkturzyklus über sich ergehen lassen. Vielmehr kann der Staat auf verschiedenste Weise intervenieren und versuchen, die konjunkturellen Schwankungen einzudämmen, ihre Amplituden zu verringern oder ihre Phasenlänge zu verkürzen.

Dabei kann die Politik von verschiedenen Annahmen ausgehen und unterschiedliche Ansätze in ihrem Handeln verfolgen. In einem langen Streit der Theorien darüber, welche Handlungsweise am geeignetsten sei, haben sich drei Varianten von Wirtschaftspolitik entwickelt, die sich im Verhalten der Staaten wiederfinden.

Die Unterschiede ergeben sich vor allem in der jeweiligen Antwort auf die Frage, in welchem Bereich der Wirtschaft der Staat eingreift: Soll er sich darum bemühen, die Produktionsmöglichkeiten der Unternehmen zu verbessern und somit für ein stärkeres Angebot sorgen (1. Variante) oder soll er, indem er als Investor auftritt, durch die Erhöhung der Nachfrage für einen Aufschwung in der Wirtschaft sorgen? Und wie soll der Staat das finanzieren (2. Variante)? Oder liegt das Allheilmittel in der Steuerung der Menge des Geldes in einem Land (3. Variante)?

Zeichnung:
Freimut Woessner

Basiswissen
Die Wirtschaftsordnung ist durch das Grundgesetz nicht explizit vorgegeben. In der **sozialen Marktwirtschaft**, wie sie in der Bundesrepublik Deutschland besteht, greift der Staat mit bestimmten Maßnahmen in die Wirtschaft ein. So schafft er z. B. **soziale Sicherungssysteme**. Die Entscheidungen des Staates haben weit reichende Konsequenzen.

1 **Analysieren** Sie die Karikatur im Hinblick auf die Aussage des Zeichners zur Wirtschaftspolitik.

2 **Stellen** Sie mithilfe eines eigenen Schaubildes mögliche Handlungsweisen des Staates zur Beeinflussung der Wirtschaft **dar**.

Erfolgreiche Konjunkturpolitik? Fallbeispiel Abwrackprämie

Konjunkturspritze Abwrackprämie

Abwrackprämie
Im offiziellen Sprachgebrauch wird diese Maßnahme als Umweltprämie bezeichnet.

Konjunkturprogramm II
= Pakt für Beschäftigung und Stabilität in Deutschland zur Sicherung der Arbeitsplätze, Stärkung der Wachstumskräfte und Modernisierung des Landes; nach dem Konjunkturprogramm I von 2008 wurde Anfang 2009 ein zweites Konjunkturprogramm – mit einem Volumen von 50 Mrd. Euro das größte in der Geschichte der Bundesrepublik – von der Großen Koalition beschlossen. Mithilfe von Steuersenkungen und öffentlichen Investitionen sollte damit die kriselnde Wirtschaft (siehe Kap. 2.6) angekurbelt werden.

Der Deutsche Gewerkschaftsbund (DGB) betonte, Maßnahmen wie die Abwrackprämie für Altautos hätten schon jetzt eine positive Auswirkung auf den Arbeitsmarkt. Der Verband der Automobilindustrie erklärte, man hoffe, dass die Nachfrage auf den internationalen Märkten 2010 wieder anspringe. Bis dahin könnten die Maßnahmen des **Konjunkturprogramms II** eine „wichtige Brückenfunktion" haben, um die Probleme auf dem Binnenmarkt abzufedern. Das Konjunkturprogramm enthalte erfreuliche Signale für den Automarkt, aber alles hänge davon ab, ob die internationalen Märkte wieder anspringen würden. Der Zentralverband des Deutschen Kraftfahrzeuggewerbes erklärte, das Programm werde helfen, die Folgen der Krise in den nächsten Monaten abzumildern.

Aus: Hans-Jürgen Leersch, Abwrackprämie bringt Jobs, in: Das Parlament 08/16.2.2009

Staatliche Steuerungsprogramme

Wegen der großen Nachfrage und der sich weiter verschlechternden Wirtschaftsdaten wird die Zahlung der Abwrackprämie als Absatzförderungsinstrument für die angeschlagene Automobilindustrie verlängert. Ein weiteres Maßnahmenpaket zur Stützung der Wirtschaft soll es nach dem Willen der Koalitionsfraktionen nicht geben, auch wenn Bundeskanzlerin Angela Merkel (CDU) nach einem Krisengipfel im Kanzleramt von einem „schweren Wirtschaftseinbruch" sprach. [...] Ziel des Programms sei es, den Verkauf von Neu- oder Jahreswagen mithilfe einer Umweltprämie von 2 500 Euro zu fördern. Damit könne der Nachfrageeinbruch gedämpft und der Industrie geholfen werden, Arbeitsplätze zu erhalten. Zum 7. April [2009] hätten dem zuständigen Bundesamt für Wirtschaft und Ausfuhrkontrolle etwa 1,2 Millionen Anträge vorgelegen. Damit sei das veranschlagte Fördervolumen schon mehr als ausgeschöpft [...]. Die Abwrackprämie ist das bisher wirksamste Instrument aus den beiden Konjunkturpaketen der Koalition. Alle anderen Maßnahmen konnten die Bundesrepublik jedoch nicht vor dem „Sog der Weltrezession" bewahren, wie die führenden Wirtschaftsforschungsinstitute in ihrem Frühjahrsgutachten feststellten. Die Experten erwarten, dass die Wirtschaft in Deutschland in diesem Jahr um sechs Prozent schrumpft und im nächsten Jahr um 0,5 Prozent.

Aus: Hans-Jürgen Leersch, Nur die Schrottpressen boomen, in: Das Parlament 18–19/27.4.2009

MATERIAL 3

Abwrackprämie infrage gestellt

INFO

Justus Haucap
* 24.3.1969
in Quakenbrück
Professor für Volks-
wirtschaftslehre an der
Universität Düsseldorf,
Gründungsdirektor des
Düsseldorfer Instituts
für Wettbewerbsökono-
mie (DICE); 2008–2012
Vorsitzender der
Monopolkommission

Fluch oder Segen? Während die gestiegenen Absatzahlen für Neufahrzeuge in Deutschland als eindeutiger Erfolg für die Abwrackprämie in Höhe von 2 500 Euro gewertet werden, schlagen Umweltschützer und auch der Vorsitzende der Monopolkommission, Professor Justus Haucap von der Universität Erlangen-Nürnberg, Alarm: Sie vermissen jegliche ökologische Lenkungswirkung.

Haucap kritisierte zudem in einer Anhörung des Wirtschaftsausschusses am 13. Mai [2009]: „Die staatlich subventionierte Vernichtung von Gegenständen, die noch einen Gebrauchs- und auch Marktwert haben, stellt eine in diesem Umfang wohl hoffentlich einmalige, staatlich herbeigeführte Vernichtung von Vermögen dar."

Der Wissenschaftler spielte damit auf Beobachtungen auf deutschen Schrottplätzen an, wo mindestens neun Jahre alte Fahrzeuge abgeliefert werden müssen, damit eine Prämie beantragt werden kann. Als zweiter Schritt zur Prämie ist der Kauf eines Neuwagens erforderlich. In zahlreichen Berichten hieß es, viele der zur Verschrottung gegebenen Fahrzeuge seien noch in gutem Zustand gewesen und hätten bei einem Verkauf weit mehr als 2 500 Euro erzielt, die die Verschrottungsprämie bringt.

Aus: Hans-Jürgen Leersch, Die Schrottpresse wird zum Jobmotor, in: Das Parlament 21–22/18.5.2009

MATERIAL 4

Kritik des Verkehrsclubs Deutschland (VCD)

INFO

**Verkehrsclub
Deutschland (VCD)**
gegr. 1986; alter-
nativer ökologischer
Verkehrsclub mit nach
eigenen Angaben
ca. 55 000 Mitgliedern
und Förderern

Nach Ansicht des VCD ist die sogenannte Umweltprämie eine Steuerverschwendung in Milliardenhöhe ohne jeglichen ökologischen Effekt:

■ Die Abwrackprämie ist an keinerlei Umweltkriterien geknüpft.

■ Neue Pkw sind nicht zwingend umweltfreundlicher als alte: Ein neun Jahre alter Benziner bläst beispielsweise weniger gesundheitsschädigende Stickoxide und Partikel in die Umgebung als ein durchschnittlicher Diesel-Pkw aus dem Produktionsjahr 2009.

■ Für die Produktion von Neuwagen werden etwa 20 Prozent der Energie benötigt, die ein Pkw während seines gesamten Lebenszyklus verbraucht.

Die Abwrackprämie hat keine entscheidende konjunkturelle Wirkung:

■ Von der Regelung profitieren nur Autofahrer, für die es zufällig gerade in diesem Jahr Sinn macht, einen Neuwagen oder neuen Gebrauchten zu kaufen, und die noch dazu einen relativ wertlosen Gebrauchtwagen besitzen. Diese Zahl von Käufern ist nicht sehr hoch, da Besitzer älterer Gebrauchtwagen oft nicht über die finanziellen Mittel verfügen, sich einen Neuwagen anzuschaffen.

■ Wenn durch die Prämie ein Kaufanreiz entsteht, dann vor allem für billigere Kleinwagen – diese werden aber nicht von deutschen, sondern vorwiegend von ausländischen Autofirmen hergestellt.

Für diejenigen, die die Prämie trotzdem nutzen möchten, weil sich der Kauf für sie aus finanzieller und ökologischer Sicht lohnt, hat der VCD Kauftipps zusammengestellt. Wenn es eine konjunkturfördernde Umweltprämie im Autobereich geben soll, dann wäre aus Sicht des VCD die Förderung von Partikelfiltern für Nutzfahrzeuge zielführend. Partikelfilter in Transportern würden die Luft in den Städten nachhaltig verbessern und die Konjunktur in Deutschland befördern. Die Filter kommen hauptsächlich aus heimischen mittelständischen Betrieben und werden in ortsansässigen Werkstätten eingebaut.

Aus: Verkehrsclub Deutschland (VCD), Themen: Verkehrspolitik, Konjunkturpolitik, Konjunturpaket II, www.vcd.org/konjunkturpaket_ii.html (Zugriff: 15.8.2014)

Internationaler Vergleich

[W]as hat die fast fünf Milliarden Euro teure Aktion [der Abwarckprämie] für die Konjunktur gebracht? [...] Um das abschätzen zu können, müsste man im Idealfall zwei Regionen vergleichen – eine, in der es die staatlichen Zuschüsse für Neuwagenläufer gab, und eine, in der sie nicht existierten. Zwei amerikanische Volkswirte haben genau das versucht – am Beispiel des US-Pendants zur Abwrackprämie, einem Programm mit dem Spitznamen „Cash for Clunkers" („Bares für Schrottlauben"). Im Sommer 2009 bekamen Neuwagenkäufer zwei Monate lang 4 500 Dollar vom Staat, wenn sie ein Altauto verschrotteten. Rund 680 000 Amerikaner nahmen diese Förderung in Anspruch. Die Ökonomen Atif Mian (University of California, Berkeley) und Amir Sufi (University of Chicago) nutzten in ihrer Studie mit dem Titel „The Effects of Fiscal Stimulus: Evidence from the 2009 ‚Cash for Clunkers' Program" regionale Unterschiede in den USA aus: In manchen Städten waren deutlich mehr Fahrzeuge, die für die Abwrackprämie infrage kamen, zugelassen als in anderen Orten des Landes. Die Studie ist ein Beispiel für einen neuen Trend in der Makroökonomie: Volkswirte setzen zunehmend auf detaillierte Fallstudien, um die Effekte wirtschaftspolitischer Entscheidungen wie Konjunkturpakete zu untersuchen. Denn die bisher üblichen Analysen aus der makroökonomischen Vogelperspektive allein sind oft nicht in der Lage, alle Effekte zu erfassen. Vor der Einführung der Abwrackprämie unterschieden sich die Verkaufszahlen von Neuwagen in beiden Regionen nicht. Im Juli und August 2009 änderte sich das schlagartig: In Städten mit vielen Altautos schossen die Neuwagenverkäufe im Vergleich zum Vorjahr um fast 20 Prozent in die Höhe. In Städten mit besonders wenigen Schrottlauben auf den Straßen änderte sich dagegen so gut wie nichts. Zwischen 340 000 und 380 000 Autos wären laut Studie im Sommer 2009 ohne das „Cash for Clunkers"-Programm nicht gekauft worden. Doch dieser Effekt erwies sich als nicht besonders dauerhaft. Nach dem Ende der Subvention kehrten sich die Verkaufsmuster zwischen den Regionen blitzartig um. Dort, wo die Abwrackprämie einen Boom ausgelöst hatte, brach der Neuwagenabsatz drastisch ein – in den anderen Regionen dagegen nicht. Betrachtet man nicht die monatlichen Verkaufszahlen, sondern fasst sie über mehrere Monate zusammen, so zeigt sich: Nach nur sieben Monaten war der Effekt, den die Abwrackprämie auf die Pkw-Nachfrage hatte, nahezu komplett verschwunden. Quasi alle Autokäufe, die im Sommer 2009 dank Abwrackprämie stattfanden, hätte es bis März 2010 ohnehin gegeben. Unter dem Strich war die Abwrackprämie also nahezu wirkungslos – ein 2,85 Milliarden Dollar teures Strohfeuer ohne nachhaltige Impulse für die Konjunktur.

Aus: Olaf Storbeck, Was die Abwrackprämie gebracht hat, in: Handelsblatt online, www.handelsblatt.com/ politik/oekonomie/wissenswert/wissenswert-was-die-abwrackpraemie-gebracht-hat-seite-all/3640026-all. html, 16.11.2010 (Zugriff: 15.8.2014)

1 Beschreiben Sie die Ausgestaltung der Abwrackprämie und deren Modifikation durch die Bundesregierung (M 1 bis M 3).

2 Vergleichen Sie die Ziele der Bundesregierung mit den Aussagen des Verkehrsclubs Deutschland und des Artikels von Olaf Storbeck (M 4 und M 5).

3 Diskutieren Sie die Ergebnisse der in den USA durchgeführten Studie im Hinblick auf ihre Aussagekraft und eine Übertragbarkeit auf die Bundesrepublik Deutschland (M 5).

4 Erörtern Sie ausgehend von M 1 bis M 5 die Vor- und Nachteile der Abwrackprämie.

5 Nehmen Sie **Stellung** zur Abwrackprämie aus der Sicht eines ...

    a) ... Arbeitnehmers in Form eines Briefes an seinen Bundestagsabgeordneten,

    b) ... Gewerkschaftsvorsitzenden in Form einer Rede auf einer Kundgebung,

    c) ... Vertreters einer Oppositionspartei in Form einer schriftlichen Anfrage,

    d) ... Vorstandsvorsitzenden eines Automobilkonzerns in Form einer Pressemitteilung.

Angebotsorientierte Wirtschaftspolitik

Die Theorie von Jean-Baptiste Say

Hätte der vor 200 Jahren lebende Unternehmer, Journalist und Ökonom Jean-Baptiste Say den legendären Spruch des früheren US-Präsidenten Bill Clinton gekannt („**It's the economy, stupid**", es geht um die Wirtschaft, Dummkopf), hätte er ihn wohl für seine wirtschaftstheoretische Botschaft verwendet: „Es geht ums Angebot, Leute!"

Der umtriebige Franzose vertrat die These, wonach, vereinfacht ausgedrückt, jedes Angebot seine Nachfrage schafft. Wer etwas herstellt, tut es letztlich nur deshalb, weil er sein Produkt gegen andere Produkte eintauschen möchte [...]. Der Anbieter, direkt und indirekt, bestimmt damit nicht nur über die Nachfrage, sondern es kommt – elastische Preise vorausgesetzt – auch nie zu Überproduktion, jedenfalls nicht zu einer strukturellen. Say trat damit Befürchtungen entgegen, wie sie im Sog der industriellen Revolution halb Europa beschäftigten.

Jean-Baptiste Say stammte aus einer mittelständischen Unternehmerfamilie und war zeitweise selbst Unternehmer. In jungen Jahren sah er während eines Englandaufenthalts mit eigenen Augen, was die Technisierung bedeutete, die durch die Erfindung der Dampfmaschine ausgelöst wurde: neue, raschere und günstigere Produktion und damit Marktchancen, aber auch soziale Härten und eine überforderte Politik. Der Franzose hatte ein ambivalentes Verhältnis zum Staat, hat ihn verteufelt, aber auch von ihm profitiert. Seinem Credo jedoch blieb er zeitlebens treu: Lieber keine als eine falsche Politik, weil diese den Markt behindert und damit das Elend noch größer macht, statt den Wohlstand zu fördern, sprich den schnellen Warenaustausch, wie Say es formulierte. [...].

Say war nicht grundsätzlich gegen Steuern. Das konnte er bei seinem polyvalenten [vieldeutigen] Verhältnis zum Staat auch nicht. Doch mit Fug und Recht – und vielen späteren Beispielen – konnte er so belegen, dass exzessive Abgaben nicht nur der Wirtschaft und damit der Allgemeinheit, sondern auch dem Verursacher, dem Fiskus, schaden. In seinem Werk „Traité d'Economie politique"

warnte Jean-Baptiste Say nicht nur vor einem engen Fiskalkorsett, sondern tat generell sein Verständnis der Nationalökonomie kund. Die Kernbotschaft: Ein erhöhtes Güterangebot zieht automatisch eine höhere Güternachfrage nach sich und belebt so die Wirtschaft.

Say hat seine „Gleichung" nie mathematisch ausformuliert und verfeinert, was Kritiker möglicherweise besänftigt hätte. Dies haben andere Neoklassiker in einer späteren Generation übernommen, so der britische Nationalökonom Alfred Marshall, zu dessen Schülern John Maynard Keynes gehörte. Jean-Baptiste Say erlebte nicht mehr, wie Keynes zu einem seiner größten ideologischen Widersacher und der Neoklassiker überhaupt wurde. Keynes setzte dem vom Franzosen ausgehenden angebotsorientierten Modell das nachfrageorientierte gegenüber. Das Say'sche Theorem verteufelte er zwar nicht grundsätzlich, hielt es aber für viel zu starr und damit für unbrauchbar. Es klammere die Ungewissheit aus, kritisierte Keynes. Nehme die Ungewissheit überhand, verflüchtige sich jede Berechenbarkeit. Es werde gespart und gehortet, welches Angebot man auch immer unterbreite. In einer solchen Situation müsse der Staat fehlende Nachfrage kompensieren. Anders als Keynes sagt der Name Say jüngeren Ökonomen kaum etwas. [...]

Die auf Jean-Baptiste Says Vermächtnis zurückgehende angebotsorientierte Wirtschaftspolitik zeigte ihre positive Wirkung im Amerika der Achtzigerjahre. Mit Steuersenkungen war es der US-Regierung unter Präsident Ronald Reagan gelungen, die Wirtschaft zu reanimieren und das Staatsdefizit zu reduzieren. Trotz respektive wegen Steuersenkungen – ganz im Say'schen Sinn – kam der Staat zu Mehreinnahmen. Arthur B. Laffer hatte den Effekt der **Reaganomics**, die als wirtschaftspolitischer Durchbruch gefeiert wurde, in seiner berühmten Kurve dargestellt (die **Laffer-Kurve**). Das andere Beispiel, das Say vor Freude im Grab hochspringen ließe, liefert der amerikanische

Technologiekonzern Apple. Spektakulärer noch als andere Unternehmen zeigt er auf, wie ein Angebot die Nachfrage diktiert, ja die iPods, iPhones und iPads haben geradezu ein neues Kommunikationszeitalter heraufbeschworen, die Konkurrenz angestachelt und einschließlich der Zulieferer hunderttausendfach neue Stellen geschaffen. Aus Apple ist eine Geldmaschine geworden, die so heiß läuft, dass der Konzern trotz hoher Investitionen in Forschung und Entwick-

100

105

lung, der angestrengten Suche nach neuen Produkten und trotz Aktienrückkäufen nicht mehr weiß, wohin mit dem Kapital. Auf über 160 Mrd. $ hat sich die Liquidität in Apples Bilanz per Ende Juni 2014 angehäuft. „Es ist das Angebot, Dummkopf", würde Jean-Baptiste Say den Kritikern und Neidern des Apple-Erfolgs zurufen. Und das Gleiche würde er der Politik empfehlen, damit sie aus der Zwickmühle von hohen Staatsschulden und mäßiger Konjunktur entkommt.

110

115

Aus: Hanspeter Frey, Das Say'sche Theorem, in: Finanz und Wirtschaft online, www.fuw.ch/article/das-saysche-theorem/, 28.7.2014 (Zugriff: 13.8.2014)

Jean-Baptist Say
* 5.1.1767 in Lyon
† 15.11.1832 in Paris
französischer Ökonom
und Geschäftsmann

Angebotspolitik

Angebotspolitik setzt mit ihren Maßnahmen zur Inflationsbekämpfung und Wachstumsförderung auf der Angebotsseite der Wirtschaft an. [...]

Theoretische Grundlagen: Die theoretischen Grundlagen für die Angebotspolitik bilden die Neoklassik, die Ende des 19. Jahrhunderts die Nationalökonomie um Elemente der Mikroökonomie erweiterte, und der Monetarismus. [...] Die Angebotsökonomik geht prinzipiell davon aus, dass der private Sektor in sich stabil ist. Eine Ökonomie, die durch Störungen von außen aus dem Gleichgewicht gerät, findet langfristig von alleine wieder ins Gleichgewicht. Eingriffe des Staates können diesen Prozess nur verzögern, im schlimmsten Fall aber selbst Störungen verursachen. Einen Nachfragemangel, wie ihn Keynesianer als Ursache für Arbeitslosigkeit vermuten, gibt es aus angebotsorientierter Sicht nicht. Jedes Angebot schafft sich seine Nachfrage [...]. Denn wenn Waren oder Dienstleistungen produziert werden, entstehen Einkommen, die nach Jean Baptist Say wieder eine kaufkräftige Nachfrage bilden. Keynesianer vermuten hingegen, dass auf-

5

10

15

20

25

grund einer langfristig eintretenden Sättigung der Bedürfnisse die gesamtwirtschaftliche Nachfrage zu schwach werde, um die Produktionskapazität auszulasten und die Arbeitslosigkeit zu reduzieren. Angebotstheoretiker halten diesem Argument entgegen, dass die Marktwirtschaft ein permanenter Prozess der „schöpferischen Zerstörung" ist. Nach Joseph A. Schumpeter treten zwar durchaus in manchen Märkten Sättigungstendenzen auf, doch es entstehen laufend neue Märkte. [...] Der dauernde Strukturwandel in einer Volkswirtschaft verhindere daher eine allgemeine Sättigung. [...] **Wirtschaftspolitische Schlussfolgerungen:** Ziel der Angebotspolitik ist es, das gesamtwirtschaftliche **Produktionspotenzial**, also die Produktionsmöglichkeiten bei Vollbeschäftigung aller volkswirtschaftlichen Produktionsfaktoren, stetig zu erhöhen. [...] Die wirtschaftspolitischen Forderungen der Angebotsökonomen betreffen viele Politikfelder, die sich in der Diskussion um die internationale Wettbewerbsfähigkeit des „Wirtschaftsstandorts Deutschland" wieder finden.

30

35

40

45

50

QUERVERWEIS

Joseph A. Schumpeter
S. 19, Info

Aus: Bundeszentrale für politische Bildung, Wirtschaft heute, Bonn 2009, S. 144

1 **Beschreiben** Sie die Grundannahmen und die Grundaussagen der angebotsorientierten Theorie (M 6 und M 7).

2 **Erläutern** Sie die Wirkungskraft der angebotsorientierten Theorie anhand des Apple-Beispiels aus M 6 (Z. 94 – 118) und eines selbst gewählten Beispiels.

3 **Nehmen** Sie **Stellung** zu der These, dass der Hinweis auf das Apple-Beispiel die Bedenken von Keynes gegenüber dem Sayschen Theorem nicht entkräften kann (M 6).

4 **Erörtern** Sie Effektivität und Risiken angebotsorientierter Wirtschaftspolitik (M 6, M 7).

Nachfrageorientierte Wirtschaftspolitik

John Maynard Keynes
* 5.6.1883 in Cambridge
† 21.4.1946 in Tilton,
Firle, East Sussex
Englischer National-
ökonom; sein Haupt-
werk *The General
Theory of Employment,
Interest and Money*
(1936) revolutionierte
die Wirtschaftswissen-
schaften.

Liquiditätspräferenz
Wunsch der
Wirtschaftssubjekte
(Unternehmen, Haus-
halte), Geld für laufen-
de Ausgaben bereit
zu halten

**demand
management**
Nachfragemanage-
ment: Versuch, über
die Kontrolle des wirt-
schaftlichen Bedarfs
Rezessionen zu ver-
meiden

QUERVERWEIS

Legitimation staat-
lichen Handelns im
Bereich Wirtschafts-
politik
S. 38–43

Die „neue Wirtschaftstheorie" von John Maynard Keynes

Als es Keynes darum ging, seine „neue Wirtschaftstheorie" auszuarbeiten, hatte er eine
klare Vorstellung, was dabei herauskommen
sollte – nämlich die theoretisch fundierte
Anleitung für eine wirkungsvolle Bekämpfung der Arbeitslosigkeit. Seit 1929 wütete in
den USA und in Europa die Weltwirtschaftskrise: Depression und Massenarbeitslosigkeit verdüsterten das wirtschaftliche und
gesellschaftliche Klima. [...] Keynes verband
mit seiner neuen Wirtschaftstheorie einen
wirtschaftspolitischen Anspruch: Sie sollte nutzbar sein für die Bekämpfung von Arbeitslosigkeit und Krise. Dazu entwickelte er
zwei Konzepte, nämlich die *effektive gesamtwirtschaftliche Nachfrage* als Bestimmungs-
größe von Produktion und Beschäftigung
sowie die *Liquiditätspräferenz* als Bestim-
mungsgröße des Zinses. Diese Liquiditätspräferenz prägt die Geldnachfrage und die
Geldnachfrage bestimmt zusammen mit dem
Geldangebot (der von der Zentralbank bereit
gestellten Geldmenge) den Zinssatz. Dessen
Bedeutung liegt darin, dass er die Investi-
tionsneigung beeinflusst. Wesentlich war für
Keynes, dass die beiden genannten Konzepte
an das wirtschaftspolitische Handeln angeschlossen werden können: Die Gesamtnachfrage lässt sich von der Regierung durch
Haushaltspolitik steuern und das Zinsniveau
von der Zentralbank durch Geldpolitik. [...]
Die klassische Theorie des Arbeitsmarktes
unterstellt flexible Löhne, durch die Arbeits-
angebot und -nachfrage in Übereinstimmung
gebracht und gehalten werden. [...] Keynes'
Leistung bestand darin, zu zeigen, dass die
Arbeitslosigkeit auch dann nicht verschwindet, wenn die Löhne sinken. Keynes wies
die zentralen Prämissen und Aussagen der
klassischen Orthodoxie zurück – und damit
auch ihre Beschäftigungstheorie, die **Lohnsenkungen** als Allheilmittel gegen Arbeitslosigkeit vorsieht. [...]

Insbesondere lehnte Keynes das Saysche
Theorem ab, demzufolge sich jedes Angebot
seine Nachfrage schafft, und erklärte den
Nachfragemangel zum Normalfall reifer Gesellschaften. Auch die klassische Geldtheo-
rie – Geld ist nur ein „Schleier" vor der realen Wirtschaft – verwarf er und behauptete,
Geldmengenänderungen wirkten sich über
den Zinssatz auf die Investitionen und damit
auf die Realwirtschaft aus. [...]
Was die klassische Theorie als *gegeben* unterstellt – als Ergebnis des Marktprozesses
bei funktionierendem Wettbewerb –, nämlich Gleichgewicht bei Vollbeschäftigung aller Ressourcen, ist für Keynes das *Problem*:
Für ihn ist die Wirklichkeit geprägt von Ungleichgewichten und von Unterbeschäftigung, und daraus ergibt sich als Fragestellung die nach den „Bestimmungsfaktoren
der Veränderung des Produktions- und Beschäftigungsniveaus". Wenn die Beschäftigung unzureichend ist, dann verweist dies
auf ein zu niedriges Produktionsniveau und
dies wiederum auf Nachfrageschwäche. Die
Konsequenz daraus ist offensichtlich: Eine
solche Nachfrageschwäche muss wirtschaftspolitisch – durch **demand management** –
behoben werden. [...]
Im Keynes'schen Ansatz hängt die Beschäftigung von der effektiven Nachfrage ab; doch
damit verwarf Keynes nicht das klassische
Prinzip, dass ein gegebenes Beschäftigungsniveau für die Unternehmen auch rentabel
sein muss [...]. Er fügte dieser notwendigen
klassischen Bedingung allerdings seine eigene, *hinreichende* Bedingung hinzu: Ein hohes
Beschäftigungsniveau kann nur realisiert
werden, wenn genügend Nachfrage vorhanden ist. Sicher: Rentabilität ist notwendig.
Aber was bestimmt die Rentabilität? Eben
nicht nur der Lohnsatz, das heißt die Kosten,
sondern auch die Erträge – also die Nachfrage.

Aus: Gerhard Willke, John Maynard Keynes, Frankfurt 2012, S. 21–33

1 **Beschreiben** Sie die Probleme, die Keynes bei der klassischen Theorie des Arbeitsmarktes sieht, und **stellen** Sie anschließend seine Lösungsvorschläge **dar** (M 8).

Trugschluss der Aggregation

MATERIAL **9**

Aus der Marktinteraktion von Anbietern und Nachfragern lässt sich [...] die Schlussfolgerung ziehen, dass die Beschäftigung nur bei sinkenden Reallöhnen ausgeweitet wird. In der mikroökonomischen Perspektive leuchtet dies ein, denn für ein *einzelnes* Unternehmen bedeuten niedrigere Reallöhne geringere Kosten; das ermöglicht niedrigere Preise, das Unternehmen ist konkurrenzfähiger und kann Produktion und Beschäftigung ausweiten. Dabei wird allerdings (mit der **Ceteris-paribus-Klausel**) unterstellt, dass die gesamtwirtschaftlichen Bedingungen unverändert bleiben, dass insbesondere die Güternachfrage stabil bleibt und sich bei den anderen Unternehmen nichts ändert, deren Produktionsniveau und Beschäftigung also nicht sinken. Wenn jedoch *alle* Unternehmen die Löhne ihrer Beschäftigten senken, sehen die Ergebnisse ganz anders aus. Die gesamtwirtschaftlichen Bedingungen bleiben dann eben nicht unverändert, wie zuvor im mikroökonomischen Fall unterstellt, vielmehr führen Lohnsenkungen zu einem geringeren Gesamteinkommen, dadurch geht die Gesamtnachfrage zurück – und in der Folge auch die Produktion. Deswegen misslingt der Versuch der Beschäftigungsausweitung via Lohnsenkung: Bei rückläufiger Produktion werden *weniger*

Arbeitskräfte benötigt. [...] Im makroökonomischen Zusammenhang jedoch reduzieren Lohnsenkungen das Gesamteinkommen und die Gesamtnachfrage – und damit auch die Produktion und Beschäftigung. Das Ergebnis niedriger Löhne ist dann nicht mehr, sondern weniger Beschäftigung. Bezüglich des Sparens irrte schon Adam Smith – und die klassische Theorie blieb diesem Irrtum treu: „Ein Verhalten, das im privaten Familienleben als klug und vorsorgend gilt, kann auf der Ebene eines großen Königreichs wohl kaum töricht sein". Wenn man diese Maxime auf das Sparen bezieht, dann ergibt sich für die Gesamtwirtschaft genau die „Torheit", vor der Keynes warnte: Wird in der Rezession bei Unterauslastung von Produktion und Arbeitskräftepotenzial die Ersparnis erhöht, dann ist dies – gesamtwirtschaftlich gesehen – nicht „vorsorgend", sondern „töricht"; denn die Nachfrage wird durch angeblich kluges Sparen weiter verringert, die Rezession dadurch verschärft. Es muss also im Gegenteil *Deficit-Spending* betrieben werden: nicht nur kein Sparen, sondern „Entsparen", das heißt zusätzliche Ausgaben der öffentlichen Haushalte unter Hinnahme von Haushaltsdefiziten und gegebenenfalls auch einer höheren öffentlichen Verschuldung.

Aus: Gerhard Willke, John Maynard Keynes, Frankfurt 2012, S. 20 f.

INFO

Aggregation
Anhäufung, Ansammlung, Konzentration

Ceteris-paribus-Klausel
Analyse eines ökonomischen Zusammenhangs unter der Annahme, dass sich nur die betrachtete Variable ändert, während alle anderen Variablen konstant bleiben (lat.: ceteris paribus = „unter gleichen sonstigen Bedingungen")

Deficit-Spending

MATERIAL **10**

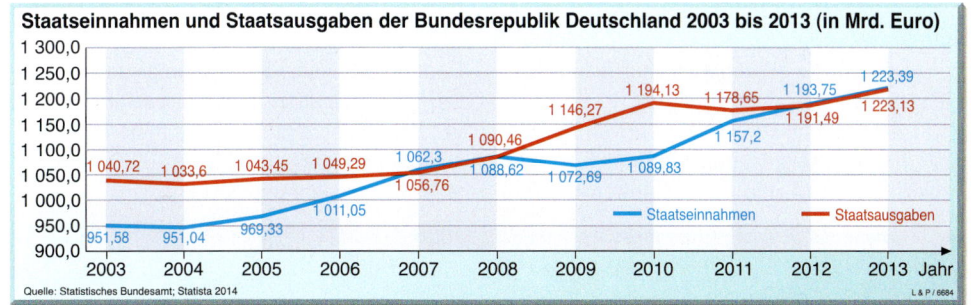

Staatseinnahmen und Staatsausgaben der Bundesrepublik Deutschland 2003 bis 2013 (in Mrd. Euro)

Quelle: Statistisches Bundesamt; Statista 2014

QUERVERWEIS

Der Bereich der Finanzpolitik (Staatsverschuldung) S. 72 f., M 5–M 8

GLOSSAR

Deficit-Spending

|||| **2** | Erklären Sie, was „Trugschluss der Aggregation" bedeutet. **Interpretieren** Sie dazu den Zusammenhang zwischen Löhnen, Beschäftigung, Nachfrage und Produktion (M 9).

|||| **3** | Analysieren Sie die Grafik zum Deficit-Spending in der Bundesrepublik (M 10)

MATERIAL 11

Das Dilemma expansiver Haushaltspolitik

Wird die Konjunktur mit zusätzlichen Staatsausgaben gestützt, geraten die öffentlichen Haushalte in eine noch bedrohlichere Schieflage, ihre **Bonität** schwindet, die Refinanzierung wird teuer und belastet die Budgets zusätzlich. Setzen die Regierungen dagegen auf Haushaltskonsolidierung, dann schrumpft die Staatsnachfrage – und mit ihr die Gesamtnachfrage. Bei stagnierendem Wachstum aber sinken die Staatseinnahmen und steigen die (Sozial-)Ausgaben, wodurch nicht nur die Konsolidierung verfehlt wird, sondern die Staatsverschuldung weiter zunimmt. Maßnahmen zur (vorläufigen) Lösung der einen Krise legen den Keim für die nächste Krise. Ein scheinbar unauflösbares Dilemma.

So wie der Keynesianismus in den 1970erJahren in das fatale Dilemma der „**Stagflation**" geriet – die Wirtschaftspolitik war blockiert, weil sie nicht gleichzeitig expansiv gegen die Stagnation und restriktiv gegen die Inflation wirken konnte –, so gerät die keynesianische Strategie heute in die Zwickmühle zwischen zwei konträren Anforderungen: Ankurbelung der Wirtschaft via Haushaltsdefizite einerseits und Vermeidung einer Staatsschuldenkrise via Haushaltskonsolidierung andererseits. Einem keynesianischen Handeln sind quasi die Hände gebunden, weil die öffentlichen Haushalte bereits übermäßig verschuldet sind. Zusätzliche Haushaltsdefizite würden unter diesen Bedingungen ein wesentliches Ziel keynesianischer Politik **unterminieren**, nämlich wieder Vertrauen bei Investoren und Konsumenten zu schaffen. Befürchten die Akteure stattdessen eine Zerrüttung der Staatsfinanzen, würden die gesamtwirtschaftlichen Unsicherheiten eher noch verstärkt.

Zwar hat der Einsatz eines massiven *DeficitSpending* im „keynesianischen Moment" wie erwartet gewirkt und das Abgleiten in eine Depression verhindern können, doch daraus entstand das Folgeproblem der Staatsschuldenkrise, weil die meisten Länder nicht vorgesorgt hatten, sondern im Gegenteil über Jahrzehnte hinweg einem finanzpolitischen Schlendrian huldigten. Jetzt rächt sich, dass in den Zeiten guter Konjunktur – entgegen den Prinzipien der antizyklischen Nachfragesteuerung – weder die Schulden getilgt noch Konjunkturausgleichsrücklagen angelegt wurden. Einer keynesianischen Strategie (die konjunkturell geboten wäre) sind Fesseln angelegt, wenn strukturell überschuldete Staatshaushalte eigentlich keine zusätzlichen Belastungen mehr ertragen.

Gleichwohl vertreten Ökonomen mit keynesianischer Orientierung [...] die Auffassung, Hauptproblem sei weiterhin ein Mangel an gesamtwirtschaftlicher Nachfrage. Folglich bestehe die wichtigste Aufgabe des Staates auch weiterhin darin, die Konjunktur durch anhaltendes *Deficit-Spending* zu stützen. [...] Dagegen sehen angebotsorientierte Beobachter das Hauptproblem in einer fehlgeleiteten Geld- und Haushaltspolitik und warnen vor den Folgen einer zusätzlichen Ausweitung von Geldmenge und Haushaltsdefiziten. [...] Hochverschuldete Staaten kommen rasch an den Punkt, an dem sie konjunkturpolitisch handlungsunfähig werden: Das Pulver des *Deficit-Spending* ist verschossen. Dieser Punkt ist erreicht, wenn steigende Haushaltsdefizite die Verschuldung so stark anwachsen lassen, dass die Öffentlichkeit sich einer Einsicht nicht mehr entziehen kann, die David Ricardo bereits anno 1817 formuliert hat, dass nämlich steigende Defizite von heute die höheren Steuern von morgen sind. Dann schränken Konsumenten und Investoren ihre Ausgaben in der Erwartung künftiger Belastungen ein, und die höheren Staatsausgaben werden durch eine sinkende private Nachfrage kompensiert.

Aus: Gerhard Willke, John Maynard Keynes, Frankfurt 2012, S. 141–143

---

1 Geben Sie die Probleme expansiver Haushaltspolitik in eigenen Worten wieder (M 11).

2 Erörtern Sie mithilfe von M 8 bis M 11 die Möglichkeiten und Grenzen des Konzepts des Keynesianismus.

Vergleich der Konzeptionen

Staatliche Wirtschaftspolitik

Zeichnung: Kostas Koufogiorgos

Zeichnung: Klaus Stuttmann

Schlagzeilen

„Man kann die Pferde zwar zur Tränke führen.
Man kann sie aber nicht zwingen,
das Wasser zu saufen."

Karl Schiller, deutscher Bundeswirtschaftsminister 1968/69

„Markt pur ist Wirtschaft pervers.
Markt pur ist purer Wahnsinn."

*CSU-Parteichef Horst Seehofer
auf dem Parteitag am 8.10.2011 in Nürnberg*

„Ein Wirtschaftsminister ist nur dann gut,
wenn er nichts tut.
Das Wirtschaftswunder von Ludwig Erhard beruht
vor allem auf der Tatsache, dass er nichts getan hat."

*Rudolf von Bennigsen-Foerder (1926–1989),
Vorstandsvorsitzender der Veba AG*

„Wir brauchen das geladene Gewehr
auf dem Tisch, um sicherzustellen,
dass die Märkte in einer positiven
Art und Weise reagieren."

*Giorgos Andrea Papandreou (*1952),
griechischer Ministerpräsident 2009–2011*

1 **Analysieren** Sie die Karikaturen in M 12 hinsichtlich der Kritik der Zeichner an staatlichem Handeln im Bereich der Wirtschaftspolitik sowie im Hinblick auf einen Vergleich der Konzeptionen der Klassik und des Keynesianismus.

2 **Ordnen** Sie die Schlagzeilen in M 13 entweder in die klassische Wirtschaftspolitik oder in den Keynesianismus **ein**.

3 **Vergleichen** Sie die Positionen der Klassik und von Keynes mithilfe einer selbst erstellten Tabelle. Berücksichtigen Sie dabei z. B. folgende Fragen:
  - Welchen Nutzen stiften Staatseingriffe?
  - Was bewirken Sparen und Konsum?
  - Wie entsteht Arbeitslosigkeit und was ist dagegen zu unternehmen?
  - Soll Wirtschaftspolitik kurz- oder langfristig betrieben werden?
  Präsentieren und **diskutieren** Sie Ihre Ergebnisse im Kurs.

Monetarismus

MATERIAL **14**

Der Monetarismus

GLOSSAR
Monetarismus

QUERVERWEIS
Inflation
S. 16 f.

Der Monetarismus besteht aus den folgenden zehn Kernaussagen:

1. Inflation entsteht nur, wenn die Geldpolitik zu expansiv ist.

2. Ob die Geldpolitik expansiv oder kontraktiv bzw. inflationär oder deflationär ist,
5 kann man am besten an der Entwicklung der Geldmenge (Noten, Münzen und kurzfristige Guthaben bei den Banken) ablesen. Demgegenüber ist der Zins – vor allem langfristig – ein schlechter Indikator, weil er nicht nur
10 die Geldpolitik, sondern auch Inflations- und Ertragserwartungen, die staatliche Haushaltspolitik und andere Einflüsse widerspiegelt. Zum Beispiel sank der Zins in der Weltwirtschaftskrise auf nahe null, obwohl die
15 Geldpolitik – gemessen an der Geldmenge – extrem kontraktiv war.

3. Die Zentralbank kann die Geldmenge sehr genau steuern.

4. Damit die Geldpolitik nicht das Wirt-
20 schaftswachstum und die Beschäftigung destabilisiert, sollte die Geldmenge mit einer stetigen und vorangekündigten Rate wachsen.

5. Damit die Geldpolitik nicht das Preis-
25 niveau destabilisiert, sollte das Wachstum der Geldmenge – also des Geldangebots der Zentralbank und der Geschäftsbanken – der langfristigen Zuwachsrate der (realen) Geldnachfrage – also dem Wachstum des wirt-
30 schaftlichen Produktionspotenzials – entsprechen.

6. Veränderungen der Geldmengenexpansion wirken sich nur dann auf das Wirtschafts- wachstum und die Beschäftigung aus, wenn diese Veränderungen von den Marktteilneh- 35 mern nicht erwartet worden sind. Selbst in diesem Fall treten aber nur vorübergehende Wirkungen auf. Wenn sich – nach etwa zwei Jahren – das Preisniveau dauerhaft anpasst, kehrt das Wirtschaftswachstum auf seinen 40 langfristigen Pfad zurück.

7. Änderungen der Geldmengenexpansionsrate sind meist zu einem großen Teil erwartet, weil die Marktteilnehmer das normale Verhaltensmuster der Zentralbank aus der 45 Vergangenheit kennen.

8. Wie die Preise, so passen sich auch die Löhne an die Geldpolitik an. Deshalb ist es selbst mit einer unerwarteten Geldmengenexpansion nicht möglich, die Arbeitslosig- 50 keit dauerhaft zu senken. Die strukturellen Ursachen der Arbeitslosigkeit können durch eine inflationäre Geldpolitik nicht beseitigt werden.

9. Wenn die Geldmengenexpansionsrate 55 nach einem Anstieg später – teilweise unerwartet – auf den inflationsfreien Pfad zurückkehrt, sinkt vorübergehend das Wirtschaftswachstum und es entsteht vorübergehend Stabilisierungsarbeitslosigkeit. Insofern kann 60 die Geldpolitik die Arbeitslosigkeit im längerfristigen Durchschnitt nicht verringern. Sie kann sie nur anders über die Zeit verteilen.

10. Eine unstete Geldpolitik und ein instabi- 65 les Preisniveau verunsichern die Marktteilnehmer. Sie beeinträchtigen die gesamtwirtschaftliche Produktivität und vermindern das Volkseinkommen.

Aus: Roland Vaubel, Monetarismus, in: Rolf H. Hasse/Hermann Schneider/Klaus Weigelt (Hrsg.), Lexikon Soziale Marktwirtschaft – Wirtschaftspolitik von A–Z, neuveröffentlichte, überarb. Onlineausgabe bei der Konrad-Adenauer-Stiftung, www.kas.de/wf/de/33.993/, 12.6.2013 (Zugriff: 18.8.2014)

1 Erklären Sie die Kernaussagen des Monetarismus in eigenen Worten (M 14).

2 Arbeiten Sie die Unterschiede zwischen Keynesianismus und Monetarismus heraus (M 14 und M 15). Erstellen Sie hierzu eine übersichtliche Präsentation.

3 Erörtern Sie, warum nach Ansicht der Neo-Monetaristen auch die Vergabe von Krediten eine zentrale Aufgabe von Zentralbanken zur Vermeidung von Krisen sein sollte (M 16).

Keynes und die Monetaristen

MATERIAL 15

In den 1960er-Jahren machte die Debatte zwischen Keynesianern und Monetaristen Schlagzeilen. Im Zentrum standen drei Streitpunkte:

■ **Geldpolitik vs. Fiskalpolitik:**

Keynes betonte, dass sich Rezessionen besser mit Fiskalpolitik als mit Geldpolitik abwenden ließen. Dies entsprach der allgemei-
5 nen Überzeugung. [...] Der Zinssatz habe nur einen geringen Einfluss auf die Nachfrage und die Produktion. Mit ihrem direkten Einfluss auf die Nachfrage könne die Fiskalpolitik die Produktion viel schneller und ver-
10 lässlicher steuern. [Milton] Friedman stellte diesen Schluss vehement infrage: [...] Sie (Friedman und Anna Schwartz) kamen nicht nur zu dem Schluss, dass Geldpolitik sehr wirksam sei, sondern, dass diese einen Groß-
15 teil der Produktionsschwankungen erklären könne. Sie machten Fehler in der Geldpolitik für die Weltwirtschaftskrise verantwortlich. Einen durch die Finanzkrise verursachten Rückgang der Geldmenge hätte die Fed
20 durch eine Ausweitung der monetären Basis vermeiden können. [...]

■ **Die Phillipskurve:**

[...] In den 1960er-Jahren glaubten viele Keynesianer aufgrund der ihnen damals ver-
25 fügbaren Daten, dass es eine auch langfristig stabile Beziehung zwischen Inflation und Arbeitslosigkeit geben müsse. Milton Friedman und Edmund Phelps widersprachen dieser Ansicht scharf. Die Existenz eines langfristig
30 stabilen Zusammenhangs können selbst einfachsten ökonomischen Argumenten nicht standhalten. Würden die politischen Entscheidungsträger diesen scheinbaren Zusammenhang ausnutzen, indem sie mit hohen
35 Inflationsraten die Arbeitslosigkeit bekämpften, würde er schnell zusammenbrechen. [...] Mitte der 1970er-Jahre war schließlich einhellige Meinung, dass kein langfristiger Zusammenhang zwischen Inflation und Arbeits-
40 losigkeit existiere.

■ **Die Rolle der Politik:**

[...] Ein Zitat Friedmans aus einer Rede vor dem Kongress im Jahre 1958: „[...] Die verfügbaren Belege lassen, zumindest nach dem heutigen Wissensstand, schwere Zweifel auf-
45 kommen, dass sich wirtschaftliche Aktivitäten mithilfe einer genau dosierten Geldpolitik steuern lassen. Der diskretionären Geldpolitik sind damit enge Grenzen gesetzt und die Gefahr ist groß, dass sie die Angele-
50 genheiten eher verschlechtert als verbessert. Der politische Druck, sowohl bei geringfügigen Preissteigerungen als auch bei geringfügigen Preis- und Beschäftigungsrückgängen „irgendetwas zu tun", ist bei der gegenwär-
55 tigen öffentlichen Meinung sicherlich sehr groß. Wir sollten diesen Argumenten folgend eine Lektion lernen: Dem öffentlichen Druck nachzugeben, wird häufig mehr Schaden als Nutzen erzeugen."
60

Aus: Olivier Blanchard/Gerhard Illing, Makroökonomie, 3. Aufl., München 2004, S. 799 f.

INFO

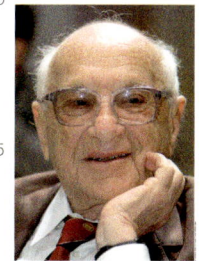

Milton Friedman
* 31.7.1912
in New York City
† 16.11.2006
in San Francisco
Amerikanischer Wirtschaftswissenschaftler
auf dem Gebiet der
Makroökonomie; für
seine Leistungen auf
dem Gebiet der Analyse
des Konsums, der
Geschichte und der
Theorie des Geldes
erhielt er 1976 den
Alfred-Nobel-Gedächtnispreis für Wirtschaftswissenschaften.

**diskretionäre
Geldpolitik**
am Einzelfall orientierte
Geldpolitik, die durch
eine explizite Entscheidung von Regierung
und Parlament
getroffen wird

QUERVERWEIS

Phillipskurve
S. 42 f.

Der „neue Monetarismus"

MATERIAL 16

Eigentlich haben die Notenbanken in den vergangenen 30 Jahren alles richtig gemacht. Sie haben die Inflation in Schach gehalten, ohne dabei das Wachstum abzuwürgen. Ge-
5 nau das ist nach gängiger Meinung von Volkswirten der Auftrag von modernen Zentralbanken. Grund zum Jubeln gibt es für die Notenbanker trotzdem nicht. Die Industriestaaten sind in die tiefste Wirtschafts- und
10 Finanzkrise seit der „Großen Depression" gefallen, und ein Ende der Misere ist noch lange nicht in Sicht. Was bedeutet das für die Geldpolitik der Zukunft? Müssen Notenbanken ihre Strategie überdenken? Sollten sie neben der Inflation auch andere ökonomi- 15
sche Größen im Blick behalten?
Immer mehr Volkswirte sind davon überzeugt. Mit Blick auf die Aufgaben und Instrumente von Notenbanken vollzieht sich in der Disziplin ein radikales Umdenken. „Die alte 20
Sichtweise, dass Stabilisierung der Verbraucherpreise ausreicht, um wirtschaftliche Stabilität zu sichern, ist diskreditiert", sagt Moritz Schularick von der FU Berlin. Das

25 besinnt sich zurück auf eine Denkschule, die in den vergangenen Jahrzehnten weitgehend aus der Mode gekommen war: den Monetarismus. Diese Schule postuliert, die Notenbank müsse die Geldmenge strikt kontrollie-

30 ren, um wirtschaftliche Stabilität zu sichern. Die Neo-Monetaristen orientieren sich teilweise an dem bekanntesten Vertreter des Monetarismus, Milton Friedman – sie entwickeln seine Theorie aber deutlich weiter:

35 Nicht die klassische Geldmenge, sondern ihr Gegenstück, die Kreditvergabe, halten sie für zentral. Kreditzyklen sind für sie eine wichtige Ursache für das konjunkturelle Auf und Ab – Banken, die übermäßig Darlehen verge-

40 ben, bedrohten die Stabilität von Finanzsystem und Realwirtschaft. So gehen sämtliche Finanzkrisen der vergangenen Jahrzehnte auf geplatzte Kreditblasen zurück, hat FU-Ökonom Schularick zusammen mit zwei US-

45 Kollegen gezeigt. Mit Daten von 140 Jahren in 14 großen Industrieländern weisen sie außerdem nach, dass Kredit auch im normalen konjunkturellen Auf und Ab eine treibende Rolle spielt: Auf einen Aufschwung, in

50 dem das Kreditvolumen boomt, folgt regelmäßig ein tiefer und langer Abschwung. Diese Befunde stellen die theoretische Basis der heutigen Zentralbankpolitik grundsätzlich infrage. Denn in den Modellen, mit de-

55 nen die Zentralbanken derzeit arbeiten, hat weder die Geldmenge noch das Kreditvolumen Platz [...]. „Diese Modelle waren eine Flucht vor den Problemen, auf die der Monetarismus in den 1980er-Jahren gestoßen

60 war", ist [der Ökonom] Richard Werner überzeugt [...]. Damals stellten Ökonomen fest, dass es zwischen Geldmenge, Wirtschaftsleistung und Inflation nur einen sehr losen und stark schwankenden Zusammenhang

65 gibt. Die Versuche, die Inflation über die Geldmenge zu steuern, scheiterten daher. Makroökonomen verbannten daraufhin das Geld aus ihren Modellen – die Notenbanken sollten die Wirtschaft über die Zinsen steu-

70 ern, lautete das neue Paradigma. Die gewaltige Kreditblase, die sich bis 2007 bildete und deren Platzen eine neue Weltwirtschaftskrise auslöste, konnten diese Modelle nicht erfassen. Ökonom Werner führt

75 dieses Versagen der Monetaristen und Zen-

tralbanker auf einen Denkfehler zurück: „Es wird so getan, als ob es für Wachstum und Stabilität gleichgültig wäre, wofür Geld und Kredit verwendet werden, aber das stimmt nicht." Mit dem Verwendungszweck stehen 80 und fallen die ökonomischen Effekte des Kredits. Für die Geldmenge hat ein Kredit an einen Unternehmer oder einen Immobilienspekulanten den gleichen Effekt – sie steigt. Verleiht eine Bank 1 000 Euro, dann räumt 85 sie dem Schuldner ein Guthaben in dieser Höhe ein, mit dem dieser seine Rechnungen bezahlen kann. Es entsteht neues Geld. Je nach Verwendungszweck des Darlehens sind die ökonomischen Folgen aber sehr 90 unterschiedlich, argumentiert Werner. Fließt das Geld in neue Unternehmensinvestitionen, sorgt es dafür, dass mehr Güter und Dienstleistungen produziert werden – dabei entsteht Einkommen, mit dem der Kredit zu- 95 rückgezahlt werden kann. Geht der Kredit an Konsumenten, steigert er vor allem die Konsumnachfrage und allenfalls indirekt die Produktion. Dann sind die Inflationsgefahren höher als bei Darlehen an Unternehmen. 100 Noch bedenklicher sind Kredite für Spekulationen, also solche an Finanzinvestoren und Immobilienkäufer. Sie treiben nicht die Verbraucherpreise in die Höhe, sondern die Preise für Aktien, Immobilien und an- 105 dere Vermögenswerte. Werner ist überzeugt: Wenn solche Kredite stark zunehmen, kommt es zur Krise. [...] Traditionelle Notenbanker wenden stets ein, der Geldpolitik seien im Kampf gegen Spekulationsblasen die Hände 110 gebunden – wer die Zinsen erhöhe, um eine Aktien- oder Immobilienblase unter Kontrolle zu bringen, würde gleichzeitig die Investitionen abwürgen. Werner dagegen stellt fest: „Diese Ohnmacht existiert nur, wenn 115 die Notenbank die Wirtschaft ausschließlich über den Zins steuert und jeden Kredit als gleichwertig betrachtet." Zentralbanken könnten Fehlentwicklungen diagnostizieren und stoppen, wenn sie die Kreditstruktur 120 analysieren und bei Bedarf lenkend eingreifen. [...] Die Zentralbank solle die Geldinstitute dazu bringen, ihre Kreditvergabe stärker an den Erfordernissen eines nachhaltigen Wirtschaftswachstums auszurichten statt am 125 kurzfristigen Gewinn.

Aus: Norbert Häring, Das Comeback des Monetarismus, in: Handelsblatt online, www.handelsblatt.com/politik/oekonomie/nachrichten/geldpolitik-das-comeback-des-monetarismus-seite-all/5950730-all.html, 14.12.2011 (Zugriff: 20.8.2014)

Ein alternativer wirtschaftspolitischer Ansatz

Die Kritik der Arbeitsgruppe Alternative Wirtschaftspolitik

MATERIAL **17**

Die Hoffnung, dass mit dem Zusammenbruch der Finanzmärkte im Herbst 2008 auch die neoliberale Wirtschaftspolitik zu Grabe getragen worden ist, hat sich nicht erfüllt. [...] Die Wirtschaftspolitik macht weiter wie bisher. Die Finanzmärkte haben längst zu ihrer alten Geschäftspraxis zurückgefunden und der Finanzsektor wird weiterhin zur Umverteilung genutzt. Während die Gewinne privat angeeignet werden, sind die Krisenkosten sozialisiert worden: Die Verschuldung der öffentlichen Haushalte der Industrienationen hat im Gefolge der Krise kräftig zugelegt. Weltweite Kapitalströme bringen weiterhin ganze Volkswirtschaften in große Schwierigkeiten.[...]

Möglich ist eine solche Entwicklung nur, weil die weltweite Finanzarchitektur nach wie vor ungezügelte Spekulationsströme zulässt (die darüber hinaus auch beim Handel mit Rohstoffen und Nahrungsmitteln für Verwerfungen sorgen). Hintergrund ist die nach wie vor extrem ungleiche Einkommens- und Vermögensverteilung weltweit. Für die großen Vermögen in wenigen Händen gibt es keine realen Investitionsmöglichkeiten, nicht zuletzt, weil die Nachfrage der breiten Bevölkerung chronisch hinter der Produktion zurückbleibt. Dafür sorgt ein Prozess, den Keynes als „räuberische Ersparnis" bezeichnete.

„Die Umverteilung von unten nach oben drosselt den Konsum, weil Personen mit höherem Einkommen einen geringeren Prozentsatz davon für Konsum verwenden als Personen mit geringen Einkünften. Die Folge: Sofern und solange nichts anderes geschieht, etwa durch eine Zunahme der Investitionen oder der Exporte, bleibt die Gesamtnachfrage in der Wirtschaft hinter dem potenziellen Gesamtangebot zurück – und dies hat Arbeitslosigkeit zur Folge. In den Neunzigerjahren war dieses ‚andere' die Blase am Technologiemarkt, im ersten Jahrzehnt unseres Jahrhunderts gab es die Blase am Immobilienmarkt. Heute bleibt nur noch der Rückgriff auf die Staatsausgaben." [Zitat des US-Ökonomen Joseph E. Stiglitz, 2012].

Eine Neuorientierung hat es nur in der Geldpolitik gegeben. [...] [Inzwischen ist] auch die Europäische Zentralbank (EZB) auf eine expansive Geldpolitik in der Krise eingeschwenkt. Dieser Schritt war richtig und notwendig und hat zur schnellen Überwindung des Wirtschaftseinbruchs 2009 beigetragen. In den Jahren 2009/10 wurde aber auch, entgegen der neoliberalen Doktrin, die Finanzpolitik expansiv ausgerichtet und es wurden weltweit Konjunkturprogramme aufgelegt. Damit konnte der dramatische Einbruch des BIP schnell gestoppt und überwunden werden. Danach fiel man aber wieder in die alten finanzpolitischen Dogmen zurück. Die Konsolidierung der Staatsfinanzen stand ganz oben auf der politischen Agenda. Lediglich die Geldpolitik sollte die weitere wirtschaftliche Entwicklung stützen. [...] Sie kann zwar über niedrige Zinsen die Finanzierungsbedingungen für Unternehmen verbessern [...], aber keine Nachfrage schaffen. Und ohne ausreichende Nachfrage fehlt selbst bei günstigsten Finanzierungsbedingungen der Anlass für Investitionen. Schlimmer noch: ohne die Ergänzung durch eine expansive Fiskalpolitik droht eine expansive Geldpolitik die Blasenbildung an den Vermögensmärkten zu befördern.

Aus: Arbeitsgruppe Alternative Wirtschaftspolitik, Memorandum 2014, www2.alternative-wirtschaftspolitik. de/uploads/kurzfassung_memorandum_2014.pdf, März 2014 (Zugriff: 14.8.2014)

INFO

Arbeitsgruppe Alternative Wirtschaftspolitik (auch: Memorandum-Gruppe)
In dieser Gruppe arbeiten Wirtschaftswissenschaftler und Gewerkschafter an der Entwicklung wirtschaftspolitischer Vorschläge und Perspektiven, die sich an folgenden Punkten orientieren
- Sicherung sinnvoller Arbeitsplätze,
- Verbesserung des Lebensstandards,
- Ausbau des Systems der sozialen Sicherheit für Arbeitnehmer,
- Umweltsicherung.
Die Gruppe wird durch Spenden und eigene Einnahmen finanziert. 1975 legte sie erstmals ein Memorandum vor, seit 1977 veröffentlicht sie jährlich in der Woche vor dem 1. Mai ein weiteres Memorandum für eine alternative Wirtschaftspolitik, das als „Gegengutachten" zum jährlichen Gutachten der „fünf Weisen" gilt.

1 Fassen Sie die Kritik der AG Alternative Wirtschaftspolitik zusammen (M 17).

2 Vergleichen Sie den alternativen Ansatz (M 17) mit der angebots- und nachfrageorientierten Theorie hinsichtlich der theoretischen Grundlagen, Instrumente und Wirkungen.

3 Nehmen Sie arbeitsteilig die Rolle eines Wirtschaftsweisen, des Finanzministers, der Oppposition und eines Zentralbankvertreters ein und erörtern Sie das Für und Wider der Ihnen aus diesem Kapitel bekannten konjunkturtheoretischen Ansätze.

Politik-Mix: das Zusammenspiel zwischen Geld- und Fiskalpolitik

MATERIAL **18**   ## Das IS-LM-Modell

INFO

IS-LM-Modell
Investment-**S**aving /
Liquidity Preference-
Money Supply
(= Güter-Geldmarkt-
Modell)

Das Einkommen ist auf der horizontalen Achse, der Zinssatz auf der vertikalen Achse abgetragen. Jeder Punkt auf der IS-Kurve entspricht einem Gleichgewicht auf dem Gütermarkt. Jeder Punkt auf der LM-Kurve entspricht einem Gleichgewicht auf dem Geldmarkt. Nur im Punkt A sind beide Gleichgewichtsbedingungen erfüllt. Damit liegt in diesem Punkt A, mit dem entsprechenden Einkommen Y und Zinssatz i, sowohl auf dem Gütermarkt als auch auf dem Geldmarkt ein Gleichgewicht vor. Die IS- und die LM-Gleichungen [...] enthalten implizit viele Informationen über Konsum, Investitionen, Geldnachfrage und Gleichgewichtsbedingungen. Dennoch stellt sich die Frage, wie uns die Erkenntnis, dass der Punkt A ein Gleichgewicht ist, in der Realität weiterhelfen kann. Wie können wir daraus etwas ableiten, was zur Lösung von Problemen in der realen Welt nützlich sein könnte? Es ist bemerkenswert, dass [diese Abbildung] Antworten auf viele Fragen der Makroökonomie bereithält. Beispielsweise können wir damit analysieren, wie Einkommen und Zinssatz reagieren, wenn die Zentralbank die Geldmenge erhöht, wenn der Staat die Steuern erhöht oder wenn die Konsumenten ihr Vertrauen in die Zukunft verlieren.

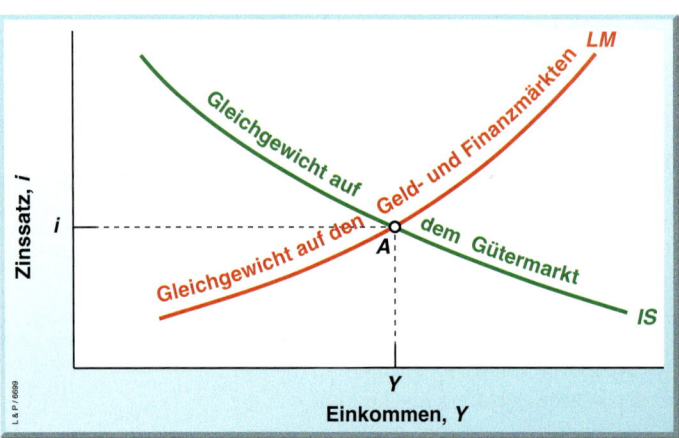

Aus: Olivier Blanchard/Gerhard Illing, Makroökonomie, 3. Aufl., München 2004, S. 147 f.

MATERIAL **19**   ## Wirkung von Fiskal- und Geldpolitik

	IS-Kurve verschiebt sich	LM-Kurve verschiebt sich	Einkommen	Zinssatz
Steuererhöhung	nach links	–	sinkt	sinkt
Steuersenkung	nach rechts	–	steigt	steigt
Anstieg der Staatsausgaben	nach rechts	–	steigt	steigt
Rückgang der Staatsausgaben	nach links	–	sinkt	sinkt
Anstieg der Geldmenge	–	nach unten	steigt	sinkt
Rückgang der Geldmenge	–	nach oben	sinkt	steigt

Nach: Olivier Blanchard/Gerhard Illing, Makroökonomie, 3. Aufl., München 2004, S. 154

1 **Beschreiben** Sie die Aussage des IS-LM-Modells (M 18).

2 **Analysieren** Sie das Zusammenspiel von Geld- und Fiskalpolitik anhand des Politik-Mix unter Clinton und Greenspan (M 20).

3 **Gestalten** Sie ein eigenes Beispiel zum Politik-Mix und **überprüfen** Sie Ihre Ergebnisse grafisch und mittels der Tabelle M 19.

Kombination von Geld- und Fiskalpolitik: Beispiel USA

Bisher haben wir die Fiskal- und die Geldpolitik getrennt voneinander analysiert. Unsere Absicht war es, die Wirkungsweise von Fiskalpolitik und Geldpolitik zu zeigen. In der Realität jedoch werden beide oft gemeinsam eingesetzt. Die Kombination von geld- und fiskalpolitischen Maßnahmen wird Politik-Mix genannt. Manchmal werden geld- und fiskalpolitische Politikmaßnahmen gemeinsam eingesetzt, um ein bestimmtes Ziel zu erreichen. Beispielsweise kann expansive Geldpolitik dazu verwendet werden, die negativen Auswirkungen einer kontraktiven Fiskalpolitik auf die Güternachfrage auszugleichen. Dies war zum Beispiel 1990 in den USA der Fall. Damals konnte durch einen kombinierten Einsatz von Fiskal- und Geldpolitik sowohl ein nachhaltiger Abbau des Budgetdefizits als auch positives Einkommenswachstum erzielt werden. [...]

Als Bill Clinton Ende 1992 zum Präsidenten der USA gewählt wurde, war er mit einem schwierigen makroökonomischen Problem konfrontiert. Das Budgetdefizit belief sich auf 4,5 % des BIP – der zweithöchste Prozentsatz seit dem Zweiten Weltkrieg –, und es war klar, dass etwas dagegen getan werden müsste. Zur selben Zeit bewegte sich die amerikanische Wirtschaft langsam aus der Rezession von 1990/91 heraus [...]. Es war offensichtlich, welchem Problem Clinton gegenüberstand: Sicher war ein Abbau des Budgetdefizits wünschenswert, aber dies barg die Gefahr, unter Umständen die Nachfrage zu dämpfen und damit die Rezession zu verlängern. Im Rahmen des IS-LM-Modells lässt sich das Problem so beschreiben: Eine Verschiebung der IS-Kurve nach links kann zu einem Rückgang des Einkommens und zu einer Rezession führen. 5 Jahre später jedoch, 1998, war das Budgetdefizit verschwunden; es konnte ein Budgetüberschuss in Höhe von 0,8 % des BIP ausgewiesen werden und die amerikanische Wirtschaft befand sich im siebten Jahr eines anhaltenden Aufschwungs. Wie ist Clinton dies gelungen? Die Antwort darauf lautet, mithilfe von Alan Greenspan und etwas Glück. [...]

Im Rahmen des IS-LM-Modells in Abbildung 1 lässt sich die Situation wie folgt darstellen: Die Fed stimmte implizit (ohne schriftlichen Vertrag) zu, dass sie bei einer Reduktion des Budgetdefizits (einer Verschiebung der IS-Kurve nach links von IS zu IS') die LM-Kurve nach unten verschieben würde (von LM nach LM'). Damit konterkariert die Fed die negativen Auswirkungen einer kontraktiven Fiskalpolitik: Die Volkswirtschaft bewegt sich somit von A nicht nach B, sondern nach A' (ohne die expansive Geldpolitik läge das Gleichgewicht in B). Auf der Basis dieser impliziten Übereinkunft legte Clinton dem Kongress im Februar 1993 einen Plan zum Defizitabbau vor. Der Plan sah vor, das Defizit bis zum Jahr 1998 langsam auf 2,5 % des BIP zu reduzieren, zur Hälfte durch Steuererhöhungen, zur Hälfte durch Einsparungen bei den Staatsausgaben. [...] Als der Defizitabbau umgesetzt wurde, löste die Zentralbank ihr implizit gegebenes Versprechen ein: Die Zinssätze, die bereits 1991 und 1992 gesenkt worden waren, wurden 1993 und 1994 noch stärker gesenkt. 1994 war das Zinsniveau von 7,3 % im Jahr 1991 auf 3,3 % gesunken. Als Ergebnis dieser Kombination von Geld- und Fiskalpolitik kam es zu einer anhaltenden Expansion des Einkommens bei gleichzeitiger Rückführung des Defizits.

INFO

William Jefferson „Bill" Clinton
*19.8.1946 in Hope, Arkansas
US-amerikanischer Politiker (Democratic Party), 1993–2001
42. Präsident der USA

Alan Greenspan
*6.3.1926 in New York
US-amerikanischer Wirtschaftswissenschaftler; 1987–Anfang 2006 Vorsitzender der US-Notenbank (Federal Reserve System, Fed).

GLOSSAR

Geldpolitik
Fiskalpolitik

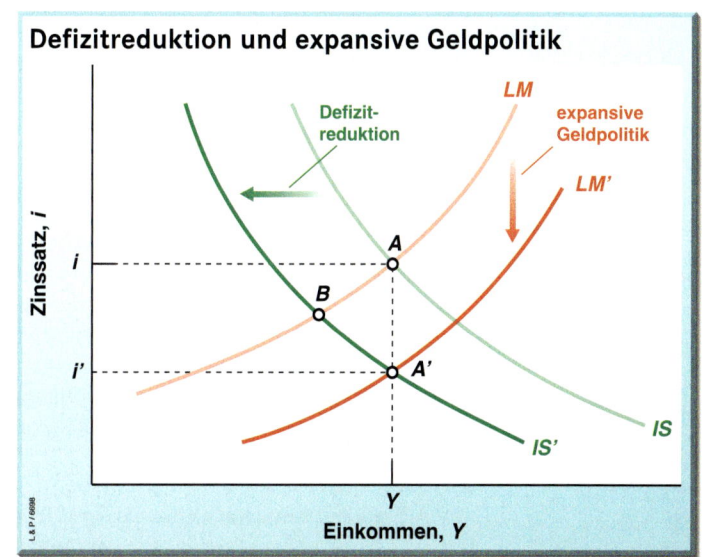

Defizitreduktion und expansive Geldpolitik

Aus: Olivier Blanchard/Gerhard Illing, Makroökonomie, 3. Aufl., München 2004, S. 155 f.

Fallbeispiel Abwrackprämie

Im Jahr 2009 hatte die deutsche Wirtschaft – insbesondere die Automobilindustrie – mit einer großen **Krise** zu kämpfen. Die Nachfrage nach Pkw ging zurück und die Automobilindustrie musste aufgrund von sinkenden Einnahmen Arbeitsplätze abbauen, was zu einer steigenden Arbeitslosenquote und einem weiteren Kaufkraftverlust führte. Die Bundesregierung wollte dieser Entwicklung entgegensteuern und verabschiedete die **Umweltprämie**, alltagssprachlich Abwrackprämie genannt. Diese sah vor, dass man unter bestimmten Bedingungen beim Kauf eines Neufahrzeuges und gleichzeitiger Verschrottung des Altfahrzeugs einen monetären Zuschuss erhielt. So sollte die Konsumneigung der Bevölkerung, also die Nachfrage, erhöht werden.

Die Abwrackprämie ist ein klassisches Beispiel für staatliches Handeln nach den Grundsätzen der **nachfrageorientierten Politik**. In Zeiten einer wirtschaftlichen Flaute verschuldete sich der Fiskus und setzte monetäre Anreize auf der Nachfrageseite. Er machte der Bevölkerung den Konsum schmackhaft, um so zu einer Steigerung der Konjunktur beizutragen.

Angebotsorientierte Wirtschaftspolitik

Die angebotsorientierte Wirtschaftspolitik wählt einen anderen Schwerpunkt. Hier soll der Staat gerade nicht auf der Nachfrageseite eingreifen. **Jean Baptist Say** vertrat die Auffassung, dass **kein Staatseingriff besser sei als ein falscher** und dass der Staat sich somit möglichst aus der Wirtschaft heraushalten solle. **Jedes Angebot schafft sich seine eigene Nachfrage.**

Der **Staat** soll hier **nur auf der Seite der Anbieter tätig werden**, indem er z. B. Subventionen vergibt, Investitionen von Unternehmen fördert bzw. die Produktionsbedingungen insgesamt fördert. Nach dem Laffer-Theorem können dabei auch Steuersenkungen einen positiven Effekt auf die Entwicklung der Wirtschaft haben.

Nachfrageorientierte Wirtschaftspolitik

John Maynard Keynes entwickelte seine Theorie zur Bekämpfung der hohen Arbeitslosigkeit nach der Weltwirtschaftskrise von 1929. Er sah es als **Aufgabe des Staates** an, in Zeiten von geringer Nachfrage und somit wirtschaftlicher Rezession **für Nachfrage zu sorgen**. Dazu sollte der Staat sich verschulden (**Deficit-Spending**), um mit diesem Geld die Nachfrage zu steigern, somit Einnahmeeinbußen der Unternehmen aufzufangen und Arbeitsplätze zu sichern.

Dies kann durch eine Stärkung der Kaufkraft der Privathaushalte erfolgen, z. B. durch Steuererleichterungen oder monetäre Kaufanreize. Wichtig war Keynes dabei, dass der Staat **auf der Seite der Nachfrager** ansetzen muss. Die angehäufte Staatsverschuldung sollte nach Keynes' Vorstellung im Boom, wenn die Wirtschaft sich erholt hat, wieder abgebaut werden.

Kritisiert wurde an der nachfrageorientierten Wirtschaftspolitik, dass Staaten ihre Schulden im Konjunkturhoch doch nicht abbauen würden und dass es schwer erklärbar sei, vorhandene Subventionen wieder zu kürzen.

Monetarismus

Die Monetaristen entwickelten Mitte des 20. Jahrhunderts die klassische Theorie der Wirtschaftspolitik weiter. Größter Streitpunkt mit den Keynesianisten war die Frage der Bekämpfung einer Rezession: Während **Keynes** davon ausging, dass man eine Rezession am besten durch Maßnahmen der **Fiskalpolitik** bekämpfen kann, schrieb **Milton Friedman** der **Geldpolitik** eine wesentlich höhere Rolle zu. Die Zentralbank könne die Geldmenge sehr genau steuern und durch eine stetige und vorangekündigte Wachstumsrate schade eine solche Geldpolitik weder dem Wirtschaftswachstum noch der Beschäftigung. Ferner solle die Geldmenge dem Wachstum des realen Produktionspotenzials entsprechen, damit die Preisniveaustabilität gewahrt bleibe.

Ein alternativer wirtschaftspolitischer Ansatz

Die **Arbeitsgemeinschaft Alternative Wirtschaftspolitik** kritisiert in ihrem Memorandum die aktuelle Wirtschaftspolitik der Bundesrepublik Deutschland. Sie machen auf die **Problematik der Umverteilung** aufmerksam: Während die Gewinne privatisiert worden seien, seien die Schulden zulasten der öffentlichen Haushalte sozialisiert worden. Außerdem kritisiert sie, dass nach dem Auffangen der schwachen Konjunktur in der Weltwirtschaftskrise durch eine expansive Fiskalpolitik **zu schnell der Fokus auf Haushaltskonsolidierung gerichtet** worden sei. Allein mithilfe der Geldpolitik könne ein weiterer Aufschwung nicht gewährleistet werden.

Politik-Mix

Der Politik-Mix beschreibt, wie **Geld- und Fiskalpolitik zusammenarbeiten**. Wirtschaftspolitik kann in den Augen dieses Ansatzes nicht nur vom Staat betrieben werden. Es müsse eine, wenn auch nur stillschweigende, Absprache zwischen der Zentralbank und dem Staat erfolgen. Nur so könne z. B. eine Staatsverschuldung reduziert werden (durch Steuererhöhungen), ohne eine Reduzierung des zu Verfügung stehenden Einkommens der privaten Haushalte zur Folge zu haben.

Überblick

wirtschaftspolitische Fragestellungen	Angebotsorientierte Wirtschaftspolitik (Klassik)	Nachfrageorientierte Wirtschaftspolitik (Keynes)
Welchen Nutzen stiften Staatseingriffe?	Die Klassik geht vom Markt aus und ist überzeugt, dass die Märkte selbst ein Gleichgewicht herstellen können. Das Eingreifen des Staates ist daher unerwünscht und zu vermeiden. Zusätzliche Nachfrage führt zu Inflation, das reale BIP kann dadurch aber nicht erhöht werden! Das BIP wird in der klassischen Sicht nur durch die Qualität und die Quantität der Produktionsfaktoren bestimmt. Die Klassik geht davon aus, dass verstaatlichte Unternehmen nicht so effizient arbeiten wie private. Sie fordern daher auch die Privatisierung von verstaatlichten Unternehmen.	Wenn der private Bereich nicht genügend nachfragt, dann muss der Staat eingreifen und Nachfrage erzeugen. Nur in diesem Fall ist eine „nationalisation of employment" notwendig. Darunter ist keine Verstaatlichung zu verstehen, denn Keynes stand ganz in der Tradition der Marktwirtschaft, sondern ein Eingreifen des Staates. Eine Erhöhung der Nachfrage führt – solange die Kapazitätsgrenze noch nicht erreicht ist – zu einer Erhöhung des BIP und der Beschäftigung.
Was bewirken Konsum und Sparen?	Zusätzliche Konsumnachfrage führt nur zu Inflation. Es wird immer in der richtigen Höhe gespart, denn die Zinsen geben an, wie viel Sparen notwendig ist. Sparen ist positiv für die Volkswirtschaft, weil über den Kapitalmarkt Sparen zu Investitionen wird.	Zusätzliche Konsumnachfrage erhöht die aggregierte Nachfrage und kurbelt die Wirtschaft an. Zu viel Sparen würgt die Wirtschaft ab. Sparen muss nicht unbedingt zu geplanten Investitionen führen.
Wie entsteht Arbeitslosigkeit und was ist dagegen zu unternehmen?	Um Arbeitslosigkeit zu beseitigen, ist die Senkung der Löhne notwendig. Der Einfluss von Gewerkschaften soll daher zurückgedrängt werden. Im Modell der Klassik führt die Senkung der Löhne zu einer Senkung der Arbeitslosigkeit!	Arbeitslosigkeit entsteht durch einem Mangel an gesamtwirtschaftlicher Nachfrage. Um diese Nachfrage zu erhöhen, ist es sinnvoll, wenn die Beschäftigten hohe Einkommen erzielen, weil sie dadurch die Nachfrage erhöhen können. Arbeitslose sollen Arbeitslosengeld erhalten, weil sie dadurch nicht nur für ihren eigenen Haushalt über finanzielle Mittel verfügen, sondern damit auch die aggregierte Nachfrage erhöhen. Kollektivverträge, Mindestlöhne und Gewerkschaften sind zu begrüßen, weil sie dazu dienen, die Löhne hoch zu halten. Keynesianer verfolgen also die Erhöhung der Löhne zur Senkung der Arbeitslosigkeit.
Soll Wirtschaftspolitik kurz- oder langfristig betrieben werden?	Wirtschaftswachstum ist nur durch die Erhöhung der Produktionsfaktoren möglich. Produktionsfaktoren wachsen nur langsam. Die Wirtschaftspolitik ist daher eine langfristige. Im Mittelpunkt der angebotsorientierten, klassischen Wirtschaftstheorie stehen also die Nettoinvestitionen, die zur Erhöhung der Produktionsfaktoren führen.	Keynes sagte „In the long run we are all dead" und meinte damit, dass die langfristige Wirtschaftspolitik nicht hilfreich sei, denn die Probleme müssen kurzfristig gelöst werden. Wer heute arbeitslos ist, möchte morgen einen Job und nicht in einem oder mehr Jahren. Langfristig ist es sinnvoll, die Produktionsfaktoren zu erhöhen, weil nur damit langfristig die Wirtschaft wachsen kann.

Tabelle nach: Georg Tafner, Weltsichten Volkswirtschaft, Wien 2008, S. 93

1.4 Bereiche und Instrumente der Wirtschaftspolitik

QUERVERWEIS

Das Stabilitäts- und Wachstumsgesetz (StWG), 8. Juni 1967
S. 34, M 9

Mit der angebotsorientierten und der nachfrageorientierten Wirtschaftstheorie gibt es verschiedene Ansätze, die staatliche Wirtschaftspolitik erklären und gestalten wollen. Die Vertreter der jeweiligen Theorien untersuchen das Verhalten eines Staates zu bestimmten Zeiten und versuchen, daraus ein mögliches bzw. sinnvolles Verhalten für Staaten beim Auftreten bestimmter wirtschaftspolitischer Ereignisse abzuleiten. Die politisch Verantwortlichen müssen dann die Entscheidungen treffen. Dabei stehen ihnen eine Reihe unterschiedlicher Möglichkeiten offen. In der Bundesrepublik Deutschland gibt es zur Gestaltung der Wirtschaftspolitik eine gesetzliche Grundlage – das Stabilitäts- und Wachstumsgesetz. Dieses Gesetz erlaubt dem Staat verschiedene Handlungsoptionen. Hierbei handelt es sich um Instrumente der Finanz- und Geldpolitik.

	Öffentliche Nachfrage (direkte Mittel)	Private Nachfrage (indirekte Mittel)
kontraktive Wirkung	• Tilgung von Schulden mit Haushaltsmitteln • Streckung von öffentlichen Baumaßnahmen • Beschränkung der öffentlichen Kreditaufnahme • Bildung einer Konjunkturausgleichsrücklage	**Konsumgüter** • Steuererhöhungen allgemein (z. B. Mehrwertsteuer) • Erhöhung des Einkommensteuersatzes **Investitionsgüter** • Beschränkung von Abschreibungsmöglichkeiten bei der Steuer • Anhebung der Einkommens-/Körperschaftssteuern
expansive Wirkung	• Beschleunigung und Mehrvergabe öffentlicher Investitionsvorhaben • zusätzliche Kreditermächtigung • Entnahme von Mitteln aus der Konjunkturausgleichsrücklage	**Konsumgüter** • Steuersenkungen allgemein (z. B. Mehrwertsteuer) • Senkung des Einkommensteuersatzes **Investitionsgüter** • Schaffung von Abschreibungsmöglichkeiten • Senkung der Einkommens-/Körperschaftssteuern

Basiswissen
Grundsätzlich kann der Staat mithilfe **wirtschaftspolitischer Instrumente** versuchen, die Struktur der Wirtschaft zu verändern und zu optimieren sowie die Wirtschaftsabläufe zu beeinflussen, um die von ihm gewünschte wirtschaftliche Zielsetzung zu erreichen.

1 Erläutern Sie die Grafik oben, indem Sie Beispiele zu den einzelnen Feldern zusammenstellen.
2 Beschreiben Sie, was Roth unter ordnungs- und prozesspolitischen Eingriffen versteht (M 1).
3 Erörtern Sie Chancen und Risiken von Staatseingriffen in Form von Subventionen vor dem Hintergrund des Primats der Politik (M 1).
4 Erstellen Sie unter Zuhilfenahme von M 1 und ihrer Kenntnisse über wirtschaftspolitische Konzeptionen aus Kapitel 1.3 eine geordnete Liste von möglichen Wirkungen staatlicher Maßnahmen in ökonomischer, ökologischer und sozialer Hinsicht.

Der Bereich der Ordnungs- und Prozesspolitik

Ordnungspolitik als notwendiger Rahmen

MATERIAL 1

QUERVERWEIS

Der Konjunkturzyklus
S. 16–19

Die Europäische
Zentralbank und ihre
Geldpolitik
S. 163–167

GLOSSAR

Ordnungspolitik
Prozesspolitik

Nach Überzeugung der überwältigenden Mehrheit der Ökonomen haben Politiker in einer Marktwirtschaft nur sehr selten Anlass, unmittelbar in den Markt einzugreifen.
5 Auch beschäftigungs- oder sozialpolitische Ziele sollten nicht durch direkte Markteingriffe verfolgt werden. Vielen Bürgern hingegen erscheint es durchaus wünschenswert und dem „Primat der Politik" angemessen,
10 wenn – immerhin demokratisch legitimierte – Politiker versuchen, bestimmte Ziele durch direkte Eingriffe in Marktprozesse schneller, anders oder unter anderen Begleitumständen zu erreichen, als es sich aus dem
15 freien Spiel der Marktkräfte ergeben würde. Zur Diskussion wirtschaftspolitischer Grundkonzeptionen ist die Unterscheidung in Ordnungspolitik und Prozesspolitik hilfreich. Ordnungspolitik zielt auf die Gestaltung der
20 Wirtschaftsordnung, versucht also, die allgemeinen Spielregeln, unter denen die einzelnen Teilnehmer des Wirtschaftslebens agieren, gemeinwohlförderlich zu gestalten. Prozesspolitik hingegen greift direkt in einzelne
25 Wirtschaftsabläufe ein und versucht so, das Wirtschaftsgeschehen zeitnah und sehr konkret zu steuern.
Wenn überhaupt, werden in den meisten wirtschaftswissenschaftlichen Lehrbüchern
30 prozesspolitische Eingriffe in der Geld-, Währungs- und Fiskalpolitik zur Stabilisierung der Wirtschaft im konjunkturellen Auf und Ab diskutiert. In Phasen schnellen Wachstums könnte der Staat einer Überhit-
35 zung der Wirtschaft beispielsweise entgegenwirken, indem er die Zinsen anhebt und öffentliche Ausgaben einschränkt. In schwachen Phasen könnte er durch niedrigere Zinssätze Anreize zu Investitionen setzen
40 und durch höhere staatliche Ausgaben zur Nachfragestärkung beitragen.
Diese Politik könnte theoretisch in bestimmten Situationen hilfreich sein. Praktisch ist es allerdings sehr schwierig, diese Situatio-
45 nen rechtzeitig und eindeutig zu identifizieren. Wird aber aufgrund falscher Daten oder Prognosen zu früh, zu heftig oder erst mit

zeitlicher Verzögerung eingegriffen, üben die Maßnahmen schädliche Wirkungen auf die wirtschaftliche Entwicklung aus. Nicht
50 ohne Grund ist die Geldpolitik in der EU den Regierungen gänzlich entzogen und der unabhängig agierenden Europäischen Zentralbank übertragen. Auch der Ausdehnung staatlicher Ausgaben wurden bewusst enge
55 Grenzen gesetzt.
Andere Beispiele für prozesspolitische Eingriffe sind industriepolitische Subventionen, etwa zur Förderung bestimmter Technologien, die nach Ansicht der betreffenden Poli-
60 tiker von privater Seite nicht ausreichend vorangetrieben werden. Wenn private Geldgeber in eine Technologie investieren, von deren Erfolgsaussichten sie überzeugt sind, tragen sie selbst das Risiko eines eventuel-
65 len Irrtums. Wenn sich Politiker irren, hat dies über höhere Steuern und verschlechterte Standortbedingungen negative Folgen für die gesamte Wirtschaft. [...] Hinzu kommt, dass die einzelnen Marktteilnehmer Eingrif-
70 fe der Politiker in die Märkte beobachten und in ihre Erwartungsbildung einbeziehen, sodass unkontrollierbare Rückkopplungseffekte auftreten. Eine kurzfristige, unberechenbare und wankelmütige Wirtschaftspolitik
75 bietet keine verlässliche Planungsgrundlage und führt beispielsweise hinsichtlich der Investitionen in einem Land zu vorsichtiger Zurückhaltung.
Dennoch stellt niemand das Primat der Poli-
80 tik infrage. Ökonomen empfehlen zwar den Verzicht auf unmittelbare Markteingriffe, weil sie erwarten, dass der Wohlstand der Gesellschaft durch diese prozesspolitischen Eingriffe nicht gesteigert, sondern mittel-
85 und längerfristig eher reduziert wird. Umgekehrt betonen sie aber die ordnungspolitischen Aufgaben: Es ist die originäre Aufgabe der Politiker, alle Gesellschaftsbereiche durch die Vereinbarung und Überwachung
90 grundlegender Spielregeln so zu gestalten, dass die privaten Handlungen der Bürger auch zum Wohl der Gesellschaft beitragen, wenn sie innerhalb dieser Regeln stattfinden.

Aus: Steffen J. Roth, VWL für Einsteiger, Konstanz 2011, S. 217 ff.

Der Bereich der Finanzpolitik

Antizyklische Fiskalpolitik

Die antizyklische Fiskalpolitik setzt sich aus zwei Phasen zusammen:

■ In der **expansiven Phase** wird das Ziel verfolgt, die gesamtwirtschaftliche Nachfra-
5 ge anzuregen. Dafür kann der Fiskus die Staatsnachfrage erhöhen. Dies wirkt sich direkt positiv auf die gesamtwirtschaftliche Nachfrage aus. Das kann durch staatliche Investitionen oder Konsumnachfrage gesche-
10 hen. In Köln ist das Stadtbahnnetz erweitert worden. Dies sind staatliche Investitionen und somit ein Teil der expansiven Fiskalpolitik, vorausgesetzt, dass der Staat dieses Ziel hat. Ferner kann die gesamtwirtschaftliche
15 Nachfrage angeregt werden, indem Transferzahlungen erhöht oder Steuern, wie Lohn- oder Einkommensteuern gesenkt werden. Transferzahlungen sind Zahlungen des Staates an Haushalte ohne Gegenleistung, wie
20 etwa die **Eigenheimzulage**, Arbeitslosengeld o. Ä. Dadurch wird der Konsum angeregt. Die Gewinne der Unternehmen werden vor allem durch Senkung der Gewinnsteuern (Einkommens-, Gewerbeertrags- und Körper-
25 schaftssteuer) und Erhöhung von Subventionen gefördert. Dadurch werden die Unternehmen angeregt, mehr zu investieren.

All diese Maßnahmen fördern die gesamtwirtschaftliche Nachfrage. Nun stellt sich die
30 Frage, wie diese finanziert werden. Keynes schlug ursprünglich vor, in der restriktiven Fiskalpolitik Budgetüberschüsse zu erwirtschaften, die bei der Zentralbank angesammelt werden können (Konjunkturausgleichs-
35 rücklagen). Bei der expansiven Fiskalpolitik können diese Rücklagen zur Finanzierung benutzt werden. In der Praxis funktioniert dies oftmals nicht, da der Staat auf dem Konjunkturberg nicht spart. Keynes hat in die-
40 sem Fall einen für die damalige Zeit revolutionären Vorschlag gemacht: Die expansive Fiskalpolitik soll kreditfinanziert (**Deficit-Spending**) werden. Er begründet dies mit dem Multiplikatoreffekt. Der Multiplikator-
45 effekt führt zu einer außerordentlich starken Wirkung der expansiven fiskalpolitischen

Maßnahme, sodass es sich lohnt, dafür sogar Schulden in Kauf zu nehmen.

■ Das Ziel der **restriktiven Phase** ist es, Konjunkturausgleichsrücklagen anzulegen 50 und/oder Budgetdefizite auszugleichen. Dafür werden entsprechend die Staatsausgaben gesenkt, Transferzahlungen und Subventionen verringert und Steuern erhöht.

Die antizyklische Fiskalpolitik glättet sozu- 55 sagen den Konjunkturzyklus. Diesen Effekt haben auch **automatische Stabilisatoren**. Sie regen in einem konjunkturellen Tal die gesamtwirtschaftliche Nachfrage an, im Konjunkturberg wird sie gedämpft, ohne dass 60 eine antizyklische Fiskalpolitik angewandt wird. In einem **Konjunkturtal** sinken die Steueraufkommen, da z. B. aufgrund rückläufigen Einkommens weniger Einkommensteuern gezahlt werden müssen. Diese auto- 65 matischen Steuersenkungen regen die gesamtwirtschaftliche Nachfrage an. Ein weiterer Stabilisator sind Transferzahlungen: In einer Rezession sind mehr Personen arbeitslos, dadurch zahlt der Staat mehr Arbeits- 70 losengeld, dies stimuliert den Konsum und die gesamtwirtschaftliche Nachfrage. Auf dem Konjunkturberg wirken die Stabilisatoren umgekehrt und dämpfen die gesamtwirtschaftliche Nachfrage. Die automatischen 75 Stabilisatoren wirken umso stärker, je größer der Staatssektor, je höher die Transferleistungen und je progressiver das Steuersystem ist.

Der **Multiplikatoreffekt** liefert die theoreti- 80 sche Begründung für die Wirksamkeit der expansiven Fiskalpolitik. Er untersucht den Effekt einer fiskalpolitischen Maßnahme, wie z. B. eine Erhöhung der Staatsnachfrage, auf die gesamtwirtschaftliche Nachfrage. Der 85 Multiplikatoreffekt besagt, dass eine expansive fiskalpolitische Maßnahme einen multiplikativen Effekt auf die gesamtwirtschaftliche Nachfrage hat. [...] Nach empirischen Untersuchungen haben **Infrastrukturinves-** 90 **titionen** den größten Multiplikatoreffekt.

Aus: Detlef Beeker, Wirtschaftspolitik, Stuttgart 2011, S. 130–135

Einschränkung der Wirksamkeit antizyklischer Fiskalpolitik

- **Durchsetzbarkeit der restriktiven Fiskalpolitik:** Bei der restriktiven Fiskalpolitik sollen Kredite getilgt und Konjunkturausgleichsrücklagen gebildet werden.
5 Dazu sollen Einkommens- und Körperschaftssteuern erhöht werden. Gleichzeitig werden Subventionen und Transfers gekürzt. Die Durchsetzung dieser Maßnahmen ist äußerst schwierig. Gerade,
10 wenn eine Partei vor einer Wahl steht, wird sie derartig unpopuläre Schritte nicht durchführen. Die Erfahrung hat gezeigt, dass tatsächlich die restriktive Fiskalpolitik nicht diszipliniert angewendet
15 wird. Darüber hinaus sollen die erhöhten Einnahmen auf dem Konjunkturberg für die Schuldentilgung bzw. die Bildung von Konjunkturausgleichsrücklagen genutzt werden. Auch dieses wird in der Praxis
20 nicht konsequent gehandhabt. Dies führt dazu, dass die Schulden auf dem Konjunkturberg nicht völlig getilgt werden. Im nächsten Konjunkturtal muss die expansive Fiskalpolitik dann wieder durch neue
25 Schulden finanziert werden. Der Schuldenberg wächst. Aus vorübergehenden Haushaltsdefiziten werden strukturelle Defizite.
- Aufgrund der mangelnden Durchsetzbarkeit können also **strukturelle Haushalts-** 30 **defizite** entstehen. Hohe und langfristige Haushaltsdefizite haben mehrere Nachteile:
  - [...] Da der Staat eine sehr hohe Kreditnachfrage hat, treibt er die Kreditzin- 35 sen in die Höhe. Dadurch sinken die Investitionen und die gesamtwirtschaftliche Nachfrage sinkt. [...]
  - Der Staatsanteil wächst. Dies ist vor allem aus ordnungspolitischer Sicht 40 problematisch.
  - Durch den Zinseffekt wachsen die Schulden schnell an. Es besteht die Gefahr, dass die Staatsschulden nur noch sehr schwer handhabbar sind. 45
- **Wirkungsverzögerungen (time lag):** Die Wirkung der fiskalpolitischen Maßnahmen tritt verzögert ein. So wirkt die expansive Maßnahme erst auf dem Konjunkturberg. 50

Aus: Detlef Beeker, Wirtschaftspolitik, Stuttgart 2011, S. 136 f.

Wirkungsketten antizyklischer Fiskalpolitik

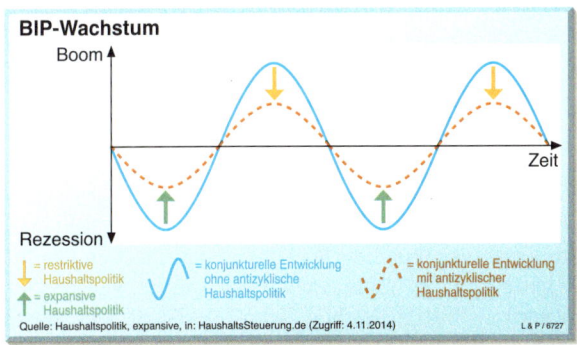

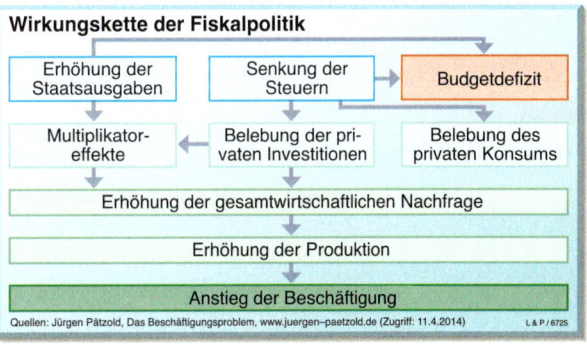

||||**1**|| Beschreiben Sie die beiden Phasen antizyklischer Fiskalpolitik in eigenen Worten (M 2).

||||**2**|| Erläutern Sie mögliche Probleme bei antizyklischer Fiskalpolitik (M 3 und M 4).

||||**3**|| Erklären Sie die Wirkungen antizyklischer Fiskalpolitik auf den Konjunkturzyklus (M 4).

||||**4**|| Erörtern Sie Chancen und Risiken antizyklischer Fiskalpolitik im Hinblick auf deren ökonomische und soziale Wirkungen (M 2 bis M 4).

MATERIAL **5**

Die Staatsverschuldung in Deutschland und in der EU

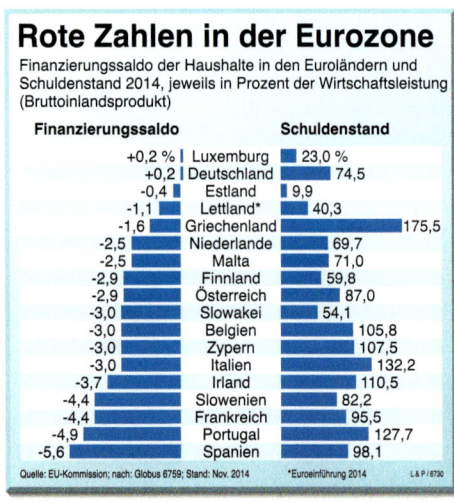

Rote Zahlen in der Eurozone

Finanzierungssaldo der Haushalte in den Euroländern und Schuldenstand 2014, jeweils in Prozent der Wirtschaftsleistung (Bruttoinlandsprodukt)

Finanzierungssaldo		Schuldenstand
+0,2 %	Luxemburg	23,0 %
+0,2	Deutschland	74,5
-0,4	Estland	9,9
-1,1	Lettland*	40,3
-1,6	Griechenland	175,5
-2,5	Niederlande	69,7
-2,5	Malta	71,0
-2,9	Finnland	59,8
-2,9	Österreich	87,0
-3,0	Slowakei	54,1
-3,0	Belgien	105,8
-3,0	Zypern	107,5
-3,0	Italien	132,2
-3,7	Irland	110,5
-4,4	Slowenien	82,2
-4,4	Frankreich	95,5
-4,9	Portugal	127,7
-5,6	Spanien	98,1

Quelle: EU-Kommission; nach: Globus 6759; Stand: Nov. 2014   *Euroeinführung 2014   L & P / 8730

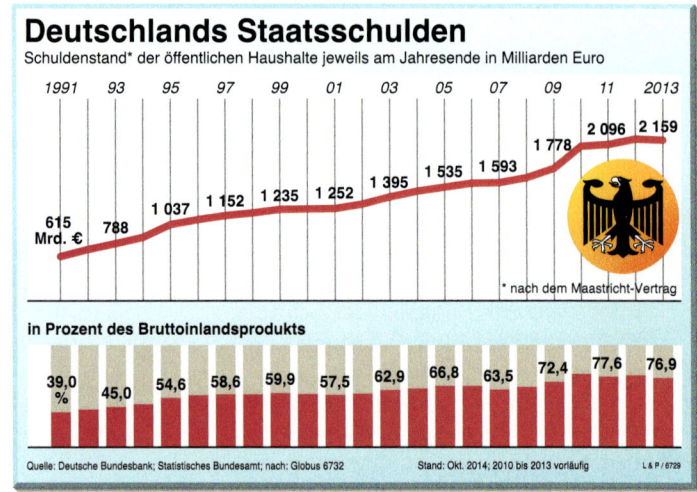

Deutschlands Staatsschulden

Schuldenstand* der öffentlichen Haushalte jeweils am Jahresende in Milliarden Euro

1991 93 95 97 99 01 03 05 07 09 11 2013

615 Mrd. €   788   1 037   1 152   1 235   1 252   1 395   1 535   1 593   1 778   2 096   2 159

* nach dem Maastricht-Vertrag

in Prozent des Bruttoinlandsprodukts

39,0 %   45,0   54,6   58,6   59,9   57,5   62,9   66,8   63,5   72,4   77,6   76,9

Quelle: Deutsche Bundesbank; Statistisches Bundesamt; nach: Globus 6732   Stand: Okt. 2014; 2010 bis 2013 vorläufig   L & P / 6729

MATERIAL **6**

Kapitalismus und Verschuldung

QUERVERWEIS

Karl Marx
S. 265, Info

Nachfrageorientierte
Wirtschaftspolitik
(Deficit-Spending)
S. 57 f., M 10–M 11

Fiskalpolitik: nationale
Haushaltspolitik im
Rahmen der EU
(Staatsverschuldung)
S. 180, M 7–M 8

GLOSSAR

Staatsverschuldung

Wo wäre die Menschheit heute, wenn keiner je Schulden gemacht hätte? Erst die Erfindung des Kredits ermöglichte die großen Errungenschaften der Moderne, die selbst Karl
5 Marx und Friedrich Engels ins Schwärmen brachten. Der Kredit ist der Wohlstandsmotor des Kapitalismus. Er treibt eine Zeitmaschine an, mit der wir in die Zukunft reisen. Dort pflücken wir die Früchte von morgen,
10 um sie bereits heute zu genießen. Nur so entsteht Wachstum: Unser materieller Wohlstand ist im wahrsten Sinne des Wortes der Zukunft geschuldet.

Sind die Schulden aber erst einmal in der
15 Welt, dann wollen sie bedient werden. Samt Zins und Zinseszins. Der Traum vom Nullwachstum wird da ganz schnell zum Albtraum. Stattdessen herrscht Wachstumszwang. Doch der birgt Risiken. Denn wer
20 einen Kredit aufnimmt, wettet auf eine ganz bestimmte Zukunft: tritt sie ein, dann wird alles gut; tut sie's nicht, dann bricht die Welt zusammen. Und weil kein Mensch die Zukunft vorhersehen kann, passiert das häufig; weitaus häufiger jedenfalls, als man gemein- 25 hin wahrhaben will. Der Kapitalismus wird damit zu einer paradoxen Angelegenheit: Einerseits bedarf er ständig neuer Schulden, um nicht unterzugehen; andererseits führen aber gerade diese Schulden immer wieder 30 zur Krise. Die Wirtschaft befindet sich nie im ruhigen Fahrwasser, wie das die Ökonomie glaubt. Und wie die Politik gerne glauben möchte, weil sich nur so das liberale Credo aufrechterhalten lässt, dass freie Märkte 35 zum Optimum führen. Die Wahrheit scheint vielmehr zu lauten: Freie Märkte mögen Millionen unwichtiger Aufgaben bestmöglich regeln – in den essenziellen Fragen versagen sie kläglich. Wie uns in der jüngsten Kredit- 40 krise einmal mehr vorgeführt wurde. Wer hilft in solchen Fällen? Der Staat. Wer sonst?

Aus: Thomas Strobl, Ohne Schulden läuft nichts, München 2010, S. 7 f.

1 Stellen Sie den Verlauf der Staatsverschuldung in Deutschland und den Schuldenstand in der EU **dar** (M 5).

2 Erklären Sie, warum nach Strobl Kapitalismus und Verschuldung zusammengehören (M 6).

Staatsverschuldung

MATERIAL **7**

Die Verschuldung eines Staates lässt sich aus zwei Perspektiven betrachten: Die staatliche Neuverschuldung ergibt sich aus der Differenz der laufenden Staatsausgaben und der Staatseinnahmen. Das jährliche Defizit wird meist in Relation zur Wirtschaftsleistung (Bruttoinlandsprodukt) des Landes gesetzt. Die staatliche Gesamtverschuldung ist eine Bestandsgröße, die sich über Jahre aufbaut. Gemessen wird quasi der Schuldenberg eines Landes seit seiner Gründung. Auch diese Größe wird in der Regel ins Verhältnis zur Wirtschaftsleistung gesetzt.

Staatsverschuldung kann positive Effekte nach sich ziehen, wenn mit den Krediten öffentliche Investitionen finanziert werden – etwa in die Infrastruktur. Solche Ausgaben erhöhen mittelfristig das Wachstumspotenzial einer Volkswirtschaft. Im Idealfall führt das dazu, dass der Staat anschließend über steigende Steuereinnahmen sein Defizit wieder abbauen kann. Auch in konjunkturellen Ausnahmensituationen kann eine Schulden-

aufnahme sinnvoll sein, um Nachfrageausfälle aufseiten der Unternehmen und der Verbraucher zu kompensieren.

Die negativen Auswirkungen der Staatsverschuldung: Zum einen engen steigende Zins- und Tilgungsverpflichtungen den finanz- und haushaltspolitischen Spielraum des Staates ein. Zum anderen birgt eine steigende staatliche Kreditaufnahme die Gefahr, private Kredite und Investitionen vom Markt zu verdrängen – mit entsprechend negativen Folgen für das Wirtschaftswachstum. Die Europäische Union versucht die Staatsverschuldung mit dem Stabilitäts- und Wachstumspakt zu begrenzen. Der Pakt fordert die Mitgliedsländer auf zu

- einer Neuverschuldung von höchstens 3 Prozent des Bruttoinlandsprodukts,
- einer Gesamtverschuldung von höchstens 60 Prozent des Bruttoinlandsprodukts.

Deutschland hat im Jahr 2009 zusätzlich die sogenannte Schuldenbremse im Grundgesetz verankert.

Aus: www.wirtschaftundschule.de/lehrerservice/wirtschaftslexikon/s/staatsverschuldung, Institut der deutschen Wirtschaft Köln Medien GmbH, September 2011 (Zugriff: 26.9.2014)

Die Schuldenbremse

MATERIAL **8**

2009: Um die Schuldenbremse verwirklichen zu können, musste sie in das Grundgesetz aufgenommen werden. Die Regelung [...] findet sich in den Grundgesetzartikeln 109, 115 und 143d. Alle entscheidenden Punkte wie Start, Übergangsregelungen oder finanzielle Hilfen sind dort festgelegt.

2011: Die Übergangsregelungen treten in Kraft. Der Bund soll sein strukturelles Defizit in gleichmäßigen Schritten auf maximal 0,35 Prozent des BIP senken, die Länder ihre Neuverschuldung auf Null. Fünf hochverschuldete Länder erhalten vorübergehend

Finanzhilfen: Berlin, Bremen, Saarland, Sachsen-Anhalt und Schleswig-Holstein.

2016: Die strukturelle Neuverschuldung des Bundes darf ab diesem Jahr nur noch 0,35 Prozent des BIP betragen. Allerdings gibt es zwei Ausnahmeregelungen: Not- und Katastrophenzeiten.

2019: Die fünf hochverschuldeten Länder [...] erhalten zum letzten Mal Finanzhilfen.

2020: Die Länder dürfen ab diesem Jahr keine neuen Schulden machen. Es gelten die gleichen Ausnahmeregelungen wie beim Bund: Not- und Katastrophenzeiten.

Nach: www.bundesregierung.de (Zugriff: 26.9.2014)

3 **Arbeiten** Sie aus M7 Vor- und Nachteile der Staatsverschuldung **heraus**.

4 **Beschreiben** Sie, wie die Schuldenbremse wirken soll (M8).

5 **Nehmen** Sie **Stellung** zu der Frage, ob man die Schuldenbremse (M8) als wirkungsvoll bezeichnen kann.

Der Bereich der Geldpolitik

MATERIAL **9**

QUERVERWEIS

Die Transmission
geldpolitischer
Impulse
S. 166, M 15

GLOSSAR

Geldpolitik

Antizyklische Geldpolitik

[Es gibt] eine Reihe von Instrumenten, mit denen die europäische Zentralbank agieren kann. Das zentrale Mittel ist der Leitzins.

In einem **Konjunkturtal** ist das Ziel der
5 **expansiven Geldpolitik**, die gesamtwirtschaftliche Nachfrage zu fördern. Dies wird durch eine Senkung des Leitzinses angestrebt. Dadurch erhalten die Geschäftsbanken Zentralbankkredite zu einem geringeren
10 Zinssatz. Diese können an die Haushalte und Unternehmer weitergegeben werden, indem die Geschäftsbanken die Kreditzinsen senken. Dies wirkt sich vorwiegend stimulierend auf die Investitionen der Unternehmen
15 aus. Die Konsumausgaben sind nicht so stark von den Kreditzinsen abhängig.

Im **Konjunkturberg** entsteht oft die Gefahr einer Inflation. Deswegen muss dann die Europäische Zentralbank ihr primäres Ziel, die Preisniveaustabilität, beachten. Im Kon-
20 junkturberg steigt die gesamtwirtschaftliche Nachfrage. Die Unternehmen reagieren darauf mit einer Steigerung der Angebotsmenge oder in Form von Preiserhöhungen. Je mehr sich die gesamtwirtschaftliche Nachfrage
25 dem Boom nähert, desto mehr wird mit Preiserhöhungen reagiert, da im Boom das Produktionspotenzial erreicht ist. Das bedeutet, die Unternehmen können nicht mehr ihre Angebotsmenge steigern. Deswegen besteht
30 im Konjunkturberg eine Inflationsgefahr. Diese kann gedämpft werden, indem die Leitzinsen angehoben werden.

Aus: Detlef Beeker, Wirtschaftspolitik, Stuttgart 2011, S. 138

MATERIAL **10**

Möglichkeiten und Grenzen expansiver Geldpolitik

**Wirkungskette
Geldpolitik**

expansiver Einsatz
der geldpolitischen
Mittel

↓

Erhöhung der
Liquidität der
Zentralbanken

↓

Senkung des
Zinsniveaus

↓

Realisierung von
Investitionstätigkeiten

↓

Multiplikatoreffekte

↓

Erhöhung der
gesamtwirtschaftlichen Nachfrage

↓

Anstieg der Produktion
und Beschäftigung

L & P / 6726

Keynesianer werden vielfach deswegen als „Fiskalisten" bezeichnet, weil sie das Schwergewicht der Konjunkturpolitik auf die Finanzpolitik legen. Die Geldpolitik gilt als
5 vergleichsweise wenig wirksam. Sie soll allerdings die Fiskalpolitik bei ihrer Aufgabe unterstützen. Aus keynesianischer Sicht sollte die Zentralbank in der Rezession die Liquidität erhöhen und das Zinsniveau sen-
10 ken. Hiermit soll nicht nur die Finanzierung der staatlichen Budgetdefizite erleichtert werden [...], sondern die Zinssenkung soll auch die Bedingungen für die Finanzierung der privaten Investitionen verbessern.
15 Einer derartigen expansiven Geldpolitik sind allerdings enge Grenzen gesetzt. Es stellt

sich nämlich die Frage, warum in der Rezession bei stagnierender Nachfrage, leeren Auftragsbüchern und unausgenutzten Kapa-
20 zitäten die Unternehmen ihre Investitionstätigkeit nur deshalb ausdehnen sollten, weil die Kreditzinsen niedrig sind. Die Bundesbank kann zwar „die Tränke füllen" (das Kreditangebot steigern), sie kann allerdings die
25 „Pferde" (die Investoren) „nicht zum Saufen zwingen" [Zitat von Karl Schiller]. Die expansive Geldpolitik verpufft infolge der geringen Zinselastizität der Investitionstätigkeit weitgehend bzw. sie ist mit langen
30 Wirkungsverzögerungen („time lags") verbunden. Eine Feinsteuerung der Konjunktur mittels Geldpolitik ist faktisch unmöglich.

*Aus: Jürgen Pätzold, Das Beschäftigungsproblem. Ursachen und Strategien, www.juergen-paetzold.de/
stabpol/BG+Infl/Beschaeftigung.html (Zugriff: 13.8.2014)*

QUERVERWEIS

Die Europäische
Zentralbank und ihre
Geldpolitik
S. 163–167

1 Geben Sie die Bedeutung und Wirkungsweise antizyklischer Geldpolitik **wieder** (M 9).

2 Charakterisieren Sie die Wirkungsweise der expansiven Geldpolitik (Grafik neben M 10).

3 Erörtern Sie Möglichkeiten und Grenzen expansiver Geldpolitik (M 10; Vorkenntnisse).

Der Bereich der Lohnpolitk

Lohnpolitik – eine konjunkturpolitische Maßnahme?

MATERIAL **11**

Als eine dritte expansive konjunkturpolitische Maßnahme neben Fiskal- und Geldpolitik wird oft **Lohnpolitik** angeführt, d. h. Lohnerhöhungen mit dem Ziel einer Erhö-
5 hung der **aggregierten Nachfrage**. Als ökonomische Ratio wird hierfür oft der Begriff der keynesianischen Theorie ins Spiel gebracht. Überlegen wir kurz, wie [...] Untersuchungen eine Begründung dafür liefern, dass
10 höhere Löhne zu einem höheren BIP führen. In einer naiven Fassung lässt sich das Argument wie folgt fassen: „Bei höheren Löhnen ist die aggregierte Nachfrage höher, weil die Konsumenten mehr Geld in der Tasche ha-
15 ben." In dieser Form ist das Argument nicht zu halten. [...] [Wir] haben gesehen, dass sich das **Volkseinkommen** auf Arbeitnehmerentgelte einerseits und **Vermögens- und Gewinneinkommen** andererseits aufteilt. Sin-
20 ken bei gleich bleibendem Volkseinkommen mit jedem Euro zusätzlichen Lohneinkommens die Gewinn- und Vermögenseinkommen um einen Euro, dann haben die Konsumenten als Gesamtheit nicht mehr Geld in
25 der Tasche, das Volkseinkommen verteilt sich nur anders auf die Einkommensarten. Diese Überlegung verweist auf eine stichhaltigere Form des Kaufkraftarguments: „Bei höheren Löhnen ist die aggregierte Nachfrage höher,
30 weil diejenigen Konsumenten mehr Geld in der Tasche haben, die einen großen Teil ihres Einkommens ausgeben." In der Tat ist davon auszugehen, dass Bezieher von Gewinn- und Vermögenseinkommen einen höheren Teil
35 ihres Einkommens sparen als Lohneinkommensempfänger, und daher ist bei gleich bleibendem Volkseinkommen die aggregierte Nachfrage höher, wenn Lohnsteigerungen aus Gewinneinkommen Lohneinkommen ma-
40 chen. [...] Legt also die keynesianische Theorie Lohnpolitik als ein drittes Instrument zur Konjunkturglättung neben Fiskal- und Geldpolitik nahe? Die Antwort kann aus zwei Gründen trotz allem kein klares „Ja" sein. Erstens gehen von einer Lohnänderung wei-
45 tere Effekte auf die aggregierte Nachfrage aus. Insbesondere kann die Investitionsnachfrage sinken, weil steigende Löhne die Eigenfinanzierungsspielräume reduzieren und Investitionen unrentabel werden lassen.
50 Zweitens ist die in der bisherigen Argumentation eingefügte Klausel „bei gleich bleibendem Volkseinkommen" essenziell. Wird das BIP und damit das Volkseinkommen nicht allein auf der Nachfrageseite bestimmt, son-
55 dern spielt dabei auch die Angebotsseite eine Rolle, so sind weitere Bedenken angebracht. [...] Reallohnerhöhungen [führen] zu einer sinkenden Arbeitsnachfrage der Unternehmen und damit zu einem sinkenden Güteran-
60 gebot. Zudem kann verschlechterte Wettbewerbsfähigkeit zu Produktionsverlagerungen führen. Damit steigende Löhne das BIP erhöhen, muss also der expansive Effekt auf den Konsum schwerer wiegen als die kontrakti-
65 ven Effekte auf die Investitionsnachfrage und die Angebotsseite der Ökonomie. Keynes [...] selbst sah angesichts dessen und angesichts der Inflationsschwankungen, die von Lohnsatzänderungen ausgelöst werden, konstan-
70 te Nominallöhne als die beste Art der Lohnpolitik an. Mittlerweile herrscht ein breiter Konsens, dass die Angebotseffekte von Lohnänderungen so wichtig sind, dass expansive Lohnpolitik das BIP [...] nicht erhöht, sondern
75 senkt. Das bedeutet auch, dass man ohne Weiteres „Keynesianer" sein kann und fiskal- und geldpolitische Maßnahmen für effektiv halten kann, ohne notwendigerweise auch expansive Lohnpolitik als einen geeigneten
80 Weg der Konjunkturstabilisierung ansehen zu müssen.

Aus: Lutz Arnold, Makroökonomik, Tübingen 2012, S. 159 f.

INFO

aggregierte Nachfrage
Nachfrage nach sämtlichen Gütern einer Volkswirtschaft (nicht nur nach einem Produkt)

Volkseinkommen
Summe aller von Inländern innerhalb eines bestimmten Zeitraums (z. B. eines Jahres) aus dem In- und Ausland erzielten Erwerbs- und Vermögenseinkommen (z. B. Löhne, Gehälter, Mieten, Zinsen oder Unternehmensgewinne). Das Volkseinkommen errechnet sich aus dem Bruttosozialprodukt abzüglich der indirekten Steuern und Abschreibungen, zuzüglich der Subventionen.

Vermögenseinkommen
Einkommen aus Erträgen von Vermögenswerten

Gewinneinkommen
Einkommen aus Unternehmertätigkeit und Vermögen

GLOSSAR

Arbeitgeberverbände
Gewerkschaften
Tarifautonomie

1 Stellen Sie dar, warum Lohnpolitik als konjunkturpolitische Maßnahme gilt (M 11).
2 Führen Sie aus Sicht eines Gewerkschafts- und eines Arbeitgebervertreters ein Streitgespräch, in dem Sie den Stellenwert der Lohnpolitik für die Konjunkturpolitik beurteilen.

LERNWEG Einen Zeitungskommentar verfassen

Das Verfassen eines Kommentars

a) Etwas kommentieren heißt seine Meinung dazu sagen und die Gründe dafür angeben. In den Massenmedien steht ein Kommentar meistens im Zusammenhang mit einer Nachricht. Verantwortungsvolle Medien versuchen daher bewusst, Nachricht und Kommentar durch Überschrift, Schriftbild, Platz oder beim Fernsehen durch Platzwechsel auseinanderzuhalten.

Bei der Formulierung eines Kommentars ist es notwendig, sich vorher in einen Sachverhalt gründlich einzuarbeiten, die notwendigen Informationen und unterschiedlichen Stellungnahmen zu ordnen und zu bewerten, um dann die eigene Schlussfolgerung – eventuell mit einer zum Nachdenken provozierenden Überschrift – möglichst kurz auf den Punkt zu bringen.

Aus: Paul Ackermann, Kommentar, in: Hans-Werner Kuhn/Peter Massing (Hrsg.), Lexikon der politischen Bildung. Methoden und Arbeitstechniken, Schwalbach/Ts 2002, S. 88 f.

b) Kommentare sind Erläuterungen oder Erklärungen zu bestimmten Nachrichten, in denen – im Gegensatz zur Nachricht – eine Wertung vorgenommen wird. Sie geben dem Leser Orientierungshilfen und Denkanstöße und können die Leser-Blatt-Bindung verstärken.

Optisch sind Kommentare oft von den Nachrichten zu unterscheiden, da sie durch Einrahmung, Kursivschrift oder ein Foto des Autors hervorgehoben werden. Der Verfasser muss genannt werden!

Der Kommentator sollte seine Meinung begründen: Argumente und Gegenargumente müssen gegeneinander abgewogen, Schlussfolgerungen gezogen und eventuell Hintergrundinformationen mitgeliefert werden. Dadurch wird das kommentierte Ereignis von verschiedenen Seiten beleuchtet und in einen größeren Zusammenhang gestellt.

Vorgehensweise: Bevor der erste Satz geschrieben wird, sollte der Kommentar gedanklich und in seiner Schlussfolgerung fertig sein. Erst nachdem der Gedankengang in Stichworten konzipiert worden ist, sollte mit dem Schreiben begonnen werden! Absatzweise soll nachgelesen werden, ob auch alles verständlich, deutlich und logisch ist.

Durch den gesamten Kommentar sollte sich ein roter Faden ziehen, der den Leser zur Schlussfolgerung führt. Die in der Praxis übliche Länge von nicht mehr als 50 Spaltzeilen erfordert eine strikte Beschränkung auf das Wesentliche, sowohl im Inhalt als auch in der Formulierung. Ein Kommentar ist die persönliche Stellungnahme zu einem Thema, das (im Idealfall) an anderer Stelle der Zeitung in einer anderen Artikelform behandelt worden ist. Im Kommentar kommen nicht viele Informationen vor, denn er setzt voraus, dass der Leser das Thema kennt oder eben an anderer Stelle darüber sachlich informiert worden ist.

Aus: http://suz.digitaleschulebayern.de/deutsch/textsorten/kommentar.pdf (Zugriff: 22.8.2014)

Tipps und Tricks

- Verfassen Sie eine Überschrift zu Ihrem Kommentar.
- Zwischenüberschriften zu einzelnen Absätzen erhöhen das Verständnis beim Leser.
- Polemik, zum Beispiel durch Ironie oder Übertreibung, ist erlaubt. Schmähen oder beleidigen Sie dabei aber niemanden, auch keine Institutionen.
- Geben Sie empirische Belege und zitieren Sie Institutionen und Studien. Dies steigert Ihre Glaubwürdigkeit bei der Leserschaft.
- Verwenden Sie Sprichwörter, Metaphern und sprachliche Bilder/Vergleiche, um den Lesern den Zugang zur Thematik zu erleichtern.
- Gestalten Sie Ihren Kommentar nicht zu lang und achten Sie darauf, dass er einem roten Faden folgt. Dazu ist es wichtig, dass Sie einen einfachen Satzbau verwenden und dass Sie vor dem Schreiben die Gesamtargumentation in Stichpunkten zusammentragen.

LERNWEG

- Verwenden Sie Fachbegriffe, achten Sie jedoch darauf, dies in Maßen zu tun, um die Leser nicht zu verschrecken.
- Verwenden Sie rhetorische Fragen, um die Leser in die Problematik zu integrieren.
- An manchen Stellen bietet es sich an, dass Sie bewusst einseitig argumentieren, um die Leserschaft restlos von Ihrer Position als einzig richtiger zu überzeugen.
- Haben Sie beim Verfassen des Kommentars das Schema zur Textanalyse vor Augen. Denken Sie daran, dass Ihr Kommentar auch von anderen Lesern nach diesem Muster analysiert werden könnte.

Sequenz	Standardvorgehen	Tipps und Möglichkeiten der Variation
Einstieg	kurze Darstellung des Sachverhalts; origineller Einstieg; Anregung zum Weiterlesen; Ausblick auf den Kern des Kommentars/das Fazit; die Krux des Textes zusammenfassen	zu klärende Fragen: - Worum geht es? - Was will ich? - Wie wecke ich Interesse? Vorgriff/Ausblick auf Argumentation/Fazit kann Leserschaft im Besonderen motivieren
Argumentation	logische Argumentationskette; keine Gedankensprünge; Gegenargumente widerlegen; Überleitung zur Schlussfolgerung	Wichtig ist das Belegen der Argumentation durch schlüssige Nachweise/Zitate von Wissenschaftlern/empirische Belege. So erreicht der Kommentar Glaubwürdigkeit und hinterlässt mehr Eindruck bei der Leserschaft.
Conclusio	klare und eindeutige Formulierungen; soll zum Nachdenken anregen	eigenen Lösungsvorschlag propagieren; sprachlich interessante Wendung zum Ende

Ausgaben jetzt kürzen

Es herrscht verkehrte Welt in der deutschen Finanzpolitik: Da wird Druck auf einen Minister ausgeübt, weil er die unerwarteten Steuermilliarden nicht größtenteils an seine Ressortkollegen verteilen will. So, als ob das Etatdefizit des Bundes, der Länder und Gemeinden angesichts eines etwas höheren Wirtschaftswachstums Geschichte seien.
5 *Ein Kommentar von Jörg Eigendorf.*

Mit finanzpolitischer Weitsicht hat das nichts zu tun. Denn der Steuersegen ändert nichts daran, dass die öffentliche Hand weiterhin zu viel Geld ausgibt. Auf 30 Mrd. Euro schätzt die CDU das strukturelle Defizit des Bundes. Das heißt: Im Laufe eines Konjunkturzyklus wird die Neuverschuldung weiterhin im Schnitt bei mehr als einem Prozent des Bruttoinlandsprodukts
10 liegen. Hinzu kommen die Schulden, die Länder und Gemeinden aufnehmen.
Das ist nicht nur zu hoch, weil es gegen den europäischen Stabilitätspakt verstößt. Vielmehr widerspricht es auch der finanzpolitischen Vernunft. Wohin ein strukturelles Defizit in dieser Höhe führt, hat bereits Steinbrücks Vorgänger Hans Eichel zu spüren bekommen. Der glaubte 2001 auch, allein mit konjunkturbedingten Mehreinnahmen einen ausgeglichenen Haushalt
15 erreichen zu können – mit bekanntem Ausgang für ihn und die deutschen Steuerzahler.
Steinbrück sollte also jetzt die Ausgaben kürzen. Das wäre eine vernünftige, antizyklische Finanzpolitik.

Aus: Jörg Eigendorf, Ausgaben jetzt kürzen, in: Die Welt online, www.welt.de/wirtschaft/article857746/Ausgaben-jetzt-kuerzen.html, 7.5.2007 (Zugriff: 22.8.2014)

INFO

Peer Steinbrück
* 10.1.1947 in Hamburg
SPD-Politiker; u. a.
2002–2005 Ministerpräsident in Nordrhein-Westfalen,
2005–2009 Bundesminister der Finanzen

Hans Eichel
* 24.12.1941 in Kassel
SPD-Politiker; u. a.
1991–1999 Ministerpräsident in Hessen,
1999–2005 Bundesminister der Finanzen

1 Ordnen Sie die Sequenzen eines Kommentars aus der Tabelle dem Beispieltext zu.
2 **Begründen** Sie, ob es sich bei dem Beispiel um einen gelungenen Kommentar handelt.
3 Verfassen Sie für die Schülerzeitung einen Kommentar zu einem Aspekt dieses Kapitels.

Der Bereich der Marktintervention

MATERIAL 12

Motive für Regulierung und Deregulierung

INFO

Regulierung
direkter staatlicher Eingriff in das Marktgeschehen oder die Beeinflussung der Politik eines Unternehmens, um bestimmte, im allgemeinen Interesse stehende Ziele zu verfolgen

Deregulierung
Abbau oder Vereinfachung von Markteingriffen; häufig von den Vertretern der Angebotspolitik gefordert

Regulierung wird von Ökonomen vor allem mit Marktversagen begründet. Dann nämlich werden die Produktionsfaktoren nicht so eingesetzt, dass sie in allen ihren Verwendungen den höchsten Ertrag erwirtschaften. Dies gilt vor allem bei natürlichen Monopolen, externen Effekten und öffentlichen Gütern. So war der Verkehrssektor bis 1994 stark reguliert, weil die Deutsche Bundesbahn als natürlicher Monopolist galt. Das Schienennetz sollte allein von ihr unterhalten und betrieben werden; ein zweites, konkurrierendes Netz ist ineffizient, solange das erste Netz nicht völlig ausgelastet ist. Auch hat man lange Zeit das Monopol der staatlichen Bundespost mit dem Argument verteidigt, ihre Dienste würden unter den Bedingungen eines natürlichen Monopols erbracht, und ein staatlicher Monopolist sei einem privaten vorzuziehen.

Marktversagen vermuten Ökonomen auch, wenn aufgrund ungleich verteilter Informationen die Preise alleine nicht ausreichen, um den Verbraucher über die Qualität der Güter zu informieren. Deshalb sind z.B. Banken und Kapitalgesellschaften verpflichtet, im Rahmen ihrer Anlageberatung ihre Kunden über die Risiken des Kaufs von Wertpapieren aufzuklären. Regulierung ist politisch motiviert und soll gesellschaftlich unerwünschte Effekte eigennützigen Handelns vermeiden.

Beispielsweise darf ein Kfz-Haftpflichtversicherer Anträge auf Versicherungsschutz nicht grundlos ablehnen. [...]

Wenn kein Marktversagen vorliegt, erhöht **Deregulierung** den Wohlstand einer Gesellschaft. Durch die Öffnung des Marktes für neue Anbieter entsteht Wettbewerb, der wiederum Druck auf die Preise ausübt. Langfristig werden durch mehr Nachfrage mehr Anbieter auf den Markt gelockt, sodass Beschäftigung und die Angebotsvielfalt zunehmen. Eine allgemeine Deregulierung wurde Ende der 1970er-Jahre in den USA eingeleitet. Sie betraf unter anderem die Bereiche Telekommunikation, Luftfahrt und Energie und führte zu Kosten- und Preissenkungen und erweiterten Beschäftigungsmöglichkeiten. Im Zuge der Schaffung des europäischen Binnenmarktes verfolgte die Europäische Kommission eine Politik der Privatisierung, d.h. des Verkaufs staatlicher Unternehmen oder staatlicher Beteiligungen, und der Liberalisierung, d.h. des Abbaus von dem Wettbewerb abträglichen Gesetzen. [...] Wie schwer es allerdings ist, ein optimales Maß an Regulierung zu finden, zeigt die Finanzkrise seit 2007. Eine zu weit gehende Deregulierung des Geschäfts der US-Hypotheken gilt als wesentliche Ursache für den Boom und den anschließenden Absturz des Immobilienmarkts in den USA.

Aus: Bundeszentrale für politische Bildung, Wirtschaft heute, Bonn 2009, S. 164

MATERIAL 13

Beispiel: Die Postreformen

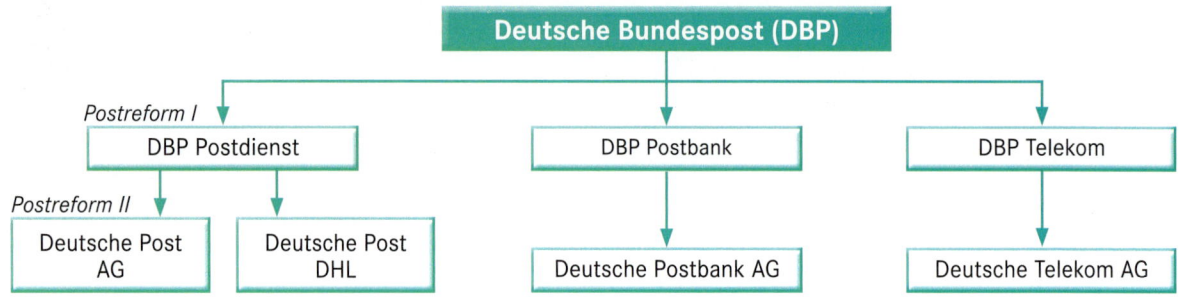

Mit der Postreform I (1989) wurde die DBP in die drei öffentlichen Unternehmen Postdienst, Postbank und Telekom aufgegliedert; hoheitliche Aufgaben verblieben beim Bundesministerium für Post und Telekommunikation. Für die Telekommunikation bedeutete dies Öffnung des Marktes durch Aufhebung des Fernmeldemonopols bis auf ein eingeschränktes Netzmonopol und das Monopol der Sprachtelefonie.

Mit der Postreform II (1995) wurden die drei Postunternehmen in Aktiengesellschaften umgewandelt und formal privatisiert. Dadurch erhielten sie die Möglichkeit, sich über Aktienverkäufe an der Börse [1996] zusätzliches Eigenkapital zu verschaffen. Durch eine Grundgesetzänderung wurde das Angebot von Dienstleistungen von Post- und Telekommunikation von einer öffentlichen zu einer privatwirtschaftlichen Aufgabe umdefiniert. Die staatliche Regulierung übernahm 1998 die Regulierungsbehörde für Telekommunikation und Post (seit 2005 aufgegangen in der Bundesnetzagentur). Seit [...] Anfang 1998 ist mit dem Telekommunikationsgesetz das Monopol der nationalen Telefongesellschaften auf den Sprachdienst weggefallen. Gleichzeitig verlor die Telekom auch ihr Netzmonopol, also das Recht auf alleinigen Bau und Betrieb des Netzes.

Aus: Bundeszentrale für politische Bildung, Wirtschaft heute, Bonn 2009, S. 165

Folgen von Marktintervention

Hat der Staat bei der Einführung des Mindestlohns für Briefzusteller zugunsten der Deutschen Post vorsätzlich rechtswidrig gehandelt? Der private Anbieter Pin Mail sieht das so und hat die Bundesrepublik Deutschland nun auf Schadensersatz in Millionenhöhe verklagt. Durch die Einführung des Mindestlohns Ende 2007 sei „ein riesiger volkswirtschaftlicher Schaden entstanden", sagte Pin-Mail-Chef Axel Stirl [...]. Der Post-Mindestlohn war Anfang 2010 vom Bundesverwaltungsgericht für rechtswidrig erklärt worden. Die Mehrkosten für Pin durch die Lohnuntergrenze inklusive zusätzlicher Sozialausgaben seit dem letztinstanzlichen Urteil hätten sich auf 5 Millionen Euro belaufen [...]. Die Klage ziele auf Erstattung dieser Summe ab. [...] Nach Einführung des Post-Mindestlohns hätten sich 180 lokale Briefzustellunternehmen in Deutschland mit 15 000 Arbeitsplätzen „binnen weniger Wochen in Luft aufgelöst". Auf einen Vergleich habe sich Bundesarbeitsministerin Ursula von der Leyen (CDU) nicht einlassen wollen. [...]
Der Bund hält noch einen Anteil von 25,5 Prozent an der Deutschen Post und besitzt damit eine Sperrminorität in dem Konzern. Pin-Chef Stirl argumentierte, dass der Bund nach der Einführung des Post-Mindestlohns von einer Wertsteigerung seiner Anteile am ehemaligen Staatskonzern und von erhöhten Lohnsteuereinnahmen profitiert habe. Da der Post-Mindestlohn jedoch rechtswidrig sei, müsse der Staat für sein „vorsätzlich rechtswidriges Tun" haften. Die Deutsche Post kontrolliert nach wie vor 90 Prozent des Briefmarktes. Pin ist mit seinen 1 000 Mitarbeitern vor allem im Geschäftskundenbereich aktiv. Das Unternehmen gehört jeweils zur Hälfte der Verlagsgruppe Georg von Holtzbrinck und der niederländischen TNT Post. Holtzbrinck hatte Pin 2008 zunächst komplett übernommen, nachdem der Springer-Konzern ausgestiegen war.

INFO

PIN-AG
privater Dienstleister für Postsendungen, Poststellenmanagement, Datenstromlogistik und elektronische Post

Aus: Pin verklagt Bundesrepublik Deutschland (yes/AFP), in: Spiegel online, www.spiegel.de/wirtschaft/ unternehmen/pin-verklagt-bundesrepublik-deutschland-a-871127.html, 5.12.2012 (Zugriff: 28.8.2014)

1 Stellen Sie die Motive für Regulierung und Deregulierung **dar** (M 12).
2 Erklären Sie die Postreformen unter Zuhilfenahme von M 13.
3 Erörtern Sie die Folgen einer Marktintervention anhand des Postmindestlohns (M 14).
4 Entwickeln Sie Kriterien, nach denen staatliche Interventionen als sinnvoll erscheinen.
5 Diskutieren Sie Beispiele für eine effiziente und legitime Deregulierung.

Der Bereich der Verteilungspolitik

QUERVERWEIS

Sozialausgaben
S. 318 f., M 8–M 12

MATERIAL 15 Begründungsmuster staatlicher Umverteilungspolitik

Gewöhnlich verwirklicht eine Person aus einer gleichmäßigen Einkommenshöhe von monatlich 2 000 Euro einen höheren Nutzen, als wenn sie im Durchschnitt zwar ebenfalls
5 2 000 Euro zur Verfügung hätte, dabei jedoch im ersten Halbjahr hungern muss und erst im zweiten Halbjahr monatlich 4 000 Euro erhält. In Unkenntnis zukünftiger Einkommensströme können sich Individuen freiwil-
10 lig in ein Umverteilungssystem begeben, welches bei geringen Einkommen Unterstützung (Transfers) gewährt und bei hohen Einkommen Beiträge zur Finanzierung des Hilfesystems (Steuern) verlangt. Eine solche
15 Versicherung ist allerdings nicht ohne eine kollektive Entscheidung bereitzustellen. [...]
[Liberale Ökonomen halten] dabei drei Prinzipien für unverzichtbar:

■ Nutzen ist eine individuelle Kategorie,
20 Wohlstand empfinden Individuen. Umverteilungsaktivitäten müssen sich daher immer auf Individuen oder auf einzelne Haushalte beziehen.

■ Umverteilung zur Korrektur der leis-
25 tungsgerechten Markteinkommensverteilung kann nur durch materielle Bedürftigkeit begründet sein. Die Verteilungseingriffe müssen deshalb gezielt und eindeutig von reich zu arm umvertei-
30 len.

■ Die Umverteilung selbst sollte, wie jede andere Maßnahme, effizient durchgeführt werden. [...]

Begründbar ist eine Umverteilung von wohl-
35 situierten Bürgern, die Arbeitnehmer sein können, an bedürftige Bürger, die eventuell Rentner und Studenten sind. Relevant für Umverteilungsmaßnahmen ist ausschließlich die materielle Wohlstandssituation. Zugleich
40 muss diese Umverteilung nach gleichen Maßstäben ein materielles Wohlfahrtsniveau sichern, d. h., jeder Umverteilungsempfänger muss gemäß seiner materiellen Situation gleich behandelt werden.

Diese Folgerungen ergeben eine abstrakte
45 Definition dessen, was mit dem Begriff Mindestsicherung gemeint ist. Die Bezeichnung gibt keine bestimmte Umverteilungshöhe vor, sondern verlangt, dass eine Gesellschaft ein Lebensstandardniveau definiert,
50 das niemand unterschreiten soll. Die Konzentration auf Mindestsicherung erfordert, dass alle Individuen, die dieses Niveau nicht aus eigener Kraft erreichen, Unterstützung durch die wohlhabenderen Gesellschaftsmit-
55 glieder erfahren sollen.

Aus: Steffen J. Roth, VWL für Einsteiger, Konstanz 2011, S. 202–205

MATERIAL 16 Einteilung der Steuern in der Bundesrepublik Deutschland

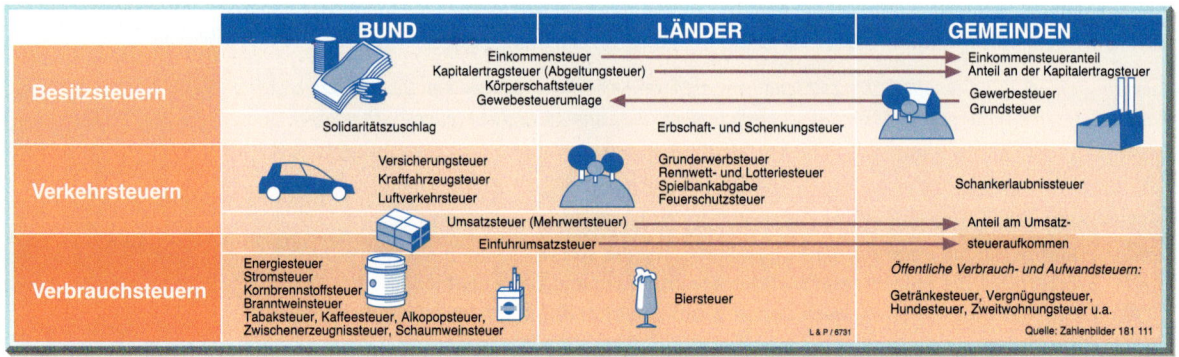

Der progressive Einkommensteuersatz

MATERIAL **17**

Alle Menschen, die in Deutschland Geld verdienen, müssen grundsätzlich Einkommensteuer bezahlen. Sie wird nach dem verfassungsrechtlichen Prinzip der Leistungsfä-
5 higkeit erhoben. Das bedeutet, wer mehr verdient, muss auch einen größeren Teil seines Einkommens als Steuer abgeben. Er ist „leistungsfähiger". In der Einkommensteuer hat man sich dabei für einen progressiven
10 Steuertarif entschieden. Das bedeutet, dass der Durchschnittssteuersatz sich mit wachsendem Einkommen erhöht. Der Einkommensteuertarif beginnt zunächst mit einer Nullzone, dem Grundfreibetrag. Das bedeu-
15 tet: Vom Einkommen bleiben die ersten 8 354 Euro steuerfrei. Ab einem Einkommen von 8 354 Euro steigt der Grenzsteuersatz stetig. Er wächst von 14 Prozent auf 42 Prozent. Die [rote] Linie zeigt den sogenannten Grenz-
20 steuersatz. Er gibt den Steuersatz wieder, mit dem der nächste Euro des zu versteuernden Einkommens zu versteuern ist. Vereinfacht an einem Beispiel heißt das: Während der 8 354ste Euro noch mit einem
25 Steuersatz von 0 Prozent besteuert wird, wird der 8 355ste Euro mit einem Steuersatz

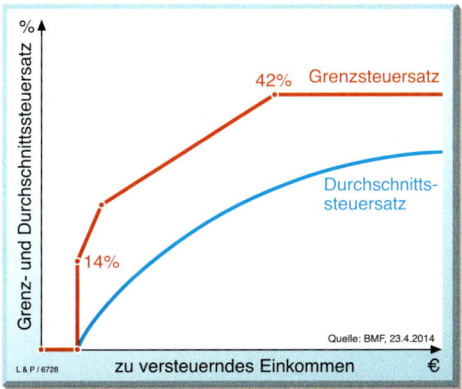

von 14 Prozent belastet. Aus diesem Grenzsteuersatz ergibt sich der Durchschnittssteuersatz [blaue Linie]. Er zeigt, mit welchem Steuersatz das gesamte Einkommen versteu-
30 ert wird. Also nicht nur der einzelne Euro, wie beim Grenzsteuersatz, sondern der Gesamtbetrag des zu versteuernden Einkommens. So beträgt der Grenzsteuersatz für den 8 355sten Euro zwar 14 Prozent, für die
35 gesamten 8 355 Euro ergibt sich aber ein Durchschnittssteuersatz von nahezu 0 Prozent.

Aus: Bundesministerium der Finanzen, Der Einkommensteuertarif und seine kalte Progression,
www.bundesfinanzministerium.de, 23.4.2014 (Zugriff: 22.10.2014)

FILMTIPP

Hart aber fair:
Den Reichen an den
Kragen – wie viel
Umverteilung ver-
trägt Deutschland?
ARD, 18.3.2013

INFO

„Reichensteuer"
Neben dem Spitzensteuersatz von 42 %
ab einem zu versteuernden Einkommen
von derzeit 52 882 gilt
ab einem zu versteuernden Einkommen
von derzeit 250 731 €
die sogenannte Reichensteuer, d. h. ein
Spitzensteuersatz von
45 % (Stand: 2014).
Spitzen- und Reichensteuersatz werden
miteinander verrechnet: Verdient jemand
350 000 €, versteuert
er 250 730 € zu 42 %
und lediglich die
restlichen 99 270 €
zu 45 %.

Grenz- und Durchschnittssteuersatz 2014 (Grundtabelle)*

MATERIAL **18**

Zu versteuerndes Einkommen	Grenzsteuersatz	Durchschnittsteuersatz	Festzusetzende Einkommensteuer
5 000 €	0 %	0 %	0 €
10 000 €	17,20 %	2,56 %	256 €
20 000 €	26,95 %	13,17 %	2 634 €
40 000 €	36,10 %	22,35 %	8 940 €
100 000 €	42,00 %	33,76 %	33 761 €
250 000 €	42,00 %	38,70 %	96 761 €

*Beispiel für eine unverheiratete Person; aus: www.bmf-steuerrechner.de (Zugriff: 22.10.2014)

1 Beschreiben Sie, welche Gründe für staatliche Umverteilung es gibt und welche Anforderungen dabei gestellt werden (M 15).

2 Analysieren Sie die Ebenen und Arten der Steuererhebung in Deutschland (M 16).

3 Fassen Sie das System zur Erhebung der Einkommensteuer in Deutschland **zusammen** und **beurteilen** Sie das Prinzip der progressiven Besteuerung anhand selbst entwickelter Kriterien (M 17 und M 18).

Der Bereich der Ordnungs- und Prozesspolitik

Ordnungspolitische Eingriffe haben zum Ziel, gestalterisch auf die Wirtschaftsordnung einzuwirken, also die grundlegenden Rahmenbedinungen und allgemeinen Spielregeln festzulegen und ein gemeinwohlförderliches Wirtschaften zu gewährleisten.

Prozesspolitische Eingriffe sind immer direkte Eingriffe in konkrete Wirtschaftsabläufe und haben das Ziel, die Wirtschaft zeitnah und konkret zu steuern.

Die **Legitimität** ordnungspolitischer Eingriffe des Staates ist weitgehend unumstritten, da der Staat durch seine Gesetzgebung für das Fortbestehen der Grundannahmen einer freien Marktwirtschaft sorgen kann (Privateigentum, Vertragsfreiheit, offene Märkte, Wettbewerb).

Prozesspolitische Eingriffe werden demgegenüber häufig diskutiert. Ein Beispiel hierfür sind direkte Subventionen. Wird z. B. eine Technologie in den Augen des Staates nicht ausreichend schnell weiterentwickelt, so kann er Subventionen für Innovationsmaßnahmen vergeben. Probleme können entstehen, wenn die Mittel nicht zielführend investiert werden, weil etwa in den Augen der Unternehmen technische Fortschritte nicht so schnell zu erzielen sind. Der Staat nimmt dem Unternehmer das Risiko des technischen Fortschritts aus der Hand und belastet die öffentlichen Haushalte. So kann es zu einem höheren Haushaltsdefizit kommen. Gleichzeitig bergen Subventionen die Gefahr, dass andere Marktteilnehmer das Verhalten des Staates genau beobachten und für ihre Branche nun eigene Forderungen ableiten. Außerdem ist es schwierig, eine einmal angefangene Subvention zurückzunehmen, ohne auf Gegenstimmen zu stoßen. Nicht zuletzt können unzureichende Prognosen oder eine zeitverzögert einsetzende Wirkung der Maßnahmen die Effizienz staatlichen Handelns behindern.

Der Bereich der Finanzpolitik

Eine Konjunkturpolitik im **keynesianischen Sinne** befürwortet im Rahmen der Finanzpolitik eine **antizyklische Fiskalpolitik**. Diese unterteilt sich in zwei Abschnitte.

In der **Phase des wirtschaftlichen Abschwungs** oder der Depression soll der Staat eine **expansive Fiskalpolitik** betreiben. In dieser Phase haben die Haushalte und Konsumenten nicht genügend Geld zur Verfügung, um angebotene Güter und Dienstleistungen nachzufragen, die Unternehmen haben Absatzeinbrüche und Gewinnrückgänge zu verkraften und bauen z. T. Arbeitsplätze ab. In dieser Phase soll der Staat eingreifen und den Haushalten die Möglichkeit der Konsumsteigerung geben, z. B. indem er Steuererleichterungen für Privatpersonen beschließt (Senkung der Lohn- und Einkommensteuer ...) oder Transferzahlungen ausbaut (Erhöhung von Sozialhilfe und Arbeitslosengeld). Daneben kann er Konjunkturprogramme auflegen (siehe hierzu Kap. 1.3). Weiterhin kann der Staat auf der Seite der Unternehmer Gewinnsteuern (Einkommens-, Gewerbeertrags- und Körperschaftssteuer) senken. Auf diese Weise steigt die gesamtwirtschaftliche Nachfrage und der wirtschaftliche Abschwung wird gestoppt. Dazu trägt auch der **Multiplikatoreffekt** bei, der dafür sorgt, dass sich der Effekt der staatlichen Maßnahme deutlich verstärkt. Die so durch den Staat bereitgestellten Geldleistungen sind kreditfinanziert, der Staat verschuldet sich also in Phasen des wirtschaftlichen Abschwungs (**Deficit-Spending**).

Diese **Staatsverschuldung** bringt zum einen positive Effekte mit sich (Infrastrukturausgaben erhöhen das Wachstumspotenzial einer Wirtschaft, Staatsausgaben kompensieren Nachfrageausfall der Privathaushalte), zum anderen aber auch negative Effekte in Form von stetig steigenden Tilgungsverpflichtungen, die den Haushaltsspielraum einengen, und der Gefahr, dass die staatliche Kreditaufnahme private Investitionen vom Markt verdrängt.

In der **Phase des Booms** ist es nun die Aufgabe des Fiskus, das **Haushaltsdefizit abzubauen** und **Konjunkturrücklagen** anzulegen, die bei einem erneuten Abschwung genutzt werden können. Mögliche Probleme bestehen in einem zeitverzögerten Wirkungseintritt der fiskalpolitischen Maßnahme (z. B. eines Konjunkturpakets), in stetig steigenden und dann nicht mehr handhabbaren Staatsschulden sowie in der Gefahr von Wahlgeschenken bzw. einer ausbleibenden Konsolidierungspolitik als unpopuläre Maßnahme vor einer Wahl.

In der **Bundesrepublik Deutschland** kann das Phänomen einer stetig steigenden Staatsverschuldung beobachtet werden. Im Vergleich zur restlichen Eurozone sind die deutschen Staatsfinanzen stabil, dennoch ist im Zeitverlauf seit Jahren ein sich stetig erhöhender Schuldenstand zu beobachten. Aus diesem Grund hat die Europäische Union mit dem **Stabilitäts- und Wachstumspakt** versucht, die Staatsverschuldung zu bremsen, indem sie die Mitgliedstaaten dazu aufgefordert hat, eine Neuverschuldung von höchstens 3 Prozent des BIP und eine Gesamtverschuldung von maximal 60 Prozent des BIP nicht zu überschreiten. Deutschland hat aus diesem Grund auch im Jahr 2009 die **Schuldenbremse** im Grundgesetz verankert.

Der Bereich der Geldpolitik

Die **Geldpolitik der Zentralbanken** wird in der wirtschaftswissenschaftlichen Literatur zwar überwiegend nicht als ähnlich effektiv wie die Fiskalpolitik angesehen, sie dient dieser aber als große Unterstützung. So **senken** im **Konjunkturtal** die Zentralbanken in der Regel die **Leitzinsen**. Dadurch erhalten die Geschäftsbanken Geld zu günstigeren Konditionen von den Zentralbanken und können ihrerseits günstigere Kredite an Privatpersonen und Unternehmen abgeben. Damit werden die Konsumneigung der Privathaushalte und die Investitionsbereitschaft der Unternehmen gefördert, was zu einer Steigerung der gesamtwirtschaftlichen Nachfrage beiträgt.

Im **Konjunkturberg** besteht die **Gefahr einer Inflation**. Dieser wirken die Zentralbanken durch eine **Erhöhung des Leitzinses** entgegen. So kann die Sparneigung der Konsumenten angeregt werden und auf diesem Weg Geld aus dem Wirtschaftskreislauf genommen werden, was zu einer Stabilisierung des Preisniveaus und somit zu einer Verhinderung von Inflation führt.

Als weitere konjunkturpolitische Maßnahme – die sowohl von den Tarifpartnern als auch vom Staat (Kombilöhne, Mindestlöhne) umgesetzt werden kann – werden häufig **Lohnerhöhungen** zur Steigerung der gesamtwirtschaftlichen Nachfrage angeführt. Wenn die Arbeitnehmer mehr Geld zur Verfügung haben, steigt demnach auch ihre Neigung zum Konsum. Dieses konjunkturpolitische Instrument hat jedoch eine zweite Seite: Steigende Löhne führen zu einer sinkenden Arbeitsnachfrage und einem sinkenden Güterangebot. Aus Wettbewerbsgründen kann es sogar zu Produktionsverlagerungen kommen. Daher muss dieser Weg mit Bedacht gegangen werden.

Der Bereich der Marktintervention

Als weiteres wirtschaftspolitisches Instrument sind **Eingriffe des Staates in das Marktgeschehen** zu sehen. Diese sind nur vorzunehmen, wenn ein **Marktversagen** festzustellen ist und wenn ein Eingriff des Staates zu einer Verbesserung der Situation führt, ohne gleichzeitig andere Individuen schlechter zu stellen. Beispiele sind staatliche Maßnahmen der **Regulierung** und **Deregulierung**. So kann der Staat einem Monopol entgegenwirken und für mehr Konkurrenz sorgen (so wie er es z. B. mit den Postreformen getan hat). Durch den steigenden Wettbewerb und mehr Konkurrenz kann dies zu einer Verbesserung der Situation der Konsumenten und zu einer Erhöhung der gesamtwirtschaftlichen Nachfrage und der Innovation führen.

Der Bereich der Verteilungspolitik

Die Einkommensströme in einer Gesellschaft sind nicht auf Dauer gesichert, es können Notlagen aufgrund unvorhergesehener Ereignisse, Katastrophen oder persönlichen Schicksals eintreten. Dies alles sind Gründe, warum sich Menschen an einem **Umverteilungssystem** beteiligen. Dieses System muss nach Auffassung liberaler Ökonomen **drei Prinzipien** beachten: Die Umverteilung muss sich erstens immer auf **individuelle Haushalte** beziehen, sie kann zweitens nur durch **materielle Bedürftigkeit** begründet sein, muss also von Reich zu Arm erfolgen, und drittens muss die Umverteilung **effizient ausgeführt** werden.

In Deutschland werden **Kosten der Umverteilung** weitgehend durch **Steuern** finanziert. Dabei werden verschiedene Steuern von **verschiedenen Ebenen des föderalen Systems** erhoben. So wird der Solidaritätszuschlag ausschließlich vom Bund erhoben, die Grundsteuer ausschließlich von den Gemeinden. Die Einkommensteuer wird von Bund und Ländern erhoben. In der Bundesrepublik Deutschland liegt der **Einkommensteuer** ein **progressiver Steuersatz** zugrunde. Dies heißt, dass die Höhe des Steuersatzes nicht linear mit dem Einkommen steigt (Einkommen verdoppelt sich, also verdoppelt sich der Steuersatz), sondern dass es eine nach Einkommensstufen gestaffelte Besteuerung gibt, die sich einem bestimmten Spitzensteuersatz nähert, der als maximale Besteuerungsrate die Höhe der Steuern begrenzt.

1.5 Qualitatives Wachstum und nachhaltige Entwicklung im Spannungsfeld zwischen Ökonomie und Ökologie

Zeichnung:
Klaus Stuttmann

Die Existenz des Klimawandels und das Voranschreiten globaler Erwärmung sind mittlerweile kaum noch umstritten. Sehr wohl aber bilden die vielfältigen Handlungsalternativen, mit denen den daraus resultierenden Herausforderungen begegnet werden kann, den Gegenstand aktueller Diskussionen. Zudem machen Umweltprozesse nicht an Staatsgrenzen halt, und gerade in den vergangenen Jahren hat sich gezeigt, dass Umwelt- und Klimapolitik im Rahmen nationaler Alleingänge kaum zum Erfolg führen, sodass eine Abstimmung umweltpolitischer Zielsetzungen und ihrer konkreten Umsetzung im internationalen Kontext erforderlich ist. Zentrale Bereiche, anhand derer Chancen und Grenzen umwelt- und klimapolitischer Initiativen deutlich werden, sind der Emissionshandel der Europäischen Union, das Kyoto-Protokoll sowie die zukunftsweisende Green Technology.

Basiswissen

Der **Umweltschutz** beinhaltet sämtliche Maßnahmen zum Schutz der Umwelt, um die natürliche Lebensgrundlage aller Lebewesen zu erhalten. Dazu gehören in Deutschland z. B. die Mülltrennung, Recycling, die Ökosteuer und die Umweltplakette an Kraftfahrzeugen.

Im Bereich des Wirtschaftswachstums unterscheidet man mittlerweile häufig zwischen quantitativem und qualitativem Wachstum. **Quantitatives Wachstum** bedeutet eine rein mengenmäßige bzw. materielle Steigerung, die oftmals durch einen Anstieg des **Bruttoinlandsprodukts (Y = C + I + G + NX)** nachgewiesen wird. Bei **qualitativem Wachstum** werden zudem immaterielle Wachstumsfaktoren einbezogen, die oftmals schwer messbar sind. Zu ihnen gehören z. B. der Schutz der Umwelt, eine gerechte Einkommens- und Vermögensverteilung und der Anstieg der Lebensqualität der Menschen.

Um qualitatives Wachstum zu erreichen, wird seit einiger Zeit eine **nachhaltige Entwicklung** (sustainable development) angestrebt, die zukünftigen Generationen dieselben Chancen auf ein erfülltes Leben eröffnet sowie die Chancen für alle auf der Erde lebenden Menschen gerechter verteilt.

QUERVERWEIS

Vom „Magischen Viereck" zum „nachhaltigen Achteck"
S. 34–37

1 **Analysieren** Sie die Karikatur im Hinblick auf ihre Aussage und die Intention des Zeichners.

2 **Erläutern** Sie unter Rückgriff auf Kapitel 1.2, um welche Aspekte das magische Viereck mittlerweile häufig erweitert wird und welche Zielharmonien und -konflikte diese Erweiterung zur Folge hat.

Folgen des Klimawandels in Deutschland und Europa

Heiße Sommer, nasse Winter

MATERIAL **1**

Diese Weltkarte aus der September-Ausgabe 2013 des „National Geographic" zeigt, welche Folgen das Abschmelzen insbesondere des Antarktis- und des Grönland-Eisschildes nach langfristigen Prognosen für die heutigen Küstenregionen der Erde hätte: Sie lägen dann bis zu 66 Meter tief unter dem Meeresspiegel.

In Hamburg blühen die Forsythien bereits seit dem 9. März, eine Folge des milden Winters. Üblicherweise nämlich werden die Sträucher an der Binnenalster im langjähri-
5 gen Mittel erst am 26. März gelb, berichtet der Deutsche Wetterdienst, der seit 1945 den Beginn der Blüte aufzeichnet. [...] Auch Vorgänge bei Tieren, vom ersten Ruf des Kuckucks bis zum Almauftrieb der Kühe,
10 werden verzeichnet. Viele dieser Ereignisse liegen in diesem Frühling um Wochen früher als in vergangenen Jahrzehnten – und die Menschen, von Pollenallergikern bis zu Bauern, müssen sich anpassen.
15 „Wir haben inzwischen eine ziemlich stabile Vorstellung, wie sich das Klima in Deutschland und Europa verändert", sagt Daniela Jacob vom Hamburger Klimaservice-Zentrum. [...] Dabei habe es im Vergleich zum
20 letzten Bericht vor sieben Jahren entscheidende Fortschritte gegeben: „Die Informationen sind viel robuster und zuverlässiger, auch wenn sich an den konkreten Aussagen wenig geändert hat." [...] Deutschland muss
25 sich demnach bis Ende des 21. Jahrhunderts auf eine Erwärmung von 3,5 bis 4,5 Grad gegenüber den Jahren 1971 und 2000 einstellen, falls die Welt zu keinem wirkungsvollen Klimaabkommen findet. Im Süden, vor allem im Südwesten, steigen die Temperaturen 30 dann etwas schneller als im Norden. Im europäischen Vergleich kommt das Land damit noch gut weg: In Skandinavien und am Mittelmeer zeigen die Thermometer im Sommer und Herbst schon mal fünf Grad mehr an als 35 100 Jahre zuvor. Zugleich wird Deutschland in drei der vier Jahreszeiten feuchter: Zwischen September und Mai fallen fünf bis 25 Prozent mehr Regen und Schnee, in der Südhälfte können es im Winter auch 35 Prozent 40 mehr Niederschläge sein. Im Sommer allerdings wird die Westhälfte um fünf bis 15 Prozent trockener. [...] Für Europa besagt der neue Bericht im Groben das Gleiche wie der von 2007: Der Norden wird feuchter, 45 der Süden trockener. Die Grenze verläuft im Sommer von Dänemark über Deutschland, Tschechien und Südpolen durch den Norden der Ukraine nach Russland; in anderen Jahreszeiten liegt sie weiter südlich. 50

Aus: Christopher Schrader, Heißere Sommer, nassere Winter, in: SZ online, www.sueddeutsche.de/wissen/
klimawandel-in-deutschland-heisse-sommer-nasse-winter-1.1925657, 31.3.2014 (Zugriff: 19.11.2014)

1 Beschreiben Sie Formen des Klimawandels in Deutschland und Europa (M 1).
2 Erörtern Sie mögliche Konsequenzen des Klimawandels (M 1).

Umweltpolitische Handlungsalternativen und ihre Wirkungsweisen

MATERIAL **2**

Externe Effekte und externe Kosten

GLOSSAR

Umweltpolitik
Internalisierung
externer Kosten

Wenn durch die Herstellung oder den Verbrauch von Waren oder Leistungen anderen Unternehmen, Haushalten oder der Gesellschaft Kosten [...] entstehen und vom Schadenverursacher kein Ausgleich vorgenommen wird [...], spricht man von externen Effekten. Im Fall externer Effekte versagt somit der Preismechanismus, was allgemein auch als Marktversagen bezeichnet wird und ein Eingreifen des Staates notwendig macht. Externe Effekte als externe Kosten entstehen z.B., wenn von Unternehmen nur die betriebswirtschaftlichen Kosten ihrer Produktion zu kalkulieren sind, die sozialen Kosten der Produktion aber auf die Gesellschaft abgewälzt (externalisiert) werden. So entstehen der Gesellschaft bzw. den Anwohnern eines Heizkraftwerks, das Strom erzeugt und durch die Abgase der Kohleverfeuerung die Umwelt belastet, Kosten in Form von Erkrankungen der Atemwege oder durch Staubniederschlägen auf Gebäuden und Kraftfahrzeugen, die beseitigt werden müssen.

Aus: Duden Wirtschaft von A bis Z: Grundlagenwissen für Schule und Studium, Beruf und Alltag, 5. Aufl., Mannheim 2013; Stichwort: externe Effekt

MATERIAL **3**

Instrumente der Umwelt- und Klimapolitik

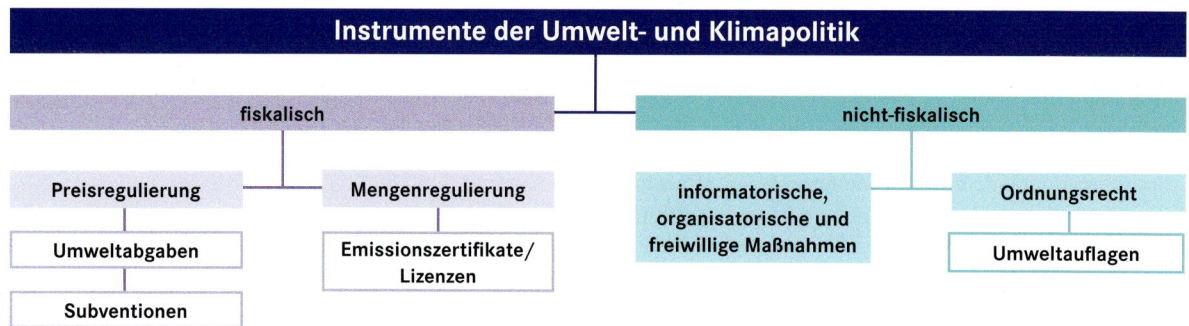

Nach: Institut für Logistik und Materialflusstechnik an der Otto-von-Guericke-Universität Magdeburg, Forschungsprojekt Lets Go, Klassifikation der umwelt- und klimapolitischen Instrumente, www.emissionshandel-letsgo.ovgu.de/Men%C3%BC/Klimapolitische+Instrumente.html, 8.8.2011 (Zugriff: 29.9.2014)

MATERIAL **4**

Umweltauflagen, -abgaben und -zertifikate

a) Umweltauflagen
Auflagen sind Verhaltensvorschriften für die einzelnen Verursacher von Umweltbelastungen. Als ordnungsrechtliche Instrumente haben sie die Form von Geboten und Verboten und setzen direkt bei den einzelnen Emissionsquellen an. Gebote schreiben absolute Höchstgrenzen für schädigendes Verhalten vor und zwingen so die Verursacher, die geltenden Regeln zu befolgen oder ihre umweltbelastenden Aktivitäten ganz einzustellen. Verbote untersagen umweltbelastende Aktivitäten vollständig. In der praktischen Umweltpolitik setzen sie an verschiedenen

15 Punkten an: an den Emissionen, an der Produktion oder an den Produktionsprozessen. [...] In der Bundesrepublik Deutschland wie in vielen anderen Ländern sind Auflagen das vorherrschende Instrument der Umweltpoli-
20 tik. Beispiel ist die Luftreinhaltepolitik nach dem Bundesimmissionsschutzgesetz, das durch entsprechende Rechtsverordnungen [...] sowie die EG-Richtlinien zur Emissionsbegrenzung des Schwefelgehalts in Heizöl
25 und Diesel geregelt wird.

b) Umweltabgaben

Umweltabgaben sind Geldzahlungen, die in Form von Steuern, Gebühren, Beiträgen sowie Sonderabgaben für umweltbelastende
30 Aktivitäten an ein öffentliches Gemeinwesen zu entrichten sind. Im Gegensatz zu den direkt wirkenden Auflagen werden die schädigenden Handlungen nicht unmittelbar begrenzt, sondern für ihre Verursacher
35 verteuert. Aufgrund ihrer Anreizfunktion unterscheiden Umweltabgaben sich von rein fiskalischen Abgaben, die zur Finanzierung staatlicher Umweltschutzmaßnahmen erhoben werden und nicht zwangsläufig an um-
40 weltbelastenden Aktivitäten anknüpfen. In der praktischen Umweltpolitik spielen Abgaben nur eine untergeordnete Rolle. Elemente finden sich etwa im Wasserabgabengesetz, das für Wasserverschmutzer bestimmte Ab-
45 gaben für jede von ihnen verursachte Schadenseinheit vorsieht.

**c) Emissionshandel und Umwelt-
zertifikate**

Der Emissionshandel ist ein marktwirt-
50 schaftliches Instrument zum Klimaschutz, das den Ausstoß großer Mengen schädlicher Treibhausgase zu den gesamtwirtschaftlich niedrigsten Kosten senken soll. Der jeweilige Gesetzgeber, also eine Staatengemeinschaft
55 wie die EU oder ein Einzelstaat, bestimmt

den Rahmen: Welche Unternehmen am Emissionshandel teilnehmen und auch die Obergrenze ihrer Emissionen, das sogenannte „Cap". Es wird festgelegt, wie viele Tonnen Treibhausgase die ausgewählten Anlagen in 60 einem bestimmten Zeitraum zusammen höchstens ausstoßen dürfen. Dann wird diese Gesamtmenge den Unternehmen in Form von Emissionsberechtigungen, sogenannten Zertifikaten zur Verfügung gestellt, 65 teilweise durch eine kostenlose Zuteilung, teilweise durch Versteigerungen. Ein Zertifikat berechtigt ein Unternehmen zum Ausstoß einer bestimmten Menge Treibhausgas. Durch Sanktionen wird sichergestellt, dass 70 das Cap nicht überschritten wird. Einmal pro Jahr wird Bilanz gezogen: Wer weniger emittiert hat, als vorher festgelegt, der kann überschüssige Zertifikate verkaufen. Wer zu wenige Zertifikate besitzt, weil er mehr 75 Klimagas ausgestoßen hat, als zuvor festgelegt, der muss dazukaufen.

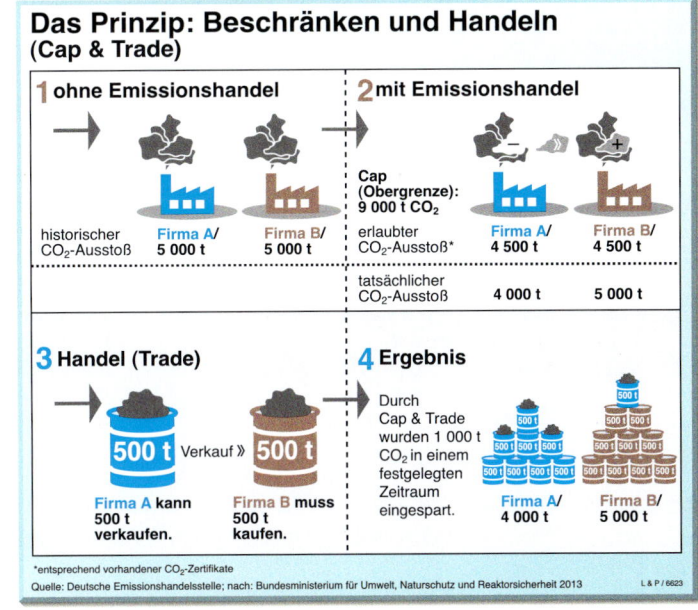

a); b) aus: Vahlens Kompendium der Wirtschaftstheorie und Wirtschaftspolitik, Bd. 2, 8. Aufl., 2003, S. 149 f.;
c): Bundesministerium für Umwelt, Naturschutz, Bau und Reaktorsicherheit, www.bmub.bund.de/fileadmin/
Daten_BMU/Download_PDF/Emissionshandel/faltblatt_emissionshandel_bf.pdf, 2013 (Zugriff: 29.9.2014)

1 Charakterisieren Sie die Problematik externer Effekte für eine Volkswirtschaft (M 2) und finden Sie geeignete Beispiele.
2 Nennen Sie Beispiele für die praktische Umsetzung der Instrumente in M 3.
3 Erläutern Sie jeweils die Funktionsweise von Umweltauflagen und -abgaben sowie des Emissionshandels (M 4).
4 Beurteilen Sie die Effekte der Instrumente in M 4 in wirtschaftspolitischer Hinsicht.

MATERIAL **5**   Ein Patentrezept –Umwelt (schon) gerettet?"

Zeichnung: Klaus Stuttmann

Solarenergie-Förderverein Deutschland e. V.

MATERIAL **6**   Beurteilungskriterien umweltpolitischer Instrumente

Alfred Endres
*1950 in Frankfurt a. M.
Professor für
Volkswirtschaftslehre,
insb. Wirtschaftstheorie
an der Fakultät für Wirt-
schaftswissenschaft
an der Fernuniversität
in Hagen; im Jahr 2000
erschien sein Buch
Umweltökonomie.

Ökologische Effektivität	Ökonomische Effizienz
Ökologische Treffsicherheit: „Die Fähigkeit eines Instruments, ein ökologisches Zielniveau (in einer bestimmten Zeit) exakt zu erreichen." (Alfred Endres, 2000)	**Kosteneffizienz/statische Effizienz:** „… die Fähigkeit eines Instruments, den vorgegebenen Emissionszielwert mit minimalen Kosten zu erreichen." (Alfred Endres 2000)
	Innovationswirkungen/dynamische Effizienz: „… die Fähigkeit eines Instruments, umwelttechnischen Fortschritt zu induzieren." (Alfred Endres 2000)
Wirkungsgeschwindigkeit: Wird ein Ziel möglichst schnell erreicht?	**Wettbewerbs- und Strukturwirkungen:** Wird z. B. in einem bestimmten Belastungsgebiet, welches das angestrebte Mengenziel bereits erreicht hat und in dem keine Emissionen mehr zugelassen werden können, der Eintritt eines Newcomers ohne die Verletzung des Emissionsziels ermöglicht?

*Aus: Katja Hübschen/Henning Dörrie, Auflagen, Abgaben und Zertifikate als Instrumente der Umwelt-
politik, Universität Münster, www.wiwi.uni-muenster.de/ioeb/Downloads/Studieren/Veranstaltungen/
WS0506/042324/Umweltseminar_Auflagen_Abgaben_Zertifikate.pdf (Zugriff: 12.9.2014)*

1 **Analysieren** Sie die Zeichnungen im Hinblick auf ihre Aussage zur Umweltpolitik (M 5).

2 **Erklären** Sie die einzelnen Beurteilungskriterien umweltpolitischer Instrumente (M 6).

3 **Bewerten** Sie Umweltauflagen, -abgaben und -zertifikate (M 4) jeweils im Hinblick auf ökologische Effektivität sowie ökonomische Effizienz (M 6).

4 **Entwerfen** Sie eine Rangfolge der Beurteilungskriterien und **begründen** Sie Ihre Entscheidung (M 6).

5 **Arbeiten** Sie jeweils die von Kirchgässner und Peterson genannten Argumente für und gegen CO_2-Steuern und Emissionszertifikate **heraus** (M 7). Beachten Sie dabei mögliche Interessen und Adressaten der Autoren.

6 **Nehmen** Sie – sowohl aus nationaler als auch aus globaler Perspektive – Stellung zu der Frage, ob wir „eine CO_2-Steuer auf alles" brauchen (M 7).

Brauchen wir eine CO_2-Steuer auf alles?

Wer den Klimawandel verlangsamen will, muss die Kohlendioxidemissionen reduzieren. Der Handel mit Emissionsrechten reicht dafür nicht, sagen Kritiker. Sind Steuern besser?

Pro

Es gibt zwei Wege, den Ausstoß von Kohlendioxid (CO_2) massiv zu reduzieren: indem man – wie die EU – einen Handel mit Emis-
5 sionszertifikaten einführt oder indem Steuern auf die fossilen Energieträger Mineralöl, Kohle und Gas erhoben werden. Theoretisch sind Zertifikate besser, weil sich damit die Menge der Emissionen genauer steuern
10 lässt. In der Praxis sind ihnen Steuern jedoch aus zwei Gründen deutlich überlegen. Erstens erfassen die Zertifikate nur etwa 50 Prozent der Emissionen. Damit versagt die Mengensteuerung. Insbesondere die am
15 stärksten steigenden Emissionen, jene des Verkehrs, werden nicht berücksichtigt. Eine wirksame Klimapolitik kann sich dies nicht leisten. Eine CO_2-Steuer, die auch auf Benzin und Flugbenzin erhoben wird, schließt
20 diese Lücke. Zweitens werden die Zertifikate bisher nicht versteigert, sondern weitgehend gratis zugeteilt. Das bewirkt eine unerwünschte Umverteilung. In Deutschland ist mit Einführung der Zertifikate der Preis für
25 Strom gestiegen, womit ein Anreiz entstand, Energie zu sparen. Gleichzeitig haben die Stromerzeuger aber auf Kosten der Verbraucher zusätzliche Gewinne erzielt. Dies hat für erheblichen Unmut gesorgt. Dabei war
30 es das vorhersehbare Ergebnis dieser Umweltpolitik. Die Einnahmen aus einer CO_2-Steuer könnte man dagegen etwa über eine Senkung der Beiträge zur Altersvorsorge an die Menschen zurückverteilen. Das zweite
35 Problem wäre gelöst, wenn alle Zertifikate versteigert und die Einnahmen ebenfalls zurückverteilt würden. Aber auch dann würden nicht alle Emissionen erfasst. Solange dies nicht der Fall ist, sind Steuern vorzu-
40 ziehen.

Kontra

Für mich steht fest, dass der Emissionshandel in der EU seine Tauglichkeit als klimapolitisches Instrument bewiesen hat. Er gewährleistet anders als eine Steuer, dass ein 45 gesetztes Emissionsziel exakt erreicht wird. Nun müssen wir den Emissionshandel baldmöglichst auf alle Länder und Wirtschaftssektoren ausweiten. Ob das politisch einfacher umzusetzen ist als eine Steuer, darüber 50 mag man streiten. Das Hauptargument für den Emissionshandel ist aber, dass er eine faire internationale Lastenteilung ermöglicht. Um den Klimawandel aufzuhalten, müssen auch die Entwicklungs- und Schwel- 55 lenländer ihre Emissionen reduzieren – ihr Anteil am globalen CO_2-Ausstoß von heute bereits 50 Prozent wird noch weiterwachsen. Gleichzeitig fordern diese Länder mit einigem Recht, dass die reichen Industrieländer 60 als primäre Verursacher der globalen Erwärmung eine besondere Verantwortung für den Klimaschutz übernehmen. In einem Emissionshandelssystem ist ein Lastenausgleich durch eine entsprechende Verteilung der 65 Emissionsrechte leicht zu erreichen. Der Vorschlag, jedem Menschen gleiche Emissionsrechte zuzuteilen, wäre gegenüber Entwicklungs- und Schwellenländern fair und würde diese motivieren, Emissionen zu re- 70 duzieren. Denn sie könnten durch den Verkauf überschüssiger Zertifikate an die Industrieländer Geld verdienen. Besonders den ärmeren Ländern würden so keine zusätzlichen Kosten entstehen. Eine CO_2-Steuer auf 75 fossile Brennstoffe würde die Menschen in vielen Entwicklungsländern dagegen unzumutbar belasten, und man müsste zusätzliche Mechanismen für den internationalen 80 Lastenausgleich einführen.

Aus: Gebhard Kirchgässner (Pro)/Sonja Peterson (Kontra), Brauchen wir eine CO_2-Steuer auf alles?,
in: Die Zeit online, www.zeit.de/zeit-wissen/2010/01/Klimawandel-CO2-Steuer/komplettansicht, 4.1.2010
(Zugriff: 29.9.2014)

INFO

Gebhard Kirchgässner
*15.4.1948 in Konstanz
Professor für Volkswirtschaftslehre und
Ökonometrie der Universität St. Gallen und
Direktor des Schweizerischen Instituts
für Aussenwirtschaft
und Angewandte
Wirtschaftsforschung
(SIAW)

Sonja Peterson
*10.8.1973 in Bielefeld
Wirtschaftsmathematikerin und Volkswirtschaftlerin; seit 2013
wissenschaftliche
Geschäftsführerin des
Instituts für Weltwirtschaft an der Universität Kiel

Europäische Zusammenarbeit in der Umwelt- und Klimapolitik

MATERIAL 8 Prinzipien und Ziele europäischer Umweltpolitik

INFO

AEUV
Vertrag über die
Arbeitsweise der
Europäischen Union

EUV
Vertrag über die
Europäische Union

QUERVERWEIS

Aufteilung der
Zuständigkeiten
zwischen der
Europäischen Union
und den
Mitgliedstaaten
S. 177

Ziele der EU-Umweltpolitik

Art. 191 **AEUV** schreibt die Ziele der europäischen Umweltpolitik im Detail fest: Erhaltung und Schutz der Umwelt sowie Verbesserung ihrer Qualität, Schutz der menschlichen Gesundheit, umsichtige und rationale Verwendung der natürlichen Ressourcen, Förderung von Maßnahmen auf internationaler Ebene zur Bewältigung regionaler oder globaler Umweltprobleme und insbesondere zur Bekämpfung des Klimawandels. Art. 191 AEUV konkretisiert also die allgemeinen Ziele aus Art. 3 **EUV** und schafft somit eine Rechtsgrundlage für Maßnahmen der Union. Ein Beispiel: Ist der Hauptzweck einer Richtlinie die Rationalisierung bei der Nutzung von natürlichen Ressourcen, wäre die gesetzliche Grundlage Art. 191, wo wiederum festgelegt wird, dass das ordentliche Gesetzgebungsverfahren anzuwenden ist und damit Parlament und Ministerrat dieselben Entscheidungsbefugnisse haben.

Das Prinzip eines hohen Schutzniveaus

„Die Umweltpolitik der EU zielt (...) auf ein hohes Schutzniveau ab." Dieses Prinzip, das in den Artikeln 3 EUV, 114 AEUV und 191 AEUV festgeschrieben ist, setzt nicht zwingend die Erreichung des „höchsten" möglichen Schutzniveaus voraus, sondern untersagt vielmehr die Verabschiedung von umweltpolitischen Maßnahmen mit einem geringen Schutzniveau.

Das Vorsorgeprinzip

Das Vorsorgeprinzip (Art. 191 AEUV) verlangt, dass vorbeugende Maßnahmen ergriffen werden müssen, sobald der glaubwürdige Nachweis erbracht wurde, dass eine bestimmte Handlung die Umwelt belasten könnte – auch wenn der kausale Bezug zwischen der Handlung und den negativen Auswirkungen nicht wissenschaftlich bewiesen ist. Dieses Prinzip gilt nicht nur für Umwelt-, sondern auch für Gesundheitsfragen.

Das Vermeidungsprinzip

Das Vermeidungsprinzip (Art. 191 AEUV) ist eng mit dem Vorsorgeprinzip verknüpft und beinhaltet eine vorbeugende Herangehensweise der EU in Bezug auf Umweltbelange. Dadurch sollen Maßnahmen, die Umweltschäden von Beginn an vermeiden, bevorzugt werden vor Maßnahmen zur Wiederherstellung der bereits geschädigten Umwelt.

Schadensbeseitigung durch das Ursprungsprinzip

Maßnahmen im Bereich der europäischen Umweltpolitik sollten Umweltschäden vorrangig an ihrer Quelle beheben (Art. 191 AEUV). Das bedeutet, dass sich die EU auf solche Problemfelder konzentrieren sollte, in denen die Verschmutzung entsteht.

Das Verursacherprinzip

Gemäß dem Verursacherprinzip (Art. 191 AEUV), das seit den frühen 1970er Jahren die europäische Umweltpolitik geprägt hat, müssen diejenigen, die für Umweltverschmutzung verantwortlich sind, die entstandenen Kosten für die Umweltsanierung selbst tragen. Die Kosten sollen also nicht der Allgemeinheit aufgebürdet werden.

Das Integrationsprinzip

Das Integrationsprinzip (Art. 11 AEUV) besagt, dass Umweltbelange in die Definition und Umsetzung von EU-Politiken und -maßnahmen integriert werden sollen. Der Hauptgedanke dabei ist, dass Umweltbelange nicht isoliert betrachtet werden können, da andere Bereiche wie Landwirtschaft, Verkehr oder Energie entscheidende Auswirkungen auf die Umwelt haben. In der Praxis bedeutet dies nicht, dass Umweltpolitik prioritär behandelt werden muss, sondern dass Umweltschutz den anderen Politikbereichen gegenüber gleichwertig sein muss.

Aus: Deutscher Naturschutzring e. V., Brüsseler 1×1 für Umweltbewegte. Wie funktioniert die EU?, 5. Aufl., Berlin 2010-2014, S. 7 f.

Der Europäische Emissionshandel

Festlegung einer erlaubten Emissionsmenge

Der Staat bzw. die EU regeln, welche Gesamtmenge an Treibhausgasen emissionshandelspflichtige Anlagen in einem bestimmten Zeitraum ausstoßen dürfen, lassen aber die Frage offen, wer wo wie viel mindert. Damit gibt es eine große Flexibilität bei der Erreichung der Ziele und einen Anreiz, die kostengünstigste Reduktion zu suchen und durchzuführen. Die erlaubte Emissionsmenge wird nach bzw. in jeder Handelsperiode reduziert. Die erste Emissionshandelsperiode umfasste die Jahre 2005 bis 2007, die zweite die Jahre 2008 bis 2012. Die dritte Handelsperiode hat im Jahr 2013 begonnen und läuft bis 2020. Allerdings gelten die Regeln auch über 2020 hinaus, sofern sie nicht vorher überarbeitet werden. Derzeit ist vorgesehen, dass die erlaubte Emissionsmenge jährlich um 1,74 % reduziert wird.

Zuteilung von Verschmutzungsrechten

Für die bewilligte Menge an Treibhausgasemissionen benötigen die Unternehmen Berechtigungen, sogenannte Emissionszertifikate. Ein Zertifikat gibt dem Inhaber das Recht zur Emission von einer Tonne Kohlendioxid (CO_2) bzw. CO_2-Äquivalent. Mit diesen Berechtigungen können Unternehmen handeln. In den ersten beiden Perioden legten nationale Zuteilungspläne, sogenannte Allokationspläne, sowohl die Gesamtmenge der Zertifikate als auch deren Verteilung fest. Dies schrieb die europäische Emissionshandelsrichtlinie vor. In Deutschland wurden die Regelungen des Nationalen Allokationsplans durch die Zuteilungsgesetze umgesetzt. In der zweiten Handelsperiode wurden die Berechtigungen nicht mehr vollständig kostenlos zugeteilt, etwa 10 Prozent der Berechtigungen werden veräußert. Ab 2013 ist der Emissionshandel stärker europäisch harmonisiert worden, um gleiche Wettbewerbsbedingungen innerhalb der EU sicher zu stellen. Daher gibt es ein EU-weites Cap und EU-weit einheitliche Zuteilungsregeln, wobei der überwiegende Teil der Emissionszertifikate nicht mehr kostenlos vergeben, sondern versteigert wird. [...]

Verkauf nicht benötigter oder Kauf zusätzlicher Verschmutzungsrechte

Erreicht ein Unternehmen seine erforderlichen Emissionsreduktionen durch eigene kostengünstige CO_2-Minderungsmaßnahmen, kann es nicht benötigte Zertifikate am Markt verkaufen. Alternativ kann es Zertifikate am Markt zukaufen, falls eigene Minderungsmaßnahmen teurer würden. Die emissionshandelspflichtigen Unternehmen sind verpflichtet, ihre Emissionen jährlich zu melden und die entsprechende Zertifikatsmenge bei der Deutschen Emissionshandelsstelle (DEHSt) abzugeben. Erfüllt ein Unternehmen seine Abgabepflicht für Zertifikate nicht, werden Sanktionen fällig. Mit dem Emissionshandel wird es also für ein Unternehmen nicht nur ökologisch, sondern auch ökonomisch attraktiv, Emissionen zu reduzieren.

Aus: Bundesministerium für Umwelt, Naturschutz, Bau und Reaktorsicherheit (BMUB), Kurzinfo Emissionshandel, www.bmub.bund.de/themen/klima-energie/emissionshandel/kurzinfo/; Stand: 4.11.2013 (Zugriff: 29.7.2014)

1 Erläutern Sie die Prinzipien und Ziele europäischer Umweltpolitik (M 8).

2 Bilden Sie eine Rangfolge der einzelnen Prinzipien und **begründen** Sie Ihre Entscheidung (M 8).

3 Vergleichen Sie die Maßnahmen zur Zielerreichung (M 8) der einzelnen Mitgliedstaaten auf der Grundlage einer Internetrecherche.

4 Diskutieren Sie, welche Schwierigkeiten sich einerseits für die EU, andererseits für ihre einzelnen Mitglieder bei dem Versuch der Zielerreichung (M 8) ergeben.

5 Charakterisieren Sie das System des europäischen Emissionshandels und stellen Sie dabei seine grundlegenden Prinzipien und Funktionsweisen heraus (M 9).

MATERIAL 10

Emissionszertifikate in der Kritik

Zeichnung:
Oliver Schopf

Klimaschutz

MATERIAL 11

Die Preisentwicklung von europäischen Emissionszertifikaten

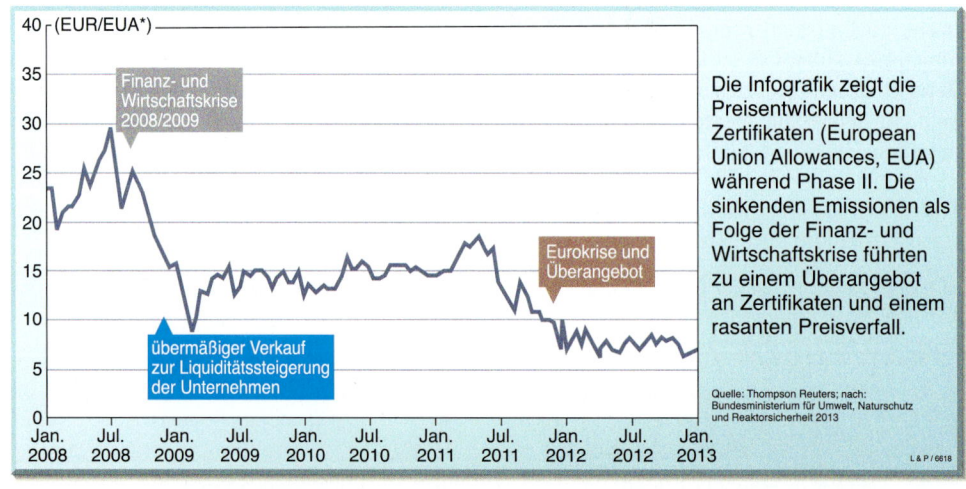

Die Infografik zeigt die Preisentwicklung von Zertifikaten (European Union Allowances, EUA) während Phase II. Die sinkenden Emissionen als Folge der Finanz- und Wirtschaftskrise führten zu einem Überangebot an Zertifikaten und einem rasanten Preisverfall.

Quelle: Thompson Reuters; nach: Bundesministerium für Umwelt, Naturschutz und Reaktorsicherheit 2013

QUERVERWEIS
Die Eurokrise
S. 192–199

1 Setzen Sie die Karikatur M 10 in Beziehung zu M 9.

2 **Beschreiben** Sie die Preisentwicklung von Emissionszertifikaten insbesondere im Hinblick auf die Finanz-, Wirtschafts- und Eurokrise (M 11).

3 **Ermitteln** Sie aus M 12 die Position des Autors sowie die von ihm dargestellte Gegenposition einiger Industrieunternehmen und stellen Sie diese einander gegenüber.

4 **Bewerten** Sie die Funktionsweise des europäischen Emissionshandels (M 8 bis M 12).

Emissionshandel – und er wirkt doch

Er gilt als der härteste Lobbykampf, den Brüssel je erlebt hat: Der Streit um die Verschärfung des europäischen Emissionshandels. Noch vor dem nächsten großen Klima-
5 gipfel in Paris 2015 müsse die EU der Welt demonstrieren, dass das kriselnde Klimaschutzinstrument funktionieren kann, fordert Deutschlands Wirtschaftsminister Sigmar Gabriel (SPD) und verlangt, das gerade
10 verschärfte System mit strengeren Regeln auszustatten.
Für große Klimasünder wie Chemie-, Stahl- oder Energiekonzerne aus ganz Europa sind solche Pläne ein rotes Tuch. Seit Jahren lau-
15 fen sie gegen mehr Klimaschutz Sturm. Wichtigstes Argument der Branchenlobbyisten in Berlin oder Brüssel: Die Kosten teurerer Zertifikate drohten vielen Industrien in Europa im globalen Wettbewerb zu schaden,
20 warnen etwa Chemiekonzerne. Die Folge: Weniger Exporte und Stellenabbau. Schließlich müssten Konkurrenten aus China oder den USA keine vergleichbaren Lasten schultern. Ob Europas Wirtschaft tatsächlich an
25 Wettbewerbsfähigkeit verliert oder gar vom technischen Fortschritt profitiert, darüber gab es bislang kaum valide Informationen.
Erstmals haben Forscher des Kieler Instituts für Weltwirtschaft (IfW) nun die Effekte des
30 Emissionshandels untersucht – am Beispiel der größten europäischen Volkswirtschaft Deutschland. In einer über mehrere Jahre angelegten Analyse kommen sie zu einem überraschenden Ergebnis: Der Emissions-
35 handel ist besser als sein Ruf. Das System reduziert die Treibhausemissionen spürbar – und schadet nicht einmal der Industrie. [...]
In den ersten Jahren seines Bestehens habe der Emissionshandel zu einer deutlichen
40 Senkung des CO_2-Ausstoßes beigetragen, urteilten die Forscher in dem Papier, das der Süddeutschen Zeitung vorliegt. „Firmen, die Emissionszertifikate besitzen müssen, haben ihren CO_2-Ausstoß um ein Fünftel stär-
45 ker gesenkt als Unternehmen, die der Pflicht nicht unterliegen." Entgegen häufig geäußerter Befürchtungen fanden die Forscher zudem „keine Anzeichen dafür, dass der Emis-

sionshandel Umsatz, Wettbewerbsfähigkeit oder die Zahl der Arbeitsplätze in den teil- 50 nehmenden Unternehmen verringert".
[...] Derzeit steckt das System [des EU-Emissionshandels] in einer schweren Krise. Der Handel ist beinahe zum Erliegen gekommen, denn die Preise für Emissionsrechte sind vor 55 allem wegen der Wirtschaftskrise in Südeuropa im Keller. Sie pendeln um die fünf Euro je Tonne. Zum untersuchten Zeitraum kosteten die Zertifikate mit gut 15 Euro je Tonne noch deutlich mehr. [...] Für die Studie haben 60 die Wissenschaftler umfangreiche Daten des Statistischen Bundesamtes zu deutschen Industrieunternehmen aus den Jahren 2005 bis 2010 ausgewertet. [...] Während sie in der Testphase bis 2007 kaum eine Wirkung fest- 65 stellten, sanken in den ersten drei Jahren des regulären Betriebs bis 2010 die Emissionen spürbar. „In dieser Phase haben die Unternehmen ihre Energieeffizienz stark verbessert und die Nutzung von Öl und Gas redu- 70 ziert", sagt IfW-Forscher Sebastian Petrick. Veränderungen in der Produktion – etwa die effizientere Nutzung von Prozesswärme – führten dazu, dass die Emissionen sanken, nicht jedoch der Umsatz. Industrieunterneh- 75 men, die dem Regime unterworfen waren, reduzierten ihre CO_2-Emissionen zwischen 2007 und 2010 um durchschnittlich 25 Prozentpunkte mehr als vergleichbare Unternehmen, die nicht teilnahmen. [...] 80
Die Bundesregierung hatte erst Mitte April [2014] für mehr Engagement beim Klimaschutz geworben: „Damit sich Europa bei den internationalen Klimaverhandlungen der kommenden Jahre nicht blamiert, muss es 85 dringend seinen Emissionshandel reformieren", forderte Wirtschaftsminister Gabriel. Der Handel mit Emissionszertifikaten habe sich angesichts niedriger Zertifikatepreise zu einem Desaster entwickelt. Besonders 90 Deutschland müsse nun demonstrieren, dass sich anspruchsvolle Klimapolitik in einem Industrieland verwirklichen lasse, ohne die Wirtschaft abzuwürgen. Denn das glaubten zurzeit immer weniger Politiker anderer 95 Länder.

Aus: Markus Balser, Emissionshandel – und er wirkt doch, in: Süddeutsche Zeitung online,
www.sueddeutsche.de/wirtschaft/2.220/neue-studie-emissionshandel-und-er-wirkt-doch-1.1942141,
23.4.2014 (Zugriff: 29.7.2014)

Globale politische Initiativen zum Umweltschutz

MATERIAL **13**

QUERVERWEIS

Die Weltklimapolitik –
ein gelungenes Beispiel
für Global Governance?
S. 440 f.

GLOSSAR

Kyoto-Protokoll

Das Kyoto-Protokoll

Das Kyoto-Protokoll gilt als Meilenstein in der internationalen Klimapolitik. Es wurde auf der dritten Vertragsstaatenkonferenz der Klimarahmenkonvention in Kyoto 1997 (COP 3) verabschiedet und enthielt erstmals rechtsverbindliche Begrenzungs- und Reduzierungsverpflichtungen für die Industrieländer. Mittlerweile haben 191 Staaten das Protokoll ratifiziert [...]. Die USA haben das Kyoto-Protokoll bis heute nicht ratifiziert. Kanada ist im Jahr 2013 ausgetreten. [...] Konkrete Details zur Umsetzung des Protokolls legte die Klimakonferenz in Kyoto 1997 nicht fest. [...]

1. Verpflichtungsperiode (2008–2012)

In der ersten Verpflichtungsperiode des Kyoto-Protokolls (2008–2012) verpflichteten sich die [...] Industriestaaten, ihre Treibhausgasemissionen insgesamt um mindestens fünf Prozent gegenüber den Emissionen des Jahres 1990 zu senken. Die Europäische Union und ihre Mitgliedstaaten verpflichteten sich in diesem Zeitraum zu einer Reduzierung ihrer Emissionen um insgesamt acht Prozent gegenüber 1990. Im Rahmen des EU-internen Lastenverteilungsverfahrens wurde dieses Gesamtziel individuell auf die damals noch 15 EU-Mitgliedstaaten aufgeteilt, wobei Deutschland sich dazu verpflichtete, insgesamt 21 Prozent weniger Treibhausgase zu emittieren. Laut Berechnungen der Europäischen Umweltagentur sind die Gesamtemissionen in den damals 15 EU-Ländern im Zeitraum 2008–2012 um durchschnittlich 12,2 Prozent gegenüber dem Jahr 1990 zurückgegangen. [...] Auch Deutschland konnte sein Ziel übererfüllen. Im Durchschnitt der Jahre 2008–2012 hat die Bundesrepublik ihre Emissionen um 23,6 Prozent gegenüber 1990 reduziert. Weltweit zeigt der Emissionstrend jedoch in eine andere Richtung: Bis 2010 ist der globale Treibhausgasausstoß um rund 29 Prozent gegenüber 1990 angestiegen. Dafür verantwortlich sind neben einigen Industrieländern insbesondere sich rasch entwickelnde Schwellenländer wie China und Indien, denen es zunehmend schwerer fällt, den CO_2-Ausstoß ihrer boomenden Wirtschaften in den Griff zu bekommen.

2. Verpflichtungsperiode (2013–2020)

Nach mehrjährigen Verhandlungsrunden einigten sich die Vertragsstaaten auf der Klimakonferenz in Doha, Katar [...] auf eine Verlängerung des Kyoto-Protokolls bis 2020. In diesem Rahmen verpflichteten sich die [...] Länder dazu, ihre Emissionen bis 2020 um insgesamt 18 Prozent gegenüber 1990 zu reduzieren. Die Europäische Union hat sich zu einer Verringerung von 20 Prozent verpflichtet. [...] Neuseeland, Japan und Russland haben entschieden, an der zweiten Verpflichtungsperiode des Kyoto-Protokolls nicht mehr teilzunehmen. Damit belaufen sich die CO_2-Emissionen der Teilnehmerstaaten auf nicht einmal 15 Prozent der globalen Emissionen.

Zeichnung:
Klaus Stuttmann

Aus: BMUB, Kyoto-Protokoll, www.bmub.bund.de/themen/klima-energie/klimaschutz/internationale-klima-politik/kyoto-protokoll/, 25.8.2015 (Zugriff: 10.2.2015)

1 Erläutern Sie, wie die Klimaziele des Kyoto-Protokolls erreicht werden sollen (M 13).
2 Diskutieren Sie Chancen und Grenzen des Kyoto-Protokolls auf Grundlage der Erfahrungen der „ersten Verpflichtungsperiode" (M 13).

Amerikas Energiewende

Bisher hat Barack Obama den bereits für seine erste Amtszeit versprochenen „Wandel" in der Klimapolitik nicht hinbekommen. Eine Abkehr von der Blockadehaltung seines
5 Vorgängers George W. Bush, der 2001 aus dem Kyoto-Protokoll ausgestiegen war, gelang ihm nicht. Doch nun soll der Kampf gegen den Treibhauseffekt die zweite Amtsperiode prägen. [...] Seine Chancen, eine
10 Neuauflage des 2010 kläglich im Kongress gescheiterten nationalen Klimaschutz-Gesetzes in der zweiten Amtszeit durchzubringen, ist gleich null. [...]
Demokratische Senatoren aus den armen
15 Kohlestaaten Montana oder West Virginia zum Beispiel fürchten um Jobs in der Kohleindustrie – und um Wählerstimmen. Das geht immer vor die Parteiräson. [...] Deswegen verlegt sich Obama nun ganz auf „Kli-
20 maschutz per Dekret" – nämlich auf Maßnahmen, die er ohne Parlament durchsetzen kann. Er nutzt seine Vollmachten als Präsident, die nationale Umweltbehörde **EPA** zur Festlegung von Abgasstandards in einzelnen
25 Branchen zu verpflichten. [...] Die EPA wird den 50 US-Bundesstaaten Zielmarken für die Reduzierung des CO_2-Ausstoßes im Kraftwerkssektor setzen. Das ist zwar nicht so wirksam wie Ziele in einem allgemeinen Kli-
30 maschutzgesetz, die die gesamte Wirtschaft betroffen hätten. Doch immerhin kappt das den CO_2-Ausstoß im wichtigsten Bereich; die Kraftwerke sind nämlich für bis zu 40 Prozent der US-Emissionen verantwortlich. [...]
35 Der Plan hat bereits eine heftige Lobby-Schlacht ausgelöst. Wirtschaftsverbände powern gegen Obama. Die US-Handelskammer warnt, die CO_2-Standards würden die US-Ökonomie jährlich 50 Milliarden Dollar kos-
40 ten und 224 000 Jobs vernichten; der Bergbauverband prophezeit höhere Stromkosten,

Wettbewerbsnachteile für die US-Wirtschaft und sieht sogar „die Verlässlichkeit des nationalen Stromnetzes" in Gefahr. Die Erneuerbare-Energien-Branche und Umweltschützer 45 dagegen sehen in den EPA-Vorschriften große Chancen. Die Stromkosten könnten durch Effizienzprogramme sogar sinken, argumentieren sie, zudem entstünden dadurch und einen Ausbau der erneuerbaren Energien 50 mehr Jobs, als etwa in der Kohlebranche verloren gingen. Und die EPA selbst stellte fest: „Die wirkliche Gefahr für unsere Ökonomie sind die Kosten, die durch Nichtstun gegen den Klimawandel entstehen." 2012 sei das 55 Jahr in der US-Geschichte mit den zweithöchsten Schäden durch Naturkatastrophen gewesen. Es war das Jahr, in dem Hurrikan „Sandy" New York heimsuchte und der Mittlere Westen eine Jahrhundertdürre erlebte. 60
Obama geht mit seinem Klimaplan große Risiken ein – vor allem, wenn die Gegner es schaffen, ihm in der Öffentlichkeit das Label „Jobkiller" zu verpassen. [...]
Obama sagt, er wolle sein Land zum Antrei- 65 ber für einen internationalen Klimavertrag machen, „um unseren Planeten zu bewahren" – und dabei müssten die USA auch zu Hause mit gutem Beispiel vorangehen. In der Tat sind die Chancen für das Kyoto-Nach- 70 folgeprotokoll, das 2015 in Paris geschlossen werden soll, dank des US-Vorstoßes etwas besser geworden. Die UN-Klimaschutz-Chefin Christiana Figueres spendete Beifall, ebenso deutsche Klimapolitiker, die der 75 schwarz-roten Regierung Obamas Kampf gegen die Kohle als Vorbild empfehlen.
Dass einer der größten Luftverschmutzer der Welt die Zukunft des Planeten ernst nehme, sende ein gutes Signal an andere Länder aus, 80 sagte Figueres. Man kann nur hoffen, dass sie es auch hören wollen.

Aus: Joachim Wille, Obamas Energiewende. Der Kommentar, in: www.klimaretter.info/meinungen/
kommentare/16542-obamas-energiewende, 4.6.2014 (Zugriff: 29.7.2014)

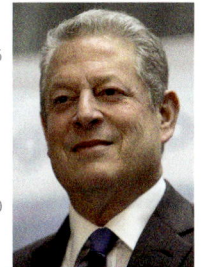

„Wir besitzen alle Werkzeuge, um die Klimakrise zu lösen. Es fehlt allein der kollektive Wille – und der Mensch läuft ständig Gefahr, das nie Dagewesene wie eine weltweite Klimakatastrophe für undenkbar zu halten."

Al(bert Arnold) Gore
* 31.3.1948 in Washington, D.C. von 1993 bis 2001 Vizepräsident der USA, setzt sich seit seiner gescheiterten Präsidentschaftskandidatur im Jahr 2000 gegen die globale Erwärmung ein; 2007 erhielt er den Friedensnobelpreis; die aus seinen Vorträgen hervorgegangene Dokumentation „Eine unbequeme Wahrheit" wurde mit dem Oscar ausgezeichnet.

EPA
Environmental Protection Agency

neues Abkommen USA–China
Im Nov. 2014 einigten sich die zwei weltgrößten Treibhausgas-Emittenten USA und China auf neue Klimaziele: Die USA wollen ihre CO_2-Emissionen spätestens 2025 um 26 bis 28 % unter das Niveau von 2005 senken. China will seine Emissionen ab 2020 nicht mehr steigern. Zudem streben beide Staaten eine engere Kooperation im Bereich erneuerbarer Energien an.

3 Analysieren Sie die Karikatur in M 13 hinsichtlich ihrer Bewertung der Weltklimapolitik.

4 Entwickeln Sie Alternativen internationaler Umwelt- und Klimapolitik, bei denen möglichst viele Staaten einbezogen werden können.

5 Erörtern Sie die verschiedenen Sichtweisen zum Klimaschutz innerhalb der USA (M 14).

6 Beurteilen Sie, ob – und wenn ja, inwiefern – sich die umweltpolitische Diskussion innerhalb der USA von der in Deutschland bzw. in der EU unterscheidet (M 14).

Das BIP als Wohlstandsindikator?

MATERIAL **15**

Das BIP in der Kritik

Eine neue Bundestagskommission will die klassische Kennzahl des Wirtschaftswachstums überprüfen – so weit, so gut, so überfällig. Doch bei der Frage nach dem Bruttoinlandsprodukt geht es um mehr als Statistik.

In Deutschland soll künftig nicht allein das Bruttoinlandsprodukt (BIP) die Messlatte für wirtschaftliches Wachstum und Wohlstand sein. Die Kommission „Wachstum, Wohlstand, Lebensqualität" begann am Montag die Suche nach Alternativen. [...] Dies ist überfällig: Seit langem wird bezweifelt, dass das BIP als alleiniger Indikator der Wirtschaftsleistung eines Landes taugt. Das Bruttoinlandsprodukt misst den Wert der im Inland hergestellten Waren und Dienstleistungen. Doch es berücksichtig nicht, zu welchem Preis die Wirtschaft wächst und ob das Wachstum den Menschen zu einer größeren Lebensqualität verhilft.

Deshalb erscheint es zunehmend als grotesk, wenn Politiker das als BIP gemessene Wirtschaftswachstum zu ihrem Erfolgsmaßstab machen und auf der Basis dieser Kennziffer gar von einem Wirtschaftswunder oder von „XXL-Wachstum" sprechen. Das BIP ignoriert nicht nur Umweltverschmutzung und Ressourcenverbrauch, sondern gibt auch falsche Signale. Steigende Kriminalität, Umweltverschmutzung, Staus und all die damit zusammenhängenden Reparatur- und Vermeidungskosten erhöhen das BIP. So ließ die Beseitigung der Ölpest im Golf von Mexiko das BIP der USA anwachsen. Das Beispiel zeigt: Ein steigendes BIP kann sogar mit einer schlechteren Lebensqualität einhergehen.

Zweifellos muss auch über die Grenzen des Wachstums geredet werden. Die Erkenntnis, dass es auf einem Planeten mit endlichen Ressourcen kein unbegrenztes Wachstum geben kann, formulierte der **Club of Rome** bereits 1972. Angesichts des Klimawandels kann sie auch von wachstumsfixierten Öko-nomen und Politikern kaum noch ignoriert werden.

Doch der **monolithische** Mainstream in Politik und Wissenschaft ist nur schwer zu knacken. Denn hinter der Etablierung des Bruttoinlandsproduktes als wirtschaftspolitisches Erfolgsmaß stehen gewachsene Machtstrukturen. So passt das konsumfixierte Maß BIP ausgezeichnet zum Modell des Homo oeconomicus, mit dem die neoklassisch geprägte Wirtschaftstheorie bis heute menschliches Verhalten abzubilden versucht. Der Homo oeconomicus ist ein streng egoistischer und selbstbezogener Mensch, der ausschließlich rational handelt. In zahlreichen Feldstudien und Laborexperimenten wurde diese wirtschaftswissenschaftliche Grundannahme längst widerlegt. Fairness, Solidarität und Kooperation gehören sehr wohl zur menschlichen Natur. Doch die „irrationale" ehrenamtliche Tätigkeit wird beispielsweise nicht vom BIP erfasst.

Auch Verteilungsfragen werden sowohl vom Bruttoinlandsprodukt als auch von der herrschenden Ökonomie systematisch ignoriert. Eine zunehmende oder abnehmende Konzentration von Vermögen und Einkommen ist im BIP nicht sichtbar. [...]

Ein Umdenken in der Messung ökonomischen Fortschritts wäre wünschenswert. Denn die Messgröße beeinflusst das Tun. Würden Leistungen in Bezug auf die Verbesserung von Lebensqualität, Umwelt, Gesundheit, Bildung und Gerechtigkeit in einer zentralen Kennziffer mit erfasst, würden sie womöglich verstärkt Gegenstand politischen Handelns. Dazu müssen jedoch verinnerlichte Denkmustern verabschiedet werden, was einigen politischen Akteuren kaum zuzutrauen ist. [...] An der Diskussion um den Wohlstandsindikator, die in anderen Ländern längst geführt wird, kommen aber auch die Wachstumsfetischisten nicht mehr vorbei. Das ist ein kleiner, wenn auch schwer messbarer Fortschritt.

Aus: Carsten Kloth, Wachstum, Wohlstand, Wahrheitssuche, in: Der Tagesspiegel online, www.tagesspiegel. de/meinung/diskussion-um-das-bip-wachstum-wohlstand-wahrheitssuche/3709412.html, 18.1.2011 (Zugriff: 29.7.2014)

Zwei Seiten derselben Medaille?

MATERIAL **16**

QUERVERWEIS

Wohlstand und
Wachstum (BIP)
S. 13 ff.

GLOSSAR

Bruttoinlandsprodukt

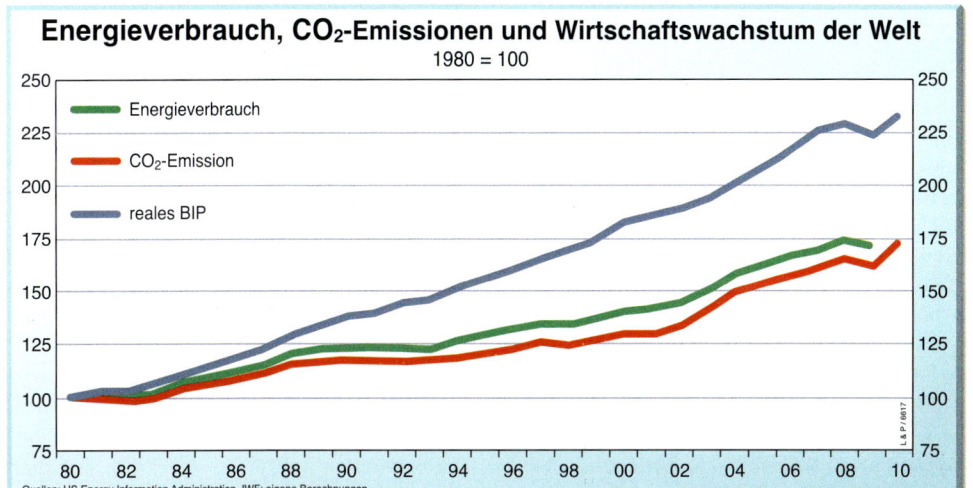

Energieverbrauch, CO_2-Emissionen und Wirtschaftswachstum der Welt
1980 = 100

- Energieverbrauch
- CO_2-Emission
- reales BIP

Quellen: US Energy Information Administration, IWF; eigene Berechnungen

Wachstum des BIP und der Exportumsätze durch erneuerbare Energien

MATERIAL **17**

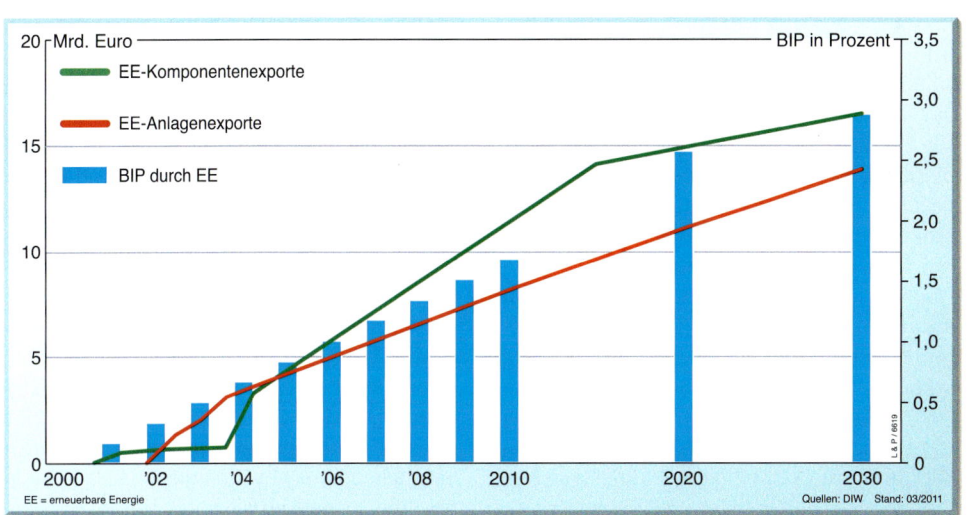

Mrd. Euro — BIP in Prozent

- EE-Komponentenexporte
- EE-Anlagenexporte
- BIP durch EE

EE = erneuerbare Energie
Quellen: DIW   Stand: 03/2011

1 **Erläutern** Sie die Kritik des Autors am Bruttoinlandsprodukt (M 15).

2 **Nehmen** Sie **Stellung** zu der These, Verteilungsfragen würden sowohl vom Bruttoinlandsprodukt als auch von der herrschenden Ökonomie systematisch ignoriert (M 15).

3 **Analysieren** Sie die Entwicklung ...
   a) ... des BIP und der CO_2-Emissionen im globalen Kontext (M 16).
   b) ... des BIP und der Exportumsätze durch erneuerbare Energien (M 17).

4 **Erörtern** Sie ausgehend von M 15 bis M 17 das Spannungsverhältnis von ökonomischen Zielen und dem Ziel der Sicherung der Qualität des öffentlichen Gutes Umwelt.

MATERIAL **18** Alternativen zum BIP als Wohlstandsindikator

Anfangs, als das BIP vor sieben Jahrzehnten eingeführt wurde, diente es in der Tat als Anzeiger positiver Entwicklungen: Eine erstarkende Wirtschaft zeigte im Effekt einen
5 Anstieg der Beschäftigung, und steigende Einkommen trugen mit dazu bei, dass soziale Konflikte eingedämmt und ein neuer Krieg verhindert wurden.

Heute ist die Welt eine andere als 1944 – da-
10 mals hatten sich die Staatenlenker in Bretton Woods, New Hampshire getroffen, um ihre Vorstellungen zu einer Nachkriegsökonomie gemeinsam zu entwickeln. Heute fördert der Fokus der Industrieländer auf das BIP sozia-
15 le wie ökologische Schieflagen. Gleichzeitig werden weniger reiche Nationen blind für nachhaltigere Entwicklungsmodelle.

Der rasante Wirtschaftsboom hat Ressourcen erschöpft. Der Löwenanteil des generier-
20 ten Wohlstandes ist ungleich verteilt worden, was schwere soziale Probleme nach sich gezogen hat. [...]

Die Grenzen dessen, was das BIP abbilden kann, liegen auf der Hand. So erhöhen zum
25 Beispiel steigende Kriminalitätsraten das BIP – nicht aber den allgemeinen Lebensstandard –, weil sie die Ausgaben steigern, die in Sicherheitssysteme gesteckt werden. Die Umweltkatastrophe der explodierten Öl-
30 plattform *Deepwater Horizon* oder der Wirbelsturm *Sandy* haben beide das BIP der USA erhöht, denn sie erforderten massive Reparatur- und Neuaufbauanstrengungen.

Die Alternativen zum BIP kann man grob in
35 drei Gruppen unterteilen. In die erste gehören Modelle, die ökonomische Berechnungsverfahren einsetzen: Mit denen soll der soziale oder ökologische Einfluss eingepreist werden. Die zweite Gruppe beruht auf Mess-
40 verfahren, die verschiedene subjektive Kriterien eines steigenden Wohlstands zur Grundlage haben, die vorher etwa anhand von Umfragen festgelegt werden. Die dritte Kategorie basiert auf verschiedenen, gewich-
45 tet kumulierten Komponenten, die in ihrer Summe dann Wohlstand definieren – unter anderem gehen die Wohnbedingungen und die Lebenserwartung, die Menge an Freizeit oder die Möglichkeit zu demokratischer Teil-
50 habe in die Bewertung ein.

Erste Idee: Eingepreister ökonomischer Mehrwert

Die zur ersten Gruppe gezählten Verfahren arbeiten mit Geldwerteinheiten, um eine leichtere Vergleichbarkeit mit dem klassi- 55 schen BIP gewährleisten zu können. Solche Indizes berücksichtigen etwa das Jahreseinkommen, Spareinlagen und Vermögen; gleichermaßen können aber auch Umweltkosten eingehen, die etwa nach der Zerstörung von 60 Feuchtgebieten oder dem erzwungenen Wiederauffüllen von Trinkwasserreservoirs anfallen. Ein Beispiel ist der „Echte Fortschrittsindikator" GPI (*Genuine Progress Indicator*). Er berechnet sich auf der Basis persönlicher 65 Konsumentenausgaben – ein Wert, der auch in das BIP eingeht –, zudem werden aber mehr als 20 verschiedene Korrekturfaktoren addiert oder subtrahiert, etwa der Wert ehrenamtlicher Tätigkeit oder die Kosten 70 durch Scheidungen, Umweltverschmutzung oder Verbrechen. Ein Vorteil gegenüber ähnlich konstruierten Berechnungsmodellen ist, dass der GP-Index auch die Verteilung des Einkommens berücksichtigt. So wirkt sich 75 eine Einkommenssteigerung im Wert von einem US-Dollar für arme Menschen deutlich stärker aus als für reiche. Eine weit offene Schere zwischen Arm und Reich wie in den USA – zunehmend auch in China und Indien 80 – korreliert mit sozialen Spannungen: In der Folge kommt es etwa zu einem insgesamt erhöhten Drogenmissbrauch, mehr Verhaftungen, generellem Vertrauensverlust und mehr psychischen und körperlichen Erkrankun- 85 gen in der Bevölkerung. Die Korrekturfaktoren haben tatsächlich nicht vernachlässigbare Auswirkungen, wie im vergangen Jahr in einer Studie belegt werden konnte. Darin verglichen Forscher BIP und GPI von 17 Staa- 90 ten, die insgesamt fast die Hälfte der globalen Bevölkerung stellen. Dabei ließen sich enorme Abweichungen zwischen beiden Werten konstatieren. Dabei hatte diese zwischen 1950 und 1978 noch durchaus korre- 95 liert, dann aber stiegen die Umwelt- und Sozialkosten infolge des stetigen Wachstums und stachen die positiven Effekte steigender BIPs mehr und mehr aus. Passenderweise korreliert übrigens die Lebenszufriedenheit 100

von Befragten stark mit dem Pro-Kopf-GPI – nicht aber mit dem Pro-Kopf-BIP. Es gibt durchaus Regierungen, die dieses Ergebnis ernst nehmen. So berechnen die Regionalbe-
105 hörden der US-Bundesstaaten Vermont und Maryland seit drei Jahren den GPI für die Berechnung des Wohlstands – und verfolgen daraus abgeleitete politische Ziele, die seinen Anstieg ankurbeln sollen.

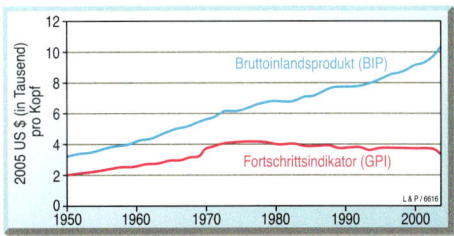

Idee zwei: Eine Summe subjektiver Kriterien bedeutet Wohlstand

110 Zur zweiten Gruppe alternativer Bewertungsverfahren zählt zum Beispiel jene des *World Value Service*, WVS. Er bewertet Um-
115 fragen in 70 Ländern, die die Frage nach der Lebenszufriedenheit der Bevölkerung ins Zentrum stellen. Damit begann man bereits 1981 und wiederholte die Umfragen in regelmäßigen Abständen – eine sechste Welle ist
120 gerade gestartet. Ähnlich funktioniert der „nationale Glücksindex" des Himalajastaates Bhutan: Den ermittelt man in der Bevölkerung durch ein ausgefeiltes Fragesystem mit neun Kategorien, die das psychische Wohl-
125 befinden ebenso abdecken wie den Lebensstandard, die Zufriedenheit mit der Regierung und dem Gesundheitssystem, den Zugang zu Bildung, die Entfaltungsmöglichkeiten am Wohnort, die Artenvielfalt oder die
130 Freizeitmöglichkeiten. „Subjektiv empfundener Wohlstand" ist ein gut erforschtes Thema – und durchaus finden sich Experten, die seine Summe als insgesamt besten Indikator sozialen Fortschritts vorschlagen. Allerdings
135 sind subjektive Indikatoren auch notorisch schwer zu handhaben und zwischen unter-

schiedlichen Gesellschaften und Kulturen zu vergleichen. So lassen sich zum Beispiel Selbstauskünfte von Menschen über ihre Ge-
140 sundheit innerhalb eines Landes zuverlässig mit Mortalitätsraten oder Krankheitsfällen korrelieren – über Ländergrenzen hinweg funktioniert das aber schlecht. Zudem wissen viele Menschen gar nicht, was eigentlich ihr Wohlbefinden ausmacht. So würden viele
145 von uns nicht automatisch berücksichtigen, wie wertvoll eine funktionierende Wasserversorgung oder ein ordentlicher Wetterschutz eigentlich sind.

Idee drei: Gewichtet kumulierte Komponenten
150 Ein umfassendes Bild nachhaltigen sozioökonomischen Wohlstands muss sowohl objektiv messbare wie subjektiv empfundene Indikatoren beinhalten. Manche Indizes nähern
155 sich diesem Ideal an. Ein Beispiel: der 2006 eingeführte *Happy-Planet-Index* der New Economics Foundation. In ihm wird die subjektiv erhobene Lebenszufriedenheit mit der Lebenserwartung multipliziert und das Er-
160 gebnis durch den ökologischen Fußabdruck des Landes dividiert. In die dritte Gruppe von Indizes fallen solche, die verschiedenste Arten von Variablen kombinieren, etwa das Grundeinkommen, die Wohnungssituation,
165 die Beschäftigung, Gesundheit, zivile Teilnahme, Sicherheit oder Lebenszufriedenheit. Der *Better-Life-Index*, der von der *Organisation for Economic Cooperation and Development* entwickelt wurde, lässt Besucher seiner
170 Webseite selbst aktiv werden: Sie können einzelne Bewertungskriterien gewichten und damit Schwerpunkte setzen, was die Platzierung einzelner Staaten im Vergleich verändert. Viele weitere Ideen für einen neuen
175 Index werden angedacht und getestet – ein wirklich idealer Kandidat hat sich indes noch nicht herausgeschält. Alle können aber Bausteine eines deutlich überlegenen Nachfolgers des BIP werden.

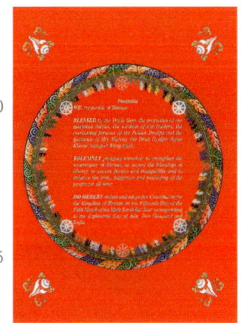

Verfassung Bhutans, in der seit 2008 das „Bruttonationalglück"
150 *als Ziel verankert ist*

INTERNET

Weitere alternative Indikatoren finden Sie z. B. unter:
**www.nachhaltigkeit. info/artikel/genuine_
180 progress_indicator_ 1863.htm**
(Zugriff: 24.11.2014)

Aus: Robert Costanza u. a., Tschüss Bruttoinlandsprodukt, Zeit für was Neues, in: Spektrum der Wissenschaft, www.spektrum.de/news/tschuess-bruttoinlandsprodukt-zeit-fuer-was-neues/1220479 (Zugriff: 29.7.2014)

1 Geben Sie die Alternativen zum BIP in ihren zentralen Aspekten wieder (M 18).
2 Beurteilen Sie die drei Alternativen zum BIP im Hinblick auf nachhaltige Entwicklung und soziale Gerechtigkeit (M 18).
3 Begründen Sie, weshalb es bei der Schaffung alternativer Messgrößen nicht vorangeht.

Der ökologische Fußabdruck

MATERIAL **19**

Eine neue Berechnungsgrundlage

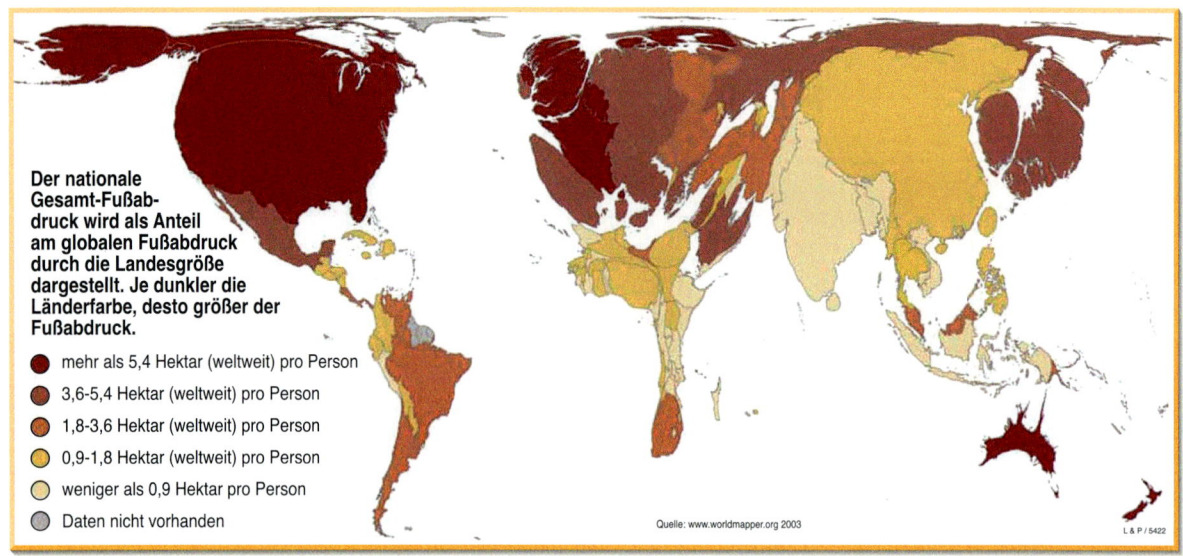

Der nationale Gesamt-Fußabdruck wird als Anteil am globalen Fußabdruck durch die Landesgröße dargestellt. Je dunkler die Länderfarbe, desto größer der Fußabdruck.

- mehr als 5,4 Hektar (weltweit) pro Person
- 3,6-5,4 Hektar (weltweit) pro Person
- 1,8-3,6 Hektar (weltweit) pro Person
- 0,9-1,8 Hektar (weltweit) pro Person
- weniger als 0,9 Hektar pro Person
- Daten nicht vorhanden

Quelle: www.worldmapper.org 2003

L & P / 5422

Die Idee für den Ökologischen Fußabdruck hatten die Wissenschaftler Mathis Wackernagel und William Rees in den 1990er-Jahren. Sie haben ein Buchhaltungssystem für
5 die Umweltressourcen unserer Erde entwickelt. Auf der Angebotsseite wird gemessen, welche Flächen der Planet hat: Wälder, Felder, Seen, Meere, Wüsten, Weiden, Steppen, Straßen und Städte. Dabei wird auch die
10 unterschiedliche „biologische Produktivität" der Erdoberfläche berücksichtigt. Das Ergebnis entspricht der Biokapazität der Erde. Auf der Nachfrageseite wird berechnet, wie viel Biokapazität die Menschen nutzen. Energie-
15 gewinnung, Bauland, Viehzucht: Jedes Wirtschaften beansprucht Fläche. Auch Abfälle und Abgase muss die Umwelt verarbeiten. Mit dem Ökologischen Fußabdruck kann man Angebot und Nachfrage vergleichen.
20 Wie viel Natur haben wir? Wie viel brauchen wir? Und wer nutzt wie viel? Die Einheit in diesem Buchhaltungssystem ist die biologisch produktive Fläche – dargestellt in der Maßeinheit „globale Hektar" (gha).

Die längste Zeit in der Menschheitsgeschich- 25 te haben die Menschen nur einen Bruchteil der Naturressourcen genutzt, die unsere Erde schadlos zur Verfügung stellen konnte. Das änderte sich in den 1980er-Jahren. Seitdem verbraucht die Weltbevölkerung mehr 30 Biokapazität, als die Ökosysteme dauerhaft bereit stellen können. Wir leben bei der Natur auf Pump. Die pro Erdenbürger verfügbare Biokapazität beträgt derzeit 1,8 gha. Dabei ist die Biokapazität noch nicht berück- 35 sichtigt, die benötigt wird, um die Vielfalt der Tier- und Pflanzenwelt zu erhalten. Der sinnvoll zu nutzende Fußabdruck liegt also eigentlich deutlich unter 1,8 gha. Der ökologische Fußabdruck beträgt im Weltdurch- 40 schnitt aber 2,7 gha. Wir nutzen so viel Natur, als hätten wir 1,5 Planeten Erde. Diesen überhöhten Verbrauch kann man schon heute beobachten. So sind beispielsweise in vielen Meeren die Fischbestände fast ganz ver- 45 nichtet und es gibt nichts mehr zu fangen. Während die Nachfrage steigt, nimmt das Angebot ab. Wir müssen also schnell lernen, auf kleinerem Fuße zu leben.

QUERVERWEIS

Die drohende Erschöpfung der Weltmeere
S. 352, M 9

Aus: Brot für die Welt, Über den Ökologischen Fußabdruck, www.fussabdruck.de/
oekologischer-fussabdruck/ueber-den-oekologischen-fussabdruck/, 2013 (Zugriff: 29.7.2014)

Ökologischer Fußabdruck eines durchschnittlichen Deutschen

MATERIAL **20**

Im Vergleich zu den 1,7 gha, die wir ohne Berücksichtigung von Nationalparks und Naturreservaten verbrauchen dürften, um die biologisch aktive Fläche nicht zu übernutzen, liegt der tatsächliche Verbrauch weltweit bei 2,7 gha pro Kopf. [...] Wenn jeder Mensch in Deutschland theoretisch 1,7 gha für seinen Bedarf nutzen kann, wir aber derzeit 4,6 gha nutzen (Living Planet Report 2012), dann lebt jeder durchschnittliche Deutsche weit über die Verhältnisse. Das heißt auch, dass wir auf Kosten anderer leben. Denn jeder globale Quadratmeter, den wir mehr beanspruchen als uns zusteht, der fehlt einem anderen Menschen, für ein „gutes Leben" und oft sogar zum Überleben.
Zur Berechnung des **Overshoots** für Deutschland teilen wir unseren Fußabdruck von 4,6 gha durch den fairen Fußabdruck von 1,7 gha. So kommen wir auf drei Planeten, die wir bräuchten, wenn alle Menschen so leben würden wie wir in Deutschland. Wir haben aber nur eine Erde. Für einen fairen Fußabdruck müssen wir also unseren Ressourcenverbrauch um mindestens ein Drittel reduzieren. Um das Beispiel des Overshoots zu verdeutlichen, wird jedes Jahr berechnet, an welchem Stichtag wir die Zinsen, die der Menschheit für das gesamte Jahr zur Verfügung standen, verbraucht haben. Im Jahr 2011 war es der 27. September. Wir haben also vor dem offiziellen Herbstanfang schon alle natürlichen Ressourcen verbraucht, die ein ganzes Jahr brauchen, um nachzuwachsen. Somit leben wir auf Kosten kommender Generationen.

INTERNET
Der eigene ökologische Fußabdruck kann u. a. berechnet werden auf
www.footprint-deutschland.de
www.fairfuture.net

INFO
Overshoot
Überschreitung; (über das Ziel) hinausschießen

Aus: Ökologisches Defizit – der Tag der ökologischen Überschuldung, in: Die Multivision e. V. Verein für Jugend- und Erwachsenenbildung, Fair Future, www.fairfuture.net/index.php/wissenswertesxminformiere-dich-genauxm/allgemeines/130-overshoot, 18.5.2011 (Zugriff: 29.7.2014)

Zeichnung:
Jupp Wolter

1 Erläutern Sie das Modell des ökologischen Fußabdrucks (M 19).
2 Vergleichen Sie die ökologischen Fußabdrücke der einzelnen Länder.
Diskutieren Sie mögliche Konsequenzen für eine globale Umweltpolitik (M 19).
3 Erörtern Sie, welche Faktoren für den ökologischen Fußabdruck eines durchschnittlichen Deutschen verantwortlich sind (M 20).
4 Analysieren Sie die Karikatur (M 20) hinsichtlich ihrer Aussage und der Intention des Zeichners; setzen Sie sie mit dem Modell des ökologischen Fußabdrucks in Beziehung.
5 Berechnen Sie Ihren eigenen ökologischen Fußabdruck (Internetlink) und **diskutieren** Sie anschließend Ihre Ergebnisse vor dem Hintergrund von M 19 und M 20.

Wachstumsgenerator Green Technology

Das Zeitalter der Erneuerbaren beginnt

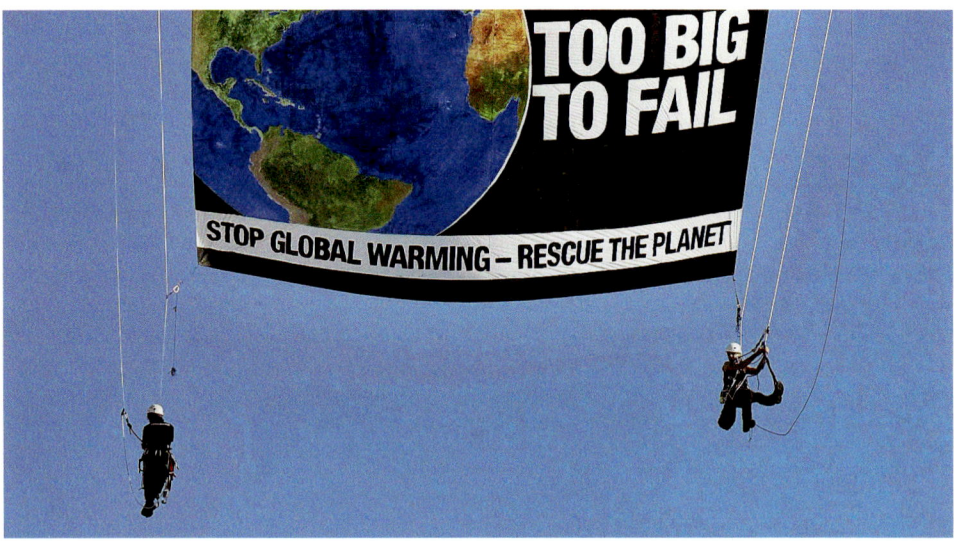

Atom- und Kohlekraftwerke gehören der Vergangenheit an. Für den Strom sorgen Wind, Wasser, Sonne, Biomasse – und das zu einem deutlich günstigeren Preis als heute. Techni-
5 sche Geräte verbrauchen 20 Prozent weniger Strom und unsere Autos zwei Drittel weniger Sprit. Wir sparen Milliarden Euro an Brennstoffimporten und die Kommunen erzeugen ihre Energie selber – das schafft Einkommen
10 und Arbeitsplätze.
Noch ist dies eine Vision. Doch für Greenpeace hat die Energiewende oberste Priorität. Eine vollständige Stromversorgung mit Erneuerbaren Energien bis 2050 ist mach-
15 bar. In der Studie „Plan B 2050" zeigt Greenpeace, wie dieses Ziel schrittweise erreicht werden kann: Demnach gehen bis 2015 alle Atomreaktoren vom Netz, bis 2040 würde jegliche Form der Kohleverstromung been-
20 det, und bis 2050 gäbe es auch die Brückentechnologie Gas im Stromsektor maximal als Reserve. So wird die Energiewende gleichzeitig zum Motor beim Klimaschutz: Bis 2050 kann der Ausstoß klimaschädlicher
25 Treibhausgase in Haushalten und Industrie um rund 90 Prozent gesenkt werden. [...]

Neue Kohlekraftwerke müssen nicht mehr gebaut werden. Denn bis 2030 verabschiedet sich Deutschland von allen Braunkohle- und den großen Steinkohlekraftwerken, ab 2040 30 sollte der Strommix komplett kohlefrei sein. Die Erneuerbaren Energien liefern bis 2030 rund 60 und bis 2040 rund 80 Prozent des deutschen Stromverbrauchs. Zugleich wird Energie zunehmend effizienter genutzt: 35 minus 16 Prozent Stromverbrauch bis 2030, minus 30 Prozent Verbrauch im Wärmesektor, z. B. durch Wärmedämmung in Haushalten. [...]
Endspurt zur kompletten Energieversorgung 40 durch Erneuerbare Energien: Gaskraftwerke werden kaum noch gebraucht, sondern dienen maximal als Reserve. Strom wird effizienter erzeugt, auch die Landwirtschaft arbeitet bis 2050 ökologisch, Autos verbrauchen 45 1,5 Liter auf hundert Kilometer, die Hälfte der Flotte fährt mit sparsamen Elektroautos und Ökostrom. [...] Um bis 2050 auf 100 Prozent Erneuerbare Energien umzusteigen, kommt es in den nächsten Jahren vor allem 50 darauf an, ein dezentrales Netz flexibler Kraftwerke aufzubauen.

Aus: Greenpeace, Das Zeitalter der Erneuerbaren beginnt, www.greenpeace.de/themen/energiewende
(Zugriff: 29.7.2014)

Energiewende ins Nichts

MATERIAL **22**

Während Japan wegen des Tsunami auf sechs Prozent seines Stroms verzichten muss, schaltet Deutschland sieben Prozent freiwillig ab. Wir haben ja unsere Intelligenz
5 und die erneuerbaren Energien. So denken viele.

Aber Vorsicht, der Schein trügt. Unser Land ist zwar schon heute Weltmeister beim Sonnenstrom und Vize beim Windstrom. Es gibt
10 kaum einen Flecken des Landes, wo nicht die Solardächer glitzern und die Windflügel brummen.

Dennoch entfallen gerade einmal acht Prozent des Stromverbrauchs oder winzige 1,6
15 Prozent des deutschen Endenergieverbrauchs auf den Wind- und Sonnenstrom. Wenn man noch das Dusch- und Heizwasser mitzählt, das von der Sonne erwärmt wird, kommt man auf 2,1 Prozent der Endenergie. Nur
20 Wasserkraft und Bioenergie sind etwas ergiebiger, aber sie sind entweder ausgereizt oder wegen der Nahrungsmittelkonkurrenz ins Gerede gekommen. Wer glaubt, durch den Ausbau grüner Energiequellen ließe
25 sich eine moderne Industriegesellschaft versorgen, verweigert sich der Realität.

Es stimmt, dass auch der Atomstrom in Deutschland keine überragende Rolle spielt. Vor der Abschaltung trug er fünf Prozent zur
30 Endenergieversorgung und 23 Prozent zur Stromversorgung bei. Aber der Atomstrom hat den Vorteil, dass er stetig fließt und nicht nur dann zur Verfügung steht, wenn die Sonne scheint und der Wind weht. Bewertet man
35 den Wind- und Sonnenstrom mit dem jeweiligen gesicherten Versorgungsgrad, ergeben sich Versorgungsanteile im Promille-Bereich.

Wie weit man mit dem Atomstrom kommen kann, zeigt Frankreich. Dort werden 21 Prozent des gesamten Endenergiebedarfs und 40 77 Prozent des Stroms atomar erzeugt.

Die Franzosen wollen nun sogar ihre Autos mit Atomenergie betreiben. [...] Der Atomstrom bietet derzeit die einzige Möglichkeit, die Erwärmung der Erde durch den Treib- 45 hauseffekt zu verhindern, ohne Deutschlands Naturlandschaften in Industriegebiete zu verwandeln. Wer aus dieser Energie aussteigen will, steht mit leeren Händen da. Selbst Joschka Fischer hat zugegeben, dass 50 die Grünen eine Argumentationslücke haben, wenn sie auf fossilen Strom und Atomstrom gleichermaßen verzichten wollen.

Deutschland sollte jetzt dringend die Erforschung der Kernfusion vorantreiben. [...] Die 55 Kernfusion gibt konstruktionsbedingt praktisch keine radioaktive Strahlung ab, und sie ist auch nicht mit dem Risiko eines Atomunfalls behaftet.

Bis dahin wird man ohne die konventionelle 60 Atomkraft nicht auskommen können. Sicher ist sie gefährlich. Aber vieles, was Nutzen stiftet, ist gefährlich. Wir fliegen trotz der vielen Flugzeugunglücke, und trotz Tausender Verkehrstoter fahren wir immer noch 65 Auto. Auch sind die Passagierschiffe trotz der Titanic nicht ausgestorben. Man muss die Reaktoren eben sicherer machen. [...]

Deutschland braucht keine unüberlegten Hauruck-Maßnahmen, die aus der Emotion 70 des Augenblicks geboren werden, sondern wohlüberlegte Strategien zur Sicherung seiner Energieversorgung.

Hans-Werner Sinn
* 7.3.1948 in Brake, Westfalen
Ökonom, seit 1984 Professor für Nationalökonomie und Finanzwissenschaft an der Ludwig-Maximilians-Universität in München und seit 1999 Präsident des ifo-Instituts für Wirtschaftsforschung

*Aus: Hans-Werner Sinn, Energiewende ins Nichts, in: Handelsblatt online, www.handelsblatt.com/politik/
konjunktur/nachrichten/hans-werner-sinn-energiewende-ins-nichts-seite-all/3998854-all.html, 29.3.2011
(Zugriff: 29.7.2014)*

1 Interpretieren Sie das von Greenpeace-Aktivisten veröffentliche Transparent mit der Aufschrift „Too big to fail" im Hinblick auf Zusammenhänge zwischen Ökonomie und Ökologie (M 21).

2 Beschreiben Sie den von Greenpeace vorgeschlagenen Etappenplan zu einem vollständigen Übergang zu erneuerbaren Energien (M 21).

3 Arbeiten Sie die Vorstellung Hans-Werner Sinns zu einer zukünftigen Energieversorgung heraus und bewerten Sie dessen Kritik an der Energiewende (M 22).

Instrumente der Umwelt- und Klimapolitik

Die Instrumente der Umwelt- und Klimapolitik lassen sich einteilen in **fiskalische** und **nicht-fiskalische Instrumente**. In der umweltpolitischen Praxis kommen dabei drei Instrumente am häufigsten zur Anwendung. Auf der Seite der fiskalischen Instrumente sind dies preisregulierende Umweltabgaben sowie mengenregulierende Emissionszertifikate bzw. -lizenzen. Auf der Seite nicht-fiskalischer Instrumente machen ordnungsrechtliche Umweltauflagen die Trias vollständig.

Umweltauflagen entsprechen Ge- und Verboten beispielsweise in Form von Grenz- oder Höchstwerten bei CO_2-Emissionen, die nicht überschritten werden dürfen. Sie werden unter den umweltpolitischen Instrumenten am häufigsten angewendet.

Umweltabgaben können in Form von Steuern oder Gebühren anfallen. Als Beispiel für eine Umweltabgabe wird häufig die Ökosteuer genannt.

Bei **Emissionszertifikaten** wird eine Obergrenze an Emissionen durch staatliche Institutionen festgelegt. Die Zertifikate berechtigen ein Unternehmen sodann zum Ausstoß eines Teils dieser Emissionsmenge. Werden die Zertifikate nicht mehr (vollständig) benötigt, können diese veräußert werden.

Beurteilungskriterien umweltpolitischer Instrumente

Zur Beurteilung umweltpolitischer Instrumente werden verschiedene Kriterien herangezogen, die entweder dem Bereich der **ökologischen Effektivität** oder dem Bereich **ökonomischer Effizienz** zugeordnet werden. Im Rahmen ökologischer Effektivität werden die Instrumente insbesondere auf ihre **ökologische Treffsicherheit** sowie ihre **Wirkungsgeschwindigkeit** hin untersucht. Zum Bereich ökonomischer Effizienz gehören die Kriterien **Kosteneffizienz**, **Innovationswirkungen** sowie **Wettbewerbs- und Strukturwirkungen**.

Europäische Umweltpolitik

Ziele europäischer Umweltpolitik sind die Erhaltung und der Schutz der Umwelt sowie die Verbesserung ihrer Qualität, der Schutz der menschlichen Gesundheit, umsichtige und rationelle Verwendung der natürlichen Ressourcen sowie die Förderung von Maßnahmen auf internationaler Ebene zur Bewältigung regionaler oder globaler Umweltprobleme und insbesondere zur Bekämpfung des Klimawandels. Hierbei kommen das **Prinzip eines hohen Schutzniveaus**, das **Vorsorge-**, **Vermeidungs-**, das **Verursacher-**, das **Integrations-** sowie das **Ursprungsprinzip** zur Anwendung.

Einen zentralen Bestandteil des Zielerreichungsprozesses bildet der **Europäische Emissionshandel**, der im Sinne der Emissionszertifikate seit 2005 Emissionsrechte zuteilt. In der mittlerweile dritten Handelsperiode soll die Emissionsmenge bis 2020 pro Jahr um 1,74 Prozent reduziert werden.

Das Kyoto-Protokoll

Das Kyoto-Protokoll stellt den Versuch dar, umweltpolitische Zielsetzungen auf globaler Ebene zu verfolgen. Dabei verpflichteten sich die Industriestaaten verbindlich dazu, ihre Emissionen der sechs wichtigsten Treibhausgase zunächst im Zeitraum 2008 bis 2012 um mindestens 5 Prozent unter das Niveau von 1990 zu senken. Dem Kyoto-Protokoll kam als **erstem völkerrechtlich bindenden Vertragswerk** besondere Bedeutung zu.

In der mittlerweile zweiten Verpflichtungsperiode von 2013 bis 2020 werden umwelt- und klimapolitische Ziele weiterverfolgt; allerdings nehmen Neuseeland, Japan und Russland nun nicht mehr teil. Die verbliebenen teilnehmenden Staaten emittieren nicht einmal 15 Prozent der globalen Emissionen.

Das Bruttoinlandsprodukt als Wachstums- und Wohlstandsindikator

Das **Bruttoinlandsprodukt (BIP)** entsprach jahrzehntelang dem zentralen Indikator für Wachstum und Wohlstand. Es errechnet sich, indem die Summe von Konsum, Investitionen, Staatsausgaben und der Differenz aus Ex- und Importen gebildet wird (**Y = C + I + G + NX**).

Mittlerweile mehren sich jedoch **kritische Stimmen**. So werden negative Faktoren wie Umweltverschmutzung, Ressourcenverbrauch oder Kriminalität nicht berücksichtigt. Darüber hinaus können Schadensbeseitigungen beispielsweise nach Naturkatastrophen den Wert des BIP sogar steigern.

Alternative Wohlstandsindikatoren neben dem BIP
Erste Idee: Eingepreister ökonomischer Mehrwert
Grundlage dieses Verfahrens bilden Geldwerteinheiten, wodurch eine leichtere Vergleichbarkeit mit dem klassischen BIP gewährleistet ist. Dabei können unter anderem das Jahreseinkommen, Spareinlagen und Vermögen oder auch Umweltkosten berücksichtigt werden. Ein Beispiel ist der **„echte Fortschrittsindikator"** bzw. **Genuine Progress Indicator (GPI)**, der auf der Basis persönlicher Konsumentenausgaben berechnet wird. Zusätzlich werden aber mehr als 20 verschiedene Korrekturfaktoren wie der Wert ehrenamtlicher Tätigkeit oder die Kosten durch Umweltverschmutzung addiert bzw. subtrahiert.
Zweite Idee: Eine Summe subjektiver Kriterien bedeutet Wohlstand
Als Beispiel für diese Art von Bewertungsverfahren gilt der **World Value Service (WVS)**, der Umfragen in 70 Ländern bewertet, die die Frage nach der Lebenszufriedenheit der Bevölkerung seit 1981 stellen. Ähnlich funktioniert der **„nationale Glücksindex"** des Himalajastaates Bhutan: Man ermittelt diesen in der Bevölkerung durch ein ausgefeiltes Fragesystem mit neun Kategorien, die das psychische Wohlbefinden ebenso abdecken wie den Lebensstandard, die Zufriedenheit mit der Regierung, die Entfaltungsmöglichkeiten am Wohnort oder die Artenvielfalt.
Dritte Idee: Gewichtet kumulierte Komponenten
Ein Beispiel für diese Form von Wohlstandsindikatoren ist der 2006 eingeführte **Happy Planet Index** der New Economics Foundation. In ihm wird die subjektiv erhobene Lebenszufriedenheit mit der Lebenserwartung multipliziert und das Ergebnis durch den ökologischen Fußabdruck des Landes dividiert. In ähnlicher Weise lässt der **Better Life Index**, der von der Organisation for Economic Co-operation and Development (OECD) entwickelt wurde, Besucher seiner Webseite selbst aktiv werden: Sie können einzelne Bewertungskriterien gewichten und damit Schwerpunkte setzen, was die Platzierung einzelner Staaten im Vergleich verändert.

Der ökologische Fußabdruck
Ebenfalls aus der **Kritik an den Unzulänglichkeiten des Bruttoinlandsprodukts als Indikator für Wachstum und Wohlstand** entstand der **ökologische Fußabdruck**. Dieser zählt alle Ressourcen, die für das Leben im Alltag benötigt werden, und errechnet die Größe der benötigten Fläche, um sämtliche Energie und Rohstoffe hierfür zur Verfügung zu stellen. Im Anschluss wird dieser Flächenverbrauch auf alle Menschen hochgerechnet; es erfolgt ein Vergleich mit den auf der Erde tatsächlich verfügbaren Flächen. Demnach dürfte jeder Mensch 1,7 gha („globale Hektar") für sich beanspruchen. Bei einem durchschnittlichen Deutschen liegt der Wert in dieser Hinsicht mit 4,6 gha deutlich zu hoch.

Erneuerbare Energien
Als **erneuerbare Energien** werden Energieträger bezeichnet, die praktisch unerschöpflich zur Verfügung stehen oder sich verhältnismäßig schnell erneuern; sie grenzen sich damit von **fossilen Energiequellen** ab. Beispielhaft können Wasserkraft, Windenergie, solare Strahlung, Erdwärme und nachwachsende Rohstoffe zu diesen gezählt werden.
Nachdem der Deutsche Bundestag 2011 den **Ausstieg aus der Atomenergie** mit der Abschaltung der letzten drei Kernkraftwerke im Jahr 2022 beschlossen hat, kommt den erneuerbaren Energien gerade **in Deutschland** besondere Bedeutung zu.
Schon im Jahr 2025 sollen erneuerbare Energien 40 bis 45 Prozent der Stromversorgung in Deutschland liefern. Bis 2035 soll unser Strom zu 55 bis 60 Prozent und bis 2050 sogar zu 80 Prozent aus erneuerbaren Energiequellen stammen.

KLAUSUR   Keynes und die Turbo-Keynesianer

INFO

Philip Plickert
hat an der London
School of Economics
Volkswirtschaftslehre
studiert und auch in
diesem Fach promo-
viert. Seit 2007 arbeitet
er als Wirtschaftsjour-
nalist und hat bereits
verschiedene Preise
für seine Publikationen
erhalten. Er promovierte
zum Thema „Wandel des
Neoliberalismus".

Keynes, der Krisenökonom, hat in den vergangenen drei Jahren eine erstaunliche
Renaissance erlebt. Auf ihn haben sich
Staatslenker rund um die Welt berufen, als
5 sie große schuldenfinanzierte Ausgabenpro-
gramme beschlossen. [...]
Amerikas Präsident Obama hat aber kurz vor
dem G-20-Gipfeltreffen in einem Brandbrief
gewarnt, nicht „die Fehler der Vergangen-
10 heit" zu wiederholen und staatliche Konjunk-
turstimuli zu früh zurückzuziehen. Dann
könnte ein Rückfall in eine Rezession drohen. Die Warnung Obamas zielte kaum ver-
holen auf Deutschland, das seine Haushalts-
15 defizite vom kommenden Jahr reduzieren
will, während die Vereinigten Staaten weiter
nachlegen wollen. Das ist richtig so, findet
Obama, denn der Staat stütze so die Erholung. In besonders scharfen Worten ging
20 sein ökonomischer Berater Paul Krugman
jüngst die Europäer an. „Die Deutschen",
schimpfte er, „hassen es, auch nur kurzfristig Defizite aufzunehmen, sie hassen eine
lockere Geldpolitik, klammern sich an jeden
25 Vorwand, um dagegen zu sein", so Krugman.
„Wir Amerikaner sehen das ganz anders."
Ja, ja, und deshalb nahm auch die von bil-
ligem Geld genährte Finanz- und Schulden-
krise ihren Ausgang in den Vereinigten Staa-
30 ten, könnte man hinzufügen, doch Krugman
würde das ganz anders sehen. [...]
In England, [das nach der Wirtschaftskrise
von 1930] lange unter seinem überbewerte-
ten Pfund zu leiden hatte und erst spät ab-
35 wertete, war die Erholung schleppend. 1937
betrug die Arbeitslosenquote noch mehr als
11 Prozent. Und trotzdem plädierte Keynes
für ein Ende der breiten Ausgabenprogram-
me! „Genauso, wie es ratsam war für die Re-
40 gierung, während des Konjunkturrückgangs
Schulden aufzunehmen, so ist es nun aus

demselben Grund ratsam, dass sie nun zur
umgekehrten Politik neigen", schrieb Keynes.
[...] „Ich glaube, dass wir uns dem Punkt
nähern oder ihn schon erreicht haben, wo 45
es keinen weiteren Vorteil bringt, einen weiteren allgemeinen Stimulus anzuwenden."
Hört, hört.
Doch hatten Keynes' Schüler und Nachfolger
nach dem Krieg für solche Warnungen völlig 50
taube Ohren. Man kann sie als Turbo-Keynesianer bezeichnen, die immer nur auf dem
Gaspedal standen und auch im Aufschwung
permanent „Deficit-Spending" propagierten.
Dass die forcierte Nachfragepolitik auf Pump 55
zu einer erst schleichenden, dann chroni-
schen Inflation führte und die Wirtschaft
nicht mehr anregte, sondern lähmte, wollten
sie nicht sehen. Großbritannien hatte in
den Siebzigerjahren all sein konjunkturpoli- 60
tisches Pulver verschossen. Es war schwer
überschuldet, unproduktiv und gelähmt.
Weil sie so hilflos erschienen angesichts der
Stagflation – der Mischung aus Stagnation
und Inflation – gerieten die Keynesianer 65
dann für viele Jahre ins Abseits der Wirtschaftswissenschaften.
Vielleicht enthält diese Geschichte eine Lehre für die heutigen Freunde immer neuer
Konjunkturpakete. Sie zeigt, dass Turbo- 70
Keynesianer, die immer nur Gas geben
wollen, den Wagen der keynesianischen
Ökonomie gegen die Wand fahren. Sie zeigt,
dass Keynes' übereifrige Anhänger mit ihrem übertriebenen Glauben an die Steuer- 75
barkeit der Konjunktur letztlich schuldig
waren, dass Keynes' Theorie und Politik in
den Siebzigerjahren in Misskredit geriet.
Neue schlechte Erfahrungen und Enttäu-
schungen mit schuldenfinanzierten Program- 80
men könnten auch eine neuerliche Abwen-
dung von Keynes bringen.

*Aus: Philip Plickert, Keynes und die Turbo-Keynesianer, in: Frankfurter Allgemeine Zeitung online, www.faz.
net, 30.6.2010 (Zugriff: 28.10.2014)*

1 **a) Stellen** Sie den Konjunkturzyklus grafisch **dar** und beschriften Sie ihn.
   b) Erklären Sie kurz die einzelnen Phasen.
2 **Analysieren** Sie den Text in Bezug auf die Position des Autors zum Deficit-Spending.
3 **Nehmen** Sie kriterienorientiert **Stellung** zu der Frage: „Sollte Deutschland in der
aktuellen wirtschaftlichen Situation investieren und Deficit-Spending betreiben?"

Erwartungshorizont		max. Punkte
Verstehensleistung	**gesamt**	**100**
Aufgabe 1a) = AFB I grafisches **Darstellen** u. Beschriften des Konjunkturzyklus **Aufgabe 1b) = AFB II Erklären** der einzelnen Phasen	**gesamt**	**30**
1. Siehe hierzu die Grafik M 11 auf S. 18 sowie Wissen kompakt auf S. 26 f.		
Aufgabe 2 = AFB III Text**analyse** bezüglich der Position des Autors zum Defizit-Spending Der Prüfling …	**gesamt**	**40**
1. ordnet den Text „Keynes und die Turbo-Keynesianer" von Philip Plickert, der am 30.6.2010 auf *www.faz.net* erschienen ist, als wertenden Beitrag zur Diskussion über die Orientierung von Staaten am Wirtschaftskonzept des Deficit-Spending ein.		5
2. arbeitet die Position des Autors in folgender oder gleichwertiger Weise heraus: Während der Wirtschaftskrise 2010 betreiben viele Staaten, z. B. die USA, schuldenfinanzierte Ausgabenprogramme, um die Wirtschaft anzukurbeln. Sie folgen damit (vermeintlich) Keynes' Ansatz, demgemäß der Staat einspringen muss, wenn die private Nachfrage einbricht. Der Autor hält die dauerhafte Finanzierung durch Konjunkturpakete jedoch für nachteilig und plädiert für ein Umdenken (Z. 68 ff.)		8
3. analysiert die Begründung zur Position des Autors in folgender oder gleichwertiger Weise: Der Autor führt zwei Länderbeispiele an: 1. die USA, die 2010 für Konjunkturprogramme eintreten (Z. 7–26), von denen die Finanzkrise jedoch gerade ihren Ausgang nahm (Z. 27–31), 2. Großbritannien, das nach der Wirtschaftskrise 1930 trotz Aufschwungs eine hohe Arbeitslosenquote hatte. Dazu zitiert er Keynes, der 1937 selbst betonte, dass es einen Punkt gäbe, an dem mehr staatliche Investitionen keinen weiteren Vorteil brächten (Z. 44–47). Dies sei von den übereifrigen Keynes-Anhängern aber überhört worden (Z. 49 ff.), weshalb die Theorie in den 1970ern ins Abseits geraten sei (Z. 59–67).		16
4. analysiert die Argumentationsweise des Autors, z. B.: ■ sachlogisch konsistenter Aufbau: erst theoretische Grundlagen von Keynes, dann aktuelles und historisches Beispiel, um Schwächen der Theorie zu zeigen; ■ unterstreichen eigener Position durch Keynes-Zitat, der die Grenzen seiner Theorie darlegte (Z. 37–47); ■ ironische Wortwendungen (Z. 27: „ja, ja"; Z. 48: „Hört, hört") und bildhafte Sprache (Z. 51 f.: „Turbo-Keynesianer"; Z. 61: „Pulver verschossen; Z. 72 f.: „den Wagen [...] an die Wand fahren"); ■ Sarkasmus, um die Argumente der Gegenseite zu entkräften (Z. 27–31).		6
5. erschließt die Intention des Autors folgender oder gleichwertiger Weise: Der Autor plädiert für eine Politik der Haushaltskonsolidierung, da nun (30.6.2010) ein Punkt erreicht sei, an dem schuldenfinanzierte Investitionsprojekte des Staates keinen weiteren Nutzen mehr zeigten.		5
Aufgabe 3 = AFB III kriterienorientierte **Stellungnahme** zur Frage eines Defizit-Spending durch die Bundesregierung (Stand: Dez. 2014, die Lösung ist ggf. der jeweiligen wirtschaftlichen Situation anzupassen). Der Prüfling …	**gesamt**	**30**
1. führt Argumente an, die für Defizit-Spending sprechen, z. B. ■ Wirtschaftsphase: Weitere Investitionen können den Aufschwung verstärken. ■ Eurozone: Investitionen der Bundesrepublik sorgen für stabilen Binnenmarkt. ■ Steuersenkungen: In „guten Zeiten" sollte der Staat Unternehmen entlasten.		10
2. führt Argumente an, die gegen Defizit-Spending sprechen, z. B. ■ Wirtschaftsphase: Im Aufschwung soll das Staatsdefizit reduziert werden (Vorsorge für nächste Krise). ■ Eurozone: Schuldenabbau macht die Bundesrepublik für Geldgeber attraktiv. ■ Steuererhöhungen: Unternehmen und Oberschicht sollten ihren Teil zur Senkung des Staatsdefizits beitragen und so die Investitionen des Staates rechtfertigen.		10
3. nimmt abschließend Stellung und kommt zu einem eigenständigen Gesamturteil, das auf einer Gewichtung der vorangegangenen Ausführungen beruht.		10
Darstellungsleistung Der Prüfling …	**gesamt**	**20**
strukturiert seinen Text schlüssig, stringent sowie gedanklich klar und bezieht sich dabei genau und konsequent auf die Aufgabenstellung.		5
bezieht beschreibende, deutende und wertende Aussagen schlüssig aufeinander.		4
belegt seine Aussagen durch angemessene und korrekte Nachweise (Zitate etc.).		3
formuliert unter Berücksichtigung der Fachsprache präzise und begrifflich differenziert.		4
schreibt sprachlich richtig (Grammatik, Orthografie, Zeichensetzung) sowie syntaktisch korrekt und stilistisch sicher.		4

ACHTUNG

Bei der Bewertung der Darstellungsleistung kann es vonseiten des Schulministeriums NRW zu Änderungen kommen. Die jeweils aktuellen Angaben finden Sie unter: **www.schroedel.de/ 11545** (unter: „Downloads").

QUERVERWEIS

möglicher Notenschlüssel
S. 239 unten

2. Europäische Union

Zeichnung: Chappatte

„In these unprecedented times, Europe's citizens expect us to deliver. After years of economic hardship and often painful reforms, Europeans expect a performing economy, sustainable jobs, more social protection, safer borders, energy security and digital opportunities. Today I am presenting the team that will put Europe back on the path to jobs and growth. In the new European Commission, form follows function. We have to be open to change. We have to show that the Commission can change. What I present to you today is a political, dynamic and effective European Commission, geared to give Europe its new start. I have given portfolios to people – not to countries. I am putting 27 players in the field, each of whom has a specific role to play – this is my winning team."

Jean-Claude Juncker, Brüssel, 10.9.2014

Berlaymont-Gebäude,
Sitz der EU-Kommission in Brüssel

Justus-Lipsius-Gebäude,
Sitz des Ministerrates in Brüssel

Gebäude des Europäischen Parlaments in Straßburg, das außerdem in Brüssel tagt

In diesen inhaltlichen Schwerpunkten erwerben Sie fachbezogene Kompetenzen

1. Die Europäische Union (EU) ist das Ergebnis eines umfassenden und langwierigen Verhandlungsprozesses, in dem unterschiedliche, oft gegensätzliche Interessen und Positionen von Staaten zu einem Kompromiss gebracht werden. Die **Europäische Union** hat sich dazu **Institutionen, Normen, Interventions- und Regulationsmechanismen** gegeben, die es sonst nirgendwo auf der Welt gibt.

2. **Die historische Entwicklung der EU als wirtschaftliche und politische Union** ist die Antwort aufgeklärter Politiker aus den Staaten Westeuropas auf den Zweiten Weltkrieg 1939 bis 1945, der Europa zerstört und in seiner Folge in zwei Lager geteilt hatte – den kapitalistischen, demokratischen Westen und den kommunistischen, diktatorischen Ostblock.

3. **Der europäische Binnenmarkt** bildet die Kernqualität des Wirtschaftsgebietes von mittlerweile 28 Staaten, die sämtlich als Marktwirtschaften organisiert sind und in diesem europäischen Binnenmarkt keine Grenzen mehr vorfinden.

4. **Die europäische Wirtschafts- und Währungsunion (EWWU)** findet ihren griffigsten Ausdruck in Euro und Cent, dem Geld und der EU-Gemeinschaftswährung von mittlerweile 19 der 28 EU-Mitgliedstaaten. Die Europäische Zentralbank (EZB) betreibt Geldpolitik zugunsten dieser Gemeinschaftswährung und steuert den Euro – auch in Krisenzeiten – als international wichtiges und sicheres Zahlungsmittel.

5. Mit der **Wirtschafts-, Fiskal- und Strukturpolitik in der EU** sind geldmittelintensive Politikfelder aufgerufen, die unterschiedlich bearbeitet werden: Einerseits sind allein die Mitgliedstaaten zuständig und verantwortlich, andererseits ist allein „Brüssel" der Taktgeber, und schließlich ist in vielen Bereichen auch die gemeinsame Zuständigkeit vorgeschrieben und wird praktiziert.

6. Ganz unterschiedliche Formen und Verfahren gibt es in der Bewältigung von Krisen, die ja den Normalzustand aller Politik ausmacht. **Strategien und Maßnahmen europäischer Krisenbewältigung** werden für drei Krisen dargestellt – die Eurokrise, die Krise der Migration und die Krise rund um die Sicherheit in Europa.

7. Wenn ein Blick in Europas Vergangenheit eines lehrt, dann ist es dieses: Europa kommt nicht ohne eine Zukunftsvision aus. Das EU-28-Europa ist auch das Ergebnis solcher Zukunftsbilder, zu deren Realisierung unterschiedliche **europäische Integrationsmodelle** beigetragen haben.

1 Entwickeln Sie eine Mindmap, in der Sie Ihre Vorstellungen von der Europäischen Union festhalten. Die Bilder, das Zitat und die in der Mindmap bereits eingetragenen Begriffe können Ihnen helfen.

2 Vergleichen Sie die EU-Gebäude miteinander und tauschen Sie Ihre Eindrücke aus.

2.1 Die Europäische Union: Institutionen, Normen, Interventions- und Regulationsmechanismen

Das politische System der Europäischen Union hat weltweit kein Vorbild. Kein Mitgliedstaat findet das Abbild seines eigenen institutionellen Gefüges in der EU wieder. Dies liegt vor allem daran, dass die EU weder ein zentralistischer Staat wie etwa Frankreich noch ein föderalistisch aufgebauter Bundesstaat wie die Vereinigten Staaten von Amerika ist. Sie ist aber auch kein Staatenbund, d. h. keine Konföderation wie die „Südstaaten" der USA von 1861 bis 1865, und auch keine Allianz wie die *North Atlantic Treaty Organization* (NATO), denn ihre Eingriffsmöglichkeiten in die Souveränität ihrer Mitglieder sind weitaus stärker. Das Bundesverfassungsgericht hat die EU 1993 als „**supranationalen** Staatenverbund" klassifiziert und damit für ein neuartiges politisches Gebilde einen neuen Begriff geschaffen. Diesem Gebilde „**sui generis**" wurden seit seiner Gründung

stetig neue Zuständigkeiten und Kompetenzen übertragen, die Befugnisse seiner Organe kontinuierlich erweitert.

Damit sind die Einflussmöglichkeiten der EU auf jeden ihrer Mitgliedstaaten und damit auf jeden einzelnen EU-Bürger stetig gewachsen. Die Organe der Union treffen jeden Tag Entscheidungen, die mehr und mehr unser tägliches Leben in den Bereichen Politik, Wirtschaft, Soziales und Recht betreffen.

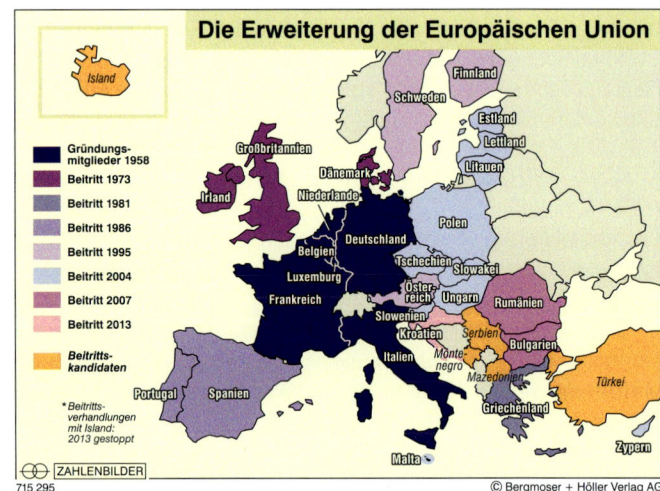

Die Erweiterung der Europäischen Union

Island

- Gründungsmitglieder 1958
- Beitritt 1973
- Beitritt 1981
- Beitritt 1986
- Beitritt 1995
- Beitritt 2004
- Beitritt 2007
- Beitritt 2013
- Beitrittskandidaten

*Beitrittsverhandlungen mit Island: 2013 gestoppt

ZAHLENBILDER
715 295

© Bergmoser + Höller Verlag AG

Basiswissen
Wie in jedem demokratischen System werden die Entscheidungen in Europa nicht von einer einzelnen Person oder Institution getroffen, sondern im Zusammenspiel diverser Institutionen. Da die EU weder ein Zentral- noch ein Bundesstaat ist, sondern ein Zusammenschluss von Nationalstaaten, ist auch dieses Zusammenspiel etwas komplizierter. Die zentralen EU-Institutionen sind der **Rat der EU (Ministerrat)**, das **Europäische Parlament**, die **Europäische Kommission**, der **Europäische Rat** und der **Europäische Gerichtshof**.

1 Benennen Sie die Mitgliedsstaaten der EU und die Beitrittskandidaten (Karte).

2 Überprüfen Sie die Karte auf ihren aktuellen Stand.

3 Analysieren Sie die Karikatur daraufhin, welches Verständnis von den einzelnen Organen der EU darin deutlich wird.

Partizipationsmöglichkeiten in der EU – und ihre Wahrnehmung

Möglichkeiten der politischen Partizipation

Welche der folgenden Dinge sind am besten geeignet, um sicherzustellen, dass Ihre Stimme von den Entscheidungsträgern in der EU gehört wird? (maximal 3 Nennungen)

	EB79.5 Juni 2013	EB77.4 Juni 2012
sich an Europawahlen beteiligen	57%	57%
die Europäische Bürgerinitiative in Anspruch nehmen	20%	29%
Ihrem MdEP (Mitglied des Europäischen Parlaments) schreiben	17%	19%
die europäischen Institutionen direkt anschreiben	14%	18%
Mitglied oder Unterstützer europäischer Verbände oder NROs (Nichtregierungsorganisationen) sein	12%	12%
an Debatten auf Webseiten oder Social-Media-Seiten der europäischen Institutionen teilnehmen	12%	13%
einer Gewerkschaft beitreten	10%	12%
Mitglied eines Verbraucherverbandes sein	10%	11%
Sonstiges (spontan)	2%	1%
nichts davon (spontan)	11%	8%
weiß nicht	7%	7%

Befragt wurden Europäer ab 15 Jahren.

Quelle: Eurobarometer des Europäischen Parlaments (EB 79.5), 21.8.2013, S. 107; EU 27

Entwicklung der Wahlbeteiligung

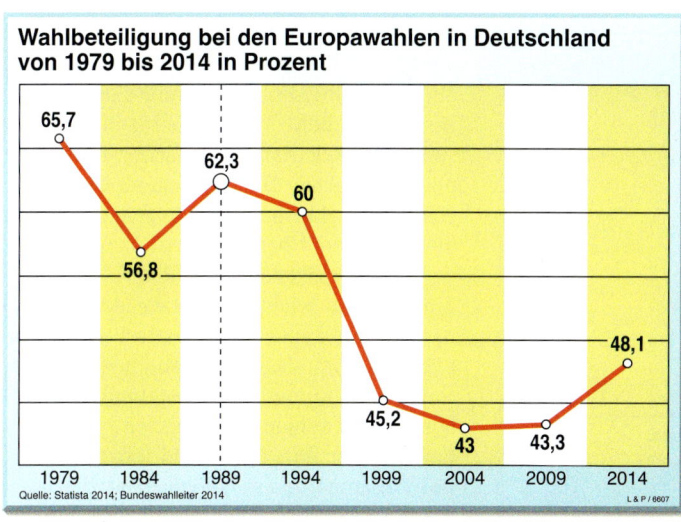

Wahlbeteiligung bei den Europawahlen in Deutschland von 1979 bis 2014 in Prozent

1979	1984	1989	1994	1999	2004	2009	2014
65,7	56,8	62,3	60	45,2	43	43,3	48,1

Quelle: Statista 2014; Bundeswahlleiter 2014

Meine Stimme zählt
Inwieweit stimmen Sie jeder der folgenden Aussagen zu oder nicht zu?

	gesamt „stimme zu"	gesamt „stimme nicht zu"	weiß nicht
Meine Stimme zählt in der EU.	39%	57%	4%
	42%	54%	4%
Meine Stimme zählt in (unserem Land).	58%	40%	2%
	58%	40%	2%
Die Stimme (unseres Landes) zählt in der EU.	62%	34%	4%
	65%	31%	4%

EB79.5 Juni 2013
EB77.4 Juni 2012

Quelle: Eurobarometer des Europäischen Parlaments (EB 79.5), 21.8.2013, S. 97; EU 27

1 Analysieren Sie die Grafik M 1 und führen Sie eine analoge Umfrage in Ihrem Kurs durch: Wo ergeben sich Unterschiede?

2 Beschreiben Sie die Entwicklung der Wahlbeteiligung in M 2 unter Berücksichtigung der Umfrage „Meine Stimme zählt" und erörtern Sie mögliche Ursachen.

3 Vergleichen Sie Ihre Ergebnisse aus der Bearbeitung von M 1 und M 2 miteinander.

Die Institutionen der EU

Das Europäische Parlament

Sitzverteilung der Parteien im Europäischen Parlament nach der Wahl 2014

EVP (Fraktion der Europäischen Volkspartei): **221**

S&D (Fraktion der Progressiven Allianz der Sozialdemokraten): **191**

EKR (Europäische Konservative und Reformisten): **70**

ALDE (Allianz der Liberalen und Demokraten für Europa): **67**

GUE/NGL (Vereinte Europäische Linke/Nordische Grüne Linke): **52**

Grüne/EFA (Die Grünen/Freie Europäische Allianz): **50**

EFDD (Fraktion „Europa der Freiheit und der direkten Demokratie"): **48**

NI (Fraktionslose): **52**

Dem Rat, also der Vertretung der Regierungen der Mitgliedstaaten, steht das Europäische Parlament als weitestgehend gleichberechtigter Gesetzgeber und Vertreter der „Union der Bürger" gegenüber. Das Parla-
5 ment wird in allen Mitgliedstaaten alle fünf Jahre direkt gewählt [...]. Das Europäische Parlament beschließt gemeinsam mit dem Rat der Europäischen Union die Gesetze. Die Entscheidungen werden in Ausschüssen vor-
10 bereitet, denen Vertreter aller Fraktionen angehören. Bei Abstimmungen im Plenum entscheidet die Mehrheit der Abgeordneten. Allerdings kann das Parlament – genauso wie der Rat der Europäischen Union – nicht
15 von sich aus eine Gesetzesinitiative ergreifen. Dieses Initiativrecht steht lediglich der Europäischen Kommission zu. [...]
Es gibt zudem Themenfelder, bei denen das
20 Parlament lediglich angehört werden muss. Hierbei handelt es sich vor allem um die Außenpolitik, in der die EU jedoch generell keine Gesetze beschließt, und die Steuerpolitik. Bei allen anderen Themen muss das

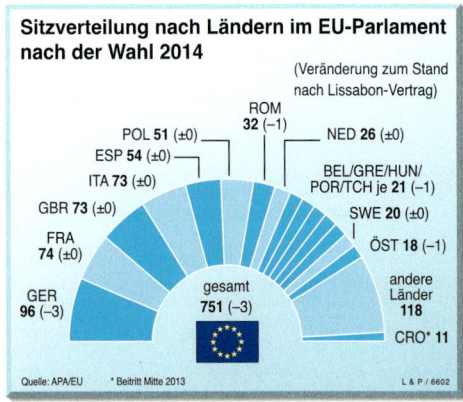

Sitzverteilung nach Ländern im EU-Parlament nach der Wahl 2014

(Veränderung zum Stand nach Lissabon-Vertrag)

POL 51 (±0)
ESP 54 (±0)
ITA 73 (±0)
GBR 73 (±0)
FRA 74 (±0)
GER 96 (–3)
ROM 32 (–1)
NED 26 (±0)
BEL/GRE/HUN/POR/TCH je 21 (–1)
SWE 20 (±0)
ÖST 18 (–1)
andere Länder 118
CRO* 11
gesamt 751 (–3)

Quelle: APA/EU   * Beitritt Mitte 2013   L & P / 6602

Parlament Gesetzen zustimmen. Man spricht 25 hier von der „Mitentscheidung" oder dem „ordentlichen Gesetzgebungsverfahren". Das Parlament kann also Regelungen nicht alleine erlassen, aber ohne das Parlament können sie auch nicht Gesetz werden. 30
Das Parlament wählt darüber hinaus den Präsidenten der Europäischen Kommission – allerdings auf Vorschlag des Europäischen Rats, also der Staats- und Regierungschefs der EU. [...] Das Europäische Parlament muss 35 auch der Europäischen Kommission als Ganzes zustimmen. Vorher befragen die entsprechenden Parlamentsausschüsse die Kommissaranwärter. Das Parlament genehmigt zudem den Haushalt der EU, genauer gesagt 40 die Ausgaben. Über die Einnahmen entscheiden die Mitgliedstaaten im Rat.
Eine weitere wichtige Aufgabe des Europäischen Parlaments ist die Kontrolle der Europäischen Kommission. Die Mitglieder der Eu- 45 ropäischen Kommission erstatten dem Parlament und seinen Ausschüssen regelmäßig Bericht über ihre Arbeit und ihre Vorhaben. Das Parlament hat die Möglichkeit, der Kommission das Misstrauen auszusprechen und 50 sie damit zum Rücktritt zu zwingen. [...]
Das Europäische Parlament hält seine Plenarsitzungen in Straßburg ab, kurze Sitzungen sowie die Ausschussarbeit finden in Brüssel statt. [...] Die Verwaltung des Europäischen 55 Parlaments ist in Luxemburg angesiedelt.

Das Europäische Parlament

(1) Aufgaben
- Politikgestaltung:
  – Legislative
  – Haushaltsbehörde
- Kontrollbefugnisse
- Wahlfunktion
- Systemgestaltung:
  – Beitrittsabkommen
  – Vertragsänderung
- Repräsentation und Interaktion mit den Bürgern

(2) Benennung
- Wahlperiode: 5 Jahre
- Wahl nach jeweiligen nationalen Vorschriften
- Sitze EU 28: 751
- Charakterisierung als „Sekundärwahl"

(4) Aufbau
- 7 multinationale Fraktionen (2014)
- 22 ständige Ausschüsse (2014)
- Parlamentspräsident, Präsidium, Konferenzen der Präsidenten
- Generalsekretariat

(3) Beschlussverfahren
- Regelfall: absolute Mehrheit der abgegebenen Stimmen
- Mitentscheidung und Beitritt: absolute Mehrheit der Mitglieder
- Misstrauensvotum gegenüber Kommission und Ablehnung Haushalt: Zwei-Drittel-Mehrheit und Mehrheit der Mitglieder

Nach: Wolfgang Wessels, Das politische System der Europäischen Union, Wiesbaden 2008, S. 120 (eigene Akt.)

L & P / 6609

Aus: Eckart D. Stratenschulte, Europäisches Parlament, in: Bundeszentrale für politische Bildung, Dossier: Die Europäische Union, www.bpb.de/internationales/europa/europaeische-union/, 1.4.2014 (Zugriff: 13.11.2014)

Rat der Europäischen Union (Ministerrat)

MATERIAL 4

Der Rat der Europäischen Union ist auch im buchstäblichen Sinne eines der entscheidenden Organe der Europäischen Union. Er ist auch gemeint, wenn nur von dem „Rat" die
5 Rede ist. Der Rat der EU besteht aus je einem Minister der derzeit 28 Mitgliedstaaten. Je nach Fachgebiet kommen die zuständigen Minister, also beispielsweise die Außenminister oder die Agrarminister, zusammen.
10 [...] Der Rat lenkt die Arbeit der Europäischen Union und ist – bis auf wenige Ausnahmen gemeinsam mit dem Europäischen Parlament – der Gesetzgeber der EU. [...]
Die jeweilige Präsidentschaft koordiniert die
15 Arbeit des Rates und führt den Vorsitz bei den Ratssitzungen – allerdings nicht bei den Außenministern, dort hat die Hohe Vertreterin für die Außen- und Sicherheitspolitik der Union diese Position inne. Zudem erarbeitet
20 jede Präsidentschaft eigene Schwerpunkte und setzt sie auf die Tagesordnung.

Aus: Eckart D. Stratenschulte, Rat der Europäischen Union, in: bpb, Die Europäische Union (siehe M 3)

Der Europäische Rat

MATERIAL 5

Der Europäische Rat ist die Zusammenkunft der Staats- und Regierungschefs. Ihm gehört auch der Präsident der Europäischen Kommission an. Der Europäische Rat gibt der
5 Union „die für ihre Entwicklung erforderlichen Impulse und legt die allgemeinen politischen Zielvorstellungen und Prioritäten hierfür fest", wie es in Art. 15 des EU-Vertrags in der Lissabonner Fassung heißt. Erst
10 durch diesen Vertrag wurde der Europäische Rat ein Organ der EU. Zwar hat er auch vor Inkrafttreten des Lissabonner Vertrags eine bedeutende Rolle für die Entwicklung der EU gespielt, das geschah aber aufgrund der Tat-
15 sache, dass die Staats- und Regierungschefs in den Mitgliedstaaten die Zügel in der Hand haben und ihre Minister in den Räten anweisen können. Auch jetzt hat der Europäische Rat keine gesetzgeberische Kompetenz. [...]
20 Seit Ende 2009 hat der Europäische Rat einen ständigen Präsidenten, der kein nationales Amt ausüben darf [...].

Aus: Eckart D. Stratenschulte, Der Europäische Rat, in: bpb, Die Europäische Union (siehe M 3)

Die Europäische Kommission

Die dritte wichtige Kraft in der Europäischen Union neben dem Rat und dem Parlament ist die Europäische Kommission. Wenn wir von der Kommission sprechen, meinen wir
5 sowohl die Verwaltung als auch das Kollegium der Kommissare. Letzteres besteht aus je einer Person pro Mitgliedsland. Die Kommissarinnen und Kommissare sind allerdings keine Vertreter ihres Heimat-
10 staates und nicht an dessen Weisungen gebunden. Sie sollen die europäische Sache vertreten. Deshalb nennt man die Europäische Kommission auch die „Hüterin der Verträge". [...]
15 Die einzelnen Kommissionsmitglieder haben bestimmte Aufgabengebiete. Allerdings trifft die Kommission Entscheidungen als Ganzes, und zwar mit Mehrheit. [...] Die Kommission

wird von einem Präsidenten geleitet, der für fünf Jahre von den Staats- und Regierungs- 20 chefs bestimmt und vom Europäischen Parlament gewählt wird. [...]
Die Europäische Kommission ist darüber hinaus die Verwaltung der Europäischen Union. Hier laufen die administrativen Fäden 25 zusammen. Zu diesem Zweck ist der Kommissionsapparat in über 40 Generaldirektionen (GD) und Dienste aufgeteilt. An der Spitze jeder GD steht ein Generaldirektor. Dem Apparat der Europäischen Kommission ge- 30 hören ca. 25 000 Mitarbeiterinnen und Mitarbeiter aus allen 28 Mitgliedstaaten an, die sich meist auf Englisch oder Französisch verständigen. Offiziell ist auch Deutsch Arbeitssprache in der Kommission, es wird aber 35 weniger benutzt. [...]
Die Europäische Kommission ergreift Initiativen zur Weiterentwicklung der Europäischen Union und legt dem Rat und dem Parlament entsprechende Vorschläge vor. Dieses 40 Initiativrecht hat die Kommission exklusiv als einziges Organ der EU. Die Kommission übt zudem die Kontrolle darüber aus, dass sich alle in der EU, also sowohl die Mitgliedstaaten als auch Unternehmen, an die getrof- 45 fenen Regeln halten. Wenn das nicht der Fall ist, kann sie Bußgelder gegen Unternehmen verhängen, wenn diese beispielsweise gegen Binnenmarktregeln verstoßen oder Kartelle für Preisabsprachen treffen. [...] 50
Falls ein Mitgliedstaat gegen europäisches Recht verstößt und auf eine Mahnung durch die Europäische Kommission nicht reagiert, kann die Europäische Union ein Vertragsverletzungsverfahren gegen ein Land einleiten, 55 das letztendlich, wenn man sich nicht vorher einigt, vor dem Europäischen Gerichtshof landet.

Aus: Eckart D. Stratenschulte, Die Europäische Kommission, in: bpb, Die Europäische Union (siehe M 3)

IIIII**1** Erläutern Sie das Gefüge der Institutionen der EU und ihr Zusammenspiel (M 3 bis M 7).

IIIII**2** Gewichten Sie die Institutionen hinsichtlich ihrer Bedeutung und ihres Einflusses. Diskutieren Sie im Anschluss, ob Ist- und Soll-Zustand deckungsgleich sind.

IIIII**3** Vergleichen Sie das Institutionengefüge der EU (M 3 bis M 7) mit dem der Bundesrepublik Deutschland und erklären Sie die zentralen Unterschiede.

IIIII**4** Bewerten Sie die europäischen Institutionen hinsichtlich ihres Einflusses in Form eines Zeitungskommentars.

QUERVERWEIS

LERNWEG Einen Zeitungskommentar verfassen
S. 76 f.

Die Organe der EU und ihr Zusammenspiel

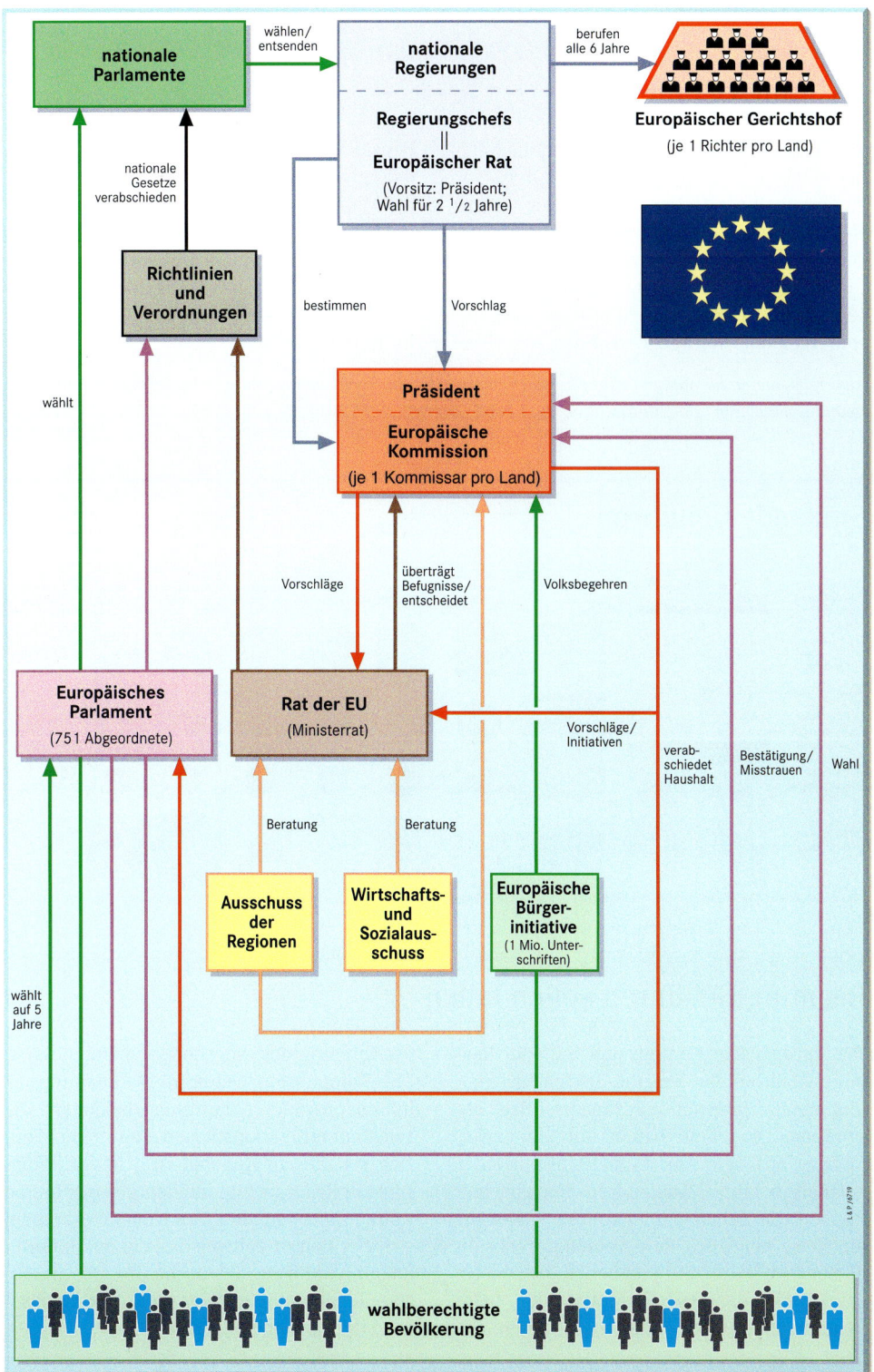

INFO

Europäischer Gerichtshof (EuGH)
Der EuGH mit Sitz in Luxemburg entscheidet über die Auslegung des EU-Rechts und gewährleistet damit, dass dieses in allen Mitgliedstaaten auf die gleiche Weise angewendet wird. Außerdem entscheidet der EuGH in Rechtsstreitigkeiten zwischen den Regierungen der Mitgliedstaaten und den EU-Organen. Privatpersonen, Unternehmen oder Organisationen können sich ebenfalls an den Gerichtshof wenden, wenn sie der Auffassung sind, dass ein Organ der EU ihre Rechte verletzt hat.

Ausschuss der Regionen (AdR)
Der AdR mit Sitz in Brüssel vertritt die lokalen und regionalen Gebietskörperschaften zu Rechtsvorschriften der EU. Der AdR berät die Organe der EU in Form von Stellungnahmen und Initiativberichten.

Europäischer Wirtschafts- und Sozialausschuss (EWSA)
Im EWSA mit Sitz in Brüssel bringen europäische Arbeitgeber- und Arbeitnehmervertreter und sonstige Interessengruppen ihre Ansichten zu EU-Themen vor. Auch der EWSA berät die Organe der EU in Form von Stellungnahmen und Initiativberichten.

Das Zusammenwirken der zentralen Institutionen der EU am Beispiel der Roaming-Gebühren

MATERIAL 8 — Roaming-Gebühren

Roaming-Gebühren sind die Gelder, die Netzbetreiber berechnen, wenn Handynutzer außerhalb ihres Heimatlandes über andere Netze als das ihres Betreibers telefonieren.
5 Der Nutzer zahlt dabei nicht allein für die Gespräche, die er selbst beginnt. Auch für Telefonate, die auf das Handy im Ausland weitergeleitet werden, berechnen die Netz-betreiber einen Aufschlag. Das gilt etwa auch dann, wenn das Handy gerade ausgeschaltet, 10 die Mailbox aber aktiviert ist. In diesem Fall zahlt der Nutzer für die Weiterleitung des Gesprächs aus seinem Heimatmarkt zu seinem Aufenthaltsort im Ausland ebenso wie für die Rückvermittlung auf seine Mailbox 15 im Heimatland.

Aus: Telefonieren im Ausland wird billiger (Reuters/ddp), in: Focus online, www.focus.de/digital/handy/ roaming-gebuehren_aid_106816.html, 28.3.2006 (Zugriff: 20.11.2014)

MATERIAL 9 — Sinkende Gebühren

Seit dem Sommer 2007 senkt die EU schrittweise die Roaming-Gebühren in Europa.

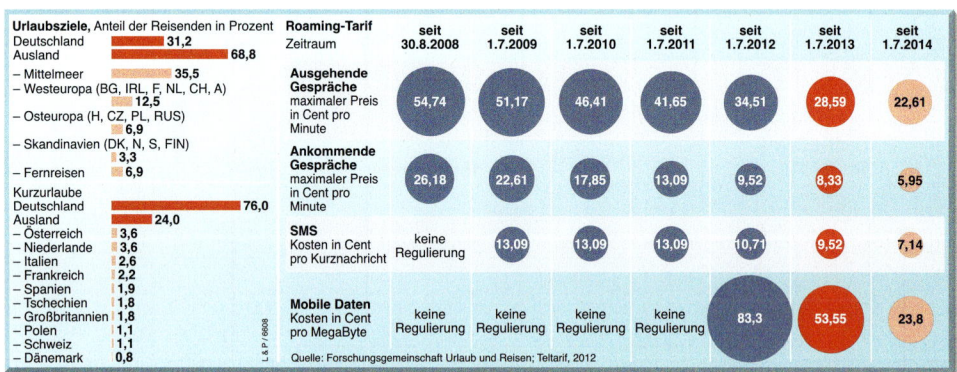

MATERIAL 10 — Roaming-Gebühren sollen fallen

Die Europäische Kommission will die Roaminggebühren für Anrufe, Textnachrichten und mobiles Internet in Europa praktisch abschaffen. Die Pläne bauen auf eine zwei-5 gleisige Strategie: Der Kunde soll entweder bei Reisen ins EU-Ausland zu den gleichen Preisen wie Zuhause telefonieren – oder für die Reise per Klick den Anbieter wechseln dürfen. Ab Mitte 2014 sollen die Anbieter 10 schrittweise dazu verpflichtet werden, beim Roaming dieselben Preise zu erheben wie bei Nutzung des Angebotes im Heimatland. Die Kommission nennt dies „Roaming zu Inlandspreisen". Allerdings bekämen die Telekommunikationsfirmen eine Möglichkeit, 15 sich vor diesem Angebot zu drücken: Wenn sie kein Roaming zu Inlandspreisen anbieten wollen, müssten sie ihren Kunden erlauben, sich bei Reisen zeitweise für einen anderen Roaminganbieter zu entscheiden, der günsti- 20 gere Tarife anbietet. Dies soll ohne Wechsel der SIM-Karte möglich sein.

Aus: www.tagesschau.de/wirtschaft/eu-roaming100.html, 11.9.2013 (Zugriff: 20.11.2014)

EU-Parlament fährt härteren Kurs gegen Roaming-Gebühren

MATERIAL **11**

Das EU-Parlament könnte bei der geplanten Abschaffung der Roaminggebühren einen härteren Kurs befürworten als von der EU-Kommission vorgeschlagen. Die spanische
5 EU-Abgeordnete Pilar del Castillo Vera, die im Industrieausschuss des Parlaments für die geplante Harmonisierung des Telekommunikationsmarkts zuständig ist, spricht sich in ihrem Berichtsentwurf für eine ge-
10 setzliche Regelung aus, die Gebühren bis Mitte 2016 abzuschaffen.

Die EU-Kommission hatte in ihrer Initiative für einen „digitalen Binnenmarkt" eine Doppelstrategie ins Spiel gebracht: Einerseits
15 setzte sie darauf, dass die Mobilfunkbetreiber ihren Kunden EU-weite Tarife ohne Vermittlungskosten anbieten. Im Gegenzug sollten sie aus der Roaming-Regulierung ent-

lassen werden. Andererseits wollte sie es den Kunden ermöglichen, bei Auslandsauf- 20 enthalten günstigere Kurzzeitverträge mit örtlichen Anbietern abzuschließen. Dieser Ansatz reicht del Castillo nicht aus. Er lasse den Anbietern zu viel Freiraum und bringe das Ziel in Gefahr, die Verbraucher in ab- 25 sehbarer Zeit weiter zu entlasten. Es sei daher besser, eine klare Linie zu fahren. [...]
Über das Vorhaben der Kommission wird parallel auch in anderen Parlamentsausschüssen beraten; die Industriepolitiker sollen 30 Ende Februar über ihre Korrekturempfehlungen abstimmen. Der abgestimmte Bericht wird dann dem Parlament zur Abstimmung vorgelegt. Das abschließende Votum im Plenum ist für Anfang April vorgesehen. 35

Aus: Stefan Krempl, EU-Parlament fährt härteren Kurs gegen Roaming-Gebühren, in: Heise online, www. heise.de/newsticker/meldung/EU-Parlament-faehrt-haerteren-Kurs-gegen-Roaming-Gebuehren-2051210. html, 20.11.2013 (Zugriff: 20.11.2014)

Uneinigkeit

MATERIAL **12**

Die Platzhirsche der Branche wird es freuen: Die EU will großen Telekom-Anbietern offenbar entgegenkommen: Nach Informationen aus der EU-Kommission [könnte] die Ab-
5 schaffung der Roaming-Gebühren [...] verschoben werden. [...] Den Telekommunikationsanbietern kommt ein Entwurf der derzeitigen italienischen EU-Ratspräsidentschaft zur Reform der Roaming-Gebühren
10 entgegen. Darin wird kein Datum für die Abschaffung der Gebühren für grenzüberschreitenden Telefonate mit Mobiltelefonen mehr genannt.

Das EU-Parlament hatte als Zieldatum noch den 15. Dezember 2015 gefordert, die EU- 15 Kommission hatte 2016 ins Auge gefasst. In dem Entwurf, der noch geändert werden kann, heißt es nun, dass über mögliche Übergangsphasen gesprochen werden müsse, weil es sich um eine wichtige politische 20 Frage handele. Die Roaming-Gebühren sind von der EU-Kommission seit 2007 schrittweise reduziert worden. [...] Die Firmen argumentieren, dass der Wegfall dieser Einnahmequelle ihre Fähigkeit verringert, in neuen 25 Technologien zu investieren.

Aus: EU will Abschaffung der Roaming-Gebühren offenbar verschieben (REU), in: RP online, www.rp-online. de/digitales/smartphones/eu-will-abschaffung-der-roaming-gebuehren-offenbar-verschieben-aid-1.4550804, 24.9.2014 (Zugriff: 20.11.2014)

1 **Erläutern** Sie das Zusammenwirken der zentralen EU-Institutionen am Beispiel der Marktintervention bei den Roaming-Gebühren (M 7; M 8 bis M 12).

2 **Ermitteln** Sie mithilfe von M 10, welche Möglichkeiten die betroffenen Provider haben, das Vorhaben der Europäischen Kommission noch zu stoppen.

3 **Recherchieren** Sie zu diesem Fallbeispiel die verschiedenen Einflussmöglichkeiten der einzelnen EU-Institutionen und **beurteilen** Sie diese.

Regulations-, Kontroll- und Interventionsmechanismen der EU

MATERIAL 13

Richtlinie 2006/24/EG

INFO

EU-Richtlinien
Von der Europäischen
Union erlassene Gesetze,
die zentrale Grundzüge
bzw. bestimmte Ziele
festlegen. Diese Ziele sind
für die Mitgliedstaaten
zwar verbindlich, müssen
aber erst in das jeweilige
nationale Recht umgesetzt
werden, um wirksam zu
werden.

EU-Verordnungen
EU-Verordnungen haben
allgemeine Geltung, sie
sind für die Mitgliedstaaten in allen ihren Teilen
verbindlich und gelten
unmittelbar in jedem
Mitgliedstaat.

EU-Richtlinien und EU-
Verordnungen zählen zum
sekundären Europarecht.

Richtlinie 2006/24/EG des Europäischen Parlaments und des Rates vom 15. März 2006 über die Vorratsspeicherung von Daten, die bei der Bereitstellung öffentlich zugänglicher elektronischer Kommunikationsdienste oder öffentlicher Kommunikationsnetze erzeugt oder verarbeitet werden [...]

Art. 1: (1) Mit dieser Richtlinie sollen die Vorschriften der Mitgliedstaaten über die Pflichten von Anbietern öffentlich zugänglicher elektronischer Kommunikationsdienste oder Betreibern eines öffentlichen Kommu-
5 nikationsnetzes im Zusammenhang mit der Vorratsspeicherung bestimmter Daten, die von ihnen erzeugt oder verarbeitet werden, harmonisiert werden, um sicherzustellen,
10 dass die Daten zum Zwecke der Ermittlung, Feststellung und Verfolgung von schweren Straftaten, wie sie von jedem Mitgliedstaat in seinem nationalen Recht bestimmt werden, zur Verfügung stehen. [...]

Art. 4: Die Mitgliedstaaten erlassen Maß- 15
nahmen, um sicherzustellen, dass die gemäß dieser Richtlinie auf Vorrat gespeicherten Daten nur in bestimmten Fällen und in Übereinstimmung mit dem innerstaatlichen Recht an die zuständigen nationalen Behör- 20
den weitergegeben werden. [...]
Art. 6: Die Mitgliedstaaten sorgen dafür, dass die [...] Datenkategorien für einen Zeit-raum von mindestens sechs Monaten und höchstens zwei Jahren ab dem Zeitpunkt der 25
Kommunikation auf Vorrat gespeichert wer-den. [...]
Art. 8: Die Mitgliedstaaten stellen sicher, dass die in Artikel 5 genannten Daten gemäß den Bestimmungen dieser Richtlinie so ge- 30
speichert werden, dass sie und alle sonstigen damit zusammenhängenden erforderlichen Informationen unverzüglich an die zuständi-gen Behörden auf deren Anfrage hin weiter-geleitet werden können. 35

Aus: Amtsblatt der Europäischen Union, L 105/54 (De), 13.4.2006

MATERIAL 14

Umsetzung der Richtlinie in Deutschland

Ab Januar 2008 führte Deutschland die Vor-ratsdatenspeicherung ein. Man wählte die laut Richtlinie geringstmögliche Speicher-dauer von sechs Monaten. [...] Von Anfang an
5 war das Gesetz in Deutschland Gegenstand von Protesten und Demonstrationen. Mit In-krafttreten des Gesetzes organisierte der „Arbeitskreis Vorratsdatenspeicherung" ei-ne Verfassungsbeschwerde beim Bundesver-
10 fassungsgericht in Karlsruhe, der sich über 30 000 Bürger anschlossen. Das Bundesver-fassungsgericht war beim Datensammeln ohne konkreten Anlass stets ziemlich kri-tisch. Schon im März 2008 erzielten die Klä-
15 ger einen ersten Erfolg. Karlsruhe schränkte die Anwendung des Gesetzes durch eine „einstweilige Anordnung" ein. Die gespei-cherten Daten dürften nur zur Aufklärung

besonders schwerer Straftaten abgerufen werden. Es war eine Art „Vorwarnung" für 20
das Urteil in der Hauptsache. Am 2. März 2010 gab es dann den Paukenschlag. Das Bundesverfassungsgericht erklärte das deut-sche Gesetz für nichtig, weil es gegen Artikel 10 Grundgesetz (Fernmeldegeheimnis) ver- 25
stoße. Alle bisher gesammelten Daten muss-ten gelöscht werden. Allerdings sagte das Gericht nicht, dass die Vorratsdatenspeiche-rung per se unmöglich sei. Ein deutsches Gesetz müsse nur weit mehr an Datensicher- 30
heit bieten und höhere Hürden für den staatlichen Zugriff auf die Daten aufstellen. [...]
Das Bundesverfassungsgericht hat mit sei-nem Urteil den Weg zu einer Neuregelung 35
zwar nicht verbaut. Sie wäre unter den stren-

gen Voraussetzungen des Urteils möglich. Allerdings ist sie bislang am politischen Streit [...] gescheitert.

40 Inzwischen hat die EU-Kommission Deutschland vor dem Europäischen Gerichtshof (EuGH) verklagt, weil es die entsprechende Richtlinie nicht umgesetzt hat. Gegenüber anderen Staaten wie Schweden, die die

45 Richtlinie zunächst nicht umgesetzt hatten, gab es bereits Bußgelder. [...]

Die anderen EU-Staaten haben die Mindestvorgaben der Richtlinie unterschiedlich umgesetzt, zum Beispiel bei den Speicherungsfristen. In zehn Staaten, darunter Frankreich 50 und Spanien, werden die Daten ein Jahr lang gespeichert, in Polen sogar zwei Jahre. Auch die Hürden für den Zugriff sind unterschiedlich ausgestaltet. In einigen Staaten zweifeln aber auch die obersten Gerichte an der 55 Rechtmäßigkeit der EU-Richtlinie.

Aus: Frank Bräutigam, Wer telefoniert wann mit wem?, in: www.tagesschau.de/ausland/vorratsdatenspeicherung192˜_origin-34575a60-1aed-4695-9639-8e35c61c6bdc.html, 9.7.2013 (Zugriff: 20.11.2014)

Klage vor dem EuGH

MATERIAL **15**

Die Bundesregierung will bei der Vorratsdatenspeicherung die Entscheidung des Europäischen Gerichtshofs über die umstrittene EU-Richtlinie abwarten. Darauf einigten sich

5 Justizminister Heiko Maas (SPD) und Innenminister Thomas de Maizière (CDU) [...]
Die Vorratsdatenspeicherung ist nicht nur in Deutschland, sondern auch auf europäischer Ebene umstritten. Der Europäische Gerichts-

10 hof (EuGH) in Luxemburg will in Kürze über die Verhältnismäßigkeit der zugrundeliegenden EU-Richtlinie entscheiden. Kläger sind Bürger und Institutionen aus Österreich und Irland, die sich gegen eine Speicherung ihrer

15 Kommunikationsdaten wehren.
EU-Generalanwalt Pedro Cruz Villalón hat bereits im Dezember in einem Gutachten festgestellt, dass die Richtlinie gegen europä-

isches Recht verstößt. Allerdings stellte der Generalanwalt nicht das Prinzip der Speiche- 20 rung selbst infrage: „Die Richtlinie 2006/24 verfolgt nämlich ein vollkommen legitimes Ziel, das darin besteht, die Verfügbarkeit der erhobenen und auf Vorrat gespeicherten Daten zum Zweck der Ermittlung, Feststellung 25 und Verfolgung schwerer Straftaten sicherzustellen", heißt es in dem Gutachten.
Cruz Villalón beklagte aber, die Richtlinie verletze das Grundrecht auf Datenschutz und Achtung des Privatlebens. Die Speicher- 30 dauer von maximal zwei Jahren sei unverhältnismäßig lang. Er habe „keine hinreichende Rechtfertigung dafür gefunden, dass die von den Mitgliedstaaten festzulegende Frist [...] nicht innerhalb eines Rahmens von 35 weniger als einem Jahr bleiben sollte".

Aus: Die Vorratsdatenspeicherung kommt nicht – vorerst (AFP), in: RP online, www.rp-online.de/politik/deutschland/die-vorratsdatenspeicherung-kommt-nicht-vorerst-aid-1.3970392, 17.1.2014 (Zugriff: 20.11.2014)

1 Erklären Sie den Unterschied zwischen EU-Richtlinien und EU-Verordnungen (Info).

2 Arbeiten Sie aus M 13 Zielsetzung und wichtigste Bestimmungen der Richtlinie zur Vorratsdatenspeicherung **heraus**.

3 Stellen Sie die Schwierigkeiten bei der Umsetzung der Richtlinie **dar** (M 14).

4 Ermitteln Sie aus M 14 und M 15 die juristischen Bedenken gegen die Richtlinie zur Vorratsdatenspeicherung.

5 Erläutern Sie am Beispiel der Vorratsdatenspeicherung (M 13 bis M 15) die Regulations-, Kontroll- und Interventionsmechanismen in der EU.

6 Erklären Sie, inwiefern bei der Vorratsdatenspeicherung (M 13 bis M 15) nationale Einzelinteressen und europäische Gesamtinteressen miteinander kollidieren.

7 Führen Sie in Ihrem Kurs eine Fishbowl-Diskussion zum Thema „Vorratsdatenspeicherung" durch.

8 Prüfen Sie die Zuständigkeiten des EuGH im Vergleich zu denen des BVerfG.

Regulierung unseres Alltagslebens durch EU-Normen

Der europäische Gesetzgebungsprozess

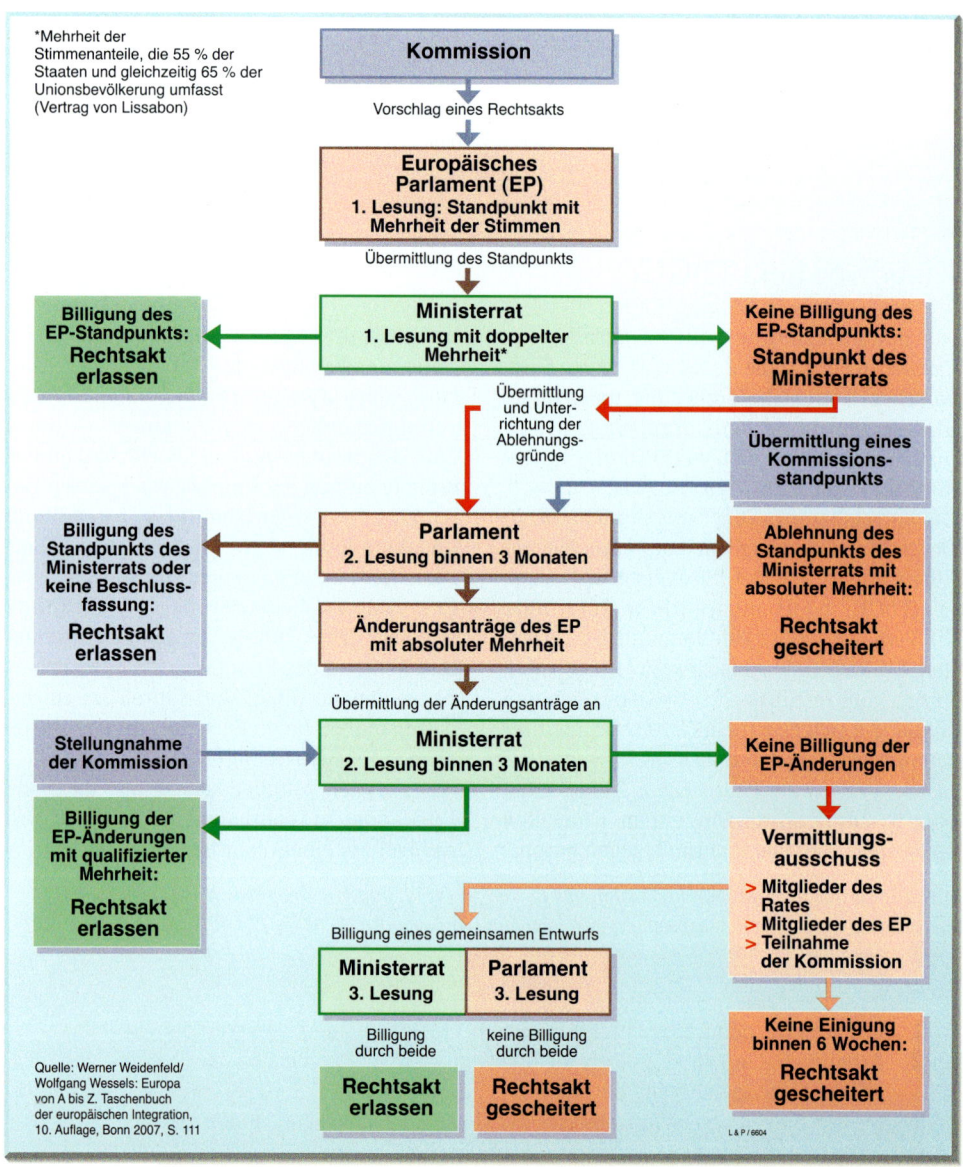

Quelle: Werner Weidenfeld/ Wolfgang Wessels: Europa von A bis Z. Taschenbuch der europäischen Integration, 10. Auflage, Bonn 2007, S. 111

1 Erläutern Sie mithilfe des Schemas M 16 den europäischen Gesetzgebungsprozess.

2 Beschreiben Sie die Gesetzgebungsverfahren in der EU und **bewerten** Sie deren Demokratiegehalt (M 16 und M 17).

3 Analysieren Sie die Grafik M 18 und **nehmen** Sie **Stellung** zur hier gezeigten Kompetenzverteilung.

4 Erklären Sie das Subsidiaritätsprinzip auf Basis aktueller Beispiele (M 19).

Gesetzgebungsverfahren in der EU

Das ordentliche Gesetzgebungsverfahren ist das wichtigste Gesetzgebungsverfahren in der Europäischen Union. Das Parlament ist durch dieses Verfahren an der Mehrheit der
5 Rechtssetzungsakte direkt beteiligt – und kann diese geplanten Verordnungen, Richtlinien oder Beschlüsse per Mehrheitsbeschluss verhindern oder abändern. [...] Entscheidend ist, dass keine Rechtsetzung
10 in der Europäischen Union ohne Konsultation des EP möglich ist und ein Großteil der Rechtsetzungsakte nicht ohne seine Zustimmung erfolgen kann. Weitere Beispiele für Gesetzgebungsverfahren in der Europäischen Union sind das Zustimmungsverfahren und das Konsultationsverfahren. Im 15
Zustimmungsverfahren ist die Zustimmung des EP beim Abschluss von Assoziierungsabkommen der EU oder Verträgen mit Drittstaaten und Beitritten gefragt. Zwar hat das 20
Parlament hier keine gestalterische Rolle, durch das Verfahren wird ihm aber eine Art Vetorecht in entscheidenden Fragen eingeräumt. Im Konsultationsverfahren hingegen hat das EP nur eine beratende Funktion. Der 25
Rat ist hier das entscheidende Gremium, das EP gibt allerdings eine Stellungnahme vor dessen Entscheidung ab.

Aus: Bundeszentrale für politische Bildung, Europäische Gesetzgebung, in: Die Europäische Union, www.bpb.de/internationales/europa/europaeische-union/42965/grafik-gesetzgebung, 27.9.2010 (Zugriff: 20.11.2014)

Die Zuständigkeiten in der EU

QUERVERWEIS

Zuständigkeiten laut Lissabon-Vertrag
S. 177, M 1

Kompetenzverteilung in der EU

Sport
Verbraucherschutz
Forschung und Entwicklung
Währungspolitik
Energiepolitik
Außenhandelspolitik
Sozialpolitik
Jugend
Landwirtschaft und Fischerei
Zollunion
Sicherheits- und Verteidigungspolitik
Kultur
Zivilschutz
Wettbewerbsrecht
Verkehr
Umweltpolitik
Bildung
ABC

■ ausschließliche Zuständigkeiten der EU
■ gemischte Zuständigkeiten EU und Mitgliedstaaten
■ unter Ausschluss jeglicher Harmonisierung

L & P / 6628   Quelle: bpb 2009

Das Subsidiaritätsprinzip

GLOSSAR

Subsidiaritätsprinzip

Darf die Gemeinschaft tätig werden?
- Die Gemeinschaft kann nur handeln, wenn ihr ausdrücklich die Befugnis dazu erteilt wurde.
- Sie ist an den Aufgabenkatalog und die Ziele des EUV gebunden.

nach Artikel 5 des Vertrags über die Europäische Union (EUV)

Wenn ja, soll sie tätig werden?
- Die Gemeinschaft soll nur tätig werden, wenn ein Ziel auf europäischer Ebene besser erreicht werden kann als auf der Ebene der einzelnen Mitgliedstaaten (Subsidiaritätsprinzip).
- Diese Beschränkung gilt jedoch nicht für Bereiche, die laut EUV in die alleinige Zuständigkeit der Gemeinschaft fallen.

Wenn ja, in welchem Umfang und auf welche Weise?
- Die von der Gemeinschaft eingesetzten Mittel müssen in einem angemessenen Verhältnis zu den angestrebten Zielen stehen.
- Das heißt z. B.: Verzicht auf übertriebenen Finanz- und Verwaltungsaufwand, Beschränkung auf europäische Rahmenvorschriften und Mindestnormen.

Quelle: Erich Schmidt Verlag

L & P / 5452

MATERIAL **20**   Ist der Apfel nicht rot...

Wer einen Apfel kauft, hofft auf einen guten Geschmack. Und nicht auf eine gleichmäßige Färbung. Oder ein Gewicht von mindestens 90 Gramm. Doch ein Apfel ohne diese Anfor-
5 derungen kommt häufig gar nicht mehr in den Handel.
Der Grund: Die Europäische Union schreibt bei vielen Lebensmitteln vor, welches Aussehen und welche Beschaffenheit sie haben
10 müssen, um verkauft zu werden.
Die Folge: Etwa 2 Millionen Tonnen kommen gar nicht beim Kunden an – weil sie den gesetzlichen Verpackungsnormen der EU nicht genügen. Der Großteil landet schlicht auf
15 dem Müll.
Nicht nur für die Kunden ein Irrsinn. Armin Valet von der Verbraucherzentrale Hamburg: „Diese Regelungen gehen komplett am Verbraucher vorbei. Für ihn misst sich die Qua-
20 lität doch nicht an Größe oder Farbe." Viele Kunden suchten auch gezielt zum Beispiel

nach kleinem Obst. Doch bislang haben sie da wenig Chancen. Lesen Sie mal, was die EU für Früchte und Gemüse alles vorschreibt.
- Für Zitrusfrüchte gelten besondere Reife- 25 Voraussetzungen: Navelorangen müssen mindestens 33 Prozent Saft enthalten. Zitronen brauchen mindestens 20 Prozent. Sie dürfen keine dunkelgrüne Färbung haben. 30
- Pfirsiche und Nektarinen unter einem bestimmten Reifegrad dürfen nicht in den Handel. Ihr Querdurchmesser muss außerdem mindestens 51 Millimeter betragen. Vom 1. Juli bis zum 31. Oktober 35 dürfen keine Früchte unter 56 Millimeter Querdurchmesser verkauft werden.
- Von Äpfeln wird die „sortentypische" Mindestfärbung gefordert, zum Beispiel muss die Hälfte der Gesamtfläche rot 40 sein. Mindestgröße: 60 Millimeter oder 90 Gramm schwer.

Aus: Christiane Braunsdorf, Ist der Apfel nicht rot, fliegt er in den Müll, in: BZ online, www.bz-berlin.de/ ratgeber/ernaehrung/ist-der-apfel-nicht-rot-fliegt-er-in-den-muell-article1752585.html, 22.10.2013 (Zugriff: 20.11.2014)

MATERIAL **21**   Der Sinn der Gurkenkrümmung

Sie war jahrelang einer der häufigsten Kritikpunkte, der gegen die Europäische Union vorgebracht worden ist: die Gurkenkrümmung. Jeder Provinzpolitiker erregte sich
5 darüber, dass die EU auch solche, ja wirklich überflüssige Dinge regle. Diese Gurken-Aufregung hat sich jahrelang wohl am festesten von allen EU-Themen in den Köpfen an den Stammtischen eingegraben. Dennoch war sie
10 unberechtigt. [...] Die Regelung der Gurkenkrümmung war keine **unziemliche** Einmischung der EU in unser Essen, sondern eine Hilfe für den Lebensmittelhandel. Die dieser auch unbedingt wollte.
15 Die Regelung hat in Wahrheit niemanden gestört. Denn: Es hat praktisch kein EU-Durchschnittsbürger mitbekommen, dass die Regelung – wie viele andere europäische Vermarktungsnormen im Agrarsektor – schon

seit 2009 außer Kraft ist. An der Praxis 20 im Handel hat sich aber seither absolut nichts geändert. Die Gurkenkrümmungsnormen und viele ähnliche Regeln waren nämlich in Wahrheit äußerst sinnvoll: Sie haben den europaweiten Lebensmittelhandel ver- 25 einfacht. Die Käufer wussten, was jede einzelne Handelsklasse bedeutet, die sie irgendwo in Europas kaufen.
Solche Normen gehen letztlich auf Wünsche der Konsumenten zurück, oder genauer auf 30 ihr Handeln. Diese **mokieren sich** zwar bei Umfragen gerne über die Gurkenkrümmung, greifen aber im Gemüsegeschäft und Supermarkt immer nur nach den schön geraden Gurken. Daher haben Bauern, die krumme 35 Gurken liefern wollen, auch nach Abschaffung der EU-Normen genauso geringe Chancen auf Abnehmer wie vorher.

INFO

unziemlich
unpassend, fehl am Platz, ungehörig

sich über etw. mokieren
sich über etwas lustig machen, sich abfällig oder spöttisch äußern

Aus: Andreas Unterberger, Krumme Gurken, schrumpelige Äpfel und selektive Aufregungen, in: EU-Infothek, www.eu-infothek.com/article/krumme-gurken-schrumpelige-aepfel-und-selektive-aufregungen, 31.12.2012 (Zugriff: 20.11.2014)

Wer profitiert von EU-Normen?				
	Händler/Unternehmer	**Verbraucher**	**EU-Staaten**	**Nicht-EU-Staaten**
Vorteile	■ ungehinderter Warenverkehr ■ mehr Wettbewerb ■ grenzüberschreitende Kooperation ■ Angleichung technischer Standards ■ Vergrößerung des Absatzmarktes ■ Bürokratieabbau	■ Produktvielfalt ■ bessere Qualität ■ mehr Sicherheit (Lebensmittel, Medikamente, technische Geräte) ■ niedrigere Preise für Waren und Dienstleistungen	■ mehr Wettbewerb ■ ungehinderter Warenverkehr ■ einheitliche Handelsregeln ■ einheitlicher Zolltarif ■ einheitliche Verwaltungsabläufe ■ Anstieg des BSP ■ neue Arbeitsplätze ■ höherer Export ■ mehr Direktinvestitionen	
Nachteile	■ erhöhter Wettbewerbsdruck ■ Umstellungskosten ■ Konkurrenz vor Ort	■ evtl. Verlust an Vielfalt ■ effektiver Verbraucher- schutz (noch nicht in vollem Umfang gewährleistet)		■ hohe Importstandards ■ hohe Produktionskosten ■ Konkurrenz ■ Handelshemmnisse (= Protektionismus) ■ niedrigere Erlöse

Aus: Praxis Politik 5 (2006), S. 17

Der Weg zum Glück

MATERIAL **22**

Marie ist 26 Jahre alt und kommt aus Utrecht in den Niederlanden. Vor zwei Jahren hat sie sich in Fabian verliebt. Fabian ist zwei Jahre älter, kommt aus Deutschland und hat nach
5 seinem Bühnenbildstudium einen Job am Passauer Theater gefunden. In einem Jahr ist auch Marie fertig mit der Uni. Dann hat sie 14 Semester Medizin gebüffelt, geforscht und praktiziert – und Deutsch gelernt. „Denn
10 dann möchte ich endlich als Ärztin arbeiten – am liebsten in Passau, bei Fabian." An dieser Stelle wird die Richtlinie 2005/36/EG in Maries Leben wichtig. Denn sie regelt [...] die Anerkennung von Berufsabschlüssen und
15 -qualifikationen innerhalb Europas. Dank dieser Richtlinie soll also Maries Abschluss in „Geneeskunde" auch von einer deutschen Klinik wie ein Abschluss in Humanmedizin akzeptiert werden. [...] Marie weiß, wie wich-
20 tig ihr deshalb diese Richtlinie werden kann: „Es klingt komisch, aber das Dokument 2005/36/EG ist der richtige Schlüssel zu Fabians und meiner gemeinsamen Zukunft."

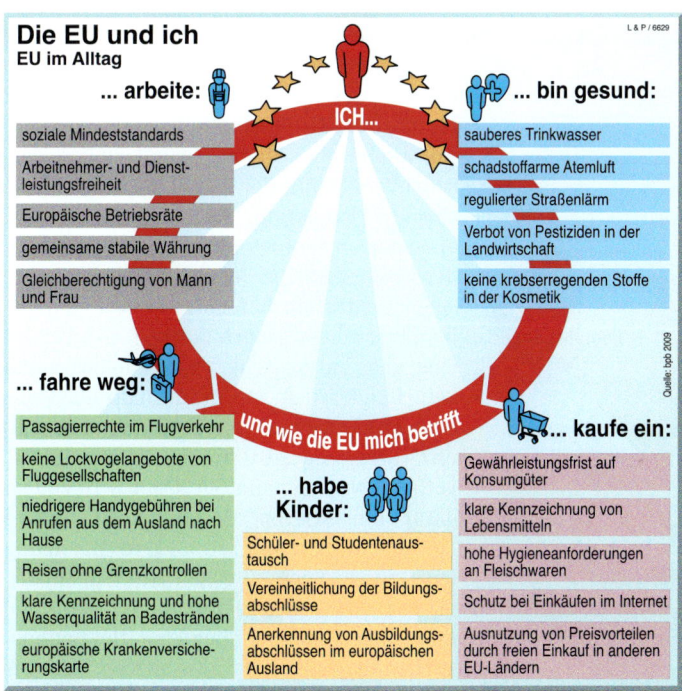

Aus: Glasklar 05. Das Jugendmagazin des Deutschen Bundestages, S.20

1 Analysieren Sie M 20 und M 21 hinsichtlich der Ziele und Kritik an der EU-Agrarpolitik.

2 Erörtern Sie die Sinnhaftigkeit der in M 20 und M 21 dargestellten EU-Normen.

3 Überprüfen Sie mithilfe von M 18, ob die von der EU in M 20 bis M 22 gesetzten Normen auch in deren Zuständigkeitsbereich fallen.

4 Diskutieren Sie, ob in M 20 bis M 22 das Subsidiaritätsprinzip (M 19) gewahrt bleibt.

5 Ordnen Sie das Beispiel in M 22 einer Kategorie in der zugehörigen Grafik zu.

6 Zeigen Sie anhand von Beispielen den Einfluss von EU-Normen auf Ihren Alltag (M 22).

Wie demokratisch ist die Europäische Union?

Herrscht in der EU ein Demokratiedefizit?

Eines der in den letzten Jahren meistdiskutierten Problemfelder der Europäischen Union ist zweifelsohne das sog. „demokratische Defizit". Polemisch heißt es gern, die Union sei so undemokratisch, dass sie sich selbst nicht beitreten könnte. Die Mitgliedstaaten haben im Rahmen der letzten Vertragsrevisionen auf diese Kritik reagiert. Zwischenzeitlich versucht die Festschreibung der freiheitlich demokratischen Grundordnung [...] Abhilfe zu schaffen. [...] Der problematische Kern des Demokratiedefizits, d.h. die starke Stellung des Rats bzw. der Fakt, dass hier überwiegend Mitglieder der nationalen Exekutive Recht erlassen, sowie die demgegenüber vergleichsweise schwächere Stellung des Europäischen Parlaments wird hierdurch selbstredend nicht modifiziert. [...] Auf Unionsebene muss grundsätzlich dasselbe Verständnis der liberalen, pluralen und sozialen Demokratie wie innerhalb der Mitgliedstaaten deutlich werden, nachdem diese der EU wesentliche Bestandteile ihrer bisherigen staatlichen Befugnisse anvertraut haben. Insoweit ist jedoch darauf hinzuweisen, dass der Europäische Integrationsverbund kein Bundesstaat ist und deshalb auch nur eine „strukturangepasste **Grundsatzkongruenz**" bzw. eine „strukturelle **Homogenität**" verlangt werden kann. Zu Recht wird zudem darauf hingewiesen, dass eine noch stärkere Parlamentarisierung der EU-Rechtsetzung leicht in ein Spannungsfeld zum Subsidiaritätsgrundsatz gelangen könnte. Denn die Europaabgeordneten üben keinerlei nationale Hoheitsgewalt aus und sind von jeglicher staatsrechtlichen Bindung frei. [...] Trotz bloßer „struktureller Homogenitätserfordernisse" ist jedoch festzuhalten, dass auch im Rahmen der Union desto mehr „Demokratiedichte" entstehen muss, je mehr legislative Macht auf sie übergeht. Je stärker durch die Rechtsetzungstätigkeit des Rates die nationalen Parlamente partiell entmachtet werden, desto wichtiger wird es, dass die Unionsbürger stärkeren Einfluss auf den europäischen Rechtsetzungsprozess erhalten. Hierzu gibt es einen europäischen und einen nationalen Weg: Zum einen könnten immer weitere Legislativkompetenzen – und insb. das Initiativrecht (der Kommission) – auf das Europäische Parlament übertragen werden. Eine solche Stärkung des Parlaments wird von diesem seit Jahrzehnten lautstark gefordert, von den Staats- und Regierungschefs der Mitgliedstaaten aber nur zögerlich zugestanden. Insbesondere durch die [...] **Novellierungen** des ordentlichen Gesetzgebungsverfahrens auf im Wesentlichen alle Politikfelder, die die Unionsbürger direkt betreffen, wurde ein beachtlicher Schritt in Richtung von mehr „Demokratiedichte" in der EU gemacht. Von einem „gleichstarken" Organ Parlament gegenüber einem „entmachteten" Rat kann aber gleichwohl nicht wirklich die Rede sein.

Dies legt es nahe, das europäische Demokratiedefizit auf dem nationalen Weg abzubauen. Können doch Defizite in der europäischen Legitimation bzw. Legitimationsstruktur demokratietheoretisch auch ohne Weiteres durch eine entsprechende Verstärkung der nationalen Legitimation **kompensiert** werden (und umgekehrt). Praktisch könnten in diesem Sinne etwa die Regierungsvertreter im Rat stärker an die einzelstaatlichen Parlamente angebunden werden. Bildlich gesprochen haben die nationalen Parlamente durchaus verschiedene Möglichkeiten, ihre Ratsmitglieder etwa durch „peinliche Befragungen" vor bzw. nach einer Ratssitzung „an die kurze Leine" zu legen. Durch solche Maßnahmen wären die Ratsmitglieder stärker an die unmittelbar demokratisch legitimierten nationalen Abgeordneten rückgekoppelt, was allerdings wiederum die Kompromissmöglichkeiten im Rat in der Praxis erheblich einschränken dürfte. [...]

Bei näherer Betrachtung lässt sich darlegen, dass alle vier Elemente demokratischer Verfassungen – Legitimation, Kontrolle und Transparenz hoheitlicher Macht, Partizipation der Bürger – im Rahmen der EU doch eigentlich hinreichend verwirklicht sind.

■ **Legitimation:** Die Mitglieder des Rates gehören als Minister alle demokratisch legi-

INFO

Novellierung Änderung/Ergänzung (eines Gesetzes)

kompensieren ausgleichen

Kongruenz Übereinstimmung, Vereinbarkeit

homogen gleichmäßig aufgebaut; einheitlich, aus Gleichartigem zusammengesetzt

timierten Regierungen an. [...] Auch die Kommission ist aus demokratietheoretischer Sicht hinreichend legitimiert. Die Kommis-
100 sionsmitglieder kommen nur durch Zustimmung des Europäischen Parlaments zu ihrem Amt. [...] Verglichen mit einem deutschen Bundesminister ist ein Kommissionsmitglied wohl sogar demokratisch mehr legi-
105 timiert, zieht man in Erwägung, dass der Deutsche Bundestag auf die Ernennung der Bundesminister rechtlich keinerlei Einflussmöglichkeit hat. Auch das Europäische Parlament selbst ist hinreichend demokratisch
110 legitimiert. Zwar rekrutieren sich seine Mitglieder streng genommen wohl noch nicht aus einem „Staatsvolk" und der Grundsatz der Gleichheit der Wahl ist nicht voll verwirklicht. Gerechtfertigt werden können die-
115 se Umstände zum einen wiederum mit dem Hinweis auf die Eigentümlichkeiten eines Integrationsverbundes und zum anderen mit dem völkerrechtlichen Prinzip der Gleichheit der Staaten, die die Grundlage der Union
120 bilden. Kleine Mitgliedstaaten müssen demnach relativ mehr Abgeordnete stellen als die großen, soll gesichert werden, dass die großen Mitgliedstaaten die kleinen nicht **majorisieren** können. [...]
125 ■ **Kontrolle hoheitlicher Macht:** Insbesondere hinsichtlich der Hauptorgane Rat, Kommission und Parlament besteht im Rahmen des institutionellen Gleichgewichts eine hinreichende gegenseitige Kontrolle. Aller-
130 dings bleibt hierbei das Problem, dass der Rat durch seine starke Stellung im Institutionengefüge aus dem theoretischen Gleichgewicht ein faktisches Ungleichgewicht machen kann. Zudem kann der Rat von Kom-
135 mission und Parlament weitgehend nur politisch und vom EuGH nur begrenzt rechtlich kontrolliert werden. Da die Ratsmitglieder jedoch alle demokratisch legitimierten Regierungen angehören und die nationalen
140 Parlamente zudem die Möglichkeit haben, ihre Ratsmitglieder „an die kurze Leine zu legen", kann dies nicht pauschal als „undemokratisch" eingestuft werden. [...]

■ **Transparenz hoheitlicher Macht:** Seit
145 dem Lissabon-Vertrag sind die Sitzungen des Rates bei Legislativakten nunmehr öffentlich. Die Folge dieser Neuregelung könnte allerdings sein, dass alle echten Diskussionen etwa um **„package deals"** aus dem
150 Sitzungssaal in die Gänge und Delegationsräume verbannt werden, weil es sich ein nationaler Minister vor laufender Kamera kaum leisten kann, etwa als erster **Konzessionsbereitschaft** zu signalisieren. Die neue
155 Transparenz im gesetzgebenden Rat ist aber jedenfalls auch vor dem Hintergrund bundesdeutscher Strukturen ausreichend demokratisch. Man erinnere sich daran, dass das Bundeskabinett, die Bundestags- und Bun-
160 desratsausschüsse, die Fraktionen, die Koalitionsausschüsse, die Parteigremien und sogar der Vermittlungsausschuss zwischen Bundestag und Bundesrat unter Ausschluss der Öffentlichkeit tagen [...].

165 ■ **Partizipation der Unionsbürger:** [...] Jeder Unionsbürger besitzt heute etwa das aktive und passive Wahlrecht zum Europäischen Parlament und ein erweitertes Klagerecht zum EuGH jedenfalls bezüglich
170 Rechtsakten, die ihn unmittelbar und individuell betreffen. Nach Art. 24 AEUV besitzt jeder Unionsbürger das Petitionsrecht und kann sich an den Bürgerbeauftragten wenden. [...]

175 Insoweit könnte man abschließend behaupten, dass das wahre Problem der EU nicht ihr sog. „Demokratiedefizit" ist, sondern der fehlende Konsens über die **Finalität**, d.h. darüber, wie tief die Europäische Integration
180 letztlich greifen soll. [...] Aus theoretischer Sicht kann wohl nur ein echter Bundesstaat wirklich demokratisch verfasst sein. Der Europäische Integrationsverbund leidet mithin, was die diesbezügliche Rhetorik seiner
185 Politiker betrifft, bisweilen eher an einem „Ehrlichkeitsdefizit".

Aus: Jan Bergmann, Demokratiedefizit, in: Ders. (Hrsg.), Handlexikon der Europäischen Union, Baden-Baden 2012

INFO

package deal
Verhandlungspaket

Konzession
Zugeständnis

majorisieren
überstimmen, durch Stimmenmehrheit zwingen

Finalität
Zweckbestimmtheit

1 Arbeiten Sie aus M 23 **heraus**, was dafür bzw. dagegen spricht, dass in der EU ein Demokratiedefizit herrscht.

2 Nehmen Sie in einem Kommentar unter Einbeziehung der demokratischen Prinzipien des Grundgesetzes **Stellung** zur Annahme, die EU leide unter einem Demokratiedefizit, *oder* halten Sie eine Rede, in der Sie Vorschläge für eine demokratischere EU machen.

3 Beurteilen Sie die EU-Organe hinsichtlich ihrer Legitimität und Effizienz (M 1–M 19, M 23).

QUERVERWEIS

LERNWEG Einen Zeitungskommentar verfassen
S. 76 f.

METHODE Eine Rede halten
S. 230–234

Die Institutionen der EU

- Das **Europäische Parlament (EP)** ist die Vertretung der rund 500 Mio. EU-Bürger und das einzige direkt gewählte Organ. Die Legislaturperiode beträgt fünf Jahre. Gemäß dem Lissabon-Vertrag sitzen 751 Abgeordnete im EP; die Plenarsitzungen finden in Straßburg statt, die Ausschüsse tagen in Brüssel. Die Abgeordneten bilden staatenübergreifende Fraktionen: Es stimmen also nicht die deutschen Abgeordneten geschlossen, sondern in der Regel die Delegierten einer Fraktion – unabhängig ihrer Herkunft – gemeinsam ab. Das Parlament ist neben dem Ministerrat das zweite Legislativorgan der EU; wie in demokratischen Staaten ist es mitverantwortlich für den Haushalt und wählt den „Regierungschef", in der EU also den Kommissionspräsidenten. Es stimmt ferner der Einsetzung der Kommission zu. Spricht das Parlament der Kommission mit Zweidrittelmehrheit das Misstrauen aus, so zwingt es diese zum Rücktritt.

- Im **Rat der Europäischen Union bzw. Ministerrat** sitzt je ein Minister pro Mitgliedstaat. Je nach anstehendem Sachgebiet tagt der Rat in unterschiedlicher Zusammensetzung, u. a. als Rat der Außen-, Landwirtschafts-, Wirtschafts- oder Finanzminister, die dann jeweils verbindlich für ihre Regierungen handeln. Als Kammer der Mitgliedstaaten fungiert der Rat dabei als Gesetzgeber, d. h., er verabschiedet die von der Kommission vorgeschlagenen Richtlinien und Verordnungen. Rund 95 Prozent der EU-Gesetze werden gemäß dem Vertrag von Lissabon gemeinsam mit dem Europäischen Parlament beschlossen. Je nach Politikfeld entscheidet der Rat einstimmig oder mit einfacher, meist jedoch mit qualifizierter Mehrheit („doppelte Mehrheit"). Der Ratsvorsitz rotiert halbjährlich zwischen den Mitgliedstaaten.

- Der **Europäische Rat** setzt sich aus den Regierungschefs der Mitgliedstaaten zusammen. Er übt in der EU die politische Führung aus und hat die Richtlinienkompetenz. Seit Inkrafttreten des Vertrags von Lissabon sitzt dem Europäischen Rat ein hauptamtlicher Präsident mit einer Amtsdauer von zweieinhalb Jahren vor, der die regelmäßigen Ratstreffen koordiniert und leitet und somit die Effizienz des Organs erhöht. Im Europäischen Rat werden die politischen Leitlinien und grundsätzlichen Ziele der EU festgelegt sowie Entscheidungen in politisch sensiblen Bereichen wie der Aufnahme neuer Staaten oder der Änderung der Verträge einstimmig getroffen.

- Die **Europäische Kommission** ist das supranationale Exekutivorgan der EU. Sie hat das alleinige Initiativrecht bei der Gesetzgebung, trägt die Alleinverantwortung für den Vollzug der Richtlinien und Verordnungen und vertritt die EU in Wirtschaftsfragen auf internationaler Ebene. Die Kommission wacht als „Hüterin der Verträge" außerdem über die Einhaltung des Gemeinschaftsrechts und verwaltet den EU-Haushalt. Zur Bewältigung ihrer Aufgaben beschäftigt sie rund 23 000 Beamte. Die EU-Kommissare werden von den nationalen Regierungen nominiert und vom Europäischen Parlament bestätigt. Jedes Land stellt einen Kommissar. Der **Kommissionspräsident** fungiert als Bindeglied zwischen Ministerrat und Parlament, denn er nimmt an deren wichtigen Sitzungen ebenso teil wie an den Tagungen des Europäischen Rates.

- Zwischen dem Ministerrat und der EU-Kommission steht der **Hohe Vertreter der Union für Außen- und Sicherheitspolitik**. Obgleich seine Befugnisse nicht mit denen eines klassischen Außenministers gleichzusetzen sind, vereint der Hohe Vertreter eine große Machtfülle auf sich, denn er führt den Vorsitz im Rat für Auswärtige Angelegenheiten und übt als Vizepräsident der Kommission zugleich die Funktion des ehemaligen EU-Außenkommissars aus. Ernannt wird er vom Europäischen Rat.

- Hat ein nationales Gericht Zweifel über Auslegung oder Gültigkeit einer Rechtsvorschrift der EU bzw. über die Vereinbarkeit von nationalem Recht mit EU-Recht, so kann es sich an den **Europäischen Gerichtshof (EuGH)** wenden. Ihm gehören 28 Richter an, die jeweils von den nationalen Regierungen für sechs Jahre berufen werden. Die **Europäische Zentralbank (EZB)** ist die Notenbank in der EU und damit die „Hüterin der Währung" Euro (siehe hierzu Kap. 2.4). Dem **Europäischen Rechnungshof (EuRH)** gehört ein Mitglied je EU-Staat an. Er prüft, inwieweit die Einnahmen und Ausgaben der EU wirksam, ordnungsgemäß und wirtschaftlich eingesetzt werden.

Gesetzgebungsakte

Gesetze in der EU heißen gemäß dem **Vertrag über die Arbeitsweise der Europäischen Union (AEUV)** „Gesetzgebungsakte". Dazu zählen Verordnungen, Richtlinien und Beschlüsse:

- **Verordnungen** sind in allen ihren Teilen verbindlich und treten unmittelbar nach ihrer Veröffentlichung in sämtlichen EU-Staaten in Kraft, so die Verordnung über Mobilfunk-Roaming-Gebühren aus 2007. In seltenen Fällen können Verordnungen nationales Recht sogar außer Kraft setzen. Umgekehrt können die nationalen Parlamente Verordnungen nicht modifizieren.
- **Richtlinien** hingegen – etwa die über die Vorratsdatenspeicherung 2006 – verpflichten die EU-Staaten dazu, meist innerhalb einer Frist ein vereinbartes Ziel durch ein Gesetz des nationalen Parlaments in positives Recht umzusetzen. Hält ein Mitgliedstaat sich nicht an die vorgesehene Frist, kann ihn die Kommission vor dem Europäischen Gerichtshof verklagen.
- Ein **Beschluss** der EU-Kommission ist in allen ihren Teilen für diejenigen verbindlich, die er bezeichnet. Dies können einzelne Mitgliedstaaten oder auch Unternehmen sein, z. B. werden im Rahmen des EU-Wettbewerbsrechts Genehmigungen oder Verbote von Fusionen erteilt.

Vorschläge für Gesetzgebungsakte gehen von der Kommission aus. Als Gesetzgeber kann die EU aber nur nach dem **Subsidiaritätsprinzip** tätig werden: Nur Angelegenheiten, die die Mitgliedstaaten nicht selbst besser regeln können, fallen in ihren legislativen Zuständigkeitsbereich.

Gesetzgebungsverfahren

Das Thema eines Gesetzesvorhabens bestimmt das Verfahren der Beschlussfassung: Der Lissabon-Vertrag unterscheidet hierbei das **„Ordentliche"** und das **„Besondere Gesetzgebungsverfahren"**. Unter Letzterem werden neben dem Verfahren der Zusammenarbeit das Anhörungs- und das Zustimmungsverfahren zusammengefasst.

- Im **Anhörungsverfahren** gibt das EU-Parlament nur eine unverbindliche Stellungnahme zum Kommissionsentwurf ab, auf die Kommission und Rat aber keine Rücksicht nehmen müssen.
- Im **Zustimmungsverfahren** kann das Parlament den Kommissionsvorschlag entweder annehmen oder ablehnen.

Die gegenseitige Anerkennung von Berufsabschlüssen z. B. fiel in den Bereich des Mitentscheidungsverfahrens, das heute Ordentliches Gesetzgebungsverfahren heißt und unter das 85 Prozent aller Beschlussverfahren fallen. Dabei beraten die Abgeordneten in den zuständigen Parlamentsausschüssen über die von der Kommission formulierte Richtlinie und bringen Änderungen in den Kommissionsentwurf ein. Nach dieser ersten Lesung übermittelt das EP dem Rat seine Stellungnahme. Der Rat entscheidet dann mit „doppelter Mehrheit". Stimmt er mit dem Votum des Parlaments vollständig überein, so erlässt er den Rechtsakt in Übereinstimmung mit dem Parlament. In diesem Fall ist das Gesetzgebungsverfahren beendet.

Meist jedoch modifiziert der Ministerrat – beeinflusst von den nationalen Regierungen – den Vorschlag des Parlaments und sendet ihn nach erneuten Beratungen dorthin zurück. Dieses kann den Entwurf mit absoluter Mehrheit annehmen oder ihn ablehnen. Im zweiten Fall gilt der Entwurf als gescheitert. Das Parlament kann die Richtlinie aber auch in zweiter Lesung erneut ändern. Die Änderungswünsche können von der Kommission eingearbeitet und wiederum dem Ministerrat zugesandt werden. Nimmt dieser den Entwurf nun an, tritt die Richtlinie in Kraft.

Lehnt der Ministerrat den Entwurf ab, so versucht ein aus Mitgliedern des Parlaments und des Ministerrats besetzter Vermittlungsausschuss zu schlichten. Einigt sich der Ausschuss auf eine gemeinsame Formulierung, so wird in der dritten Lesung die Richtlinie vom Parlament entweder angenommen oder abgewiesen. Auf diese Weise trat die Richtlinie über die Anerkennung von Berufsqualifikationen 2005 in Kraft. Nun müssten die nationalen Parlamente die Richtlinie binnen einer festgesetzten Frist in nationales Recht umsetzen.

Demokratiedefizit

Damit ist vor allem gemeint, dass nur das EP auf europäischer Ebene demokratisch legitimiert ist, aber nicht das Gesetzesinitiativrecht hat. Dass dieses Recht bei der Kommission und der größere Einfluss auf die Gesetzgebung beim Ministerrat liegt, lässt sich allerdings dadurch begründen, dass die EU keinen „Staatscharakter" hat, sondern eben nur ein Staatenverbund ist.

2.2 Die historische Entwicklung der EU als wirtschaftliche und politische Union

INFO

Immanuel Kant
* 22.4.1724 in Königs-
berg/Ostpreußen
† 12.2.1804 ebenda
Philosoph und der
bedeutendste deut-
sche Aufklärer

Victor Hugo
* 26.2.1802 in Besancon/
Frankreich
† 22.5.1885 in Paris/
Frankreich
französischer Schrift-
steller und politischer
Publizist

QUERVERWEIS

Kant: Befriedung
durch Völkerbund
S. 408, M 6

GLOSSAR

Europäische Union
Europäische Integration

An der Küste des heutigen Libanon lebte der griechi-schen Sage nach eine phönizische Königstochter von ganz besonderer Schönheit. In diese verliebte sich der Göttervater Zeus und entführte sie in Gestalt ei-nes Stieres auf die Insel Kreta, wo er sich alsbald zu-rückverwandelte. Den Erdteil, auf dem die beiden gelandet waren, benannte Zeus nach seiner schönen Prinzessin: „Europa".

Die Europäer blicken auf ein gemeinsames christ-liches Erbe zurück, das in der römischen und griechi-schen Kultur wurzelt. Es sollte dennoch eine lange Zeit vergehen, bis der Name „Europa" für einen in Frieden und Freiheit bewohnten Kontinent stehen würde. Die Geschichte Europas nämlich war die längste Zeit vor allem eine Geschichte von Kriegen, überwiegend geprägt von Alleinherrschern, die die von ihnen besiegten Völker unterjochten und ver-suchten, den Kontinent oder Teile davon unter ihre Herrschaft zu bringen oder mit Gewalt zu vereinen: Der letzte, vonseiten des nationalsozialistischen Deutschlands aus unternommene Versuch mündete in den Zweiten Weltkrieg und verursachte millionen-fachen Tod, unsagbares Leid und gigantische Verwüs-tung. Erst im Angesicht dieser gewaltigen Katas-trophe in der Menschheitsgeschichte wurde das Projekt einer europäischen Einigung (Integration) ernsthaft angegangen, da man letztlich erkannt hatte, dass Frieden und Wohlstand nur durch die Zusammenarbeit in einem freien und geeinten Europa zu garantieren waren.

Diese Erkenntnis herrschte bei einigen weitblickenden Gelehrten schon seit der Europäischen Aufklärung vor: So zeigte sich etwa Immanuel Kant in seiner Schrift „Zum ewigen Frieden" (1795) davon überzeugt, dass ein solcher Frieden nur durch eine Föderation von Staaten, durch einen Friedensbund aus stabilen und republikanisch verfassten Demokratien, gewährleistet werden könne. Mitte des 19. Jahrhunderts schlug der französische Dichter Victor Hugo die Bildung der „Vereinigten Staaten von Europa" vor.

Die Idee eines vereinigten Europas erreichte jedoch erst nach der Urkatastrophe des 20. Jahrhunderts, dem Ersten Weltkrieg, eine breitere Schar von Anhängern.

Am 7. 8. 1950 zerstörten ca. 300 Studenten aus 8 Nationen die Grenzbarriere zwischen dem französischen Wissembourg und dem deutschen St. Germansdorf. Auf dem Plakat fordern sie die Gründung eines europäischen Parlaments und einer europäischen Regierung.

Basiswissen

Nach dem Zweiten Weltkrieg wuchs in Europa der Wunsch nach einer dauerhaften Friedens-ordnung. Die Voraussetzung dafür musste die **Versöhnung** zwischen den beiden „Erbfein-den" **Deutschland und Frankreich** sein. Die schließlich beginnende Überwindung der Feindschaft ging einher mit dem ersten Schritt zur Einigung Europas, der **Gründung der Montanunion 1951**. Seit den 1950er-Jahren erfolgte die europäische Integration Schritt für Schritt bis zur **Gründung der Europäischen Union 1993**. Nach wie vor wird die wirtschaft-liche und politische Zusammenarbeit stetig vertieft und ausgebaut, sei es durch den **Ver-trag von Lissabon 2007** oder die Erweiterung der EU durch neue Mitgliedstaaten.

1 Erwägen Sie etwaige Motive der „Schlagbaumstürmer" der Nachkriegszeit (Foto).

Forderungen nach einem vereinten Europa

Pan-Europa, 1924

MATERIAL **1**

Um auf der politischen Landkarte zu entstehen, muss Pan-Europa erst Wurzeln schlagen in den Herzen und Köpfen der Europäer. Brücken des Verständnisses, der Interessen
5 und der Freundschaft müssen geschlagen werden von Volk zu Volk, von Industrie zu Industrie, von Gewerkschaft zu Gewerkschaft, von Literatur zu Literatur. Das paneuropäische Gemeinschaftsgefühl, der euro-
10 päische Patriotismus muss Platz greifen als Krönung und Ergänzung des Nationalgefühls.

Europa kann nicht warten, bis seine Regierungen und Parteiführer die Notwendigkeit seiner Einrichtung erkennen: Jeder Mann 15 und jede Frau, die von der Notwendigkeit Pan-Europas durchdrungen sind, müssen sich in den Dienst dieses Werkes stellen, von dessen Ausgang das Schicksal eines Erdteiles, das Schicksal seiner Kultur abhängt. [...] 20 Es muss eine klare Scheidung eintreten zwischen Pan-Europäern und Anti-Europäern, zwischen Freunden und Gegnern der Föderation. Sobald die Pan-Europäer in allen Parlamenten des Erdteils die Mehrheit er- 25 langen, ist die Durchführung des Zusammenschlusses gesichert.

Aus: Richard von Coudenhove-Kalergi, Paneuropa, Wien/Leipzig 1924, S. 166 f.

INFO

Richard Coudenhove-Kalergi
* 16.11.1894 in Tokio
† 27.7.1972 in Schruns/Ö.
österreichischer Politiker und Gründer der „Paneuropa-Union" 1922; früher Befürworter des Zusammenschlusses Europas zur Vermeidung eines neuen Kriegs

Forderungen des „Französischen Komitees für die europäische Föderation", 1944

MATERIAL **2**

In dem Augenblick, in dem die Länder Europas gegen die Hitlerische Besatzung aufstehen und endlich das Morgenrot ihrer Befreiung erkennen, wächst gerade unter
5 denjenigen, die an der Spitze dieses Kampfes gegen den Nationalsozialismus stehen, und unter allen Widerstandsbewegungen der Gedanke einer demokratischen Organisation des Nachkriegseuropas [...].
10 Europa kann sich nur dann in Richtung auf wirtschaftlichen Fortschritt, Demokratie und Frieden entwickeln, wenn die Nationalstaaten sich zusammenschließen und einem europäischen Bundesstaat folgende Zuständig-
15 keiten überantworten: die wirtschaftliche und handelspolitische Organisation Europas, das alleinige Recht zu bewaffneten Streitkräften und zur **Intervention** gegen jeden Versuch der Wiederherstellung autoritärer Regime, die Leitung der auswärtigen Ange- 20 legenheiten, die Verwaltung der Kolonialgebiete, die noch nicht bis zur Unabhängigkeit herangereift sind, die Schaffung einer europäischen Staatsangehörigkeit, die neben die nationale Staatsangehörigkeit träte. Die eu- 25 ropäische Bundesregierung muss das Ergebnis nicht einer Wahl durch die Nationalstaaten, sondern einer demokratischen und direkten Bestimmung durch die Völker Europas sein. 30

Aus: Walter Lipgens, Europa-Föderationspläne der Widerstandsbewegungen 1940–1945, München 1968, S. 244 ff.

INFO

Französisches Komitee für die europäische Föderation
gegründet im Juni 1944 von Vertretern der wichtigsten französischen Widerstandsbewegungen

Intervention
(militärisches) Eingreifen, Sich-Einmischen

1 Arbeiten Sie aus M 1 die Forderungen von Richard Coudenhove-Kalergi **heraus** und **erläutern** Sie, welche Voraussetzungen seiner Meinung nach für die Verwirklichung eines europäischen Gesamtstaats gegeben sein müssen.

2 Ermitteln Sie aus M 2 die Forderungen des französischen Komitees und **vergleichen** Sie diese mit den Forderungen Coudenhove-Kalergis in M 1.

METHODE   Eine Rede analysieren

Politik ist sprachliches Handeln. Im Rahmen dieses Handelns spielen Reden eine große Rolle. Politische Reden gibt es in sehr verschiedenen Formaten: Wahlkampf- und Kundgebungsreden in der Öffentlichkeit, Kandidaten- und Programmreden auf Parteitagen, Regierungserklärungen und Debattenreden in den Parlamenten, politische Grundsatzreden auf Kongressen und in Universitäten, in den Medien übertragene Reden an das Volk zu Feiertagen oder anlässlich von Krisen und schließlich – oft in ihrer Bedeutung unterschätzt – Grußworte, Eröffnungs- und Gratulationsreden.

Die Formate unterscheiden sich im Adressatenkreis, in der Redelänge sowie im Kommunikationsstil. Politische Reden können sachlich oder emotional geprägt sein. Sie können einen staatsmännisch-parteiübergreifenden, konfrontativ-parteilichen wie auch einen konsensorientiert-beschwichtigenden Ton tragen. Bei politischen Reden ist weiterhin zu berücksichtigen, dass sie häufig nicht nur an die anwesende Zuhörerschaft gerichtet sind, sondern auch an Nichtanwesende (Parteianhänger, politische Gegner, Öffentlichkeit/Wählerschaft, Ausland).

Eine Redeanalyse ist anspruchsvoll. Sie setzt voraus, die Rede gut verstanden zu haben. Die Rede sollte daher mehrmals gründlich gelesen werden.

Eine Redeanalyse kann wie folgt aufgebaut sein:

1. Einleitung
- Wer hielt die Rede? (Name und Funktion des Redners)
- Wann wurde die Rede gehalten? (Datum)
- Wo wurde die Rede gehalten? (Ort und, wenn möglich, konkrete Räumlichkeit)
- Welches Thema hatte die Rede? (Redegegenstand)
- Aus welchem Grund wurde die Rede gehalten? (Redeanlass)
- Welches Ziel verfolgte die Rede? (proklamierte Absicht)
- An welches Publikum war die Rede gerichtet? (anwesendes Publikum und weitere Adressaten)
- Welchem Redetypus lässt sich die Rede zuordnen? (Wahlkampf-, Kandidaten-, Debatten-, Programm-, Grundsatzrede, Rede an das Volk, Grußwort, Eröffnungs-, Jubiläumsrede)

2. Hauptteil
2.1. Inhaltsangabe
- knappe, die Sinnabschnitte der Rede wiedergebende Zusammenfassung

2.2. Inhaltliche Analyse
- Welche Thesen werden aufgestellt?
- Mit welchen Argumenten werden die einzelnen Thesen gestützt?
- Welcher Gedankengang ist anhand der Reihenfolge der Thesen erkennbar? („roter Faden")
- Welche ausgesprochenen oder unausgesprochenen Appelle an das Publikum sind in der Argumentation enthalten?

2.3. Sprachliche Analyse
- Welche Schlüsselwörter prägen die Rede?
- Welche rhetorischen Mittel enthält die Rede?
- Welcher Satzbau durchzieht die Rede? (einfache Sätze, komplexe Satzgefüge)
- Welche Aussagemodi werden verwendet? (Achten Sie auf Indikativ, Konjunktiv I und II, Imperativ und fragen Sie sich, wie eine Aussage gemeint ist: z.B. Tatsachenbeschreibung, Aufforderung, Wunsch, Zweifel, Bitte, bestätigende/neutrale/distanzierte Wiedergabe von Aussagen anderer.)
- Welcher sprachliche Stil prägt die Rede? (Umgangssprache, gehobene Sprache, Fachsprache)
- Welcher politische Kommunikationsstil formt die Rede? (staatsmännisch, kämpferisch, konfrontativ, beschwichtigend)

3. Fazit
- tatsächliche Absichten des Redners (falls abweichend von der proklamierten Absicht)
- sich in der Rede offenbarendes politisches und/oder persönliches Selbstverständnis
- Einschätzung der Redequalität und des vermutlichen Redeerfolgs

Winston Churchills Rede an die akademische Jugend vom 19. September 1946 (an der Universität Zürich) zur Bildung der Vereinigten Staaten von Europa

METHODE

Sir Winston Leonard Spencer-Churchill
* 30.11.1874 in Woodstock / England
† 24.1.1965 in London
1940–1945 und
1951–1955 britischer
Premierminister;
Initiator der Allianz
Großbritanniens, der
USA und der UdSSR
gegen Deutschland
während des Zweiten Weltkrieges; am
14.8.1941 verkündete
er zusammen mit dem
US-amerikanischen
Präsidenten Franklin D.
Roosevelt die Atlantikcharta, die einen Grundstein für die Bildung
der Vereinten Nationen
legte. Ebenso gilt seine
Züricher Europa-Rede
als wegweisend für die
europäische Einigung.

„[...] Ich möchte heute über Europas Tragödie zu Ihnen sprechen. Dieser edle Kontinent, der alles in allem die schönsten und kultiviertesten Gegenden der Erde umfasst und ein gemäßigtes, ausgeglichenes Klima genießt, ist die Heimat aller großen Muttervölker der westlichen Welt. Hier sind die Quellen des christlichen Glaubens und der christlichen Ethik. Hier liegt der Ursprung fast aller

5 Kulturen, Künste, philosophischen Lehren und Wissenschaften des Altertums und der Neuzeit. Wäre jemals ein vereintes Europa imstande, sich das gemeinsame Erbe zu teilen, dann genössen seine drei- oder vierhundert Millionen Einwohner Glück, Wohlstand und Ehre in unbegrenztem Ausmaße. Jedoch brachen gerade in Europa, entfacht durch die teutonischen Nationen in ihrem Machtstreben, jene Reihe entsetzlicher nationalistischer Streitigkeiten aus, welche wir, in diesem

10 zwanzigsten Jahrhundert und somit zu unserer Lebenszeit, den Frieden zerstören und die Hoffnungen der gesamten Menschheit verderben sahen.

Und welches ist der Zustand, in den Europa gebracht worden ist? Zwar haben sich einige der kleineren Staaten gut erholt, aber in weiten Gebieten starren ungeheure Massen zitternder menschlicher Wesen gequält, hungrig, abgehärmt und verzweifelt auf die Ruinen ihrer Städte und

15 Behausungen und suchen den düsteren Horizont angestrengt nach dem Auftauchen einer neuen Gefahr, einer neuen Tyrannei oder eines neuen Schreckens ab. Unter den Siegern herrscht ein babylonisches Stimmengewirr; unter den Besiegten das trotzige Schweigen der Verzweiflung. Das ist alles, was die, in so viele alte Staaten und Nationen gegliederten Europäer, das ist alles, was die germanischen Völker erreicht haben, nachdem sie sich gegenseitig in Stücke rissen und

20 weit und breit Verheerung anrichteten.

Hätte nicht die große Republik jenseits des Atlantischen Ozeans schließlich begriffen, dass der Untergang oder die Versklavung Europas auch ebenso ihr eigenes Schicksal bestimmen würde, und hätte sie nicht ihre Hand zu Beistand und Führung ausgestreckt, so wäre das finstere Mittelalter mit seiner Grausamkeit und seinem Elend zurückgekehrt. Meine Herren, es kann noch

25 immer zurückkehren. [...]

Ich will nun die Aufgaben, die vor Ihnen stehen, zusammenfassen. Unser beständiges Ziel muss sein, die Vereinten Nationen aufzubauen und zu festigen. Unter- und innerhalb dieser weltumfassenden Konzeption müssen wir die europäische Völkerfamilie in einer regionalen Organisation neu zusammenfassen, die man vielleicht die Vereinigten Staaten von Europa nennen

30 könnte. Der erste praktische Schritt wird die Bildung eines Europarates sein. Wenn zu Beginn nicht alle Staaten Europas der Union beitreten können oder wollen, so müssen wir trotzdem damit anfangen und diejenigen, die wollen, und diejenigen, die können, sammeln und zusammenführen. Die Errettung der Menschen aller Rassen und aller Länder aus Krieg und Knechtschaft muss auf soliden Grundlagen beruhen und garantiert werden durch die Bereitschaft aller Männer

35 und Frauen, lieber zu sterben, als sich der Tyrannei zu unterwerfen. Bei all diesen dringenden Aufgaben müssen Frankreich und Deutschland zusammen die Führung übernehmen. Großbritannien, das britische Commonwealth, das mächtige Amerika und, so hoffe ich wenigstens, Sowjetrussland – denn dann wäre tatsächlich alles gut – sollen die Freunde und Förderer des neuen Europa sein und dessen Recht, zu leben und zu leuchten, beschützen. [...]“

*Zitiert nach: Ein britischer Patriot für Europa, in: Die Zeit online, www.zeit.de/reden/die_historische_rede/200115_*
hr_churchill1_englisch/komplettansicht, 5.5.2009 (Zugriff: 21.11.2014)

QUERVERWEIS

Der Beitrag der UN zur
Konfliktbewältigung
und Friedenssicherung
Kap. 4.4

||||**1**|| **Analysieren** Sie die Europa-Rede des britischen Premierministers Winston Churchill im Hinblick auf seine Darstellung der damaligen Situation Europas sowie die von ihm unterbreiteten Zukunftsperspektiven.

||||**2**|| **Erklären** Sie unter Rückgriff auf Ihr historisches Wissen, warum und bei wem die Rede Churchills im Jahr 1946 für Aufsehen sorgte.

Hoffnungsvoller Start: Gründung von Europarat und Montanunion

Der Europarat, 1949

Der Europarat — Für Demokratie und Menschenrechte in Europa

Europäischer Gerichtshof für Menschenrechte

Ministerkomitee (Beschlussorgan)	Parlamentarische Versammlung	Kongress der Gemeinden und Regionen des Europarats
Außenminister der Mitgliedstaaten	Abgeordnete aus den nationalen Parlamenten	Vertreter der Städte und Gemeinden und der Regionen

Mitgliedstaaten		Albanien	Andorra	Armenien	Aserbaidschan	Belgien
Bosnien-Herzegowina	Bulgarien	Dänemark	Deutschland	Estland	Finnland	Frankreich
Georgien	Griechenland	Großbritannien	Irland	Island	Italien	Kroatien
Lettland	Liechtenstein	Litauen	Luxemburg	Malta	Mazedonien	Moldau
Monaco	Montenegro	Niederlande	Norwegen	Österreich	Polen	Portugal
Rumänien	Russland	San Marino	Schweden	Schweiz	Serbien	Slowakei
Slowenien	Spanien	Tschechien	Türkei	Ukraine	Ungarn	Zypern

ZAHLENBILDER   Stand: 2007

712 001   © Bergmoser + Höller Verlag AG

Der Europarat mit Sitz in Straßburg wurde 1949 mit dem Ziel gegründet, die Einheit und Zusammenarbeit Europas zu fördern, auf den Gebieten Wirtschaft, Soziales, Kultur und Wissenschaft zusammenzuarbeiten und 5 insbesondere zur Demokratisierung und Durchsetzung der Menschenrechte beizutragen. Der E. ist kein Organ der EU, sondern eine internationale Organisation von 47 [2014] europäischen Staaten. Er gliedert sich 10 in: a) Ministerkomitee (aller Außenminister); b) Parlamentarische Versammlung (318 Abgeordnete 2010 aus nationalen Parlamenten), die c) den Generalsekretär (auf fünf Jahre) wählen; d) Kongress der Gemeinden 15 und Regionen. Der E. hat bislang 208 (2010) Konventionen verabschiedet, darunter die Europäische Konvention zum Schutz der Menschenrechte und die Europäische Sozialcharta. Kontrollorgan ist der an den E. ange- 20 gliederte Europäische Gerichtshof für Menschenrechte in Straßburg.

Nach: Klaus Schubert/Martina Klein, Das Politiklexikon, 5. Aufl. Bonn 2011; eigene Aktualisierung

Bedeutungsverlust des Europarates?

Die OSZE ging aus der 1975 mit der Schlussakte von Helsinki 5 beendeten Konferenz über Sicherheit und Zusammenarbeit in Europa (KSZE) hervor; die offizielle Umbenennung der KSZE zur OSZE wurde am 10 1.1.1995 wirksam. Mit derzeit 57 Mitgliedstaaten ist die die OSZE weltweit größte Sicherheitsorganisation. Näheres unter: 15 **www.osce.org**

Im Schatten der EU und in Konkurrenz zur **Organisation für Sicherheit und Zusammenarbeit in Europa (OSZE)** ist der Europarat aus der öffentlichen Wahrnehmung weitgehend verschwunden. [...] Dieser Bedeutungsverlust steht im Gegensatz zu den Erwartungen, die den ersten Gipfel des Europarats vor zwölf Jahren [1993] in Wien begleiteten. Nach dem Fall der kommunistischen Diktaturen wurde in den Europarat die Hoffnung gesetzt, er könne ein wichtiges Instrument zur Durchsetzung von Demokratie und Rechtsstaatlichkeit in Mittel- und Osteuropa werden. Im Verlauf der Neunzigerjahre wurden fast alle europäischen Staaten in den Europarat aufgenommen. Als entscheidend wurden die Fähigkeit und der Wille angesehen, einen demokratischen Rechtsstaat zu schaffen. [...] Immer 20 wieder muss sich der Europarat seither damit befassen, dass die Mitgliedstaaten die Bedingungen, unter denen sie aufgenommen wurden, nicht erfüllen. Folgen hat dies in der Regel nicht. [...]

Bei der Beilegung von Konflikten in Mitglied- 25 staaten, wie zum Beispiel 2001 in Mazedonien, spielte der Europarat keine Rolle. Anders als die OSZE unterhält er keine großen Missionen an Konfliktherden, die Vereinbarungen überwachen und mit den gegnerischen 30 Parteien in Kontakt sind. Ihre Bedeutung bezieht die Organisation heute vor allem aus dem Europäischen Gerichtshof für Menschenrechte, dessen Entscheidungen für alle Mitgliedstaaten bindend sind. In den Län- 35 dern Ost- und Mitteleuropas, in denen die Verletzung der Grundrechte keine staatliche Politik ist, wird der Gerichtshof auch von den Regierungen als Instanz geschätzt, die die eigene Justiz diszipliniert. 40

Aus: Reinhard Veser, Gegen den Bedeutungsverlust, in: Frankfurter Allgemeine Zeitung, 17.5.2005

Der Schumanplan zur Montanunion, 1950/1951

Europa lässt sich nicht mit einem Schlag herstellen und auch nicht durch eine einfache Zusammenfassung: Es wird durch konkrete Tatsachen entstehen, die zunächst eine Soli-
5 darität der Tat schaffen. Die Vereinigung der europäischen Nationen erfordert, dass der jahrhundertealte Gegensatz zwischen Frankreich und Deutschland ausgelöscht wird. Das begonnene Werk muss in erster Linie
10 Deutschland und Frankreich umfassen [...].
Die französische Regierung schlägt vor, die Gesamtheit der französisch-deutschen Kohlen- und Stahlproduktion unter eine gemeinsame Oberste Aufsichtsbehörde (*Haute Auto-*
15 *rité*) zu stellen, in einer Organisation, die den anderen europäischen Ländern zum Beitritt offen steht. Die Zusammenlegung der Kohlen- und Stahlproduktion wird sofort die Schaffung gemeinsamer Grundlagen für die
20 wirtschaftliche Entwicklung sichern – die erste Etappe der europäischen Föderation – und die Bestimmung jener Gebiete ändern, die lange Zeit der Herstellung von Waffen gewidmet waren, deren sicherste Opfer sie
25 gewesen sind.
Die Solidarität der Produktion, die so geschaffen wird, wird bekunden, dass jeder Krieg zwischen Frankreich und Deutschland nicht nur undenkbar, sondern materiell un-
30 möglich ist. Die Schaffung dieser mächtigen Produktionsgemeinschaft, die allen Ländern offensteht, die daran teilnehmen wollen, mit dem Zweck, allen Ländern, die sie umfasst,

Nur wer die Sehnsucht kennt...
Zeichnung: Mirko Szewczuk, in: Die Welt, 13.8.1949

die notwendigen Grundstoffe für ihre indus-
35 trielle Produktion zu gleichen Bedingungen zu liefern, wird die realen Fundamente zu ihrer wirtschaftlichen Vereinigung legen. [...]
Durch die Zusammenlegung der Grundin-
40 dustrien und die Errichtung einer neuen Obersten Behörde, deren Entscheidungen für Frankreich, Deutschland und die anderen teilnehmenden Länder bindend sein werden, wird dieser Vorschlag den ersten Grundstein
45 einer europäischen Föderation bilden, die zur Bewahrung des Friedens unerlässlich ist.

Aus: Klaus-Jörg Ruhl, „Mein Gott, was soll aus Deutschland werden?" Die Adenauer-Ära 1949–1963, München 1985, S. 86 ff.

Robert Schuman
* 29.6.1886 in Clausen/Luxemburg † 4.9.1963 in Chazelles/Frankreich; Französischer Politiker; aufgewachsen im (damals deutschen) Elsass-Lothringen, Studium an deutschen Universitäten, Kriegsteilnehmer 1914–1918 beim deutschen Heer; 1918 wird Schuman französischer Staatsangehöriger; 1919–1940 Abgeordneter der Nationalversammlung; 1940-1942 in Gestapo-Haft; nach seiner Flucht 1942–1945 im Untergrund; 1945–1963 erneut Mitglied der Nationalversammlung mit wechselnden Ministerposten; 1948–1953 Außenminister.

||||**1** Arbeiten Sie aus M 3 und M 4 die Aufgaben des Europarates **heraus** und **erläutern** Sie seine Bedeutung im Hinblick auf die Sicherung von Freiheit und Menschenrechten.

||||**2** **Ermitteln** Sie aus M 4 die Ursachen für den konstatierten Bedeutungsverlust des Europarates.

||||**3** **Bewerten** Sie die Bedeutung des Europarates anhand eines selbst recherchierten aktuellen Beispiels.

||||**4** **Analysieren** Sie die Karikatur in M 5 im Hinblick auf das darin dargestellte Motiv Deutschlands zur Gründung der Montanunion.

||||**5** Arbeiten Sie aus dem Text M 5 die Motivation Frankreichs für die Gründung der Montanunion **heraus** und **beurteilen** Sie mit Blick auf die europäische Einigung den Stellenwert des Schumanplans.

QUERVERWEIS

Ukrainekrise
S. 208 f.

Integration mit Hindernissen: EVG, EWG und Élysée-Vertrag

MATERIAL **6** — ## Scheitern der Europäischen Verteidigungsgemeinschaft, 1954

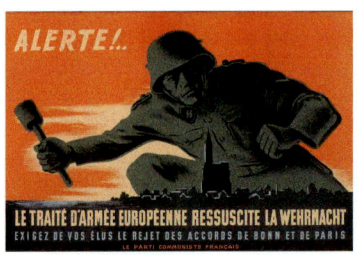

„Alarm! Der Vertrag über eine europäische Armee erweckt die Wehrmacht wieder zum Leben. Verlangt von euren Abgeordneten die Ablehnung der Abkommen von Bonn und Paris."

INFO

supranational
übernational,
überstaatlich

implizieren
bedeuten;
mit enthalten

Ratifizierung
Unterzeichnung eines
von den Regierungen
ausgehandelten und
durch das Parlament
bestätigten völker-
rechtlichen Vertrages
durch das jeweilige
Staatsoberhaupt

QUERVERWEIS

NATO
S. 388, Info

Die Außenminister der drei Westmächte [vereinbarten] am 19. 9. 1950 in New York, so bald wie möglich eine europäische Armee unter westdeutscher Beteiligung (EVG) aufzustellen. [...] Der Plan, der eine europäische Armee unter einem europäischen Verteidigungsminister vorsah, also das Aufgehen der nationalen Heere auch der fünf anderen Mitgliedsländer in einer **supranationalen** Streitmacht beinhaltete, **implizierte** einen Verzicht auf einen wesentlichen Teil der nationalstaatlichen Souveränität. Mit sachlogischer Notwendigkeit musste zudem auf den ersten Schritt, die Schaffung einer europäischen Armee, der zweite in Gestalt einer europäischen Regierung folgen, der europäische Verteidigungsminister also Mitglied einer europäischen Bundesregierung werden. In der Tat war dies die Zielvorstellung der „Europäer" in den zur Teilnahme bereiten Staaten Frankreich, Bundesrepublik, Italien und Benelux-Länder. Großbritannien blieb gerade wegen des implizierten Souveränitätsverzichts außerhalb der anvisierten EVG-Lösung. Eine „Europäische Politische Gemeinschaft" (EPG) wurde bereits neben der EVG vorbereitet. Sie sollte sogleich nach der **Ratifizierung** des EVG-Vertrages ins Leben gerufen werden. [...]
Am 30. 8. 1954 wurde der EVG-Vertrag in der französischen Nationalversammlung zu Fall gebracht. [...] Die Bedeutung dieser Entscheidung für die europäische Geschichte der Nachkriegszeit kann kaum hoch genug eingeschätzt werden. Der 1950 mit großem Schwung von der quasi-„privaten" Europa-Bewegung auf die kontinentalen westeuropäischen Regierungen übertragene Wille, der „Herausforderung" der kommunistischen Bedrohung des Westens mit der „Antwort" eines Zusammenschlusses des freien Westeuropa zu einer bundesstaatlichen Organisation zu begegnen, war zwar schon seit Stalins Tod [1953] erheblich schwächer geworden. [...] Die britische Regierung, die durch ihre Nichtbeteiligung an der EVG wesentlich dazu beigetragen hatte, dass in Frankreich deren Befürworter immer mehr an Rückhalt verloren, weil nicht einzusehen war, dass von den „Großmächten" nur Frankreich, nicht aber Großbritannien einen wesentlichen Teil seiner nationalstaatlichen Souveränität aufgeben und damit den Status als eigenständige „Großmacht" verlieren sollte, hatte frühzeitig nach Ersatzlösungen Ausschau gehalten [...]. Es lag auf der Hand, dass nach diesem „schwarzen Tag für Europa" (Adenauer) an eine Fortsetzung der Integrationspolitik, an eine supranationale Lösung, auf lange Zeit nicht mehr zu denken war. [...] Eine militärische Ersatzlösung für die EVG war [...] schnell gefunden: Die Bundesrepublik wurde Mitglied des Nordatlantikpakts, die deutschen Streitkräfte wurden den Führungsstäben der NATO unterstellt.

Aus: Andreas Hillgruber, Europa in der Weltpolitik der Nachkriegszeit 1945–1963, 3. Aufl., München 1987, S. 58–68

INFO

bilateraler Vertrag
: zweiseitiger Vertrag/
hier: Vertrag zwischen
zwei Staaten (vs.
multilateraler Vertrag:
Vertrag zwischen
mehreren Staaten)

||||**1** **Analysieren** Sie M 6 im Hinblick auf die Gründe für das Scheitern der angestrebten EVG.

||||**2** **Nehmen** Sie **Stellung** zu der Einschätzung Konrad Adenauers, dass das Scheitern der EVG ein „schwarzer Tag für Europa" war (M 6, Z. 60 f.).

||||**3** **Stellen** Sie die wichtigsten Bestimmungen der Römischen Verträge zusammen (M 7) und **vergleichen** Sie diese mit den Zielvorgaben von EVG und EPG (M 6).

||||**4** **Fassen** Sie die zentralen Bestimmungen des Élysée-Vertrages **zusammen** (M 8).

||||**5** **Bewerten** Sie den Élysée-Vertrag im Hinblick auf seine Wirkungsmöglichkeiten für die deutsch-französische Freundschaft und die Wahrung des Friedens in Europa (M 8).

||||**6** **Erläutern** Sie, warum es sich bei diesem Vertrag im Vergleich zu anderen bilateralen Verträgen der Vergangenheit um ein ganz besonderes Abkommen handelt (M 8).

Die Gründung der Europäischen Wirtschaftsgemeinschaft (EWG) durch die Römischen Verträge, 1957

Artikel 2: Aufgabe der Gemeinschaft ist es, durch die Errichtung eines gemeinsamen Marktes und die schrittweise Annäherung der Wirtschaftspolitik der Mitgliedstaaten
5 eine harmonische Entwicklung des Wirtschaftslebens innerhalb der Gemeinschaft, eine beständige und ausgewogene Wirtschaftsausweitung, eine größere Stabilität, eine beschleunigte Hebung der Lebenshal-
10 tung und engere Beziehungen zwischen den Staaten zu fördern, die in dieser Gemeinschaft zusammengeschlossen sind.
Artikel 3: Die Tätigkeit der Gemeinschaft im Sinne des Artikels 2 umfasst nach Maßgabe
15 dieses Vertrags und der darin vorgesehenen Zeitfolge
a) die Abschaffung der Zölle und mengenmäßigen Beschränkungen bei der Ein- und Ausfuhr von Waren [...];

b) die Einführung eines gemeinsamen Zoll- 20 tarifs und einer gemeinsamen Handelspolitik gegenüber dritten Ländern;
c) die Beseitigung der Hindernisse für den freien Personen-, Dienstleistungs- und Kapitalverkehr zwischen den Mitgliedstaaten; 25
d) die Einführung einer gemeinsamen Politik auf dem Gebiet der Landwirtschaft;
e) die Einführung einer gemeinsamen Politik auf dem Gebiet des Verkehrs;
[...] 30
g) die Anwendung von Verfahren, welche die Koordinierung der Wirtschaftspolitik der Mitgliedstaaten [...] ermöglichen;
h) die Angleichung der innerstaatlichen Rechtsvorschriften, soweit dies für das ord- 35 nungsmäßige Funktionieren des gemeinsamen Marktes erforderlich ist [...].

INFO

Konrad Adenauer
* 5.1.1876 in Köln
† 19.4.1967 in Bad Honnef
erster Bundeskanzler der Bundesrepublik Deutschland (1949–1963);
Befürworter der europäischen Integration und Aussöhnungspolitik

Der Élysée-Vertrag, 1963

Am 22. Januar 1963 unterzeichneten Bundeskanzler Konrad Adenauer und Staatspräsident Charles de Gaulle den Élysée-Vertrag und beendeten damit endgültig die deutsch-französische „Erbfeindschaft".

Erziehung- und Jugendfragen [...]
1. Auf dem Gebiet des Erziehungswesens richten sich die Bemühungen hauptsächlich auf folgende Punkte:
5 **a) Sprachunterricht**
Die beiden Regierungen erkennen die wesentliche Bedeutung an, die der Kenntnis der Sprache des anderen in jedem der beiden Länder für die französisch-deutsche Zusam-
10 menarbeit zukommt. Zu diesem Zweck werden sie sich bemühen, konkrete Maßnahmen zu ergreifen, um die Zahl der französischen Schüler, die Deutsch lernen, und die der deutschen Schüler, die Französisch lernen,
15 zu erhöhen. [...] Es erscheint angebracht, an allen Hochschulen in Frankreich einen für alle Studierenden zugänglichen praktischen Unterricht in der deutschen Sprache und in

Deutschland einen solchen in der französischen Sprache einzurichten. 20
b) Frage der Gleichwertigkeit der Diplome
Die zuständigen Behörden beider Staaten sollen gebeten werden, beschleunigte Bestimmungen über die Gleichwertigkeit der Schulzeiten, der Prüfungen, der Hochschul- 25 titel und -diplome zu erlassen [...].

2. Der französischen und deutschen Jugend sollen alle Möglichkeiten geboten werden, um die Bande, die zwischen ihnen bestehen, enger zu gestalten und ihr Verständnis für- 30 einander zu vertiefen. Insbesondere wird der Gruppenaustausch weiter ausgebaut. Es wird ein Austausch- und Förderungswerk der beiden Länder errichtet, an dessen Spitze ein unabhängiges Kuratorium steht. Die- 35 sem Werk wird ein französisch-deutscher Gemeinschaftsfonds zur Verfügung gestellt, der der Begegnung und dem Austausch von Schülern, Studenten, jungen Handwerkern und jungen Arbeitern zwischen beiden Län- 40 dern dient.

INFO

Charles de Gaulle
* 22.11.1890 in Lille
† 9.11.1970 in Colombey-les-Deux-Eglises;
Französischer Staatspräsident (1959–1969); nach der französischen Niederlage gegen Deutschland 1940 floh er nach London und wurde Chef der Freien Französischen Streitkräfte und des Nationalen Verteidigungskomitees; nach der Befreiung von Paris wurde er von 1944–1946 Chef der provisorischen Regierung; nach der Gründung der 5. Republik 1958 wurde de Gaulle ihr erster Staatspräsident.

Integrationsstillstand? Von der EWG bis zur Süderweiterung

MATERIAL **9**

Ökonomische Fortschritte und politische Rückschläge

INFO

EGKS
Europäische Gemeinschaft
für Kohle und Stahl
= Montanunion (siehe M 5)

EWG
Europäische Wirtschafts-
gemeinschaft (siehe M 7)

Euratom
Teil der Römischen Ver-
träge, aber eigenständige
Organisation; Ziel von
Euratom ist es, „durch
die Schaffung der für die
schnelle Bildung und Ent-
wicklung von Kernindustri-
en erforderlichen Voraus-
setzungen zur Hebung der
Lebenshaltung in den Mit-
gliedstaaten und zur Ent-
wicklung der Beziehungen
mit den anderen Ländern
beizutragen." (Art. 1)

Hegemonie
Vorherrschaft

perpetuieren
bewirken, dass etwas sich
festsetzt, fortsetzt

Obstruktion
Hindernis, Hemmnis

Bei der EWG kam es zu ökonomischen Fortschritten und politischen Rückschlägen. Am
1. Januar 1959 wurden die Zölle erstmals um
zehn Prozent gesenkt, um dann schrittweise
gänzlich beseitigt zu werden. [...]
Die Krise der Politik des „leeren Stuhles",
praktiziert von Charles de Gaulle – der ein
halbes Jahr unter anderem wegen der strit-
tigen Frage der Agrarfinanzierung Entscheidungen im Ministerrat (MR) blockiert hatte –, endete mit der Festschreibung der
Vetomöglichkeit bei wichtigen nationalen
Interessen im „Luxemburger Kompromiss"
1966 und mit der Aufschiebung und Infragestellung der Einführung von Mehrheitsent-
scheidungen. Am 1. Juli 1967 trat der „Fusionsvertrag" von 1965 in Kraft, der die Einsetzung
eines gemeinsamen Rates und einer gemeinsamen Kommission vorsah. Die Teilgemein-
schaften **EGKS**, **EWG** und **Euratom** bildeten
auf Basis der existierenden Verträge fortan
die EG [Europäische Gemeinschaft]. Am 1.
Juli 1968, 18 Monate früher als in den Römischen Verträgen vorgesehen, trat die Zollunion in Kraft. Die Binnenzölle waren damit

abgeschafft und ein gemeinsamer Außen-
zolltarif für den Handel mit Drittstaaten eingeführt. [...]
Die EWG der Sechzigerjahre bewegte sich im
Schatten der nationalen Politik de Gaulles,
der mit ihrer Hilfe die französische **Hegemonie** auf dem Kontinent und den Ausschluss
Großbritanniens aus der EG zu **perpetuieren** versuchte. Es war ein Jahrzehnt der han-
dels- und zollpolitischen Integrationsfortschritte und der supranationalitätspolitischen
Stagnation. [...]
Die Beitrittsverhandlungen mit Dänemark,
Irland, Großbritannien und Norwegen wurden 1970 aufgenommen, was nach dem
Rücktritt des erweiterungspolitisch wider-
setzlichen de Gaulle (28. April 1969) unter
der Regierung von Georges Pompidou möglich geworden war. Die Beitrittsakte konnte
am 22. Januar 1972 unterzeichnet werden.
Die Aufnahme Norwegens scheiterte an einer
ablehnenden Volksabstimmung (53 Prozent).
[...]
Die Beitrittsverhandlungen der ersten Erwei-
terungsrunde (1961–1972) waren die lang-
wierigsten und im Falle Großbritanniens bisher auch die problematischsten. De Gaulles
Vorbehalte und **Obstruktionen** taten ein
Übriges, zumal die Briten fortlaufend
Schwierigkeiten machten – dies auch später
hinsichtlich ihrer Mitgliedschaft und Bei-
trittszahlungen. [...] Großbritannien blieb bis
zuletzt ein schwieriger Partner (Rabattierung
der Beiträge, Fernstehen von der Sozialpolitik, Festhalten an der nationalen Währung,
Freistellung von der Grundrechte-Charta,
Euroskeptizismus, verknüpft mit einer eigenen proamerikanischen Sicherheitspolitik)
[...].
Mitte der Siebzigerjahre war die Situation in
Europa durch zunehmende Arbeitslosigkeit,
Verlangsamung des Wachstums und Krisen
in diversen Branchen, etwa in der Textil-, vor
allem aber in der Eisen- und Stahlindustrie,
gekennzeichnet. Die in der EG aufgrund von
Währungs-, Energie- und Wirtschaftskrisen
in den Siebzigerjahren vorherrschende Ge-

*Links im Bild: Die Regierungschefs der EG mit dem französischen Staatspräsiden-
ten Mitterand, der den europäischen Pass hochhält; rechts im Bild: die britische
Premierministerin Margaret Thatcher;
Zeichnung: Plantu, in: Le Monde, 26.6.1984*

fühlslage der integrationspolitischen Stagnation wird immer wieder vereinfachend mit
75 „Eurosklerose" bezeichnet, was aber dieses
Jahrzehnt gemeinschaftspolitisch und -recht-
lich nicht zutreffend charakterisiert. [...]
Der Europäische Gerichtshof (EuGH) hatte
gerade von den Sechziger- bis zu den Achtzi-
80 gerjahren in einer Zeit des vermeintlichen
Integrationsstillstands durch eine Vielzahl
von Urteilen eine wichtige Rolle bei der Ausweitung des gemeinsamen Rechtsbestandes
gespielt.
85 Am 1. Dezember 1975 beschloss der zwei- bis
dreimal jährlich außerverfassungsmäßige,
das heißt „oberhalb" der EG informell tagen-
de und aus den Staats- und Regierungschefs
bestehende Europäische Rat (ER) in Rom die
90 direkte und unmittelbare Wahl der Abgeordneten zum Europäischen Parlament. Nun rang
sich die Gemeinschaft durch, die bereits in
den Römischen Verträgen in Aussicht gestellte Entscheidung zu treffen, womit eine
95 partielle Demokratisierung einsetzte. Vom
7. bis 10. Juni 1979 wählten die Bürger der
neun EG-Mitgliedsstaaten zum ersten Mal

die Abgeordneten in allgemeiner und direkter Wahl. [...]
100 Nachdem Griechenland (1975), Portugal und
Spanien (1977) Anträge auf EG-Vollmitglied-
schaft gestellt hatten, war die EG angesichts
der noch nicht realisierten Vertiefungsab-
sichten mit neuen Erweiterungswünschen
105 konfrontiert. Alle drei Länder hatten sich
erst seit Kurzem mit demokratischen Verhältnissen angefreundet, sollten aber wegen
ihrer Entwicklungsunterschiede die EG vor
eine Reihe neuer Probleme stellen, nicht
110 nur finanzieller Natur, sondern auch hinsichtlich des reibungslosen Funktionierens
der EG-Organe. [...] Am 28. Mai 1979 [konn-
ten] Griechenland und die EG in Athen den
Beitrittsvertrag unterzeichnen [...]. Mit dem
115 1. Januar 1986 folgten auch Spanien und
Portugal als weitere Mitglieder. [...] Politische Motive sehr vernunftgeleiteter Natur,
nämlich zur Konsolidierung und Stabilisierung der südeuropäischen Demokratien bei-
120 zutragen, waren letztlich entscheidend, obwohl es Bedenken wegen der wirtschaftlichen
Rückständigkeit dieser Länder gab.

Aus: Michael Gehler, Von der Westintegration zur Vereinigung des Kontinents: die Rationalität der Etappen europäischer Integration 1939–2013, in: Einsichten und Perspektiven 3 (2013), S. 186–189

INFO

Margaret Thatcher
* 13.10.1925 in Grantham
† 8.4.2013 in London;
brit. Premierministerin
(1979–1990); vertrat als
„Eiserne Lady" kompromiss-
los britische Interessen

INFO

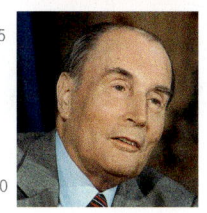

Francois Mitterand
* 26.10.1916 in Jarnac
† 8.1.1996 in Paris;
frz. Staatspräsident (1981–
1995); starker Befürworter
der Integration Europas

Europa von den 1960er- bis zu den 1980er-Jahren

MATERIAL **10**

„Gigantisch! Und dieses niedliche Köpfchen!";
Zeichnung: Jupp Wolter

Zeichnung: Klaus Pielert

1 Stellen Sie die in M 9 angesprochenen Fortschritte und Rückschläge bei der Entwicklung der EWG/EG einander gegenüber und **bewerten** Sie diese.

2 **Analysieren** Sie die Karikatur in M 9 vor dem Hintergrund des Textes M 9.

3 **Analysieren** Sie die Karikaturen in M 10 und **prüfen** Sie deren Wahrheitsgehalt mithilfe des Textes M 9.

QUERVERWEIS

**Die Institutionen
der EU**
S. 112–115

Das Schengener Abkommen

MATERIAL **11** ## Zentrale Bestimmungen des Schengener Abkommens, 1985

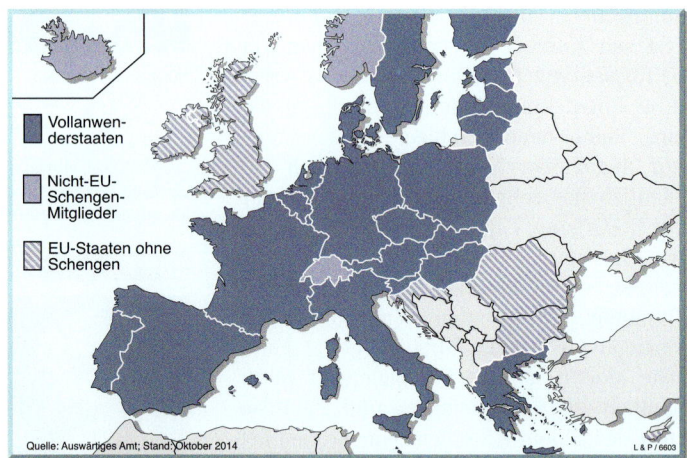

Quelle: Auswärtiges Amt; Stand: Oktober 2014 · L & P / 6603

Legende:
- Vollanwenderstaaten
- Nicht-EU-Schengen-Mitglieder
- EU-Staaten ohne Schengen

QUERVERWEIS

Migration nach Europa – Krise oder Chance?
S. 200–205

GLOSSAR

Migration
Schengener Abkommen

Am 15. Juni 1985 vereinbarten im luxemburgischen Schengen Frankreich, Belgien, die Niederlande, Luxemburg und Deutschland ein Übereinkommen, dessen Kernsatz lautet:
5 „Die Binnengrenzen dürfen an jeder Stelle ohne Personenkontrollen überschritten werden." [...] Nach mehreren Erweiterungen zählen zum Schengenraum 22 EU-Mitglieder, Norwegen und Island [sowie die Schweiz
10 und Liechtenstein]. [...]
Am 19. Juni 1990 wurde zur Umsetzung des Schengener Abkommens das [...] Schengener Durchführungsübereinkommen – SDÜ unterzeichnet. Das Abkommen regelt die Aus-
15 gleichsmaßnahmen, die einen einheitlichen Raum der Sicherheit und des Rechts gewährleisten sollen. Es handelt sich dabei um
- die Vereinheitlichung der Vorschriften für die Einreise und den kurzfristigen Auf-
20 enthalt von Ausländern im „Schengenraum" (einheitliches Schengenvisum);
- Asyl (Bestimmung des für einen Asylantrag zuständigen Mitgliedstaats);
- Maßnahmen gegen grenzüberschreitenden Drogenhandel;
25
- polizeiliche Zusammenarbeit und
- Zusammenarbeit der Schengenstaaten im Justizwesen.
[...] Nicht nur Unionsbürger, sondern auch
30 Angehörige von Drittstaaten profitieren von der neuen Reisefreiheit. Allerdings unter ei-

ner Bedingung: Sie müssen ein Aufenthaltsrecht in einem dieser „Schengenstaaten" haben. Bürger aus Drittstaaten, die nicht in einem Schengenland leben, sondern dort 35 nur ihre Ferien verbringen, brauchen nur noch ein einziges Visum. Dieses Visum wird von einem Schengenstaat ausgestellt und ist dann für die Einreise und den kurzfristigen Aufenthalt in allen Vertragsstaaten gültig. 40
[...] Einig war man sich von Anfang an, dass mit dem Wegfall der Grenzkontrollen eine Reihe von Ausgleichsmaßnahmen verwirklicht werden mussten. [...] Das Durchführungsübereinkommen zum Vertrag von 45 Schengen regelt die flankierenden Maßnahmen – von Bestimmungen über die gegenseitige Anerkennung der Visa, die polizeiliche Zusammenarbeit, die Behandlung von Asylanträgen bis hin zu Rechtsangleichungen im 50 Waffen- und Betäubungsmittelrecht.
Strenge Personenkontrollen an den Außengrenzen sind in der Logik der Vereinbarungen von Schengen ein wichtiges Gegengewicht zum Wegfall der Kontrollen an den 55 Binnengrenzen. Für die Frage der Einreise ins Gebiet der Schengenstaaten sind gemeinsame Regelungen gefunden worden. Die Vertragsstaaten erkennen die von ihren nationalen Behörden erteilten Visa gegenseitig an. 60 Ähnliches gilt bei der Asylpolitik: Hat ein Mitgliedsland über einen Asylantrag entschieden, werden die anderen Schengenstaaten diese Entscheidung in aller Regel anerkennen. Die Vertragsparteien haben 65 sich darüber hinaus zur gegenseitigen Unterstützung ihrer Polizeidienste verpflichtet. Ein „elektronisches Fahndungsbuch", das „Schengener Informationssystem" (SIS), hilft dabei. Das SIS ist ein computergestütztes 70 System, das den Austausch von Daten über gesuchte Personen oder Objekte ermöglicht. [...] Außerdem dürfen Polizisten unter engen Voraussetzungen fliehenden Verbrechern auch über die Grenze hinweg „nacheilen". 75 Auch in den Bereichen Waffenrecht und Drogenpolitik konnten die Schengenstaaten gemeinsame Lösungen finden.

Aus: EU-Info.Deutschland, www.eu-info.de/europa/schengener-abkommen, Stand: 2014 (Zugriff: 28.7.2014)

Ehrenwort

Zeichnung: Burkhard Mohr

Schengenreform, 2014

Das Reformpaket unter dem Namen *Schengen Governance Package* beinhaltet zwei Maßnahmenbereiche. Dabei handelt es sich zum einen um Maßnahmen zur Evaluierung
5 der Anwendung des Schengener Vertragswerkes sowie zum anderen um eine Änderung des Schengener Grenzkodexes zur temporären Wiedereinführung von Grenzkontrollen an den Binnengrenzen der An-
10 wenderstaaten. Im Rahmen der **Evaluierungs- und Monitoringmaßnahmen** kann die EU-Kommission unangekündigte Besuche in den Grenzregionen der Anwenderstaaten vornehmen, um zu überprüfen, ob
15 diese ihre Verpflichtungen aus dem Schengener Abkommen einhalten oder ob sie etwa ungerechtfertigte Grenzkontrollen durchführen. Wenn eine solche Evaluation zu dem Schluss kommt, dass ein Staat an der europä-

ischen Außengrenze nicht in der Lage ist, die 20 Außengrenzen zu kontrollieren und dieser Zustand auch nach weiteren drei Monaten anhält, kann ein sogenannter „Notfallmechanismus" zum Einsatz kommen [...].
Im Notfall ist vorgesehen, dass der Minister- 25 rat auf der Basis eines Vorschlags der Kommission eine Empfehlung zur Einführung von Kontrollen an einzelnen Abschnitten oder der gesamten Binnengrenze eines oder mehrerer Mitgliedstaaten ausspricht. Die 30 Kontrollen dürfen bis zu zwei Jahre aufrechterhalten werden. Diese Regelung soll jedoch nur als letztes Mittel eingesetzt werden, wenn das Funktionieren des Schengensystems sowie die innere Sicherheit einzelner 35 Mitgliedstaaten gefährdet sind, etwa bei einem massiven Anstieg irregulärer Migration.

Aus: Stefan Alscher, Europäische Union: Einigung auf Schengen-Reform, in: Netzwerk Migration in Europa e. V. in Kooperation mit der bpb (Hrsg.), Newsletter Migration und Bevölkerung, Nr. 5/Juni 2013, S. 3

INFO

Evaluierung
sach- und fachgerechte Bewertung

Monitoring
systematische (Dauer-) Beobachtung eines Systems oder Prozesses

1 **Arbeiten** Sie die zentralen Bestimmungen des Schengener Abkommens **heraus** (M 11).
2 **Analysieren** Sie die Karikatur M 12 und **überprüfen** Sie ihre Aussage mithilfe von M 11.
3 **Ermitteln** Sie die Bestimmungen der Schengenreform (M 13).
4 **Nehmen** Sie **Stellung** dazu, ob die Bestimmungen der Schengenreform (M 13) der Intention des Schengener Abkommens (M 11) entgegenstehen.

Von der Gründung der EU zum Vertrag von Lissabon

Gründung der EU durch den Vertrag von Maastricht, 1993

GLOSSAR

Vertrag von Maastricht

Gegründet wurde die EU am 1. 11. 1993 durch Inkrafttreten des 1992 unterzeichneten Vertrags von Maastricht. Neben der Einführung *einer Unionsbürgerschaft und der für 2002 beschlossenen Währungsunion errichtete man die Dreisäulenstruktur als Fundament der EU:*

Europäische Union

Gemeinsame Außen- und Sicherheitspolitik (GASP)	Europäische Gemeinschaften – EG, Euratom, EGKS (bis 2002) –	Polizeiliche und Justizielle Zusammenarbeit
• **Außenpolitik:** Koordination der nationalen Politiken, Erhaltung des Friedens, Förderung von Demokratie und Menschenrechten durch gemeinsame Strategien, Standpunkte und Aktionen • **Sicherheitspolitik:** schrittweise Festlegung einer gemeinsamen Verteidigungspolitik, rüstungspolitische Zusammenarbeit, Krisenbewältigung	• Zollunion und Binnenmarkt • Wettbewerbspolitik • Visa-, Asyl- und Einwanderungspolitik • Justizielle Zusammenarbeit in Zivilsachen • Wirtschafts- und Währungsunion • Agrarpolitik • Handelspolitik • Sozial- und Beschäftigungspolitik • Bildung und Kultur • Gesundheitswesen • Verbraucherschutz • Regionalpolitik, wirtschaftlicher und sozialer Zusammenhalt • Forschung • Umwelt	• Justizielle Zusammenarbeit in Strafsachen (Eurojust) • Polizeiliche Zusammenarbeit (Europol)
Regierungszusammenarbeit (intergouvernemental)	**Gemeinschaftspolitik (supranational)** **Gemeinschaftsverträge: EGV, Euratom V**	**Regierungszusammenarbeit (intergouvernemental)**
	Vertrag über die Europäische Union (EUV)	

L & P / 3921

Die gescheiterte Verfassung, 2005

Um die Handlungsfähigkeit der EU auch nach der Osterweiterung, die für 2004 und 2007 geplant war, zu gewährleisten, entschied sich der Europäische Rat zu einer wirklich grund-

5 *legenden Reform der EU im Form einer Verfassungsgebung. Dass Zielrichtung und Inhalt der Verfassung in den Mitgliedstaaten dennoch umstritten waren, zeigte ein emotional geführter öffentlicher Diskurs, der im Mai und Juni*

10 *2005 in das doppelte „Nein" der per Volksabstimmung befragten Bürger Frankreichs und der Niederlande mündete. Diese Ablehnung bedeutete das „Aus" für die EU-Verfassung.*

A. The English „Daily Mail": „Yesterday

15 was nothing less than the beginning of the second French revolution. The first, in 1789, was an explosion of anger against the corrupt and broken Bourbon monarchy. [...] As I saw in Paris, France is in the grip of a revolt against

20 another sleaze-ridden ancien regime – the European political class. This self-perpetua-

ting elite, which has governed France since the end of the second world war, is even more arrogant and corrupt than the Bourbons who were sent to the guillotine 216 years 25 ago. [...] The consequences of this second revolution may be just as wide-reaching. For this new revolution could destroy the power of the complacent Brussels bureaucrats who have defined how their fellow Europeans live 30 their lives for half a century."

B. Die spanische „El Mundo": „Mit ihrer Unbeweglichkeit haben die Franzosen die EU in die schwerste Krise der Geschichte gestürzt. Wenn ein kleines oder mittleres Land 35 die EU-Verfassung abgelehnt hätte, hätte die Abstimmung wiederholt werden können. In Frankreich geht das nicht, auch weil das Referendum wegen der hohen Beteiligung ein großes Maß an Legitimität besitzt. Die 40 EU befindet sich in einer Sackgasse [...]. Europa kehrt zurück in die Ära nationaler Egoismen."

Text A aus: Peter Osborne, Daily Mail, 30.5.2005; Text B aus: Ingo Uhlenbruch, Internationale Presse über die EU-Verfassung in Frankreich, in: Deutsche Welle, 30.5.2005

Zentrale Inhalte des Vertrags von Lissabon, 2009

MATERIAL **16**

Nach zwei Jahren selbst verordneter „Denk-
pause" wurde unter deutscher Ratspräsident-
schaft 2007 ein erneuter Versuch unternommen,
zentrale Inhalte der gescheiterten Verfassung
5 *in Form eines Vertrags, dessen Ratifikation*
nicht mehr durch Referenden, sondern nur
durch die nationalen Parlamente erfolgen soll-
te, zu verwirklichen. Dies gelang durch den
2007 unterzeichneten Vertrag von Lissabon, in
10 *dem – im Gegensatz zur Verfassung – lediglich*
auf Symbole wie Fahne und Hymne sowie be-
stimmte sprachliche Begrifflichkeiten (statt
„Gesetzen" blieb es bei der Bezeichnung „Richt-
linien" und „Verordnungen") verzichtet wurde.

15 Durch den Lissabonner Vertrag vergrößert
sich der **Einfluss des Europäischen Parla-**
ments, das (außer auf dem Feld der Außenpolitik) zu einem neben dem Rat der Europäischen Union gleichberechtigten Gesetzgeber
20 wird (sog. Mitentscheidung). Auch die nationalen Parlamente erhalten mehr Einfluss.
Sie werden früher über Vorschläge der Europäischen Kommission informiert und können
diese schon während des Gesetzgebungsver-
25 fahrens zurückweisen, wenn sie den Grundsatz der Subsidiarität verletzt sehen.
Entscheidungen im Rat der Europäischen
Union werden ab 2014 bzw. nach dem Auslaufen von Übergangsregelungen ab 2017
30 mit **doppelter Mehrheit** getroffen. Das bedeutet, dass jede Entscheidung der Zustimmung einer Mehrheit der Staaten (55 Prozent) bedarf, die gleichzeitig eine Mehrheit
der Bevölkerung von 65 Prozent repräsentieren müssen. Erstmals wird ein **Europäi-** 35
sches Bürgerbegehren eingeführt, mit dem
1 Mio. Menschen aus verschiedenen Mitgliedstaaten die Europäische Kommission zwingen kann, sich mit einem Thema zu beschäftigen und einen Rechtsakt vorzuschlagen. 40
Die Kompetenzen zwischen EU und Mitgliedstaaten werden klarer und nachvollziehbarer geteilt. Sitzungen des Rates der Europäischen Union werden öffentlich sein, wenn
der Rat gesetzliche Regelungen beschließt. 45
Die halbjährliche Rotation der Präsidentschaft wird auf der Ebene der Staats- und
Regierungschefs („Europäischer Rat") sowie
der Außenminister abgeschafft. Der Europäische Rat wählt für 2 ½ Jahre eine Präsidentin 50
oder einen Präsidenten. Den Vorsitz im Au-
ßenministerrat führt der Hohe Vertreter für
die Außen- und Sicherheitspolitik, der zugleich Vizepräsident der Europäischen Kommission ist und über einen eigenen Europäi- 55
schen Auswärtigen Dienst verfügt.
Die Zahl der Politikbereiche, in denen die
Mitglieder des Rates Mehrheitsentscheidun-
gen treffen und nicht einstimmig entscheiden, wird ausgeweitet. 60

GLOSSAR
Subsidiaritätsprinzip
Vertrag von Lissabon

INFO
Aufhebung der Drei-
säulenstruktur
Mit Inkrafttreten des
Vertrags von Lissabon
am 1.12.2009 wurde
die Europäische Union
mit Rechtspersön-
lichkeit ausgestattet
und ersetzte die
Europäischen Gemein-
schaften. Dadurch
wurde die bisherige
Dreisäulenstruktur
aufgehoben und die
EU mit einem neuen
institutionellen Rah-
men versehen.

Aus: Bundeszentrale für politische Bildung, Dossier: Die Europäische Union, Der Lissabonner Vertrag auf
einen Blick, www.bpb.de/internationales/europa/europaeische-union/43000/grafik-lissabonner-vertrag,
24.9.2009 (Zugriff: 14.11.2014)

1 Erläutern Sie die drei Säulen der EU (M 14). Erschließen Sie den Schwerpunkt-
bereich.

2 Beurteilen Sie, ob mit dem Vertrag von Maastricht der partielle Stillstand der
europäischen Integration durchbrochen werden konnte (M 14).

3 Arbeiten Sie aus den Pressestimmen (M 15) die Reaktionen europäischer Medien
auf das französische „Nein" zur EU-Verfassung **heraus** und **bewerten** Sie diese.

4 Arbeiten Sie aus M 16 die wichtigsten Bestimmungen des Vertrags von Lissabon
heraus.

5 Bewerten Sie in Form eines Zeitungskommentars den Stand der europäischen
Integration nach dem Vertrag von Lissabon (M 16).

6 Nehmen Sie Stellung zu der Aussage, dass der Frieden in Europa noch nie so sicher
und die Freiheiten noch nie so groß waren wie nach dem Vertrag von Lissabon (M 16).

7 Gestalten Sie eine Wandzeitung zur Entwicklung der Europäischen Union von ihren
Anfängen bis heute und stellen Sie sie in Ihrer Schule aus.

QUERVERWEIS
LERNWEG Einen
Zeitungskommentar
verfassen
S. 76 f.

Europäischer Kulturraum und europäische Identität

Kulturraum Europa

Kein Kontinent der Erde hat auf kleinem Raum eine derart vielfältige kulturelle Landschaft entwickelt wie Europa. Die Vielzahl bemisst sich dabei nicht nur an der hohen
5 Zahl der Staaten, sondern auch innerhalb der Staaten ist die Kultur sehr unterschiedlich. Europa ist daher zu Recht stolz auf diese kulturelle Vielfalt, die sich in allen Lebensbereichen und Künsten zeigt. Es beginnt mit
10 der Sprache, der Literatur und im Theater, setzt sich fort in der unübersehbaren Vielzahl von Kompositionen europäischer Musiker bis hin zu Kunsthandwerk und Architektur, um nur einige Bereiche zu nennen. [...]

Eine in mehr als zweitausend Jahren ge- 15 wachsene Kultur verbindet Europa auf einzigartige Weise. Darauf gründet sich unser gemeinsames Wertesystem. Deutschland und die Europäische Union setzen sich daher aktiv dafür ein, dass der Kulturraum Europa 20 mit Leben erfüllt wird. Dazu gehört insbesondere die Förderung der kulturellen Vielfalt und des grenzüberschreitenden Dialogs. Gerade in Krisenzeiten zeigt die Kultur ihre identitäts- und gemeinschaftsstiftende Kraft. 25 Sie ist das wichtigste Bindemittel im europäischen Einigungsprozess.

Aus: Presse- und Informationsamt der Bundesregierung (Hrsg.), Magazin für Europa und Internationales 04/2012, www.bundesregierung.de/Content/DE/Magazine/03MagazinEuropaInternationales/2012/04/ Doorpage-04.html?view=pdfmagazin&nn=454898&__site=Bildungsrepublik, S. 3 (Zugriff: 14.11.2014)

Europäische Identität?

Die europäischen Verträge sind grundsätzlich für die Aufnahme neuer Mitgliedstaaten offen. Die europäische Integration ist somit ein dynamisches und auf räumliche Erweite-
5 rung angelegtes Projekt. Die Grenzen des Verbandes liegen nicht fest, sondern expandieren mit dem Beitritt neuer Mitgliedstaaten. [...]
In den Gründungsverträgen finden sich kei-
10 ne Festlegungen zu den Grenzen des Integrationsraums. Sie enthalten weder geografische noch kulturelle Präzisierungen, auf deren Grundlage man eine eindeutige Unterscheidung zwischen Europa einerseits und
15 nicht zu Europa gehörigen Ländern andererseits treffen könnte. Obwohl laut EU-Vertrag Anträge auf Mitgliedschaft nur von „europäischen Staaten" (EUV Art. 49 EUV) angenommen werden können, bleibt in den Ver-
20 tragstexten das Attribut „europäisch" (z. B.

„europäischer Kontinent", „europäische Völker") ebenso vage wie die mögliche räumliche Ausdehnung Europas.
Konkretere Aufnahmebedingungen finden sich hingegen dort in den Verträgen, wo 25 von Werten die Rede ist. Zu den besonders hervorgehobenen gemeinsamen Werten gehören: die Achtung der Menschenwürde, Freiheit, Demokratie, Gleichheit, Rechtsstaatlichkeit, Wahrung der Menschenrechte 30 und Minderheitenschutz. Dabei handelt es sich allerdings um universale Werte, die nicht als spezifisch europäisch gelten können. Demnach verkörpert die EU in dem, im Reformvertrag von Lissabon (Art. 2) noch- 35 mals bekräftigten Bekenntnis zu Wertbeziehungen keinen autonomen Werteraum, sondern „ein ‚Weltmodell', aus dem kein spezifisch europäischer Eigenwert folgt, auf dem eine Identifikation aufbauen könnte." 40

Aus: Maurizio Bach, Die Europäische Union. Der schwierige Weg zur Integration, in: Stefan Hradil (Hrsg.), Deutsche Verhältnisse, Bonn 2012, S. 468 f.

Was ist das bloß - ein Europäer?

„[D]ie Präambel [der europäischen Verfassung] variiert die Zauberformel, mit der sich das europäische Projekt generell schmückt: „in Vielfalt geeint". Als wohlklingender Wahl-
5 spruch für Gegenwart und Zukunft mag diese Formel geeignet sein. Aber gilt sie auch für den Umgang mit der Vergangenheit? Wie steht es um das Geschichtsbewusstsein der Europäer? Ist es national gefärbt oder enthält
10 es übernationale Elemente? Lassen sich nationale und europäische Identitäten aus historischer Sicht überhaupt vereinbaren?
Geschichtsbewusstsein ist ein zentraler Baustein individueller und kollektiver Identität.
15 Die Bildung von Nationalstaaten seit dem Beginn der Moderne ging oft einher mit dem Bemühen, eine Nationalgeschichte zu schreiben. Geschichte galt als Rechtfertigung des Gegenwärtigen und als Schlüssel zur Zu-
20 kunft. Professionelle Historiker waren nicht die Einzigen, die an solchen politischen Entwürfen mitwirkten. Die Autoren historischer Romane, die Maler nationaler Mythologien oder die Architekten nationaler Denkmäler
25 waren mindestens ebenso einflussreich. Die Konstruktion eines auf die Nation konzentrierten Geschichtsbildes war eine multimediale Angelegenheit, die sich auf mächtige Institutionen stützen konnte. In Schulen und im
30 Militärdienst, auf städtischen Plätzen und ländlichen Hügeln wurde nationale Geschichte in Szene gesetzt. [...]
Kriege spielten bei dieser Inszenierung eine wichtige Rolle. [...] Krieg und Nationsbildung
35 waren zwei Seiten derselben Medaille. Selbst wenn die Waffen schwiegen, blieb ihre Sprache vernehmbar: im Gedenken an die „Helden", die für die Nation gefallen waren. Kriegerdenkmäler, in jeder Stadt und jedem Dorf

zu finden, hielten die Erinnerung lebendig 40 und vergegenwärtigten den nationalen Opfertod von vielen. Dieser schweißte die Nation zusammen.
Nationale Identität im Europa des 19. und 20. Jahrhunderts beruhte folglich auf einem Ge- 45 schichtsbewusstsein, das den heroischen Kampf um Einheit, Macht und Ehre in den Mittelpunkt stellte. Es ging stets darum, die eigene Nation gegen andere benachbarte europäische Nationen zu profilieren, die eigene 50 kulturelle, politische, militärische Überlegenheit zu betonen und zu behaupten. Nationalstolz und Patriotismus wirkten in der Vergangenheit vor allem ausschließend, abgrenzend und abwertend. Sie weckten keine freund- 55 schaftlichen Gefühle für andere, sondern rückten das Eigene in ein glänzendes, alles überstrahlendes Licht.
Nun gut, könnte man einwenden, das war bis in die Epoche der Weltkriege so, hat sich 60 aber doch nach 1945 grundlegend geändert. Stimmt das wirklich? Schauen wir uns um: Die nationalen Denkmäler stehen immer noch, viele neue sind hinzugekommen.

Zeichnung:
Gerhard Mester

Mutter Europa und ihre Kinder

Aus: Ute Frevert (Max-Planck-Institut für Bildungsforschung in Berlin), Ein Europäer – was ist das bloß?, in: Die Zeit, Nr. 26, 23.6. 2005, S. 12

1 Arbeiten Sie aus M 17 **heraus,** wie die Bundesregierung den Kulturraum Europa definiert, und **diskutieren** Sie, ob man überhaupt von einem spezifisch europäischen Kulturraum sprechen kann.

2 Ermitteln Sie aus M 18 und M 19 die Schwierigkeiten, eine europäische Identität zu erzeugen.

3 Analysieren Sie die Karikatur in M 19 vor dem Hintergrund der Texte dieser Doppelseite.

4 Halten Sie eine Rede zum Thema: Warum eine europäische Identität wünschenswert ist!

QUERVERWEIS

METHODE
Eine Rede halten
S. 230–234

Forderungen nach einem vereinten Europa vor und nach dem Zweiten Weltkrieg

Die Idee eines vereinten Europas erreichte erst nach der Urkatastrophe des 20. Jahrhunderts, dem Ersten Weltkrieg, eine breitere Schar von Anhängern. 1922 gründete der österreichische Graf Coudenhove-Kalergi die **„Paneuropa-Union"** und forderte einen Zusammenschluss des Kontinents, da „Europas Politik einem neuen Kriege zu[steuere]". Der Graf scheiterte mit seinen Bemühungen allerdings am starren Nationalismus der europäischen Völker und einer vom Ersten Weltkrieg und seinen Folgen weithin beeinflussten Politik, die schließlich in den Zweiten Weltkrieg mündete. Um eine diesem Krieg folgende dritte Katastrophe abzuwenden, kam es bereits vor Kriegsende zu Forderungen nach einem Zusammenschluss der europäischen Nationen, vor allem aus **Kreisen des französischen, deutschen und italienischen Widerstands** gegen die Diktaturen in Deutschland und Italien. Die Erkenntnis, dass nach der Niederlage Deutschlands eine europäische Vereinigung nur durch die **Aussöhnung Frankreichs und Deutschlands** und eine gemeinsame Übernahme der Führungsrolle im Einigungsprozess gelingen könnte, formulierte Winston Churchill in seiner berühmten Züricher Rede bereits 1946, auch wenn eine Zusammenarbeit der beiden „Erbfeinde" zu diesem Zeitpunkt noch undenkbar erschien.

Die Anfänge: Gründung von Europarat und Montanunion (EGKS)

Der Anstoß zur deutsch-französischen Zusammenarbeit kam aus Frankreich: Nachdem das Land in der ersten Hälfte des 20. Jahrhunderts zweimal von Deutschland angegriffen worden war, war in Paris überlegt worden, wie man die von Deutschland ausgehende Kriegsgefahr bannen konnte, ohne künftig auf britische oder US-amerikanische Hilfe angewiesen zu sein. Für den französischen Außenminister Robert Schuman lag der Schlüssel dazu in der Kontrolle der Schwerindustrie: Wenn es gelang, die deutsche Kohle- und Stahlproduktion und damit die für die Herstellung von Kriegswaffen zentralen Industrien zu kontrollieren, so konnte Deutschland ohne das Wissen Frankreichs nicht mehr aufrüsten. Für Deutschland lag der Vorteil des sogenannten **Schumanplans** vor allem darin, die infolge des Zweiten Weltkriegs vorübergehend an die Alliierten verlorene Souveränität über das Ruhrgebiet zurückzugewinnen, dessen Wirtschaftskraft für den Wiederaufbau eine wichtige Rolle spielte. Überdies erhielt die neu gegründete Bundesrepublik die Chance, in die Gemeinschaft der europäischen Völkerfamilie zurückzukehren, aus der Deutschland nach dem Zweiten Weltkrieg ausgestoßen worden war.

Mit der **Gründung der EGKS (auch: Montanunion) im April 1951** wurde schließlich die Kohle- und Stahlproduktion Frankreichs, Deutschlands, Italiens und der Benelux-Staaten der Aufsicht einer Hohen Behörde unterstellt. Dabei lösten die Schaffung eines gemeinsamen Marktes für Kohle und Stahl und die schrittweise Beseitigung von Zöllen schon bald die ursprüngliche, präventive Absicht der Montanunion ab: Es war eine gemeinsame Grundlage für die wirtschaftliche Entwicklung in den Mitgliedstaaten entstanden.

Der **Europarat** mit Sitz in Straßburg wurde **1949** von 10 Staaten gegründet. Die Bundesrepublik Deutschland trat dem Gremium 1951 bei. Ziel des Europarates war und ist es, die Einheit und Zusammenarbeit Europas durch wirtschaftlichen und sozialen Fortschritt zu fördern. Inzwischen gehören dem Europarat 47 Mitglieder (Stand: 2014) an. Eine besondere Bedeutung kam dem Europarat nach dem Zusammenbruch der kommunistischen Diktaturen in den Umbruchjahren 1989/90 zu, da er der erste Anlaufpunkt für die integrationswilligen Staaten des ehemaligen Ostblocks war. Bald schon strebten diese Staaten in die für die eigene wirtschaftliche Prosperität attraktivere EU und die Bedeutung des Rates, der nie wirklich mit der EU und ihren Vorläuferorganisationen mithalten konnte, schwand wieder.

Konzentration auf wirtschaftliche Einigung als Basis der politischen Integration

Als mit dem **Scheitern der Europäischen Verteidigungsgemeinschaft (EVG) im August 1954** der ehrgeizige Versuch einer militärischen Integration Europas zunächst ad acta gelegt worden war, konzentrierten sich die europäischen Staats- und Regierungschefs umso stärker darauf, die wirtschaftliche Einigung des Kontinents voranzutreiben. Das hehre Ziel einer politischen Einigung aber verloren sie nicht aus den Augen. **1957** schließlich wurden die **Römischen Verträge** unterzeichnet. Mit der Gründung der **Europäischen Wirtschaftsgemeinschaft (EWG)** und der **Europäischen Atomgemeinschaft (EAG; auch: Euratom)** existierten nun parallel zur EGKS zwei weitere Gemeinschaften auf bedeutsamen Politikfeldern: Während durch den EWG-Vertrag u. a. eine Zollunion mit freiem Personen-, Dienstleistungs-, Waren- und Kapitalverkehr sowie eine gemeinsame Agrar- und Verkehrspolitik geschaffen wurden, sollte die Atomgemeinschaft die Voraussetzungen für die Entwicklung einer zivilen Kernindustrie schaffen.

Wenig später konnten Bundeskanzler Adenauer und der französische Staatspräsident de Gaulle mit dem **Élysée-Vertrag 1963**, der die deutsch-französische Freundschaft fördern und garantieren sollte, die alte „Erbfeindschaft" zwischen den beiden Staaten begraben.

Vom Integrationsstillstand zur Gründung der Europäischen Union

Zwar wurden durch den **Fusionsvertrag 1967** die Organe von Montanunion, EWG und Euratom zu einem gemeinsamen Rat und einer gemeinsamen Kommission der **Europäischen Gemeinschaft (EG)** verschmolzen. Eine tief greifende Weiterentwicklung der Gemeinschaft aber scheiterte am französischen Staatspräsidenten Charles de Gaulle, der eine Erweiterung der EG – vor allem den Beitritt Großbritanniens – zweimal strikt ablehnte, weil er befürchtete, die französische Führungsrolle in Europa einzubüßen. Erst 1973 konnten die sechs Gründerstaaten die EG um Großbritannien (sowie Dänemark und Irland) bzw. 1981 um Griechenland und 1986 um Spanien und Portugal erweitern. Der **Beitritt Großbritanniens** wirbelte die Verhältnisse in der EG durcheinander. Ausschlaggebend für den Schritt der Briten war nämlich das Interesse am Freihandel mit den kontinentaleuropäischen Nachbarn und weniger der Wunsch nach einer politischen Integration. Erst am Ende der Dekade nahm die politische Einigung wieder Fahrt auf, als **1979 die Abgeordneten des Europäischen Parlaments erstmals direkt gewählt** wurden.

Das **1985** zunächst zwischen Frankreich, Belgien, den Niederlanden, Luxemburg und Deutschland vereinbarte **Schengener Abkommen** hob die Personenkontrollen an den Binnengrenzen zwischen diesen Staaten auf. Heute zählen zum Schengenraum 22 EU-Mitgliedstaaten, die auch in den Bereichen Visa, Asyl, Bekämpfung von Drogenhandel, Polizei, Justiz etc. kooperieren.

Mit der **Gründung der Europäischen Union (EU) 1993** durch den **Vertrag von Maastricht** trat der Integrationsprozess in eine neue Phase ein: Neben einer Kompetenzerweiterung des Europäischen Parlaments, der Einführung einer Unionsbürgerschaft und der **für 2002 beschlossenen Währungsunion** errichtete man die – seit dem Vertrag von Lissabon allerdings wieder obsolete – **Dreisäulenstruktur** als Fundament der EU. Neben die wirtschaftliche und nach wie vor bedeutendste Säule der Europäischen Gemeinschaften traten nun auch eine **Gemeinsame Außen- und Sicherheitspolitik (GASP)** und die „polizeiliche und justizielle Zusammenarbeit".

Europäische Verfassung und Vertrag von Lissabon

Nach dem **Scheitern der europäischen Verfassung 2005** und einer von den Regierungschefs selbst verordneten „Denkpause" wurde unter deutscher Ratspräsidentschaft ab Januar 2007 ein erneuter Versuch unternommen, die EU zu reformieren. In einem überarbeiteten Vertrag wurden dabei die wesentlichen Elemente der gescheiterten Europäischen Verfassung „gerettet", insbesondere die Abschnitte zu den institutionellen Reformen. Unter der nachfolgenden portugiesischen EU-Ratspräsidentschaft war es daraufhin möglich, im Dezember 2007 den **Vertrag von Lissabon** zu unterzeichnen, der **2009 in Kraft** trat. Wichtigste Neuerungen waren die erneute Stärkung des Europäischen Parlaments, die Einführung der doppelten Mehrheit bei Entscheidungen im Rat der EU und die Einführung eines europäischen Bürgerbegehrens.

Erweiterungspolitik und europäischer Kulturraum

Die Geschichte der Europäischen Union ist auch eine Geschichte ihrer steten Ausdehnung: Aus der Gemeinschaft der **6 Gründungsmitglieder** von Montanunion und EWG ist ein **Staatenverbund von 28 Nationen** geworden. Während die EU für beitrittswillige Staaten vor allem wirtschaftlich attraktiv ist, verfolgt die EU mit der Aufnahme neuer Mitglieder auch das Ziel, die Anwärter in den Feldern Demokratie, Menschenrechte und wirtschaftliche Leistungsfähigkeit zu stärken und zu fördern (zur Erweiterungspolitik siehe Kap. 2.7).

Kein Kontinent weist eine derartige **kulturelle Vielfalt** auf so engem Raum auf wie Europa. Deswegen ist es auch nicht leicht, eine **europäische Identität** aufzubauen. Auch das verfestigte nationalstaatliche Denken erschwert die Ausbildung eines europäischen „Wir"-Gefühls.

2.3 Der europäische Binnenmarkt

QUERVERWEIS

Die Gründung
der EWG durch die
Römischen Verträge,
1957
S. 135, M 7

Als „Geburtsstunde" des europäischen Binnenmarkts gilt die Unterzeichnung der Römischen Verträge am 25. März 1957. Die sechs Unterzeichnerstaaten gründeten die Europäische Wirtschaftsgemeinschaft (EWG) und legten somit den Grundstein für den gemeinsamen Binnenmarkt. In den Römischen Verträgen wurden Vereinbarungen über einen freien Waren-, Dienstleistungs-, Personen- und Kapitalverkehr und eine gemeinsame Handelspolitik festgehalten. In der Präambel erklären die Unterzeichner:

„Seine Majestät der König der Belgier, der Präsident der Bundesrepublik Deutschland, der Präsident der Französischen Republik, der Präsident der Italienischen Republik, ihre königliche Hoheit die Großherzogin von Luxemburg, ihre Majestät die Königin der Niederlande,

in dem festen Willen, die Grundlagen für einen immer engeren Zusammenschluss der europäischen Völker zu schaffen,

entschlossen, durch gemeinsames Handeln den wirtschaftlichen und sozialen Fortschritt ihrer Länder zu sichern, indem sie die Europa trennenden Schranken beseitigen,

in dem Vorsatz, die stetige Besserung der Lebens- und Beschäftigungsbedingungen ihrer Völker als wesentliches Ziel anzustreben,

in der Erkenntnis, dass zur Beseitigung der bestehenden Hindernisse ein einverständliches Vorgehen erforderlich ist, um eine beständige Wirtschaftsausweitung, einen ausgewogenen Handelsverkehr und einen redlichen Wettbewerb zu gewährleisten,

in dem Bestreben, ihre Volkswirtschaften zu einigen und deren harmonische Entwicklung zu fördern, indem sie den Abstand zwischen einzelnen Gebieten und den Rückstand weniger begünstigter Gebiete verringern,

in dem Wunsch, durch eine gemeinsame Handelspolitik zur fortschreitenden Beseitigung der Beschränkungen im zwischenstaatlichen Wirtschaftsverkehr beizutragen,

in der Absicht, die Verbundenheit Europas mit den überseeischen Ländern zu bekräftigen, und in dem Wunsch, entsprechend den Grundsätzen der Satzung der Vereinten Nationen den Wohlstand der überseeischen Länder zu fördern,

entschlossen, durch diesen Zusammenschluss ihrer Wirtschaftskräfte Frieden und Freiheit zu wahren und zu festigen, und mit der Aufforderung an die anderen Völker Europas, die sich zu dem gleichen hohen Ziel bekennen, sich diesen Bestrebungen anzuschließen,

haben beschlossen, eine Europäische Wirtschaftsgemeinschaft zu gründen […]."

GLOSSAR

Europäischer
Binnenmarkt

Europäische Union

Integration

Basiswissen
Als **Binnenmarkt** bezeichnet man einen gemeinschaftlichen (nationalen oder internationalen) Wirtschaftsraum, in dem ein freier Waren-, Personen-, Kapital- und Dienstleistungsverkehr garantiert wird.

1 Arbeiten Sie die Ziele **heraus**, die 1957 in den Römischen Verträgen festgelegt wurden.

2 Diskutieren Sie, welche Zielsetzungen der Römischen Verträge bezüglich des europäischen Binnenmarktes bereits erreicht sind.

Erasmus – Ausbildungsperspektiven im europäischen Binnenmarkt

Studieren ohne Grenzen

MATERIAL **1**

Nie zuvor haben so viele deutsche Studenten am Austauschprogramm der Europäischen Union teilgenommen wie im Hochschuljahr 2012/13. In dem Jahr absolvierten 35 000
5 junge Menschen mit Erasmus einen Teil ihres Studiums oder ein Praktikum im europäischen Ausland [...]. Das waren rund 2 000 mehr als im Vorjahr. Zusätzlich haben 4 000 deutsche Hochschulmitarbeiter an einer aus-
10 ländischen Hochschule unterrichtet oder eine Weiterbildung besucht.
Die beliebtesten Gastländer der deutschen Erasmus-Studenten: Spanien (5 419 Geförder-te), Frankreich (4 789) und Großbritannien (3 132). [...] Umgekehrt kamen im vergange-
15 nen Jahr mehr als 30 000 Europäer an deut-sche Hochschulen, um zu studieren, zu leh-ren oder sich weiterzubilden. [...]
Bundesbildungsministerin Johanna Wanka (CDU) feierte Erasmus als „europäische Er-
20 folgsgeschichte": Der Anstieg sei „ein ermu-tigendes Zeichen für die junge Generation in Europa", erklärte sie. Sie freue sich, dass immer mehr junge Menschen die Chancen „für einen Bildungsaustausch über Länder-
25 grenzen hinweg nutzen".

Aus: Erasmus-Rekord (fln/AFP), in: Unispiegel online, www.spiegel.de/unispiegel/studium/erasmus-so-viele-deutsche-studenten-wie-nie-nahmen-am-programm-teil-a-960651.html, 25.3.2014 (Zugriff: 25.4.2014)

Erasmus – ein „Undercover-Sambazug"?

MATERIAL **2**

Erasmus ist das Austauschprogramm der Europäischen Union. Spanische Studenten kommen nach Deutschland, deutsche Studen-ten gehen für ein Semester nach Spanien.
5 [...] Besonders gefragt sind Städte mit guten Hochschulen und viel Sonnenschein: Gra-nada, Valencia, Istanbul. Und damit beginnt das Problem. [...] Siegbert Wuttig sagt, Eras-mus fördere vor allem die Mobilität inner-
10 halb der EU. [...] Wuttig ist der Chef von Eras-mus. [...] Das Problem ist, Siegbert Wuttig und die europäischen Studenten haben un-terschiedliche Vorstellungen davon, was das bedeutet: Europa zusammenführen. Wuttig
15 denkt vor allem an Auslandskompetenz, Bil-dung und internationale Erfahrung. Die Studenten denken an unendlichen Spaß, an Urlaub und daran, den Ernst des Lebens noch eine Weile aufzuschieben. Siegbert
20 Wuttig möchte länderübergreifende Jobpers-pektiven. Die Studenten möchten länder-übergreifend knutschen. Und sie tun es. Sie flirten sich durch Valencia, nehmen eine Auszeit oder Drogen oder beides in Amster-
25 dam [...] und wachen morgens ohne Schuhe am Strand auf. [...] In einem Erasmus-Erfah-rungsbericht im Internet heißt es: „Erasmus ist vor allem eins: Party, Party, Party!" Es wird also Zeit, Erasmus als das zu begreifen,
30 was es eben auch ist: ein Undercover-Samba-zug durch den Kontinent. Vielen Studenten geht es nicht primär ums Kennenlernen fremder Wissenschaftssysteme, sondern um den Typen, der im Club neben einem tanzt.

Aus: Nora Gantenbrink, Erasmus, Orgasmus, in: Die Zeit, Nr. 10/29.2.2012

1 Erläutern Sie anhand von M 1, welche Vorteile der Europäische Binnenmarkt für Sie im Bereich der Berufsausbildung bieten kann.

2 Erschließen Sie die Kritik am Erasmus-Programm in M 2.

3 Bewerten Sie die Aussage, dass „Erasmus vor allem eins ist: Party, Party, Party!" (M 2).

4 Erörtern Sie die Möglichkeiten, die Ihnen ein Erasmus-Studium für Ihre eigene beruf-liche Zukunft bringen könnte.

Grundlagen und Herausforderungen des europäischen Binnenmarktes

MATERIAL **3**

Die vier Grundfreiheiten des europäischen Binnenmarktes und aktuelle Herausforderungen

Vor über 50 Jahren wurde in den Römischen Verträgen bereits das Ziel eines grenzenlosen europäischen Marktes formuliert. Heute ist dieser Binnenmarkt zu einer Selbstver-
5 ständlichkeit geworden. [...] Trotz seiner langen Geschichte ist die Idee eines grenzenlosen Wirtschaftsraums nicht unumstritten. So wird kontrovers diskutiert, ob die freie Zuwanderung aus den mittel- und osteuro-
10 päischen EU-Staaten negative Auswirkungen auf die Arbeitsmärkte und Sozialsysteme in Westeuropa haben könnte. Weitgehend unbestritten ist, dass ein grenzenloser Binnenmarkt in politischer Hinsicht einen entschei-

QUERVERWEIS

Die Eurokrise 15
S. 192–199

denden Vorteil hat: Eine enge wirtschaftliche Verflechtung von Ländern schafft durch die entstehende wechselseitige Abhängigkeit politische Stabilität und sichert so den Frieden. Neben diesem politischen Aspekt sind
20 es vor allem die folgenden wirtschaftlichen Gesichtspunkte, die für einen Binnenmarkt sprechen:

- Der freie Austausch von Gütern und Dienstleistungen mehrt den Wohlstand
25 durch eine bessere Arbeitsteilung und eine höhere Produktvielfalt. Der Freihandel mit innovativen Gütern fördert zudem die schnelle Verbreitung von moderner Technologie.
30 - Der im Vergleich zu einem abgeschotteten nationalen Markt stärkere Wettbewerbsdruck führt zu einem größeren Angebot von Gütern und Dienstleistungen mit einem guten Preis-Leistungs-Verhältnis. Den
35 Unternehmen sollen Wettbewerbsdruck und Spezialisierungseffekte helfen, auch auf den Weltmärkten erfolgreich zu sein.
- Der Binnenmarkt kann somit das Wirtschaftswachstum steigern und damit auch
40 den Arbeitnehmerinnen und Arbeitnehmern höhere Beschäftigungschancen und bessere Einkommensperspektiven ermöglichen. Unterentwickelte Regionen und Staaten bietet sich die Chance verbesserter Exportmöglichkeiten, und sie können
45 in der wirtschaftlichen Entwicklung zu

den wohlhabenderen Gebieten aufschließen („Konvergenz").
- Durch all diese Effekte wird der europäische Wirtschaftsraum in die Lage ver-
50 setzt, besser mit den anderen großen Wirtschaftsblöcken (vor allem Asien und Nordamerika) zu konkurrieren.

Eine genaue Bezifferung der Vorteile des Binnenmarktes fällt schwer. Denn Arbeits- 55
losigkeit und Wirtschaftswachstum werden nicht nur durch ihn, sondern durch viele weitere Faktoren, wie etwa die Weltwirtschaft oder die nationale Politik, beeinflusst. [...] Überdies haben die Probleme hoch ver- 60
schuldeter Staaten der Eurozone seit 2010 deutlich gemacht, dass auch die Mitglieder eines Binnenmarktes durch eine falsche Wirtschafts- und Finanzpolitik an Wettbewerbsfähigkeit verlieren und in eine kriti- 65
sche ökonomische Situation geraten können. Dennoch zeigen viele Studien, dass Konsumentinnen und Konsumenten, Beschäftigte und Unternehmen vom gemeinsamen Markt profitieren und dass die wirtschaftliche Lage 70
in den europäischen Volkswirtschaften ohne den Binnenmarkt sehr viel ungünstiger aussähe. [...]

Grundlage des Europäischen Binnenmarktes sind die **vier Grundfreiheiten**: 75
- **Freier Personenverkehr:** Arbeitskräfte der Mitgliedsländer haben in der Europäischen Union ein weitgehendes Aufenthaltsrecht zur Berufsausübung oder auch zur Stellensuche. Das Gleiche gilt auch für 80
Studierende und Personen im Ruhestand. Unternehmen haben ein generelles Niederlassungsrecht in allen EU-Staaten.
- **Freier Warenverkehr:** Zölle ebenso wie mengenmäßige Einfuhrbeschränkungen 85
sind innerhalb der EU untersagt. Allerdings gibt es Ausnahmen. So können Im- und Exporte immer noch aus Gründen etwa der öffentlichen Sicherheit oder des Gesundheitsschutzes beschränkt werden. 90

- **Freier Dienstleistungsverkehr:** Dienstleistungsunternehmen ist es erlaubt, grenzüberschreitend tätig zu werden. Richtlinien regeln die gegenseitige Anerkennung von Berufsabschlüssen.
- **Freier Kapitalverkehr:** Bürgerinnen und Bürger sowie Unternehmen der EU dürfen unbeschränkt Kredite im europäischen Ausland aufnehmen oder Geld in anderen EU-Ländern investieren. Daher sind aber nationale Vorschriften etwa im Steuerrecht zu berücksichtigen. [...]

Die Grundfreiheiten des Binnenmarktes werden flankiert durch weitere wichtige Bestimmungen [...]:

- **Wettbewerbskontrolle:** Kartelle und Preisabsprachen zwischen Unternehmen sind untersagt. [...]
- **Subventionsverbot:** Staatliche Beihilfen, die den Wettbewerb verzerren, sind generell verboten. Über Ausnahmen entscheidet die Europäische Kommission.
- **Öffentliche Auftragsvergabe:** Bei der Vergabe öffentlicher Aufträge sollen auch Unternehmen anderer EU-Staaten eine faire Chance auf den Zuschlag haben. Aus diesem Grunde besteht ab einem bestimmten Schwellenwert des Auftragsvolumens die Pflicht zur europaweiten Ausschreibung öffentlicher Aufträge.

Das Binnenmarktprojekt basiert somit keineswegs auf der Sichtweise, dass der Markt sich selbst überlassen und die Politik sich gänzlich aus dem Geschehen zurückziehen könnte. Stattdessen hat die EU die Verantwortung, dem Marktgeschehen einen verbindlichen Ordnungsrahmen zu setzen und Fehlerentwicklungen zu bekämpfen. [...] Realistischerweise ist auch in absehbarer Zeit ein Europa nicht mit einem Integrationsstand zu rechnen, durch den sich etwa der US-Binnenmarkt auszeichnet. Schon die Unterschiedlichkeit von Sprache und Kultur wirkt als natürliche Barriere, zum Beispiel bei der Freizügigkeit der Arbeitnehmerinnen und Arbeitnehmer. Insbesondere die unterschiedlichen Sozialsysteme erweisen sich immer wieder als Mobilitätshindernis, etwa wenn Rentenansprüche an ein nationales System bei Wegzug in einen anderen EU-Staat nur eingeschränkt oder mit großem bürokratischem Aufwand geltend gemacht werden können. [...]

Auch haben die EU-Mitgliedstaaten nach wie vor nicht alle Binnenmarkt-Richtlinien ins nationale Recht integriert. [...]

Darüber hinaus sorgen der Strukturwandel und die Entstehung neuer Märkte dafür, dass die existierenden Regeln des Binnenmarktes immer wieder angepasst werden müssen. [...] Ganz neu entstanden sind in den letzten Jahren internetbasierte Märkte, bei denen das Regelwerk des Binnenmarktes oftmals noch sehr schlecht funktioniert. Die Kommission hat daher das Ziel eines „digitalen Binnenmarktes" [...] betont [...].

All diese Herausforderungen zeigen, dass die Fortentwicklung des Binnenmarktes eine permanente Aufgabe bleibt [...]. Dabei ist das Binnenmarktprojekt auf die Akzeptanz der Wählerinnen und Wähler angewiesen. Wächst die Skepsis darüber, ob offene Grenzen tatsächlich von Vorteil für das eigene Wohlergehen sind, dann haben auch weitere Schritte zur Marktöffnung nur noch geringe politische Durchsetzungschancen.

Schon heute beklagt die Europäische Kommission eine oft unzureichende Unterstützung durch die Mitgliedstaaten. Zwar sind nationale Regierungschefs bereit, wohlklingende Erklärungen für mehr Integration zu unterschreiben. Wird es dann aber konkret und sind nationale Interessen oder wichtige nationale Interessengruppen betroffen, können sich schnell Reformblockaden entwickeln.

Aus: Friedrich Heinemann, Ausgewählte Bereiche gemeinschaftlichen Handelns, in: Informationen zur politischen Bildung, Heft 279: Europäische Union, überarb. Neuaufl, 2012, S. 33–35

1 Fassen Sie die vier Grundfreiheiten des Binnenmarktes (M 3) mithilfe eines Schaubildes komprimiert **zusammen** und **erläutern** Sie diese anschließend anhand von Beispielen.

2 Arbeiten Sie mithilfe von M 3 die Vorteile des Binnenmarktes **heraus**.

3 Prüfen Sie, wo sich diese Vorteile des Binnenmarktes im Alltagsleben zeigen.

4 Erschließen Sie aus M 3, welche Probleme es bei der Umsetzung des europäischen Binnenmarktes gibt und welchen Herausforderungen sich die EU stellen muss.

Personenfreizügigkeit – wächst der „Sozialtourismus"?

Ab dem 1. Januar 2014 gilt die volle Freizügigkeit in der Europäischen Union (EU) auch für Bulgaren und Rumänen. Sie können sich dann in Deutschland frei niederlassen, leben und arbeiten. Hierzulande wächst die Sorge vor Armutszuwanderung und Sozialtourismus. Befürworter der offenen Grenzen warnen dagegen vor Panikmache und sehen die Zuwanderer als Chance für den deutschen Arbeitsmarkt.

So wendet sich der Migrationsforscher Klaus F. Zimmermann gegen eine „unverantwortliche Stimmungsmache" gegen die neuen Zuwanderer. Die große Mehrheit der Migranten aus beiden Staaten seien gut qualifizierte Fachkräfte wie Ärzte oder Ingenieure, die in Deutschland dringend gebraucht würden, heißt es in einer Analyse des Direktors des Forschungsinstituts zur Zukunft der Arbeit (IZA) in Bonn. „Von einer massenhaften Zuwanderung aus Armut in die deutschen Sozialsysteme kann hier jedenfalls nicht die Rede sein", stellte Zimmermann fest.

Unionsfraktionsvize Andreas Schockenhoff (CDU) sagte [...]: „Die Zuwanderung aus Bulgarien und Rumänien wird nicht das große Problem für den Arbeitsmarkt sein". Insgesamt hätten sich auch die Befürchtungen nach der EU-Osterweiterung nicht bewahrheitet. Auch damals war ein Ansturm auf den deutschen Arbeitsmarkt vorhergesagt worden. „Aufgrund unserer demografischen Entwicklung sind wir auf Zuwanderung ange-

wiesen", erklärte Schockenhoff. Mehr Sorgen müsse man sich über die organisierte Kriminalität machen, die möglicherweise durch die volle Freizügigkeit auch nach Deutschland schwappe.

Die Grünen-Vorsitzende Simone Peter warnte ebenfalls vor „Hysterie und Panikmache". Sie erklärte in Berlin: „Wer vor der ‚Einwanderung in Sozialsysteme' warnt, bedient in erster Linie fremdenfeindliche Ressentiments, die rechte Parteien und Gruppen für ihre skrupellosen Zwecke nutzen." Stattdessen solle man Zuwanderung grundsätzlich als „Bereicherung unseres sozio-kulturellen Lebens" verstehen.

Der Vorsitzende des Zentralrats Deutscher Sinti und Roma, Romani Rose, erklärte, es würden „Horrorvisionen gezeichnet, die nichts mit der Realität zu tun haben". Die Armutszuwanderer aus Rumänien und Bulgarien seien keineswegs nur Roma. Entscheidend sei das Armutsgefälle zwischen West- und Osteuropa.

Bulgarien und Rumänien sind die ärmsten Länder der EU. Wie viele Bürger aus den südosteuropäischen Ländern ab dem 1. Januar nach Deutschland kommen könnten, ist umstritten. Das Institut für Arbeitsmarkt- und Berufsforschung (IAB) der Bundesagentur für Arbeit schätzt, dass allein im nächsten Jahr bis zu 180 000 Zuwanderer aus den beiden Länder kommen dürften.

Dieser Schätzung widersprach IZA-Direktor Zimmermann: Als Folge der neuen Freizügigkeit dürften in den nächsten Jahren insgesamt maximal bis zu 200 000 Rumänen und Bulgaren kommen, „wahrscheinlich aber viel weniger". Im vergangenen Jahr wanderten rund 71 000 Menschen von dort ein. Insgesamt sind derzeit knapp 170 000 Menschen aus den beiden östlichen EU-Mitgliedstaaten in Deutschland beschäftigt, über 70 Prozent davon zahlen regelmäßig in die Sozialversicherungen ein.

„Entgegen mancher Stammtischparolen zählen Rumänen und Bulgaren schon jetzt zu den besonders gut integrierten Ausländergruppen bei uns", erklärte Zimmermann. Ein Viertel von ihnen sei sogar hoch qualifiziert. „Deshalb haben wir als Folge der bevorstehenden Arbeitsmarktöffnung gute

Zeichnung: Schwarwel

85 Chancen für eine neue Beschäftigungsdynamik." Angesichts wachsender Engpässe in vielen Berufsbereichen wäre es unverantwortlich, diese Potenziale nicht zu nutzen.

Die Kommunen befürchten dagegen, dass es 90 eine Armutszuwanderung aus Rumänien und Bulgarien mit hohen Kosten geben könnte. Mit Blick auf die erwarteten Zuwanderer aus diesen Ländern sagte der Hauptgeschäftsführer des Deutschen Städte- und 95 Gemeindebundes Gerd Landsberg, [...]: „Es ist nicht auszuschließen, dass auch eine Vielzahl von Personen kommen, die wir unter die sogenannte Armutseinwanderung fassen." In Rumänien betrage die Sozialhilfe 100 25 Euro im Monat, was die Ausreise nach Deutschland attraktiv erscheinen lasse. [...]

Die Kommunen pochen auf Hilfe des Bundes „bei der Gesundheit, bei der Unterbringung und bei der Sozialarbeit". Städte wie Berlin, 105 Dortmund, Duisburg oder Mannheim klagen schon jetzt über den verstärkten Zuzug Chancenloser aus Osteuropa. Nach einer Analyse des IAB sind hier 60 bis 75 Prozent der Bulgaren und Rumänen weder erwerbs110 tätig, noch bekommen sie staatliche Unterstützung.

„Die Situation in den besonders betroffenen Städten und Stadtteilen ist heute bereits schwierig. Bund, Länder und EU müssen 115 deshalb im neuen Jahr spürbar dazu beitragen, Probleme durch Armutszuwanderung in unseren Städten zu bewältigen oder zu vermeiden", forderte auch der Hauptgeschäftsführer des Deutschen Städtetages, 120 Stephan Articus.

Der SPD-Wirtschafts-Experte Hubertus Heil bekräftigte [...], Union und SPD hätten im Koalitionsvertrag vereinbart, die betroffenen Städte zu unterstützen. Heil räumte ein, dass 125 mit mehr Armutseinwanderern zu rechnen sei, da die wirtschaftliche Situation in Bulgarien und Rumänien deutlich schlechter sei

Deutschlands Zu- und Auswanderer: Woher kommen sie? Wohin gehen sie?

Von den rund 1,23 Millionen Menschen, die 2013 nach Deutschland zogen, kamen die meisten aus:

Land	Zuwanderer
Polen	197 009
Rumänien	135 416
Italien	60 651
Bulgarien	59 323
Ungarn	58 993
Spanien	44 119
Griechenland	34 728
Russland	33 233
USA	31 418
Serbien	28 093
Türkei	26 390
Kroatien	25 200

Rund 790 000 Menschen verließen 2013 Deutschland. Dies sind die häufigsten Ziele:

Auswanderer	Land
124 071	Polen
85 074	Rumänien
37 554	Bulgarien
34 681	Ungarn
32 827	Türkei
32 234	USA
27 789	Italien
26 930	Schweiz
20 931	Serbien
20 303	Österreich
20 126	Spanien
17 108	Frankreich

einschließlich Deutsche, die aus dem Ausland zurückgezogen oder ausgewandert sind

Quelle: Statistisches Bundesamt

© Globus 6448

als etwa in Polen. Wichtig sei, dass „diese Form von Armutszuwanderung nicht zur Lohndrückerei in Deutschland führt".

130 IZA-Chef Zimmermann empfahl der großen Koalition, sie solle Sprachkurse, Integrations- und Qualifizierungsprogramme für die Neuankömmlinge gezielt in jenen Städten fördern, auf die sich der Zustrom erfahrungsge135 mäß konzentrieren dürfte. Zugleich müsse ein „Sozialtourismus" rechtzeitig durch klare Regeln verhindert werden. Die Gesetze, die Sozialhilfemissbrauch verhindern sollen, seien zum Teil zu vage, kritisierte Zimmer140 mann.

Tatsächlich ist umstritten, ob die Zuwanderer in Deutschland Hartz IV beantragen dürfen oder nicht. Nach deutschem Recht gilt 145 zwar: Wer ohne Job kommt und keinen findet, hat kein Anrecht auf Hartz IV. Landessozialgerichte haben hier dennoch unterschiedlich geurteilt. Das letzte Wort hat jetzt der Europäische Gerichtshof in Luxemburg. 150 Das Bundessozialgericht hat die Frage, ob der deutsche Leistungsausschluss mit den EU-Regelungen zur Freizügigkeit vereinbar ist, den Luxemburger Richtern vorgelegt.

Aus: Stefan von Borstel/Karsten Kammholz, Die Furcht vor Zuwanderern ins Sozialsystem wächst, in: Die Welt online, www.welt.de/politik/deutschland/article123340319/Die-Furcht-vor-Zuwanderern-ins-Sozialsystem-waechst.html, 27.12.2013 (Zugriff: 25.4.2014)

GLOSSAR

Hartz IV

INFO

EuGH-Urteil
In seinem Urteil vom 11.11.2014 hat der EuGH das in Deutschland geltende Recht bestätigt und entschieden, dass Zuwanderern aus der EU Hartz-IV-Leistungen verweigert werden können, wenn diese ausschließlich nach Deutschland kommen, um Sozialhilfe zu beziehen oder um einen Job zu suchen.

1 **Ermitteln** Sie aus M 4, welche Befürchtungen hinsichtlich eines möglicherweise anwachsenden „Sozialtourismus" geäußert und welche Gegenargumente genannt werden.

2 **Analysieren** Sie vor diesem Hintergrund die Karikatur und die Grafik in M 4.

3 **Diskutieren** Sie, ob und inwieweit die Personenfreizügigkeit ein Problem für das nationale Sozialsystem bzw. eine Chance für Unternehmen werden kann. Beziehen Sie sich dabei auch auf die Erkenntnisse aus M 3.

QUERVERWEIS

Migration nach Europa – Krise oder Chance?
S. 200–205

Wirkungen des EU-Binnenmarktes

Der EU-Binnenmarkt – Wohlstand für alle?

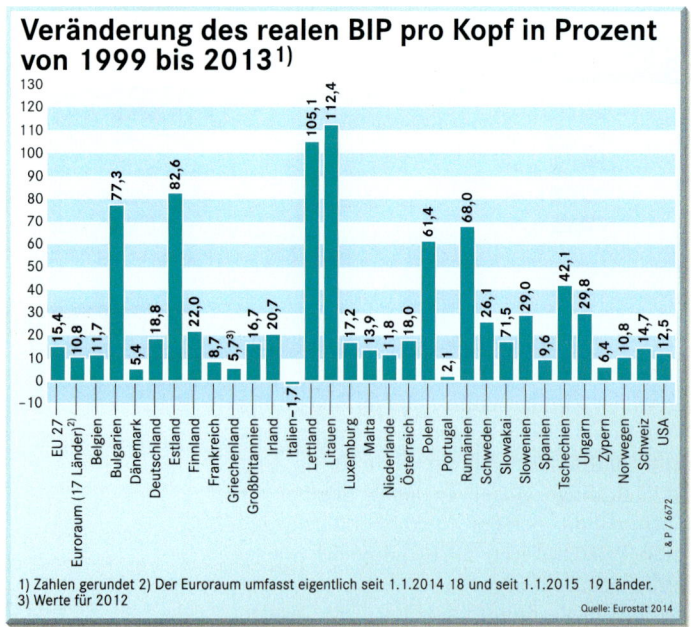

Veränderung des realen BIP pro Kopf in Prozent von 1999 bis 2013[1]

Werte der Länder:
- EU 27: 15,4
- Euroraum (17 Länder)[2]: 10,8
- Belgien: 11,7
- Bulgarien: 77,3
- Dänemark: 5,4
- Deutschland: 18,8
- Estland: 82,6
- Finnland: 22,0
- Frankreich: 8,7
- Griechenland: 5,7[3]
- Großbritannien: 16,7
- Irland: 20,7
- Italien: –1,7
- Lettland: 105,1
- Litauen: 112,4
- Luxemburg: 17,2
- Malta: 13,9
- Niederlande: 11,8
- Österreich: 18,0
- Polen: 61,4
- Portugal: 2,1
- Rumänien: 68,0
- Schweden: 26,1
- Slowakai: 71,5
- Slowenien: 29,0
- Spanien: 9,6
- Tschechien: 42,1
- Ungarn: 29,8
- Zypern: 6,4
- Norwegen: 10,8
- Schweiz: 14,7
- USA: 12,5

1) Zahlen gerundet 2) Der Euroraum umfasst eigentlich seit 1.1.2014 18 und seit 1.1.2015 19 Länder.
3) Werte für 2012

Quelle: Eurostat 2014

Eine der wichtigsten Säulen der EU ist, neben „Friedenssicherung" und „Demokratie" [...], der immer wieder beschworene „Wohlstand". Doch wie sieht die Wirklichkeit aus?
5 [...] Wir erleben fortschreitende Armut nicht nur in südlichen Ländern, auch in den einst wohlhabenden Staaten, wie Finnland oder den Niederlanden [...], geht es mit dem Wohlstand in nur eine Richtung: bergab. [...] Da-
10 für vergrößert sich der Abstand zwischen Arm und Reich immer schneller. Denn von der EU gefördert wird [...] hauptsächlich „Größe", ob das nun Konzerne, Agrarfabriken, Großmästereien oder Landwirtschaften
15 sind. Der „kleine Mann" geht leer aus und fühlt sich von der Politik im Stich gelassen.

Wahrscheinlich hat man sich in Brüssel ein Zitat aus dem Matthäusevangelium zu Herzen genommen: „Wer hat, dem wird gegeben, wer aber nicht hat, dem wird auch das 20 genommen." Die Vernichtung kleiner Betriebsstrukturen durch Vorgaben der EU zugunsten durchrationalisierter Großbetriebe vernichtet Millionen Arbeitsplätze. Es sind jedoch die Klein- und mittelständischen Be- 25 triebe, die Arbeitsplätze schaffen und unser Einkommen sichern. Es sind auch die Nationalstaaten, die Europa voran bringen, nicht etwa das EU-Monster. Das schafft Arbeitsplätze nur in Brüssel. [...] Der Hunger kehrt 30 nach Europa zurück. In Budapest allein gibt es seit Ungarns EU-Mitgliedschaft 35 000 Obdachlose. In Griechenland sind es etwa 20 000, die Hälfte davon in Athen. Ein Phänomen, das man in diesen Ländern vor dem 35 EU-Beitritt nicht kannte. Laut Rotem Kreuz (Oktober 2013) können sich 43 Millionen Menschen in Europa nicht genug zu essen leisten. So sieht sich das Rote Kreuz gezwungen, beispielsweise in Großbritannien, zum 40 ersten Mal nach dem zweiten Weltkrieg Lebensmittel auszugeben. Vor Gründung der EU im Jahr 1992 galt der Spruch „Geht's der Wirtschaft gut, geht's uns gut." Das hat sich dramatisch verändert. [...] Die Massen- 45 arbeitslosigkeit unter Europas Jugendlichen nimmt dramatisch zu; mehr als 50 % der Jugendlichen in Spanien, zwei Drittel in Griechenland und jeder Dritte in Italien und Portugal, sowie jeder Fünfte EU-weit, finden 50 keinen Job. [...] Oder sind das etwa alles Falschmeldungen von EU-Skeptikern bzw. Anti-Europäern?

Aus: Sven Kesch, Das Ende der Mittelschicht. in: : http://deutsche-wirtschafts-nachrichten.de/2013/11/30/das-ende-der-mittelschicht-der-wohlstand-verabschiedet-sich-aus-europa/, 30.11.2013 (Zugriff: 17.6.2014)

1 **Analysieren** Sie den Text M 5 hinsichtlich der Position des Autors und listen Sie die genannten Belege auf.

2 **Werten** Sie die Grafik in M 5 **aus**.

3 **Vergleichen** Sie die Aussage des Textes mit den Aussagen der Grafik in M 5 und Ihren Ergebnissen aus M 3. **Nehmen** Sie dann **Stellung** zur Frage in der Überschrift von M 5.

Der EU-Binnenmarkt – Angleichung des Preisniveaus?

Wer als Verbraucher 100 Euro in der Tasche hat und damit durch Europa reist, der erhält für sein Geld höchst unterschiedlich viele Waren. [...] Am billigsten sind die Preise in
5 Osteuropa und auf dem Balkan. Dort kostet der gleiche Korb an Waren und Dienstleistungen etwa in Albanien oder Bulgarien nur 50 Prozent des EU-Durchschnitts. In Polen kostet er gut 40 Prozent weniger als im EU-
10 Schnitt, in Tschechien liegt das Preisniveau um ein Viertel unter dem EU-Schnitt. Auch in der Euro-Peripherie Portugal, Griechenland und Spanien leben Verbraucher vergleichsweise günstig. In Deutschland liegen die Ver-
15 braucherpreise leicht über dem EU-Schnitt (plus 1,8 Prozent). Sie sind aber etwas niedriger als in Italien, Österreich, Großbritannien, Frankreich und Belgien. Skandinavien hat generell hohe Verbraucherpreise. Die teuers-
20 ten Länder in ganz Europa sind Norwegen und die Schweiz, wo die Preisniveaus für Konsumenten um fast 60 Prozent über dem Durchschnitt liegen. [...] Die Preise in Norwegen liegen 59 Prozent über dem EU-Durch-
25 schnittsniveau, in Bulgarien 51 Prozent darunter. [...] Die deutschen Preise liegen bei Konsumgütern und Dienstleistungen insgesamt um 1,8 Prozent über der Durchschnittslinie. Nahrungsmittel und nichtalkoholische
30 Getränke sind hierzulande aber anders, als häufig behauptet, deutlich teurer. Sie kosten 6 Prozent mehr als im EU-Schnitt. Nahrungsmittel machen im repräsentativen Warenkorb des Statistischen Bundesamtes gut 10 Pro-
35 zent aller Ausgaben des durchschnittlichen Haushalts aus. Während Milch, Eier und Kä-

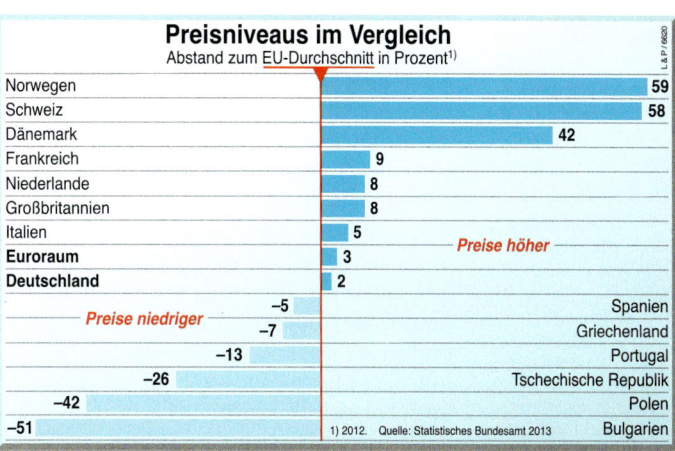

se hierzulande tatsächlich günstiger sind als in den meisten anderen EU-Ländern (8 Prozent unter dem Durchschnitt), ist Fleisch –
40 anders, als viele Berichte über Billigfleisch in deutschen Supermärkten nahelegen – nach Angaben der Statistiker deutlicher teurer als im EU-Durchschnitt, nämlich um 28 Prozent und damit sogar auch etwas teurer als in Frankreich oder Belgien, aber wiederum
45 etwas günstiger als im Nachbarland Österreich. Große Preisunterschiede gibt es in Europa bei Tabakwaren, die auch auf unterschiedlich hohe Steuern zurückzuführen
50 sind. In Deutschland zahlen Raucher leicht mehr als im EU-Durchschnitt (plus 2 Prozent). In Polen kosten Tabakwaren nur etwa die Hälfte (minus 42 Prozent), und auch in Österreich kosten sie weniger (minus 14 Prozent), in Frankreich jedoch deutlich mehr als
55 im europäischen Mittel (plus 28 Prozent).

Aus: Philip Plickert, Riesige Preisunterschiede in Europa, in: Frankfurter Allgemeine Zeitung online, www. faz.net/aktuell/wirtschaft/vergleich-des-statistikamts-riesige-preisunterschiede-in-europa-12242933.html 24.6.2013 (Zugriff: 25.4.2014)

GLOSSAR
Bruttoinlandsprodukt

QUERVERWEIS
Das Zusammenwirken der zentralen Institutionen der EU am Beispiel der Roaming-Gebühren S. 116 f.

4 Bewerten Sie mit Rückgriff auf Kapitel 1.5, inwieweit der Anstieg des BIP die Steigerung der Wohlfahrt repräsentiert.

5 Beschreiben Sie mithilfe von M 6 das Preisniveau in der EU.

6 Vergleichen Sie Ihre Ergebnisse aus Aufgabe 5 mit denen zu M 3 und beurteilen Sie, inwiefern der Binnenmarkt zur Angleichung des Preisniveaus führt.

7 Diskutieren Sie, unter Rückbezug auf Ihre Ausgangsposition (siehe S. 146, Aufgabe 2), in welche Richtung sich der EU-Binnenmarkt zukünftig entwickeln sollte. Beachten Sie dabei sowohl die makro- als auch die mikroökonomische Ebene (Arbeitskräfte, Unternehmen ...) und beziehen Sie ggf. auch M 7 bis M 11 mit ein.

QUERVERWEIS
Das BIP als Wohlstandsindikator? S. 96–99

METHODE Indikatoren auf ihre Validität überprüfen S. 170 f.

Der außenwirtschaftliche Wettbewerb der EU

Die Handelspolitik der Europäischen Union muss im Kontext unserer Zeit gesehen werden. Zwei Aspekte sind dabei ausschlaggebend: Erstens kommt der Union selbst als Wirtschaftsmacht global eine große Bedeutung zu. Zweitens wirkt sich die Globalisierung erheblich auf das internationale Handelsgeschehen aus. Die EU ist die größte Volkswirtschaft der Welt, größter Exporteur und Importeur, führender Investor und Empfänger ausländischer Investitionen sowie größter Geber im Bereich der Entwicklungshilfe. [...] Die Zuständigkeit für diesen Markt liegt bei der EU, nicht bei den nationalen Regierungen. Sie koordiniert darüber hinaus die Handelsbeziehungen mit der restlichen Welt. Die EU spricht also mit einer Stimme und hat in internationalen Handelsverhandlungen dementsprechend mehr Gewicht als ein einzelner Mitgliedstaat. Sie ist ein aktiver wirtschaftlicher und politischer Akteur mit wachsenden regionalen und globalen Interessen und Aufgaben. [...]

Die Union als Wirtschaftsraum ist in hohem Maße nach außen orientiert. Daran soll sich auch nichts ändern. [...] Diese Offenheit ist unsere Stärke. Denn die Welt um uns herum verändert sich unaufhörlich. Die Globalisierung hat dazu geführt, dass Waren, Dienstleistungen, Kapital, Unternehmen und Personen inzwischen schnell und unkompliziert fast jeden Winkel der Erde erreichen können. [...] Die wachsende Wirtschaftskraft von Ländern wie China, Indien und Brasilien erhöht im internationalen Wettbewerb den Preis- und Qualitätsdruck. Außerdem verstärkt sich die Konkurrenz um Energie und Rohstoffe. Gleichzeitig entstehen in diesen Ländern neue Gruppen wohlhabender Konsumenten, und die Wirtschaft dieser Länder ist offener als noch vor zehn bis 15 Jahren. Die aktive Freihandelspolitik der EU in der Beziehung zu wirtschaftlich aufstrebenden Ländern beschert der EU Wachstumsperspektiven und die Eröffnung neuer Marktchancen.

Aus: Europäische Kommission, Die Europäische Union erklärt: Handel, online unter: http://europa.eu/pol/ pdf/flipbook/de/trade_de.pdf (Zugriff: 16.7.2014), Luxemburg 2014, S. 3–5

Entwicklung des EU-Außenhandels

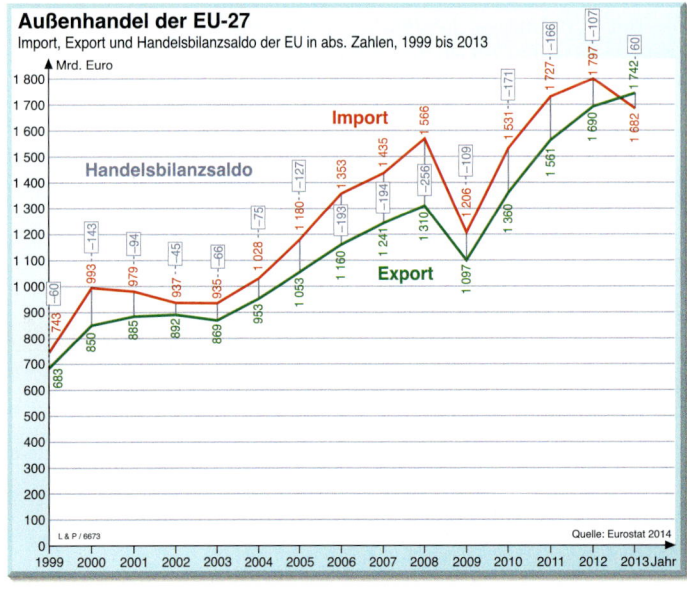

Außenhandel der EU-27
Import, Export und Handelsbilanzsaldo der EU in abs. Zahlen, 1999 bis 2013

Quelle: Eurostat 2014

Der Warenhandel der EU 27 mit der übrigen Welt [...] belief sich 2011 auf 3 267,467 Mrd. Euro. Damit erreichte die Handelstätigkeit der EU 27 bei den Ausfuhren und den Einfuhren Rekordwerte. Im Vorjahresvergleich nahm das Gesamtvolumen des Warenverkehrs der EU 27 im Jahr 2011 um 379,939 Mrd. Euro zu. [...]

Deutschland spielte 2011 weiterhin mit Abstand die wichtigste Rolle im Extra-EU-27-Handel; es trug mit 27,7 % zu den EU-27-Warenausfuhren in Drittstaaten bei und zeichnete für fast ein Fünftel (19,2 %) der Einfuhren der EU-27 verantwortlich [...].

Aus: Eurostat, Internationaler Warenverkehr, http://epp.eurostat.ec.europa.eu/statistics_explained/index.php/International_trade_in_goods/ de#Wichtigste_statistische_Ergebnisse, 7.8.2013 (Zugriff: 16.7.2014)

Deutschland in der Kritik

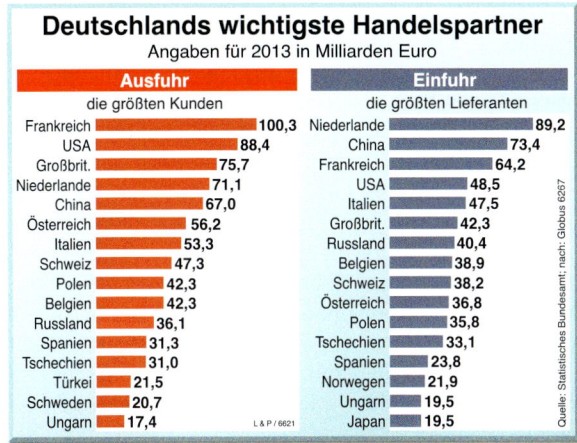

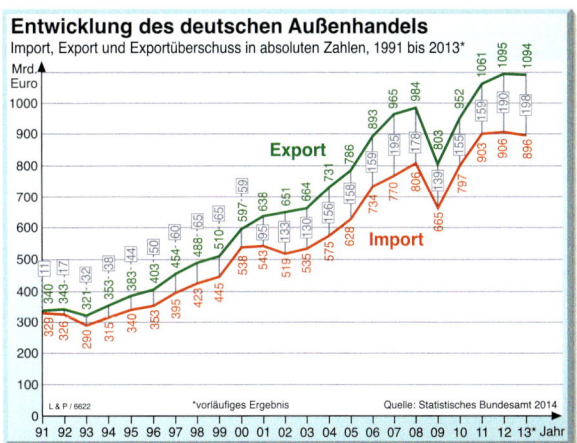

Die EU-Kommission will prüfen, ob der anhaltend hohe Exportüberschuss Deutschlands vermeidbar ist. Es gelte zu klären, ob die deutsche Exportstärke der europäischen Wirtschaft schade, sagte EU-Kommissionschef José Manuel Barroso. [...] Ökonomen stützen die Sichtweise der Kommission. „Es ist ungesund, Überschüsse in Höhe von sieben Prozent der Wirtschaftsleistung zu haben", sagte Hans-Werner Sinn, Präsident des Münchner ifo-Instituts [...]. Allerdings seien die hohen Überschüsse der vergangenen Jahre „historisch eher die Ausnahme". [...] Um die Binnennachfrage zu stärken, plädiert der Ökonom [Peter Bofinger] für höhere staatliche Investitionen. Diese fielen im EU-Vergleich nur unterdurchschnittlich aus. Bofinger bescheinigte Deutschland eine „extreme Investitionsschwäche". Andere Mitglieder des fünfköpfigen Rates [der Wirtschaftsweisen]

sehen die Exportüberschüsse nicht als problematisch an. „Das sind Marktergebnisse", sagte der Wirtschaftsweise Volker Wieland. „Man sollte da nicht direkt eingreifen." Deutschland steht wegen seiner starken Überschüsse im Außenhandel derzeit international stark unter Kritik. Der europäische Vergleichswert für den Leistungsbilanzüberschuss beträgt sechs Prozent der Wirtschaftsleistung – herangezogen wird ein Mittelwert für drei Jahre. In letzter Konsequenz droht ein Bußgeld von 0,1 Prozent der Wirtschaftsleistung. [...]
Die verstärkte Wirtschaftsüberwachung wurde von den EU-Staaten nach den schweren Turbulenzen der Euro-Schuldenkrise eingeführt. Es soll verhindert werden, dass insbesondere im gemeinsamen Währungsgebiet Volkswirtschaften immer weiter auseinanderdriften.

Aus: EU will Europa vor Deutschland schützen (Reuters, AFP, tst), in: Die Zeit online, www.zeit.de/wirtschaft/2013-11/aussenhandel-deutschland-eu-kommission, 13.11.2013 (Zugriff: 16.7.2014)

QUERVERWEIS

Deutscher Außenhandel nach Regionen
S. 33, M 6

Die Eurokrise
S. 192–199

1 Fassen Sie die Motive für eine gemeinsame europäische Wettbewerbspolitik nach M 7 zusammen.

2 Beschreiben Sie anhand von M 8, wie sich der europäische Außenhandel entwickelt hat.

3 a) Werten Sie die Grafiken in M 9 aus.
   b) Vergleichen Sie Ihre Ergebnisse mit der Aussage des Textes in M 9.

4 Nehmen Sie Stellung zu der These, dass die Exportstärke Deutschlands der europäischen Wirtschaft schade (M 9, Z. 4 f.).

5 Diskutieren Sie abschließend auf Grundlage von M 7 bis M 9, inwieweit der Zusammenschluss zu einem europäischen Binnenmarkt für die wirtschaftliche Entwicklung eines Landes verantwortlich ist.

QUERVERWEIS

Tendenzen des
Wandels in der
Arbeitswelt
S. 288–295

MATERIAL **10** Freizügigkeit der Arbeitskräfte

Ein wichtiges Element des Binnenmarktes ist die Freizügigkeit der Arbeitskräfte, die jedem EU-Bürger überall in der Union den Aufenthalt und die Arbeitsaufnahme gestattet. Eigene Staatsbürger dürfen gegenüber anderen EU-Bürgern nicht bevorzugt werden. Selbst an den deutschen Schulen und bei den Polizeibehörden können Bürger aus anderen EU-Staaten als Beamte gleichberechtigt eingestellt werden. Die Freizügigkeit des Binnenmarktes bezieht sich allerdings nur auf Erwerbstätige. Durch die Schaffung einer Unionsbürgerschaft im EU-Vertrag, der 1992 in Maastricht unterzeichnet wurde und 1993 in Kraft trat, ist diese Freizügigkeit auf alle EU-Bürger ausgeweitet worden, also auch auf diejenigen, die keiner Erwerbstätigkeit nachgehen, wobei es für den Zugang zu sozialen Sicherungssystemen Einschränkungen gibt. Hierüber gab es 2013 in Deutschland eine heftige Diskussion, die auch gerichtlich noch nicht abschließend entschieden ist. [...] Die europaweite Anerkennung der Ausbildungsabschlüsse ist ebenfalls ein wichtiger Schritt hin zur Vollendung des Binnenmarkts, da die Arbeitnehmer- und die Dienstleistungsfreizügigkeit sonst verpuffen würden, wenn ein deutscher Schreiner beispielsweise in Spanien nicht seinem Beruf nachgehen dürfte. Die meisten Abschlüsse sind schon anerkannt, bei einigen gibt es noch Probleme, die durch Verhandlungen beseitigt werden müssen.

Aus: Eckart D. Stratenschulte, Binnenmarkt, in: bpb (Hrsg.), Dossier: Europäische Union, www.bpb.de/internationales/europa/europaeische-union/42855/binnenmarkt, 1.4.2014 (Zugriff: 16.7.2014)

MATERIAL **11** Arbeit für alle!?

INFO

Jugendarbeitslosigkeit im
April 2013 (in %)
Griechenland: 62,5
Spanien: 56,4
Portugal: 42,5
Italien: 40,5
Slowakei: 33,6
Zypern[1]: 32,7
Bulgarien: 28,9
Polen: 27,6
Ungarn[1]: 27,4
Irland: 26,6
Frankreich: 26,5
Schweden: 24,7
Slowenien[1]: 24,4
EU: 23,5
Belgien: 22,4
Rumänien[2]: 22,2
Lettland[1]: 21,9
Litauen: 21,2
Großbritannien: 20,2
Tschechien: 20,0
Finnland: 19,9
Estland[1]: 19,4
Luxemburg: 18,2
Malta: 14,7
Dänemark: 12,2
Niederlande: 10,6
Österreich: 8,0
Deutschland: 7,5
[1]Mrz. 2013 [2]4. Quart. 2012

Aus: EU 2013

Im Jahr 2020 sollen in der EU mindestens drei Viertel der 20- bis 64-Jährigen erwerbstätig sein. 2013 lag die Quote bei 68,3 Prozent [...]. Besonders weit sind die krisengebeutelten Südstaaten von ihrem jeweiligen Ziel entfernt. [...] Im Sommer 2010 hatte der Europäische Rat das Wirtschaftsprogramm „Europa 2020" verabschiedet, in dem unter anderem für jedes EU-Land ein Zielwert für die Erwerbstätigenquote im Jahr 2020 festgesetzt wurde. Derzeit erfüllt neben dem kleinsten EU-Staat Malta nur Deutschland sein Ziel. In der Bundesrepublik liegt die aktuelle Rate mit 77,1 Prozent sogar leicht über dem Zielwert. Innerhalb der EU sind nur in Schweden von den 20- bis 64-Jährigen noch mehr Menschen erwerbstätig, nämlich 79,8 Prozent. In den Niederlanden sind es immerhin 76,5 Prozent. Beide Länder müssen bis 2020 noch 80 Prozent erreichen. In Südeuropa hat die Wirtschaftskrise dagegen dazu geführt, dass diese mittlerweile wieder weiter von ihrem Zielwert entfernt sind als noch 2008. In Spanien etwa lag die Erwerbstätigenquote im Jahr 2008 noch bei 68,3 Prozent, inzwischen ist sie um zehn Prozentpunkte gefallen. In Griechenland sank die Quote im gleichen Zeitraum von 66,5 auf 53,2 Prozent. Die beiden Länder müssten sich in den kommenden sechs Jahren um jeweils mehr als 15 Punkte verbessern, um den Zielwert aus der Agenda „Europa 2020" zu schaffen. Das erscheint aus heutiger Sicht kaum realisierbar.

Aus: Gespaltenes Europa (Statista, mbr), in: Die Zeit online, www.zeit.de/wirtschaft/2014-05/arbeitsmarkt-erwerbstaetige-eu, 30.5.2014 (Zugriff: 16.7.2014)

1 Nennen Sie ausgehend von M 10 Vorteile, die der europäische Binnenmarkt für den Arbeitsmarkt (Arbeitskräfte und Unternehmen) bringt.

2 Diskutieren Sie mögliche Nachteile des Binnenmarktes für den Arbeitsmarkt.

3 Analysieren Sie M 11 hinsichtlich der Probleme, denen sich die EU derzeit stellen muss.

4 Fassen Sie Ihre Erkenntnisse aus diesem Kapitel in einer Präsentation zusammen, in der Sie die Vorteile den Herausforderungen des Binnenmarktes gegenüberstellen.

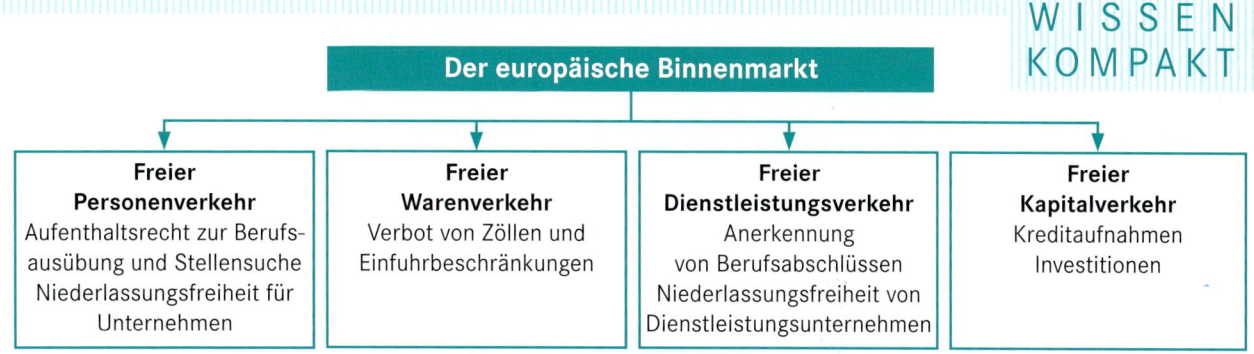

Der europäische Binnenmarkt

Freier Personenverkehr	Freier Warenverkehr	Freier Dienstleistungsverkehr	Freier Kapitalverkehr
Aufenthaltsrecht zur Berufsausübung und Stellensuche Niederlassungsfreiheit für Unternehmen	Verbot von Zöllen und Einfuhrbeschränkungen	Anerkennung von Berufsabschlüssen Niederlassungsfreiheit von Dienstleistungsunternehmen	Kreditaufnahmen Investitionen

Europäische Union ... setzt einen verbindlichen Ordnungsrahmen, z. B. durch Wettbewerbskontrolle, Subventionsverbot und öffentliche Auftragsvergabe.

Vorteile des europäischen Binnenmarktes

- Gegenseitige Abhängigkeit und somit Frieden durch wirtschaftliche Verbundenheit von Ländern;
- gesteigerter Wohlstand durch Arbeitsteilung, Produktvielfalt und die schnellere Verbreitung von neuen Technologien im Rahmen des Austauschs von Gütern und Dienstleistungen;
- größeres Angebot, besseres Preis-Leistungs-Verhältnis und Spezialisierungseffekte durch stärkeren Wettbewerbsdruck;
- höhere Beschäftigungschancen und bessere Einkommensperspektiven durch Steigerung des Wirtschaftswachstums;
- Konvergenz schwacher Regionen durch besondere Fördermaßnahmen;
- insgesamt Verbesserung der Konkurrenzfähigkeit mit anderen Wirtschaftsblöcken.

Herausforderungen für den europäischen Binnenmarkt

Der weitere Ausbau des europäischen Binnenmarktes ist ein **permanenter Prozess**, in dem sich die EU immer neuen Herausforderungen stellen muss. Dazu gehören die stetige Anpassung an wirtschaftliche und technologische Veränderungen, aber auch die Fortführung der Integration in den Bereichen des Gesundheits- und Sozialsystems. Die unterschiedlichen Kultur- und Sprachräume, aber auch das Festhalten an nationalen Interessen und Kompetenzen erschweren hier immer wieder den Ausbau des Europäischen Binnenmarktes.

Die Angst vor einem wachsenden „**Sozialtourismus**" durch die Erweiterung der EU sehen Experten nicht bestätigt. Sie betonen, dass aufgrund des demografischen Wandels Fachkräfte aus anderen Mitgliedstaaten dringend benötigt werden. Die Kommunen hingegen befürchten einen Zuwachs der Armutszuwanderung und damit einen Anstieg der Sozialleistungen, so wie es in einigen Städten bereits der Fall ist.

Des Weiteren wird diskutiert, ob der EU-Binnenmarkt tatsächlich eine **Wohlstandssteigerung** für alle bedeutet. Grundsätzlich ist ein Zuwachs des BIP in (fast) allen Ländern zu verzeichnen. Fraglich ist jedoch, ob eine Steigerung des BIP auch automatisch mit einer Steigerung der Wohlfahrt verbunden ist. Kritiker bemerken, dass die Armut innerhalb der EU zugenommen habe und der Binnenmarkt keineswegs Arbeitsplätze schaffe, da die Arbeitslosigkeit (z. B. in Spanien) steige. Dabei spielen sicherlich nationale Ursachen gleichsam eine große Rolle, wie zum Beispiel in Griechenland. Grundsätzlich bewerten sowohl Unternehmen als auch die privaten Haushalte den europäischen Binnenmarkt eher positiv.

Vergleicht man das **Preisniveau** auf dem europäischen Binnenmarkt, fällt auf, dass es hier noch erhebliche Unterschiede zwischen den Mitgliedstaaten gibt. Während gerade in den skandinavischen Ländern die Verbraucherpreise über dem europäischen Durchschnitt liegen, befinden sich die osteuropäischen Länder noch weit darunter. Eine Konvergenz hat an dieser Stelle noch nicht vollständig stattgefunden, was sich sicherlich auch auf die Konkurrenzfähigkeit der einzelnen Länder auswirkt.

2.4 Die europäische Wirtschafts- und Währungsunion

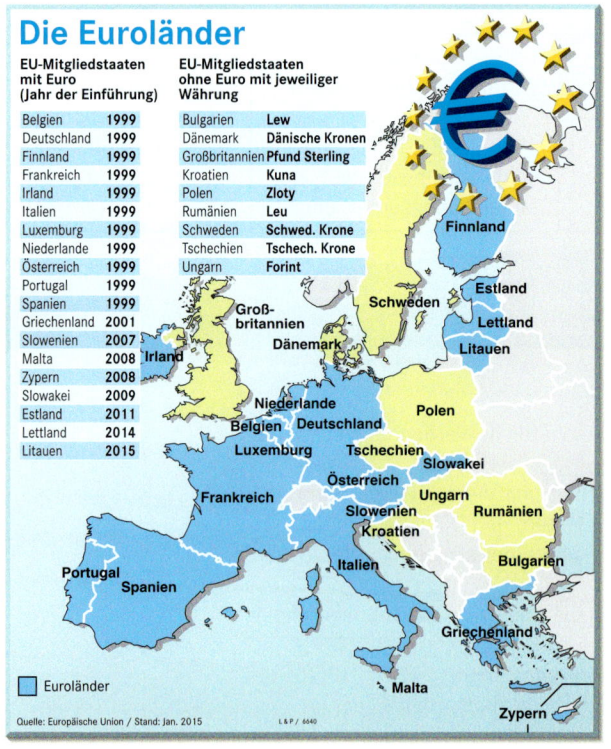

Die Euroländer

EU-Mitgliedstaaten mit Euro (Jahr der Einführung)		EU-Mitgliedstaaten ohne Euro mit jeweiliger Währung	
Belgien	1999	Bulgarien	Lew
Deutschland	1999	Dänemark	Dänische Kronen
Finnland	1999	Großbritannien	Pfund Sterling
Frankreich	1999	Kroatien	Kuna
Irland	1999	Polen	Zloty
Italien	1999	Rumänien	Leu
Luxemburg	1999	Schweden	Schwed. Krone
Niederlande	1999	Tschechien	Tschech. Krone
Österreich	1999	Ungarn	Forint
Portugal	1999		
Spanien	1999		
Griechenland	2001		
Slowenien	2007		
Malta	2008		
Zypern	2008		
Slowakei	2009		
Estland	2011		
Lettland	2014		
Litauen	2015		

Euroländer

Quelle: Europäische Union / Stand: Jan. 2015   L & P / 6640

Die Pläne der Westeuropäer, eine europäische Gemeinschaftswährung einzuführen, reiften erst 1970, als mit dem Plan des luxemburgischen Premierministers Pierre Werner ein erstes realistisches Konzept zum Aufbau einer Wirtschafts- und Währungsunion vorlag. Und erst der Plan des Präsidenten der EG-Kommission Jacques Delors im Wendejahr 1989 und die Wiedervereinigung Deutschlands beschleunigten die Schaffung der europäischen Gemeinschaftswährung Euro.

Die 1998 gegründete Europäische Zentralbank (EZB; seit dem Lissabonner Vertrag 2009 ein Organ der Europäischen Union) steht seit dem Jahr 2010 im Mittelpunkt der europäischen Wirtschafts- und Währungspolitik. Die Geldpolitik und die Arbeitsweise der EZB waren in der seit 2010 währenden Griechenland-, Staatsschulden- und Eurokrise zwar zum Teil umkämpft, haben sich letztlich jedoch als erfolgreich erwiesen: Die EZB hat das ihr als vorrangig aufgetragene Ziel, Binnenwert und Außenwert des Euro zu sichern, erreicht. Die Gefahren von Inflation und Deflation wurden bislang mit den verfügbaren geldpolitischen Instrumenten gebannt, jedoch ist die Rolle der EZB hinsichtlich der Absicherung des Euro mittels Stützung von Staaten und Banken innerhalb der EU und auch in der Gruppe der 19 Eurostaaten umstritten.

GLOSSAR

Euro
Währung
Europäische Wirtschafts- und Währungsunion

Basiswissen

Funktionen des Geldes: Geld ist ein **Tauschmittel**, mit dessen Hilfe Güter getauscht werden können. In einer arbeitsteiligen und marktorientierten Wirtschaft ist Geld als allgemein anerkanntes **Zahlungsmittel** unentbehrlich für die Vermittlung von Käufen und Verkäufen. Hierbei werden Werte an andere Personen übertragen, Geld fungiert also als **Wertübertragungsmittel**. Des Weiteren ist Geld **Wertmesser** und Recheneinheit, d. h., mit Geld sind Güterwerte messbar und damit vergleichbar. Als **Wertaufbewahrungsmittel** (Wertspeichermittel) dient Geld schließlich dazu, Werte aufzubewahren und zu sparen und bei Bedarf in Güter umzutauschen.

Währung: Als Währung bezeichnet man das in einem bestimmten (Währungs-)Raum gesetzlich **gültige Zahlungsmittel**.

---

1. Tragen Sie in Ihrer Lerngruppe Fakten und Daten, die Ihnen in Bezug auf die Währung Euro bekannt sind, in einer Stichwortliste zusammen.
2. **Beschreiben** Sie den Euroraum (Karte) und suchen Sie nach den Motiven einzelner Staaten, dem Euroraum beizutreten – oder dies nicht zu tun.
3. **Stellen** Sie mithilfe von M 1 dar, was den Kern einer Wirtschafts- und Währungsunion ausmacht und welche Rolle die EZB darin spielen soll.
4. **Benennen** Sie die Elemente der Wirtschafts- und Währungsunion gemäß M 2.
5. **Erläutern** Sie mithilfe von M 2 die Notwendigkeit der Parallelität von Regelungen zu Wirtschafts- und zu Währungsfragen.

Eine Währung für Europa – Aufbau einer Wirtschafts- und Währungsunion

Wirtschafts- und Währungsunion (WWU) – worum es geht

■ In einer **Wirtschaftsunion** harmonisieren die Mitgliedstaaten Teile ihrer jeweiligen Wirtschaftspolitik, wobei unterschiedliche Grade der Harmonisierung bzw. Koordinierung möglich sind. Sie stellt eine Weiterentwicklung des Binnenmarktes dar.

In einer **Währungsunion** verzichten die Mitglieder auf eine unabhängige Währungspolitik und geben die geldpolitischen Kompetenzen und Aufgaben an eine gemeinsame, zentrale Behörde ab. Es existiert in der Regel nur noch eine allen Mitgliedern gemeinsame Währung.

Aus: Werner Weidenfeld, Die Europäische Union, Paderborn 2010, S 176

■ Der Europaexperte Werner Weidenfeld betont die Rolle des Geldes und sieht damit die Gemeinschaftswährung Euro in den Mittelpunkt aller Bemühungen um Wirtschafts- und Währungsstabilität in der EU gestellt. Die Kontrolle der Währung – nach innen wie nach außen – bildet somit den Kern aller Wirtschafts- und Währungspolitik der Europäischen Union. Die Banken in ihrer Rolle als Kapitalsammelstellen und die Börsen als Handelsplätze beeinflussen, regulieren, steuern zu können und damit die Gelenkstelle zwischen Realwirtschaft und Finanzwirtschaft politisch zu kontrollieren – darum geht es. Die EZB als „Hüterin der Währung" ist dafür zuständig, an dieser Stelle tätig zu sein und so die Doppelkontrolle von Binnenwert und von Außenwert der Gemeinschaftswährung im Interesse aller Eurostaaten bzw. der gesamten EU zu gewährleisten.

Autorentext

Bausteine der europäischen Wirtschafts- und Währungsunion

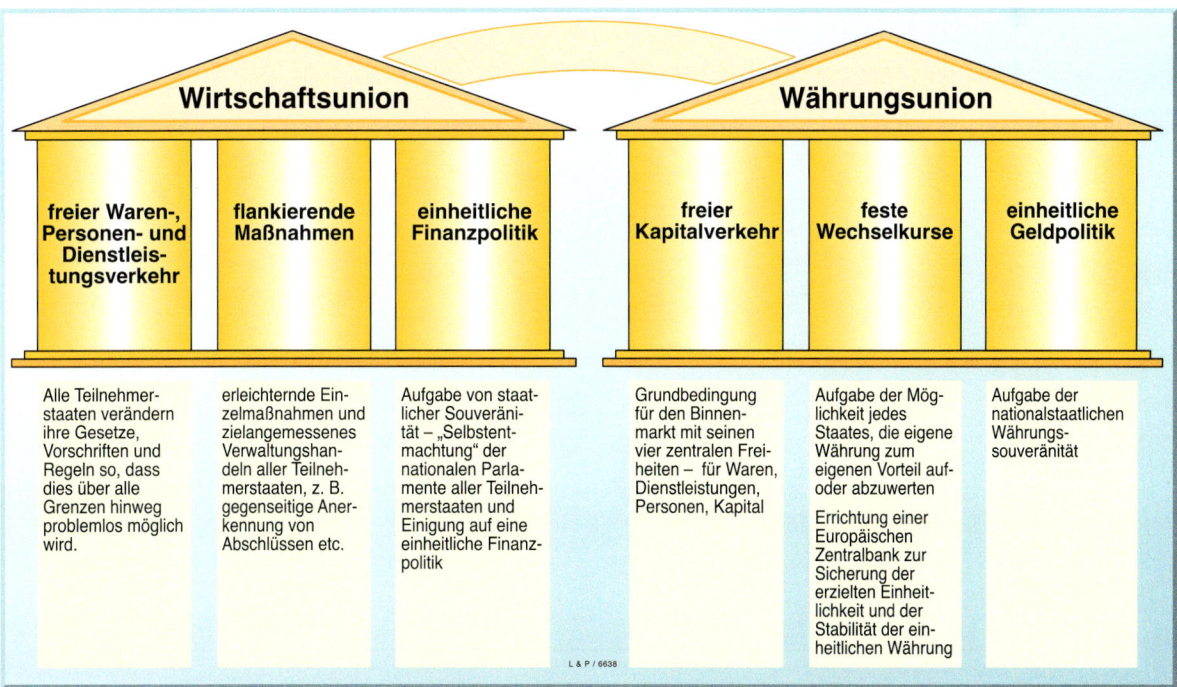

MATERIAL 3 — Motive für eine einheitliche europäische Währung

- Zusätzliche Marktauftrittmöglichkeiten für Unternehmen,
- gesteigertes Wirtschaftswachstum,
- binnenmarktweite Angebotsausweitung
5 mit größerer Auswahl bei konkurrierenden bzw. stabilen Preisen,
- größere Auswahl- und Handlungssicherheit für Unternehmen und Verbraucher,
- verbesserte wirtschaftliche Stabilität,
- erleichterter, kostengedämpfter und 10 preiswerter Geld- und Kapitalfluss,
- besser integrierte Finanzmärkte,
- stärkerer Auftritt des Währungsgebietes in der Weltwirtschaft und im Welthandel,
- alltäglich sichtbares, greifbares Zeichen 15 einer europäischen Identität.

Autorentext

MATERIAL 4 — Art. 119 des Lissabonner Vertrags über die Arbeitsweise der Europäischen Union (AEUV)

(1) Die Tätigkeit der Mitgliedstaaten und der Union [...] umfasst die Einführung einer Wirtschaftspolitik, die auf einer engen Koordinierung der Wirtschaftspolitik der Mit-
5 gliedstaaten, dem Binnenmarkt und der Festlegung gemeinsamer Ziele beruht und dem Grundsatz einer offenen Marktwirtschaft mit freiem Wettbewerb verpflichtet ist.

(2) Parallel dazu umfasst diese Tätigkeit [...] 10 eine einheitliche Währung, den Euro, sowie die Festlegung und Durchführung einer einheitlichen Geld- sowie Wechselkurspolitik, die beide vorrangig das Ziel der Preisstabilität verfolgen und unbeschadet dieses 15 Zieles die allgemeine Wirtschaftspolitik in der Union unter Beachtung des Grundsatzes einer offenen Marktwirtschaft mit freiem Wettbewerb unterstützen sollen.

MATERIAL 5 — Wirtschaftliche Integrationsstufen

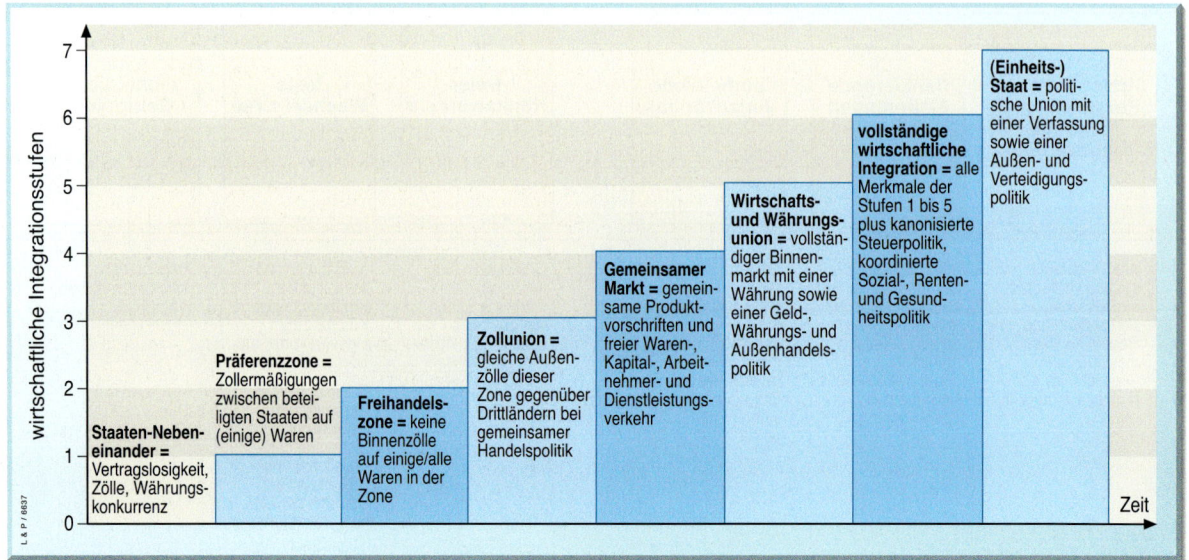

Der Weg zum Euro, 1990–2002

Stufe 1 (1990–1994):

- Ausbau des Binnenmarktes in den Europäischen Gemeinschaften (EG)
- Beseitigung von Beschränkungen für eine weitere finanzielle Integration

Stufe 2 (1994–1999):

- Das Europäische Währungsinstitut (EWI, 1994 in Frankfurt am Main als Vorgänger der EZB gegründet) koordiniert die Geldpolitik zwischen den nationalen Zentralbanken und arbeitet Einzelheiten der einheitlichen Währung aus: Plan für den Übergang zum Euro, Bestimmung der künftigen Verwaltung des Euroraums, Regeln zur Verwirklichung der wirtschaftlichen Konvergenz zwischen den EU-Ländern, Entwürfe für die Euro-Banknoten und die Münzen: Alle Münzen haben eine gemeinsame europäische Seite sowie eine von jedem teilnehmenden Mitgliedstaat individuell gestaltete nationale Seite.
- Der Europäische Rat legt 1997 in Amsterdam die Regeln und Zuständigkeiten des Stabilitäts- und Wachstumspakts (SWP) fest und beauftragt die Europäische Kommission mit der Überwachung.
- 11 der 15 EU-Länder erfüllen 1998 die in Maastricht beschlossenen Konvergenzkriterien und bilden damit die erste Gruppe der EU-Staaten, die den Euro als ihre Währung einführen. Dänemark und das Vereinigte Königreich entscheiden sich für ein „Opt-out" von der Teilnahme an der dritten Stufe der WWU, während Griechenland und Schweden nicht alle Kriterien erfüllen.

Stufe 3 (ab 1999):

- Einführung des Euro als **Buchgeld** mit endgültiger Festlegung der Wechselkurse und dem Datum des Übergangs zum Euro als Bargeld
- Gründung der EZB und des ESZB (Europäisches System der Zentralbanken) mit geldpolitischer Autonomie
- Einführung verbindlicher Haushaltsvorschriften in den EU-Ländern

Autorentext

Buchgeld
Als Buchgeld bzw. Giralgeld bezeichnet man Einlagen auf Bankkonten („Das steht in den Büchern."). Überweisungen und Lastschriften sind Buchgeld. Auch wenn das Buchgeld kein gesetzliches Zahlungsmittel ist, so wird es doch als Zahlungsmittel behandelt, weil sich der Bankkunde seine Sichteinlage ggf. in bar auszahlen lassen kann.

ESZB
Europäisches System der Zentralbanken
= EZB + nationale Zentralbanken
(siehe S. 164, M 10)

Maastrichter Konvergenzkriterien, 1998

Was wird gemessen?	Wie wird gemessen?	Konvergenzkriterien laut Vertrag von Maastricht
Preisstabilität	Harmonisierte Verbraucherpreis-inflationsrate (HVPI)	nicht mehr als 1,5 % über der Inflationsrate der 3 EU-Länder mit dem besten Ergebnis auf dem Gebiet der Preisstabilität
gesunde öffentliche Finanzen	Haushaltsdefizit in % des BIP	Referenzwert: nicht mehr als 3 % des BIP
nachhaltige öffentliche Finanzen	Staatsverschuldung in % des BIP	Referenzwert: nicht mehr als 60 % des BIP
Dauerhaftigkeit der Konvergenz	langfristige Zinssätze	nicht mehr als 3 % über dem Zinssatz der 3 EU-Länder mit dem besten Ergebnis auf dem Gebiet der Preisstabilität
Wechselkurs-stabilität	Abweichung von einem Leitkurs	Teilnahme am Wechselkursmechanismus (WKM) für 2 Jahre ohne starke Spannungen oder Abweichungen

Nach: Europäische Kommission, Eine Währung für Europa – Der Weg zum Euro, Luxemburg 2013, S. 6

Stabilitäts- und Wachstumspakt (SWP)
Der SWP wurde im Vertrag von Amsterdam 1997 festgeschrieben und soll im Sinne der Konvergenzkriterien die Haushaltsdisziplin in der WWU sichern. Wenn die Mitgliedstaaten ihr Haushaltsdefizit um über 3 % des BIP überziehen, werden sie mit Sanktionen belegt. Ausnahmen gibt es in Phasen der Rezession oder bei außerordentlichen Ereignissen wie Naturkatastrophen.

1 Prüfen Sie, ob die Motive zur Einführung des Euro (M 3), der Fahrplan (M 6) und die Vertragsvoraussetzungen (M 4) schon früher als in Stufe 7 (M 5) wirksam werden.

2 Erörtern Sie die These, dass die Wende in der DDR und die Wiedervereinigung Deutschlands die Einführung des Euro wesentlich beschleunigt haben.

3 Prüfen Sie, ob die Maastrichter Konvergenzkriterien (M 7) ausreichen, in einer WWU alle Wirtschafts- und Währungsfragen parallel (S. 158, Aufg. 5) zu beantworten.

MATERIAL **8**

Der Euro erfordert Reformen – eine Prognose von 1998

INFO

Horst Köhler
* 22.2.1943
in Heidenstein, General-
gouvernement (heute:
Skierbieszów, Polen)
deutscher Politiker (CDU)
und Ökonom;
2000–2004 geschäfts-
führender Direktor
des Internationalen Wäh-
rungsfonds (IWF);
2004–2010 Bundes-
präsident

Weichwährungsländer
haben eine frei konver-
tierbare Währung, die
wegen der strukturellen
Schwäche ihrer realwirt-
schaftlichen Basis oft
bzw. andauernd von
Abwertung bedroht ist.

Spiegel special: Kann der Euro denn stabil sein, wenn auch die **Weichwährungsländer** von Anfang an mitmachen?

Horst Köhler: Der Ende 1991 geschlossene Vertrag von Maastricht hat in allen EU-Ländern beachtliche Stabilitätsanstrengungen ausgelöst. Die Preissteigerungsrate ist insgesamt in Europa heute niedriger als im Durchschnitt in Deutschland in den letzten 30 Jahren. Es gibt heute in Europa eigentlich keine Regierung mehr, die zwischen Beschäftigung und Inflation einen positiven Zusammenhang sieht. Tatsächlich ist Inflation in Europa kurz- und mittelfristig kein akutes Problem. Die Hauptprobleme liegen beim Zustand der öffentlichen Finanzen und bei den Hemmnissen für den wirtschaftlichen Strukturwandel. Hier müssen die meisten Länder und nicht zuletzt auch Deutschland die Frage beantworten, wie sie die Wettbewerbsfähigkeit ihrer Unternehmen verbessern und wie die europäischen Gesellschaften nicht mehr haltbare Vorstellungen vom Wohlfahrtsstaat mit den Realitäten vereinbaren. [...]

Spiegel special: Was gibt eigentlich die Gewähr, dass sich die Mitglieder der Währungsunion dauerhaft an einer Stabilitätspolitik orientieren?

Horst Köhler: Die Begabung zur Vernunft ist bei unseren Nachbarn nicht kleiner als in Deutschland. Auch in Italien und Spanien zum Beispiel wird erkannt, dass Schulden- und Subventionswirtschaft in eine Sackgasse führen und dass es in der Zukunft vor allem auf Eigeninitiative, Flexibilität und Innovation ankommt. Es gibt im Maastrichter Vertrag Regelkreise zur Sicherung von Haushaltsdisziplin, jetzt noch verstärkt durch den zusätzlichen Stabilitätspakt. Außerdem wird inzwischen von allen Ländern die Notwendigkeit einer intensiveren Abstimmung der Wirtschaftspolitik anerkannt. [...] Es muss endlich geklärt werden, was eigentlich die Politische Union ist beziehungsweise werden soll. Da wünschte ich mir auch von deutscher Seite präzisere konzeptionelle Vorstellungen. Die politische Integration muss sich fortsetzen, sonst fehlt der Währungsunion auf Dauer der Zusammenhalt.

Spiegel special: Nach Helmut Kohls Meinung wird der Euro Integrationsfortschritte bringen.

Horst Köhler: Ja, wenn er stabil ist. Allerdings wird der Euro auch den Wettbewerb in Europa verschärfen. Es ist ein Stück entlarvend, wenn sechs Jahre nach Vertragsabschluss gesagt wird, wir brauchen den Euro, um die nötigen Strukturreformen durchsetzen zu können. Die sind eigentlich eine Voraussetzung für einen strukturell stabilen Euro. Wenn wir die Wechselkurse in Europa unwiderruflich fixieren, dann fällt dieses Anpassungsventil für Produktivitäts- und Kostenunterschiede zwischen den Mitgliedstaaten weg. Also ist zu deren Ausgleich unbedingt innere Flexibilität erforderlich. Das lässt sich nur mit Strukturreformen erreichen. Je später man damit anfängt, desto größer werden die Spannungen ausfallen. [...]

Spiegel special: Was bringt der Euro den Bürgern?

Horst Köhler: Für die Bürger insgesamt hat der Euro unter dem Strich langfristig mehr Chancen als Risiken. Mittel- bis langfristig rechne ich mit positiven Auswirkungen auf die Zahl der Arbeitsplätze in Europa, weil der Euro eine Revitalisierung der europäischen Volkswirtschaften bewirkt und den großen europäischen Binnenmarkt erst voll zur Entfaltung bringt.

Aus: Spiegel special 2/1998, S. 3–37 (Auszüge)

QUERVERWEIS

ESZB
S. 161, Info
S. 164, M 10

1 Arbeiten Sie aus M 8 in Form einer Tabelle **heraus**, mit welcher wirtschafts-, währungs- und außenpolitischen Grundeinstellung der spätere Bundespräsident Horst Köhler die Euro-Einführung begleitete. Nutzen Sie seine Aussagen dazu, die „deutsche Position" in Bezug auf den Euro, die EZB und das ESZB zu bestimmen.

Die Europäische Zentralbank und ihre Geldpolitik

Die EZB in Frankfurt am Main

MATERIAL **9**

Der neue EZB-Tower während der Bauphase im September 2013

INFO

Arbeitsprinzipien für das ESZB-Leitungs-personal

Weisungs-unabhängigkeit
(Art. 107 EGV + Art. 7 ESZB-Statut)
Kündigungsschutz
(Art. 11.4, Art. 14 ESZB-Statut)
finanzielle Unabhängigkeit
(Art. 11.3 ESZB-Statut)
Hauptamtlichkeit
(Art. 11.1 ESZB-Statut)

Die Europäische Zentralbank mit Sitz in Frankfurt am Main ist seit dem 1. Juni 1998 für die Geldpolitik der Euro-Mitgliedstaaten verantwortlich. Die EZB wird von einem Di-
5 rektorium geleitet (Präsident, Vizepräsident und vier weitere Mitglieder). Das Direktorium bildet zusammen mit den Präsidenten der 18 nationalen Zentralbanken der Eurozone den EZB-Rat. Der EZB-Rat entscheidet über
10 alle Fragen der Geldpolitik. Der Erweiterte Rat besteht aus dem Präsidenten und dem Vizepräsidenten der EZB und den 28 Präsidenten aller EU-Mitgliedstaaten. Er dient als Bindeglied zwischen den Zentralbanken in
15 und außerhalb der Währungsunion.
Die Hauptaufgabe der EZB ist die Preisstabilität im Eurogebiet (Wahrung der Kaufkraft des Euro). Die EZB wird deshalb häufig als „Hüterin der Währung" bezeichnet. Soweit es mit dem Ziel der Preisstabilität vereinbar 20 ist, soll sie auch die allgemeine Wirtschaftspolitik der EU unterstützen. [...] Um Preisstabilität zu erreichen, beobachtet die EZB die Preisentwicklung (Inflation) und kontrolliert die Geldmenge. [...] 25
Der Maastrichter Vertrag garantiert die Unabhängigkeit der EZB, damit sie ihre geldpolitischen Entscheidungen ohne Rücksicht auf politische Einflussnahme fällen kann. Sie ist institutionell unabhängig (darf keine 30 Weisungen entgegennehmen), operativ unabhängig (entscheidet frei über den Einsatz der geldpolitischen Instrumente) und personell unabhäng (die Mitglieder des EZB-Direktoriums werden für eine einmalige Amtszeit 35 von acht Jahren ernannt und können nur durch Gerichtsbeschluss des EuGH ihres Amtes enthoben werden).

Aus: Bruno Zandonella, pocket europa – EU-Begriffe und Länderdaten, 2. Aufl., Bonn 2006, S. 40 ff.

EZB-Spitzenpersonal
EZB-Präsident:
Mario Draghi, Italien
EZB-Vizepräsident:
Vitor Manuel Ribeiro Constancio, Portugal
25 **EZB-Direktorium:**
■ Peter Praet, Belgien
■ Benoit Coeure, Frankreich
■ Yves Mersch, Luxemburg
30 ■ Sabine Lautenschläger, Deutschland

INTERNET
www.ecb.int
Homepage der Europäischen Zentralbank

www.bundesbank.de
Homepage der Deutschen Bundesbank
(Zentralbank der Bundesrepublik Deutschland)

GLOSSAR
Europäische Zentralbank

1 **Beschreiben** Sie das Erscheinungsbild des EZB-Towers auf dem Foto in M 9.
2 **Charakterisieren** Sie den besonderen Status des EU-Organs EZB. Skizzieren Sie dabei die Bedeutung der Arbeitsprinzipien für die alltägliche Arbeit (Text M 9 mit oberer Info).
3 Recherchieren Sie Namen und Nationalität des aktuellen EZB-Spitzenpersonals (untere Info) und **überprüfen** Sie, wie gesamteuropäisch die EZB-Spitze ist.

Das ESZB – Auftrag, Ziele, Struktur

Zwei-Säulen-Strategie
Die wirtschaftliche und die monetäre Analyse der EZB sollen auf Risiken für die Preisstabilität hinweisen und geldpolitischen Handlungbedarf anzeigen. Während sich die Analyse der ersten Säule auf die wirtschaftliche Dynamik und auf Schocks außerhalb des Euroraums konzentriert, analysieren die Instrumente der zweiten Säule die monetäre Entwicklung im Euroraum und darüber hinaus.

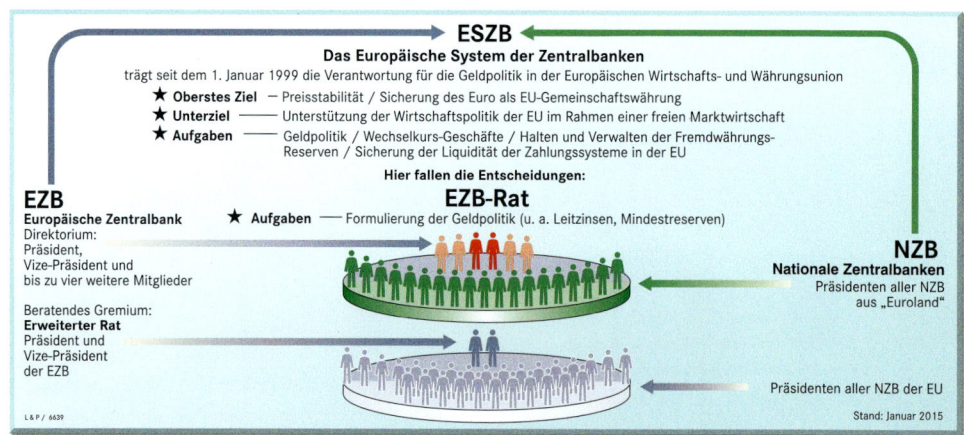

Der Gestaltungsrahmen für die Europäische Zentralbank

Art. 120 AEUV (Wirtschaftspolitik):
Die Mitgliedstaaten richten ihre Wirtschaftspolitik so aus, dass sie [...] zur Verwirklichung der Ziele der Union [...] beitragen.

primärrechtlich
auf Verträgen zwischen den EU-Mitgliedstaaten basierend

Zur Koordinierung ihrer Wirtschafts- und vor allem ihrer Haushaltspolitik [Fiskalpolitik] haben sich die EU-Mitgliedstaaten, die an der gemeinsamen Währung teilnehmen, 5 zur Eurogruppe zusammengeschlossen. Dieses anfangs informelle Gremium, das seit Beginn der dritten Stufe der WWU immer mehr an Bedeutung gewonnen hat, wurde mit dem Vertrag von Lissabon **primärrechtlich** verankert und aufgewertet. 10

Im Gegensatz zur supranationalen Geldpolitik bleibt die Wirtschaftspolitik weiterhin in der Hand der Mitgliedstaaten. Dabei müssen sie aber gemeinschaftliche Vorgaben beachten. Dazu zählen die primärrechtlich festge- 15 legten Ziele der Union wie die Förderung nichtinflationären Wachstums und eines hohen Beschäftigungsniveaus sowie die vom Rat als Empfehlung erlassenen wirtschaftspolitischen Grundzüge. Als langfristiges Ziel 20 gilt dabei die Harmonisierung der Steuersätze. Allerdings konnte man sich bisher erst bei der Mehrwertsteuer auf die Einführung eines Mindestsatzes einigen, wobei bei einstimmigem Ratsbeschluss auch hier Aus- 25 nahmeregelungen möglich sind. Diese Maßnahmen im Rahmen der „Grundzüge der Wirtschaftspolitik" wurden durch mehrere flankierende Koordinierungsprozesse ergänzt. 30

Aus: Werner Weidenfeld, Die Europäische Union, Paderborn 2010, S. 176, 179 f.

1 **Beschreiben** Sie das ESZB-System der Eurostaaten (M 10).

2 **Erläutern** Sie, wie die Zwei-Säulen-Strategie angelegt ist und wie sie das EZB-Handeln bestimmt (Info neben M 10).

3 **Analysieren** Sie den von Werner Weidenfeld beschriebenen Gestaltungsrahmen, den die EZB an der Nahtstelle zwischen Wirtschafts- und Währungspolitik ausfüllt (M 11).

4 **Arbeiten** Sie aus M 12 **heraus**, was das Handeln der EZB kennzeichnet und wie breit ihr Mandat angelegt ist.

5 **Analysieren** Sie die Konstruktion der Bankenunion (M 13); **erläutern** Sie, wie die drei Pfeiler die Stabilität des Banken- und Finanzsystems im Euroraum gewährleisten sollen.

6 **Beschreiben** Sie die Gelenk- und Vermittlerstelle, die die EZB innehat (M 11 bis M 13).

7 **Benennen** Sie die auffälligen Entwicklungen, die Stefan Bielmeier an der Gültigkeit bisheriger Erfahrungen zweifeln lassen (M 14).

„Das Mandat" – die Aufgaben der EZB (Art. 127 AEUV)

(1) Das vorrangige Ziel des Europäischen Systems der Zentralbanken (im Folgenden „ESZB") ist es, die Preisstabilität zu gewährleisten. Soweit dies ohne Beeinträchtigung
5 des Zieles der Preisstabilität möglich ist, unterstützt das ESZB die allgemeine Wirtschaftspolitik in der Union, um zur Verwirklichung der in Artikel 3 des Vertrags über die Europäische Union festgelegten Ziele der
10 Union beizutragen. Das ESZB handelt im Einklang mit dem Grundsatz einer offenen Marktwirtschaft mit freiem Wettbewerb, wodurch ein effizienter Einsatz der Ressourcen gefördert wird, und hält sich dabei an die in
15 Artikel 119 genannten Grundsätze.

(2) Die grundlegenden Aufgaben des ESZB bestehen darin,
- die Geldpolitik der Union festzulegen und auszuführen,
- Devisengeschäfte im Einklang mit Artikel 20 219 durchzuführen,
- die offiziellen Währungsreserven der Mitgliedstaaten zu halten und zu verwalten,
- das reibungslose Funktionieren der Zahlungssysteme zu fördern. [...] 25

(5) Das ESZB trägt zur reibungslosen Durchführung der von den zuständigen Behörden auf dem Gebiet der Aufsicht über die Kreditinstitute und der Stabilität des Finanzsystems ergriffenen Maßnahmen bei. 30

Aus: Vertrag über die Arbeitsweise der Europäischen Union (2009), Kapitel 2: Die Währungspolitik, Art. 127

Neue Aufgabe im Rahmen der Europäischen Bankenunion

Die drei Säulen der europäischen Bankenunion
- ▶ Europäische Bankenaufsicht
- ▶ Einlagensicherung
- ▶ Europäischer Abwicklungsmechanismus

Europäischer Abwicklungsmechanismus
1 Die Bankenaufsicht bei der EZB erkennt eine Schieflage und schlägt Alarm.
2 Das europäische Abwicklungsgremium aus Vertretern von EU-Kommission, EZB und nationalen Aufsichtsbehörden bereitet die Abwicklung auf Basis der Pläne der Banken im Detail vor. Bei Abstimmungen innerhalb des Gremiums gibt es kein Vetorecht.
3 Die EU-Kommission entscheidet, ob die Abwicklung erfolgt.
4 Der Abwicklungsplan wird von den nationalen Behörden unter Aufsicht des Abwicklungsgremiums umgesetzt.

L & P / 6656   Quelle: Der Spiegel, 30/2013, S. 59

INFO

Die **einheitliche europäische Bankenaufsicht** ist der 1. Pfeiler der **europäischen Bankenunion**, zu der 2. ein einheitlicher **Abwicklungsmechanismus für kriselnde Banken** inklusive 3. eines **gemeinsamen Abwicklungsfonds** gehört. Aufgabe der Bankenaufsicht durch die EZB ist die Überwachung der 130 wichtigsten Kreditinstitute der Eurozone.

Der Zusammenhang von Geld- und Wirtschaftskreislauf

Seit mehr als fünf Jahren fluten die Notenbanken der Industrieländer die Finanzmärkte mit **Liquidität**. So haben die [US-Notenbank] Fed und die [Noten-]Bank von England
5 seit Anfang 2008 ihre Bilanzsumme mehr als vervierfacht. In Japan und im Euroraum ist die Entwicklung nicht ganz so dramatisch, doch auch hier wurde die Liquidität erheblich ausgeweitet. Gemäß der klassi-
10 schen Lehrbuchmeinung führt eine übermäßige monetäre Ausstattung über kurz oder lang zu Inflation. Zwar wurde die umlaufende Geldmenge in den meisten Ländern nicht so stark ausgeweitet wie die Notenbankbilanzen, dennoch stieg [sie] in den Vereinig- 15 ten Staaten seit 2008 um rund 90 Prozent, im Euroraum immerhin noch um etwa 40 Prozent. Gleichzeitig liegt die Inflationsrate fast überall heute deutlich niedriger als vor der Krise 2008/2009. 20

Aus: Stefan Bielmeier (Chefvolkswirt der DZ-Bank), Geldflut ohne Inflationsgefahren?, in: Frankfurter Allgemeine Zeitung, 6.1.2014, S. 26

INFO

Liquidität
Sie stellt für Banken die Ausstattung an Zahlungsmitteln dar, die für Kreditauszahlungen und zur Befriedigung von Zahlungsverpflichtungen zur Verfügung stehen.

MATERIAL 15 — Die Transmission geldpolitischer Impulse

INFO

Leitzins
Von den Zentralbanken festgelegter Zinssatz, zu dem sich Geschäftsbanken bei den Zentralbanken refinanzieren können; dafür müssen die Geschäftsbanken Sicherheiten hinterlegen (weil dies meist Wertpapiere sind, als Wertpapierpensionsgeschäfte bezeichnet).

Auswirkungen des Handelns der EZB ...	... bei Leitzinssenkung	... bei Leitzinserhöhung
... für die Refinanzierung der Geschäftsbanken	günstiger	teurer
... für die Zinsen der Geschäftsbankkunden	sinken	steigen
... für die Kreditnachfrage durch Nichtbanken	steigt	sinkt
... für die Investitions- und Konsumgüternachfrage im Euroraum	steigt	sinkt
... für die Preise (bzw. für das Preisniveau, bei Annahme eines gleichbleibenden Angebots)	steigen	sinken

Nach: EZB, Geld und Geldpolitik, Frankfurt a. M., 2012, S. 163 und 267; leicht verändert

MATERIAL 16 — Geldpolitisches Instrumentarium der EZB

INFO

EZB-Geldmengen

M 0 = Geldbasis = Banknoten und Münzen, die sich im Umlauf außerhalb des Bankensystems (bei Nichtbanken) befinden (also ohne Kassenbestände der Geschäftsbanken, aber mit Banknotenumlauf im Ausland) plus dem Zentralbankgeldbestand der Kreditinstitute
M 1 = Sichteinlagen der Nichtbanken sowie der gesamte Bargeldumlauf
M 2 = M 1 plus Einlagen mit vereinbarter Laufzeit bis zu zwei Jahren und Einlagen mit gesetzlicher Kündigungsfrist bis zu drei Monaten
M 3 = M 2 plus Anteile an Geldmarktfonds, Repoverbindlichkeiten (= Titel, die zwischen der Bundesbank und den Geschäftsbanken gehandelt werden und nicht zu den Spareinlagen zu zählen sind), Geldmarktpapieren und Bankschuldverschreibungen mit einer Laufzeit bis zu zwei Jahren

Geldpolitische Operationen	Verfahren	Aktionen	Laufzeit	Einsatz	Effekt
1. Offenmarktgeschäfte (open market operations)					
Refinanzierungsgeschäfte	Liquiditätsbereitstellung/ -abschöpfung	Die EZB kauft/ verkauft Wertpapiere von/an Geschäftsbanken.	eine Woche	wöchentlich	Geldmenge steigt/ sinkt.
2. Ständige Fazilitäten („ständiger Zinssatz"; standing facilities)					
Spitzenrefinanzierungsfazilität = Zinssatz für Geschäftsbanken, die von ihrer nationalen Zentralbank gegen notenbankfähige Sicherheiten Übernachtkredit erhalten	„Girokonto für die Geschäftsbanken"	Geschäftsbanken können ihr Konto gegen Sollzinsen „überziehen".	ein Tag	bei Bedarf	Geldmenge steigt.
Einlagefazilität = Zinssatz für Gelder, die Geschäftsbanken bei ihrer nationalen Zentralbank einlegen, also „parken"		Geschäftsbanken können auf ihrem Konto verzinste Guthaben bilden.	ein Tag	bei Bedarf	Geldmenge sinkt.
3. Mindestreserven (minimum reserves)					
Prozentanteile von Kundeneinlagen, die von den Geschäftsbanken bei der Zentralbank als zinslose Guthaben festgelegt werden müssen – je nach Art der Einlagen unterschiedlich hohe Sätze für Sicht-, Termin-, Spareinlagen	Die EZB setzt das mengenwirksame und liquiditätspolitische Instrument zur unmittelbaren Steuerung ein.	niedrige Mindestreservesätze	nach Bedarf	nach Bedarf	Geldmenge steigt.
		hohe Mindestreservesätze			Geldmenge sinkt.

Eigene Darstellung

1 Erklären Sie den Transmissionsmechanismus (M 15); **erläutern** Sie Details.

2 Machen Sie sich – z. B. mithilfe arbeitsteilig vorbereiteter Kurzreferate – alle Elemente des geldpolitischen Instrumentariums der EZB (M 16) klar.

3 Erklären Sie in eigenen Worten die Geldmengenabgrenzungen (Info neben M 16).

4 Begründen Sie die in Fachkreisen wachsende Neigung, den Geldbegriff durch den Begriff Liquidität (Info neben M 14) zu ersetzen.

Restriktive Geldpolitik = Inflationsbekämpfung

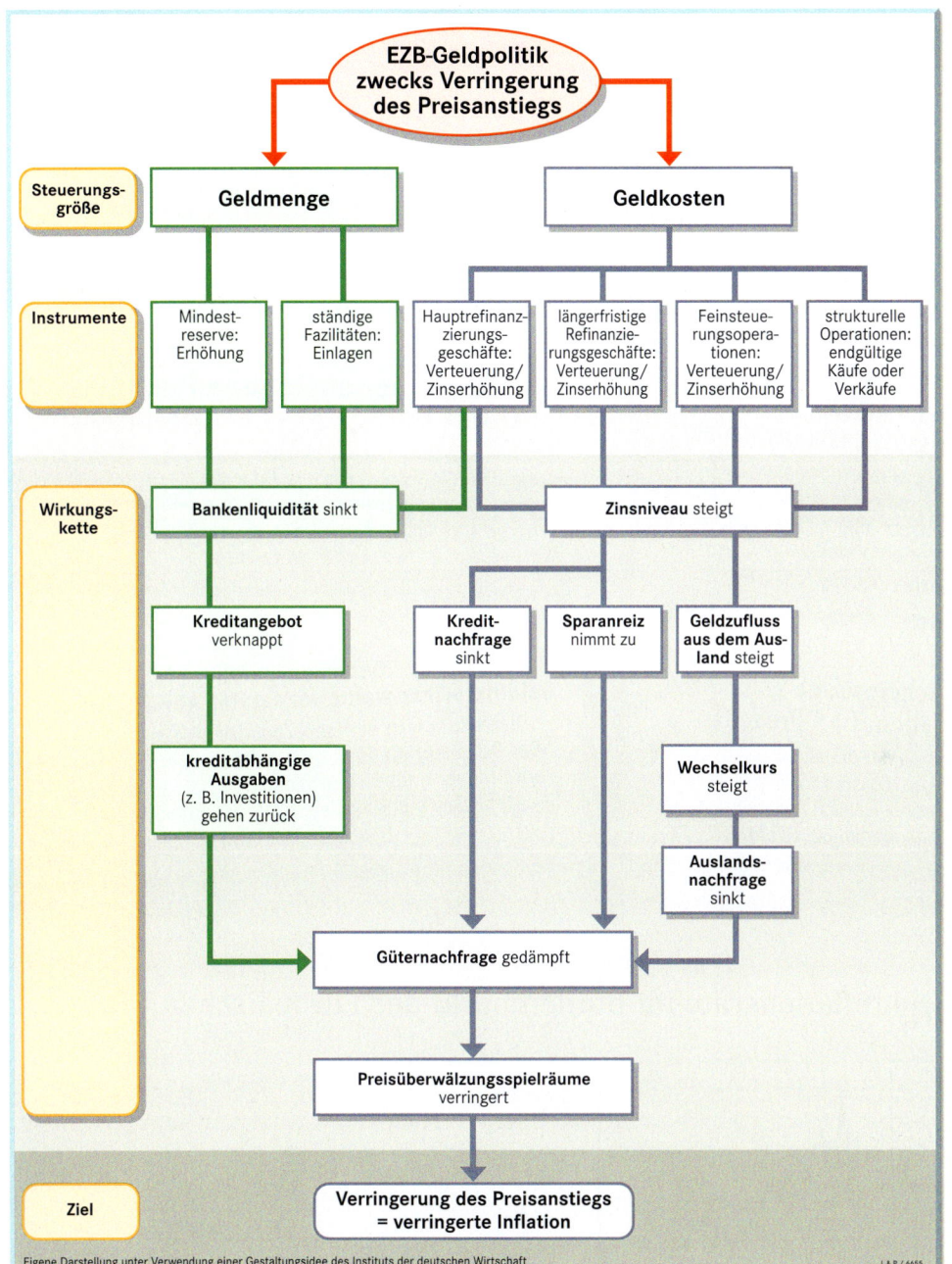

EZB-Geldpolitik zwecks Verringerung des Preisanstiegs

Steuerungs-größe
Geldmenge — **Geldkosten**

Instrumente
- Mindestreserve: Erhöhung
- ständige Fazilitäten: Einlagen
- Hauptrefinanzierungsgeschäfte: Verteuerung/Zinserhöhung
- längerfristige Refinanzierungsgeschäfte: Verteuerung/Zinserhöhung
- Feinsteuerungsoperationen: Verteuerung/Zinserhöhung
- strukturelle Operationen: endgültige Käufe oder Verkäufe

Wirkungskette
- **Bankenliquidität** sinkt
- **Zinsniveau** steigt
- **Kreditangebot** verknappt
- **Kredit-nachfrage** sinkt
- **Sparanreiz** nimmt zu
- **Geldzufluss aus dem Ausland** steigt
- **kreditabhängige Ausgaben** (z. B. Investitionen) gehen zurück
- **Wechselkurs** steigt
- **Auslandsnachfrage** sinkt
- **Güternachfrage** gedämpft
- **Preisüberwälzungsspielräume** verringert

Ziel
- **Verringerung des Preisanstiegs = verringerte Inflation**

Eigene Darstellung unter Verwendung einer Gestaltungsidee des Instituts der deutschen Wirtschaft

L & P / 6655

INFO

Preisniveaustabilität = Geldwertstabilität
Sie wird nach vertraglich festgelegten Regeln und Verfahren in allen EU-Staaten national ermittelt und von Eurostat (siehe S. 171, Internetlink) und von der EZB als Rate der Geldentwertung (Inflationsrate) für den Euroraum und für die EU insgesamt berechnet.

QUERVERWEIS

Inflation
S. 16 f.

||||**5**| Vollziehen Sie nach, wie der „geldpolitische Instrumentenkasten" der EZB (M 16) im Fall einer beabsichtigten Dämpfung des Preisniveaus in der EU wirken soll (M 17).

||||**6**| Erstellen Sie auf der Grundlage Ihrer Kenntnisse und Ihrer Arbeitsergebnisse eine kleine schriftliche Expertise, in der Sie **beurteilen**, welche Bedeutung der EZB für die Wirtschafts- und Währungspolitik (in) der Europäischen Union zukommt.

Eurostabilität: der Binnenwert des Euro

MATERIAL **18**
Schlagzeilen

Eurokrise:
„Deutschland braucht eine Inflation"
Noch fünf Jahre bleiben dem Euro, wenn es so
weitergeht – mit verheerenden Folgen. Es fehlt eine
europäisch koordinierte Lohnpolitik.
taz, 22.7.2011

Eurokrise:
„Inflation ist keine Schweinegrippe"
Der Ökonomieprofessor Peter Bofinger sieht keine Gefahr der Geldentwertung. Statt am falschen Ende zu sparen, sollten die Staaten
gezielt Geld ausgeben.
taz, 26.9.2012

Deutsche Reallöhne:
Niedrige Inflation frisst Lohnsteigerung auf
Die Löhne sind hierzulande zwischen Sommer 2012 und
Sommer 2013 im Schnitt so stark gestiegen wie die Ver-
braucherpreise. Für Vollzeitbeschäftigte bleibt real weniger
Geld im Portemonnaie.
Frankfurter Allgemeine Zeitung, 8.10.2013

Angst vor sinkenden Preisen:
Droht Europa jetzt die Deflation?
Von der befürchteten großen Inflation ist derzeit nichts zu sehen.
Im Gegenteil: Die Teuerungsrate ist in Europa auf ein Vier-Jahres-Tief
gefallen. In Deutschland schrumpfen gar die Erzeugerpreise.
Nun geht die Angst vor der Deflation um. Die EZB ist alarmiert.
ARD, 20.11.2013

Verbraucherpreise :
Inflationsrate fällt auf 1,5 Prozent
Billigeres Tanken und Heizen haben 2013 die Inflation in Deutschland
gedämpft. Die Verbraucherpreise stiegen im Schnitt nur noch um
1,5 Prozent. Nahrungsmittel wurden aber deutlich teurer.
Frankfurter Allgemeine Zeitung, 6.1.2014

Deflationsgefahr
Geldhistoriker warnt vor fataler Abwärtsspirale
Die Inflation in der Euro-Zone ist niedrig wie nie.
Der Druck auf die EZB, die Geldschleusen zu öffnen,
wird immer größer. Top-Ökonomen warnen vor einer
Deflation – und kritisieren Deutschland scharf.
Die Welt, 24.1.2014

MATERIAL **19**
Die Inflationsrate im Binnenmarkt der Europäischen Union

INFO

Inflationsrate
Die EZB zielt mit ihrer
Geldpolitik auf eine
stabile und für die
Wirtschaft kalkulier-
bare Geldentwertung
(Inflationsrate) von
ca. zwei Prozent bzw.
etwas unter zwei
Prozent.

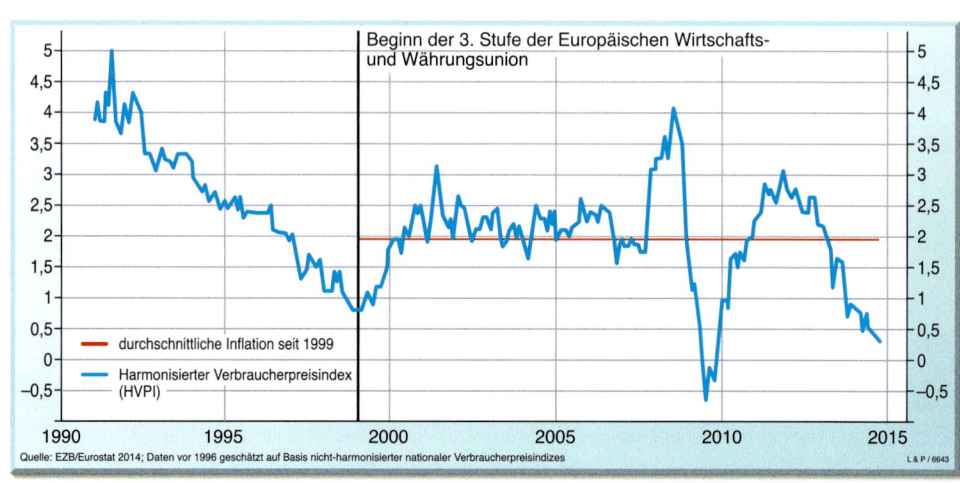

Beginn der 3. Stufe der Europäischen Wirtschafts-
und Währungsunion

— durchschnittliche Inflation seit 1999

— Harmonisierter Verbraucherpreisindex
(HVPI)

Quelle: EZB/Eurostat 2014; Daten vor 1996 geschätzt auf Basis nicht-harmonisierter nationaler Verbraucherpreisindizes

L & P / 6643

Geldmenge und Gütermenge

MATERIAL **20**

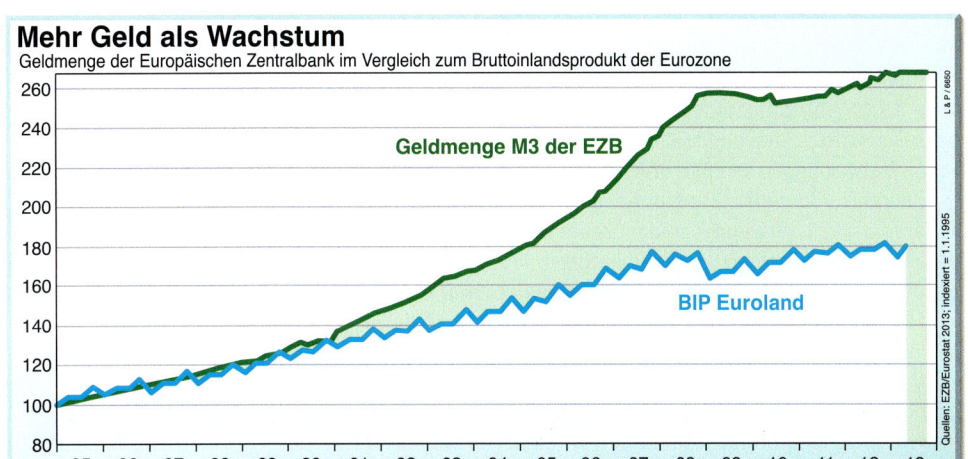

Mehr Geld als Wachstum
Geldmenge der Europäischen Zentralbank im Vergleich zum Bruttoinlandsprodukt der Eurozone

INFO

Entkopplung
Die langfristige Entkopplung von Geldmengenentwicklung und der Entwicklung der Inflationsrate widerspricht den klassischen Gleichgewichtsvorstellungen in den Wirtschaftswissenschaften.

Leitzinsentwicklung

MATERIAL **21**

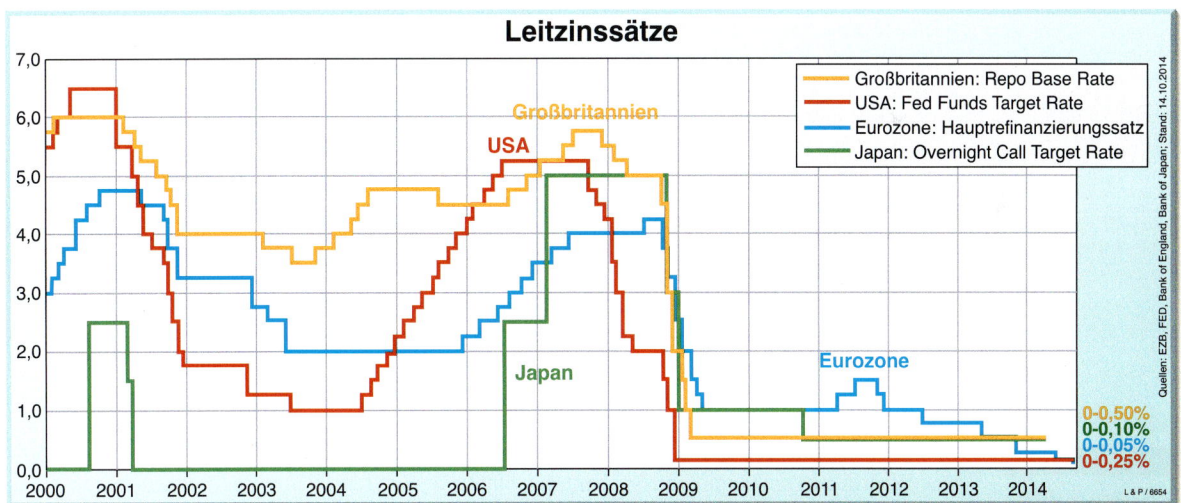

Leitzinssätze

1 **Stellen** Sie anhand der Schlagzeilen in M 18 **dar**, welche Wirkungen Inflation und Deflation als wirtschaftliche Missverhältnisse hervorrufen.

2 **Analysieren** Sie die Grafiken M 19 bis M 21 arbeitsteilig, verwenden Sie dabei ggf. die Leitfragen auf S. 170.

3 **Erklären** Sie den Zusammenhang zwischen der Euro-Geldmenge, dem EU-BIP und der Veränderung des EU-Preisniveaus (M 19 bis M 21).

4 **Prüfen** Sie die Grafiken M 19 bis M 21 daraufhin, ob sie einen Erfolg oder einen Misserfolg der EZB-Geldpolitik belegen.

5 **Diskutieren** Sie, ausgehend von Ihren Analyseergebnissen aus Aufgabe 1 bis 4, die Frage, ob die EZB erfolgreich in der Herstellung eines stabilen Euro ist.

GLOSSAR

Inflation
Deflation

METHODE

Indikatoren auf ihre Validität überprüfen

Thema: Inflation und Deflation

QUERVERWEIS

Möglichkeiten und Grenzen von Wirtschaftsprognosen
S. 44–47

INFO

Validität meint ...

... die Richtigkeit und die Zuverlässigkeit der verwendeten Indikatoren (Messwerte, Kennzahlen, Anzeiger, Signalgrößen);

... das Ausmaß, in dem eine Messmethode tatsächlich das misst, das gemessen werden soll: Messen z. B. die Befragungs- und die Berechnungsmethoden des Statistischen Bundesamtes bzw. von Eurostat auch „die tatsächliche" Inflation bzw. „die tatsächliche" Deflation?

Inflation und Deflation bezeichnen Veränderungen des Geldwertes und markieren unterschiedliche Konjunkturtatbestände, somit also sehr verschiedene Wirtschaftsverhältnisse. Sie stehen bei wirtschaftspolitischen Diskussionen oft im Mittelpunkt. Sie werden in der Analyse wirtschaftlicher Entwicklungen mithilfe **statistischer Messgrößen (Indikatoren)** ausgedrückt.

Während **volkswirtschaftliche Indikatoren (Makroökonomie)** auch in der Öffentlichkeit ausdifferenziert verwendet und einzelne Messzahlen dann auch präzise als Konjunkturindikatoren, Mengenindikatoren, Preisindikatoren, Früh-, Präsenz- oder Spätindikatoren angesprochen werden, verbirgt sich die Vielzahl **betriebswirtschaftlicher Indikatoren (Mikroökonomie)** fast immer hinter dem Sammelbegriff **betriebswirtschaftliche Kennzahl** (z. B. Kennzahlen aus einer Bilanz, Kennzahlen zur Kapitalstruktur oder zur Liquidität usw.).

Wirtschaftsindikatoren sind aus der makroökonomischen Theorie bzw. aus Forschungen abgeleitet und ermöglichen (ex post: im Nachhinein) Analysen wie auch (ex ante: in der Vorschau) Prognosen. Ein spezieller Zweig der Wirtschaftswissenschaften, die Ökonometrie, hat statistische Methoden entwickelt, in denen **valide Indikatoren** im Zentrum der Betrachtung stehen.

Ein zentraler valider Indikator für das Maß an Inflation bzw. Deflation in der EU ist der sich **verändernde Geldwert**. Er ist erstens messbar als Kaufkraftveränderung im „Binnenland" (**Euro-Binnenwert**) mittels **standardisierter Warenkörbe**, sowohl für Konsumentenhaushalte (Verbraucherpreisindices) als auch für Unternehmen (Erzeugerpreisindices). Und er ist zweitens zu erkennen an den **wechselnden Devisenkursen** der konvertiblen Währung (**Euro-Außenwert**).

Indikatoren lassen sich mithilfe folgender Leitfragen analysieren:

- Mit welchem **Thema** beschäftigen sich die Tabellen bzw. Grafiken?
- Was am **Thema** der Tabellen bzw. Grafiken ist **umstritten**?
- Wer hat die Tabelle oder Grafik wann erstellt? Stammen die Zahlen aus einer seriösen **Quelle**?
- Welche **Begriffe** müssen geklärt werden?
- Welcher **Parameter** wird verwendet, z. B. auf der x-Achse, auf der y-Achse – oder im Titel?
- Welche **grafische Form** wurde für die Präsentation der Zahlen gewählt?
- Welchen **Eindruck** erwecken Kurvenverläufe, Kreissegmente, Balkenanteile, Fettdrucke?
- Was bedeuten die **Zahlen im Einzelnen**?
- Werden **absolute Kennzahlen, Verhältniszahlen oder Richtzahlen** verwendet?
- Stimmen die **Betitelung, Aussage** des erklärenden Textes und die **Bildgestaltung** überein?
- Was fällt beim **Vergleich der Zahlen** auf und was kann man daraus schlussfolgern?
- **Klärt** die Tabelle/Grafik **Strittiges** – oder nicht?

QUERVERWEIS

Volkswirtschaftliche Gesamtrechnung (VGR)
S. 13, Info

A. Valide Indikatoren zur Messung von Inflation und Deflation

Der Verbraucherpreisindex ist der zentrale Indikator zur Beurteilung der Geldwertentwicklung in Deutschland und wird als Orientierungsmaßstab etwa bei Lohnverhandlungen oder in vertraglichen Vereinbarungen über die Höhe von wiederkehrenden Zahlungen (sog. Wertsicherungsklauseln) verwendet. Er dient weiterhin zur Deflationierung in den **Volkswirtschaftlichen Gesamtrechnungen**, beispielsweise bei der Berechnung des realen Wirtschaftswachstums.

Bei der Berechnung des Verbraucherpreisindex geht man von einem „**Warenkorb**" aus, welcher sämtliche Waren und Dienstleistungen enthält, die für die Konsumwelt in Deutschland relevant sind. Die Güter des Warenkorbs werden in rund 600 Güterarten eingeteilt. Die durchschnittliche Preisentwicklung für eine Güterart gegenüber dem Basisjahr wird für die Berechnung der Inflationsrate jeweils mit dem Ausgabenanteil gewichtet, welchen private Haushalte in Deutschland für diese Güterart ausgeben. Die Gewichtungsinformationen sind im sogenannten „**Wägungsschema**" enthalten. Die Entwicklung des Verbraucherpreisindex hängt also nicht nur davon ab, wie sich die Preise der Güter des Warenkorbes verändern.

Statistisches Bundesamt, Persönlicher Inflationsrechner, www.destatis.de; Zugriff: 19.2.2014

B. Wägungsschema

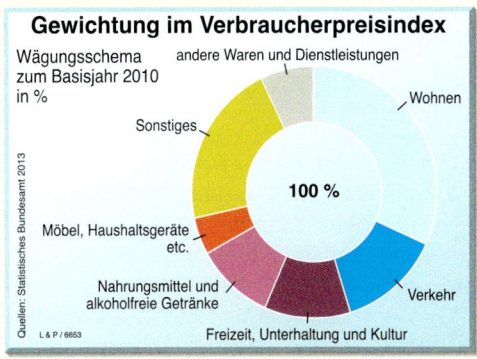

Gewichtung im Verbraucherpreisindex

Wägungsschema zum Basisjahr 2010 in %

andere Waren und Dienstleistungen
Wohnen
Sonstiges
100 %
Möbel, Haushaltsgeräte etc.
Nahrungsmittel und alkoholfreie Getränke
Verkehr
Freizeit, Unterhaltung und Kultur

Quellen: Statistisches Bundesamt 2013
L & P / 6653

C. Verbraucherpreisindex-Struktur

Güterauswahl	Durchschnitt	Güterauswahl	Durchschnitt
Kaltmiete	21,0 %	öffentliche Verkehrsmittel	2,3 %
Gas	1,4 %	Restaurants/Cafes	3,0 %
Heizung	1,1 %	Nahrungsmittel	9,1 %
Strom	2,6 %	Elektrogeräte	2,7 %
Tabakwaren	2,1 %	Pauschalreisen	2,7 %
Gesundheitspflege	4,4 %	Kommunikations-dienstleistungen	2,6 %
Kraftstoffe	3,8 %	Rest	41,2 %
Summe		**100,0 %**	

D. Gefühlte Inflation und amtlich ermittelte Inflation

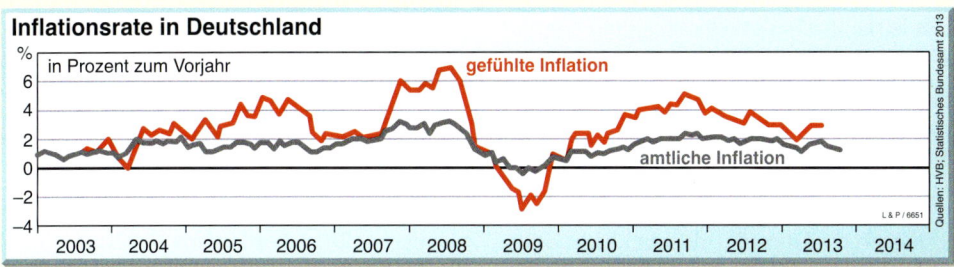

Inflationsrate in Deutschland

% in Prozent zum Vorjahr — gefühlte Inflation — amtliche Inflation

Quellen: HVB; Statistisches Bundesamt 2013
L & P / 6651

2003 2004 2005 2006 2007 2008 2009 2010 2011 2012 2013 2014

Preisveränderungen = Inflationsraten	
Deutschland – Veränderungen in 11/2013 bzw. 12/2013 zum Vorjahreszeitraum	
Verbraucher-preise	1,4 %
Erzeugerpreise gewerblicher Produkte	–0,5 %
Großhandels-preise	–1,8 %
Baupreise	2,0 %
Einfuhrpreise	–2,9 %

E. Gefühlte Inflation – messbar mit dem persönlichen Inflationsrechner?

Die wahrgenommene oder gefühlte Inflation liegt für viele Menschen häufig über der amtlich ausgewiesenen. Doch warum ist das so? Der Ökonom Hans Wolfgang Brachinger hat bereits vor einiger Zeit in Kooperation mit dem Statistischen Bundesamt den Index der wahrgenommenen Inflation (IWI) entwickelt und dabei die subjektive Inflationswahrnehmung der Konsumenten nachgebildet.

Der IWI basiert auf dem gleichen Warenkorb, den auch das Statistische Bundesamt zur Berechnung der offiziellen Teuerungsrate heranzieht. Es gibt allerdings einen signifikanten Unterschied: Während das Amt die Waren nach ihrem Anteil am Budget eines Haushalts gewichtet, erfolgt die Gewichtung beim IWI nach der Kaufhäufigkeit. Güter, die häufiger erworben werden wie zum Beispiel Lebensmittel, fließen also stärker in die Berechnung ein als selten gekaufte Produkte wie etwa Autos. Zudem werden beim IWI Preissteigerungen doppelt so stark gewichtet wie Preissenkungen, womit der sogenannten Loss Aversion Rechnung getragen wird. Als Loss Aversion bezeichnen Ökonomen das Phänomen, dass vielen Menschen das Vermeiden von Verlusten deutlich wichtiger ist als das Erzielen von Gewinnen. Zu guter Letzt wird auch berücksichtigt, dass die Konsumenten die aktuellen Güterpreise nicht immer mit den Preisen von vor genau einem Jahr vergleichen, sondern oft auch mit Preisen, die weiter als ein Jahr zurückliegen.

Gefühlte Inflation vs. gemessene Inflation, in: SchulBank, schulbank.bankenverband.de; Zugriff: 19.2.2014

1 **Legen** Sie anhand des Autorentextes auf S. 170 **dar**, welche Rolle Indikatoren, Warenkörbe und Wägungsschemata für die Ermittlung von Inflation bzw. von Deflation spielen.

2 **Analysieren** Sie die Grafiken und die Tabelle mithilfe der Leitfragen auf S. 170.

3 **Vergleichen** Sie die Warenkorb-Methode und den persönlichen Rechner. **Erörtern** Sie, was aussagekräftig(er) ist: Welche Methode misst „valide" den Euro-Binnenwert?

4 **Recherchieren** Sie beim Statistischen Bundesamt bzw. bei Eurostat neueste Werte und aktualisieren Sie ggf. die Grundzahlen in den Grafiken und der Tabelle.

INTERNET

www.destatis.de
Homepage des Statistischen Bundesamts
http://epp.eurostat.ec.europa.eu
Homepage von Eurostat (statistisches Amt der EU)

Eurostabilität: der Außenwert des Euro

MATERIAL **22**

Der Euro – eine Währung, die weltweit gehandelt wird

INFO

Euro-Außenwert
Er zeigt an, zu welchem
Kurs der Euro als Devise
gegenüber den übrigen
wichtigen Währungen
(Dollar, Yen, brit. Pfund,
Franken) gehandelt wird –
an den Devisenbörsen
(z. B. an der NYSE, an der
LSE oder an der Deut-
schen Börse), vor allem
aber von und zwischen
Banken.

Wechselkursschwankungen sind vor allem
für die vom Außenhandel abhängigen Unternehmen und für die Wirtschaftspolitik nach-
teilig: Exporteuren und Importeuren wird
unter Umständen die Kalkulationsgrundlage
entzogen, die Erlöse schwanken, selbst kostengünstige Anbieter können durch eine
plötzliche Aufwertung der eigenen Währung
aus dem Markt geworfen werden usw.
Der Außenwert einer Währung ist von zahlreichen Faktoren abhängig, die jeden Binnenmarkt als einheitlichen Standort treffen:

- **Inflationsunterschiede:** Herrscht im
  Ausland mehr Inflation als im Inland, ist
  es z. B. günstiger, dort Urlaub zu machen.
- **Leistungsbilanzdefizite:** Wenn die Ausgaben eines Staates für Importe von
  Waren und Dienstleistungen über einen
  längeren Zeitraum dessen Einnahmen
  übersteigen, so wächst mit der Geldmenge auch das Angebot der Währung dieses

Landes an den Devisenbörsen – der Wechselkurs gerät unter Druck.
- **Spekulation:** Abwertungserwartungen für
  die eigene Währung, z. B. wegen erkenn-
  barer Inflationstendenzen, führen zum
  Umtausch der eigenen Währung in andere, stabilere Währungen mit der Folge,
  dass nun die erwartete Abwertung der
  eigenen Währung erst recht eintritt.
- **Zinsunterschiede:** Höhere Zinsen und
  Kapitalerträge im Ausland reizen Kapital-
  besitzer und Sparer zur Geldanlage im
  Ausland. Sie bieten eigenes Geld an und
  fragen Auslandsgeld nach – der Wechselkurs des eigenen Geldes sinkt.
- **Krisen politischer oder wirtschaftlicher Art:** Kapitalflucht ins Ausland – z. B.
  wegen hoher Steuersätze oder wegen politischer Unsicherheiten – führt zu einem
  Transfer von Geld ins Ausland: Der Wechselkurs wird beeinflusst.

Autorentext

MATERIAL **23**

Der Euro-Außenwert: stabil!

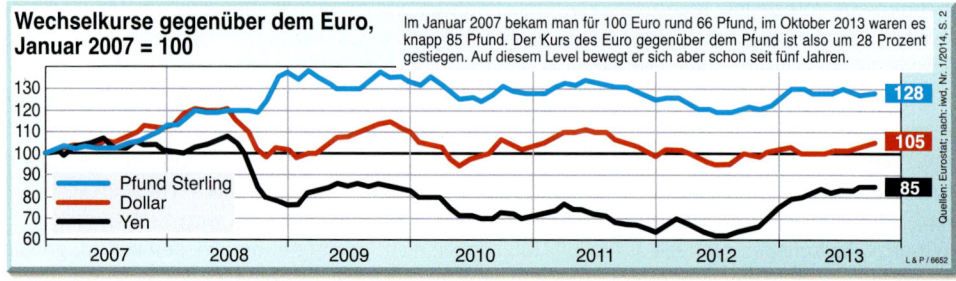

Wechselkurse gegenüber dem Euro, Januar 2007 = 100

Im Januar 2007 bekam man für 100 Euro rund 66 Pfund, im Oktober 2013 waren es knapp 85 Pfund. Der Kurs des Euro gegenüber dem Pfund ist also um 28 Prozent gestiegen. Auf diesem Level bewegt er sich aber schon seit fünf Jahren.

- Pfund Sterling — 128
- Dollar — 105
- Yen — 85

2007 2008 2009 2010 2011 2012 2013

Quellen: Eurostat; nach: iwd. Nr. 1/2014, S. 2

L & P / 6652

----

1 **Beschreiben** Sie Ursachen für Wechselkursschwankungen (M 22) und
erläutern Sie diese mithilfe des Schemas und der vier Beispiele aus M 24.

2 **Erklären** Sie die Euro-Kursentwicklung als Auf- bzw. Abwertung (M 23).

3 **Erörtern** Sie, ob die Gemeinschaftswährung Euro eher mehr Vor- oder mehr Nachteile
für die europäische Integration und die Stabilität in Europa gebracht hat.

4 **Diskutieren** Sie abschließend auf Basis der Materialien dieses Kapitels, ob die EZB
ihren Absicherungsauftrag (= Euro-Existenzsicherung als „Hüterin der Währung")
erfüllt hat und ob der Euro zu Recht eine „Weltwährung" genannt werden kann.

Faktoren der Wechselkursbildung – ein Schema

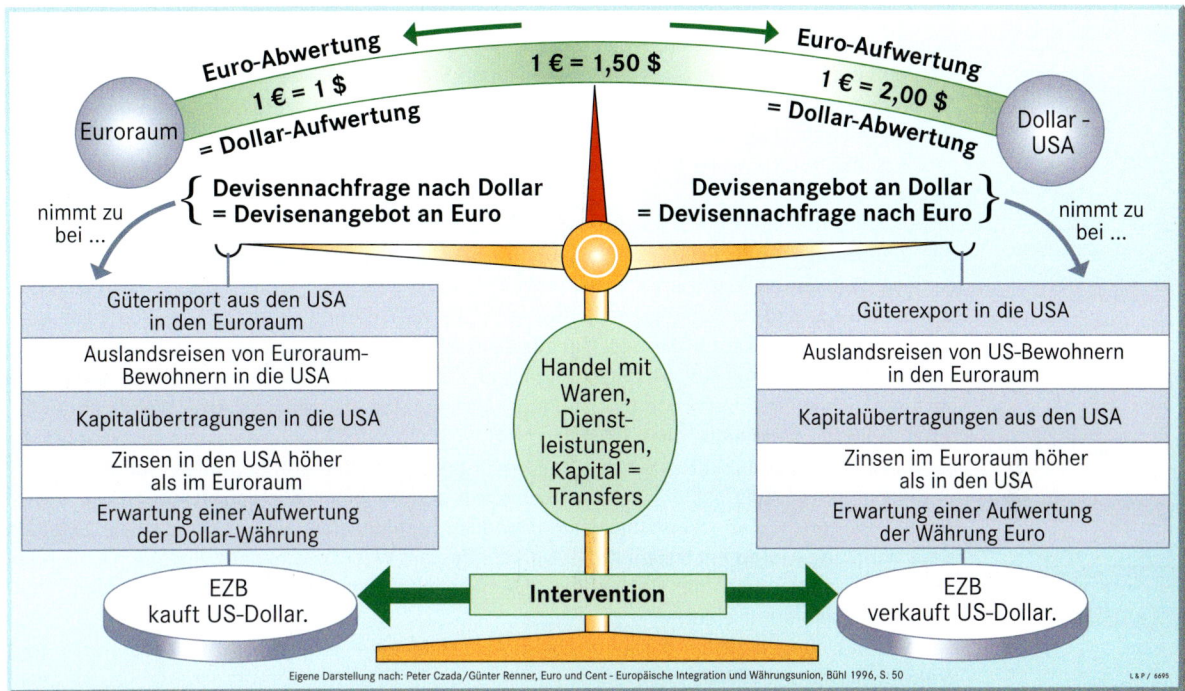

Eigene Darstellung nach: Peter Czada/Günter Renner, Euro und Cent - Europäische Integration und Währungsunion, Bühl 1996, S. 50

Ausgangssituation sei ein Wechselkurs von 1 € = 1,50 $. Die Bewohner der Eurozone und die Bewohner der USA benötigen für Zahlungen im jeweils anderen Währungsraum dessen Währung. Sie fragen diese über ihre Banken an den Devisenbörsen nach, indem sie eigene Währung anbieten. Solange sich Angebot und Nachfrage beim Kurs von 1 € = 1,50 $ die Waage halten, bleibt der Kurs unverändert. Viele Gründe können jedoch dazu führen, dass die Bürger der Eurozone mehr Dollar haben wollen, als zum gegenwärtigen Kurs angeboten wird. Steigt die Nachfrage nach Dollar, führt das zu einer Dollar-Aufwertung und damit zu einer Euro-Abwertung – man bekommt nicht mehr so viele Dollar für einen Euro wie vorher, woraus sich erneut Verhaltensänderungen ergeben.

Beispiel: Kurs 1 € = 1,50 $ → 1 € = 1,40 $

1. Bezahlung von importierten Gütern, z.B. eines US-Geländewagens: Kostete der Wagen in den USA vorher 30 000 Dollar, also 20 000 Euro, so sind jetzt, unabhängig von Transport- und sonstigen Kosten, 21 428,57 Euro vom Besteller aus dem Euroraum zu zahlen.

2. Bargeldausstattung von Euroraumbewohnern für USA-Reisen: Wollte der aus dem Euroraum in die USA Reisende 2 250 Dollar an Bargeldausstattung mitbringen, muss er dafür jetzt 1 607,14 statt 1 500 Euro aufwenden.

3. Höhere Haben-Zinsen auf in den USA angelegtes Spargeld aus dem Euroraum: Möchte ein Sparer seine ersparten 200 000 Euro nicht länger für 2,5 Prozent Haben-Zinsen bei einer Bank in Deutschland „arbeiten" lassen, sondern für 4,0 Prozent bei einer Großbank in den USA, kann er – bei gleichbleibendem Wechselkurs – mit seinem Spargeld statt der im Euroraum erzielten 5 000 Euro Zinsen 8 000 Euro pro Jahr erzielen.

4. Geldtransfer in die USA wegen der Erwartung einer Dollar-Aufwertung: Wenn der Euroraumbewohner seine 150 000 Euro Spargeld beim alten Wechselkurs an eine Bank in den USA transferiert, das dortige Dollar-Konto also ein Guthaben von 225 000 Dollar aufweist und die von ihm erwartete Kursveränderung danach auch eintritt, er sodann diesen Dollar-Gesamtbetrag zum neuen Euro-Dollar-Kurs an eine Bank im Euroraum zurücküberweist, so hat er – ohne Berücksichtigung von Konto- und Abwicklungsgebühren – einen Betrag von 160 714,28 Euro auf seinem Euroraum-Konto.

Nach: P. Czada/G. Renner, Euro und Cent – Europäische Integration und Währungsunion, Bühl 1996, S. 50

Eine Währung für Europa – Aufbau einer Wirtschafts- und Währungsunion

Die Bemühungen um eine Gemeinschaftswährung für Europas Staaten reichen zurück in die Zeit des Kalten Krieges. Westeuropas Staaten – und mit dabei auch die westdeutsche Bundesrepublik Deutschland – schlossen sich 1951 zuerst in der vom Bergbau und von der Schwerindustrie geprägten Europäischen Gemeinschaft für Kohle und Stahl (EGKS), der sogenannten Montanunion, zusammen. Sie verbündeten sich zudem 1949 im von den USA geführten Nato-Militärbündnis, und sie einigten sich 1957 auf eine wirtschaftliche Zusammenarbeit in der Europäischen Wirtschaftsgemeinschaft (EWG) sowie auf eine gemeinsame Kontrolle der Atomenergienutzung im Rahmen von Euratom (siehe Kap. 2.2).

Der erste realistische Vorschlag einer europaweiten Währung entstand 1970 mit dem **Plan des luxemburgischen Premierministers Werner**, der die absehbare Auflösung des bis dahin gültigen Weltwährungssystems mit festen Wechselkursen (Bretton-Wood-System, 1944) zum Anlass für ein Konzept für eine eigenständige europäische Währung nahm (Werner-Plan). Die **konkreten Zeit- und Ablaufpläne des französischen Europapolitikers Jacques Delors**, der von 1985 bis 1995 als Präsident der EG-Kommission vorstand, lieferten dann die Initialzündung für die einvernehmliche Einführung einer Europawährung. Man war sich in diesen Wendejahren Europas 1989/91 darin einig, dass die vielen Motive für eine einheitliche europäische Währung die Europäer überzeugen und zu weiteren Stufen der politischen Integration führen würden.

Die Europawährung sollte – auf der Grundlage erstens einer **Wirtschaftsunion** mit freiem Waren-, Personen-, Dienstleistungsverkehr und mit einheitlicher Finanzpolitik sowie zweitens einer **Währungsunion** mit freiem Kapitalverkehr, festem Wechselkurs der teilnehmen wollenden Währungen und einheitlicher Geldpolitik – die politische Union der Europäischen Gemeinschaften (EG) weiter vorantreiben.

Frühe Warnungen zielten darauf ab, beim Abschluss einer **europäischen Wirtschafts- und Währungsunion (EWWU)** nicht die Herstellung der politischen Voraussetzungen zu vernachlässigen: eine an politischer, wirtschaftlicher und finanzieller Stabilität orientierte Politik jedes Teilnehmerstaates, ein solider Zustand der öffentlichen Finanzen jedes Teilnehmerstaates, wirtschaftliche Wettbewerbsfähigkeit der Unternehmen in allen Teilnehmerstaaten, eine intensive Abstimmung der Wirtschaftspolitik aller Teilnehmerstaaten und die Bereitschaft in allen Teilnehmerstaaten zu notwendigen Strukturreformen.

Die Europäische Zentralbank und ihre Geldpolitik

Die **Europäische Zentralbank (EZB)** bildet den Kern und die Spitze des **Europäischen Systems der Zentralbanken (ESZB)**; ihr architektonisch bemerkenswerter Verwaltungssitz („Euro-Tower") steht in einem der weltweit wichtigsten Banken-, Börsen- und Finanzzentren, in Frankfurt am Main. Die EZB und das ESZB steuern die Gemeinschaftswährung Euro mithilfe ihrer Geldpolitik; sie verwalten das Geld der Gemeinschaftswährung Euro.

Mittlerweile sind 19 der 28 EU-Mitgliedstaaten in das Eurosystem integriert, aber nach wie vor sind nicht alle EU-Mitgliedstaaten willens, am Euro teilzunehmen (Großbritannien, Dänemark, Schweden), oder fähig, die **Konvergenzkriterien des Maastricht-Vertrages** (Preisstabilität, gesunde und nachhaltige öffentliche Finanzen, Dauerhaftigkeit der Währungskonvergenz, Wechselkursstabilität) aus dem Euro-Gründungsjahr 1992 zu erfüllen (Polen, Tschechische Republik, Ungarn, Kroatien, Rumänien, Bulgarien).

Der **Gestaltungsrahmen für die EZB** wird vom Integrationsniveau der Wirtschafts- und Währungsunion bestimmt, die zurzeit zwar als Euro-Währungsraum eine Weiterentwicklung des EU-Binnenmarktes darstellt, aber kein Staat mit vollständiger Souveränität bzw. mit politischer Union aller Teilnehmerstaaten, einer Verfassung, einer Außenpolitik sowie einer Sicherheits- und Verteidigungspolitik ist.

Das **doppelte Mandat der EZB** besteht darin, erstens den **Euro als handelbare Währung** zu sichern und zweitens **Preisniveaustabilität** innerhalb des Euroraums zu gewährleisten. Darüber hinaus nimmt die EZB mit dem ESZB **grundlegende Aufgaben** wahr: Festlegung und Ausführung der Geldpolitik und ihrer Instrumente, Devisengeschäfte (u. a. Handel mit ausländischen Währungen), Verwaltung der Währungsreserven, Förderung des reibungslosen Funktionierens der Zahlungssysteme im Euroraum. Gerade die alltägliche Arbeit des ESZB ist für den Euro-Währungsraum zentral, sichert diese Arbeit doch die Verfügbarkeit von Geldmitteln aller Art. **Liquidität** ist die Ausstattung mit Zahlungsmitteln, die für Kreditauszahlungen und zur Befriedigung von Zahlungsverpflichtungen erforderlich sind und auf Abruf verfügbar sein müssen.

Die **Erweiterung des doppelten Mandats der EZB** ist im Gefolge der Euro- und Staatsschuldenkrise (siehe Kap. 2.6) – nach langen Diskussionen und schwierigen Verhandlungen – im Jahr 2014 vollzogen worden: Die **einheitliche europäische Bankenaufsicht** soll bei der EZB Anfang 2015 ihre Arbeit aufnehmen. Diese EZB-zentrierte, aber je EU-Staat von den nationalen ESZB-Filialen durchgeführte Bankenaufsicht über ca. 6 000 Banken bildet den **ersten Pfeiler der Europäischen Bankenunion**, zu der als **zweiter Pfeiler ein einheitlicher Abwicklungsmechanismus für kriselnde Banken** sowie als **dritter Pfeiler ein gemeinsamer Abwicklungsfonds** gehören. Im Fokus der EU-weiten Bankenaufsicht befinden sich vor allem jene 130 „systemrelevanten" Großbanken, deren Rolle als Gelenk an der Nahtstelle zwischen Wirtschafts- und Geldkreislauf während der Euro- und Staatsschuldenkrise als besonders stabilitätsgefährdend für das Eurosystem angesehen wird.

Die Geldpolitik in der EU obliegt der EZB. Die Bandbreite der **EZB-Geldpolitik** umfasst **Offenmarktgeschäfte**, **Zinssatzfestsetzungen** („Fazilitäten"), **Mindestreservequotierungen**. Das Geldpolitikinstrumentarium konzentriert sich dabei auf die **Variation der Höhe des Leitzinses** (Soll-Zinssatz, zu dem sich Geschäftsbanken bei der Zentralbank refinanzieren können) und auf die **Variation der Höhe des Einlagezinssatzes** (Haben-Zinssatz, den Geschäftsbanken für Über-Nacht-Einlagen von der Zentralbank erhalten).

Die Auswirkungen des EZB-Handelns bei einer Leitzinssenkung wie auch bei einer Leitzinserhöhung sind gleichermaßen komplex und müssen jeweils im Zusammenhang des Gesamtgeschehens bestimmt werden (**Zwei-Säulen-Strategie** mit wirtschaftlicher und monetärer Analyse).

Weil zur Bekämpfung der Inflation und zur Sicherung der Preisniveaustabilität seitens der EZB insbesondere eine restriktive Geldpolitik zwecks Verringerung der Bankenliquidität angesagt ist, gestaltet sich die Wirkungskette für alle EZB-Maßnahmen komplex.

Eurostabilität: der Binnenwert des Euro

Jede **Inflation** ist durch übermäßig steigende Preise gekennzeichnet; sie gefährdet damit die der EZB vertraglich als oberstes Ziel vorgegebene und von ihr stets angestrebte Stabilität des Preisniveaus. Die seit über einem Jahrzehnt festzustellende **Entkopplung der Geldmengenentwicklung von der Entwicklung der Inflationsrate** widerspricht den klassischen Gleichgewichtsvorstellungen in den Wirtschaftswissenschaften.

Jedoch ist seit der seit 2010 andauernden Euro- und Staatsschuldenkrise und seit deren Bekämpfung mittels einer EU-Politik der Wirtschafts- und Strukturreformen sowie seit der Einrichtung der Rettungsschirme und des Europäischen Stabilitätsmechanismus (ESM; siehe Kap. 2.6) eher die **Gefahr der Deflation** für den gesamten Euroraum, insbesondere für die südeuropäischen Krisenstaaten (Griechenland, Zypern, Portugal, Spanien, aber auch Italien), gewachsen. Weil sich die von Deutschland favorisierte und maßgeblich geprägte Antikrisenpolitik für Südeuropas Krisenstaaten zunehmend als unsolidarische Austeritätspolitik (= strenge Sparpolitik, siehe auch S. 197) erweist, steckt die Geldpolitik der EZB in einer Zwickmühle: Soll sie die Geldmenge verknappen oder vergrößern? Soll sie kreditiertes Geld verbilligen oder verteuern? Kann es weiterhin eine einheitliche EZB-Geldpolitik für den Euroraum bzw. für die EU 28 geben?

Eurostabilität: der Außenwert des Euro

Der Außenwert des Euro ist trotz aller Krisenzeichen stabil, der Euro wird weltweit gehandelt und hat sich, **nach dem Dollar**, als **zweite Leitwährung** entwickelt. Die Devisenkursentwicklung führte seither zu einem mittleren Euro-Dollar-Kurs von 1 zu 1,37. Selbst in der seit 2010 andauernden, sich aber seit 2013 abschwächenden Euro- und Staatsschuldenkrise pendelte der Eurokurs um diesen Wert. Der Euro ist also eine **konvertible und stabile Weltwährung**.

2.5 Wirtschafts-, Fiskal- und Strukturpolitik in der EU

Zeichnung: Burkhard Mohr

Europa hat viele Staaten und viele Hauptstädte, z. B. Lissabon, Dublin, Athen, Warschau, Stockholm, Rom, Wien, Riga, Budapest. In den Hauptstädten „wird Politik gemacht". Heißen Europas „wirkliche" Hauptstädte dann nicht London, Berlin, Paris – oder Brüssel?

- Wo in Europa werden wichtige wirtschaftspolitische Entscheidungen getroffen?
- Wo in Europa wird die Fiskalpolitik für den Haushalt eines EU-Mitgliedstaates betrieben?
- Wo in Europa wird über die Mittel und die Wege der Strukturpolitik entschieden?

Die häufige Antwort, dass „Brüssel" alles entscheide, ist offensichtlich falsch: Nie waren die Mitgliedstaaten der Europäischen Union wichtiger als in den Krisenzeiten der letzten Jahre. Nicht „Brüssel", die EU als Ganzes war in diesen Jahren Kraftzentrum und Mittelpunkt des Handelns der Europäer. Und nicht immer handelte „Brüssel", also die EU als Ganzes, sondern andere Staaten bestimmten Richtung und Tempo. Und oft dominierten andere Institutionen in Europa das Geschehen – die sehr selbstständig auftretende Europäische Zentralbank (EZB) in Frankfurt am Main, der in Straßburg/Frankreich Recht sprechende Europäische Gerichtshof für Menschenrechte (EGMR), die maßgeblich von den USA geführte NATO mit Hauptquartier in Mons/Belgien, das Sekretariat des Rahmenübereinkommens der Vereinten Nationen zu Klimaänderungen (UNFCCC) mit Sitz in Bonn.

INFO

„Brüssel"
Wahrscheinlich ist Brüssel die einzige Stadt der Welt, die auf so engem Raum so viele Menschen mit so viel gemeinsamer Agenda zusammenbringt. 35 000 EU-Beamte leben hier [in diesem „Hotspot"], 2 500 Diplomaten, Zehntausende Abgesandte von Verbänden, Firmen, Redaktionen und Instituten. Die Stadt dürfte sich zu einem der dichtesten Netzwerke der Erde gemausert haben. Brüssel ist Google in der Echtwelt. Man findet alles und jeden. Und vieles, was man nie gesucht hat.

Aus: Jochen Bitter, So nicht, Europa! Die drei großen Fehler der EU, München 2010, S. 9

Basiswissen

Wirtschaftspolitik findet in einem umfassenden Rahmen von Institutionen, Gesetzen, Prinzipen in Deutschland und zugleich in der EU statt. Die im politischen Prozess ausgehandelten Formen dieses Zusammenwirkens werden als Wirtschaftsordnung bezeichnet.

Als **Fiskalpolitik** (Haushaltspolitik) werden alle finanzpolitischen Maßnahmen des Staatssektors mittels öffentlicher Einnahmen und Ausgaben bezeichnet. Im Haushaltsplan des Staates (Etat) werden diese Einnahmen und Ausgaben gegenübergestellt.

Strukturpolitik zielt darauf ab, Mängel in den Strukturen zu beseitigen, um den wirtschaftlichen und den sozialen Zusammenhalt (Kohäsion) zu festigen. Wirtschaftsbezogene Strukturpolitik ist hinsichtlich ihrer Mittel damit zugleich auch immer Kohäsionspolitik.

QUERVERWEIS

Der Bereich der Finanzpolitik (antizyklische Fiskalpolitik
S. 70 f.

1 Charakterisieren Sie Brüssel als einen „Hotspot" (Info), wo Interessen aufeinander prallen und gestritten wird (Karikatur).

2 Geben Sie in eigenen Worten die Vorschläge wieder, die die elf französischen Ökonomen vorgelegt haben (M 2).

3 Erschließen Sie aus M 1, wie der Lissabon-Vertrag die Zuständigkeiten und Entscheidungskompetenzen verteilt.

4 Entwickeln Sie Hypothesen, warum die Zuständigkeiten in dieser Weise aufgeteilt sind.

5 Erörtern Sie, welche Folgen die Forderungen aus M 2 für die derzeitigen Zuständigkeiten nach M 1 hätten.

Aufteilung der Zuständigkeiten zwischen der EU und den Mitgliedstaaten

Zuständigkeiten laut Lissabon-Vertrag

MATERIAL **1**

1. Die EU ist allein zuständig für:
- Zollunion
- Wettbewerbsrecht für den Binnenmarkt
- Währungspolitik der Eurostaaten
5 - Erhaltung der biologischen Meeresressourcen im Rahmen der gemeinsamen
  Fischereipolitik
- gemeinsame Handelspolitik
- Abschluss internationaler Abkommen,
10 wenn diese in den EU-Rechtsvorschriften
  vorgesehen sind

**2. Die EU und ihre Mitgliedstaaten sind
gemeinsam zuständig für:**
- den Binnenmarkt
15 - Aspekte der Sozialpolitik
- den wirtschaftlichen und sozialen
  Zusammenhalt
- Landwirtschaft und Fischerei, ausgenommen die Erhaltung der biologischen
20 Meeresressourcen
- Umwelt
- Verbraucherschutz
- Verkehr

- transeuropäische Netze
- Energie
25 - Schaffung eines Raumes der Freiheit,
  der Sicherheit und des Rechts
- Aspekte gemeinsamer Sicherheits-
  anliegen im Bereich der öffentlichen
  Gesundheit
30 - Forschung, technologische Entwicklung
  und Raumfahrt
- Entwicklungszusammenarbeit und
  humanitäre Hilfe

3. Bereiche, in denen die Mitgliedstaaten
35 **zuständig bleiben und in denen die EU
eine unterstützende oder koordinieren-
de Aufgabe übernehmen kann:**
- Gesundheitsschutz
- Industrie
40 - Kultur
- Tourismus
- allgemeine und berufliche Bildung,
  Jugend und Sport
- Zivilschutz
45 - administrative Zusammenarbeit

Nach: Pascal Fontaine, Europa in 12 Lektionen, Brüssel/Luxemburg 2011, S. 36

INTERNET

Der Vertrag von
Lissabon findet sich
u. a. unter:

**www.auswaertiges-
amt.de/DE/Europa/
LissabonVertrag/
Reformvertrag_node.
html**

**http://europa.eu/
lisbon_treaty/full_
text/index_de.htm**

(Zugriff: 11.11.2014)

QUERVERWEIS

Die Zuständigkeiten
in der EU
S. 121, M 18

Zentrale Inhalte
des Vertrags von
Lissabon
S. 141, M 16

Ein Manifest aus Frankreich

MATERIAL **2**

Einzeln werden unsere beiden Länder, Frankreich und Deutschland, in der heutigen Weltwirtschaft bald nicht mehr allzu viel Gewicht
haben. [...] Eine Einheitswährung mit 18 ver-
5 schiedenen Staaten und 18 verschiedenen
Verschuldungshöhen, über deren Nachhaltigkeit die Märkte frei spekulieren können –
eine Einheitswährung auch mit 18 permanent in Konkurrenz zueinander stehenden
10 Steuer- und Sozialsystemen funktioniert
nicht. [...] Daher ist es unser erster Vorschlag,
dass die Länder der Eurozone die Unterneh-
mensbesteuerung vereinheitlichen. Frankreich und Deutschland sollten damit begin-
15 nen. Um gegen die Steuerflucht zu kämpfen,
muss man einer souveränen europäischen

Instanz die Aufgabe übertragen, ein Besteue-
rungssystem zu entwickeln, das so umfassend wie möglich ist und wenig Schlupf-
löcher lässt. [...] Unser zweiter Vorschlag ist 20
der wichtigste. [...] Um darüber zu entscheiden, wie die dem Euro zugehörigen Gesellschaften besteuert werden, muss man eine
parlamentarische Kammer für die Eurozone
einrichten. Wir schlagen eine neue Kammer 25
aus einer Vereinigung eines Teils der Abgeordneten nationaler Parlamente vor [...]. Unser dritter Vorschlag betrifft die Schuldenkri-
se. [...] Die Schulden der Länder der Eurozone
müssen vergemeinschaftet werden. Ohne ei- 30
nen solchen Schritt wird die Spekulation
über Zinssätze immer weitergehen.

Aus: Antoine Bozio und zehn weitere französische Ökonomen, in: Die Zeit, Nr. 9/20.2.2014, S. 35

Möglichkeiten und Grenzen nationaler Wirtschaftspolitik

MATERIAL **3**

Wirtschaftspolitik – das Konzept

QUERVERWEIS

Das Stabilitäts- und
Wachstumsgesetz
(StWG)
S. 34, M 9

INFO

Wirtschaftspolitische
Handlungsfelder
sind z. B.
Steuerpolitik
Sozialpolitik
Verkehrspolitik
Infrastrukturpolitik
Agrarpolitik
Forschungspolitik
Technologiepolitik
Energiepolitik
Umweltpolitik
Fiskalpolitik
und darin jeweils
ordnungspolitische,
strukturpolitische, kon-
junkturpolitische und
verteilungspolitische
Maßnahmen

INFO

Jurisdiktion
hier: Zuständigkeits-
bereiche

Wirtschaftspolitik bezeichnet die Gesamtheit aller Steuerungs- und Lenkungsmaßnahmen des Marktgeschehens durch staatliche Organe und Institutionen nach politisch bestimmten Zielen. Grundsätzlich ist es nur [5] sinnvoll, in einer dezentralen, auf Vertragsbeziehungen zwischen autonomen Unternehmen und Haushalten beruhenden Wirtschaftsordnung von Wirtschaftspolitik zu sprechen. [...] Die Wirtschaftspolitik [ist] in [10] einer marktwirtschaftlichen Ordnung indirekter Natur und bei der Verfolgung ihrer Ziele vom Verhalten der autonomen, das heißt weisungsungebundenen Wirtschaftseinheiten abhängig.

Träger der Wirtschaftspolitik sind Regierung und Parlament, wobei in einer föderalistisch verfassten politischen Ordnung auch untergeordnete **Jurisdiktionen** (Länder, Kantone usw.) Kompetenzen etwa hinsichtlich des [20] Angebots öffentlicher Leistungen oder der Steuerpolitik übertragen bekommen können. Sind die Länder in suprastaatliche Gebilde wie der Europäischen Union integriert, sind auch deren Organe auf begrenzten [25] Feldern mit wirtschaftspolitischer Entscheidungsbefugnis ausgestattet. Daneben können aber auch unabhängige staatliche oder suprastaatliche Institutionen weisungsungebunden wirtschaftspolitische Aufgaben [30] wahrnehmen; dies ist etwa bei einer unabhängigen Notenbank wie der Europäischen Zentralbank oder einer Wettbewerbsbehörde der Fall. Schließlich können auch Gerichte wie der Europäische Gerichtshof, der Bun[35]desgerichtshof oder das Bundesverfassungsgericht in bedeutenden Bereichen von wirtschaftspolitischer Bedeutung sein. Verbände und Gewerkschaften können mit ihren Handlungen Volkswirtschaften in maßgeb[40]licher Weise beeinflussen, sodass hier gelegentlich auch von Politik gesprochen wird – etwa im Falle der Lohnpolitik –, jedoch ist es zweckmäßig, Gruppenhandeln von Handlungen staatlicher Autoritäten zu unterschei[45]den.

Aus: Gerhard Wegner, Wirtschaftspolitik, in: Uwe Jean Heuser/Birger P. Priddat, Volkswirtschaft – Was man wirklich wissen muss, Hamburg 2013, S. 111–117

MATERIAL **4**

Wirtschaftsstandort Deutschland in Europa

QUERVERWEIS

Volkswirtschaftliche
Gesamtrechnung
(VGR)
S. 13, Info

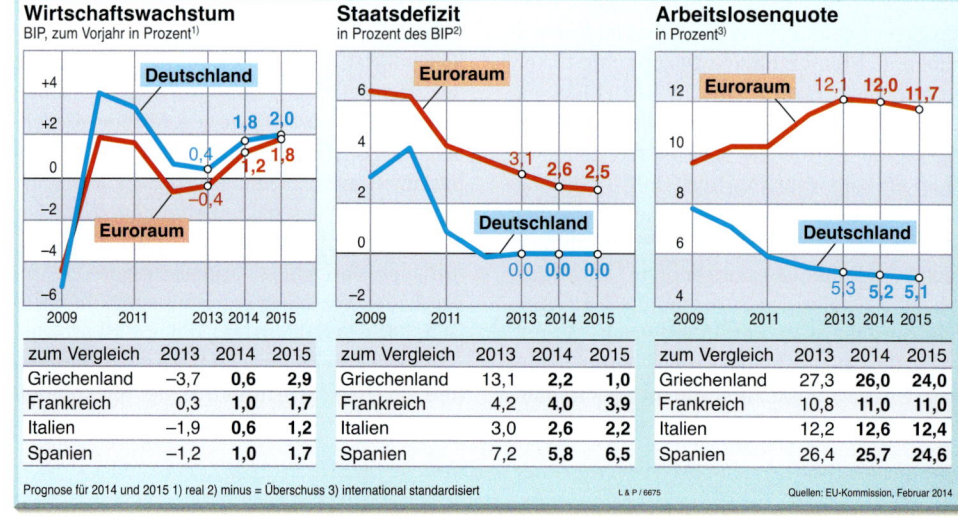

Wirtschaftswachstum
BIP, zum Vorjahr in Prozent[1]

zum Vergleich	2013	2014	2015
Griechenland	−3,7	0,6	2,9
Frankreich	0,3	1,0	1,7
Italien	−1,9	0,6	1,2
Spanien	−1,2	1,0	1,7

Staatsdefizit
in Prozent des BIP[2]

zum Vergleich	2013	2014	2015
Griechenland	13,1	2,2	1,0
Frankreich	4,2	4,0	3,9
Italien	3,0	2,6	2,2
Spanien	7,2	5,8	6,5

Arbeitslosenquote
in Prozent[3]

zum Vergleich	2013	2014	2015
Griechenland	27,3	26,0	24,0
Frankreich	10,8	11,0	11,0
Italien	12,2	12,6	12,4
Spanien	26,4	25,7	24,6

Prognose für 2014 und 2015 1) real 2) minus = Überschuss 3) international standardisiert   L & P / 6675   Quellen: EU-Kommission, Februar 2014

Die wirtschaftliche Lage der EU 28

	Haushaltsdefizite/-überschuss der EU-Länder (in % des BIP)					Gesamtschulden der EU-Länder (in % des BIP)					Wirtschaftswachstum der EU-Länder (in % im Vergleich zum Vorjahr)				
	2011	2012	2013	2014*	2015*	2011	2012	2013	2014*	2015*	2011	2012	2013	2014*	2015*
Belgien	-3,7	-4,0	-2,8	-2,6	-2,5	98,0	99,8	100,4	101,3	101,0	+1,8	-0,1	+0,1	+1,1	+1,4
Bulgarien	-2,0	-0,8	-2,0	-2,0	-1,8	16,3	18,5	19,4	22,6	24,1	+1,8	+0,8	+0,5	+1,5	+1,8
Dänemark	-1,8	-4,1	-1,7	-1,7	-2,7	46,4	45,4	44,3	43,7	45,1	+1,1	-0,4	+0,3	+1,7	+1,8
Deutschland	-0,8	+0,1	0,0	+0,1	+0,2	80,0	81,0	79,6	77,1	74,1	+3,3	+0,7	+0,5	+1,7	+1,9
Estland	+1,1	-0,2	-0,4	-0,1	-0,1	6,1	9,8	10,0	9,7	9,1	+9,6	+3,9	+1,3	+3,0	+3,9
Finnland	-0,7	-1,8	-2,2	-2,3	-2,0	49,2	53,6	58,4	61,0	62,5	+2,7	-0,8	-0,6	+0,6	+1,6
Frankreich	-5,3	-4,8	-4,1	-3,8	-3,7	85,8	90,2	94,0	95,3	96,0	+2,0	0,0	+0,2	+0,9	+1,7
Griechenland	-9,5	-9,0	-13,5	-2,0	-1,1	170,3	156,9	176,2	175,9	170,9	-7,1	-6,4	-4,0	+0,6	+2,9
Großbritannien	-7,7	-6,1	-6,4	-5,3	-4,3	84,3	88,7	94,3	96,9	98,6	+1,1	+0,1	+1,3	+2,2	+2,4
Irland	-13,1	-8,2	-7,4	-5,0	-3,0	104,1	117,4	124,4	120,8	119,1	+2,2	+0,2	+0,3	+1,7	+2,5
Italien	-3,8	-3,0	-3,0	-2,7	-2,5	120,7	127,0	133,0	134,0	133,1	+0,5	-2,5	-1,8	+0,7	+1,2
Kroatien	-7,8	-5,0	-5,4	-6,5	-6,2	51,6	55,5	59,6	64,7	69,0	0,0	-2,0	-0,7	+0,5	+1,2
Lettland	-3,6	-1,3	-1,4	-1,0	-1,0	41,9	40,6	42,5	39,3	33,4	+5,3	+5,0	+4,0	+4,1	+4,2
Litauen	-5,5	-3,2	-3,0	-2,5	-1,9	38,3	40,5	39,9	40,2	39,6	+6,0	+3,7	+3,4	+3,6	+3,9
Luxemburg	+0,1	-0,6	-0,9	-1,0	-2,7	18,7	21,7	24,5	25,7	28,7	+1,9	-0,2	+1,9	+1,8	+1,1
Malta	-2,8	-3,3	-3,4	-3,4	-3,5	69,5	71,3	72,6	73,3	74,1	+1,6	+0,8	+1,8	+1,9	+2,0
Niederlande	-4,3	-4,1	-3,3	-3,3	-3,0	65,7	71,3	74,8	76,4	76,9	+0,9	-1,2	-1,0	+0,2	+1,2
Österreich	-2,5	-2,5	-2,5	-1,9	-1,5	72,8	74,0	74,8	74,5	73,5	+2,8	+0,9	+0,4	+1,6	+1,8
Polen	-5,0	-3,9	-4,8	+4,6	-3,3	56,2	55,6	58,2	51,0	52,5	+4,5	+1,9	+1,3	+2,5	+2,9
Portugal	-4,3	-6,4	-5,9	-4,0	-2,5	108,2	124,1	127,8	126,7	125,7	-1,3	-3,2	-1,8	+0,8	+1,5
Rumänien	-5,6	-3,0	-2,5	-2,0	-1,8	34,7	37,9	38,5	39,1	39,5	+2,2	+0,7	+2,2	+2,1	+2,4
Schweden	+0,2	-0,2	-0,9	-1,2	-0,5	38,6	38,2	41,3	41,9	41,0	+2,9	+1,0	+1,1	+2,8	+3,5
Slowakei	-5,1	-4,5	-3,0	-3,2	-3,8	43,4	52,4	54,3	57,2	58,1	+3,0	+1,8	+0,9	+2,1	+2,9
Spanien	-9,6	-10,6	-6,8	-5,9	-6,6	70,5	86,0	94,8	99,9	104,3	+0,1	-1,6	-1,3	+0,5	+1,7
Tschechien	-3,2	-4,4	-2,9	-3,0	-3,5	41,4	46,2	49,0	50,6	52,3	+1,8	-1,0	-1,0	+1,8	+2,2
Ungarn	+4,3	-2,0	-2,9	-3,0	-2,7	82,1	79,8	80,7	79,9	79,4	+1,6	-1,7	+0,7	+1,8	+2,1
Zypern	-6,3	-6,4	-8,3	-8,4	-6,3	71,5	86,6	116,0	124,4	127,4	+0,4	-2,4	-8,7	-3,9	+1,1

Maastricht-Defizitgrenze: -3 %   Maastricht-Grenzwert: 60 %   Aus: EU-Kommission, Stand. 5.12.2013   * Schätzung

Europa 2020-Strategie

Am 17. Juni 2010 billigte der Europäische Rat die neue Strategie der EU für Beschäftigung und intelligentes, nachhaltiges und integratives Wachstum – „Europa 2020". Mithilfe der Strategie soll Europa nicht nur die Finanz- und Wirtschaftskrise endgültig überwinden, sondern vor allem die Wettbewerbsfähigkeit, die Produktivität, das Wachstumspotenzial, den sozialen Zusammenhalt und die wirtschaftliche Konvergenz intern und im Vergleich zu Drittländern steigern. [...] Dabei zeigte sich Gestaltungsbedarf weniger in inhaltlicher Hinsicht – schon die Lissabon-Strategie konzentrierte sich in ihrer Endfassung auf die Oberziele Wachstum und Beschäftigung –, sondern vor allem im Hinblick auf eine konsequente Anwendung und Überwachung des bestehenden Regelungsrahmens.

Aus: Bundesministerium für Wirtschaft und Energie, Europa 2020-Strategie, www.bmwi.de/DE/Themen/
Europa/Europaeische-Wirtschaftspolitik/europa-2020.html (Zugriff: 15.11.2014)

INFO

Art. 119 des Lissabonner Vertrags über die Arbeitsweise der Europäischen Union (AEUV)

(3) Die [...] Tätigkeit der Mitgliedstaaten und der Union setzt die Einhaltung der folgenden richtungweisenden Grundsätze voraus: stabile Preise, gesunde öffentliche Finanzen und monetäre Rahmenbedingungen sowie eine dauerhaft finanzierbare Zahlungsbilanz.

QUERVERWEIS

Art. 119 Abs. 1 und 2 AEUV
S. 160, M 4

1 Analysieren Sie die Wirtschaftspolitik als „Gesamtheit aller Steuerungs- und Lenkungsmaßnahmen" in Bezug auf Akteure, Ziele und Handlungsfelder (M 3 mit StWG).

2 Erklären Sie, warum marktwirtschaftliche Wirtschaftspolitik „indirekter Natur" ist (M 3).

3 Analysieren Sie den Stand und die Entwicklung der Wirtschaft in Deutschland und in den genannten EU-Staaten (M 4) sowie in der EU als Binnenmarkt insgesamt (M 5).

4 Arbeiten Sie aus der BMWI-Pressemitteilung den Kern der neuen EU-Strategie **heraus** (M 6). **Prüfen** Sie, ob damit die Heterogenität der EU 28 (M 5) verringert werden kann.

5 Prüfen Sie, ob und in welchem Maße eine Vertragserfüllung (Art. 119 AEUV) möglich ist, solange die Zuständigkeiten in der Wirtschaftspolitik so wie jetzt geregelt sind (M 1).

Fiskalpolitik: nationale Haushaltspolitik im Rahmen der EU

MATERIAL 7 Bundeshaushalt 2013 – und ein Blick in die Zukunft

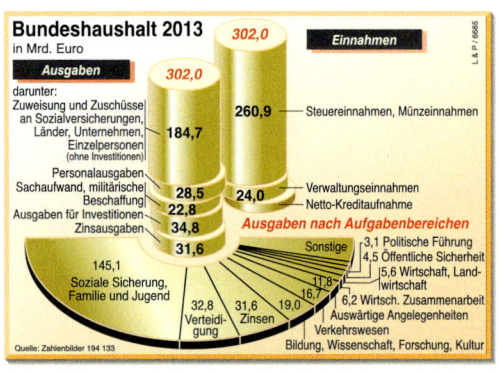

	2012	2013	2014	2018
Staats-einnahmen (Mrd. Euro)	1 193,8	1 223,8	1 257,1	1 434,2
Staatsaus-gaben (Mrd. Euro)	1 191,5	1 220,8	1 249,5	1 380,9
Überschuss (Mrd. Euro)	2,3	3,0	7,6	53
Schulden-standquote (Prozent des BIP)	81,2	79,4	75,1	61

Prognostizierte Entwicklung der deutschen Staatseinnahmen und -ausgaben

Quelle: Statistisches Bundesamt; Berechnungen der führenden Wirtschaftsinstitute 2013 L & P / 6686

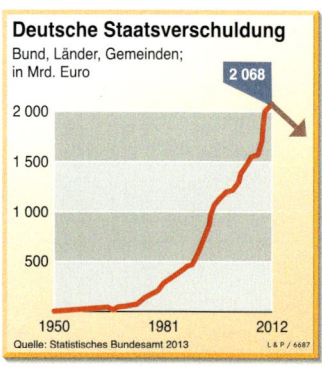

MATERIAL 8 Schwierige Haushaltspolitik (Fiskalpolitik)

QUERVERWEIS

Deficit-Spending
S. 57 f., M 10–11

Staatsverschuldung
S. 72 f., M 5–M 8

GLOSSAR

Fiskalpolitik
Staat

FAZ: [W]ie wichtig ist es, dass Finanzminister Schäuble 2015 den Haushalt ausgleicht?
Christoph Schmidt: Rechtlich gesehen ist dies zwar nicht erforderlich. Es ist also mehr eine Frage der Glaubwürdigkeit der Politik, insbesondere der Vorbildfunktion Deutschlands in Europa, die Defizite zügig abzubauen. Im Koalitionsvertrag [2013] steht aber eine nicht gegenfinanzierte Aufstockung konsumtiver Ausgaben im Vordergrund.
FAZ: Was sind die größten Risiken auf dem Weg zum Null-Kredit-Etat?
Schmidt: Nicht alles, was die neue Bundesregierung angekündigt hat, ist auch dauerhaft finanziert. Das gilt für die angekündigten zusätzlichen Investitionen ebenso wie für die Leistungsausweitungen in der gesetzlichen Rentenversicherung. [...]
FAZ: Die Konsolidierung ist auch dem historisch niedrigen Zinsniveau zu verdanken.

Kann man davon ausgehen, dass dies bis auf Weiteres so bleibt?
Schmidt: Mit weiteren Zinsersparnissen kann mittelfristig nicht mehr gerechnet werden. Vielmehr muss mit höheren Zinsausgaben kalkuliert werden, da die Kapitalmarktzinsen bereits steigen.
FAZ: Die Steuereinnahmen bewegen sich auch bezogen auf die Wirtschaftsleistung auf rekordverdächtigem Niveau.
Schmidt: Die Steuerquote steigt ja insbesondere, weil die Bundesregierung weiterhin darauf verzichtet, heimliche Steuererhöhungen auszugleichen. Da Änderungen des Einkommensteuertarifs in dieser Legislaturperiode nicht geplant sind, wird der Staat weiterhin erhebliche inflations- und progressionsbedingte Mehreinnahmen erzielen. Für die Leistungsanreize ist dies natürlich eine ungünstige Entwicklung.

Aus: Interview von Manfred Schäfers mit Christoph Schmidt (Vorsitzender des Sachverständigenrates (SVR) für Wirtschaft), in: Frankfurter Allgemeine Zeitung, 12.2.2014, S. 9

1 **Beschreiben** Sie die Einnahmen- und Ausgabenseite des Bundeshaushalts 2013 und die zwei Prognosen in M 7. Finden Sie Beispiele für die Einnahmen- und Ausgabenposten.

2 **Fassen** Sie die Beurteilung der schwierigen Haushaltspolitik durch den SVR-Vorsitzenden in M 8 **zusammen** und **erläutern** Sie die genannten Einzelaspekte.

3 **Ordnen** Sie die Finanzplanung des Bundes (M 9) in das Modell des Drei-Punkte-Programms (M 10) **ein**.

Bundeshaushalt 2014 und Mittelfristige Finanzplanung

Das Bundeskabinett hat heute den von Bundesfinanzminister Dr. Schäuble vorgelegten Regierungsentwurf zum Bundeshaushalt 2014 sowie den neuen Finanzplan 2013 bis
5 2017 beschlossen. Gleichzeitig haben die Ministerinnen und Minister den Wirtschaftsplan des Sondervermögens „Energie- und Klimafonds" für das Jahr 2014 gebilligt. [...]
Mit dem am 26. Juni 2013 beschlossenen Re-
10 gierungsentwurf für den Haushalt 2014 und dem Finanzplan bis 2017 liegt erstmals seit Jahrzehnten ein nachhaltig ausgeglichener Haushalt vor. Der Entwurf des Bundeshaushalts 2014 sieht Ausgaben in Höhe von 295,4
15 Milliarden Euro vor und liegt damit deutlich unter den Ausgaben des Bundeshaushalts

2010 zu Beginn dieser Legislaturperiode. Die Nettokreditaufnahme sinkt 2014 auf 6,2 Milliarden Euro. Mit dem Regierungsentwurf
20 für den Bundeshaushalt 2014 und dem Finanzplan bis 2017 knüpft die Bundesregierung nahtlos an den Eckwertebeschluss vom März dieses Jahres an. [...] Der Haushaltsentwurf wird den nationalen, europäischen
25 und internationalen Erfordernissen gerecht – mit ausgewogenen Wachstumsimpulsen und dem klaren Einhalten der Schuldenbremse. Für den Zeitraum von Beginn der Legislaturperiode 2010 bis zum Ende des Finanzplans
30 2017 ergibt sich ein Anstieg der Ausgaben von 303,7 Milliarden auf 308,1 Milliarden Euro (insgesamt lediglich rund 1,5 %).

Aus: Bundesministerium der Finanzen (BMF), Öffentliche Finanzen, Nr. 29, 27.6.2012 (Z. 1–8), und Nr. 47, 26.6.2013 (Z. 9–32)

Einnahmen und Saldo des öffentlichen Gesamthaushalts (Bund, Länder, Gemeinden, Sozialversicherung, EU-Anteile), in Mrd. Euro:

2000	979	19
2005	946	–56
2009	1 011	–102
2010	1 031	–75
2011	1 104	–64
2012	1 163	–11
2013	1 194	–9
2014*	1 257	–4

* Prognose BMF

Aus: Statistisches Jahrbuch 2014, S. 254

Wie plant Deutschland seine Haushaltspläne?

Planung lässt sich als Drei-Punkte-Programm interpretieren: Abschätzung der Zukunft ohne eigene Aktivitäten (Status-quo-Prognose), vergleichende Gegenüberstellung
5 dieser Prognose mit einer wünschenswerten „Sollzukunft" (Bewertung), Entwurf eines Handlungsprogramms, um die prognostizierte Zukunft der Sollzukunft anzugleichen (Gestaltung). – Planung ist also der Versuch
10 einer Zukunftsgestaltung durch Entwürfe rationaler Ordnung auf der Basis des verfügbaren Wissens.
In marktwirtschaftlich verfassten Staaten umfasst die wirtschaftlich orientierte Politik-
15 planung die Planung der Staatsfinanzen auf den gebietskörperschaftlichen Ebenen (in Deutschland: Bund, Länder und Gemeinden). [...] Gemeinsamer Gegenstand von Haushaltsplanung und Mittelfristiger Finanzpla-
20 nung des Bundes ist die zukunftsorientierte Abschätzung der Einnahmen und Ausgaben mit gestalterischem Anspruch.
Während der Haushaltsplan des Bundes mit Art. 110 GG im Zentrum der finanzverfas-
25 sungsrechtlichen Regelungen des Grundgesetzes steht, ist der Finanzplan „ein Kind"

von Stabilitätsgesetz (§§ 9, 10) und Haushaltsgrundsätzegesetz (§§ 50, 51, 52). [...]
Die Unterschiede in den beiden Planungsins-
30 trumenten machen auch deutlich, inwieweit Haushaltsplanung und Finanzplanung sich zu einer organischen finanziellen Gesamtplanung des Bundes ergänzen können. Am Rande sei vermerkt, dass Gegenstände der
35 Haushalts- und Finanzplanung vor allem die Ausgaben und die Nettokreditaufnahme sind, dass also in diesem Rahmen keine eigentliche Planung der Steuereinnahmen erfolgt. Vielmehr werden die voraussichtlichen
40 Steuereinnahmen aus den jeweils jüngsten Ergebnissen des Arbeitskreises Steuerschätzungen übernommen. Dieses Gremium [ist] besetzt mit Experten aus Bundes- und Landesministerien, wissenschaftlichen Sach-
45 verständigen sowie Vertreten von Bundesbank und Statistischem Bundesamt [...]. Der Bund übernimmt diese Zahlen für seine Haushalts- und Finanzplanung, berücksichtigt aber zusätzlich steuergesetzliche Ände-
50 rungen, die zwischenzeitlich für die folgenden Jahre eintreten.

Aus: Michael Vierling, Mittelfristige Finanzplanung und jährliche Haushaltsplanung des Bundes, in: Wirtschaftsdienst 1/2008, S. 40

Staatschuldenbremse gemäß Grundgesetz

Kernregelung:
Haushalte von Bund (ab 2016) und Ländern (ab 2020) sind ohne Einnahmen aus Krediten auszugleichen.
Ausnahmeregelungen:
■ Nettokreditaufnahme bei **Naturkatastrophen** und **starken Rezessionen** zulässig; Tilgungsplan zur Rückführung der Kredite verpflichtend
■ Nettokreditaufnahme in konjunkturell schlechten Zeiten zulässig; in guten Zeiten sind Kredite wieder zurückzuführen (**Konjunkturkomponente**)
■ strukturelle Nettokreditaufnahme seitens des Bundes in Höhe von 0,35 % des BIP zulässig (**Strukturkomponente**)

MATERIAL 11 Vergleich – Haushaltplan und Mittelfristige Finanzplanung

Planungsinstrumente des Bundes

L & P / 6680

Merkmale	Haushaltsplan	Finanzplan
Planungszeitraum in Jahren	1	5, jährliche Aktualisierung und Fortschreibung
beschlossen durch	Parlament	Bundesregierung
Gesetzescharakter	Rechtswirkung wie Haushaltsgesetz	Absichtserklärung
Ermächtigungsgrundlage für Ausgabentätigkeit der Regierung	ja	nein
Umsetzung des Plans	„direkt" im Haushaltsjahr	„indirekt" durch jeweiligen Haushaltsplan
Rechtsverbindlichkeit für Vollzug und Kontrolle	ja	nein

Quelle: Wirtschaftsdienst 1/2008, S. 41

MATERIAL 12 Verzahnung – nationale und EU-Haushaltsplanungen

INFO

Mehrjähriger Finanzrahmen (MFR)
Der MFR soll gemäß Art. 312 AEUV sicherstellen, dass sich die EU-Ausgaben in den Grenzen ihrer Eigenmittel bewegen – die jährlichen EU-Haushaltspläne enthalten die im MFR festgelegten Obergrenzen, schaffen also Planungssicherheit.

Das Bundesministerium der Finanzen gestaltet die Finanzen und den Haushalt der EU seit ihren Ursprüngen mit. Das Haushalts-und Finanzsystem [Deutschlands und aller anderen EU-Mitgliedstaaten] stattet die EU planbar und verlässlich mit den benötigten Finanzmitteln aus. Die Finanzmittel bringen die Mitgliedstaaten nach verbindlichen Regeln auf. Innerhalb der Bundesregierung ist [in Deutschland] das Finanzressort federführend für den jährlichen Haushalt und die Finanzierung der EU. Für den **Mehrjährigen Finanzrahmen [MFR]** der EU liegt die Federführung beim Auswärtigen Amt.

Aus: Bundesministerium der Finanzen, EU-Haushalt und mittelfristige Finanzplanung, in: www.bundesfinanzministerium.de, 21.3.2012 (Zugriff: 11.4.2014)

MATERIAL 13 MFR – die EU plant ihren Haushalt

INFO

Europäischer Fonds für strategische Investitionen (EFSI)
Dieser von der EU-Kommission unter Kommissionspräsident Jean-Claude Juncker (S. 234, Info) für 2015–2017 geplante Fonds soll mithilfe der Europäischen Investitionsbank (EIB) Kredite in Höhe von 60 Mrd. Euro vergeben, die langfristige strategische Investitionen in Höhe von 315 Mrd. Euro anstoßen.

Die Kommission legte im Juni 2011 ihren Vorschlag für den nächsten Mehrjährigen Finanzrahmen der EU von 2014 bis 2020 vor. Bis Ende 2011 wurden ergänzend Textvorschläge zu rund 70 Verordnungen für die einzelnen Politikbereiche vorgestellt.
Die dänische EU-Ratspräsidentschaft fasste im ersten Halbjahr 2012 den Verhandlungsstand in einem Dokument namens „Verhandlungsbox" zusammen. Auf dieser Basis setzte die zyprische Ratspräsidentschaft die Arbeit fort und legte Ende Oktober erstmals Vorschläge für die Mittelausstattung der einzelnen Ausgaberubriken vor. Die Verhandlungen gingen damit in die heiße Phase. Nachdem sich die 27 Mitgliedstaaten am 22./23. November 2012 erwartungsgemäß noch nicht auf das MFR-Paket einigen konn-ten, gelang dies den Staats- und Regierungschefs am 7./8. Februar 2013. Danach begann die irische Ratspräsidentschaft die sogenannten „Trilogverhandlungen" mit Kommission und Europäischen Parlament, die am 27. Juni mit einer politischen Einigung endeten.
Unter litauischer Ratspräsidentschaft werden nun noch die gut 70 Sektorrechtsakte für die einzelnen Ausgabenbereiche folgen müssen. Auch die formelle Zustimmung des Parlamentsplenums zu MFR-Verordnung und der Interinstitutionellen Vereinbarung stehen noch aus. Und schließlich wird die Kommission voraussichtlich zügig den Entwurf für den Eigenmittelbeschluss vorlegen, der in den [seit August 2013 mit Kroatien] 28 Mitgliedstaaten ratifiziert werden muss.

Aus: Auswärtiges Amt, Europas Haushalt, in: www.auswaertiges-amt.de/DE/Europa/Finanzrahmen/Uebersicht_node.html, Stand: 28.5.2015 (Zugriff: 13.2.2015)

EU-Haushaltsplanung 2014–2020

MATERIAL **14**

Seit dem 27. Juni 2013 gibt es einen Mehrjährigen Finanzrahmen der EU als Haushaltsplan für die Jahre 2014–2020. Insgesamt fast 1 000 Milliarden Euro stehen für
5 die verschiedenen Politikbereiche zur Verfügung. Sie werden verstärkt auf Wachstum
und Beschäftigung ausgerichtet. Zuletzt wurde in den Verhandlungen noch zusätzlicher
Spielraum für den Kampf gegen die Jugend-
10 arbeitslosigkeit geschaffen. [...]
Aus deutscher Sicht war die Verhandlung ein
Erfolg, denn die wichtigsten Ziele wurden erreicht: 1. Der Finanzrahmen der EU wird auf
960 Milliarden Euro begrenzt, zuzüglich ei-
15 niger Instrumente außerhalb. 2. Deutschland
behält alle seine Rabatte auf die Zahlen an
die EU: 2011 beliefen sich diese auf 2,3 Milliarden Euro. 3. „Better spending" statt „more
spending": effizienterer Einsatz des verfüg-
20 baren Geldes anstatt Erhöhung des Etats.
Vor dem Hintergrund der Wirtschaftskrise
und angeschlagener nationaler Haushalte

setzte sich die deutsche Regierung gegen eine Erhöhung der EU-Ausgaben ein, stattdes-
25 sen sollen die veranschlagten Mittel effizienter eingesetzt werden. Mit Erfolg: Der
Haushalt für die Periode 2014–2020 wurde
auf 960 Milliarden Euro begrenzt [...].
Mehr Geld ist vorgesehen für die Zukunfts-
30 bereiche Forschung und Bildung; die Ausgaben für Infrastruktur und Verkehr verdop-
peln sich und zur Bekämpfung der
Jugendarbeitslosigkeit sollen allein in den
ersten zwei Jahren sechs Milliarden Euro zur
35 Verfügung gestellt werden. Dort, wo Gelder
gekürzt werden, geschieht dies mit Augen-
maß: Regionen in den neuen Bundesländern,
die aus der Höchstförderung herausfallen,
werden durch eine Kombination mehrerer
40 Maßnahmen weiterhin 64 Prozent der bisher
erhalten Beträge bekommen. Die Mittel für
die Agrarpolitik werden im EU-Haushalt weiter sinken, ohne dass es zu abrupten Absen-
kungen für die deutschen Landwirte kommt.

Aus: Auswärtiges Amt, Europas Haushalt (siehe M 13)

INFO

EU-Rahmenhaushalt
2014–2020 in %
(zum Vergleich:
2007–2013)
- Schutz und Verwaltung
natürlicher Lebens-
grundlagen: 38,9
(42,5)
- Freiheit, Sicherheit und
Gerechtigkeit: 1,6 (1,3)
- Die EU als globaler
Akteur: 6,1 (5,7)
- Verwaltung: 6,4 (5,8)
- Wettbewerbsfähigkeit
für Wachstum und
Beschäftigung: 13,1 (9)
- Kohäsion für Wachs-
tum und Zusammen-
halt: 33,9 (35,6)

Gesamtausgaben
2014–2020: 960 Mrd. €;
darin einbezogen:
27 Mio. € an Ausgleichs-
zahlungen für Kroatien
(Gesamtausgaben
2007–2013: 994 Mrd. €)

MFR – der Siebenjahresplan der Europäischen Union

MATERIAL **15**

Am 2. Dezember 2013 hat der Rat den Mehrjährigen Finanzrahmen (MFR) der Europäischen Union für die Finanzperiode der Jahre
2014–2020 verabschiedet. Damit wurden die
5 Verhandlungen zwischen Rat, Europäischem
Parlament und der Kommission zu einem er-

folgreichen Ende geführt. Der neue Finanzrahmen spiegelt auch die nationalen Konso-
lidierungsanstrengungen wider. „Besser"
statt „mehr" ausgeben ist nach Wunsch des 10
Europäischen Rates die Devise des neuen
MFR.

*Aus: Bundesministerium der Finanzen, Der Mehrjährige Finanzrahmen der EU 2014–2020, www.bundes-
finanzministerium.de, 29.1.2014 (Zugriff: 11.4.2014)*

1 Stellen Sie die fiskalpolitischen Planungsinstrumente des Bundes **dar** (M 11).
2 Erstellen Sie eine Chronologie zum MFR 2014–2020 (M 12 bis M 15) und **beschreiben**
Sie Formen und Ziele der wirtschafts- und fiskalpolitischen Koordinierung in der EU.
3 Arbeiten Sie **heraus,** auf welche Weise bundesdeutsche und EU-Fiskalplanung miteinander verbunden sind (M 11 und M 12).
4 Legen Sie **dar,** auf welche Weise sich der EU-Rahmenplan 2014–2020 gegenüber
2007–2013 verändert hat (M 14 einschließlich Info). Recherchieren und notieren
Sie die Veränderungen.
5 Beurteilen Sie auf Basis Ihrer Ergebnisse, wie unabhängig bzw. wie gebunden der
Nationalstaat Deutschland und die EU als Ganzes in ihrer Fiskalplanung sind.
6 Erörtern Sie Chancen und Grenzen einer gemeinsamen europäischen Wirtschafts-
und Fiskalpolitik.

Kohäsions- und Strukturpolitik in der EU

Eine reformierte Kohäsionspolitik für Europa

INFO

Europe 2020
Europe 2020 is the EU's growth strategy for the coming decade.
In a changing world, we want the EU to become a smart, sustainable and inclusive economy. These three mutually reinforcing priorities should help the EU and the Member States deliver high levels of employment, productivity and social cohesion.
Concretely, the Union has set five ambitious objectives – on employment, innovation, education, social inclusion and climate/energy – to be reached by 2020. Each Member State has adopted its own national targets in each of these areas. Concrete actions at EU and national levels underpin the strategy.

José Manuel Barroso, President of the European Commission; zitiert nach: http:// ec.europa.eu/europe2020/index_en.htm (Zugriff: 11.4.2014)

GLOSSAR

Strukturpolitik

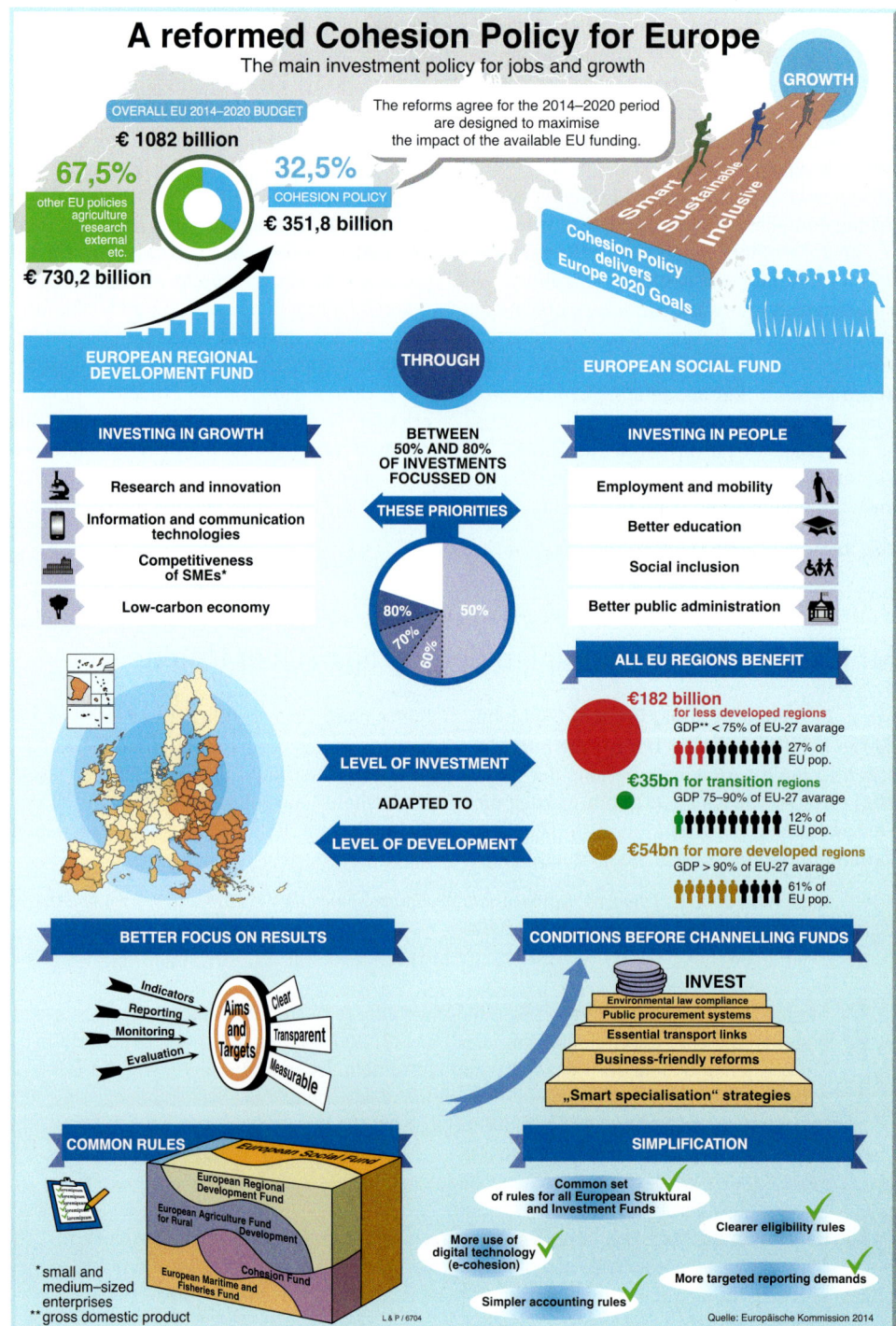

Strukturpolitik in der Europäischen Union

Überlegungen zur neuen Förderperiode 2014–2020 wurden parallel zur Entwicklung der neuen EU-Wachstumsstrategie „Europa 2020" angestellt, die im Juni 2010 vom Euro-
5 päischen Rat angenommen wurde. Die in der Strategie dargestellten fünf Kernziele zur Schaffung von intelligentem, nachhaltigem und integrativem Wachstum sind maßgeblich für die inhaltliche Ausgestaltung der
10 Förderprioritäten der Strukturfonds. [...]
Die europäischen Struktur- und Investitionsfonds **EFRE**, **ESF**, **ELER** und **EMFF** werden künftig unter einem gemeinsamen strategischen Rahmen zusammengefasst und noch
15 konsequenter auf die Stärkung von Wettbewerbsfähigkeit und Beschäftigung ausgerichtet. Künftig müssen in den wirtschaftlich stärker entwickelten Regionen 80 % und in den ehemaligen **Konvergenzregionen** 60 %
20 der EFRE-Mittel für die Bereiche Forschung & Innovation, KMU [kleine und mittlere Unternehmen] und Energieeffizienz/erneuerbare Energien eingesetzt werden. Eine zentrale Forderung Deutschlands ist dabei, eine
25 ausgewogene Balance zu schaffen zwischen der thematischen Konzentration der Förderung auf die Europa 2020-Strategie (Beitrag zu Wettbewerbsfähigkeit und Wachstum) und ausreichender Flexibilität für passge-
30 naue regionale Förderstrategien. Außerdem setzt sich Deutschland dafür ein, die Mittelvergabe effizienter auszugestalten und die Verwendung der europäischen Mittel stärker zu überwachen. Auf Ebene des Mitgliedstaa-
35 tes wird für die Förderperiode 2014–2020 eine Partnerschaftsvereinbarung erstellt.

Aus: Bundesministerium für Wirtschaft und Energie, www.bmwi.de/DE/Themen/Europa/Strukturfonds/
foerderperiode-2014-2020.html (Zugriff: 11.4.2014)

INFO

Artikel 3, 4, 162–164,174–178 AEUV = Vertragsgrundlage und fünf Instrumente

a) Kohäsionsfonds
b) Struktur- und Investitionsfonds:
ESF = Europäischer Sozialfonds
EFRE = Europäischer Fonds für Regionale Entwicklung
ELER = Europäischer Landwirtschaftsfonds für die Entwicklung des ländlichen Raums
EMFF = Europäischer Meeres- und Fischereifonds

Konvergenzregionen
= weniger entwickelte Regionen mit einem BIP pro Kopf von weniger als 75 % des EU-Durchschnitts, die von der EU besonders gefördert werden

Phasing-out-Regionen
= Übergangsregionen; weil infolge der EU-Osterweiterung das durchschnittliche Pro-Kopf-BIP statistisch gesehen stark sank, erfüllten einige Regionen das Förderkriterium nicht mehr, obwohl sich ihre Lage noch nicht gebessert hatte. Als Phasing-out-Regionen erhalten sie daher eine Übergangsunterstützung. Deutschland bekommt 2014–2020 aus den EU-Strukturfonds insg. 19,3 Mrd. €, davon ca. 9,8 Mrd. € für Phasing-out- bzw. Übergangsregionen (neue Länder plus Lüneburg) und 8,5 Mrd. € für weiter entwickelte Regionen.

Wachstumsstrategie „Europa 2020"

intelligentes, nachhaltiges Wachstum — *Wettbewerbsstrategie* — *sozialer Zusammenhalt*

Die 5 Kernziele der EU

① **Beschäftigung**
75 % der 20- bis 64-Jährigen nehmen am Erwerbsleben teil.

② **Forschung/Innovation**
3 % des Bruttoinlandsprodukts fließen in Forschung & Entwicklung.

③ **Klimaschutz/Energie**
20 % weniger Treibhausgasausstoß als 1990;
20 % effiziente Energienutzung;
20 %-Anteil erneuerbare Energien

④ **Bildung**
weniger als 10 % Schulabbrecher; mindestens 40 % eines Jahrgangs mit Hochschulabschluss

⑤ **Armutsbekämpfung**
20 Millionen weniger Menschen von Armut und sozialer Ausgrenzung bedroht

L & P / 6679

Nach: Zahlenbilder 726205

1 Analysieren Sie M 16 und M 17 hinsichtlich der Ziele, Akteure, Verfahrensweisen und der Regelungen für Deutschland, insbesondere für die bisherigen Phasing-out-Regionen Leipzig und Lüneburg (untere Info auf S. 185).

2 Erläutern Sie die Maßnahmen europäischer Strukturpolitik zum Ausgleich regionaler Unterschiede sowie den organisatorischen Weg, der für die Kohäsions- und Strukturpolitik in der EU für 2014–2020 gewählt worden ist (M 17 mit oberer Info).

3 Erstellen Sie einen Katalog der Kernziele (M 17) und recherchieren Sie, inwieweit Deutschland oder ein von Ihnen ausgewählter EU-Staat von diesen Zielen entfernt ist.

4 Bewerten Sie Erfolge und Probleme des strukturpolitischen Ausgleichs zwischen den Mitgliedstaaten der EU unter den Aspekten der wirtschaftlichen Effizienz und der Solidarität. Nutzen Sie dafür auch M 18 bis M 21.

5 Recherchieren Sie, z. B. auf der Homepage der Bundesregierung, ob die ehemalige innerdeutsche Grenze aus EU-Perspektive noch von Bedeutung ist.

Deutschland – Bund zieht Strukturförderung vor

Der Bund stellt knapp 500 Millionen Euro zur Förderung strukturschwacher Regionen zur Verfügung. Durch die Bundestagswahl und die langwierige Regierungsbildung gibt es dafür keinen normalen Etat. Die vorweggenommene Freigabe der Mittel ist nach Angaben des Finanzministeriums notwendig gewesen, damit die Gemeinschaftsaufgabe „Verbesserung der regionalen Wirtschaftsstruktur" fortgeführt werden kann. Die Kosten teilen sich Bund und Länder. Mit den Mitteln sollen betriebliche Investitionen gefördert und Investitionen in die wirtschaftsnahe Infrastruktur finanziert werden. Damit würden dauerhaft wettbewerbsfähige Arbeitsplätze geschaffen, argumentierte der Parlamentarischen Staatssekretärs Steffen Kampeter (CDU). „Zur Sicherung dieser unverzichtbaren positiven Arbeitsmarkteffekte ist es unabweisbar geboten, die Bewilligung der Zuschüsse und Finanzhilfen nicht bis zur Verkündung des Haushaltsgesetzes aufzuschieben", heißt es in dem Schreiben des CDU-Politikers an den Haushaltsausschuss. Wie Kampeter darin hervorhebt, werden die neuen Länder Mitte des Jahres in der EU ihren Status als Höchstfördergebiet verlieren. Damit verschlechterten sich die Förderbedingungen. „Um das alte Beihilferegime mit wesentlich besseren Förderkonditionen noch anwenden zu können, sind die beantragten hohen Summen gerechtfertigt und nachvollziehbar", meinte er. Die betroffenen Bundesländer hätten schon entsprechende Förderanträge eingereicht.

Aus: Frankfurter Allgemeine Zeitung, 20.2.2014, S. 11

BIP pro Kopf nach Kreisen und kreisfreien Städten, 2012

Bruttoinlandsprodukt*) je Erwerbstätigem in den kreisfreien Städten und Landkreisen in Deutschland 2012

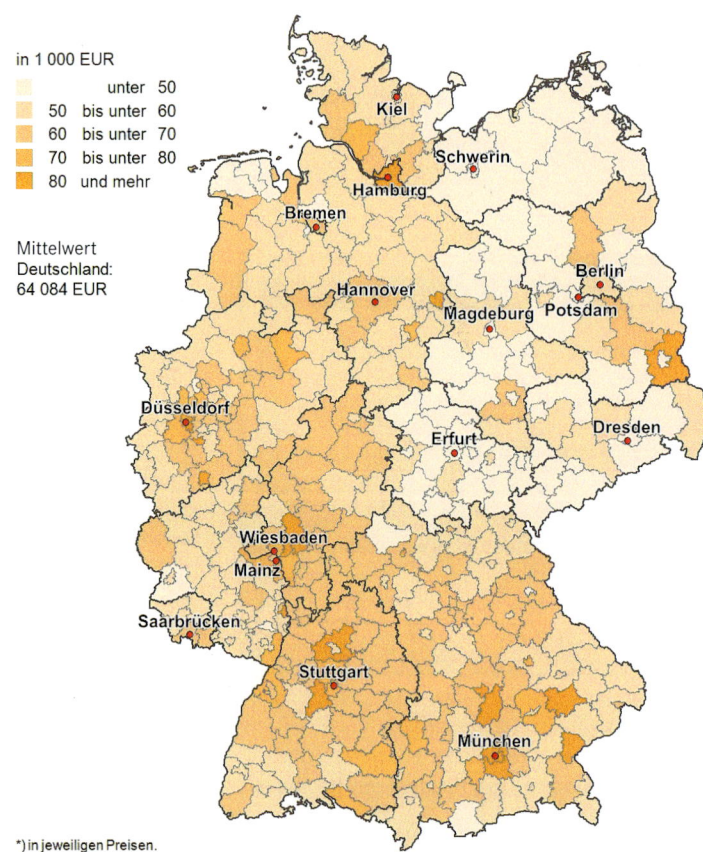

in 1 000 EUR

	unter 50
50	bis unter 60
60	bis unter 70
70	bis unter 80
80	und mehr

Mittelwert Deutschland: 64 084 EUR

*) in jeweiligen Preisen.

Datenquelle: Arbeitskreis „Volkswirtschaftliche Gesamtrechnungen der Länder" – Berechnungsstand August 2013.

© Statistisches Landesamt Baden-Württemberg, Stuttgart 2014
Vervielfältigung und Verbreitung mit Quellenangabe gestattet.
Kommerzielle Nutzung bzw. Verbreitung über elektronische
Systeme bedarf vorheriger Zustimmung.

31-61-14-07A
© Kartengrundlage GfK GeoMarketing GmbH
Karte erstellt mit RegioGraph

1 Analysieren Sie M 19 hinsichtlich der Verteilung des BIP pro Kopf im Bundesgebiet.

2 Vergleichen Sie die Darstellung der „Phasing-out-Regionen" Leipzig und Lüneburg miteinander (untere Info auf S. 185; M 16 und M 19) und ermitteln Sie Ursachen *oder* suchen Sie in M 19 Ihre Region und ermitteln Sie Ursachen dieser Niveau-Zuordnung.

Europa vor Ort – konkrete Regionalpolitik

MATERIAL **20**

„LEADER ist ein erfolgreiches Projekt", sagt Ralf Wellmer, Regionalmanager der lokalen LEADER-Aktionsgruppe Grafschaft Bentheim. Mit „LEADER" fördert die Europäische
5 Union die Entwicklung in ausgewählten Regionen des ländlichen Raums, um deren Wirtschaftskraft nachhaltig zu stärken. [...] In der Grafschaft werden im weitesten Sinne touristische Projekte gefördert. Dazu zählen
10 die Dorferneuerung, die Entwicklung und Vermarktung regionaler Produkte oder die Erhaltung alter Haustierrassen. So unterstützt LEADER die Gemeinde Uelsen bei der Ausrichtung des Grafschafter Haus- und
15 Nutztiertages und die Gemeinde Ohne beim „Projekt Dorfgespräch". Zum LEADER-Konzept gehörten auch die Ausweisung fünf neuer Radrouten in der Samtgemeinde Emlichheim, die Sanierung der Windmühle
20 Veldhausen nebst Gestaltung des Mühlenumfelds oder die Neuanlage von Wasser-

spielplätzen in Schüttorf, Bad Bentheim, Uelsen und Wietmarschen. Es gibt keine Grafschafter Stadt oder Samtgemeinde, die nicht von mehreren LEADER-Projekten pro- 25
fitiert hat. Mit über zwei Millionen Euro Fördermitteln wurden so Investitionen in Höhe von über fünf Millionen Euro angestoßen. Auf diesem Weg wurden Dinge realisiert, die sonst gar nicht möglich gewesen 30
wären, gleichzeitig Aufträge für das Handwerk erteilt und Arbeitsplätze gesichert.
Die Nachhaltigkeit wird erwartet durch eine Aufwertung der Region für Tourismus und Einwohner. Damit einher geht eine bessere 35
Auslastung von Hotels, Gastronomie und Einzelhandel. Nicht förderfähig sind Pflichtaufgaben der Kommunen. „LEADER-Region" zu werden ist [...] im Interesse aller Beteiligten. [...] Sicher sei, dass an dem Konzept sich 40
die Bevölkerung beteiligen darf, denn „der Prozess soll von unten kommen".

Aus: Irene Schmidt, EU-Geld für die Grafschaft – LEADER fördert 71 Projekte in fünf Jahren, in: Grafschafter Nachrichten, 1.3.2014, S. 17

INFO

EUREGIO
Der Name EUREGIO –
„Europäische Region" –
bezeichnet das niederländisch-deutsche Grenzgebiet Twente-Westmünsterland-Grafschaft Bentheim. Es ist gleichzeitig der Name des grenzübergreifenden Zusammenschlusses EUREGIO. Seit 1958 arbeitet die EUREGIO am Aufbau und der Festigung von grenzübergreifenden Strukturen. Inzwischen haben sich 134 niederländische und deutsche Gemeinden und 6 deutsche Kreise der EUREGIO angeschlossen. Sie bildet keine neue Verwaltungsebene, sondern bietet eine regionale Plattform für lokale und regionale Behörden, die grenzübergreifend zusammenarbeiten. Weitere Infos unter:

www.euregio.eu

Europa vor Ort – zwei Museen, zwei Länder

MATERIAL **21**

Hinter dem Titel „HEIMtex" verbirgt sich ein mit EU-Mitteln gefördertes Projekt des *Twents Techniek Museum Heim* in Hengelo und des Industriemuseums *TextilWerk* in Bo-
5 cholt. Die beiden grenznahen Museen ergänzen sich gut, was Themen und Ausstellungen angeht: Beide Museen befassen sich mit der textilen Industriegeschichte und -kultur. Beide Häuser denken über neue zukunftswei-
10 sende Strategien nach, um ihr Spektrum zu

erweitern. [...] Darüber hinaus gilt für beide Häuser, dass die Bekanntheit jenseits der Grenze jeweils erheblich abnimmt. Dabei ist die Region diesseits und jenseits der Grenze eine alte Wirtschaftsregion mit vielfältigen 15
Verflechtungen. Mit der Kooperation der Museen könnte diese zentrale europäische Textilregion jenseits der nationalstaatlichen Grenzen wieder deutlich in das Bewusstsein der Bevölkerung gebracht werden.

Aus: Landschaftsverband Westfalen-Lippe/LWL-Industriemuseum, HEIMtex – Zwei Museen, zwei Länder – ein Konzept, www.lwl.org/LWL/Kultur/wim/portal/S/bocholt/projekte/ (Zugriff: 11.4.2014)

INTERNET

Weiterführende Infos zum Projekt HEIMtex:
www.deutschland-nederland.eu
www.europahaus-bocholt.de
www.lwl.org/
LWL/Kultur/wim/
portal/S/bocholt/
projekte/
20 (Zugriff: 25.11.2014)

3 Ordnen Sie die Fakten aus M 18 in das Konzept und in die Abläufe der reformierten Kohäsions- und Strukturpolitik in der EU (M 16) **ein** und **arbeiten** Sie die Rolle des Nationalstaats Deutschland in diesem EU-Programm **heraus**.

4 Fassen Sie **zusammen**, wie die Projekte der Strukturfonds an der deutsch-niederländischen Grenze angelegt sind (M 20, M 21).

5 Bewerten Sie die Projektideen und -umsetzung (M 20, M 21); recherchieren Sie ggf. dazu und zur Rolle der EUREGIO e. V. in Gronau/Westf.

Die EU – bald eine echte Wirtschafts- und Währungsunion?

Europäisches Semester

Das Europäische Semester

Was geschieht wann?

▶ **November**
EU-Kommission

legt Jahreswachstums-
bericht vor und formuliert
politische Prioritäten

▶ **Februar**
EU-Finanzminister

debattieren Jahreswachs-
tumsbericht

Europäisches Parlament

debattiert Jahreswachs-
tumsbericht

▶ **März**
EU-Regierungschefs

legen Leitlinien für die
Politik der Mitglied-
staaten fest

▶ **April**
Mitgliedstaaten

schicken der
EU-Kommission nationale
Reformprogramme und
Pläne zur Haushalts-
konsolidierung

▶ **Mai**
EU-Kommission

veröffentlicht länder-
spezifische Empfehlungen
für alle Mitgliedstaaten

▶ **Juni**
EU-Regierungschefs

diskutieren und
billigen länderspezifische
Empfehlungen

▶ **Juli**
EU-Finanzminister

verabschieden offiziell
länderspezifische Empfeh-
lungen

Quelle: Bundesministerium der Finanzen 2012

Der Graben, der sich zwischen dem Linken [Francois Hollande, französischer Staatspräsident] und dem Grünen [Sven Giegold, MdEP] plötzlich auftut, ist bezeichnend. Die jüngste europäische Debatte handelt von etwas anderem als der Suche nach der richtigen Politik in der Krise. Sie berührt vielmehr den Kern der gegenwärtigen Entwicklung in Europa: Es geht um die Frage, wie viel Eigenständigkeit den Mitgliedstaaten in einer Währungsunion noch bleibt. Und wie weit diese Mitgliedsstaaten ihre Wirtschaftspolitik aneinander angleichen müssen, damit die Union Erfolg haben kann. Es geht nicht mehr um Austerität [strenge Sparpolitik], es geht um Souveränität. [...]

Das Europäische Semester: Mit ihm versucht die EU nachzuholen, was sie in der Vergangenheit versäumt hat. Das Europäische Semester beschreibt einen kalendarischen Rahmen, innerhalb dessen die Mitgliedsländer – vor allem jene der Eurozone – sich auf eine gemeinsame Wirtschaftspolitik verpflichten sollen. Was akademisch klingt, ist politisch höchst bedeutsam. Man könne dieses Instrument als einen Versuch verstehen, „die Machtverteilung zwischen der EU und den nationalen Ebenen zu verschieben, ohne die Europäischen Verträge zu ändern", schreibt Guntram Wolff, der geschäftsführende Direktor des Brüsseler Forschungsinstituts Bruegel. Dabei ergeht es dem Semester wie manchem anderen europäischen Regelwerk: Obwohl es bereits vor drei Jahren eingeführt wurde, wird seine Bedeutung erst allmählich deutlich. [...]

Nicht allen Mitgliedsländern gegenüber ist der Ton so streng wie gegenüber Frankreich [das Reformempfehlungen der EU-Kommission brüsk zurückgewiesen hatte], aber immer rühren die Empfehlungen am Kernbestand der nationalen Politik – Arbeitsmarkt, Renten, Steuersystem oder Mindestlohn. Alle diese Politikfelder sind Gegenstand nationaler Gesetzgebung. Und nicht selten entscheiden gerade sie über Wohl oder Wehe, über Wiederwahl oder Abwahl einer Regierung. Nicht nur der französische Präsident mag sich deshalb ungern von Brüsseler Beamten reinreden lassen. Aber zugleich sind diese Politikfelder für Wirtschaftswachstum und Wettbewerbsfähigkeit verantwortlich und damit für den Erfolg der Währungsunion als Ganzes. Was national entschieden wird, hat europäische Bedeutung. In der Theorie ist die Notwendigkeit einer besseren Koordinierung daher unbestritten; in der Praxis hingegen führt der Versuch zu heftigen Abwehrreaktionen wie nun bei den Franzosen.

Dabei ist die Durchschlagskraft des Europäischen Semesters bislang begrenzt. Die Strenge, mit der die Kommission ihre Empfehlungen ausspricht, verdeckt, dass es der europäischen Ebene an Instrumenten mangelt, um sie auch durchzusetzen. „Es gibt nicht einmal eine vernünftige Evaluation", kritisiert Sven Giegold. [...]

Tatsächlich stehen Aufwand und Ertrag des Verfahrens bislang in keinem Verhältnis zueinander. Giegold und andere fordern deshalb die Möglichkeit, Sanktionen gegen jene Mitgliedsstaaten verhängen zu können, die den Empfehlungen nicht nachkommen. [...] Solange die politische Einsicht in die Notwendigkeit von Reformen fehlt, verhallen alle Empfehlungen aus Brüssel.

Aus: Matthias Krupa, Schulmeister ohne Rohrstock, in: Die Zeit, Nr. 24/7.7.2013, S. 23

GLOSSAR

Europäische
Wirtschafts- und
Währungsunion

QUERVERWEIS

LERNWEG
Podiumsdiskussion
S. 213

1 Arbeiten Sie Ziele, Strukturen und Abläufe des Europäischen Semesters **heraus** (M 22).

2 Beurteilen Sie Vorzüge und Mängel dieses EU-Politik- bzw. Kommunikationsverfahrens.

3 Erörtern Sie die Chancen des Europäischen Semesters, zu einer echten Wirtschafts- und Währungsunion zu kommen.

4 Formulieren Sie begründete Antworten auf die drei Leitfragen im Einstiegstext (S. 176).

5 Organisieren Sie eine Podiumsdiskussion zu der Frage: „Ist eine gemeinsame europäische Wirtschafts-, Fiskal- und Strukturpolitik möglich und sinnvoll?".

Aufteilung der Zuständigkeiten zwischen der EU und den Mitgliedstaaten

Die Zuständigkeiten für die drei Politikbereiche der Wirtschafts-, Fiskal- und Strukturpolitik sind im **Lissabon-Vertrag** geregelt, der die Letztzuständigkeit für Finanzierung und für Entscheidungen einerseits der EU und den Mitgliedstaaten gemeinsam, andererseits allein den Mitgliedstaaten oder aber allein der EU zuschreibt. Weil die Wirtschafts- und Währungsunion der EU ein „Konstrukt im Werden" ist, ergibt sich so auf den ersten Blick ein unübersichtlich scheinender Katalog mit unterschiedlich geregelten Politikfeldern und mit vielgestaltigen Lösungswegen.

Möglichkeiten und Grenzen nationaler Wirtschaftspolitik

Die Möglichkeiten und Grenzen nationaler Wirtschaftspolitik sind einerseits an den Erfahrungshintergrund der Steuerungs- und Lenkungsmaßnahmen nationalstaatlicher Wirtschaftspolitik gebunden und andererseits den vier Freiheitsversprechen des EU-Binnenmarktes (siehe Kap. 2.3) verpflichtet. Damit ist jede Wirtschaftspolitik in Deutschland **indirekter Natur**. Wenn die EU 28 dennoch versucht, die unterschiedlichen Wirtschaftsstandorte mithilfe der **Strategie „Europa 2020"** auf höherem Niveau anzugleichen, so benötigt dieses ehrgeizige EU-weite Wachstumsprogramm in jedem Mitgliedstaat eine stimmige Koordination der drei Politikfelder gemäß den Vorgaben des Lissabon-Vertrags: eine Wirtschaftspolitik zugunsten stabiler Preise; gesunde öffentliche Finanzen durch eine rahmengebundene Fiskalpolitik; eine regional orientierte Kohäsions- und Strukturpolitik, die auf Förderung, Nachbesserung, Mitfinanzierung durch die EU ausgerichtet ist.

Fiskalpolitik – nationale Haushaltspolitik im Rahmen der EU

Der **Haushaltsplan des Bundes** stellt die Einnahmen und die Ausgaben des Staates Bunderepublik Deutschland gegenüber. Jeder Jahreshaushaltsplan ist in die **Mittelfristige Finanzplanung des Bundes („Mifrifi")** eingebunden, eine Fünfjahresplanung des Bundes in Verbindung mit den Ländern, die jährlich fortgeschrieben wird. Erst mit dem Bundeshaushaltsplan für 2015 wird wieder ein ausgeglichener Ein- und Ausgabenplan vorgelegt – erstmalig nach fast 40 Jahren, in denen die Ausgaben immer höher als die Einnahmen waren und die Staatsverschuldung immer weiter angewachsen ist. Die seit 2011 im Grundgesetz verankerte **Schuldenbremse**, die im Bund ab 2016 und in den Bundesländern ab 2020 ausgeglichene Haushaltspläne zur Regel machen und den Höchstumfang von Krediten zur Finanzierung der Staatsausgaben festlegen wird, ist in vergleichbarer Weise in den übrigen EU-Staaten eingeführt worden. Auch der **Mehrjährige Finanzrahmen (MFR) der EU** ist der Mittelfristigen Finanzplanung in Deutschland vergleichbar.

Die **EU-Haushaltsplanung für die Jahre 2014 bis 2020** ist auf der Basis des neuen Mehrjährigen Finanzrahmens (MFR) entwickelt worden. Die Wünsche und Forderungen der EU 28 sind zunächst einmal in die Verhandlungen des Europäischen Rates eingeflossen und haben dort zur Feststellung eines Rahmenkonzepts geführt, das in weiteren Verhandlungen mit Europäischer Kommission und Europäischem Parlament einen Gesamtumfang von 960 Mrd. Euro erhielt.

Kohäsions- und Strukturpolitik in der EU

Die Kohäsions- und Strukturpolitik in der EU ist fest im **Lissabon-Vertrag** verankert. Sie ist in der Förderperiode 2014–2020 auf die Stärkung der Wettbewerbsfähigkeit, nachhaltiges Wachstum und den sozialen Zusammenhalt ausgerichtet und wird mit dem **Kohäsionsfonds** sowie den **vier Struktur- und Investitionsfonds** (ESF, EFRE , ELER, EMFF) umgesetzt. Zur Anwendung kommen diese Fonds über nationale Strategien und mit verpflichtenden Zielen, die in einer Partnerschaftsvereinbarung zwischen der EU-Kommission und dem jeweiligen EU-Mitgliedstaat festgelegt werden. Bei der projektbezogenen Geldmittelzuteilung durch die EU muss also die strategische Ausrichtung der **Operationellen Programme (OP)** einerseits die politischen Zielsetzungen der Gesamt-EU und andererseits die Wünsche der geförderten EU-Mitgliedstaaten zusammenführen.

Die EU – bald eine echte Wirtschafts- und Währungsunion?

Mithilfe des 2011 eingeführten **Europäischen Semesters für die Koordinierung der Wirtschaftspolitik** versucht die EU 28, die Versäumnisse einer weitergehenden politischen Vereinheitlichung des EU-Binnenmarktes nachzuholen. Es beschreibt einen kalendarischen Rahmen für die frühzeitige Überprüfung der 28 nationalen Haushaltsentwürfe und der Reformvorhaben.

2.6 Strategien und Maßnahmen europäischer Krisenbewältigung

„Gipfel" – die Ankündigung von „Gipfel"-Treffen gehört zum Alltagsritual internationaler Politik. Signalisiert wird, dass auf höchstem Niveau umfassend und zielgerichtet „zur Sache" gesprochen, verhandelt und entschieden wird. Besonders in Krisenzeiten verspricht allein schon die Ankündigung von „Gipfeltreffen" Handlungsbereitschaft und Entscheidungsfähigkeit.

Was die Welt langfristig prägen wird

Wirtschafts-, Finanz- und Staatsschuldenkrise · geopolitische Machtverschiebungen · technischer Fortschritt · Klimawandel · Wasser-, Rohstoff- und Nahrungsknappheit · Zugang zu Bildung · Demografie/Migration · Krieg und Terror/Frieden und Sicherheit · Energieversorgung · Ökologie/Nachhaltigkeit · neue Gesundheitsrisiken · Naturkatastrophen

Quelle: Eigene Darstellung nach: Adrian Done, Die Trend-Uhr, in: Wirtschaftswoche, Okt. 2011

L & P / 6732

QUERVERWEIS

Globale Krisen- und damit auch Europathemen:

Eurokrise
S. 192–199
Migration
S. 200–205; 351
Frieden
und Sicherheit
S. 206–211; 404–415

Basiswissen

Europäische Zentralbank (EZB): Zentralnotenbank in „Euroland" mit Sitz in Frankfurt a. M., die das alleinige Recht zur Ausgabe von Banknoten und Geldmünzen (Euro/Cent) hat und die Geld- und die Währungspolitik der EU durchführt.

Migration: Mit diesem Ausdruck (von lat.: migratio = Wanderung) werden verschiedene Formen der Ein- und Auswanderung zusammengefasst (Asylsuche, Arbeitsmigration, Flucht vor Krieg usw.). Das trägt der Tatsache Rechnung, dass all diese Formen Gemeinsamkeiten aufweisen: einen Migrationsgrund, der in fast allen Fällen irgendeine Art von Zwang beinhaltet, und soziale Probleme, die aus der Situation im Aufnahmeland folgen.

Gemeiname Außenpolitik- und Sicherheits (GASP): 1993 mit dem Vertrag von Maastricht als Nachfolgerin der Europäischen Politischen Zusammenarbeit (EPZ) eingeführt und mit dem Vertrag von Lissabon 2009 weiter gestärkt. Entscheidungen werden einstimmig getroffen. Ziel der GASP ist es, die Kohärenz des Außenhandelns und damit die Handlungsfähigkeit der EU bei der Gewährleistung bzw. Förderung von Frieden und Sicherheit zu stärken.

1 Finden Sie aktuelle Beispiele aus Europa zu den in der Grafik genannten Aspekten.

2 Arbeiten Sie aus M 1 **heraus**, wie der Historiker Werner Plumpe Wirtschaftskrisen analysiert und welche Besonderheiten er für die „gegenwärtige Finanz-, Wirtschafts- und die begleitende Staatsschuldenkrise" feststellt.

3 Erörtern Sie Werner Plumpes These von der Qualität des Kapitalismus und vom Verhältnis von Politik und Wirtschaft im Kapitalismus (M 1).

Krisen als Chance für Europas Potenzial

Krisen und ihre Heilung

MATERIAL **1**

Wirtschaftskrisen, interpretiert als mehr oder minder plötzliche Verschlechterungen der materiellen Lebensbedingungen durch eine zurückgehende Wirtschaftsleistung,
5 durch steigende Preise und/oder sinkende Einkommen beziehungsweise wachsende Arbeitslosigkeit, die sich in einer Minderung des materiellen Wohlstandsniveaus niederschlagen, gehören zweifellos zu den ältesten
10 Erfahrungen der Menschheit. Die Reaktionsmuster ähneln sich seit Jahrtausenden: Krisen sind unvorhersehbar, haben etwas Schicksalhaftes. Dann hilft nur demütiges Beten oder kluges Verhalten, etwa nach dem
15 Motto: Spare in der Zeit, dann hast du in der Not. Am besten beides!
Kehren diese Krisen aber regelmäßig wieder, kann man sich auf sie einstellen. Dann macht man mit ihnen Erfahrungen, kann ihre Fol-
20 gen kalkulieren und sich entsprechend vorbereiten. Vor allem kann man über ihre Ursachen nachdenken. Und wenn man ihren Grund zu kennen glaubt, kann man alles Mögliche tun, um sie zu verhindern oder
25 doch entscheidend abzumildern. Der heutigen Welt erscheint diese Allmachtsfantasie geradezu selbstverständlich. Die gegenwärtige Finanz-, Wirtschafts- und die begleitende Staatsschuldenkrise werden daher vorrangig
30 unter dem Gesichtspunkt ihrer Ursachen mit dem Ziel diskutiert, durch eine zukünftige Bekämpfung derartiger Ursachen ihre Wiederkehr zu verhindern.
Diese Ursachendiskussion führt mitunter zu
35 grotesken Verzerrungen der Realität, etwa wenn die Nutzung der von der Politik extra zu diesem Zweck geschaffenen Handlungsspielräume dem Finanzsektor ursächlich als moralisches Versagen angekreidet werden.
40 Dennoch ist diese Diskussion insgesamt nachvollziehbar. Denn kluge Politik trachtet danach, Instabilität möglichst zu vermeiden, und das setzt eine Debatte voraus. Gleichwohl wird man misstrauisch, wenn die not-
45 wendigen Diskussionen einen **normativen** Überschuss ausweisen, ja geradezu von dem Versprechen leben, bei richtigem Handeln – insbesondere konsequenter Verfolgung der als Spitzbuben identifizierten Akteure des Finanzsektors und ihrer ordentlichen Dis-
50 ziplinierung – ließen sich in Zukunft Wirtschafts- und Finanzkrisen vermeiden.
Ich möchte dafür argumentieren, dass eigentlich nichts dafür spricht, im Kapitalismus eine Art große Selbstzerstörungs-
55 maschine zu sehen, deren verhängnisvoller Lauf nur politisch zu bremsen und zu kanalisieren ist. Empirisch gibt es hierfür sowieso keine Belege, zumal alle großen Krisen des 20. Jahrhunderts, insbesondere die beiden
60 Kriege und die Weltwirtschaftskrise von 1929, **veritable** politische Ereignisse waren, in denen der „Kapitalismus" bestenfalls „mitgemacht" hat. Die alte Vorstellung, Kriege seien die Folge einer von der Wirtschaft
65 mehr oder weniger diktierten imperialistischen Politik, war zu keiner Zeit theoretisch überzeugend [...]. Es scheint eher eine Art Schadenszauber zu sein, der da stattfindet: Die Politik schiebt die selbst erzeugten
70 Desaster dem vermeintlich wildgewordenen Kapitalismus als dessen Erzeugnis in die Schuhe, womit sie sich selbst erneut als rettende Kraft ins Spiel bringt. Dass es sich in der Tat um Schadenszauber handelt, sieht
75 man daran, dass in der Politik niemand ernsthaft daran denkt, der Wirtschaft ihre verhängnisvolle Autonomie zu nehmen.
Was gibt uns aber die Hoffnung und den Wunsch, Krisenfreiheit sei nicht nur mög-
80 lich, sondern auch durch politisches Tun erreichbar und [...] erstrebenswert? Wieso nehmen wir im Bewusstsein ihrer regelmäßigen Wiederkehr Wirtschaftskrisen nicht einfach nur hin, ertragen sie als die norma-
85 len Momente wirtschaftlichen Strukturwandels mit demselben Gleichmut, mit dem wir Aufschwünge betrachten? [...] Es scheint [...] eine tiefe, historisch gewachsene Sehnsucht nach Harmonie, ökonomisch gesprochen
90 nach einem störungsfreien Entwicklungsgleichgewicht zu geben.

Aus: Werner Plumpe, Ohne Krise keine Harmonie – Eine kleine Geschichte der Gleichgewichtsstörungen in der Wirtschaft, in: Kursbuch 170 – Krisen lieben, Hamburg 2012, S. 64–67

GLOSSAR

Euro
Währung
Banken
Kapitalismus

INFO

veritabel
wahrhaft, echt,
wirklich

normativ
eine Regel/einen
Maßstab für etwas
setzend; hier: wertend

Die Eurokrise

MATERIAL **2**

Konsumsteuerung

INFO	
Banken in Dt.	2 076
Universalbanken	**1 947**
– Kreditbanken	388
– Landesbanken	10
– Sparkassen*	423
– Genossenschaften*	1 126
Spezialbanken	**129**
(davon 23 Bausparkassen)	

* Sparkassen und Genossen-
schaftsbanken waren in der
Eurokrise wegen ihrer Eigen-
tümerstruktur (Kommunen,
Genossen) kaum in Spekulationsgeschäfte verwickelt.

*Nach: Deutsche Bundesbank,
Geld und Geldpolitik,
Frankfurt a. M. 2012, S. 90*

Konsumsteuerung

Zeichnung: Burkhard Mohr

MATERIAL **3**

Das Banken- und das Finanzsystem

QUERVERWEIS

Leitzins
S. 166, Info

Liquidität
S. 165, Info

Das **Finanzsystem** spielt eine große Rolle beim Umgang mit Geld. Es besteht aus den sogenannten Intermediären (Banken, Versicherungen, Investmentfonds), den Finanzmärkten und der finanziellen Infrastruktur (Systeme für den Zahlungsverkehr und für die Wertpapierabwicklung). [...]

Das **Bankensystem** besteht aus den Geschäftsbanken (Kreditinstituten) und der Zentralbank. [...] Die Geschäftsbanken sind Wirtschaftsunternehmen, die Dienstleistungen rund ums Geld erbringen (Spareinlagen, Kreditvergabe, Zahlungsverkehrsgeschäfte, Wertpapierverwaltung). [...] Die Banken verdienen an der Geldumverteilung, denn die Kreditzinsen sind typischerweise höher als die Einlagezinsen.

Wer Geld gibt, erwirbt im Gegenzug einen zukünftigen Anspruch. Im Prinzip gibt es für diesen Vorgang zwei Wege. [...] Die Aufgabe des Finanzsystems besteht darin, das Weiterleiten finanzieller Mittel [Liquidität] von Anbietern zu Nachfragern zu erleichtern. Wenn die finanziellen Mittel meist den Weg über die Banken nehmen, ist von einem bankbasierten Finanzsystem die Rede. Das Finanzsystem in den angelsächsischen Ländern ist eher marktbasiert [mit direktem Kontakt zwischen Sparern bzw. Investoren und den Unternehmen].

Funktionen von Finanzsystemen

Direkte Finanzierung

Kapitalgeber/Nettosparer		Finanzmärkte		Kapitalnehmer/Nettoverwender
● private Haushalte ● Unternehmen ● Staat ● Gebietsfremde	Finanzierungsmittel	● Geldmarkt ● Kapital	Finanzierungsmittel	● Unternehmen ● Staat ● private Haushalte ● Gebietsfremde

Finanzierungsmittel

Finanzierungsmittel

Finanzierungsmittel

Finanzintermediäre*
● Kreditinstitute
● Sonstige Monetäre Finanzinstitute (MFIs)
● Sonstige

*Institutionen, die zwischen Kapitalanbietern und -nachfragern vermitteln, i.d.R. Banken, daneben z.B. auch Versicherungen

Indirekte Finanzierung

Quelle: EZB, Die Geldpolitik der EZB, Frankfurt a. M. 2011, S. 40

L&P/6744

Nach: Deutsche Bundesbank, Geld und Geldpolitik, Frankfurt a. M. 2012, S. 82–84

Das Finanzsystem und die Finanzmärkte

So kommt das Geld in die Welt

Kredite
Die Notenbank leiht den Geschäftsbanken Geld aus. Je günstiger der Zins, umso mehr Kredite werden genommen.

Devisen
Die Geschäftsbanken tauschen ihre Devisenbestände gegen Euro ein – und müssen dafür etwas zahlen.

Kredite
Die Geschäftsbanken leihen Firmen, Selbstständigen und Privathaushalten Geld. Je niedriger der von der EZB festgesetzte Leitzins, umso eher können sie attraktive Angebote machen. Dann steigt tendenziell die Geldmenge.

Wertpapiere
Die Geschäftsbanken vermitteln Kunden Wertpapiere und verdienen daran.

Zentralbank
EZB, Bundesbank

Geschäftsbanken

Firmen, Privatpersonen

L & P / 6745

Mindestreserve
Die Banken müssen einen kleinen Teil ihrer Gelder zwangsweise bei der Zentralbank anlegen. Die Höhe bestimmt der Mindestreservesatz – und der bemisst sich nach dem Volumen der Gelder, die das Publikum bei den Geschäftsbanken hält.

Bargeld
Die Geschäftsbanken parken überschüssiges Geld bei der Zentralbank. Dafür gibt es einen niedrigen Zins. Das Geld gilt hier als sicher.

Geld (Sichtguthaben)
Firmen, Selbstständige und Privatpersonen legen ihr Geld bei Geschäftsbanken an, mittels Tagesgeld, Festgeld, Sparguthaben, Wertpapieren oder anderer Formen – gegen Zinsen oder Gewinn.

Quelle: DekaBank; SZ, 26.1.2012

Die EZB – jetzt aktiv auf dem Sekundärmarkt

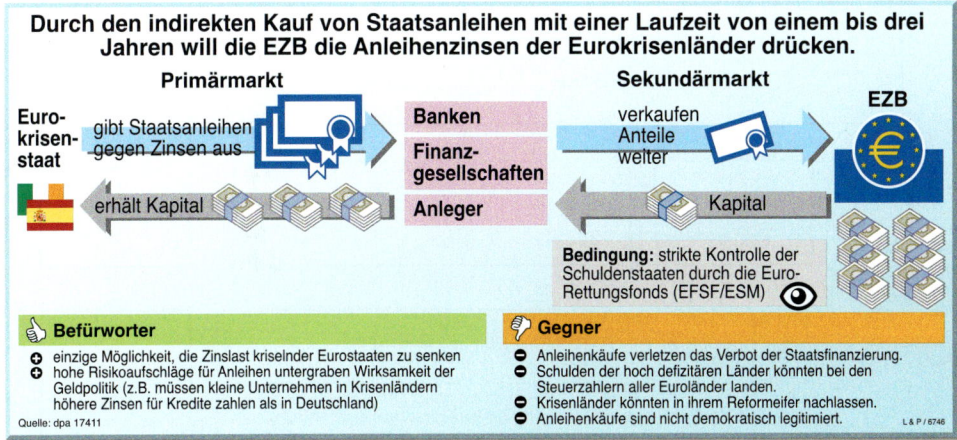

Durch den indirekten Kauf von Staatsanleihen mit einer Laufzeit von einem bis drei Jahren will die EZB die Anleihenzinsen der Eurokrisenländer drücken.

Primärmarkt — **Sekundärmarkt** — **EZB**

Euro-krisen-staat · gibt Staatsanleihen gegen Zinsen aus

Banken
Finanz-gesellschaften
Anleger

verkaufen Anteile weiter

erhält Kapital · Kapital

Bedingung: strikte Kontrolle der Schuldenstaaten durch die Euro-Rettungsfonds (EFSF/ESM)

👍 **Befürworter**
+ einzige Möglichkeit, die Zinslast kriselnder Eurostaaten zu senken
+ hohe Risikoaufschläge für Anleihen untergraben Wirksamkeit der Geldpolitik (z.B. müssen kleine Unternehmen in Krisenländern höhere Zinsen für Kredite zahlen als in Deutschland)

👎 **Gegner**
– Anleihenkäufe verletzen das Verbot der Staatsfinanzierung.
– Schulden der hoch defizitären Länder könnten bei den Steuerzahlern aller Euroländer landen.
– Krisenländer könnten in ihrem Reformeifer nachlassen.
– Anleihenkäufe sind nicht demokratisch legitimiert.

Quelle: dpa 17411

L & P / 6746

Staatsanleihen
Zehnjährige Bundes-anleihen sind hoch und fest verzinsliche Wert-papiere, die vom Staat Bundesrepublik Deutschland zwecks Finanzierung von Aus-gaben des Bundes an der Börse herausgege-ben werden und dort (**Primärmarkt**) von solventen Investoren (Privatanleger, Banken, Fonds) gekauft werden. Die Käufer können die Bundesanleihen in ihr Depot legen, die jährli-chen Zinsen kassieren und die Wertpapiere am Laufzeitende beim Staat einlösen; sie kön-nen die Wertpapiere aber auch an der Börse mit neuen Kurswerten handeln (**Sekundär-markt**). „Der wichtige Unterschied zwischen Primär- und Sekundär-markt ist, dass die EZB auf dem Sekundär-markt bereits existie-rende Staatsanleihen kauft – Regierungen erhalten also kein fri-sches Zentralbankgeld" (iwd 8/2013).

1 Analysieren Sie die Karikatur M 2 hinsichtlich der Beziehungen zwischen den drei Akteuren.

2 Beschreiben Sie mithilfe von M 3 das Banken- und das Finanzsystem.

3 Legen Sie die Rolle und die Funktion dar, die die Banken im Finanzsystem haben (M 3 und M 4). Vergleichen Sie dies mit der Rolle und der Funktion der EZB (Kap. 2.4).

4 Aktualisieren Sie die Bestandszahlen der Banken (Info neben M 2). Beschreiben Sie Veränderungen und Trends.

5 Erklären Sie, auf welche Weise so viel „Geld in die Welt kommt" (M 4). Greifen Sie dabei auf die Karikatur zurück (M 2). Erläutern Sie, wo „die Finanzmärkte" konkret liegen.

6 Erläutern Sie die neue EZB-Rolle als Akteur auf dem Sekundärmarkt (M 5) und weshalb die EZB diese Rolle einnimmt (M 4).

7 Prüfen Sie, ob „das Mandat" der EZB (S. 165, M 12) ihre neue Rolle (M 5) einschließt. Erörtern Sie Vor- und Nachteile dieser neuen Rolle der EZB.

Entwicklung der Eurokrise

Draghis Versprechen
„Within our mandate, the ECB is ready to do whatever it takes to preserve the euro. And believe me, it will be enough."

EZB-Präsident Mario Draghi am 26.7.2012 auf der Global Investment Conference in London

Das OMT-Programm – legale Geldpolitik oder illegale Staatsfinanzierung?
Über diese Frage verhandelt das Bundesverfassungsgericht (BVerfG), seit im Juni 2013 mehrere Klagen eingereicht wurden. Es geht darum, ob die EZB mit ihrem Versprechen (Info zu Draghis Versprechen oben), notfalls unbegrenzt Staatsanleihen aufzukaufen, also mit den sogenannten Outright Monetary Transactions (OMT), ihr Mandat überschritten hat (OMT sind EZB-Wertpapiergeschäfte ohne feste Rückkaufvereinbarung; anders ist es bei Wertpapierpensionsgeschäften, die terminlich befristet sind). Am 6.2.2014 hat das BVerfG den Beschluss gefasst, die anhängigen Klagen gegen das OMT-Programm dem Europäischen Gerichtshof (EuGH) in Luxemburg zum Zweck einer Vorabentscheidung vorzulegen.

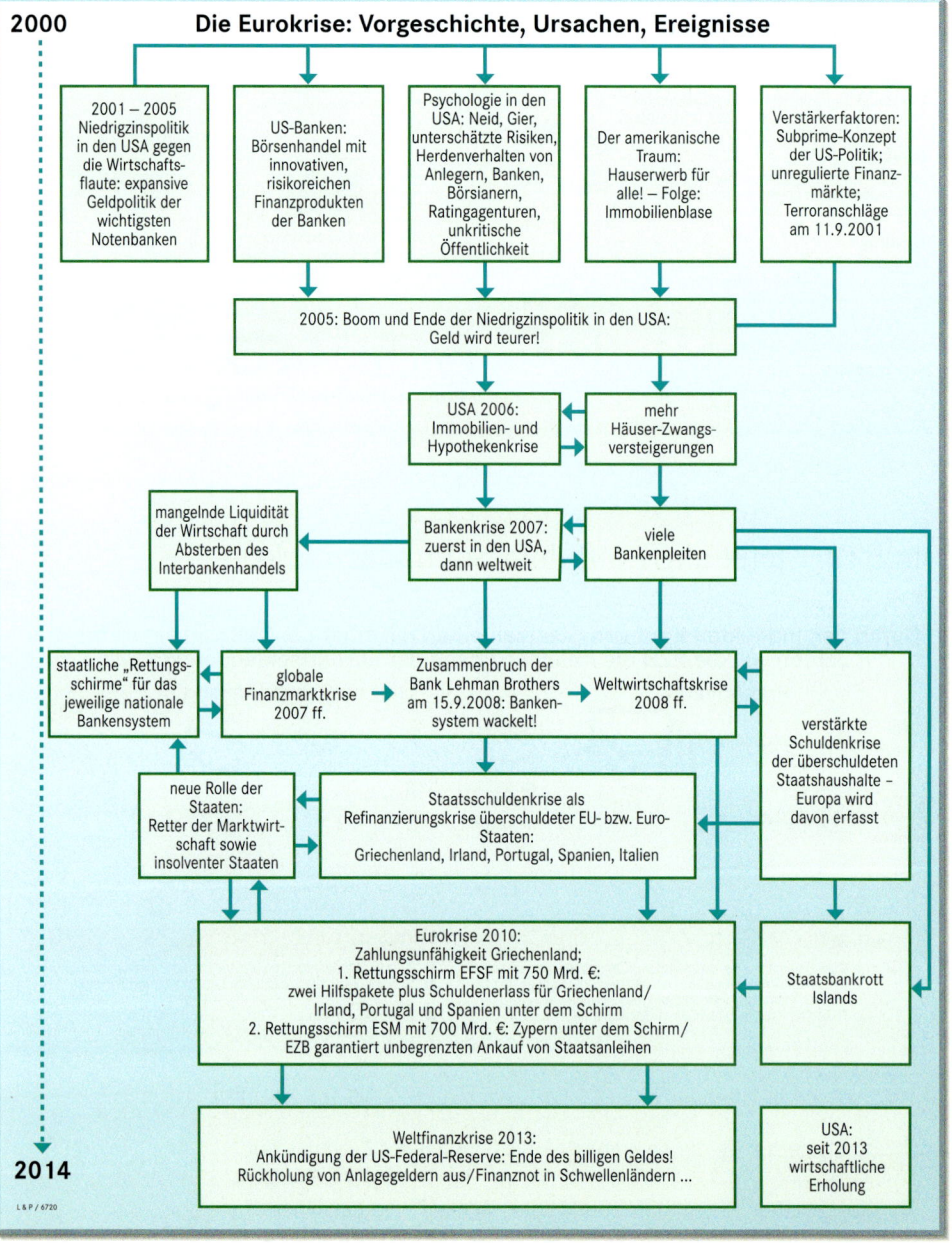

1 **Beschreiben** Sie Staatsanleihen als gängiges Finanzprodukt (S. 193, Info).
2 **Erklären** Sie den qualitativen Unterschied der Wirkungsweise von Wertpapierpensionsgeschäften und Outright Monetary Transactions OMT (S. 194, Info).
3 **Geben** Sie die Vorgeschichte, die Ursachen und den Verlauf der Staatsschulden- und Eurokrise mithilfe der Chronik M 6 und ggf. eigener Recherchen **wieder**.
4 **Analysieren** Sie Konstruktion und Intention des Eurostabilitätsmechanismus ESM sowie den Umfang der Rettungsmaßnahmen der Eurogruppe für die Eurokrisenstaaten (M 7).

Zwei Euro-Rettungsschirme – EFSF und ESM

a) EFSF: In der Währungsunion sind finanzielle Hilfen für überschuldete Mitgliedstaaten weder durch die Europäische Zentralbank (Art. 123 AEUV) noch durch die Union
5 oder andere Mitgliedstaaten (Art. 124 AEUV) erlaubt oder gefordert. Der Stabilitäts- und Wachstumspakt sollte zudem durch Androhung von Strafen erreichen, dass Eurostaaten übermäßige öffentliche Defizite vermei-
10 den. Die gesetzten Grenzen für Haushaltsdefizite (3 % BIP) und für die Gesamtschulden eines Staates (60 % BIP) wurden jedoch von nahezu allen Eurostaaten vielfach überschritten, ohne dass Sanktionen verhängt worden
15 wären. Eingeleitete Defizitverfahren blieben stets ohne Folgen. 2010 erreichte die Verschuldung einiger Eurostaaten, insbesondere Griechenlands, einen so hohen Stand, dass ihre Zahlungsunfähigkeit drohte und
20 sie nicht mehr in der Lage waren, sich auf den Kapitalmärkten mit dem nötigen Kapital zu versorgen. [...] Um die drohende Zahlungsunfähigkeit von Staaten rasch abwenden zu können, haben die EU-Staaten im Mai 2010
25 einen bis Mitte 2013 befristeten Rettungsschirm [Europäische Finanzstabilisierungsfazilität, EFSF] gespannt und sich dabei auf die Beistandsklausel in Art. 122 AEUV berufen.

30 **b) ESM:** Der EFSF ist mit Wirkung vom Oktober 2012 vom dauerhaften Eurostabilitätsmechanismus (ESM) abgelöst worden. Der ESM ist ein Finanzinstitut mit selbstständigem Zugang zu den Finanzmärkten
35 und Sitz in Luxemburg. Rechtliche Grundlage ist der im Februar 2012 von den Eurostaaten unterzeichnete völkerrechtliche Vertrag zur Einrichtung des ESM. Voraussetzung dafür waren:

1. eine EU-weite einvernehmliche Änderung 40 des Artikels 136 AEUV,
2. in Deutschland als gesetzliche Grundlage das „Gesetz zur Übernahme von Gewährleistungen im Rahmen eines europäischen Stabilisierungsmechanismus", 45
3. die Verabredung zum Aufbau einer EU-weiten Bankenunion,
4. die Kontrolle länderspezifischer Vorgaben im sogenannten „Europäischen Semester".

a) nach: Europäisches Parlament, Die europäischen Rettungsschirme, www.europarl.europa.eu/brussels/ website/content/modul_06/zusatzthemen_09.html (Zugriff: 31.7.2014); b) Autorentext

Der Eurostabilitätsmechanismus ESM

Der ESM soll langfristig die Zahlungsfähigkeit der Euroländer und ihrer Banken sicherstellen.

Euroland — ist in Schwierigkeiten — **beantragt Hilfe** — **ESM** — **Gouverneursrat** — 18 Mitglieder aus Regierungen der Eurostaaten

gewährt Hilfe

durch
• Kredite für Eurostaaten
• Finanzhilfe für Banken
• Kauf von Staatsanleihen (in Ausnahmefällen)

Beiträge in Mrd. Euro

	Bareinlagen	Garantien
Deutschland	22	168 Mrd. €
Frankreich	16	126
Italien	14	111
Spanien	10	74
Niederlande	5	35
andere Eurostaaten	13	108

Troika

bewertet, ob Hilfen möglich/nötig, und überwacht Einhaltung der Bedingungen

EU-Kommission — Europäische Zentralbank — Internationaler Währungsfonds

Stammkapital

702 Mrd. Euro

80 Mrd. € Bareinlagen — 622 Mrd. € — Garantien oder abrufbares Kapital

dpa•17028 — Quelle: Finanzministerium, EU-Kommission, EZB

---

5 **Ordnen** Sie die drohende Zahlungsunfähigkeit Griechenlands im Mai 2010, die Gründung des EFSF und des ESM (M 7) sowie Mario Draghis Londoner Aussage vom 26. Juli 2012 (S. 194, Info) als entscheidende Momente in die Chronik der Eurokrise (M 6) **ein**.

6 **Erläutern** Sie die Bedeutung von Draghis Versprechen und des OMT-Programms (S. 194, Infos) für die Banken, die EZB und die Staatsanleihen ausbringenden Eurostaaten.

7 **Setzen** Sie sich mit der Ansicht der EZB **auseinander**, wonach der EZB zwar der Ankauf von Staatsanleihen (S. 193, Info) auf dem Primärmarkt lt. Art. 125,1 AEUV verboten ist (*No-Bail-out*-Klausel, siehe Info rechts), auf dem Sekundärmarkt aber innerhalb ihres geldpolitischen Mandats liegt. Beziehen Sie den aktuellen Stand des Verfahrens vor dem BVerfG bzw. dem EuGH (S. 194, untere Info) ein.

INFO

Artikel 125,1 AEUV
Die Union haftet nicht für die Verbindlichkeiten der Zentralregierungen, der regionalen oder lokalen Gebietskörperschaften oder anderen öffentlichrechtlichen Körperschaften, sonstiger Einrichtungen des öffentlichen Rechts oder öffentlicher Unternehmen von Mitgliedstaaten und tritt nicht für derartige Verbindlichkeiten ein [...].

MATERIAL **8**

Sechs Jahre Krise

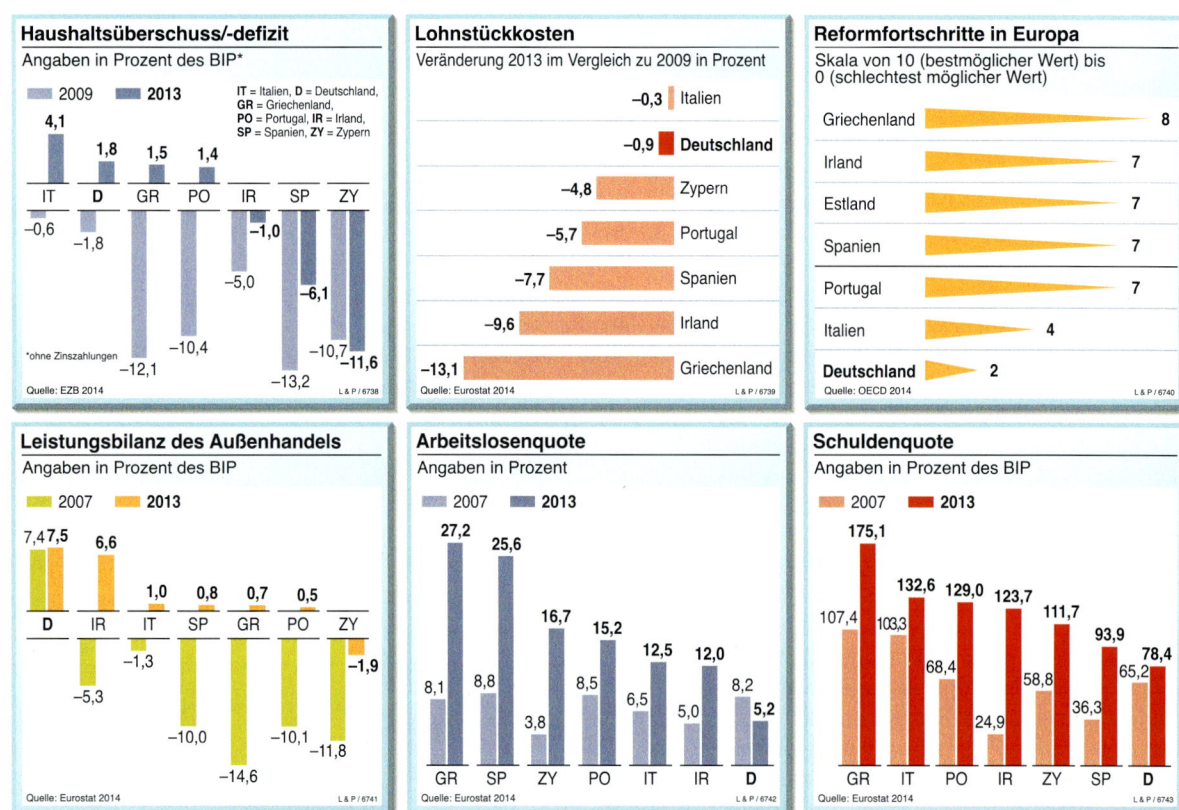

Haushaltsüberschuss/-defizit
Angaben in Prozent des BIP*

☐ 2009 ☐ 2013

IT = Italien, **D** = Deutschland,
GR = Griechenland,
PO = Portugal, **IR** = Irland,
SP = Spanien, **ZY** = Zypern

4,1 1,8 1,5 1,4

IT D GR PO IR SP ZY

−0,6 −1,8 −1,0
−5,0 −6,1
−10,4 −10,7 −11,6
−12,1 −13,2

*ohne Zinszahlungen
Quelle: EZB 2014   L & P / 6738

Lohnstückkosten
Veränderung 2013 im Vergleich zu 2009 in Prozent

−0,3 Italien
−0,9 **Deutschland**
−4,8 Zypern
−5,7 Portugal
−7,7 Spanien
−9,6 Irland
−13,1 Griechenland

Quelle: Eurostat 2014   L & P / 6739

Reformfortschritte in Europa
Skala von 10 (bestmöglicher Wert) bis
0 (schlechtest möglicher Wert)

Griechenland 8
Irland 7
Estland 7
Spanien 7
Portugal 7
Italien 4
Deutschland 2

Quelle: OECD 2014   L & P / 6740

Leistungsbilanz des Außenhandels
Angaben in Prozent des BIP

☐ 2007 ☐ 2013

7,4 7,5 6,6

D IR IT SP GR PO ZY

1,0 0,8 0,7 0,5
−1,3
−5,3
−10,0 −10,1 −11,8
−14,6 −1,9

Quelle: Eurostat 2014   L & P / 6741

Arbeitslosenquote
Angaben in Prozent

☐ 2007 ☐ 2013

27,2 25,6
16,7 15,2 12,5 12,0
8,1 8,8 3,8 8,5 6,5 5,0 8,2 5,2

GR SP ZY PO IT IR D

Quelle: Eurostat 2014   L & P / 6742

Schuldenquote
Angaben in Prozent des BIP

☐ 2007 ☐ 2013

175,1
132,6 129,0 123,7
111,7
107,4 103,3 93,9 78,4
68,4 58,8 65,2
24,9 36,3

GR IT PO IR ZY SP D

Quelle: Eurostat 2014   L & P / 6743

MATERIAL **9**

Irland – Ursachen und Verlauf der Krise

Irland verdankte seinen wirtschaftlichen Aufstieg zum „keltischen Tiger" in den 1990er-Jahren den neuen Rahmenbedingungen, die der Beitritt zur EU 1973 erst ermög-
5 lichte: Förder- und Entwicklungsgelder der EU für das arme Land am EU-Außenrand; Ausweitung des Dienstleistungssektors, der mit der Ansiedlung von Banken und „Zweckgesellschaften" (Schattenbanken) Dublin zu
10 einem internationalen Finanzzentrum machte; Herstellung attraktiver Ansiedlungsbedingungen vor allem für US-Konzerne, die von der Insel aus den EU-Binnenmarkt bedienen wollten; niedrige Steuersätze für alle
15 Unternehmen. Mit diesem speziellen Standortkonzept gelang dem Inselstaat der Aufstieg vom Armenhaus zum wirtschaftlichen Vorreiter in der EU; Irland boomte.

Die Ablehnung des EU-Reformvertrags von Lissabon in der Volksabstimmung am 20 12.6.2009 resultierte aus der Sorge vieler Iren über Eingriffe der EU in Irlands Souveränität, z. B. in die Familienpolitik bzw. das Abtreibungsrecht oder in die Entscheidung über die Höhe der Steuersätze. 25
Als einer der größten Nutznießer der wirtschaftlichen Globalisierung wurde Irland nach 2008 von der globalen Wirtschafts- und Finanzkrise besonders schwer getroffen: Die schwächelnde Konjunktur des Jahres 2009 30 wurde durch den Rückzug ausländischer Wirtschaftspartner verstärkt, die abrupt einbrechende Bautätigkeit ließ die Arbeitslosenzahlen ansteigen, die Rettung unterfinanzierter Banken durch Milliardenkredite und 35 Bürgschaften des irischen Staates trieb die

Staatsverschuldung in die Höhe. In dieser Lage erschienen EU und EZB als einzige verlässliche Retter – und nicht mehr als Bedro-
40 hung der irischen Souveränität. Irland erlebte einen Stimmungsumschwung, die Iren stimmten in einem zweiten Referendum am 2.10.2009 dem EU-Reformvertrag zu.

Die anhaltende Banken- und Liquiditätskrise
45 erforderte ausufernde Staatshilfen. Diese erneute Schuldenlast des Staates sowie das extreme Haushaltsdefizit ließen die Regierung Finanzhilfen bei EU und IWF beantragen. Seit Dezember 2010 bis Ende 2013 erhielt Ir-
50 land internationalen finanziellen Beistand –

Autorentext

und unterwarf sich einem mit der EU-Kommission, der EZB und dem IWF („**Troika**") ausgehandelten Austeritäts- und Reformprogramm u. a. mit Kürzungen im Sozialetat,
55 bei Gehältern und Pensionen von Staatsbediensteten, von Arbeitslosen- und Kindergeld, mit Steuererhöhungen, Rentenreform, Restrukturierung des Bankensektors. Dies provozierte Proteste; die Parlamentswahl am 25.2.2011 brachte einen Regierungswechsel.
60 Die **Austeritäts- und Reformpolitik** wird dennoch mit nur wenigen Abstrichen fortgesetzt – der niedrige Steuersatz für Unternehmensgewinne aber blieb.

INFO

Troika
Dreiergruppe; hier: im Zuge der Eurokrise ab 2010 entstandene Bezeichnung für die Vertreter des Internationalen Währungsfonds (IWF), der EU-Kommission und der EZB, die mit Eurostaaten verhandeln, welche auf Unterstützung angewiesen sind, und die die als Rettungsmaßnahmen vereinbarten Reformmaßnahmen in diesen Staaten kontrollieren

Austeritätspolitik
strenge Sparpolitik des Staates

Irland nach der Krise

MATERIAL **10**

Europa im Jahr 2014: Griechenland meldet einen Haushaltsüberschuss, die Wirtschaft in der Eurozone wächst wieder, Irland, Spanien und Portugal verlassen den Rettungs-
5 schirm, der Euro ist stark, und die Preise sind stabil. Europa befreit sich mit zögerlichen Schritten aus der tiefen Krise. Aber ist die Währungsunion wirklich schon gerettet? Vor zwei Jahren versprach der Chef der Euro-
10 päischen Zentralbank (EZB), Mario Draghi, alles zu tun, damit der Euro erhalten bleibt. Die Finanzmärkte hat das beruhigt, die alarmierend hohen Renditen für Staatsanleihen aus Italien, Spanien oder Griechenland sind
15 seither kräftig gesunken. Spanien zum Beispiel muss nicht mehr 7 Prozent zahlen, sondern nur 2,6 Prozent, um sich für 10 Jahre Geld zu leihen. Die gesunkenen Zinsen ent-

lasten die Haushalte der angeschlagenen Länder, ihre Regierungen kommen jetzt wie- 20 der leichter an Kredite. Sie haben Zeit gewonnen. Aber haben Rom, Madrid und Athen die geschenkte Zeit auch genutzt, um hart zu reformieren und so stark zu werden, dass die Welt ihnen wieder vertraut? 25
Eine Bilanz der europäischen Rettungspolitik zeigt: Tatsächlich haben einige Länder überraschend viel erreicht, allen voran Portugal, Spanien und Irland – in genau dieser Reihenfolge. Andere kommen dagegen nur 30 schleppend voran, gemeint sind damit ausgerechnet Italien und Frankreich, die im Gegensatz zu Griechenland nicht unter den Rettungsschirm schlüpfen mussten. Und dann gibt es noch einen klaren Gewinner: Deutsch- 35 land.

Aus: Catherine Hoffmann, Geht doch!, in: Süddeutsche Zeitung, 3.7.2014, S. 24

||||**1**|| **Fassen** Sie die Lage des Wirtschaftsstandorts Irland vor und in der Wirtschafts-, Finanz- und Eurokrise von 2007 bis 2014 **zusammen** (M 8 bis M 10).

||||**2**|| **Beschreiben** Sie Irlands Standortkonzept und **erläutern** Sie die Krisenanfälligkeit Irlands als Bankenstandort mit besonderer Qualität (M 9).

||||**3**|| **Stellen** Sie Irlands Weg durch die Krise mithilfe der Chronik in M 6 auf S. 194 **dar** und **beurteilen** Sie, welche Rolle die EZB für Irland in der Krise spielte.

||||**4**|| **Recherchieren** Sie die weitere Entwicklung nach 2013: Hat Irland die Krise überwunden?

||||**5**|| Projektvorschlag:
    a) Recherchieren Sie – arbeitsteilig in Kleingruppen – auch den Weg der übrigen sechs Eurokrisenstaaten durch die letzte Krise (M 8 und M 10).
    b) **Vergleichen** Sie die EU-Krisenstaaten mit Deutschland; **ermitteln** Sie, warum Deutschland als Gewinner (M 10) bezeichnet wird. **Diskutieren** Sie diese Wertung unter Einbeziehung jeweils mind. zwei politischer, sozialer und wirtschaftlicher Kriterien.

Wie die Draghi-EZB den Euro steuert

INFO

Mario Draghi
*3.9.1947 in Rom
italienischer Banker
und Wirtschaftswissen-
schaftler; seit 1.11.2011
Präsident der EZB

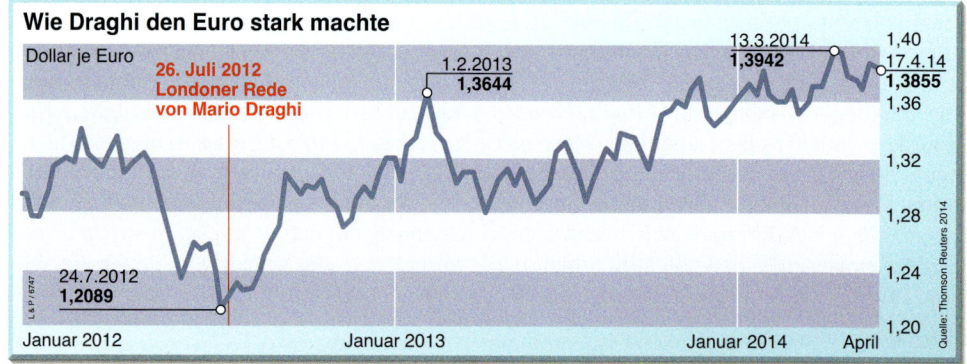

Wie Draghi den Euro stark machte

Dollar je Euro

26. Juli 2012
Londoner Rede
von Mario Draghi

1.2.2013
1,3644

13.3.2014
1,3942

17.4.14
1,3855

24.7.2012
1,2089

Januar 2012   Januar 2013   Januar 2014   April

Quelle: Thomson Reuters 2014

Neue Gefahren für den Euro als EU-Gemeinschaftswährung

a) Der Fluch der guten Tat

Es klingt verrückt: Ausgerechnet die Stärke des Euro macht den Verantwortlichen der EZB zu schaffen. [...] Seine Schwäche schien Europas größte Herausforderung zu sein. Und nun soll es ein Problem sein, dass der Euro einen vergleichsweise vitalen Eindruck macht – zumindest, wenn man den Wechselkurs zum Dollar betrachtet, seinem wichtigsten Rivalen. [...] Ein starker Euro – das klingt zunächst gut. Doch nicht alle freuen sich. Ein stärkerer Euro verbilligt zwar Einfuhren – verteuert aber Ausfuhren. Gut für Autofahrer in Deutschland, die etwas billiger tanken können – schlecht jedoch für große Exportfirmen, vor allem in den südeuropäischen Krisenländern, die dringend mehr Waren ausführen müssen.

Warum interessiert das die Notenbank? Die EZB argumentiert mit ihrem Ziel der „Preisstabilität": Ein teurer Euro kann die Wirtschaft in Südeuropa bremsen und zu Rezession und Deflation führen. Das will die Notenbank vermeiden: Darum versucht Mario Draghi, den Euro mit Worten schwach zu reden. „Verbale Intervention" nennen das die Notenbanker. Draghi warnt vor dem teuren Euro – und trägt doch selbst Schuld am Erstarken der Währung. Wie das? Dazu muss man sich an jenen 26. Juli 2012 erinnern. Damals stand die Währungsunion vor dem Zerbrechen. Dann sagte der EZB-Präsident auf einer Finanzkonferenz in London seine berühmt gewordenen zwei Sätze: „Die EZB wird alles Notwendige tun, um den Euro zu erhalten. Und glauben Sie mir, es wird ausreichen." Seither ist Ruhe im Karton, und die Zinsen für die südeuropäischen Krisenländer sinken. Draghi gilt als Held und Euroretter. [...] Weil der EZB-Präsident versprochen hat, den Euro unter allen Umständen zu verteidigen, begann der Kurs des Euro so stark zu steigen. Jetzt müssen dafür ausgerechnet jene Staaten büßen, um deren Rettung es ging – wie Portugal und Spanien. „Unintended consequences" hat der Soziologe Robert Merton solche unbeabsichtigten Nebenwirkungen genannt. [...]

Wirklich hart [...] trifft der teure Euro Länder wie Portugal und Spanien, die gerade dabei waren, sich durch höhere Exporte aus der Krise herauszuarbeiten. Sie setzten große Hoffnungen gerade auf Exporte in Länder außerhalb der Währungsunion. [...] Ausgerechnet diese Erholungsstrategie wird durch den teuren Euro erschwert [...]. Dabei ist es auch die Struktur der Wirtschaft in Spanien und Portugal, die sie anfälliger für den Wechselkurs macht. Anbieter einfacher Produkte wie Textilien oder Lebensmittel von Olivenöl bis Wein, bei denen es sehr auf den Preis ankommt, leiden stärker unter dem teuren Euro als Hersteller komplexer Maschinen, bei denen die Qualität sehr wichtig ist. Die erste Gruppe aber ist in Südeuropa stark vertreten. Das alles zeigt: Ein gemeinsamer Wechselkurs für sehr unterschiedliche Länder kann ähnliche Schwierigkeiten mit sich bringen wie ein gemeinsamer Zins. **Devisenexperte** Redeker hat ausgerechnet: Gemessen an den Lohnstückkosten, also den Lohnkosten im Verhältnis zur Arbeit, sei der Euro für Deutschland 13 Prozent zu billig – für Spanien und Portugal hingegen mehr als 4 Prozent zu teuer, für die Griechen 29 Prozent.

Wie aber löst man das Problem? [...] Je stärker der Euro wird, desto wahrscheinlicher dürfte es werden, dass EZB-Präsident Mario Draghi etwas zu seiner Schwächung tun wird. Auch wenn er zuvor wesentlich zu dessen Stärkung beigetragen hat. [...] Der Fluch der guten Tat beweist auch: Wer einmal interveniert, muss immer intervenieren – sogar in unterschiedliche Richtungen.

Aus: Christian Siedenbiedel, Der Fluch der guten Tat, in: Frankfurter Allgemeine Sonntagszeitung, 20.4.2014, S. 17

b) Draghi wünscht Kooperation

EZB-Präsident Mario Draghi hat die europäischen Regierungen zu mehr Zusammenarbeit in der Wirtschaftspolitik aufgerufen. „Einzeln sind sie ganz einfach nicht mächtig genug. Um ihren Aufgaben gerecht zu werden, müssen sie lernen, gemeinsam zu regieren", sagte Draghi laut Redetext in London. „Sie müssen lernen, zusammen souverän zu sein, damit sie die Anforderungen der Menschen erfüllen können. Heutzutage sind das Wachstum und die Schaffung neuer Arbeitsplätze." Dazu müssen Draghis Worten zufolge nicht nur in den Staaten, sondern auch auf Ebene der europäischen Gemeinschaft Reformen angegangen werden. Wünschenswert sei, dass sich die Staaten in ihren Wirtschaftsstrukturen einander angleichen.

Aus: Süddeutsche Zeitung, 11.7.2014, S. 19

Von der „alten" Eurokrise zur neuen Gefahr einer Deflation   MATERIAL **13**

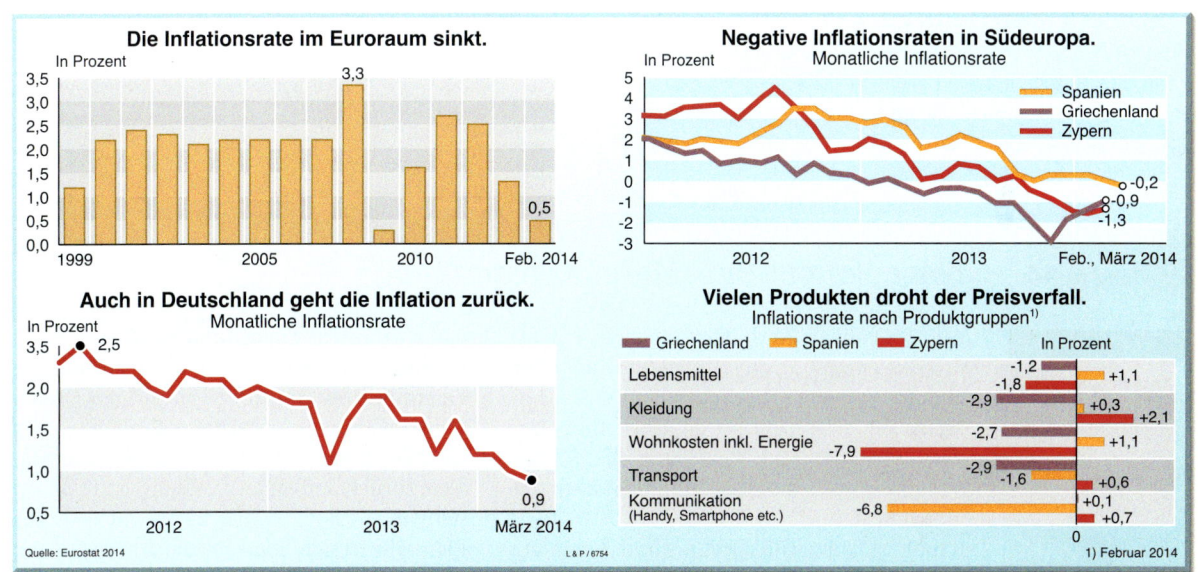

Quelle: Eurostat 2014

1. **Analysieren** Sie die Euroentwicklung für die Zeit nach Mario Draghis Versprechen (M 11, und S. 194, Info). Beziehen Sie Ihre Kenntnisse über Inflation und Deflation ein.
2. **Werten** Sie M 12 und M 13 im Hinblick auf die „neuen Gefahren für den Euro" aus. Recherchieren Sie ggf. zuvor den aktuellen Stand der Entwicklung.
3. Fertigen Sie eine Strukturskizze zur Eurokrise an, in der Sie Ihre Ergebnisse festhalten *oder* erstellen Sie arbeitsteilig eine Wandzeitung, auf der Sie das Beziehungsgeflecht der an der Eurokrise beteiligten Akteure und Institutionen darstellen.
4. **Erörtern** Sie, z. B. in einer Podiumsdiskussion, wie erfolgreich die EU insgesamt, vor allem aber die Eurogruppe und EZB den „Krisenfall Euro" (S. 192–199) bewältigt haben.

QUERVERWEIS

Inflation
S. 16 f.

LERNWEG
Podiumsdiskussion
S. 213

Migration nach Europa – Krise oder Chance?

MATERIAL 14 Ceuta, Melilla, Lampedusa – unerreichbare Festung Europa?

Ceuta und Melilla sind spanische Städte an der nordafrikanischen Küste und an der Straße von Gibraltar mit ca. 85 000 bzw. 83 000 Einwohnern auf 18 km² bzw. 13 km² Fläche und einer ca. 10 bzw. 9 Kilometer langen, stark befestigten und bewachten EU-Außengrenze zu Marokko. Dieses Foto von der Grenze bei Ceuta stammt aus dem Film „Abendland" von Nikolaus Geyrhalter.

Die italienische Insel Lampedusa hat ca. 4 500 Dauerbewohner, ist rund 205 Kilometer von Sizilien und rund 130 Kilometer von Tunesien entfernt; sie ist etwa 20 km² groß.
Nach Schätzungen starben bei den gefährlichen Überfahrten allein im Jahr 2014 rund 3 000 Menschen.

MATERIAL 15 Folgt „Triton" auf „Mare nostrum"?

INFO

Katastrophen 2014
12.5.: Rettung von 206 Flüchtlingen nach Schiffbruch, 17 Tote
31.5.: Italiens Marine rettet 1 300 Menschen.
19.7.: Kentern eines überfüllten Kahns mit ca. 750 Menschen; mind. 180 Tote, 569 Überlebende, 29 Leichen im Laderaum weisen z. T. Verletzungen von Messern und Stöcken auf; ca. 30 Personen wurden ins Meer geworfen.
11.9.: Ein Schiff wird von Schmugglern versenkt, mind. 500 Flüchtlinge ertrinken.
14.9.: Kentern eines Bootes vor der libyschen Küste, über 160 Tote

Nach: SZ, 2.10.2014, S. 10

Am 3. Oktober 2014 jährt sich die Flüchtlingskatastrophe von Lampedusa, bei der eine Meile vor der italienischen Küste 366 Menschen ertrunken waren. Daraufhin startete die italienische Regierung die Aktion *Mare Nostrum*, die 9,3 Millionen Euro im Monat kostet [...].
Italien will die Hilfsaktion *Mare Nostrum*,, die in einem Jahr hunderttausend Flüchtlinge gerettet hat, in Kürze aus finanziellen Gründen einstellen. Die EU hat zwar angekündigt, dass sich ihre Grenzschutzorganisation Frontex unter dem Namen „Frontex plus" künftig auch um Flüchtlingsrettung kümmern soll. [...] Für Rettungsaktionen nach dem Vorbild von *Mare Nostrum*, so erklärt Frontex [...] selbst, reichten [jedoch] weder ihr Mandat noch ihre organisatorischen und finanziellen Möglichkeiten. [...] Frontex analysiert in seinem Konzept (es datiert vom 28. August und ist bislang nicht publik) verschiedene Möglichkeiten, um die Flüchtlingsrettung in die bisherigen Grenzschutzoperationen einzugliedern. [...] Der weitestgehende, aber hinter *Mare Nostrum*, weit zurückbleibende Vorschlag heißt *Triton* [monatl. Kosten: 3 Mio. Euro]. Auch dieser Plan würde sich aber auf die Überwachung der küstennahen Gewässer der EU und die Rettung von Flüchtlingen dort beschränken; der Plan sieht keine Aktionen auf hoher See vor. Das Einsatzgebiet von *Mare Nostrum*, der italienischen Marine (mit zwei Hubschraubern, fünf Schiffen und einem Aufklärungsflugzeug), reicht dagegen bis zur libyschen Küste. Flüchtlingsboote wurden geortet, Flüchtlinge von italienischen Schiffen an Bord genommen und ans italienische Festland gebracht. Eine gesamteuropäische Verteilung der Lasten hat Italien bisher vergeb-

lich gefordert. [...] Frontex weist darauf hin, dass selbst diese Kosten [für *Triton*] nicht aus dem laufenden Frontex-Budget gedeckt werden können. Die Organisation „Pro Asyl" hat
45 einen dringenden Aufruf an die EU gerichtet,

die bisherige italienische Rettungsaktion für Flüchtlinge im Mittelmeer vollständig zu übernehmen [und] forderte das Europaparlament auf, die Mittel für eine gemeinsame Europäische Seenotrettung zu organisieren. 50

Nach: Heribert Prantl, Kaum noch Hilfe für Flüchtlinge im Mittelmeer; in: Süddeutsche Zeitung, 29.9.2014, S. 1

Europa – wer betreibt Migrationspolitik?

Die Geschichte der europäischen Migrations- und Asylpolitik lässt sich grob in drei unterschiedlich lange Phasen einteilen [...].
In der ersten Phase (1957–1990) verfügte die
5 Gemeinschaft nicht über eigene Kompetenzen im Bereich Migration und Asyl. Dies war Aufgabe der einzelnen Mitgliedstaaten, die ihre Politik gelegentlich koordinierten, wie im Bereich der grenzüberschreitenden Kri-
10 minalität oder des Terrorismus.
In einer zweiten Phase (1990–1999) einigten sich einige europäische Staaten angesichts steigender Asylbewerberzahlen auf drei wichtige Abkommen. Diese legten fest, wel-
15 ches Land jeweils für die Behandlung eines Asylantrages zuständig sein sollte: Das Schengener Durchführungsübereinkommen, zunächst von fünf Staaten außerhalb der europäischen Verträge unterzeichnet, und das
20 Dublin-Abkommen der damaligen Europäischen Gemeinschaft (1997). Der Vertrag von Maastricht (1991 beschlossen, 1992 unterzeichnet, 1993 in Kraft getreten) legte fest, dass die Asylpolitik als Aufgabe von „ge-
25 meinsamem Interesse" betrachtet, also gemeinschaftlich geregelt werden sollte. Erst seit dem Amsterdamer Vertrag aber – der 1997 unterzeichnet wurde und 1999 in Kraft trat – wird die Politik in den Bereichen
30 „Migration und Asyl" tatsächlich in Teilen gemeinsam geregelt. [...] Die gemeinsamen

Gesetze zur Asyl-, Flüchtlings- und Einwanderungspolitik werden in Brüssel vom Rat der Europäischen Union verabschiedet [...]. Sie müssen in fast allen Staaten der EU um- 35 gesetzt werden. Für manche Mitgliedstaaten wie Großbritannien, Irland und Dänemark gelten in bestimmten Bereichen Ausnahmeregelungen, weil die Regierungen dieser Länder die Einwanderungspolitik weiterhin 40 souverän bestimmen wollen. Diese Sonderregelungen werden als „Opt-out" bezeichnet. Mit den neuen Beitrittsländern, von denen zehn in Ost- und Mitteleuropa liegen, wuchs die Europäische Union bis zum Jahr 2007 auf 45 27 Mitgliedstaaten [seit 2013: 28] an. Um trotz der Größe noch handlungsfähig zu sein, führte man im Bereich der Migrationspolitik ebenso wie in anderen Politikfeldern neue Entscheidungsverfahren ein. Diese räu- 50 men dem Europäischen Parlament im Zusammenspiel der für die Gesetzgebung zuständigen Organe ein größeres Gewicht ein. Die Europäische Kommission erhält als nunmehr alleinige Initiatorin von Gesetzesvor- 55 haben höhere Bedeutung. Der Rat der Europäischen Union, in dem die Innen- und Justizminister bzw. Migrationsminister der Mitgliedstaaten vertreten sind, muss die europäischen Richtlinien und Entschließungen 60 zusammen mit dem Europäischen Parlament verabschieden.

Aus: Petra Bendel/Marianne Haase, Wann war das? – Geschichte der europäischen Migrationspolitik bis heute; in: Bundeszentrale für politische Bildung, Grundlagendossier Migration, Bonn 29.1.2008

1 Beschreiben und analysieren Sie die Bilder von den Rändern Europas (M 14).
2 Arbeiten Sie aus M 15 heraus, worin sich die Operationen „Mare Nostrum" und „Triton" unterscheiden und worin die Rolle von Frontex dabei besteht.
3 Ermitteln Sie den Wandel des gesetzlichen Rahmens der EU-Migrationspolitik (M 16).
4 Recherchieren Sie, was in der EU „in den Bereichen ‚Migration und Asyl' tatsächlich in Teilen gemeinsam geregelt" (M 16, Z. 29 ff.) und was national entschieden wird.
5 Beurteilen Sie, auch anhand eigener Recherchen, die aktuelle EU-Migrationspolitik im Hinblick auf regionale, nationale und gemeinsame europäische Interessen.

QUERVERWEIS
Frontex
S. 202 f., M 18

MATERIAL **17**

Artikel 77 AEUV

INFO

AEUV
Vertrag über die
Arbeitsweise der
Europäischen Union

(1) Die Union entwickelt eine Politik, mit der
a) sichergestellt werden soll, dass Personen unabhängig von ihrer Staatsangehörigkeit
5 beim Überschreiten der Binnengrenzen nicht kontrolliert werden;

b) die Personenkontrolle und die wirksame Überwachung des Grenzübertritts an den Außengrenzen sichergestellt werden soll;
c) schrittweise ein integriertes Grenzschutz- 10 system an den Außengrenzen eingeführt werden soll.

MATERIAL **18**

Frontex, die umstrittene Grenzgängerin

Seit der Flüchtlingskatastrophe vor Lampedusa wird wieder heftig über die EU-Grenzschutzagentur diskutiert. [...] Frontex selbst versteht sich als „Dreh- und Angel-
5 punkt" der europäischen Grenzpolitik. Nun soll die Arbeit der EU-Agentur, die derzeit über rund 300 Mitarbeiter verfügt, gestärkt werden: EU-Kommissarin Cecilia Malström kündigte an, mehr Mittel für den Schutz
10 der EU-Außengrenzen bereitzustellen, damit weitere Tragödien verhindert werden können. Sogar Drohnen sollen künftig bei Frontex-Operationen zum Einsatz kommen.
Für Menschenrechtsaktivisten wie Hagen
15 Kopp, der von Beginn an Proteste gegen Frontex organisiert hat, klingt das wie Hohn: „Mehr Kontrolle an den Außengrenzen heißt: Mehr Tote und mehr Leid an Europas Grenzen." Dass immer mehr Flüchtlinge
20 und Migrantinnen auf immer gefährlichere Routen abgedrängt werden, habe mit den Entwicklungen an Europas Außengrenzen in den vergangenen 15 Jahren zu tun, sagt Kopp. Frontex spiele dabei eine zentrale Rolle.

Die Gründung der EU-Agentur ist eine Kon- 25 sequenz aus dem Schengen-Abkommen, das 1995 in Kraft trat. Damit wurden die innereuropäischen Grenzen aufgehoben, gleichzeitig regelt es die Asyl- und Einwanderungspolitik der beigetretenen Länder. Frontex' 30 Auftrag lautet, die Mitgliedsstaaten darin zu unterstützen, die Schengen-Außengrenzen vor „illegalen Aktivitäten" wie Schlepperei, Drogenhandel oder illegale Migration zu schützen. Dafür stellen Kommission, EU-Par- 35 lament und die Mitgliedstaaten der Agentur mehrere Millionen Euro jährlich zur Verfügung, aktuell sind es etwa 85 Millionen Euro. Anfang 2005 begannen die Frontex-Mitarbeiter mit ihrer Arbeit: Sie erstellen seit- 40 dem regelmäßig Berichte über Flüchtlingsrouten und illegale Migration an den Grenzen Europas, entwickeln Trainingsstandards für EU-Grenzbeamte und sammeln Daten von Migranten, um diese mit anderen EU- 45 Organisationen und den Mitgliedsstaaten auszutauschen. Außerdem organisiert Frontex für die Mitgliedstaaten Charter-Flüge, mit denen abgewiesene Asylwerber in Drittstaaten abgeschoben werden. Der größte Teil 50 des Budgets fließt in sogenannte „gemeinsame Einsätze": Dabei handelt es sich um Polizeiaktionen an der Schengen-Außengrenze, bei denen Beamte der Mitgliedstaaten auf dem Meer, an Land oder an Flughäfen tätig 55 werden. Die meisten Einsätze fanden in der Vergangenheit auf hoher See, an den Küsten Italiens, Maltas, Spaniens und Griechenlands statt. [...]
Durch eine EU-Regelung mit der Nummer 60 1168 [wurde] die Rolle von Frontex-Experten bei Einsätzen gestärkt: Sie können die nationalen Grenzschützer begleiten. Das führe dazu, dass in der Praxis die Kompetenzver-

Zeichnung:
Heiko Sakurai

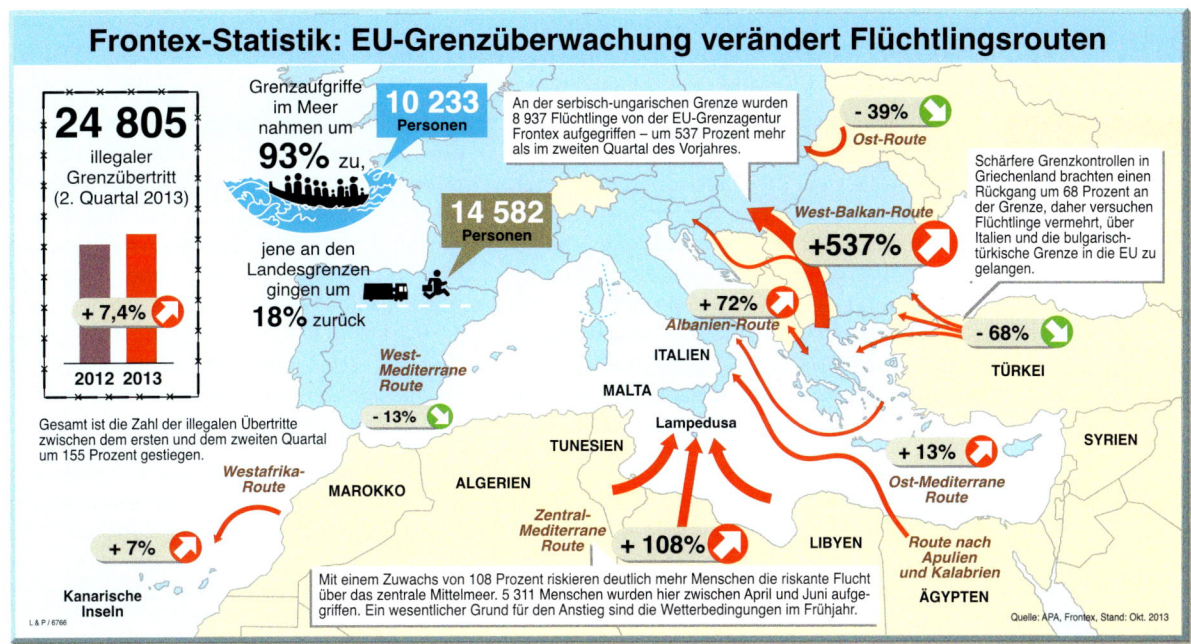

Frontex-Statistik: EU-Grenzüberwachung verändert Flüchtlingsrouten

24 805
illegaler
Grenzübertritt
(2. Quartal 2013)

+ 7,4%

2012 2013

Gesamt ist die Zahl der illegalen Übertritte
zwischen dem ersten und dem zweiten Quartal
um 155 Prozent gestiegen.

Grenzaufgriffe
im Meer
nahmen um
93% zu,

10 233
Personen

jene an den
Landesgrenzen
gingen um
18% zurück

14 582
Personen

An der serbisch-ungarischen Grenze wurden
8 937 Flüchtlinge von der EU-Grenzagentur
Frontex aufgegriffen – um 537 Prozent mehr
als im zweiten Quartal des Vorjahres.

- 39%
Ost-Route

West-Balkan-Route
+537%

Schärfere Grenzkontrollen in
Griechenland brachten einen
Rückgang um 68 Prozent an
der Grenze, daher versuchen
Flüchtlinge vermehrt, über
Italien und die bulgarisch-
türkische Grenze in die EU zu
gelangen.

+ 72%
Albanien-Route

ITALIEN

- 68%

TÜRKEI

West-
Mediterrane
Route

MALTA

Lampedusa

- 13%

+ 13%
Ost-Mediterrane
Route

SYRIEN

TUNESIEN

Westafrika-
Route

MAROKKO   ALGERIEN

Zentral-
Mediterrane
Route

+ 108%

LIBYEN

Route nach
Apulien
und Kalabrien

ÄGYPTEN

+ 7%

Kanarische
Inseln

L & P / 6766

Mit einem Zuwachs von 108 Prozent riskieren deutlich mehr Menschen die riskante Flucht
über das zentrale Mittelmeer. 5 311 Menschen wurden hier zwischen April und Juni aufgegriffen. Ein wesentlicher Grund für den Anstieg sind die Wetterbedingungen im Frühjahr.

Quelle: APA, Frontex, Stand: Okt. 2013

65 teilung zwischen Frontex-Mitarbeitern und den nationalen Grenzbeamten nicht so klar ist, wie es die Agentur immer darstelle, sagt der Politikwissenschaftler Christoph Ma-rischka von der Frontex-kritischen Plattform
70 IMI (Informationsstelle Militarisierung). Aus der kleinen Agentur, ohne gesetzgeberische oder exekutive Gewalt, scheint immer mehr jene EU-Grenzpolizei zu werden, vor der Kri-tiker warnen.
75 Tatsächlich polarisiert Frontex seit dem ers-ten gemeinsamen Einsatz im Mittelmeer vor den Kanaren im Jahr 2006. Für Kritiker ist die Agentur eine EU-Grenzpolizei, die Euro-pa vor Migranten und Flüchtlingen mit allen
80 Mitteln abschotten soll. Befürworter halten Frontex hingegen für notwendig, um eine unkontrollierte Zuwanderung in die EU-Staa-ten zu verhindern.

In der Vergangenheit wurde die Agentur mehrmals mit dem Vorwurf konfrontiert, sie 85 sei an Menschenrechtsverstößen beteiligt. Human Rights Watch veröffentlichte bei-spielsweise 2011 einen Bericht, in dem die Organisation Frontex als Europas Handlan-ger in Flüchtlingsfragen bezeichnet: Die 90 Agentur veranlasse Einsätze in Griechen-land, bei denen Migranten unmenschlicher und erniedrigender Behandlung ausgesetzt werden. Außerdem soll sich Frontex laut ei-nem aktuellen Bericht des ARD-Magazins 95 Monitor an sogenannten *push-back*-Aktio-nen, bei denen Flüchtlinge auf hoher See abgefangen und in Drittstaaten zurückge-schickt werden, beteiligt haben. Von den Reportern darauf angesprochen, räumte der 100 Leiter von Frontex, Ilkka Laitinen, ein, dass solche Aktionen vorkämen.

Aus: Martina Powell, Frontex, die umstrittene Grenzgängerin, in: Die Zeit online, www.zeit.de/politik/
ausland/2013-10/Frontex-Grenzschutz-Europa/komplettansicht, 18.10.2013 (Zugriff: 20.11.2014)

QUERVERWEIS

Migrationsbedingte
Herausforderungen
S. 351, M 8

1 Geben Sie die Zielsetzung von Artikel 77 AEUV (M 17) in eigenen Worten **wieder**.
2 Arbeiten Sie aus M 18 **heraus,** wie die EU unter anderem versucht, die in Artikel 77 AEUV formulierten Zielsetzungen (M 17) zu verwirklichen.
3 Beschreiben Sie die Strukturen und die Vorgehensweise von Frontex (M 18).
4 Analysieren Sie die Karikatur in M 18 vor dem Hintergrund der Texte M 17 und M 18.
5 Analysieren Sie die Grafik in M 18 und beachten Sie dabei insbesondere die Aussagekraft der prozentualen Angaben.
6 Nehmen Sie in Form eines Leserbriefs **Stellung** zum Thema: „Braucht Europa Frontex?" Sichten Sie dafür auch tagesaktuelle Grafiken.

QUERVERWEIS

Indikatoren auf ihre
Validität überprüfen
S. 170 f.

MATERIAL **19**

Deutschland – ein Einwanderungsland

INFO

Ausländer

Unter den rechtlichen Begriff des Ausländers fallen alle in Deutschland lebenden Personen, die ausschließlich einen ausländischen Pass besitzen.

Deutschland ist an absoluten Zahlen gemessen nach den USA und Russland das Land mit den meisten Zuwanderern auf der Welt. 8 Prozent der Bevölkerung sind ausländische Staatsbürger, 12 Prozent sind im Ausland geboren und 18 Prozent haben einen Migrationshintergrund, sind also entweder im Ausland geboren, ausländische Staatsbürger oder ein Elternteil ist im Ausland geboren oder ausländischer Staatsbürger. In den 1990er-Jahren gab es eine sehr starke Nettozuwanderung nach Deutschland. Unter den großen Industrienationen war Deutschland weltweit das wichtigste Einwanderungsland. Dazu haben eine Reihe von Faktoren beigetragen: der Fall des Eisernen Vorhangs, die Bürgerkriege in Jugoslawien aber auch eine starke Nettozuwanderung aus Ländern wie der Türkei. In der zweiten Hälfte der 1990er-Jahre hat sich das abgeschwächt und seit der Jahrtausendwende ist die Nettozuwanderung fast auf Null gesunken.

Aus: Herbert Brücker (Institut für Arbeitsmarkt- und Berufsforschung IAB und Prof. an der Uni Bamberg), Auswirkungen der Krise auf Migrantinnen und Migranten in Deutschland und der EU unter besonderer Berücksichtigung der Situation von Drittstaatsbürgern, in: Migration und Krise, Düsseldorf 2010, S. 5

MATERIAL **20**

Deutschland: Zuzüge und Fortzüge

Zu- und Fortzüge von Ausländern nach Jahren[1]			
Jahr	**Zuzüge**	**Fortzüge**	**Saldo**
1999	673 873	555 638	+ 118 235
2000	649 249	562 794	+ 86 455
2001	685 259	496 987	+ 188 272
2002	658 341	505 572	+ 152 769
2003	601 759	499 063	+ 102 696
2004	602 182	546 965	+ 55 217
2005	579 301	483 584	+ 95 717
2006	558 467	483 774	+ 74 693
2007	574 752	475 749	+ 99 003
2008	573 815	563 130[3]	+ 10 685
2009	606 314	578 808[3]	+ 27 506
2010	683 530	529 605[3]	+ 153 925
2011	841 695	538 837	+ 302 858
2012	965 908	578 759	+ 387 149
2013	1 108 071	657 607	+ 450 464

Zu- und Fortzüge nach den häufigsten Staatsangehörigkeiten 2012[1]			
	Zuzüge	**Fortzüge**	**Saldo**
Polen	177 758	108 985	+ 68 773
Rumänien	120 524	71 715	+ 48 809
Deutschland	115 028	133 232	− 18 204
Bulgarien	60 209	34 276	+ 25 933
Ungarn	54 491	28 099	+ 26 392
Italien	36 896	20 553	+ 16 343
Griechenland	32 660	12 165	+ 20 495
Türkei	26 150	27 725	+ 1 575
Spanien	23 345	9 601	+ 13 744
Serbien	22 107	16 498	+ 5 609
China	19 740	12 359	+ 7 381
Vereinigte Staaten	19 563	15 603	+ 3 960
Russische Föderation	18 812	9 553	+ 9 259
Indien	18 063	11 108	+ 6 955
Frankreich	14 458	9 789	+ 4 669

[1] Die Zuwanderungszahlen des Ausländerzentralregisters liegen i. d. R. um ca. ein Drittel unter denen des Statistischen Bundesamtes, da Personen im AZR erst registriert werden, wenn sie sich länger als 3 Monate im Bundesgebiet aufhalten. Zudem werden Personen, die mehrfach im Jahr zu- und fortziehen, nur einmal erfasst. [2] vorl. Ergebnis [3] inkl. zahlreicher Melderegisterbereinigungen, Ergebnisse mit jew. Vorjahr eingeschränkt vergleichbar.

Aus: Migrationsbericht 2012, S. 15, 23 (2000 bis 2012); Statistisches Bundesamt 2014, www.destatis.de (2013 und 2014)

1 **Charakterisieren** Sie Deutschland als Einwanderungsland (M 19 und M 20).

2 **Erstellen** Sie mithilfe des aktuellen Migrationsberichts (M 20) eine Liste von Definitionen zu einigen gängigen Begriffen, z. B. Zuwanderer, Einwanderer, Zugezogener, Auswanderer usw. **Überprüfen** Sie hiermit anschließend Ihre Ergebnisse aus Aufgabe 1.

3 **Recherchieren** Sie an Ihrem Schul- bzw. Wohnort, wo und wie Flüchtlinge untergebracht und betreut werden. Sichten Sie auch die lokale Presseberichterstattung.

„Sichere Herkunftsstaaten"

MATERIAL 21

2013 stammte mehr als ein Sechstel der in Deutschland gestellten Asylanträge von Menschen aus Serbien, Mazedonien und Bosnien-Herzegowina. Viele von ihnen sol-
5 len der Volksgruppe der Roma angehören; genaue Zahlen dazu gibt es allerdings nicht. [...] Fast alle Anträge wurden jedoch abgelehnt, weil die Flüchtlinge als Wirtschaftsflüchtlinge eingestuft wurden und so keinen
10 Anspruch auf politisches Asyl haben. Die Regierungsparteien CDU/CSU und SPD haben vor diesem Hintergrund im November

2013 im Koalitionsvertrag vereinbart, diese drei Länder als „sichere Herkunftsstaaten"
15 zu deklarieren. Dort drohe den Menschen schließlich weder Verfolgung noch Folter, willkürliche Gewalt oder unmenschliche Behandlung, heißt es. Mit der nun beschlossenen Änderung des Asylrechts werden Anträge aus diesen Ländern zukünftig als
20 „unbegründet" abgewiesen. Die Betroffenen müssen Deutschland wieder verlassen, sie werden „ausgewiesen", wie es im Behördendeutsch heißt.

Aus: Kay-Alexander Scholz, Reform des Asylrechts verabschiedet, in: Deutsche Welle, www.dw.de/
reform-des-asylrechts-verabschiedet/a-17927824, 19.9.2014 (Zugriff: 5.10.2014)

INFO

Herkunftsländer der Asylantragsteller in Dt., 1. Halbj. 2014
(ges.: 77 109 Anträge)

Russland:	3,4 %
Serbien:	9,3 %
Bosnien-Herzeg.:	3,6 %
Mazedonien:	3,7 %
Albanien:	5,7 %
Syrien:	17,9 %
Irak:	3,1 %
Afghanistan:	6,3 %
Somalia:	4,1 %
Eritrea:	5,9 %
Weitere:	37,0 %

Aus: Bundesamt für Migration und Flüchtlinge, 9/2014

Flüchtlingspolitik als gemeinsame Aufgabe

MATERIAL 22

Boris Pistorius, Innenminister in Niedersachsen: Wir müssen lernen, dass Flüchtlingspolitik eine nationale Aufgabe ist – und nicht eine, bei der die Hauptlasten die Länder
5 und die Kommunen tragen. [...] Der Bund muss bestimmte Kosten übernehmen – zum Beispiel für die Gesundheitsversorgung der Flüchtlinge.
Süddeutsche Zeitung: Es geht also nicht um
10 *Grundsatzfragen, sondern ums Geld?*
Es geht darum, dass wir diese wichtigen Aufgaben gemeinsam anpacken. Wir haben schon zu lange versucht, die Probleme zu verdrängen. Die Politik der Absperrung und
15 Abschottung ist gescheitert – das sieht doch jeder, das weiß jeder. [...] Es ist doch nicht damit getan, dass die Kommunen ein Bett für die Flüchtlinge irgendwo hinstellen. Flüchtlinge brauchen mehr. Sie brauchen auch so-
20 ziale Betreuung; und sie brauchen Arbeit. Und die Flüchtlingskinder sollen eine Schule besuchen können. [...]

SZ: Vielleicht brauchen wir ja außer den Asylverfahren noch ganz andere Verfahren?
Ja, wir brauchen eine geordnete, gut gesteu- 25
erte Einwanderung. Mit Einwanderungsregelungen suchen wir uns dann diejenigen aus, die wir brauchen. Asyl dagegen ist für die Menschen da, die zunächst einmal uns brauchen. Neben der Einwanderung und neben 30
dem normalen Asylverfahren brauchen wir dann noch ein sehr beschleunigtes Asylverfahren für Menschen aus den extrem unsicheren Herkunftsländern – für die Flüchtlinge aus Syrien oder dem Nordirak zum 35
Beispiel. Wer dafür plädiert, dass es sichere Herkunftsländer gibt – ich habe das mit gutem Grund getan – und dass Flüchtlinge von dort grundsätzlich als nicht verfolgt gelten sollen, der muss auch dafür eintreten, dass 40
Flüchtlinge aus extrem unsicheren Herkunftsländern grundsätzlich und ganz schnell Schutz und Hilfe erhalten. Darum müssen wir uns kümmern, da braucht es große Anstrengungen. Und zwar gemeinsam. 45

Aus: Interview mit Boris Pistorius, in: Süddeutsche Zeitung, 4.10.2014, S. 7

4 Erläutern Sie das Konzept „sichere Herkunftsländer" (M 21) aus der Sicht der Gesamt-EU, Deutschlands und der Mittelmeerstaaten. Zeigen Sie Vor-, Nachteile und Konflikte.

5 Erörtern Sie, inwiefern die deutsche Flüchtlingspolitik „national" und zugleich europäisch ist (M 22). Nutzen Sie Ihre Ergebnisse zur Vorbereitung einer Podiumsdiskussion.

QUERVERWEIS

LERNWEG
Podiumsdiskussion
S. 213

Frieden und Sicherheit – Einsatz für Europa

MATERIAL **23**   Kosovo – das Handeln der EU

QUERVERWEIS

Serbien auf dem Weg in die EU?!
S. 218 f., M 2

Der Beitrag der UN zur Konfliktbewältigung und Friedenssicherung
Kap. 4.4

a) Jugoslawienkriege

1989 Jugoslawiens Bundesregierung (de facto: Serbien) entzieht der Provinz Kosovo den Autonomiestatus.

5 **1990** Kosovo-Albaner erklären sich von Serbien unabhängig. Belgrad löst die Provinzregierung auf und entlässt über 100 000 Albaner aus Verwaltung und Betrieben.

1998 Kämpfe zwischen serbischen Sicher-
10 heitskräften und der kosovo-albanischen Untergrundarmee UCK eskalieren. Zahlreiche albanische Zivilisten fliehen.

1999 Die international vermittelten Friedensverhandlungen scheitern. Die NATO fliegt
15 Luftangriffe gegen Serbien, dessen Truppen Hunderttausende von Albanern aus dem Kosovo vertreiben. Nach knapp drei Monaten zieht Slobodan Milošević seine Truppen aus dem Kosovo ab. Die Provinz kommt unter
20 UN-Verwaltung.

2006 Unter der Ägide der UN beginnen in Wien Statusverhandlungen.

2007 Der UN-Gesandte Martti Ahtisaari schlägt die „überwachte Unabhängigkeit"
25 des Kosovo mit weitgehender Selbstverwaltung für serbische Enklaven vor. Albaner begrüßen den Plan, Serben lehnen ihn ab.

b) Die Situation im unabhängigen Kosovo

Die Kosovo-Albaner haben sich vor fast ge-
30 nau sechs Jahren ihren großen Traum erfüllt: die Abspaltung von Serbien. Die Sache hat freilich bis heute einen Schönheitsfehler: Die Eigenstaatlichkeit ist international noch nicht umfassend anerkannt. Weltweit sind es
35 108 von 193 UN-Staaten, die dies tun, aber der Prozess verläuft zäh. Und nach wie vor sind fünf EU-Staaten (Spanien, Rumänien, Griechenland, Zypern, Slowakei) nicht zur Anerkennung bereit. Dies legt der EU-Annä-
40 herung einen massiven Stolperstein in den Weg, auch wenn man seit 2013 immerhin über ein Assoziierungsabkommen verhandelt. Bei den internen Problemen dominiert die extrem hohe Arbeitslosigkeit. Diese wird
45 dadurch verschärft, dass Länder, die im Zuge des Kosovokrieges 1999 Flüchtlinge aufnahmen, längst begonnen haben, diese zurückzuschicken. Instabil ist vor allem der serbisch dominierte Nordkosovo, was sich bei
50 den Kommunalwahlen Ende 2013 erneut zeigte: Obwohl die EU so auf die Abhaltung dieser Wahlen gedrungen hatte, waren beim ersten Durchgang die Soldaten der KFOR (Mannstärke derzeit 4 000) nicht in der Lage,
55 diese zu sichern.

a) Autorentext; b) aus: Helmar Dumbs, Ex-Jugoslawien – Europas instabiler Hinterhof am Balkan, in: Die Presse, 17.2.2014

Kosovo – die EU als Ordnungsmacht

MATERIAL **24**

Die NATO hat ihre KFOR-Kontingente von 14 000 Soldaten im Jahr 2008 auf etwas weniger als 5 000 reduziert, bleibt aber weiterhin als „Abschreckungskraft" präsent. Ur-
5 sache sind unterschiedliche Positionen in der „Statusfrage". Kosovo wird inzwischen von mehr als 100 Staaten anerkannt, darunter auch von Deutschland und den USA. Serbien betrachtet Kosovo jedoch weiterhin als
10 Teil seines Territoriums und wird darin vor allem von Russland und China unterstützt. Ohne Klärung der Statusfrage und solange 5 EU-Mitgliedstaaten Kosovo nicht anerkennen, bleiben Kosovos EU-Integrationspers-
15 pektiven fraglich. Angesichts von Korruption und organisierter Kriminalität, die bis in die oberen Etagen von Regierung und Verwaltung reichen, ist das Vertrauen der Bevölkerung in die Institutionen gering. Unterneh-
20 mer und Investoren werden vom unsicheren rechtlichen Rahmen und dem unterdurchschnittlichen Bildungsniveau abgeschreckt. Die Arbeitslosigkeit beträgt 43 %, besonders betroffen sind Frauen (57 %) und junge Leute
25 (70 %), die mehr als die Hälfte der Bevölkerung ausmachen. 34–48 % der Bevölkerung leben in Armut, 12–18 % in extremer Armut. Besonders für Kosovo-Serben (7 % der Bevölkerung) und Vertreter anderer Minderheiten
30 (5 %) sind die Aussichten auf wirtschaftlichen und sozialen Aufstieg düster. Nur wenige unter ihnen gehören zur neuen städtischen Elite, die im Lande das Sagen hat. Zahlreiche internationale Organisationen und
35 Geber sind in Kosovo aktiv, vor allem die EU, die derzeit etwa 70 Mio. Euro pro Jahr bereitstellt. Die **EULEX**-Mission, die bisher größte Mission im Rahmen der Europäischen Sicherheits- und Verteidigungspolitik, fördert den
40 Aufbau rechtsstaatlicher Strukturen.

Langfristig verfolgt die EU eine regionale Integrationsstrategie, in der die Kooperation zwischen Serbien und Kosovo eine Vorbedingung für den EU-Integrationsprozess dar-
45 stellt. Nach der Unterzeichnung des von der EU vermittelten Brüsseler Abkommens plant die EU, mit Serbien im Januar 2014 EU-Beitrittsverhandlungen aufzunehmen, wenn bis dahin substanzielle Fortschritte bei der Um-
50 setzung des Abkommens sichtbar sind. Mit Kosovo will die EU mittelfristig Verhandlungen über ein Stabilisierungs- und Assoziierungsabkommen einleiten. Bis heute sorgt die Unabhängigkeit des Koso-
55 vo international für heftige Debatten. Die USA und die Mehrheit der EU-Staaten verstehen die Unabhängigkeit als legitime Abspaltung von Serbien, einem Staat, der die Rechte der kosovarischen Mehrheitsbevölkerung
60 missachtete und systematisch unterdrückte. Sie berufen sich auf das in der UN-Charta verankerte Selbstbestimmungsrecht der Völker und betonen die Einzigartigkeit des Falls, der somit keine Präzedenzwirkung habe.
65 Sich ebenfalls auf die UN-Charta berufend, lehnen Russland und China (und u. a. fünf EU-Mitgliedsstaaten) die Unabhängigkeit ab. Sie betrachten die internationale Anerkennung des Kosovo als völkerrechtswidrige
70 Verletzung der serbischen Souveränität, die den UN-Prinzipien der Nichteinmischung und territorialen Integrität zuwider laufe. Auch die Entscheidung des Internationalen Gerichtshofs in Den Haag (IGH) von 2010,
75 der die Unabhängigkeitserklärung der kosovarischen Regierung als rechtmäßig bewertete, änderte nichts an der Kontroverse. Da IGH-Urteile völkerrechtlich nicht bindend sind, ist es weiterhin jedem Staat überlassen,
80 Kosovo anzuerkennen oder nicht.

INFO

EULEX
Rechtsstaatlichkeitsmissionen der EU
(European Union Rule of Law Mission)

Aus: Julia Nietsch, Kosovo, in: Bundeszentrale für politische Bildung, Dossier: Innerstaatliche Konflikte, www.bpb.de/internationales/weltweit/innerstaatliche-konflikte/54633/kosovo, 6.1.2014 (Zugriff: 4.9.2014)

1 Erstellen Sie ein Landesprofil des Kosovo (M 23 und M 24) und präsentieren Sie es.
2 Erschließen Sie die historischen Hintergründe und die völkerrechtliche Kontroverse, die den Staat Kosovo zu einem Unikat gemacht haben (M 23 und M 24).
3 Arbeiten Sie die Rolle der EU als legitimierende und legalisierende Institution heraus (M 23 und M 24); zeigen Sie den Zusammenhang zu den UN und zur NATO auf.
4 Ermitteln Sie am Beispiel Kosovo Gründe der Instabilität des Balkans (M 23 bis M 25).
5 Erklären Sie die Probleme der EU, eine klare außenpolitische Position zu finden.

MATERIAL 25 — Westbalkan – wann kommt die EU?

	Fläche in km²	Einwohner in Tausend	BIP in Mrd. €	BIP/Einw. in €	EU-Status	Nato-Status
Slowenien	20 253	2 060	35,50*	22 710*	Mitglied 2004	Mitglied 2004
Kroatien	56 542	4 253	43,30*	13 330*	Mitglied 2013	Mitglied 2009
Bosnien-Herzegowina	51 129	3 829	17,80**	4 649**	potenzieller Kandidat	Vorstufe zum Kandidaten
Serbien	77 474	7 164	32,00*	5 730**	Kandidat 2012	Mitglied PfP
Kosovo	10 887	1 824	6,96**	3 890**	***	***
Montenegro	13 812	621	3,30*	7 260**	Kandidat 2010	Mitglied PfP
Mazedonien	25 713	2 107	10,20**	4 800**	Kandidat 2005	Mitglied PfP
Albanien	28 748	2 774	12,80**	4 700**	Kandidat 2014	Mitglied 2009

* für 2013 aus Fischer Weltalmanach 2014   ** US-Dollar 2013   *** Unabhängigkeitserklärung 2008   PfP = Partnerschaft für den Frieden

Aus: Fischer Weltalmanach 2015

MATERIAL 26 — Europas Rolle – „Soft Power" als europäisches Konzept?

Wladimir Putin hat einen Konflikt [Krim-Annexion und Ukrainekrise 2014] entfacht, der Europa vor grundsätzliche Fragen stellt: Wofür stehen wir? Wofür setzen wir uns ein?
5 Und welche Mittel stehen uns zur Verfügung? Die Antworten, die darauf in Brüssel und Berlin, in Warschau und Paris gegeben werden, verändern das Bild der EU in der Welt. Und sie schärfen die Vorstellung, die
10 wir Europäer von uns selbst haben.
Die hatte zuletzt arg gelitten. Aus dem europäischen Einigungswerk schien ein Club schlecht gelaunter Anteilseigner geworden zu sein, die eine Währung teilen, aber den
15 Glauben an sich verloren haben. Ausgelaugt, zerstritten, von der Finanzkrise erschüttert – so hat Europa irgendwann sich selbst betrachtet. Und nun? Erscheint dieselbe ausgelaugte EU plötzlich als ein Ort der Sehnsucht
20 und der Freiheit. [...]
Wladimir Putins Militäraktion erinnert die Europäer daran, was sie an der EU haben: Freiheit, Rechtssicherheit, offene Gesellschaften und einen Wohlstand, den ver-
25 gleichsweise viele miteinander teilen. [...]
Seit der Konflikt eskaliert ist, hat die EU vieles richtig gemacht. Vor allem ist es ihr gelungen, dass alle 28 Mitgliedsländer gemeinsam gegen die russische Führung vorgehen.
30 Das ist keine geringe Leistung, bedenkt man, wie gegensätzlich die Interessen, die Abhän-

gigkeiten und die Erfahrungen mit Moskau sind. [...] Altes und neues Europa? Diese Einteilung ist Vergangenheit. Und anders als noch in der Eurokrise sind diesmal alle 28 35 Länder an den Beratungen beteiligt. Gewiss, wenn die EU gemeinsam etwas unternimmt, werden Kompromisse gemacht. [...] Aber gemeinsame Entscheidungen haben oft die stärkere Wirkung. Wer mit Bedacht handelt, 40 macht womöglich weniger Fehler als Russen oder Amerikaner.
So war es auch in der Eurokrise. Die hatte den Zusammenhalt der EU bis zum Äußersten strapaziert; manche Länder, vor allem in 45 Südeuropa, leiden noch immer daran. Dennoch hat die EU einen Weg gefunden: in kleinen Schritten, mit vielen Kompromissen, nicht ohne Fehler. Und häufig gegen den Rat von außen. Heute jedenfalls ist der Euro sta- 50 bil, die zweitstärkste Währung der Welt, und selbst in den Krisenländern gibt es erste, noch zarte Anzeichen für einen Aufschwung. So paradox es klingt, das europäische Modell beweist sich gerade in der Krimkrise 55 stärker als jemals im vergangenen Jahrzehnt. Demokratie und Pluralismus sind eben keine Selbstverständlichkeit, sondern Errungenschaften, die zerstört werden können. Das erfährt der Kontinent jetzt sinnfällig. [...] 60
In Putins Machtbereich zeichnen sich die Umrisse eines Gegen-Europa unter Kreml-

führung ab. Der Pluralismus der EU, die sich aus 28 einigermaßen bis vorbildlich demokratischen Staaten zusammensetzt, steht ge-
gen das autoritäre Moskauer System. Die offenen Gesellschaften von Lissabon bis Helsinki finden ihr Gegenbild in dem von Putin verordneten, orthodox-intoleranten Staats-
konservatismus. Die russische Führung fördert den **apolitischen** Konsumenten, Europa dagegen lebt von seinen politisch in-
teressierten Bürgern und bezieht seine Legi-
timation aus echten Volksabstimmungen und Wahlen. Die EU spannt über die nationalen Gefühle der Europäer einen supra-
nationalen Schirm. Putin entfacht mithilfe seiner getreuen Medien einen dröhnenden ethnischen Nationalismus, der Russland bisher fremd war. Die EU versucht, mit Part-
nerschaftsprogrammen europäische Normen und Reformen zu verbreiten. Moskau umgibt sich mit einem Gürtel autoritärer Staaten, die ihm ähnlich sind, und destabilisiert nun die Ukraine, die entwischen wollte.

Wie attraktiv Europa ist, zeigt sich auch auf andere Weise: Mitten in der Eurokrise schleppten Reiche aus der ganzen Welt, vor allem aber aus Russland, ihr Geld in die EU. Der Lebensstil in Paris, London, Rom und auch in Berlin wird überall kopiert. So möchten viele Menschen in Shanghai, Dubai und eben auch in Moskau leben. Die EU ist gewis-
sermaßen ein Ebenbild der modernen Welt im 21. Jahrhundert: Die Nationalstaaten sind eng miteinander verflochten und voneinander abhängig, politisch wie finanziell. Das ist anstrengend, es bedeutet Stress und verur-
sacht manchmal schlechte Laune. Aber die Ergebnisse können sich sehen lassen. [...]
Die EU ist der größte Wirtschaftsraum der Welt, auch das verschafft Macht. Russland, das von den Finanzplätzen und den Energie-
verbrauchern Europas abhängt, wird es spüren. [...]
Die EU ist, wenn man so will, der größte Nichtangriffspakt der Weltgeschichte. [...]
Die harten Jungs der Realpolitik spotten gerne über Europas „Soft Power". Die richte nichts aus, ganz anders als die Geopolitik *ma-
de in USA*. Doch gerade mit ihren Mitteln ist die EU weit gekommen; die Gemeinschaft, die mit sechs Ländern begann, hat sich stetig erweitert. Seit dem Fall der Mauer ist sie zu großen Teilen identisch geworden mit dem geografischen Europa. Brüssel hat also Geopolitik gemacht, ohne sie Geopolitik zu nen-
nen. Gegen das Ausgreifen der EU hatte Wla-
dimir Putin lange Zeit nichts einzuwenden. Er fürchtete die NATO, nicht den Binnen-
markt – bis er am Fall der Ukraine die Kraft der EU entdeckte. Nun trifft die europäische „Soft Power" zum ersten Mal auf harten Widerstand. Erstmals seit Ende des Kalten Krie-
ges stoßen die Europäer auf einen Gegner, der ihr eigenes Modell herausfordert. Der russische Präsident verhilft der EU damit un-
gewollt zu einem neuen Gründungserlebnis. Die Konsequenz: In dem Konflikt um die Ukraine erlebt die EU sich selbst als Macht. Die Auseinandersetzung mit der Kreml-Elite kehrt die Stärken Europas hervor und relativiert die Querelen der Eurokrise. Nun fehlt der EU nur noch das Selbstbewusstsein.

Aus: Matthias Krupa/Michael Thumann, Stolz, Europäer zu sein, in: Die Zeit, Nr. 13, 20.3.2014

Krimkrise
Die Krimkrise 2014 ist ein politischer, zeitweilig bewaffneter Konflikt auf der Halbinsel Krim mit verdeckten Interventionen Russlands; die völ-
kerrechtswidrige Anne-
xion der ukrainischen Krim-Halbinsel durch Russland wird international nicht anerkannt.

Ukrainekrise
Der Krieg im Osten der Ukraine entwickelte sich im Verlauf der Krimkrise durch anfangs kleine, aber stetig massivere Schritte der Eskalation seitens einiger ost-
ukrainischer Separatis-
ten und mithilfe russi-
scher Interventionen ab Februar 2014 zu einem bewaffneten Konflikt. Der Waffenstillstand vom 5.9.2014 ist brüchig, die Ukraine steht trotz eindeutig zentristi-
scher Wahlergebnisse vom 11/2014 vor dem wirtschaftlichen Niedergang und vor der politi-
schen Implosion.

apolitisch
gleichgültig, ohne Interesse gegenüber politischem Geschehen; unpolitisch

---

||||**1**|| Recherchieren Sie den aktuellen EU-Status der sieben Ex-Jugoslawien-Staaten (M 25).
||||**2**| Ermitteln Sie, wie Europa laut Matthias Krupa und Michael Thumann die „grundsätz-
lichen Fragen" (M 26, Z. 3) beantwortet, die Wladimir Putin Europa gestellt hat.
||||**3**| Erläutern Sie, worin „das europäische Modell" (M 26, Z. 55) besteht.
||||**4**| Vergleichen Sie das „europäische Modell" (M 26, Z. 54 f.) mit dem Modell eines „Gegen-Europa" (Z. 62).
||||**5**| Recherchieren Sie den aktuellen Stand der Ukrainekrise. Vergleichen Sie in Form einer Tabelle folgende Perspektiven: a) ukrainische Regierung, b) russischer Staat, c) prorussische Separatisten, d) Krim-Bewohner, e) EU und f) Gaskunden in der EU.
||||**6**| Prüfen Sie das Bild vom „europäisches Modell", indem Sie den aktuellen Stand der Ukrainekrise und des EU-Handelns darin berücksichtigen (M 26).
||||**7**| Erörtern Sie, ob die „Soft Power" der Europäischen Union mit der „Geopolitik" der „harten Jungs der Realpolitik" (M 26, Z. 108) mithalten kann.

MATERIAL **27** Europas Engagement in der Welt

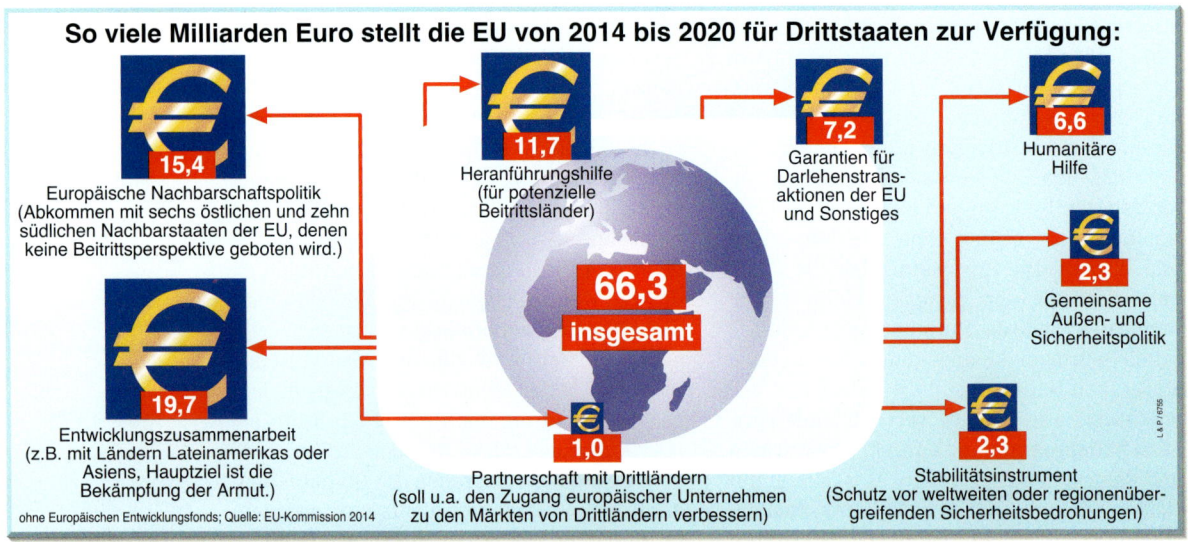

So viele Milliarden Euro stellt die EU von 2014 bis 2020 für Drittstaaten zur Verfügung:

15,4
Europäische Nachbarschaftspolitik
(Abkommen mit sechs östlichen und zehn
südlichen Nachbarstaaten der EU, denen
keine Beitrittsperspektive geboten wird.)

11,7
Heranführungshilfe
(für potenzielle
Beitrittsländer)

7,2
Garantien für
Darlehenstrans-
aktionen der EU
und Sonstiges

6,6
Humanitäre
Hilfe

66,3
insgesamt

2,3
Gemeinsame
Außen- und
Sicherheitspolitik

19,7
Entwicklungszusammenarbeit
(z.B. mit Ländern Lateinamerikas oder
Asiens, Hauptziel ist die
Bekämpfung der Armut.)

1,0
Partnerschaft mit Drittländern
(soll u.a. den Zugang europäischer Unternehmen
zu den Märkten von Drittländern verbessern)

2,3
Stabilitätsinstrument
(Schutz vor weltweiten oder regionenüber-
greifenden Sicherheitsbedrohungen)

ohne Europäischen Entwicklungsfonds; Quelle: EU-Kommission 2014

L & P / 6765

MATERIAL **28** Europas Rolle – welches Konzept?

GLOSSAR
Arabischer Frühling

Unerbittlich ist die Geschichte. Schwierig waren die Jahre, welche die Europäische Union hinter sich hat. Die Staatsschuldenkrise hat sie auf eine harte Probe gestellt und ihre
5 Legitimität in Zweifel gezogen; so haben es jedenfalls viele gesehen, und viele Bürger haben sich enttäuscht oder übelgelaunt abgewandt. Dann kamen erst der Arabische Frühling, danach die Restauration in Ägyp-
10 ten und der Bürgerkrieg in Syrien – eine große Rolle spielte die EU an der südlichen Peripherie nicht gerade. Jetzt sieht sie sich in ihrer östlichen Nachbarschaft, in der Ukraine, einer großen geopolitischen Herausfor-
15 derung ausgesetzt; sie erlebt, wie virulent, zynisch und gefährlich traditionelle Machtpolitik ist, gerade wenn sie von einem wie Wladimir Putin betrieben wird. Fazit: Die Europäer müssen sich auf vielen Schauplät-
20 zen als Krisenmanager bewähren und als Machtfaktor behaupten.
Nicht immer ist ihnen das gelungen; der Beitrag zur Stabilisierung der Gegenküste des Mittelmeeres war und ist bescheiden,
25 so bescheiden wie der Ertrag. Aber auch andere, die weit größere Machtpotenziale in

die Waagschale werfen können, sind von dem Geschehen der vergangenen Jahre überrascht, wenn nicht überrollt worden. Aber das kann keine Ausrede für eine EU sein, 30 die Weltmacht sein will (und wirtschaftlich das auch ist). Vor allem auf dem Kontinent muss sie Ordnungsmacht sein. Hier muss sie energisch und gleichzeitig klug auftreten. Ob genau so ihr Auftreten von Beginn der 35 Ukrainekrise an war, steht dahin. Zu glauben, Russland werde sich so einfach damit abfinden, wenn die Ukraine, Pufferstaat nach außen, zerrissen im Inneren, ein Assoziierungsabkommen mit Brüssel schließt und 40 damit seinem Einflussbereich entschwindet, war naiv. Die Ereignisse seit November, einschließlich des Umsturzes in Kiew und der Intervention Russlands, zeigen das. Jetzt will die EU der Ukraine massiv unter die Arme 45 greifen. Das ist richtig, aber dafür braucht sie einen handlungsfähigen und reformwilligen Partner, der von der eigenen Bevölkerung akzeptiert wird und dessen Autorität nicht infrage gestellt wird. Zum Beispiel von 50 Moskau, das gleich testet, ob Europa „Hardball" spielen will.

Aus: Klaus-Dieter Frankenberger, Europas Rolle, in: Frankfurter Allgemeine Zeitung, 6.3.2014, S. 1

Die Rolle Deutschlands in Europa

MATERIAL **29**

Als die Krise zuschlug, liefen die Interessen rasch auseinander. Die südeuropäischen Volkswirtschaften brachen zusammen, die nordeuropäischen weigerten sich, ihnen zu
5 helfen, und die Eurozone geriet in große Gefahr. Doch statt den Menschen zu erklären, dass es langfristig im Interesse aller Europäer, der im Norden wie der im Süden, liege, Griechenland, Portugal und Spanien zu hel-
10 fen, wieder auf die Beine zu kommen, führten Politiker im vergleichsweise wohlhabenden Norden den Crash auf mediterrane Faulheit und Korruption zurück. Diese Korruption gibt es unbestreitbar, aber wenn irgendeine 15 Form von Europäischer Union jemals funktionieren soll, könnten die Politiker wenigstens an die transnationale Solidarität ihrer Bürger appellieren. [...] Die entscheidende Rolle fällt natürlich Deutschland zu. Nur Deutschland besitzt die Größe und die öko- 20 nomischen Mittel, um Europa in seiner gegenwärtigen Form zusammenzuhalten. Aber das wird einige finanzielle Opfer erfordern [...]. Wenn die Deutschen dazu nicht bereit sind, wird der letzte Versuch zu einer europä- 25 ischen Integration wahrscheinlich scheitern.

Aus: Ian Buruma, Die Entscheidung fällt in Deutschland, in: Frankfurter Allgemeine Zeitung, 10.7.2014

INFO

Ian Buruma
* 28.12.1951 in Den Haag
Professor für Demokratie, Menschenrechte und Journalismus am Bard College in New York; im Herbst 2013 veröffentlichte er das Buch *Year Zero.
A History of 1945.*

Erklärung der Außenminister des Weimarer Dreiecks

MATERIAL **30**

Wir, die Außenminister des Weimarer Dreiecks, sind der Überzeugung, dass die Gestaltungskraft europäischer Außenpolitik auf internationaler Ebene vor allem in den Nach-
5 barländern der EU gefordert ist. [...] Wir treten daher dafür ein, die Partnerschaft mit unseren Nachbarn durch mehr zivilgesellschaftliche Kontakte, engere politische Zusammenarbeit, mehr Handel und vertiefte
10 wirtschaftliche Integration zu stärken. [...] Wir sollten:

- die Menschen in den Vordergrund stellen und die ENP stärker sichtbar machen [...];
- unser Augenmerk auf Rechtsstaatlichkeit
15 und verantwortungsbewusstes staatliches Handeln richten [...];
- das politische Profil der ENP schärfen und sie durch verbesserten Dialog und eine Zusammenarbeit [...] effektiver machen [...];

- unser Angebot im Sinne echter Teilhabe 20 noch stärker auf die Bedürfnisse unserer jeweiligen Partner zuschneiden [...];
- zusätzliche Anreize für jene Partner schaffen, die bei ihrer Assoziierung mit der EU am weitesten fortgeschritten sind [...]; 25
- unsere Fähigkeit zur Krisenbewältigung in unserer Nachbarschaft verbessern und kurzfristig etwas bewirken können, auch durch die Instrumente der GASP und der GSVP [...]; 30
- unsere Finanzhilfe stärker konzentrieren und flexibler gestalten [...];
- die weitere regionale Integration in unserer Nachbarschaft stärken [...];
- auf die Nachbarn unserer Nachbarn zuge- 35 hen (und mit ihnen zusammenarbeiten), sofern sie zu einer für beide Seiten nützlichen Zusammenarbeit bereit sind [...].

Aus: Auswärtiges Amt, Pressemitteilung: Die Partnerschaft mit den Nachbarn stärken: eine neue Dynamik für die Europäische Nachbarschaftspolitik – Erklärung der Außenminister des Weimarer Dreiecks, 1.4.2014

INFO

Weimarer Dreieck
Als Zeichen der Aussöhnung nach dem Zweiten Weltkrieg am 9.8.1991 ins Leben gerufener, regelmäßiger Austausch zu europäischen und außenpolitischen Themen zwischen Frankreich, Polen und Deutschland; Gründungsväter: Hans-Dietrich Genscher, Krzysztof Skubiszewski, Roland Dumas (siehe: **www.weimarer-dreieck.eu**).

1 Analysieren Sie Europas Engagement in der Welt (M 27).

2 Arbeiten Sie aus M 28 und M 29 **heraus,** welche Rolle die Autoren für Europa und für Deutschland feststellen und welche Rolle sie einfordern.

3 Erörtern Sie die Rolle der Ordnungs- und Gestaltungsmacht EU in den angesprochenen Krisen (M 23 bis M 29). Beziehen Sie ggf. nach eigener Recherche andere Krisen mit ein.

4 Vergleichen Sie die Ordnungs- und Gestaltungsmacht von UN und EU (M 24, 26, 28).

5 Diskutieren Sie, inwieweit das Weimarer Dreieck die Ordnungs- und Gestaltungsmacht der EU ausbaut und fördert (M 30).

QUERVERWEIS

Der Beitrag der UN zur Konfliktbewältigung und Friedenssicherung
Kap. 4.4

EU-Krisenmanagement – eine Daueraufgabe für „Brüssel"?

MATERIAL **31**

Der Ausnahmezustand als Normalfall – Modernität als Krise

Die Krisenhaftigkeit der Moderne beruht auf der Erfahrung, dass die Konzepte, über die wir verfügen, offensichtlich nicht hinreichen – wir erleben etwas als krisenhaft, wenn es
5 sich dem handelnden Zugriff im Sinne einer objektiven Gewalt entzieht. [...] Die Krisenhaftigkeit der Moderne ist deshalb keine objektive Krisenhaftigkeit, sondern eine, die dadurch entsteht, dass diese Gesellschaft
10 niemals stillsteht und mit Eigenlogiken reagiert, die sich jeglichem Souverän entziehen. Die Moderne ist letztlich unregierbar – und das gilt als Erfahrung komplexer gesellschaftlicher Bereiche ebenso wie für die individu-
15 elle Lebensführung.
Modern ist es, die auseinanderstrebenden Momente vereinen zu wollen, und antimodern ist es, dies dann auch zu tun. [...] Mein zentrales Argument läuft deshalb darauf hi-
20 naus, der Krisenhaftigkeit der Moderne mit Gelassenheit zu begegnen. [...]
Es gibt in dieser Gesellschaft letztlich nichts, was sich monologisch beziehungsweise nur aus der Perspektive einer der gesellschaft-

lichen Funktionen lösen lässt. Wäre die Mo- 25
derne ein technisches System, würde man ihr „Fehlerfreundlichkeit" unterstellen. [...] Vielleicht ist dies das größte Potenzial der so krisenhaften Moderne, denn die andere Seite der Diagnose, dass man nie zu einem Ende 30
und zu einer endgültigen Lösung kommt, ist die Erfahrung, dass es niemals wirklich ums Ganze geht. Ums Ganze geht es in Detailfragen immer nur den Ideologen und Fundamentalisten, den strengen Moralisten und 35
denjenigen, die an einfache Lösungskonzepte glauben und stets eine analoge Lösung parat haben. [...]
Die Ergebnisoffenheit und Vorläufigkeit ist es, die Rekombinationsmöglichkeiten und 40
Innovationen ermöglicht – denn das bleibt als Erbe der Moderne: dass sie ihre Probleme mit eigenen Mitteln lösen können muss. Hier für Gelassenheit zu plädieren, heißt nicht, dass es egal ist – im Gegenteil. Für Gelassen- 45
heit zu plädieren, bedeutet vielmehr eine Anerkennung der Verhältnisse.

Aus: Armin Nassehi, Der Ausnahmezustand als Normalfall – Modernität als Krise, in: Kursbuch 170 –
Krisen lieben, Februar 2012, S. 34–49

MATERIAL **32**

Krisen – Augenblicke der Wahrheit

INFO
Luuk van Middelaar
*9.5.1973
Mitarbeiter des
Präsidenten des
Europäischen Rates

Eine Krise ist ein Augenblick der Wahrheit. [...] Wenn der Boden unter den Füßen zu schwanken beginnt oder plötzlich ein Gegner vor der Tür steht, entdeckt man, wie
5 stark man eigentlich ist. [...]
Binnen kurzer Zeit haben die Staaten Europas zwei solcher Augenblicke erlebt [die Euro- und die Ukrainekrise.] [...] In beiden Fällen geht es um die Wiederkehr der Politik.
10 Vier Grundlinien sind dabei deutlich geworden. Erstens: Die Europäische Union ist eine politische Größe – nicht nur eine wirtschaftliche. Zweitens: Die EU wirkt machtpolitisch – nicht allein durch Werte und Regeln. Drit-
15 tens: Die EU ist kein „Projekt" mehr für weni-

ge, sondern Alltag für viele. Und viertens: Die EU ist ein Klub von Staaten und Völkern – und wird es auch bleiben.
Sowohl in der Eurokrise als auch jetzt beim Ringen um die Ukraine geht es um Fragen 20
der Opferbereitschaft und der Solidarität: Sind wir bereit, anderen zu helfen, um die Stabilität unseres Geldes und unsere Einheit zu schützen? Sind wir bereit, Russland gegenüber Härte zu zeigen, um für unsere eu- 25
ropäischen Interessen und Werte einzustehen, auch wenn wir selbst dabei Einbußen erleiden? Diese Fragen sind das sichere Zeichen dafür, dass die Europäische Union politisches Neuland betritt. 30

Aus: Luuk van Middelaar, Mehr als Geld und gute Worte, in: Die Zeit, Nr. 20/2014, 8.5.2014, S. 6

Podiumsdiskussion: Für Europa streiten?

Vorhaben:

Eine Podiumsdiskussion ist eine vorbereitete und strukturierte Diskussion mit einigen ausgewählten Teilnehmern unter der Gesprächsführung eines Moderators. Oftmals wird auch dem Publikum zugestanden, Fragen zu stellen.

Ziel einer solchen Diskussion ist es nicht, eine Frage endgültig zu beantworten, ein Problem tatsächlich zu lösen oder einen Konsens herzustellen, sondern zu einem kontroversen Thema unterschiedliche Positionen öffentlich zu machen und sich mit ihnen auseinanderzusetzen.

Vorbereitung:

- Bilden Sie mehrere Arbeitsgruppen, z. B. bei 24 Kursteilnehmern 4 oder 6 Arbeitsgruppen. Achten Sie dabei darauf, dass die Gruppen konträre bzw. verschiedene Position vertreten.
- Bestimmen Sie eine Moderatorin/einen Moderator.
- Legen Sie fest, wer zum Publikum bzw. zur Presse gehören soll.

Ablauf:

1. Sammeln Sie in Ihrer Gruppe Argumente für Ihre jeweilige Position und arbeiten Sie diese Argumente für die Diskussion auf. Nutzen Sie dabei zentrale Materialien aus den Kapiteln 2.4 bis 2.6 und denken Sie auch daran, mögliche Gegenargumente zu antizipieren.
2. Bestimmen Sie jeweils eine/n Sprecher/in pro Arbeitsgruppe als Teilnehmer/in an der Podiumsdiskussion.
3. Die 4 bzw. 6 Teilnehmer der Podiumsdiskussion nehmen in einem Halbkreis vor den übrigen Mitgliedern des Kurses Platz.
4. Die übrigen Kursmitglieder bilden das Publikum, das die Diskussion beobachtet und protokolliert; ggf. können zusätzlich Pressevertreter bestimmt werden.
5. Der Moderator (Schüler/in oder Fachlehrer/in) leitet die Podiumsdiskussion: Begrüßung, Erteilen des Rederechts, Zeitvorgaben usw.
6. Alle Podiumsteilnehmer stellen zu Beginn kurz ihre Position dar.
7. Die Podiumsteilnehmer diskutieren unter der Regie des Moderators.
8. Ggf. findet im Anschluss eine Publikumsrunde statt. Die Podiumsteilnehmer erhalten die Gelegenheit, auf die Fragen des Publikums zu antworten; evtl. gibt es eine Schlussrunde des Podiums.
9. Der Moderator hält ein Schlusswort.
10. Die Pressevertreter kommentieren die Diskussion.
11. Das Publikum gibt den Teilnehmer(inne)n ein Feedback.

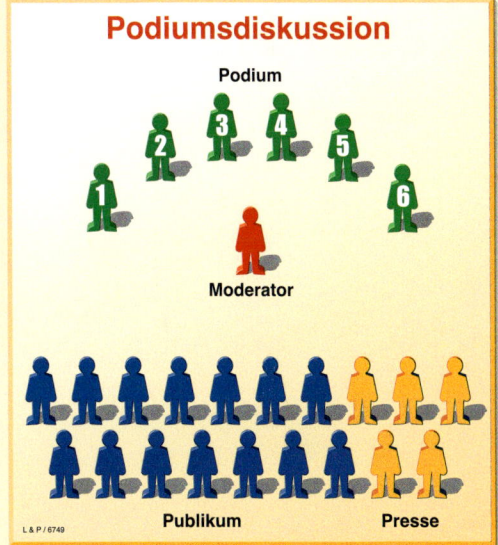

1. **Arbeiten** Sie die Weltsicht **heraus**, die hinter dem Begriff Krise steht, und **setzen** Sie sich mit der Sicht des Soziologen Armin Nassehi **auseinander** (M 31).
2. **Erläutern** Sie die „vier Grundlinien" (M 32). **Erklären** Sie, worin Luuk van Middelaar eine „Wiederkehr der Politik" erkennt.
3. **Diskutieren** Sie, was Luuk van Middelaar „seinem" Ratspräsidenten in der Euro-, der Migrations- und der Sicherheitskrise rät (M 32).
4. Führen Sie abschließend eine Podiumsdiskussion zum Thema „Für Europa streiten – aber wie und für welches Europa?" durch.

Krise 1: Krise des Euro

Die **Krise des Euro** erweist sich nicht nur als eine **Währungskrise**, sondern zugleich als eine **Staatsschulden-, Wirtschafts- und Bankenkrise** – und dies nicht nur der EU-Südländer oder des Euroraums, sondern der gesamten EU-28. Am 1.1.2015 gehören erst 19 der 28 EU-Mitgliedstaaten dem Euroraum an – die mit dem Maastricht-Vertrag 1992 beschlossene Gemeinschaftswährung der EU ist also immer noch unvollendet; die notwendigen Doppelstrukturen (EU-28, Eurogruppe der 19) verursachen immer wieder institutionelle Unsicherheiten, Kommunikationsprobleme und kraftraubende Reibungen.

Der Euro liefert die Geldbasis für den Binnenmarkt und den Kern einer Wirtschafts- und Währungsunion, die souveräne Nationalstaaten zusammenbindet, der aber das Instrumentarium einer politischen Union, also die vollständige Souveränität kraft eigenen Rechts (noch) fehlt. Das schmale wirtschaftspolitische Instrumentarium musste die EU während der Eurokrise erst noch praxistauglich machen (**Konvergenzkriterien, Stabilitäts- und Wachstumspakt**) bzw. erst noch entwickeln (**Europäisches Semester**). Die EU-Mitgliedstaaten mussten lernen, wichtige nationalstaatliche Kompetenzen (**Budgetrecht**) mit der supranationalen Ebene, der EU in Gestalt der Europäischen Kommission, zu teilen (**Fiskalpakt**).

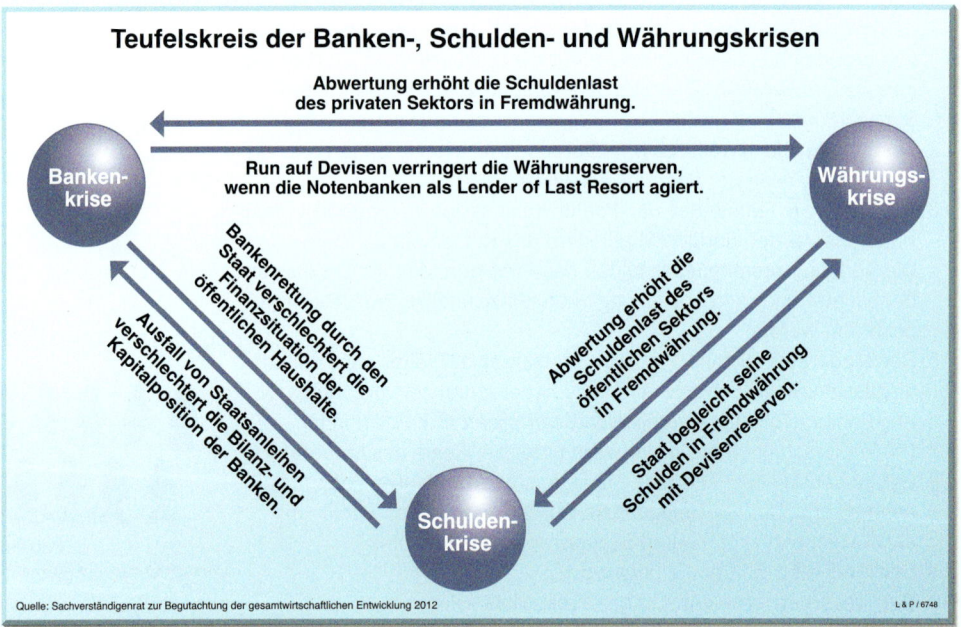

Teufelskreis der Banken-, Schulden- und Währungskrisen

Abwertung erhöht die Schuldenlast des privaten Sektors in Fremdwährung.

Run auf Devisen verringert die Währungsreserven, wenn die Notenbanken als Lender of Last Resort agieren.

Banken-krise

Währungs-krise

Bankenrettung durch den Staat verschlechtert die Finanzsituation der öffentlichen Haushalte.

Abwertung erhöht die Schuldenlast des öffentlichen Sektors in Fremdwährung.

Ausfall von Staatsanleihen verschlechtert die Bilanz- und Kapitalposition der Banken.

Staat begleicht seine Schulden in Fremdwährung mit Devisenreserven.

Schulden-krise

Quelle: Sachverständigenrat zur Begutachtung der gesamtwirtschaftlichen Entwicklung 2012

L & P / 6748

Gleichzeitig versucht die **EZB**, ihr Mandat (Existenzsicherung des Euro, Preisniveaustabilität) zu erfüllen. Dazu muss sie den Binnenwert des Euro (Preisniveaustabilität) im heterogenen Euroraum stabilisieren und den an den Devisenbörsen bzw. auf den Finanzmärkten gehandelten Euro als Weltwährung mit stabilem Außenwert (Eurokurs) etablieren, was zunehmend gelingt.

In der Krise des Euro und auf den Finanzmärkten spielen die **Banken** eine zentrale Rolle, weil sie durch den umstrittenen **Aufkauf von Staatsanleihen hoch verschuldeter Eurostaaten** zu Staatsfinanziers dieser Staaten geworden sind. Indem die EZB den Geschäftsbanken solche Staatsanleihen auf dem Sekundärmarkt abkauft, erleichtert sie verschuldeten Staaten eine weitere Verschuldung bzw. betreibt indirekt Staatsfinanzierung, was ihr nach Auffassung vieler Vertragsexperten verboten ist (**No-Bail-out-Klausel in Art 125 AEUV**).

Weil die Preisniveauentwicklung im Euroraum bei abklingender Eurokrise mittlerweile deflationär verläuft, vergrößern EZB-Leitzinssenkungen und negative EZB-Einlagezinsen die Euro-Geldmenge; die EZB will so im Rahmen ihres Mandats die Kreditvergabe ankurbeln und die wachstumsschwachen EU-Staaten in ihrer Wirtschaftspolitik unterstützen.

Krise 2: Krise der Migration

Die **Krise der Migration nach Europa** verstärkt sich seit Jahren: Lampedusa, Ceuta, Melilla sind Vorposten Europas, in das immer mehr Flüchtlinge kommen, zumeist mithilfe von Schleuserbanden aus Afrika und Asien. Auf kaum seetüchtigen Booten gelangen sie über das Mittelmeer und erreichen – wenn kein Bootsunglück geschieht – die Südländer der EU: Spanien, Italien, Malta, Zypern, Griechenland. Diese wehren sich gegen die fortdauernde Ankunft von Flüchtlingen, die sie als „Last der Globalisierung" empfinden und zu deren Bewältigung sie die Solidarität der reicheren EU-Nordländer einfordern.

Die **aktuelle Flüchtlings-, Asyl- und Migrationspolitik der EU** ist zwar mit dem **Dublin-Abkommen** 1997 sowie den Nachfolgeabkommen Dublin II 2003 und Dublin III 2013 mit den Zielen vergemeinschaftet, dass ein einziger Mitgliedstaat für die Prüfung eines Asylantrags zuständig ist, dass Asylsuchende nicht von einem Land ins andere geschickt werden und dass eine Person nicht mehrere Asylanträge stellt. In der Durchführung ist das Dublin-System jedoch national ausgestaltet und wird sehr unterschiedlich umgesetzt. Das Beispiel Deutschland verdeutlicht das große Dilemma der konkurrierenden Vorstellungen von einer „richtigen" Flüchtlings-, Asyl- und Migrationspolitik für Deutschland und für EU-Europa.

Europa befindet sich in einem **migrationspolitischen Dilemma:** Was möchte Europa sein – solidarische Zufluchtsstätte oder abgeschottete Festung, ein Wohlstandsgebiet mit offenen Grenzen oder mit striktem Grenzregime, eine Gesellschaft mit gesteuertem Zuzug oder mit ungeregelter Migration, eine humanitäre und solidarische Wertegemeinschaft oder ein egoistischer Akteur in unruhiger Weltpolitik?

Krise 3: Krise der europäischen Sicherheits- und Friedenspolitik

Das **Beispiel des neuen Westbalkanstaates Kosovo**, der aus den Jugoslawienkriegen hervorgegangen ist und mithilfe der UN, der OSZE und der „Soft Power" der EU zur endgültigen Souveränität gelangen soll, zeigt die EU in ihrer Rolle als **Ordnungs- und als Gestaltungsmacht**.

Die EU in ihrer zu Frieden und Sicherheit hinstrebenden Rolle ist in Europa und an Europas Rändern gefordert. Obschon sich das Konzept einer **Gemeinsamen Außen- und Sicherheitspolitik (GASP)** noch im Aufbau befindet, zeigen sich doch die positiven Wirkungen des Sicherheitspolitikakteurs EU. So offenbaren Russlands Annexion der Krim und die Destabilisierung der **Ukraine** einerseits eine aktuelle Krise europäischer Sicherheits- und Friedenspolitik, andererseits aber auch das Potenzial des **EU-Modells der „Soft Power"**.

Die **Rolle Deutschlands** im Rahmen einer Gemeinsamen Außen- und Sicherheitspolitik ist auf die Abstimmung des eigenen außen- und sicherheitspolitischen Handelns mit den übrigen EU-Staaten ausgelegt. Insbesondere wird immer wieder das sogenannte **„Weimarer Dreieck"** (Frankreich, Deutschland, Polen) bemüht, weil in ihm ein historisches europäisches Gedächtnis zur Wirkung gelangen soll, das Europa nach innen vor kriegerischem Staatenstreit bewahrt und nach außen zumeist von militärischen Verwicklungen fernhält.

Krisenmanagement der EU

Das Krisenmanagement ist für die Europäische Union deshalb eine unausweichliche **Daueraufgabe**, weil die Eigenlogiken der zahllosen Akteure und Gesellschaften sowie die „Fehleranfälligkeit" aller technischen Systeme der Moderne endgültige Lösungen unmöglich machen: Der Ausnahmezustand und die Krise sind der Normalfall. Krisen lassen – als „Augenblicke der Wahrheit" – den Kern der eigenen Gesellschaft und so auch der EU als Ganzes aufscheinen. Die EU muss sich als Ordnungs- und als Gestaltungsmacht in jeder Krise neu bewähren und neu erfinden.

2.7 Europäische Integrationsmodelle

Mit der sogenannten Osterweiterung in den Jahren 2004 und 2007 fand die bisher größte Erweiterung der Europäischen Union statt:

Die Beitritte von Estland, Lettland, Litauen, Malta, Polen, Slowenien, der Slowakei, der Tschechischen Republik, Ungarn und Zypern (2004) sowie Bulgarien und Rumänien (2007) ließ die EU um zwölf weitere Mitgliedstaaten anwachsen. Die Spaltung Europas durch den Kalten Krieg wurde damit endgültig überwunden.

Die Aufnahme von zwölf neuen Ländern bedeutete aber auch eine große politische und wirtschaftliche Herausforderung, da die neuen Mitglieder auf die Hilfe der Gemeinschaft angewiesen sind, um wirtschaftliche und soziale Unterschiede auszugleichen.

Zeichnung:
Horst Haitzinger

Während Befürworter einer EU-Erweiterungspolitik argumentieren, dass die Erweiterung die Union stärke und den Ausbau von Freiheit, Menschenrechten, Demokratie und Rechtstaatlichkeit fördere sowie die Chancen am Weltmarkt verbessere, gibt es auch kritische Stimmen, die eine Aufnahme von weiteren Mitgliedstaaten ablehnen. Sie sehen aufgrund von unterschiedlichen Interessen eine Konsensfindung in den europäischen Institutionen als schwierig an und raten, aktuelle Probleme zu lösen, bevor neue Länder aufgenommen werden.

Uneinigkeit gibt es ebenfalls in der Frage, wie sich die bestehende EU weiterentwickeln sollte. Während einige Länder ihre nationale Eigenständigkeit beibehalten wollen, die Zusammenarbeit nur in wirtschaftlichen Bereichen intensivieren möchten und nicht bereit sind, weitere Souveränitätsrechte aufzugeben, plädieren andere Mitgliedstaaten für eine Vertiefung der wirtschaftlichen, sozialen und politischen Einigung, auch unter Aufgabe nationalstaatlicher Souveränität.

Basiswissen

1951: Belgien, Deutschland, Frankreich, Italien, Luxemburg und die Niederlande unterzeichnen den Vertrag zur Gründung der EGKS, 1957 folgen EWG und Euratom.
1973: Dänemark, Großbritannien und Irland treten den drei Europäischen Gemeinschaften (EGKS, EWG, Euratom) bei.
1981: Griechenland tritt bei.
1986: Portugal und Spanien treten bei.
1995: Finnland, Österreich und Schweden treten der 1993 gegründeten EU bei.
2004: Malta, Polen, die Slowakei, Slowenien, Tschechien, Ungarn und Zypern treten bei.
2007: Bulgarien und Rumänien treten bei.
2013: Kroatien tritt bei.

||||**1**|| **Analysieren** Sie die Karikatur hinsichtlich der Position des Zeichners.
||||**2**|| **Nehmen** Sie auf Basis Ihres Vorwissens spontan **Stellung** zu der Frage, ob die EU in den nächsten Jahren weitere Länder in die Gemeinschaft aufnehmen sollte.
||||**3**|| **Diskutieren** Sie, ob die Zukunft Europas eher in der Vertiefung der politischen Einheit liegt oder ob die Mitgliedsländer ihre Souveränität beibehalten sollten.
||||**4**|| **Beschreiben** und **erläutern** Sie mithilfe von M 1, welche Voraussetzungen ein Land erfüllen muss, um der EU beitreten zu können.

Voraussetzungen für den EU-Beitritt

Die „Kopenhagener Kriterien"

MATERIAL **1**

Die EU wendet umfassende Prüfverfahren an, die sicherstellen, dass neue Mitgliedstaaten nur aufgenommen werden, wenn sie nachweisen können, dass sie ihre Rolle als
5 Mitglieder in vollem Umfang wahrnehmen können. Dazu müssen sie:
- alle EU-Standards und -Regeln erfüllen;
- die Zustimmung der EU-Institutionen und -Mitgliedstaaten erlangen;
10 - die Einwilligung ihrer Bürger einholen (entweder in Form der Genehmigung durch das nationale Parlament oder im Rahmen einer Volksabstimmung). [...]

Der Vertrag über die Europäische Union be-
15 sagt, dass jedes europäische Land einen Antrag auf Mitgliedschaft stellen kann, wenn es die demokratischen Werte der EU achtet und sich für ihre Förderung einsetzt. In einem ersten Schritt muss das Land die wichtigsten
20 Kriterien für den Beitritt erfüllen. Diese wurden zu einem großen Teil 1993 vom Europäischen Rat in Kopenhagen aufgestellt und werden als **„Kopenhagener Kriterien"** bezeichnet. Beitrittswillige Länder müssen fol-
25 gende Eigenschaften aufweisen:
- institutionelle Stabilität als Garantie für demokratische und rechtsstaatliche Ordnung, Wahrung der Menschenrechte sowie Achtung und Schutz von Minderheiten;
30 - eine funktionierende Marktwirtschaft und die Fähigkeit, dem Wettbewerbsdruck und den Marktkräften innerhalb der EU standzuhalten;
- Fähigkeit, die aus einer Mitgliedschaft er-
35 wachsenden Verpflichtungen zu übernehmen und effektiv umzusetzen und sich auch die Ziele der politischen Union sowie der Wirtschafts- und Währungsunion zu eigen zu machen.
40 Die EU muss zudem in der Lage sein, neue Mitgliedstaaten zu integrieren.

Für die Länder des westlichen Balkans wurden darüber hinaus noch zusätzliche Bedingungen festgelegt. Diese sind Teil des soge-

nannten „Stabilisierungs- und Assoziierungs-
45 prozess" und beziehen sich hauptsächlich auf regionale Kooperation und gute nachbarschaftliche Beziehungen. [...]

Die Bedingungen und der Zeitplan für die Übernahme, Umsetzung und Durchsetzung
50 aller geltenden EU-Vorschriften (des **„Besitzstandes"**) durch das **Beitrittsland** [werden verhandelt]. Diese Vorschriften sind in 35 verschiedene Politikbereiche (Kapitel) unterteilt, darunter Verkehr, Energie, Umwelt usw.,
55 die jeweils getrennt voneinander verhandelt werden. Sie sind nicht **verhandelbar**:
- Die Bewerberländer vereinbaren im Grunde nur, wie und wann sie sie übernehmen und umsetzen.
60 - Die EU erhält Garantien in Bezug auf den Zeitpunkt und die Wirksamkeit der betreffenden Maßnahmen jedes Bewerberlandes.
65 Weitere Verhandlungspunkte:
- **Finanzielle Regelungen** (beispielsweise bezüglich der Beträge, die der neue Mitgliedstaat voraussichtlich an die EU bezahlt und von der EU erhält [...]);
70 - **Übergangsregelungen:** Bestimmte Regelungen werden manchmal schrittweise eingeführt, um dem neuen Mitgliedstaat oder bestehenden Mitgliedstaaten Zeit für die Anpassung zu geben. [...]

75 Während der gesamten Verhandlungen überwacht die Kommission die Fortschritte des Bewerberlandes bei der Anwendung der EU-Gesetzgebung und der Erfüllung seiner anderen Verpflichtungen [...]. Dadurch erhal-
80 ten die Bewerberländer zusätzliche Anwendungsleitlinien für die Übernahme von aus der Mitgliedschaft erwachsenden Verpflichtungen und die derzeitigen Mitgliederstaaten die Zusicherung, dass die Bewerberlän-
85 der die Beitrittsbedingungen erfüllen. Darüber hinaus informiert die Kommission den Rat und das Europäische Parlament während des gesamten Prozesses [...].

Aus: Europäische Kommission, Voraussetzungen für die Mitgliedschaft, in: ec.europa.eu/enlargement/
policy/conditions-membership/index_de.htm (Zugriff: 28.4.2014)

Stößt die EU an ihre Grenzen?

MATERIAL **2**

Serbien auf dem Weg in die EU?!

QUERVERWEIS

Frieden und
Sicherheit (Kosovo)
S. 206 f.

INFO

Interimsabkommen
Übergangsabkommen

Kosovokonflikt
Kosovo gehörte, wie
Serbien, zum ehe-
maligen Jugoslawien.
Seit dem Kosovokrieg
1999 ist die terri-
toriale Statusfrage
umstritten, da Serbien
Kosovo als Teil sei-
nes Staatsgebietes
betrachtet und als
unabhängigen Staat
nicht anerkennt.

Wie allen Staaten des westlichen Balkans wurde auch Serbien durch den Europäischen Rat [...] im Juni 2000 der Status eines „poten- ziellen Beitrittskandidaten" zugesprochen.
5 Der Rat bestätigte die EU-Perspektive des westlichen Balkans mit der sogenannten „Thessaloniki Agenda" im Juni 2003. In die- ser Agenda bekräftigte der Rat ebenfalls, dass wirtschaftliche und politische Refor-
10 men die Voraussetzung für Fortschritte im Annäherungsprozess an die EU darstellen.
Das im April 2008 unterzeichnete Stabilisie- rungs- und Assoziierungsabkommen (SAA) trat zum 1. September 2013 in Kraft, nach-
15 dem alle EU-Mitgliedstaaten das Abkommen ratifiziert hatten. Das Abkommen bildet den Rahmen für die EU-Annäherung Serbiens. Viele wichtige Bestimmungen des SAA, zum Beispiel zur Handelsliberalisierung, waren
20 bereits durch ein **Interimsabkommen** vom Februar 2010 umgesetzt worden. Mit Inkraft- treten eines Visaerleichterungsabkommens im Dezember 2009 wurde zudem die Visa- pflicht für serbische Bürgerinnen und Bürger
25 bei der touristischen Einreise in den Schen- genraum aufgehoben. [...]
Am 22. Dezember 2009 beantragte Serbien eine Mitgliedschaft in der EU. In ihrer Stel- lungnahme zum serbischen Beitrittsgesuch
30 vom 12. Oktober 2011 empfahl die Europäi- sche Kommission, Serbien den Status eines Beitrittskandidaten zu verleihen unter der Voraussetzung, dass Serbien den Dialog mit **Kosovo** fortführt und alle bisher getroffenen
35 Vereinbarungen mit Kosovo vollständig um- setzt.
Der Rat für Allgemeine Angelegenheiten stellte am 28. Februar 2012 die Erfüllung der Voraussetzungen für eine Verleihung des
40 Kandidatenstatus fest. Zuvor hatten Serbien und Kosovo am 24. Februar Einigungen zu den Themen integriertes Grenzmanagement (gemeinsame Grenzkontrollen von Serben, Kosovaren und der EU-Mission **EULEX** an
45 der serbisch-kosovarischen Grenze) sowie zur Teilnahme Kosovos an regionalen Foren erzielt. Der Europäische Rat folgte der Emp-

fehlung des Rats für allgemeine Angelegen- heiten und verlieh Serbien am 1. März 2012 den Status eines Beitrittskandidaten. Im De-
50 zember 2012 bestätigte der Rat für Allgemei- ne Angelegenheiten die Voraussetzungen für eine Aufnahme von Beitrittsverhandlungen. Als Schlüsselkriterium benannte er sicht- bare und nachhaltige Fortschritte in den Be-
55 ziehungen zu Kosovo. Parallel zu den Fort- schritten im EU-Annäherungsprozess führen Serbien und Kosovo seit Oktober 2012 einen von der Hohen Vertreterin für Außen- und Sicherheitspolitik der EU, Catherine Ashton,
60 moderierten hochrangigen politischen Dia- log. Am 19. April 2013 einigten sich die Pre- mierminister der beiden Länder, Ivica Dačić (Serbien) und Hashim Thaçi (Kosovo), auf eine „Erste Vereinbarung von Prinzipien zur
65 Regelung der Normalisierung der Beziehun- gen". Diese sieht unter anderem die Schaf- fung eines serbisch-kosovarischen Gemein- deverbandes in Kosovo vor. Im Gegenzug verpflichtet sich Serbien zur Integration der
70 serbischen Sicherheits- und Justizstrukturen im Norden Kosovos in den kosovarischen Staat.
Nach dem Abschluss der Normalisierungs- vereinbarung stellte die Kommission in ei-
75 nem Bericht am 22. April 2013 die Erfüllung des vom Rat benannten Schlüsselkriteriums fest und empfahl die Eröffnung von Beitritts- verhandlungen. Der Europäische Rat folgte dieser Empfehlung am 28. Juni 2013 und be-
80 schloss die Aufnahme von Beitrittsverhand- lungen mit Serbien. Als möglichen Termin für eine erste Beitrittskonferenz benannte der Europäische Rat Januar 2014. Vor der ersten Beitrittskonferenz am 21. Januar 2014
85 hat der Rat für Allgemeine Angelegenheiten im Dezember 2013 den sogenannten Rah- men für Beitrittsverhandlungen angenom- men. Der Verhandlungsrahmen legt die Prin- zipien fest, die den Verhandlungen zugrunde
90 liegen, und benennt unter anderem die Ver- handlungskapitel, die einen besonderen Schwerpunkt bilden sollen. Der Verhand- lungsrahmen für Serbien sieht einen beson-

95 deren Fokus auf dem Kapitel zum Normalisierungsprozess mit Kosovo sowie auf den Kapiteln zu Rechtsstaatlichkeitsthemen vor. Fortschritte in diesen Bereichen werden maßgeblich die Geschwindigkeit der Bei-
100 trittsverhandlungen bestimmen. Vor der Annahme des Verhandlungsrahmens durch den Rat hatte die Hohe Vertreterin für Außen- und Sicherheitspolitik der EU, Catherine Ashton, bestätigt, dass Serbien die Normali-
105 sierungsvereinbarung mit Kosovo vom April 2013 im Wesentlichen umgesetzt habe.

Neben dem Normalisierungsprozess mit Kosovo muss Serbien auch im innenpolitischen Reformprozess Fortschritte erzielen, um die
110 politischen und wirtschaftlichen Kriterien für einen Beitritt zur Europäischen Union zu erfüllen. In ihrem Fortschrittsbericht vom 16. Oktober 2013 benennt die Kommission unter anderem die Justiz- und Verwaltungs-
115 reform, die Bekämpfung von Korruption und organisierter Kriminalität sowie den Minderheitenschutz als Prioritäten. [...]

Serbien erhält von der EU finanzielle Unterstützung über das Instrument der Heranfüh-
120 rungshilfe IPA (Instrument for Pre-Accession Assistance). Für den Förderzeitraum 2008 bis 2012 erhielt Serbien insgesamt rund 993,9 Millionen Euro zusätzlich zum Anteil an regionalen und horizontalen Program-
125 men. Im Jahr 2013 hat Serbien 179 Millionen Euro erhalten. Serbien erhält zudem EU-Gelder für Projekte der grenzübergreifenden Zusammenarbeit. Schwerpunkte der IPA-Unterstützung bilden die Bereiche Reform
130 der öffentlichen Verwaltung, Justiz und Inneres, Korruptionsprävention und Bekämpfung, Entwicklung der Privatwirtschaft, Verkehr, Umwelt, Klimawandel und Energie, soziale Entwicklung sowie Landwirtschaft
135 und ländliche Entwicklung.

Im Rahmen der IPA profitiert Serbien außerdem von EU-geführten Verwaltungspartnerschaften, sogenannten ,Twinning'-Vorhaben. Sie dienen dem Ziel, die öffentliche Verwal-
140 tungskapazität der Beitrittsstaaten mittels des Einsatzes von Langzeitexperten aus öffentlichen Institutionen der Mitgliedstaaten zu stärken. Serbien nimmt auch an den durch IPA finanzierten regionalen und hori-
145 zontalen Programmen teil. Letztere haben zum Ziel, die Entwicklung gutnachbarschaftlicher Beziehungen zwischen den Ländern des westlichen Balkans zu fördern. Auch sollen sie dazu dienen, die soziale, wirtschaftli-
150 che und regionalpolitische Kooperation zu stärken sowie lokale und regionale Verwaltungsstrukturen aufzubauen.

Aus: Auswärtiges Amt, EU-Erweiterung: Serbien, in: www.auswaertiges-amt.de/DE/Europa/Erweiterung/ Serbien.html, Stand 30.10.2013 (Zugriff: 28.4.2014)

Recherche zu den EU-Beitrittskandidaten

LERNWEG

INTERNET

http://europa.eu
Homepage der
Europäischen Union

http://ec.europa.eu
Homepage der
Europäischen Kommission

www.auswaertiges-amt.de
Homepage des
Auswärtigen Amtes

- Recherchieren Sie, welche Länder ebenfalls den Status eines „Beitrittskandidaten" bzw. eines „potenziellen Beitrittskandidaten" erworben haben. Informationen finden Sie auf der Homepage des Auswärtigen Amtes oder der Europäischen Union.
- Erstellen Sie in Kleingruppen Kurzvorträge, die über die Länder informieren. Berücksichtigen Sie dabei, wie weit die Verhandlungen bereits fortgeschritten sind und welche Kriterien bereits erfüllt sind bzw. noch erfüllt werden müssen, um EU-Mitglied zu werden.
- Vergleichen Sie die Beitrittskandidaten miteinander. Diskutieren Sie, welche Länder in die EU integriert werden sollten und wo Sie Probleme sehen.

1 Fassen Sie mithilfe eines Zeitstrahls **zusammen**, welche Schritte Serbien auf dem Weg in die EU bereits gemacht hat und welche Kriterien noch erfüllt werden müssen (M 2).

2 Informieren Sie sich im aktuellen Fortschrittsbericht der Europäischen Kommission, welche Kriterien inzwischen erfüllt sind und wo noch Handlungsbedarf gesehen wird.

MATERIAL **3**

Wo endet Europa?

Jetzt also auch noch Kroatien. Kein großes Land, rund vier Millionen Einwohner. Aber selbst Wohlmeinende sagen: wirtschaftlich eher ein Problemfall. Nun tritt der Problem-
5 fall der Europäischen Union bei. [...] Schon 27 Länder sind reichlich viel für eine politische Union, nun werden es 28. Und die nächsten Kandidaten stehen vor der Tür [...]. Widerspruch gegen das Wachstum gab es
10 immer. Am Anfang war es Charles de Gaulle, der den Beitritt Großbritanniens – und damit den der Dänen und der Iren – fast zehn Jahre lang blockierte [...].
Als nach der Zeitenwende von 1989 plötzlich
15 die mittel- und osteuropäischen Länder um Einlass baten, klangen die Einwände ganz ähnlich. Auch gegen die Türkei wird vor allem dies ins Feld geführt: dass sie als muslimisches Land grundsätzlich nicht zum Club
20 passe. *United in diversity*, in Vielfalt vereint, lautet das Motto der EU. Doch die Furcht vor dem jeweils anderen steckt ihr tief in den Knochen. [...] Erst die Kriege auf dem Balkan haben den Westeuropäern vor Augen
25 geführt, wie dringlich es war, die neuen Nachbarländer zu stabilisieren. Bis dahin beherrschte die Furcht vor den polnischen Klempnern, die einfallen und Arbeitsplätze rauben könnten, die Debatte. [...]
30 Zwei Motive beherrschen bis heute die Erweiterungsgeschichte der Union: die Vermehrung des Wohlstands und die Stabilisierung junger Demokratien. Lange Zeit schien beides Hand in Hand zu gehen. „Solange ge-

nügend Geld vorhanden war, das umverteilt 35 werden konnte, ließ sich die wirtschaftliche Zusammenarbeit als Gewinn für alle Beteiligten darstellen", schrieb der britische Historiker Tony Judt in seiner Geschichte Europas. Mit anderen Worten: Man wollte 40 Europa – und konnte es sich leisten. Doch mittlerweile geht die Gleichung nicht mehr auf, wonach die Teilhabe an Binnenmarkt und Subventionssegen mehr Wohlstand und Demokratie entstehen lässt. Die Ausgangssi- 45 tuation der zehn mittel- und osteuropäischen Länder, die 2004 und 2007 beitraten, lässt sich kaum mit jener Spaniens oder Portugals in den Achtzigerjahren vergleichen. Der Aufholbedarf war größer, der finanzielle Spiel- 50 raum hingegen kleiner. Das Resultat: Verteilungskämpfe, die mit dem Ausbruch der [Euro-]Krise noch einmal an Schärfe gewonnen haben. Auch deshalb sind die Zweifel an einer wachsenden Union in den vergange- 55 nen Jahren größer geworden. Genauer: die Zweifel in den alten EU-Ländern. [...]
Die Sorge, die EU könnte finanziell ein Fass ohne Boden werden, ist verständlich. Diese Sorge aber als Argument gegen die Neuen – 60 und damit gegen künftige Erweiterungen – ins Feld zu führen ist ungerecht. Wer heute von der Krise spricht, denkt an den Süden, nicht an den Osten des Kontinents. Zwar kämpfen auch dort viele Länder gegen Rezes- 65 sion und Arbeitslosigkeit. Sie erhalten aber längst nicht die Aufmerksamkeit und schon gar nicht die Unterstützung wie Griechen, Portugiesen oder Iren. Manche Diskussion im Kreise ihrer europäischen Kollegen ha- 70 ben die Regierungschefs aus Estland, Litauen oder der Slowakei in den vergangenen Jahren mit Kopfschütteln verfolgt: Pro-Kopf-Einkommen und Renten liegen in diesen Ländern noch immer weit unter dem Niveau, 75 dessen sich Italiener oder Franzosen erfreuen. In die Sorge ums Geld mischt sich in den alten Mitgliedsländern ein zweites Motiv. Je länger die Krise dauert, desto attraktiver erscheint vielen die Idee eines kleinen, 80 überschaubaren Kerneuropas. Mit [...] 28 Mitgliedern, heißt es, könne die EU nicht funktionieren. Häufig schwingt in der Klage Wehmut mit, die Sehnsucht nach einer Zeit, in der der Club erst neun, zehn oder zwölf 85

QUERVERWEIS

Charles de Gaulle
S. 135, Info

Die Eurokrise
S. 192–199

Zeichnung:
Klaus Stuttmann

Mitglieder hatte. Aber war früher wirklich alles besser? Dass die Verhandlungstische in Brüssel mit den Jahren immer größer geworden sind und die Tagesordnungen immer
90 länger – das lässt sich nicht bestreiten. Bis 28 Interessen unter einen Hut passen, dauert es Wochen und Monate, manchmal auch Jahre. Aber dass die EU handlungsunfähig geworden wäre – oder jedenfalls weniger
95 handlungsfähig als zuvor –, weil sie größer geworden ist, das müsste man erst noch beweisen. Der Zwang zum Kompromiss um beinahe jeden Preis gehörte von Anfang an zum genetischen Code der Gemeinschaft. Eini-
100 gung ging stets vor Effizienz. Die Entscheidung beispielsweise, die Abgeordneten des Europäischen Parlaments zwischen Straßburg und Brüssel hin- und herfahren zu lassen, fiel in einer Zeit, in der die Gemein-
105 schaft erst sechs Mitglieder hatte. Und die europäische Außenpolitik krankt heute nicht an Einwänden der Neumitglieder Malta oder Lettland, sondern an fundamentalen Gegensätzen zwischen Deutschland, Frankreich
110 und Großbritannien. Dasselbe gilt für die Krisenpolitik der vergangenen Jahre. Wenn Lösungen gescheitert sind, dann an einem Nein aus Berlin oder Paris. Natürlich hat sich die Union mit der Zahl ihrer Mitglieder ver-
115 ändert. Sie ist bunter, anstrengender, auch diffuser geworden. [...] Aber für die gegenwärtigen Schwierigkeiten Europas sind nicht die Neuen verantwortlich. Mitunter scheint sich die Perspektive sogar umzukehren. In
120 den Hauptstädten der Eurozone jedenfalls geht die Hoffnung um, Polen möge bald die gemeinsame Währung einführen, was das Vertrauen in den Euro festigen würde: Die Osteuropäer als Hoffnungsträger, fürwahr
125 eine neue Rolle.
Im vergangenen Dezember, als sich die Spitzen der EU im Osloer Rathaus trafen, um den Friedensnobelpreis entgegenzunehmen, saß, ein wenig am Rande, auch ein kroati-
130 scher Vertreter. Die norwegische Jury hatte

in ihrer Begründung nicht nur die Aussöhnung zwischen Deutschland und Frankreich gewürdigt, sondern ausdrücklich auch die bevorstehende Aufnahme Kroatiens, den Be-
135 ginn der Beitrittsverhandlungen mit Montenegro sowie die Aussicht auf einen EU-Beitritt Serbiens. [...] Sie erinnerten die EU damit an ihre größte Erfolgsgeschichte: die allmähliche Demokratisierung des unruhi-
140 gen Kontinents. Sie mahnten die Union zugleich, diesen Weg fortzusetzen. Lange Zeit wurde erbittert gestritten, ob die EU eher erweitert oder vertieft werden sollte – und ob zwischen beiden Zielen überhaupt ein
145 Widerspruch besteht. Den Friedensnobelpreis jedenfalls hat die EU dafür erhalten, dass sie ihre Ränder befriedet hat: Das war der Sinn ihres Wachstums. Und nicht, die Emission von Feinstaub nun in noch mehr
150 Ländern als zuvor zu regeln.
Sie hat bei alledem auch geostrategischen Verstand bewiesen. Denn der Demokratieexport war stets zugleich, ganz im eigenen Interesse, **Arrondierung** des eigenen Ein-
155 flussbereichs, Sicherung wichtiger geografischer Brückenköpfe. Das galt einst für Griechenland genauso wie später für Estland.
Nun also die Türkei: Gehört sie dazu? Oder die Ukraine? Wo endet die EU? Europa ist ein
160 Kontinent ohne scharf umrissene Grenzen. [...] In Artikel 49 des Vertrags über die Europäische Union heißt es, „jeder europäische Staat", der die Werte der Union achte, könne beantragen, Mitglied der Union zu werden.
165 Zur EU gehört, wer europäisch ist – ein Zirkelschluss, der auf die Unmöglichkeit verweist, exakte Grenzen zu ziehen. Weder Geografie noch Geschichte oder Kultur helfen da weiter. Das Offene und Unfertige ist kein
170 Defekt, es gehört zum Kern des europäischen Projektes. Das bedeutet nicht, dass jeder, der in den Club hineinwill, auch aufgenommen werden muss. Die Bringschuld liegt bei den Aspiranten. Aber die Union muss ihre Tür grundsätzlich offen halten [...].
175

Aus: Matthias Krupa, Wo endet Europa?, in: Die Zeit, Nr. 27/27.6.2013

1 Analysieren Sie M 3 hinsichtlich der Position des Autors zur Erweiterung der EU.
2 Erörtern Sie, auch mithilfe von M 2 und Ihrer Beurteilung zu Beginn des Kapitels (S. 216, Aufgabe 2), ob die EU in naher Zukunft weitere Länder aufnehmen sollte und welche Folgen sich daraus ergeben könnten: Hat sich Ihre ursprüngliche Position verändert?
3 Analysieren Sie die Karikatur im Hinblick auf ihre Aussage. Recherchieren Sie die Geschichte und den derzeitigen Stand der Beitrittsverhandlungen mit der Türkei. Diskutieren Sie Ihre Ergebnisse.

Wohin führt die Zukunft Europas? –
Integrationsmodelle, Integrationstheorien und Szenarien

MATERIAL **4**

Integrationsmodelle

Die Geschichte der europäischen Einigung ist geprägt von einer Vielzahl von unterschiedlichen Vorstellungen über die Genese der Europäischen Union:

5 Das Modell eines europäischen **Bundesstaates** zeichnet sich durch eine klare föderale Kompetenzabgrenzung zwischen den Mitgliedstaaten und der EU aus. Die Nationalstaaten geben Teile ihrer Souveränität an die 10 Union ab. Die supranationale Gemeinschaft verfügt somit über quasistaatliche Kompetenzen, zahlreiche Politikfelder werden in ihren Kompetenzbereich übertragen.

Voraussetzung ist eine demokratisch legiti-15 mierte Regierung sowohl auf nationaler wie auch auf EU-Ebene. Das bedeutet, dass die Position des Europäischen Parlaments gestärkt wird. Auch im Entscheidungsverfahren des Europäischen Rates bewirkt das 20 Modell eines europäischen Bundesstaates Veränderungen: Entscheidungen müssen nun nicht mehr im Konsens getroffen werden, sondern können nach dem Mehrheitsprinzip beschlossen werden. Die Union wird 25 in ihrer Gesamtheit gestärkt. Grundlage dieses Modells ist eine gemeinsame Verfassung und die Anerkennung und Verabschiedung gemeinsamer Grundwerte. [...]

Das Modell eines europäischen **Staaten-**30 **bundes** basiert auf starken und souveränen Nationalstaaten, die mit einem Letztentscheidungsrecht die gemeinsame Arbeit der Regierungen im Rahmen der Europäischen Union bestimmen und die Handlungszustän-35 digkeiten für sich in Anspruch nehmen. Die Regierungen der Mitgliedstaaten haben die Entscheidungsgewalt inne. Das Europäische Parlament spielt im Modell des europäischen Staatenbundes nur eine untergeordnete Rol-40 le, während die nationalen Parlamente keine Beschneidung ihrer Zuständigkeitsbereiche und Rechte erfahren. Nur wenige Politikbe-

reiche werden nach diesem Modell auf die transnationale Ebene übertragen, staatsrechtliche Kompetenzen sollen weiterhin klar bei 45 den einzelnen Nationalstaaten liegen. Zudem müssen Entscheidungen im gemeinsamen Konsens getroffen werden. Folge des Konzepts eines europäischen Staatenbundes ist die starke Stellung der einzelnen Mitglied-50 staaten, die ihre nationalstaatlichen Interessen wahrnehmen und vertreten. [...]

In [dem Modell der **Differenzierten Integration**] schließen sich einzelne Mitgliedstaaten oder Staatengruppen in jeweils unter-55 schiedlichen Politikfeldern zusammen, um so in verschiedenen Formationen zusammen zu arbeiten. Das Modell der „Differenzierten Integration" besteht neben den bisher vorhandenen politischen Strukturen der EU. 60 Zwei Konzeptionen sind innerhalb des Modells vorherrschend:

- „Europa der zwei Geschwindigkeiten": Die Mitgliedstaaten einigen sich verbindlich auf Ziele und setzen diese in einem 65 jeweils unterschiedlichen Tempo um.
- „Europa à la carte" oder Konzept der „Variablen Geometrie": Einzelne Mitgliedstaaten finden sich in immer neuen Formationen zusammen, um in bestimmten 70 Politikbereichen zu Entscheidungen zu gelangen. [...]

Das Modell eines **„Europa der Regionen"** vertritt die Idee von starken Regionen, die größere Mitspracherechte in der Europäi-75 schen Union erhalten sollen. Als „dritte Ebene" sollen sie an Entscheidungsfindungen beteiligt sein. Das Modell basiert auf dem Grundsatz der Bürgernähe. Zudem soll das föderalistische Konzept eine effizientere re-80 gionale Verwaltung, die Stärkung der Infrastrukturen und der Wettbewerbsfähigkeiten der Regionen gewährleisten.

Aus: Brandenburgische Landeszentrale für politische Bildung, Die EU: Leitvorstellungen und Motive, www.politische-bildung-brandenburg.de/node/7308 (Zugriff: 15.7.2014)

Konzepte und Theorien der europäischen Integration

MATERIAL **5**

GLOSSAR

Integration
Desintegration

Politikwissenschaftler beschäftigen sich mit der Frage, wie und weshalb es seit Mitte der 1950er-Jahre zu einer immer engeren Verflechtung und Kooperation der in der EG/EU vereinigten Staaten gekommen ist. Unterschiedliche Konzepte und Theorien konkurrieren seither um die plausibelste Erklärung für diesen Prozess der Integration:

Föderalismus	Supranationalismus	Intergouvernementalismus	Neofunktionalismus
Föderalismus [lat.: foedus = Bund, Übereinkunft] bezeichnet den Zusammenschluss von Teilen zu einem größeren politischen Ganzen, wobei sowohl die Zentrale als auch die Gliedstaaten ein Mindestmaß an Autonomie behalten. Die Beziehungen zwischen der Zentrale und den Gliedern des Bundes und das Maß an Eigenständigkeit und Kooperation sind i. d. R. in einer Verfassung festgeschrieben. [...] Die Schweiz und die USA dienen der föderalistischen Bewegung in Europa seit jeher als Vorbild und Modell für die Entwicklung der EG („Vereinigte Staaten von Europa"). [...] In vielen Staaten der EU wird der Föderalismus als Zielperspektive für die Entwicklung der europäische Integration kategorisch abgelehnt.	Der Begriff supranational [dt.: überstaatlich] beschreibt eine besonders enge Form der politischen, rechtlichen und wirtschaftlichen Zusammenarbeit und Verflechtung von Staaten, die sich durch die Übertragung von Kompetenzen und Ressourcen auf eine den Staaten übergeordnete politische Ebene und die Errichtung eines supranationalen Rechtssystems ergibt. [...] Im Unterschied zur intergouvernementalen Zusammenarbeit kann die supranationale Kooperation zu einer Einschränkung der mitgliedstaatlichen Kontrolle gegenüber den supranationalen Behörden (z. B. Kommission, Europäischer Gerichtshof) führen. Diese Verluste nehmen die Mitgliedstaaten jedoch in Kauf, weil sie von der supranationalen Entscheidungsfindung [...] und unabhängigen Kontrolle der Einhaltung des Gemeinschaftsrechts profitieren. Die Staaten gewinnen durch die Übertragung von Kompetenzen auf die EU-Ebene politische Handlungsspielräume zurück, die sie nicht besäßen, wenn sie auf sich allein gestellt wären (z. B in der Außenpolitik und Klimapolitik).	Intergouvernementale Zusammenarbeit [intergouvernemental = dt.: zwischenstaatlich] beschreibt eine Form der Zusammenarbeit zwischen Staaten innerhalb internationaler Organisationen. Im Rahmen der intergouvernementalen Zusammenarbeit behalten die Regierungen ihre volle Souveränität, treffen Entscheidungen nach dem Einstimmigkeitsprinzip und verfügen dementsprechend über ein Vetorecht. In der EU werden v. a. in der Gemeinsamen Außen- und Sicherheitspolitik (GASP) sowie in der Polizeilichen und in der Justiziellen Zusammenarbeit Entscheidungen nach diesem zwischenstaatlichen Modell getroffen [...].	Der [...] Neofunktionalismus sieht in der Integration der europäischen Staaten und ihrer Volkswirtschaften eine angesichts der grenzüberschreitenden Probleme und wechselseitigen Abhängigkeiten objektiv notwendige und für alle beteiligten Staaten gewinnbringende Lösung; diese Zusammenarbeit kann von einem Bereich in weitere Bereiche übergehen („spill over") [...]. Die Entwicklung der EG folgte dabei keinem Bauplan, etwa in Richtung eines europäischen Bundesstaates („Vereinigte Staaten von Europa"), sondern dem Prinzip „form follows function", d. h., die institutionelle Struktur der EG ergab sich aus den jeweiligen Sachproblemen. Die Funktionalisten sehen als treibende Kräfte der europäischen Integration nicht die Regierungen der Mitgliedstaaten und ihre (Macht-)Interessen, sondern von Regierungen unabhängige politische, gesellschaftliche und wirtschaftliche Akteure auf europäischer und nationaler Ebene, z. B. Unternehmerverbände, die sich von der engeren Zusammenarbeit und gemeinsamen EU-Standards einen Gewinn versprechen.

Nach: Das Europa Lexikon, hrsg. v. Martin Große Hüttmann/Hans Georg Wehling, 2. Auflage, Berlin 2013, S. 200, 238, 353, 357 f.

1 **Vergleichen** Sie die Integrationsmodelle in M 4 miteinander und finden Sie Beispiele, die für oder gegen die Entwicklung hin zu einem bestimmten Modell sprechen.

2 **Vergleichen** Sie die Integrationstheorien in M 5 miteinander und finden Sie Beispiele, die für die Entwicklung einer bestimmten Theorie sprechen.

3 **Vergleichen** Sie die Integrationsmodelle (M 4) mit den Integrationstheorien (M 5).

4 **Begründen** Sie, welche Theorie bzw. welches Modell Ihnen für die Zukunft Europas am plausibelsten erscheint.

METHODE

Szenario: Wohin führt die Zukunft Europas?

Ein Szenario soll einen schlüssigen Ausblick auf mögliche Entwicklungen bieten. Folgende Entwicklungsphasen sind denkbar:

1. Fundierungsphase
In dieser Phase sammeln Sie Informationen, um die „Ist-Situation" genau kennenzulernen. Diese „Ist-Situation" dient als Ausgangsbasis für ein Zukunftsszenario. Nur Szenarien, die sich auf sorgfältige Untersuchungen und Analysen stützen, sind wohl fundiert. Sie sind mit hoher Wahrscheinlichkeit plausibel, weshalb sie – wenn sie bestimmte Fragen aufwerfen – ernst genommen werden. Am Beginn einer Szenarioentwicklung steht eine sorgfältige Literatur- und Datenanalyse bereits veröffentlichten Materials zum „Ist-Zustand" und eventuell bereits konzipierter Szenarien zum gleichen oder einem verwandten Thema. Hinzu kommt die Befragung von Experten mit Blick auf deren Vorstellungen zu künftigen bzw. alternativen vergangenen Entwicklungen. Fragen Sie „Ihre" Experten auch nach den Entwicklungen, die diese als wahrscheinlich/unwahrscheinlich bzw. als wichtig/unwichtig ansehen sowie nach den Faktoren und Akteuren, die sie als Triebfedern oder Hemmnisse für eine bestimmte Entwicklungsrichtung erachten. Neben Einzelbefragungen können auch Umfragen mit größeren Personengruppen durchgeführt werden.

2. Analytische bzw. Kritikphase
Eine sorgfältige Analyse und Systematisierung der gesammelten Informationen, z. B. mithilfe einer Mindmap, ist für die Szenarioentwicklung von entscheidender Bedeutung. Folgende Fragen helfen Ihnen bei der Sichtung und Sortierung des Materials:
- Welche der gesammelten Informationen benötige ich zur Szenarioentwicklung?
- Welche Auswirkungen hat ein Szenario für die mittel- oder unmittelbar betroffenen Menschen, Regionen, Staaten oder die Welt insgesamt?
- Welche aktuellen oder vergangenen Diskussionen, Sachverhalte und Ereignisse machen die Auseinandersetzung mit meinem Thema sinnvoll?

3. Konstruktionsphase
Die Entwicklung eines Szenarios unterscheidet sich deutlich von einer sonstigen wissenschaftlichen Arbeit. Sie arbeiten zwar auf Grundlage gesicherter Fakten und Daten, müssen diese aber mithilfe Ihrer Fantasie weiterentwickeln. Dabei ist es wichtig, nicht allein „wünschenswerte", sondern „plausible" Szenarien zu entwickeln. Weitere Kriterien, die Ihr Szenario erfüllen sollte, sind innere Schlüssigkeit, Infragestellung gängiger Annahmen und Attraktivität für die Zielgruppe. Nach der Entwicklung des Szenarios erfolgt die erneute Überprüfung auf Plausibilität und Schlüssigkeit. Erst nach der Überarbeitung und Optimierung Ihres Konzepts ist Ihr Szenario bereit für eine Präsentation im Kursrahmen.

Fünf Zukunftsszenarien der EU
Das **Centrum für angewandte Politikforschung** erstellte 2003 fünf Zukunftsszenarien der EU. Die Integrationskategorien Reform, Erweiterung und Sicherheit wurden dazu zunächst in Teilkategorien eingeordnet, analysiert und abschließend in fünf möglichen Szenarien zusammengefasst.

1 **Beschreiben** Sie (arbeitsteilig in Kleingruppen) die in M 6 bis M 10 dargestellten Zukunftsszenarien der EU. Legen Sie dazu eine Tabelle mit folgenden Oberbegriffen an: Staatlichkeit, Dynamik, Organisation, Erweiterung und Außenwirkung.
2 **Vergleichen** Sie die Zukunftsszenarien der EU miteinander.
3 **Vergleichen** Sie die Integrationsmodelle in M 4 mit den Zukunftsszenarien in M 6 bis M 10 und **arbeiten** Sie Gemeinsamkeiten und Unterschiede **heraus**.
4 **Diskutieren** Sie anhand der Szenarien, wie die Zukunft Europas aussehen könnte. Hat sich Ihre Position vom Beginn des Kapitels (S. 216, Aufgabe 2 und 3) geändert?
5 **Entwickeln** Sie ein eigenes Szenario zum Thema: „Die EU in 20 Jahren".

Scheitert die EU? – Das „Titanicszenario"

Die Europäische Union ist nicht fähig, den internen und externen Herausforderungen gerecht zu werden. Innerhalb der EU nehmen die **Interessensdivergenzen** und die
5 Leistungsunterschiede zwischen neuen und alten Mitgliedstaaten im Zuge der Erweiterung erheblich zu. Heterogenität und Verteilungskämpfe zwischen den Mitgliedstaaten erscheinen unüberbrückbar. Die überambiti-
10 onierte und überhastete Erweiterung überfordert die unveränderten Strukturen der Union und führt letztendlich zur totalen Handlungsunfähigkeit.

Die Schwäche der EU wird verschärft durch
15 eine Funktions- und Legitimationskrise innerhalb der Mitgliedstaaten, die nicht fähig sind, den wirtschafts- und sozialpolitischen Reformstau aufzulösen. Die Krise der nationalen politischen und sozialen Systeme be-
20 lastet nicht nur die Mitgliedstaaten, sondern auch das Verhältnis der Bürger zur EU. Populistische und außerparlamentarische europakritische Kräfte gewinnen an Bedeutung. Die Polarisierung unterschiedlicher Politik- und
25 Wertekonzepte führt zu unüberbrückbaren Divergenzen zwischen den EU Mitgliedstaaten. [...]

Die inhaltliche Überdehnung und die zunehmende Handlungsunfähigkeit der Union
30 machen erzielte Integrationserfolge zunehmend zunichte. EU-Reformversuche schlagen mehrmals fehl. Dadurch stellen die Unionsmitglieder die Grundlagen für gemeinsames europäisches Handeln in-
35 frage. In der Folge beenden die Mitgliedstaaten nicht nur den Transfer weiterer Zuständigkeiten an die EU, sie bemühen
40 sich vielmehr um die Rückverlagerung bereits vergemeinschafteter Politikbereiche auf die nationale Ebene.
45 Der Substanzverlust der EU führt zu einer Schwächung der Wettbewerbsfähigkeit Europas gegenüber Nordamerika und

Asien. Aufgrund anhaltender Entschei-
50 dungs-, Handlungs- und Legitimationskrisen ist die Idee der Europäischen Union sowohl unter den Bürgern als auch den Eliten delegitimiert. Die Attraktivität des EU-Modells geht sowohl nach innen wie nach außen ver-
55 loren. Externe Herausforderungen in Form neuer globaler Konflikte können im Verbund einer schwachen EU nicht bewältigt werden. Die Mitgliedstaaten sind nicht fähig, sich in fundamentalen sicherheitspolitischen Fra-
60 gen, wie dem Einsatz militärischer Mittel in bestimmten Krisenregionen oder der strategischen Bedeutung der transatlantischen Sicherheitsarchitektur, zu einigen. Die Ambitionen auf die Verwirklichung einer welt-
65 politischen Akteursrolle der Europäischen Union werden nur noch von einer Minderheit der Mitgliedstaaten und Bürger geteilt. Eine Renationalisierung der europäischen Außen- und Sicherheitspolitik steht am Ende
70 des gescheiterten Versuchs, nationale Außen- und Sicherheitspolitiken zu europäisieren.

Die unterschiedlichen Haltungen im Hinblick auf die weltpolitische Rolle der EU wirken sich auch auf die EU-Innenpolitik nega-
75 tiv aus. Das Projekt Europa wird dadurch insgesamt infrage gestellt. Aufgrund unüberwindbarer Divergenzen kehren die Mitgliedstaaten zur **Ad-hoc**-Koalitionenbildung
80 außerhalb der Europäischen Union zurück, nicht zuletzt, um den weltpolitischen Sicherheitsherausforderungen eines von Staaten dominierten internationalen Systems gerecht zu
85 werden. Die innen- und außenpolitischen Divergenzen führen am Ende des Zerfallsprozesses zu unüberwindbaren Interes-
90 senskollisionen. Die Beziehungen zwischen den europäischen Staaten werden von wechselnden Koalitionen und einer ausgeprägten Machtpolitik ver-
95 gangener Tage bestimmt.

INFO

Divergenz
Auseinanderstreben, Auseinandergehen

ad hoc
spontan, aus dem Augenblick heraus

M 6 bis M 10 aus: Franco Algieri/Janis A. Emmanouilidis/Roman Maruhn, Europas Zukunft.
5 EU-Szenarien, Centrum für angewandte Politikforschung, München 2003

Festung Europa?! – „Geschlossenes Kerneuropa"

Zeichnung:
Brigitte Schneider

INFO

GASP
Gemeinsame Außen-
und Sicherheitspolitik
(siehe auch Glossar)

Zu unterschiedlich sind die europapoliti-
schen Vorstellungen über den weiteren Integrationsweg: Trotz hoher Erwartungen führt
der EU-Reformprozess nicht zu den erhofften
5 Reformerfolgen. Der strategische Gedanke
einer großen, föderativen Politischen Union
geht verloren. Die mangelnde Fähigkeit der
EU, den Folgen der Erweiterung und den Erfordernissen einer neuen weltpolitischen
10 Ordnung gerecht zu werden, fördert die Ent-
täuschung der Bürger über das Projekt Europa. [...] Die Vorteile des Binnenmarkts, die
gemeinsame Währung sowie der grenzenlose Reiseverkehr werden aber weiterhin ge-
15 schätzt. Doch machtbewusste Realpolitiker
scheuen weitere Integrationsschritte. [...]
Nach dem Scheitern der Idee einer supranationalen Politischen Union entschließt sich
eine kleine Gruppe von Staaten, ihre Zusam-
20 menarbeit im zwischenstaatlichen Rahmen
zu vertiefen. Da eine Zusammenarbeit innerhalb der vertraglichen Strukturen an der
Obstruktionspolitik einiger Mitgliedstaaten scheitert, findet die Kooperation nicht in
25 dem vom Vertrag vorgesehenen Rahmen
statt. Das außerhalb des Vertragsrahmens
operierende Kerneuropa sieht in der **inter-
gouvernementalen** Zusammenarbeit den
einzig realistischen Weg, gemeinsame Inter-
30 essen weltweit zu vertreten. [...]
Der Wille, eine möglichst gleichberechtigte
und eigenständige Rolle in den internationalen Beziehungen einzunehmen, ist das entscheidende Bindeglied des auf Regierungs-
35 zusammenarbeit ausgerichteten Kerneuropa.
[...] Die operativ-organisatorische Abstimmung zwischen den beteiligten Staaten wird
von einem eigens hierfür ins Leben geru-
fenen Koordinationssekretariat außerhalb
40 der traditionellen EU-Strukturen organisiert.

Obstruktionspolitik
Verhalten, das poli-
tische Vorgänge
behindert

acquis
Gesamtheit aller
Rechtsakte innerhalb
der EU

intergouvernemental
zwischen Regierungen
stattfindend (versus
supranational)

Supranationale Institutionen wie die Kommission oder der Europäische Gerichtshof
spielen hierbei keine Rolle. [...] Im geschlos-
senen Kerneuropa der Außen- und Sicherheitspolitik dominieren diejenigen europäi-
45 schen Staaten, die über die notwendigen
militärischen Fähigkeiten und Strukturen
sowie den Willen verfügen, ihren Interessen
weltweit, gegebenenfalls auch militärisch,
Nachdruck zu verleihen. [...] Die **GASP** der
50 EU beschränkt sich dagegen auf humanitäre
und zivile Maßnahmen und erfüllt den
Zweck einer ideellen Gemeinschaft. [...]
Angesichts widersprüchlicher Vorstellungen
vom weiteren Prozess der Integrationsvertie-
55 fung reduziert sich die traditionelle EU, die
weiterhin alle Mitgliedstaaten umfasst, zunehmend auf einige bewährte Politikfelder.
Das Management des Binnenmarkts als
Grundpfeiler europäischer Wettbewerbsfä-
60 higkeit im globalen Wirtschaftsumfeld [...]
bleibt Aufgabe der Europäischen Kommission. Umstrittene haushaltsintensive Politikfelder, wie die Agrar- und Strukturpolitik, werden renationalisiert oder im europäischen
65 Kontext auf einen finanziellen Minimalum-
fang reduziert [...]. In der Wirtschaftspolitik
geht es lediglich um die grobe Koordinierung
nationaler Politiken und nicht um die Etablierung einer Wirtschaftsunion. [...]
70 Die alte Union gleicht eher einer Freihandelszone *de luxe*, der die Fähigkeit zum politischen Handeln genommen wurde. Die auf
ein Minimum ihres ursprünglichen **acquis**
reduzierte Europäische Union erweitert sich
75 stetig. Dazu trägt vor allem der Umstand bei,
dass die Beitrittsbedingungen zur Freihandelszone *de luxe* weniger strikt ausgelegt
werden. Im Ergebnis trägt die umfangreiche
Erweiterung der Restbestand-EU zur Stabili-
80 sierung des europäischen Kontinents bei.
Der Weg in das Geschlossene Kerneuropa
bleibt den meisten EU-Mitgliedstaaten jedoch aus zwei Gründen verwehrt: Zum einen
haben die Kerneuropaländer aus machtpoli-
85 tischen Gründen kein Interesse an einer
substantiellen Erweiterung des Kerns. Zum
anderen fürchten mittlere und kleinere
EU-Mitgliedstaaten in der Abwesenheit einer dem Interessenausgleich verpflichteten,
90 überstaatlichen Institution die überragende
Dominanz der größeren Staaten im Kern.

Die Erhaltung des Status quo – „Methode Monnet"

Die EU wird den internen und externen Herausforderungen im Zusammenhang mit dem Erweiterungsprozess und den Veränderungen der internationalen Politik und Ökonomie
5 nur teilweise gerecht. Die notwendige Substanzreform der EU scheitert wie auch bei früheren Versuchen. Die positiven Effekte der vom **Europäischen Konvent 2003** eingeleiteten und von der anschließenden
10 Regierungskonferenz beschlossenen Vertragsreform begrenzen sich auf ein Mindestmaß. [...] Nachdem der institutionelle Quantensprung ausgeblieben ist, richten sich entsprechend der „alten Logik" erneut alle
15 Hoffnungen auf eine weitere Regierungskonferenz [...]. Wie bei den früheren Reformanstrengungen beteuern Politiker, dass aufgrund des erheblichen Handlungsdrucks eine Fundamentalreform der Europäischen
20 Union unumgänglich erscheint. Doch erneut erweist sich die Suche nach dem kleinsten gemeinsamenNenner als das bestimmende Muster eines schleppenden Integrationsprozesses. [...] Trotz ihrer Schwächen zerfällt
25 die Europäische Union nicht. Der Binnenmarkt, das Schengenregime, die Währungsunion sowie das Bewusstsein, dass der europäische Integrationsprozess dem alten Kontinent Frieden und Stabilität beschert
30 hat, halten die Union zusammen. [...]
Eine Renationalisierung europäischer Politiken oder die Wiederkehr traditioneller europäischer Mächtepolitik in der Abwesenheit eines supranationalen Ordnungssystems
35 sind keine Alternativmodelle für die Zukunft. [...] Den Bürgern und den Vertretern der organisierten Zivilgesellschaft ist bewusst, dass die Ursachen für die drängenden Probleme der europäischen Gesellschaften
40 nicht ausschließlich bei der EU zu suchen sind: Nicht die Europäische Union, sondern die Mitgliedstaaten selbst sind verantwortlich für
45 die anhaltende Lähmung der europäischen Volkswirtschaften oder die Unfähigkeit, die sozialen Sicherungssysteme an
50 die Gegebenheiten einer alternden Gesellschaft anzupassen.

In dieser Situation wird die Kommission als eine neutrale, unpolitische Hüterin der Verträge zunehmend als Modernisierungs- 55 motor auf europäischer Ebene wahrgenommen. Es ist die Losgelöstheit vom politischen Tagesgeschäft dieser nicht den Parteien und den Interessengruppen verpflichteten Verwaltung, die den langsamen, aber dennoch 60 kontinuierlichen Fortschritt des öffentlichen Lebens in der EU verwaltet und organisiert. Auch in der Außenpolitik sind es nicht die Institutionen und Vertragsgrundlagen der EU, sondern der mangelnde politische Wille 65 europäischer Regierungen, der die Union daran hindert, internationale Entwicklungen in einer neuen globalen Ordnung unter Führung der USA maßgeblich mitzubestimmen. Die institutionellen Detailreformen im 70 Bereich der Gemeinsamen Außen- und Sicherheitspolitik reichen nicht aus, um das strategische Weltmachtpotenzial einer Gemeinschaft von ca. 500 Millionen Menschen zu aktivieren. Vor allem sind die Europäer 75 nicht in der Lage, ihre militärischen Fähigkeiten weitreichend zu verbessern. Außen-, sicherheits- und verteidigungspolitisch bleibt die EU ein reaktiver Player, dessen Handeln sich zumeist auf den europäischen 80 Kontinent beschränkt. [...]
Die internen Konsolidierungsprobleme der EU nach der Aufnahme von zehn neuen Mitgliedstaaten im Mai 2004 wirken sich auch auf den Erweiterungsprozess aus. Kroatien 85 ist über Jahre hinweg das letzte Land, dem der Status eines Beitrittskandidaten zugesprochen wurde. [...]
Nachdem die reale Beitrittsperspektive möglicher Kandidatenländer in weite Ferne gerückt ist, muss die Union die Nachbarschaftsbeziehungen zu den östlichen und südlichen Nachbarn an der Peripherie der EU neu ausrichten bzw. auf eine 95 neue Grundlage stellen. Nicht das Ziel einer Mitgliedschaft, sondern eine möglichst nahe funktionale Anbindung an 100 die Union wird zum Leitmotiv der regionalen Zusammenarbeit.

INFO

Jean Omer Marie Gabriel Monnet
* 9.11.1888 in Cognac/ Frankreich
† 16.3.1979 bei Paris französischer Unternehmer, Wirtschafts- und Finanzberater, der sich nach dem Zweiten Weltkrieg stark für die europäische Einigung einsetzte; so geht der Plan zur Gründung der Montanunion wesentlich auf ihn zurück. Grundsätzlich vertrat er die Idee, dass ein einiges Europa sich nur ergebnisoffen, aus vielen kleinen Schritten heraus entwickeln könne (Methode Monnet).

Europäischer Konvent 2003
(auch „Verfassungskonvent") erarbeitete von 2002 bis 2003 den Entwurf für den „Vertrag über eine Verfassung für Europa" (VVE).

Vertiefung der Integration – „Offener Gravitationsraum"

Zeichnung:
Fritz Behrendt

INFO

Regierungskonferenz 2004
Verhandlungen über den Entwurf eines gemeinsamen Verfassungsvertrags in Rom

Marginalisierung
hier: an den Rand drängen

Amsterdamer Vertrag
Trat 1999 in Kraft und sollte die Handlungsfähigkeit der EU nach der Osterweiterung erhalten. Er wurde 2003 durch den „Vertrag von Nizza" geändert.

Die internen Reformbemühungen im Rahmen der **Regierungskonferenz 2004** verlaufen nur bedingt erfolgreich. Ein maximales Reformergebnis scheitert an der fehlenden Zustimmung einiger weniger Mitgliedstaaten. Die Befürworter eines substanziellen Reformschritts und damit die Mehrheit der Mitgliedstaaten halten am grundsätzlichen Ziel der Fortentwicklung der EU in Richtung einer Politischen Union fest. Eine Reduktion der EU auf eine Freihandelszone de luxe sowie eine Schwächung des Gemeinschaftsprinzips und eine **Marginalisierung** überstaatlicher Institutionen (Kommission, Europäisches Parlament) sollen aus ihrer Sicht verhindert werden. Die Mehrzahl der Regierungen und Parteien, aber auch Vertreter der organisierten Zivilgesellschaft befürworten eine Integrationsvertiefung. [...]
Nachdem bereits in der Vergangenheit wichtige Integrationsschritte nur von einer begrenzten Zahl an Mitgliedstaaten umgesetzt wurden (Schengen, Währungsunion), wird Flexibilität zum zentralen Bestimmungsmerkmal des großen Europa. Die integrationswilligen Mitgliedstaaten vertiefen ihre Zusammenarbeit in einzelnen alten und neuen Politikfeldern innerhalb des Vertragsrahmens der EU. Als vertragliches Instrument der Differenzierung dient das seit dem **Amsterdamer Vertrag** zur Verfügung stehende und in der folgenden Verfassungsentwicklung von seinen restriktiven Ausführungsbestimmungen entledigte Differenzierungsinstrument der „verstärkten Zusammenarbeit". Der Offene Gravitationsraum, dem große, kleine, neue und alte EU-Mitgliedstaaten angehören, ebnet den Integrationsweg in Richtung einer überstaatlich organisierten Politischen Union.

Den Gravitationsraum zeichnen zwei entscheidende Wesensmerkmale aus: Zum einen folgt die vertiefte Kooperation der Mitgliedstaaten den Prinzipien der Gemeinschaftsmethode. Zum anderen wird jedem Mitgliedstaat die Teilnahme an einer verstärkten Zusammenarbeit ermöglicht.
Dem Gemeinschaftsprinzip entsprechend sind die Kommission und das Europäische Parlament nicht nur beteiligt, wenn es um die Initialisierung, Autorisierung und Kontrolle einer vertieften Zusammenarbeit geht. Vielmehr verfügen sie über extensive Exekutiv- und Legislativbefugnisse im Hinblick auf die konkrete Umsetzung einer verstärkten Zusammenarbeit. [...] Entscheidungen, die eine verstärkte Zusammenarbeit betreffen, werden vom gesamten Kommissionskollegium und von allen Mitgliedern des Europäischen Parlaments getroffen. Ausgehend von einem supranationalen Verständnis beider Organe wird nicht zwischen Vertretern der an einer verstärkten Zusammenarbeit teilnehmenden bzw. nicht teilnehmenden Staaten unterschieden. Bei Entscheidungen auf Ministerebene, die grundsätzlich mit Mehrheit gefällt werden, sind dagegen nur diejenigen mitgliedstaatlichen Vertreter stimmberechtigt, die an einer verstärkten Zusammenarbeit partizipieren.
Der Offene Gravitationsraum zieht weitere EU-Mitgliedstaaten in seinen Bann. Auf der Grundlage vorab definierter Kriterien können sich alle Unionsmitglieder einer verstärkten Zusammenarbeit anschließen, auch wenn sie anfänglich dazu entweder nicht willens oder nicht fähig waren. [...] Darüber hinaus ermöglicht die anhaltende Integrationsdynamik in der Union die frühzeitige Anbindung von Nicht-EU-Staaten an einzelne Politikbereiche unterhalb einer EU-Vollmitgliedschaft. [...] Diese Zusammenarbeit mit Nicht-Mitgliedstaaten wird unter das institutionelle Dach einer Europäischen Stabilitäts- und Wachstumsgemeinschaft (ESW) gestellt, in der die EU und die an der Kooperation beteiligten Staaten gleichberechtigte Mitglieder sind. [...] Die ESW federt einerseits den von der Europäischen Union ausgehenden Magnetismus gegenüber ihrer Nachbarschaft ab und füllt andererseits ein machtpolitisches Vakuum an der Peripherie des Kontinents.

Weltmacht Europa – „Europa als Supermacht"

Eine lineare Integrationsentwicklung im Sinne kontinuierlicher Reformerfolge prägt die Union der Zukunft. Die zunehmende Transparenz im EU-System sowie die Fähigkeit,
5 den internen und internationalen Herausforderungen auf Unionsebene gerecht zu werden, wirkt sich positiv auf die Akzeptanz der Union bei den Bürgern aus. Die zunehmende Vernetzung der Gesellschaften fördert die
10 öffentliche Auseinandersetzung mit europäischen Themen. Der Aufbau **intermediärer** Strukturen (Medien, Nichtregierungsorganisationen) führt zur Etablierung einer gesamteuropäischen Öffentlichkeit als Grundlage
15 einer europäischen Zivilgesellschaft. Auf der Basis eines wachsenden „Wir-Gefühls" im Kontext eines Europas der Bürger entwickelt sich die EU stetig in Richtung einer Politischen Union. [...] Die Union nähert sich unter
20 Einschluss aller Mitgliedstaaten dem Finalitätsziel einer Staatswerdung Europas.
Im Zuge der Integrationsentwicklung übertragen die Mitgliedstaaten weit reichende Kompetenzen an die Union. Alle zentralen
25 Politikbereiche (Innen-, Außen-, Verteidigungs-, Sozial- und Wirtschaftspolitik) werden unter strikter Beachtung eines in der Europäischen Verfassung klar definierten Kompetenzgefüges vergemeinschaftet. [...]
30 Insgesamt wird der europäischen Ebene eine höhere Problemlösungsfähigkeit zugeschrieben als den zum Teil reformunfähigen Nationalstaaten. [...]
In einem klar geregelten System der gegen-
35 seitigen Kontrolle der Machtausübung verfügt die Kommission über regierungsspezifische Exekutivbefugnisse. Der Kommissionspräsident wird direkt von den europäischen Bürgern gewählt. Im Zuge einer vollkom-
40 menen Parlamentarisierung werden beide Häuser, das Europäische Parlament und die Europäische Staatenkammer (bestehend aus Vertretern der Mitgliedstaaten), mit sämtlichen gesetzgeberischen Rechten ausgestat-
45 tet. Die judikative Kontrolle unterliegt uneingeschränkt dem Europäischen Gerichtshof. Im Kontext einer klar geregelten Finanzverfassung verfügt die Europäische Union über eigene steuerfinanzierte Finanz-
50 ressourcen.

Die sich stetig in Richtung einer Supermacht Europa entwickelnde Europäische Union erweist 55 sich als ein äußerst offenes System, das auch im Prozess der Staatswerdung fähig ist, neue Mitglieder 60 aufzunehmen. Damit ist die EU global das einzige System, das territorial kontinuierlich expandiert. 65
Nachdem der Türkei der Weg in die Europäische Union geöffnet wurde, wird letztlich keinem europäischen Staat die EU- 70 Mitgliedschaft verwehrt. Auch nichteuropäische Staaten, wie Israel oder Marokko, erhöhen den Druck, EU-Mitglieder zu werden. [...]
Im Ergebnis einer Abtretung nationaler Souveränitätsrechte der Mitgliedstaaten an 75 die EU entwickelt sich die Union zu einem umfassenden globalen Sicherheitsakteur. Die Etablierung einer Sicherheits- und Verteidigungsunion und vor allem der Aufbau der Vereinten Europäischen Strategischen Streit- 80 kräfte (VESS), die sich unter einem gemeinsamen europäischen Oberkommando des Atomwaffenpotenzials Frankreichs und Großbritanniens bedienen können, verändern die internationale Rolle der EU. [...] 85
Die Supermacht Europa verabschiedet sich endgültig von der Idee einer Zivilmacht und bedient sich uneingeschränkt der Mittel internationaler Machtpolitik. Trotz grundsätzlicher Unterschiede zwischen dem Staats- 90 gebilde sui generis der Supermacht Europa und dem Staatsverständnis und dem Regierungssystem der Vereinigten Staaten erlaubt das große politische und wirtschaftliche Machtpotenzial der EU den Vergleich mit den 95 USA. [...] Die Etablierung eines Atlantischen Wirtschaftsraums wird zum Symbol eines neuen transatlantischen Gleichgewichts.

70 *Zeichnung:*
Horst Haitzinger

INFO

intermediär
Vermittler verschiedener Akteure

Eine Rede halten

Eine besonders herausfordernde Aufgabe ist es, wenn man gebeten wird, vor Dritten eine Rede zu halten. Mit Ausnahme von Gratulations- und Festreden enthält eine Rede immer die Absicht, das Publikum von der Richtigkeit der vorgetragenen Auffassung zu überzeugen. Eine Rede zu halten ist deshalb viel anspruchsvoller, als mithilfe einer Power-Point-Präsentation über eine Sache zu informieren.

Um zu einer gelungenen Rede zu kommen, sollte man bestimmte Arbeitsschritte berücksichtigen. Die Arbeitsschritte entsprechen den fünf Produktionsstadien, die bereits in der Antike bekannt waren und sich bis heute bewährt haben.

1. Die Vorbereitung beginnt mit der *inventio*. Der Redner sucht und findet in dieser Phase die zum Thema passenden Argumente.
2. Es schließt sich die *dispositio* an. In dieser Phase bringt der Redner die Argumente in eine plausible Reihenfolge.
3. In der Phase der *elocutio* wird der Redetext sprachlich und stilistisch ausgearbeitet.
4. Es schließt sich die Phase der *memoria* an, in der sich der Redner seinen Text gedanklich aneignet.
5. Schließlich erfolgt in der *actio* oder *pronuntiatio* der Redevortrag selbst. Hier achtet der Redner auf Gestik, Mimik und weitere körpersprachliche Signale sowie auf angemessene stimmliche Präsentation.

Im Folgenden werden Ratschläge gegeben, wie man die mit einer Rede verbundenen Herausforderungen meistern kann.

A. Frei oder mit Manuskript reden?

Es gibt drei Möglichkeiten, eine Rede vorzutragen.

- **Erste Möglichkeit:** Man fertigt ein Satz für Satz **ausformuliertes Manuskript** an und liest den Text dann vom Blatt ab. Das verlangt zum einen eine ausreichende Schriftgröße (mindestens 14 Pt.). Zum anderen sollte entweder jeder neue Satz mit einer neuen Zeile beginnen, oder es sollten, wenn man dies nicht will, zwischen den Sätzen große Abstände eingefügt werden. Auf diese Weise findet man schnell jeden neuen Satzanfang.

- **Zweite Möglichkeit:** Man fertigt ein **Stichwortmanuskript** an und benutzt dieses als Gedankenstütze für eine weitgehend frei vorgetragene Rede. Man sollte Haupt- und Nebenstichworte unterscheiden. Dabei markieren die Hauptstichworte die Gedankenfolge der Rede, während die Nebenstichworte auf Einzelheiten eingehen oder Erläuterungen enthalten. Bei den Nebenstichworten finden auch Definitionen, Zahlenangaben oder Zitate Platz. Zitate müssen wörtlich aufgeschrieben werden, da es auf ihre Authentizität ankommt. Die Beschränkung auf Stichworte sollte bei der Einleitung und beim Schluss aufgegeben werden. Um das Lampenfieber abzubauen, sollten die einleitenden Sätze wörtlich aufgeschrieben werden. Weil der Schluss abgerundet klingen muss, sollte auch er wörtlich formuliert werden.

- **Dritte Möglichkeit:** Man spricht völlig **frei**. Die letztgenannte Möglichkeit ist sehr risikoreich, denn man kann den roten Faden verlieren oder stecken bleiben. Nur sehr erfahrene Redner können aus dem Stegreif sprechen.

B. Lautrein, abwechslungsreich und lebendig sprechen

Wer eine Rede hält, möchte zunächst, dass das Publikum seine Botschaft akustisch gut versteht. Dies verlangt vom Redner zweierlei: Erstens genügend Lautstärke und zweitens deutliche Aussprache.

Eine hinreichende Lautstärke ist unerlässlich, um verstanden zu werden. Weiterhin ist es wichtig, lautrein zu sprechen, also Laute klar voneinander abzugrenzen. Das ist leichter gesagt als getan. Häufig werden die Vokale nicht klar unterschieden. Die Hörer verstehen dann „können" statt „kennen" und „Bären" statt „Beeren". Ferner neigen nicht wenige Menschen dazu, nahe beieinander liegende Konsonanten wie -b und -p, -d und -t, -g und -k sowie -l und -r in der Lautung so anzugleichen, dass die Hörer sie nicht unterscheiden können. Statt „Bein" wird

„Pein", statt „Dorf" wird „Torf", statt „Kunst" wird „Gunst" und statt „Begleitung" wird „Bekleidung" verstanden.

Um die Aufmerksamkeit der Hörer zu erlangen und zu erhalten, muss der Redner anregend und abwechslungsreich sprechen. Für jedes Publikum ist es eine Qual, sich eine monoton vorgetragene Rede anhören zu müssen. Um dies zu vermeiden, stehen vier Mittel zur Verfügung: Man kann **bestimmte Wörter betonen**, man kann **Sprechpausen einlegen**, man kann **die Lautstärke wechseln** und man kann **das Sprechtempo variieren**.

C. Die Körpersprache beachten

Die Bedeutung der Körpersprache kann kaum überschätzt werden. Das ist schon deshalb so, weil Reden nicht nur gehört, sondern auch gesehen werden. Kommunikative Signale gehen von verschiedenen Organen aus, so von den Augen, dem Mund, den Händen und Armen sowie den Beinen und Füßen. Darüber hinaus „sprechen" sogar die Kleidung und die Art und Weise, wie man sich bewegt und sich im Raum verhält.

Die Körpersprache wird vor allem eingesetzt, um Aussagen zu unterstreichen. Die Körpersprache bedient sich zu diesem Zweck in erster Linie der **Gestik**, also des Einsatzes von Armen und Händen. Aber auch die **Mimik**, d. h. der Gesichtsausdruck, kann gezielt genutzt werden, um Aussagen zu unterstützen.

Besondere Beachtung verdienen die **Körperhaltung** sowie der **Blickkontakt** zum Publikum. Es empfiehlt sich eine offene Körperhaltung. Der Redner steht dabei aufrecht hinter dem Rednerpult. Er vermeidet es, den Oberkörper hinter verschränkten Armen zu verbergen. Der Blickkontakt ist für den Aufbau einer guten Beziehung zum Publikum wichtig. Der Redner sollte möglichst viele, wenn nicht alle Hörer in den Blickkontakt einbeziehen. Wer nämlich nur bestimmte Leute anschaut, ignoriert zwangsläufig die übrigen.

1 Bereiten Sie eine Kurzrede von fünf Minuten mithilfe eines Stichwortmanuskriptes vor. Halten Sie im Anschluss Ihre Rede. Thema: Sollen Sechzehnjährige das Wahlrecht für die Wahl zum Europäischen Parlament erhalten?

2 Sehen Sie sich eine aufgezeichnete Fernsehdiskussion mit mehreren Politikern mit abgeschaltetem Ton etwa fünfzehn Minuten lang an. Achten Sie dabei auf die Körpersprache der Akteure. Notieren Sie Auffälligkeiten und deren Wirkung in einem Beobachtungsleitfaden. Was wirkt sympathisch, was rechthaberisch? Was drückt Sicherheit, Unsicherheit, Verlegenheit, Empörung, Angriffslust und Selbstgefälligkeit aus?

Beobachtungsleitfaden:

Name des Politikers:		
Körpersprachlicher Ausschnitt	**Auffälligkeiten**	**Wirkung**
Kopfhaltung und Kopfbewegung		
Mimik (Stirn, Augen, Mund, eventuell Brille)		
Gestik (Arme, Hände, Finger, Beine)		
Oberkörperhaltung und Oberkörperbewegung		
Äußeres (Kleidung)		

METHODE

D. Einen verständlichen und wirksamen Redestil praktizieren

Der Erfolg einer Rede hängt in starkem Maße vom Redestil ab. Ein gelungener Redestil zeichnet sich vor allem dadurch aus, dass das Gesprochene sofort verstanden wird. Eindeutige Wörter, klare Sätze und ein sogleich nachvollziehbarer Gedankenaufbau sind wesentliche Voraussetzungen für die Verständlichkeit. Weist eine Rede dann noch stilistische Merkmale auf, die die Aufmerksamkeit des Publikums zu fesseln vermögen, ist Wesentliches für den Redeerfolg getan.

Die Verständlichkeit eines Textes hängt maßgeblich von drei Faktoren ab, nämlich **Einfachheit, Ordnung** und **Kürze**. Die Einfachheit zeigt sich in einem übersichtlichen Satzbau und im Gebrauch allgemein bekannter Wörter. Die Ordnung zeigt sich in der übersichtlichen Gliederung des Redetextes sowie in einer inneren Folgerichtigkeit der Gedanken. Die Kürze zeigt sich in der konzentrierten Darstellung des Redegegenstandes.

Es empfiehlt sich, komplexe Satzgefüge aus einem Redetext zu verbannen. Anzuraten sind demgegenüber relativ kurze Hauptsätze. Denn sie machen das Zuhören leicht. Sie entsprechen auch dem Prinzip, dass jeder neue Gedanke in einen neuen Satz gehört.

Schließlich kann man seinem Text Würze dadurch verleihen, dass man **rhetorische Mittel** einsetzt. Sie erfüllen verschiedene Zwecke.

Zweck	Beschreibung		Beispiele
Steigerung von Lebendigkeit und Anschaulichkeit	Nutzen von wörtlicher Rede, Bildern, Vergleichen, Wortspielen, Beispielen und Sprichwörtern		▪ Ein Sack voller Sorgen. ▪ Wer rastet, der rostet. ▪ Man soll keine schlafenden Hunde wecken.
Einbeziehung des Publikums	▪ Nutzen von rhetorischen Fragen ▪ Nutzen von Ausrufen ▪ das Versprechen von Kürze		▪ Wer glaubt denn so etwas? ▪ Schluss mit dem Theater! ▪ Gebt mir fünf Minuten!
Ausdrucksverstärkung	Wiederholung	▪ Wortwiederholung am Anfang (Anapher) ▪ Wortwiederholung am Ende (Epipher) ▪ Wortverdopplung (Gemination) ▪ Wiederkehr identischer Sätze am Ende von Absätzen (Refrain)	▪ Lies keine Oden! Lies Fahrpläne! ▪ Ende gut. Alles gut. Er will alles. Er kann alles. ▪ Der große, wirklich große Staatsmann. Keiner, keiner darf das Gesetz brechen. ▪ Das ist so und bleibt so. ... Das ist so und bleibt so.
	Zuspitzung	▪ Steigerung (Klimax) ▪ Übertreibung (Hyperbel) ▪ Antithese	▪ Gut, besser, am besten. ▪ Blitzschnell, winzig klein. ▪ Ihr werdet die Schwachen nicht stärken, indem ihr die Starken schwächt.
	Wahl ungewöhnlicher Worte	▪ Dreierfigur (Triade) ▪ Verstellung (Ironie) ▪ Verbindung sich widersprechender Begriffe (Oxymoron) ▪ Paradoxon ▪ Euphemismus	▪ Freiheit, Gleichheit, Brüderlichkeit. ▪ Freundchen, warte nur ab. ▪ Es lebe der Tod. Ohrenbetäubende Stille. Beredtes Schweigen. ▪ Weniger ist mehr. ▪ Wir müssen Arbeitnehmer freisetzen.

E. Eine sachlich überzeugende Argumentation aufbauen

Das Herzstück einer jeden Rede bildet die Argumentation. Argumentieren heißt nichts anderes, als Behauptungen und Forderungen mit Gründen oder Beweisen zu versehen.

Der Vorgang der Argumentation ist relativ einfach: Um den Geltungsanspruch einer These zu stützen, zieht man eine unstrittige Tatsachenaussage heran. Diese Aussage könnte man zur Verstärkung noch mit einer weiteren, sie begründenden Aussage stützen. Meistens genügt eine solche ein- oder zweistufige Begründung. Die **Begründungen** sind nichts anderes als Argumente. Am Ende einer solchen Auflistung von Argumenten steht die **Schlussfolgerung**. Die Schlussfolgerung besteht im Grunde aus einem Satz, der Bezug auf die aufgestellte These nimmt und deren jetzt bewiesene Richtigkeit hervorhebt.

F. Die Rede strukturieren

Die – kurze – **Einleitung** hat zwei Aufgaben zu erfüllen: Sie soll zum einen den Kontakt mit dem Publikum herstellen und zum anderen in das Thema der Rede einführen.

Der – ausführliche – **Hauptteil** dient der Darlegung der vom Redegegenstand verlangten Sachverhalte. Er enthält folglich die Argumentation oder Beweisführung.

Hier kommt es auf eine klare Gliederung der aufbereiteten Gedanken an. Dazu empfiehlt es sich, zu Beginn des Hauptteils knapp die Punkte vorzustellen, auf die man einzugehen vorhat. Solche Gliederungsstützen geben etwa einen Überblick über den Redeaufbau. Ferner empfiehlt es sich, die Gedankenkomplexe in einer bestimmten Reihenfolge anzuordnen. Dem Spannungsbedürfnis, aber auch der Merkfähigkeit des Publikums entspricht es, den überzeugendsten Gedanken am Ende zu bringen. Man sollte aber nicht mit dem schwächsten Gedanken beginnen, da dann die in der Einleitung aufgebaute Erwartungshaltung des Publikums enttäuscht würde. Also beginnt man mit einem durchaus schlagkräftigen Gedanken, bringt dann weniger starke Gedanken in aufsteigender Reihenfolge und wartet zum Schluss mit dem besten Gedanken auf.

Der – kurze – **Schluss** trägt das Resümee der Rede vor. Ist die Rede eher sachlich bestimmt, kann der Schluss in einer Zusammenfassung der zentralen Gedanken bestehen. Ist die Rede eher auf politische Überzeugung ausgerichtet, enthält der Schluss in der Regel einen Appell, der Auffassung des Redners zu folgen.

Der Schluss ist für die Wirkung einer Rede von allergrößter Wichtigkeit. Denn die letzten Sätze einer Rede wirken oft am längsten nach. Es empfiehlt sich deshalb, in die Formulierung der Schlusssätze viel gedankliche Arbeit zu investieren. Es empfiehlt sich darüber hinaus, die Schlusssätze wörtlich festzulegen und gegebenenfalls auswendig zu lernen. Ferner sollte der Schluss angekündigt werden: „Ich komme zum Schluss" oder „Ich fasse zusammen". Es ist wichtig, dass die Schlusssätze selbst knapp und einprägsam formuliert sind. Keinesfalls dürfen sie sich in Details verlieren. Ganz am Ende steht die Schlussformel: „Ich danke für Ihre Aufmerksamkeit." Jetzt weiß das Publikum, dass es seinen Beifall kundtun darf.

1 Formen Sie den folgenden Satz eines Politikers so um, dass er verständlich wird: „Bei dieser Gelegenheit halte ich es für ziemlich wichtig, einmal explizit den Hinweis zu geben, dass bei der Inanspruchnahme mittelfristiger Kredite, und dies sollte angesichts sinkender Zinsen und steigender Einnahmen potenziell möglich sein, auch wenn das, wie ich konzediere, von den Steuerzahlern nicht sonderlich gerne gesehen wird, der Neubau des Rathauses eigentlich die Priorität haben muss vor kleineren, sicherlich wünschenswerten Projekten, zumal sich der finanzielle Aufwand in Anbetracht des Nutzens, immerhin stellt dies ja eine Investition zugunsten der Bürger dar, in Grenzen hält."

2 Halten Sie eine Kurzrede von fünf Minuten zum Thema: Soll die Türkei in die Europäische Union aufgenommen werden? Beachten Sie dabei alles, was Sie über die Redekunst gelernt haben.

METHODE

INFO

Nigel Farage
*3.4.1964 in
Farnborough
Vorsitzender der Uni-
ted Kingdom Indepen-
dence Party (UKIP),
die für einen Austritt
Großbritanniens aus
der EU eintritt;
im Europäischen
Parlament ist die UKIP
Mitglied der Fraktion
**Europa der Freiheit
und der direkten
Demokratie (EFDD),**
in der sich seit 2009
europaskeptische und
rechtspopulistische
Parteien zusammen-
geschlossen haben.

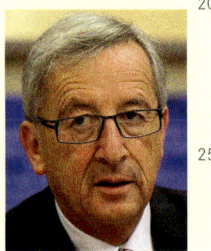

Jean-Claude Juncker
*9.12.1954 in
Redingen, Luxemburg
Mitglied der Christlich
Sozialen Volkspartei
(CSV), die im EP der
aus christlich-kon-
servativen Parteien
bestehenden **Fraktion
der Europäischen
Volkspartei (EVP)**
angehört; u. a. 2005–
2013 Vorsitzender
der Eurogruppe; seit
15.7.2014 Präsident
der Europäischen
Kommission (Bei der
letzten Europawahl
hatten die Parteien
erstmals ihre Spitzen-
kandidaten für dieses
Amt vorher benannt.)

Beispiel:

**Nigel Farage, Mitglied der EFDD-Fraktion im Europäischen Parlament.
Rede am 15. Juli 2014 anlässlich der Nominierung Jean-Claude Junckers
zum Präsidenten der Europäischen Kommission**

Herr Präsident,

[...] Man hat uns gesagt, dass als Ergebnis der europäischen Wahlen Herr Juncker nun der Kandidat des Europäischen Parlamentes für den Kommissionsvorsitz ist. Ich kann Ihnen sagen, dass niemand im Vereinigten Königreich wusste, dass, wenn er wählen geht, dies etwas mit dieser Kandidatur zu tun hat. Tatsache ist, dass in allen Ländern die Wähler nicht wussten, dass es darum gehen sollte. Der Name von Herrn Juncker stand auf keinem Wahlzettel. [...]
Wir sind hier jetzt alle aufgefordert zu wählen – aber wir haben nur einen Kandidaten, für den wir stimmen können. Es ist wie in den guten alten Sowjetzeiten, oder? Demokratie bedeutet aber, dass man mehr als eine Wahl hat. Aber noch viel schlimmer als dies ist, dass es eine geheime Wahl sein wird. [...] Kurz nach den europäischen Wahlen sollen unsere Wähler nicht wissen, wie wir abgestimmt haben? Ich sage Ihnen [...], dass das Parlament nicht geheim wählen sollte. Wenn wir öffentlich gewählte Parlamentarier sind, dann müssen wir von unseren eigenen Wählern zur Rechenschaft gezogen werden können. Geheim zu wählen ist eine riesige Beleidigung unserer Wähler.
Ich hätte gedacht, dass es nach dem enormen Zuwachs der euroskeptischen Stimmen ein Umdenken in Brüssel geben würde. Aber das ist nicht passiert. Herr Cameron [der britische Premierminister] hat versucht, sich gegen Herrn Junckers Kandidatur zu stellen, [...] aber Frau Merkel hat sich durchgesetzt. Denn das, was die Bundeskanzlerin sagt, gilt im modernen Europa.
Nun zu unserem Kandidaten. Was positiv ist, Sie sind jemand, der einen besseren Sinn für Humor hat als die meisten, die ich in Brüssel getroffen habe, und es steht außer Frage, dass Sie politisch geschickt sind. [...] Aber heute haben Sie bewiesen, dass Sie eigentlich noch immer an der Idee des alten Europas festhalten. [...] Sie haben über die Notwendigkeit einer gemein-samen Außen- und Sicherheitspolitik gesprochen. Sie haben über die Notwendigkeit einer ge-meinsamen Energiepolitik gesprochen. Es ist klar, dass Sie den Prozess der Zentralisierung der Macht weitertragen werden. Das ist nicht überraschend, denn zwanzig Jahre lang waren Sie ein Schlüsselakteur in diesem Prozess, in dem die Demokratie herabgewürdigt wurde. Ich denke, das beste Beispiel dafür ist Ihre Äußerung zum französischen Referendum über die Verfassung, als Sie sagten, wenn es ein „Ja" ist, werden wir sagen „weiter geht's", und wenn es ein „Nein" ist, werden wir sagen „wir machen weiter". [...] Ich sage, dass unsere Fraktion mit „Nein" stimmen wird. Wir wollen nicht, dass es einfach so weitergeht. Wir wollen einen echten Wandel.
[...] Nach diesen Wahlen haben die Euroskeptiker zwar keine Mehrheit in diesem Haus, aber bitte denken Sie nicht, dass es vorbei ist, denn die überwiegende Mehrheit der europäischen Menschen will keinen europäischen Staat, will nicht, dass die Europäische Kommission die Exekutive ist, will nicht diese Flagge und will nicht diese Hymne. [...]

Aus: Nigel Farage, in: Erklärung des Kandidaten für das Amt des Präsidenten der Kommission (Aussprache), leicht geglättete Transkription der deutschen Simultanübersetzung, Originaltext und Video unter: www.europarl.europa. eu/sides/getDoc.do?pubRef=-%2f%2fEP%2f%2fTEXT%2bCRE%2b20140715%2bITEM-005%2bDOC%2bXML%2bV 0%2f%2fDE&language=DE, Straßburg, 15.7.2014 (Zugriff: 29.8.2014)

IIIIII1II Analysieren Sie die Rede von Nigel Farage mithilfe der Methode auf S. 130 f.
IIIII2 Halten Sie als Mitglied einer Fraktion im Europäischen Parlament, die die Kandidatur Junckers unterstützt, eine Antwortrede auf Nigel Farage.

Stößt die EU an ihre Grenzen?

Am Beispiel Serbien wird deutlich, dass der Weg in die europäische Gemeinschaft ein langer Prozess ist. Die Erfüllung der **Kopenhagener Kriterien** ist die Voraussetzung, um in die Europäische Union aufgenommen zu werden:

- Die Beitrittskandidaten müssen eine stabile demokratische und rechtstaatliche Ordnung nachweisen, die Menschenrechte wahren und Minderheiten schützen.
- Die Beitrittsländer müssen über eine funktionierende Marktwirtschaft verfügen und in der Lage sein, dem Wettbewerbsdruck und den Marktkräften der EU standzuhalten.
- Die Beitrittskandidaten müssen die sich aus der Mitgliedschaft ergebenden Pflichten übernehmen sowie Regelungen und Ziele der EU mittragen und unterstützen.

Die EU hingegen muss prüfen, ob die Kriterien erfüllt sind und ob die Gemeinschaft in der Lage ist, die neuen Beitrittsländer zu integrieren.

Immer wieder wird darüber diskutiert, ob eine **Erweiterung der EU** sinnvoll sei. Kritiker argumentieren, dass die Aufnahme ökonomisch schwacher Länder die Probleme der EU vergrößere und eine Konsensfindung weiter erschwere. Befürworter hingegen sehen in der Erweiterung eine Chance, den Frieden und die Demokratisierung weiter auszubauen.

Wohin führt die Zukunft Europas?

Mit der wachsenden Zahl der Mitgliedstaaten ergab sich auch eine Diskussion, in welche Richtung sich die EU zukünftig entwickeln wird bzw. sollte:

- **Bundesstaat-Modell:** Die Nationalstaaten geben weite Teile ihrer Souveränität an die EU ab, die damit quasistaatliche Kompetenzen besitzt. Basis dafür ist eine gemeinsame Verfassung.
- **Staatenbund-Modell:** Die Entscheidungsbefugnis verbleibt in den meisten Fällen bei den Nationalstaaten.
- **Differenzierte Integration:** Bestimmte Staaten oder Staatengruppen schließen sich zur Zusammenarbeit in von ihnen ausgewählten Politikfeldern zusammen:
  - **Europa der zwei Geschwindigkeiten:** Die Staaten einigen sich auf Ziele und setzen diese in individueller Geschwindigkeit um.
  - **Europa à la carte:** Die einzelnen Mitgliedstaaten finden sich in immer neuen Konstellationen zusammen, um in einzelnen Politikfeldern zusammenzuarbeiten.
- **Europa der Regionen:** Starke Regionen erhalten ein größeres Mitspracherecht innerhalb der EU. Dabei werden viele Entscheidungen dezentral getroffen.

Fundiert sind diese Modelle wiederum in unterschiedlichen Integrationstheorien: dem **Föderalismus**, dem **Supranationalismus**, dem **Intergouvernementalismus** sowie dem **Neofunktionalismus**.

Das Centrum für angewandte Politikforschung in München hat vor diesem Hintergrund 2003 **fünf Szenarien** entwickelt (siehe Grafik):

1. „Titanicszenario"
2. „Geschlossenes Kerneuropa"
3. „Methode Monnet"
4. „Offener Gravitationsraum"
5. „Europa als Supermacht"

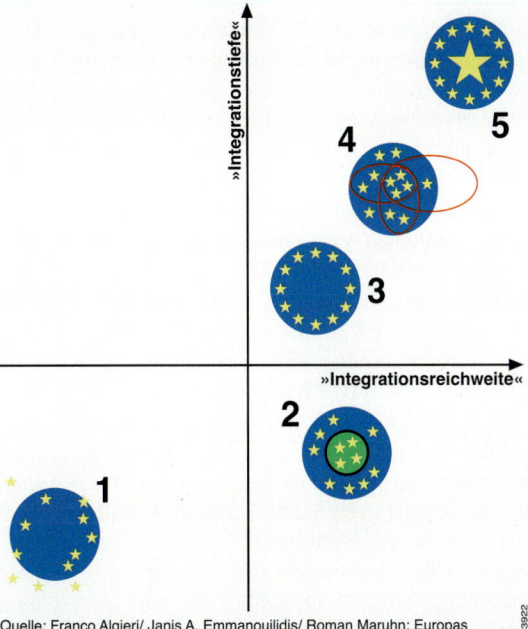

Quelle: Franco Algieri/ Janis A. Emmanouilidis/ Roman Maruhn: Europas Zukunft – 5 EU-Szenarien, Centrum für angewandte Politikforschung (CAP), München 2003

L & P / 3922

KLAUSUR Zukunft Europas: Es lebe die europäische Republik!

INFO

Robert Menasse
* 21.6.1954 in Wien
österreichsicher
Schriftsteller; er
erhielt am 27.3.2013
den Heinrich-Mann-
Preis in der Berliner
Akademie der Künste.

Mimikry
biologischer Sachver-
halt, dass Menschen
andere Menschen
bewusst oder unbe-
wusst nachahmen

Die europäischen Staats- und Regierungschefs verhandeln in einem brennenden Haus
darüber, welche Summe für den Wasserscha-
den bereitgestellt werden könne, wenn man
5 das Feuer löscht. Der Vorwurf, sie hätten den
Kontakt zu den Bürgern verloren, stimmt
nicht. Sie hatten ihn nie. Es ist das System,
das eine legitimierte Repräsentanz der europäischen Bevölkerung weder vorsieht noch
10 zulässt. Wer immer heute in der entscheidenden Instanz der EU, dem Europäischen
Rat, die Führungsrolle beansprucht oder
zugeschrieben bekommt: Er oder sie ist
in sechsundzwanzig der siebenundzwanzig
15 Mitgliedstaaten nicht gewählt. Wer immer
„demokratisch legitimiert", also gewählt,
Europa-Politik macht, ist nur durch nationale
Wahlen in diese Position gekommen und
muss, um politisch zu überleben, die Fiktion
20 „nationaler Interessen" verteidigen. Damit
stehen just jene, die das nachnationale Europäische Projekt weiterentwickeln sollen,
im Widerspruch zur Idee des Projekts: der
Überwindung des Nationalismus. Wer im-
25 mer heute in Gipfeln des Europäischen Rats
die Gemeinschaftsinteressen behindert, um
die Zustimmung seiner nationalen Wählerschaft zu bekommen, schadet allen anderen
– und aufgrund der ökonomischen Verflech-
30 tungen des europäischen Binnenmarkts und
der Eurozone letztlich auch dem eigenen
Land. [...] Kein europäischer Nationalstaat
kann heute mehr ein Problem allein lösen.
Doch das institutionelle Gefüge der EU be-
35 hindert gemeinschaftliche Lösungen. Was
wir heute Krise nennen, ist dieser Widerspruch, und was wir diskutieren, sind nur
dessen Symptome. [...]
Zwischen den politischen Repräsentanten,
40 ihrem Selbstverständnis nach Pragmatiker,
den Bürgern und einigen Träumern tun
sich Abgründe auf. Den Pragmatikern verdanken wir die Krise. [...] Zum Beispiel eine transnationale Währung, die unmöglich
45 funktionieren kann, sondern nur noch ihre
Idee unterläuft, weil nationale Bedenken die
Instrumentarien verhindert haben, die notwendig wären, die Währung zu managen.
Stattdessen werden Probleme, die aus die-
50 sem Widerspruch entstehen, renationalisiert, Schulden zur Schuld von Nationen

erklärt und diese zu nationalen Kraftan-
strengungen gezwungen, gegen die die Menschen zu Recht auf die Straße gehen. Wie
wollen diese Pragmatiker die Krise lösen? 55
[...] Den Bürgern verdanken wir die Legitimation der Krisenproduzenten. Sie zwingen
ihre Repräsentanten zur **Mimikry** nationaler Interessenverteidigung, wenden sich von
Europa ab und fordern eine Renationalisie- 60
rung ihrer politischen Partizipationsmög-
lichkeiten, eine Stärkung der plebiszitären
Demokratie. Das käme ja in die Nähe der europäischen Idee der Subsidiarität, wenn es
nicht so anti-europäisch aufgeladen wäre. 65
Und die Träumer? Ach, die Träumer! Sie waren und sie sind die wahren Realisten, ihnen
verdanken wir die schönsten Ideen und die
Grundlagen des modernen Europas. [...] Der
erste Präsident der Europäischen Kommissi- 70
on, Walter Hallstein, ein Deutscher, sagte:
„Die Abschaffung der Nation ist die europäische Idee!" – ein Satz, den weder der heutige Kommissionspräsident noch die gegenwärtige deutsche Kanzlerin wagen würde 75
auszusprechen. Und doch: Dieser Satz ist die
Wahrheit. Heute könnten wir den Träumern
die Lösung der Krise verdanken. Der Traum,
die Lösung: die europäische Republik. Die
Idee einer europäischen Republik, in der die 80
Regionen, ohne ihre Eigenart zu verlieren, in
einem freien Zusammenschluss aufgehen, in
den Rahmenbedingungen eines gemeinsamen Rechtszustandes, anstatt organisiert zu
sein in Nationen, die gegeneinander konkur- 85
rieren – diese Idee wäre der Soll-Zustand, an
dem wir jede europapolitische Entscheidung
vernünftig messen könnten. Es gibt keine
nationalen Interessen, es gibt menschliche
Interessen [...]. 90
Für die Begründung einer Europäischen Republik brauchten wir eine Rekonstruktion
der Idee, mit der das europäische Projekt begann. Gegenwärtig wird sich in eine unproduktive Diskussion verbohrt. Da geht es um 95
‚mehr Europa', eine sinnlose Floskel, weil es
nicht ‚mehr Europa' geben kann, ohne die
(Rest-)Souveränität der Nationalstaaten in
Frage zu stellen. Das Europa, in dem wir leben, ist in seiner politischen Ökonomie nicht 100
tragfähig und wird implodieren, denn nationale Demokratie und transnationale Wirt-

schaft fallen auseinander. Wir leben in einem Währungsraum und tun doch so, als
105 ob die Volkswirtschaften nationale wären,
die notwendig in Konkurrenz zueinander
stehen. Doch diese Konkurrenz wendet die
Not nicht, sie produziert Not.
Darum braucht Euroland eine transnationale
110 Demokratie: eine europäische Republik, mit
gleichen politischen, wirtschaftlichen und
sozialen Rechten und Regeln für alle. Das politische System Europas kann sich nicht
mehr lange um diese Frage herumdrücken,
115 wenn es demokratisch und sozial bleiben
will. Bundespräsident Gauck hat in seiner
Europa-Rede gleich zweimal den Begriff einer europäischen **Res publica** verwendet,
anstatt die Phrase von den „Vereinigten Staa-
120 ten von Europa" aufzuwärmen. „Vereinigte
Staaten" – das ist das alte europäische Projekt. Europäer haben in Amerika gewaltsam
Territorium erobert, es durch einen blutigen
Bürgerkrieg geeint und schließlich eine Na-
125 tion gebildet. Die EU aber ist das neue europäische Projekt, in jedem Punkt das Gegenteil: Sie organisiert ihr Territorium durch
freiwilligen Beitritt, einigt es durch Verträge
auf der Basis der Sicherung von nachhalti-
130 gem Frieden, überwindet die Idee der Nation
und baut den ersten nachnationalen Kontinent in der Geschichte auf. [...] Doch die Nationalstaaten sind immer noch das Problem,
sie stehen zwischen dem Bürger und der eu-
135 ropäischen Demokratie. [...] Die Souveränität
der Nationalstaaten ist die Illusion, an der
Europa krankt. [...] Wenn sich Europa über
die Bankenunion und den Schuldentilgungs-
fonds zur Haftungsunion weiterentwickeln
140 wird, dann wird auch die gemeinsame Entscheidung über Ausgaben anders organisiert
werden müssen [...]. Euroland als Keimzelle
einer europäischen Republik braucht ein
Eurozonenparlament mit Initiativrecht und
145 einem von nationalen Listen befreiten Wahl-

recht; einem an die Legislaturperiode gekoppelten Budgetzyklus und eine zumindest
anteilige europäische Steuerhoheit [...]. In
der Logik einer europäischen Res publica
150 müssten ferner die Gewinne der gesamteuropäischen Wertschöpfungskette transnational
verteilt [...] werden. In dieser Logik würde
eine europäische Arbeitslosenversicherung
in der Rezession die Wende zu einem euro-
155 päischen Wohlfahrtssystem erfahrbar machen. Eine solche Versicherung würde iden-
titätsstiftend wirken und den öffentlichen
Diskurs wegbewegen von der Fixierung auf
„Nettotransfers" zwischen Geber- und Neh-
160 merländern. Ökonomie, Währung und Politik gehören zusammen, und nur eine gesamteuropäische, durch eine supranationale
Demokratie legitimierte Politik kann [...] die
Wirtschaft zurückerobern. [...]
165 Der Begriff der Res publica ist das Wertvolls-
te, was die politische Ideengeschichte seit
Platon in Europa hervorgebracht hat. Er ist
das europäische Alleinstellungsmerkmal, auf
der ein europäisches „Wir-Gefühl" begründet
170 werden kann. Denn Res publica beinhaltet
ein Bekenntnis zur politischen Organisation
des Gemeinwesens, von der soziale Gerechtigkeit und allgemeine Wohlfahrt als norma-
tive Ziele abgeleitet werden können. Dies
175 findet man nicht in den Vereinigten Staaten,
nicht im autokratisch-oligarchischen Russland, geschweige denn im vordemokrati-
schen China. Res publica ist also, was Europa im Kern ausmacht! Niemand weiß heute,
180 wie das Avantgardeprojekt, nämlich die nachnationale europäische Demokratie, am Ende
konkret institutionell verfasst sein wird. Das
zu diskutieren, mit aller Kreativität, zu der
dieser Kontinent fähig ist, ist die Aufgabe,
185 die sich uns heute stellt. Andernfalls wird
das europäische Friedensprojekt nur noch
als Gespenst seiner selbst in Europa umgehen. Es lebe die europäische Republik!

INFO

Res publica
wörtlich: öffentliche
Sache, Sache im
Interesse aller;
historisch: von der
Antike bis zum Beginn
der Neuzeit den Staat
an sich bezeichnend
bzw. das „Gemein-
wesen"

*Aus: Robert Menasse, Zukunft Europas: Es lebe die europäische Republik!, in: Frankfurter Allgemeine Zeitung,
28.3.2013*

1 Beschreiben Sie kurz die fünf Zukunftsszenarien der EU, die vom Centrum
für angewandte Politikforschung erstellt wurden.
2 Analysieren Sie Robert Menasses Position hinsichtlich der Zukunft Europas.
3 Erörtern Sie, ob das Zukunftsmodell der EU eine europäische Republik
sein soll.

Erwartungshorizont		max. Punkte
Verstehensleistung	gesamt	100
Aufgabe 1 = AFB I **Beschreiben** der Zukunftsszenarien der EU des Centrums für angewandte Politikforschung Der Prüfling …	gesamt	30
1. beschreibt die fünf Zukunftsszenarien, z. B.: ■ „Titanic": Gefährdung des Integrationsprozesses bis hin zur Auflösung der EU, deren Sinnhaftigkeit infrage gestellt wird; nationale Interessen stehen im Vordergrund und bestimmen die Machtpolitik der Nationalstaaten und ihrer Bündnispartner; europäische Institutionen und Organisationen verlieren ihre Bedeutung; die Währungsunion löst sich auf. ■ „Geschlossenes Kerneuropa": Über die Integration besteht keine Einigkeit; es kommt daher zu einer intensiven Zusammenarbeit von einzelnen (dominierenden) Staaten außerhalb des vertraglichen Rahmens. Der föderative Gedanke wird verworfen; die Zusammenarbeit erfolgt lediglich auf bewährten Gebieten wie dem Binnenmarkt, andere Themenfelder werden den Nationalstaaten überlassen. Ein Koordinationssekretariat koordiniert die Abstimmung über einzelne Themenbereiche. ■ „Methode Monnet": Eine immer engere Zusammenarbeit der Mitglieder wird zwar weiterhin angestrebt, macht aber nur schleppend Fortschritte. Das Europaparlament wird nur gering gestärkt, die Europäische Kommission gilt lediglich als „Hüterin der Verträge". ■ „Offener Gravitationsraum": Die Vertiefung der Zusammenarbeit in den einzelnen Politikfeldern wird weiter vorangetrieben. Das Europäische Parlament und die Kommission erhalten eine wichtige Legislativ- und Exekutivfunktion; die Erweiterung der EU wird angestrebt. Durch die Gründung der „Europäischen Stabilitäts- und Wachstumsgemeinschaft" wird die Zusammenarbeit mit Nicht-Mitgliedstaaten ausgebaut. ■ „Supermacht Europa": Europa wächst zu einem Staat zusammen – die Politikbereiche werden vergemeinschaftet. Die Kommission erhält weitreichende Exekutivbefugnisse, der Präsident wird direkt von den europäischen Bürgern gewählt. Andere Staaten treten der EU bei.		jew. 6
Aufgabe 2 = AFB II **Text**analyse hinsichtlich der Position des Autors zur Zukunft Europas Der Prüfling …	gesamt	40
1. ordnet den Text von Robert Menasse „Zukunft Europas: Es lebe die europäische Republik", der am 28.3.2013 in der „Frankfurter Allgemeinen Zeitung" erschienen ist, als wertenden Beitrag zur Diskussion über die Zukunft Europas ein.		5
2. arbeitet die Position des Autors in folgender oder gleichwertiger Weise heraus: Menasse fordert eine europäische Republik, in der alle die gleichen politischen, wirtschaftlichen und sozialen Rechte und Pflichten haben und nationale Interessen hinter den europäischen Belangen zurücktreten.		5
3. analysiert Begründungen zur Position des Autors in folgender oder gleichwertiger Weise: ■ Menasse kritisiert das politische System der EU, welches eine bürgernahe Politik nicht zulasse, da die Vertreter nicht vom Volk gewählt, sondern nationale Politiker seien, die die Interessen ihres Landes vertreten (Z. 5–20). ■ Nationalismus stehe, laut Autor, im Widerspruch zum EU-Gedanken und behindere diesen (Z. 23–33). ■ Verantwortlich für die Krisen in der EU sind nach Menasse die Politiker (Pragmatiker), die ihre nationalen Interessen vertreten, um wiedergewählt zu werden; eine Mitschuld sieht er daher auch bei den Bürgern (Z. 42–66). ■ Die „Grundlagen eines modernen Europas" (Z. 70) verdanken wir nach Menasse „den Träumern" (Z. 67), die die Lösung der Probleme seien: ein freier Zusammenschluss der Staaten zu einer Republik mit einem gemeinsamen rechtlichen Rahmen, in der nicht die nationalen Interessen, sondern die „menschlichen" Interessen dominieren (Z. 78–91). ■ Weiter fordert Menasse eine „transnationale Demokratie", in der alle die gleichen wirtschaftlichen, sozialen und politischen Rechte haben (Z. 110 ff.). ■ Er plädiert daher für ein „Eurozonenparlament mit Initiativrecht", national unabhängige Wahlen und eine gemeinsame Haushalts- und Steuerpolitik (Z. 143–149).		18

KLAUSUR

- Zudem fordert er eine engere Zusammenarbeit auch auf der Ebene des Wohlfahrtssystems (z. B. eine gemeinsame Arbeitslosenversicherung; Z. 150-165).
- Abschließend wiederholt Menasse die Forderung nach einer gemeinsamen „res publica", da Europa sonst scheitern werde (Z. 179-185).

4. analysiert die Argumentationsweise des Autors, z. B.: - Kritik durch sprachliche Mittel: Metapher „brennendes Haus" (Z. 2); rhetorische Fragen (Z. 67); Ausrufe (Z. 184 f.); - metaphorische Einleitung als Problemaufriss zur bildlichen Veranschaulichung; - Position wird durch zahlreiche Beispiele gestützt, die allerdings nicht empirisch belegbar sind (Z. 42 ff.); - Nennung von Autoritätspersonen, wie Bundespräsident Joachim Gauck, Walter Hallstein oder Platon (Z. 72, 117, 168), um seine Argumente zu stützen; - mittleres Sprachniveau, Fachwissen wird zum Verständnis des Textes vorausgesetzt.	6
5. erschließt die Intention des Autors in folgender oder gleichwertiger Weise: Der Kommentar richtet sich an politisch interessierte Bürgerinnen und Bürger, die seine Vorstellung einer europäischen Republik teilen sollen, indem sie nationale Interessen bei Wahlentscheidungen weniger berücksichtigen.	6
Aufgabe 3 = AFB III **gesamt** **Erörterung** der Frage, ob das Zukunftsmodell der EU eine europäische Republik sein soll. Der Prüfling …	**30**
1. erörtert Argumente, die für das Zukunftsmodell einer europäischen Republik sprechen, z. B. Ausbau der Integration macht Europa auf globaler ökonomischer und politischer Ebene einflussreicher als einzelne Staaten.	10
2. erörtert Argumente, die gegen das Zukunftsmodell einer europäischen Republik sprechen, z. B. ein gemeinsames Wohlfahrts- und Steuersystem ist aufgrund der enormen Unterschiede innerhalb der EU (z. B. beim Einkommen) derzeit schwierig, es müssten erst weitere Angleichungsprozesse stattfinden.	10
3. nimmt abschließend Stellung und kommt zu einem eigenständigen Gesamturteil, das auf einer Gewichtung der vorangegangenen Ausführungen beruht.	10
4. erfüllt ein weiteres aufgabenbezogenes Kriterium.	[5]
Darstellungsleistung **gesamt** Der Prüfling …	**20**
strukturiert seinen Text schlüssig, stringent sowie gedanklich klar und bezieht sich dabei genau und konsequent auf die Aufgabenstellung.	5
bezieht beschreibende, deutende und wertende Aussagen schlüssig aufeinander.	4
belegt seine Aussagen durch angemessene und korrekte Nachweise (Zitate etc.).	3
formuliert unter Berücksichtigung der Fachsprache präzise und begrifflich differenziert.	4
schreibt sprachlich richtig (Grammatik, Orthografie, Zeichensetzung) sowie syntaktisch korrekt und stilistisch sicher.	4

ACHTUNG

Bei der Bewertung der Darstellungsleistung kann es vonseiten des Schulministeriums NRW zu Änderungen kommen.
Die jeweils aktuellen Angaben finden Sie unter:
www.schroedel.de/ 11545
(unter: „Downloads").

möglicher Notenschlüssel																
Note	1+	1	1–	2+	2	2–	3+	3	3–	4+	4	4–	5+	5	5–	6
Noten-punkte	15	14	13	12	11	10	09	08	07	06	05	04	03	02	01	00
erreichte Punktzahl	120 bis 114	113 bis 108	107 bis 102	101 bis 96	95 bis 90	89 bis 84	83 bis 78	77 bis 72	71 bis 66	65 bis 60	59 bis 54	53 bis 47	46 bis 40	39 bis 32	31 bis 24	23 bis 0

3. Strukturen sozialer Ungleichheit, sozialer Wandel und soziale Sicherung

Zeichnung: Gerhard Mester

„Denn eins ist sicher: die Rente."

Norbert Blüm (CDU),
Bundesarbeitsminister, 1986

„Die Anhebung des Renteneintritts-alters von 65 auf 67 hilft angesichts der demografischen Entwicklung, die gesetzliche Rente langfristig stabil zu halten und künftigen Generationen Sicherheit zu geben."

Franz Müntefering (SPD),
Bundesarbeitsminister, 2006

„Der jetzigen Rentnergeneration geht es so gut wie niemals zuvor! Die Ge-kniffenen sind die 25- bis 35-Jährigen, die Kinder in die Welt setzen wollen."

Peer Steinbrück (SPD),
Finanzminister, 2009

„Demografie: Die Rente mit 76 wird kommen."

Spiegel-Schlagzeile 2014

Plakat einer Kampagne des Sozialverbands VdK Deutschland

In diesen inhaltlichen Schwerpunkten erwerben Sie fachbezogene Kompetenzen

1. Einem marktwirtschaftlich und demokratisch verfassten Staat ist das Phänomen sozialer Ungleichheiten immanent. Die **Erscheinungsformen und Auswirkungen sozialer Ungleichheit** zeigen sich zum Beispiel im Bildungssektor oder beim Einkommen. Aber auch die Herkunft oder die Geschlechtszugehörigkeit beeinflussen noch immer den Grad der sozialen Ungleichheit in der Bundesrepublik Deutschland.

2. **Modelle und Theorien gesellschaftlicher Ungleichheit** versuchen, die soziale Ungleichheit in einer Gesellschaft zu erfassen und zu kategorisieren. Dies erfolgt am einfachsten in sogenannten Schichtmodellen, die die Einwohner eines Staates lediglich aufgrund ihres Berufs und dem damit verbundenen Einkommen bestimmten Schichten zuordnen. Aus dieser nun definierten Soziallage erwachsen schichttypische Lebenschancen und -risiken. Milieumodelle hingegen gruppieren die Menschen zuerst nach Ähnlichkeiten in Mentalität und sozialem Umfeld und ordnen anschließend die konstruierten Sozialmilieus einer oder mehreren Schichten zu.

3. Der soziale Wandel ist ein Phänomen, das unser Leben heute und in der Zukunft bestimmt und immer stärker bestimmen wird. Vor allem der demografische Wandel, der sich in einem ansteigenden Missverhältnis zwischen jüngeren und älteren Bürgern zeigt, stellt Staat und Gesellschaft vor große Herausforderungen. Der **Wandel gesellschaftlicher Strukturen** wird von einem **Wandel wirtschaftlicher Strukturen** begleitet: Die heutigen Forderungen nach Flexibilität und Mobilität der Arbeitnehmer sind nicht zuletzt der Tertiärisierung der Arbeitswelt in den letzten Jahrzehnten geschuldet.

4. Um den gesellschaftlichen und wirtschaftlichen Herausforderungen der modernen Welt besser begegnen zu können, ist auch **sozialstaatliches Handeln** gefordert. Die zentrale Frage ist hierbei, was der Staat tun kann, soll oder muss, um seine Bürgerinnen und Bürger gegen unvorhersehbare soziale „Gefahren" zu schützen.

5. Inwieweit der Staat allerdings in die Lohnpolitik eingreifen sollte, ist umstritten. **Lohnpolitische Konzeptionen** obliegen in einer Marktwirtschaft in erster Linie Arbeitgebern und Arbeitnehmern als Tarifpartnern. Flächendeckende Mindestlöhne können aber z.B. nur durch den Staat gesetzlich geregelt werden.

1 Analysieren Sie das Plakat und die Karikatur auf Seite 240 und finden Sie eine gemeinsame Überschrift für beide Aussagen.

2 Lesen Sie die Zitate auf S. 240 und erörtern Sie die Ernsthaftigkeit der „Spiegel"-Schlagzeile.

3.1 Erscheinungsformen und Auswirkungen sozialer Ungleichheit

In allen menschlichen Gesellschaften gab und gibt es Unterschiede: Manche Menschen sind reicher oder mächtiger oder **privilegierter** als andere. Unter „sozialen Ungleichheiten" versteht man Unterschiede in den Lebensbedingungen wie etwa Bildung, Einkommen, Beruf, die es einigen Menschen ermöglichen, allgemein anerkannte Ziele wie Gesundheit, Wohlstand oder Ansehen besser oder schneller zu erreichen als andere Menschen.

In erster Linie bezieht sich der Begriff der sozialen Ungleichheit auf Güter, die in einer Gesellschaft als „wertvoll" erachtet werden und die es ermöglichen, ein „gutes Leben" zu führen. Wertvoll sind in diesem Sinne aber nur solche Dinge, die knapp, d. h. nicht leicht zu bekommen sind. Kartoffeln als Grundnahrungsmittel z. B. waren in der Nachkriegszeit wertvoller als heute.

Zweitens handelt es sich nur dann um eine Form von sozialer Ungleichheit, wenn die betreffenden Güter, z. B. die medizinische Versorgung eines Landes, einem Teil der Gesellschaft in größerem Umfang zur Verfügung stehen als einem anderen. Und schließlich bestehen soziale Ungleichheiten dort, wo sich Menschen wertvolle Güter deshalb leisten können, weil sie in der Struktur der Gesellschaft höher gestellt sind. In der zentralistischen Planwirtschaft der DDR beispielsweise konnten Parteifunktionäre die langen Wartefristen beim Erwerb eines PKW umgehen oder hochwertigere PKW („Lada", „Wartburg") kaufen, während sich der einfache DDR-Bürger meist mit dem Typ „Trabant" zufriedengeben musste, auf den er im Durchschnitt 16 Jahre wartete.

Zeichnung: Ralf Stumpp

Basiswissen

Vermögen und Einkommen sind in Deutschland – wie in allen marktwirtschaftlich orientierten Staaten – ungleich verteilt. Von den 1970er-Jahren bis etwa 2005 öffnete sich die **Schere zwischen Arm und Reich** stetig: So haben die einkommensschwächeren Schichten stetig Realeinkommenseinbußen hinnehmen müssen, während die einkommensstarken Bevölkerungsanteile zugelegt haben. Seit 2005 konstatieren einige Statistiker eine vorsichtige Umkehrung des Trends, andere glauben feststellen zu können, dass sich die Schere weiter öffnet. Im Vergleich mit anderen Staaten wie Großbritannien oder den USA kann die Einkommensungleichheit in Deutschland aber als unterdurchschnittlich bezeichnet werden.

1 **Analysieren** Sie die Karikatur hinsichtlich Ihrer Aussage zur sozialen Ungleichheit.

2 **Erläutern** Sie mithilfe von Beispielen, was man im Zusammenhang mit sozialer Ungleichheit unter einem „wertvollen Gut" (Einstiegstext) versteht.

Was ist soziale Ungleichheit?

Aspekte sozialer Ungleichheit

MATERIAL **1**

Man spricht von *„sozialer Ungleichheit"*, wenn die Ressourcenausstattung (zum Beispiel der Bildungsgrad oder die Einkommenshöhe) oder die Lebensbedingungen
5 (beispielsweise die Wohnverhältnisse) von Menschen aus gesellschaftlichen Gründen so beschaffen sind, dass bestimmte Bevölkerungsteile regelmäßig bessere Lebens- und Verwirklichungschancen als andere
10 Gruppierungen haben. „Besser" sind Lebens- und Verwirklichungschancen dann, wenn Ressourcenausstattungen oder Lebensbedingungen bestimmten Menschen nach den jeweils geltenden gesellschaftlichen Maß-
15 stäben (zum Beispiel bezüglich Sicherheit, Wohlstand, Gesundheit) die Möglichkeit zu einem „guten Leben" und zur weiten Entfaltung der eigenen Persönlichkeit bieten, anderen Menschen jedoch nicht. Inwieweit
20 diese Möglichkeiten individuell genutzt werden, steht dahin. [...]
Nicht als soziale Ungleichheit gelten unter anderem individuelle, momentane und natürliche Vor- bzw. Nachteile. Sie entstehen
25 zum Beispiel durch (un-)vorteilhafte Persönlichkeitseigenschaften, Lotteriegewinne oder angeborene Behinderungen. In der Realität greifen natürliche, momentane und individuelle Vor- bzw. Nachteile einerseits und so-
30 ziale Ungleichheiten andererseits jedoch oft ineinander. [...]
„Verteilungsungleichheit" meint die ungleiche Verteilung einer wertvollen Ressource (z. B. des Einkommens) bzw. einer (un-)vorteilhaf-
35 ten Lebensbedingung innerhalb der Bevölkerung insgesamt. Mit *„Chancenungleichheit"* bezeichnet man die ungleichen Möglichkeiten bestimmter Bevölkerungsgruppen (zum Beispiel von Frauen oder Migranten), an vor-
40 teilhafte oder nachteilige Stellen innerhalb solcher Verteilungen zu gelangen (zum Beispiel höhere Einkommen zu erzielen).

Chancenungleichheiten und Verteilungsungleichheiten verändern sich häufig unabhängig voneinander. So ist zum Beispiel die Ver-
45 teilung der Einkommen in Deutschland in letzter Zeit ungleicher geworden. Die Einkommenschancen von Frauen haben sich dagegen denen der Männer angeglichen. In vielen Fällen bergen Chancenungleichhei-
50 ten, so die geringen Bildungschancen von Migrantenkindern oder die schlechten Aufstiegschancen von Frauen, mindestens so viel gesellschaftspolitischen Zündstoff wie Verteilungsungleichheiten, wie etwa wach-
55 sende Armut und zunehmender Reichtum.
Chancenungleichheiten bestehen insbesondere zwischen: Bildungs- und Berufsgruppen, Familien und kinderlosen Haushalten, Bewohnern unterschiedlicher Regionen, den
60 Geschlechtern, Altersgruppen und ethnischen Gruppierungen. Damit sind zugleich die wichtigsten **Determinanten** sozialer Ungleichheit benannt. Einige von ihnen sind individuell erworben, andere gesellschaft-
65 lich zugeschrieben: Bildungsgrade, Berufe, Familien- und Lebensformen sind für die Einzelnen mehr oder minder frei wählbar. Das Geschlecht, das Alter, soziale Herkunft oder die ethnische Zugehörigkeit sind für
70 die Einzelnen in der Regel nicht veränderbar. Darauf beruhende Chancenungleichheiten (beispielsweise die Benachteiligung von Frauen) gelten in modernen Gesellschaften als illegitim und werden stark kritisiert.
75 Die Vielfalt vorhandener sozialer Ungleichheiten wird in der Regel in Dimensionen gebündelt. In modernen Gesellschaften gelten der formale Bildungsgrad, die mehr oder minder sichere Erwerbstätigkeit, die beruf-
80 liche Stellung, das Einkommen bzw. Vermögen und das berufliche Prestige als wichtigste Dimensionen sozialer Ungleichheit.

Aus: Stefan Hradil, Soziale Ungleichheit, in: Ders. (Hrsg.), Deutsche Verhältnisse, Bonn 2012, S. 156 f.

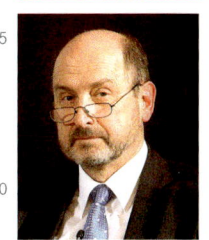

INFO

Stefan Hradil
*19.7.1946
in Frankenthal
Deutscher Soziologe;
Schüler von Karl Martin
Bolte (siehe S. 266);
1991–2011 Professor
für Soziologie in Mainz;
im Rahmen seines Forschungsschwerpunkts
Struktur und Entwicklung moderner Gesellschaften befasste er
sich besonders mit
Sozialstrukturanalyse,
sozialer Ungleichheit,
sozialen Milieus und
Lebensstilen sowie
dem demografischen
Wandel.

Determinante
bestimmender Faktor

QUERVERWEIS

**Modelle und Theorien
gesellschaftlicher
Ungleichheit**
Kap. 3.2

1 Arbeiten Sie aus M 1 **heraus**, was unter „sozialer Ungleichheit" zu verstehen ist.

2 Unterscheiden Sie die „Verteilungsungleichheit" von der „Chancenungleichheit" (M 1).

Soziale Ungleichheit im Bildungsbereich

Modernisierungs-, Konflikt- und Konsumtheorien

Modernisierungstheorien besagen, dass die Bildungsexpansion und gleichere Bildungschancen zum Funktionieren und zur Weiterentwicklung moderner Gesellschaften
5 notwendig sind. Mehr Bildung für immer mehr Menschen, auch aus bislang bildungsfernen Gruppen, diene sowohl der Mobilisierung menschlicher Fähigkeiten für die Beherrschung der immer komplexeren Ar-
10 beitstechniken als auch der Integration der Gesellschaftsmitglieder in eine immer kompliziertere Gesellschaft. [...] Hierbei fördere die Expansion der Bildung die Chancengleichheit. Das heißt: Die Bildung bislang
15 benachteiligter Gruppierungen wird im Zuge der Bildungsexpansion überproportional ausgeweitet, schon deswegen, weil man deren Leistungspotenziale ausschöpfen müsse. Der Einfluss von Herkunft, Geschlecht
20 etc. auf die Erreichung höherer Bildungsabschlüsse schwinde nach Meinung von Modernisierungstheoretikern im Maße der Industrialisierung. Möglich würden Bildungsexpansion und gleichere Bildungschancen,
25 weil immer bessere Lebensbedingungen der Menschen, mehr Wohlstand und dessen immer gleichere Verteilung die Voraussetzungen schaffen, immer mehr Menschen so leistungsfähig zu machen, dass sie weiter-
30 führende Schulen erfolgreich besuchen können. [...]
Im Gegensatz zu Modernisierungstheorien behaupten **Konflikttheorien**, dass die Bemühungen privilegierter Bevölkerungsgrup-
35 pen, den eigenen Reichtum, eigene Macht und eigenes Prestige aufrecht zu erhalten und diese Vorteile an die eigenen Kinder weiterzugeben, zur Bildungsexpansion führten. Aber die Bildungsexpansion habe kei-
40 neswegs mehr Chancengleichheit zur Folge, sondern konzentriere sich in den oberen Schichten der Bevölkerung. Dies aus folgenden Gründen: Bildung wirke heute als wichtigstes Zuweisungskriterium für gesell-
45 schaftliche Vorteile. Diese Vorteile lassen sich also nur dadurch auf die Kinder über-
tragen, indem diese hohe Bildungsabschlüsse erlangen. Bildungserfolge bislang benachteiligter Gruppen drohen die herausragenden Positionen von Privilegierten zu gefährden.
50 Um ihre sozialen Vorteile nicht einzubüßen, werden die Mitglieder höherer Schichten bemüht sein, die Hürden zur Erlangung von wirklich privilegierenden Bildungsabschlüssen so zu erhöhen, dass nur ihresgleichen
55 sie erreichen werden. [...] Auch die Weitergabe von ökonomischen [...] und kulturellen „Kapitalien", die für erfolgreiche Bildungskarrieren nützlich sind, an die eigenen Kinder, hilft diesen, die Privilegien ihrer Eltern
60 zu bewahren. [...] Ungleiche Lebensbedingungen der Eltern haben so ungleiche Bildungschancen der Kinder zur Folge. Diese setzen sich in ungleichen Berufschancen und Lebensbedingungen fort. Die Ungleich-
65 heit der Bildungschancen reproduziert so die Strukturen sozialer Ungleichheit. [...]
Ökonomische Theorien erklären die Bildungsexpansion und das Ergreifen von Bildungschancen mit dem Nutzen, den Bildung
70 für die Handelnden hat. Die Individuen vermehren ihre Bildung, um ihren Nutzen zu steigern. Der ökonomischen Konsumtheorie zu Folge ist mit Bildung ein Genuss verbunden, sei es unmittelbar durch den Wis-
75 senserwerb und die dadurch erfolgenden Anregungen, sei es mittelbar, indem eine interessantere Lebensführung und der Genuss von Kulturgütern möglich werden. Die Konsumthese besagt, dass Einkommen haupt-
80 sächlich zur Deckung primärer, materieller Bedürfnisse aufgewendet werden, solange die Einkommen gering sind. Mit steigenden Realeinkommen, nachdem die materiellen Notwendigkeiten befriedigt sind, nähme die
85 individuelle Nachfrage nach Bildung zu, um dadurch Genuss zu erlangen. Die Bildungsexpansion und die Wahrnehmung von Bildungschancen sind nach dieser Theorie also eine Form des gesellschaftlichen Luxus und
90 vom Grade des jeweiligen Wohlstands abhängig.

Aus: Stefan Hradil, Soziale Ungleichheit, in: Ders. (Hrsg.), Deutsche Verhältnisse, Bonn 2012, S. 134 ff.

Soziale Schicht und Häufigkeit des Vorlesens

MATERIAL **3**

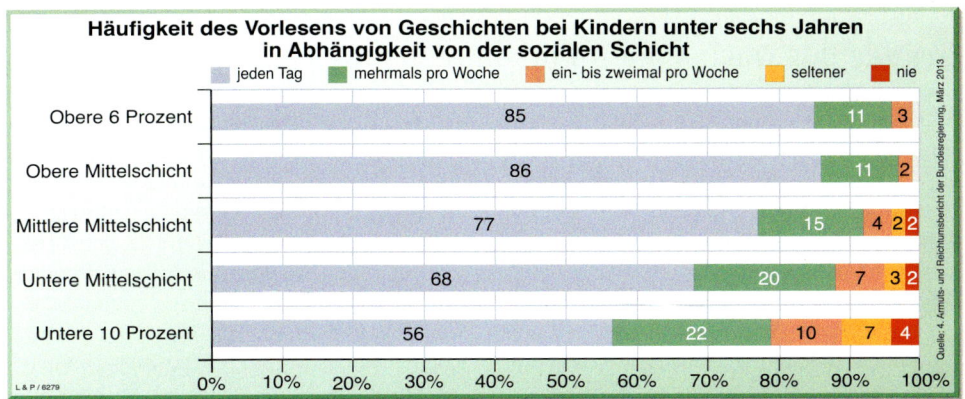

Häufigkeit des Vorlesens von Geschichten bei Kindern unter sechs Jahren in Abhängigkeit von der sozialen Schicht

jeden Tag | mehrmals pro Woche | ein- bis zweimal pro Woche | seltener | nie

	jeden Tag	mehrmals pro Woche	ein- bis zweimal pro Woche	seltener	nie
Obere 6 Prozent	85	11	3		
Obere Mittelschicht	86	11	2		
Mittlere Mittelschicht	77	15	4	2	2
Untere Mittelschicht	68	20	7	3	2
Untere 10 Prozent	56	22	10	7	4

Quelle: 4. Armuts- und Reichtumsbericht der Bundesregierung, März 2013

L & P / 6279

Soziale Herkunft und Schulerfolg

MATERIAL **4**

[Nach einer aktuellen Allensbach-Studie] gibt es einen deutlichen Zusammenhang zwischen der sozialen Schicht des Elternhauses und der besuchten Schule: So lernen
5 aktuell 70 Prozent der Kinder aus gut situiertem Hause, aber nur 30 Prozent aus sozial schwächeren Elternhäusern auf einem Gymnasium, und während Erstere zu 96 Prozent das Abitur oder die Fachhochschulreife
10 anstreben, gilt dies bei Letzteren nur für 41 Prozent. [...]
Sowohl Lehrer als auch Eltern sind sich einig: Defizite im Elternhaus sind die wesentliche Ursache dafür, dass einige Kinder
15 schlechtere Chancen haben als andere. 84 Prozent der Lehrer und 79 Prozent der Eltern betonen vor allem das fehlende Interesse von Eltern an einer Beschäftigung mit den eigenen Kindern. Auch nennen Lehrer und
20 Eltern Erziehungsmängel im Hinblick auf gewissenhaftes Arbeiten, eine fehlende Vor-

bildfunktion der Eltern und zu wenig Zeit der Eltern für ihre Kinder als Hauptursachen. Wie die Studie weiter zeigt, sind mehr als drei Viertel aller Lehrer der Meinung, El- 25 tern aus sozial schwächeren Bevölkerungsschichten zeigen vergleichsweise wenig Interesse am schulischen Alltag ihrer Kinder. [...] „In Deutschland wird die Verantwortung für die Förderung von Kindern jedoch weitaus 30 stärker einseitig den Eltern zugewiesen", so Prof. Dr. Renate Köcher, vom Allensbach Institut. Entsprechend sieht die Realität in Deutschland aus. „Eltern werden in Deutschland weniger als in anderen europäischen 35 Ländern bei der Förderung ihrer Kinder durch andere Institutionen unterstützt. Die frühkindliche Förderung wird weit überwiegend in den Elternhäusern geleistet. Dies trägt dazu bei, dass Kinder mit sehr unter- 40 schiedlichen Voraussetzungen in das Bildungssystem eintreten. [...]", so Köcher.

Aus: Allensbach-Studie: Leistungskluft zwischen Schülern verschiedener sozialer Herkunft wächst weiter
(sb), in: MiGAZIN. Migration in Germany, www.migazin.de/2013/04/26/leistungskluft-zwischen-schuelern-
verschiedener-sozialer-herkunft-waechst-weiter/, 26.4.2013 (Zugriff: 10.3.2014)

1 Erklären Sie die in M 2 vorgestellten Theorien mit eigenen Worten.

2 Diskutieren Sie die Überzeugungskraft der Theorien (M 2) anhand eigener Beispiele.

3 Arbeiten Sie die Ursachen für soziale Ungleichheit im Bildungswesen **heraus** (M 3–4).

4 Erörtern Sie ausgehend von M 3 und M 4 sowie vor dem Hintergrund der Grund- und Menschenrechte, inwieweit sich soziale Ungleichheit in einer Demokratie durch Bildung nivellieren lässt.

Soziale Ungleichheit beim Einkommen

MATERIAL **5**

Gründe der wachsenden Einkommensungleichheit

INFO

supranational
übernational,
überstaatlich

dominieren 5
hier: vorherrschen,
überwiegen

QUERVERWEIS

Internationale Wirt-
schaftsbeziehungen
Kap. 4.2

Einkommen ist auf den ersten Blick das persönliche Bruttoeinkommen der Menschen, das sie aus Erwerbstätigkeit oder Besitztümern auf Märkten erzielen. Diese Brutto-Markteinkommen geben zwar über die Wertschätzung der jeweiligen Erwerbstätigkeit bzw. der Güter Auskunft, nicht aber über den Lebensstandard der Einkommensbezieher. Denn hieraus sind nicht nur unterschiedlich hohe Steuern und Abgaben zu bezahlen, hiervon muss oft noch der Lebensunterhalt weiterer Personen (Kinder, Partner etc.) finanziert werden. Das Netto-pro-Kopf-Haushaltseinkommen vermittelt schon eher Auskunft über den jeweiligen Wohlstand. Dieses im Haushaltszusammenhang tatsächlich verfügbare Einkommen wurde von staatlichen Instanzen durch einbehaltene Steuern und Beiträge einerseits, durch gezahlte Transferleistungen andererseits verringert bzw. erhöht. Es wird von Wirtschafts- und Sozialwissenschaftlern meist in das sog. „Äquivalenzeinkommen" (bedarfsgewichtetes Netto-pro-Kopf-Haushaltseinkommen) umgerechnet, um die Ersparnisvorteile größerer Haushalte zu berücksichtigen. [...]
Einkommenschancen sind eine Frage des Bildungsgrades, des Erwerbs- und Berufsstatus, aber auch des Geschlechts und der Lebensform. Die Einkommenshierarchie reicht von hoch qualifizierten Erwerbstätigen in leitender Stellung bis hin zu gering qualifizierten Arbeitskräften mit Zeitverträgen [...]. Internationale Vergleiche zeigen, dass die wachsende Einkommensungleichheit keine deutsche Besonderheit ist. Die Schere der Markteinkommen öffnet sich in fast allen entwickelten Ländern der Welt. Die „Äquivalenzeinkommen" spreizen sich in den meisten modernen Gesellschaften. [...]
Da die wachsende Einkommensungleichheit ein weltweites Phänomen ist, liegen auch die

Gründe der auseinander gehenden Einkommen zum großen Teil in **supranationalen** Entwicklungen. Als Hauptursache gilt die technologische Entwicklung (vor allem die Informationstechnologie), die in den Sektoren, in denen sie **dominiert**, sehr produktives Wirtschaften ermöglicht, zugleich aber hohe Qualifikationen erfordert. Da entsprechend hoch qualifiziertes Personal knapp ist, werden hohe Löhne gefordert. In hoch produktiven Wirtschaftsbereichen können hohe Löhne auch gezahlt werden. Die Globalisierung der Arbeitsmärkte verstärkt diese Entwicklung zur Ausweitung der Lohnbandbreite nach oben noch. Wer in Deutschland seine hohen Lohnerwartungen nicht erfüllt findet, dem wird das in anderen Ländern gelingen. In technologisch wenig entwickelten und wenig produktiven Wirtschaftsbereichen können nur niedrige Löhne bezahlt werden. Da immer mehr dieser Arbeitsplätze wegfallen, konkurrieren relativ viele gering Qualifizierte um diese weniger werdenden Arbeitsplätze. Dies drückt die Verdienstmöglichkeiten. Auch hier verstärkt die Globalisierung die soziale Ungleichheit. Gering Qualifizierte in Deutschland konkurrieren oft nicht nur mit Einheimischen, sondern auch mit Migranten und mit Beschäftigten im Ausland. [...]
Neben technologischen und ökonomischen bewirken auch demografische Gründe eine wachsende Einkommensungleichheit: Die Alterung der Gesellschaft bringt es mit sich, dass immer weniger Menschen Erwerbseinkommen beziehen, von denen immer mehr ältere (zusätzlich die jüngeren) Menschen zu finanzieren sind. Immer mehr Alleinerziehende mit oft schlechten Erwerbsmöglichkeiten stehen immer mehr Doppelverdienerhaushalten mit sehr guten Einkommenschancen gegenüber.

Aus: Stefan Hradil, Soziale Ungleichheit, in: Ders. (Hrsg.), Deutsche Verhältnisse, Bonn 2012, S. 168–170 f.

1 **Ermitteln** Sie aus dem Text M 5 den Unterschied zwischen Brutto- und Nettoäquivalenzeinkommen.

Soziale Gegensätze – in Deutschland und international

MATERIAL **6**

QUERVERWEIS

Gini-Koeffizient
S. 248 f., M 8–M 10

Einkommensentwicklung und Prestige nach Berufsgruppen

MATERIAL **7**

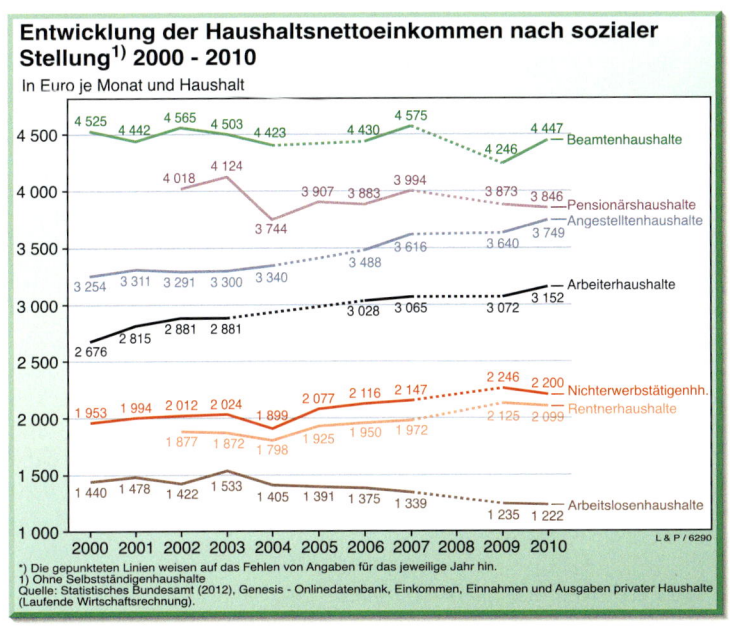

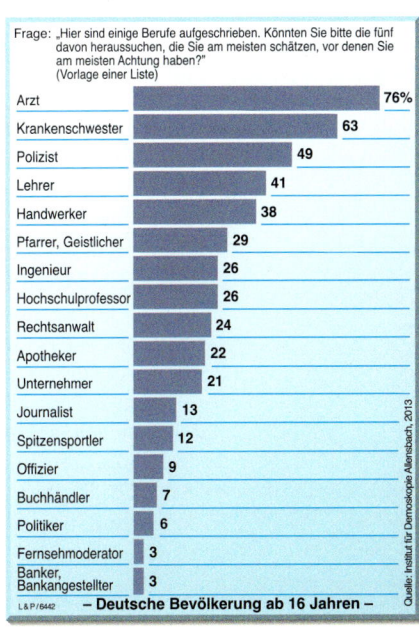

IIII**2**I Arbeiten Sie aus M 5 die Gründe für die wachsende Einkommensungleichheit heraus.

IIII**3**I Analysieren Sie die Grafiken in M 6 vor dem Hintergrund von M 5.

IIII**4**I Erklären Sie mithilfe der linken Grafik in M 7, inwiefern das Haushaltsnettoeinkommen mit dem ausgeübten Beruf zusammenhängt. Überprüfen Sie, ob und in welchem Ausmaß sich die Schere zwischen Arm und Reich weiter geöffnet hat.

IIII**5**I Erläutern Sie anhand der rechten Grafik in M 7, dass der ausgeübte Beruf nicht nur einkommensbezogen ein wichtiger Maßstab für soziale Ungleichheit ist.

GLOSSAR

Sozialprestige

Gini-Koeffizient und Lorenzkurve

Der Gini-Koeffizient (oder Gini-Index) gibt den Grad der Ungleichheit der Einkommensverteilung, z. B. in einem Land oder einer Region, nach dem häuslichen Pro-Kopf-Einkommen (1) an. Die Berechnung des Gini-Koeffizienten geht aus der sogenannten Lorenzkurve hervor. Die Lorenzkurve besteht aus verschiedenen Punkten, die die Relation zwischen dem kumulativen Prozentsatz der Bevölkerung (x-Achse) und dem kumulativen Prozentsatz des Einkommens dieser Bevölkerung (y-Achse) wiedergeben. Mit anderen Worten: Aus der Lorenzkurve lässt sich ablesen, wie das Gesamteinkommen einer Volkswirtschaft auf einen bestimmten Anteil der Bevölkerung entfällt (z. B. 90 % des Einkommens fallen auf 10 % der Bevölkerung etc.).

Im folgenden Beispiel [siehe M 10] einer hypothetischen Lorenzkurve (rot) steht z. B. Punkt A für die Aussage „die unteren 40 % der Bevölkerung besitzen 10 % des gesamten Einkommens", und Punkt B für die Aussage „die unteren 90 % der Bevölkerung besitzen 60 % des gesamten Einkommens".

Die Lorenzkurve befindet sich immer zwischen zwei Linien, der „Linie der totalen Gleichheit" und der „Linie der totalen Ungleichheit".

Dabei steht die „Linie der totalen Gleichheit", d. h. die „45-Grad-Linie" (hier grün), für eine gleiche Einkommensverteilung. Entlang dieser Linie ist das Einkommen aller Individuen identisch, da an jedem Punkt auf der Linie gleichermaßen gilt: x% des Einkommens werden von x% der Bevölkerung verdient (z. B. 50 % des Einkommens entfallen auf genau 50 % der Bevölkerung, 60 % des Einkommens entfallen auf 60 % der Bevölkerung usw.).

Die „Linie der totalen Ungleichheit" (hier blau) wiederum gibt die genau entgegengesetzte Situation wieder, nämlich dass nur einem einzigen Individuum das gesamte Einkommen der Gesellschaft zukommt.

Für unsere Analyse ist nun der Abstand zwischen der Lorenzkurve und der „45-Grad-Linie" interessant, also um wie viel die beobachtete Einkommensverteilung von der Gleichverteilung abweicht. Hierzu berechnet man den Prozentsatz des Anteils der Fläche zwischen der „45-Grad-Linie" und der Lorenzkurve an der Gesamtfläche. Das Ergebnis dieser Berechnung wird entweder als Gini-Koeffizient dargestellt (einem Wert zwischen 0 und 1) oder als Gini-Index (indem man den Gini-Koeffizienten mit 100 multipliziert).

Dabei bedeutet der Wert 0, dass es totale Gleichheit in der Einkommensverteilung gibt (die Lorenzkurve entspricht in diesem Fall der „45-Grad-Linie", die Fläche zwischen den Linien ist somit Null); der Wert 1 (Gini-Koeffizient) oder 100 (Gini-Index) bringt wiederum zum Ausdruck, dass nur einem Individuum das gesamte Einkommen der Volkswirtschaft zukommt und dass das Einkommen der anderen somit Null ist (die Lorenzkurve entspricht in diesem Fall der „Linie der totalen Ungleichheit", die Fläche zwischen der „45-Grad-Linie" und der Lorenzkurve beträgt 1). D. h., je näher der Wert an 0 ist, desto gleicher ist die Verteilung des Einkommens. Im Allgemeinen werden Länder mit einem Gini-Koeffizienten zwischen 0,50 und 0,70 (Gini-Index zwischen 50 und 70) als sehr einkommensungleich, und die mit einem Gini-Koeffizienten zwischen 0,20 und 0,35 (Gini-Index zwischen 20 und 35) als relativ einkommensgleich bezeichnet.

Aus: Freie Universität Berlin, VWL Basiswissen für Nicht-Ökonom_innen, www.cms.fu-berlin.de/lai/e-learning/projekte/vwl_basiswissen/Umverteilung/Gini_Koeffizient/index.html, 2011 (Zugriff: 28.10.2014)

1 Beschreiben Sie, wie die ungleiche Einkommensverteilung eines Landes mithilfe der Lorenzkurve und des Gini-Koeffizienten dargestellt wird (M 8 und M 9).

2 Diskutieren Sie ausgehend von M 10, inwieweit der Gini-Koeffizient eine Aussage über den Wohlstand eines Landes gibt.

Beispielgrafik der Lorenzkurve

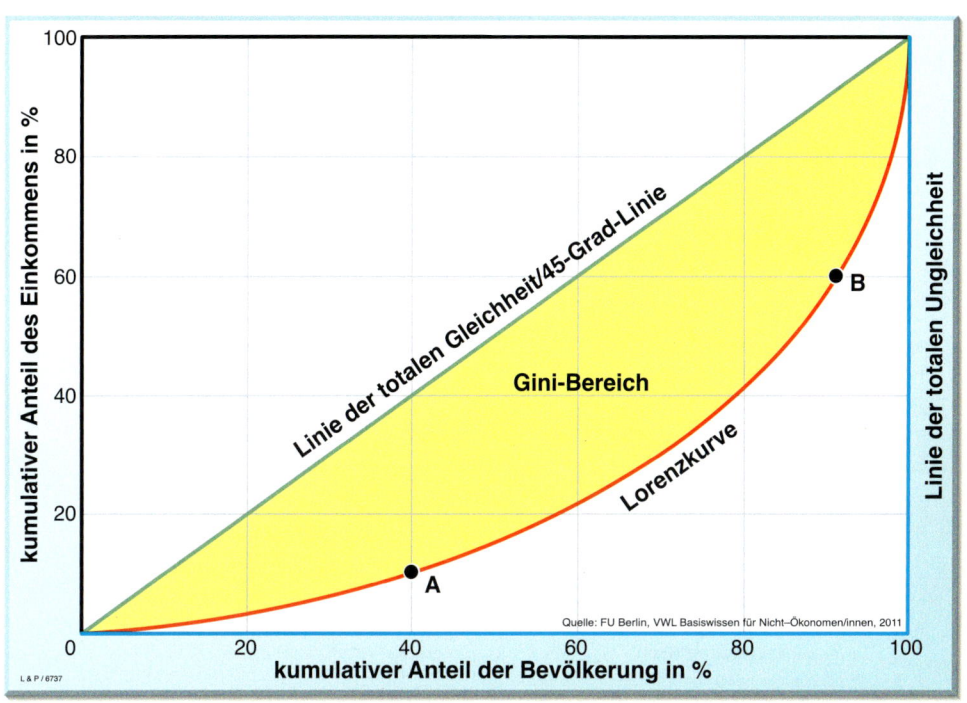

Quelle: FU Berlin, VWL Basiswissen für Nicht–Ökonomen/innen, 2011

L & P / 6737

Der Gini-Koeffizient – ein Länderbeispiel

Im Kampf gegen Hunger und Armut konnte Brasilien seit der Jahrtausendwende so manchen Erfolg verzeichnen – doch das soziale Gefälle ist weiterhin groß.

5 So ging der Anteil der Bevölkerung unter der nationalen Armutsgrenze zwischen 2002 und 2009 von 38,3 auf 23,9 Prozent zurück, die Zahl der Betroffenen sank von 68 auf 44 Millionen. Nach Angaben der Konrad-Ade-
10 nauer-Stiftung gelang zugleich 35 Millionen Brasilianern der Aufstieg in die Mittelschicht, zu der inzwischen mehr als die Hälfte der Gesamtbevölkerung von rund 200 Millionen zählen. Die Arbeitslosenquote ist seit
15 Jahren rückläufig.

Eine positive Entwicklung nahm Brasilien auch mit Blick auf den Abbau extremer Einkommensunterschiede. Nach offiziellen Angaben ist das Einkommen der ärmsten zehn

Prozent zwischen 1999 und 2009 viermal so 20 stark gestiegen wie das der reichsten Schicht – je höher das Einkommen, desto niedriger war die Wachstumsrate und umgekehrt. Die Lücke zwischen Armen und Reichen hat sich also zu schließen begonnen. 25

Dennoch ist Brasiliens Gini-Koeffizient, ein statistisches Maß für die Ungleichheit der Einkommen und Vermögen in einer Volkswirtschaft, nach wie vor einer der höchsten weltweit [2012: 0,527; nach: Weltbank 2014]. 30 Noch ungleicher verteilt ist der Wohlstand in Ländern wie Südafrika, Namibia, Haiti oder Kolumbien. Auf der anderen Seite stehen Schweden, Dänemark, Österreich oder Deutschland, wo die Unterschiede bei Ein- 35 kommen und Vermögen erheblich geringer sind als in Brasilien.

QUERVERWEIS
Globale Ungleichheit
S. 449, M 8

Aus: Gini-Koeffizient: Soziales Gefälle in Brasilien groß (dpa), in: Hertener Allgemeine online, www.hertener-allgemeine.de/nachrichten/thema/Gini-Koeffizient-Soziales-Gefaelle-in-Brasilien-gross;art189,1049143, 21.6.2013 (Zugriff: 28.10.2014)

Armut und Reichtum als Indikatoren sozialer Ungleichheit

MATERIAL **11**

Das Pentagon der Armutsgründe

GLOSSAR

Armut

INFO

Fatalismus
Schicksalsergebenheit

Stigma
(sichtbares) negatives
Kennzeichen/Unter-
scheidungsmerkmal

BIOGRAFIE / PERSÖNLICHKEIT

- Alter/Krankheit/Behinderung/
  Gebrechlichkeit
- mangelnde intellektuelle Fähigkeiten
- Sozialisationsdefizite
- Stigmata/Diskriminierung

- Passivität/Fatalismus/Suchtverhalten
- fehlender Zeithorizont/Frustrations-
  intoleranz
- übertriebene Anspruchshaltung/
  mangelnde Leistungsbereitschaft

SOZIALE NETZE

- Bedeutungsverlust von Familie
  und Verwandtschaft
- Krisenanfälligkeit der Kleinfamilie/Scheidung
- Alleinerziehung
- anonymes Wohnen ohne Nachbarschaftsbeziehungen
- fehlende Beziehungen am Arbeitsplatz

GESELLSCHAFTLICHE WERTHALTUNGEN

- Wandel von familiärer zu staatlich organisierter
  Subsidiarität & Sozialrecht statt zwischen-
  menschlicher Verantwortlichkeit
- auf persönliche Autonomie zielendes
  Selbstverwirklichungsstreben
- Gewinn von Status und Selbstwertgefühl über
  Konsum
- extreme Leistungsbezogenheit

ARBEIT / EINKOMMEN

- mangelnde Bildung/Ausbildung
- Rationalisierung von Arbeitsprozessen/weniger
  Nischen für Leistungsschwache/Verengung des
  Marktes für Ungelernte & niedrige Löhne
- hohe geografische und professionelle
  Mobilitätsanforderungen
- schlechte Arbeitszuteilung/zu wenig Teilzeitstellen
- Lücken im Sozialversicherungssystem/kleine oder
  uneinbringliche Alimente/geringe Kinderzulagen
- Arbeitslosigkeit

KOSTEN / KONSUM

- aggressive Werbung/übertriebenes
  Konsumbedürfnis
- Verschuldung/Konsumkredite
- steigende Freizeitkosten
- zu hohe Kosten für die Befriedigung von
  Grundbedürfnissen (Wohnen, Krankenversicherung,
  Ernährung)
- fehlende Zeit zum preisbewussten Einkaufen
- hohe Kosten für professionelle Fremdbetreuung
  der Kinder

L & P / 6443

MATERIAL **12**

Armutsgefährdungsquoten 2005–2013

INFO

Armutsgefährdungsquote
Indikator zur Messung *relativer Einkommensarmut*:
nach dem EU-Standard
Anteil der Personen, deren
Pro-Kopf-Haushaltseinkom-
men (Äquivalenzeinkom-
men) bei weniger als 60%
des durchschnittlichen
Äquivalenzeinkommens
der Bevölkerung insgesamt
liegt; als *absolut arm* gilt
in Deutschland nach dem
Bundessozialhilfegesetz,
wer nur über rund 40%
des durchschnittlichen
Äquivalenzeinkommens für
Alleinlebende verfügt.

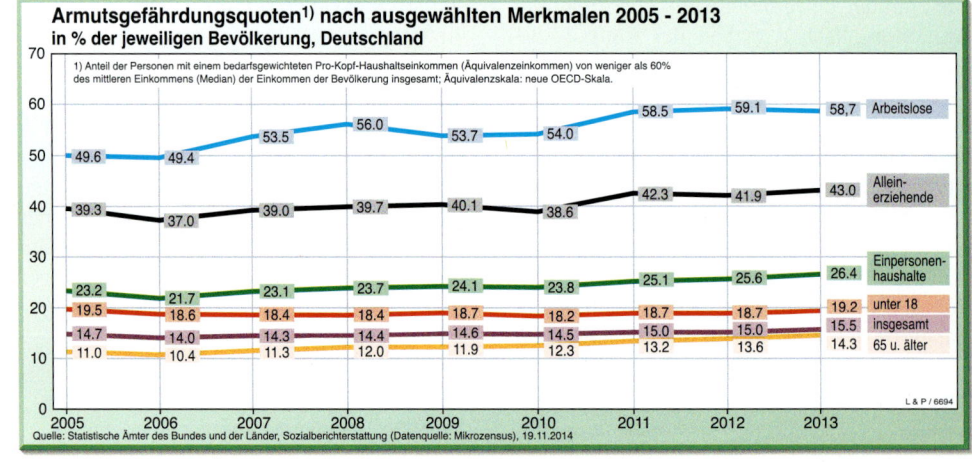

Armutsgefährdungsquoten[1] nach ausgewählten Merkmalen 2005 - 2013
in % der jeweiligen Bevölkerung, Deutschland

1) Anteil der Personen mit einem bedarfsgewichteten Pro-Kopf-Haushaltseinkommen (Äquivalenzeinkommen) von weniger als 60%
des mittleren Einkommens (Median) der Einkommen der Bevölkerung insgesamt; Äquivalenzskala: neue OECD-Skala.

Arbeitslose: 49,6 — 49,4 — 53,5 — 56,0 — 53,7 — 54,0 — 58,5 — 59,1 — 58,7

Allein-erziehende: 39,3 — 37,0 — 39,0 — 39,7 — 40,1 — 38,6 — 42,3 — 41,9 — 43,0

Einpersonen-haushalte: 23,2 — 21,7 — 23,1 — 23,7 — 24,1 — 23,8 — 25,1 — 25,6 — 26,4

unter 18: 19,5 — 18,6 — 18,4 — 18,4 — 18,7 — 18,2 — 18,7 — 18,7 — 19,2

insgesamt: 14,7 — 14,0 — 14,3 — 14,4 — 14,6 — 14,5 — 15,0 — 15,0 — 15,5

65 u. älter: 11,0 — 10,4 — 11,3 — 12,0 — 11,9 — 12,3 — 13,2 — 13,6 — 14,3

2005 2006 2007 2008 2009 2010 2011 2012 2013

L & P / 6694

Quelle: Statistische Ämter des Bundes und der Länder, Sozialberichterstattung (Datenquelle: Mikrozensus), 19.11.2014

Armutsrisikoschwelle nach Haushaltstypen 2010

	Bedarfssatz nach neuer OECD-Skala	in Euro pro Monat (Schätzwert)*
1-Personen-Haushalt	1,0	993
Ehe-/Paar ohne Kinder	1,5	1 490
Ehe-/Paar mit 1 Kind	1,8	1 788
Ehe-/Paar mit 2 Kindern	2,1	2 086
Ehe-/Paar mit 3 Kindern	2,4	2 384
Alleinerziehende mit 1 Kind	1,3	1 291
Alleinerziehende mit 2 Kindern	1,6	1 589

* auf Basis der nominalen Haushaltsnettoeinkommen; Median (= Wert, der genau in der Mitte einer Datenverteilung liegt): 1 655 €/Monat; Basis: Sozio-ökonomisches Panel 2011 (SOEPv28)

Aus: DIW Wochenbericht, Nr. 43/2012: Einkommensentwicklung und Armutsrisiko, S. 9

Verteilung des Vermögens

Nicht nur die Verteilung der Einkommen, auch die Vermögensverteilung wird in Deutschland immer ungleicher. Wie in allen bekannten Gesellschaften, so konzentrieren
5 sich auch in Deutschland die Vermögen in wesentlich weniger Händen als die Einkommen. Das einkommensstärkste Zehntel der Bevölkerung verfügt über fast ein Viertel aller Einkommen, besitzt aber fast zwei
10 Drittel allen Vermögens. Aus ungleich verteilten Einkommen werden noch weit ungleicher verteilte Vermögen, weil aus geringen Einkommen wenig, aber aus hohen Einkommen viel gespart werden kann. Hohe Er-
15 sparnisse führen zu Besitzeinkommen, die meist wiederum angelegt werden. [...]
Gute Chancen, zu höheren Vermögensbeständen zu gelangen, haben vor allem beruflich gut Gestellte (aufgrund der höheren Ein-
20 kommensmöglichkeiten), ältere Menschen bis zur Pensionsgrenze (aufgrund des all-

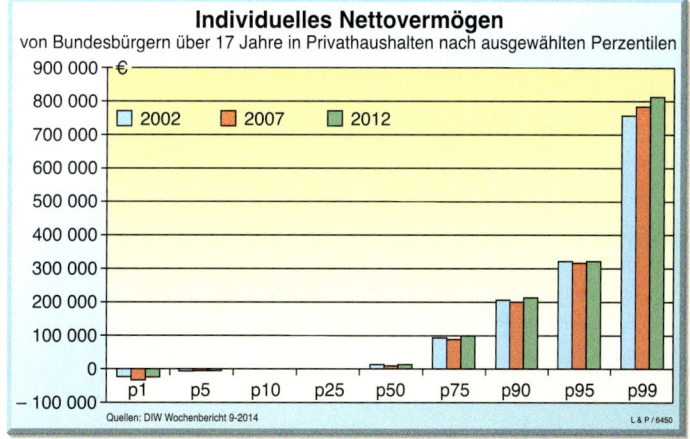

Individuelles Nettovermögen
von Bundesbürgern über 17 Jahre in Privathaushalten nach ausgewählten Perzentilen

(Legende: 2002, 2007, 2012; Werte von −100 000 € bis 900 000 €; Perzentile p1, p5, p10, p25, p50, p75, p90, p95, p99)

Quellen: DIW Wochenbericht 9-2014   L & P / 6450

mählichen Wachsens ihrer Vermögensbestände) sowie Westdeutsche (weil Einkommensstarke sich hier konzentrieren und die Menschen in Ostdeutschland weniger Zeit 25 hatten, Vermögen anzuhäufen).

* Perzentile unterteilen einen geordneten Datensatz in hundert Teile, die eine gleiche Anzahl an Messwerten enthalten. Den Wert genau in der Mitte nennt man Median (p50). Der Median der Vermögensverteilung, also der Wert, der die reichsten 50 Prozent der Bevölkerung von der ärmeren Hälfte trennt, lag 2012 bei knapp 17 000 €. Das reichste Prozent (p99) besaß 817 000 €.

Aus: Stefan Hradil, Soziale Ungleichheit, in: Ders. (Hrsg.), Deutsche Verhältnisse, Bonn 2012, S. 172 f.

1 Analysieren Sie M 11 und gewichten Sie die einzelnen Bereiche nach ihrer Relevanz.

2 Werten Sie M 12 und M 13 **aus** und versuchen Sie, die Merkmale der Armut in Deutschland zusammenzufassen.

3 Führen Sie im Kursverband, auch vor dem Hintergrund der Grund- und Menschenrechte, eine Debatte über den richtigen Umgang von Staat und Gesellschaft mit Armut.

4 Ermitteln Sie aus M 14 die Kennzeichen der Vermögensverteilung in Deutschland und **analysieren** Sie deren Entwicklung.

5 Bewerten Sie die Entwicklung der Einkommens- und Vermögensverteilung für den gesellschaftlichen Zusammenhalt und für den ökonomischen Wohlstand (M 5–M 14).

Geschlechtspezifische Ungleichheiten

MATERIAL 15 Schulabgänge 2012 nach Geschlecht

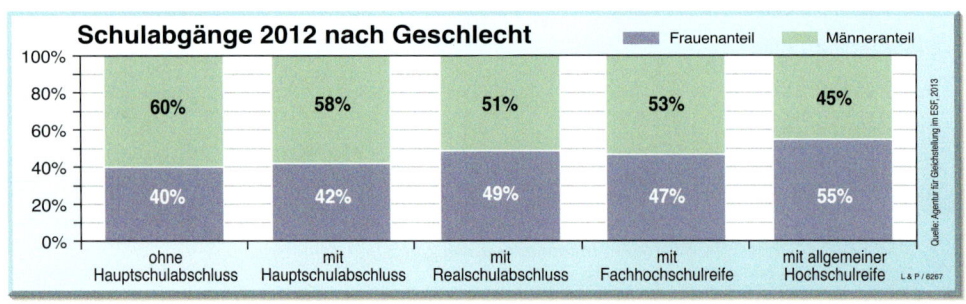

MATERIAL 16 Frauen an der Universität und in Führungspositionen

Personengruppen	Frauenanteile in %	
	2000	2012
Studienanfänger/-innen	49,2	49,5
Erstabsolventen/-innen	45,6	51,1
Promotionen	34,2	45,4
Habilitationen	18,5	27,0
Hochschulpersonal insgesamt	50,8	51,9
wissenschaftliche und künstlerische Mitarbeiter/-innen	27,2	40,7
Professor(inn)en insgesamt	10,5	20,4
C4/W3-Professor(inn)en*	7,1	16,5

*höchste Besoldungsgruppe

Aus: Statistisches Bundesamt 2011 (2000); GESIS – Leibniz-Institut für Sozialwissenschaften in Mannheim 2013 (2012)

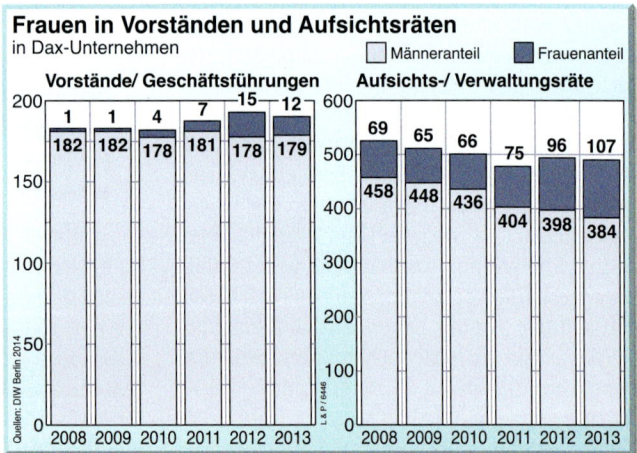

MATERIAL 17 Bevorzugung

Zeichnung:
Thomas Plaßmann

Bruttoverdienst und Teilzeitarbeit nach Geschlecht

Frauen: Gleiche Arbeit, weniger Geld
Der monatliche Bruttoverdienst* beträgt für ...

*ohne Sonderzahlungen; Quelle: Lohnspiegel 2013; nach: Hans-Böckler-Stiftung, 2013 L & P / 6268

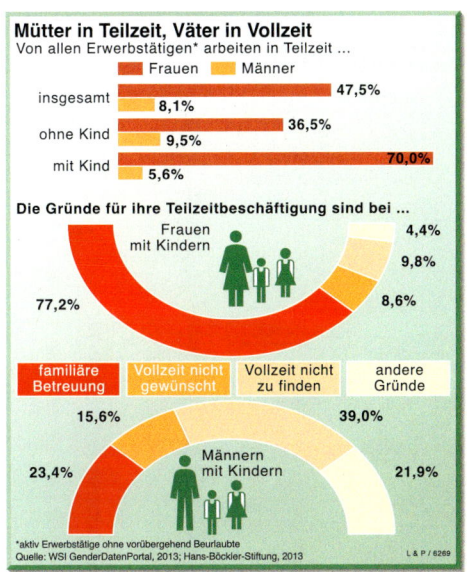

Mütter in Teilzeit, Väter in Vollzeit
Von allen Erwerbstätigen* arbeiten in Teilzeit ...

*aktiv Erwerbstätige ohne vorübergehend Beurlaubte
Quelle: WSI GenderDatenPortal, 2013; Hans-Böckler-Stiftung, 2013 L & P / 6269

Gesetz zur Durchsetzung der Gleichberechtigung von Frauen und Männern (30.11. 2001)

§ 1 Dieses Gesetz dient der Gleichstellung von Frauen und Männern sowie der Beseitigung bestehender und der Verhinderung künftiger Diskriminierungen wegen des Ge-
5 schlechts in dem in § 3 genannten Geltungsbereich dieses Gesetzes. Nach Maßgabe dieses Gesetzes werden Frauen gefördert, um bestehende Benachteiligungen abzubauen. Ziel des Gesetzes ist es auch, die Vereinbar-
10 keit von Familie und Erwerbstätigkeit für Frauen und Männer zu verbessern. Dabei wird den besonderen Belangen behinderter oder von Behinderung bedrohter Frauen Rechnung getragen. Rechts- und Verwal-
15 tungsvorschriften des Bundes sollen die

Gleichstellung von Frauen und Männern auch sprachlich zum Ausdruck bringen. Dies gilt auch für den dienstlichen Schriftverkehr.
§ 2 Alle Beschäftigten, insbesondere auch solche mit Vorgesetzten- und Leitungsaufga- 20 ben, sind verpflichtet, die Gleichstellung von Frauen und Männern zu fördern. Diese Verpflichtung ist als durchgängiges Leitprinzip in allen Aufgabenbereichen der Dienststelle [...] zu berücksichtigen. 25
§ 3 Dieses Gesetz gilt für alle Beschäftigten in der unmittelbaren und mittelbaren Bundesverwaltung unabhängig von ihrer Rechtsform sowie in den Gerichten des Bundes. [...]

1 Analysieren Sie M 15 und M 16 in Bezug auf die Chancengleichheit von Frauen und Männern im Bildungssystem bzw. in Führungspositionen.

2 Analysieren Sie die Karikatur M 17 und überprüfen Sie die Aussage mithilfe von M 18.

3 Schreiben Sie einen Zeitungskommentar, in dem Sie auf die in M 18 gezeigten Diskrepanzen näher eingehen, und versuchen Sie, Lösungsvorschläge zu entwickeln.

4 Lesen Sie Art. 3 GG und M 19. Erklären Sie die Rechtslage zur Stellung von Frau und Mann in der Bundesrepublik Deutschland mit eigenen Worten.

5 Beurteilen Sie Wirkung und Sinn der gesetzlichen Regelungen (M 19) und erörtern Sie, ob dadurch nicht Männer benachteiligt werden.

QUERVERWEIS
LERNWEG Einen Zeitungskommentar verfassen
S. 76 f.

Soziale Ungleichheit aufgrund der Herkunft

MATERIAL **20**   ## Schulabschlüsse von Deutschen und Ausländern

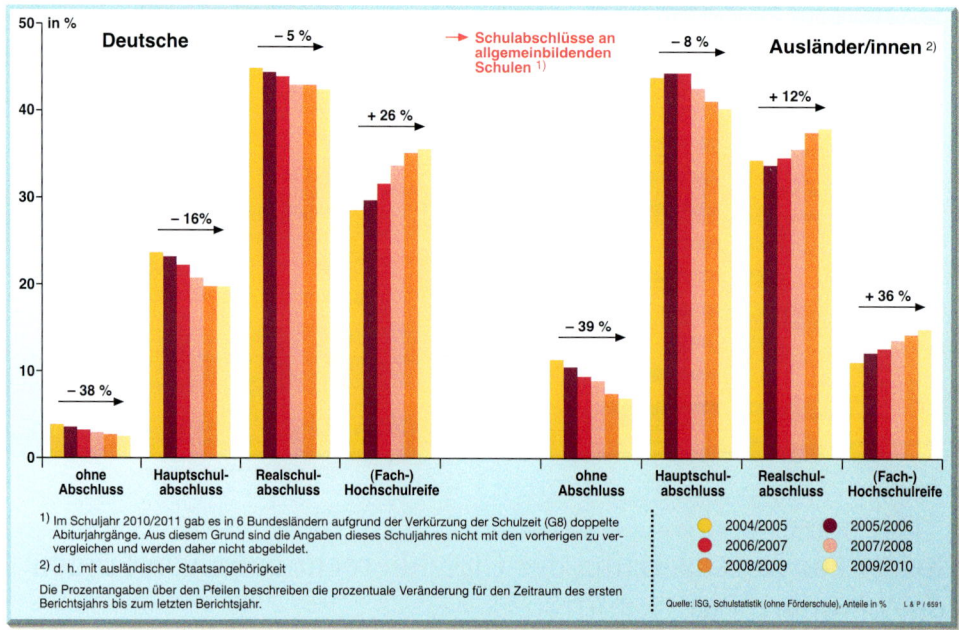

MATERIAL **21**   ## Arbeitslosen- und Armutsgefährdungsquote

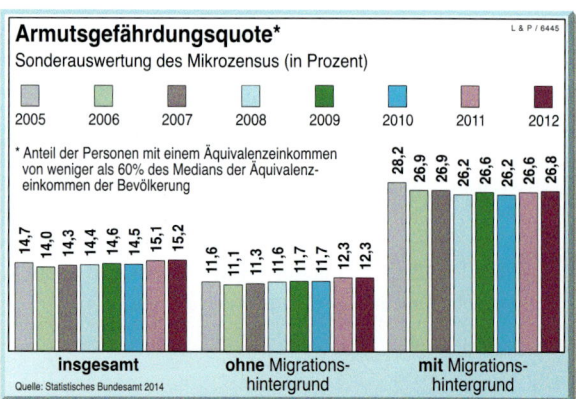

1 **Analysieren** Sie M 20. **Arbeiten** Sie die Ursachen für Ihre Ergebnisse aus M 22 **heraus**.

2 **Erläutern** Sie die Dimensionen und Indikatoren sozialer Ungleichheit am Beispiel von Menschen mit Migrationshintergrund (M 20 und M 21).

3 **Werten** Sie M 23 **aus** und forschen Sie nach Ursachen regional bedingter Ungleichheit.

4 **Diskutieren** Sie Lösungswege zur Beseitigung regional und herkunftsbedingter sozialer Ungleichheit.

Doppelte Benachteiligung

Wie lassen sich die Defizite bei der Kompetenzentwicklung und Bildungsbeteiligung der Migrantenkinder erklären? [...] Im Ursachengeflecht sind zwei große Stränge er-
5 kennbar: schichtspezifische und migrationsspezifische Ursachen. Der schichtspezifische Strang geht darauf zurück, dass der sozioökonomische Status der Migrantenfamilien tendenziell niedriger ist als derjenige der
10 Einheimischen; anders ausgedrückt heißt das: Die deutsche Gesellschaft ist durch Migranten tendenziell unterschichtet. [...] Der migrationsspezifische Strang weist auf Integrationsprobleme hin, die – unabhängig vom
15 sozioökonomischen Status – bei der Wanderung in eine fremde Kultur mit einer anderen Verkehrs- und Unterrichtssprache, einem anderen Bildungssystem und teilweise anderen Werten und Normen entstehen. [...]
20 Die Bildungskarrieren der jungen Menschen aus statusniedrigeren Familien werden des Weiteren dadurch erheblich beeinträchtigt, dass die Auslese im Schulsystem nur etwa zur Hälfte [...] nach Leistung erfolgt. [...]
25 Der leistungsunabhängige soziale Filter lässt sich unter anderem auf [...] „Defizite" bei der Bewertung durch die Lehrer zurückführen. [...] Kinder der unteren Schichten werden,

gemessen an ihren tatsächlichen Leistungen, zu schlecht, Angehörige der mittleren, 30 vor allem aber der oberen Sozialgruppen werden bezogen auf die tatsächlichen Leistungen deutlich zu gut benotet. [...]
Die Kenntnisse der Unterrichts- und Verkehrssprache Deutsch spielen eine Schlüs- 35 selrolle bei Kompetenzerwerb und Bildungserfolg der Migrantenkinder. [...]
Nicht alle Nachteile der Migrantenkinder sind ausschließlich Folgen von Unterschichtung und Deutschdefiziten. Welche weiteren 40 migrationsspezifischen Ursachen eine Rolle spielen, ist nur unzureichend geklärt. In Frage kommen sowohl schulische Faktoren – wie unzureichende Förderung, mehr oder weniger bewusste Diskriminierung oder 45 hohe Migrantenanteile in Schulen und Klassen – als auch familiale Faktoren wie Einreisealter, Verweildauer von Kindern und Eltern in Deutschland, Rückkehrabsichten, Offenheit bzw. Abschottung gegenüber der 50 deutschen Kultur und Gesellschaft. [...] Die Orientierung an der deutschen Kultur und Gesellschaft (Freundeskreise, Mediennutzung, Musikpräferenzen, Essgewohnheiten) begünstigt den Bildungserfolg. 55

Aus: Rainer Geißler/Sonja Weber-Menges, Migrantenkinder im Bildungssystem: doppelt benachteiligt, in: Aus Politik und Zeitgeschichte, Nr. 49/2008, S. 17 f., 21 f.

Nettovermögen der Haushalte nach Bundesländern

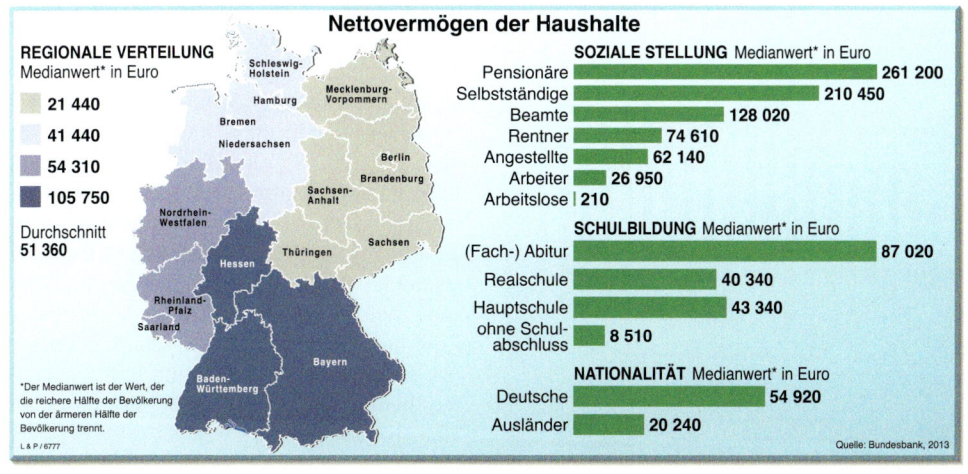

Soziale Ungleichheit zwischen den Generationen

MATERIAL 24

Altersaufbau und durchschnittliche Rentenbezugsdauer

INTERNET

Eine interaktive
Bevölkerungspyramide
finden Sie auf der
Homepage des Statis-
tischen Bundesamts
www.destatis.de
unter: Zahlen &
Fakten, Bevölkerung,
Bevölkerungsvoraus-
berechnung, Statistik
anschaulich.

QUERVERWEIS

Demografischer
Wandel – die Bevöl-
kerungsentwicklung
in Deutschland
S. 298–301, bes. M 17

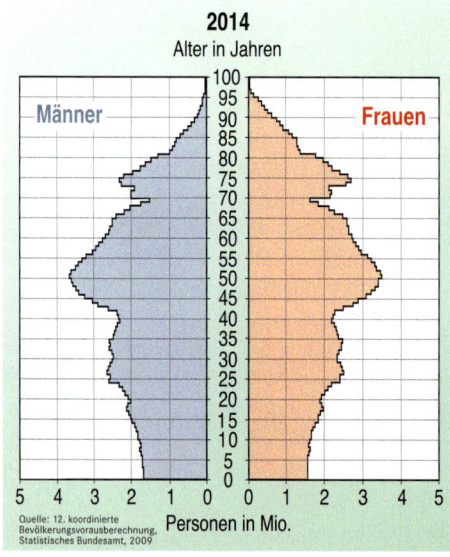

in Jahren	Männer	Frauen	insgesamt
alte Bundesländer			
1960	9,6	10,6	9,9
1970	10,3	12,7	11,1
1980	11,0	13,8	12,1
1990	13,9	17,2	15,4
1995	14,0	17,7	15,7
2001	14,3	18,3	16,2
2005	15,2	19,3	17,2
2010	16,5	20,5	18,4
2012	16,9	20,8	18,9
neue Bundesländer			
1995	11,6	19,6	16,0
2001	12,0	20,8	16,7
2005	12,9	21,6	17,5
2010	14,9	22,4	18,9
2012	15,7	23,0	19,6
Deutschland			
1995	13,6	18,2	15,8
2001	13,8	18,9	16,3
2005	14,7	19,8	17,2
2010	16,2	20,9	18,5
2012	16,7	21,3	19,0

Quelle: Deutsche Rentenversicherung, 2013   L & P / 6292

MATERIAL 25

Viel für die Alten

Noch nie haben die Parteien den Rentnern im Wahlkampf so viel versprochen wie in diesem Jahr. Die Union will Milliarden für höhere Renten älterer Mütter ausgeben, die SPD die 67er-Altersgrenze erheblich lockern, die Grünen versprechen eine Altersrente von mindestens 800 Euro, die Liberalen wollen bessere Zuverdienstchancen für Rentner. All das steht in eigentümlichem Gegensatz zu mehreren Studien, die zuletzt vor schwierigen Jahren warnten, weil schon bald die Zahl der Älteren stark steigen wird und weniger junge Menschen für deren Alterssicherung aufkommen müssen.

Auch die Bertelsmann-Stiftung wird in der kommenden Woche einen Ländervergleich vorstellen, der in diese Richtung weist. Für diese Studie [...] wurden Schuldenstand, Einkommenssituation von Kindern und alten Menschen sowie Ressourcenverbrauch in 29 Industrieländern verglichen. Deutschland schneidet dabei nur mittelmäßig ab. Während beispielsweise in Estland auf jedes Kind nur 6 400 Dollar Staatsschulden entfallen, steht jedes deutsche Kind unter 15 Jahren heute mit rund 267 000 Euro in den Miesen. [...]

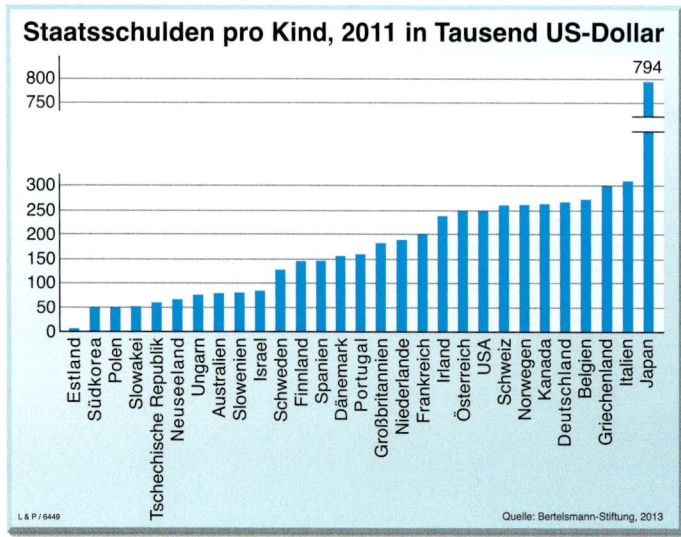

Die Studie fragt außerdem nach dem „ökologischen Fußabdruck" einer Gesellschaft – einer Größe, in der sich Produktions- und Konsumverhalten der heutigen Erwachsenengenerationen niederschlagen. Dabei schneiden die Vereinigten Staaten, Belgien und überraschenderweise ganz besonders Dänemark schlecht ab – der Ressourcenverbrauch pro Kopf ist hier besonders hoch.

Auch der Vergleich von Kinder- und Altersarmut enthält Überraschungen: Hier hat die Stiftung beispielsweise errechnet, dass in den Niederlanden das Missverhältnis besonders groß ist – was aber vor allem daran liegt, dass die Niederländer mit einem Armutsquotienten von 1,7 Prozent bei den Älteren besonders gut dastehen, die Kinderarmut liegt mit einer Quote von 8,3 Prozent im Mittelfeld. Generell ist Kinderarmut in Nordeuropa ein deutlich kleineres Problem als in anderen wohlhabenden Regionen der Welt, der Anteil der Armen an der gesamten Altersgruppe liegt zwischen zwei und sieben Prozent. In Südeuropa hingegen geht es dem Nachwuchs schlechter. Deutschland steht mit einer Kinderarmutsquote von deutlich unter zehn Prozent weitaus besser da als die meisten Länder. In den USA liegt sie dagegen bei 21 Prozent.

Erhebliche Unterschiede gibt es auch bei den finanziellen Mitteln, die der Staat den Älteren im Vergleich zu den Jüngeren zur Verfügung stellt. Zehn der 29 untersuchten Länder geben mindestens fünfmal so viel Geld für die ältere Generation aus wie für die jüngere. Dabei gilt tendenziell, dass dieser Vorteil für die Älteren dort besonders stark ist, wo es auch besonders viele ältere Wähler gibt. Augenfällig ist aber auch, dass Gesellschaften, deren Altersstruktur ganz ähnlich ist, darauf sehr unterschiedlich reagieren: Griechenland macht siebenmal so viel Geld für die Älteren wie für die Jüngeren locker, Schweden nur 3,4-mal so viel. [...]

Insgesamt entsteht in der Studie ein Bild, das nicht ganz zum Sound des deutschen Wahlkampfs passt: Mehr Ehrgeiz beim Schuldenabbau wäre demnach nicht nur in Südeuropa eine gute Idee, sondern auch in Deutschland. [...] Der Ländervergleich der Bertelsmann-Stiftung erinnert daran, dass staatliche Angebote nicht alles sind – auch Haushaltssanierung kann man als Anstrengung für künftige Generationen verstehen.

Aus: Elisabeth Niejahr, Viel für die Alten. Eine Studie vergleicht die Generationengerechtigkeit in 29 Ländern, in: Die Zeit, Nr. 16/11.4.2013

Sorglosigkeit

MATERIAL **26**

Zeichnung: Gerhard Mester

---

1 Analysieren Sie die Grafiken in M 24 und verorten Sie Ihren Geburtsjahrgang in der linken Grafik. Überprüfen Sie die Konsequenzen, die sich für Sie daraus ergeben.

2 Arbeiten Sie aus M 25 die Ergebnisse der Studie zur Generationengerechtigkeit heraus.

3 Analysieren Sie die Karikatur M 26 und überprüfen Sie mithilfe von M 24 und M 25 den Wahrheitsgehalt der Aussage.

4 Diskutieren Sie im Kursverband, ob und gegebenenfalls wie in Deutschland für mehr Generationengerechtigkeit gesorgt werden sollte.

5 Nehmen Sie in Form eines Zeitungskommentars Stellung zur Generationengerechtigkeit in Deutschland.

QUERVERWEIS

LERNWEG Einen Zeitungskommentar verfassen
S. 76 f.

Soziale Ungleichheit aufgrund der gesellschaftlichen Stellung

MATERIAL 27 ## Arbeitsmarktreformen und Ungleichheit

Die Trias aus Beschäftigungssicherheit, kollektiven Regelungen der Arbeitsbeziehungen und wohlfahrtsstaatlicher Absicherung hat weitreichende Folgen sowohl für die einzelnen Arbeitnehmer als auch für das System sozialer Ungleichheit insgesamt. [...]

Auf gesellschaftlicher Ebene führt die Trias zu vergleichsweise geringer und insbesondere gruppenstrukturierter Ungleichheit. Dies resultiert erstens daraus, dass die ArbeitnehmerInnen beziehungsweise ihre Vertretungen aufgrund relativ sicherer Beschäftigung und wohlfahrtsstaatlicher Absicherung eine nicht unerhebliche Stärkung ihrer Machtposition in der Auseinandersetzung mit den Arbeitgebern erfahren. [...] Zweitens sind die Löhne nach unten stark begrenzt, da der bisherige Sozialhilfesatz [vor 2005] einen Quasimindestlohn darstellte [...]. Drittens führt die stark an Gerechtigkeitsüberlegungen ausgerichtete gewerkschaftliche Lohnpolitik dazu, dass die Lohnabstände zwischen gewerkschaftlich vertretenen Berufsgruppen nicht allzu stark ausfallen. Die Ungleichheit ist gruppenstrukturiert, da sich die Lohnabschlüsse nach der Zugehörigkeit zu Branchen-, Berufs- und Qualifikationsgruppen richten, während individuelle Leistungen Einzelner bei der Entlohnung nur eine marginale Rolle spielen. [...]

Die Folgen der Arbeitsmarktreformen [Hartz-IV-Reform von 2005] für die Erwerbstätigen und damit für das System sozialer Ungleichheit sind nicht unerheblich. Sie betreffen auf individueller Ebene sowohl das Ausmaß an relativer Statussicherheit als auch das Machtverhältnis zwischen Arbeitgebern und Arbeitnehmern; auf gesellschaftlicher Ebene nehmen sie Einfluss auf das Ausmaß und die Struktur sozialer Ungleichheit. [...]

Darüber hinaus ist auch mit individuellen Lohndifferenzierungen zu rechnen, was letztendlich zu einer Entstrukturierung der Ungleichheit führt. Je unsicherer die Beschäftigung ist, desto stärker wird sich die individuelle Leistung in der Entlohnung widerspiegeln. Dies liegt zum einen daran, dass eher unproduktive Arbeitnehmer leichter durch produktivere Mitbewerber ersetzt werden können und vermutlich nur noch eine niedriger bezahlte Tätigkeit erhalten. Zum anderen haben leistungsfähigere Arbeitskräfte bessere Chancen, ihrerseits um anspruchsvollere und besser entlohnte Positionen zu konkurrieren.[...]

Durch die zunehmende Beschäftigungsunsicherheit und den gleichzeitigen Abbau wohlfahrtsstaatlicher Absicherungen erhöht sich das Risiko eines sozialen Abstiegs erheblich. In der Folge sinkt die Verhandlungsmacht der Arbeitnehmerschaft im Lohnfindungsprozess. Es ist daher zu erwarten, dass die Ungleichheit der Einkommen ansteigen wird. So öffnet sich nicht nur die Schere zwischen Kapitalerträgen und Löhnen, sondern auch die Distanzen zwischen Arbeitnehmergruppen werden eher größer. Gleichzeitig werden individuelle Leistungsunterschiede zwischen den ArbeitnehmerInnen stärker in den Löhnen reflektiert.

GLOSSAR

Hartz IV
Erwerbstätige

Aus: Johannes Giesecke/Martin Groß, Arbeitsmarktreformen und Ungleichheit, in:
Aus Politik und Zeitgeschichte 16/2005, 18.4.2005, S. 25–31 (Auszüge)

1 Arbeiten Sie aus M 27 **heraus**, wieso die Hartz-Reformen seinerzeit zu einer Zunahme der sozialen Ungleichheit geführt haben.

2 Beurteilen Sie ausgehend von M 27, zu wessen Gunsten sich die Macht auf dem Arbeitsmarkt verschoben hat und wessen Interessen dabei wenig beachtet wurden.

3 Ermitteln Sie aus M 28 die Hindernisse, die einen Aufstieg in die Elite erschweren, und erläutern Sie das Gegenkonzept des Elitenforschers Michael Hartmann.

4 Beurteilen Sie ausgehend von M 28, warum es schwierig ist, bestehende Machtkonstellationen aufzubrechen.

„Vor allem zählt der richtige Stallgeruch"

MATERIAL **28**

INFO
BAföG
Bundesausbildungs-
förderungsgesetz

GLOSSAR
Elite
Mobilität, soziale

Zeit online: Herr Hartmann, Sie erforschen die Elite. Wer zählt überhaupt dazu?

Elitenforscher Prof. Michael Hartmann: Die Kernelite in Deutschland umfasst rund
5 1 000 Personen. Das sind alle die, die gesellschaftliche Entwicklungen über ihr Amt oder ihr Eigentum maßgeblich beeinflussen können: Minister, Staatssekretäre, Richter am Bundesverfassungsgericht, Spitzenmanager,
10 Großunternehmer, aber auch Herausgeber und Chefredakteure von Zeitungen und Zeitschriften oder die Wissenschaftler an der Spitze der großen Wissenschaftsorganisationen.

15 **Zeit:** Welche Faktoren entscheiden darüber, ob jemand den Aufstieg nach ganz oben schafft?

Hartmann: Zunächst: Wer in die Elite will, muss an die Universität. Über 90 Prozent der
20 deutschen Eliten haben heute einen Hochschulabschluss. Aber sobald der Hochschulabschluss in der Tasche ist, zählt vor allem der richtige Stallgeruch. In der Soziologie nennen wir das Habitus: Das Wissen um
25 die versteckten Regeln und Mechanismen an der Spitze, um das, was dort en vogue ist, ein breiter bildungsbürgerlicher Horizont, souveränes Auftreten. Das bevorzugt Kinder aus dem Bürger- und Großbürgertum.

30 **Zeit:** Kann man sich dieses Verhalten nicht antrainieren?

Hartmann: Das ist ziemlich schwierig. Welche Kleidung angesagt ist und wie Hummer gegessen wird, kann noch vergleichsweise
35 schnell einstudiert werden. Aber der breite bildungsbürgerliche Horizont, der Kindern aus dem Bürger- und Großbürgertum über Jahre vermittelt wird, ist nur mühsam aufzuholen. Ganz zu schweigen von der Selbst-
40 verständlichkeit, mit der gerade Kinder aus dem Großbürgertum agieren. Das ist ein zentrales Unterscheidungsmerkmal zu Arbeiterkindern. Wer aus dem Großbürgertum stammt, kann und weiß auch nicht alles, was
45 in Spitzenpositionen wichtig ist. Aber er kann souverän mit Defiziten umgehen. [...]

Zeit: Wie könnten Aufstiegsmöglichkeiten gerechter verteilt werden?

Hartmann: Wir brauchen ein vernünftiges BAföG. Das BAföG ist das wirkungsvollste
50 Instrument, um etwas zu ändern. Es hat in den siebziger Jahren schnell und wirksam die Hochschulen für bildungsferne Schichten geöffnet. Über 40 Prozent der Studenten damals erhielten BAföG. Heute sind es nur
55 noch gut 20 Prozent, weil die Bemessungsgrundlagen und Höchstsätze nicht regelmäßig angepasst werden. Würde das BAföG reformiert, gäbe es mehr Studenten, insbesondere aus bildungsfernen Schichten. Und
60 mit einem größeren und gemischterem Reservoir, aus dem bei der Elitenbildung geschöpft wird, könnte auch der Zugang zu Eliten allmählich leistungsgerechter werden.

Zeit: Helfen da nicht auch Stipendien für
65 leistungsstarke Schüler und Studenten?

Hartmann: Stipendien in Deutschland fördern diejenigen, die es nicht nötig haben. Bei der Studienstiftung des Deutschen Volkes zum Beispiel stammt gerade einmal jeder
70 20. Stipendiat aus sozial „niedrigen" Verhältnissen. Arbeiterkinder trauen sich meist gar nicht, eine Bewerbung um ein Stipendium abzuschicken. Wenn sie es doch ins Auswahlverfahren schaffen, scheitern sie, weil
75 sie nicht richtig auftreten.

Zeit: Sind die Eliten in anderen Ländern durchlässiger?

Hartmann: Die Eliten in den skandinavischen Ländern sind deutlich durchlässiger
80 als in Deutschland. Dort basiert der Zugang zu Eliten stärker auf Leistung als auf Herkunft. Und zwar in allen Eliten – von der Politik bis zur Wirtschaft.

Zeit: Was wird dort anders gemacht?
85

Hartmann: Dort gibt es insgesamt viel mehr Hochschulabsolventen als in Deutschland, sodass das Reservoir, aus dem geschöpft werden kann, viel größer ist. Und der bürgerlich-großbürgerliche Habitus zählt dort
90 weniger, weil die Grundeinstellung in den skandinavischen Ländern deutlich egalitärer ist als in Deutschland. Aber auch dort zeigt sich: Allein durch Bildung geht es nicht. Die Herkunft spielt immer eine Rolle.
95

*Aus: Interview von Julian Kirchherr mit Prof. Michael Hartmann, „Vor allem zählt der richtige Stallgeruch",
in: Die Zeit online, www.zeit.de/studium/uni-leben/2013-02/eliten-forscher-hartmann-stipendium-exzellenz-
initiative/komplettansicht, 28.3.2013 (Zugriff: 10.11.2014)*

Soziale Gerechtigkeit

MATERIAL **29**

Arten sozialer Gerechtigkeit

INFO

legitim
hier: berechtigt,
begründet, vertretbar

Moderne Gesellschaften unterscheiden sich von traditionalen nicht durch das Vorhandensein sozialer Ungleichheit, sondern durch ihren Anspruch, über ein **legitimes**
5 Gefüge sozialer Ungleichheit zu verfügen. Ob soziale Konflikte entstehen oder der gesellschaftliche Zusammenhalt stabil bleibt, hängt daher entscheidend davon ab, inwieweit die Menschen das Gefüge sozialer Un-
10 gleichheit als gerecht ansehen. Dies wird dann umso wichtiger, wenn eine Gesellschaft immer ungleicher wird und wichtige, wahrnehmbare Mobilitätsbarrieren eher höher als niedriger ausfallen, wie das in der deut-
15 schen Gesellschaft der letzten Jahrzehnte der Fall ist.

Unter Gerechtigkeit werden moralisch begründete, akzeptierte und wirksame Verhaltens- und Verteilungsregeln verstanden, die
20 Konflikte vermeiden, welche ohne die Anwendung von Gerechtigkeitsregeln bei der Verteilung begehrter Güter oder ungeliebter Lasten auftreten würden. Wie alle moralischen Regeln, so setzen auch Normen so-
25 zialer Gerechtigkeit voraus, dass Menschen ihr Verhalten und Verteilungsprozesse gestalten können. Gerechtigkeitsforderungen angesichts von Sachzwängen sind sinnlos.

Unter „sozialer Gerechtigkeit" sind allge-
30 mein akzeptierte und wirksame Regeln zu verstehen, die der Verteilung von Gütern und Lasten durch gesellschaftliche Einrichtungen (Unternehmen, **Fiskus**, Sozialversicherungen, Behörden etc.) an eine Vielzahl
35 von Gesellschaftsmitgliedern zugrunde liegen, nicht aber Verteilungsregeln, die beispielsweise ein Ehepaar unter sich ausmacht.

Soziale Gerechtigkeit findet sich auf mehre-
40 ren Ebenen: Erstens ist sie gewissermaßen „eingebaut" in viele gesellschaftliche Einrichtungen (z.B. in die höheren Steuerklassen für Ledige oder in die gesetzliche Krankenversicherung, in der Familienmitglieder
45 unter Umständen kostenlos mitversichert sind). Zweitens ist soziale Gerechtigkeit in den Einstellungen der Menschen enthalten. Und drittens wird sie deutlich in deren Verhalten, z.B. in der politischen Partizipation.

Fiskus
Staatskasse/
-vermögen

50 Konzentriert man sich auf die Einstellungen der Menschen, so finden sich in ihren Köpfen – oft gleichzeitig, häufig vage und nicht selten vermischt – meist mehrere unterschiedliche Gerechtigkeitsvorstellungen.
55 Wenn von „sozialer Gerechtigkeit" die Rede ist, dann bleibt also festzustellen, um welche Gerechtigkeit es sich im Einzelfall handelt.

Arten sozialer Gerechtigkeit:

- Vorstellungen von **Leistungsgerechtig-**
60 **keit** fordern, dass Menschen so viel erhalten sollen (Lohn, Schulnoten, Lob etc.), wie ihr persönlicher Beitrag und/ oder ihr Aufwand für die jeweilige Gesellschaft ausmachen. Konzepte der Leis-
65 tungsgerechtigkeit sehen also ungleiche Belohnungen vor, um die Menschen für ungleiche Bemühungen und ungleiche Effektivität zu belohnen, sie zur weiterer Anstrengung zu motivieren und so für al-
70 le Menschen bessere Lebensbedingungen zu erreichen.
- Vorstellungen von (Start-)**Chancengerech-tigkeit** zielen darauf ab, dass alle Menschen, die im Wettbewerb um die Er-
75 langung von Gütern und die Vermeidung von Lasten stehen, die gleichen Chancen haben sollen, Leistungsfähigkeit zu entwickeln und Leistungen hervorzubringen. Das Konzept der Chancengerechtigkeit bezieht sich also nicht auf das Ergeb-
80 nis, sondern auf die Ausgestaltung von Leistungswettbewerb. Unterstellt werden durchaus ungleiche Verteilungsergebnisse. Die Vorstellung von Chancengerechtigkeit hat nur dann einen Sinn, wenn
85 Chancen bestehen, mehr oder weniger große Erfolge zu erzielen (zum Beispiel das Abitur statt einen Hauptschulabschluss zu absolvieren). Das Konzept der Chancengerechtigkeit erstreckt sich auf
90 ganz unterschiedliche Startpunkte und Konkurrenzfelder.
- Als bedarfsgerecht gelten Verteilungen, die dem „objektiven" Bedarf von Menschen entsprechen, insbesondere ihren
95 Mindestbedarf berücksichtigen. Empirisch vorzufinden ist **Bedarfsgerechtigkeit** zum

GLOSSAR

Chancengerechtigkeit

Beispiel in den unterschiedlichen Steuerklassen des Einkommenssteuerrechts. Hinter diesem Konzept steht die Einsicht, dass Chancen- und Leistungsgerechtigkeit nicht in der Lage sind, dem jeweiligen Bedarf der nicht Leistungsfähigen, das heißt der Kranken, Alten, Kinder etc. gerecht zu werden.

■ Dem Konzept der **egalitären Gerechtigkeit** zufolge sollen Güter und Lasten möglichst gleich verteilt werden. In einer abgeschwächten Version dieser Gerechtigkeitsvorstellung werden auch Verteilungen von Gütern und Lasten, die gewisse Bandbreiten der Ungleichheit nicht überschreiten, als gerecht angesehen. Empirisch äußern sich egalitäre Gerechtigkeitsvorstellungen zum Beispiel in der Kritik an bestimmten Managergehältern allein aufgrund ihrer enormen Höhe oder an der Erwartung, dass eine „gerechte" Gesundheitsversorgung für alle Menschen gleich gut sein müsse.

Forderungen nach sozialer Gerechtigkeit werden in aller Regel für nationalstaatliche Gesellschaften heute lebender Menschen erhoben. Daran wird immer kritisiert, dass Gerechtigkeitsvorstellungen nicht an Landesgrenzen Halt machen dürfen (z.B. im Rahmen des Welthandels), Altersgruppen unterscheiden sollten (so Rentner und Erwerbstätige) und (etwa im Hinblick auf den Ressourcenverbrauch) auch unsere Nachfahren mit einbeziehen müssen. Konzepte der „Globalen Gerechtigkeit" sind daher auf alle Menschen unseres Planeten gerichtet. Forderungen nach „Generationengerechtigkeit" erstrecken sich auf die Güter- und Lastenverteilung der heute lebenden Generationen wie auch der kommenden. [...]

Empirische Befunde zeigen, dass fast alle Menschen in Deutschland, allerdings leicht sinkende Anteile, Forderungen nach Leistungsgerechtigkeit zustimmen. Forderungen nach Chancengerechtigkeit und Bedarfsgerechtigkeit schließen sich die meisten, und zwar steigende Anteile der Menschen an. Forderungen nach gleicher Verteilung stimmt nur eine, allerdings ebenfalls steigende Minderheit der Menschen zu.

In vielen Meinungsäußerungen, Parteiprogrammen etc. verschmelzen diese teils widersprüchlichen, teils einander ergänzenden oder voraussetzenden Gerechtigkeitskonzepte häufig bis zur Ununterscheidbarkeit. Selbst wenn die jeweiligen Gerechtigkeitsverständnisse auseinandergehalten werden, so bleibt die **operationale** Definition (Was gilt als Leistung? Welche Grundbedarfe sollen gedeckt werden?) meist offen. Maßgebend ist daher vielfach eher ein „Gefühl" von Gerechtigkeit als eine exakte Definition. Fragt man nach dieser gefühlten Gesamtbeurteilung, so ergibt sich, dass die weit überwiegende Mehrheit der Menschen der Meinung ist, der Wohlstand in Deutschland sei nicht gerecht verteilt und die soziale Gerechtigkeit habe in den letzten drei, vier Jahren abgenommen. Dieser Gesamteinschätzung widerspricht allerdings die Einschätzung der eigenen Situation: Ihren eigenen Anteil am Wohlstand halten in Westdeutschland zwei Drittel (in Ostdeutschland nur gut ein Drittel) für gerecht.

Nur eine mehrheitlich als gerecht empfundene Gesellschaft wird auf Dauer friedlich kooperieren und Konflikte ohne Gewalt regeln können. Dies gilt umso mehr in einer Gesellschaft wie Deutschland, die kulturell, ethnisch, sprachlich, religiös und im Alltagsverhalten immer **heterogener** wird, deren traditionelle Bindeglieder also immer schwächer werden. Gerechtigkeitsempfindungen als integrierender „Kitt" der Gesellschaft werden auch deshalb immer wichtiger, weil der verfügbare Wohlstand der Bürger in absehbarer Zeit eher stagnieren als zunehmen wird. Gibt es weniger zu verteilen, dann werden die Verteilungskonflikte härter. Vor diesem Hintergrund stimmen die Anzeichen eines wachsenden „Gerechtigkeitsdefizits" bedenklich.

Aus: Stefan Hradil, Soziale Ungleichheit, in: Ders. (Hrsg.), Deutsche Verhältnisse, Bonn 2012, S. 181–185

INFO

operational
hier: z. B. für die Durchführung empirischer Untersuchungen durch Angabe einzelner Schritte (Operationen) präzisiert bzw. standardisiert

heterogen
uneinheitlich, aus Ungleichartigem zusammengesetzt

QUERVERWEIS

Internationale Wirtschaftsbeziehungen
Kap. 4.2

1 Arbeiten Sie aus M 29 die verschiedenen Arten sozialer Gerechtigkeit **heraus** und **erklären** Sie, wann soziale Ungleichheit als „gerecht" empfunden wird.

2 Diskutieren Sie vor dem Hintergrund der Grund- und Menschenrechte die Frage, wie viel soziale Gerechtigkeit für den Zusammenhalt einer Gesellschaft notwendig ist bzw. wie viel soziale Ungleichheit als legitim gelten kann.

3 Entwickeln Sie Strategien, dem in M 29 konstatierten „wachsenden Gerechtigkeitsdefizit" zu begegnen.

Aspekte der sozialen Ungleichheit

Soziale Ungleichheit bedeutet, dass die Lebensbedingungen oder die Ressourcenausstattung von Menschen aus gesellschaftlichen (sozialen) Gründen ungleich besser oder schlechter als die anderer Menschen sind. Es existieren zwei Varianten von sozialer Ungleichheit: Als **Chancenungleichheit** wird die ungleiche Verteilung von Chancen unter bestimmten Bevölkerungsgruppen verstanden. So sind im deutschen Bildungssystem z. B. Migranten mit unzureichenden Sprachkenntnissen gegenüber Einheimischen benachteiligt. Als **Verteilungsungleichheit** wird die ungleiche Verteilung eines wertvollen Guts in der gesamten Bevölkerung bezeichnet. So bestehen z. B. Einkommensunterschiede zwischen einem Facharbeiter und einem Geschäftsführer.

Soziale Ungleichheit im Bildungsbereich

Bildung als Kennzeichen sozialer Ungleichheit ist ein wichtiger Aspekt der Verteilungsungleichheit. Die **Bildungsexpansion** in der jüngeren deutschen Geschichte hat dazu beigetragen, dass z. B. der ehemalige Einkommensvorsprung der Akademiker abgenommen hat. Gleichzeitig aber begünstigt die soziale Herkunft noch immer die Wahrscheinlichkeit, einen akademischen Abschluss zu erhalten und in die Elite des Landes aufzusteigen.

Zwar wuchs der Anteil von Kindern aus unteren Schichten, die die Realschule oder das Gymnasium besuchen, stetig. Das Gleiche gilt aber auch für die Kinder aus den mittleren bzw. oberen Schichten, d. h., dass die **schichttypischen Ungleichheiten** nicht beseitigt wurden. Es wird also nicht nur nach Leistung selektiert, sondern die Bildung des Einzelnen wird auch von einer sozialen Komponente determiniert (vorherbestimmt). Hierfür sind sogenannte **schichtspezifische Sozialisationsprozesse** verantwortlich. Es lässt sich nämlich feststellen, dass Fähigkeiten kognitiver oder sprachlicher Natur oder der Glaube an den eigenen Erfolg bei Kindern aus höheren Schichten stärker ausgeprägt sind und diese in der Regel von den Eltern besser oder intensiver gefördert werden. Damit korrespondiert, dass das Leistungsvermögen von Kindern unterer Schichten nicht voll ausgeschöpft wird, da deren Eltern eine Distanz zur höheren Bildung haben.

Soziale Ungleichheiten beim Einkommen

In einem marktwirtschaftlich orientierten Staat wie der Bundesrepublik Deutschland werden soziale Ungleichheiten durch einen Vergleich des Einkommens des Einzelnen mit dem gesellschaftlichen Durchschnittseinkommen ermittelt. Die Soziologie bezieht sich auf das **Haushaltsnettoeinkommen**, also alle Einnahmen, die einem Haushalt nach Abzug von Steuern und Abgaben zur Verfügung stehen. Als arm gelten demnach die Menschen, die weniger als 60 Prozent des durchschnittlichen Nettohaushaltseinkommens verdienen, als reich diejenigen, deren Einkommen mehr als doppelt so hoch ist wie das durchschnittliche Nettohaushaltseinkommen. Dieses lag im Jahr 2011 bei rund 3 000 Euro im Monat. Das Maß der Einkommensungleichheit bestimmt dabei meist der sogenannte **Gini-Koeffizient**. Er berechnet sich mithilfe der **Lorenzkurve** und ist 0 (oder 0 %) bei völliger Gleichverteilung bzw. 1 (oder 100 %) bei maximaler Ungleichverteilung. In Deutschland bewegt sich der Koeffizient seit Jahren um einen Wert von 0,28.

Armut und Reichtum als Indikatoren sozialer Ungleichheit

Da die Armut in Deutschland in erster Linie von der Einkommenssituation des Einzelnen abhängig ist, wird zwischen zwei Arten unterschieden: der **absoluten Einkommensarmut**, bei der die Armutsgrenze durch das Bundessozialhilfegesetz nach einem komplizierten Verfahren festgesetzt wird und die bei rund 40 % des derzeitigen durchschnittlichen Haushaltseinkommens für Alleinlebende liegt (653 Euro pro Monat; Stand: 2012), und der **relativen Einkommensarmut**, die bei 60 % des derzeitigen durchschnittlichen Haushaltseinkommens für Alleinlebende liegt (980 Euro pro Monat; Stand: 2012). Etwa 16 % der Deutschen leben unter dieser Grenze.

Besonders bedroht von Armut sind sieben Bevölkerungsgruppen, von denen vier den sogenannten „traditionellen" **Risikogruppen** zugerechnet werden: alleinerziehende Mütter, kinderreiche Familien, Kinder und Jugendliche sowie Menschen mit niedriger schulischer und beruflicher Qualifikation. In den letzten Jahren sind (Langzeit-)Arbeitslose, Migranten und getrennt Lebende als neue Risikogruppen hinzugekommen.

Unterschiede zwischen Arm und Reich zeigen sich aber nicht nur in der Einkommens-, sondern auch in der **Vermögensungleichheit**. So verfügen laut dem 4. Armuts- und Reichtumsbericht der Bundesregierung aus dem Jahr 2012 die reichsten 10 % der Bevölkerung über rund 53 % des gesellschaftlichen Gesamtvermögens, während die unteren 50 % der Bevölkerung etwa über 1 % verfügen und die ärmsten 10 % verschuldet sind. Beim sogenannten Produktivvermögen, also dem Besitz oder der Beteiligung an Unternehmen, zeigen sich die Unterschiede noch deutlicher: Etwa 2 % der Privathaushalte verfügen hier über 75 % des privaten inländischen Kapitals.

Geschlechtsspezifische Ungleichheiten

Dass geschlechtsspezifische Ungleichheiten in der Gesellschaft auch heute noch bestehen, zeigt ein Blick in das Bildungswesen und in die Arbeits- und Berufswelt: Im **Bildungssektor** wurden die geschlechtsspezifischen Ungleichheiten am erfolgreichsten abgebaut, vor allem an den allgemeinbildenden Schulen, denn Mädchen zeigen im Durchschnitt bessere Schulleistungen als Jungen. Dieses Verhältnis setzt sich an den Universitäten fort. In der **Berufswelt** sind die geschlechtsspezifischen Ungleichheiten stärker ausgeprägt. So ist zwar der Anteil der berufstätigen Frauen auf zwischenzeitlich 72 % gestiegen, der Arbeitsmarkt aber ist nach wie vor geteilt, denn traditionell „männliche" Berufe wie Ingenieure werden besser bezahlt als „frauentypische" Berufe wie Grundschullehrerin. Selbst wenn es Frauen gelingt, in männerdominierte Berufsfelder vorzudringen, haben sie schlechtere Karrierechancen. Dies hat drei Ursachen: Männer zeigen oftmals eine stärkere Karriereorientierung, die sich in höherem Selbstwertgefühl und Dominanzstreben zeigt. Zudem sind die höheren Führungsebenen nach wie vor von Männern dominiert, die Frauen oft bezüglich ihrer Kompetenz und Belastbarkeit subjektiv niedrig einschätzen. Schließlich verzichten Frauen oftmals zum Wohl der Familie eher auf die Karriere als die Männer.

Soziale Ungleichheit aufgrund der Herkunft

Soziale Ungleichheit aufgrund der Herkunft betrifft vor allem **Migranten in Deutschland**. Als zentrale Ursache gelten die schlechteren Bildungs- und Berufschancen. Der Hauptgrund dafür ist wiederum in mangelhaften Sprachkenntnissen zu suchen, denn das Erlernen der deutschen Sprache kann als „Schlüssel" zur Kultur und Mentalität unseres Landes gesehen werden. Probleme, die aus versäumten Bildungschancen entstehen, werden beim Wechsel in Ausbildung und Arbeitsmarkt weitergetragen. Hinzu kommt, dass die Schichtzugehörigkeit von Migranten im Durchschnitt niedriger einzustufen ist als die der Deutschen. Entsprechend gering sind auch die Einkommen vieler Migranten. Aber auch regional lassen sich in Deutschland soziale Ungleichheiten feststellen: So gibt es ein Vermögensgefälle von Nord nach Süd und von Ost nach West.

Soziale Ungleichheiten zwischen den Generationen

Aufgrund der **demografischen Entwicklung** und der damit einhergehenden Überalterung der Gesellschaft droht aufgrund der wachsenden sozialen Ungleichheit zwischen den Generationen ein **Generationenkonflikt**: Immer weniger junge müssen immer mehr alte Menschen mithilfe der sozialen Sicherungssysteme versorgen. Dabei verstärkt sich vor allem an die Politik der Vorwurf, zu sorglos mit den Ressourcen und finanziellen Mitteln künftiger Generationen umzugehen.

Soziale Ungleichheit aufgrund der gesellschaftlichen Stellung

Personen, die in der sozialen Hierarchie weiter oben angesiedelt sind, verfügen auch über ein höheres **Machtpotenzial** in wichtigen Entscheidungsprozessen. Weiterhin reproduziert sich die **Elite** aufgrund schichtspezifischer Sozialisationsprozesse in Deutschland weitgehend selbst.

Soziale Gerechtigkeit

Ob eine Gesellschaft als sozial stabil betrachtet werden kann, hängt unter anderem davon ab, inwieweit die existierende soziale Ungleichheit als gerecht empfunden wird. Bei den Arten sozialer Gerechtigkeit unterscheidet man zwischen **Leistungs-, Chancen-, Bedarfs- und egalitärer Gerechtigkeit**. Die meisten Menschen in Deutschland stimmen den ersten drei genannten Arten von Gerechtigkeit zu und lehnen die egalitäre Gerechtigkeit ab.

3.2 Modelle und Theorien gesellschaftlicher Ungleichheit

Sozialstrukturmodelle ordnen die Bevölkerung und soziale Ungleichheit so ein, dass Gruppen mit vergleichbaren Soziallagen und Lebenschancen entstehen. So ist in der Vergangenheit eine Vielzahl von Modellen entstanden, die sich in einigen Merkmalen unterscheiden, z. B. Anzahl und Merkmale der Soziallagen, Ziehung der Schichtgrenzen etc.

Bereits Karl Marx unterteilte die Gesellschaft im 19. Jahrhundert in sogenannte Klassen und unterschied dabei insbesondere zwischen Kapitalisten, die im Besitz der Produktionsmittel sind, und Arbeitern, die nur über ihre eigene Arbeitskraft verfügen. Theodor J. Geiger, ein dänischer Soziologe, sprach hingegen 1932 von „sozialen Schichten" und berücksichtigte als Einteilungskategorien nicht nur materiellen Besitz, sondern auch Merkmale wie Bildung, ethnische Herkunft und politische Einstellung. In den 1960er-Jahren entstanden durch Karl Martin Bolte und Ralf Dahrendorf weitere Modelle, die versuchten, die Gesellschaft Deutschlands einzuteilen.

Neuere Ansätze, wie beispielsweise die Einteilung in soziale Milieus, d. h. die Gruppierung nach Lebenseinstellungen und -weisen, werden heute zur Zielgruppen- und Produktoptimierung im Marketingbereich verwendet.

"...YET HERE WE ARE, EXACTLY THE SAME!"

Zeichnung: Brian Fray

König

1. Stand: Klerus

2. Stand: Adel

3. Stand: Bauern und Bürger

Ständeordnung des Mittelalters

Basiswissen

Die **Sozialstrukturanalyse** unterteilt die Gesellschaft in ihre Kernelemente und untersucht zwischen ihnen auftretende Wechselbeziehungen.

Sozialwissenschaftliche Modelle versuchen, ökonomische, politische oder soziologische Prozesse zu erklären und daraus Zukunftsprognosen abzuleiten. Sie schließen Details aus und vereinfachen die Realität, um die Wirklichkeit besser abbilden zu können.

1 **Analysieren** Sie die Karikatur und **diskutieren** Sie die Position des Zeichners.

2 **Beschreiben** Sie mithilfe der Grafik, wie die Gesellschaft im Mittelalter strukturiert war.

3 **Entwickeln** Sie Kriterien, nach denen sich die Gesellschaft heute Ihrer Auffassung nach einteilen lässt.

4 **Gestalten** Sie ein Modell, das die gegenwärtige Sozialstruktur Deutschlands abbildet. Nutzen Sie dazu die in Aufgabe 3 entwickelten Kriterien.

Modelle und Theorien sozialer Klassen und Schichten

Grundbegriffe

MATERIAL 1

Die Klassen- und Schichtanalyse kann auf eine lange Tradition zurückblicken. **Karl Marx** erhob das Klassenkonzept bereits in der Mitte des 19. Jahrhunderts zu einer so-
5 ziologischen Grundkategorie; das Konzept der sozialen Schicht ist jünger und wurde erst in der Auseinandersetzung mit Marx von **Theodor Geiger** in den 1930er-Jahren zum soziologischen Grundbegriff präzisiert.
10 [...] Als gemeinsamer Kern aller Klassenbe-griffe und auch vieler Schichtbegriffe [...] lassen sich drei Vorstellungen festhalten:

■ Die Vorstellung der **Klassen- bzw. Sozial-lagen**: Eine Bevölkerung lässt sich in ver-
15 schiedene Gruppen untergliedern, die sich in jeweils ähnlichen Klassenlagen bzw. Soziallagen befinden. Klassen- und Soziallagen können insbesondere durch eines oder mehrere der folgenden Bestim-
20 mungsmerkmale [...] identifiziert werden: durch die Stellung zu den Produktions-mitteln, durch ähnliche Besitz- oder Ein-kommensverhältnisse, durch ähnliche Berufe oder ähnliche Qualifikationen.
25 ■ [D]ie Vorstellung von **klassen- bzw. schichttypischen Prägungen und Sub-kulturen (Sozialisationsannahme)**: Men-schen in ähnlichen Klassen- und Sozial-lagen leben unter ähnlichen Bedingungen
30 und machen daher ähnliche Erfahrungen. Die Klassen- bzw. Soziallage beeinflusst deshalb ihr Denken, ihre Vorstellungs-welt, ihre Mentalitäten, Werte, Interessen, Ideologien und Verhaltensweisen; es ent-
35 steht so etwas wie „Klassenbewusstsein" (Karl Marx), „Schichtmentalität" (Theodor Geiger) [...], schichtspezifische Einstel-lungs- und Verhaltensmuster, klassen- bzw. schichtspezifische Subkulturen. [...]

kapitalistische Lage	Kapitalisten
mittlere Lage	Alter Mittelstand (mittlere und kleine Unternehmer)
	Neuer Mittelstand (Gehaltsbezieher höherer Qualifikation)
	Prolaroide/Tagewerker auf eigene Rechnung
proletarische Lage	Gehaltsbezieher niederer Qualifikation

Schichtung des deutschen Volkes gemäß Geiger

■ Aus den Klassen- und Soziallagen mit ihren Ressourcen und Prägungen resul-
40 tieren **klassen- bzw. schichttypische Lebenschancen und Lebensrisiken**. [...]

Neben den Gemeinsamkeiten von Klasse und Schicht bestehen aber auch Unterschie-
45 de. Klassenanalysen unterscheiden sich in der Regel in vier Punkten von den Schicht-analysen:

■ Durch ihre **ökonomische Orientierung**: Die Einteilung einer Gesellschaft in Klas-
50 sen orientiert sich stärker an ökonomi-schen Kriterien der Klassenlage – z.B. am Produktionsmittelbesitz in Anlehnung an den Klassenbegriff von Karl Marx [...].

■ Durch ihre **Konflikt- und Machtorientie-
55 rung**: Klassenanalyse heißt immer auch Analyse von Konflikten und Machtbezie-hungen zwischen den Klassen.

■ Durch ihre **historische Orientierung**: Klassen werden stets historisch-dyna-
misch in ihrer Entwicklung erfasst.

■ Durch ihre **theoretische Orientierung**: Klassenanalysen begnügen sich nicht mit der Beschreibung von Klassenstrukturen, sondern spüren den Ursachen der Konflikte und Machtbeziehungen und ihren
65 Entwicklungen im gesellschaftlichen Zu-sammenhang nach.

INFO

Karl Marx
* 5.5.1818 in Trier
† 14.3.1883 in London
50 Marx geht vom Scheitern des Kapitalismus aus. Die Arbeiterklasse (Proletariat) wird durch die Bourgeoisie (Kapitalisten) ausgebeutet, da diese im Besitz der Pro-duktionsmittel ist (Boden, Kapital etc.). Steigende
55 Gewinne der Bourgeoisie führen zur Steigerung der Produktion. Kleinere und mittlere Unternehmen können dem Wettbe-werbsdruck nicht mehr standhalten und rutschen ins Proletariat ab. Die
60 Arbeiterklasse verelendet. Dies hat zur Folge, dass zahlungsfähige Käufer feh-len. Es kommt zur Absatz-krise und zum Aufstand der Arbeiterklasse.

Aus: Rainer Geißler, Die Sozialstruktur Deutschlands, 7. Aufl., Wiesbaden 2014, S. 93 ff.

1 Charakterisieren Sie die Theorien von Karl Marx und Theodor Geiger (M 1).
2 Vergleichen Sie die Theorien miteinander (M 1), insbesondere hinsichtlich der jeweils zur Einteilung der Gesellschaft genutzten Prämissen und Indikatoren.
3 Nehmen Sie Stellung zu der Frage, ob die Theorien von Marx und Geiger heute noch zeitgemäß sind (M 1). Belegen Sie Ihre Aussagen mit selbst gewählten Beispielen.

Theodor Julius Geiger
* 9.11.1891 in München
† 16.6.1952 auf See
gilt als Gründer der Schichtungssoziologie

Schelsky: die „nivellierte Mittelstandsgesellschaft"

Helmut Schelsky
* 14.10.1912 in Chemnitz
† 24.2.1984 in Münster
einer der bekanntesten
deutschen Soziologen
der Nachkriegszeit, der
wegen seiner vormaligen
Treue zum NS-Regime
allerdings z. T. auch in
der Kritik stand

Nivellierung
Ausgleich, Einebnung
(von Unterschieden)

In den 1950er-Jahren unternahm der konservative Soziologe Helmut Schelsky das Wagnis, die neu entstandenen Strukturen [bedingt durch den Zweiten Weltkrieg] auf eine
5 griffige Formel zu bringen. [...] Er geht von einer hochmobilen Sozialstruktur aus, in der kollektive Auf- und Abstiegsprozesse zur Einebnung der sozialen Klassen und Schichten führen und „damit zu einer sozialen
10 **Nivellierung** in einer verhältnismäßig einheitlichen Gesellschaftsschicht, die ebenso wenig proletarisch wie bürgerlich ist, d. h. durch den Verlauf der Klassenspannung und sozialen Hierarchie gekennzeichnet wird".
15 Kollektiv aufgestiegen seien die Industriearbeiterschaft und die technischen Angestellten und Verwaltungsangestellten, von kollektiver Deklassierung seien vor allem Schichten des ehemaligen Besitz- und Bil-
20 dungsbürgertums betroffen.

In dieser breiten Mittelschicht mit gleichen politischen Rechten, ähnlichen materiellen Lebensbedingungen und weitgehender Chancengleichheit sollten auch die „ehemals
25 schichttypischen Verhaltensstrukturen" im kulturellen, sozialen und politischen Bereich eingeebnet worden sein. Der Massenkonsum von materiellen und geistigen Gütern sei eine Ursache dafür, dass sich ein „verhältnis-
30 mäßig einheitlicher Lebensstil" herausbilde, den man als „kleinbürgerlich-mittelständisch bezeichnen könnte". Lediglich die sozialen Leitbilder und das soziale Selbstverständnis entzögen sich diesen Nivellierungs-
35 tendenzen. Insgesamt deutete Schelsky diese Prozesse nicht als Umschichtungen, sondern „als Entschichtungsvorgang, als einen Abbau der Bedeutung gesellschaftlicher Schichten überhaupt".

Aus: Rainer Geißler, Die Sozialstruktur Deutschlands, 7. Aufl., Wiesbaden 2014, S. 96 f.

Bolte: das „Zwiebel-Modell"

Karl Martin Bolte
* 29.11.1925 in
Wernigerode
† 14.2.2011 in Gauting
deutscher Soziologe;
etablierte die Soziologie als universitäre
Disziplin und ist für
seine Sozialstruktur-
analysen bekannt

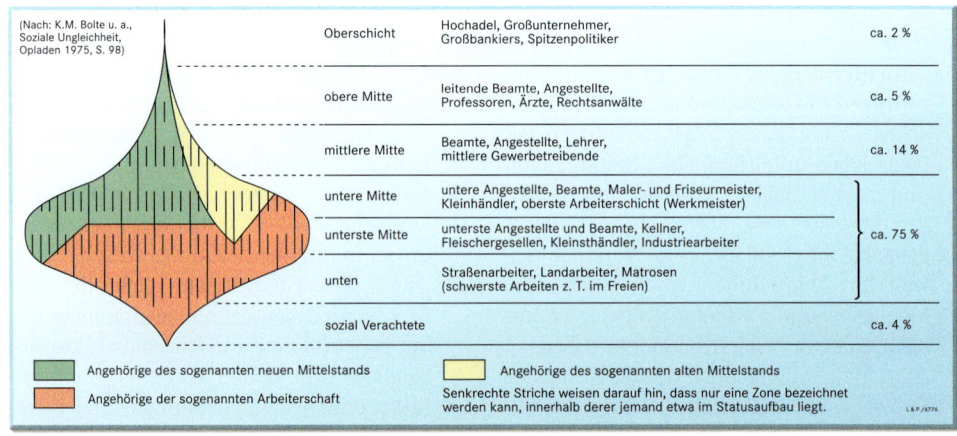

1 **Beschreiben** Sie Schelskys Konzept der „nivellierten Mittelstandsgesellschaft" (M 2).
2 **Erklären** Sie das „Zwiebel-Modell" (M 3).
3 **Vergleichen** Sie die Konzepte von Schelsky (M 2) und Bolte (M 3) miteinander.
4 **Nehmen** Sie **Stellung** zu der Frage, ob das „Zwiebel-Modell" die deutsche Gesellschaft auch heute noch hinreichend abbildet (M 3).
5 **Erklären** Sie das „Hausmodell" nach Dahrendorf (M 4).
6 **Vergleichen** Sie Dahrendorfs „Hausmodell" mit dem Modell von Geißler (M 5).
7 **Beurteilen** Sie die Modelle M 4 und M 5 mithilfe Ihrer Erkenntnisse aus Aufgabe 4.

Das „Dahrendorf-Haus"

MATERIAL **4**

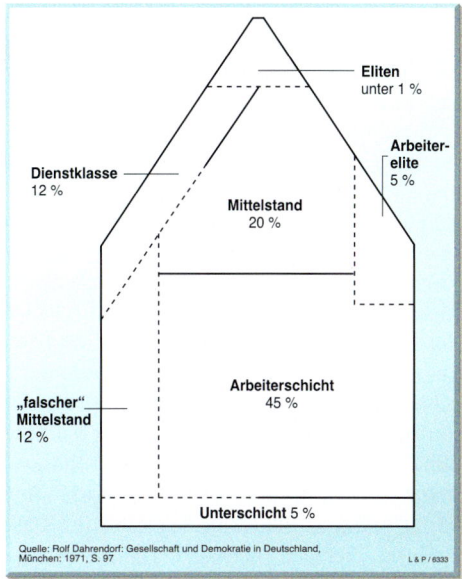

Quelle: Rolf Dahrendorf: Gesellschaft und Demokratie in Deutschland, München: 1971, S. 97

L & P / 6333

Eliten: Führungskräfte in den verschiedenen gesellschaftlichen Bereichen

Dienstklasse: z.B. nichttechnische Beamte und Verwaltungsangestellte

Mittelstand: z.B. Selbstständige als alter Mittelstand, ferner Teile des neuen Mittelstands wie Wissenschaftler und Ingenieure

„falscher" Mittelstand: z.B. Arbeitnehmer im Dienstleistungsbereich wie Kellner und Verkäufer

Arbeiterelite: z.B. Facharbeiter mit besonderen Kenntnissen

Arbeiterschicht: in sich vielfach gegliederte Schicht von Arbeitern im Produktionsbereich, auch Landarbeiter

Unterschicht: „Bodensatz" der Gesellschaft, sozial Verachtete

Autorentext

Ralf Dahrendorf
* 1.5.1929 in Hamburg
† 17.6.2009 in Hamburg
deutscher Soziologe
sowie deutscher und
britischer Politiker

Das „Geißler-Haus"

MATERIAL **5**

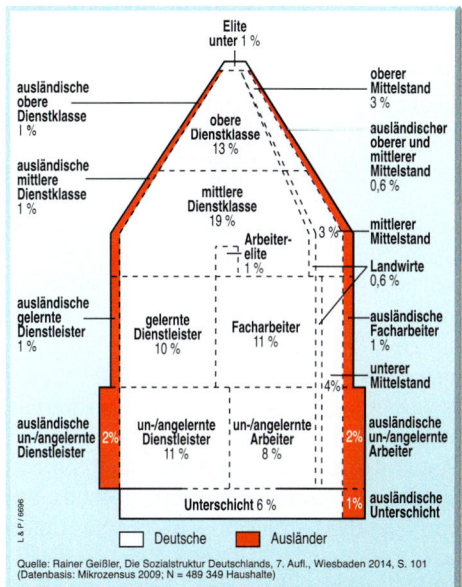

Quelle: Rainer Geißler, Die Sozialstruktur Deutschlands, 7. Aufl., Wiesbaden 2014, S. 101
(Datenbasis: Mikrozensus 2009; N = 489 349 Haushalte)

L & P / 6696

Oberer Mittelstand: freie akademische Berufe (Anwälte, Ärzte, größere Unternehmer)

Mittlere Dienstklasse: Berufe mit höherer Fachausbildung wie Computertechniker

Mittlerer Mittelstand: mittlere und kleinere Selbstständige in Handwerk, Handel ...

Arbeiterelite: Meister

Unterer Mittelstand: Selbstständige ohne Beschäftigte

Gelernte Dienstleister: Fachkräfte in Büro, Verkauf, Gastronomie ...

Facharbeiter: qualifizierte manuelle Facharbeiter und Fachhandwerker, Elektriker ...

An- und ungelernte Dienstleister: gering qualifiziertes Personal für einfache Routinetätigkeiten in Büro, Verkauf ...

An- und ungelernte Arbeiter: gering qualifizierte Arbeiter

Unterschicht: Haushalte, die ihren Lebensunterhalt überwiegend durch staatliche Mindestunterstützung finanzieren.

Ausländer: sind in Anbauten zum deutschen Haus untergebracht, da sie rechtlich nicht gleichgestellt sind und häufig vor Integrationsproblemen stehen.

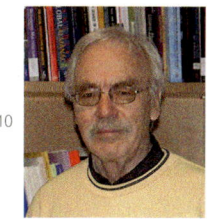

Rainer Geißler
* 8.5.1939 in Thum
Deutscher Soziologe,
der an der Universität
Siegen lehrt; in seinem
Hausmodell unternahm
Geißler den Versuch,
das Schichtmodell
Dahrendorfs zu modernisieren. Die Prozentanteile beruhen auf der
empirischen Grundlage
des Mikrozensus.

Machteliten: in Politik, Wirtschaft ...

Obere Dienstklasse: abhängig Beschäftigte mit akademischer Ausbildung wie höhere Beamte oder leitende Angestellte;

Nach: Rainer Geißler, Die Sozialstruktur Deutschlands, 7. Aufl., Wiesbaden 2014, S. 101 f.

MATERIAL 6

Ist Deutschland eine Klassengesellschaft?

Lebten wir in den USA oder in Großbritannien, würden wir selbstverständlich mit Ja antworten [...]. *Working class* und *upper class* sind dort akzeptierte Begriffe. Anders in
5 Deutschland: Den Begriff „Arbeiterklasse" hören wir nicht mehr, nur selten wird „Kapitalismus" in den Mund genommen, dann aber nicht als Bezeichnung einer Klassengesellschaft. Ist es tatsächlich so? Gibt es in
10 Deutschland keine Klassen mehr?

Früher waren die Klassenbegriffe eindeutig. In der feudalen Ständegesellschaft standen Leibeigene den Adligen und dem Klerus gegenüber. Im Übergang zur kapitalistischen
15 Gesellschaft, also im Zuge der Industrialisierung, schärfte Karl Marx als Urheber der eigentlichen Klassentheorie die Sprache: Demnach stehen sich zwei Großgruppen mit einander ausschließenden Interessen gegen-
20 über, das Proletariat und die Bourgeoisie. Neben ihnen kann es andere Klassen geben, aber ihr Gegensatz gibt der Gesellschaft die Struktur. Entscheidendes Kriterium für die Klassenzugehörigkeit ist der Besitz von Pro-
25 duktionsmitteln. Die Besitzer von Produktionsmitteln leben auf Kosten der Unterdrückten.

In den folgenden Jahrzehnten differenzierten sich die Begriffe. Max Weber, Mitbegründer
30 der deutschen Soziologie zu Beginn des 20. Jahrhunderts, definierte unterschiedliche soziale Lagen und Schichten, Helmut Schelsky entdeckte 1953 die „Mittelstandsgesell-

*Zeichnung:
Kostas Koufogiorgos*

schaft", und in den 1980er-Jahren war vom Ende der Klassengesellschaft die Rede, etwa
35 in Ulrich Becks Klassiker *Jenseits von Stand und Klasse* (1983). [...] Eine bemerkenswerte Entwicklung. Denn zugleich bestreitet niemand, dass in Deutschland erhebliche Ungleichheiten bestehen und dass diese sogar
40 größer werden. Die Ungleichheit der Einkommen und Vermögen nimmt zu, die Reichen werden reicher, die Armen mehr [...]. Auch finanzielle Ungleichheiten zwischen Familien mit Kindern und Kinderlosen sind be-
45 kannt, zwischen Männern und Frauen, zwischen Personen aus Einwandererhaushalten und alteingesessenen Deutschen. Ist das also der Befund: Ungleichheiten ja – Klassen nein? So könnte man es sehen, doch alles
50 hängt davon ab, wie man Begriffe wie „Klasse" und „Schicht" definiert. Über derartige Definitionen nachzudenken ist keine akademische Spielerei, denn dabei klärt sich, was wir für bedeutend halten und was nicht. Von
55 einer Klasse oder Schicht können wir reden, wenn drei Kriterien erfüllt sind: Die soziale Lage ist kein Einzelschicksal, sie wird also mit anderen geteilt; sie ist dauerhaft; und sie wird an die Kinder weitergegeben. Der Unter-
60 schied von Klasse und Schicht kommt durch weitere Elemente zustande. Klassen unterscheiden sich nach ihren Interessen, die sich aus ihrer Stellung in der Gesellschaft ergeben. Aus den Klasseninteressen kann Klas-
65 senbewusstsein erwachsen, und das ist eine Größe, die schon mehrmals Geschichte gemacht hat. Stehen Klassen **antagonistisch** zueinander, so kann die benachteiligte Klasse auf gesellschaftliche Veränderung drängen –
70 so kam es zu den Bauernkriegen oder zur Arbeiterbewegung. Schichten hingegen werden je nach Einkommen und gesellschaftlichem Status definiert; wer von Schichten spricht, sieht diese Menschengruppen eher als Teil
75 eines gesellschaftlichen Ganzen; eine „Unterschichtsbewegung" gibt es nicht.

Messen wir die Kriterien anhand der deutschen Wirklichkeit:

■ Es besteht ein enger Zusammenhang zwi-
80 schen sozialer Herkunft und Bildungschancen, der auch von den Pisa-Studien eindrucksvoll belegt wird. Bildungschancen werden nach wie vor „vererbt", von

den Eltern an die Kinder weitergegeben.
[...] Die soziale Auslese funktioniert als
„Bildungstrichter".

■ Etwa zehn Prozent eines Jahrganges können als „bildungsarm" bezeichnet werden, weil die Schüler keinen Hauptschulabschluss erreichen. [...] Gerade hier, im
unteren Bildungsbereich, wird Bildung
sozial vererbt: Bereits die Eltern hatten
wenig Bildung, den eigenen Söhnen und
Töchtern wird es ähnlich ergehen. Die soziale Lage ist dauerhaft.

■ [...] Arbeitslosigkeit konzentriert sich auf
bestimmte Bildungsgruppen. Personen
mit Fachhochschul- und Hochschulausbil-
dung tragen von jeher das geringste Ar-
beitslosigkeitsrisiko [...]. Demgegenüber
ist von den Personen ohne Ausbildung in
den alten Bundesländern bald jeder Vier-
te arbeitslos, in den neuen Bundesländern jeder Zweite. Diese Anteile haben
sich in den vergangenen drei Jahrzehnten
mehr als verdreifacht. Die soziale Lage
wird mit anderen geteilt.

Das also ist unser Befund: Nach wie vor ist es
schwer, aus bildungsfernen Elternhäusern
zu hohen Qualifikationen zu finden. Und je
mehr Bildungsarmut und Arbeitslosigkeit
einhergehen, desto schwieriger wird es für
die Kinder, sich zu qualifizieren und in eine
eigene Arbeitswelt hineinzufinden. Unsere
Gesellschaft hat diese Form strukturierter
Ungleichheit nicht hinter sich gelassen. Im
Gegenteil, sie nimmt zu – und sie scheint
sich zu verfestigen.

Wer hat, dem wird gegeben: Das Matthäus-
Prinzip gilt noch heute. Das belegt die niedrige Durchlässigkeit des deutschen Schulsystems. Übergänge von der Hauptschule in die
Realschule oder gar auf das Gymnasium sind
selten. Auch die Möglichkeit zur beruflichen
Weiterbildung hängt vom Ausgangsniveau
ab. [...] Höher gebildete Personen sind länger
erwerbstätig, sie beziehen höhere gesetzliche Renten und können diese mit einer Zu-
satzversicherung aufstocken. Ihre Gesundheit ist besser, ihre Lebenserwartung höher.

[...] Das Risiko, arbeitslos zu werden, erfasst
wachsende Teile der deutschen Gesellschaft.
Aber es ist nicht in erster Linie dieses Risiko,
das soziale Gruppen formt oder trennt, sondern es sind die ungleich verteilten Risiken,
arbeitslos zu bleiben. Gut qualifizierte
„Markt- und Beratungskunden", so die Bezeichnung der Bundesagentur für Arbeit, finden schnell den Weg zurück in die Erwerbsarbeit. [...] Doch auf der anderen Seite
verfestigt sich die Langzeitarbeitslosigkeit:
Eine wachsende Zahl von Menschen findet
aus ihrer Arbeitslosigkeit nicht mehr heraus.
[...]
Leben wir also in einer „Klassengesellschaft"? Nein und ja. Nein, wenn man Klassen im Marxschen Sinne fasst, denn es existieren nicht nur zwei bestimmende
Großklassen – Kapitalisten und Arbeiter. Ja
indes, wenn man die drei Kriterien gemeinsame soziale Lage, Dauerhaftigkeit und Ver-
erbung anlegt. Die Solidarisierung der von
dauerhafter Ausgrenzung Betroffenen oder
Bedrohten wird allerdings von der vorherrschenden gesellschaftlichen Denkweise erschwert: Die Position des Einzelnen erscheint ihm als individuelles Schicksal oder
Versagen. Es ist derzeit unwahrscheinlich,
dass sich aus der gemeinsamen Lage der
sozial Benachteiligten ein Bewusstsein entwickelt, das zur politischen Aktion drängt.
Wollen wir, dass sich etwas an den Unge-
rechtigkeiten ändert, so können wir daher
nicht auf die Entstehung einer von den
Unterprivilegierten getragenen Dynamik
hoffen. Stattdessen müssen sich die Bürger
unabhängig von ihrer Schicht- oder Klassenzugehörigkeit fragen: Müssen wir soziale
Ungleichheit verringern, und wenn ja, dann
wie? Wie kann man den dauerhaften Ausschluss ganzer Bevölkerungsgruppen aus
dem Arbeitsmarkt und aus der Gesellschaft
verhindern? Werden sie, wenn sich ihre Lage
verfestigt, womöglich zu einem gesellschaftlichen Risiko? Wir sollten uns nicht zurück-
lehnen und abwarten, bis in Deutschland die
Vorstädte brennen.

Aus: Jutta Allmendinger, Deutschland, eine Klassengesellschaft?, in: Die Zeit Wissen, 4/2006

QUERVERWEIS

Tendenzen des Wandels
in der Arbeitswelt
S. 288–295

1 Analysieren Sie M 6 hinsichtlich der Position und Argumentationsstruktur der Autorin.
2 Diskutieren Sie die Position, dass Deutschland eine Klassengesellschaft sei. Berücksichtigen Sie jeweils mindestens ein ökonomisches, politisches und soziales Kriterium.

MATERIAL **7**

Lösen sich Klassen und Schichten auf?

GLOSSAR

Individualisierung

INFO

Homogenisierung
Vereinheitlichung

Diversifizierung
Auffächerung, Vielfalt

QUERVERWEIS

Individualisierungs-
theorie (Ulrich Beck)
S. 304 f.

Das spricht dafür …

In den 1980er-Jahren zeichnen sich neue Konfliktlinien in der Diskussion um die Struktur der sozialen Ungleichheit in der Bundesrepublik ab. Die Debatte kreist nicht mehr um das Problem Klassengesellschaft oder soziale Schichtung, sondern um die Frage: Lösen sich soziale Klassen und Schichten allmählich auf oder dauern sie fort? [...] Die Vorstellungen einer allmählichen Auflösung der Klassen und Schichten [...] wird in der westdeutschen Ungleichheitsforschung in verschiedenen Facetten dargeboten [...]:

■ **Vereinheitlichung der Lebensbedingungen:** Steigender Wohlstand und Massenkonsum lassen – begünstigt durch staatliche Umverteilung – auch die unteren Schichten zunehmend an den Privilegien der mittleren und oberen Schichten teilhaben – an komfortablen Wohnungen, [...] Autos, Urlaubsreisen, Bildung etc. Frühere Statussymbole haben ihre unterscheidende Kraft verloren, weil sie heute nahezu allen zugänglich sind. [...] Auch die Risiken der hochtechnisierten Gesellschaft – Massenarbeitslosigkeit, Umweltgefährdungen, atomare Bedrohung – kennen danach keine Klassengrenzen; von ihnen seien alle Gruppen der Gesellschaft betroffen.

■ **Differenzierung und Diversifizierung der Soziallagen, „horizontale" bzw. „neue" Ungleichheiten:** Bereits Geiger hatte darauf aufmerksam gemacht, dass die „vertikalen" Schichtstrukturen durch „quer" dazu verlaufende Differenzierungen nach Stadt und Land bzw. nach Teilnahme und Nichtteilnahme an der materiellen Produktion gekreuzt werden und dass dadurch die Strukturen der sozialen Ungleichheit an Komplexität zunehmen. [...] [Die neue Ungleichheitsforschung] weist in diesem Zusammenhang insbesondere auf die folgenden Faktoren hin, die Lebensverhältnisse differenzieren und diversifizieren: Geschlecht, Alter, Region, Familienverhältnisse [...].

■ **Auflösung schichttypischer Subkulturen:** Traditionelle klassen- und schicht-typische Milieus mit entsprechenden Mentalitäten, Einstellungen und Verhaltensweisen lösen sich zunehmend auf. Ursachen dieser Vorgänge sind einerseits die bereits erwähnten Tendenzen zur **Homogenisierung** und **Diversifizierung** der Lebensbedingungen; andererseits hat der sozioökonomische Wandel einen „Individualisierungsschub" verursacht, menschliches Verhalten aus bisherigen Bindungen gelöst und die Handlungsspielräume erweitert. Steigender Wohlstand lockert die materiellen Bindungen, der moderne Sozialstaat traditionelle Solidaritäten, zunehmende Freizeit die zeitlichen Bindungen, zunehmende Mobilität die sozialen und räumlichen Bindungen und das höhere Bildungsniveau schließlich die psycho-sozialen Bindungen an herkömmliche Normen und Werte [...].

■ **Pluralisierung bzw. Individualisierung von Milieus und Lebensstilen, verbunden mit ihrer Entkopplung von den objektiven Lebensbedingungen:** Die Auflösung der schichtspezifischen Subkulturen hat zu einer Vielfalt der sozialen Lagen, Milieus und Lebensstile geführt, die nicht deutlich mit der klassischen, vertikalen Gliederung der Gesellschaft zusammenhängen. [...]

■ **Entschichtung der Lebenswelten:** Klassen und Schichten verschwinden immer mehr aus der Lebenswelt des Menschen, sie werden im Alltag immer weniger wahrgenommen. Im Bewusstsein, in den konkreten Interaktionen, Kommunikationen und Sozialbeziehungen lassen sie sich nicht mehr ausmachen, sie sind nicht mehr Objekt bewusster Identifikation.

■ **Pluralisierung der Konfliktlinien:** Die sozialen und politischen Konflikte sind immer weniger Konflikte zwischen Klassen und Schichten. Stattdessen schließen sich Gruppen aus verschiedenen Soziallagen zu wechselnden situations- und themenspezifischen Interessenkoalitionen zusammen, die sich relativ schnell wieder auflösen.

Das spricht dagegen ...

Zwar ist die deutsche Gesellschaft des Jahres
2013 keine Klassengesellschaft im Sinne eines „radikalen Klassenrealismus", der die
lebensweltliche Existenz von Klassen (oder
Schichten) in Form integrierter, sozio-kultu-
rell homogener und politisch organisierter
Großgruppen mit entsprechenden Konfliktlinien unterstellt. Aber auch in der differen-
zierter und pluraler gewordenen deutschen
Sozialstruktur hängen wichtige Lebenschancen und Risiken, bestimmte (nicht alle)
Orientierungen, Verhaltensweisen und Interaktionen, ja selbst die Individualisierungs-
und Pluralisierungsprozesse weiterhin in
erheblichem Maße mit traditionellen Schicht-
kriterien wie Bildungs- und Berufsstatus zusammen, und vertikale Ungleichheitsstruk-
turen dieser Art sind auch im Bewusstsein
der Bevölkerung präsent.

- **Schichttypische Lebenschancen und
  Risiken:** Eine Vielzahl von Studien belegen [...], dass die folgenden Lebenschancen schicht-„typisch" verteilt sind: die
  Chancen auf eine gute Bildung und auf
  sozialen Aufstieg, die Chancen auf eine
  angenehme, qualifizierte und gut bezahlte Arbeit, die Chancen auf hohe Vermögen
  und Erbschaften, die Chancen auf politische Teilnahme und auf die Nutzung
  wichtiger Informationen in den Massenmedien („Wissenskluft") und im Internet
  („digitale Kluft"). Auch wichtige Lebensrisiken wie Arbeitslosigkeit, Armut und
  Kriminalisierung nehmen im Schichtgefüge nach unten hin zu. Der Zusammenhang von sozialer Schichtung und Gesundheit gehört seit eh und je und im
  letzten Jahrzehnt noch verstärkt zu den
  zentralen Themen der Medizin- und Ge-
  sundheitssoziologie. [...]

- **Schichttypische Orientierungen, Verhaltensweisen, Interaktionen, Lebensstile und Milieus:** Auch viele Orientierungen, Verhaltensweisen und Interaktionen [...] variieren schichttypisch. So sind
  z. B. schichtspezifische Unterschiede in

den Erziehungszielen heute zum Teil
noch größer als in den 1950er-Jahren. Die
Heiratskreise haben sich über die Generationen hinweg nicht sozial geöffnet,
sondern eher sozial geschlossen. [...] Frei-
zeitverhalten, sportliche Aktivitäten, All-
tagsästhetik und die Nutzung der hoch-
kulturellen Angebote wie Konzerte,
Opern, Theater, Museen variieren schichttypisch, und auch der Einfluss der
Schichtzugehörigkeit auf das Wahlver-
halten und die Parteipräferenzen hat sich
in den letzten Jahrzehnten nicht abgeschwächt. [...]

- **Schichttypische Individualisierungs-
  und Pluralisierungsprozesse:** Individu-
  alisierungsprozesse erfassen nicht gleichermaßen alle gesellschaftlichen Gruppen, sondern vollziehen sich in erster
  Linie in den oberen Schichten, im Umfeld
  akademischer Milieus; denn mit höherem
  Wohlstand ist eine stärkere Freisetzung
  aus materiellen Zwängen und mit höherer
  Bildung ein höheres Maß an Selbstreflexi-
  on und eine weitergehende Lösung aus
  traditionellen Bindungen verknüpft. [...]

- **Präsenz von Schichten im Alltagsbe-
  wusstsein der sozialen Akteure:** [...]
  Umfragen unter Studierenden und unter
  Arbeitern und Angestellten von Industriebetrieben belegen, dass fast alle ihre
  soziale Umwelt als hierarchisch geglie-
  dert erleben. [...] Die konkreten Vorstellungen über die Konturen dieser vertikalen Struktur sind unterschiedlich und
  zum Teil auch diffus. Bei einer Mehrheit
  zeichnet sich jedoch eine grobe Dreitei-
  lung in Oben-Mitte-Unten ab, die zum Teil
  unterschiedlich benannt wird [...].

- **Wahrnehmung sozialer Konflikte:**
  Schließlich gehören vertikale Konflikte
  zwischen Arm und Reich sowie zwischen
  Arbeitnehmern und Arbeitgebern [...]
  auch im Jahr 2010 noch zu den dominan-
  ten Konfliktlinien in der Wahrnehmung
  der Bevölkerung.

Aus: Rainer Geißler, Die Sozialstruktur Deutschlands, 7. Aufl., Wiesbaden 2014, S. 121 – 126

1 Fassen Sie die Argumente, die für bzw. gegen die Auflösung von Klassen und Schichten
sprechen, zusammen (M 7). Finden Sie Beispiele aus der Alltagswelt, die diese belegen.

2 Erörtern Sie, auch unter Berücksichtigung von M 6, welche der beiden Positionen Sie
favorisieren.

Gibt es „typisches Schichtverhalten"?

a) Ist die Oberschicht rücksichtslos und dreist?

Eine Studie hat Vorurteile gegen Fahrer von Porsche, BMW oder Mercedes bestätigt: Im
5 Straßenverkehr gelten sie als rücksichtslos und dreist. Und tatsächlich verletzen reiche Menschen in Luxuskarossen die Verkehrsregeln eher als Fahrer von Mittelklassewagen. Und noch mehr: Angehörige der Oberschicht
10 lügen und mogeln der Untersuchung zufolge auch eher als Mitglieder unterer sozialer Schichten. Das berichten Forscher im Wissenschaftsmagazin „PNAS". Ihre Begründung: Reiche Leute haben eine positivere
15 Einstellung zur Gier. Sie finden nichts dabei, sich zu nehmen, was sie haben wollen, und verletzen dabei eher gängige Regeln und Moralvorstellungen.

Ausgangspunkt für die siebenteilige Analyse
20 der Forscher um Paul Piff von der University of California (Berkeley/US-Staat Kalifornien) war eine einfache Frage: Welche soziale Klasse verhält sich eher unmoralisch – die Oberschicht oder die Unterschicht? Sie teste-
25 ten das zunächst im Straßenverkehr. An einer vielbefahrenen Kreuzung, an der die Vorfahrt mit Stoppschildern geregelt ist, beobachteten sie, ob und welche Autos anderen die Vorfahrt nahmen. Die Wissenschaftler
30 notierten Marke und Zustand des Wagens und beurteilten Geschlecht und ungefähres Alter des Fahrers. Es zeigte sich, dass die Fahrer von Oberklassewagen häufiger die Verkehrsregeln missachteten und andere
35 schnitten. Sie ignorierten auch Fußgänger an einem Zebrastreifen deutlich häufiger als dem Anschein des Wagens nach weniger reiche Leute, zeigte ein weiterer Versuch.

Die Wissenschaftler vertieften ihre Beobach-
40 tungen anschließend mithilfe von geplanten Experimenten. Sie ließen zum Beispiel Studenten am Computer einige Aufgaben bearbeiten. Unter anderem sollten sie ihre soziale und wirtschaftliche Position auf einer
45 zehnstufigen Leiter selbst einschätzen und mit dem US-Durchschnitt vergleichen. So wollten die Wissenschaftler die Probanden dazu bringen, sich ökonomisch betrachtet besser oder schlechter zu fühlen als andere Menschen und damit verbunden eine ent-
50 sprechende Geisteshaltung einzunehmen.

In einer anschließenden vermeintlichen Pause kamen die Wissenschaftler mit einem Glas Bonbons zu den Versuchsteilnehmern. Sie sagten, diese seien eigentlich für eine
55 Gruppe Kinder im Nebenraum, aber die Teilnehmer könnten ruhig zugreifen, wenn sie wollten. Dann verschwanden sie für einige Minuten, bevor sie die Probanden zum angeblich zweiten Versuchsteil baten. Es zeigte
60 sich, dass diejenigen Probanden, die nach eigenem Bekunden einer höheren Schicht angehörten, mehr Bonbons genommen hatten als solche einer unteren Schicht. Weitere Experimente ergaben, dass die reicheren
65 Versuchsteilnehmer auch eher logen oder schummelten, wenn es zum Beispiel darum ging, in einem Spiel Geld zu gewinnen.

Piff und seine Mitarbeiter machten sich dann auf die Suche nach einer Begründung für ih-
70 re Beobachtungen. Sie fanden, dass reichere Leute Gier in der Regel positiv bewerteten und dass dies ihr unmoralisches Verhalten erklärte. Brachten die Wissenschaftler Mitgliedern unterer sozialer Schichten dazu,
75 Gier ebenfalls eher positiv zu bewerten, stieg auch deren Wahrscheinlichkeit, zu lügen oder zu schummeln. Die beobachteten Unterschiede ließen sich nicht durch Alter, Geschlecht, Religionszugehörigkeit oder politi-
80 sche Einstellung erklären, berichten die Forscher weiter.

Jeder habe vermutlich in seinem Leben schon einmal Gier verspürt, schreiben sie. Aber dieses Gefühl sei nicht gleichmäßig
85 über alle sozialen Schichten verteilt. Die Durchsetzung eigener Interessen sei ein bedeutendes Motiv in der Elite der Gesellschaft, und die vermehrten Wünsche, die mit größerem Reichtum und Status einhergehen,
90 könnten Fehlverhalten begünstigen.

Aus: Reiche Menschen – gierig, rücksichtslos und unmoralisch (mb/dpa), in: Focus online, www.focus.de/ wissen/mensch/psychologie/verhaltensstudie-gierig-ruecksichtslos-und-reich_aid_718409.html, 27.2.2012 (Zugriff: 4.8.2014)

b) „Kevin" als Diagnose – stereotype Vornamen

Kevins und Mandys haben schon viel einste-
cken müssen. Eine Studie nach der anderen
zeigte: Wer so heißt, hat es schwer in der
Schule. Die befragten Lehrer trauen dem
kleinen Kevin weniger zu als dem kleinen
Jakob oder dem kleinen Maximilian. Ein teil-
nehmender Lehrer schrieb dazu sogar einmal: „Kevin ist kein Name, sondern eine Diagnose."
Die Sprachwissenschaftlerin Gabriele Rodriguez kennt all diese Ergebnisse – und hält
jetzt im Ostdeutschland-Teil der „Zeit" [...]
dagegen: Mandy, Peggy und Ronny haben
demnach zu Unrecht ein schlechtes Ansehen. Denn allein an der Universität Leipzig
waren schon 380 Peggys, 217 Ronnys und
379 Mandys eingeschrieben. „Unsere Statistiken beweisen, dass es viele Akademiker
gibt, die solche stereotypen Vornamen tragen", sagte sie der Wochenzeitung.
Rodriguez arbeitet in der Namenberatungs-
stelle des Namenkundlichen Zentrums an
der Uni Leizpig, sie schreibt unter anderem
Kurzgutachten für Eltern, die nicht wissen,
welchen Vornamen sie ihrem Kind geben
sollen, und forscht zur Herkunft von Famili-
ennamen. Für eine Studie wertet sie derzeit
eine Datenbank der Uni aus: Dort sind die
Namen eines Großteils der bisher immatri-
kulierten Studenten erfasst, Vorname, Studi-
engang, Geburtsort und Alter; insgesamt
sind es rund 630 000 Einträge. „Wir wollen
mit der Studie zeigen, dass es den typischen
Unterschichtennamen nicht gibt", sagt sie.
Denn allein der Name sagt nicht unbedingt
etwas über die Herkunft aus: Englische Namen beispielsweise seien mal ein Trend der
Mittelschicht gewesen – vor allem im Osten,
in Teilen auch in Westdeutschland, sagte die
Erziehungswissenschaftlerin Astrid Kaiser
der „Zeit", als Professorin an der Uni Olden-
burg hat sie zu diesem Thema schon Mas-

Zeichnung: Philipp Undritz

terarbeiten betreut. „Eltern suchen nach
Namen, die aus dem Land ihrer Träume kommen", sagte Kaiser. Viele Eltern in der DDR
sehnten sich früher nach dem Westen, vor
allem nach den USA, und nannten ihre Kinder Robby oder Sandy. „Dann begannen
Menschen aus den unteren Schichten, diese
Namen zu imitieren", sagte Kaiser. Das Ost-
und das Unterschichtenphänomen hätten
sich irgendwann vermengt. Wer Sandy heißt,
kommt daher heute für viele automatisch
aus einem armen Elternhaus – und viele halten die arme Sandy deswegen für dumm.
Hinter dem Kevin-Peggy-Cindy-Robby-Spott
stecke also eigentlich „Sozialschichtenarro-
ganz", sagte die Sprachforscherin der Wochenzeitung.
Die Mandys, Peggys und Ronnys der Republik werden die Zahlen von Gabriele Rodriguez vielleicht feiern, andere hingegen
müssen noch weiter für ein besseres Image
kämpfen: Denn bislang haben erst 18 Kevins
in Leipzig studiert.

Aus: Vermeintliche Unterschichten-Namen: Ronny geht Uni (fln), in: Unispiegel online, www.spiegel.de/
unispiegel/studium/studie-der-uni-leipzig-viele-akademiker-heissen-peggy-ronny-mandy-a-864309.html,
30.10.2012 (Zugriff: 4.8.2014)

1 Analysieren Sie M 8 hinsichtlich der Positionen der Autoren zu der Frage, ob es typi-
sches Verhalten in Schichten gibt.

2 Diskutieren Sie anhand Ihrer bisher erworbenen Kenntnisse, ob es Ihrer Auffassung
nach schichttypisches Verhalten gibt.

Modelle und Theorien sozialer Lagen, Milieus und Lebensstile

MATERIAL **9**   ## Soziale Lagen

Soziale Lagen in West- und Ostdeutschland 2010

	Soziale Lagen				Haushalts-einkommen pro Kopf – oberstes Fünftel		gerechter Anteil am Lebens-standard[1]		Einstufung Oben-Unten-Skala[2]		Lebens-zufrieden-heit[3]		eigene wirtsch. Lage ist sehr gut/gut	
	Männer	Frauen	Männer	Frauen										
	West		Ost		West	Ost	West	Ost	West	Ost	West	Ost	West	Ost
	in %[4]				in %				Ø				in %	
bis 60 Jahre														
leitende Angestellte/höhere Beamte	1,6	0,6	1,4	0,6	72	–	86	–	6,9	–	8,4	–	88	–
hochqualifizierte Angestellte/gehobene Beamte	7,0	5,2	5,4	4,1	44	41	74	48	6,6	6,5	7,8	7,6	73	74
qualifizierte Angestellte/mittlere Beamte	5,5	8,6	4,6	8,0	29	14	63	43	6,1	6,1	7,5	7,5	58	52
einfache Angestellte/einfache Beamte	1,5	3,3	0,6	4,1	9	5	56	28	5,4	5,4	7,0	7,1	35	32
Meister/Vorarbeiter	1,8	0,0	1,6	0,1	6	–	47	–	6,1	–	7,3	–	47	–
Facharbeiter	4,5	1,3	8,4	2,9	13	–	45	20	5,5	5,3	7,2	6,6	40	35
un-, angelernte Arbeiter	2,7	1,9	1,5	1,4	1	2	44	20	5,0	4,4	6,6	6,7	29	16
Selbstständige, freie Berufe	3,6	2,1	3,2	2,2	35	5	67	41	6,5	5,8	7,7	6,9	51	54
Arbeitslose	1,9	1,7	3,9	4,7	5	22	28	10	4,1	4,3	5,1	5,3	10	11
Hausfrauen/-männer	0,0	6,4	0,0	0,7	12	2	72	–	5,8	–	7,5	–	54	–
Studium/Lehre	2,5	2,5	2,6	2,0	20	–	75	63	6,5	6,1	7,8	7,8	46	49
Vorruhestand	0,8	1,3	1,6	0,8	26	–	54	24	5,4	–	6,7	–	37	33
noch nie/nicht erwerbstätig	0,3	1,7	0,7	0,6	13	–	69	–	5,4	–	6,6	–	34	–
61 Jahre u. älter														
noch erwerbstätig	2,2	1,0	1,3	1,1	36	–	75	–	6,5	–	7,9	–	68	–
Rentner (ehemalige Arbeiter)	4,1	3,7	7,3	4,7	4	0	58	34	5,0	5,2	7,3	6,8	60	55
Rentner (ehemalige Angestellte/Beamte)	6,0	9,1	5,7	10,2	25	4	75	38	6,1	5,7	7,8	7,2	51	55
Rentner (ehemalige Selbstständige)	1,4	0,9	1,2	0,6	26	–	77	–	5,9	–	7,9	–	74	–

– Fallzahl zu gering
1 Anteil am Lebensstandard „gerecht/mehr als gerecht"
2 Mittelwerte auf der Oben–Unten-Skala von 1 bis 10
3 Mittelwerte auf der Zufriedenheitsskala von 0 bis 10
4 alle Männer + Frauen West sowie alle Männer + Frauen Ost jeweils 100 Prozent

Quelle: Rainer Geißler, Die Sozialstruktur Deutschlands, 7. Aufl., Wiesbaden 2014, S. 109 (Datenbasis: ALLBUS 2010)   L & P / 6700

Lagenmodelle markieren die Erweiterung der traditionellen Schicht- und Klassenanalyse zur mehrdimensionalen Ungleichheitsforschung. Sie vermeiden die Beschränkung auf die vertikale Dimension und beachten neben den traditionellen **vertikalen** auch „horizontale" Ungleichheiten, um die Mehrdimensionalität der Ungleichheitsstruktur besser zu erfassen. Im Zentrum steht das Zusammenwirken der verschiedenen Merkmale bei der „Zuweisung" von Privilegien und Nachteilen – wie z. B. Berufsposition, Alter, Geschlecht und Region – oder typische Merkmalskonstellationen, durch die sich bevorzugte bzw. benachteiligte Soziallagen auszeichnen.

Als Theoretiker des Konzepts der sozialen Lagen ist Stefan Hradil hervorgetreten [...]. Das Lagenmodell, das in den 1980er-Jahren in der Wohlfahrtsforschung entwickelt wurde, untergliedert die erwachsene Bevölkerung nach sozial bedeutsamen Merkmalen in verschiedenen sozialen Lagen und untersucht, welche materiellen Ressourcen (Indikatoren für „objektive Wohlfahrt") und welche Lebenszufriedenheit (Indikatoren für „subjektive Wohlfahrt") an die verschiedenen Soziallagen geknüpft sind. [...]

Zur Untergliederung der Bevölkerung werden neben dem traditionellen „vertikalen" Schichtkriterium des Berufsstatus noch die drei „horizontalen" Kriterien Geschlecht, Region (West-Ost) und Alter (unter/über 60 Jahre) herangezogen. Aus der Kombination der Merkmale Beruf, Region und Alter entstehen 34 Soziallagen, die einen relativ differenzierten Einblick in die Verteilung der materiellen Ressourcen und in die Unterschiede im subjektiven Wohlbefinden der Bevölkerung in West- und Ostdeutschland eröffnen. So lassen sich etwa Arbeitslose sowie Un- und Angelernte als Problemgruppen mit geringen materiellen Ressourcen, niedriger Selbsteinstufung und einem hohen Grad an Unzufriedenheit identifizieren.

QUERVERWEIS

Stefan Hradil
S. 243, Info

Die Modelle der sozialen Lagen und sozialen Milieus, die in der deutschen Sozialstrukturforschung der 1980er-Jahre entwickelt wurden, versuchen, die Begrenzungen [der Klassen- und Schichtmodelle] zu überwinden.

Aus: Rainer Geißler, Die Sozialstruktur Deutschlands, 7. Aufl., Wiesbaden 2014, S. 107 ff.

Soziale Milieus

Von „sozialen Milieus" spricht man nicht nur in den Sozialwissenschaften. Auch im Alltag wird eine Gruppierung von Menschen, die in ähnlichen Umständen leben, ähnlich denken
5 und so das Verhalten der Einzelnen in ähnlicher Weise prägen, als „soziales Milieu" bezeichnet. [...] Der Milieubegriff wurde im 19. und in der ersten Hälfte des 20. Jahrhunderts häufig verwendet. Unter „Milieus" ver-
10 stand man damals neben den sachlichen Gegebenheiten immer mehr auch die jeweiligen Mitmenschen und sogar die eigenen Sichtweisen der Menschen selbst. [...] Das Erleben und das Umgehen mit der neuen Industrie-
15 welt gestalteten sich sehr unterschiedlich, je nachdem welcher Arbeitswelt, Wohnumgebung, Konfession, Region etc. die Menschen angehörten. [...]
Nach dem Zweiten Weltkrieg geriet der
20 Milieubegriff mit der vollen Durchsetzung der Industriegesellschaft in den Hintergrund. Es wurde mehr und mehr unterstellt, dass vor allem anderen die moderne Erwerbssphäre und die industrielle Arbeits-
25 welt (und damit die Klassen- und Schichtzugehörigkeit) die Lage und das Leben der Menschen prägten. [...]
Im Laufe der Achtzigerjahre kamen dann [...] immer mehr Zweifel an dieser Vorstellung
30 auf. [...] Die sozialen Milieus [...] wurden zur Erklärung für Konsum, Wahlentscheidungen, Jugendproteste, Sozialisation von Kindern, Mediennutzung etc. herangezogen. [...]
Im Laufe der Neunzigerjahre wurden die
35 Einschätzungen wieder realistischer. Die Ergebnisse zahlreicher empirischer Studien zeigten, dass soziale Milieus nur teilweise unabhängig, ein gutes Stück aber doch abhängig von der Berufs-, Einkommens- und
40 Bildungshierarchie bestehen und nur dementsprechende Erklärungen des alltäglichen

Verhaltens der Menschen leisten können. [...]
Besonders häufig liegt Milieustudien die
45 Habitustheorie Pierre Bourdieus zugrunde. Diese besagt im Kern, dass soziale Milieus durch Anpassungsprozesse an die Lebensbedingungen sozialer Klassen und Klassenfraktionen zustande kommen. Bourdieu geht von der ungleichen Verteilung dreier Res-
50 sourcenarten aus: dem ökonomischen Kapital, dem Bildungskapital und dem „sozialen Kapital" (in Gestalt sozialer Beziehungen). Je nach Ausmaß ihres Kapitalbesitzes insgesamt gehören die Menschen der Arbeiter-
55 klasse, dem Kleinbürgertum oder der **Bourgeoisie** an (vertikaler Aspekt). Und je nach Zusammensetzung bzw. Zukunftsaussichten ihres Kapitalbesitzes werden sie den Klassenfraktionen der Besitz- oder der Bildungs-
60 bourgeoisie sowie dem alten, dem neuen oder dem „exekutiven" Kleinbürgertum zugerechnet (horizontaler Aspekt).
Wenn Menschen innerhalb der jeweiligen Lebensbedingungen ihrer sozialen Klasse
65 aufwachsen, entstehen nach Bourdieu weitgehend unbewusst klassenspezifische Habitusformen. Hierunter versteht er **latente** Denk-, Wahrnehmungs- und Bewertungsmuster, die einerseits die Möglichkeiten all-
70 täglichen Handelns begrenzen, andererseits Handlungen hervorbringen. [...]
Die Konsequenzen dieser Habitusformen zeigen sich Bourdieu zufolge in unterschiedlichen alltäglichen Lebensstilen der Men-
75 schen. Zu diesen gehören die jeweils bevorzugten Wohnungseinrichtungen und Speisen, Sänger und Musikwerke, Maler, Museen und Komponisten. Hierbei stellt Bourdieu eine hohe Übereinstimmung von Klassen-
80 (fraktions)zugehörigkeit, Habitusform und praktischen Verhaltensweisen fest.

Aus: Stefan Hradil, Soziale Milieus – eine praxisorientierte Forschungsperspektive, in: Aus Politik und Zeitgeschichte, Nr. 44-45/2006, S. 3-10, hier S. 3-6

Pierre Bourdieu
* 1.8.1930 in Denguin (Frankreich)
† 23.1.2002 in Paris
französischer Soziologe

vertikale Ungleichheit
erfasst die Unterscheidung in „Oben" und „Unten" innerhalb einer Gesellschaft, also die Ungleichheiten nach ökonomischer Lage, Berufsposition oder Qualifikation

horizontale Ungleichheit
bezieht darüber hinaus ungleiche Lebenslagen (auch bei gleicher vertikaler Position) ein, z. B. Ungleichheiten nach Geschlecht, Alter, Lebensstil

Bourgeoisie
wohlhabendes Bürgertum

latent
nicht unmittelbar sichtbar oder zu erfassen, unterschwellig

1 Beschreiben Sie, nach welchen Kriterien Lagenmodelle erstellt werden (M 9).
2 Beurteilen Sie das Lagenmodell, indem Sie seine Stärken und Schwächen erarbeiten (M 9).
3 Vergleichen Sie die Lagenmodelle (M 9) mit den Schichtmodellen (M 3 bis M 5).
4 Beschreiben Sie die Entwicklung des Milieubegriffs (M 10) und formulieren Sie eine Definiton.
5 Erklären Sie die „Habitustheorie" nach Bourdieu (M 10).

MATERIAL **11** Die Sinus-Milieus

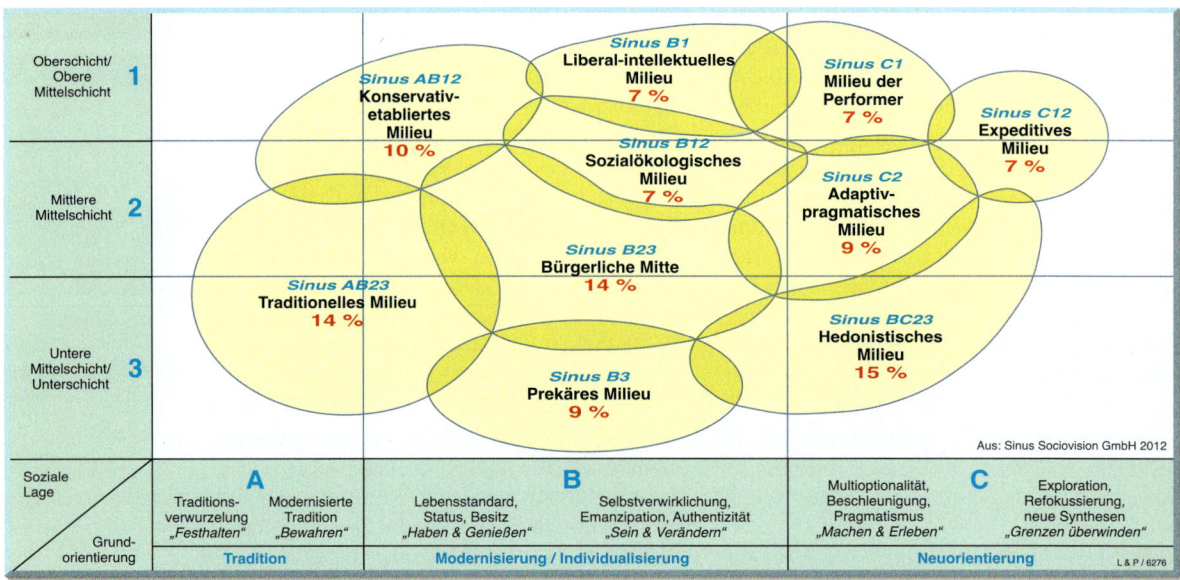

Aus: Sinus Sociovision GmbH 2012

Sinus C 2 – Adaptiv-pragmatisches Milieu (9 %): die mobile, zielstrebige junge Mitte der Gesellschaft: erfolgsorientiert und kompromissbereit, hedonistisch und konventionell, starkes Bedürfnis nach Flexibilität und Sicherheit;

Sinus C 12 – Expeditives Milieu (7 %): die stark individualistisch geprägte digitale Avantgarde: unkonventionell, kreativ, mental und geografisch mobil;

Sinus B 23 – Bürgerliche Mitte (14 %): der leistungs- und anpassungsbereite bürgerliche Mainstream: generelle Bejahung der gesellschaftlichen Ordnung; Streben nach beruflicher und sozialer Etablierung;

Sinus BC 23 – Hedonistisches Milieu (15 %): die spaßorientierte moderne Unterschicht/untere Mittelschicht: Verweigerung von Konventionen und Verhaltenserwartungen der Leistungsgesellschaft;

Sinus AB 12 – Konservativ-etabliertes Milieu (10 %): das klassische Establishment: Verantwortungs- und Erfolgsethik, Exklusivität und Führungsansprüche vs. Tendenz zu Rückzug und Abgrenzung;

Sinus B 1 – Liberal-intellektuelles Milieu (7 %): die aufgeklärte Bildungselite mit aufgeklärter Grundhaltung, postmateriellen Wurzeln, Wunsch nach selbstbestimmtem Leben;

Sinus C 1 – Milieu der Performer (7 %): die multi-optionale, effizienzorientierte Leistungselite mit global-ökonomischem Denken und stilistischem Avantgarde-Anspruch;

Sinus B 3 – Prekäres Milieu (9 %): die Teilhabe und Orientierung suchende Unterschicht mit starken Zukunftsängsten und Ressentiments: geringe Aufstiegsperspektiven und Rückzug ins eigene soziale Umfeld;

Sinus B 12 – Sozialökologisches Milieu (7 %): idealistisches, konsumkritisches/-bewusstes Milieu mit ausgeprägtem ökologischen und sozialen Gewissen: Globalisierungsskeptiker, Bannerträger von Political Correctness;

Sinus AB 23 – Traditionelles Milieu (14 %): die Sicherheit und Ordnung liebende Kriegs-/Nachkriegsgeneration: in der alten kleinbürgerlichen Welt bzw. in der traditionellen Arbeiterkultur verhaftet.

Aus: Sinus Sociovision 2013, www.sinus-institut.de/loesungen/sinus-milieus.html (Zugriff: 6.8.2014)

1 Gestalten Sie arbeitsteilig Collagen, auf denen Sie darstellen, wie Sie sich einen „typischen Menschen" aus den einzelnen Milieus vorstellen (M 11).

Die Sinus-Jugendmilieus

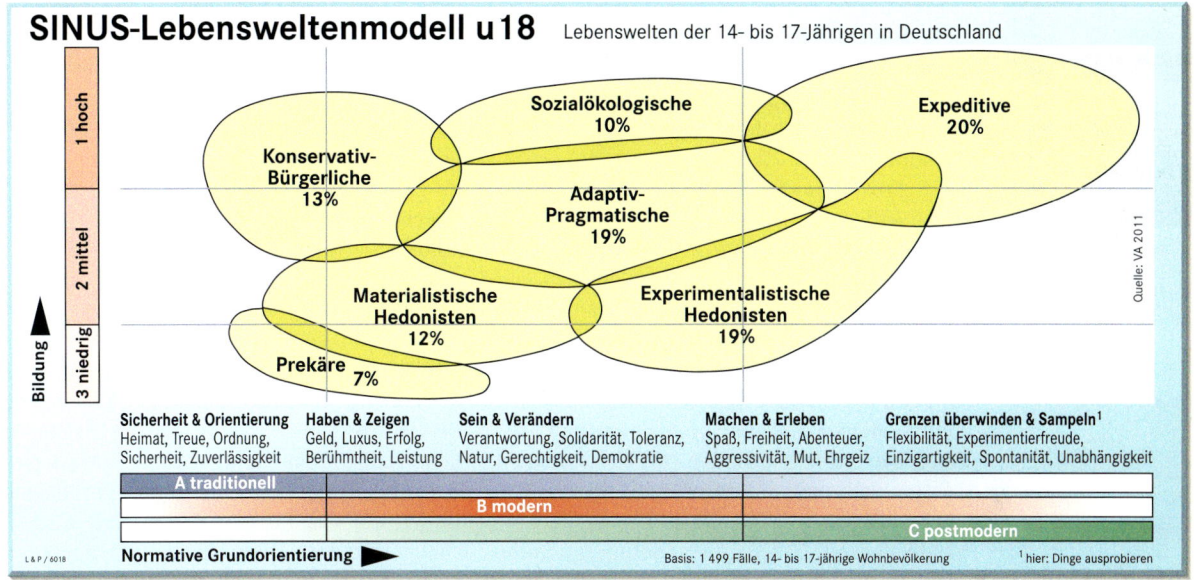

SINUS-Lebensweltenmodell u18 Lebenswelten der 14- bis 17-Jährigen in Deutschland

Expeditive: erfolgs- und lifestyleorientiert, Suche nach neuen Grenzen, erschließen sich große Netzwerke, feste Partnerschaft noch nicht im Blick, Abgrenzung gegenüber „Normalos" und Leistungsschwachen;

Adaptiv-Pragmatische: leistungs- und familienorientiert, hohe Anpassungsbereitschaft, enge Freundschaft wichtiger als große Netzwerke, Paarbeziehung wichtig, Abgrenzung nach „unten";

Experimentalistische Hedonisten: spaß- und szeneorientiert, Leben im Jetzt und Hier, großer Freundeskreis, Orientierung an „unangepassten" Jugendlichen, hohe Anziehungskraft von Jugendszenen;

Konservativ-Bürgerliche: familien- und heimatorientiert, Traditions- und Verantwortungsbewusstsein, fester Freundeskreis wichtig, Hinwendung zu Vereinen, Verbänden, Kirchen, Abgrenzung nach „unten";

Materialistische Hedonisten: freizeit- und familienorientierte Unterschicht, ausgeprägtes Markenbewusstsein, große, hierarchisch strukturierte Bekanntenkreise, Bekanntsein wichtig, „Abhängen" auf öffentlichen Plätzen, Abgrenzung nach „oben" und „unten";

Sozialökologische: nachhaltigkeits- und gemeinwohlorientiert, offen für alternative Lebensentwürfe, Hinwendung zu ökologisch und politisch motivierten Jugendszenen, Abgrenzung gegenüber verschwenderischen Jugendlichen und „Marken-Clowns";

Prekäre: um Orientierung und Teilhabe bemüht, schwierige Startvoraussetzungen, Durchbeißermentalität, Freundeskreis als Unterstützungsnetzwerk, oft konfliktreiche Freundschaften, kaum Kontakt zu anderen Lebenswelten

Nach: Marc Calmbach u. a., Wie ticken Jugendliche. Lebenswelten von Jugendlichen im Alter von 14 bis 17 Jahren in Deutschland, Düsseldorf 2012, S. 39, 48, 67

2 Entscheiden Sie sich für ein Schichtmodell (M 3 bis M 5 auf S. 266 f.) und **ordnen** Sie Personen aus Ihrem sozialen Umfeld in dieses **ein**. Versuchen Sie anschließend, diese Personen in die Sinus-Milieus **einzuordnen** (M 11). **Vergleichen** Sie Ihre Ergebnisse.

3 **Vergleichen** Sie die Sinus-Milieus für Erwachsene (M 11) mit den Jugendmilieus (M 12).

4 **Diskutieren** Sie die Einteilung der Gesellschaft in soziale Milieus (M 11).

5 Werfen Sie abschließend noch einmal einen Blick auf Ihr zu Beginn erstelltes „Schichtmodell" (S. 264, Aufg. 4). Überarbeiten Sie ggf. Ihre Darstellung und **begründen** sie.

Der Nutzen der Milieustudien für die Wirtschaft

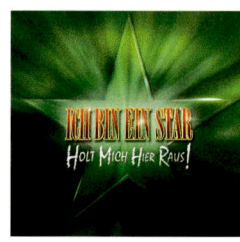

Unter den 14- bis 49-jährigen Zuschauern ist RTL Marktführer in Deutschland. Die Fernsehmacher aus Köln hatten im Januar 2013 in dieser werberelevanten Zielgruppe einen
5 durchschnittlichen Marktanteil von 18 %. Allein im Vergleich zum Vormonat konnten sie vier Prozentpunkte zulegen. Ausschlaggebend dafür war insbesondere die siebte und mit einem durchschnittlichen Marktanteil
10 von 41,6 % unter den 14- bis 49-Jährigen erfolgreichste Staffel des Dschungelcamp [...]. Hinter diesem Reichweiten-Erfolg steht exaktes Wissen über die Zielgruppe. Darüber müssen sich alle TV-Verantwortliche perma-
15 nent Gedanken machen, um nicht an den Ansprüchen ihrer Zuschauer vorbei zu produzieren – mit unter Umständen verheerenden wirtschaftlichen Folgen. Wir müssen Märkte segmentieren, Zielgruppen definieren und
20 Reichweiten optimieren. Eine große Hilfe bilden dabei die Sinus-Milieus, die ich auch in meiner Zusatzfunktion als Verantwortlicher eines TV-Spartensenders nutze: [...]
**1. Konservativ-Etablierte schauen gerne
25 Politmagazine:** Das konservativ-etablierte Milieu umfasst das klassische Establishment (entspricht 10 % unserer Gesellschaft) und steht an der Spitze der vier sozial gehobenen Milieus. [...] Die Menschen sind überdurch-
30 schnittlich interessiert an Nachrichtensendungen und Politmagazinen. Insgesamt verbringen sie 39 % ihrer Medienzeit vor dem Fernseher und nur 19 % im Internet.
**2. Liberal-Intellektuelle wollen es genau
35 wissen:** Unter dem liberal-intellektuellen Milieu (entspricht 7 % unserer Gesellschaft) wird die aufgeklärte Bildungselite subsumiert. Diese Zielgruppe verfügt über eine liberale Grundhaltung und postmaterielle
40 Wurzeln. [...] Liberal-Intellektuelle verbringen 37 % ihrer Medienzeit vor dem Fernseher (18 % im Internet) und interessieren sich überdurchschnittlich für Wissenschaftssendungen.
45 **3. Performer schalten gerne das Web und das Dschungelcamp an:** Die multi-optionale und Effizienz-orientierte Leistungselite unserer Gesellschaft (7 %) bezeichnet das Sinus-Institut als die Performer. Diese Zielgruppe
50 zeichnet sich aus durch global-ökonomisches Denken und hohe IT- und Multimedia-Kompetenz. Kein Wunder, dass diese Nutzer 24 % ihrer Medienzeit im Internet verbringt und 36 % vor dem Fernseher. Sie schauen über-
55 durchschnittlich häufig unterhaltende Filme, Krimis und Wissenschaftssendungen. Im Bereich Unterhaltung schalten die Performer gerne ins Dschungelcamp.
**4. Expeditive nutzen TV und Web glei-
60 chermaßen:** Das expeditive Milieu ist die ambitionierte kreative Avantgarde (6 % unserer Gesellschaft) und das letzte der vier sozial gehobenen Milieus. Diese Zielgruppe ist mental und geografisch mobil, online und
65 offline vernetzt sowie ständig auf der Suche nach neuen Grenzen und neuen Lösungen. Die Expeditiven schauen überdurchschnittlich viele Filme und Krimis sowie das Dschungelcamp. Sie nutzen das Fernsehen
70 (29 %) und das Internet (28 %) fast in gleichem Umfang. Diese Nutzer sind daher gleichsam die Treiber der zeitunabhängigen, synchronen und mobilen Mediennutzung, die Medienhäuser 2.0 vor große Herausfor-
75 derungen stellen. Gemeinsam mit den Performern veranlassen die Expeditiven zukunftsorientierte Medienverantwortliche, trimediale Antworten auf geänderte Mediennutzung zu finden. Von den fast 22 Millionen
80 Webzugriffen auf das Dschungelcamp in der siebten Staffel [...] dürften viele aus diesem Milieu gekommen sein.
5. Bürgerliche Mitte schaut viel TV und wenig Web: Die bürgerliche Mitte (14 % der
85 Gesellschaft) führt die Liste der drei Milieus der Mitte an. Diese Zielgruppe ist leistungs- und anpassungsbereit, bejaht generell die gesellschaftliche Ordnung und strebt nach beruflicher und sozialer Etablierung sowie
90 nach gesicherten und harmonischen Verhältnissen. An Nachrichten, Filmen, Wissenschaftssendungen, Krimis und Politmagazinen sind diese Nutzer nur durchschnittlich bis unterdurchschnittlich interessiert. Den-
95 noch verbringen sie 50 % ihrer Medienzeit vor dem Fernseher. Sie schauen Sendungen wie Aktenzeichen XY, Rach, der Restaurant-Tester, das Dschungelcamp sowie Regionalprogramme. Fürs Internet investieren sie
100 nur 9 % ihrer Medienzeit.
6. Adaptiv-Pragmatische stehen auf unterhaltsame Filme: Die moderne junge Mitte unserer Gesellschaft ist das adaptiv-pragmatische Milieu (9 % der Gesellschaft). Diese

105 Zielgruppe zeichnet sich durch ausgeprägten Lebenspragmatismus und durch Nutzenkalkül aus. [...] Ihre TV-Nutzung ist mit einem Anteil von 44% an ihrer Medienzeit relativ hoch. Dabei liegt ihr deutlich über-
110 durchschnittliches Interesse auf unterhaltsamen Filmen. Darüber hinaus tragen sie einen wichtigen Beitrag zur hohen Quote von Sendungen wie das Dschungelcamp bei. Im Internet verbringen sie immerhin 21% ihrer
115 Medienzeit und bewegen sich damit in der Nähe der Performer und des expeditiven Milieus.

7. Sozialökologische ähneln zwei sozial gehobenen Milieus: Das sozialökologische
120 Milieu (7% der Gesellschaft) gilt als Konsumkritisch mit normativen Vorstellungen vom richtigen Leben. [...] Im Bereich der TV-Nutzung ähneln diese Nutzer denen der konservativ-etablierten und der liberal-intellektuel-
125 len Milieus: Sie nutzen 34% ihrer Medienzeit fürs Fernsehen und schauen überdurchschnittlich gerne Nachrichten, Wissenssendungen und Politmagazine. Im Web verbringen sie 18% ihrer Medienzeit.

130 **8. Traditionelle schauen Wer wird Millionär? und Aktenzeichen XY:** Das traditionelle Milieu zählt neben der hedonistischen Unterschicht zu den größten der zehn Sinus-Milieus (beide 15% der Gesellschaft). Diese
135 Zielgruppe besteht aus der Kriegs- und Nachkriegsgeneration, die Sicherheit und Ordnung liebt. [...] Bei dieser Zielgruppe ist der Internetkonsum mit 8% der Medienzeit am geringsten, während der TV-Konsum mit
140 49% fast so hoch ist wie der der bürgerlichen Mitte. Deutlich überdurchschnittlich schauen sie Nachrichten und Polit-Talk. Im Genre Unterhaltung sehen Menschen des traditionellen Milieus Sendungen wie Wer wird Mil-
145 lionär? und Aktenzeichen XY.

9. Prekäre schauen viel fern und nutzen selten das Web: Das prekäre Milieu (9% der Gesellschaft) ist gemäß Sinus-Institut „die

um Orientierung und Teilhabe bemühte Un-
150 terschicht mit starken Zukunftsängsten und Ressentiments." [...] Das Internet nutzen sie sehr selten (9% der Medienzeit), während der TV-Konsum bei 46% liegt. Ähnlich wie die bürgerliche Mitte sind sie an Nachrich-
155 ten, Filmen, Wissenschaftssendungen, Krimis und Politmagazinen nur durchschnittlich bis unterdurchschnittlich interessiert.

10. Hedonisten haben Spaß an guten Filmen und am Dschungelcamp: Das hedo-
160 nistische Milieu ist die spaß- und erlebnisorientierte moderne Unterschicht unserer Gesellschaft (15%). Diese Zielgruppe lebt im Hier und Jetzt, verweigert Konventionen und Verhaltenserwartungen der Leistungsgesell-
165 schaft. Interessanterweise ist das Verhältnis von TV- (41%) und Internetnutzung (17%) fast identisch mit dem des liberal-intellektuellen Milieus. Überdurchschnittlich hohes Interesse besteht an unterhaltsamen Filmen
170 und an Sendungen wie dem Dschungelcamp.

Fazit und Ausblick:

Die Sendung Ich bin ein Star – Holt mich hier raus! ist deshalb ein großer Erfolg, weil sie von vielen Zuschauern (durchschnittlich
175 7,34 Mio. in der siebten Staffel) in mehreren Sinus-Milieus gesehen wird. [...] Auch wenn die Sinus-Milieus eine Hilfe sind, um das eigene Programm auf definierte Zielgruppen abstimmen zu können, so bilden sie doch
180 nicht die komplexe Realität ab. In Wahrheit sind die Grenzen fließend. Und: Mediennutzer wollen immer seltener in Schubladen gesteckt werden. Sie wollen stattdessen als Individuen mit speziellen Informations- und
185 Unterhaltungsbedürfnissen wahr- und ernstgenommen werden. Darauf müssen wir eingehen, vor allem mit den Möglichkeiten der sozialen Medien, die mit TV-Formaten verknüpft werden können (Second Screen).
190 Das gilt insbesondere für jene Zuschauer, die Medien non-linear, synchron und mobil nutzen.

Aus: Dominik Faust, Dschungelcamp & Co. in den zehn Sinus-Milieus, in: Information rules the world, www.dominik-faust.de/dschungelcamp-co-in-den-zehn-sinus-milieus/, 25.2.2103 (Zugriff: 4.8.2014)

INFO

Dominik Faust ist Medienmanager und Leiter des Medienhauses des Bistums Würzburg; der vorliegende Text wurde von Faust auf seinem privaten Internetblog veröffentlicht.

1 Analysieren Sie anhand von M 13, wie die Sinus-Milieustudien von Unternehmen genutzt werden können.

2 Charakterisieren Sie vor diesem Hintergrund die Sprache und Wortwahl des Sinus-Instituts zur Beschreibung der einzelnen Milieus (M 11).

3 Diskutieren Sie die Verwendung der Daten des Sinus-Instituts für Marktforschungszwecke durch Unternehmen (M 11 bis M 13).

WISSEN KOMPAKT

Modelle und Theorien gesellschaftlicher Ungleichheit

	Theorie / Modell	Vertreter	Zeit	Gruppen	Merkmal
1800					
1860er	Klassentheorie	Karl Marx	Industrialisierung des 19. Jahrhunderts	Proletariat, Bourgeoisie	Einteilung nach Besitz der Produktionsmittel
1900					
1930er	Schichtmodell	Theodor Geiger	1930er-Jahre	Kapitalisten, Mittelstand, Proletarier	Einteilung nach Besitz der Produktionsmittel und Einkommen
1950er	Nivellierter Mittelstand	Helmut Schelsky	1950er-Jahre	Oberschicht, Mittelschicht, Unterschicht	Entschichtung; Schichten verlieren an Bedeutung
1960er	Zwiebelmodell	Karl M. Bolte	1960er-Jahre	Oberschicht, Mittelschicht, Unterschicht mit weiteren Unterteilungen	Einteilung nach Einkommen und Beruf
	Hausmodelle	Ralf Dahrendorf (Rainer Geißler)	1960er-Jahre (2000)	Elite, Dienstklasse, Mittelstand, Unterschicht mit weiteren Unterteilungen	Einteilung nach Einkommen und Beruf
1980er	Soziale Lagen	Stefan Hradil	1980er-Jahre	Unterteilung bis in zu 64 verschiedene soziale Lagen	Merkmalkonstellationen, die in Beziehung zueinander stehen, z. B. Einkommen, Bildung, Beruf, Region, Freizeit etc.
2000	Soziale Milieus	(Pierre Bourdieu) Sinus-Institut	(ab Ende 1970er) seit den 1990er-Jahren	Unterteilung in verschiedene soziale Milieus	Merkmalkonstellationen, die Menschen mit ähnlichen Lebensauffassungen und -weisen gruppieren

Das Klassentheorie nach Karl Marx

Nach **Karl Marx** lässt sich die Bevölkerung in verschiedene Klassen unterteilen, die sich durch den Besitz an Produktionsmitteln, Einkommen, Beruf und Qualifikation voneinander unterscheiden. Dadurch entsteht ein „**Klassenbewusstsein**", welches die Menschen in ihrem Denken, in ihren Wertvorstellungen und Ideologien prägt. Die Klassenzugehörigkeit bestimmt zudem Lebenschancen und -risiken.

Der „nivellierte Mittelstand" nach Helmut W. F. Schelsky

Helmut Schelsky geht davon aus, dass sich **soziale Klassen und Schichten auflösen**, da die soziale Mobilität (Auf- und Abstieg) innerhalb der Sozialstruktur durchlässiger und damit einfacher geworden sei.

Schichtmodelle nach Karl Martin Bolte, Ralf Dahrendorf und Rainer Geißler

Karl Martin Bolte teilt die deutsche Bevölkerung in den 1960er-Jahren nach den Kriterien Bildung, Beruf und Einkommen ein. Das sich daraus ergebende Schichtmodell ähnelt einer Zwiebel und wird daher auch „**Zwiebelmodell**" genannt.

Ralf Dahrendorf veröffentlicht 1965 ein Schichtmodell (**Dahrendorf-Haus**), das für seine Einteilung der Bevölkerung 7 Schichten vorsieht. Das „Dach" bildet die kleinste Bevölkerungsschicht, die Eliten (1 %). Darunter befinden sich die Dienstklasse (12 %), die Arbeiterelite (5 %) und der Mittelstand (20 %). Das „Erdgeschoss" wird von der größten Schicht, der Arbeiterschicht (45 %) und dem „falschen Mittelstand" (12 %), gebildet. Im „Keller" befindet sich die Unterschicht (5 %).

Rainer Geißler erweitert das Haus Dahrendorfs auf insgesamt 13 Schichten, indem er u. a. die ausländische Bevölkerung Deutschlands berücksichtigt.

Die **Frage, ob sich Klassen und Schichten auflösen**, ist nicht klar mit Ja oder Nein zu beantworten. Dagegen spricht, dass bestimmte Lebenschancen, -risiken und Verhaltensweisen, wie z. B. Bildungschancen, Armutsgefährdung und Wertvorstellungen, schichttypisch variieren. Eine wichtige Rolle spielt dabei, dass hierarchische Vorstellungen noch immer fest in den Köpfen der Bevölkerung verankert sind.

Für die Auflösung von Klassen und Schichten spricht, dass von einem stetig zunehmenden Wohlstand alle Gesellschaftsgruppen profitieren. Zudem haben die Pluralisierung der Lebensformen und die Individualisierung der Menschen dazu geführt, neue Lebensspielräume zu erschließen, die von bisherigen Klassen- und Schichteinteilungen losgelöst sind.

Modelle sozialer Lagen

Die in den 1980er-Jahren entwickelten Lagenmodelle erweitern die bisherige Einteilung der Gesellschaft in Klassen und Schichten um die **horizontale Dimension** und versuchen damit das Zusammenspiel von verschiedenen Merkmalen sozialer Ungleichheit zu erfassen, z. B. Beruf, Geschlecht, Region etc. Als Vertreter lässt sich **Stefan Hradil** anführen.

Soziale Milieus

Ein wichtiger Vertreter des heute gängigen Milieumodells ist **Pierre Bourdieu**. Er entwickelte es, um die in der französischen Gesellschaft jenseits von starren Klassen- und Schichtzugehörigkeiten vorhandenen Hierarchien und Ungleichheiten zu beschreiben. Milieustudien gruppieren Menschen mit ähnlichen Lebenseinstellungen und -stilen. Die „sozialen Milieus" unterscheiden sich in ihren Wertvorstellungen, politischen Einstellungen und Zukunftszielen. Dabei sind sie nicht immer eindeutig voneinander abzugrenzen – ihre Übergänge sind fließend.

Die Milieustudien werden inzwischen zur Markt- und Wahlforschung eingesetzt. So ist das **Sinus-Institut** beispielsweise Unternehmen dabei behilflich, Produkte besser auf ihre Zielgruppen abzustimmen.

3.3 Wandel gesellschaftlicher und wirtschaftlicher Strukturen

Oh bugger tradition - next time text me.

Nicht nur in den Bereichen Familie und Wertevorstellungen hat sich unsere Gesellschaft bis heute gewandelt. Auch im sozioökonomischen Bereich gab es – ausgehend von der Industrialisierung im 19. Jahrhundert und dem sich dadurch immer weiter entwickelnden technischen Fortschritt – Veränderungen, die sich auf unsere Gesellschaft auswirken.

So erfordert der Wandel in der Arbeitswelt ein hohes Maß an Mobilität, Flexibilität und Qualifikation von jeder Arbeitnehmerin und jedem Arbeitnehmer. Dabei sind in Berufs- und Bildungswelt noch immer geschlechtsspezifische Unterschiede erkennbar.

Ebenso sind Veränderungen in der Bevölkerungsentwicklung auszumachen: Ein Rückgang der Geburten und der Anstieg der Lebenserwartung stellt unseren Sozialstaat schon jetzt vor große Herausforderungen.

Zeichnung: Malcom McGookin

GLOSSAR

sozialer Wandel
Emanzipation

Basiswissen

Mit Beginn der Industrialisierung im 19. Jahrhundert hat sich besonders ein **Wandel der Arbeitswelt** vollzogen. Die seitdem stetig voranschreitende Technisierung lässt immer neue berufliche Anforderungen und Berufsbilder entstehen. Dabei tritt die Handarbeit zunehmend in den Hintergrund, während die geistige Arbeit an Bedeutung gewinnt.

Ebenso hat sich besonders die Lebensform der **Familie** stark gewandelt. Trat im 19. Jahrhundert häufig die **Großfamilie** als Lebensform in Erscheinung (mehrere Generationen, die unter einem Dach leben), findet man heute überwiegend die **Kleinfamilie** bzw. **Kernfamilie** als typische Lebensform (Eltern und Kinder). Als **Merkmale der Normalfamilie** gelten: verheiratet mit Kindern, zwei leibliche Eltern in einem gemeinsamen Haushalt, lebenslange monogame Ehe, heterosexuell.

Aufgrund zunehmender **Scheidungen** sowie im Zuge der **Emanzipation** gibt es inzwischen aber auch vermehrt **alternative Lebensformen**, die in der Gesellschaft Anerkennung finden: Patchworkfamilien, Alleinerziehende, nichteheliche Lebensgemeinschaften, Alleinlebende etc. Auch die Aufgabenverteilung innerhalb der Haushalte hat sich verändert: Traditionelle Vorstellungen, wie z. B. dass die Frau für Haushalt und Kindererziehung zuständig sei, weichen mehr und mehr einer gemeinschaftlichen Aufgabenteilung von Mann und Frau.

Dass neue Lebensformen gesellschaftlich akzeptiert werden, hängt nicht zuletzt mit dem gesellschaftlichen **Wertewandel** zusammen. **Werte** sind Einstellungen und Überzeugungen, die in einer Gesellschaft als erstrebenswert bzw. wünschenswert angesehen werden. Sie geben den Mitgliedern einer Gesellschaft einen Orientierungsrahmen. Ändern sich die Wertevorstellungen im Laufe der Zeit, spricht man von einem Wertewandel.

||||**1**|| **Analysieren** Sie die Karikatur vor dem Hintergrund der Kapitelüberschrift.
||||**2**|| **Beschreiben** Sie die in M 1 dargestellten Bereiche des gesellschaftlichen Lebens.
||||**3**|| **Erläutern** Sie, welche Veränderungen es in diesen Bereichen bis heute gegeben hat.
||||**4**|| **Nennen** Sie weitere Bereiche, in denen es Veränderungen gegeben hat.
||||**5**|| **Diskutieren** Sie, ob diese Veränderungen positiv oder negativ für das gesellschaftliche Leben sind.

Wandel des gesellschaftlichen Lebens

Gesellschaft um 1900

Familie

Schulklasse eines Gymnasiums

Kolonialwarengeschäft

Landarbeiter

Fabrikarbeiter

Soldatenkirchgang

Der sozioökonomische Strukturwandel

Der sozioökonomische Wandel im historischen Kontext

Henri de Saint-Simon
*17.10.1760 in Paris
†19.5.1825 in Paris
bedeutender französischer
Soziologe und Philosoph

Der französische Sozialreformer und Soziologe *Henri de Saint-Simon* charakterisierte
zu Beginn des 19. Jahrhunderts die damals
heraufziehende Gesellschaft der Zukunft als
5 **„Industriegesellschaft"**. [...] Als namens-
gebendes, wesentliches Merkmal der neuen
Gesellschaftsform betrachtete Saint-Simon
die industrielle Produktionsweise: Technisches Wissen wird methodisch-systematisch
10 auf die Güterproduktion angewendet und erhöht dadurch in hohem Maß deren Präzision
und Effizienz. Der Begriff „Industriegesellschaft" bringt zum Ausdruck, dass Veränderungen in der Produktionsweise – auf der
15 Basis von technologischen Veränderungen –
den Kern des sozialen Wandels ausmachen
und dass der technisch-ökonomische Wandel
auch auf andere Bereiche der Gesellschaft
ausstrahlt und weitere soziale, kulturelle
20 und politische Veränderungen nach sich
zieht. [...]
Vorformen der industriellen Produktionsweise existierten bereits im europäischen
Mittelalter. [...] Bei den Vorformen fehlt je-
25 doch ein Element, das die industrielle Pro-
duktionskraft enorm steigerte und dann der
Industrie im 19. Jahrhundert zum Durchbruch verhalf: der Einsatz der Maschine, der
Schlüsseltechnologie der Industrialisierung.
30 Die „eigentliche" **Industrieproduktion** zeichnet sich durch die fünf folgenden Merkmale
aus:
■ Die Technik wird systematisch zur Güter-
erzeugung eingesetzt: **Maschinen und**
35 **Maschinensysteme** ersetzen die Produk-

tion mit der Hand und mit einfachen
Handwerkszeugen.
■ Wissenschaftliche **Forschung und Produktion verzahnen sich**. [...]
■ Die maschinelle Produktionsweise und 40
ihre Rationalisierung steigern einerseits
die Produktivität und ermöglichen **Groß-
und Massenproduktion**. Andererseits begründen sie qualitativ neue, hochgradig
artifizielle Muster von **Arbeits- und Zeit-** 45
disziplin.
■ Produziert wird nicht in kleinen Gruppen
wie in der Familie oder in Kleinbetrieben,
sondern in **Großgruppen bzw. Großbetrieben (Fabriken)**. 50
■ Dadurch wird ein höherer **Grad an Arbeitsteilung** möglich.

Die Betriebe werden nach dem **unternehmerischen Rationalitätsprinzip** „mehr für
weniger" geführt. Das heißt aber auch: Es 55
setzt die **Bürokratisierung** und **Verwissenschaftlichung** der kaufmännischen und ver-
waltenden Tätigkeit ein. Industrialisierung
meint also den Übergang zur maschinen-
orientierten Produktion von Massengütern 60
in arbeitsteiligen Großbetrieben mit einer
wachsenden Gruppe von Büroangestellten
unter Anwendung des unternehmerischen
Rationalitätsprinzips. [...]
Die Entwicklung neuer Techniken und Ener- 65
gien, der Einsatz von immer mehr Kapital,
die massenhafte Nutzung bisher wenig verwendeter Rohstoffe wie Kohle und Eisen
und die Erschließung neuer Märkte bildeten
einen sich gegenseitig verstärkenden Wir- 70
kungszusammenhang, der den wirtschaftlichen und sozialen Wandel immer mehr
beschleunigte.
Wegen der politisch-territorialen Zersplitterung und wegen der großen Entfernung von 75
den maritimen Handelswegen setzte der **In-
dustrialisierungsprozess in Deutschland
später** ein als in England oder Frankreich.
Das Fabrikwesen entwickelte sich in der ersten Hälfte des Jahrhunderts nur sehr lang- 80
sam. [...] Ein kräftiger Industrialisierungs-
schub erfolgte dann im Kaiserreich, wo sich

*Bild aus dem Film
„Modern Times"
(USA 1936) von
Charlie Chaplin*

das industriekapitalistische System endgültig durchsetzte und etablierte. [...] Zu Beginn der [1890er-]Jahre hatte der sekundäre Bereich die Landwirtschaft zahlenmäßig überholt. Unter den Beschäftigten in Industrie und Handwerk wiederum wurden die Lohnarbeiter immer dominierender. [...]

Insgesamt wächst die Gruppe derjenigen, die auf den Markt angewiesen sind, weil sie sich nicht oder nicht mehr allein aus eigener Erzeugung ernähren konnten, stark an. Mit der Industrialisierung veränderten sich die Ernährungsgewohnheiten und das Verbraucherverhalten – vor dem Hintergrund wachsender Kaufkraft und eines größer und vielfältiger werdenden Warenangebotes. Gegen Ende des 19. Jahrhunderts war also der Übergang von der Agrargesellschaft zur Industriegesellschaft im wirtschaftlichen Bereich vollzogen. Die industrielle Produktion dominierte die Wertschöpfung und das Beschäftigungssystem.

Aus: Rainer Geißler, Die Sozialstruktur Deutschlands, 7. Aufl., Wiesbaden 2014, S. 5–11

GLOSSAR
Strukturwandel
Industrialisierung

Die Industrialisierung und die Folgen für die Umwelt

MATERIAL **3**

Mit der Industrialisierung stieg der Energieverbrauch besonders ab Anfang des 19. Jahrhunderts sprunghaft an. Die erhöhte Produktion von Eisen und Stahl sowie der Bau von Maschinen erforderte enorme Mengen an Kohle, deren Verbrennung die Luft stark belastete. Vor allem in den Ballungszentren konnte man kaum mehr atmen, die Luft war voller Rauch, giftige Schwefeldioxidverbindungen führten zu einem Waldsterben größeren Ausmaßes.

Auch Gewässern und Böden wurden während der Industrialisierung dauerhafte Schäden zugefügt. Klärwasser, giftige Chemikalien, Düngemittel und andere industrielle Abwässer landeten in den Flüssen und verseuchten sie so stark, dass das oft gefärbte Wasser ungenießbar wurde. Rund um Industrieansiedlungen herum wurden die Böden mit Blei, Cadmium, Quecksilber und anderen Giften verseucht, Altlasten aus den Betrieben taten ein Übriges. Mit der Industrialisierung einher ging ein enormes Bevölkerungswachstum, das dazu führte, dass

Rauchende Fabrikschlote der Königlichen Eisengießerei bei Gleiwitz (um 1850)

vor allem die Städte rasant anwuchsen. Neue Wohnsiedlungen mussten gebaut werden, immer größere Bodenflächen wurden versiegelt, was zum Absinken des Grundwasserspiegels beitrug. Auch das Verkehrsaufkommen stieg rasant an. Menschen mussten von ihren Wohnstätten zur Arbeit pilgern, vor allem aber mussten Güter möglichst schnell über große Strecken transportiert werden. Eisenbahnstrecken wurden durch die Landschaft gebaut und Flüsse begradigt.

Aus: Melanie Wieland, Industrielle Revolution und Umweltverschmutzung, in: WDR/SWR /ARD-alpha 2014, Planet Wissen, www.planet-wissen.de/natur_technik/naturschutz/umweltverschmutzung/industrielle_revolution.jsp, Stand: 4.3.2014 (Zugriff: 2.9.2014)

1 Beschreiben Sie den sozioökonomischen Wandel von der Agrar- zur Industriegesellschaft (M 2). Gehen Sie dabei auch auf die Rolle des technologischen Fortschritts ein.

2 Stellen Sie die Konsequenzen der Industrialisierung für die Umwelt dar (M 3). Beziehen Sie sich dabei auch auf aktuelle Beispiele.

3 Erörtern Sie anhand selbst entwickelter Kriterien Vor- und Nachteile der Industrialisierung. Sie können dabei auch Ihr Wissen aus dem Geschichtsunterricht anwenden.

MATERIAL **4**

Die „Drei-Sektoren-Hypothese"

Jean Fourastié
*15.4.1907 in
Saint-Benin-d´Azy
†25.7.1990 in Douelle
französischer Ökonom

Colin G. Clark
*2.11.1905
†4.9.1989
britisch-australischer
Ökonom und Statistiker

Sektor

Im Jahr 1949 entwickelte der französische Ökonom und Soziologe *Jean Fourastié* die berühmte **Drei-Sektoren-Hypothese** des sozioökonomischen Wandels, mit der grundlegende langfristige Veränderungen in Wirtschaft und Gesellschaft beschrieben und erklärt werden. Ausgangspunkt dieser Theorie ist die Einteilung der Produktionsstrukturen, wie sie bereits einige Jahre vorher *Colin Clark* (1940) vorgenommen hatte:

- in einen **primären** Sektor der Produktgewinnung (insbesondere Landwirtschaft, auch Forstwirtschaft, Fischerei),
- in einen **sekundären** Sektor der Produktverarbeitung (Industrie und Handwerk, meist einschließlich Bergbau und Baugewerbe) und
- in einen **tertiären** Sektor der Dienstleistungen (Handel, Verkehr, Kommunikation, Verwaltung, Bildung, Wissenschaft, Beratung, Sozial- und Gesundheitswesen u. a.).

Die Drei-Sektoren-Hypothese besagt, dass sich der Schwerpunkt der wirtschaftlichen Tätigkeit in allen Gesellschaften zunächst vom primären auf den sekundären Sektor und anschließend vom sekundären auf den tertiären Sektor verlagert, oder mit anderen stark vereinfachenden Worten: **Agrargesellschaften** verwandeln sich zunächst in **Industriegesellschaften** und Industriegesellschaften schließlich in **Dienstleistungsgesellschaften**. [...] Die Schwerpunktverlagerung hin zum tertiären Sektor ist mit wichtigen Veränderungen in der Sozialstruktur, im Schichtgefüge und in den Lebens- und Arbeitsbedingungen verknüpft. Der Titel des Buches von Fourastié – „Die große Hoffnung des 20. Jahrhunderts" (1949) – bringt die optimistischen Erwartungen zum Ausdruck, die gelegentlich mit diesem Strukturwandel verbunden wurden – dazu gehören steigender Wohlstand und soziale Sicherheit, Aufblühen von Bildung und Kultur, höheres Qualifikationsniveau, Humanisierung der Arbeit, Vermeidung von Arbeitslosigkeit – eine „große Hoffnung", die allerdings nur zum Teil in Erfüllung ging. [...]
Dem Wandel zur industriellen Dienstleistungsgesellschaft liegt ein vielschichtiges Geflecht von **Ursachen** zugrunde, für das bisher eine zusammenhängende Theorie fehlt. Der erste Ursachenkomplex, auf den die Klassiker der Drei-Sektoren-Hypothese bereits hingewiesen haben, liegt primär im **ökonomischen** Bereich. Er stellt die Zusammenhänge von technischem Fortschritt, Produktivitätssteigerung, Arbeitskräfteverlagerung und privater Nachfrageverschiebung ins Zentrum. Die ungeheuren Produktivitätsfortschritte in der Agrarproduktion und Güterherstellung setzen Arbeitskräfte frei, die in den Dienstleistungssektor verlagert werden. Der Dienstleistungsbereich kann als Auffangbecken für die „überflüssig" gewordenen Arbeitskräfte dienen, weil dort die Rationalisierung und die Produktionszuwächse zumindest teilweise stärkeren Einschränkungen unterliegen; so lassen sich z. B. Schulunterricht oder Pflegedienste an allen Menschen nicht in dem Maße automatisieren wie die Montage von Autos oder Fernsehgeräten. Zudem erhöht sich mit dem Anstieg der Realeinkommen auch die private Nachfrage nach Dienstleistungen; der Anteil von Aufwendungen, die der private Verbraucher für Dienste ausgibt, steigt nachweislich stetig an. In die Verschiebungen bei der privaten Nachfrage spielen auch weitere Veränderungen in den Lebensbedingungen, im Wertesystem oder in der Bevölkerungsstruktur hinein. Die folgenden ausgewählten Beispiele können diese Zusammenhänge illustrieren:

- die sinkende Arbeitszeit steigert die Nachfrage nach Freizeit- und Urlaubsangeboten;
- die Alterung der Bevölkerung erhöht den Bedarf an Unterhaltung, medizinischer Versorgung, Pflegediensten [...];
- die Technisierung des Alltags und der Haushalte erfordert vermehrt Reparatur- und Wartungsdienste;
- die schnelle Veränderung der beruflichen Anforderungen macht Weiterbildung und Umschulung erforderlich;
- die wachsende Erwerbsbeteiligung der Frau erhöht die Nachfrage nach Serviceleistungen für Haushalt und Kinderbetreuung.

Aus: Rainer Geißler, Die Sozialstruktur Deutschlands, 7. Aufl., Wiesbaden 2014, S. 185–191

Wirtschaftsstruktur im Wandel

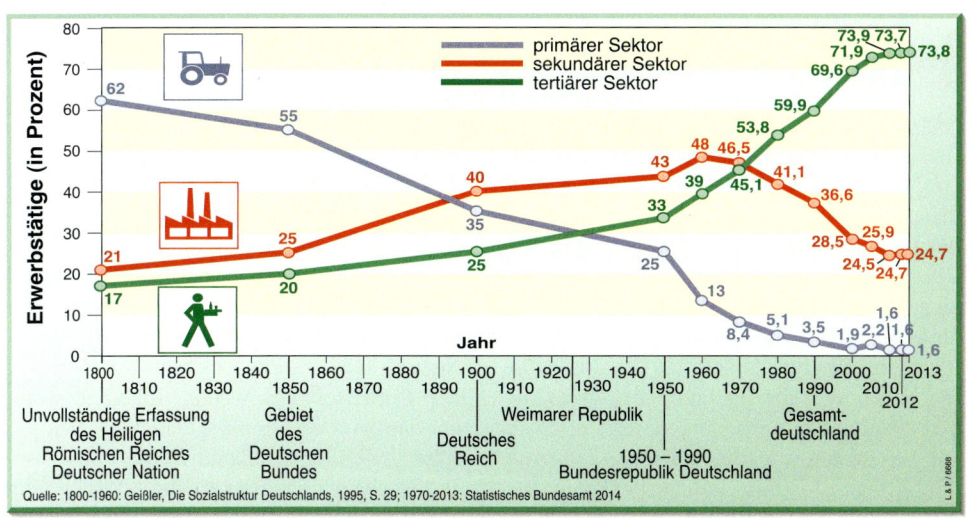

Quelle: 1800-1960: Geißler, Die Sozialstruktur Deutschlands, 1995, S. 29; 1970-2013: Statistisches Bundesamt 2014

Den Strukturwandel in Ihrer Region untersuchen

METHODE

Ziel: Eine Untersuchung des Strukturwandels in Ihrer Region bzw. Stadt kann dazu beitragen, die sich ständig wandelnde Wirtschaftsstruktur und die gesellschaftlichen Rahmenbedingungen des eigenen Lebens zu verstehen und in übergreifende Zusammenhänge einzuordnen: Wie wird die Zukunft in unserer Region aussehen? Wie soll sie aussehen? – Wie nicht? Welche Auswirkungen hat eine Entscheidung für unser eigenes Leben? Was ist zu tun? – Was ist zu unterlassen?

Informations- und Materialsammlung: z. B. Lokalzeitung, lokale Werbezeitungen, Wirtschaftsteil überregionaler Zeitungen, Stadt- und Unternehmensprospekte, Adressenverzeichnisse, Stadtarchiv, Bibliotheken, Zeitzeugen- bzw. Expertenbefragung, Parteien, Gewerkschaften ...

Materialsichtung: Verschaffen Sie sich einen Überblick, halten Sie wiederkehrende Themen zur Wirtschaftsstruktur fest, gewichten Sie die Themen nach Dringlichkeit und Bedeutung; entwickeln Sie **Fragestellungen** und ggf. Hypothesen für Ihre weitere Untersuchung.

Arbeitsteilung: Teilen Sie sich in Arbeitsgruppen auf, die sich jeweils mit einem bestimmten Problem befassen, z. B.: Welche Art von Strukturwandel gab es? Welche Ursachen hatte er? Welche Probleme sind entstanden? Welcher künftige Wandel steht bevor? Erstellen Sie einen Zeitplan für die Vorlage der Gruppenergebnisse. Verabreden Sie die Art der Dokumentation.

Auswertung/Präsentation: z. B. Publikation, Fotoausstellung, Videofilm, Podiumsdiskussion.

1 **Erklären** Sie die „Drei-Sektoren-Hypothese" nach Fourastié (M 4).
2 **Erläutern** Sie, welche Konsequenzen die „Drei-Sektoren-Hypothese" für das Erwerbsleben hat (M 4 und M 5).
3 **Beurteilen** Sie die Entwicklung der Industrie- zur Dienstleistungsgesellschaft (M 2–M 5).
4 Führen Sie eine Untersuchung des Strukturwandels in Ihrer Region/Stadt durch und **gestalten** Sie eine Präsentation Ihrer Ergebnisse. Denken Sie daran, dass erfahrungsgemäß Ihre Gesprächspartner und die Lokalpresse an Ihren Ergebnissen interessiert sind.
5 **Vergleichen** Sie die Ergebnisse Ihrer Untersuchung des Strukturwandels in Ihrer Region mit Ihren Erkenntnissen aus M 2 bis M 5.

Tendenzen des Wandels in der Arbeitswelt

Arbeitswelt im Wandel

Nichts bleibt wie es ist. Das klingt banal. Doch für viele Menschen sind Veränderungen schwierig. [...] Und es verändert sich ständig irgendetwas: Alte Berufe verschwinden und neue entstehen, Wissen veraltet und neue Fähigkeiten sind gefragt. Gestern wurde gelobt, wer seinem Arbeitgeber ein Leben lang treu blieb. Heute ist begehrt, wer sich in mehreren Jobs qualifiziert hat. Am deutlichsten haben sich die Bedingungen, unter denen die Menschen arbeiten, gewandelt. Noch vor 100 Jahren war die Fabrik das Zentrum der Arbeiter. Große Industrieanlagen beherrschten die Arbeitswelt. Es ging darum, die Arbeit an den Werkbänken zu „humanisieren", sodass die Menschen sicher und körperlich unversehrt ihre Tätigkeit verrichten konnten. Auch heute sind die Arbeitsbedingungen an die Menschen anzupassen. Doch Humanisierung in der modernen Arbeitswelt bedeutet zum Beispiel, psychische Belastungen zu mindern oder den Zeitdruck abzufedern, den die Mobilität mit sich bringt. Zehn Trends, welche die Arbeitswelt von morgen bestimmen, haben sich [...] herauskristallisiert.

Die Mobilität: Die westliche Welt befindet sich im Übergang von der industriellen zur nachindustriellen Wirtschaft. Die digitale Revolution fordert die Gesellschaft heraus. Sie stellt die alten, gut eingefahrenen Strukturen infrage, ja löst sie teilweise sogar auf. „Den" festen Arbeitsplatz wird es bald nicht mehr geben. Schon heute arbeiten viele mobil, schlagen ihr Büro dank Laptop und Blackberry mal hier und mal dort auf. Damit sind für Unternehmen die Mitarbeiter ständig und überall verfügbar. Für die Beschäftigten lösen sich Zeitgrenzen auf. Arbeitstage, die um 9 Uhr beginnen und um 17 Uhr enden, werden seltener. Immer mehr Menschen arbeiten selbstbestimmt, legen Arbeitszeit und Freizeit eigenständig fest: Die große Herausforderung wird sein, die Balance zu finden und Grenzen selbst zu ziehen.

Das Wissen: Wissensarbeit ist zu einer dominierenden Form der Erwerbsarbeit geworden. Teamorientierte Projektarbeit ist auf dem Vormarsch. Hierarchien werden unwichtig, sind von gestern. Morgen ist „Chef", wer gerade ein Projekt betreut. Der Erfolg von Firmen wird immer mehr davon abhängen, wie die Wissensarbeiter zusammenarbeiten und wie kreativ sie dabei sind. Dabei läuft ohne Kooperation und Vernetzung im Job bald gar nichts mehr. Man trifft sich in Netzwerken wie Facebook oder Google+.

Die Dienstleister: Arbeit wird nicht weniger, sie wird nur anders. Das zeigt sich bereits an der Bedeutung der Wirtschaftsbereiche. Noch vor 60 Jahren arbeitete hierzulande gut ein Viertel aller Beschäftigten in der Land- und Forstwirtschaft und in der Fischerei. Heute sind es gerade noch knapp zwei Prozent. Mehr als zwei Drittel der Beschäftigten ist inzwischen in den Dienstleistungen tätig. [...] Die wissensbasierten Dienste boomen, aber auch die sozialen: Familiendienste jeglicher Art, von der Kinderbetreuung bis zur Altenpflege, werden wichtiger.

Neue Arbeitsverhältnisse: Auf dem Weg in die Wissensgesellschaft und Kreativarbeit entstehen neue Erwerbsformen. Projektarbeit, Honorar- und Zeitverträge sind damit verbunden. Die Firmen fordern mehr Flexibilität: Leiharbeit und befristete Jobs nehmen mitunter deshalb zu. Und der Staat unterstützt das, indem er die Gesetze anpasst. Das kann für gering qualifizierte Menschen zum Fluch werden. Sie müssen sich mit unsicheren und schlecht bezahlten Arbeitsplätzen begnügen, denn nicht selten bleiben sie in diesen „prekären" Jobs hängen. Doch es gibt auch eine andere Seite, geprägt von der **Avantgarde** der Arbeitsgesellschaft. Es ist eine „Elite", eine neue kreative Klasse, mit starker **Affinität** zu den neuen Technologien. Sie pfeift auf den festen Job, weil sie den Arbeitsalltag selbst gestalten will.

Die Selbstvermarkter: Zurückhaltung war einmal. Die Arbeitswelt von morgen bevorzugt **Extrovertierte**, Exoten und Selbstdarsteller. Wer sich gut in Szene setzen kann, der setzt sich durch. Denn wenn Arbeitsverhältnisse immer kürzer und immer lockerer werden, wenn Unternehmen nicht mehr

nach Arbeitnehmern, sondern nach Auftrag-
nehmern suchen, dann profitieren vor allem
jene, die beim schnellen ersten Blick gut aus-
100 sehen. Das gilt auch für das Internet. [...]
Die Demografie: Die Menschen werden älter
und sie bleiben länger gesund. Immer weniger Arbeitnehmer kommen für die Renten
auf. Da liegt es auf der Hand, dass die Men-
105 schen länger arbeiten werden. [...] Lebens-
langes Lernen und Beschäftigungsfähigkeit
bis ins hohe Alter hinein gewinnen an Bedeutung. Daher gilt: Arbeitsplätze müssen
an die Bedürfnisse Älterer angepasst wer-
110 den, ebenso die Arbeitszeiten. Für die Gewerkschaften ist das eine große Herausforderung. Das Festhalten an starren Renten-
altersgrenzen passt nicht mehr in die Zeit.
Der Fachkräftemangel: Kluge Köpfe, soge-
115 nannte personelle Ressourcen, werden dafür
verantwortlich sein, ob Firmen morgen
wachsen oder nicht. [...] Schon heute gibt es
in bestimmten Branchen und Regionen zu
wenig gute Leute, etwa im Maschinenbau,
120 bei Elektro- und Fahrzeugbauingenieuren,
bei examinierten Altenpflegern, bei Erzie-
hern oder Ärzten.
Die Bildung: Sie ist die beste Investition in
die Zukunft. [...] Viele Betriebe klagen be-
125 reits über mangelnde Disziplin, Leistungsbereitschaft und Belastbarkeit der Jugend. Das
müssen die Schulen aufgreifen. Doch Bil-
dungspolitik hat auch den drohenden Fachkräftemangel zu berücksichtigen. Und sie
130 muss dafür sorgen, dass Abschlüsse auch
über die Grenzen Europas hinweg anerkannt
werden.
Das weibliche Potenzial: Viele Frauen sind
gut ausgebildet und dennoch gibt es noch
135 immer die klassische Arbeitsteilung: Der
Mann sichert den Lebensunterhalt, die Frau
sorgt für die Familie. Flexiblere und famili-
enfreundliche Arbeitszeiten sind erforderlich, um das Potenzial zu nutzen. Im interna-
140 tionalen Vergleich liegt Deutschland bei den

Zeichnung:
Thomas Plaßmann

Angeboten zur Kinderbetreuung weit zurück. Hier muss sich etwas ändern. Auch
müssen Firmen in der Personalentwicklung
gezielt auf die Frauenförderung setzen. Und
nicht zuletzt liegt es an den Frauen selbst: 145
Wenn sie nicht bereit sind, Karriere zu machen, wird daraus nichts.
Der Weltmarkt: Der Arbeitsmarkt von morgen ist international. Doch die Last der Anpassung liegt momentan auf den Arbeitneh- 150
mern in den Industrieländern. Seit dem
Zusammenbruch des kommunistischen Systems kam knapp eine Milliarde Arbeitnehmer neu auf den Weltmarkt und begann, mit
denen des Westens zu konkurrieren. Beson- 155
ders die Löhne gering qualifizierter Beschäf-
tigter gerieten unter Druck. Ein Weg aus der
Misere ist gute Bildung. Je besser die Arbeitnehmer qualifiziert sind, desto besser sind
ihre Chancen in der Konkurrenz mit China, 160
Indien und anderen Schwellenländern. [...]
Der Wandel der Arbeitswelt bietet neue Möglichkeiten: Beruf und Freizeit können leichter verknüpft werden, Job und Familie ebenso. Und: Der Wandel vollzieht sich auf einem 165
sozialen Fundament, das es vor 100 Jahren
noch nicht gegeben hat. Darauf kann die Gesellschaft heute aufbauen, damit Menschen
in neuen Arbeitsverhältnissen und Berufen
auch künftig gut arbeiten können. 170

Aus: Sibylle Haas, Wie wir morgen arbeiten in: Süddeutsche Zeitung online, www.sueddeutsche.de/
karriere/zehn-trends-in-der-berufswelt-wie-wir-morgen-arbeiten-1.1221247, 29.11.2011 (Zugriff: 2.9.2014)

1 **Beschreiben** Sie die im Text M 6 genannten Tendenzen des Wandels in der Arbeitswelt.

2 **Erschließen** Sie die Herausforderungen für Arbeitnehmerinnen und Arbeitnehmer sowie
für die Politik, die mit dem Wandel der Arbeitswelt verbunden sind.

3 **Analysieren** Sie die Karikatur hinsichtlich Ihrer Aussage zum Wandel der Arbeitswelt.

4 **Beurteilen** Sie, welche Auswirkungen der Wandel der Arbeitswelt auf Ihre zukünftige
Rolle als Arbeitnehmerinnen/Arbeitnehmer bzw. Unternehmerinnen/Unternehmer hat.

Mobilität in der Arbeitswelt

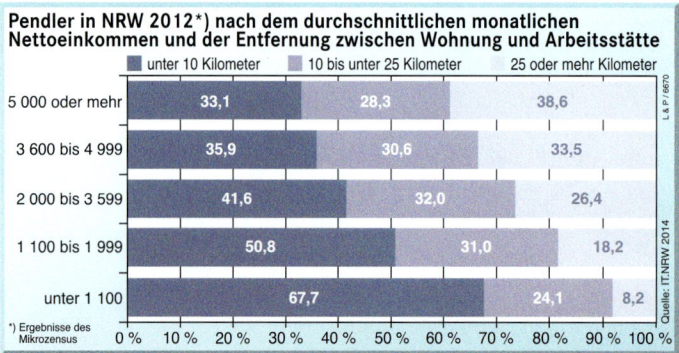

Pendler in NRW 2012*) nach dem durchschnittlichen monatlichen Nettoeinkommen und der Entfernung zwischen Wohnung und Arbeitsstätte

	unter 10 Kilometer	10 bis unter 25 Kilometer	25 oder mehr Kilometer
5 000 oder mehr	33,1	28,3	38,6
3 600 bis 4 999	35,9	30,6	33,5
2 000 bis 3 599	41,6	32,0	26,4
1 100 bis 1 999	50,8	31,0	18,2
unter 1 100	67,7	24,1	8,2

*) Ergebnisse des Mikrozensus

Quelle: IT.NRW 2014
L & P / 6670

Lange Strecken pendeln, ständig für die Arbeit reisen oder gleich den Wohnort wechseln: Mobilität gehört für viele Menschen längst zum Berufsalltag. Jeder zweite Bundes-
5 bürger würde dabei für den Traumjob umziehen, ergab eine repräsentative Umfrage des Meinungsforschungsinstituts **YouGov**. Männer sind dabei eher bereit, jobbedingt umzuziehen: 57 Prozent würden die Kisten
10 packen, wenn ein besserer Job winkt. Bei den Frauen sind es 39 Prozent. Immerhin 4 von 10 Arbeitnehmern können sich zudem vorstellen, für einen attraktiven neuen Job auch ins fremdsprachige Ausland zu gehen.
15 „Die Mobilität hat deutlich zugenommen. Man muss nur einmal den Blick in einen ICE werfen", sagt Enzo Weber, Wissenschaftler am Nürnberger Institut für Arbeitsmarktfor-
schung (IAB). „Das liegt aber nicht nur an
20 den Anforderungen der Arbeitgeber, sondern auch an den Möglichkeiten und an den Wünschen der Arbeitnehmer." Dabei geht es vor allem um die Vereinbarkeit von Familie und Beruf. So nehmen viele lieber einen lan-
25 gen Weg in Kauf, als etwa auf ein Eigenheim zu verzichten.
Immer größere Mobilität und Flexibilität bieten Vorteile für Unternehmen und ihre Mitarbeiter – allerdings gibt es auch Risiken. So
30 machten AOK und Techniker Krankenkasse im vergangenen Jahr darauf aufmerksam, dass dies auch auf Kosten der Gesundheit gehen kann: In seinem Fehlzeitenreport 2012 stellte etwa das Wissenschaftliche Institut

der AOK einen Zusammenhang von Fehl- 35
tagen, der Zahl psychischer Erkrankungen und der Länge des Arbeitsweges fest. Eine Erkenntnis: Pendler mit großen Strecken unterliegen einem um 20 Prozent höheren Risiko, an psychischen Leiden zu erkranken. Die 40
Zahl der Pendler ist seit Mitte der 1990er-
Jahre stetig gestiegen, das gilt laut IAB auch für Fernpendler, die mehr als 50 Kilometer zur Arbeit fahren. „Im Vergleich zu früher werden immer mehr Berufsgruppen mobil. 45
Das hat mit der Erschließung neuer wirtschaftlicher Räume zu tun. Außerdem erstreckt sich die Mobilität auf immer unterschiedlichere Qualifikationsebenen", sagt die Soziologin Gerlinde Vogl, die ein von 50
der Hans-Böckler-Stiftung gefördertes Forschungsprojekt zum Thema Mobilität und Arbeit leitet. Die Veränderungen der vergangenen etwa 10 bis 15 Jahre fasst sie so zusammen: „Früher war es eine Auszeichnung, 55
für das Unternehmen zu reisen. Die Bereitschaft dazu war karrierefördernd. Heute ist Mobilität eine Anforderung. Und wer nicht mobil ist, muss schon triftige Gründe dafür haben." Nicht zuletzt ist in vielen Arbeitsver- 60
trägen kein expliziter Dienstort mehr aufgeführt. Während Mitarbeiter schon längst ein Höchstmaß an Flexibilität an den Tag legten, sieht das nach Vogls Beobachtung bei der Personalpolitik vieler Unternehmen ganz an- 65
ders aus. Es gebe häufig überhaupt keine Konzepte für die veränderten Anforderungen. Ein Beispiel: Ein Ingenieur, der mehrere Jahre für einen Anlagenbauer durch die Welt reist und wertvolle Erfahrungen und Qualifi- 70
kationen erwirbt, muss ihrer Ansicht nach später – etwa nach der Familiengründung – die Möglichkeit haben, weniger zu reisen. Er könnte dann etwa seine Kenntnisse im Innendienst an jüngere Kollegen weitergeben. 75
„Das ist aber bislang in den meisten Fällen nicht möglich. Vielmehr bleibt ihm derzeit häufig nichts anderes übrig, als das Unternehmen zu verlassen – und das obwohl gerade diese Branche so über Nachwuchspro- 80
bleme klagt", kritisiert die Expertin.

*Aus: Jeder Zweite würde für Traumjob umziehen (cjf/Daniel Rademacher/DPA), in: Stern online, www.stern.
de/wirtschaft/job/mobilitaet-in-der-arbeitswelt-jeder-zweite-wuerde-fuer-traumjob-umziehen-2041650.html,
23.7.2013 (Zugriff: 2.9.2014)*

Schöne neue Arbeitswelt – ein Mythos?!

Flexible Arbeitszeiten, Wohlfühlatmosphäre im Büro, Freunde statt Kollegen – schöne neue Arbeitswelt. Oder doch nicht? [...] Jeden Tag wieder das gleiche, erstaunliche Proze-
5 dere. Ein paar Minuten, bevor der Zug in den Bahnhof einfährt, erheben sich die ersten Mitfahrer von ihren Sitzen. [...] Warum bloß ist das so? [...] Es geht darum, immer erster zu sein. Immer vorne mit dabei. Präsenz
10 zeigen, Leistungsbereitschaft signalisieren, sich behaupten vor den anderen.

Der Deutsche Gewerkschaftsbund schluss-folgerte gerade aus einer Umfrage zur Prä-vention von Psychostress am Arbeitsplatz:
15 Immer mehr Beschäftigte fühlen sich über-fordert und ausgebrannt. 56 Prozent der knapp 5 000 Befragten beschreiben sich als Opfer starker bis sehr starker „Arbeitshetze". Der DGB fordert daher eine „Anti-Stress-Ver-
20 ordnung" für die Unternehmen.

Das Problem ist nur, dass sie sich den gan-zen Stress selber machen. Schon der sich rührende Nebenmann genügt, den Pendler so unter Druck zu setzen, dass dieser sich
25 ebenso genötigt fühlt aufzustehen. Und ge-nau diesen Mechanismus machen sich Un-ternehmen heute zunutze. Gerade im krea-tiven Geschäft, in dem die Arbeit nach Stechuhr häufig von der „Vertrauensarbeits-
30 zeit" abgelöst wurde, greift der Mechanis-mus der sozialen Kontrolle, erklärt der So-ziologe Sasa Bosancic von der Universität Augsburg. Diese „Entgrenzung von Arbeit und Leben" sei vom Arbeitgeber beabsich-
35 tigt. Im Büro wird eine artifizielle Wohl-fühlatmosphäre geschaffen, in der sich der Arbeitnehmer geborgen fühlen soll, sodass er – vermeintlich ganz zwanglos – gute Ar-beit leistet, bis weit ins Privatleben hinein.
40 Wenn der Arbeitsplatz zum Ort wird, an dem sich der Arbeitnehmer wohl fühlt, an dem er nicht nur Kollegen, sondern auch Freunde trifft, dann stimmt der Traum von der Selbst-verwirklichung. [...] Der Arbeitgeber kann dann ganz bequem dabei zuschauen, wie 45 sich die Mitarbeiter selbst ausbeuten.

Jetzt aber rührt sich Widerstand. „Seinen Gedanken nachzugehen" gehörte 2012 zum ersten Mal zu den zehn beliebtesten Freizeit-aktivitäten der Deutschen, wie die Stiftung 50 für Zukunftsfragen ermittelte. Von 39 Pro-zent im Jahr 2007 geben heute 48 Prozent der Befragten an, dass sie mindestens einmal die Woche „faulenzen" beziehungsweise nichts tun. Dazu passen Untersuchungen wie der 55 Familienbericht der Bundesregierung, aus dem hervorgeht, dass sich moderne Familien vor allem eines wünschen: flexiblere Arbeits-zeiten, mehr Möglichkeiten, auch Teilzeit zu arbeiten, mehr Zeit für Privates. 60

Irgendjemand hat sich auch schon einen Namen für diese Art Mensch ausgedacht: Generation Y. Damit sind Unter-35-Jährige gemeint, die sich nur dann für Karrierejobs entscheiden, wenn sie dafür nicht ihre Frei- 65 heiten aufgeben müssen. Die Feierabende [...], Teilzeitarbeit und Elternzeit ermöglicht wissen wollen. Und die es auch aushalten, einmal nicht die ersten zu sein, die auf Si-cherheiten pfeifen, wenn stattdessen das pri- 70 vate Glück stimmt. [...]

Gibt es also Hoffnung für die Frühaufsteher in der Bahn, für jene, die immer Angst davor haben, zu spät zu kommen, abgehängt zu werden? Auch wenn sich die neue Denke 75 noch lange nicht bei der Mehrheit niederge-schlagen hat – die Anfänge sind offenbar ge-macht. Sie entstammen nicht den Plänen von Wirtschaft oder Politik. Sie kommen direkt aus den Bäuchen der Menschen. 80

*Aus: Marie Amrhein, Fertig machen zur Selbstausbeutung, in: Cicero online, www.cicero.de/
berliner-republik/fertig-machen-zur-selbstausbeutung/53291, 27.1.2013 (Zugriff: 9.10.2014)*

1 Legen Sie mithilfe von M 7 die Auswirkungen einer mobilen Arbeitswelt **dar**.

2 Analysieren Sie M 8 hinsichtlich der Position der Autorin.

3 Erörtern Sie, inwiefern Sie sich für Ihre eigene berufliche Zukunft einen hohen Grad an Mobilität und Flexibilität, wie in M 6 bis M 8 dargestellt, vorstellen können.

4 Diskutieren Sie die Aussage, dass die Arbeitswelt der Zukunft nicht den Plänen von Wirtschaft oder Politik, sondern direkt den Bäuchen der Menschen entstammt (M 8).

QUERVERWEIS

Der Bereich der Marktintervention (Regulierung und Deregulierung) S. 78 f.

Lohnpolitische Konzeptionen S. 328–337

INFO

Flexicurity
beschäftigungspolitisches Leitbild der EU, das versucht, Interessen der Arbeitgeber an einem flexiblen Arbeitsmarkt mit denen der Arbeitnehmer an einem sozial gesicherten Beschäftigungsverhältnis gleichermaßen zu berücksichtigen

MATERIAL 9   Prekäre Arbeitsverhältnisse

Prekär ist die soziale Lage von Menschen, die **Gefahr laufen, in die Armut und die damit verbundene soziale Ausgrenzung abzugleiten.** [...] Die Diskussion über Prekarität hat ihren Ausgangspunkt in der Arbeitswelt, bei der sogenannten Entstandardisierung der Beschäftigungsverhältnisse. Der Anteil der erwerbstätigen Bevölkerung, die als Arbeitnehmer in einem Normalarbeitsverhältnis – vollbeschäftigt, unbefristet, tariflich geregelt – tätig sind, ist zwischen 1992 und 2007 kontinuierlich [...] zurückgegangen. Die unbefristeten **Teilzeitbeschäftigungen** sind in diesem Zeitraum um mehr als die Hälfte [...] angestiegen. Kontinuierlich zugenommen haben auch die **ausschließlich geringfügigen Beschäftigungsverhältnisse** (auch Minijobs genannt) und die prekären Arbeitsplätze der Leiharbeiter. [...] Entstanden sind diese Minijobs besonders häufig im unteren Dienstleistungssektor.

Die **Leiharbeiter/-innen** – häufig werden sie auch Zeitarbeiter/-innen genannt – sind erst im letzten Jahrzehnt ein statistisch relevantes Phänomen geworden. Ihre Zahl hat sich zwischen 2001 und 2011 in etwa verdreifacht. [...] Wie prekär Leiharbeit ist, wird daran deutlich, dass 61 % der Arbeitsverhältnisse in weniger als drei Monaten wieder beendet sind und dass die Entlassung in die Arbeitslosigkeit mehr als viermal so häufig vorkommt wie unter allen anderen Beschäftigten. Erwähnenswert ist in diesem Zusammenhang auch die Ausdehnung des **Niedriglohnsektors**. Nach der OECD-Definition liegen Niedriglöhne unterhalb von Zweidritteln des mittleren Bruttolohns eines Landes. [...] Die Deregulierung des Arbeitsmarktes kommt den Flexibilitätsbedürfnissen des globalisierten Arbeitsmarktes entgegen und wird durch den Umbau des „versorgenden" zum „aktivierenden" Sozialstaat, z. B. durch die „Agenda 2010" und die „Hartz-Gesetze", begünstigt. Die niedrigen Lohngruppen der Geringqualifizierten geraten auf dem globalisierten Arbeitsmarkt in der Konkurrenz mit billigeren Arbeitskräften in anderen Ländern unter Druck. Die Auswirkungen dieser Vorgänge auf die Sozialstruktur widersprechen der EU-Leitlinie der **„Flexicurity"**. [...] Die Prekarisierung der Arbeit leistet stattdessen einen Beitrag zur zunehmenden Spaltung des Arbeitsmarktes in „gute" und „schlechte" Arbeitsplätze. Die Lasten der Flexibilisierung haben dabei insbesondere die bereits benachteiligten Gruppen zu tragen.

Aus: Rainer Geißler, Die Sozialstruktur Deutschlands, 7. Aufl., Wiesbaden 2014, S. 260 ff.

MATERIAL 10   Atypische Beschäftigung

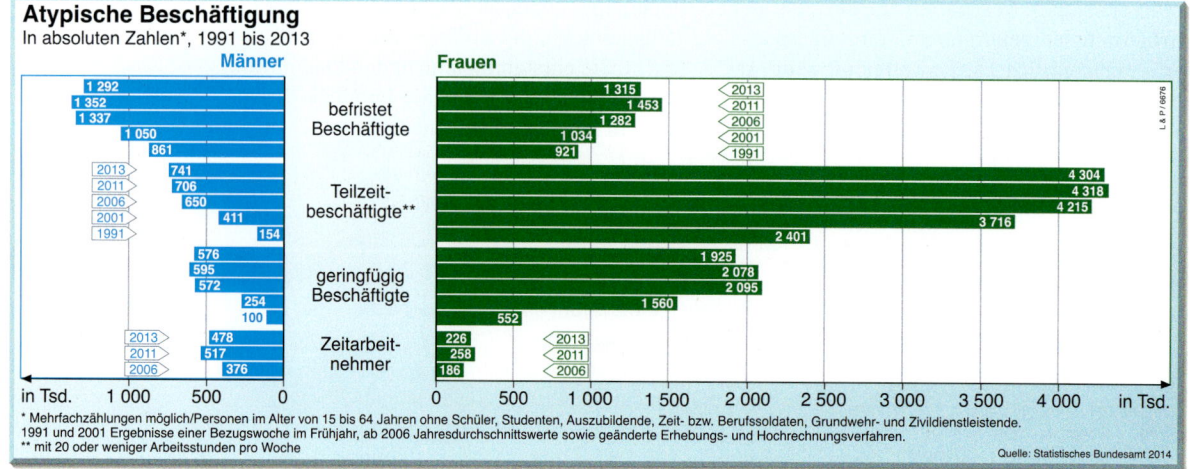

Atypische Beschäftigung
In absoluten Zahlen*, 1991 bis 2013

* Mehrfachzählungen möglich/Personen im Alter von 15 bis 64 Jahren ohne Schüler, Studenten, Auszubildende, Zeit- bzw. Berufssoldaten, Grundwehr- und Zivildienstleistende.
1991 und 2001 Ergebnisse einer Bezugswoche im Frühjahr, ab 2006 Jahresdurchschnittswerte sowie geänderte Erhebungs- und Hochrechnungsverfahren.
** mit 20 oder weniger Arbeitsstunden pro Woche

Quelle: Statistisches Bundesamt 2014

Arm trotz Arbeit?! – Ein Fallbeispiel

MATERIAL **11**

QUERVERWEIS

Streit um den Mindestlohn
S. 334 ff.

GLOSSAR

Armut

Für die NDR Reportage „Schicksal Armuts-falle" hat die Tagesschau-Sprecherin und Moderatorin Judith Rakers die 34-jährige Tanja R. begleitet. [...]

Mit welchen alltäglichen Problemen hat Tanja R. zu kämpfen?
Judith Rakers: Tanja ist eine von vielen Frauen in Deutschland, die alleinerziehend
5 sind und deshalb keinen Vollzeitjob machen können. Dadurch, dass sie in Teilzeit in ei-nem Café arbeitet, verdient sie nicht genug, um ihren Lebensunterhalt für sich und ihr Kind zu sichern. Trotz eines Stundenlohns
10 von 8,50 Euro kommt sie gerade mal auf 870 Euro. Daher hat sie sich einen Nebenjob in einer Bar gesucht, den sie immer dann aus-übt, wenn ihr sechsjähriger Sohn Lukas bei dem von ihr getrennt lebenden Vater ist. [...]
15 Sie führt ein Leben im Laufschritt. Aber sie will arbeiten und Lukas ein Vorbild sein. Sich komplett auf Sozialhilfe zu verlassen, kommt für sie nicht infrage. [...] Und ich war wirklich betroffen von diesem Alltag, diesem
20 Hamsterrad, in dem Tanja ist, und aus dem sie auch nicht herauskommt. [...] Und das Schlimme ist: Es steht jetzt schon fest, dass sie später auch von Altersarmut betroffen sein wird [...]. Tanjas Einzahlungen in die
25 Rentenkasse sind aufgrund ihres niedrigen Gehalts gering, sie kann nichts zurücklegen von dem Geld, das sie erarbeitet. [...]

Sie sprechen von einem Hamsterrad – aber gibt es für Tanja R. wirklich keine Möglichkeit,
30 *da herauszukommen und ihre finanzielle Situ-ation zu verbessern?*
Rakers: Das Herauskommen sagt sich immer so leicht. Ich selbst bin mit Optimismus an die Sache herangegangen, habe gedacht, an
35 vielen Dingen wird man etwas ändern kön-

nen. [...] Letztlich habe ich aber gemerkt, dass Tanja gefangen ist in ihrer Situation. So ist zum Beispiel ihre Wohnung zu groß und zu teuer, seitdem Lukas' Vater ausgezogen
40 ist. Aber wer sich auf dem Hamburger Woh-nungsmarkt auskennt, weiß, wie knapp güns-tiger Wohnraum ist. [...] Tanjas Problem ist, dass sie als Alleinerziehende nicht voll arbei-ten kann, weil sie Zeit für ihr Kind haben
45 will, und dass sie in einem Segment arbeitet, in dem auch ungelernte Kräfte tätig sind. [...]

Sie haben ausgerechnet, dass Frau R. ab-züglich fester Kosten wie Miete und Fahrkarte für den Öffentlichen Nahverkehr monatlich
50 *rund 320 Euro zur Verfügung stehen – trotz des Nebenjobs, den sie in einer Kneipe ausübt. Wie kann man mit dem Geld überhaupt über die Runden kommen?*
Rakers: Tanja muss extrem darauf achten,
55 wie viel Geld sie ausgibt. Sie hat ja nicht ein-mal 100 Euro für eine ganze Woche. [...] Der Kleine lädt im Supermarkt natürlich alles in den Einkaufswagen, was für ein Kind normal ist, und das muss dann alles wieder raus. Die
60 Familie verhungert nicht – aber es ist meiner Meinung nach einfach eine unhaltbare Si-tuation vor dem Hintergrund, wie viel Tanja arbeitet. [...]

Haben Sie Mitleid mit Frau R., oder über-
65 *wiegt der Respekt?*
Rakers: Wenn ich an Tanja denke, empfinde ich kein Mitleid, sondern nur Hochachtung und Respekt. Allerdings beschleicht mich ein großes Gefühl von Ausweglosigkeit,
70 wenn ich an ihre Situation im Alter denke. Man steht da und sagt sich, das kann doch gar nicht sein bei jemandem, der so aktiv und voller Power ist und so viel arbeitet. Tan-ja steht dabei exemplarisch für viele Men-
75 schen, die ohne finanzielle Perspektive sind.

Aus: „Ein Leben im Hamsterrad und ohne Perspektive", in: www.ndr.de/fernsehen/sendungen/die_reporta-ge/Judith-Rakers-ueber-Schicksal-Armutsfalle,altersarmut170.html, 12.8.2014 (Zugriff: 9.10.2014)

1 Erklären Sie, was man unter prekären Beschäftigungsverhältnissen versteht (M 9).

2 Erläutern Sie, inwiefern auch die Beschäftigungsverhältnisse in M 10 prekär sein können.

3 Erschließen Sie aus M 11, wieso Frau R. trotz mehrerer Jobs arm ist und welche Konsequenzen sich für ihre Zukunft daraus ergeben.

4 Diskutieren Sie, was die Politik unternehmen sollte, um prekäre Beschäftigungsverhält-nisse zu verhindern. Berücksichtigen Sie dabei soziale und wirtschaftliche Kriterien.

Geschlechtsspezifische Arbeitswelt

Elisabeth Beck-Gernsheim
* 1946 in Freiburg
deutsche Soziologin

Frauenquote
Ende 2014 hat die Große Koalition beschlossen, dass in Deutschland ab 2016 in den Aufsichtsräten der 108 börsennotierten Unternehmen mindestens 30 Prozent Frauen vertreten sein müssen. Finden sich nicht genug Frauen, müssen die Posten frei bleiben. Die etwa 3 500 mittleren Unternehmen sollen sich hingegen in Selbstverpflichtungen eigene Frauenquoten für Vorstand, Aufsichtsrat und Management verordnen und die Fortschritte bei deren Erreichung nachweisen. Die feste und die flexible Quote sollen auch für öffentliche Unternehmen, z. B. die Bahn, gelten.

In allen entwickelten Gesellschaften sind die Frauen in den letzten Jahrzehnten zunehmend in den Arbeitsmarkt vorgedrungen. [...] Auch in [...] Deutschland hat sich die Erwerbsneigung der Frauen kontinuierlich ausgebreitet – die Erwerbstätigkeit gehört inzwischen zum Lebensentwurf der modernen Frau. [...] Der Anstieg der Erwerbsquoten ist insbesondere darauf zurückzuführen, dass verheiratete Frauen und Mütter immer häufiger einer bezahlten Arbeit nachgehen bzw. nach der Familienphase (Kinderbetreuung) wieder in den Beruf zurückkehren. [...] Frauen werden zwar zunehmend in die bezahlten Arbeitsprozesse einbezogen, dennoch haben sich in der Arbeitswelt [...] **markante Ungleichheiten** zu ihrem Nachteil erhalten. Zum einen existieren geschlechtsspezifisch geteilte Arbeitsmärkte, die für Frauen im Durchschnitt schlechtere Arbeitsbedingungen, niedrigere Einkommen, ein niedrigeres Sozialprestige, höhere Armuts- und Arbeitsplatzrisiken und manchmal auch unfreiwillige Teilzeitarbeit mit sich bringen. Zum anderen stoßen Frauen auf erhebliche Hindernisse beim Aufstieg in die höheren Etagen der Berufshierarchie. [...]

Die geschlechtstypischen Ungleichheiten in der Arbeitswelt haben sich in den letzten Jahrzehnten etwas abgeschwächt, aber die Analyse von [Elisabeth] Beck-Gernsheim aus den 1980er-Jahren trifft im Kern auch heute noch zu: „Es gibt viele Industriezweige und Berufsfelder, die ganz oder überwiegend mit Männern besetzt sind, und andere, wo vor allem Frauen arbeiten. Zwischen ihnen besteht ein erhebliches Hierarchie- und Einkommensgefälle: Vergleicht man Frauen- und

Männerberufe der gleichen Qualifikationsstufe, so sind Frauenberufe typischerweise schlechter ausgestattet in Bezug auf Einkommen, Arbeitsplatzsicherheit, Arbeitsbedingungen und Aufstiegschancen."

[...] Der **Einkommensabstand** zu den Männern hat sich zwar im letzten halben Jahrhundert langsam und kontinuierlich verringert; aber auch heute verdienen Männer noch erheblich mehr Geld. [...]

Die Lohnungleichheit hat [...] sehr komplexe **Ursachen**. In westdeutschen Industriebetrieben wurden in einer Studie „direkte Lohndiskriminierungen" bei Frauen ohne abgeschlossene Berufsausbildung festgestellt: Für gleiche einfache Tätigkeiten erhielten sie in allen untersuchten Unternehmen weniger Lohn als ihre Kollegen ohne erlernten Beruf. Gewichtiger schlägt [...] die „indirekte Benachteiligung" durch die Struktur der geschlechtstypischen Arbeitsmarktsegmentation zu Buche. Teile der Differenz sind zurückzuführen auf weniger Überstunden, kürzere Wochenarbeitszeiten, längere Familienpausen, weniger übertarifliche Zulagen (z. B. für Schichtarbeit oder andere Arbeitserschwernisse), Beschäftigung in kleineren Betrieben mit weniger Aufstiegsmöglichkeiten, seltenere Forderungen der Frauen nach mehr Gehalt und mehr Zurückhaltung beim Auftreten in den Gehaltsverhandlungen [...]. Wichtig ist auch ein anderer Ursachenkomplex: Frauen sind häufiger in schlechter bezahlten Berufspositionen, Lohngruppen und -branchen tätig. [...] Die niedrigen Einkommen haben für bestimmte Gruppen von Frauen ein höheres **Armutsrisiko** zur Folge.

Aus: Rainer Geißler, Die Sozialstruktur Deutschlands, 7. Aufl., Wiesbaden 2014, S. 381 – 386

1 **Arbeiten** Sie aus M 12 und M 13 **heraus,** welche Ungleichheiten es zwischen Frauen und Männern in der Arbeitswelt gibt und welche Ursachen diese haben.

2 **Analysieren** Sie kritisch M 12 und M 13 hinsichtlich der Ausgestaltung der Rollenerwartungen und Rollenausgestaltungsmöglichkeiten von Frauen und Männern in der Berufswelt.

3 **Erörtern** Sie ausgehend von M 12, M 13 und den Grundrechten (sowie ggf. den Materialien auf S. 252 f.), ob die Einführung einer gesetzlichen Frauenquote sinnvoll ist, um die Ungleichheiten von Männern und Frauen in der Berufswelt abzuschwächen.

Geschlechtsspezifische Karrierechancen

In [Deutschland] hat sich in der Arbeitswelt ein weiteres Element der geschlechtsspezifischen Ungleichheit erhalten: Frauen haben es erheblich schwerer als Männer, beruflich
5 Karriere zu machen. Zwar rücken inzwischen Frauen zunehmend auch in die höheren Ebenen der Berufswelt vor, dennoch vollzieht sich beim Vordringen in die höheren und leitenden Positionen weiterhin eine
10 deutliche Auslese nach Geschlecht. Dabei gilt [...] das **„Gesetz" der hierarchisch zunehmenden Männerdominanz: je höher die Ebene der beruflichen Hierarchie, umso kleiner der Anteil der Frauen und**
15 **umso ausgeprägter die Dominanz der Männer.** Die Chefetagen der Berufswelt – in Wirtschaft, Verwaltung und Wissenschaft, in Medien und Justiz – sind inzwischen keine frauenfreien Zonen mehr, immer häufiger
20 gelingt Frauen der Aufstieg bis in die Spitzenpositionen. Aber auch heute bilden sie dort in der Regel nur kleine Minderheiten. Dies gilt insbesondere für die wirtschaftlichen Großunternehmen, sodass selbst in der
25 CDU die umstrittene Frauenquote kein Tabuthema mehr ist: Die Arbeitsministerin Ursula von der Leyen schlug eine verbindliche Quote von 30 % für Vorstände und Aufsichtsräte vor. [...]
30 Die vielschichtigen **Ursachen für die Aufstiegsbarrieren für Frauen** [...] lassen sich zu drei Komplexen bündeln: 1. Geschlechtsspezifische Sozialisationsprozesse; 2. patriarchalische Strukturen der Arbeitswelt;
35 3. die geschlechtsspezifische Arbeitsteilung in der Familie [...]. **Geschlechtsspezifische Sozialisationsprozesse** erzeugen typische Einstellungs- und Verhaltensunterschiede zwischen Männern und Frauen, die sich in
40 den gegenwärtigen Strukturen der Arbeitswelt meist als Vorteile für Männer und als Nachteile für Frauen erweisen. Obwohl bei einer idealtypisch übersteigerten Gegenüberstellung von **weiblichen und männ-**
45 **lichen Persönlichkeitsmerkmalen** die Gefahr besteht, dass das „Typische" der Eigenschaften klischeehaft missverstanden wird, seien dazu einige Stichworte genannt. Die ausgeprägte Berufs- und Karriereorien-
50 tierung der Männer, ihr durchschnittliches Mehr an Selbstbewusstsein, Dominanzstreben, Durchsetzungsvermögen und Härte begünstigen sie in der Konkurrenz um begehrte Positionen. Umgekehrt sind weibliche
55 Tendenzen zur Zurückhaltung, ein durchschnittlich geringeres Zutrauen in eigene Fähigkeiten und Erfolgschancen, die größere Bedeutung emotionaler, sozialer und menschlicher Dimensionen häufig ein Hemmnis für
60 berufliche Spitzenkarrieren. Zu den **patriarchalisch-hierarchischen Strukturen der Berufswahl** mit ihren „frauenfeindlichen" bzw. „männerfreundlichen" Wirkungen existieren nur vereinzelt systematisch-empiri-
65 sche Analysen. [...] Männer beobachten die aufstiegsmotivierte Frau offenbar häufig mit einem besonders kritischen Blick und zweifeln an ihrer Kompetenz, Belastbarkeit und Führungsfähigkeit. [...] Da die wichtigen for-
70 mellen und informellen Netzwerke in den höheren Bereichen von Männern beherrscht werden und da Männer in der Regel über den beruflichen Aufstieg von Frauen entscheiden, können die geschilderten Vorbehalte
75 und Vorurteile gegenüber Frauen reale Wirkung entfalten.

Aus: Rainer Geißler, Die Sozialstruktur Deutschlands, 7. Aufl., Wiesbaden 2014, S. 386–391

4 Nehmen Sie Stellung zu der Frage, was die Politik, aber auch Arbeitnehmerinnen und Arbeitnehmer sowie Unternehmerinnen und Unternehmer tun müssten, um soziale Ungleichheiten zwischen Männern und Frauen in der Arbeitswelt zu beseitigen.

5 Fassen Sie Ihre Erkenntnisse aus diesem Unterkapitel (S. 288–295) zusammen und entwickeln Sie eine Prognose, wie die Arbeitswelt der Zukunft aussehen könnte und welche Konsequenzen dies für Sie als Arbeitnehmerinnen und Arbeitnehmer und für Unternehmen hat.

Wandel der Bildungschancen

MATERIAL **14**

QUERVERWEIS

Soziale Ungleichheit
im Bildungsbereich
S. 244 f.

GLOSSAR

Bildungsexpansion

Ursachen und Folgen der Bildungsexpansion

■ **Wachstum von Wirtschaft und Wohlstand:** Seit einem halben Jahrhundert weist der wirtschaftswissenschaftliche Begriff des „Humankapitals" darauf hin, dass das Wachstum von Wirtschaft und Wohlstand eng mit der „Ressource Mensch" zusammenhängt, mit dem Bildungsstand der Bevölkerung [...].

■ **Demokratisierung:** [...] Das höhere Bildungsniveau hat die Kompetenzen zur Wahrnehmung und reflexiven Verarbeitungen von politisch und gesellschaftlich relevanten Informationen verbessert. Das Wissen über Politik und das Interesse an Politik und politisch-gesellschaftlicher Teilnahme sowie eine kritisch und reflektierte Haltung gegenüber Parteien haben zugenommen. [...]

■ **Mehr Offenheit gegenüber Migranten:** Die zunehmende Akzeptanz von Migranten lässt sich zum Teil auf den Anstieg des Bildungsniveaus zurückführen. [...] Studien belegen, dass rassistische und fremdenfeindliche Haltungen mit steigendem Bildungsniveau zurückgehen.

■ **Weniger soziale Ungleichheit zwischen den Geschlechtern:** Plausibel und teilweise auch empirisch abgesichert sind die Zusammenhänge zwischen der Bildungsexpansion, von der Mädchen und Frauen in besonderem Maße profitieren, und der Verringerung der sozialen Ungleichheit zwischen den Geschlechtern.

■ **Postadoleszenz und Entstandardisierung des Lebenslaufs:** Der Ausbau des tertiären Bildungssektors beeinflusst die altersspezifische Differenzierung der Sozialstruktur. Da immer mehr junge Menschen im Alter zwischen 18 und 30 im Bildungssystem verweilen und erst relativ spät ins Berufsleben eintreten [...], schiebt sich zwischen die Statusgruppen der Jugendlichen und Erwachsenen eine weitere Phase im Lebenslauf, für die häu-

fig der Begriff „Postadoleszenz" verwendet wird. Oder in den Worten der Biografieforschung: Die Bildungsexpansion leistet einen Beitrag zur Entstandardisierung des Lebenslaufs.

■ **Wertewandel: Individualisierung – Postmaterialismus – Pluralismus:** Es ist wahrscheinlich, dass ein hohes Bildungsniveau für den einzelnen ein Mehr an Reflexion, Selbstfindung, Selbststeuerung oder Individualisierung zur Folge hat und das Individualisierungstendenzen wiederum der Auslöser sind für eine Erosion traditioneller Normen und Werte und für mehr Pluralismus im Wertebereich und in den Lebensformen und Lebensstilen.

■ **Differenzierung der Formen des privaten Zusammenlebens – Rückgang der Ehen – Zunahme der Kinderlosigkeit:** Die bisher aufgestellten Folgen der Bildungsexpansion [...] kann man durchaus als „sozial erwünscht" ansehen. Die nunmehr folgenden Auswirkungen auf das Privatleben sind allerdings eher „unbeabsichtigte Nebenfolgen" mit zum Teil problematischen Effekten. Die Bildungsexpansion trägt zur Differenzierung der Formen des privaten Zusammenlebens bzw. zum „Monopolverlust" der bürgerlichen Familie bei. Mit dem Anstieg des Bildungsniveaus hängen nachweislich folgende Entwicklungen zusammen: spätere Heirat bei Frauen und Männern und späterer Zeitpunkt für die Geburt von Kindern; steigende Kinderlosigkeit und rückläufige Kinderzahlen pro Frau; verstärkte Inanspruchnahme von Krippen oder Tagesmüttern für Kleinkinder; Rückgang der Eheschließungen [...]; Zunahme der neuen Formen des Privatlebens wie nichteheliche Lebensgemeinschaften, Wohngemeinschaften, Alleinlebende in der jüngeren Generation.

Aus: Rainer Geißler, Die Sozialstruktur Deutschlands, 7. Aufl., Wiesbaden 2014, S. 343 ff.

Sinkt das Lernniveau?

Einst war sie die wichtigste deutsche Schulform, daher ihr Name: die Hauptschule. 1972 besuchten sie noch die Hälfte aller 13-Jährigen, heute sind es gerade noch 15 Prozent.
5 Im selben Zeitraum hat sich der Anteil der Schüler fast verdoppelt, welche die Schule mit dem Abitur beenden. Noch nie gab es so viele Studenten und so wenige Schulabbrecher in Deutschland wie heute.
10 Die Bildungsexpansion hat vor allem die Mädchen begünstigt, die heute im Durchschnitt bessere Abschlüsse machen als Jungen. Aber auch Schüler aus Migrantenfamilien, die Sorgenkinder unseres Schulsystems,
15 haben von dem profitiert, was Bildungsforscher „kognitive Mobilisierung" nennen. Der Durchschnittsdeutsche wird messbar schlauer: Jedes zusätzliche Schuljahr bringe im Schnitt drei IQ-Punkte, schreibt die Intelligenzforscherin Elsbeth Stern.
20 gelenzforscherin Elsbeth Stern.
Dennoch klagen Lehrer seit Langem über den Leistungsverlust ihrer Schüler. Abgesehen davon, dass dieses Lamento schon im alten Griechenland verbreitet war: Für die
25 einzelnen Schulformen trifft die Diagnose sogar zu. Wenn heute 40 statt 10 Prozent einer Altersstufe das Gymnasium besuchen, ist das mittlere Lernniveau zwangsläufig niedriger als früher. „Auf den ganzen Jahr-

gang bezogen, lernen die Schüler aber den- 30 noch mehr", sagt der Tübinger Bildungsforscher Ulrich Trautwein. Zu einer generellen Abwertung der Abschlüsse hat die Bildungsexpansion nicht geführt. Die Arbeitslosenrate unter Akademikern zum Beispiel liegt seit 35 vielen Jahren unter 5 Prozent. Das liegt vornehmlich daran, dass die Anforderungen in vielen Berufen gewachsen sind und weiter steigen werden.
Als Problem erweist sich der Trend für jene 40 Schüler, die nur einen Hauptschulabschluss vorweisen können oder nicht einmal das. Unter ihnen sind viele, die im Lesen und Rechnen kaum über das Niveau der Grundschule hinauskommen. Sie haben wenig Aussicht 45 auf eine Ausbildung oder einen Beruf, mit dem sie ohne staatliche Hilfe eine Familie ernähren können. Zwar ist der Anteil der sogenannten Risikoschüler in den vergangenen zehn Jahren von einem Viertel auf ein Fünf- 50 tel gesunken. Gleichzeitig sinkt jedoch ihr Optimismus, den Aufstieg aus eigener Kraft schaffen zu können. In einer Allensbach-Umfrage aus dem vergangenen Jahr stimmten nur 18 Prozent dieser Jugendlichen der Aus- 55 sage zu, dass jemand, der sich anstrengt, es in dieser Gesellschaft zu etwas bringen kann.

Aus: Martin Spiewak, Köpfchen, Alter!, in: Die Zeit online, www.zeit.de, 4.4.2013 (Zugriff: 9.10.2014)

Zeichnung:
Götz Wiedenroth

1 Arbeiten Sie aus M 14 die Ursachen und Folgen der Bildungsexpansion **heraus**.

2 Erläutern Sie die Bildungsexpansion (M 14) anhand konkreter Beispiele.

3 Diskutieren Sie ausgehend von M 14 und M 15, inwieweit die Bildungsexpansion auch für die Gestaltung Ihrer eigenen Zukunft eine Rolle spielt.

4 Vergleichen Sie die Position der Zeichnung mit der Aussage des Textes (M 15).

Demografischer Wandel – die Bevölkerungsentwicklung in Deutschland

MATERIAL **16**   Der Geburtenrückgang und seine Ursachen

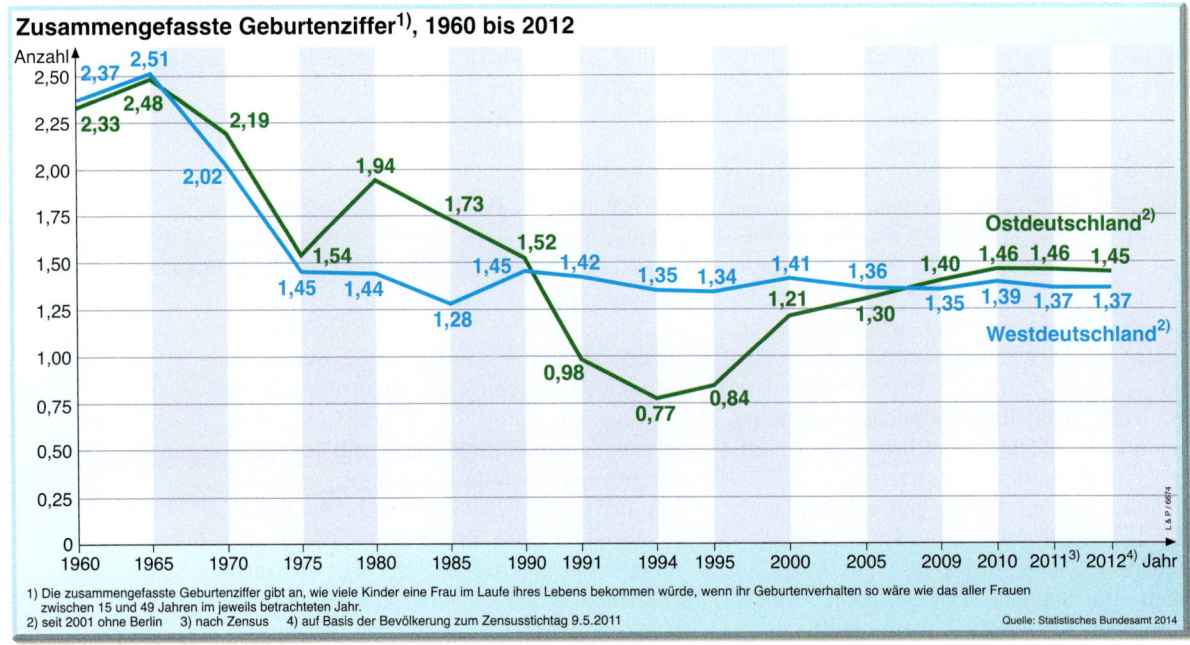

Zusammengefasste Geburtenziffer[1)], 1960 bis 2012

1) Die zusammengefasste Geburtenziffer gibt an, wie viele Kinder eine Frau im Laufe ihres Lebens bekommen würde, wenn ihr Geburtenverhalten so wäre wie das aller Frauen zwischen 15 und 49 Jahren im jeweils betrachteten Jahr.
2) seit 2001 ohne Berlin   3) nach Zensus   4) auf Basis der Bevölkerung zum Zensusstichtag 9.5.2011
Quelle: Statistisches Bundesamt 2014

GLOSSAR

Demografischer
Wandel

1. Vom instrumentellen zum immanenten Wert des Kindes

Die Mithilfe der Kinder in der Familienwirtschaft und die Fürsorge der Kinder bei
5 Krankheit und im Alter waren früher Motive für hohe Kinderzahlen. Der kontinuierliche Rückgang der Familienbetriebe und die stärkere Übernahme der Fürsorgeleistungen durch gesellschaftliche und staatliche Ein-
10 richtungen verminderte die „ökonomische" Bedeutung der Kinder für die Eltern. Heute wird Kindern vor allem eine emotionale, erfahrungsbereichernde und sinnstiftende Bedeutung zugeschrieben [...].

15 **2. Probleme der Vereinbarkeit von Familie und Beruf**

[...] Immer noch kollidiert der Wunsch, diese zwei sinnstiftenden Ziele in [der] Lebensgestaltung zu vereinbaren, jedoch mit dem tra-
20 ditionellen Modell einer geschlechtsspezifischen Arbeitsteilung, welches Familie und Kinder als weibliche und Beruf und Karriere als männliche Domäne ansieht. Folglich lautet die Regel: je besser qualifiziert die Frau-
25 en, desto weniger Kinder. [...]

3. Die mangelnde Versorgung mit Kinderbetreuungsplätzen

Obwohl der Ausbau der Kinderbetreuung seit einigen Jahren eingesetzt hat, haben vor allem in Westdeutschland immer noch viele 30 Eltern unzureichende Möglichkeiten, ihre Kinder in ganztägigen Kindereinrichtungen betreuen zu lassen. [...] Allgemeiner lässt sich formulieren, dass sich das Passungsverhältnis zwischen Familie- und Erwerbsleben 35 einerseits sowie den Institutionen Kinderkrippe, Kindergarten und Schule andererseits in einem Ungleichgewicht befindet.

4. Einengung von Handlungsspielräumen und materiellen Belastungen 40

Kinder bedeuten für die Familie nicht nur einen erheblichen langjährigen Kostenaufwand, der zur sozio-ökonomischen Benachteiligung beiträgt, sondern der hohe Erziehungsaufwand schränkt die Bewegungsfrei- 45 heit der Eltern [...] räumlich und zeitlich ein. Kinder treten daher oft mit dem Wunsch nach einer Wahrung des materiellen Lebensstandards sowie beruflicher und privater Ungebundenheit in Spannung. 50

5. Strukturelle Rücksichtslosigkeit gegenüber der Familie

Die gesellschaftlichen Strukturen werden mit ihrer fortschreitenden Spezialisierung und Rationalisierung immer ausschließlicher auf die Bedürfnisse der Erwachsenen zugeschnitten, während gegenüber den spezifischen Bedürfnissen von Kindern mehr oder weniger Gleichgültigkeit vorherrscht. [...] Die strukturellen Gegebenheiten verschaffen denjenigen Konkurrenzvorteile, die auf die Übernahme der Elternverantwortung verzichten.

6. Scheu vor langfristigen Festlegungen

Individualisierung und Pluralisierung haben die Handlungsoptionen stark erweitert und die Bereitschaft gemindert, sich langfristig und unumkehrbar festzulegen. Kinder kollidieren mit diesen Tendenzen, weil sie die Eltern für längere Zeit in ihrer Flexibilität einengen. [...]

7. Fehlende (verlässliche) Partnerschaften

Kinderwünsche werden aufgeschoben oder nicht realisiert, weil es an dem geeigneten Partner oder der geeigneten Partnerin mangelt. Häufig werden außerdem Zweifel an der Tragfähigkeit bestehender Beziehungen gehegt [...].

8. Emotionalisierte und destabilisierte Paarbeziehungen

Der Strukturwandel der Familie und der Formen privaten Zusammenlebens hat eine Emotionalisierung der Paarbeziehungen zur Folge. Zweierbindungen können sich zu „Zwecken in sich" verengen, wobei dann Kinder als Last, Konkurrenz oder Störung erlebt werden. [...]

9. Zunehmende gesellschaftliche Akzeptanz von Kinderlosigkeit

Im Zuge der Pluralisierung und Differenzierung der Privatheit gewinnen Lebensformen ohne Kinder zunehmend an gesellschaftlicher Akzeptanz und treten in legitime Konkurrenz zur „Normalfamilie". [...]

10. Gestiegene Ansprüche an die Elternrolle

Durch die Pädagogisierung der Gesellschaft, den hohen Stellenwert der Schule und die „Emanzipation des Kindes" haben sich die Anforderungen und Ansprüche an die Erziehung erheblich erhöht. Vor allem an die Mütter, zunehmend aber auch an die Väter richtet sich die Botschaft, ein möglichst hohes Maß an Liebe, Kraft, Geld und Zeit in die Kinder zu investieren. [...]

11. Rationalisierung und Familienplanung

Die Geburt eines Kindes wird durch Aufklärung und bessere Methoden der Empfängnisverhütung [...] planbarer. [...]

12. Unsicherheiten in der Arbeitswelt

Die seit Jahrzehnten hohe Arbeitslosigkeit sowie der Rückgang des Normalarbeitsverhältnisses und die Zunahme von prekären Beschäftigungsformen bringen wachsende Gefühle der Unsicherheit hervor. Diese tragen nachweislich dazu bei, die Realisierung von Kinderwünschen aufzuschieben.

13. Zeitprobleme, Zeitdruck und Zeitkonflikte

[...] Die Zwänge des Bildungs- und Berufssystems bringen es mit sich, dass in der kurzen Zeitspanne zwischen dem Ende des dritten und der Mitte des vierten Lebensjahrzehnts „alles auf einmal" erledigt werden soll: berufliche Etablierung, Partnerwahl, Familiengründung, das (möglichst perfekte) Aufziehen der Kinder sowie die Einlösung gesellschaftlicher Erwartungen und (Konsum-) Standards [...]. Es sind solche Verdichtungen und Anhäufungen von Aufgaben in einem engen Zeitfenster, die die Realisierung einer Elternschaft zu einem heiklen Unternehmen machen. [...]

Aus: Rainer Geißler, Die Sozialstruktur Deutschlands, 7. Aufl., Wiesbaden 2014, S. 35–39

1 Werten Sie die Grafik in M 16 aus.

2 Nennen Sie mögliche Gründe für die Schwankungen der Geburten innerhalb der Grafik in M 16. Orientieren Sie sich dabei an den Jahreszahlen.

3 Beschreiben Sie die Ursachen des Geburtenrückgangs (Text M 16).

4 Erstellen Sie ein Ranking, welches Ihrer Meinung nach die Hauptgründe für den zunehmenden Geburtenrückgang widerspiegelt. Vergleichen Sie Ihre Ergebnisse.

5 Erörtern Sie, welche gesellschaftlichen oder politischen Veränderungen zu einem Anstieg der Geburtenrate führen könnten.

MATERIAL 17

QUERVERWEIS

Altersaufbau
S. 256, M 24

INTERNET

www.destatis.de/
bevoelkerungspyramide
interaktive Bevölkerungs-
pyramide des Statisti-
schen Bundesamtes

Alterung, Lebenserwartung und Sterblichkeit

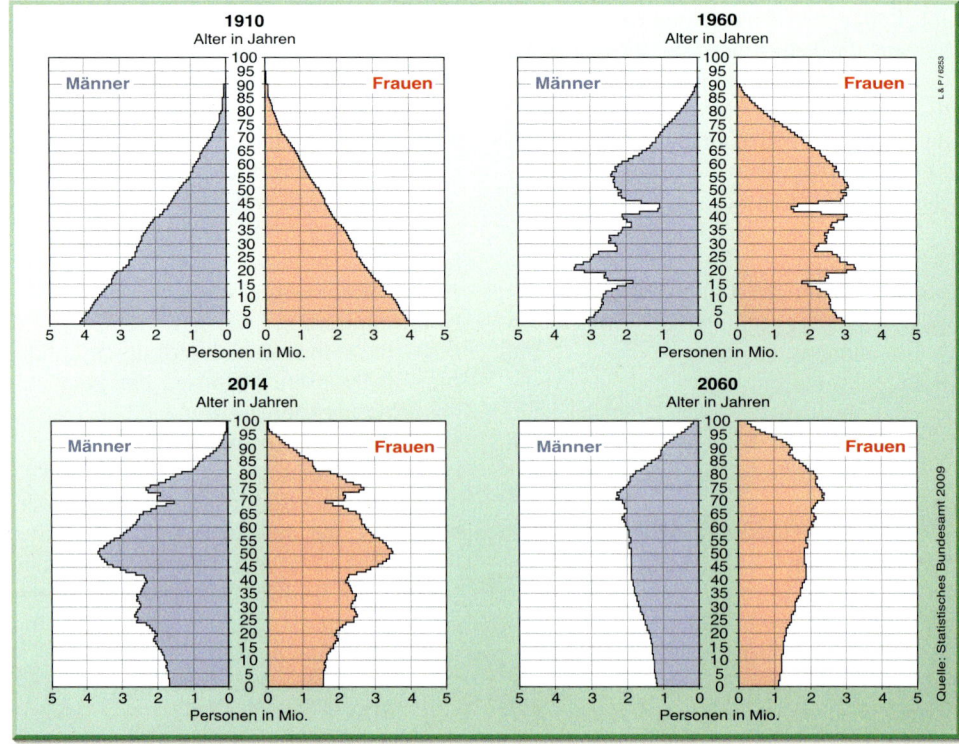

Für die Entwicklung der Sterblichkeit in Deutschland lassen sich langfristig zwei unterschiedliche Teilprozesse erkennen: Der erste deutliche Rückgang des Sterblichkeits-
5 niveaus – beginnend am Ende des 19. Jahrhunderts – vollzog sich vor allem im Bereich der Säuglings-, Kinder- und Müttersterblichkeit. Während von den Lebendgeborenen des Jahrgangs 1871 nur 62 % der Jungen und
10 65 % der Mädchen 10 Jahre alt wurden, erreichen heute ca. 99,5 bzw. 99,6 % dieses Alter. Auch bedingt durch die junge Altersstruktur war daher um 1900 noch etwa jede zweite gestorbene Person ein Kind unter 10 Jahren.
15 Heute gilt dies nur noch für rund jeden 300. Todesfall.
Eine ganze Reihe von Faktoren – wie beispielsweise der medizinische Fortschritt und die Verbesserung der Ernährungs-, Hygiene-
20 und Wohnbedingungen – haben zur sinkenden Mortalität von Säuglingen, Kindern und Müttern geführt. Die Sterblichkeit im 20. Jahrhundert war dabei durch zwei unter-

schiedliche Perioden geprägt: In der ersten Hälfte des Jahrhunderts ist vor allem die 25 starke Übersterblichkeit der Männer im Zusammenhang mit den Kriegen hervorzuheben, die insbesondere die Geburtsjahrgänge bis einschließlich 1929 betrifft. So betrug zum Beispiel das Geschlechterverhältnis von 30 Neugeborenen im Geburtsjahrgang 1920 in Deutschland 107 Jungen zu 100 Mädchen. Nach den beiden Weltkriegen lebten im früheren Bundesgebiet nur noch 72 Männer je 100 Frauen aus diesem Geburtsjahrgang, in 35 der ehemaligen DDR lag das Geschlechterverhältnis für die 1920 Geborenen sogar bei 60 Männern zu 100 Frauen.
In der zweiten Hälfte des 20. Jahrhunderts beginnt eine Periode, die kaum noch von ex- 40 ternen Mortalitätseinflüssen wie Kriegen, Naturkatastrophen oder Krankheitsepidemien betroffen ist, sodass sich der zweite entscheidende Rückgang der Sterblichkeit seit Mitte des 20. Jahrhunderts vor allem in den 45 höheren Altersgruppen manifestiert.

*Aus: Bundesinstitut für Bevölkerungsforschung (BIB), Zahlen und Fakten, Sterblichkeit, www.bib-demogra-
fie.de/DE/ZahlenundFakten/08/sterblichkeit_node.html, Stand: 2014 (Zugriff: 9.10.2014)*

Der demografische Wandel und seine Folgen

Die Gesellschaft schrumpft rapide: Im Jahr 2060 könnten nur noch 65 Millionen Menschen in Deutschland leben – wenn die Geburtenrate so niedrig bleibt, wie sie ist, und
5 die Lebenserwartung weiter ansteigt. Doch die Bevölkerung wird aktuellen Prognosen zufolge nicht nur kleiner, sie wird auch immer älter. Der jüngste Demografiebericht der Bundesregierung rechnet vor, „dass im Jahr
10 2060 jeder Dritte 65 Jahre oder älter sein wird". [...] Die Bundesregierung bezeichnet den demografischen Wandel mittlerweile als eines der wichtigsten Themen der kommenden Jahre. [...]
15 Wo Industrie und Arbeitsplätze schwinden, gehen vor allem die Jungen und Qualifizierten – was bedeutet, dass auch weniger Nachwuchs zu erwarten ist. Sinkt die Bevölkerungszahl insgesamt, haben darunter
20 insbesondere die wirtschaftlich schwachen Gebiete zu leiden, die immer leerer und damit unattraktiver werden. Schon heute stehen sich deshalb bevölkerungsarme, deutlich überalterte Landstriche auf der einen
25 und Boomregionen auf der anderen Seite gegenüber. [...]
Die Tatsache, dass die Gesellschaft unter den bisherigen Bedingungen immer weiter schrumpfen wird, bedeutet auch, dass die Po-
30 litik Maßnahmen ergreifen muss, um diesem Trend entgegenzuwirken, wenn der aktuelle Lebensstandard aufrechterhalten werden soll. Von diesen Maßnahmen könnten auch die Jüngeren profitieren – sofern sie eine
35 Familie gründen wollen. Denn der Versuch, die Geburtenrate von derzeit 1,4 Kindern pro Frau zu erhöhen, heißt zunächst einmal, familienfreundlichere Bedingungen zu schaffen. Die flächendeckende Einführung von
40 Kinderbetreuungseinrichtungen gehört eben-

DEMOGRAFISCHES GLEICHGEWICHT

so dazu wie die Förderung von Tagesmüttern. [...] Auch Migration gewinnt mit dem demografischen Wandel an Wichtigkeit. [...] Nur durch diese Unterstützung „von außen"
lässt sich der Fachkräftemangel auf längere 45 Sicht bekämpfen.
Doch der Arbeitsmarkt wird sich nicht nur auf bislang unterrepräsentierte Gruppen ausdehnen, die Menschen werden auch insgesamt länger arbeiten müssen. Die ersten 50 Schritte in diese Richtung sind bereits genommen – das gesetzliche Rentenalter ist in den vergangenen Jahren immer weiter angestiegen [...]. Bis 2029 soll es auf 67 Jahre angehoben werden. Eine längere Arbeitszeit 55 bedeutet zwangsläufig, dass sich Unternehmen auf ältere Arbeitnehmer einstellen müssen. Bei körperlicher Arbeit stehen hier gesundheitsunterstützende Angebote wie Physiotherapie im Vordergrund, bei vorwiegend 60 geistiger Arbeit eher Maßnahmen zur Weiterbildung. [...] Doch nicht nur nach hinten wird verlängert, auch der Berufseinstieg wird sich aller Wahrscheinlichkeit verschieben – nach vorne. [...] In Zukunft werden die 65 Hochschulabsolventen voraussichtlich deutlich jünger sein – und damit früher Steuern und Versicherungen zahlen.

Zeichnung: Nel (Ioan Cozacu)

Aus: Felicitas Kock/Johanna Bruckner/Jonas Schaible, Wie der demografische Wandel Deutschland verändert, in: Süddeutsche Zeitung online, www.sueddeutsche.de, 4.10.2012 (Zugriff: 9.10.2014)

1 Werten Sie die Grafiken in M 17 aus.
2 Nennen Sie Gründe für das Sinken der Sterblichkeitsrate (M 17).
3 Erläutern Sie mithilfe von M 18 die Folgen des demografischen Wandels.
4 Erörtern Sie mögliche Konsequenzen dieses Wandels für Ihre persönliche Zukunft.
5 Bewerten Sie, wie die politischen Parteien dem demografischen Wandel entgegenwirken wollen (M 18). Führen Sie dazu eine Recherche durch.

Der Wandel privater Lebensformen

MATERIAL **19**   Die Ehe – ein Auslaufmodell?!

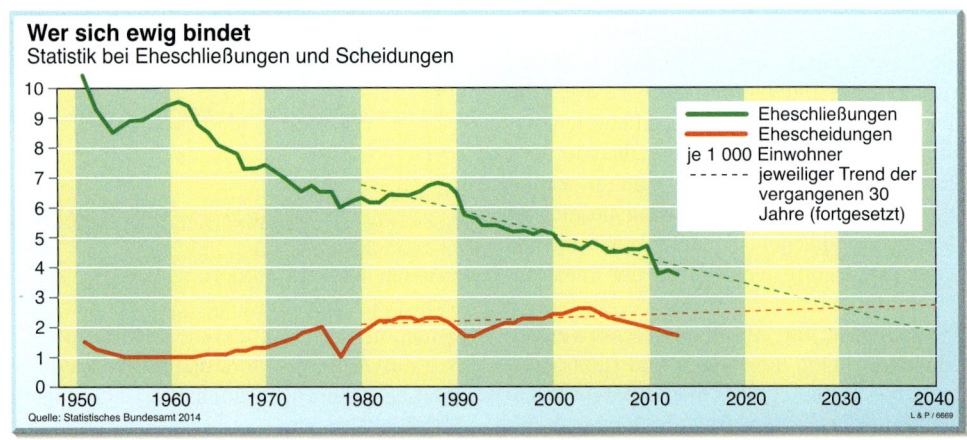

Wer sich ewig bindet
Statistik bei Eheschließungen und Scheidungen

Quelle: Statistisches Bundesamt 2014

L & P / 6669

Legende:
— Eheschließungen
— Ehescheidungen
je 1 000 Einwohner
- - - - jeweiliger Trend der vergangenen 30 Jahre (fortgesetzt)

INFO

dezidiert
entschieden

Die rückläufige Heiratsneigung hat unterschiedliche Ursachen. Eine **dezidierte** Ablehnung der Ehe liegt aber nur selten vor. Vielmehr scheinen nüchterne Kosten-Nut-
5 zen-Erwägungen und eine gewisse Gleichgültigkeit gegenüber der Ehe ausschlaggebend zu sein. Da die Ehe nicht mehr die einzige sozial akzeptable Form von Partnerschaft und Familiengründung darstellt, hat
10 die Frage, ob man heiratet oder nicht, erheblich an Plausibilität eingebüßt. Dies gilt zumal für Frauen, für die die Ehe nach ihrer Integration ins Bildungs- und Berufssystem ihren traditionellen Charakter als Versor-
15 gungsinstitution zunehmend verloren hat. [...]
Eine Hauptursache für die abnehmende Neigung, eine Ehe einzugehen, ist ihr schwindender Stellenwert als gleichsam natürlicher
20 Ort einer Familiengründung. [...]
Die anhaltende Bedeutungsminderung der Ehe darf nicht übersehen lassen, dass sich immer noch die Mehrheit im Laufe ihres Lebens für eine Heirat entscheidet. In maß-
25 geblichen Milieus – etwa im ländlichen Raum oder in der Arbeiterschaft – hat die Ehe vor allem aus traditionellen oder religiösen Gründen ihre Selbstverständlichkeit bewahrt. [...]
30 Wie ist nun die Entwicklung der Scheidungen hin zum „massenstatistischen" Phäno-

men zu deuten? Unstrittig ist, dass hier ein massiver kultureller Geltungsverlust des herkömmlichen, auf Dauerhaftigkeit setzenden Ehemodells zum Ausdruck gelangt. In-
35 dem das gültige Eheverständnis die Scheidung nicht nur rechtlich, sondern auch kulturell akzeptiert und in seine Definition gleichsam einschließt, gilt der Partnerwechsel im Laufe eines Erwerbslebens mehr und
40 mehr als durchaus „normal" und als die legitime Form ehelicher Konfliktlösung. [...]
Andererseits spricht einiges dafür, dass die Ehe nicht wegen ihrer nachlassenden Bedeutung, sondern umgekehrt wegen ihrer
45 überragenden subjektiven Relevanz für den Einzelnen instabiler geworden ist. Viele Anhaltspunkte weisen darauf hin, dass die individuellen Ansprüche an die Ehebeziehungen sprunghaft gestiegen sind und dass in der
50 Idee der Liebesehe das Scheitern gleichsam schon vorprogrammiert ist. Man will nicht ein bloßes Arrangement des Miteinanderauskommens, sondern höchstes Glück, Kommunikation, Gemeinschaft, Nähe, Leiden-
55 schaft und Erotik. Dabei sind es nicht nur die hohen Ansprüche an die Beziehung, sondern zugleich diejenigen an ein selbstbestimmtes Leben und die eigene Bedürfnisbefriedigung, die die Prinzipien gegenseitiger Verpflich-
60 tung und des Verzichts überlagern.

Aus: Rainer Geißler, Die Sozialstruktur Deutschlands, 7. Aufl., Wiesbaden 2014, S. 423–428

Pluralisierung der Lebensformen

MATERIAL **20**

GLOSSAR

Pluralisierung

Der (temporäre) Verzicht auf Ehe und Familie und das Leben in unkonventionellen Lebensformen ist zu einer immer selbstverständlicheren Handlungsoption geworden,
5 welche es rechtfertigt, von einer Pluralisierung privater Lebensformen zu sprechen.

Dabei geht es allerdings weniger um die Entstehung „neuer" privater Lebensformen als darum, dass neben der weiterhin dominierenden „Zweielternfamilie" andere Lebens- 10
formen und Biografiemodelle an Gewicht gewonnen haben.

Lebensform	Definition	Charakteristika
nichteheliche und gleichgeschlechtliche Lebensgemeinschaften	zwei erwachsene Personen unterschiedlichen oder gleichen Geschlechts mit oder ohne Kinder, die auf längere Zeit einen gemeinsamen Haushalt führen, ohne miteinander verwandt oder verheiratet zu sein	oft eine Lebensphase mit temporärem Status, z. B. Erprobungsphase vor der Ehe; Paare im mittleren Lebensalter, die bereits eine Ehe hinter sich haben oder verwitwet sind; gleichgeschlechtliche Lebensgemeinschaften; Patchworkfamilien (unverheiratet)
Alleinerziehende (Einelternfamilie)	Familienformen, in denen ein Elternteil die Erziehungsverantwortung für ein oder mehrere Kinder besitzt, mit dem oder denen es in einer Haushaltsgemeinschaft zusammenwohnt	überwiegend Mutterfamilien in sozioökonomisch deprivierter Soziallage; immer weniger eine Lebensform der Verwitweten, eher der Geschiedenen, der getrennt Lebenden und der Ledigen; bedeutet nicht zwangsläufig Partnerlosigkeit
Alleinwohnende und „Singles"	Hier zählt nur der Haushaltskontext. Dass sich hinter „Singlehaushalten" häufig nicht Alleinlebende, sondern Partnerschaften ohne gemeinsamen Haushalt verbergen, wird nicht berücksichtigt.	Erhöhung der Anzahl der Personen höheren Alters aufgrund steigender Lebenserwartung; häufige Merkmale jüngerer Alleinlebender: hohes Bildungsniveau, überdurchschnittliches Einkommen, Großstadtleben, postmaterialistische Werte

Eigene Darstellung nach: Rainer Geißler, Die Sozialstruktur Deutschlands, 7. Aufl., Wiesbaden 2014, S. 429–439

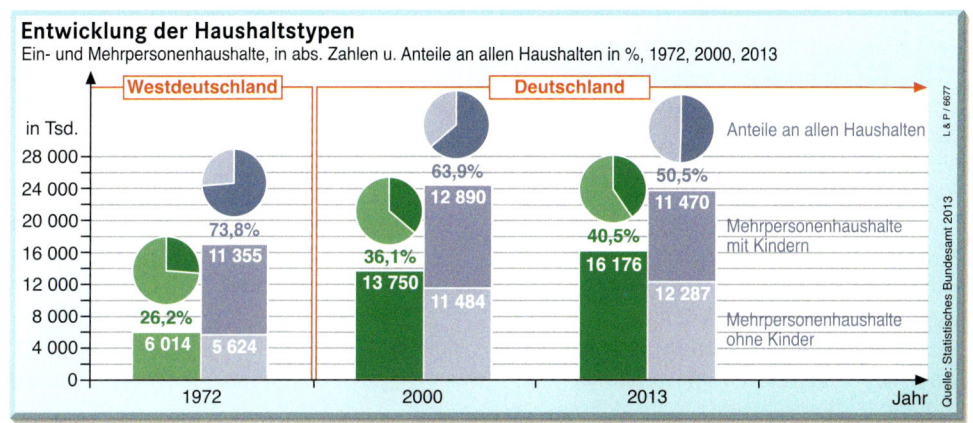

1 Werten Sie die Grafik in M 19 aus.
2 Nennen Sie mögliche Gründe, warum die Anzahl der Heiraten sinkt und die Scheidungsrate steigt (Text M 19).
3 Beschreiben Sie die in der Tabelle M 20 genannten Lebensformen und vergleichen Sie diese mit den Merkmalen einer Normalfamilie (siehe Basiswissen auf S. 282).
4 Werten Sie die Grafik in M 20 aus und bewerten Sie in einem Fazit die möglichen Folgen für den gesellschaftlichen Zusammenhalt.

MATERIAL 21

Die Individualisierungstheorie nach Ulrich Beck als Erklärungsversuch des Wandels privater Lebensformen

INFO

Ulrich Beck
* 15.5.1944 in Stolp
(Pommern)
† 1.1.2015 in München
deutscher Soziologe
an der Ludwig-Maxi-
milians-Universität
München

GLOSSAR

Individualisierung

Individualisierung rückt das Selbstgestaltungspotenzial, das individuelle Tun ins Zentrum. Auf eine Formel gebracht: Die Gestaltung der *vorgegebenen* Biografie wird zur *Aufgabe* des Individuums, zum Projekt – wenigstens de jure, weniger de facto.

Individualisierung ist allerdings kein bloß subjektiver Sachverhalt, demgegenüber eine objektive „Sozialstruktur" der „Klassen" und „Schichten" fortbesteht, die für das Denken der Individuen verschlossen ist. Individualisierung „verflüssigt" die „Sozialstruktur" der modernen Gesellschaft. Zentrale Institutionen wie (zivile, politische und soziale) Grundrechte sind an das Individuum adressiert, gerade nicht an Kollektive oder Gruppen. Das Bildungssystem, die Arbeitsmarktdynamik, Karrieremuster, ja Mobilität und Märkte ganz allgemein haben individualisierende Konsequenzen. Flexibilisierung der Erwerbsarbeit bedeutet Individualisierung von Risiken und Lebenszusammenhängen. Das Institut der geheimen Wahl setzt das Individuum von Gruppenzwängen frei und so weiter. [...]

Die Lebensbedingungen der Individuen werden ihnen selbst zugerechnet; und dies in einer Welt, die sich fast vollständig dem Zugriff der Individuen verschließt. Auf diese Weise wird das „eigene Leben" zur biografischen Lösung systemischer Widersprüche. Das aber hat weit reichende Konsequenzen: Die Selbstreproduktion gesellschaftlicher Strukturen muss in der Brechung institutionalisierter „riskanter Freiheiten" gedacht werden. Der Erfahrungsraum und Erwartungshorizont der Individuen fällt nicht mehr mit den Kästchen und Schubladen der „Rollen", „Klassen" und „Systeme" zusammen, welche die Soziologen der Ersten Moderne ihnen zugedacht haben. Das Zeitalter des „eigenen Lebens" behauptet und eröffnet eine Rollenverflüssigung des Sozialen. Dabei geht es allerdings nicht nur um die übliche „Rollendistanz", welche in der Rolle selbst angelegt ist, sondern die Rollenhaftigkeit des sozialen Handelns insgesamt steht zur Disposition. Auf diese Weise eröffnen sich Räume einer subpolitischen Kreativität des Sozialen. [...]

Individualisierung *allein*, gleichsam als autistischer Massenindividualismus gedacht, ist ein Unbegriff, ein Unding. Individualisierung steht unter dem normativen Anspruch der Ko-Individualisierung, das heißt: der Individualisierung mit- oder gegeneinander. Aber die Individualisierung (der) des einen ist oft genug die *Grenze* der Individualisierung des (der) anderen. So werden mit zunehmender Individualisierung auch die nervigen Grenzen derselben mit erzeugt. Anders gesagt: Individualisierung ist ein durch und durch gesellschaftlicher Sachverhalt oder gar nichts. Die Vorstellung eines *autarken* Ich ist pure Ideologie. [...]

Also, *institutionalisierter Individualismus* heißt keineswegs, dass alle immer individueller, immer mehr „Ich" werden; [...] Das aber heißt, an der Stelle von Vollzug und Ableitung öffnet sich ein Wahlzwang, Optionsraum, der subversive, (non)konformistische Vielfalt ermöglicht; ein Raum allerdings, in dem die Erwartung der Ich-Autorenschaft und Ich-Zuschreibung von Handlungs(er)folgen dominiert. [...]

Der Zwang, zwischen unvereinbaren Kulturen, Gewissheiten, Lebensstilen wählen und vermitteln zu müssen, verlangt nach öffentlichem Austausch, öffentlicher Kommunikation über die eingebauten Widersprüche der Wahl-Lebensformen und ihrer Konsequenzen für andere und alle. Jeder und jede gerät in ganz alltäglicher Weise in eine polyvalente Lebens- und Handlungssituation, in der sie oder er zwischen verschiedenartigen Bedeutungshorizonten wandern, „übersetzen" muss.

Dies aber bedeutet: Das Rollenmodell des sozialen Lebens, nach dem das eigene Leben als *Kopie* nach der Vorgabe *traditionaler Blaupausen* gelebt werden konnte, läuft aus. Individualisierung ersetzt die Kopisten-Existenz durch die *dialogische Existenz*, dialogische Imagination, in welcher die Gegensätze der Welt im eigenen Leben ausgehalten, überbrückt werden müssen. [...]

Greifen wir nur das Beispiel Familie heraus: Es beginnt – im Privaten wie im Öffentlichen – ein unendlicher Streit um die Re-
100 definition von Geschlechterverhältnis, Sexualität, Ehe, Elternschaft, Haushalt, Arbeitsteilung und Zusammenleben. Die traditionale Familie gerät unter den normativen Horizont reziproker Individualisierung. [...]
105 Individualisierung verwandelt das private (Zusammen)leben freiwillig oder unfreiwillig in eine experimentelle Situation mit offenem Ausgang. Die [...] Daten über Pluralisierung, Scheidung, Transnationalität etc. sind
110 gleichsam die Zwischenergebnisse in diesem Zwangsexperiment: Was bedeutet es eigentlich, wenn Paarbeziehungen – also Arbeitsteilung, Sexualität, Weiblichkeit und Männlichkeit – nicht mehr auf einer vorgegebenen
115 Natur oder Tradition gegründet werden können, sondern im Horizont von Reziprozität und Gleichheit neu gewonnen, bestimmt und füreinander einsichtig gemacht werden müssen? Was bedeutet es, wenn Kinder nicht
120 mehr als elterliches Eigentum, als Gottesgeschenk oder nationale Aufgabe bzw. als Objekt von Erziehung und Sozialisation, sondern als Individuum auf dem Wege zum eige-

nen Leben wahrgenommen und behandelt
125 werden? Was bedeutet es, wenn dieses alltägliche Zusammenleben unter den Idealen von Partnerschaft [...] konfrontiert wird mit einer Arbeitsmarktentwicklung, in der insbesondere Frauen in den Sog prekärer
130 Beschäftigung, betrieblich diktierter Zeitflexibilisierung und daraus entstehender radikaler Ungleichheiten geraten? Was bedeutet es, wenn auf der einen Seite die *family values*, Mutterschaft und Vaterschaft, öffentlich
135 beschworen werden, aber auf der anderen Seite eine allzeitige, allseitige Verfügung aller für den Arbeitsmarkt gefordert und heilig gesprochen wird, für einen Arbeitsmarkt, der immer weniger Schutzzonen und lang-
140 fristige Sicherheiten bietet? Was heißt es für Paare, wenn sie in ihrem Alltag die Unterschiede und Gegensätze von nationalen und ethnischen Herkünften und Zugehörigkeiten überbrücken und verbinden müssen? Ist die
145 Gesellschaft ohne festgefügte Traditionen eine Theologie ohne Gott? Kann es also ohne bewusste, gewollte Ich-Transzendenz überhaupt eine Beziehung zwischen Ich und Ich geben? Worauf gründet sich diese, wenn sie
150 sich nur in sich selbst gründet?

Aus: Ulrich Beck, Das Zeitalter des „eigenen Lebens", in: Aus Politik und Zeitgeschichte, B 29/2001, S. 3 ff.

Schwierige Texte verstehen: Die 5-Schritt-Lesemethode

METHODE

1. Im ersten Schritt verschaffen Sie sich einen groben Überblick über den Text. Die Überschrift, die Anfänge der einzelnen Abschnitte, Schlüsselwörter oder bekannte Begriffe können Ihnen dabei eine Vorstellung von dem Textinhalt vermitteln. Der Text wird überflogen.
2. Sie überlegen, um welche Fragen oder Probleme es in dem Text geht.
3. Jetzt wird der Text gründlich gelesen. Unterstreichen und markieren Sie dabei die wichtigsten Aussagen oder Schlüsselbegriffe. Unbekannte Begriffe schreiben Sie heraus und klären sie mithilfe eines Lexikons.
4. Fassen Sie die einzelnen Abschnitte in eigenen Worten zusammen und formulieren Sie Überschriften.
5. Wiederholen Sie die wichtigsten Informationen des Textes.

Nach: Lothar Scholz, Methodenkiste. Methoden für Schule und Bildungsarbeit, 4., überarb. Auflage, Bonn 2010

1 Erschließen Sie die Individualisierungstheorie nach Ulrich Beck (M 21) mithilfe der 5-Schritt-Lesemethode.
2 Erläutern Sie Becks Theorie (M 21) mit Beispielen aus Ihrem Erfahrungsumfeld.
3 Bewerten Sie die von Beck dargestellte Individualisierung bzw. Entstrukturierung im Hinblick auf ihre sozialen Folgen für die Einzelnen und die Gesellschaft (M 21).

Wertewandel und Wertesynthese

Die Theorie des Wertewandels nach Ronald Inglehart

Werte der Deutschen im Wandel
Top Ten der Werte-Trends – ermittelt aus 1,7 Millionen Einträgen auf deutschen Web-
seiten, Blogs und Foren (laut Erhebung „aussagekräftig" für die Gesamtbevölkerung)

2014	2012		2014	2012	
1. ↑	3.	Gesundheit	6. ↑	9.	Natur
2. ↓	1.	Freiheit	7. ↑	8.	Gerechtigkeit
3. ↑	6.	Erfolg	8. ↓	7.	Anerkennung
4. ↓	2.	Familie	9. →	–	Nachhaltigkeit
5. ↓	4.	Gemeinschaft	10. ↓	5.	Sicherheit

Quelle: TNS Infratest/Trendbüro 2014

L & P / 6697

INFO

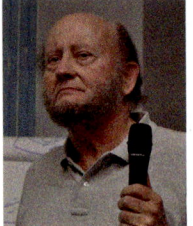

Ronald Inglehart
* 5.9.1934
in Milwaukee (USA)
amerikanischer Politik-
wissenschaftler

GLOSSAR

Werte
Wertewandel

In den 1970er-Jahren hat der amerikanische Soziologe Ronald Inglehart (1989) in der westlichen Welt einen einschneidenden Wertewandel von materialistischen (Vermögen und Besitztum) zu postmaterialistischen Werten (Selbstverwirklichung und Kommunikation) ausgemacht. Seine Überlegungen beruhten auf zwei zentralen Annahmen:
1. Menschen begehren das in ihrer Umwelt, was relativ knapp ist (die Mangelhypothese). Die ältere Generation musste in der akuten Mangelsituation unmittelbar nach dem Zweiten Weltkrieg, so seine Vermutung, zunächst materielle Bedürfnisse befriedigen – infolgedessen war sie Anhänger materialistischer Werte; aber schon ihre Kinder – in den neu gewonnenen Wohlstand hineingeboren – würden dagegen verstärkt postmateriellen Werten der Selbstverwirklichung folgen.
2. Die grundlegenden Werte eines Menschen werden in seinen jungen Jahren, in der „formativen Periode" geprägt und bleiben über den gesamten Lebenslauf stabil (die Sozialisationshypothese). Frühzeitig gebildete und dauerhafte Werte dienen als Richtschnur und Orientierung für die gesamte Lebensführung eines Menschen. Einmal Materialist, immer Materialist; einmal Postmaterialist, immer Postmaterialist.
Um den Wertewandel empirisch zu belegen, stellten die Forscher vier Fragen nach der Wichtigkeit von Zielsetzungen:
- Aufrechterhaltung von Ruhe und Ordnung in diesem Land;
- mehr Einfluss der Bürger auf die Entscheidung der Regierung;
- Kampf gegen steigende Preise;
- Schutz des Rechts auf freie Meinungsäußerung.

Ziele 1 und 3 gelten als „materialistische", Ziele 2 und 4 als „postmaterialistische" Werte. Nannten die Befragten zwei materialistische Ziele, wurden sie als „Materialisten", wenn sie zwei postmaterialistische Ziele angaben, als „Postmaterialisten" eingestuft. Wer ein materialistisches und ein postmaterialistisches Ziel nannte, wurde einem „Mischtyp" zugeordnet. Nach Ingleharts Theorie muss sich der Bevölkerungsanteil der Materialisten in der Generationenfolge verringern, während der Anteil der Postmaterialisten im Zeitablauf zunimmt. Tatsächlich ging in Westdeutschland zwischen den 1970er- und den frühen 1990er-Jahren der Anteil der Materialisten zurück (auf nicht ganz 20 % der Bevölkerung im Jahre 1989), während der Anteil der Postmaterialisten im Jahre 1988 schon auf 25 % gestiegen war.

Mit diesem Wertewandel lässt sich auch ein Stück weit die in dieser Zeit zu beobachtende Individualisierung sowie die Pluralisierung von sozialen Milieus und Lebensstilen erklären. Die Menschen richteten ihr Leben nicht mehr nach tradierten kollektiven Lebensweisen ein, die sie meist von den Eltern übernommen hatten. Vielmehr wurde es eine Frage der individuellen Wahl oder Kreation des eigenen Lebensstils, welchen Bildungsweg man einschlägt, welche Berufswahl man trifft, ob und wenn ja, wann man eine feste Beziehung eingeht, ob man heiratet oder nicht, ob man Kinder bekommt oder nicht, ob man sich gesellschaftlich und politisch engagiert oder nicht. Kaum hatten die Selbstverwirklichungswerte in der Gesellschaft Einzug gehalten, wurde vor allem von konservativen Kreisen und den Massenmedien auch schon Kritik laut am vermeintlich um sich greifenden „Egoismus" und „Werteverfall".

Aus: Hans-Peter Müller, Wertewandel, in: Stefan Hradil (Hrsg.), Deutsche Verhältnisse. Eine Sozialkunde, Bonn 2012, S. 193 f.

Verfall der Werte?!

Die Klage über den Werteverfall der Jugend ist so alt wie die Menschheit, jedenfalls schon aus antiken Schilderungen überliefert. Bei Licht betrachtet ist die Klage Unsinn, ein
5 sich von Generation zu Generation schleppendes **Lamento** der Älteren über die Jüngeren. Die Jugend- und Freizeitforscher Bernhard Heinzlmaier und Philipp Ikrath schreiben in ihrer Untersuchung „Generati-
10 on Ego" über die Werte der Jugend im 21. Jahrhundert: „Die jungen Leute leben heute nicht, wie es so oft suggeriert wird, in einem Wertevakuum, sondern sie haben andere, neue Werte angenommen."
15 Entscheidend ist also nicht Werteverlust, vielmehr Wertewandel. Triebe man die Diagnose auf die Spitze, ließe sich nicht vielleicht **mephistophelisch** mit Bezug auf Werte sagen: Denn alles, was entsteht, ist wert, dass
20 es zugrunde geht? So radikal denkt die junge Generation nicht über Werte und deren Befristung. Aber sie macht und versteht notwendigerweise vieles anders als die Erwachsenen. Das wiederum kränkt die Älteren als
25 Angehörige der abtretenden Generation. Sie, deren Herz an der alten Welt hängt, sehen mit Schaudern, wie diese von den Nachwachsenden umgekrempelt wird. Und es ist ja so: Das langsame Verschwinden der alten Welt
30 geht dem eigenen existenziellen Verschwinden bloß ein kleines Stück voraus. Das deprimiert die Älteren verständlicherweise [...].
Wie steht es also um den Komplex „Jugend und Politik"? Handelt es sich dabei um eine
35 verkorkste Affäre? Die Forschung belegt, dass politische Fragestellungen in jugendlichen Szenen kaum eine Rolle spielen. Mode, Musik, Sport, Medien zählen mehr. Als große Vorbilder der Jugend gelten Spitzen-
40 sportler, Pop-Musiker, Schauspieler, Models und – eher ausgeprägt bei bildungsfernen Schichten – die Stars und Sternchen von Castingshows. Aus mehreren Jugendstudien der vergangenen Jahre ist zudem belegt,
45 dass Eltern und Großeltern unter den Jugendvorbildern nach wie vor stark vertreten sind, dass Familienzusammenhalt hoch im Kurs steht, Letzteres nicht zuletzt deshalb, weil heute immer mehr Jugendliche erleben,
50 wie Ehen zerbrechen und Familienbande sich lockern, wenn nicht sogar auflösen. [...] Zum politischen Betrieb, zu Gewerkschaften und Parteien beispielsweise, wahren junge Menschen kritisch Distanz, obwohl sie nicht
55 völlig desinteressiert auf Politik reagieren. [...] Auffallend ist die **Diskrepanz** zwischen dem Wunsch junger Menschen nach familiärer Stabilität und verlässlicher Freundschaft einerseits und der Lebenslage in einer weit-
60 gehend ökonomistischen und individualistischen Wirklichkeit andererseits. In „Generation Ego" heißt es: „Der Erwerbsarbeit haben sich alle Lebensbereiche unterzuordnen. Gemeinschafts- und Familienverpflichtungen
65 dürfen das Arbeitsleben der Menschen nicht stören." Um Störungen zu minimieren, werden ursprünglich private Tätigkeiten in kommerzielle Dienstleistungen verwandelt, die am Dienstleistungsmarkt erworben werden
70 können. Das Ergebnis: Kinderkrippen, Ganztagsschulen, Lebensmittellieferservice, Hunde- und Katzensitter, Altenpfleger. Die junge Generation läuft Gefahr, sich zu Einzelwesen zu entwickeln, beschäftigt mit Karriere, Kon-
75 sum und der Arbeit am Ich. Laut Institut für Jugendkulturforschung meinen fast 70 Prozent der unter 30-Jährigen, heute sei jeder so mit sich selbst beschäftigt, dass er nicht mehr an andere denke. Umso mehr setzen
80 sie ihre Hoffnung in die eigene Familie, in der sie Verständnis, Solidarität und Aufgehobensein erfahren.

Aus: Reinhold Michels, Das sind die Werte der „Generation Ego", in RP online, www.rp-online.de/panorama/
deutschland/das-sind-die-werte-der-generation-ego-aid-1.4004432, 4.2.2014 (Zugriff: 3.9.2014)

INFO

Lamento
Gejammer, heftige Klage

mephistophelisch
teuflisch

Diskrepanz
Widersprüchlichkeit, Missverhältnis

1 Geben Sie die Theorie Ingleharts wieder (M 22).

2 Werten Sie die Grafik in M 22 aus und führen Sie eine analoge Umfrage im Kurs durch.

3 Analysieren Sie den Text M 23 hinsichtlich der Position des Autors zum Wertewandel. Berücksichtigen Sie dabei die Theorie Ingleharts in M 22.

4 Bewerten Sie die Aussagekraft und Stimmigkeit der Theorie Ingleharts (M 22).

MATERIAL **24**

Die Theorie der Wertesynthese nach Helmut Klages

INFO

Helmut Klages
* 15.4.1930 in
Nürnberg
deutscher Soziologe
und Verwaltungswissenschaftler

Einer verbreiteten Auffassung zufolge ist der mentale Zustand eines zunehmenden Teils der Bevölkerung problematisch. Dafür wer-
5 den – als Folge der Wohlstandsentwicklung seit den Fünfzigerjahren – ungünstige sozialpsychologische Veränderungen verantwortlich gemacht. Dieser Auffassung zufolge hat die Wohlstandsentwicklung die Menschen korrumpiert; es wird die Gefahr ge-
10 sehen, dass die weitere gesellschaftliche Entwicklung immer mehr verantwortungsscheue, nicht nur am Allgemeinwohl, sondern auch am Mitmenschen uninteressierte Egoisten mit „Vollkasko-Mentalität" hervor-
15 bringt. [...] Wir möchten besonders darauf hinweisen, dass wir bei unseren Forschungen einen Trend zur *Wertesynthese* – das heißt zu einer Vereinigung gegensätzlich erscheinender Werte – entdeckten. Gerade die-
20 se Entdeckung führte uns zu einer optimistischen Deutung des gesellschaftlichen Wandels. Wir fragten uns, ob und inwieweit Wertorientierungen, die in der Forschung und auch im allgemeinen Verständnis als
25 „traditionelle" und „moderne" Werte voneinander abgegrenzt werden, dennoch gemeinsam auftreten können. Wir fanden in der Tat einen Persönlichkeitstypus, der gleichermaßen „moderne" *und* „traditionelle" Werte
30 besonders schätzt. Wir entschlossen uns, Menschen mit diesem bemerkenswerten Typus nach einer breiten Analyse ihrer Lebensumstände und Einstellungen *aktive Realisten* zu nennen.
35 Ein Überblick über die Merkmale der insgesamt fünf von uns aufgefundenen Wertetypen zeigt große Unterschiede in der Fähigkeit und Neigung, sich produktiv und „sozialverträglich" auf die Anforderungen
40 der gesellschaftlichen Modernisierung und der Bürgergesellschaft einzulassen. Vorrangig *traditionell* orientierte Menschen halten sich eher ans Bewährte und lassen wenig Neigung zur Selbstständigkeit und Risiko-
45 freude erkennen. Vorrangig *hedonistisch* und *materiell* Orientierte sind zwar flexibel. Die Dominanz des Lustprinzips und Jagd nach schnellen Gewinnen lassen sie jedoch nicht selten die Grenzen des sozial und legal Ver-
50 träglichen austesten. Vorrangig *idealistisch* Eingestellte sind zwar verbale Fortschritts-

bejaher, stehen jedoch wegen ihrer oft ideologisch geprägten Sichtweise der Realität der Modernisierung frustrationsanfällig gegenüber. „*Perspektivenlos Resignierte*" sind die 55 eigentlichen „Stiefkinder" des gesellschaftlichen Wandels; Rückzug, Passivität und Apathie sind für sie typisch. *Aktive Realisten* können dagegen von ihrer mentalen Grundausstattung her am ehesten als hochgradig 60 modernisierungstüchtige Menschen charakterisiert werden. [...]
Menschen, die dieser Gruppe angehören, sind in der Lage, auf verschiedenartigste Herausforderungen „pragmatisch" zu rea- 65 gieren, gleichzeitig aber auch mit starker Erfolgsorientierung ein hohes Niveau an „rationaler" Eigenaktivität und Eigenverantwortung zu erreichen. Sie sind auf eine konstruktiv-kritikfähige und flexible Weise 70 institutionenorientiert und haben verhältnismäßig wenige Schwierigkeiten, sich in einer vom schnellen Wandel geprägten Gesellschaft zielbewusst und mit hoher Selbstsicherheit zu bewegen. Mit allen diesen Ei- 75 genschaften nähern sie sich am ehesten dem Sollprofil menschlicher Handlungsfähigkeiten unter den Bedingungen moderner Gesellschaften an.
Persönlichkeitseigenschaften, die zur Bewäl- 80 tigung und Gestaltung der Modernisierung wichtig sind, sind [...] über die gesamte Bevölkerung hinweg betrachtet keineswegs schwach entwickelt. Die aktiven Realisten liegen allerdings praktisch bei allen Mess- 85 werten deutlich über dem Durchschnitt. Sie erweisen sich als „kooperative Selbstvermarkter" mit hoch entwickelter fachlicher Kompetenz und ausgeprägtem Erfolgsstreben, gleichzeitig aber auch mit ausgeprägter 90 Fähigkeit zur Selbstkontrolle und rationalen Verhaltenssteuerung, zur Soziabilität und Kommunikation, ergänzt durch erhöhte Konflikt- und Durchsetzungsfähigkeit. Alles dies mutet auf den ersten Blick betrachtet wider- 95 sprüchlich an, repräsentiert aber das spannungsreiche Persönlichkeitsprofil, das den Menschen in Zukunft mehr und mehr abgefordert wird und zu dessen Realisierung es aller Voraussicht nach der von den aktiven 100 Realisten verkörperten „Wertesynthese" als mentaler Grundlage bedarf.

Angesichts der strategischen Bedeutung, welche der Wertesynthese zukommt, muss zunächst die dringliche Frage gestellt werden, ob die Gruppe der aktiven Realisten zahlenmäßig zunimmt oder kleiner wird. Sofern das Erstere der Fall ist, kann davon ausgegangen werden, dass der Wertewandel die Zukunftsfähigkeit der Menschen unter den Bedingungen der gesellschaftlichen Modernisierung stärkt. Es kann dann – ungeachtet aller Einzelprobleme, die sich bei näherem Zusehen auffinden lassen mögen – zu einer positiven Gesamtbewertung des Wertewandels kommen. Ist dagegen das Letztere der Fall, so besteht Anlass zu großer Sorge.

- [...] *Ordnungsliebende Konventionalisten* spielen bei den jungen Leuten schon länger nur noch eine geringe Rolle.
- *Perspektivenlose Resignierte* („Resignierte"), die „Stiefkinder" des Wandels, verharren auf etwa demselben Niveau.
- *Nonkonforme Idealisten* („Idealisten"), die seit dem Ende der Sechzigerjahre Konjunktur hatten, erlebten in den Neunzigerjahren einen Einbruch, von dem sie sich nicht wieder erholten.
- *Hedonistische Materialisten* („Hedonisten") erlebten bis zur ersten Hälfte der Neunzigerjahre einen steilen Aufstieg, der jedoch bald einen Gipfel erreicht und in der Folge einer deutlichen Rückläufigkeit weicht.
- *Aktive Realisten* erlebten fortgesetzte Zuwächse und stellen sich gegen Ende der Neunzigerjahre mit vergrößerter Deutlichkeit als die stärkste Teilgruppe dar.

Der entscheidende Spannungsgehalt einer Entwicklung, die bei den jungen Leuten besonders deutlich erkennbar wird, ist die Konkurrenz zwischen den aktiven Realisten und den hedonistischen Materialisten. Im Zeitraum zwischen dem Ende der Achtziger- und dem Ende der Neunzigerjahre gab es zeitweilig ein „Kopf-an-Kopf-Rennen" zwischen diesen beiden Wertetypen. Die Hedonisten hatten bei der Messung im Jahr 1993 fast aufgeschlossen, wobei ihr höheres Wachstumstempo die Prognose eines bevorstehenden Vorbeiziehens an den aktiven Realisten nahe zu legen schien. Es war dies die Zeit, in welcher die auch heute noch vertretenen Diagnosen einer „Egoistengesellschaft", „Spaßgesellschaft" oder „Ellenbogengesellschaft" auftauchten. Wie die Daten zeigen, gab es während dieser Zeit in der Tat bei den jüngeren Teilen der Gesellschaft eine Tendenz in diese Richtung, die aber keinen „Trend", d. h. also keine nachhaltige Entwicklung darstellte. Als „nachhaltig" erwies sich letzten Endes einzig das Wachstum der Gruppe der aktiven Realisten.

Die strategische Frage, ob der Wertewandel die Zukunftsfähigkeit der Menschen unter den Bedingungen der gesellschaftlichen Modernisierung stärkt, kann insoweit mit „Ja" beantwortet werden. Die These lautet, dass sich die Wertesynthese immer deutlicher als die Leitlinie des Wertewandels herauskristallisiert. Die im Titel aufgeworfene Frage „Brauchen wir eine Rückkehr zu traditionellen Werten?" kann von diesem Ergebnis her verneint werden. Der Wertewandel verläuft – von den aktiven Realisten her beurteilt – sozusagen von selbst in die richtige Richtung. Es handelt sich hierbei um einen Prozess, der durch Programme einer Um- oder Rücksteuerung der Werte wie etwa durch ideologische **Indoktrination** von Kindern, Jugendlichen und Erwachsenen, nur verunsichert, kaum aber positiv beeinflusst werden könnte.

Aus: Helmut Klages, Brauchen wir eine Rückkehr zu traditionellen Werten?, in: Aus Politik und Zeitgeschichte, B 29/2001, S. 7, 10 ff.

INFO

Indoktrination
massive Beeinflussung von Einzelnen oder Gruppen mit dem Ziel der Verbreitung einer bestimmten Meinung oder Einstellung

1 Legen Sie die Theorie Klages **dar** (M 24).

2 Vergleichen Sie die Theorie Klages mit der Ingleharts (M 22).

3 Fassen Sie die Veränderungen in den in diesem Kapitel behandelten Gesellschaftsbereichen (sozioökonomischer Wandel, Wandel der Arbeitswelt, der Bildungschancen, der Bevölkerungsstruktur, Lebensformen und Werte) in einem Schaubild **zusammen**.

4 Bewerten Sie den Gesellschaftswandel unter Berücksichtigung Ihrer Ergebnisse zu Beginn des Kapitels (S. 282, Aufgabe 5) und der Strukturwandeluntersuchung (S. 287).

WISSEN KOMPAKT

Gesellschaftliche Wandlungsprozesse hängen alle miteinander zusammen

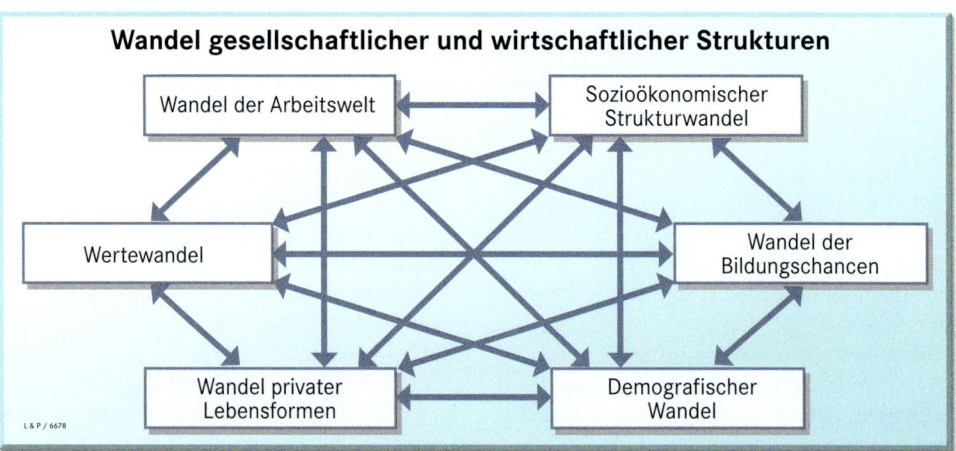

Wandel gesellschaftlicher und wirtschaftlicher Strukturen

Wandel der Arbeitswelt — Sozioökonomischer Strukturwandel — Wertewandel — Wandel der Bildungschancen — Wandel privater Lebensformen — Demografischer Wandel

L & P / 6678

Der sozioökonomische Wandel

Mit der **Industrialisierung** im 19. Jahrhundert und dem damit verbundenen technischen und ökonomischen Wandel begann die Entwicklung von der Agrar- zur Industriegesellschaft. Maschinen ersetzten zunehmend die Handarbeit und ermöglichten somit die Produktionssteigerung und den Ausbau von Arbeitsteilung. Die Massenproduktion ließ Großbetriebe und Fabriken entstehen. Die Förderung von Wissenschaft und Forschung begünstigten die Weiterentwicklung der Technik und die Erschließung neuer Märkte, die den sozialen Wandel weiter vorantrieben.

1949 entwickelte der französische Ökonom **Jean Fourastié** die **Drei-Sektoren-Hypothese**, um die Veränderungen in der Gesellschaft und Wirtschaft durch den sozioökonomischen Wandel zu erklären. Die Hypothese geht davon aus, dass sich Agrargesellschaften (**primärer Sektor** der Produktgewinnung) zu Industriegesellschaften (**sekundärer Sektor** der Produktverarbeitung) entwickeln, die sich dann in Dienstleistungsgesellschaften (**tertiärer Sektor** der Dienstleistungen) verwandeln. Der Wandel ist gleichsam mit Veränderungen der Lebens- und Arbeitsbedingungen verknüpft und hat somit auch Einfluss auf die Entwicklung der Sozialstruktur.

Tendenzen des Wandels in der Arbeitswelt

Der sozioökonomische Wandel hat ebenso Auswirkungen auf die Arbeitswelt:

Kein „fester" Arbeitsplatz, ständige Erreichbarkeit und unregelmäßige Arbeitszeiten sind Konsequenzen der digitalen Revolution, die von den Arbeitnehmerinnen und Arbeitnehmern ein immer höheres Maß an **Mobilität** verlangen und diese vor neue Herausforderungen stellen. Dabei gehören **Wissen**, **Bildung** und **Kreativität** zu den vorherrschenden Anforderungen, die eine Bewerberin/ein Bewerber mitbringen sollte. Der Wandel hin zur **Dienstleistungsgesellschaft** und die Öffnung der Märkte durch die **Globalisierung** bringen neue Berufe, aber auch neue Erwerbsformen hervor: Leiharbeit und andere **prekäre Beschäftigungsverhältnisse** nehmen kontinuierlich zu. In bestimmten Branchen hingegen steigt der **Fachkräftemangel**. Der demografische Wandel hat zur Konsequenz, dass die Menschen **länger arbeiten** werden.

In Deutschland ist in den letzten Jahrzehnten die **Erwerbstätigkeit von Frauen** permanent gestiegen. Ein Grund dafür ist, dass Frauen mit Kindern immer häufiger in ihren Beruf zurückkehren. Dennoch erfahren sie im Arbeitsleben noch immer Nachteile: Es gibt geschlechtsspezifische Arbeitsmärkte, die den Frauen geringeres Einkommen als Männern bieten und oft von Teilzeitverträgen geprägt sind. Zudem bestehen größere Hindernisse bei einem beruflichen Aufstieg. Die häufige Tätigkeit in beruflich niedrigeren Positionen birgt ein höheres Armutsrisiko für bestimmte Frauengruppen.

Wandel der Bildungschancen

Die Bildung ist eng mit Wirtschaftswachstum und Wohlstand verknüpft: Der sozioökonomische Wandel mit seiner immer weiter voranschreitenden Technisierung und Verwissenschaftlichung und einer immer komplexer werdenden Gesellschaft erhöht stetig den Bedarf an **höheren Qualifikationen**. Besonders theoretisches und spezialisiertes Wissen gewinnt zunehmend an Bedeutung.

Die **Bildungsexpansion** trägt dazu bei, dass sich Geschlechtsunterschiede langsam ausgleichen. Ein höheres Bildungsniveau sorgt zudem für einen späteren Eintritt in das Berufsleben, da sich die Ausbildungszeit verlängert. Dies wiederum führt zu zunehmender **Individualisierung** und zur **Pluralisierung der Lebensformen**, z. B. spätere Eheschließung und Geburt von Kindern, steigende Kinderlosigkeit und neue Formen privaten Zusammenlebens.

Demografischer Wandel

Seit Jahrzehnten ist ein **Rückgang der Geburten** auszumachen, der sich auf verschiedene Ursachen zurückführen lässt. Zum einen dienen Kinder nicht mehr dem ökonomischen Zweck der „Altersfürsorge", sondern haben eine vornehmlich emotionale Bedeutung. Zum anderen steht der Kinderwunsch oftmals im Konflikt mit dem Wunsch nach Karriere und Beruf und privater Ungebundenheit, was durch die langen Ausbildungszeiten und ein nicht ausreichendes Angebot an Kinderbetreuung nochmals verstärkt wird. Ebenso wird Kinderlosigkeit als Lebensform in der Gesellschaft zunehmend akzeptiert.

Wachsender medizinischer Fortschritt und die Verbesserung von Hygiene- und Ernährungsbedingungen haben auf der anderen Seite dazu geführt, dass die **Lebenserwartung der Menschen gestiegen** ist. Dies hat zur Folge, dass der sogenannte **Generationenvertrag**, aber auch andere wichtige Pfeiler unseres Sozialsystems, wie die Kranken- und Pflegeversicherungen, zunehmend unter Druck geraten.

Wandel privater Lebensformen

Ebenso wie die Anzahl der Geburten nimmt auch die **Heiratsneigung** in Deutschland ab, da die Pluralisierung der Lebensformen dazu geführt hat, dass auch andere Formen des Zusammenlebens in der Gesellschaft in wachsendem Maße als selbstverständlich angesehen werden und die Ehe als „Versorgungsinstitution" ihren Stellenwert verloren hat. Zudem steigen die Scheidungszahlen an, was sich u. a. dadurch erklärt, dass auch diese gesellschaftlich auf Akzeptanz stoßen und immer höhere Ansprüche an eine Ehe gesetzt werden.

Als Erklärungsansatz, warum sich private Lebensformen wandeln, kann die **Individualisierungstheorie** nach **Ulrich Beck** herangezogen werden. Diese besagt, dass aufgrund der Auflösung traditioneller Schichten und Milieus die Menschen mehr Wahlmöglichkeiten haben, ihr Leben zu gestalten, als früher. Es entsteht dadurch ein Repertoire an Kombinationsmöglichkeiten, aus dem jedes Individuum wählen kann, wobei es allerdings auch ein Risiko trägt und für seine Entscheidung die Verantwortung übernehmen muss.

Wertewandel

Ronald Inglehart nimmt in seiner Theorie an, dass es einen **Wertewandel** von materialistischen (Vermögen, Besitz) hin zu postmaterialistischen Werten (Selbstverwirklichung) gegeben habe. Als Begründung führt Inglehart an, dass nach dem Zweiten Weltkrieg zunächst materielle Bedürfnisse befriedigt werden mussten. Die Nachkriegsgenerationen seien materiellen Entbehrungen nicht mehr so stark ausgesetzt und streben daher eher nach Selbstverwirklichung. Des Weiteren geht Inglehart davon aus, dass jedes Individuum in seiner Kindheit von grundlegenden Werten geprägt wird, die ein Leben lang beibehalten werden.

Helmut Klages hingegen geht eher von einer **Wertesynthese** aus: Alte und neue Werte stehen nicht, wie bei Inglehart, in direkter Konkurrenz zueinander, sondern vereint nebeneinander.

3.4 Sozialstaatliches Handeln

GLOSSAR

Sozialstaat
Wirtschaftswunder

INFO

Otto von Bismarck
*1.4.1815 in Schönhausen
† 3.7.1898 in Friedrichsruh;
Gründer des zweiten
Deutschen Kaiserreiches
1871 und bedeutendster
Reichskanzler (1871–1890)
vor dem Ersten Weltkrieg

Es ist eines der wichtigsten Ziele im menschlichen Leben, sich gegen die Risiken und Unvorhersehbarkeiten abzusichern, die das Leben mit sich bringt. In der vorindustriellen Zeit übernahm diese Sicherungsfunktion die (Groß-)Familie, insbesondere auf dem Land. Wer krank wurde, erhielt Pflege, wer zu alt zum Arbeiten war, wurde in den „Austrag" geschickt und miternährt.

Mit der Industrialisierung und der Abwanderung breiter Bevölkerungsteile in die städtischen Industrie- und Ballungszentren wandelten sich die Lebensformen. Nun war die persönliche Existenz eines jeden bedroht, der körperlich nicht mehr in der Lage war, zu arbeiten. Krankheiten, Unfälle, Arbeitslosigkeit und Alter, aber auch Einkommensausfälle durch Schwangerschaften oder den Tod eines „Familienernährers" – all diesen Risiken waren Millionen von Menschen „schutzlos" ausgesetzt. Anfangs versuchten Kirchen oder einzelne Unternehmer, die Unwägbarkeiten des Arbeiterdaseins abzufangen. Mit der Einführung der „Deutschen Sozialversicherung" versuchte Reichskanzler Otto von Bismarck vergeblich, dem wachsenden Unmut der Arbeitermassen zu begegnen. Deutschland damit international zum Vorreiter eines modernen Sozialstaats gemacht zu haben, hatte Bismarck dabei so nie beabsichtigt.

Mit dem Wirtschaftswunder der 1950er-Jahre kam es zu einem beständigen und großzügigen Ausbau des Sozialstaats in der Bundesrepublik Deutschland. Der Bevölkerungsteil, der nicht vom Einkommen eigener Arbeit oder von der Unterstützung durch die eigene Familie lebte, sondern Leistungen aus den staatlichen Sicherungssystemen erhielt – Rentner, Arbeitslose oder Sozialhilfeempfänger, Studierende –, wuchs stetig, das „soziale Netz" wurde immer engmaschiger.

Zeichnung: Kostas Koufogiorgos

Basiswissen

Laut Grundgesetz ist die Bundesrepublik Deutschland ein **demokratischer und sozialer Bundes- und Rechtsstaat (Art. 20 GG)**. Somit ist das **Sozialstaatsprinzip** eines von vier Verfassungsprinzipien. Alle staatlichen Organe sind damit zu einer Politik des sozialen Ausgleichs und der sozialen Sicherheit verpflichtet.

Das System der sozialen Sicherung in Deutschland beruht auf der Annahme, dass nicht eine ganze Schicht oder Bevölkerungsgruppe, sondern der Bedarf und die Nöte des einzelnen Bürgers im Mittelpunkt staatlicher Unterstützung stehen (**Individualitätsprinzip**). Davon ausgehend fußt das System der sozialen Sicherung auf drei Säulen:

- Gemäß dem **Versicherungsprinzip** werden im Rahmen der gesetzlichen Sozialversicherungen (Kranken-, Pflege-, Unfall-, Renten- und Arbeitslosenversicherung) die allgemeinen Lebens- bzw. Standardrisiken (Krankheit, Unfall, Alter, Arbeitslosigkeit) versichert.
- Unter dem **Versorgungsprinzip** versteht man die Fürsorgepflicht für diejenigen, die im öffentlichen Dienst beschäftigt sind oder einen sozialrelevanten Status haben. Betroffen sind daher Gruppen, die der Fürsorgepflicht des Staates unterliegen.
- Gemäß dem **Fürsorgeprinzip** greift die staatliche Fürsorge dann ein, wenn weder die eigenen Anstrengungen und das persönliche Einkommen noch die aus dem Versicherungs- und/oder dem Versorgungsprinzip erfolgten Leistungen ausreichen, um ein menschenwürdiges Dasein zu garantieren.

---

1 **Analysieren** Sie die Karikatur und **bewerten** Sie deren Aussage anhand eines aktuellen Beispiels.

Sozialstaat und Wohlfahrtsstaat

Sozialstaatliche Modelle

MATERIAL 1

Unter Sozialstaat wird in einem Handwörterbuch des politischen Systems der Bundesrepublik Deutschland begriffen „die Gesamtheit staatlicher Einrichtungen, Steue-
5 rungsmaßnahmen und Normen innerhalb eines demokratischen Systems, mittels derer Lebensrisiken und soziale Folgewirkungen einer kapitalistisch-marktwirtschaftlichen Ökonomie aktiv innerhalb dieser selbst
10 politisch bearbeitet werden. [...]"
Der Begriff Wohlfahrtsstaat dient eher als neutrale Kategorie zur Analyse und zum Vergleich der Aktivitäten von modernen Staaten. So wird er in einem Lexikon der
15 Politikwissenschaft definiert als „eine institutionalisierte Form der sozialen Sicherung. [Er] gewährleistet ein Existenzminimum für jeden Menschen, schützt vor den elementaren Risiken der modernen Indus-
20 triegesellschaft (vor allem Alter, Arbeitslosigkeit, Gesundheit, Unfall, Pflege) und bekämpft das Ausmaß gesellschaftlicher Ungleichheit durch **Redistribution**. [...]"
Die spezifischen Ausprägungen des deut-
25 schen Sozialstaats werden auch als *„konservativer" Typ* bzw. als Regime des Wohlfahrtsstaats (mit Frankreich, Italien, Deutschland, Niederlande) klassifiziert [...]. Die idealtypischen Besonderheiten des konservativen
30 Modells sind, dass die Politik zwar in Wirtschaft und Gesellschaft interveniert, allerdings eher temporär und stark aus staatspolitischen Gründen sowie vorwiegend mit Geldleistungen. Es ist ferner stark lohnar-
35 beitszentriert mit der Folge, dass soziale Rechte stark an den beruflichen Status – und nicht an universelle Menschen- oder Bürgerrechte – gebunden sind, und die Ansprüche auf Beiträgen basieren. Das führt dazu, dass
40 auch die Leistungen unterschiedlich ausfal-

len. Als Norm dominiert Sicherheit über Gleichheit und Freiheit, die zentralen Normen der beiden anderen Wohlfahrtstaatsmodelle. [...]
45 Im *sozialdemokratischen Wohlfahrtsstaat*, wie er sich dank einer starken Arbeiterbewegung und langjähriger sozialdemokratischer Regierungsaktivitäten in Schweden, Norwegen und Dänemark herausgebildet hat, wird
50 eine allgemeine Versorgung auf höchstem (qualitativen und quantitativen) Niveau angestrebt, wobei soziale Bürgerrechte die Anspruchsgrundlage bilden. Die Sozialausgaben sind hier sehr hoch, zum Beispiel in
55 Schweden über 50 % des Staatshaushaltes, die Wirtschaftspolitik ist antizyklisch und die Arbeitsmarktpolitik aktiv ausgerichtet, um eine annähernde Vollbeschäftigung und ein relativ hohes Maß an sozialer Gleichheit
60 zu erreichen.
Die *liberalen Wohlfahrtsstaaten*, also die USA, Kanada, Australien und seit Thatcher verstärkt Großbritannien, bilden dazu den Gegenpol. Hier fällt die **„Dekommodifizie-**
65 **rung"** nur gering aus, da vor allem die zentrale Rolle des freien Marktes und der Familie betont werden und die Arbeiterbewegung, beziehungsweise die Sozialdemokratie nur eine geringe Rolle spielen. Soziale An-
70 spruchsrechte sind niedrig bewertet, mit individuellen Bedürftigkeitsprüfungen und geringen Leistungen verbunden sowie mit sozialer Stigmatisierung behaftet. Insgesamt herrscht damit ein starker, institutionalisier-
75 ter Zwang zur Lohnarbeit, zumal soziale Unsicherheit als Motor ökonomischer Entwicklung betrachtet wird. Andererseits ist die Beschäftigungsdynamik hoch, Steuern sind niedrig, was – im günstigen Fall – einen
80 hohen privaten Wohlstand entstehen lässt.

Aus: Josef Schmid, Sozialstaat. Eine Institution im Umbruch, in: Stefan Hradil (Hrsg.),
Deutsche Verhältnisse, Bonn 2012, S. 427–440

INFO

Redistribution
Umverteilung

Dekommodifizierung
(engl.: commodities = Waren, Güter; kommodifizieren: etw. zu einer Ware machen) Umfang, in dem der Wohlfahrts- bzw. Sozialstaat den Individuen durch Sozialleistungen ein Leben unabhängig vom Arbeitsmarkt, d. h. (früherer) Erwerbsarbeit möglich macht

QUERVERWEIS

Margaret Thatcher
S. 137, Info

QUERVERWEIS

METHODE
Eine Rede halten
S. 230–234

1 Arbeiten Sie aus M 1 die Unterschiede zwischen „Sozial-" und „Wohlfahrtstaat" heraus.
2 Vergleichen Sie die drei Modelle hinsichtlich ihrer Vor- und Nachteile (M 1).
3 Halten Sie eine Rede, in der Sie sich begründet für eines der drei Modelle aussprechen.

Verfassungsrechtliche Grundlagen des Sozialstaats

Theorien zu gesellschaftlichen Sicherungseinrichtungen

Funktionalistische Theorien betonen die Prägekraft großer, umfassender Entwicklungstrends: Gegen die Modernisierung, die Industrialisierung oder die Durchsetzung des Kapitalismus können die Einzelnen wenig ausrichten. Aus diesen Entwicklungen ergeben sich vielmehr viele Zwänge, auf bestimmte Weise zu handeln. Auch der Aufbau von Systemen sozialer Sicherung stellt aus dieser Sicht eine notwendige Reaktion auf veränderte äußere Gegebenheiten dar. Die Industrialisierung, die Modernisierung bzw. der Kapitalismus, also im Grunde wirtschaftliche Entwicklungen, brachten eine Fülle von Risiken – und damit Krankheit, Not und Tod – für die Menschen mit sich. Es führte nach Ansicht von Funktionalisten kein Weg daran vorbei, Sicherungseinrichtungen aufzubauen, um ein Zusammenbrechen menschlicher Gesellschaften zu verhindern.

Konflikttheorien heben dagegen hervor, dass die Systeme sozialer Sicherung keineswegs zwangsläufig entstanden seien. Vielmehr habe erst massiver Druck vonseiten der Bevölkerung, insbesondere durch die Arbeiterbewegung, dazu geführt, dass Absicherungen gegen Existenzbedrohungen in Folge von Alter, Krankheit, Unfall oder Armut geschaffen worden seien. Die jeweilige Politik sei also durchaus wirksam. Je nach Art der vertretenen Konflikttheorie werden die Massendemokratie schlechthin oder aber spezifischer Sozialdemokratie und Gewerkschaften als politische Vertretungen der Arbeiterklassen bzw. politische Koalitionen zwischen bestimmten Parteien als Ursachen des Sozialstaats genannt.

Institutionelle Ansätze erklären das Zustandekommen sozialer Sicherung konkreter. Hier wird der Staat nicht, wie im Lichte von Konflikttheorien, als ausführendes Organ von Interessen, sozialen Bewegungen oder politischen Parteien gesehen. Vielmehr sind staatliche Instanzen selbst die Ursache, dass soziale Sicherungen entstanden. Staatliche Instanzen steuern, entscheiden und schaffen Systeme sozialer Sicherung. Je nach Version der institutionellen Theorie ist es der Wettbewerb zwischen den Staaten, die Eigendynamik von Staatsstrukturen oder das Streben von Eliten nach Machterhalt, die als Ursachen genannt werden. Im Zusammenhang mit institutionellen Ansätzen sind auch **Theorien der „Pfadabhängigkeit"** zu nennen: Hiernach macht es ein einmal eingeschlagener Weg (z. B. die Einführung eines statuserhaltenden Versicherungsprinzips) sehr schwer, diesen „Pfad" wieder zu verlassen. Freilich lassen sich so eher die Verlaufsformen als die Entstehung von sozialen Sicherungssystemen erklären.[...]

Alle **funktionalistischen Theorien** halten soziale Sicherungen als solche für notwendig, können aber nicht erklären, weshalb so unterschiedliche Sicherungssysteme aufgebaut wurden. [...] **Konflikttheoretiker** erklären das Zustandekommen sozialer Sicherungen mit den aufeinander prallenden Interessen verschiedener Gruppierungen. [...] **Institutionelle Theorien** [...] sind in der Lage, ganz unterschiedliche und sehr spezifische Entwicklungen zu erklären, freilich nur aus den Bestrebungen der jeweils Beteiligten heraus.

Aus: Stefan Hradil, Die Sozialstruktur Deutschlands im internationalen Vergleich, 3. Aufl., Wiesbaden 2010, S. 242 f.

1 a) **Beschreiben** Sie die Theorien in M 2 mithilfe einer selbst erstellten Tabelle.
   b) **Ergänzen** Sie Ihre Tabelle durch Beispiele.

2 **Erläutern** Sie die wichtigsten Unterschiede der drei Erklärungsansätze für das Zustandekommen gesellschaftlicher Sicherungseinrichtungen (M 2).

3 **Diskutieren** Sie im Kursverband, welche Theorie überzeugender ist (M 2).

Grundlagen des Sozialstaats im Grundgesetz

MATERIAL **3**

GLOSSAR
Grundgesetz

Verfassungsrechtliche Grundlagen des Sozialstaats im Grundgesetz		
Sozialstaatsprinzip	**Soziale Grundwerte**	**Bestandsgarantie**
Art. 20 Abs. 1: „Die Bundesrepublik Deutschland ist ein demokratischer und sozialer Bundesstaat." **Art. 28 Abs. 1:** „Die verfassungsmäßige Ordnung in den Ländern muss den Grundsätzen des republikanischen und sozialen Rechtsstaates im Sinne dieses Grundgesetzes entsprechen."	**Art. 1 Abs. 1:** „Die Würde des Menschen ist unantastbar." **Art. 1 Abs. 1 und Abs. 3:** Grundrechtsbindung der staatlichen Gewalt an Grundrechte, insbesondere **Art. 3:** Gleichheit vor dem Gesetz **Art. 6:** Schutz von Ehe und Familie **Art. 9 Abs. 3:** Koalitionsfreiheit **Art. 14 Abs. 2:** Sozialbindung des Privateigentums	**Art. 79 Abs. 3:** „Eine Änderung dieses Grundgesetzes, durch welche [...] die in den Art. 1 und 20 niedergelegten Grundsätze berührt werden, ist unzulässig." **Art. 19 Abs. 2 GG:** „In keinem Falle darf ein Grundrecht in seinem Wesensgehalt angetastet werden."

Staatliche Steuerungsprogramme

MATERIAL **4**

[D]er moderne Sozialstaat [verfügt] über verschiedene Instrumente und Interventionsprogramme, die sich nach ihrer grundsätzlichen Wirkung, den dahinter zum Tragen
5 kommenden Steuerungsprinzipien und ihrer konkreten Beschaffenheit unterscheiden lassen.

■ Bezogen auf die Wirkung unterscheidet man nach Instrumenten, die eine Res
10 sourcen- und Leistungsverteilung zugunsten bestimmter Leistungsempfänger erbringen, ohne dabei auf Kosten anderer zu gehen (distributiv), und solchen, die eine Umverteilung zur Folge haben (redis
15 tributiv). Im ersteren Fall handelt es sich um Zuschüsse des Bundes oder der Länder an die Gemeinden, beispielsweise zur Förderung der lokalen Beschäftigungspolitik. Für den zweiten Fall steht die
20 Sozialhilfe.
■ Im Hinblick auf Steuerungsprinzipien kommen Gebote/Verbote, Anreize, Angebote, Formen der Aufklärung, aber auch staatliche Modellmaßnahmen zum Tra

gen. Redistributive Programme arbeiten 25 oft mit Leistungsanforderungen (Hilfe zur Arbeit), während Distribution meist über finanzielle Anreize läuft (z.B. Eingliederungsbeihilfen). [...]
■ Die Beschaffenheit eines Politikpro 30 gramms richtet sich schließlich nach der Art der Leistungen (materiell/immateriell), die damit verbunden sind. Materielle Leistungen beinhalten wie das BAföG entweder positive Transfers oder wie im Fall 35 von Abgaben und Steuern negative Transfers. Immaterielle Leistungen sind entweder soziale Dienstleistungen oder Sachdienstleistungen. Programme ohne Leistungscharakter werden, sofern sie auf 40 eine Verhaltensnormierung zielen, auch als regulative Programme bezeichnet (z.B. Jugendschutz); selbst-regulative Politikprogramme gewähren das Recht auf eigenständige Regelung gesellschaftlicher 45 Organisationen, zum Beispiel durch die Selbstverwaltung in der Sozialversicherung.

Aus: Josef Schmid, Sozialstaat. Eine Institution im Umbruch (siehe M 1), S. 437 f.

4 Erläutern Sie die Zielsetzungen, die die Verfassungsgeber mit dem Sozialstaatsgebot verfolgten (M 3).
5 Vergleichen Sie die in M 4 gezeigten staatlichen Steuerungsprinzipien miteinander.

Grundprinzipien des Sozialstaats

Die drei Säulen der sozialen Sicherung

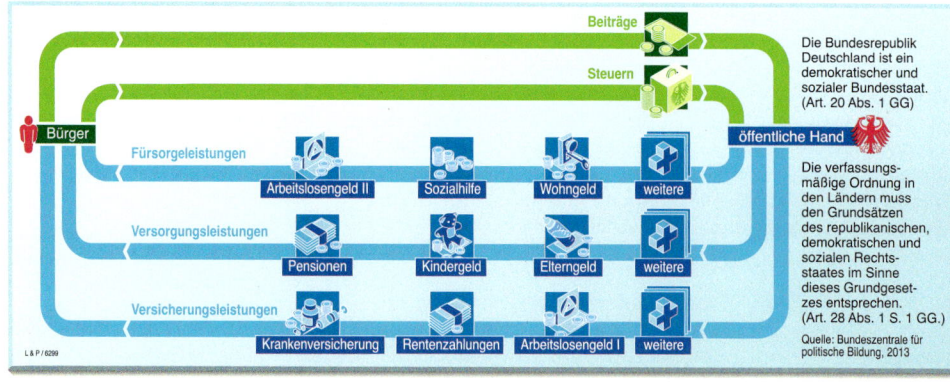

Solidaritäts- und Subsidiaritätsprinzip

Unter **Solidarität** versteht man im Allgemeinen die gegenseitige Hilfe in einer Gruppe, das gegenseitige Einstehen der Mitglieder einer Gruppe füreinander. In unserem aus-
5 differenzierten sozialen Sicherungssystem mit seinen großen anonymen Versichertengruppen ist das Element der persönlichen gegenseitigen Hilfe kaum zu finden. Das Solidarprinzip im sozialen Sicherungssys-
10 tem – wie wir es verstehen – reduziert und konkretisiert sich folgerichtig als ein anonymer Akt der Umverteilung der Belastungen (Finanzierungen) und/oder Leistungen. Dabei gibt es drei Ausprägungen des Solidar-
15 prinzips in einer Versichertengemeinschaft.

- Zunächst kann damit gemeint sein, dass **ungleiche Risiken bei gleichem Beitrag oder Beitragssatz zusammengelegt** werden. Da private Versicherungen ihre Prä-
20 mien nach eingebrachtem individuellem Risiko kalkulieren, kommt es dadurch zu einer Umverteilung zugunsten der Menschen, die ein größeres Risiko einbringen.
- Die zweite Ausprägung des Solidarprin-
25 zips basiert auf dem Modell der **intertemporalen Umverteilung**. [...] Stellen wir uns den Lebensablauf eines Menschen vor, so sehen wir, dass den Zeiten der Erwerbstätigkeit, in der Leistungseinkommen er-

zielt wird, Zeiten der Kindheit und Ju- 30
gend, Schule und Ausbildung, Krankheit, Arbeitslosigkeit, Alter und möglicherweise noch weitere Zeiten einer Verhinderung oder Minderung der Erwerbstätigkeit gegenüberstehen. Wenn man nun 35
annimmt, das gesamte Lebenserwerbseinkommen eines Arbeiters würde in der heutigen Zeit bei richtiger Umschichtung ausreichen, um auch den lebensnotwendigen Bedarf in den Zeiten ohne Leistungs- 40
einkommen abzudecken, reicht es aus, wenn das Sozial(versicherungs)system diese intertemporale Umverteilung des Lebenseinkommens, die individuell nur ungenügend geschehen kann, in einer So- 45
lidargemeinschaft [Generationenvertrag] optimal organisiert.
- Die dritte Interpretation sieht das Solidarprinzip nur bei einer merklichen **interpersonellen Umverteilung** verwirklicht. 50
Solidarisch ist eine Gruppe oder Versichertengemeinschaft erst dann, wenn die Last zugunsten der sozialökonomisch Schwächeren zum Teil auf die stärkeren Schultern der Bezieher höherer Einkom- 55
men geladen wird. [...]

Alle drei Ausformungen finden sich im deutschen Sozialversicherungssystem verwirk-

licht. Das Ausmaß der Umverteilung variiert
60 nach dem relativen Anteil der Sachleis-
tungen. Sie ist bei der Rentenversicherung,
wo überwiegend Einkommenstransfers stattfinden, geringer ausgeprägt als bei der
Krankenversicherung und der Pflegeversi-
65 cherung. Insgesamt ist der Umfang der interpersonellen Umverteilung nicht übermäßig
hoch. Das erhöht die Akzeptanz der Sozialversicherung in der Bevölkerung, die auf ein
ausgewogenes Verhältnis von Leistung und
70 Gegenleistung achtet. [...]
Das **Subsidiaritätsprinzip** wird einmal als
eine Aufforderung an den Staat verstanden,
die kleineren sozialen Einheiten, insbesondere die Familien, besonders zu fördern,
75 aber auch als ein Votum für den Vorrang der
freien Wohlfahrtsverbände als Anbieter
sozialer Dienste [...]. Neue soziologische Ansätze in Theorie und Praxis greifen diesen
Gedanken auf. Es geht vor allem um die
aktive Teilhabe der Betroffenen an der 80
Erbringung sozialer und gesundheitlicher
Dienste. Es wird eine „Steigerung der ko-
operativen Kompetenz des Klienten" angestrebt. So soll die individuelle Fähigkeit,
aktiv mit den professionellen Leistungser- 85
bringern wie Ärzten, Sozialarbeitern, Sozial-
pädagogen und Pflegekräften zusammenzuarbeiten, geschult und verbessert werden.
Darüber hinaus sollen in kleinen Selbsthilfe-
gruppen Teile der notwendigen Sozialleis- 90
tungen unentgeltlich auf Gegenseitigkeit erbracht werden. Diese Strategie der „Stärkung
der kleinen Netze" tritt in Konkurrenz sowohl zu entfremdenden wohlfahrtsstaatli-
chen Systemen als auch zu Absichten, sozia- 95
le Dienste zu privatisieren.

Aus: Lothar F. Neumann/Klaus Schaper, Die Sozialordnung der Bundesrepublik Deutschland, 5., überarb.
u. aktual. Aufl., Frankfurt a. M. 2008, S. 165 ff.

Äquivalenzprinzip

MATERIAL **7**

Die Rentenversicherung in Deutschland basiert auf den Prinzipien der Äquivalenz von
Beitrag und Leistung, dem Versicherungsprinzip, der Einkommensersatzfunktion so-
5 wie dem sozialen Ausgleich. [...] Zur Äquivalenz von Beitrag und Leistung führt der
Bericht der „**Rürup-Kommission**" aus, dass
sich die Leistungen grundsätzlich nach der
Höhe der in der Erwerbsphase gezahlten Bei-
10 träge richten sollen. Doppelt so hohe Beiträge
führen zu doppelt so hohen Anwartschaften,
gemessen in Entgeltpunkten. Die Summe der
erworbenen Entgeltpunkte bestimmt wiederum den individuellen Rentenanspruch.
15 Die Umsetzung einer vollständigen Beitrags-
äquivalenz ist jedoch nicht möglich, da beispielsweise der Beitragssatz über die Jahre
hinweg steigen kann. Dies bedeutet, dass
Entgeltpunkte in unterschiedlichen Jahren
unterschiedlich „teuer" erworben wurden. 20
Daher wird in der Rentenversicherung lediglich auf die Teilhabeäquivalenz abgestellt.
„Durch sie wird sichergestellt, dass zum gleichen historischen Zeitpunkt jeder Versicher-
te durch gleich hohe Beiträge gleichwertige 25
Anrechte auf Rentenleistungen erwirbt." [...]
Die hohe Bedeutung des Äquivalenzprin-
zips unterscheidet die Rentenversicherung
unter anderem von anderen Sozialversicherungen, beispielsweise der Krankenversiche- 30
rung und der Pflegeversicherung. Dort gilt
stärker das Solidaritätsprinzip, bei dem die
Gruppe der Gesunden für die Gruppe der
Erkrankten mit aufkommt. Ebenso kommen
Einkommensstarke für die Gruppe der Ein- 35
kommensschwachen mit auf.

INFO

Äquivalenz
Gleichwertigkeit

Rürup-Kommission
2002 von der dama-
ligen rot-grünen
Bundesregierung ein-
gesetzte *Kommission*
für die Nachhaltigkeit
in der Finanzierung der
Sozialen Sicherungs-
systeme unter Vorsitz
von Prof. Dr. Bert
Rürup; im August 2003
legte die Kommission
Vorschläge vor, wie die
Sozialsysteme zukünf-
tig bezahlbar gemacht
werden können.

Aus: K. W. Lauterbach u. a., Zum Zusammenhang zwischen Einkommen und Lebenserwartung,
IGKE Köln, www.sozialpolitik-aktuell.de (Zugriff: 4.11.2014)

1 Erläutern Sie die Grundprinzipien des sozialen Sicherungssystems (M 5).

2 Fassen Sie mit eigenen Worten **zusammen**, was unter dem Solidaritäts- und Subsidiaritätsprinzip zu verstehen ist (M 6).

3 Erläutern Sie das Äquivalenzprinzip (M 7) mit Blick auf das Solidaritätsprinzip (M 6).

4 Diskutieren Sie, ob Sie das Äquivalenzprinzip für gerecht halten (M 7).

Sozialausgaben

Entwicklung der Sozialleistungsquoten und des Sozialbudgets

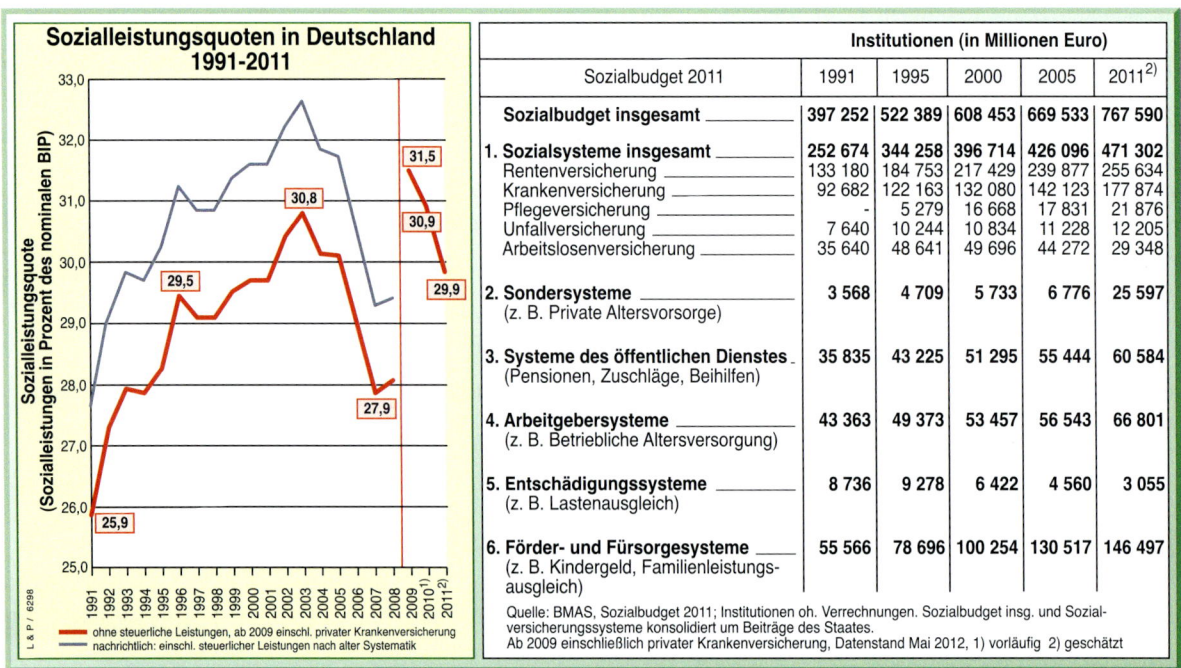

Sozialleistungsquoten in Deutschland 1991–2011

Sozialleistungsquote (Sozialleistungen in Prozent des nominalen BIP)

Werte (rote Kurve): 25,9 · 29,5 · 30,8 · 27,9 · 29,9

Werte (rote Markierungen rechts): 31,5 · 30,9

— ohne steuerliche Leistungen, ab 2009 einschl. privater Krankenversicherung
— nachrichtlich: einschl. steuerlicher Leistungen nach alter Systematik

L & P / 6298

Sozialbudget 2011	Institutionen (in Millionen Euro)				
	1991	1995	2000	2005	2011[2]
Sozialbudget insgesamt	**397 252**	**522 389**	**608 453**	**669 533**	**767 590**
1. Sozialsysteme insgesamt	**252 674**	**344 258**	**396 714**	**426 096**	**471 302**
Rentenversicherung	133 180	184 753	217 429	239 877	255 634
Krankenversicherung	92 682	122 163	132 080	142 123	177 874
Pflegeversicherung	-	5 279	16 668	17 831	21 876
Unfallversicherung	7 640	10 244	10 834	11 228	12 205
Arbeitslosenversicherung	35 640	48 641	49 696	44 272	29 348
2. Sondersysteme (z. B. Private Altersvorsorge)	**3 568**	**4 709**	**5 733**	**6 776**	**25 597**
3. Systeme des öffentlichen Dienstes (Pensionen, Zuschläge, Beihilfen)	**35 835**	**43 225**	**51 295**	**55 444**	**60 584**
4. Arbeitgebersysteme (z. B. Betriebliche Altersversorgung)	**43 363**	**49 373**	**53 457**	**56 543**	**66 801**
5. Entschädigungssysteme (z. B. Lastenausgleich)	**8 736**	**9 278**	**6 422**	**4 560**	**3 055**
6. Förder- und Fürsorgesysteme (z. B. Kindergeld, Familienleistungs- ausgleich)	**55 566**	**78 696**	**100 254**	**130 517**	**146 497**

Quelle: BMAS, Sozialbudget 2011; Institutionen oh. Verrechnungen. Sozialbudget insg. und Sozialversicherungssysteme konsolidiert um Beiträge des Staates.
Ab 2009 einschließlich privater Krankenversicherung, Datenstand Mai 2012, 1) vorläufig 2) geschätzt

Beitragssätze in der Sozialversicherung

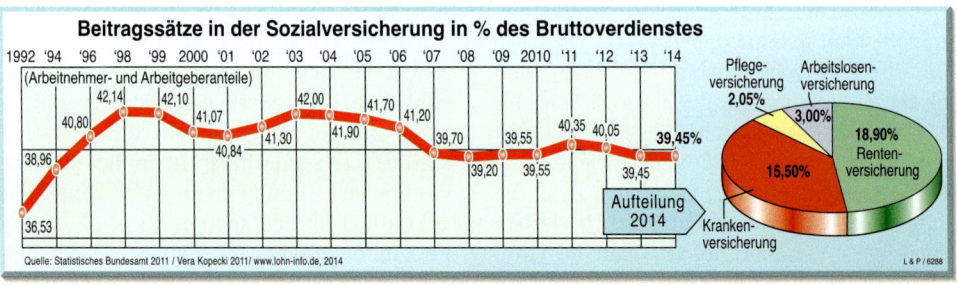

Beitragssätze in der Sozialversicherung in % des Bruttoverdienstes

(Arbeitnehmer- und Arbeitgeberanteile)

Werte: 36,53 · 38,96 · 40,80 · 42,14 · 42,10 · 41,07 · 40,84 · 41,30 · 42,00 · 41,90 · 41,70 · 41,20 · 39,70 · 39,20 · 39,55 · 39,55 · 40,35 · 40,05 · 39,45 · 39,45% · 39,45%

Aufteilung 2014:
Pflegeversicherung 2,05% · Arbeitslosenversicherung 3,00% · Rentenversicherung 18,90% · Krankenversicherung 15,50%

Quelle: Statistisches Bundesamt 2011 / Vera Kopecki 2011/ www.lohn-info.de, 2014

L & P / 6288

1 **Analysieren** Sie M 8 und visualisieren Sie die Sozialausgaben in einer Grafik.

2 **Legen** Sie die Probleme **dar**, die sich aus den Daten von M 8 und M 9 ergeben.

3 **Fassen** Sie **zusammen**, welche Posten das Sozialbudget in Deutschland umfasst (M 8 bis M 10) und wie es finanziert wird (M 10 und M 11).

4 **Analysieren** Sie die Grafik M 12 hinsichtlich des Anteils der zu versteuernden Einkommen im Vergleich zu dem jeweiligen Anteil an der Einkommensteuer.

5 **Beschreiben** Sie die Verteilungseffekte staatlicher Steuerpolitik und Transferleistungen und **beurteilen** Sie diese im Anschluss (M 8 bis M 12).

Die Dynamik des Sozialbudgets

MATERIAL 10

Zu den Sozialleistungen werden [...] üblicherweise gezählt:

- direkte monetäre Transfers wie Renten, Sozialhilfe oder Arbeitslosengeld/Arbeits-
5 losenhilfe,
- indirekte monetäre Transfers in Form von Steuerermäßigungen wie Kinderfreibeträge und
- die sozialen Sach- und Dienstleistungen
10 (Realtransfers) insbesondere im Gesundheitsbereich und in Form sozialer Dienste. [...]

Mittlerweile sind über 90 % der Bevölkerung gegen die Standardrisiken Alter, **Invalidität**,
15 Krankheit, Arbeitslosigkeit und Pflege abgesichert, es ist hier also ein hohes Maß an **Inklusion** erreicht, und praktisch niemand mehr wird vom Sozialstaat nicht erfasst. Die Dynamik der Entwicklung wird aus der Tatsache ersichtlich, dass 1950 nur 36,4 % der 20 Bevölkerung über 60 Jahre Altersrente bezogen, während es 2002 schon 78,7 % waren. [...] Woher kommt das Geld für Sozialleistungen? Im Jahr 2008 stammen aus Beiträgen der Versicherten 463 Mrd. € (207 Mrd. € Arbeit- 25 nehmeranteil, 256 Mrd. € Arbeitgeberanteil). Das entspricht auf dem ersten Blick dem Typus des konservativen Sozial(versicherungs)-staates. Aber es fehlt noch ein gutes Drittel. Diese Mittel kommen aus dem Staatshaus- 30 halt und belaufen sich derzeit auf 292 Mrd. €. Insofern spielt die Steuerfinanzierung inzwischen eine tragende Rolle auf der Einnahmeseite des Wohlfahrtsstaates.

Aus: Josef Schmid, Sozialstaat. Eine Institution im Umbruch (siehe M 1), S. 441 f.

Das bleibt übrig vom Gehalt

MATERIAL 11

Bruttoeinkommen: 4 000,00 Euro	
Steuer- und sozialversicherungspflichtiges Bruttogehalt	

Abzüge: Steuern		**Abzüge: Sozialabgaben** (Arbeitnehmeranteil)	
Einkommensteuer (je nach Steuerklasse und Verdienst gestaffelt, hier Steuerklasse III, Kinder)	**442,00 Euro**	Rentenversicherung (die Hälfte von 18,9 %)	**378,00 Euro**
Kirchensteuer (in NRW 9 % der Einkommensteuer):	**39,78 Euro**	Krankenversicherung (mehr als die Hälfte (8,2 %) von 15,5 %)	**328,00 Euro**
Solidaritätszuschlag (5,5 % der Einkommensteuer):	**24,31 Euro**	Pflegeversicherung (die Hälfte von 2,05; für Kinderlose: 2,3 %)	**41,00 Euro**
		Arbeitslosenversicherung (die Hälfte von 3 %)	**60,00 Euro**

Nettoeinkommen: 2 686,91 Euro

Stand: 2014 (Zahlen gerundet)   L & P / 6451

Einkommensteueranteile

MATERIAL 12

QUERVERWEIS

Der Bereich der Verteilungspolitik (Steuern) S. 80 f., M 15–M 18

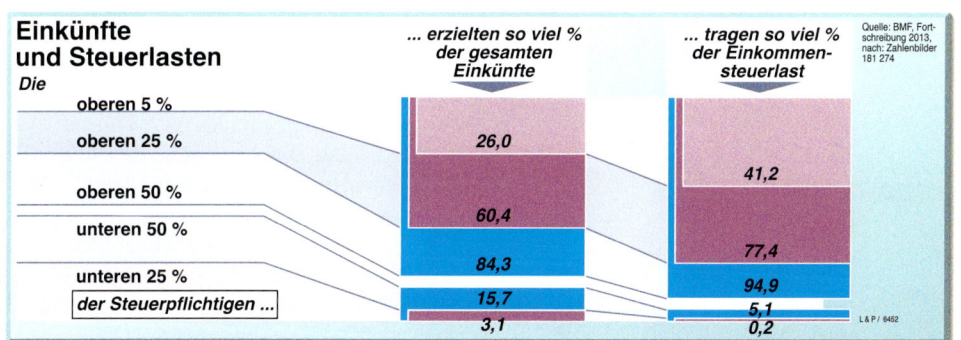

Einkünfte und Steuerlasten

Die

... erzielten so viel % der gesamten Einkünfte

... tragen so viel % der Einkommensteuerlast

Quelle: BMF, Fortschreibung 2013, nach: Zahlenbilder 181 274

	erzielten %	tragen %
oberen 5 %	26,0	41,2
oberen 25 %	60,4	77,4
oberen 50 %	84,3	94,9
unteren 50 %		
unteren 25 %	15,7	5,1
der Steuerpflichtigen ...	3,1	0,2

L & P / 6452

Sozialstaatliches Handeln am Beispiel der Krankenversicherung

MATERIAL 13

So funktioniert die gesetzliche Krankenversicherung (GKV)

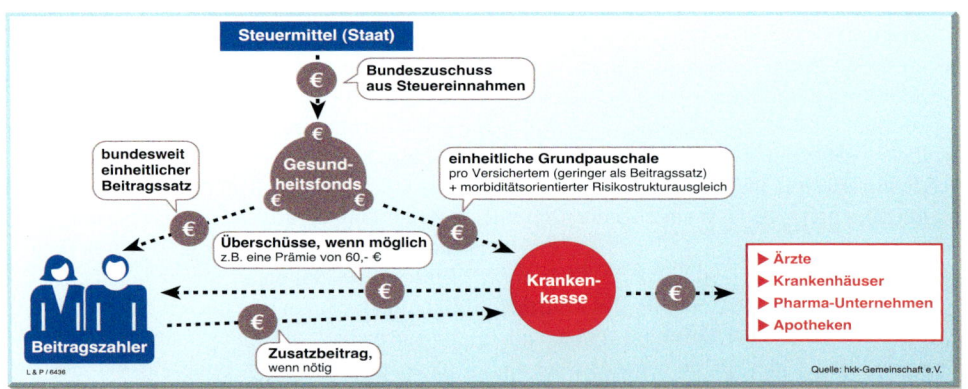

MATERIAL 14

Umstrittener Zusatzbeitrag in der GKV

Das GKV-Wettbewerbsstärkungsgesetz 2007 räumte den Krankenkassen mit Wirkung vom 1. Januar 2009 die Möglichkeit ein, einen Zusatzbeitrag von den Versicherten zu er-
5 heben. Die Einführung dieses Zusatzbeitrags stand im Zusammenhang mit der Einrichtung des Gesundheitsfonds, der ebenfalls zum 1. Januar 2009 wirksam wurde.
In den Gesundheitsfonds fließen seitdem die
10 Beitragseinnahmen der Krankenkassen und der steuerfinanzierte Bundeszuschuss. Die Krankenkassen erhalten aus dem Gesundheitsfonds je Versicherte/je Versicherten (differenziert nach Alter, Geschlecht und be-
15 stimmten Krankheitsmerkmalen) einen be-

stimmten Betrag, mit dem sie die Versorgung ihrer Versicherten finanzieren müssen. Kommen sie mit diesem Geld nicht aus, so müssen sie einen Zusatzbeitrag erheben [...]:

- Er wird nur von den Versicherten, nicht 20 vom Arbeitgeber erhoben. [...]
- Der Zusatzbeitrag kann in Form eines bestimmten Prozentsatzes vom Bruttoeinkommen (zum Beispiel 0,8 Prozent des Bruttoeinkommens) oder als Pauschale 25 (zum Beispiel acht Euro für alle Versicherten unabhängig von ihrem Einkommen) erhoben werden. [...]

Der Zusatzbeitrag ist von der Großen Koalition [2005–2009] eingeführt worden, um 30 den Krankenkassen einen Anreiz zur Ausgabenbegrenzung zu geben. Die Krankenkassen würden – so das Kalkül – versuchen, einen Zusatzbeitrag zu vermeiden, weil sie den damit verbundenen Verwaltungsaufwand 35 scheuen und sich nicht der Gefahr einer forcierten Abwanderung von Versicherten aussetzen wollen. Dabei waren allerdings die Höhe sowie die Art der Erhebung des Zusatzbeitrags umstritten. Die SPD wollte ihn auf 40 ein Prozent des Bruttoarbeitseinkommens begrenzen und nur einen prozentualen Zusatzbeitrag einführen. CDU und CSU sprachen sich anfangs für einen Zusatzbeitrag

Zeichnung:
Thomas Plaßmann

45 von bis zu drei Prozent des Bruttoarbeitseinkommens aus und wollten den Krankenkassen auch eine pauschale Erhebung ermöglichen. Die schließlich getroffene Regelung stellte einen Kompromiss dieser beiden Konzepte dar. Im Zusammenhang mit der Einführung des Zusatzbeitrages ist auf zwei Aspekte besonders hinzuweisen:
1. Die einschlägigen Regelungen bedeuten, dass die Deckung von Ausgabenüberhängen bei den Krankenkassen einseitig den Versicherten auferlegt und der Arbeitgeberanteil zur GKV bis auf Weiteres – nämlich bis zum Erreichen des erwähnten Schwellenwertes von fünf beziehungsweise 95 Prozent – eingefroren wird.
2. Mit der Möglichkeit, den Zusatzbeitrag auch pauschal zu erheben, ist die Option für eine „kleine Kopfpauschale" in das Finanzierungssystem der GKV eingefügt worden.

Aus: Bundeszentrale für politische Bildung, Zusatzbeitrag, in: Dossier: Gesundheitspolitik, www.bpb.de/ politik/innenpolitik/gesundheitspolitik/169815/zusatzbeitrag, 30.9.2013 (Zugriff: 4.11.2014)

Abschied vom Einheitsbeitrag

MATERIAL **15**

Union und SPD wollen den gesetzlichen Krankenkassen wieder mehr Spielraum bei der Festlegung der Beitragssätze geben. Die Gesundheitsexperten einigten sich mit den
5 Parteivorsitzenden von CDU, CSU und SPD im Endspurt der Koalitionsverhandlungen auf eine Abkehr von dem bisher geltenden Einheitsbeitrag in Höhe von 15,5 Prozent des Einkommens. Als verbindliche Beitragsunter-
10 grenze soll die Marke von 14,6 Prozent gesetzlich festgeschrieben werden – diesen Beitrag leisten Arbeitnehmer und Arbeitgeber bereits jetzt schon jeweils zur Hälfte. Eine Änderung gibt es für den Zusatzbeitrag von
15 0,9 Prozent, den die Beschäftigten bisher allein geschultert haben. Je nach Finanzlage dürfen die Kassen die Höhe dieses Zusatzbeitrags selbst festlegen. Steht eine Krankenkasse finanziell gut da, kann sie ihren
20 Mitgliedern einen geringeren Zusatzbeitrag abverlangen. Steckt die Kasse dagegen in der Finanzklemme, darf sie über die bisherige Marke von 0,9 Prozent hinausgehen. [...]

Die Einigung ist ein Kompromiss zwischen Union und SPD: CDU und CSU konnten sich 25 mit ihrer Position durchsetzen, dass die Unternehmen auch weiterhin von Kostensteigerungen im Gesundheitssystem verschont bleiben und auf einen gesetzlich festgeschriebenen Arbeitgeberanteil setzen 30 können.
Dagegen erreichten die Sozialdemokraten, dass die Finanzierung des Gesundheitssystems künftig vollständig einkommensabhängig wird: Besserverdiener werden demnach 35 höher belastet als Geringverdiener, wenn ihre Kasse in Finanzengpässe kommt. Denn einkommensunabhängige Zusatzpauschalen, die finanzschwache Kassen bisher erheben konnten, entfallen künftig. „Der Kampf ge- 40 gen die Kopfpauschale hat zehn Jahre gedauert", sagte SPD-Gesundheitsexperte Karl Lauterbach. „Jetzt wurde der historische Ausstieg aus der Kopfpauschale erreicht."

Aus: Claudia Kade, Abschied vom Einheitsbeitrag für Krankenkassen, in: Die Welt online, www.welt.de/ politik/deutschland/article122158524/Abschied-vom-Einheitsbeitrag-fuer-Krankenkassen.html, 22.11.2013 (Zugriff: 4.11.2014)

1 Analysieren Sie die Karikatur in M 14 hinsichtlich ihrer Aussage.

2 Erklären Sie die Finanzierung der gesetzlichen Krankenversicherung (M 13).

3 Arbeiten Sie aus dem Text M 14 heraus, warum der Zusatzbeitrag zur Krankenversicherung umstritten war.

4 Fassen Sie den Kompromiss zum Zusatzbeitrag **zusammen** und **bewerten** Sie ihn (M 15).

5 Analysieren Sie M 14 und M 15 daraufhin, wessen Interessen bei der Gesundheitspolitik berücksichtigt werden müssen.

MATERIAL **16**   Zweiklassenmedizin

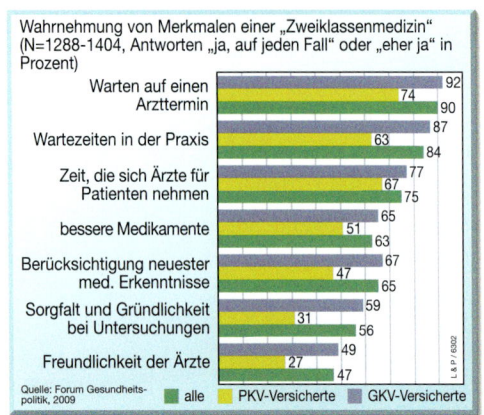

Wahrnehmung von Merkmalen einer „Zweiklassenmedizin"
(N=1288–1404, Antworten „ja, auf jeden Fall" oder „eher ja" in Prozent)

Warten auf einen Arzttermin: 92 / 74 / 90
Wartezeiten in der Praxis: 87 / 63 / 84
Zeit, die sich Ärzte für Patienten nehmen: 77 / 67 / 75
bessere Medikamente: 65 / 51 / 63
Berücksichtigung neuester med. Erkenntnisse: 67 / 47 / 65
Sorgfalt und Gründlichkeit bei Untersuchungen: 59 / 31 / 56
Freundlichkeit der Ärzte: 49 / 27 / 47

Quelle: Forum Gesundheitspolitik, 2009
■ alle   ■ PKV-Versicherte   ■ GKV-Versicherte

Im Unterschied zur privaten Krankenversicherung (PKV) basiert die GKV auf dem Solidarprinzip: Ein Versicherter zahlt seinen Beitrag gemäß seiner Einkünfte und erhält Leistungen nach seinen gesundheitlichen Bedürfnissen, also unabhängig von der Höhe der Einzahlungen. Allerdings sind Art und Umfang der Leistungen gesetzlich geregelt. Sie müssen „ausreichend", „zweckmäßig" und „wirtschaftlich" sein, eine Behandlung darf das „Maß des Notwendigen" nicht überschreiten. [...] Die Beiträge zur GKV werden zwischen Arbeitnehmern und Arbeitgebern aufgeteilt. Der Arbeitnehmeranteil wird direkt vom Arbeitslohn oder Gehalt einbehalten. Kinder und Ehepartner ohne eigenes Einkommen sind kostenlos mitversichert. Mit der Einführung des Gesundheitsfonds im Juli 2009 gilt für alle GKV ein einheitlicher Beitragssatz. [...]

Neben der GKV gibt es in Deutschland den Zweig der privaten Krankenversicherung. Nach Angaben des Verbandes der Privaten Krankenversicherung hatten Ende 2012 rund neun Millionen Menschen in Deutschland eine private Vollversicherung, also etwas mehr als elf Prozent. Beitreten dürfen Beamte, Selbstständige oder Arbeitnehmer mit einem Arbeitsentgelt oberhalb der Versicherungspflichtgrenze von 4 462,50 Euro im Monat oder 53550 im Jahr (Wert für 2014). Wer in die PKV wechselt, erhofft sich eine bessere Betreuung [...]. Tatsächlich haben es Privatpatienten leichter, die beste Gesundheitsversorgung zu erhalten. Heutzutage gibt es kaum einen Experten, der noch bestreitet, dass es in Deutschland eine Zweiklassenmedizin gäbe, zumal auch nicht jeder Kranke bekommt, was medizinisch möglich ist. Ein Wechsel in die PKV lohnt sich vor allem für junge, gesunde Menschen, der Eintritt im fortgeschrittenen Alter kann sich dagegen rächen. Außerdem gilt hier das Motto: Viel kostet viel.

Aus: Zwei-Klassen-Medizin auf hohem Niveau, in: Stern online, www.stern.de/wirtschaft/versicherung/ das-deutsche-gesundheitssystem-zwei-klassen-medizin-auf-hohem-niveau-1545823.html (Zugriff: 3.4.2014)

MATERIAL **17**   Vor- und Nachteile von GKV und PKV

Vorteile der PKV: Niedrige Einstiegstarife deutlich unterhalb der Beiträge für eine gesetzliche Kasse; einmal vertraglich zugesicherte Leistungen bleiben erhalten; [...] Leistungskatalog ist individuell zusammenstellbar (Einbettzimmer, Chefarztbehandlung etc.); Leistungskatalog kann bei steigenden Kosten auf Wunsch des Versicherten verringert werden und damit sinkt die Prämie; Beitragsrückerstattungen, wenn die Versicherung gut gewirtschaftet hat; Altersrückstellungen, die die steigenden Kosten im Alter teilweise auffangen können; keine Solidargemeinschaft unter den Versicherten, sondern jeder spart theoretisch für sich selbst an.

Nachteile der PKV: PKV-Versicherte hängen an der Entwicklung aller in ihrem Tarif Versicherten: Wird der Tarif geschlossen für junge, gesunde Neuzugänge, überaltert die ganze Tarifgruppe und es wird teurer; günstige Einstiegstarife können sich binnen zehn Jahren zu hohen Beiträgen entwickeln; Abrechnungen müssen vorgestreckt werden; Ärger mit Ärzten oder Kliniken, falls die aus Sicht der Versicherung überhöhte Rechnungen stellen; Gesundheitsprüfung – wer nicht kerngesund ist, muss je nach früherer oder akuter Krankheit sofort höhere Beiträge zahlen oder wird ganz abgelehnt; keine Solidargemeinschaft unter den Versicherten – wer die Beiträge nicht mehr finanzieren kann,

muss in den abgespeckten Basistarif seines Anbieters wechseln [...]; Kinder und nicht
35 berufstätige Ehefrauen sind nicht wie in der GKV automatisch und kostenlos mitversichert; viele Leistungen aus dem GKV-Katalog sind für PKV-Versicherte nicht ohne höheren Beitrag zu bekommen, z.B. Haus-
40 haltshilfen in Notfällen, Leistungen für Kinder, Mutter-Kind-Kuren; PKV-Versicherte gelten oft als überversorgt, weil zwecks Honorarabrechnung mehr Untersuchungen an ihnen praktiziert werden, als medizinisch
45 nötig.
Vorteile der GKV: Solidargemeinschaft von Alten und Jungen, Gesunden und Kranken – die Risiken werden ständig gemischt; Kinder und nicht berufstätige Ehegatten sind kos-
50 tenlos mitversichert; viele Leistungen für Kinder sind bei der GKV vorgeschrieben, die die PKV nicht ohne höhere Beiträge bietet; Pharmafirmen, Ärzte oder Kliniken bekommen feste Kostensätze erstattet [...].
Nachteile der GKV: Den Leistungskatalog 55 bestimmt die Politik – das heißt: nichts ist sicher; die monatlichen Beiträge werden von der Politik festgelegt – Kassen, die gut wirtschaften, können keine niedrigeren Beiträge anbieten; die Politik bremst Kassen aus, die 60 neue Ideen z.B. bei Kooperationen oder im Krankheitsmanangement realisieren wollen; die GKV legt keine Altersreserven an, das Geld wird ausgegeben, wie es reinkommt.

Aus: Anke Henrich, Vor- und Nachteile von GKV und PKV, in: Wirtschaftswoche online, www.wiwo.de/finanzen/vorsorge/pro-und-contra-vor-und-nachteile-von-gkv-und-pkv/4645728.html, 24.5.2011 (Zugriff: 3.4.2014)

MATERIAL **18**

Lösung Bürgerversicherung?

Um die chronische Finanzierungskrise der GKV zu lösen und die „Zweiklassenmedizin" abzuschaffen, schlagen einige Parteien und Arbeitnehmervertretungen die Einführung einer für alle verpflichtenden Bürgerversicherung vor. Die PKV sollen nur noch auf freiwillig zu versichernde Zusatzleistungen beschränkt werden.

a) Stellungnahme des DGB: Die Arbeitgeber zahlen in Zukunft wieder paritätische Beiträge. Die Versicherten werden entlastet. Die Beiträge sind weiter einkommensabhän-
5 gig. [...] Hohe Einkommen und Kapitaleinkünfte leisten endlich auch einen gerechten Beitrag. Der Solidarausgleich wird gestärkt.

b) Stellungnahme der BDA: Alle bekannten Bürgerversicherungsmodelle sind wachstums- und beschäftigungsfeindlich und da-10 her abzulehnen. [...] Die Belastung der Beitragszahler würde erhöht, die Umverteilung ausgeweitet und die langfristige Finanzierbarkeit der Kranken- und Pflegeversicherung erschwert. [...] Die Beitragszahler würden auch deshalb zusätzlich belastet, weil sie künftig die Kosten des Kranken- und Pflegeversicherungsschutzes von allen Bürgern ohne eigenes Einkommen finanzieren müssten. Damit würde die Solidarität der Bei-20 tragszahler zugleich deutlich überstrapaziert.

a) aus: Bündnis „Köpfe gegen Kopfpauschale", Kopfpauschale kippen! Bürgerversicherung. Die soziale Alternatve, hrsg. v. DGB-Bundesvorstand, Berlin 2011; b) aus: BDA, Bürgerversicherung belastet Beitragszahler und gefährdet langfristige Finanzierbarkeit der Kranken- und Pflegeversicherung, Berlin 2013

1 **Ermitteln** Sie aus M 16 und M 17, was man unter Zweiklassenmedizin versteht, und stellen Sie die gesetzliche und die private Krankenversicherung einander gegenüber.

2 **Beurteilen** Sie die unterschiedlichen Zugangschancen zu den Krankenkassen (M 17).

3 Führen Sie ausgehend von M 16 und M 17 eine Fishbowl-Diskussion, in der Sie **beurteilen**, ob sich die Existenz privater und gesetzlicher Krankenkassen vor dem Hintergrund des Sozialstaatsgebots und des Gebots zur Herstellung gleichwertiger Lebensverhältnisse legitimieren lässt.

4 **Arbeiten** Sie aus M 18 die sozialpolitische Position von Arbeitgeber- und -nehmervertretern am Beispiel der Krankenversicherung **heraus** und **nehmen** Sie dazu **Stellung**.

INFO

DGB
10 Deutscher Gewerkschaftsbund

BDA
Bundesvereinigung der Deutschen Arbeit-15 geberverbände

Gleichwertige Lebensverhältnisse
Im Bereich der konkurrierenden 20 Gesetzgebung liegt das Gesetzgebungsrecht gemäß Art 72 GG Abs. 2 beim Bund, „wenn und soweit die Herstellung gleichwertiger Lebensverhältnisse im Bundesgebiet oder die Wahrung der Rechts- oder Wirtschaftseinheit im gesamtstaatlichen Interesse eine bundesgesetzliche Regelung erforderlich macht."

QUERVERWEIS

Grundlagen des Sozialstaats im Grundgesetz
S. 315, M 3

Der Sozialstaat in der Diskussion

Probleme des Sozialstaats

INFO

ambivalent
in sich widersprüch-
lich, zwiespältig

Seit einigen Jahren ist der Sozialstaat vor allem durch die kontroversen Debatten über Kürzungen von Sozialleistungen, den Umbau und die Reformfähigkeit der sozialen Siche-
5 rungssysteme präsent. Ursache dafür sind eine Reihe von tief greifenden Veränderungen und Entwicklungen, die sich in ihrer Wirkung in den nächsten Jahren noch verschärfen werden. Dabei spielen sowohl inter-
10 ne (aus dem Sozialstaat selbst hervorgegangene) als auch externe Faktoren eine Rolle. [...] Der **demografische Wandel** gehört zu den früh prognostizierten Veränderungen der gegenwärtigen Gesellschaft. [...] Dabei ist
15 grundsätzlich von folgenden vier miteinander verknüpften Trends auszugehen:
a. Die Geburtenrate (Fertilität) wird auf einem niedrigen Niveau verharren. Gleichzeitig nimmt durch Fortschritte in der medizi-
20 nischen Diagnostik, bei den Therapiemöglichkeiten, vor allem aber durch eine weit entwickelte Gesundheitsvorsorge die Lebenserwartung zu;
b. eine zahlenmäßig kleinere Bevölkerung
25 wird zu einer abnehmenden Bevölkerungsdichte mit starken regionalen Unterschieden führen;
c. die Verschiebungen in der Altersstruktur der Bevölkerung sind voraussichtlich stärker
30 als vielfach angenommen. Auch eine kontinuierliche Zuwanderung kann diese nicht ausgleichen, sondern bestenfalls abmildern;
d. immer weniger junge Menschen stehen immer mehr älteren Menschen gegenüber,
35 das Durchschnittsalter der erwerbsfähigen Bevölkerung und der Gesamtbevölkerung nehmen deutlich zu.
Diese demografische Herausforderung wirkt sich auf einschneidende Weise in den ver-
40 schiedenen Bereichen des Sozialstaates aus. Zum einen lässt sie den „Generationenvertrag" brüchig werden; vor allem bei geringem Wirtschaftswachstum und hoher Arbeitslosigkeit gerät das Verhältnis zwischen
45 beitrags- und steuerzahlenden Erwerbspersonen auf der einen und den Rentnern auf der anderen Seite aus dem Gleichgewicht. Zugleich entstehen wegen der unterschied-

lichen Belastungen beziehungsweise Leistungen neue politische Konfliktzonen zwi- 50
schen Jungen und Alten sowie zwischen familialen und nichtfamilialen Lebensformen, die wiederum zu neuem Handlungsbedarf für die Sozialpolitik führen und den Sparbestrebungen entgegenlaufen. 55
Für den Arbeitsmarkt hat der demografische Wandel **ambivalente** Folgen: Die gesellschaftlich notwendige Arbeit muss in Zukunft von einem kleineren Erwerbspersonenpotenzial bewältigt werden, was die Belastungen durch 60
erhöhte Sozialversicherungsbeiträge verstärkt. Auf der anderen Seite dürfte die Nachfrage nach Arbeitskräften steigen und damit die Arbeitslosigkeit erheblich verringert werden, was dann entsprechende 65
Kosten senkt.
Das Gesundheitssystem steht schon seit längerem unter hohem Kostendruck, der einerseits auf – durch neue und teurere Therapiemöglichkeiten entstandene – erhöh- 70
te Lebenserwartung zurückgeführt werden kann, andererseits auch auf Qualitäts- und Effizienzmängel eines sehr fragmentierten Systems aus einer Vielzahl von Kassen und Anbietern. Der demografische Wandel wird 75
Auswirkungen auf der Einnahmen- und Ausgabenseite der Gesetzlichen Krankenversicherung haben, da ältere Menschen durchschnittlich mehr Leistungen beanspruchen, gleichzeitig aber nur geringere Beiträge zur 80
Krankenversicherung gezahlt werden. [...]
Die **soziokulturellen Herausforderungen** beruhen vor allem auf der drastischen Veränderung der Familienstrukturen und kleinräumigen Gemeinschaften, die sich 85
mit Pluralisierung und „Individualisierung" kennzeichnen lässt. Hieraus resultiert zweierlei: Zum einen nehmen die Leistungen der informellen Wohlfahrtsproduktion in Familie und Nachbarschaft massiv ab, zum ande- 90
ren sind nicht mehr nur „großflächige" staatliche Maßnahmen, die sich auf größere Bevölkerungsgruppen mit ähnlichen sozialen Problemen richten, gefragt. Dies ist einer der Gründe, weshalb immer mehr die negativen 95
Folgen einer Bürokratisierung der sozial-

staatlichen Institutionen und ihre zunehmende Distanz zu den Bürgern beklagt und ein Ausgleich durch eine Aktivierung der Zivilgesellschaft gesucht wird. Auch die **normativen** Fundamente des Wohlfahrtsstaates, die auf Solidaritätsbereitschaft, Gerechtigkeitssinn und Gemeinwohlorientierung gebaut sind, scheinen ins Wanken zu geraten. Die Diskussion um das mittlerweile auch schon in der Mittelschicht zum Kampfbegriff mutierte Stichwort der sozialen Gerechtigkeit weist auf zunehmende Verteilungskonflikte und einen gleichzeitig anscheinend abnehmenden Gemeinsinn hin.

Seit den 1970er-Jahren nimmt zudem eine Kritik gegenüber dem deutschen Sozialstaat zu, welche auf die Benachteiligung von Frauen und die Auswirkungen auf das Geschlechterverhältnis zielt. Letztendlich fehlen in Deutschland eine ausreichende öffentliche Infrastruktur (zum Beispiel Kindergartenplätze) und entsprechende Arbeitsplätze für Frauen. Dieses Defizit wird umso dringender, je mehr Frauen infolge der erwähnten Veränderungen der Sozial- und Wertestrukturen (Individualisierung, Pluralisierung, Wandel der Familie) auf den Arbeitsmarkt drängen und dort aus demografischen Gründen auch gebraucht werden. [...]

Zu all dem kommen als **politisch-ökonomische Besonderheit** in Deutschland die Folgelasten der deutschen Wiedervereinigung hinzu. Sie umfassen umfangreiche Transferleistungen, die über Steuern und vor allem Sozialversicherungsbeiträge finanziert sind. Gerade im Hinblick auf die noch immer gravierende wirtschaftliche Struktur- und Wachstumsschwäche in den neuen Bundesländern öffnet sich auf diese Weise die Schere zwischen Einnahmen und Ausgaben.[...]

Die im Zuge der **Globalisierung** zunehmende Bedeutung transnationaler Beziehungen bringt auch für den traditionell national geregelten Sozialstaat ganz neue ökonomische, politische und rechtliche Herausforderungen mit sich. [...]

Zu den unmittelbar sozialstaatlich relevanten Folgen dieser Entwicklungen gehört der Druck auf die Sozialausgaben, von deren Reduzierung man sich eine Erhöhung der Wettbewerbsfähigkeit verspricht. Dieser Druck muss nicht nur zum Abbau von Leistungen führen, er kann auch einen Umbau zum aktivierenden und vorsorgenden Sozialstaat mit positiven Effekten für die Wirtschaft befördern. Das Verhältnis von Sozialpolitik und Wirtschaft ist zweischneidig; es gibt hemmende wie fördernde Tendenzen. So verbraucht der Sozialstaat Ressourcen, die er über Steuern und Beiträge dem Wirtschaftsystem entzieht; zugleich stellt er aber via Bildungs- und Gesundheitswesen „gute" Arbeitskräfte zur Verfügung. Auch reduziert er soziale Spannungen und Konflikte zwischen Kapital und Arbeit. [...]

Zu den neuen Rahmenbedingungen des nationalen Sozialstaates gehört die **europäische Union**, die mit ihren Regulativen und Vorgaben in die Sozialpolitik einwirkt, zugleich aber auch gegen den Druck der Globalisierung abpuffert. Lange hat die EU ihren Schwerpunkt auf die wirtschaftlichen und bürgerlichen Rechte (vor allem der Freizügigkeit von Arbeitskräften, Waren, Dienstleistungen und Kapital) und weniger auf die sozialen Ansprüche und Ausgleich gelegt. Die in den Artikeln 136–148 des EG-Vertrages festgelegten sozialpolitischen Kompetenzen weisen den europäischen Behörden – wenn überhaupt – nur eine sekundäre Rolle zu. In diesem Zusammenhang muss darauf hingewiesen werden, dass der Haushalt der Europäischen Union nur einen Bruchteil der Staatsausgaben der Mitgliedsländer ausmacht. [...]

Angesichts der drastischen neuen Herausforderungen droht ein „**mismatch**" von sozialen Problemlagen auf der einen sowie den sozialstaatlichen Institutionen und politischen Lösungsstrategien und Instrumenten auf der anderen Seite. [...] Die Lösung liegt daher in vielen Fällen nicht mehr in einem Ausbau der etablierten Leistungen und Interventionsmuster, sondern in ihrer grundlegenden Reform und Ergänzung um neue Elemente – eben im Umbau.

Aus: Josef Schmid, Sozialstaat. Eine Institution im Umbruch (siehe M 1), S. 446–452

INFO

normativ
als Richtschnur dienend, einen Maßstab für etwas abgebend

mismatch
Ungleichgewicht, Nichtübereinstimmung, Diskrepanz

||||**1**|| Arbeiten Sie aus M 19 die zukünftigen Probleme für den Sozialstaat **heraus**.
||||**2**|| **Erörtern** Sie Strategien, wie den einzelnen Problemen in M 19 begegnet werden kann.
||||**3**|| Entwickeln Sie ausgehend von M 19 verschiedene Szenarien für den Sozialstaat. Versetzen Sie sich dabei in die Rolle unterschiedlicher Akteure (z. B. Staat, Jugend etc.).

QUERVERWEIS

METHODE Szenario
S. 224

Sozialstaatliche Modelle

Einen beträchtlichen Teil seiner Energie widmet der Staat der Erfüllung sozialpolitischer Ziele, um materielles Elend und soziale Benachteiligung abzumildern, um den sozialen Frieden im Lande zu wahren und um seine Gesellschaft zukunftsfähig zu machen.

Sozialstaaten sind ganz unterschiedlich ausgeprägt. Im Wesentlichen werden drei Modelle unterschieden: das konservative, das liberale und das sozialdemokratische. Der **konservative Sozialstaat** findet sich etwa in Deutschland und steht im engen Einklang mit dem Prinzip der sozialen Marktwirtschaft. Der Sozialstaat wird hier über Sozialabgaben finanziert, die von Arbeitnehmern und Arbeitgebern bezahlt werden. Die Marktordnung hat zu Zwecken von Gerechtigkeit und Sicherheit soziale Bestandteile, z. B. ein umfassendes Steuersystem und die Grundsicherung für jeden Bürger. Die Norm „Sicherheit" wird stärker gewichtet als „Gleichheit" und „Freiheit". Im **angelsächsischen Modell** werden große Bereiche der Gesellschaft wie zum Beispiel das Gesundheitssystem weitgehend privat organisiert. Der Staat sorgt lediglich für die Rahmenbedingungen und für eine Grundversorgung. Er betreibt also nur eine minimale Sozialpolitik. Priorität hat also die „Freiheit". Besonders die USA und Großbritannien praktizieren dieses Modell. Im Gegensatz dazu steht das **skandinavische Modell**, realisiert vor allem in Dänemark und Schweden. Der Sozialstaat finanziert sich hier über (hohe) Steuern, der Staat wiederum garantiert umfassende Sozialleistungen. Hier steht die Norm „Gleichheit" an erster Stelle.

Verfassungsrechtliche Grundlagen des Sozialstaats

Das **Sozialstaatsprinzip** ist in den Grundgesetz-Artikeln 20 und 28 verankert. Da das Grundgesetz an dieser Stelle recht vage bleibt, ist der Grad der sozialstaatlichen Ausprägung jedoch nicht vorgeschrieben und muss im demokratischen Prozess immer wieder neu ausgehandelt werden.

Es entspricht dem Wirtschaftssystem der sozialen Marktwirtschaft, dass für diejenigen Mitbürger, die am Leistungswettbewerb nicht oder nur eingeschränkt teilnehmen können, ein **sozialer Ausgleich** geschaffen wird. Das bedeutet konkret, dass den leistungsstärkeren Mitgliedern der Gesellschaft Zahlungen in Form von Steuern und Sozialversicherungsbeiträgen auferlegt werden, von denen wiederum die leistungsschwächeren in Form von Sozialleistungen profitieren (Umverteilung). Daneben hat der Staat gegenüber seinen Bürgern die Pflicht, für **soziale Sicherheit** zu sorgen, d. h. die Existenzgrundlage für ein menschenwürdiges Leben zu sichern.

Warum es zur Errichtung eines Sozialstaats kommt, versuchen verschiedene Theorien zu erklären: Laut der **funktionalistischen Theorie** ist der Aufbau von Sozialsystemen eine notwendige Reaktion auf Industrialisierung und Modernisierung, wenn der gesellschaftliche Zusammenbruch verhindert werden soll. Nach den **Konflikttheorien** ist der massive Druck vor allem der Arbeiterbewegungen für die Entstehung sozialer Sicherungssysteme verantwortlich zu machen. Die **institutionellen Theorien** erklären die Entstehung des Sozialstaats durch das Wirken staatlicher Instanzen, die zum Beispiel auf den Wettbewerb zwischen einzelnen Staaten reagieren.

Grundprinzipien des Sozialstaats

Das System der sozialen Sicherung ruht auf den drei Säulen des **Versicherungs-, Versorgungs-** und **Fürsorgeprinzips**. Innerhalb des Versicherungsprinzips gilt zusätzlich das **Solidaritätsprinzip**, d. h., dass jeder Bürger bzw. Beitragszahler im Versicherungsfall über seine eigenen Beitragszahlungen für den anderen eintritt. Bei der gesetzlichen Kranken- und Pflegeversicherung ist zum Beispiel die Beitragshöhe unerheblich für die Versicherungsleistung. Jemand, der einen Unfall hatte, wird damit nicht schlechter versorgt, nur weil er ein geringes Einkommen hat.

Auch beim Versorgungsprinzip gilt das Solidaritätsprinzip, also das Einstehen der gesamten Bürgergesellschaft für diejenigen, die für uns alle besondere Dienste verrichten (z. B. Polizeibeamte), oder für diejenigen, die besondere Opfer auf sich nehmen und sich dadurch wirtschaftlich schlechter stellen bzw. gesundheitliche Schäden davon tragen. So erhalten z. B. Eltern für ihre Kinder Kindergeld oder Witwen bzw. Witwer von Kriegsversehrten eine Hinterbliebenenrente. Hierfür gibt es keine Versicherungen und damit auch keine Beitragszahler. Finanziert wird die staatliche Versorgung daher durch Steuergelder.

Hinzu kommt bei der Renten- und Arbeitslosenversicherung noch das sogenannte **Äquiva-lenzprinzip**, das heißt, dass bei Eintritt des Versicherungsfalls, also bei Erreichen des Renteneintrittsalters oder bei Arbeitslosigkeit, die Höhe der Leistungen davon abhängt, wie viel und wie lange man bereits in die jeweilige Kasse eingezahlt hat. Wer nach zehn Jahren Erwerbstätigkeit beispielsweise aus gesundheitlichen Gründen in Rente gehen muss, erhält monatlich eine geringere Zuwendung als jemand, der nach mehreren Jahrzehnten Berufstätigkeit Rente bezieht.

Beim Fürsorgeprinzip gilt noch das **Subsidiaritätsprinzip**. Demnach wird Hilfe nur dann gewährt, wenn Selbsthilfe nicht möglich ist. Darunter fällt z.B. die Sozialhilfe bei nicht arbeitsfähigen Personen oder das Wohngeld bei den Beziehern von Arbeitslosengeld II, wenn die finanziellen Mittel nicht ausreichen.

Sozialausgaben

Finanziert werden die Sozialleistungen aus den **Beiträgen der Versicherten**, die sich aus einem **Arbeitgeber-** und einem **Arbeitnehmeranteil** zusammensetzen, sowie aus **Steuergeldern**. Um das Sozialsystem auch künftig finanzierbar zu halten, werden die Steuern und Abgaben in Zukunft kontinuierlich steigen müssen.

Grundlagen sozialstaatlichen Handelns am Beispiel der Krankenversicherung

Gerade die Versorgung mit Gesundheitsdienstleistungen ist in Deutschland im Vergleich mit manchen anderen europäischen Ländern hervorragend, aber sehr teuer. Daher war eine grundsätzliche Neuorientierung der Organisation des Gesundheitswesens und der Finanzierung der **gesetzlichen Krankenversicherung (GKV)** als Fortentwicklung des bisherigen Versicherungssystems erforderlich. 2011 trat das „**Gesetz zur nachhaltigen und sozial ausgewogenen Finanzierung der Gesetzlichen Krankenversicherung**" (GKV-FinG) in Kraft. Durch Maßnahmen zur Einnahmenstabilisierung, zum Beispiel durch Anhebung und Festschreibung des Beitrags, einkommensunabhängige Zusatzbeiträge gekoppelt mit einem Sozialausgleich sowie Maßnahmen zur Ausgabenbegrenzung, zum Beispiel durch Deckelung der Verwaltungskosten der GKV, sollen die stetig steigenden Gesundheitskosten in den Griff bekommen werden. Für 2015 hat die Große Koalition (2013–2017) beschlossen, den Beitrag von 15,5 auf 14,6 Prozent des Bruttolohns zu senken. Da das Geld nicht reichen wird, können die Kassen nun nach Bedarf einen einkommensabhängigen Zusatzbeitrag erheben.

Nach wie vor bleibt das Gesundheitssystem aber zweigeteilt, in den gesetzlichen und in den privaten Sektor. Nur 0,5 Prozent der Deutschen haben keine Krankenversicherung, 90 Prozent sind in der gesetzlichen Krankenkasse pflichtversichert, der Rest trifft private Vorsorge. Um die Genehmigung zur **privaten Krankenversicherung** zu erhalten, muss man verbeamtet oder selbstständig sein oder eine bestimmte Einkommensgrenze überschreiten. Da Privatpatienten oft bevorzugt behandelt werden, wird immer öfter der Vorwurf einer „Zweiklassenmedizin" laut.

Der Sozialstaat in der Diskussion

Der **demografische Wandel** und die damit einhergehende Überalterung der Gesellschaft stellen den Sozialstaat vor wachsende Herausforderungen. So gerät der **Generationenvertrag** in eine immer größere Schieflage, da immer mehr Rentner von immer weniger jungen Arbeitnehmern finanziert werden müssen. Auf den **Arbeitsmarkt** wirkt sich der demografische Wandel dahingehend aus, dass immer mehr Arbeit auf immer weniger Schultern verteilt werden muss. Auch im **Gesundheitssystem** werden die Kosten weiter steigen, da alte Menschen öfter Leistungen der Krankenkassen in Anspruch nehmen, die Einnahmen der Versicherungen aber durch immer weniger Beschäftigte sinken werden. Durch diese übergebührliche Belastung der jüngeren Generationen kann deren Bereitschaft zur Solidarität abnehmen, was zu einem gesamtgesellschaftlichen Dissens in der Sozialpolitik führen könnte. Hinzu kommt die durch die **Globalisierung** ausgelöste weltweite Konkurrenzsituation: Wer wettbewerbsfähig sein und bleiben will, senkt zumeist die Abgabenlast für Arbeitgeber und -nehmer, kürzt damit aber auch die Finanzierung der sozialen Sicherungssysteme. Die Lösung dieser Herausforderungen sehen viele in Politik und Wissenschaft in einem dringend nötigen (Total-)**Umbau des Sozialstaats**.

3.5 Lohnpolitische Konzeptionen

INFO

Modus Vivendi
Form eines erträglichen Zusammenlebens zweier oder mehrerer Parteien

GLOSSAR

Gewerkschaften
Arbeitgeberverbände
Tarifvertrag

Bis die Vertreter von Arbeitnehmern und Arbeitgebern den **Modus Vivendi**, auf dessen Grundlage heute Tarifpolitik betrieben wird, gefunden hatten, war es ein langer und vor allem für die Arbeitnehmer steiniger Weg. Im 19. Jahrhundert, dem Zeitalter der Industrialisierung, gab es lange gar keine Gewerkschaften oder Parteien, die sich der Belange der Arbeitnehmer annahmen. Die Industriellen bestimmten den Lohn, der häufig nur das Existenzminimum abdeckte, und diktierten die Arbeitsbedingungen, deren Nichteinhaltung oft harte Strafen nach sich zog. Eine Möglichkeit, dagegen aufzubegehren, gab es nicht, da viele Arbeitssuchende in die neuen industriellen Zentren strömten und jeder freie Arbeitsplatz sofort wieder besetzt werden konnte.

Die Gründung von Arbeitnehmervertretungen wurden lange durch Staat und Industrie verhindert: Gewerkschaften und Arbeiterparteien blieben auch nach ihrer Gründung ein Feindbild für den wilhelminischen Obrigkeitsstaat. Erst im Vorfeld und im Zuge der Reichsgründung 1871 gründeten sich die ersten Gewerkschaften, die aber bereits von 1878–1890 aufgrund der Bismarckschen Sozialistengesetze wieder verboten wurden. Auf Dauer ließen sich die Arbeiter aber ihre Interessenvertretungen nicht verbieten. Schon kurz nach Aufhebung des Verbots gründete sich der erste gewerkschaftliche Dachverband. Trotzdem war die deutsche Gewerkschaftsbewegung im Kaiserreich und in der Weimarer Republik von einer starken Zersplitterung gekennzeichnet, von einem „Miteinander" zwischen Arbeitgeber- und Arbeitnehmervertretungen konnte nicht die Rede sein. Nach dem Verbot der Gewerkschaften im Dritten Reich kam es nach dem Krieg zu deren Wiederaufbau. Mit dem Deutschen Gewerkschaftsbund (DGB) wurde 1949 ein Dachverband gegründet, der für eine maßvolle Lohnpolitik stand und damit die Entstehung des deutschen Wirtschaftswunders in den 1950er-Jahren begünstigte. Trotz unterschiedlicher lohnpolitischer Konzeptionen gelingt es Arbeitgeber- und Arbeitnehmervertretungen in der Bundesrepublik, ohne harte Arbeitskämpfe, die Wirtschaft und Gesellschaft Schaden zufügen, auszukommen.

*„Das neue Verhältnis zwischen Arbeiter und Unternehmer",
in: Neue Postillon, Schweiz 1896; Zeichner unbekannt*

Basiswissen

Bei der Aushandlung der Löhne stehen sich in der **sozialen Marktwirtschaft** zwei Parteien gegenüber: die **Gewerkschaften** als Vertreter der Arbeitnehmer und die **Arbeitgeberverbände** als Vertreter der Arbeitgeber. In gemeinsam ausgehandelten **Tarifverträgen** vereinbaren beide Seiten Lohnhöhen und Arbeitsbedingungen wie zum Beispiel die Arbeitszeit. Der Einfluss des Staates auf die Lohnpolitik wird durch die Tarifautonomie begrenzt: Nur die Tarifparteien, also Arbeitnehmer- und Arbeitgebervertreter haben das Recht, über Löhne zu verhandeln. Für Beschäftigte des Öffentlichen Dienstes ist der Staat Arbeitgeber.

Wird bei Tarifverhandlungen keine sofortige Einigung erreicht, was in den seltensten Fällen gegeben ist, kommt es zum **Arbeitskampf**, bei dem die Arbeitnehmer zum Mittel des Streiks, die Arbeitgeber zum Mittel der Aussperrung greifen können. Einigen sich die Tarifpartner trotzdem nicht, kann eine Einigung durch ein Schlichtungsverfahren erzielt werden.

1 **Analysieren** Sie die Karikatur hinsichtlich des Verhältnisses von Arbeiter und Unternehmer.

2 **Diskutieren** Sie, ob das hier skizzierte Unternehmerbild heute noch haltbar scheint.

Tarifpolitik und lohnpolitische Konzeptionen

Tarifauseinandersetzungen

MATERIAL **1**

Eine angemessene Entlohnung ist für die Motivation und Leistungsbereitschaft der Arbeitnehmer von großer Bedeutung. Für die Unternehmen stellen Löhne aber vor allem
5 einen Kostenfaktor dar, der sich auf die Preise und damit auch auf die Kaufkraft der Haushalte auswirkt. [...] Während sich der Unternehmenserfolg zunächst einmal im Gewinn niederschlägt, der den Anteilseignern
10 zufließt, streiten selbstverständlich auch die Arbeitnehmer um ihren Anteil. [...]
Die Auseinandersetzung um Löhne erfolgt neben individuellen Arbeitsverträgen vor allem durch die Tarifparteien. Das Grundge-
15 setz garantiert in Art. 9, Absatz 3 Vereinigungsfreiheit „zur Wahrung und Förderung der Arbeits- und Wirtschaftsbedingungen". Auf dieser Basis können durch das Tarifvertragsgesetz unabhängige Tarifvertragspar-
20 teien für bestimmte Branchen und Regionen Tarifverträge vereinbaren, die dann bindend für die Mitglieder der vertragschließenden Parteien sind. Die Frage der Entlohnung ist ein wichtiger Verhandlungsgegenstand von
25 Tarifverhandlungen. [...] Neben der Entlohnung sind auch Arbeitszeiten und Freistellungen Gegenstand der Auseinandersetzung. [...]
Tarifverträge haben vor allem Schutzfunk-
30 tion gegen unwürdige Arbeitsbedingungen. Sie sichern zunächst allein Mindestbedingungen, an die sich die tarifvertraglich gebundenen Arbeitgeber und Arbeitnehmer halten müssen. Nach dem Gleichbehand-
35 lungsgrundsatz des Bundesarbeitsgerichts gelten die Vereinbarungen allerdings auch für Nichtorganisierte. [...] Tarifverträge ordnen auch die Arbeitsbedingungen in der jeweiligen Branche und sorgen durch die
40 Friedenspflicht dafür, dass das ausgehandelte Ergebnis für die Beteiligten verlässlich ist, denn in Zeiten bestehender Tarifverträge sind Arbeitskämpfe verboten. [...]
Arbeitskämpfe als kollektive Arbeitsnieder-
45 legung sind das Druckmittel der Gewerk-

schaften, um ihren Forderungen Gewicht zu verleihen. Für die Arbeitgeber haben sie Produktionsausfälle zur Folge und bergen die Gefahr, dass die Kunden zur Konkurrenz abwandern. Arbeitskämpfe schwächen aber 50 auch die Existenzgrundlage der Gewerkschaften, da Lohneinbußen der Arbeitnehmer sowie Beitragsausfälle zur sozialen Sicherung aus der Streikkasse ausgeglichen werden. Für die Streikenden bedeuten sie ein gerin- 55 geres Einkommen, da die Streikkasse den Einkommensausfall nicht voll ausgleicht. Das Druckmittel der Arbeitgeber ist die Aussperrung, das heißt, die nicht am Streik beteiligten Arbeitnehmer werden vorüber- 60 gehend von der Arbeit ausgeschlossen, und ihre Lohnzahlungen werden ausgesetzt. In Deutschland verlaufen die Tarifauseinandersetzungen im Vergleich zu anderen Ländern eher friedlich. Nach Untersuchungen des 65 Instituts der deutschen Wirtschaft gingen in Deutschland in den 1990er-Jahren pro 1 000 Beschäftigten nur 13 Tage durch Streik verloren, in Spanien und Griechenland waren es über 300 Tage, selbst in den USA waren es 70 dreimal so viel.
Im deutschen System kollektiver Lohnverhandlungen existiert ein Konfliktlösungsmechanismus zur Verhinderung von Arbeitskämpfen. Wenn ein Tarifvertrag gekündigt 75 wird, werden Verhandlungen geführt, die entweder in einem neuen Tarifvertrag enden oder scheitern. Falls sie scheitern, wird nach Einigung beider Parteien auf einen neutralen Schlichter ein Schlichtungsverfahren 80 durchgeführt, dessen Ergebnis wiederum ein neuer Tarifvertrag sein kann. Scheitern auch diese, kommt es erst zu einem Streik, wenn 75 Prozent der organisierten Arbeitnehmer in einer Urabstimmung für Streik 85 votieren. Doch auch während der Arbeitskämpfe werden die Verhandlungen so lange weitergeführt, bis in einer erneuten Urabstimmung 25 Prozent das Verhandlungsergebnis annehmen wollen. 90

INFO

**Ausgefallene
Arbeitstage wegen
Streiks pro 1 000
Arbeitnehmer
(Jahresdurchschnitte
2005–2012)**

Frankreich*:	150
Kanada:	117
Dänemark:	106
Finnland:	84
Belgien:	73
Spanien:	65
Norwegen:	59
Großbritannien:	26
Deutschland:	16
USA:	10
Niederlande:	9
Polen:	6
Schweden*:	5
Österreich*:	2
Schweiz:	1

* 2005–2011

Nach: Globus 6365, 16.10.2014

Aus: Birgit Weber, Kooperation und Konflikt - Menschen im Unternehmen, in: Informationen zur politischen Bildung , Heft 293: Unternehmen und Produktion, 2007, S. 44-47

MATERIAL **2**

Lohnpolitische Konzeptionen

a) Position der Arbeitgeber:

Die Lohnpolitik muss sich an dem Zuwachs der gesamtwirtschaftlichen Produktivität orientieren. Zugleich müssen tarifliche Dif-
5 ferenzierung und Flexibilisierung konsequent fortgeführt werden.

Um Beschäftigung zu sichern und die Stabilität des Preisniveaus nicht zu gefährden, dürfen die Arbeitskosten (Löhne und Zusatzkos-
10 ten) im Durchschnitt nicht stärker wachsen als die gesamtwirtschaftliche Produktivität, gemessen als reales Bruttoinlandsprodukt je Erwerbstätigenstunde. Lohn- und Gehaltssteigerungen müssen sich also an dem Zu-
15 wachs volkswirtschaftlicher Wertschöpfung orientieren. Allgemeine Preissteigerungen sind dagegen der falsche Maßstab. Inflationsgeleitete Entgeltsteigerungen führen entweder zu weiteren Preiserhöhungen und set-
20 zen eine „Lohn-Preis-Spirale" in Gang oder untergraben die Wettbewerbsfähigkeit und gefährden damit Arbeitsplätze. Beides wirkt sich zum Nachteil von Verbrauchern, Unternehmen und Arbeitnehmern aus. Der Grund-
25 satz der produktivitätsorientierten Lohnpolitik ist aber nicht als schematische Lohnformel zu verstehen. Vielmehr handelt es sich um eine Orientierungsgröße, die bei gesamtwirtschaftlichen Ungleichgewichtssitu-
30 ationen Modifizierungen erfordert und differenziert in den Branchen zu handhaben ist. Insbesondere in Zeiten von Unterbeschäftigung sind Produktivitätssteigerungen vorrangig für den Beschäftigungsaufbau zu ver-
35 wenden. Lohnsteigerungen unterhalb des Produktivitätszuwachses verbessern die Wettbewerbsfähigkeit der Unternehmen und schaffen Spielräume für Investitionen in neue Arbeitsplätze. Die moderate Tarifpolitik
40 in den letzten Jahren hat wesentlich zum Beschäftigungsaufbau beigetragen und fördert in schwierigen Situationen die Beschäftigungssicherung. Zwar sind die Arbeitskosten in Deutschland im internationalen Ver-
45 gleich immer noch hoch, der Abstand konnte jedoch deutlich verringert werden.

*Aus: Bund Deutscher Arbeitgeber (BDA), Diffe-
renzierung und Flexibilisierung der Tarifverträge
konsequent fortführen, www.arbeitgeber.de/
www%5Carbeitgeber.nsf/id/DE_Tarifverhandlun-
gen (Zugriff: 27.11.2014)*

b) Position der Gewerkschaften:

Das Ziel [von Tarifverhandlungen] ist eine spürbare Erhöhung der realen Einkommen. [...] Die Arbeitgeber warnen routinemäßig
50 vor „überzogenen" Lohnforderungen: Die Metallarbeitgeber verweisen auf das schwieriger werdende wirtschaftliche Umfeld, die öffentlichen Arbeitgeber beschwören die „leeren Kassen" und die Notwendigkeit, die
55 Staatsfinanzen zu konsolidieren. Tatsächlich sind kräftige Lohnsteigerungen jedoch konjunktur- und wirtschaftspolitisch dringend geboten: Die bisherigen starken Zuwächse im Export werden sich in diesem Jahr we-
60 gen der Rezession in Europa nicht fortsetzen, die Investitionstätigkeit der Unternehmen ist relativ schwach und auch die öffentlichen Haushalte wachsen nur bescheiden. Da kommt der Entwicklung des privaten Ver-
65 brauchs eine Schlüsselstellung zu: Nur wenn es gelingt, die realen Einkommen der Beschäftigten deutlich anzuheben, kann der private Konsum die Binnennachfrage hierzulande stützen und damit die Gefahr einer
70 stagnativen wirtschaftlichen Entwicklung reduzieren. [...]

Hinzu kommt die europaweite Bedeutung der deutschen Lohnpolitik: Das bisherige deutsche Wirtschaftsmodell „Starker Export
75 – schwacher Binnenmarkt", das durch die sehr gedämpfte gesamtwirtschaftliche Lohnentwicklung verstärkt wurde, hat maßgeblich zu den extremen ökonomischen Ungleichgewichten in Europa beigetragen. Umso
80 wichtiger ist es, dass Deutschland seine Binnenwirtschaft stärkt, um insgesamt wieder eine gleichgewichtigere ökonomische Entwicklung zu ermöglichen. Gerade für die südeuropäischen Krisenstaaten ist eine
85 Stärkung des deutschen Wachstumsmotors unerlässlich. [...] Genauso notwendig ist eine Korrektur der Umverteilung. Die Schere zwischen den Gewinn- und Vermögenseinkommen und den Arbeitseinkommen hat
90 sich in den vergangenen Jahren zulasten der Beschäftigten weit geöffnet.

*Aus: Deutscher Gewerkschaftsbund (DGB), Tarif-
runde 2012 – Mehr Lohn stärkt die Konjunktur,
www.dgb.de/themen/++co++6ce768e4-719d-11e1-
6be0-00188b4dc422?search_text=lohnpolitik,
19.3.2012 (Zugriff: 27.11.2014)*

Zweitjob

Reicht die Bezahlung im Hauptjob nicht? Oder lockt einfach das zusätzliche Einkommen? Sicher ist: Die Zahl der Beschäftigten mit einem Nebenjob hat in Deutschland einen Rekordwert erreicht. Im vergangenen Jahr [2013] hatten zum ersten Mal mehr als drei Millionen Menschen neben ihrem Hauptberuf einen Zweitjob [...]. Demnach hat sich die Zahl der Arbeitnehmer mit einem Nebenjob seit der Wiedervereinigung mehr als verdreifacht auf zuletzt 3,02 Millionen.

Als wesentlichen Grund für den Anstieg nennt das IAB [Institut für Arbeitsmarkt- und Berufsforschung] Vergünstigungen für Zweitjobs, die die Politik im Zuge der Hartz-Reformen beschlossen habe. So müssen Beschäftigte, die neben ihrem Hauptberuf einen Minijob ausüben, seit 2003 für diesen Nebenjob keine Sozialabgaben mehr bezahlen, sagte IAB-Forscher Enzo Weber der Zeitung. Eine solche „Subvention eines zweiten Jobs ist schwer nachvollziehbar", kritisierte Weber. Entlastet würden nicht nur Geringverdiener, die aus finanziellen Gründen zwei Jobs übernehmen müssen. Von der Regelung profitierten auch Gutverdiener mit einer Nebentätigkeit.

Nach Angaben der Bundesagentur für Arbeit hatten zuletzt elf Prozent aller sozialversicherungspflichtig beschäftigten Frauen zusätzlich einen Minijob. Bei den Männern waren es demnach sieben Prozent.

Die Zahl der Zweitjobber steigt seit Jahren stetig an. Einer früheren Studie des IAB zufolge könnte das einen unangenehmen Nebeneffekt für Menschen mit regulärer Beschäftigung haben – vor allem im Handel und im Gastgewerbe ersetzen demnach viele Minijobber reguläre Vollzeitbeschäftigte.

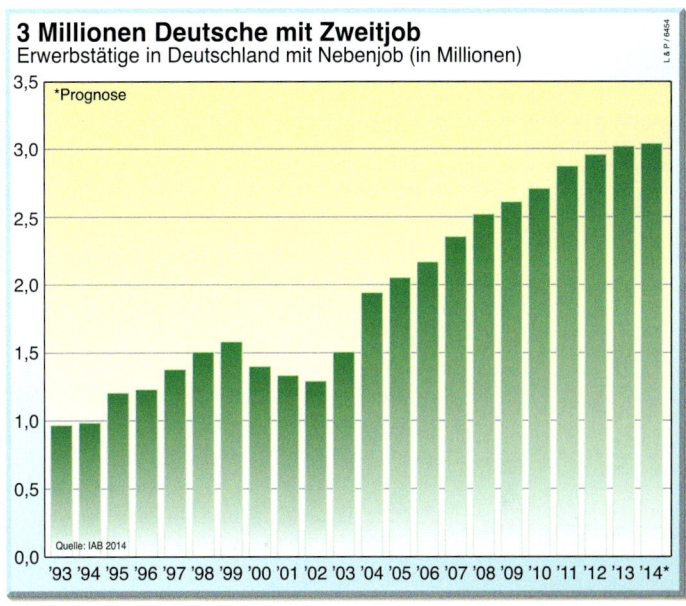

3 Millionen Deutsche mit Zweitjob
Erwerbstätige in Deutschland mit Nebenjob (in Millionen)

*Prognose

Quelle: IAB 2014

'93 '94 '95 '96 '97 '98 '99 '00 '01 '02 '03 '04 '05 '06 '07 '08 '09 '10 '11 '12 '13 '14*

Aus: Drei Millionen Deutsche haben einen Zweitjob (nck/dpa), in: Spiegel online, www.spiegel.de/ wirtschaft/soziales/nebenverdienst-im-minijob-drei-millionen-deutschen-haben-zweitjobs-a-960337.html, 24.3.2014 (Zugriff: 27.11.2014)

1 Beschreiben Sie die generellen Zielsetzungen von Arbeitgeber- und Arbeitnehmervertretungen (M 1).

2 Arbeiten Sie aus M 1 die Möglichkeiten von Arbeitgebern und Arbeitnehmern im Falle eines Tarifkonflikts **heraus**.

3 Beurteilen Sie die Tatsache, dass Tarifauseinandersetzungen in Deutschland „eher friedlich" verlaufen (M 1).

4 Erklären Sie die in M 2 vorgestellten lohnpolitischen Konzeptionen mit eigenen Worten und stellen Sie sie einander gegenüber.

5 Analysieren Sie die Grafik in M 3 hinsichtlich der Entwicklung der letzten zwei Jahrzehnte.

6 Überprüfen Sie ausgehend vom Text M 3 die Ursachen für die in der Grafik gezeigte Entwicklung.

7 Erörtern Sie unter Berücksichtigung verschiedener gesellschaftlicher Perspektiven (Arbeitnehmer/Gewerkschaften, Arbeitgeber), welche lohnpolitischen Konsequenzen sich aus der in M 3 gezeigten Entwicklung ergeben.

Arbeitszeitpolitik

Verkürzung oder Verlängerung der Arbeitszeit?

Das Arbeitszeitgesetz gilt grundsätzlich für alle Arbeitnehmer (Arbeiter und Angestellte sowie die zu ihrer Berufsbildung Beschäftigten); ausgenommen sind nur einige Personengruppen und Branchen, beispielsweise
5 Chefärzte, Soldaten, Beamte, Arbeitnehmer, die in häuslicher Gemeinschaft mit den ihnen anvertrauten Personen zusammenleben und sie eigenverantwortlich erziehen, pflegen oder betreuen, und insbesondere Per-
10 sonen unter 18 Jahren, für diese gilt das Jugendarbeitsschutzgesetz.

Das Arbeitszeitgesetz regelt die tägliche Arbeitszeit, Pausen, Ruhezeiten, Mehrarbeit,
15 Nachtarbeit und Sonn- und Feiertagsarbeit. Die werktägliche gesetzliche Arbeitszeit der Arbeitnehmer darf 8 Stunden nicht überschreiten. Sie kann auf bis zu 10 Stunden nur verlängert werden, wenn innerhalb
20 von 6 Kalendermonaten oder innerhalb von 24 Wochen im Durchschnitt 8 Stunden werktäglich nicht überschritten werden. Werktage sind auch die Samstage, das Gesetz legt also den Rahmen einer 48-Stunden-Woche
25 fest. Jugendliche dürfen nach dem Gesetz nicht mehr als 8 Stunden täglich und nicht mehr als 40 Stunden wöchentlich beschäftigt werden.

In den 1980er-Jahren sahen insbesondere
30 die Gewerkschaften die Möglichkeit, mittels Arbeitszeitverkürzung auch einen wichtigen Beitrag zum Abbau der Arbeitslosigkeit zu leisten. Dies ist möglich, wenn vorhandene Arbeit auf mehr Personen verteilt wird. Die Einführung der 35-Stunden-Woche war in 35 dieser Zeit das zentrale Ziel der Gewerkschaften.

Arbeitszeitverkürzung kann durch eine Verkürzung der täglichen, wöchentlichen, jährlichen oder der Lebensarbeitszeit erreicht 40 werden. Von den Gewerkschaften wurde häufig Arbeitszeitverkürzung bei vollem Lohnausgleich gefordert, der bisher gezahlte Lohn sollte weiter gelten. Für die Arbeitgeber sind Arbeitszeitverkürzungen mit Lohn- 45 ausgleich nichts anderes als Lohnerhöhungen, die ihrer Ansicht nach der Schaffung zusätzlicher Arbeitsplätze entgegenstehen. Empirische Untersuchungen zu den Arbeitszeitverkürzungen in den 1980er-Jahren ka- 50 men zu dem Ergebnis, dass die positiven Beschäftigungswirkungen der kostenneutralen Arbeitszeitverkürzungen gut belegt sind. Der Beschäftigungseffekt bewegte sich danach in einer Größenordnung von etwa 55 50 Prozent des rechnerisch möglichen Maximalwertes. Gleichzeitig gab es aber auch Hinweise, dass die Arbeitszeitverkürzungen zu einer Zunahme der Schwarzarbeit geführt hatten. 60

Spätere Untersuchungen kommen zu skeptischeren Ergebnissen. Danach haben Arbeitszeitverkürzungen nicht zu der erhofften Beschäftigungsausweitung geführt, vor allem durch den durchgesetzten Lohnausgleich. 65 Teilweise könnte es sogar zu Beschäftigungsverlusten gekommen sein. [...] Verschiedene Wissenschaftler und auch Politiker fordern aus beschäftigungspolitischer Sicht inzwischen eine Verlängerung der Arbeitszeit. So 70 sprach das Institut der deutschen Wirtschaft davon, dass eine Wochenarbeitsverlängerung von einer Stunde kurzfristig bis zu 60 000 Arbeitsplätze schaffen könnte. Dabei wird davon ausgegangen, dass eine Arbeits- 75 zeitverlängerung ohne Lohnausgleich eine Absenkung der Stundenlöhne und bei gegebener Produktivität damit der Lohnstück-

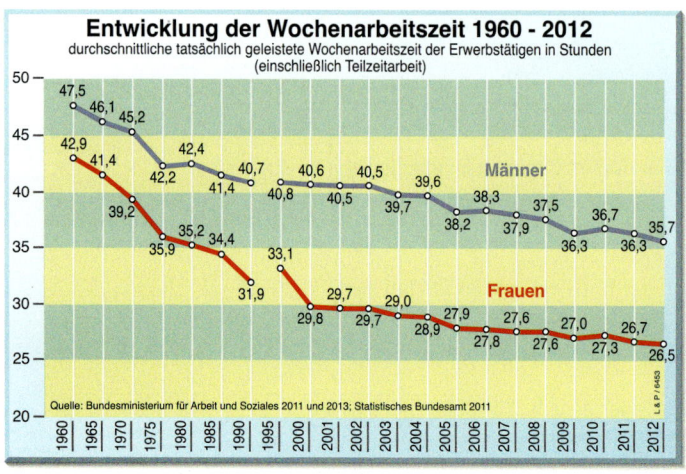

Entwicklung der Wochenarbeitszeit 1960 - 2012
durchschnittliche tatsächlich geleistete Wochenarbeitszeit der Erwerbstätigen in Stunden (einschließlich Teilzeitarbeit)

Männer

Frauen

Quelle: Bundesministerium für Arbeit und Soziales 2011 und 2013; Statistisches Bundesamt 2011

kosten darstelle. Wenn diese Kostensenkun-
gen durch Preissenkungen an die Konsumenten weitergegeben würden, könne dies
zu einer erhöhten Binnennachfrage und im
Gefolge zu wirtschaftlichem Aufschwung
und damit verbundenen Beschäftigungsef-
fekten führen.

Umgesetzt wurde bereits die Anhebung des
Renteneintrittsalters, was letztlich auch zu
einer längeren Lebensarbeitszeit führt.
Schrittweise wird das Renteneintrittsalter
von 65 auf 67 Jahren erhöht. [...] Mit diesen
Neuregelungen ist, nachdem die gesetzliche
Regelaltersgrenze von 65 Jahren fast 100
Jahre lang stabil geblieben war, ein erhebli-
cher Einschnitt erfolgt. Das IAB weist darauf
hin, dass durch die Rente mit 67 [...] ein zu-
sätzlicher Bedarf an Arbeitsplätzen entsteht.
Je nach getroffenen Annahmen wird dieser
für 2030 auf 1,2 bis über 3 Mio. geschätzt.
Neben einer Verkürzung der wöchentlichen

oder Lebensarbeitszeit kann Arbeitszeitflexi-
bilisierung Gegenstand der modernen Arbeitszeitpolitik sein. Die Arbeitgeber fordern
in den Arbeitszeitdebatten in erster Linie die
Arbeitszeit flexibler zu gestalten, also auch
Wochenendarbeit ohne besondere Zuschläge
zu ermöglichen, flexible Arbeitszeitkonten
einzurichten oder Arbeit auf Abruf zu ermöglichen. All dies hat in den letzten Jahren
stark zugenommen. Für Unternehmen sind
die Betriebszeiten entscheidend, also Ma-
schinenlaufzeiten, Nutzung teurer Anlagen,
Ladenöffnungszeiten. Vielfältigste Arbeits-
zeitarrangements und -flexibilisierungen dienen der Optimierung der Betriebszeiten.

Eine besonders moderne Form der Flexibilisierung sind Arbeitszeitkonten, beispielsweise Gleitzeitmodelle, Jahresarbeitskonten,
Langzeit- und Lebensarbeitszeitkonten oder
Arbeitszeitguthaben aus Altersteilzeitverein-
barungen im Blockmodell.

Aus: Frank Oschmiansky/Jürgen Kühl, Arbeitszeitpolitik, in: Bundeszentrale für politische Bildung,
Dossier: Arbeitsmarktpolitik, www.bpb.de/politik/innenpolitik/arbeitsmarktpolitik/55369/
arbeitszeitpolitik?p=all, 31.3.2011 (Zugriff: 27.11.2014)

Flexibilitäts-
anforderungen

MATERIAL **5**

Zeichnung: Thomas Plaßmann

||||**1**| **Arbeiten** Sie aus M 4 die wichtigsten gesetzlichen Regelungen zur Arbeitszeit
in Deutschland **heraus**.
||||**2**| **Vergleichen** Sie die Konzepte zur Arbeitszeitverkürzung und -verlängerung
miteinander und **bewerten** Sie diese anhand selbst entwickelter Kriterien (M 4).
||||**3**| **Analysieren** Sie die Grafik in M 4 vor dem Hintergrund des Textes M 4.
||||**4**| **Analysieren** Sie die Karikatur M 5 vor dem Hintergrund des Textes M 4.

Streit um den Mindestlohn

MATERIAL **6**

Zehn Argumente für den Mindestlohn

INFO

Hartz IV trotz Arbeit
So viele Beschäftigte
stockten ihr Einkommen
im Jahr 2012 durch
Arbeitslosengeld II
(Hartz IV) auf
(in Tausend; in Klammern
zum Vergleich Werte
von 2007):

Einkommen mehr als
800 €: 323 000
(349 000)

401 bis 800 €: 241 000
(197 000)

bis 400 €: 644 000
(606 000)

*Nach: dpa 19107,
8.5.2013*

Mindestlohn
In Deutschland gibt
es seit dem 1.1.2015
einen flächendecken-
den gesetzlichen
Mindestlohn von 8,50
Euro pro Stunde.
Seine Einführung
war und ist weiterhin
umstritten. Bis 2018
gelten auch noch eini-
ge Ausnahmen, z. B.
für Auszubildende und
Langzeitarbeitslose.

Zeichnung: Thomas Plaßmann

1. Mindestlöhne verhindern Lohnarmut. Mindestlöhne stellen sicher, dass Menschen von ihrer Arbeit leben können und keine weitere Unterstützung vom Staat benötigen.

2. Mindestlöhne sorgen vor. Niedriglöhne heute heißt Altersarmut morgen.

3. Mindestlöhne entlasten den Staatshaushalt. Es ist Aufgabe der Unternehmen und nicht des Staates, für Existenz sichernde Einkommen zu sorgen.

4. Mindestlöhne schaffen würdigere Arbeitsbedingungen. Existenz sichernde Einkommen sind ein Zeichen des Respekts für getane Arbeit.

5. Mindestlöhne schaffen fairen Wettbewerb. Durch Lohndumping verschaffen Unterneh-

men sich unfaire Wettbewerbsvorteile zulasten ihrer eigenen Beschäftigten.

6. Mindestlöhne sorgen für Gerechtigkeit. Mindestlöhne stoppen die Abwärtsspirale der Löhne, unter der immer häufiger auch Beschäftigte mit Berufsausbildung oder Studium leiden.

7. Mindestlöhne fördern Gleichberechtigung. Mindestlöhne schützen Frauen, die besonders oft von Niedriglöhnen betroffen sind, vor Lohnarmut und Abhängigkeit.

8. Mindestlöhne kurbeln die Binnenwirtschaft an. Mindestlöhne sorgen für mehr Nachfrage und wirken sich somit positiv auf die Konjunktur aus.

9. 21 von 28 EU-Staaten verfügten bereits vor 2015 über Mindestlöhne. Europaweit ist die Notwendigkeit von Mindestlöhnen unumstritten. Deutschland hat nun endlich nachgezogen und den gesetzlichen Mindestlohn zum 1.1.2015 auch eingeführt.

10. Mindestlöhne schaffen Klarheit. Mit Mindestlöhnen wissen Arbeitnehmer, was ihnen an Lohn zusteht. Sie werden nicht gezwungen, aus Unwissenheit Jobs anzunehmen, deren Bezahlung unterhalb des Branchenstandards oder gar unterhalb des Existenzminimums liegt.

Aus: Deutscher Gewerkschaftsbund (DGB), 10 Argumente für Mindestlohn, in: www.mindestlohn.de/hintergrund/argumente/ (Zugriff: 16.2.2015)

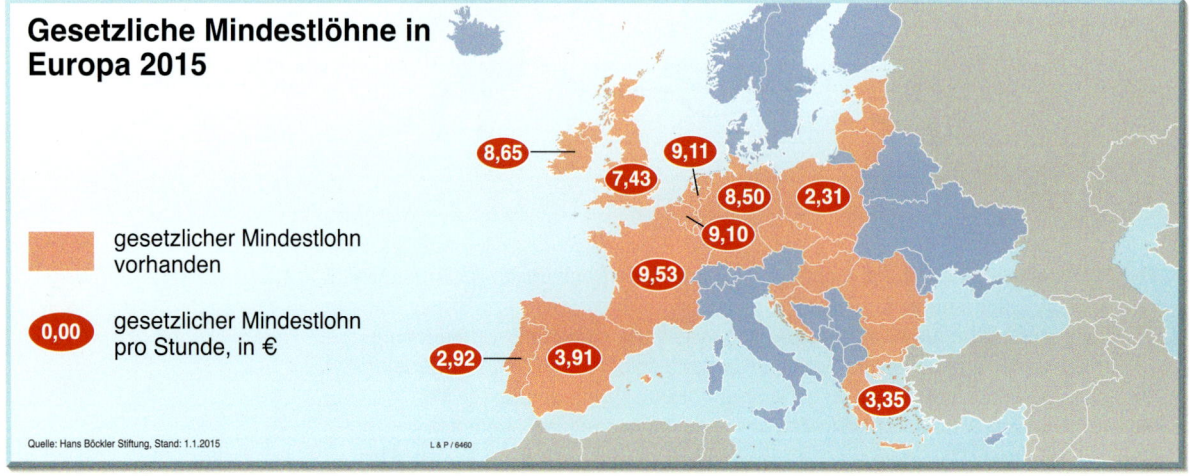

Gesetzliche Mindestlöhne in Europa 2015

gesetzlicher Mindestlohn vorhanden

0,00 — gesetzlicher Mindestlohn pro Stunde, in €

8,65   7,43   9,11   8,50   2,31   9,10   9,53   2,92   3,91   3,35

Quelle: Hans Böckler Stiftung, Stand: 1.1.2015   L & P / 6460

Diesen Mindestlohn wird Deutschland teuer bezahlen

Der Mindestlohn wird nicht durchlöchert. Selbst den schärfsten Gegnern innerhalb der Union ist inzwischen klar, dass es nur noch darum geht, an der einen oder anderen
5 Stelle minimale Ausnahmen etwa für Praktikanten ohne Berufsabschluss, Erntehelfer, Minderjährige oder ehrenamtlich Beschäftigte durchzusetzen.
Einigen Branchen wird Bundesarbeitsminis-
10 terin Andrea Nahles zwar eine kurze Gnadenfrist bewilligen, in der sie die gesetzliche Lohnuntergrenze noch unterschreiten dürfen. Doch danach gilt für so gut wie alle Arbeitnehmer der Mindestlohn.
15 Dies ist eine Zäsur. Denn ähnlich wie die Hartz-Reformen wird die Einführung des flächendeckenden Mindestlohns folgenreich sein: So wie die Liberalisierung des Arbeitsmarkts vor einer Dekade einen nie da gewe-
20 senen Jobboom auslöste, so droht mit Nahles' arbeitsmarktpolitischer Agenda in den kommenden Jahren eine neue Frostperiode. Die Wirtschaftsweisen sehen rund fünf Millionen Beschäftigte vom Mindestlohn betroffen.
25 Anders als in den USA oder Großbritannien, wo die gesetzliche Lohnuntergrenze so niedrig angesetzt wird, dass lediglich eine sehr kleine Gruppe der Arbeitnehmer dieses Minimum tatsächlich bekommt, geht man hier-
30 zulande gleich in die Vollen. Im Verhältnis zum mittleren Lohn katapultieren sich die Deutschen mit dem geplanten Niveau von 8,50 Euro schlagartig an die Spitze der Industrieländer.
35 Dass Nahles dennoch im Gegensatz zu den meisten Ökonomen keinerlei negative Auswirkungen erwartet, ist reiner Zweckoptimismus – zumal die Gewerkschaften schon jetzt die Marke von zehn Euro anpeilen.
40 Um zu kaschieren, dass der Staat mit dem Gesetz radikal in den Arbeitsmarkt eingreift, setzen die Koalitionäre eine mit Arbeitgebern und Gewerkschaften besetzte Kommission ein, die über die regelmäßige Anpas-
45 sung des Mindestlohns entscheiden soll.
Doch die Idee, dass die Sozialpartner die Sache unter sich ausmachen sollen, garantiert keineswegs beschäftigungsfreundliche Entscheidungen. Man denke nur an die ver-
50 heerende Wirkung der Tarifpolitik in Ostdeutschland in den Neunzigerjahren. Wenn

Arbeitgeber und Gewerkschaften am Verhandlungstisch sitzen, haben sie naturgemäß ihre jeweiligen Mitglieder im Blick.
55 Auf der Seite der Wirtschaft sind dies die etablierten Unternehmen und eben nicht die Newcomer, die oft gar keine andere Möglichkeit haben, als sich über günstigere Arbeitskosten Konkurrenzvorteile zu verschaffen.
60 Mindestlöhne bieten somit besonders für eingesessene Großbetriebe eine Möglichkeit, unbequeme Wettbewerber vom Markt fernzuhalten.
Die Gewerkschaften wiederum richten sich
65 an den Interessen ihrer Mitglieder aus. Die Langzeitarbeitslosen zählen dagegen nicht zu ihrer Klientel. Bei dieser Konstellation ist die Wahrscheinlichkeit groß, dass der Mindestlohn stets zu hoch angesetzt wird und
70 Kollateralschäden am Arbeitsmarkt in Kauf genommen werden.
Nicht die Tarifparteien, sondern die Politiker tragen die Verantwortung dafür, Rahmenbedingungen zu schaffen, die Vollbeschäftigung
75 ermöglichen. Wer, wenn nicht die Regierung, sollte Hartz-IV-Empfängern den Weg in den Arbeitsmarkt ebnen? Doch Andrea Nahles agiert lieber als verlängerter Arm der Gewerkschaften. Dadurch gerät das Kräftever-
80 hältnis in der Wirtschaft aus dem Lot. Die Sozialdemokraten wollen getreu den Wünschen von DGB & Co. wieder „für Ordnung am Arbeitsmarkt" sorgen. Der Mindestlohn ist nur der Auftakt einer neuen Beschäfti-
85 gungspolitik. Auch Werkverträge, befristete Stellen oder Zeitarbeit sollen strenger reguliert werden. Es geht um eine Demontage der Hartz-Reformen, die einst von Rot-Grün beschlossen worden sind. Doch die Unterneh-
90 men brauchen Zeitarbeit und Befristungen, um flexibel auf Auftragsschwankungen reagieren zu können.
Schließlich ist der Kündigungsschutz hierzulande strikter als in den meisten anderen
95 Ländern. Es war vor allem der starre Arbeitsmarkt, der vor zehn Jahren die Wettbewerbsschwäche Deutschlands verursacht hatte. Doch die Schreckensmarke von fünf Millionen Erwerbslosen ist offenbar schon wieder
100 so weit entfernt, dass die Folgen der beschäftigungspolitischen Kehrtwende billigend in Kauf genommen werden.

Der Staat hat zwar die Macht, bestimmte Beschäftigungsformen einzuschränken und Lohnuntergrenzen vorzuschreiben. Doch wie viele Jobs es zu diesen Bedingungen gibt, entscheidet sich in den Unternehmen. Denn das Arbeitsvolumen in einer Gesellschaft ist keine fixe Größe, sondern hängt nicht zuletzt von den Personalkosten ab. Und die sind in Deutschland auch deshalb so hoch, weil der Sozialstaat selbst bei kleinen Einkommen immer höhere Beiträge abkassiert.

Der Mindestlohn verteuert einfache Arbeit drastisch. Mancher Biergarten wird in Zukunft lieber auf Selbstbedienung umstellen, als seine Preise deutlich anzuheben. Und etliche Kunden werden sich das Taxi sparen, weil ihnen die Fahrten zu teuer werden.

Solange die deutsche Wirtschaft wächst, werden sich die negativen Effekte in Grenzen halten.

Doch spätestens wenn der nächste Abschwung kommt, drohen die Spuren am Arbeitsmarkt sichtbar zu werden. Erwerbslose, die keinerlei Ausbildung haben, werden auf Dauer chancenlos bleiben. Und in vielen Regionen Deutschlands dürften künftig wohl überhaupt keine Hartz-IV-Empfänger mehr vermittelt werden.

Schließlich brauchen diejenigen, die jahrelang keine geregelte Beschäftigung mehr gewöhnt waren, oft viel Zeit, um wieder einigermaßen produktiv zu arbeiten, manche haben es gar nie gelernt. Und bei einem Stundenlohn von 8,50 Euro plus Lohnnebenkosten geht die Rechnung aus Sicht der Arbeitgeber dann nicht mehr auf.

Damit der Mindestlohn die Schwächsten nicht dauerhaft aus dem Arbeitsmarkt drängt, erwägt die Koalition, Betriebe zu belohnen, wenn sie Langzeitarbeitslose einstellen. Solche Lohnkostenzuschüsse mögen zwar im Einzelfall erfolgreich sein.

Im großen Stil sind sie jedoch ebenso wie staatliche Arbeitsbeschaffungsmaßnahmen extrem teuer und wenig wirksam, weil die meisten Geförderten sofort wieder erwerbslos werden, wenn die Subvention ausläuft.

Trotzdem wird die Politik früher oder später diesen Weg einschlagen, um die vom Mindestlohn verursachten Schäden zu kaschieren. Denn eines ist sicher: Ganz gleich, wie groß die Probleme werden – sinken wird die Lohnuntergrenze nie.

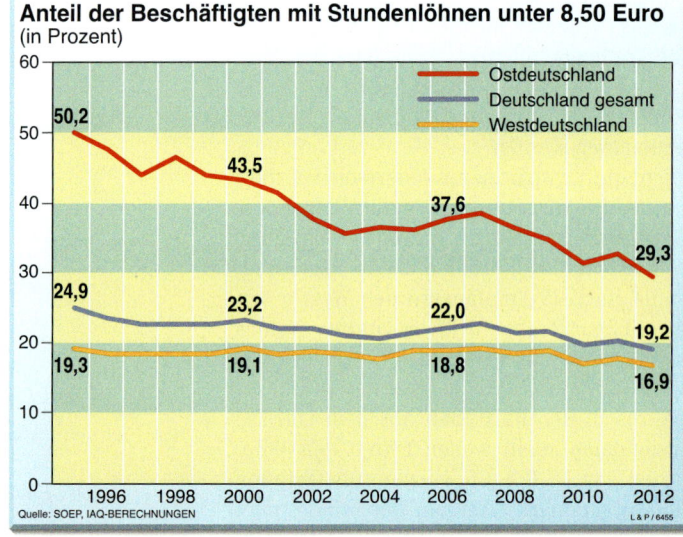

Aus: Dorothea Siems, *Diesen Mindestlohn wird Deutschland teuer bezahlen*, in: Die Welt online, www.welt. de/debatte/kommentare/article125899936/Diesen-Mindestlohn-wird-Deutschland-teuer-bezahlen.html, 18.3.2014 (Zugriff: 27.11.2014)

INFO

Tarifautonomie
Recht der Gewerkschaften und der Arbeitgeberverbände, Löhne, Gehälter und andere Arbeitsbedingungen selbstständig und unabhängig, also ohne staatliche Einflussnahme, zu regeln; die Tarifautonomie ist durch Art. 9 GG Abs. 3 geschützt.

QUERVERWEIS

LERNWEG Einen Zeitungskommentar verfassen S. 76 f.

1 **Arbeiten** Sie aus M 6 und M 7 die Argumente für und wider den Mindestlohn **heraus** und stellen Sie sie einander gegenüber. **Analysieren** Sie in diesem Zusammenhang auch die Karikatur und die Karte in M 6 sowie die Grafik in M 7.

2 **Analysieren** Sie die Lohnpolitik der Großen Koalition (2013–2017) im Hinblick auf deren Umverteilungs- und Stabilitätsziele (M 7).

3 **Nehmen** Sie in Form eines Zeitungskommentars **Stellung** zur Kontroverse um den Mindestlohn (M 6 und M 7) und **bewerten** Sie dabei die Zielsetzungen staatlicher Lohnpolitik.

4 **Recherchieren** Sie zu einem EU-Mitglied Ihrer Wahl (Karte in M 6) zu den arbeitsmarktpolitischen Erfolgen des dort existierenden Mindestlohns.

5 **Diskutieren** Sie, ob sich der Staat in einer Marktwirtschaft überhaupt mittels einer gesetzlichen Regelung in die Tarifautonomie (Info) einmischen sollte.

WISSEN
KOMPAKT

Ziele und Durchsetzungsmöglichkeiten der Tarifpartner in der Lohnpolitik

Vereinbarungen über Löhne erfolgen durch die **Tarifvertragsparteien**, im Normalfall die **Arbeitgebervertretungen** der jeweiligen Branche und die zuständigen **Gewerkschaften**. **Tarifverträge** haben für beide Seiten bindenden Charakter und sollen die Arbeitnehmer gegen unwürdige Arbeitsbedingungen schützen und einen einheitlichen Lohn für jede Branche garantieren. Die Arbeitgeber haben im Gegenzug die Garantie, dass es zu keinen Arbeitsniederlegungen und Streiks während der Geltungsdauer des Vertrags gibt, was der Wirtschaft Planungssicherheit gibt. Kommt es bei Tarifverhandlungen zu keiner Einigung, kann ein **Arbeitskampf** stattfinden, bei dem die Gewerkschaften zum Mittel des **Streiks** und die Arbeitgeber zur **Aussperrung** greifen können.

Ein Arbeitskampf kann für beide Seiten negative Folgen haben: Den Arbeitgebern drohen Produktionsausfälle und somit sinkende Gewinne, den Gewerkschaften, die die in der Streikzeit wegbrechenden Löhne der Streikenden aus der Streikkasse kompensieren müssen, hohe finanzielle Belastungen und den Streikenden selbst Lohneinbußen während der Streikzeit. Auch wenn die Arbeitskämpfe in der Bundesrepublik meist ohne Schärfe ausgetragen werden, gibt es im Falle einer Nichteinigung zwischen den Tarifpartnern eine **Schlichtungsinstitution**.

Lohnpolitische Konzeptionen und Veränderungen in der Arbeitswelt

Beide Tarifpartner haben unterschiedliche Konzeptionen, wenn es um die Gestaltung der Löhne geht. Während die Arbeitgeber der sogenannten **Produktivitätstheorie** folgen, richtet sich das Konzept der Arbeitnehmervertretungen nach der **Kaufkrafttheorie**. Die Arbeitgeber plädieren daher stets für moderate Lohnerhöhungen, die sich am Wirtschaftswachstum orientieren, selbst wenn dies bedingt durch Preissteigerungen einen Reallohnverlust bedeutet, da sonst die Wettbewerbsfähigkeit leide, was zu einem Abbau von Arbeitsplätzen führe. Die Gewerkschaften hingegen fordern eine Erhöhung der Löhne, die sich in ihrem Umfang nach der Inflationsrate richtet. Sie halten es für zu risikoreich, dass die Wirtschaft bevorzugt auf Export statt auf Binnennachfrage setzt. Durch Reallohnerhöhungen stiegen die Kaufkraft der Arbeitnehmer und damit auch der Konsum, was wiederum der Wirtschaft nütze.

Einfluss auf die Lohnentwicklung hat neben der Globalisierung, dem Einsatz neuer Technologien und der Flexibilisierung der Arbeitszeit auch das vermehrte Auftreten von **Zweitjobs**. Immer mehr Deutsche müssen oder wollen sich in ihrer Freizeit etwas hinzuverdienen.

Arbeitszeitpolitik

In Deutschland wird die erlaubte **Arbeitszeit pro Woche** gesetzlich geregelt. In der Regel darf diese für Arbeitnehmer nicht über 48 Stunden liegen. Während in den 1980er-Jahren durch Arbeitszeitverkürzung bei vollem Lohnausgleich eine Erhöhung der Beschäftigungszahlen angestrebt wurde, fordern Politiker in den letzten Jahren eine Verlängerung der Arbeitszeit ohne Lohnausgleich. In diesem Sinne wurde das Renteneintrittsalter bereits auf 67 Jahre erhöht.

Die Mindestlohndebatte

Vor allem die Parteien des linken politischen Spektrums und die Gewerkschaften vertreten die **Forderungen nach einem Mindestlohn**. Hauptargumente hierfür sind, dass Arbeitnehmer von ihrem Lohn ohne staatliche Hilfe ihren Lebensunterhalt bestreiten können sollten, dass Altersarmut verhindert und der Staatshaushalt entlastet werde.

Gegen einen Mindestlohn sprechen sich vor allem konservative und liberale Parteien sowie die Arbeitgeber aus. Sie argumentieren, dass durch Mindestlöhne einige Wirtschaftszweige, die viele Angestellte aus dem Niedriglohnsektor beschäftigen, nicht mehr konkurrenzfähig gegenüber ausländischen Firmen seien. Daher wanderten die Arbeitsplätze in Länder ohne beziehungsweise mit niedrigem Mindestlohn ab, was zu einem Anstieg der Arbeitslosenzahlen führe und so den Staatshaushalt mehr belaste als staatliche Hilfen für Beschäftigte im Niedriglohnsektor.

Umstritten ist ebenfalls die Frage, ob der Staat derart drastisch in die Tarifautonomie in einem marktwirtschaftlichen System eingreifen können darf. Denn eigentlich ist es Sache der Tarifpartner, Löhne – auch Mindestlöhne – branchenspezifisch auszuhandeln.

KLAUSUR Die Rente mit 63 ist ein Irrweg

INFO

Franz Müntefering
* 16.1.1940 in
Neheim-Hüsten
deutscher Politiker
(SPD); u. a.
1992–1995 Minister
für Arbeit, Gesundheit
und Soziales in Nord-
rhein-Westfalen,
1998–1999 Bundes-
minister für Verkehr,
Bau- und Wohnungs-
wesen,
2002–2005 Vorsitzen-
der der SPD-Bundes-
tagsfraktion,
2004–2005 u.
2008–2009 Bundes-
vorsitzender der SPD,
2005–2007 Vize-
kanzler und Bundes-
minister für Arbeit und
Soziales,
1975–1992 u.
1998–2013 Bundes-
tagsabgeordneter

Volte
Kunstgriff,
Ausweichmanöver

Wer in die gesetzliche Rentenversicherung einzahlt, versichert sich und die anderen, die auch einzahlen. Der Staat organisiert das und hat die Langfristerfordernisse auszu-
5 balancieren. Die zentralen Parameter sind bekannt: Das Äquivalenzprinzip, das sich in Beitragsumfang und Rentenanspruch aus-drückt, kann nur gerecht sein, wenn die Rah-menbedingungen dazu passen. Die Beitrags-
10 höhe soll immer auskömmliche Rente für die jeweiligen Rentenempfänger sichern, darf aber gleichzeitig die jeweiligen Beitragszah-ler, also die Arbeitnehmer und Arbeitgeber nicht überfordern. Wenn die Zahlen der Bei-
15 tragszahler und die der Rentenempfänger sich in ihrer Relation nachhaltig verändern, tangiert das das System erheblich. [...]
Die Formel des Erfolgs heißt: Sichere Arbeit + gute Löhne + humane Arbeitswelt + stabiler
20 Altenquotient = ausreichende Alterssicherung. Aber diese Formel erfüllt sich zurzeit in mancherlei Hinsicht nicht. Das muss keine Panik auslösen und auch das Beschwören eines Generationenkonflikts ist überflüssig.
25 Aber nun dürfen nicht auch noch die Wei-chen falsch gestellt werden. Genau das pas-siert aber!
Positiv ist, dass die, vor allem demografie-bedingten Rentengesetze von Rot-Grün und
30 von der 2005er-Großen-Koalition von dieser [Großen] Koalition [seit 2013] nicht infrage gestellt werden: Begrenzung des Beitrags-satzes, Senkung des Rentenniveaus mit In-terventionspflicht, verstärkter Zuschuss aus
35 dem Steuertopf an die Rentenkasse, schritt-weise Anhebung des faktischen Rentenalters und des gesetzlichen Renteneintrittsalters auf 67 Jahre bis zum Jahre 2029 und der Anspruch auf eine abschlagsfreie Rente mit
40 65 Jahren bei mindestens 45 Beitragsjah-ren.
[...] Positiv auch: der flächendeckende ge-setzliche Mindestlohn. Wichtig ist die dring-liche Forderung nach gleichem Lohn für glei-
45 che Arbeit und nach einem angemessenen Lohn für Berufe, in denen vor allem Frauen tätig sind. Beide Felder sind bisher schwere Hypotheken für die Zukunftsfähigkeit des Rentensystems. Das gilt auch für die Verein-
50 barkeit von Familie und Beruf generell, bei Alleinerziehenden im Besonderen. [...]

Aber: Die in rot-grüner Zeit geschaffene Grundsicherung, also die Aufstockung von Minirenten bis zur Höhe des Existenzmini-mums und Freistellung der Kinder von Zu-
55 zahlungspflichten hierzu, immerhin mit vier bis fünf Milliarden Euro jährlich aus der Steuerkasse bezahlt, soll „fortentwickelt" werden. Die von der jetzigen Großen Koali-tion dafür gefundene Formel von der „Le-
60 bensleistungsrente" ist vielleicht populistisch brauchbar, aber unehrlich, denn sie ignoriert das Prinzip unseres Rentensystems. Die Ren-te berechnet sich nicht nach Lebensleistung, sondern nach der Beteiligung an der Renten-
65 versicherung. [...] Der Dank für gesellschaft-lich relevante Lebensleistung ist gut. Den Ehrenamtlichen sollten wir zum Beispiel besser danken. Und es fallen einem dazu auch Elternzeiten und Pflegezeiten ein. Aber
70 das ist nicht die Aufgabe der Rentenversiche-rung. Das muss aus der Steuerkasse geleistet werden. Und wenn die das nicht hergibt, muss sie aufgefüllt werden mittels gerechter Steuerpolitik. Die Leistungen dürfen nicht
75 zulasten der nachwachsenden Rentenversi-cherten abgewickelt werden, nur weil es da heute den geringsten Widerstand gibt.
Die **Volte** hin zum Maßstab Lebensleistung berührt das System im Kern: Mit dieser Aus-
80 richtung verlieren Löhne und Beiträge wei-ter an Gewicht und der eingeschlagene Weg sieht sehr aus nach einem Einstieg in die allgemeine Grundrente. Ich hoffe, niemand in der Koalition will diesen Weg wirklich be-
85 schreiten. [...]
Vergleichbar fragwürdig ist die Absicht, ab 2014 für 63-Jährige mit mindestens 45 Bei-tragsjahren (plus Sonderregelung) die ab-schlagsfreie Rente zu garantieren – die sie
90 nach geltendem Recht seit 2012 mit 65 Jah-ren erhalten. Mit dieser neuen 63er-Rege-lung wird eine bizarre Sonderregelung er-funden. 65 ist das seit über 100 Jahren bekannte Renteneintrittsalter. Als dieses auf
95 67 Jahre geändert wurde, haben wir bei 65 Jahren eine Grenze gezogen für die, die früh ins Erwerbsleben eingetreten sind. Für sie blieb es bei der alten Regelung. [...]
Nun soll das absolute Rentenalter für eine
100 sehr kurze Zeitspanne auf 63 Jahre gesenkt werden (Allzeitrekord). Ein einziger Jahr-

gang erhält einen Zwei-Jahres-Vorteil, nämlich eine abschlagsfreie Rente schon im Alter von 63 Jahren statt mit 65. Dann schrumpft dieser Vorteil, parallel zum Anstieg des Rentenalters für die folgenden Geburtenjahrgänge (1952 bis 1963) Schritt für Schritt. 2029 gilt das schon bestehende Gesetz des Renteneintritts mit 67 oder 65 Jahren dann für alle. Eine – freundlich gesagt – sehr vertrackte Art von Gerechtigkeit, deren Kosten überdies auf die Jungen geschoben werden.

Falsch ist die Fixierung auf die Versicherungsjahre. Die andere Seite der Medaille, die Lebenserwartung, also die voraussichtliche Dauer der Rentenzahlung, bleibt dabei unbeachtet. Das ist ignorant. In Deutschland erhalten wir unsere Renten nicht mehr über einen Zeitraum von 10 Jahren, sondern inzwischen von 19, bald von 22 Jahren. Heute ist nicht mehr nur ein Zehntel der Bevölkerung 65 Jahre oder älter, sondern bereits 20 Prozent und bald werden es 30 Prozent sein. Mitte der Sechzigerjahre wurden in Deutschland jährlich 1,2 bis 1,3 Millionen Kinder geboren, 2012 waren es weniger als 700 000.

[...] Abgesehen von all dem bleibt schleierhaft, weshalb trotz der aufziehenden Arbeits- und Fachkräfteproblematik die 63-jährigen Facharbeiter, die in erster Linie von der Regel erfasst würden, geradezu hinauskomplimentiert werden aus dem Berufsleben. Die meisten von ihnen haben Wissen, Können und Engagement. [...]

Das jahrelange, erfolgreiche Bemühen, Schritt für Schritt die Mentalität zur Frühverrentung umzukehren, wird konterkariert. Auf jeden Fall sind hierzu zwei Komplexe zügig anzugehen: Bei einem Berufseinstieg mit 21 Jahren und einer Lebenserwartung von 82, bald 85 Jahren, ist es für die Kohorte zwischen 22 und 65 beziehungsweise 67 Jahren schwer,

Wohlstand und soziale Sicherheit für das ganze Land zu erwirtschaften. Die Anstrengung aller ist nötig. Eine Flexibilisierung des Renteneintritts durch Erwerbsminderung oder Altersteilzeit kann die individuellen Potenziale angemessener als bisher beachten, darf aber nicht die Illusion von der Frühverrentung fördern, sondern muss über 65/67 hinausweisen. Wer länger aktiv bleiben kann, hat auch länger was von seinem dann höheren Rentenanspruch. Dazu gehört es, stärker als bisher Berufswechsel in einem langen Leben populär, organisierbar und finanzierbar zu machen. Weshalb sollte die letzte Berufsdekade nicht immer öfter eine mit weniger Druck und Belastung sein und der **ballistischen** Kurve der körperlichen Kräfte folgen. Ja, das könnte sich auch auf die Lohnhöhe auswirken. [...] Lebensqualität hat viele Gesichter. Wer länger aktiv bleiben kann, hat auch länger was von seinem dann höheren Rentenanspruch. [...]

Endlich: Eine Rentenversicherung, die keine verbesserte Pflegeversicherung an ihrer Seite hat, kann keine ausreichende Altersversicherung sein. [...] Die Pflegeversicherung ist seit Mitte der Neunzigerjahre ein wichtiges Standbein der sozialen Sicherung geworden. Sie ist aber Zuschussversicherung und garantiert nicht die volle Pflegekostenerstattung, verhindert also nicht die Inanspruchnahme der Kinder-Familie für ungedeckte Pflegekosten. [...]

In Sachen Ökologie ist begriffen, dass falsches Handeln heute Hochwasser und Dürre für morgen bedeutet. Im Sozialen ist das im Prinzip nicht anders. Eine Politik, die erkennbar auch hier auf Zukunftsfähigkeit ausgerichtet ist, würde das Vertrauen aller Generationen in unsere soziale Sicherheit dauerhaft deutlich stabilisieren.

> **INFO**
>
> **ballistisch**
> die Flugbahn eines
> Körpers bzw.
> Geschosses betreffend/
> aufweisend

Aus: Franz Müntefering, Die Rente mit 63 ist ein Irrweg, in: Cicero online, www.cicero.de/berliner-republik/rentenreform-rente-mit-63/57336, 3.4.2014 (Zugriff: 9.10.2014)

1 **Beschreiben** Sie die Grundprinzipien des sozialen Sicherungssystems. Gehen Sie dabei anhand eines eigenen Beispiels auf künftige Herausforderungen für den Sozialstaat ein.

2 **Analysieren** Sie den Text im Hinblick auf die Position des Autors zur Rente mit 63.

3 **Erörtern** Sie Möglichkeiten, die Rente zukunftssicher zu machen. Berücksichtigen Sie dabei sowohl wirtschaftliche als auch soziale Kriterien.

KLAUSUR

Erwartungshorizont		max. Punkte
Verstehensleistung	gesamt	100
Aufgabe 1 = AFB I **Beschreiben** der Grundprinzipien des sozialen Sicherungssystems und anhand eines selbstgewählten Beispiels Eingehen auf die Herausforderung des Sozialstaats. Der Prüfling …	gesamt	30
1. nennt die Merkmale des Sozialstaates, z. B.: In den Artikeln 20 und 28 des GG wird die rechtliche Grundlage des Sozialstaates festgehalten. Das System der sozialen Sicherung in Deutschland basiert auf drei Säulen: ■ Versicherungsprinzip: gesetzliche Sozialversicherungen (Kranken-, Renten-, Pflege-, Unfall- und Arbeitslosenversicherung); die Höhe der Leistungen ergibt sich nach dem Äquivalenz- bzw. Solidaritätsprinzip; bei dem Äquivalenzprinzip hängt die Leistung davon ab, wie lange und wie viel man eingezahlt hat (z. B. Rente); beim Solidaritätsprinzip spielt die Beitragshöhe keine Rolle. Jeder Beitragszahler erhält im Versicherungsfall die notwendige Versorgungsleistung (z. B. Krankenversicherung). Diese Säule wird aus den Beitragszahlungen der Versicherten finanziert. ■ Versorgungsprinzip: z. B. für Beschäftigte im öffentlichen Dienst; die Finanzierung erfolgt durch Steuergelder; die Höhe der Leistungen erfolgt nach dem Solidaritätsprinzip (z. B. Kindergeld). ■ Fürsorgeprinzip: Gruppen, die auf die Fürsorgepflicht des Staates angewiesen sind (z. B. Arbeitslosengeld II, Wohngeld etc.); hier gilt das Subsidiaritätsprinzip: Staatliche Hilfe kann nur dann in Anspruch genommen werden, wenn Selbsthilfe nicht möglich ist. Das Fürsorgeprinzip finanziert sich aus Steuereinnahmen.		15
2. geht anhand eines Beispiels auf zukünftige Herausforderungen des Sozialstaates ein, z. B.: Aufgrund des demografischen Wandels und des damit verbundenen Wandels der Altersstruktur der deutschen Gesellschaft steigen die Kosten für das Rentensystem. Der Generationenvertrag (Erwerbstätige finanzieren mit ihren Beiträgen die Rentengeneration) gerät dadurch ins Wanken.		15
Aufgabe 2 = AFB II **Text**analyse hinsichtlich der Position des Autors zur Rente mit 63 Der Prüfling …	gesamt	40
1. ordnet den Text von Franz Müntefering „Die Rente mit 63 ist ein Irrweg", der am 3.4.2014 bei Cicero online erschienen ist, als politisch wertenden Beitrag zur Diskussion über die Rentenreform der Großen Koalition ein.		5
2. arbeitet die Position des Autors in folgender oder gleichwertiger Weise heraus: Die von der Großen Koalition vorgeschlagene „Lebensleistungsrente mit 63" ist laut Müntefering ungerecht, wenig zukunftsfähig und nicht vereinbar mit dem Prinzip des Rentensystems, bei dem es um die Einzahlungsdauer geht.		5
3. analysiert Begründungen zur Position des Autors in folgender oder gleichwertiger Weise: ■ Müntefering beginnt mit einer allgemeinen Aussage über die Zielsetzung des Rentensystems und fasst die angemessene Alterssicherung in eine mathematische Formel (Z. 18 ff.). ■ Er sieht die „Weichen falsch gestellt" (Z. 25 f.) und bezeichnet die „Lebensleistungsrente" als „populistisch" und „unehrlich" (Z. 60 f.), da sie sich nicht an der Beteiligung der Rentenversicherung orientiere und Löhne und Beiträge an Wert verlören (Z. 80). ■ Der „Dank für relevante Lebensleistungen" wie ehrenamtliche Tätigkeiten oder Elternzeit sei nicht Aufgabe des Rentensystems, sondern müsse aus Steuereinnahmen finanziert werden (Z. 65–74). ■ Müntefering sieht die „Sonderregelung" für eine einzige Generation als ungerecht an, da dies auf Kosten der Jüngeren gehe (Z. 112). ■ Er kritisiert weiter, dass von der Großen Koalition ignoriert werde, dass die Rentenbezugsdauer weiter steige; er nennt dazu Zahlen zur Bevölkerungsentwicklung (Z. 114–126). ■ Weiterhin würden Fachkräfte trotz Fachkräftemangel „hinauskomplimentiert" (Z. 131 f.). ■ Müntefering fordert „die Anstrengung aller" (Z. 145) und eine flexible Verrentung mit Blick auf Renteneintrittsalter über 63 hinaus. Wer länger arbeitet soll auch eine höhere Rente bekommen (Z. 150 ff.).		18

- Abschließend geht er auf die Pflegeversicherung als „wichtiges Standbein" ein (Z. 170) und fordert mit einem metaphorischen Vergleich aus der Ökologie, die Zukunft des Sozialsystems im Blick zu behalten.

4. analysiert die Argumentationsweise des Autors, z. B.:	6

- Müntefering verwendet zu Beginn allgemeingültige Aussagen über das Rentensystem, die er kommentiert und bewertet (vgl. Z. 5 ff.);
- Die mathematische Gleichung (Z. 18 ff.) lässt seine Aussage als „bewiesen" wirken.
- Er zählt zunächst auf, welche Maßnahmen er bei der Großen Koalition positiv bewertet (Z. 29–50), bevor er in die Kritik einsteigt. Seine Argumente bleiben dem Leser dadurch nachhaltiger im Gedächtnis und mögliche Gegenargumente werden relativiert.
- „Statistische Daten" werden ohne Angaben von Quellen verwendet (Z. 120 ff.).
- Gehobenes Sprachniveau, Fachbegriffe werden als bekannt vorausgesetzt (z. B. Äquivalenz-prinzip).

5. erschließt die Intention des Autors in folgender oder gleichwertiger Weise: Der Kommentar richtet sich an die Große Koalition, die Rente mit 63 zu überdenken und andere zukunftsfähige Lösungsmodelle zu erarbeiten.	6

Aufgabe 3 = AFB III **Erörterung** der Frage, wie die Rente zukunftssicher gemacht werden kann, unter Berücksichtigung wirtschaftlicher und sozialer Aspekte Der Prüfling …	**gesamt**	**30**
1. erörtert Zukunftssicherheit der Rente unter Berücksichtigung eines wirtschaftlichen Aspekts, z. B.: Fachkräftemangel, Beschäftigungschancen Älterer etc.		10
2. erörtert Zukunftssicherheit der Rente unter Berücksichtigung eines sozialen Aspekts, z. B.: ungleiche Möglichkeiten zur privaten Altersvorsorge, Generationengerechtigkeit		10
3. nimmt abschließend Stellung und kommt zu einem eigenständigen Gesamturteil, das auf einer Gewichtung der vorangegangenen Ausführungen beruht.		10
4. erfüllt ein weiteres aufgabenbezogenes Kriterium.		[5]
Darstellungsleistung Der Prüfling …	**gesamt**	**20**
strukturiert seinen Text schlüssig, stringent sowie gedanklich klar und bezieht sich dabei genau und konsequent auf die Aufgabenstellung.		5
bezieht beschreibende, deutende und wertende Aussagen schlüssig aufeinander.		4
belegt seine Aussagen durch angemessene und korrekte Nachweise (Zitate etc.).		3
formuliert unter Berücksichtigung der Fachsprache präzise und begrifflich differenziert.		4
schreibt sprachlich richtig (Grammatik, Orthografie, Zeichensetzung) sowie syntaktisch korrekt und stilistisch sicher.		4

ACHTUNG

Bei der Bewertung der Darstellungsleistung kann es vonseiten des Schulministeriums NRW zu Änderungen kommen. Die jeweils aktuellen Angaben finden Sie unter:
www.schroedel.de/ 11545
(unter: „Downloads").

möglicher Notenschlüssel																
Note	1+	1	1–	2+	2	2–	3+	3	3–	4+	4	4–	5+	5	5–	6
Noten-punkte	15	14	13	12	11	10	09	08	07	06	05	04	03	02	01	00
erreichte Punktzahl	120 bis 114	113 bis 108	107 bis 102	101 bis 96	95 bis 90	89 bis 84	83 bis 78	77 bis 72	71 bis 66	65 bis 60	59 bis 54	53 bis 47	46 bis 40	39 bis 32	31 bis 24	23 bis 0

4. Globale Strukturen und Prozesse

„Der Friede ist der Grund und das Merkmal und die Norm des Politischen, dies alles zugleich."

Dolf Sternberger

„Es ist unleugbar, dass der Krieg der natürliche Zustand der Menschheit war, bevor die Gesellschaft gegründet wurde, und zwar nicht einfach der Krieg, sondern der Krieg aller gegen alle."

Thomas Hobbes

Der Sicherheitsrat in New York

Textilindustrie in Bangladesch

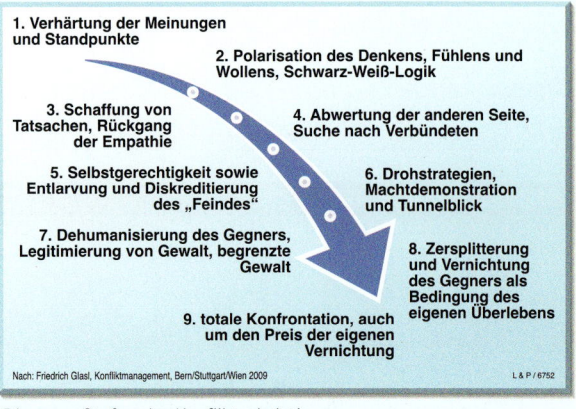

1. Verhärtung der Meinungen und Standpunkte

2. Polarisation des Denkens, Fühlens und Wollens, Schwarz-Weiß-Logik

3. Schaffung von Tatsachen, Rückgang der Empathie

4. Abwertung der anderen Seite, Suche nach Verbündeten

5. Selbstgerechtigkeit sowie Entlarvung und Diskreditierung des „Feindes"

6. Drohstrategien, Machtdemonstration und Tunnelblick

7. Dehumanisierung des Gegners, Legitimierung von Gewalt, begrenzte Gewalt

8. Zersplitterung und Vernichtung des Gegners als Bedingung des eigenen Überlebens

9. totale Konfrontation, auch um den Preis der eigenen Vernichtung

Nach: Friedrich Glasl, Konfliktmanagement, Bern/Stuttgart/Wien 2009

L & P / 6752

Die neun Stufen der Konflikteskalation

In diesen inhaltlichen Schwerpunkten erwerben Sie fachbezogene Kompetenzen

1. Die Globalisierung ist ein Kennzeichen unserer Zeit. **Merkmale, Dimensionen und Auswirkungen der Globalisierung** zeigen sich in wirtschaftlicher, sicherheitspolitischer, gesellschaftlicher und ökologischer Hinsicht.

2. Kein Staat kann alle Bedürfnisse der in ihm lebenden Menschen befriedigen. Daraus ergibt sich die Notwendigkeit des Güteraustauschs zwischen den Ländern der Erde. Die **internationalen Wirtschaftsbeziehungen** haben zu einer engen Vernetzung der Volkswirtschaften geführt.

3. Um die wirtschaftlichen Beziehungen zu intensivieren und zu verstetigen, haben die Staaten diverse **Institutionen zur Gestaltung der ökonomischen Dimension der Globalisierung** gegründet, u. a. die Weltbank, den Internationalen Währungsfonds und die Welthandelsorganisation.

4. **Der Beitrag der UN zur Konfliktbewältigung und Friedenssicherung** steht außer Frage, wurde die United Nations Organization doch genau zu diesem Zweck gegründet. Die deutsche Sicherheitspolitik steht in Übereinstimmung mit der UN wie auch der EU. Im Zusammenhang mit Fragen der Konfliktbewältigung wird die Methode der Konfliktanalyse eingeführt.

5. Angesichts vieler Konflikte, Krisen und Kriege ist die **internationale Friedens- und Sicherheitspolitik** ein zentrales Politikfeld. Die Politikwissenschaft hat sowohl Vorstellungen über den Frieden als auch über die politische Bearbeitung von Konflikten entwickelt.

6. Das Thema **Menschenrechte und Demokratie in der internationalen Politik** findet zunehmende Beachtung. Menschenrechtsverletzungen werfen die Frage nach dem Menschenrechtsschutz auf. Da Menschenrechtsverletzungen nicht selten ideologisch begründet werden, ist es wichtig, sich mit der Methode der Ideologiekritik vertraut zu machen.

7. Seit einigen Jahren wird das Konzept der **Global Governance** diskutiert. Es gilt als notwendig, globale Probleme auch weltweit zu regeln. Dies scheitert jedoch leicht am Egoismus der Staaten.

8. Die Globalisierung hat Vor- und Nachteile, sie kennt Gewinner und Verlierer. Bei jenen, die sich intensiv mit diesen Nachteilen auseinandersetzen, steht die **Globalisierung in der Kritik**.

1 Entwickeln Sie eine Mindmap, in der Sie Ihre Vorstellungen über die internationale Politik festhalten. Die Bilder, die Zitate und die in der Mindmap bereits eingetragenen Begriffe können Ihnen helfen.

2 Beobachten Sie über längere Zeit einen internationalen Konflikt. **Überprüfen** Sie dabei, ob der Konflikt anhand des Schemas „Konflikteskalation" verläuft.

4.1 Merkmale, Dimensionen und Auswirkungen der Globalisierung

Die Globalisierung ist kein Phänomen des 21. Jahrhunderts. Schon in der Antike gab es Kennzeichen einer wirtschaftlichen „Globalisierung", zum Beispiel beim Warenverkehr zwischen dem Römischen Reich und Germanien. Auch die kultische Verehrung des römischen Kaisers, die Etablierung der lateinischen Sprache als „Weltsprache" der Antike oder die Verbreitung von Thermen innerhalb des Römischen Reiches, das den gesamten Mittelmeerraum und große Teile Europas umspannte, war ein Kennzeichen kultureller „Globalisierung". Der Trend zur Vergrößerung von Märkten setzte sich im Mittelalter weiter fort: So verband die Seidenstraße Ostasien ökonomisch mit dem Mittelmeerraum und die Hanse trieb Überseehandel. Mit der Entdeckung und Kolonialisierung Amerikas in der Frühen Neuzeit erweiterte sich die „Globalisierung" auch schnell auf den neuen Kontinent, der sich schnell zu einem Rohstofflieferanten und Absatzmarkt entwickelte, in den die europäischen Immigranten auch ihre Kultur mitbrachten.

Der Unterschied zur Globalisierung heutzutage ist trotzdem immens: Durch den technischen Fortschritt, vor allem im IT-Bereich und dem Transportwesen, und die Entstehung transnationaler Konzerne nimmt im Gefolge der ökonomischen Globalisierung auch die kulturelle, ökologische oder politische Globalisierung von Jahr zu Jahr zu. Globale Umweltprobleme wie etwa die durch den CO_2-Ausstoß bedingte globale Erderwärmung sind nicht nur durch die Weltgemeinschaft verursacht, sondern können auch nur durch das Zusammenwirken aller Staaten bekämpft werden. In diesem Zusammenhang spricht der Soziologe Ulrich Beck von einer „Weltrisikogesellschaft".

Zeichnung: Jeff Korteba

Basiswissen

Unter **Globalisierung** versteht man das weltweite Zusammenwachsen in vielfältigen Bereichen, wie zum Beispiel der Wirtschaft, Politik, Kultur und Kommunikation. Primär wird der Begriff in ökonomischen Zusammenhängen verwendet und bezeichnet die Entstehung eines einzigen weltweiten Marktes mit all seinen Vor- und Nachteilen: Während durch die weltweite Konkurrenzsituation auf der einen Seite Waren für den Verbraucher billiger werden, müssen auf der anderen Seite Arbeitnehmer, deren Erzeugnisse unter heimischen Bedingungen zu teuer produziert werden, um ihren Arbeitsplatz fürchten.

1 **Analysieren** Sie die Karikatur hinsichtlich des hier thematisierten Globalisierungsaspekts.

2 **Arbeiten** Sie aus M 1 die Merkmale und Dimensionen der Globalisierung **heraus** und unterteilen Sie sie nach positiven und negativen Aspekten.

3 **Informieren** Sie sich über die Frühphase der Industrialisierung und **vergleichen** Sie die dort entstandenen Probleme mit denen der Globalisierung heute.

Merkmale und Dimensionen der Globalisierung

Was ist Globalisierung?

MATERIAL **1**

QUERVERWEIS

Global Governance
Kap. 4.7

Globalisierung ist ein Prozess, in dem „Ereignisse in einem Teil der Welt zunehmend Gesellschaften und Problembereiche in anderen Teilen der Welt berühren" (Wichard Woyke). Die natürlichen Grenzen von Zeit und Raum spielen in vielen Bereichen eine immer geringere Rolle. Die Kosten für den Transport von Informationen, Menschen, Gütern und Kapital über den gesamten Erdball hinweg sind drastisch gesunken, und globale Kommunikationsmöglichkeiten können immer billiger und schneller genutzt werden. Mit grenzüberschreitend, international, global [...] meinen wir meist über staatliche Grenzen hinweg. Handlungsmacht und Handlungswirkung von Staaten sind unter den Bedingungen der Globalisierung immer weniger deckungsgleich. Der moderne Nationalstaat, seine Grenzen und seine Gültigkeit, sind Ausgangspunkt der Wahrnehmung von Globalisierungsprozessen. Denn innerhalb von Staaten verfügen wir schon lange über mehr oder weniger eingespielte Mehrebenensysteme lokaler, regionaler und gesamtstaatlicher Politik. Globale Finanzmärkte agieren jedoch zwischen nationalen Geldmärkten. Transnationale Unternehmen bzw. „Global Player" sind dadurch definiert, dass sie in mehreren Staaten Niederlassungen haben, produzieren und verkaufen. Globale Umweltprobleme sind solche, die sich nicht auf Staatsgebiete eingrenzen lassen. Und auch im Internet gibt es praktisch keine staatlichen Grenzen.
Wesentliche Merkmale der Globalisierung sind die Liberalisierung und die drastische Zunahme des internationalen Handels, die Expansion ausländischer Direktinvestitionen und die massiven grenzüberschreitenden Finanzströme. Modulare Produktionsprozesse, etwa in der Halbleiter- oder der Textilindustrie und zunehmend auch im Bereich der Dienstleistungen, werden in transnationalen Unternehmensstrukturen organisiert und aus internationalen Kapitalströmen finanziert. Diese Erscheinungen führten zu einem verstärkten Wettbewerb auf zunehmend globalen Märkten. Neben der wirtschaftlichen Dimension spielt in der Globalisierung auch der Austausch von Informationen, Know-how und Ideen eine große Rolle. So ist zum Beispiel die Abschottung von Märkten und Gesellschaften unter den Bedingungen der Globalisierung kaum noch möglich.
Zunehmende Vernetzung, globale Herausforderungen und wirtschaftlicher Wettbewerb führen zu neuen Konflikten und Erfordernissen der Zusammenarbeit. [...] Eine Folge davon ist, dass vermehrt nationale Befugnisse berührt werden und die eigene Politik abgestimmt werden muss, was für die Betroffenen Verunsicherung bringen kann. Und: „Obwohl viele Übel der heutigen Welt – Armut, Mangel an menschenwürdiger Arbeit, Verweigerung der Menschenrechte – schon lange vor der gegenwärtigen Phase der Globalisierung bestanden, haben in einigen Regionen der Welt Ausgrenzung und Entbehrungen zugenommen. [...]" (**ILO**-Weltkommission zur Sozialen Dimension der Globalisierung, 2004)
Eine entscheidende Dimension der Globalisierung ist das Entstehen einer globalen Wahrnehmung. Das Wissen über Ereignisse und Probleme in aller Welt ist drastisch angewachsen. Dies bedeutet auch, dass globale Ungleichheiten des Lebensstandards und der Lebenschancen wesentlich stärker wahrgenommen werden. [...]
Globalisierung ist ein offener Prozess. Damit beginnt die Suche nach Ideen, neuen Lebensstilen sowie gesellschaftlicher Ordnung innerhalb und zwischen Staaten, die eine zukunftsfähige und faire Entwicklung ermöglichen können. Vergleicht man die Globalisierung mit dem Prozess der Industrialisierung, so wird deutlich, dass wir erst am Anfang einer Entwicklung stehen, die sich auf viele Lebensbereiche und Funktionsweisen unserer Gesellschaften auswirkt.

INFO

ILO
Internationale Arbeitsorganisation
(siehe auch S. 417,
Info; Glossar)

Aus: Sascha Meinert/Michael Stollt, Was ist Globalisierung?, in: Bundeszentrale für politische Bildung, Veranstaltungen, Netzwerke, teamGLOBAL, Globalisierung, www.bpb.de/veranstaltungen/netzwerke/team-global/67277/was-ist-globalisierung, 21.6.2010 (Zugriff: 9.11.2014)

Wirtschaftliche Auswirkungen der Globalisierung

MATERIAL **2**

GLOSSAR

Arbeitsteilung
Spezialisierung

Die Weltzahnbürste

Perlweiße Haut, schlanker Hals, 161,034 Gramm, schnurrt los wie ein Kätzchen, 130 Euro, das perfekte Spielzeug für die Wohlhabenden dieser Welt, sie heißt Elite. Es wird
5 niemals Nacht in ihrem Reich, im Reich der Bürste, denn acht Prozent Weltmarktanteil sind zu wenig, rund 20 Millionen Käufer, das genügt nicht, wer ihr dient, der muss kämpfen, etwa auf den Philippinen, am Stadtrand
10 von Manila. [...]
Die Firma Philips produziert, inklusive Zulieferfirmen, die elektrische Zahnbürste „Sonicare Elite 7 000" und ihre Schwestermodelle an zwölf Standorten und in fünf Zeitzonen.
15 Ein- bis zweimal in der Woche verlassen rund 100 000 Platinen mit aufgelöteten Komponenten das Werk in Manila. Vom Cargo-Flughafen Manilas werden sie via Tokio nach Seattle geflogen; eine Verzögerung von ei-
20 nem halben Tag kann alles durcheinander bringen, man arbeitet mit einem Minimum an Lagerreserven, an Zeitreserven.
Eine Reise durch die Präzisionsmaschine von „Oral Healthcare Philips" ist eine Tour in
25 die globale Gegenwart – fast ohne Europäer und ihre romantischen Vorstellungen von Gerechtigkeit und ihre hässlichen, teuren Arbeitskämpfe, weil die Verlagerung nach Asien nämlich schon größtenteils stattgefun-
30 den hat.
Die Zahnbürste besteht im Wesentlichen aus 38 Komponenten. Die Einzelteile für die Energiezelle, ein Nickel-Cadmium-Akku, stammen aus Japan, Frankreich, China. Die
35 Platine, das elektronische Herzstück, kommt vorgeätzt aus Zhuhai, am Perlflussdelta, im

Südosten Chinas. Nicht weit von Zhuhai, aus der chinesischen Industriestadt Shenzhen, stammen auch die Kupferspulen, gedreht von Heerscharen von Frauen mit verpflaster-
40 ten Fingerspitzen – die Globalisierung ist weiblich.
Die 49 Komponenten auf der Platine, streichholzkopfgroße Transistoren und Widerstände, wiederum stammen aus Malaysia. In Ma-
45 nila werden sie aufgelötet und getestet. Dann ausgeflogen nach Snoqualmie, an die amerikanische Westküste, wo das Mutterwerk ist. Gleichzeitig kommen aus Klagenfurt per Lkw die komplizierteren Kunststoff-Guss-
50 teile nach Bremerhaven, außerdem in Klagenfurt vorgeschnittene Stahlblätter, der Spezialstahl stammt aus Sandviken, Schweden. Von Bremerhaven aus fährt ein Frachtschiff die halbe Bürste über den Atlantik nach Port
55 Elizabeth, New Jersey. Von dort geht es per Bahn weiter, quer durch die USA. Und in Snoqualmie, 40 Autominuten von Seattle entfernt, wird alles zusammengeschraubt, verpackt. Zu dem Zeitpunkt haben die Kom-
60 ponenten 27 880 Kilometer zurückgelegt, zwei Drittel des Erdumfangs.
Philips ist ein niederländischer Konzern. Aber unter etwa 120 Leuten, die man auf einer Reise durch das Karussell der Kulturen
65 und Kontinente trifft, sind gerade mal zwei Niederländer. Der Vorarbeiter im amerikanischen Snoqualmie stammt aus Gambia. [...] Es gibt Iren, Ukrainer, Inder, Kambodschaner, Vietnamesen, Thailänder. Globalisie-
70 rung schafft überall auf der Welt neue Biografien und verzahnt sie.

Aus: Ralf Hoppe, Die Weltbürste, in: Spiegel Special 7/2005, S. 136–141, hier: S. 136–139

1 **Beschreiben** Sie anhand von M 2 das weltweite System der ökonomischen Vernetzung und **erläutern** Sie die wirtschaftliche Dimension der Globalisierung.
2 **Analysieren** Sie die Karikatur M 3 hinsichtlich des Wandels von den 1950ern bis heute.
3 **a)** **Arbeiten** Sie aus M 4 **heraus**, zu welchem Ergebnis Tobias Kaiser in Bezug auf die Globalisierung kommt.
b) **Beurteilen** Sie die in der Grafik in M 4 gezeigten Auswirkungen der Globalisierung.
4 **Analysieren** Sie M 2 bis M 4 hinsichtlich der wirtschaftlichen Auswirkungen der Globalisierung.

Früher und heute

Zeichnung: Carlson

Globalisierungsgewinner Deutschland

Die Exportnation Deutschland gehört zu den größten Gewinnern der Globalisierung. [...] Zwischen 1990 und 2011 trug die Globalisierung hierzulande demnach im Schnitt
5 jedes Jahr 100 Milliarden Euro zur Wirtschaftsleistung bei. Die Globalisierung – das wirtschaftliche, politische und soziale Zusammenwachsen der Welt – sei außerdem für etwa ein Fünftel des gesamten Wachs-
10 tums der deutschen Volkswirtschaft in dem betrachteten Zeitraum verantwortlich. [...] Die Schlusslichter beim Vergleich der Globalisierungsgrade sind verblüffenderweise hauptsächlich die großen Schwellenländer,
15 die hierzulande häufig in einem Atemzug mit Globalisierung genannt werden: China, Brasilien und Indien. Ganz gleich jedoch, wie hoch der Globalisierungsgrad ist: Die Forscher kommen zu dem Ergebnis, dass grund-
20 sätzlich alle untersuchten Länder von der internationalen Vernetzung profitieren. Aus Sicht der Bertelsmann-Stiftung ist allerdings bemerkenswert, dass die Industrieländer absolut viel stärker als die großen
25 Schwellenländer von der Globalisierung profitieren. [...] „Wir müssen erkennen, dass die Globalisierung die Schere zwischen Arm und Reich eher noch weiter öffnet", erklärte denn der Vorstandsvorsitzende der Bertels-
30 mann-Stiftung, Aart de Geus. Erst über einen

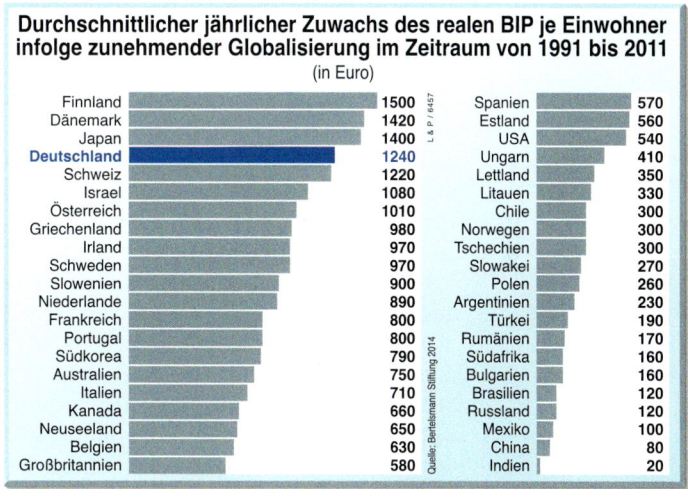

Durchschnittlicher jährlicher Zuwachs des realen BIP je Einwohner infolge zunehmender Globalisierung im Zeitraum von 1991 bis 2011 (in Euro)			
Finnland	1500	Spanien	570
Dänemark	1420	Estland	560
Japan	1400	USA	540
Deutschland	1240	Ungarn	410
Schweiz	1220	Lettland	350
Israel	1080	Litauen	330
Österreich	1010	Chile	300
Griechenland	980	Norwegen	300
Irland	970	Tschechien	300
Schweden	970	Slowakei	270
Slowenien	900	Polen	260
Niederlande	890	Argentinien	230
Frankreich	800	Türkei	190
Portugal	800	Rumänien	170
Südkorea	790	Südafrika	160
Australien	750	Bulgarien	160
Italien	710	Brasilien	120
Kanada	660	Russland	120
Neuseeland	650	Mexiko	100
Belgien	630	China	80
Großbritannien	580	Indien	20

Quelle: Bertelsmann Stiftung 2014

längeren Zeitraum werde sie dazu beitragen, dass Schwellen -und Entwicklungsländer die Wohlstandslücken zu den Industrienationen verkleinern können.
Der Grund für diese **divergente** Entwicklung 35
sind die erheblichen Wohlstandsunterschiede zu Beginn der 1990er-Jahre. Die hoch entwickelten Industrieländer verfügten bereits damals über ein sehr hohes Pro-Kopf-Einkommen und profitierten zudem bereits sehr 40
kräftig von der Globalisierung – und im Fall vieler europäischer Volkswirtschaften vom Fall des Eisernen Vorhangs.

divergent
auseinanderstrebend

Aus: Tobias Kaiser, Die Globalisierung beschert Deutschland Milliarden, in: Die Welt, 25.3.2014, S. 9

(Sicherheits-)Politische Auswirkungen der Globalisierung

MATERIAL **5**

QUERVERWEIS

Theorien der
Internationalen Politik
S. 435, M 3

Der Beitrag der UN zur
Konfliktbewältigung
und Friedenssicherung
Kap. 4.4

Globale Sicherheitspolitik

Traditionell bezieht sich Sicherheit auf das nationale Territorium eines Staates. Vertreter des Politischen Realismus betonen, es sei unsinnig nach Sicherheit jenseits des National-
5 staates zu streben, weil es keine Möglichkeit gäbe, globale Probleme auch global zu lösen. [...] Diese Beschränkung wird allerdings schon dann problematisch, wenn sich mehrere Staaten zusammentun, um ihre Sicher-
10 heit gemeinsam in einem Bündnis zu gewährleisten. [...] Der Begriff „internationale Sicherheit" [...] bezieht sich auf zwischenstaatliche Kooperationsanstrengungen mit dem Ziel internationaler Stabilität. [...] Er
15 setzt sich von realistischen Annahmen insofern ab, als er die Möglichkeit der Kooperation konkurrierender Staaten auch ohne die Existenz eines übergeordneten Rahmens annimmt, der die Staaten zur Einhaltung ih-
20 rer Kooperationsversprechen zwingen würde. Es geht also nicht länger um die Maximierung der nationalen Sicherheit, sondern um die Herstellung eines internationalen Umfeldes, in dem alle Staaten ein vernünfti-
25 ges Maß an Sicherheit genießen.

Der Begriff der „globalen Sicherheit" geht auch hier noch einen Schritt weiter. Er bezieht sich nicht länger auf das Staatensystem und die Möglichkeit einer internationalen
30 Staatengesellschaft (*international society*), sondern auf die Menschheit als Ganzes und die Aussicht auf eine globale Weltgesellschaft (*world society*) freier Individuen. Insofern ist er eng mit den Begriffen der mensch-
35 lichen und humanitären Sicherheit verknüpft und unterstreicht, dass das Recht auf menschenwürdige Lebensverhältnisse nicht nur für die Menschen in unserer Nähe, sondern prinzipiell für alle Menschen auf der Welt
40 gilt.

Wenn man das Konzept der globalen Sicherheit ernst nimmt, dann stellt sich die Frage, wer für ihre Gewährleistung verantwortlich ist. Nationale Sicherheit wird vom National-
45 staat garantiert; für regionale Sicherheit

zeichnen Regionalorganisationen verantwortlich ([zum Beispiel] Allianzen zur kollektiven Verteidigung wie die NATO); internationale Sicherheit ist das Ziel internationaler Organisationen und internationaler Regime;
50 aber globale Sicherheit, so scheint es, hat noch keinen institutionellen Träger gefunden. Zwar liegt es nahe, die UN für globale Sicherheit zuständig zu halten, zumal der Begriff auch in ihrem Rahmen propagiert
55 worden ist. Doch sind ihre Ressourcen bekanntermaßen begrenzt, sodass Anspruch und Wirklichkeit deutlich auseinander klaffen.

Der Effekt, der dabei auftritt, kann als Ver-
60 antwortungsdiffusion beschrieben werden, ein Phänomen, das in der Organisationssoziologie mit Kompetenzüberschneidungen und der Inkongruenz von Rolle und Aufgabe einer Organisation erklärt wird. Dabei
65 kommt es trotz einer im Prinzip hinreichenden Zahl zuständiger Akteure zu Situationen, in denen offensichtlich notwendige Aufgaben und Verantwortlichkeiten nicht wahrgenommen werden. So könnte man die lange Un-
70 tätigkeit der internationalen Gemeinschaft angesichts der Konflikte im ehemaligen Jugoslawien auf den sogenannten *bystander effect* zurückführen, der nicht nur in der interinstitutionellen Konkurrenz zwischen
75 UN, NATO, OSZE und EU, sondern auch dem Missverhältnis von institutioneller Kompetenzbehauptung und Verantwortungsübernahme begründet lag. In dem Maße, in dem sich viele Akteure „im Prinzip" zuständig
80 fühlen, steigt auch die Neigung, kostspielige Entscheidungen auf andere abzuwälzen.

Einen solchen Effekt kann man auch bei internationalen Friedenseinsätzen nachweisen. [...] Doch solange das Verhältnis von
85 nationaler, regionaler, internationaler und globaler Sicherheit nicht interinstitutionell geklärt ist, droht das Konzept „globaler Sicherheit" an einer institutionalisierten Verantwortungslosigkeit zu scheitern.
90

Aus: Christopher Daase, Wandel der Sicherheitskultur, in: Aus Politik und Zeitgeschichte, B 50/2010, S. 9–14

Terrorabwehr und Menschenrechte

Im Jahr 2013 wurde bekannt, dass der US-Geheimdienst NSA jahrelang Einwohner und Regierungschefs auch befreundeter Staaten im Rahmen der Terrorabwehr abgehört und ausspioniert hatte.

Manchmal sind Freiheit und Unfreiheit schwer zu unterscheiden. Vielleicht fühlen sich deshalb so wenige Bürger von dem Ab-
5 hörskandal des amerikanischen Geheimdienstes NSA betroffen. [...]
Unser Freiheitsraum hat sich stetig erweitert. Allerdings nahm gleichzeitig die digitale Überwachung ebenso stetig zu. Seit zwölf Jahren wissen wir sicher vom Über-
10 wachungsprogramm Echelon, mit dessen Hilfe die NSA satellitengestützte Kommunikation abhört. Seit Langem ist davon auszugehen, dass Geheimdienste – nicht nur amerikanische – den Internetverkehr aus-
15 spähen. Auch deutsche Behörden haben Informationen daher bezogen. Aber hat uns das in unserer Freiheit eingeschränkt? Hat es die Demokratie unterlaufen?
Man könnte sogar so weit gehen, zu sagen:
20 Dass Edward Snowden all die geheimen Dinge aufdecken konnte, ist ein Beweis für die selbstregulatorische Kraft der Demokratie. Schließlich ist es nur in einer Demokratie möglich, dass derartig detaillierte Berichte
25 über die Arbeit von Geheimdiensten veröffentlicht werden; und dass der Bote dies überlebt. [...]
Müssen wir uns also keine Sorgen machen? Im Gegenteil. Denn Überwachung ist das
30 Gegenteil von Freiheit, auch wenn viele es gerade nicht so recht merken. [...]

Die modernen Auswertungsmethoden, die aus statistischen Beobachtungen Korrelationen bilden, um daraus wiederum Vorhersa-
35 gen auf Verhaltensweisen zu treffen, sind so abstrakt, dass kein Bürger mehr ohne Weiteres verstehen kann, warum er ins Visier gerät.
Das rührt an den Kern unseres Gemeinwe-
40 sens. Denn eine Demokratie lebt davon, dass Räume vorhanden sind, in denen sich der Bürger unbeobachtet bewegen kann. Unser zivilisiertes Zusammenleben funktioniert, weil es diesen Rückzugsraum gibt. Wenn der
45 Bürger aber fürchten muss, dass der Staat ständig und grundlos bis in die letzten Winkel dieses Raumes leuchtet, fängt er an, sich selbst zu kontrollieren und verliert womöglich den Mut, sich kritisch zu äußern.
50 Verstärkt wird dieser Effekt dadurch, dass die Überwachung stets mit dem moralischen Argument belastet ist, es geschähe alles zu unserem Besten, um uns vor Terroristen zu schützen. Ein Argument übrigens, das auch
55 Diktaturen gerne vorbringen.

INFO

Edward Snowden
* 21.6.1983 in Elizabeth City, North Carolina / USA; ehemaliger Mitarbeiter des US-Geheimdienstes CIA (Central Intelligence Agency) und einer Beratungsfirma der NSA (National Security Agency); im Frühjahr 2013 verließ Snowden die USA und enthüllte geheime Informationen über Spionagepraktiken amerikanischer und britischer Geheimdienste, u. a. über das Programm PRISM zur Überwachung der Internetkommunikation.

GLOSSAR

Menschenrechte

BIG SISTER IS WATCHING YOU

Zeichnung: Jürgen Janson

Aus: Karsten Polke-Majewski, Zu gutgläubig für Demokratie, in: Die Zeit online, www.zeit.de/politik/ deutschland/2013-07/nsa-snowden-freiheit/komplettansicht, 2.7.2013 (Zugriff: 9.11.2014)

1 Arbeiten Sie aus M 5 die sicherheitspolitische Dimension der Globalisierung **heraus**.
2 **Ermitteln** Sie aus M 5 das Hauptproblem globaler Sicherheitspolitik.
3 **Erschließen** Sie aus dem Text M 6, welches Problem die globale Ausspähung durch die NSA für die Bürger darstellt, und **diskutieren** Sie die Ansicht des Autors im Kurs.
4 **Analysieren** Sie die Karikatur in M 6 vor dem Hintergrund des Textes M 6.
5 Führen Sie ausgehend von M 6 eine Fishbowl-Diskussion zu der Frage, ob das Menschenrecht auf Freiheit dem Recht auf körperliche Unversehrtheit und Leben vorgezogen werden darf.

Gesellschaftliche Auswirkungen der Globalisierung

MATERIAL **7**

McDonaldisierung der Welt?

Viele global agierende Markenkonzerne haben ihren Ursprung in den USA. Mit ihren Produkten erweitern sie nicht nur das Warenangebot in der jeweiligen Zielregion bzw. verdrängen regionale Produkte. Das Tragen von Nike-Schuhen, das Trinken von Coca Cola und das Essen bei McDonald's ist immer auch ein kultureller Ausdruck.

Im Globalisierungsdiskurs werden einerseits die **Dominanz** westlicher Kulturen und die damit verbundenen Konsummuster kritisiert. Andererseits wird auf **Homogenisierungstendenzen** hingewiesen, die im Zuge von Standardisierungs- und Vereinheitlichungsprozessen zu einer Verschmelzung von Kulturen führen: Wenn sich das weltweite Konsumverhalten und andere Bereiche des Alltagslebens immer weiter angleichen, werden lokale Traditionen schrittweise durch eine Einheitskultur ersetzt. Für beide Thesen – westliche Dominanz und kulturelle **Konvergenz** – wird der Konzern McDonald's als Beispiel angeführt. Für die westliche Dominanz steht das durch den amerikanischen Soziologen George Ritzer geprägte Schlagwort „McDonaldisierung". Die Fast-Food-Kette McDonald's steht in diesem Zu-

sammenhang für die negativen Folgen der Globalisierung und verkörpert den prototypischen Übergang von traditionellen zu rationalen Geschäfts- und Gedankenmodellen, die auf effizienten, kalkulierbaren, voraussagbaren und kontrollierbaren Prinzipien basieren. Als größte und wohl bekannteste Fast-Food-Kette der Welt ist der Konzern regelmäßig Ziel von Protestaktionen von Globalisierungskritikern sowie Umwelt- und Verbraucherschützern. Darüber hinaus wurde dem Konzern häufig die Ausbeutung von schlecht bezahlten Arbeitskräften, Kinderarbeit und das Verhindern gewerkschaftlicher und betriebsrätlicher Zusammenschlüsse vorgeworfen. [...] Gleichzeitig ist McDonald's auch ein Beispiel für die These der kulturellen Konvergenz, da McDonald's den Auftritt und die Produktpalette je nach Region den kulturellen Gegebenheiten anpasst. So wird etwa in israelischen Niederlassungen lediglich koscheres Essen angeboten. Alle Restaurants bleiben am Sabbat geschlossen. In Indien werden keine Rindfleischgerichte verkauft und auch in islamisch geprägten Ländern die jeweiligen Speisevorschriften eingehalten.

INFO

Dominanz
Vorherrschaft

homogen
gleichmäßig aufgebaut; einheitlich, aus Gleichartigem zusammengesetzt

Konvergenz
Annäherung, Übereinstimmung

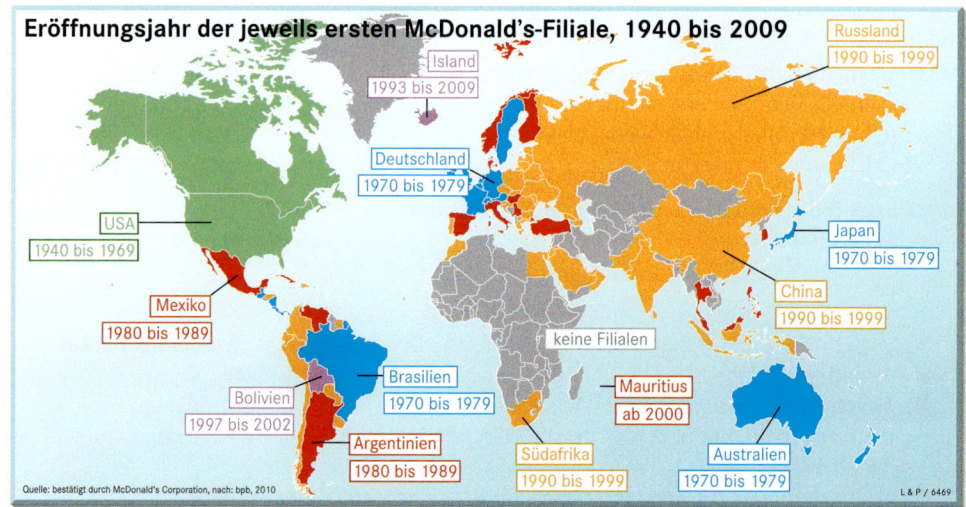

Eröffnungsjahr der jeweils ersten McDonald's-Filiale, 1940 bis 2009

Island 1993 bis 2009
Russland 1990 bis 1999
Deutschland 1970 bis 1979
USA 1940 bis 1969
Japan 1970 bis 1979
Mexiko 1980 bis 1989
China 1990 bis 1999
keine Filialen
Brasilien 1970 bis 1979
Mauritius ab 2000
Bolivien 1997 bis 2002
Argentinien 1980 bis 1989
Südafrika 1990 bis 1999
Australien 1970 bis 1979

Quelle: bestätigt durch McDonald's Corporation, nach: bpb, 2010   L & P / 6469

Aus: Bundeszentrale für politische Bildung (Hrsg.), Zahlen und Fakten: Globalisierung, www.bpb.de/nachschlagen/zahlen-und-fakten/globalisierung/52774/fast-food, Stand: 10.4.2010 (Zugriff: 9.11.2014)

Migrationsbedingte Herausforderungen

MATERIAL **8**

QUERVERWEIS

Migration nach
Europa – Krise oder
Chance?
S. 200–205

GLOSSAR

Migration

Im Zuge der wirtschaftlichen Globalisierung werden die internationalen Wanderungsbewegungen weiter zunehmen. Die Integration der Märkte wird für viele Menschen neue
5 Möglichkeiten, aber auch neue Zwänge zur Migration schaffen. Generell wird die individuelle Mobilität zunehmen, sowohl in den wirtschaftlich entwickelten als auch in den weniger entwickelten Weltregionen. In vielen
10 Gebieten wird angesichts von Armut, Unterentwicklung und Konflikten der Abwanderungsdruck weiterhin steigen, und es wird auch künftig ethnisch-religiöse Konflikte mit ethnischen Vertreibungen [...] geben. Wahr-
15 scheinlich wird die Verschlechterung der Umweltbedingungen vor allem in den wüstennahen Gebieten zu neuen Wanderungsbewegungen führen, und es können weitere komplexe Katastrophen mit Massenfluchtbe-
20 wegungen ausbrechen.
Vielen Regierungen ist bewusst, dass sie diese globalen Herausforderungen nicht mehr im Alleingang bewältigen können. Zahlreiche Staaten haben bereits mit der Konzep-
25 tion und Gestaltung der nationalen Migrationspolitik erhebliche Schwierigkeiten. Den Regierungen fällt insbesondere die Balance zwischen der wirtschaftlich als notwendig erachteten Öffnung für Zuwanderer und der
30 häufig von den Einheimischen geforderten Begrenzung der Wanderungsbewegungen schwer: Unternehmen drängen auf eine Ausweitung der Zuwanderung, um Engpässe am Arbeitsmarkt auszugleichen, während bei
35 der Bevölkerung die Sorge über zusätzliche

Konkurrenz um wenige Jobs wächst. Auch wissen die Regierungen oft nicht, wie sie mit den migrationsbezogenen Folgen der regionalen Integration umgehen sollen. [...]
40 Die Industriestaaten reagieren auf diese Entwicklungen ambivalent: Einerseits versuchen sie, ihre nationalen Handlungskapazitäten auszubauen und die Wanderungsbewegungen zu kontrollieren. Andererseits
45 bemühen sie sich um gemeinsame Regelungen, indem sie die regionale Zusammenarbeit wie beispielsweise im Rahmen der Gemeinsamen Innen- und Justizpolitik der EU vertiefen. Zum Teil bemühen sie sich
50 auch um die Kooperation mit internationalen Organisationen, an die sie Aufgaben delegieren.

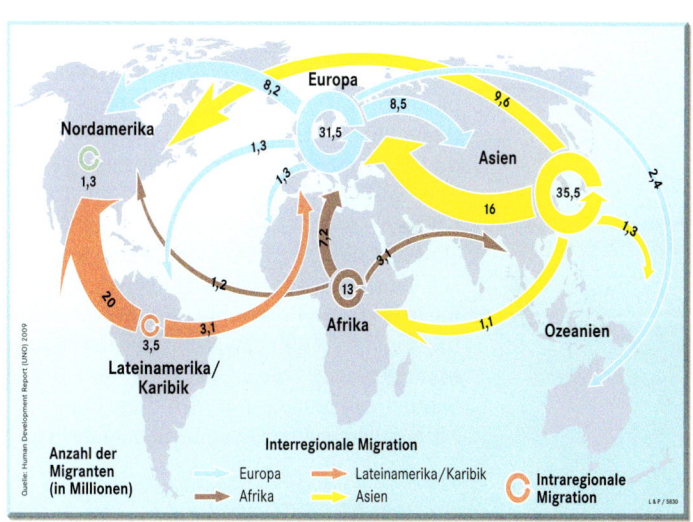

Aus: Steffen Angenendt, Migration weltweit: Herausforderungen, in: Bundeszentrale für politische Bildung, Grundlagendossier Migration, www.bpb.de/gesellschaft/migration/dossier-migration/56667/ herausforderungen, 1.6.2009 (Zugriff: 9.11.2014)

1 Charakterisieren Sie das Phänomen der „McDonaldisierung" (M 7) und überprüfen Sie, wie sich die kulturelle Globalisierung in Ihrem Leben bemerkbar macht.

2 Nehmen Sie Stellung zu der These von M 7, dass es durch die Globalisierung zu einer „Verschmelzung von Kulturen" (Z. 15 f.) komme.

3 Arbeiten Sie aus dem Text M 8 heraus, inwieweit die wirtschaftliche Globalisierung die Migration befördert und welche Probleme sich daraus ergeben.

4 Analysieren Sie die Karte in M 8 und beurteilen Sie die Auswirkungen der Globalisierung für Länder mit hohem Bevölkerungszuzug bzw. -schwund.

Ökologische Auswirkungen der Globalisierung

MATERIAL **9**

GLOSSAR
Nachhaltigkeit

Die drohende Erschöpfung der Weltmeere

Da geht ein Kunde in eine [...] Metzgerei und verlangt ein Kilo Schweinsbraten. „Gibt's leider nicht", sagt der Metzger. „Wussten Sie nicht: Das Schwein ist ausgestorben."

5 Ähnlich überraschend könnte vielleicht bald die Antwort auf die Frage nach einer Portion Thunfisch ausfallen. Nach einem Fisch, dessen zahlreiche Unterarten einmal massenhaft in fast allen Weltmeeren zuhause waren 10 und die derzeit noch in fast allen Ländern Asiens, Amerikas und Europas wie selbstverständlich auf der Speisekarte stehen. Ob als Sushi, Tuna-Sandwich, Pizza Tonno, Salade Nicoise oder Thunfischsteak.

15 Wann die Bestände kollabieren, darauf wollen sich Wissenschaftler nicht festlegen. Doch gibt es Meeresbiologen, die etwa dem pazifischen Gelbflossenthun nur noch drei Jahre und dem Blauflossenthun in Atlantik 20 und Mittelmeer keine 20 Monate mehr geben. Von exakten Prognosen hält Sergi Tudela nichts.

„Entscheidend ist, dass wir handeln müssen", sagt der spanische Leiter vom Mittel- 25 meer-Fischerei-Programm des World Wildlife Funds (WWF). „Wissenschaftler haben klar gemacht, dass es ohne drastische Schutzmaßnahmen mit den Beständen im Mittelmeer und im Ostatlantik zuende geht."
30 [...]

Weltweit, so kritisieren Umweltschützer, pflügten hochindustrialisierte Fischereiflotten mit kilometerlangen Netzen in Wildwestmanier die Meere nach Thunfisch um. [...]
An kaum einem Beispiel lasse sich die Globa- 35 lisierung so gut illustrieren wie am Thunfischhandel, schreibt der Harvard-Japanologe Theodore Bestor. An den Hafenmolen Kanadas oder Frankreichs begutachten japanische Händler den Fang und erfragen per 40 Handy die aktuellen Preise in Tokio.
Die Fische werden tiefgefroren nach Japan geflogen und verkauft – oft nur, um die Rückreise in die japanischen Restaurants von New York oder London anzutreten. Der Fisch, 45 der in Europas umstrittenen Thunfischfarmen verfüttert wird, stammt aus dem Pazifik; für ein Kilo Thunfisch werden 20 Kilo Futterfisch investiert, weshalb Umweltschützer die Farmen gern als Proteinkiller be- 50 zeichnen.
In den Regalen europäischer Supermärkte hingegen landet meist Bonito oder Weißer Thun aus dem Pazifik. Die billige Verarbeitung in Ländern wie China garantiere der- 55 zeit noch Preise von einem Euro pro Dose, sagt der Meeresbiologe Thilo Maack von Greenpeace in Hamburg. „Eigentlich aber müssten wir sagen: Iss die Hälfte und zahl das Doppelte." 60

Aus: Marten Rolff, Thunfisch vor dem Ende, in: Süddeutsche Zeitung online, www.sueddeutsche.de/wissen/ueberfischung-thunfisch-vor-dem-ende-1.910996, 19.5.2010 (Zugriff: 9.11.2014)

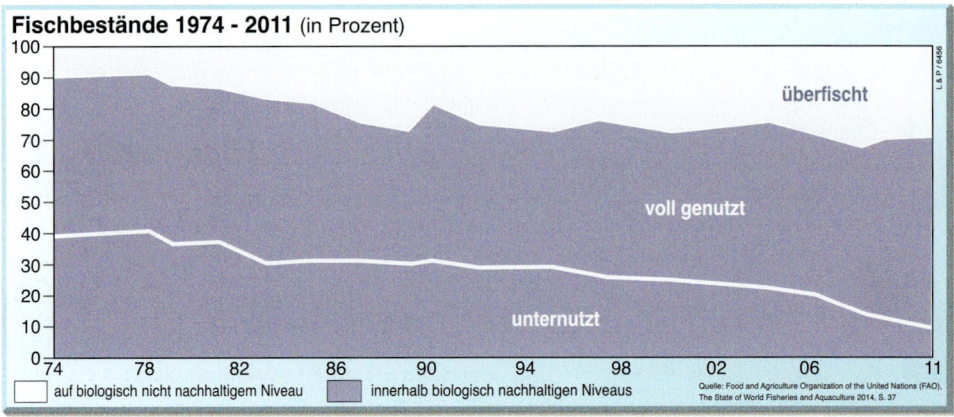

Fischbestände 1974 - 2011 (in Prozent)

Fair ist schwer

MATERIAL 10

QUERVERWEIS

Sklavenähnliche
Mädchenarbeit in
Indien
S. 417, M 1

Die deutsche Konsumforschung kann ihre Arbeit einstellen. Ein Besuch in Klasse 10 c der Pinneberger Johann-Comenius-Schule genügt, um die Zerrissenheit des hiesigen
5 Verbrauchers zu verstehen.

Die Mädchen und Jungs waren tief erschüttert, als ihnen vor einiger Zeit zwei Näherinnen aus Bangladesh live in ihrer Klasse von den furchtbaren Arbeitsbedingungen zu
10 Hause erzählten, dem Druck und dem Dreck und den miesen Löhnen. [...] Klassenlehrerin Anette Fiedler freute sich über das geschärfte Bewusstsein ihrer Schützlinge, die beim Shoppen zunächst alles wieder auf den Bü-
15 gel hängten, was aus Bangladesh kam. Die Preise gewannen für ihr multikulturelles Engagement. Die auch den Fair-Trade-Stand an ihrer Schule organisierten.

Die Ernüchterung kam bei der Klassenfahrt
20 nach Essen, als ihre Kids sich mit Tüten voller Billigklamotten von Primark eindeckten. „Ich konnte es kaum fassen", sagt Fiedler.

Dabei stellten ihre Schüler damit nur jenen Zwiespalt unter Beweis, in dem auch all
25 die Erwachsenen um sie herum stecken, mit ähnlichen Erklärungsmustern und Entschuldigungen zwischen hehrem Moralanspruch und Ego-Realität. „Wir wollen nicht viel Geld für modische Kleidung investieren, aber
30 trotzdem im Trend sein", sagt Sofia. „Teure Markenklamotten werden ja auch in Bangladesh hergestellt", sagt Robin. „Die multinationalen Unternehmen können wir sowieso nicht ändern", sagt Kristin. Und Rosa
35 resümiert: „Wir sind alle zu egoistisch. Wenn man ein Kleidungsstück haben will, achtet man nicht unbedingt auf die Produktionsbedingungen." [...]

Welches Produkt ist ethisch gut, welcher Konzern einfach nur böse? Und wen genau 40 will der Konsument eigentlich retten – nur sich selbst, seine Mitmenschen oder Mutter Erde gleich mit? Tatsächlich gibt es ja durchaus unterschiedliche Gründe für heutige Verbraucher-Empörung. Angst um die eigene 45 Gesundheit sind die naheliegenden, aber längst nicht mehr die häufigsten. Die Kunden interessieren sich auch für Fragen des Tier- und Umweltschutzes. Für Arbeitsbedingungen von Wanderarbeitern in China. Für CO_2- 50 Emissionen und Nachhaltigkeit, die sich argumentativ allerdings schnell in diffusen Nebeln verliert. [...] „Gut" soll aber bitte nicht nur das Geschäftsziel sein, sondern auch die Rendite. Nur: Wie und wann tauchte eigent- 55 lich die Moral in unseren Kühl- und Kleiderschränken auf? Und warum überhaupt? [...] Beispiel Lichtblick, jener Ökostrom-Anbieter, bei dem alles aus regenerativen Quellen stammt. Kunden erhalten einfache und über- 60 schaubare Rechnungen. Der Preis ist wettbewerbsfähig. [...] Trotzdem hält sich die Zahl der wechselnden Stromkunden in Grenzen. Etwa 600 000 sind es mittlerweile bei Lichtblick. Das ist für das Unternehmen ein Er- 65 folg. Gemessen an rund 45 Millionen Haushaltskunden, die in Umfragen gern beteuern, wie toll sie angeblich sauberen Strom ohne Atomkraft finden, ist die Zahl bescheiden.

Die Mehrheit der Deutschen ist für den Atom- 70 ausstieg, die Energiewende und eine effektive Klimapolitik. Zum Wechsel des Stromversorgers können sich aber nur wenige aufraffen.

Aus: Susanne Amann u. a., Fair ist schwer, in: Der Spiegel 9/2013, S. 62–66

1 Analysieren Sie M 9 hinsichtlich der ökologischen Merkmale und Auswirkungen der Globalisierung.

2 Arbeiten Sie aus M 10 die Schwierigkeiten **heraus**, die sich für jeden Einzelnen dabei ergeben, auf Nachhaltigkeit zu achten.

3 Erörtern Sie die Konsequenzen, die sich aus dem in M 10 beschriebenen Verhalten des Einzelnen für die globale Entwicklung ergeben.

4 Beurteilen Sie die ökologischen Folgen der Globalisierung für unterschiedlich entwickelte Länder (M 9 und M 10).

5 Entwickeln Sie Vorschläge, wie den in M 9 und M 10 gezeigten Problemen vonseiten der Konsumenten und der Produzenten begegnet werden könnte.

Merkmale und Dimensionen der Globalisierung

Durch die gesunkenen Kosten für Transport und Kommunikation ist ein Ausmaß an Globalisierung möglich geworden, das noch vor wenigen Jahrzehnten unvorstellbar war. Staatsgrenzen spielen dabei, vor allem für **transnationale Unternehmen**, eine immer geringere Rolle: Sie produzieren und handeln weltweit und orientieren sich dabei stets an den für sie günstigsten Konditionen, um einen größtmöglichen Profit zu erzielen. Durch die durch die Globalisierung erzwungene **Liberalisierung des Weltmarktes** nimmt der weltweite Handel und Wettbewerb kontinuierlich zu und scheint unumkehrbar.

Im Zuge der **ökonomischen Globalisierung** kommt es auch in anderen Bereichen wie **Politik und Gesellschaft** zu einer weltweiten Vernetzung bzw. weltweiten Auswirkungen lokaler, regionaler oder nationaler Ereignisse, denen nationalstaatlich nur bedingt erfolgreich begegnet werden kann. Daher werden die Staaten der Welt immer mehr gezwungen, Probleme gemeinschaftlich zu lösen und weltweit anerkannte gültige Regeln aufzustellen.

In welchen Bereichen findet Globalisierung statt?

Bereiche	Aspekte (Auswahl)	Stichworte und Beispiele (Auswahl)
Handel	- Waren - Dienstleistungen - Kapital	- globales Warenangebot, Unternehmer-„Multis" - Billiglohnländer, Rund-um-die-Uhr-Service - globaler Finanzmarkt, globale Finanzkrisen
Technologie	- Information - Kommunikation - Transport	- Fernsehen, Printmedien, Internet - Telefon, Handy, PC, Videokonferenzen, GPS - Containerschiffe, Großraumflugzeuge
Gesellschaft	- Kultur - Sprache - Tourismus	- globale Trends (z.B. Mode), Soziale Netzwerke - Englisch als „Weltsprache" - Intensivierung menschlicher Kontakte
Kriminalität	- Organisierte Kriminalität - Terrorismus	- Geldwäsche, Korruption, Schutzgelderpressung, Schmuggel, Drogen- und Menschenhandel - Nutzung moderner Technologien
Recht	- Völkerrecht - Normierung - Rechtsverkehr	- Weiterentwicklung und Durchsetzung - Vereinheitlichung internationaler Normen - Urheberrecht, Schutz geistigen Eigentums
Politik	- Vereinbarungen - Organisationen - Umwelt	- multilaterale Verträge, internationale Kooperation - UNO, WTO, ILO, IWF etc. (Global Governance) - z.B. Klimapolitik

Quelle: richter-publizistik; Stand: 1.1.2014

Wirtschaftliche Auswirkungen der Globalisierung

Vor allem in der Wirtschaft ist das Phänomen der Globalisierung am stärksten zu spüren: Nicht nur Unternehmen, sogenannte **Global Player**, konkurrieren weltweit um Marktanteile, auch die Arbeitnehmer sehen sich in einem globalen Wettbewerb um Arbeitsplätze. Dabei gilt: Je höher die Qualifikation eines Arbeitnehmers, je besser die Qualität eines Produkts und je entwickelter der Staat, desto weniger Konkurrenz besteht auf dem Arbeitsmarkt, dem Weltmarkt und innerhalb der Staatengemeinschaft.

Neben anderen westlichen Industrienationen gehört vor allem Deutschland zu den Gewinnern der Globalisierung. Als die Globalisierung nach Fall des Eisernen Vorhangs Anfang der 1990er-Jahre richtig Fahrt aufnahm, hatte Deutschland, da es bereits über einen sehr hohen technischen Standard verfügte und nahe an den osteuropäischen Zukunftsmärkten lag, einen großen Startvorteil. Zwar wächst aufgrund der Globalisierung auch das Bruttoinlandsprodukt der Schwellenländer wie zum Beispiel China oder Indien, allerdings nicht in dem Maße wie in den „alten" Industriestaaten. Am wenigsten profitieren die Länder der Dritten Welt vom globalisierungsbedingten Wachstum der Wirtschaft. Damit öffnet sich die **Schere zwischen reichen und armen Staaten** kontinuierlich weiter, auch wenn das Wohlstandsniveau in allen Staaten ansteigt.

Politische Auswirkungen der Globalisierung

Die Globalisierung bewirkt eine **Schwächung nationalstaatlicher Politik** und zwingt die Politiker zu grenzüberschreitender Zusammenarbeit. Vor allem in der **Sicherheitspolitik** wird deutlich, dass nationalstaatlichen Alleingängen kaum Erfolg beschieden sein kann. Internationale Zusammenschlüsse wie etwa die NATO können aber nur regional für Sicherheit sorgen. Zur Herstellung globaler Sicherheit kommt derzeit nur die UNO infrage, die aber mehr und mehr an ihre institutionellen Grenzen stößt. Dies kann bei globalen Krisen zu einer Verantwortungsdiffusion führen: Niemand fühlt sich zuständig.

Daher werden **staatenübergreifende Terrornetzwerke** wie etwa al-Qaida, die nur staatenübergreifend zu bekämpfen sind, zu einer immer gefährlicher werdenden Bedrohung. Der Kampf gegen den Terror und der Versuch, die Sicherheit der eigenen Bevölkerung, aber auch der Bevölkerung anderer Staaten vor Terroranschlägen zu gewährleisten, führt allerdings zu einer Einschränkung der Freiheitsrechte der Bürger. Die Überwachung öffentlicher Plätze, aber vor allem des Internets, empfinden viele Menschen als eine bedrohliche Folge der Globalisierung.

Aber auch andere Politikfelder bedürfen einer weltweiten Koordination: Die weltweite **Finanz-krise 2008** war zwar eine Folge der globalen Vernetzung im Finanzsektor, unterschied sich von der Weltwirtschaftskrise 1929 aber unter anderem dadurch, dass die Staaten versuchten, zusammen eine Strategie zu finden, die Folgen der Krise abzufedern, was im Gegensatz zu 1929 auch relativ schnell gelang. 2008 zeigten sich damit sowohl die Nach-, als auch die Vorteile globaler Vernetzung.

Das dritte wichtige Politikfeld, das zur Zusammenarbeit zwingt, ist die **Umweltpolitik**: Ein Land alleine kann die global erzeugten Veränderungen des Weltklimas nicht bekämpfen.

Gesellschaftliche Auswirkungen der Globalisierung

Gesellschaftliche Globalisierung zeigt sich unter anderem in einer immer stärker werdenden weltweiten **kulturellen Verschmelzung**. Da in diesem Bereich vor allem die US-amerikanische Kultur, zum Beispiel in der Konsum- oder Unterhaltungsindustrie, dominiert, ist in diesem Zusammenhang oft von der sogenannten **„McDonaldisierung"** die Rede. Sie bewirkt nicht nur ein sich weltweit immer ähnlicher werdendes Waren- und Konsumangebot und Entstehen einer „Einheitskultur", sondern führt auch zur Zurückdrängung lokaler oder regionaler Traditionen und Gebräuche.

Ein weiterer Bereich der gesellschaftlichen Globalisierung zeigt sich in der weltweit zunehmenden **Migration**. Diese wird entweder durch die wirtschaftliche Globalisierung befördert, da die Menschen sich zum Lebensunterhalt dorthin wenden müssen, wo sie die Möglichkeit haben, Geld zu verdienen, oder sie wird erzwungen durch globale klimatische Veränderungen: Wenn Regionen aufgrund der Erderwärmung unbewohnbar und nicht mehr landwirtschaftlich nutzbar sind, kommt es zwangsläufig zur Massenabwanderung.

Durch den hohen Migrationsgrad sind Nationalstaaten oftmals überfordert. Die Regierungen befinden sich in einer Zwickmühle zwischen dringend notwendigem Zuzug von Fachkräften zum Erhalt der Sozialsysteme und der durch hohe Migrantenanteile vielfach überforderten einheimischen Bevölkerung. Supranationale Ansätze, zum Beispiel im Verbund der UNO oder der EU, bieten noch die besten Möglichkeiten zur Lösung des Migrationsproblems.

Die großen Industriestaaten sind das primäre Ziel von Auswanderern: Von etwa 220 Millionen Migranten weltweit lebten 2010 allein ein Drittel in den USA, Russland und Deutschland. Weltweit beträgt der Anteil von Migranten an der Gesamtbevölkerung lediglich circa drei Prozent.

Ökologische Auswirkungen der Globalisierung

Eine wichtige Ursache der Migration ist die **Dezimierung lebenswichtiger Ressourcen** in ärmeren Ländern. Dies zeigt sich zum Beispiel bei der **Überfischung der Meere**, die vor allem durch den stetig wachsenden Fischkonsum in den Industriestaaten verursacht wird. Da die großen Fischfangflotten weltweit operieren, gehen die Fischbestände auch weltweit zurück. Dies entzieht in den Küstenregionen von Schwellenländern oder Staaten der „Dritten Welt" der einheimischen Bevölkerung die Lebensgrundlage und zerstört gleichzeitig ein wichtiges Ökosystem.

Umso größer wird die Bedeutung der **Nachhaltigkeit** in Politik und Gesellschaft. Die Notwendigkeit nachhaltigen Handelns ist großen Teilen der Gesellschaft nur schwer zu vermitteln. Zwar fehlt es nicht an der Einsicht, aber oftmals an den finanziellen Mitteln in der Umsetzung. Dazu kommt, dass der **ökologische Fußabdruck** (siehe Kapitel 1.5) umso negativer wird, je wohlhabender eine Gesellschaft oder ein Individuum ist, da ein hoher Konsumgrad auch eine größere Inanspruchnahme von Ressourcen mit sich bringt. So kommt es zu einem kaum zu durchbrechenden Teufelskreis: Immer mehr Wirtschaftswachstum in den Industrieländern bringt deren Einwohner immer mehr Wohlstand. Immer mehr Wohlstand bedeutet immer mehr Konsum, der indirekt einen immer höheren Verbrauch an Ressourcen bewirkt. Dieser wiederum verschlechtert die Lebensbedingungen in ärmeren, schon immer eher benachteiligten Regionen der Welt, was wiederum deren Einwohnern zu verstärkter Migration in wirtschaftlich prosperierende Staaten zwingt. Dort erhöhen die Migranten den Anteil derer, die durch immer mehr Konsum den Verbrauch an Ressourcen erhöhen.

4.2 Internationale Wirtschaftsbeziehungen

QUERVERWEIS

Wirtschaftliche
Auswirkungen der
Globalisierung
S. 346 f.

Die Nationalstaaten bzw. Unternehmen, die in den jeweiligen Nationalstaaten angesiedelt sind, können nicht die gesamte Bedürfnisvielfalt der Landesbevölkerung abdecken. Dies liegt zum einen an der unterschiedlichen Ausstattung der Staaten mit Rohstoffen, Arbeitskräften, Sachkapital, finanziellen Mitteln und technischem Know-how. Zum anderen spielen Umweltfaktoren wie das Klima und die geologischen Bedingungen eine Rolle. Nicht zuletzt kann auch das politische und rechtliche System der Staaten die nationalen Produktionsmöglichkeiten beeinflussen.

Da jedoch die Bedürfnisse prinzipiell grenzenlos sind, hat sich im Verlauf der Jahrhunderte – insbesondere in ökonomischer Hinsicht – eine immer stärkere Vernetzung der Staaten der Welt ergeben. Staaten und innerstaatliche Akteure, insbesondere Unternehmen der verschiedenen Nationen, treten in Handelsbeziehungen miteinander und konkurrieren mit Produkten auf einem immer größer werdenden Weltmarkt. Der technologische Fortschritt hat dazu geführt, dass der Weltmarkt nun auch immer stärker für Dienstleistungen und Finanzgeschäfte zugänglich ist.

So wie Staaten in ihre nationale Ökonomie eingreifen, um geeignete Rahmenbedingungen zu schaffen, werden sie auch im Bereich der internationalen Zusammenarbeit aktiv. Sie vertreten eigene Interessen, schützen die heimische Wirtschaft und erhoffen sich Vorteile für ihren Außenhandel. Dies alles führt dazu, dass die internationalen Wirtschaftsbeziehungen zunehmend an Komplexität gewinnen.

INFO

Makroebene
hier: Struktur der
Handlungssituation im
internationalen System

Mikroebene
Ebene der kleinsten
Einheiten (Individuen,
Betriebe); hier: der
einzelne Staat im internationalen System

Aggregation
Anhäufung, Ansammlung; Zusammenfassung
statistischer Messgrößen, um einen Gesamtüberblick zu gewinnen

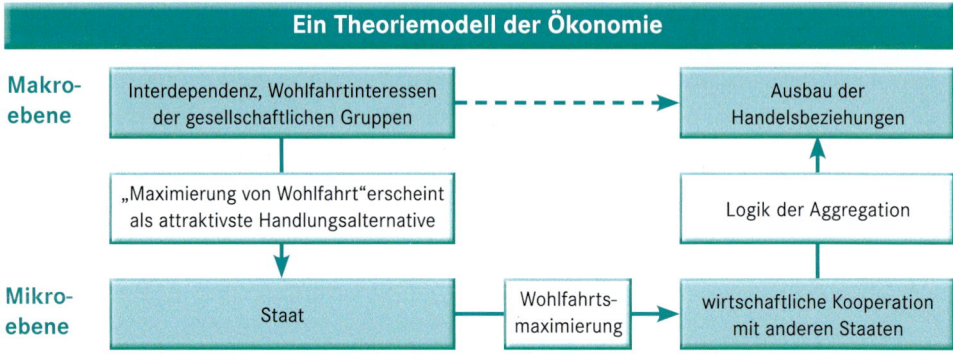

Ein Theoriemodell der Ökonomie

| Makro-ebene | Interdependenz, Wohlfahrtinteressen der gesellschaftlichen Gruppen | ⇢ | Ausbau der Handelsbeziehungen |

„Maximierung von Wohlfahrt" erscheint als attraktivste Handlungsalternative → Logik der Aggregation

| Mikro-ebene | Staat | Wohlfahrts-maximierung | wirtschaftliche Kooperation mit anderen Staaten |

Aus: Johannes Marx, Is There a Hard Core of IR, in: ZIB, 17 (2010) 1, S. 41–74, hier S. 53

GLOSSAR

Volkswirtschaft
Produktionsfaktoren
Prozesspolitik
Ordnungspolitik

Basiswissen

Einer **Volkswirtschaft** stehen die klassischen **Produktionsfaktoren** Arbeit, Boden und Kapital zur Verfügung, um die **Bedürfnisse** der Konsumenten zu befriedigen. Die Befriedigung der Bedürfnisse der Konsumenten ist eingeschränkt durch Faktoren wie Knappheit der (endlichen) Ressourcen sowie Beschränkungen des Produktionsprozesses.
Staaten können im Rahmen ihrer **Prozesspolitik** in das marktwirtschaftliche Geschehen eingreifen und über gesetzliche Regelungen im Rahmen der **Ordnungspolitik** Abläufe des Wirtschaftsgeschehens zu regeln versuchen. So sollen die Ausgestaltungen des jeweiligen Wirtschaftssystems gesichert werden.

1 Nennen Sie Beispiele, an denen Sie die Wichtigkeit internationaler Wirtschaftsbeziehungen verdeutlichen können.

2 Diskutieren Sie, welche Probleme bei denen von Ihnen gefundenen Beispielen entstehen könnten.

3 Versuchen Sie, das Schaubild mithilfe eines Ihrer Beispiele zu erklären.

Die Entwicklung der internationalen Wirtschaftsbeziehungen

Die Entwicklung des grenzüberschreitenden Warenhandels

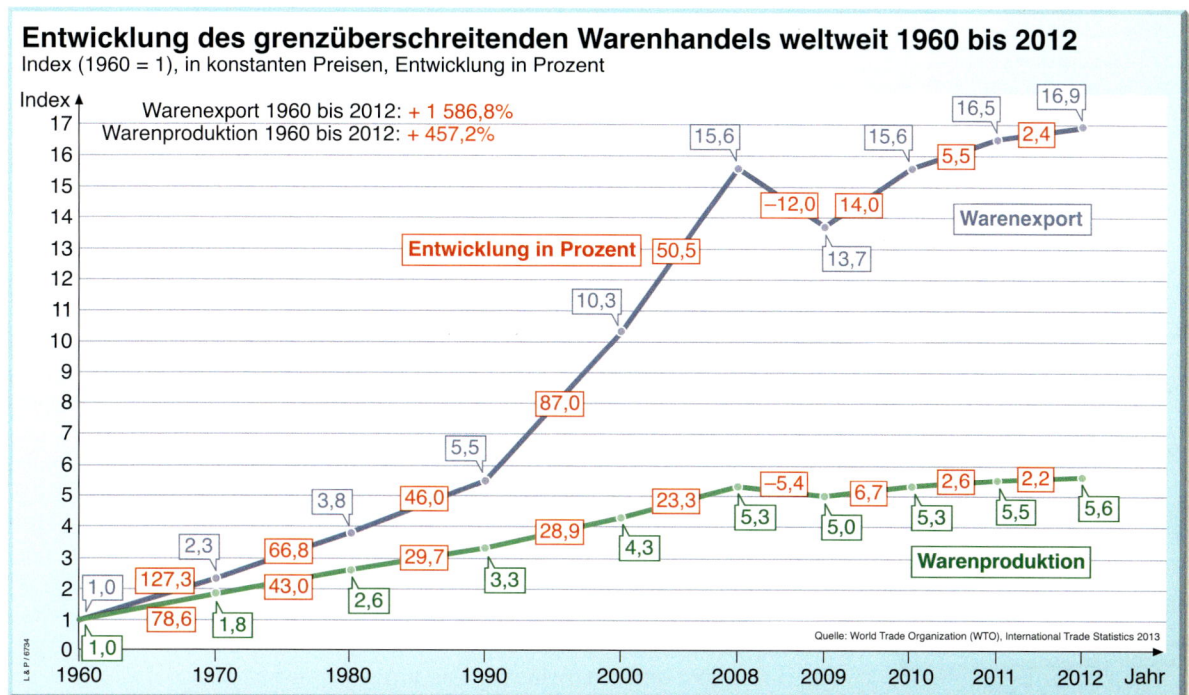

Entwicklung des grenzüberschreitenden Warenhandels weltweit 1960 bis 2012
Index (1960 = 1), in konstanten Preisen, Entwicklung in Prozent

Quelle: World Trade Organization (WTO), International Trade Statistics 2013

Entwicklung des grenzüberschreitenden Warenhandels weltweit 1960 bis 2012 — Index (1960 = 1)

	1960	1970	1980	1990	2000	2008	2009	2010	2011	2012
Warenproduktion (konstante Preise)	1,0	1,8	2,6	3,3	4,3	5,3	5,0	5,3	5,5	5,6
Warenexport (konstante Preise)	1,0	2,3	3,8	5,5	10,3	15,6	13,7	15,6	16,5	16.9
Warenexport (laufende Preise)	1,0	2,4	15,6	26,5	48,7	122,2	94,7	115,2	138,3	138,7

Entwicklung des grenzüberschreitenden Warenhandels weltweit 1960 bis 2012 — Entwicklung in Prozent

	1960–1970	1970–1980	1980–1990	1990–2000	2000–2010	2008–2009	2009–2010	2010–2011	2011–2012	1960–2012
Warenproduktion (konstante Preise)	78,6	43,0	29,7	28,9	24,5	−5,4	6,7	2,6	2,2	457,2
Warenexport (konstante Preise)	127,3	66,8	46,0	87,0	51,0	−12,0	14,0	5,5	2,4	1 586,8
Warenexport (laufende Preise)	142,9	540,9	70,1	83,8	136,7	−22,6	21,7	20,0	0,3	13 767,2

Aus: Bundeszentrale für politische Bildung, Entwicklung des grenzüberschreitenden Warenhandels, www.bpb.de/nachschlagen/zahlen-und-fakten/globalisierung/52543/entwicklung-des-warenhandels, 15.3.2014 (Zugriff: 12.11.2014)

1 **Analysieren** Sie die Entwicklung des grenzüberschreitenden Warenhandels (M 1).

2 **Diskutieren** Sie mögliche Gründe für die dargestellte Entwicklung (M 1).

Klassische Außenhandelstheorien

MATERIAL **2**

GLOSSAR

Arbeitsteilung
Spezialisierung

Die Notwendigkeit von Tausch und Handel

Tausch und Handel verbessern die Wohlfahrtssituation der beteiligten Individuen. [...] Bereits in der statistischen Betrachtung bei gegebenen Ausstattungen ermöglicht
5 Tausch beidseitige Wohlfahrtsgewinne, wenn zwei Tauschpartner über unterschiedliche Güterausstattung und/oder über unterschiedliche Präferenzen verfügen. Stellen Sie sich zwei Überlebende eines Flugzeugunglücks
10 vor. Der eine konnte eine Tasche mit Lebensmitteln retten, der andere verfügt über Streichhölzer und damit über die Möglichkeit, nachts wilde Tiere fernzuhalten. Wahrscheinlich können beide ihre Wohlfahrtssi-
15 tuation verbessern, indem der eine den anderen mit Lebensmitteln versorgt und der andere den ersten mit an das Feuer lässt. [...] Wirklich geniale Wirkung entfaltet die Tauschmöglichkeit allerdings in dynami-
20 scher Hinsicht: Erst die Idee des Tauschs erlaubt, dass sich irgendjemand auf der Welt auf die Herstellung bestimmter Güter, auf die Verrichtung eines Handwerks oder einer Dienstleistung konzentriert, sich also auf ei-
25 ne Tätigkeit spezialisiert. Die Spezialisierung ermöglicht es, wenige Fertigkeiten zu perfektionieren und darin besser, geschickter, schneller und mithin produktiver zu werden, statt alle erforderlichen Dinge mehr
30 schlecht als recht selbst zu erledigen. Selbst wenn Sie der sozial-romantischen Vorstellung anhängen, der weitgehend autark arbeitende Mensch, der heute Kartoffeln anbaut, morgen einen Brunnen bohrt und übermor-

gen einen neuen Brennofen für die eigene 35 kleine Töpferwerkstatt baut, habe aufgrund seiner ganzheitlichen Erfahrungen und Bodenhaftung ein viel erbaulicheres und freieres Leben: Sie werden zugeben müssen, dass Sie die Grenze wünschenswerter Spezialisie- 40 rung nur weiter fassen als andere, sie aber nicht gänzlich ablehnen. Auch so wichtige und bereits früh in der Menschheitsgeschichte entwickelte Spezialisierungen wie das besondere Wissen des Arztes (Medizin- 45 mann, Druide) sind nur denkbar, wenn sich die betreffende Person mit einem Großteil ihrer Zeit und Schaffenskraft der Spezialisierung widmet, weil sie in anderen Belangen auf die Versorgung durch andere zählen 50 kann. Tausch und Handel ermöglichen den Menschen die Spezialisierung auf Tätigkeiten, für die der Einzelne aufgrund besonderer Begabung oder besonderes Interesses gut geeignet ist. Die Spezialisierung ist wie- 55 derum nicht nur die wesentliche Grundlage für unser bequemes Leben wegen der bei Nutzung der Spezialisierungsgewinne besseren Versorgung mit materiellen Gütern, sondern auch die Grundvoraussetzung zur Ent- 60 wicklung von Kunst und Wissenschaft. Umgekehrt machen die Spezialisierung und Arbeitsteilung aus den Menschen in modernen Gesellschaften eine Spezies, die auf die soziale Interaktion des Tausches mit ande- 65 ren angewiesen ist, um ein möglichst komfortables Lebenshaltungsniveau zu erreichen.

Aus: Steffen J. Roth, VWL für Einsteiger, Konstanz 2011, S. 14 f.

1 **Beschreiben** Sie die Gründe für die Notwendigkeit von Tausch und Handel (M 2).
2 **Erläutern** Sie den Begriff der komparativen Kostenvorteile (M 2 und M 3a).
3 **Erörtern** Sie mögliche Anforderungen der Gesellschaft an das Marktgeschehen (M 2).
4 **a)** Bestimmen Sie die anfängliche Produktionsmenge der Bauern, wenn Meier für die Kartoffeln 60 Stunden und für Fleisch 40 Stunden Zeit aufwendet, während Schmitt für Kartoffeln 40 Stunden und für Fleisch 60 Stunden investiert (M 3b).
b) Ermitteln Sie ausgehend von der rechten Tabelle in M 3b für beide Bauern einen Produktionsplan (bei Schmitt müssen Sie die Tabelle in 15er-Schritten anlegen).
c) Bestimmen Sie mögliche Produktionsmengen für die Bauern so, dass diese nach einem Tausch Fleisch gegen Kartoffeln besser gestellt sind als vorher (M 3b).
5 **Diskutieren** Sie mögliche Probleme der Spezialisierung mithilfe des Beispiels (M3b).

Theorie und Beispiele der komparativen Kostenvorteile

a) Theorie

Beruhigend für die Ungeschickten oder weniger Selbstbewussten ist [...] die wichtige ökonomische Erkenntnis, dass die Einbeziehung jeder Person in Tausch- und Handelsbeziehungen sowohl für die Gemeinschaft als Ganzes als auch für alle Beteiligten solange vorteilhaft ist, wie noch irgendwelche Bedürfnisse irgendeines Gesellschaftsmitgliedes mithilfe dieser Person befriedigt werden können. Wesentlich für die Vorteilhaftigkeit der Spezialisierung und des Tauschs sind nämlich nicht absolute, sondern komparative Vorteile. Es kommt also nicht darauf an, irgendeine berufliche Tätigkeit auszuüben, die man besser kann als andere Menschen, sondern lediglich, sich auf eine Tätigkeit zu spezialisieren, die man selbst besser kann als andere Tätigkeiten. [...]

b) Beispiele

Betrachten wir eine Welt aus zwei Personen, in denen man als Ressource alleine die zur Verfügung stehende Zeit betrachtet und in der sich die Bedürfnisse der Personen auf zwei Güter beschränken. Sowohl Bauer Meier als auch Bauer Schmitt wären beide in der Lage, sowohl Fleisch als auch Kartoffeln herzustellen, Bauer Meier ist jedoch in beidem ungeschickter. Vor dem Tausch sehen sich beide gezwungen, ihre 100 Stunden Arbeitszeit auf die Herstellung von Fleisch und Kartoffeln aufzuteilen, wie es ihren Fähigkeiten und Konsumwünschen entspricht.

Arbeitszeit für 1 kg		
	Kartoffeln	Fleisch
Meier	10 Stunden	20 Stunden
Schmitt	5 Stunden	15 Stunden

Das Zwischenergebnis zeigt, dass Bauer Schmitt ein luxuriöseres Leben genießt. Dies liegt an seinen absoluten Kostenvorteilen. Wenn Bauer Schmitt sowohl die Produktion von Fleisch als auch die von Kartoffeln weniger Zeit kostet als Bauer Meier und wenn beide über gleich viel Zeit verfügen, dann ist es unmittelbar einleuchtend, dass Schmitts Speisekammer besser gefüllt sein wird als Meiers.

Gleichzeitig können wir auch feststellen, dass die Herstellung von Fleisch und Kartoffeln ihren Preis hat, der sich in dieser geldlosen Gesellschaft in Einheiten des jeweils anderen Guts ausdrücken lässt, also als relativer Preis. Aufgrund der angenommenen Fertigkeiten der beiden lassen sich die Opportunitätskosten wie folgt ermitteln und als relative Preise ausdrücken: Meier braucht zur Herstellung eines Kilos Fleisch genau doppelt so lange wie zur Herstellung eines Kilos Kartoffeln, ein Kilo Fleisch kostet ihn also zwei Kilo Kartoffeln.

Bei Schmitt gestalten sich die relativen Preise anders, denn Schmitt braucht zur Herstellung eines Kilos Fleisch zwar weniger Zeit als Meier, aber dreimal so lang wie zur Herstellung von einem Kilo Kartoffeln. Ein Kilo Fleisch kostet ihn also drei Kilo Kartoffeln. Man erkennt leicht, dass in relativen Preisen gemessen bei Bauer Meier ein Kilo Fleisch billiger ist als bei Bauer Schmitt. Diese Betrachtungsweise fokussiert die komparativen Vorteile der beiden und führt zum wesentlichen Vergleich, wenn es um die Vorteile durch Tausch und Spezialisierung geht. Dem untalentierten Bauern Meier würde man raten, sich auf die Produktion von Fleisch zu spezialisieren, bei der er über komparative Vorteile verfügt. Seinen Bedarf an Kartoffeln sollte er durch Tausch mit Schmitt decken. Dies führt zu einer neuen Produktionsverteilung.

Zeit- aufwand	Meier	
	Kartoffeln	Fleisch
(0/100)	0 kg	5 kg
(10/90)	1 kg	4,5 kg

Wenn anschließend die beiden nicht lange feilschen und sich auf ein Tauschverhältnis von 2,5 kg Kartoffeln gegen 1 kg Fleisch einigen, dann können sich beide durch Tausch besser stellen als in der Ausgangssituation. Zu welchem Preis die beiden den Tausch vollziehen, ist letztlich Verhandlungssache. Jedes Tauschverhältnis zwischen den jeweiligen relativen Preisen ergibt für beide Vorteile. Selbst wenn Meier nur 2,1 kg Kartoffeln für 1 kg Fleisch erhalten würde, ist er besser dran als in der Ausgangslage.

Nach: Steffen J. Roth, VWL für Einsteiger, Konstanz 2011, S. 14–20

INFO

David Ricardo
*18.4.1772 in London
† 11.9.1823 in Gatcombe Park
englischer Ökonom und Begründer der Theorie der komparativen Kostenvorteile, mit der er das Modell der absoluten Kostenvorteile der klassischen Außenhandelstheorie von Adam Smith erweiterte

GLOSSAR

absolute Kostenvorteile

komparative Kostenvorteile

Neue Außenhandelstheorien

MATERIAL **4**

INFO

Eli Filip Heckscher
* 24.11.1879
in Stockholm
† 23.12.1952 ebd.
schwedischer Wirt-
schaftshistoriker und
politischer Ökonom

Bertil Gotthard Ohlin
* 23.4.1899 in Klippan
† 3.8.1979 in Åre,
Schweden
schwedischer Ökonom
und Politiker der
liberalen Volkspartei

Die Faktorproportionentheorie

a) Theorie

Eine erste Erweiterung des Ricardo-Modells bildet die Faktorproportionentheorie der beiden Schweden Eli Heckscher und Bertil Ohlin. Diese erklärt internationalen Handel nicht durch Produktivitätsunterschiede, sondern durch unterschiedliche Preisrelationen. Die Produktionskosten eines Landes werden bestimmt durch die Preise der Produktionsfaktoren Arbeit, Boden und Kapital. Die Preisrelationen zwischen Arbeit, Boden und Kapital unterscheiden sich in verschiedenen Ländern. Ob der Preis für Arbeit im Verhältnis zu den Kapitalkosten teuer ist oder nicht, hängt ab von den Faktorproportionen, das heißt davon, ob ein Produktionsfaktor verglichen mit den anderen in einem Land reichlich zur Verfügung steht oder knapp ist. Ist beispielsweise in einem Land E Arbeit im Verhältnis zu Kapital reichlich vorhanden, werden die Kapitalkosten (Zinsen) vergleichsweise zu den Löhnen hoch sein. Ist dagegen in einem Land I Arbeit im Verhältnis zum Kapitalbestand relativ knapp, werden die Löhne in Relation zu den Zinsen beträchtlich sein. Land E kann deshalb arbeitsintensive Produkte wie zum Beispiel Teppiche günstiger herstellen als I und hat bei solchen Gütern einen komparativen Kostenvorteil. In I werden die Arbeitsplätze eine relativ hohe Ausstattung mit Sachkapital aufweisen und das Land hat komparative Kostenvorteile bei Gütern wie Maschinen. Allerdings wird in der Realität eine vollständige Spezialisierung auf arbeitsintensive Güter von arbeitsreichen Ländern, zu denen oft Entwicklungsländer (E) gehören, kaum angestrebt. Die Differenz im Know-how zu den kapitalreichen Ländern (Industrieländer I) würde sich vergrößern, weil die kapitalintensiven Güter ein höheres Wachstumspotenzial besitzen.

b) Ein Länderbeispiel

Geht man davon aus, dass Thailand mit relativ mehr Arbeit als Kapital im Vergleich zu Deutschland ausgestattet ist, so wird sich Deutschland auf die Produktion von kapitalintensiven Gütern konzentrieren (z. B. Investitionsgüter) und diese exportieren. Im Gegenzug wird es aus Thailand relativ arbeitsintensiv hergestellte Güter importieren (z. B. Textilien). Beide Länder werden sich tendenziell auf kapitalintensive (Deutschland) bzw. arbeitsintensive (Thailand) Güter spezialisieren und mit diesen Außenhandel treiben. […]

Die [Neo-Faktorproportionentheorie] unterscheidet jetzt zwischen hoch- und minderqualifizierter Arbeit bzw. zwischen Human- und Realkapital. Die Faktorbestände sind damit im Gegensatz zum ursprünglichen Faktorproportionentheorem heterogen. Bei qualifikationsintensiven Produkten (z. B. Software) besitzen humankapitalreiche Länder wie die USA komparative Kostenvorteile. Die Spezialisierung dieses Landes auf in diesem Sinne arbeitsintensive Produkte ist mit der Theorie komparativer Kostenvorteile vereinbar. Mit den Theorien komparativer Kostenunterschiede lässt sich vor allem der intersektorale Handel zwischen Industrie- und Entwicklungsländern erklären. Beim Außenhandel der hochentwickelten Industrieländer untereinander dominiert aber der Intra-Industriehandel, d. h. der Handel mit ähnlichen Produkten einer Branche.

a) aus: Klaus-Peter Kruber u. a., Theoretische Grundlagen des internationalen Handels, in: Informationen zur politischen Bildung 299/2008, S. 25; b): Klaus Schrüfer, Allgemeine Volkswirtschaftslehre, Berlin 2010, S. 250

1 Geben Sie die Faktorproportionentheorie **wieder** (M 4a).

2 Erörtern Sie die Notwendigkeit einer Erweiterung der Faktorproportionentheorie (M 4b).

3 Beschreiben Sie die Theorie des Produktlebenszyklus (M 5a).

4 Erläutern Sie die Aussage der Grafik in M 5a mithilfe eines selbst gewählten Beispiels.

5 Erörtern Sie Chancen und Risiken für die inländische Industrie mithilfe von M 5b.

Die Theorie des Produktlebenszyklus

a) Theorie

Eine Zeitraum bezogene Betrachtung (dynamisches Modell) entwickelte der Amerikaner Raymond Vernon mit der Produktlebenszyklus-Theorie der internationalen Arbeitsteilung. Ausgangspunkt des Modells ist die Betrachtung des Lebenszyklus eines neuen Produktes. Typischerweise durchläuft ein Produkt mehrere Phasen, in denen sich seine Produktionsfunktion, der Produktionsstandort und der Absatzmarkt in bestimmter Weise verändern. Die Theorie geht davon aus, dass verschiedene Länder je nach ihrer Faktorausstattung komparative Vorteile in verschiedenen Phasen des Zyklus aufweisen. Unterschieden werden dabei die Innovationsphase, die Ausreifungsphase und die Sättigungsphase eines Produkts. Die Argumentation lautet vereinfacht wie folgt: [...]

Von den verbliebenen Produzenten im Innovationsland, die der Konkurrenz aus den Niedriglohnländern nicht gewachsen sind, wird der Ruf nach Protektion laut. Häufig werden sie von den ausländischen Anbietern vom Markt verdrängt.

Aus: Klaus-Peter Kruber u. a., Theoretische Grundlagen des internationalen Handels (siehe M 4), S. 25

INFO

Raymond Vernon
* 1913 in New York
† 26.8.1999 in den USA
Ökonom, u. a. zentrale Figur bei der Entwicklung des Internationalen Währungsfonds und des Allgemeines Zoll- und Handelsabkommen (GATT); siehe hierzu S. 373–376, M 1–M 5.

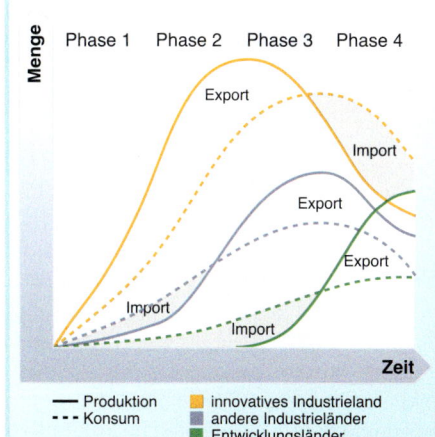

Produktlebenszyklus und internationaler Handel in verschiedenen Ländern

Während das Produkt in seiner Einführungsphase **(Phase 1)** vor allem auf dem nationalen Markt des innovativen Landes präsent ist, wird es in der Wachstumsphase **(Phase 2)** verstärkt exportiert. Da in dieser Phase die Technologie sich langsam standardisiert, sinkt auch der Preis des Produkts, und die Produzenten können es erfolgreich weltweit vermarkten. Dies geschieht zunächst in den anderen industrialisierten Ländern, die in der Wachstumsphase langsam beginnen, die Produktion zu imitieren, und in der Reifephase **(Phase 3)** ihrerseits ein ähnliches Produkt exportieren. In der Sättigungsphase **(Phase 4)** wird das inzwischen arbeitsintensiv hergestellte Produkt zunehmend auch von Entwicklungsländern hergestellt. Diese exportieren es in die Ursprungsländer, in denen der Gesamtkonsum bereits abnimmt, da vor allem neuere und technologisch höherwertige Produkte nachgefragt werden.

Quelle: Duden Ratgeber, Wie Wirtschaft funktioniert, Berlin 2013, S. 243   L & P / 6756

b) Ein Branchenbeispiel

Die deutsche Textil- und Bekleidungsindustrie befindet sich seit 1970 in einem nachhaltigen Strukturwandel, der mit einer relativen Verschlechterung ihrer Position sowohl auf dem Weltmarkt für Textilien und Bekleidung als auch im Vergleich zu anderen Branchen im Inland einherging. Die Zahl der Unternehmen und Beschäftigten ist seit Jahren rückläufig. So verringerte sich die Anzahl der Betriebe von 7 704 im Jahre 1970 auf 545 in 2013, ein Rückgang von rd. 93 %. Die Zahl der Beschäftigten reduzierte sich im gleichen Zeitraum von 869 911 um rd. 91 % auf 79 934; damit hat die deutsche Textil- und Bekleidungsindustrie seit 1970 etwa neun Zehntel ihrer Betriebe und Beschäftigten verloren. [...]

Neben den Produktivitätsfortschritten ist die fortschreitende Internationalisierung der Textil- und Bekleidungsindustrie, die in Bezug auf Produktion, Im- und Export unvermindert anhält, eine Ursache für den Produktions- und Beschäftigungsabbau in Deutschland. Treiber dieser Entwicklung ist der durch die internationale Wettbewerbssituation verursachte Kostendruck, dem die Bekleidungsindustrie durch Verlagerung der Produktion ins kostengünstige Ausland (v. a. Mittel- und Osteuropa) zu begegnen versucht.

Aus: Bundesministerium für Wirtschaft und Energie, Branchenfokus: Textil und Bekleidung, www.bmwi.de/ DE/Themen/Wirtschaft/branchenfokus,did=196528.html, 2014 (Zugriff: 27.8.2014)

Protektionismus und Freihandel

MATERIAL **6**

QUERVERWEIS

Institutionen zur
Gestaltung der ökono-
mischen Dimension
der Globalisierung
Kap. 4.3

GLOSSAR

Protektionismus

Zwei konkurrierende Konzepte

Die Geschichte der internationalen Wirtschaftsbeziehungen ist geprägt durch die Auseinandersetzung zwischen Vertretern des Freihandels und des Protektionismus.
5 Erstere plädieren für den Abbau von Handelshemmnissen und die gegenseitige Öffnung der Märkte. Protektionisten befürworten den Schutz des heimischen Marktes durch Aufbau von Handelshemmnissen. In
10 der Wirtschaftsgeschichte lassen sich Phasen unterscheiden, in denen mal das eine, mal das andere Prinzip stärker dominierte. [...] Nach dem Zweiten Weltkrieg ging die Initiative zur Wiederbelebung der Weltwirt-
15 schaft von den USA aus. Instrument der Handelsliberalisierung war das GATT bzw. ab 1995 die Welthandelsorganisation. Auch die Bildung regionaler Freihandelszonen hat zum Abbau von Zöllen und anderen Handelshemmnissen beigetragen. [...] Allerdings er-
20 fasste auch in Zeiten verstärkter Liberalisierung die Tendenz zum Freihandel nicht alle Wirtschaftszweige gleichermaßen. Weltweit unbeschränkten Freihandel hat es nie gegeben. So haben die Industriestaaten bis heute
25 ihren Agrarsektor stark untereinander und gegenüber den Entwicklungsländern abgeschottet, und auch in vielen, anderen Wirtschaftszweigen werden Handelshemmnisse zäh verteidigt und neue eingeführt.
30

Aus: Klaus-Peter Kruber u. a., Theoretische Grundlagen des internationalen Handels (siehe M 4), S. 28 f.

MATERIAL **7**

Tarifäre Handelshemmnisse

Protektionismus ist ein sehr altes Phänomen. Im Merkantilismus herrschte der Glaube vor, internationaler Handel sei nur dann von Nutzen, wenn ein Land mehr Güter aus-
5 als einführen und somit im Außenhandel einen Einnahmeüberschuss realisieren könne. [...] Im Rahmen des GATT werden seit den 1960er-Jahren weltweit tarifäre Handelshemmnisse abgebaut, und protektionistische
10 Maßnahmen werden nur noch ausnahmsweise geduldet. Tarifäre Handelshemmnisse entstehen durch die Auferlegung von Zöllen. Durch die damit bewirkte Verteuerung der Importgüterpreise werden die inländischen
15 Produzenten geschützt. Der Zoll ist eine indirekte Steuer wie die Mehrwertsteuer, die entweder pro Stück (Mengenzoll) oder auf den Wert (Wertzoll) geleistet werden muss. Ein Zoll hat mehrere Effekte: Der Import der durch ihn verteuerten Güter sinkt, die inlän-
20 dische Produktion identischer oder ähnlicher Güter steigt. Die inländische Produktion wird jedoch meist zu Preisen abgesetzt, die höher sind als die Preise der Importgüter vor der Zollerhebung. Deshalb sinkt der Gesamt-
25 konsum der entsprechenden Güter. Zwar erzielt der Staat Zolleinnahmen, und die inländischen Produzenten verkaufen mehr inländische Güter; beides wird jedoch von den inländischen Konsumenten finanziert. Hin-
30 zu kommt ein Wohlfahrtsverlust durch ineffiziente Produktion.

Aus: Duden Ratgeber, Wie Wirtschaft funktioniert, Berlin 2013, S. 248

1 **Stellen** Sie die Kontroverse zwischen Freihandel und Protektionismus **dar** (M 6).

2 **Arbeiten** Sie aus M 6 **heraus,** was man unter Freihandel und Protektionismus versteht.

3 **Beschreiben** Sie tarifäre und nichttarifäre Handelshemmnisse als protektionistische Maßnahmen und **erläutern** Sie diese mit Beispielen (M 7, M 8).

4 **Diskutieren** Sie ausgehend von M 9, ob ein Staat dem Protektionismus oder dem Freihandel folgen sollte.

Nichttarifäre Handelshemmnisse (Auswahl)

Gruppe 1	Gruppe 2	Gruppe 3	Gruppe 4	Gruppe 5
Subventionen	Antidumpingzölle	Industrie-, Gesundheits-, Sicherheits- und andere Normen	Maßnahmen zur Regulierung inländischer Preise	Zusatzabgaben, Hafen- und statistische Gebühren
Staatshandel	Zolltarifierung	Verpackung, Etikettierung und Ursprungsangaben	Exporteinschränkungen	
Regierungskäufe			Zollkontingente	
Wettbewerbsbeschränkungen				

Nach: Duden Ratgeber, Wie Wirtschaft funktioniert, Berlin 2013, S. 248

Das Für und Wider der Theorien

Argumente für regulierende Eingriffe in den Freihandel und für die Protektion von Wirtschaftszweigen gegenüber ausländischer Konkurrenz können sowohl aus wirtschafts-
5 theoretischen wie aus politischen Überlegungen begründet werden. [...] Die Entwicklungschancen eines Landes sind auch gefährdet, wenn Spezialisierung zu einseitigen Produktionsstrukturen und damit zu einer
10 starken Abhängigkeit von der Preisentwicklung eines bestimmten Gutes auf den Auslandsmärkten führt. Beispiele sind afrikanische oder lateinamerikanische Länder, deren Ausfuhr nur aus wenigen Produkten besteht,
15 deren Weltmarktpreise von Ernteschwankungen oder der Konjunktur in den Industrieländern abhängig sind wie Kaffee, Baumwolle, Kupfer und Zinn. Bereits der deutsche Ökonom Friedrich List hat mit dem Argu-
20 ment, unterentwickelte Länder müssten eine Chance haben, ihr Wachstumspotenzial zu entwickeln, bevor sie sich mit hoch entwickelten Industrienationen einlassen könnten, zeitweilige Schutzzölle für die damals
25 noch in den Kinderschuhen steckende deutsche Industrie gegen die überlegene Konkurrenz Englands gefordert. Theoretisch spricht viel für das Argument, allerdings ist es schwierig für Wirtschaftspolitiker, das zu-
30 künftige Entwicklungspotenzial einer *infant industry* im Vergleich zur internationalen Konkurrenz vorherzusehen. [...] Zudem hat sich gezeigt, dass viele einmal eingeführte Handelshemmnisse außerordentlich zäh von
35 Unternehmerverbänden und Gewerkschaften verteidigt werden, und dass die hinter Zollmauern geschützten *infant industries* sich häufig schwer tun, erwachsen, sprich wettbewerbsfähig zu werden. [...]
Importe können Arbeitsplätze im Inland ver- 40 nichten. Dies geschieht dann, wenn es sich um Wirtschaftszweige handelt, die einen relativen Preisnachteil haben. Ihre inländische Produktion und die Beschäftigung gehen zurück. Das Theorem der komparativen Kosten 45 geht davon aus, dass die freigesetzten Produktionsfaktoren in die Wirtschaftszweige umgeleitet werden, bei denen das Inland komparative Vorteile aufweist. Die damit verbundenen Umstellungen sind jedoch für 50 die unmittelbar Betroffenen problematisch. Unternehmen müssen ihre Produktion umstrukturieren oder werden ganz geschlossen. Für die dort beschäftigten Arbeitskräfte sind diese Veränderungen mit hohen Belas- 55 tungen verbunden wie dem Verlust des Arbeitsplatzes, Umschulungen oder Umzügen. Die Anforderungen an Flexibilität, Mobilität und Lernfähigkeit nehmen durch die internationale Arbeitsteilung deutlich zu. Oftmals 60 wird der Ruf nach dem Staat laut, den Strukturwandel durch Subventionen und Schutzzölle zeitlich zu strecken und für die betroffenen Arbeitnehmer sozial abzufedern. Doch auch hier ist davon auszugehen, dass Protek- 65 tion langfristig der Volkswirtschaft schadet, wenn dadurch volkswirtschaftliche Ressourcen gebunden werden, die für andere Zwecke wie beispielsweise für den Ausbau des Bildungswesens oder der Forschung fehlen. 70

Aus: Klaus-Peter Kruber u. a., Theoretische Grundlagen des internationalen Handels (siehe M 4), S. 30–32

Das Freihandelsabkommen CETA

INFO

CETA
Comprehensive Economic and Trade Agreement = seit 2009 verhandeltes Freihandelsabkommen zwischen der EU und Kanada. Die Verhandlungen wurden im August 2014 abgeschlossen, erst dann wurden auch die Inhalte des Vertrags veröffentlicht. Seine Ratifizierung steht noch aus. CETA gilt als „Testfall" für das Abkommen TTIP und ist ebenso wie dieses umstritten.

TTIP
Transatlantic Trade and Investment Partnership = seit Mitte 2013 verhandeltes Freihandelsabkommen zwischen der EU und den USA. Die Verhandlungen sollen Ende 2015 abgeschlossen werden. In Deutschland steht TTIP stark in der Kritik z. B. diverser Gewerkschaften wie verdi und Parteien wie Bündnis 90/Die Grünen und Die Linke sowie anderer Organisationen. Befürchtet werden u. a. die Aufweichung von Arbeitnehmerrechten sowie von Umwelt- und Gesundheitsstandards. Speziell kritisiert werden die auch in CETA vorgesehenen Investor-Staat-Schiedsstellen. Sie ermöglichen es Konzernen, einen Staat vor einer nicht öffentlich tagenden Schiedsstelle zu verklagen, wenn sie ihre Gewinnchancen durch staatliche Gesetze oder Maßnahmen stark eingeschränkt sehen.

Schon zum dritten Mal zelebrieren die Europäische Union und Kanada das EU-Kanada-Freihandelsabkommen CETA. [...] Es wird nicht die letzte Feierstunde bleiben. Das rund 1 500 Seiten starke Vertragswerk muss noch juristisch poliert, in 23 Sprachen übersetzt und von Kanada, den EU-Mitgliedstaaten und dem Europaparlament ratifiziert werden. In zwei Jahren, so heißt es, könnte der Freihandelsvertrag dann endlich in Kraft treten.

CETA vertieft schon heute enge Wirtschaftsbeziehungen. Die EU ist für Kanada der zweitwichtigste Handelspartner nach den Vereinigten Staaten. In der EU-Rangliste der wichtigsten Handelspartner schafft es Kanada auf Rang 12. In einer Studie zum Auftakt der Verhandlungen vor 6 Jahren wurden die Einkommensgewinne aus einem Freihandelsvertrag für die EU mit 11,6 Milliarden Euro und für Kanada mit 8,2 Milliarden Euro im Jahr berechnet. Der Außenhandel könnte danach um 20 bis 24 Prozent steigen. Zölle fallen fast vollständig weg, in Regulierungsfragen wollen beide Seiten künftig eng zusammenarbeiten.

Die EU hebt vor allem die Zugeständnisse hervor, die Kanada bei Dienstleistungen und bei der Vergabe öffentlicher Aufträge gemacht habe. Sie sieht die Gewinner von der Automobilindustrie, deren EU-Standards die Kanadier zu einem großen Teil künftig anerkennen, über Chemie und Maschinenbau bis zum Telekomsektor und den Versicherern. Kanada betont, dass es bevorzugten Zugang zum größten Wirtschaftsraum der Welt erhält, und sieht Vorteile für alle Branchen, vom Export von Metall und Mineralien über das verarbeitende Gewerbe bis hin zu Agrar- und Forstwirtschaft.

In Europa dürfte die Ratifizierung des Abkommens kein Selbstläufer werden. Vor allem in Deutschland wächst trotz der Vorteile für die heimische Wirtschaft der Widerstand. Die Bundesregierung macht ihre Zustimmung davon abhängig, dass das heftig kritisierte Kapitel zum Investorenschutz angepasst wird. Es ermöglicht ausländischen Unternehmen, sich vor Schiedsgerichten gegen Benachteiligungen durch die Regierung zu wehren. Ähnlich könnte sich das Europaparlament positionieren, das im November eine entsprechende Resolution verabschieden will. Die Kommission weist solche Forderungen zurück und verweist darauf, neue Transparenzstandards für die Schiedsgerichte durchgesetzt und klargestellt zu haben, dass der Spielraum der Regierungen etwa im Umwelt- oder Gesundheitsschutz nicht eingeschränkt werde. Zudem beharrten die Kanadier auf dem Investorenschutz, heißt es.

Konträr wird in Ottawa berichtet, kanadische Unterhändler hätten die Europäer zu Einschränkungen beim Investorenschutz gedrängt, um den Regulierungsspielraum in Sachen Gesundheit oder Umwelt sicherzustellen. Denn auch in Kanada gibt es Bedenken gegen den Investorenschutz. Das Land ist durch die Erfahrung mit dem Nordamerikanischen Freihandelsabkommen (NAFTA) zwischen Kanada, den Vereinigten Staaten und Mexiko sensibilisiert. 35 Mal wurde Kanada seit 1994 von ausländischen Unternehmen verklagt, öfter als Mexiko (25 Fälle) und die Vereinigten Staaten (16). In mindestens vier Fällen haben amerikanische Unternehmen dabei gegen Kanada gewonnen.

Generell stehen die Kanadier dem Freihandelsvertrag mit der EU aber positiv gegenüber. In einer Umfrage des Meinungsforschungsinstituts Angus Reid Global vom Juli äußerten sich 68 Prozent der Befragten zustimmend. Das ist ein auffällig anderes Meinungsbild als vor zwanzig Jahren, als 58 Prozent der Kanadier NAFTA ablehnten. Bemängelt wird indes, dass ein bis zu zwei Jahre längerer Patentschutz für Medikamente in Kanada die Gesundheitskosten in die Höhe treiben könnte. Auf Unmut stößt zudem, dass erstmals in einem internationalen Abkommen Kanadas die Städte – mit wenigen Ausnahmen – ihr Beschaffungswesen öffnen müssen. Kritisiert wird ferner, dass Kanada seine Kultur im Freihandel oder bei Subventionen nicht weit genug geschützt habe – obwohl das Land mit den Ausnahmeregelungen für die gesamte Kulturwirtschaft weiter geht als die EU, die nur Ausnahmen für den audiovisuellen Bereich beanspruchte. [...]

Streit gab es zwischen beiden Seiten lange um die Öffnung der Agrarmärkte. Die Kanadier wollten die weitgehende Abschottung ihrer Milch- und Geflügelmärkte nicht aufge-

105 ben, die Europäer ihre Rind- und Schweine-
fleischproduzenten weiter schützen. Nun
sollen die Kanadier eine bestimmte Quote
Rind- und Schweinefleisch zollfrei in die EU
einführen dürfen. Im Gegenzug sollen sie
110 sicherstellen, dass kein hormonell behandel-
tes Rindfleisch auf den hiesigen Markt gelangt. Zudem öffnet Kanada den bisher stark
reglementierten Markt für alkoholische Getränke für Wein und andere Alkoholika aus
115 der EU. Einen Kompromiss gibt es zu dem
vor allem für die Südeuropäer wichtigen
Schutz bestimmter regionaler Marken. [...]
CETA ermöglicht den europäischen Unternehmen in Kanada, auf Augenhöhe mit ame-
120 rikanischen Unternehmen zu konkurrieren.
Das Abkommen ist für die EU – zusammen
mit dem seit 2011 geltenden Südkorea-Ab-
kommen und den **TTIP-Verhandlungen** mit
den Vereinigten Staaten – aber auch Symbol
125 für die Abkehr von der Strategie, den Handel
auf multilateraler Ebene zu liberalisieren.
Kanada treibt mit dem EU-Abkommen die

aggressive Freihandelsstrategie der konservativen Regierung von Ministerpräsident
Stephen Harper voran. Neben NAFTA hat 130
Kanada mit zehn Ländern Freihandelsver-
träge in Kraft. Erst Anfang dieser Woche
hatte Harper mit der südkoreanischen Präsidentin Park Geun-hye in Ottawa einen
Freihandelsvertrag unterzeichnet. Zehn wei- 135
tere Verhandlungen mit anderen Ländern
laufen.
Die Verbindung zur EU ist für Kanada aber
besonders wichtig. Wie Mexiko ist Kanada
nun künftig sowohl den Vereinigten Staaten 140
und der EU freihändlerisch verbunden. Das
stärkt die Position im Standortwettbewerb
mit Amerika und erhöht den Druck auf die
Regierung in Washington, die Verhandlungen über die Handels- und Investitionspart- 145
nerschaft mit der EU voranzutreiben. CETA
ist dabei in vieler Hinsicht eine Blaupause
für diese Verhandlungen, auch wenn die Europäische Kommission hervorhebt, dass jede
Handelsrunde anders sei. 150

Aus: Hendrik Kafsack/Patrick Welter, Hormonfreie Steaks und griechischer Wein, in: Frankfurter Allgemeine Zeitung online, www.faz.net/aktuell/wirtschaft/wirtschaftspolitik/handelsabkommen-ceta-die-regelungen-13176047.html?printPagedArticle=true%20-%20pageIndex_2, 26.9.2014 (Zugriff: 17.10.2014)

Nutzen und Grenzen eines Freihandelsabkommens

MATERIAL **11**

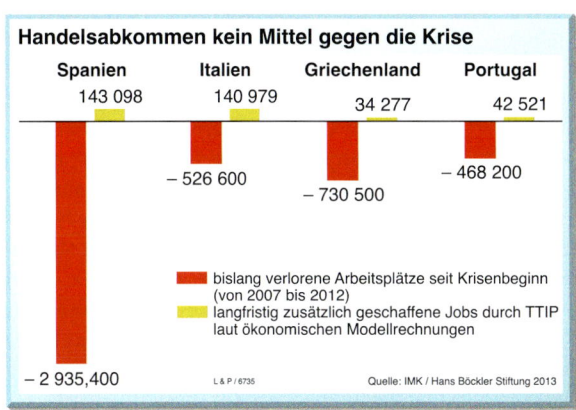

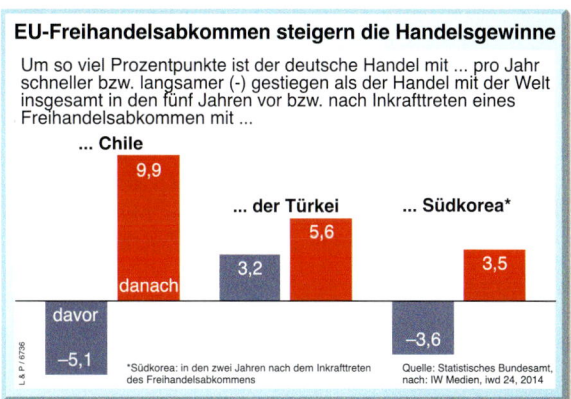

IIII**1**II Stellen Sie tabellarisch die wichtigsten Inhalte des Handelsabkommens CETA
sowie die bis zum Inkrafttreten beteiligten Institutionen dar (M 10).

IIII**2**I Charakterisieren Sie die Beteiligung der EU am Handelsabkommen (M 10).

IIII**3**I Analysieren Sie die Grafiken in M 11 und erörtern Sie ausgehend von M 10 und M 11
Chancen und Risiken von Freihandelsabkommen.

IIII**4**I Erschließen Sie, inwiefern sich die Kontroverse zwischen Freihandel und Protektionismus (S. 362 f.) in der Diskussion um CETA und TTIP (M 10 mit Info) wiederfindet.

QUERVERWEIS

Auch der Freihandel
hat Grenzen
S. 452 f.

Die Bundesrepublik Deutschland im Geflecht globaler Zusammenhänge

MATERIAL **12**   Die Entwicklung der Weltkonjunktur

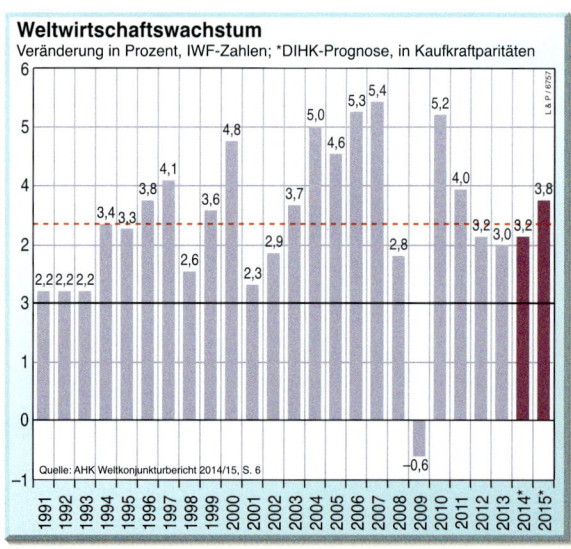

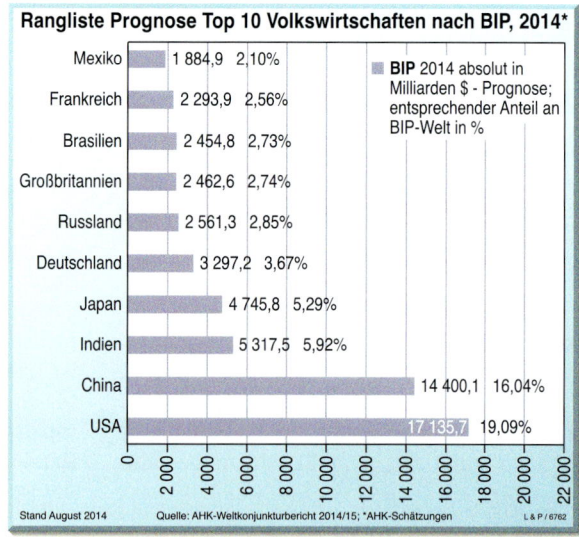

MATERIAL **13**   Kernaussagen des Weltkonjunkturberichts

QUERVERWEIS

Wirtschaftsstandort Deutschland
S. 29–33

INFO

AHK
Deutsche Auslands-
handelskammern

Mit einem Wachstum von nur 3,2 Prozent liegt die Weltwirtschaft in diesem Jahr zumindest noch knapp über dem enttäuschenden Vorjahreswert (drei Prozent). Damit tritt
5 die Weltwirtschaft seit mittlerweile drei Jahren auf der Stelle.
Die Krise in Osteuropa hinterlässt aktuell spürbare Bremsspuren: Das geringe Wachstum der Eurozone bleibt durch die Krise fra-
10 gil. Die **AHKs** in nahezu allen Ländern der EU erwarten durch die Sanktionen Beeinträchtigungen auf die Konjunktur an ihren Standorten, vielfach sogar deutlich spürbare Bremseffekte. Vor allem Russland und die
15 Ukraine selbst müssen ihre Wachstumszahlen für dieses Jahr deutlich nach unten korrigieren. Hinzu kommt die schwächere wirtschaftliche Entwicklung in einer ganzen Reihe von Schwellenländern – allen voran
20 den sogenannten *„Fragile Five"*. Dazu gehören Indien, Indonesien, die Türkei, Südafrika und Brasilien.
Die ursprünglich für das laufende Jahr angekündigte Erholung der Weltwirtschaft wird

auf das kommende Jahr vertagt. Nach Schät- 25 zungen der AHKs zieht die Weltwirtschaft im kommenden Jahr um 3,8 Prozent an. Alle Weltregionen tragen zu dem höheren Wachstum bei. Insbesondere die beiden Schwergewichte, die USA und China, halten die Welt- 30 wirtschaft auf Kurs. Die AHKs vor Ort gehen davon aus, dass Chinas Wirtschaft aus den angekündigten Reformen gestärkt hervorgehen wird. Dabei können deutsche Unternehmen von der Förderung der chinesischen 35 Binnenwirtschaft profitieren. In den USA verstetigt sich die positive wirtschaftliche Entwicklung. Die Wirtschaft der Vereinigten Staaten dürfte 2015 voraussichtlich um 2,5 Prozent zulegen. 40
Auch die Konjunktur in der Eurozone kräftigt sich mit rund 1,5 Prozent Wachstum. Deutschlands Exportwirtschaft profitiert vom Anziehen der Weltkonjunktur im kommenden Jahr. Die Schätzung von plus fünf 45 Prozent geht von einer Erholung der geopolitischen Situation in Russland und der Ukraine aus. In diesem Fall wachsen die Ex-

porte deutscher Unternehmen gerade in die-
50 se beiden Länder, aber auch in die von den
aktuellen Sanktionen betroffenen Länder.
Darüber hinaus stabilisieren sich nach dem
Rückschritt in diesem Jahr die Ausfuhren
in die Schwellenländer. In den USA ziehen
55 die Konjunktur und damit auch der Absatz
von Waren „Made in Germany" weiter an.
Die Nachfrage aus China kann nicht mehr
ganz mit den Wachstumsraten vergangener
Jahre mithalten, wächst aber weiterhin dyna-
60 misch. [...]

Das Knowhow deutscher Unternehmen im
Bereich Energieeffizienz stößt im Ausland
auf immer größere Nachfrage. Dementsprechend ist die Dynamik in dieser Branche im
Vergleich zu anderen Sektoren am höchsten. 65
In Sachen Expansionstempo steht auch die
Gesundheitswirtschaft nach den Einschätzungen der AHKs noch vor dem Maschinen-
und dem Fahrzeugbau. Allerdings sind diese
beiden nach wie vor die umsatzstärksten 70
Sparten.

Aus: Deutscher Industrie- und Handelskammertag e. V. (dihk), AHK Weltkonjunkturbericht 2014/15, S. 4 f.

Konjunkturentwicklung in China

MATERIAL **14**

China startete mit dem niedrigsten Wirtschaftswachstum seit 25 Jahren in das Jahr
2014. Im ersten Quartal 2014 hat die Wirtschaft um 7,4 Prozent zugelegt – vergleichs-
5 weise wenig gegenüber den Jahren des
rasanten Aufholens zuvor. Ziel der Reformpolitik des Führungsduos aus Präsident Xi
und Premierminister Li ist eine Reform des
Wirtschaftssystems, die ein weniger über-
10 schäumendes, aber dafür nachhaltiges Wachstum zwischen sieben und acht Prozent des
BIP ermöglicht. Die Reformen zielen auf eine
Stärkung des Binnenkonsums und auf eine
tiefere Wertschöpfung (von *„made in china"*
15 zu *„created in china"*). Sie befördern vor allem die Entwicklung einer kaufkräftigen und
anspruchsvolleren Mittelschicht. Zwar entwickeln sich chinesische Anbieter in vielen
Fällen von Kunden zu Wettbewerben. Für
20 viele deutsche Exporteure kann dies aber
verstärkte Absatzchancen bedeuten, u. a. in
den Bereichen Automobilzulieferindustrie,
Maschinenbau, Chemie- und Umweltindus-
trie sowie in der Medizintechnik. Die deut-
25 schen Exporte nach China sind im ersten
Halbjahr 2014 im Vergleich zum Vorjahr

bereits um 10 Prozent gestiegen. Nichtsdes-
totrotz, die Herausforderungen Chinas wiegen schwer: Überkapazitäten durch Fokus
auf Export und staatsgetriebene Investi- 30
tionen müssen abgebaut werden, Umweltschäden beseitigt, das starke Wohlstandsge-
fälle zwischen Stadt und Land angegangen,
das schwerfällige Bankensystem reformiert,
ein schwacher Mittelstand gestärkt werden. 35
Hinzu kommen zunehmende Probleme mit
Minderheiten (z. B. in Tibet/Xinjiang) sowie Grenzstreitigkeiten im südchinesischen
(Vietnam) und ostchinesischen Meer (Japan).
Auch wenn deutsche Unternehmen zuneh- 40
mend in andere asiatische Länder expandieren, bleibt China mit Abstand der wichtigste
Absatzmarkt in der Region. Im Jahr 2014
schwillt das Gesamthandelsvolumen zwischen Deutschland und China auf fast 150 45
Mrd. Euro an und übertrifft das Handelsvolu-
men mit USA damit mittlerweile deutlich
(rund 130 Mrd. Euro). Es bleibt abzuwarten,
inwiefern der Ausbau der wirtschaftlichen
Zusammenarbeit Chinas mit Russland Aus- 50
wirkungen auf die zahlreichen deutsch-
chinesischen Joint Ventures haben wird.

Aus: Deutscher Industrie- und Handelskammertag e. V., AHK Weltkonjunkturbericht 2014/15, S. 15

1 **Analysieren** Sie die Grafiken in M 12.

2 **Beschreiben** Sie die Kernaussagen des Weltkonjunkturberichts (M 13).

3 **Diskutieren** Sie Vor- und Nachteile für die deutsche Industrie, die aus
der wirtschaftlichen Entwicklung Chinas entstehen (M 14).

4 **Überprüfen** Sie die Prognose in M 13 mithilfe eigener Recherchen und
präsentieren Sie Ihre Ergebnisse.

QUERVERWEIS

Möglichkeiten und
Grenzen von
Wirtschaftsprognosen
S. 44–47

MATERIAL **15**

Weltwirtschaft und Standortkonkurrenz

GLOSSAR

Strukturwandel
Industrialisierung
Produktivität

QUERVERWEIS

Der sozioökonomische
Strukturwandel
S. 284-287

Auf den ersten Blick könnte man meinen, die Konkurrenz der Niedriglohnländer lässt in Deutschland die Arbeit ausgehen. Parallel zur Beschleunigung der Globalisierung seit Mitte der 1980er-Jahre hat die Arbeitslosigkeit lange Zeit immer weiter zugenommen. Ursache dafür war jedoch in erster Linie eine lange Zeit fragwürdige Arbeitsmarktpolitik – und nicht die Globalisierung. Die Globalisierung ist zweifellos dafür verantwortlich, dass in den Industrieländern viele einfache Produktionsjobs verloren gegangen sind. Andererseits entstehen aber in modernen und wissensintensiven Bereichen neue Beschäftigungsmöglichkeiten für höher qualifizierte Mitarbeiter. Diese sind meist produktiver und technologisch anspruchsvoller, sodass mit ihnen eine höhere Wertschöpfung und ein höheres Einkommen verbunden sind. Der so steigende Wohlstand stärkt zugleich die Binnennachfrage, was wiederum tendenziell zu neuer Beschäftigung führt.

Auf diese Weise fördert die Globalisierung den Strukturwandel. Dass genau darin eine zentrale Wohlstandsquelle liegt, verdeutlicht ein Vergleich mit der Phase der Industriellen Revolution. Damals fielen viele Arbeitsplätze in der Landwirtschaft weg und neue wesentlich produktivere Stellen entstanden in der Industrie. Gerade dieser Produktivitätsanstieg war aber der entscheidende Wachstumsmotor, der die heutigen Industrieländer zu den Wohlstandshochburgen machte, die sie sind. Kurzum: Ohne den fortschreitenden Strukturwandel würden gerade auch die Deutschen heute nicht einen sehr viel höheren Lebensstandard genießen als ihre Vorfahren.

Der Strukturwandel geht nicht ohne Anpassungslasten vonstatten. Die empirische Forschung zeigt aber ganz überwiegend, dass die dauerhaften Globalisierungsgewinne deutlich größer als die vorübergehenden Anpassungskosten sind. Wer in diesem Prozess den Arbeitsplatz verliert, interessiert sich jedoch wohl nur wenig für den volkswirtschaftlichen Gewinn des Wandels – allemal, wenn längere Arbeitslosigkeit, ungewollte Umzüge oder eine zunächst unsichere und vielleicht auch geringer bezahlte Stelle die Folge sind.

Gesamtwirtschaftlich gesehen ist ein solcher Wandel aber unvermeidlich. Wer die bestehenden Strukturen konserviert und Arbeitsplatzverluste um jeden Preis verhindert, der stoppt den Wohlstandszug, mindert die Wettbewerbsfähigkeit und führt die Wirtschaft mittelfristig in die Krise. Zudem können die individuellen Anpassungslasten durch die Wirtschaftspolitik abgefedert werden, etwa durch Umschulungsmaßnahmen oder finanzielle Transfers an Arbeitslose. Damit lassen sich die Globalisierungsvorteile so umverteilen, dass auch die – meist nur vorübergehenden Verlierer – aufgefangen und für zukunftsträchtigere Stellen fit gemacht werden. Darüber hinaus kann eine adäquate Arbeitsmarktpolitik dafür sorgen, dass genügend neue Arbeitsplätze für diejenigen entstehen, die ihren Job durch die Globalisierung verloren haben.

Dass eine positive Beschäftigungsbilanz im Zeitalter der Globalisierung alles andere als Wunschdenken ist, zeigt der Blick auf die längerfristige Beschäftigungsbilanz. So sind in den Industrieländern seit 1985 rund 85 Millionen Arbeitsplätze entstanden, ein beträchtlicher Zuwachs von einem Viertel. Auch in Deutschland kamen rund 12 Prozent neue Jobs hinzu. Weil die Arbeitszeit in vielen Ländern verkürzt wurde und die Quote der Teilzeitbeschäftigten stieg, kann zu Recht eingewendet werden, dass die insgesamt geleistete Arbeitszeit weniger stark zugenommen hat. Aber seit 1985 hat in den Industrieländern auch das Arbeitsvolumen deutlich zugelegt, und zwar um 17 Prozent. Besonders stark war der Anstieg in Spanien und den angelsächsischen Ländern. Auch die Niederlande und die Schweiz konnten ansehnliche Zuwächse verbuchen. In Deutschland dagegen ist – auch bedingt durch die Arbeitszeitverkürzung und mehr Teilzeitbeschäftigung – nur eine Stagnation zu verzeichnen.

Der internationale Vergleich zeigt indes, dass diese nur sehr mäßige Bilanz Deutschlands weniger auf die Globalisierung, sondern eher auf Fehler in der Arbeitsmarktpolitik zurückzuführen ist – etwa eine zu hohe Abgabenlast, zu geringe Arbeitsanreize und ein zu strikter Kündigungsschutz. Hier hat Deutschland – vor allem mit der Agenda 2010 – erst spät umgesteuert, während viele andere Staaten schon sehr viel früher ihre Arbeitsmärkte globalisierungstauglich gemacht haben. Gerade kleinere kontinentaleuropäische Länder, die noch stärker von der Globalisierung betroffen sind, haben den deutschen Arbeitsmarktreformern als Vorbilder gedient.

Auch eine weitere statistische Untersuchung bestätigt die These, dass die Arbeitsmarktpolitik mit den Herausforderungen der Globalisierung fertig werden kann. So zeigt sich für den Zeitraum ab 1995 – also seitdem die Konkurrenz vor allem Chinas und Osteuropas deutlich stärker zu spüren ist: Es gibt im Vergleich der kontinentaleuropäischen Industrieländer keinen statistischen Zusam-

menhang zwischen der Zunahme der Niedriglohnkonkurrenz und dem Niveau oder der Entwicklung der Arbeitslosigkeit.

Beklagt wird zuweilen auch, dass der Leistungsdruck am Arbeitsplatz immer höher und das Arbeitsklima kälter geworden ist. Auch hier könnte man einen Zusammenhang zur internationalen Arbeitsteilung konstruieren. Und tatsächlich mag der höhere Konkurrenzdruck einen Beitrag dazu leisten. Bedeutsamer erscheint aber – gerade in den Großunternehmen – die Veränderung der Management-Methoden seit den Neunzigerjahren hin zu einer immer stärker vom Finanzmarkt getriebenen **Shareholder-Value-Orientierung,** die den Renditedruck erhöht hat.

Aus: Weltwirtschaft und Standortkonkurrenz, © 2010, IW Medien – iw-Dossier, Institut der deutschen Wirtschaft Köln Medien GmbH, 10.8.2010 (Zugriff: 30.8.2014)

Produktionsverlagerungen

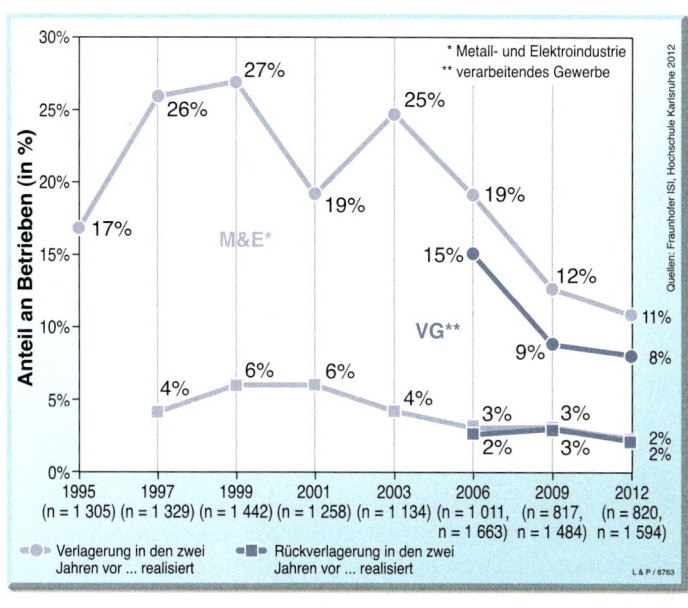

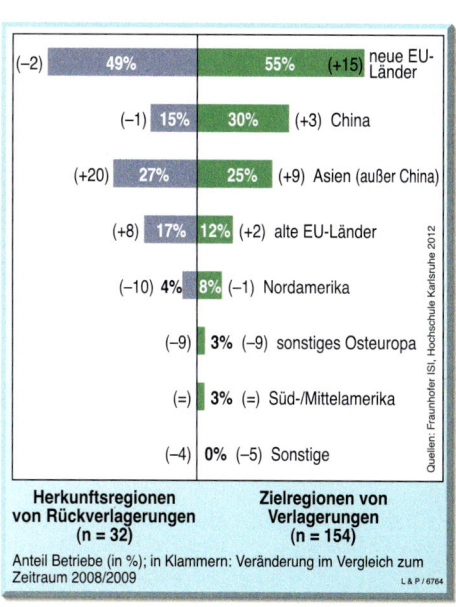

1 Analysieren Sie M 15 hinsichtlich der Problematik der Arbeitsplatzverluste durch einen verstärkten Welthandel.

2 Werten Sie die Grafiken in M 16 aus.

3 Vergleichen Sie die Aussagen von M 15 und von M 16.

4 Diskutieren Sie mögliche Gründe für die sinkende Produktionsverlagerung (M 16).

Die Entwicklung der internationalen Wirtschaftsbeziehungen

Die internationalen Wirtschaftsbeziehungen haben sich aufgrund der **Bedürfnisvielfalt** und der **unterschiedlichen Ausstattung mit Rohstoffen, Arbeitskräften, Sachkapital, finanziellen Mitteln** oder **technischem Know-how** sehr stark entwickelt.

Klassische Außenhandelstheorien

Gemäß den klassischen Außenhandelstheorien tragen **Tausch und Handel** dazu bei, die **Wohl-fahrtssituation** der beteiligten Individuen oder Staaten zu **verbessern.** Eine **Spezialisierung** auf bestimmte Güter oder Dienstleistungen, die beispielsweise wegen der landestypischen Aus-stattung ökonomisch effizient hergestellt werden können, führt zu einem guten Angebot auf dem Weltmarkt. Dieses Angebot kann im Tausch gegen weitere Güter, zu deren Herstellung zum Bei-spiel Rohstoffe oder Know-how fehlen, zu einer gesteigerten gesamtwirtschaftlichen Wohlfahrt führen.

Die **Theorie der komparativen Kostenvorteile** nach David Ricardo besagt, dass es wesent-lich für Spezialisierung und Handel ist, dass man das Augenmerk nicht auf die absoluten Vorteile legt. Es kommt nicht darauf an, sich auf etwas zu spezialisieren, was man besser kann als ande-re, sondern auf die Tätigkeit, die man selbst besser kann als andere Tätigkeiten.

Neue Außenhandelstheorien

Die **Faktorproportionentheorie** ist eine Erweiterung des Ricardo-Modells und erklärt das Auf-treten des internationalen Handels mithilfe unterschiedlicher Preisrelationen. Die Preise in je-dem Land werden durch Arbeit, Boden und Kapital bestimmt. Da sich die Relation in verschiede-nen Ländern unterschiedlich ausgestaltet, kommt es zu unterschiedlichen Preisen. Es kommt darauf an, ob ein Produktionsfaktor verglichen mit den übrigen Produktionsfaktoren knapp ist oder in hohem Maße zur Verfügung steht (Faktorproportionen). Dabei ist jedoch zu beachten, dass eine Spezialisierung auf rein arbeitsintensiv hergestellte Güter nicht gewünscht ist, da dies einen einseitigen Nachteil bei den sich auf diese Güter spezialisierten Ländern entstehen ließe. Der Grund dafür liegt in den deutlich höheren Wachstumspotenzialen der kapitalintensiven Güter.

Die **Theorie des Produktlebenszyklus** geht davon aus, dass ein neues Produkt mehrere Phasen durchläuft, innerhalb derer sich Produktionsfunktion, Produktionsstandort und Absatz-markt verändern. So ist das Produkt in der Einführungsphase auf dem nationalen Markt präsent, während es in der Wachstumsphase verstärkt exportiert wird. Durch eine standardisierte Tech-nik sinkt der Produktionspreis, und andere Länder beginnen, das Produkt zu imitieren. In der darauffolgenden Phase wird das Produkt bereits von Entwicklungsländern hergestellt, die das Produkt dann anschließend in die Ursprungsländer zurück exportieren. Dort ist die Nachfrage nach dem Produkt zurückgegangen, da bereits höherwertige Produkte auf dem Markt sind. Ins-gesamt geht die Theorie davon aus, dass verschiedene Länder zu verschiedenen Phasen des Produktlebenszyklus komparative Vorteile haben.

Freihandel und Protektionismus

Die Geschichte der internationalen Wirtschaftsbeziehungen ist geprägt durch die Auseinander-setzung zwischen Anhängern des Freihandels und Anhängern des Protektionismus. **Befürworter des Freihandels** fordern eine **Öffnung der Märkte** und den **Abbau von Handelshemmnissen.** Die **Befürworter des Protektionismus** wollen die heimischen Märkte durch den **Aufbau von Handelshemmnissen,** wie zum Beispiel Zöllen, schützen.

Zu unterschiedlichen Zeiten war jeweils eines der Prinzipien vorherrschend. Im Zeitalter der Industrialisierung wurde der internationale Handel sehr stark ausgedehnt. Während der beiden Weltkriege und der Weltwirtschaftskrise waren die internationalen Handelsbeziehungen vom Protektionismus geprägt.

Im Bereich der Handelshemmnisse muss unterschieden werden zwischen **tarifären** und **nichttarifären Handelshemmnissen.** Tarifäre Handelshemmnisse entstehen durch die Schaffung von Zöllen, etwa in Form eines Mengenzolls oder eines Wertzolls. Dadurch steigen die Preise bestimmter Güter. Nichttarifäre Handelshemmnisse können durch Subventionierung einzelner Branchen oder Wettbewerbsbeschränkungen von Staatsseite entstehen.

Sowohl die Befürworter des Freihandels als auch die des Protektionismus führen nachvollziehbare Argumente für ihre Theorie an:

Argumente für Freihandel
- Förderung des Wettbewerbs und der Innovationsdynamik;
- keine Bindung von Kapital und Arbeitskräften in „alten" Produktionszweigen;
- Sicherung von Arbeitsplätzen (langfristig);
- Öffnung der Märkte für Importe aus Industrieländern ermöglicht diesen eigenes Wachstum;
- Verbilligung der Verbraucherpreise und Vorprodukte;
- Handelshemmnisse provozieren Vergeltung („Handelskrieg").

Argumente für Protektionismus
- Verhinderung einseitiger Spezialisierung;
- Schutz vor gesundheits- oder umweltgefährdenden Einfuhren;
- Schutz vor unfairen Handelspraktiken;
- Protektion kann Strukturanpassungsprozesse verlangsamen;
- Schutz der *infant industries* bis zur Wettbewerbsfähigkeit;
- Politisch und militärisch wichtige Industrien bleiben erhalten;
- Zölle und Steuern auf Importe sind Einnahmequellen für den Staatshaushalt.

Die Bundesrepublik Deutschland im Geflecht globaler Zusammenhänge

Die Bundesrepublik Deutschland ist mit vielen Staaten in der Welt im Außenhandel vernetzt. Sie ist Mitglied des **europäischen Binnenmarktes** und hat ein **Freihandelsabkommen** mit Kanada abgeschlossen **(CETA).** Ein Freihandelsabkommen mit den Vereinigten Staaten ist im Verhandlungsprozess **(TTIP).** Die Bundesrepublik ist unter den Top Ten der Volkswirtschaften weltweit zu finden, was ihre starke Position im Außenhandel stützt. Allerdings stagniert die Weltwirtschaft momentan noch infolge der Finanz- und Wirtschaftskrise.

Im Rahmen der fortschreitenden weltweiten Vernetzung der Produktion und des Handels kann es zum Beispiel auch zu Arbeitsplatzverlusten kommen. Insgesamt zeigen Statistiken jedoch, dass die Abwanderung deutscher Betriebe ins Ausland in den letzten Jahren zurückgegangen ist bzw. ein Rückwanderungsprozess eingesetzt hat.

4.3 Institutionen zur Gestaltung der ökonomischen Dimension der Globalisierung

Im Rahmen der zunehmenden weltweiten Verflechtung von Staaten in verschiedensten Bereichen reicht es nicht mehr aus, dass Staaten allein bilaterale, also zweiseitige Beziehungen pflegen. Dies gilt auch für die Gestaltung der ökonomischen Dimension der Globalisierung, sprich des immer komplexeren Geflechts an Handelsbeziehungen bei wachsendem Konkurrenzdruck auf den internationalen Märkten. Um die internationale Zusammenarbeit auszuweiten und zu vertiefen, haben die Staaten verschiedene Institutionen gegründet, mit denen den Anforderungen und Herausforderungen einer globalisierten Welt begegnet und die multilaterale Kooperation zum Wohle aller Staaten verbessert werden soll.

Sitz der Weltbank (World Bank) in Washington

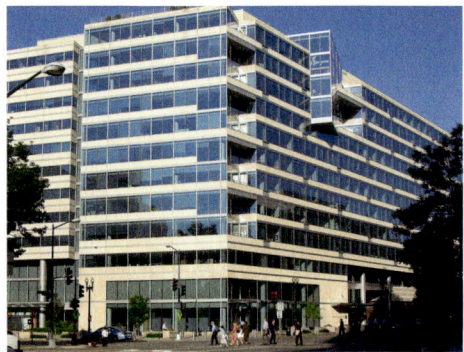

Sitz des Internationalen Währungsfonds (IWF / International Monetary Fund; IMF) in Washington

Sitz der Welthandelsorganisation (World Trade Organization; WTO) in Genf

Weltwirtschaftsforum (World Economic Forum; WEF) mit Sitz in Genf, hier: jährliches Treffen in Davos

||||**1**|| Führen Sie ein Brainstorming zu der Frage durch, warum Staaten bereit sein könnten, internationale ökonomische Institutionen einzurichten und diese bei ihrer Arbeit zu unterstützen.

||||**2**|| Stellen Sie Vermutungen an, welche Gründe es für die Wahl der Sitze der einzelnen ökonomischen Institutionen (Fotos) gegeben haben könnte.

||||**3**|| **Erklären** Sie das Scheitern des System fester Wechselkurse von Bretton Woods (M 1).

||||**4**|| **Beurteilen** Sie die langfristigen Auswirkungen der Konferenz von Bretton Woods (M 1) und versuchen Sie, eine Prognose zu **entwickeln**, inwieweit eine so weitreichende Übereinkunft im 21. Jahrhundert möglich sein könnte.

Weltbank und IWF

Die Gründung von Weltbank und IWF in Bretton Woods

MATERIAL 1

Neben [dem US-amerikanischen Volkswirt Harry Dexter] White gilt auch John Maynard Keynes als zentrale Figur bei der Gründung des IWF [Internationalen Währungsfonds]
5 und der Weltbank in Bretton Woods. Tatsächlich haben die beiden die wichtigsten Vorarbeiten geleistet. Keynes arbeitete lose für das britische Finanzministerium, White hatte vor allem als ökonomischer Berater des US-
10 Finanzministers Henry Morgenthau viel Einfluss. [...]
Beide haben schon zwei Jahre vor der Konferenz [von Bretton Woods im Jahr 1944] unabhängig voneinander Pläne für die Nach-
15 kriegsordnung entwickelt, die das Ziel hatten, ein Fixkurssystem zwischen den Währungen zu etablieren, ohne aber die **Rigidität** des Goldstandards zu erben, die sich in der Zwischenkriegszeit als verheerend für die
20 wirtschaftliche Entwicklung und die internationalen Beziehungen erwiesen hat.
Eine Organisation sollte ähnlich wie eine Bank für Unternehmen auf nationaler Ebene auf internationaler Ebene Ländern bei Zah-
25 lungsbilanzproblemen mit Krediten zur Verfügung stehen. Diese Aufgabe sollte letztlich der Internationale Währungsfonds erhalten. Weiter – und von geringerer Bedeutung – sollte eine Organisation geschaffen werden,
30 die Gelder für langfristige Entwicklungshilfen ausleiht. Diese Aufgabe übernahm letztlich die Weltbank. [...]
Der wichtigste Unterschied zwischen den Plänen von Keynes und von White bestand
35 im Mechanismus, durch den das (anpassungsfähige) Fixwährungssystem funktionieren sollte: Keynes wollte eine gegenseitige Verrechnungsstelle von Guthaben und Schulden zwischen den Ländern schaffen –
40 eine sogenannte *Clearing Union*. Als zentrale Verrechnungs- und Kreditwährung für das System sollte mit dem *Bancor* [einer neuen Weltwährung] neues Buchgeld geschaffen werden. Der Plan von White sah dagegen vor,

gleich den Dollar als Weltreservewährung zu 45 etablieren, der allerdings durch Gold gedeckt sein sollte. Von einer *Clearing Union* wollte White nichts wissen. Das Geld für Zahlungsbilanzhilfen durch den Fonds wollte White durch Einzahlungen der Mitgliedsländer be- 50 schaffen, die auch die Mitbestimmungsrechte festlegen sollten. [...]
Das Ziel Whites, den Dollar zur Weltreservewährung machen zu wollen, und die Regelung, dass die Macht in den Institutionen 55 an die Beitragszahlungen geknüpft sein sollte, hatten nicht zufällig die Folge, dass damit den USA die absolute Dominanz über das wirtschaftliche Nachkriegssystem zugesichert wurde. [...]
Im Sinne des Zwecks, für den er geschaffen wurde, war der Währungsfonds eine Totgeburt. Erst 15 Jahre nach seiner Begründung, im Jahr 1961, unterwarfen sich die ersten neun westeuropäischen Länder den vorge- 65 sehenen Währungsmechanismen. Zehn Jahre später brach das System [von Bretton Woods] bereits zusammen. Als erster begründete der belgisch-amerikanische Ökonom Robert Triffin im Jahr 1959 den grund- 70 legenden Konstruktionsfehler des Systems von White: Damit der Dollar als Reservewährung funktionieren konnte, musste die USA Importüberschüsse verzeichnen, denn nur dadurch gelangten die Notenbanken der üb- 75 rigen Länder an die Dollarreserven. Doch gleichzeitig hatte der Dollar durch Gold gedeckt zu sein, das sich aber nicht entsprechend vermehren ließ. So war diese Deckung tatsächlich immer weniger gegeben, bis im 80 Jahr 1971 der damalige US-Präsident Richard Nixon die Golddeckung des Dollars aufhob. Damit war das System von Bretton Woods im Sinne seines Erfinders endgültig gescheitert. Der [Internationale Währungsfonds] be- 85 schränkt sich seither auf die Aufgabe als Aushilfsfinanzierer in Notlagen unter Bedingungen.

QUERVERWEIS

John Maynard Keynes
S. 56, Info

INFO

Harry Dexter White
* 9.10.1892 in Boston, Massachusetts
† 16.8.1948 bei Fitzwilliam, New Hampshire
US-amerikanischer Volkswirt und Politiker; zusammen mit dem britischen Ökonomen John Maynard Keynes leitete er die Konferenz in Bretton Woods.

Henry Morgenthau Jr.
*11.5.1891 in Poughkeepsie, New York
† 6.2.1967 in New York City
US-amerikanischer Politiker; 1934–1945 US-Finanzminister

Rigidität
Starrheit

GLOSSAR

Bretton-Woods-System

Internationaler Währungsfonds

Weltbank

Aus: Markus Diem Meier (Co-Leiter der Wirtschaftsredaktion beim Tagesanzeiger), Der Mythos von Bretton Woods, in: Never Mind The Markets (ecnomy blog), http://blog.tagesanzeiger.ch/nevermindthemarkets/ index.php/35430/die-ueberraschende-gruendungsgeschichte-des-iwf/, 20.8.2014 (Zugriff: 1.9.2014)

MATERIAL **2**   Die Weltbank

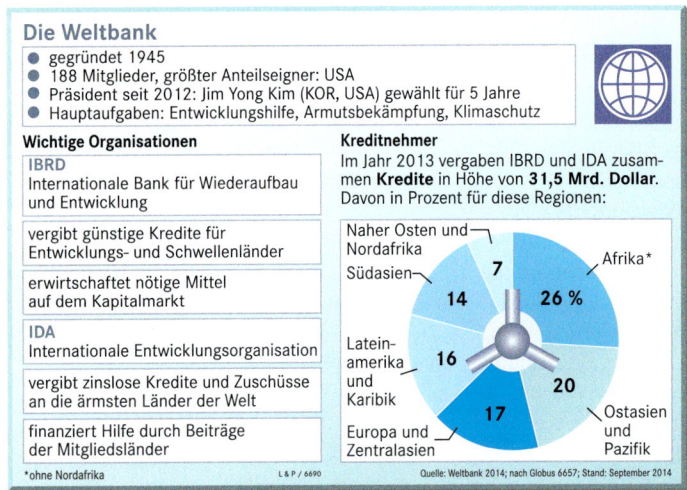

Die Weltbank
- gegründet 1945
- 188 Mitglieder, größter Anteilseigner: USA
- Präsident seit 2012: Jim Yong Kim (KOR, USA) gewählt für 5 Jahre
- Hauptaufgaben: Entwicklungshilfe, Armutsbekämpfung, Klimaschutz

Wichtige Organisationen

IBRD
Internationale Bank für Wiederaufbau und Entwicklung

vergibt günstige Kredite für Entwicklungs- und Schwellenländer

erwirtschaftet nötige Mittel auf dem Kapitalmarkt

IDA
Internationale Entwicklungsorganisation

vergibt zinslose Kredite und Zuschüsse an die ärmsten Länder der Welt

finanziert Hilfe durch Beiträge der Mitgliedsländer

Kreditnehmer
Im Jahr 2013 vergaben IBRD und IDA zusammen **Kredite** in Höhe von **31,5 Mrd. Dollar**. Davon in Prozent für diese Regionen:

Naher Osten und Nordafrika 7
Afrika* 26 %
Südasien 14
Lateinamerika und Karibik 16
Ostasien und Pazifik 20
Europa und Zentralasien 17

*ohne Nordafrika   L & P / 6690   Quelle: Weltbank 2014; nach Globus 6657; Stand: September 2014

Ziele: Aufgabe der Weltbank ist die Förderung der wirtschaftlichen Entwicklung der Mitgliedsländer und des Lebensstandards der Bevölkerung durch Erleichterung der Kapitalanlagen für produktive Zwecke, durch 5 Förderung privater Direktinvestitionen und des Außenhandels sowie durch Förderung von Maßnahmen zur Armutsbekämpfung. Dazu dienen vor allem die Vergabe von Darlehen (Finanzhilfen), die Gewährung von 10 technischer Hilfe bei Entwicklungsprojekten, Koordinierung von Entwicklungshilfe und Zusammenarbeit mit anderen Entwicklungshilfeorganisationen.

Aus: Duden Wirtschaft von A bis Z, 5. Aufl., Bonn 2013

MATERIAL **3**   Der Internationale Währungsfonds (IWF)

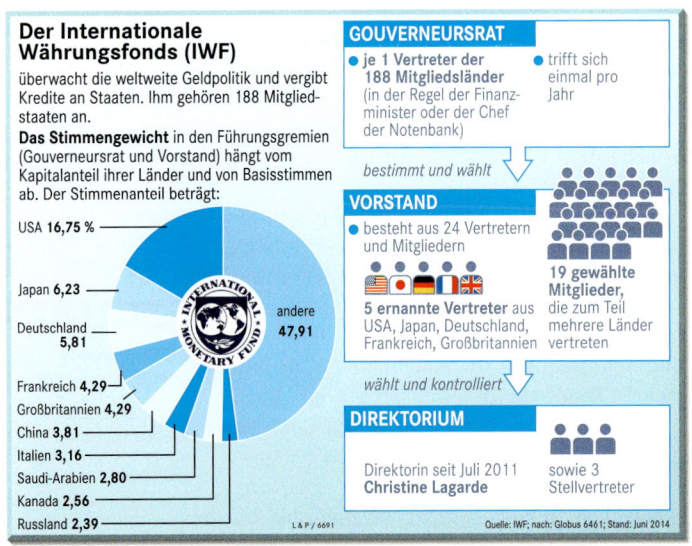

Der Internationale Währungsfonds (IWF)
überwacht die weltweite Geldpolitik und vergibt Kredite an Staaten. Ihm gehören 188 Mitgliedsstaaten an.
Das Stimmengewicht in den Führungsgremien (Gouverneursrat und Vorstand) hängt vom Kapitalanteil ihrer Länder und von Basisstimmen ab. Der Stimmenanteil beträgt:

USA 16,75 %
Japan 6,23
Deutschland 5,81
andere 47,91
Frankreich 4,29
Großbritannien 4,29
China 3,81
Italien 3,16
Saudi-Arabien 2,80
Kanada 2,56
Russland 2,39

GOUVERNEURSRAT
- je 1 Vertreter der **188 Mitgliedsländer** (in der Regel der Finanzminister oder der Chef der Notenbank)
- trifft sich einmal pro Jahr

bestimmt und wählt

VORSTAND
- besteht aus 24 Vertretern und Mitgliedern
5 ernannte Vertreter aus USA, Japan, Deutschland, Frankreich, Großbritannien
19 gewählte Mitglieder, die zum Teil mehrere Länder vertreten

wählt und kontrolliert

DIREKTORIUM
Direktorin seit Juli 2011 **Christine Lagarde**   sowie 3 Stellvertreter

L & P / 6691   Quelle: IWF; nach: Globus 6461; Stand: Juni 2014

Gegenwärtig gehören dem IWF 188 Länder an (Stand: 2014).
Die Ziele des Gründungsabkommens bestimmen noch immer die Arbeit des IWF. Er will die internationale Zusammenarbeit in der 5 Währungspolitik und stabile Wechselkurse fördern, das Wachstum des Welthandels erleichtern, das Ungleichgewicht in den Zahlungsbilanzen der Mitglieder reduzieren und Mitgliedern mit bestimmten finanziellen 10 Schwierigkeiten durch Kredite helfen.
Um einen Kredit zu erhalten, müssen die Empfängerländer finanz- und wirtschaftspolitische Auflagen erfüllen, z.B. die Sanierung des Staatshaushalts. Je nach Problem 15 des Mitglieds stellt der Währungsfonds verschiedene Kredite mit jeweils eigenen Konditionen bereit.

Aus: Bundesministerium für wirtschaftliche Zusammenarbeit und Entwicklung (BMZ), IWF, www.bmz.de/ de/was_wir_machen/wege/multilaterale_ez/akteure/iwf/index.html (Zugriff: 24.9.2014)

1 Erläutern Sie Ziele und Aufbau der Weltbank und des IWF (M 2, M 3).

2 Erschließen Sie die Arbeitsweise des IWF (M 3, M 4).

3 Erörtern Sie ausgehend von M 4 die Auswirkungen der Veränderungen der Abstimmungsregeln im IWF auf internationale Interessen- und Machtkonstellationen. Beachten Sie dabei auch die Entwicklung von 2011 (Text) im Vergleich zu 2014 (linke Grafik).

4 Charakterisieren Sie die Arbeitweise der Weltbank (M 2) an einem eigenen Beispiel.

Die Arbeitsweise des IWF

In den Boomzeiten Mitte des vergangenen Jahrzehnts war der Internationale Währungsfonds (IWF) schon fast abgeschrieben. [...] In der Finanzkrise sind mehrere Länder
5 gleichzeitig in Not geraten – auch solche, die vorher kaum wirtschaftliche Schwierigkeiten hatten, etwa Polen oder Tschechien Anfang 2009. Die hochnervösen Finanzmärkte drehten den Staaten den Geldhahn zu, und
10 so war der Fonds als letzter Kreditgeber für klamme Länder wieder gefragt. Um besser einspringen zu können, hat der IWF 2009 sein Kapital von rund 250 auf 750 Milliarden Dollar aufgestockt. Zudem wurden zwei neue
15 Instrumente geschaffen: die *Flexible Kreditlinie* für Länder mit sehr guter Wirtschaftspolitik und -lage sowie die *Vorsorgliche Kreditvereinbarung* für Staaten mit einer weitgehend guten Ausgangsposition, aber
20 ein paar Schwachstellen wie einer hohen Staatsverschuldung. Die Idee dahinter: Der IWF stellt für die betreffenden Länder – nur vorsorglich – hohe Kreditvolumina bereit und zeigt damit, dass er sie für stabil und
25 vertrauenswürdig hält. Dies soll die Finanzmärkte beruhigen. Die *Vorsorgliche Kreditvereinbarung* ist an engere Voraussetzungen gebunden als die *Flexible Kreditlinie* – die Darlehen haben eine Obergrenze und die
30 Schuldner werden zu Reformen verpflichtet. Bedenklich ist allerdings eine derzeit im IWF diskutierte Initiative, die Südkorea und einige Industriestaaten im vergangenen Herbst eingebracht haben. Bei schweren Krisen soll

der Währungsfonds freigiebig unbegrenzte 35 Liquiditätshilfen zusagen, ohne dass er die betroffenen Länder zu Reformprogrammen verpflichtet. Damit würde der IWF zu einer Weltzentralbank. Unkontrolliert von den nationalen Zentralbanken könnte er die Märkte 40 mit Geld fluten – und damit eine Inflation in Gang setzen. Eine weitere Folge der Finanzkrise ist eine globale Machtverschiebung. Schwellenländer wie China, Indien und Brasilien holen wirtschaftlich auf, auch, weil 45 viele Industrieländer nur langsam aus der Krise kommen. Politisch haben die Industriestaaten ohnehin an Glaubwürdigkeit verloren, weil ihre Wirtschaftspolitik die Turbulenzen ermöglicht hat. Stimmrechtsreformen 50 sollen alldem auch im Währungsfonds Rechnung tragen [linke Grafik]. China macht mit einer mehr als verdoppelten Stimmenquote einen großen Sprung nach vorn – von Platz acht auf Platz drei. Ebenfalls um fünf 55 Ränge nach vorn rücken Indien und Mexiko. Brasilien, Südkorea und die Türkei machen sogar noch mehr Plätze gut. Unterm Strich erhalten die Entwicklungs- und Schwellenländer 9 Prozentpunkte mehr Stimmrechte 60 im IWF als bisher. Zudem haben die Europäer bei der Besetzung des 24-köpfigen Exekutivdirektoriums, das für das Tagesgeschäft des Fonds zuständig ist, Zugeständnisse machen müssen. Sie werden zwei ihrer 65 bislang maximal neun Sitze an Schwellenländer abtreten. Auch der nächste IWF-Chef dürfte aus einem Schwellenland kommen.

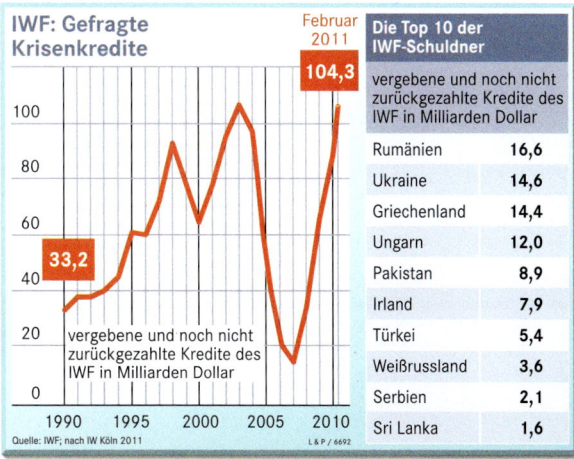

Aus: Comeback einer Instanz, © 2011 IW Medien – iwd 15, Institut der deutschen Wirtschaft Köln Medien GmbH, 14.4.2011, S. 1

GATT, WTO und WEF

General Agreement on Tarifs and Trades (GATT)

GATT war geplant als Bestandteil der dritten Säule der Welthandelsordnung (neben dem Internationalen Währungsfonds und der Weltbank) – der Internationalen Handelsor-
5 ganisation (ITO). Das Vertragswerk des GATT wurde erstmalig im Jahre 1947 unter-zeichnet und war als eine vorläufige, provi-sorische Lösung bis zur Unterzeichnung des Abkommens zur Gründung der ITO gedacht,
10 die jedoch scheiterte. Das Vertragswerk des GATT war zunächst auf die Absenkung von Zöllen gerichtet, wurde mit der Zeit um den Abbau von nicht-tarifären Handelshemm-nissen und Beschränkungen im Dienstleis-
15 tungsverkehr erweitert. Das GATT hat an sich keine internationale Organisation be-gründet, sondern eine Reihe von multilatera-len Verpflichtungen der unterzeichnenden Staaten. Der institutionelle Rahmen, der im
20 GATT festgelegt ist, wurde allerdings ständig in Richtung einer internationalen Organisa-tion entwickelt, sodass es mit der Zeit zu ei-ner Organisation geworden ist. Gegenwärtig geht der institutionelle Rahmen des GATT in
25 der **WTO** auf. [...] Als Ergebnis der Handels-runde von Uruguay [1986–1994] wurden fol-gende wesentliche Änderungen des GATT-Systems vorgenommen:

- Zusätzlich zum GATT (in der neuen Fas-sung: GATT 1994) wurde eine Reihe von 30 weiteren, multilateralen Abkommen für weitere Bereiche des Welthandels unter-zeichnet;
- es wurde die WTO gegründet, die als insti-tutioneller Rahmen für die Welthandels- 35 ordnung auftritt und eine Reihe von neuen institutionellen Lösungen (z. B. hinsicht-lich der Streitbeilegung) einführt. [...]

Zusammengefasst sind die Ziele des GATT:

- Vermeidung von Diskriminierungen im 40 Handel zwischen den Vertragsstaaten (bei jeglichen Zöllen und vergleichbaren Ge-bühren soll stets die Meistbegünstigungs-klausel gelten);
- Barrieren im Handel sollen – wenn über- 45 haupt notwendig – nur in Form von Zöllen bestehen; insbesondere Importquoten sind unzulässig;
- im Rahmen des GATT soll die Durchset-zung von Handelsinteressen der Vertrags- 50 parteien grundsätzlich nur über Konsul-tationen, Verhandlungen und vergleich-bare Instrumente stattfinden;
- Präferenzen für Entwicklungsländer sol-len ermöglicht und rechtlich geregelt wer- 55 den.

Aus: Wissensdatenbank Wirtschaftsrecht, Fachhochschule Schmalkalden, http://wdb.fh-sm.de/Einfueh-rungGATTWTO (Zugriff: 1.9.2014)

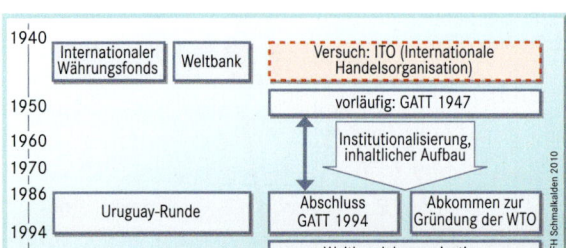

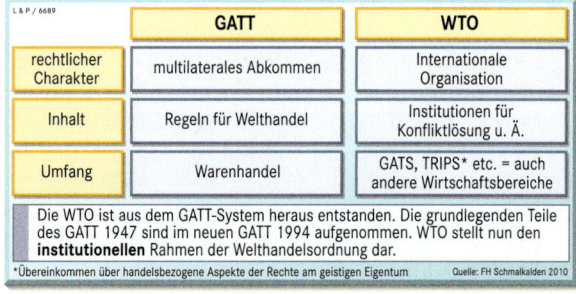

1 **Erläutern** Sie die Entstehung, den Aufbau und die Ziele des GATT und der WTO (M 5). Achten Sie dabei darauf, worin sich GATT und WTO unterscheiden.

2 **Analysieren** Sie M 6 hinsichtlich der Arbeitsweise der WTO.

3 **Beurteilen** Sie die Möglichkeiten der WTO, Entscheidungen durchzusetzen (M 6).

Die Arbeitsweise der Welthandelsorganisation (WTO)

Die 159 Teilnehmerstaaten der Welthandelskonferenz auf Bali haben sich auf das erste große Abkommen zur Liberalisierung des globalen Handels seit fast 20 Jahren verständigt. Als letztes Land gab Kuba seinen Widerstand auf. Zuvor hatte bereits Indien seine Blockadehaltung beendet. Damit wurde der Weg frei für eine Einigung auf Erleichterungen im globalen Handel – etwa einen Subventionsabbau im Agrarhandel sowie Verbesserungen für Entwicklungsländer. Die Einigung ist die erste umfassende Handelsreform seit Gründung der Welthandelsorganisation (WTO) 1995.

„Zum ersten Mal in unserer Geschichte hat die WTO wirklich geliefert", sagte WTO-Generaldirektor Roberto Azevêdo zum Abschluss des viertägigen Treffens auf der indonesischen Insel. Das Vertragswerk werde Millionen von arbeitenden Menschen auf der ganzen Welt zugutekommen und viele neue Jobs schaffen. [...] „Das Bali-Paket ist nicht das Ende, es ist der Anfang", sagte der nach nächtelangen, schwierigen Verhandlungen zu Tränen gerührte Brasilianer. [...].

Bei der Konferenz ging es um die Glaubwürdigkeit der WTO. Hätten sich die Verhandlungspartner nicht geeinigt, hätte die WTO als Forum für weltweite Handelsabkommen an Bedeutung verloren.

Experten gehen davon aus, dass die Umsetzung des Bali-Paketes einen weltweiten Wachstumsschub im Umfang von bis einer Billion Dollar ermöglichen kann. Damit ist nach Schätzungen der Internationalen Handelskammer (ICC) in Paris die Schaffung von 21 Millionen Arbeitsplätzen möglich – davon 18 Millionen in Entwicklungsländern. [...]

Mit den insgesamt zehn Einzelvereinbarungen wird unter anderem die weltweite Vereinfachung von Zollabwicklungen im grenzüberschreitenden Warenverkehr angestrebt. Die ärmsten Entwicklungsländer sollen bessere Zugänge zu den Märkten der Industrie- und Schwellenländer erhalten. Die Entwicklungshilfe im Handel soll verstärkt werden. Zudem ist der Abbau von Agrarsubventionen vorgesehen.

Der Durchbruch zu dem Abkommen war am Freitag erreicht worden, indem Indien Ausnahmeregeln für die Subventionierung der Nahrungsmittelversorgung von 820 Millionen armen Menschen zugestanden wurden. Das Volumen des indischen Ernährungsprogramms überschreitet wahrscheinlich WTO-Grenzen für erlaubte Agrarsubventionen. Die Regierung in Neu-Delhi hatte gedroht, das Bali-Paket zu blockieren, sollten dadurch Probleme für die Nahrungsmittelsicherheit seiner Bevölkerung entstehen. [...]

Die Einigung der WTO setzt allerdings Programmen zur Ernährungssicherheit enge Grenzen. So darf Indien sein Programm, mit dem Hunderte Millionen Menschen insbesondere in Krisenzeiten mit günstigen Grundnahrungsmitteln versorgt werden sollen, nicht auf eine breitere Palette von Lebensmitteln ausweiten. Zudem gilt die Ausnahmeregel nur für schon bestehende Programme. Damit verhindert die WTO, dass weitere Länder ähnliche Schritte gehen. Biraj Patnaik von der indischen *Right to Food Campaign*, einem Netzwerk von Nichtregierungsorganisationen, bezeichnete den Kompromiss als unzureichend. Zwar habe Indien durchgesetzt, dass es sein Programm zur Hungerbekämpfung fortsetzen darf. „Dass die WTO jedoch verbietet, dass weitere Länder ebenfalls durch staatliche Maßnahmen gegen Hunger und Unterernährung vorgehen, ist eine Bankrotterklärung des Freihandels", sagte Patnaik. [...]

Für das Hilfswerk *Brot für die Welt* ist die Vereinbarung „nur ein halbherziger Schritt". „Aus entwicklungspolitischer Sicht ist zu beklagen, dass Indien sein Nahrungsmittelprogramm auf Getreide beschränken muss und jetzt nicht mehr auf nahrhaftere Lebensmittel wie Linsen oder Milch ausweiten darf," sagte Handelsexperte Heinz Fuchs. Die WTO-Freihandelsregeln stellten auch nach der Bali-Konferenz „ein Hindernis für einen umfassenden Kampf gegen Hunger und Armut" dar.

Aus: *WTO einigt sich auf historisches Handelsabkommen (dpa, epd, Reuters, kp), in: Die Zeit online, www. zeit.de/wirtschaft/2013-12/wto-einigt-sich-auf-globales-handelsabkommen, 7.12.2013 (Zugriff: 1.9.2014)*

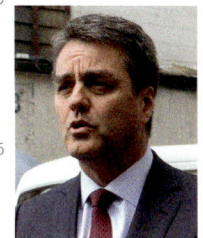

Roberto Azevêdo
* 3.10.1957 in Salvador da Bahia brasilianischer Diplomat; trat am 1.9.2013 seine vierjährige Amtszeit als 6. Generalsekretär der WTO an

Welthandels-organisaition

MATERIAL **7**

Das Weltwirtschaftsforum (WEF)

INTERNET

www.weforum.org
Homepage des Welt-
wirtschaftsforums
(englisch)

Die Schweiz beherbergt das Weltwirtschaftsforum (World Economic Forum, WEF), eine
private Stiftung mit Sitz in Genf. 1971 von
Professor Klaus Schwab als Europäisches
5 Management Forum gegründet, entwickelte
sich das WEF zunehmend zu einer Schnittstelle zwischen transnationalen Konzernen
und Regierungen.
Heute ist das WEF eine wichtige Dialogplatt-
10 form für Verantwortliche aus Wirtschaft,

Politik, Wissenschaft, Religion, Medien und
Nichtregierungsorganisationen.
Neben zahlreichen regionalen Anlässen organisiert die Stiftung jährlich Ende Januar
eine Jahrestagung in Davos (Kanton Grau- 15
bünden). An über 200 Foren diskutieren etwa 2 000 Persönlichkeiten aus fast 100 Ländern zu einem vorgegebenen Thema [2014:
The Reshaping of the World: Consequences
for Politics, Business and Society]. 20

Aus: Eidgenössisches Departement für auswärtige Angelegenheiten Schweiz, Das Weltwirtschaftsforum WEF,
www.swissworld.org/de/wirtschaft/wettbewerbsfaehigkeit/das_weltwirtschaftsforum_wef (Zugriff: 1.9.2014)

MATERIAL **8**

Die Arbeitsweise des Weltwirtschaftsforums

Die Stimmung beim diesjährigen Weltwirtschaftsforum (WEF) in Davos war deutlich
besser als in den Vorjahren. [...] Bei kaum
einer anderen Veranstaltung wie dem WEF
5 treffen so viele Vertreter der globalen Wirt-
schafts- und Politikelite aufeinander. Das
Forum erfüllt die Funktion eines Thermo-
meters, dessen Stand Hinweise auf die Gesundheit der Weltökonomie gibt. 2014 ent-
10 wickelt sich die Quecksilbersäule klar in
Richtung „Normal". [...]
Zuerst die weniger optimistischen Einschätzungen: Unter anderem Ex-Bundesbankchef
Axel Weber wies auf die schwachen Wachs-
15 tumsaussichten in Europa hin. Die EU und
der Euro seien zwar stabilisiert, aber die
Arbeitslosigkeit würde kaum sinken. Andere
bemängelten die nachlassende Dynamik in
Schwellenländern wie China. Dass die zu-
20 nehmende Polarisierung von Einkommen
und Vermögen in Entwicklungs-, Schwellen-,
aber auch Industrieländern zum Problem
wird, war den Organisatoren des WEF selbst
aufgefallen. Zusätzliche Bedeutung bekam
25 dieses Thema jedoch dadurch, dass erstmals
der Papst einen Sonderbotschafter in die
Graubündener Alpen schickte. Das Ober-

haupt der katholischen Kirche mahnte, eine
Wirtschafts- und Sozialpolitik zu betreiben,
die zu einer gleichmäßigeren Verteilung des 30
Wohlstandes führe. Auf der Haben-Seite wie-
derum verbuchten viele WEF-Redner, dass
Europa auf dem Weg der Besserung sei. [...]
Der Aufschwung in den USA ist unterwegs.
Selbst Japan hofft, seine 20-jährige Stagnati- 35
on abzuschütteln. Die erfreulichste Botschaft
aber kam von Irans Staatspräsident Hassan
Rohani. Er versprach Ausgleich mit den
Nachbarn, Kooperation und den Verzicht auf
Atomwaffen. Nicht alle glaubten ihm – am 40
wenigsten Israels Ministerpräsident Benja-
min Netanjahu. Einige Kommentatoren indes verstanden Rohanis Auftritt als „wichtigste Davos-Rede der vergangenen Jahre."
Insgesamt schaltete das Forum vom Krisen- 45
und Erschöpfungsmodus der vergangenen
Jahre auf Fortschritt um. Regierungschefs
wie Netanjahu, Enrique Pena Nieto aus Mexiko und Tony Abbott (Australien) verbrach-
ten wesentliche Teile ihrer Redezeit vor dem 50
Plenum einfach damit, die Vorteile ihres jeweiligen Landes für ausländische Investoren
herauszustellen. Mit anderen Worten: Es
geht vorwärts, lasst uns anpacken.

Aus: Hannes Koch, Stimmung beim Weltwirtschaftsforum hat sich beruhigt, in: Badische Zeitung, 25.1.2014

1 **Erläutern** Sie, ggf. mithilfe eigener Recherchen, Aufbau und Ziele des WEF (M 7).
2 **Erörtern** Sie die Effizienz des WEF (M 8).

Weltbank und IWF

Im Jahr 1944, also noch mitten während des Zweiten Weltkrieges, trafen sich 44 führende Staaten der damaligen Zeit in **Bretton Woods** im US-Bundesstaat New Hampshire, um über eine Neuregelung des internationalen Währungssystems zu verhandeln. Hauptziel des Abkommens war es, die Wechselkurse zwischen den Währungen zu stabilisieren, um damit den internationalen Handel von Hemmnissen zu befreien. Ferner sollte die Wirtschaft angekurbelt werden, und die amerikanische Delegation verfolgte auch das Ziel, eine Vormachtstellung der Vereinigten Staaten zu etablieren. Im Rahmen des internationalen Währungssystems wurde der US-Dollar als Leitwährung festgelegt, zu der alle anderen Währungen ein fixes Währungsverhältnis hatten. Zugleich wurde ein festes Tauschverhältnis zwischen US-Dollar und Gold vereinbart.

Aus dem Treffen von Bretton Woods erwuchsen zwei wichtige Institutionen, die in der internationalen Finanzwelt bis heute von Bedeutung sind: die Weltbank und der Internationale Währungsfonds. Das ursprüngliche Ziel der **Weltbank** bestand darin, für stabile Währungen zu sorgen. Seit den 1960er-Jahren hat sie jedoch die Armutsbekämpfung als eines ihrer Hauptziele ausgegeben. So fördert sie die wirtschaftliche Entwicklung der Mitgliedsländer, vergibt Darlehen und Finanzhilfen und gewährt technische Hilfe bei Entwicklungshilfeprojekten.

Daneben wurde der **Internationale Währungsfonds (IWF)** ins Leben gerufen. Seit 1947 ist er eine Sonderorganisation der Vereinten Nationen. Das Ziel des IWF, dem mittlerweile 188 Staaten angehören, ist es, die Zusammenarbeit der Mitgliedsstaaten in der Währungspolitik zu fördern sowie für stabile Wechselkurse zu sorgen und das Wachstum des Welthandels zu erleichtern. So vergibt der IWF Kredite an Mitgliedstaaten mit finanziellen Schwierigkeiten, wenn diese Länder finanz- und wirtschaftspolitische Auflagen, wie z. B. die Sanierung ihrer Haushalte, erfüllen.

GATT, WTO und Weltwirtschaftsforum

Als dritte Säule in der neuen Welthandelsordnung neben Weltbank und Internationalem Währungsfonds entstand das Vertragswerk des **General Agreement on Tarifs and Trades (GATT)** – als schlussendlich einziger Bestandteil der ursprünglich in Bretton Woods geplanten umfassenden Internationalen Handelsorganisation (ITO). Das im Oktober 1947 unterzeichnete und 1948 in Kraft getretene GATT hatte als primäres Ziel das Absenken der Zölle im internationalen Handel, wurde aber bald eweitert hin zu einem Abkommen, das sich um den Abbau von tarifären Handelshemmnissen bemüht und Beschränkungen des Dienstleistungsverkehrs aufheben soll. Mit der Gründung der **Welthandelsorganisation (WTO)** im Jahr 1995 erhielt das Vertragswerk des GATT schließlich auch eine institutionelle Basis. Zentrale Ziele des GATT sind weiterhin die Vermeidung von Diskriminierungen im Handel zwischen den Vertragsstaaten und das Verbot von Importquoten.

Eine weitere feste Einrichtung der internationalen Zusammenarbeit auf wirtschaftlicher Ebene im Zeitalter der Globalisierung ist das **Weltwirtschaftsforum** mit Sitz in Genf und jährlichen Treffen in Davos in der Schweiz. Die private Stiftung wurde im Jahr 1971 gegründet und gilt heute als Schnittstelle zwischen den Interessen transnationaler Konzerne und Regierungen. Das Forum ist eine Dialogplattform, deren Jahrestagung im Januar eines jeden Jahres regelmäßig für Pressemitteilungen sorgt. Auf dieser Tagung treffen sich Staatschefs, Vertreter der einzelnen Ministerien sowie Vertreter aus der Wirtschaft, um zu bestimmten Themen zu diskutieren.

4.4 Der Beitrag der UN zur Konfliktbewältigung und Friedenssicherung

INFO

Srebrenica und Ruanda

Zum Symbol für die mangelnde Durchsetzungskraft der UN ist Srebrenica, eine Stadt in Bosnien, geworden. Dort hatten die Vereinten Nationen während des Bosnienkrieges (1992–1995) für die Zivilisten eine Schutzzone eingerichtet. Als bosnische Serben diese Schutzzone im Juli 1995 eroberten, töteten sie quasi vor den Augen der UN-Soldaten rund 8 000 muslimische Männer und Jugendliche, die auf den Schutz der UN vertraut hatten.

In dem ostafrikanischen Staat Ruanda wurden trotz der Präsenz einer UN-Friedensmission über 800 000 Menschen von April bis Juli 1994 ermordet, bevor sich die UN auf ein militärisches Eingreifen einigen konnten. In der Öffentlichkeit wurden die Vereinten Nationen in dieser Zeit als „zahnloser Papiertiger" wahrgenommen.

GLOSSAR

Vereinte Nationen

INFO

Schüler-Planspiel United Nations (SPUN)

deutschsprachige Simulation der Vereinten Nationen von Schülern für Schüler der gymnasialen Oberstufe, die einmal im Jahr in Bonn stattfindet; nähere Infos hierzu unter: **www.spun.de**

Warum konnte das Massaker in Srebrenica nicht verhindert werden? Warum konnte der Völkermord in Ruanda nicht gestoppt werden? Angesichts dieser beiden Katastrophen darf nicht vergessen werden, dass immer dann, wenn die Vereinten Nationen (United Nations Organization; im Folgenden kurz: UN) Schwierigkeiten in der Friedenssicherung haben, es nicht an den Strukturen der UN liegt, sondern an der Uneinigkeit der Mitgliedstaaten und an ihrer mangelnden Bereitschaft, die entsprechenden politischen bzw. militärischen Maßnahmen durchzuführen. Darüber hinaus konnten die UN durch die Entsendung zahlreicher Friedenssicherungs- und Beobachtermissionen in die Krisenherde der Welt die nötige Ruhe in vielen Konfliktregionen wiederherstellen.

Die UN wurden nach dem Zweiten Weltkrieg im Jahr 1945 gegründet. Ihr gehören derzeit 193 Staaten an. Zuletzt trat im Jahr 2011 der neu gegründete Staat Südsudan bei. Bis auf die Schweiz, das Kosovo und Taiwan – der Vatikan und Palästina haben einen Beobachterstatus – sind alle Staaten der Erde Mitglied der UN. Somit können sie als einzige internationale Organisation die globale Gültigkeit ihrer Ziele, Normen und Grundsätze sowie deren Berücksichtigung durch die Mitgliedstaaten beanspruchen. Will ein Staat in die UN aufgenommen werden, reicht er seine Bewerbung beim UN-Generalsekretär ein sowie ein formelles Anschreiben, dass er die Bedingungen der UN-Charta akzeptiert. Der UN-Sicherheitsrat, das mächtigste Gremium der UN, erwägt die Aufnahme des Staates. Für eine Empfehlung müssen mindestens 9 der 15 Sicherheitsratsmitglieder stimmen, darunter die 5 ständigen Mitglieder (USA, Großbritannien, Frankreich, Russland und China). Die Empfehlung wird der UN-Generalversammlung, in der jeder Staat eine Stimme hat, zur Abstimmung vorgelegt. Der Aufnahme müssen zwei Drittel der Mitglieder zustimmen.

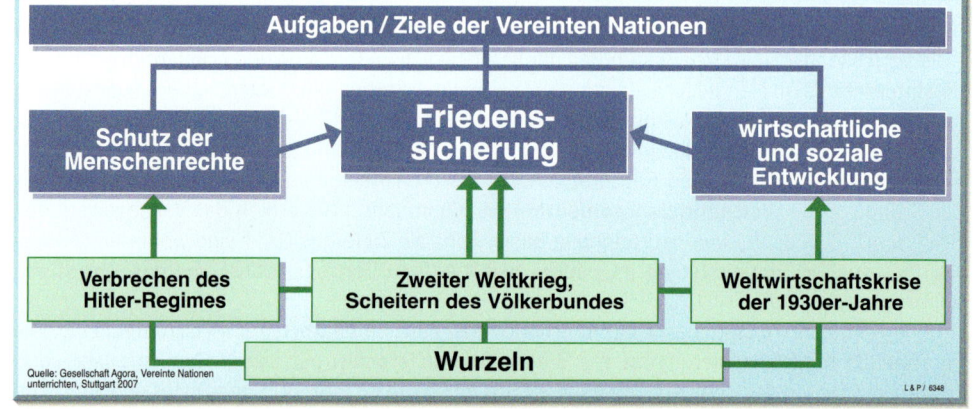

Basiswissen

Die Etablierung und Weiterentwicklung **demokratischer Strukturen und Regeln** ist nicht nur innerstaatlich von Bedeutung, sondern auch für die Gestaltung friedlicher internationaler Beziehungen. Die UN dürfen aber nicht mit einer Weltregierung verwechselt werden: Sie sind lediglich ein Zusammenschluss aller Staaten der Erde mit dem Ziel der Wahrung des Weltfriedens. Demgemäß besteht die wichtigste Aufgabe der UN darin, **Frieden in der Welt zu schaffen und zu sichern**.

1 Stellen Sie mithilfe des Autorentextes und der Grafik **dar,** was man unter den UN versteht und welche Zukunftshoffnungen man mit ihrer Gründung verband.

Weltordnungsmodelle

Unilateralismus

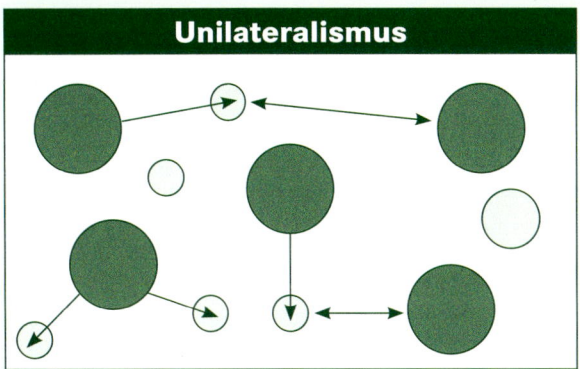

Jeder Staat agiert selbstständig und versucht, seine außenpolitischen Interessen auch gegenüber widerstrebenden Interessen anderer Staaten durchzusetzen. Um sich in einem Kampf aller gegen alle durchzusetzen, versuchen die Staaten, durch Rüstung und Krieg die staatliche Souveränität (hier: Handlungsfähigkeit und Unabhängigkeit) aufrechtzuerhalten.

Multilateralismus

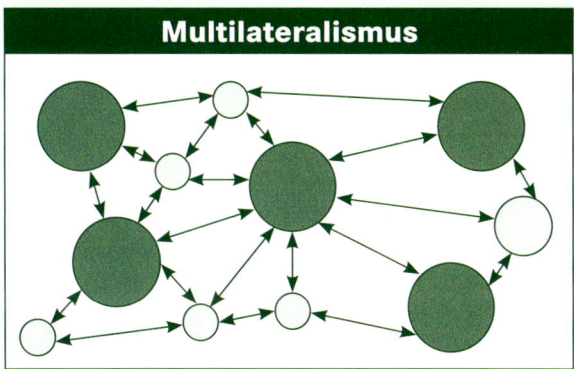

Die Machthaber der Staaten gehen davon aus, dass internationale Interessenkonflikte durch Kooperation, Kompromiss, internationale Abkommen, gemeinsame Organisationen, Verrechtlichung der zwischenstaatlichen Beziehungen dauerhaft geregelt werden können.

hegemoniale Ordnung

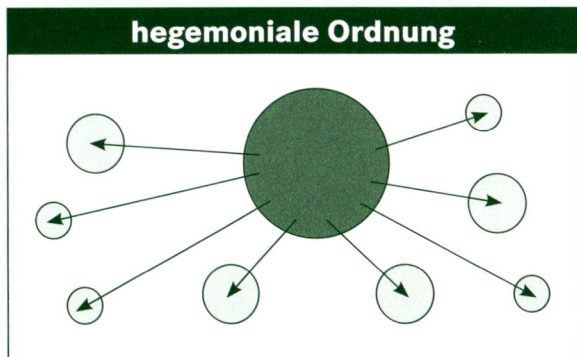

Ein Staat herrscht als Hegemonialmacht. Die anderen Länder stützen diesen Staat und akzeptieren seine Ordnung. Sie profitieren von der durch die Hegemonialmacht gewährleisteten Stabilität, vom durch sie geschaffenen Frieden und von den wirtschaftlichen Strukturen, die weltweit oder zumindest in einer bestimmten Region der Welt bereitgestellt werden.

imperialistische Ordnung

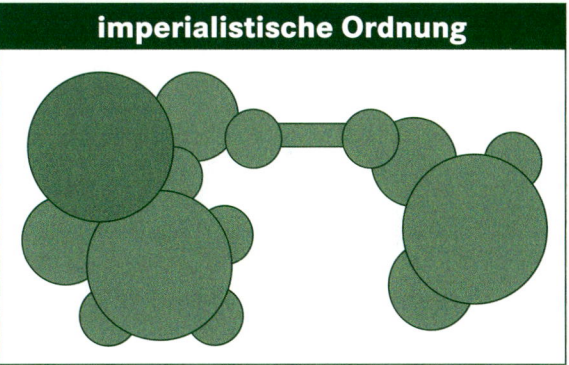

Das imperialistische Weltordnungsmodell ist vom Herrschaftsstreben eines Staates geprägt, möglichst große Teile der Welt zu erobern, zu beherrschen und mit politischen, kulturellen und wirtschaftlichen Mitteln abhängig zu machen.

Zusammengestellt durch Christoph Kühberger und teilweise übernommen aus: Ulrich Menzel, Konkurrierende Weltordnungsmodelle in historischer Perspektive, www.public.tu.bs.de:8080/~umenzel/inhalt/dienstleistungen/veroeffentlicht/Weltordnungsmodelle.pdf, 3.7.2009; Otmar Höll, Der Prozess tendenzieller Globalisierung und die „Neuordnung" der Welt, in: Peter Filzmaier/Eduard Fuchs (Hrsg.), Supermächte. Zentrale Akteure der Weltpolitik, Innsbruck/Wien 2003, S. 10ff.

Aus: Informationen zur politischen Bildung, Nr. 31: Herrschaft und Macht, hrsg. v. d. bpb, Wien 2009, S. 50

2 Beschreiben Sie, was man unter Unilateralismus und Multilateralismus sowie unter hegemonialer und imperialistischer Ordnung versteht.

3 Prüfen Sie, für welche Weltordnungsmodelle das UN-Konzept geeignet bzw. ungeeignet zu sein scheint.

METHODE   Konfliktanalyse

Wenngleich sich Politik nicht in Konflikten erschöpft, sind es in der Außen- und Sicherheitspolitik vornehmlich Konflikte, die die Aufmerksamkeit auf sich ziehen und, wegen der bei Eskalation drohenden Gefahr für Leib und Leben der Betroffenen, mit besonderer Dringlichkeit Lösungen erfordern. Bei dieser Art von Konflikten ist die unmittelbare Beteiligung der Bürgerinnen und Bürger noch weniger gegeben als bei innenpolitischen oder gar kommunalen Auseinandersetzungen. Gleichwohl werden die Bürgerinnen und Bürger in der Demokratie direkt angesprochen und nach ihrer Zustimmung befragt, vor allem wenn es um militärische Optionen geht. Die Urteilsbildung wird dabei in hohem Maße von den Medien beeinflusst, da die Bilder aus Krisengebieten fast zeitgleich geliefert werden und intensiv emotional wirken. Wenn man nicht bei spontanen Reaktionen verharren und eine begründbare Position gewinnen will, sind Anhaltspunkte für eine differenzierte Wahrnehmung der Sachverhalte und Kriterien für ihre Beurteilung erforderlich. Sie lassen sich in Leitfragen für die Analyse übersetzen.

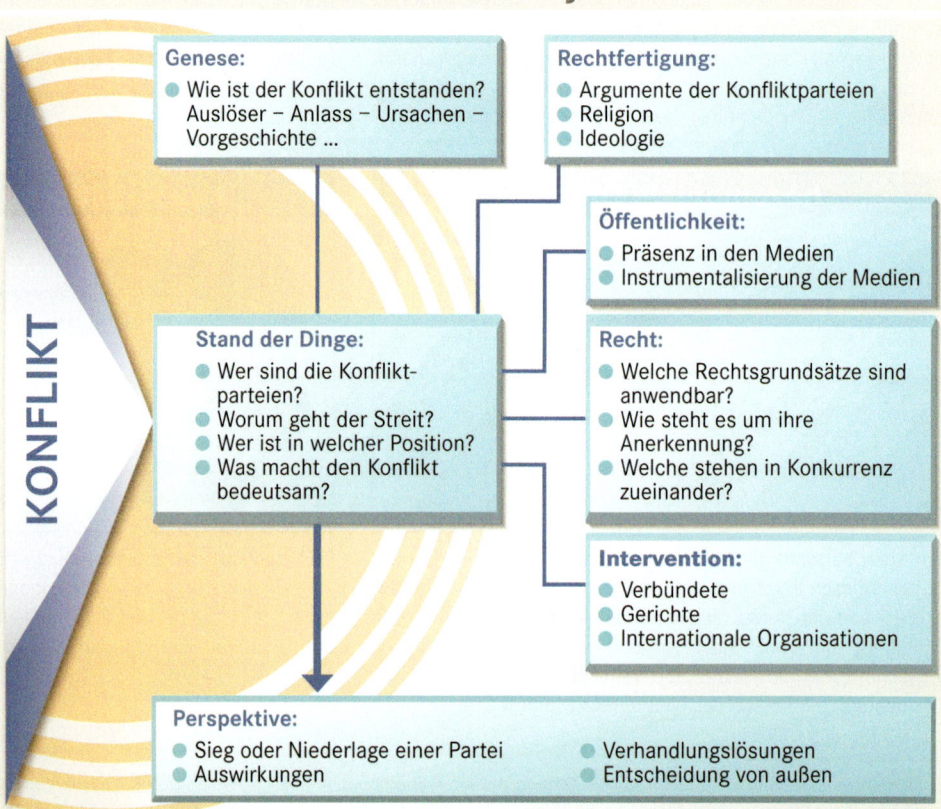

Konfliktanalyse

KONFLIKT

Genese:
- Wie ist der Konflikt entstanden?
  Auslöser – Anlass – Ursachen –
  Vorgeschichte ...

Rechtfertigung:
- Argumente der Konfliktparteien
- Religion
- Ideologie

Öffentlichkeit:
- Präsenz in den Medien
- Instrumentalisierung der Medien

Stand der Dinge:
- Wer sind die Konflikt-
  parteien?
- Worum geht der Streit?
- Wer ist in welcher Position?
- Was macht den Konflikt
  bedeutsam?

Recht:
- Welche Rechtsgrundsätze sind
  anwendbar?
- Wie steht es um ihre
  Anerkennung?
- Welche stehen in Konkurrenz
  zueinander?

Intervention:
- Verbündete
- Gerichte
- Internationale Organisationen

Perspektive:
- Sieg oder Niederlage einer Partei
- Auswirkungen
- Verhandlungslösungen
- Entscheidung von außen

Wie bei allen politischen Vorgängen zeigen sich auch im Konflikt drei Dimensionen der Politik:

Inhalt (Policy):   z. B. Gegenstand des Konflikts;

Prozess (Politics):   z. B. die Auseinandersetzungen zwischen den politischen Akteuren in den Medien oder vor den Gerichten;

Form (Polity):   Handlungsrahmen, in dem der Prozess ausgetragen wird, z. B. Völkerrecht, Verfassung, Gesetze, ungeschriebene Normen.

1 Nennen Sie aktuelle Konflikte, die man mithilfe der Konfliktanalyse untersuchen könnte.

2 Diskutieren Sie, ob bzw. inwieweit eine differenzierte Konfliktanalyse sinnvoll ist.

Ein Beispiel für einen Weltkonflikt – das Atomprogramm des Iran

Die Dimension des Konfliktes

MATERIAL 1

Die Welt stolpert möglicherweise in einen neuen Krieg im Mittleren Osten hinein. Seit zehn Jahren liefern sich die westlichen Führungsmächte und der Iran die härteste diplo-
5 matische Auseinandersetzung seit der Zeit unmittelbar vor dem Irakkrieg [2003], und sie spitzt sich weiter zu. Die iranische Atomkrise ist allgegenwärtig. In Tausenden von Artikeln in Zeitungen, Zeitschriften und Ma-
10 gazinen, Dutzenden von Büchern, nahezu täglichen Meldungen und Hunderten von Stunden Berichterstattung in Radio und Fernsehen (von unzähligen Dokumentationen ganz zu schweigen) wurde das iranische Atompro-
15 gramm präsentiert, analysiert und beurteilt. Die Krise beherrscht inzwischen die iranische, die europäische und die amerikanische Außenpolitik; in den Medien und in den Regierungen melden sich immer neue Iran-
20 spezialisten zu Wort; die Beobachtung des iranischen Atomprogramms ist so etwas wie ein geopolitisches Steckenpferd geworden. Irans Atompläne – und die Versuche der Weltgemeinschaft, sie zu stoppen – haben
25 sich zur größten weltweiten Krise im zweiten Jahrzehnt des 21. Jahrhunderts entwickelt. Es ist ein **manichäischer** Konflikt mit dem Potenzial, das internationale geopolitische Machtgleichgewicht neu zu ordnen. Auf der
30 einen Seite steht der Iran: ein regionaler Gigant zwischen den beiden größten Energiequellen der Welt - dem Kaspischen Meer und dem Persischen Golf. Der Iran verfügt über die viertgrößten Ölvorkommen und die zweit-

größten Gasvorkommen weltweit; deshalb 35 wird das Land eine wesentliche Rolle dabei spielen, den künftigen Energiebedarf der Welt zu decken. Da der Iran Verbindungen zu schiitischen Gruppen im Irak hat und den Gang der Ereignisse in Afghanistan beein- 40 flussen kann, ganz zu schweigen von seinen langjährigen Beziehungen zu **Hisbollah** und **Hamas**, hängt die politische Stabilität im Nahen und Mittleren Osten zu einem erheblichen Grad vom Iran ab. 45
Dem Iran gegenüber steht eine Koalition der einflussreichsten westlichen Staaten, angeführt von der letzten globalen Supermacht, den Vereinigten Staaten von Amerika. An der diplomatischen Seitenlinie steht Israel, das 50 droht, die Krise bis zu einem Punkt der militärischen Eskalation zu treiben, an dem es kein Zurück mehr gibt. Irgendwo in der Mitte befinden sich neben dem Sicherheitsrat der Vereinten Nationen, der EU und der Bewegung der **Blockfreien Staaten** die beiden 55 anderen Großmächte der Welt, China und Russland. Die Atomkrise ist ohne Zweifel in ihrer Tragweite global, und dementsprechend schwerwiegend sind ihre Auswirkungen. Wir 60 sehen bereits steigende Ölpreise, eine wachsende Kriegsgefahr, eine Spaltung zwischen den Mitgliedern des Weltsicherheitsrats und eine weitere Vertiefung der bestehenden Kluft zwischen dem Iran und dem Westen. 65 Die Lösung der Krise – auf die eine oder andere Weise – wird mindestens über eine Generation Folgen für die Welt haben.

Aus: David Patrikarakos, Atommacht Iran, Berlin 2013, S. 12 f.

INFO

Hisbollah
„Partei Gottes", eine radikal-islamische Bewegung im Südlibanon, die im sog. zweiten Libanonkrieg gegen Israel (12.7.–14.8.2006) eine wichtige Rolle spielte

Hamas
1987 durch den inzwischen von Israel getöteten Scheich Ahmed Jassin gegründete radikal-islamische Organisation, die u. a. zahllose Selbstmordanschläge in Israel verübte; Hamas ist eine Abkürzung und steht für „Islamische Widerstandsbewegung". Für viele Palästinenser ist sie aber auch eine Wohltätigkeitsorganisation, die hilft, wo die Autonomiebehörde versagt.

Blockfreie Staaten
Gruppe von Staaten, die keinem Militärblock angehören; die Organisation entstand während des Ost-West-Konflikts auf Betreiben des damaligen jugoslawischen Präsidenten Tito.

manichäisch
hier: stark dualistisch geprägt (Gut vs. Böse)

Die Rolle der Vereinten Nationen im Atomstreit

MATERIAL 2

Seit 2002 bestehen massive Fragen und Zweifel am Charakter des iranischen Nuklearprogramms. Die Internationale Atomenergie-Organisation (IAEO), der Sicherheitsrat der
5 Vereinten Nationen und die **E3+3-Staaten** haben Iran wiederholt zu Kooperation und Transparenz aufgefordert. Deutschland wirbt

für eine politische Lösung im Streit um das Nuklearprogramm. [...] Da die damaligen Bemühungen der IAEO und der E3 (Deutsch- 10 land, Frankreich, Großbritannien) keine entscheidenden Fortschritte brachten, legte die IAEO den Fall im Februar 2006 dem Sicherheitsrat der Vereinten Nationen vor. Der UN-

INFO

E3+3-Staaten
Frankreich, Deutschland, Großbritannien = E(U)3 + China, Russland, USA = 3; die Bezeichnung entstand im Rahmen der Atomverhandlungen mit dem Iran.

INFO

Revolutionsgarden
„Armee der Wächter
der Islamischen Revolution"; paramilitärische Organisation zur
Verteidigung des islamischen Regierungssystems des Irans

schweres Wasser
enthält anstelle des
gewöhnlichen Wasserstoffs (H) das schwerere Wasserstoffisotop
Deuterium (D) und
wird u. a. in bestimmten Kernreaktortypen
verwendet

15 Sicherheitsrat handelte: Zunächst mit einer Erklärung des Präsidenten im März 2006, dann mit sechs Resolutionen [Juli 2006, Nr. 1696; Dezember 2006, Nr. 1737; März 2007, Nr. 1747; März 2008, Nr. 1803; September 2008, Nr. 1835; Juni 2010, Nr. 1929]. Darin werden die Forderungen der IAEO – insbesondere nach einer Aussetzung der Anreicherung, der Wiederaufarbeitung, der **Schwerwasseraktivitäten** und der Anwendung des Zusatzprotokolls – aufgegriffen und völkerrechtlich verbindlich gemacht. Außerdem beschloss der Sicherheitsrat mehrfach völkerrechtlich verbindliche Sanktionen: Mit Resolution 1929 (2010) wurden die seit Ende 2006 bestehenden Sanktionen gegenüber Iran weiter verstärkt. Sie enthält ausgewogene und gezielte Maßnahmen, die die iranische Führung zu einem Umdenken bewegen sollen. Die Sanktionen betreffen Einschränkungen beim Handel mit Iran, im Versicherungs- und Finanzsektor, im Verkehrssektor, bei den Investitionen in die Öl- und Gasindustrie sowie neue Visumssperren und die Einfrierung von Konten der **Revolutionsgarden**. Die Resolution enthält hingegen keine Maßnahmen, die sich gegen die iranische Zivilbevölkerung richten. Verboten ist die Lieferung von Waren und Technologien, die das umstrittene Atomprogramm fördern könnten. Gegen Iran wird auch ein weitreichendes Waffenembargo verhängt. Auslandskonten von am Atomprogramm beteiligten natürlichen und juristischen Personen werden eingefroren. Für bestimmte Personen, die in das iranische Nuklearprogramm verwickelt sind, bestehen Reisehindernisse. Konkrete Maßnahmen richten sich vor allem auch gegen die iranischen Revolutionsgarden, die eng am Nuklearprogramm beteiligt sind. Beschlossen wurde zudem ein Verbot sämtlicher Waffenexporte aus Iran, die Möglichkeit, verdächtige Schiffe auch auf Hoher See zu inspizieren, Beschränkungen des iranischen Finanzsektors sowie ein Aufruf, der iranischen Regierung keine weiteren staatlichen Kredite zu gewähren (Ausnahme: humanitäre und Entwicklungszwecke).

Aus: Auswärtiges Amt, Konflikt um iranisches Atomprogramm, www.auswaertiges-amt.de/DE/ Aussenpolitik/RegionaleSchwerpunkte/NaherMittlererOsten/Iran/Iranisches-Nuklearprogramm_node.html, 24.9.2013 (Zugriff: 20.10.2014)

MATERIAL 3

Die Internationale Atomenergieorganisation (IAEO)

INFO

Atomwaffensperrvertrag
Nach dem Vertrag über die
Nichtverbreitung von Kernwaffen (NVV) dürfen nur
die fünf Staaten Nuklearwaffen besitzen, die vor
dem 1.1.1967 Atomwaffen
erprobt hatten: USA, Russland, China, Großbritannien
und Frankreich. Alle weiteren 183 Länder, die dem
NVV als Nichtatomwaffenstaaten beigetreten sind,
dürfen ihren Atomstatus
nicht verändern. Nicht
unterzeichnet haben den
NVV Israel, Indien und
Pakistan sowie inzwischen
auch Nordkorea, das 2003
das Abkommen aufkündigte und am 10.2.2005 offiziell den Besitz von Atomwaffen zugegeben hat. Der Iran
hat den NVV 1968 unterzeichnet, gilt aber als ein
Staat mit Atomprogramm.

■ Die IAEO wurde 1957 als autonome Organisation gegründet und ist mit den Vereinten Nationen durch ein Sonderabkommen verbunden. Ihre Aufgabe besteht darin, die friedliche Nutzung der Kernenergie zu fördern, aber ihre militärische Nutzung vor allem mithilfe von Überwachungsmaßnahmen zu verhindern. In den Medien wird die IAEO häufig als „nuklearer Wachhund" der UNO bezeichnet, wobei dies allerdings nur eine der vielfältigen Aufgaben der Organisation bezeichnet, die, zusammen mit ihrem Generalsekretär, Mohamed El Baradei, 2005 den Friedensnobelpreis verliehen bekommen hat.

Aus: Gesellschaft Agora, Vereinte Nationen unterrichten, Stuttgart 2007

■ Die Internationale Atomenergieorganisation (IAEO) gehört rechtlich auch nicht zum UN-System. Die enge Zusammenarbeit mit den UN regelt ein Beziehungsabkommen. Sie muss gegenüber der Generalversammlung regelmäßig berichten. Sie verkörpert das weltweite Kooperationszentrum für die friedliche Nutzung der Atomenergie und ist auch zuständig für die Überwachung des **Atomwaffensperrvertrags**. Sie hat das Sonderrecht, bei Bedarf direkt den Sicherheitsrat anzurufen.

Aus: Deutsche Gesellschaft für die Vereinten Nationen, Das System der Vereinten Nationen, Juli 2012, S. 23

Chronologie des Konfliktes

Streit um das iranische Atomprogramm

Positionen und Aktionen
der **USA, UN, IAEA*** und des **Iran**

2006

Dez. Der UN-Sicherheitsrat verhängt erste Sanktionen: Lieferung von nuklearen Materialien und Technologien an Iran werden verboten.

2009

Apr. Irans Präsident Ahmadinedschad eröffnet die erste Nuklearbrennstoff-Fabrik in Isfahan.

2010

Feb. Iran beginnt, die Atomanlage in Natans (Urananreicherung) hochzufahren.

2011

Nov. Die Atomenergiebehörde IAEA veröffentlicht Bericht über Entwicklung einer Atombombe. Teheran bestreitet das.

2012

Jan. Iran hat nach eigenen Angaben ertmals eigenen Kernbrennstab entwickelt.

Jan. Die EU und die USA frieren iranische Konten ein, blockieren Vermögenswerte; Ölembargo der EU.

Jan. Gespräche zwischen den fünf Vetomächten im UN-Sicherheitsrat plus Deutschland (5+1-Gruppe) sowie dem Iran werden wieder aufgenommen.

Jul. Die USA erlassen weitere Sanktionen gegen den Iran (Ölgeschäfte), erneute Verschärfung folgt im Februar 2013.

2013

Feb. Ajatollah Ali Chamenei knüpft direkte Atomverhandlungen mit den USA an Bedingungen.

Feb. Neue Gespräche der 5+1-Gruppe mit Vertretern Irans in Kasachstan; weitere Verhandlungen im April und Mai.

Jun. Präsidentschaftswahlen: Hassan Rohani übernimmt im August die Regierung.

Aug. IAEA-Bericht über Ausweitung des iranischen Atomprogramms.

Sep. Präsident Rohani versichert, keine Atomwaffen bauen und sich in dem Streit einigen zu wollen.

Sep. US-Präsident Obama telefoniert mit Rohani; erster direkter Kontakt der Präsidenten seit 1979.

Okt. Iran kündigt einfacheren Zugang zu Atomanlagen an.

Nov. Erneute Verhandlungen der 5+1-Gruppe mit dem Iran, Beratungen auf Außenministerebene.

Nov. Einigung im Atomstreit: Teheran friert Teile seines Atomprogramms ein. Im Gegenzug sollen die internationalen Sanktionen gelockert werden.

2014

Jan. IAEA bestätigt, dass Iran die Vereinbarungen zum Atomprogramm einhält; EU-Kommission lockert Sanktionen.

Quelle: dpa 19893, 20.1.2014

* engl. Abk. für International Atomic Energy Agency

Die große Wandlung

Zeichnung „Persische Wende"; Waldemar Mandzel, 26.9.2013, anlässlich der Rede des iranischen Präsidenten Hassan Rohani (im Amt seit August 2013) vor den Vereinten Nationen

OB ER ES WOHL EHRLICH MEINT?

Zeichnung: Martin Erl, 26.9.2013

1 Beschreiben Sie, welche Dimensionen David Patrikarakos beim Atomstreit sieht (M 1).

2 Analysieren Sie den Streit um das iranische Atomprogramm (M 1 bis M 4) mithilfe des Modells der Konfliktanalyse.

3 Erläutern Sie, welche Rolle die UN in diesem Konflikt gespielt haben (M 1 bis M 4).

4 Überprüfen Sie, nach welchen Artikeln der UN-Charta (siehe Querverweis) der Sicherheitsrat verfahren ist (M 4).

5 Analysieren Sie arbeitsteilig die Karikaturen in M 4.

6 Nehmen Sie Stellung zu der Frage, ob der Sicherheitsrat effektiv und legitim gehandelt hat (M 1 bis M 4).

7 Recherchieren Sie den weiteren Verlauf des Konflikts seit Januar 2014.

QUERVERWEIS

METHODE
Konfliktanalyse
S. 382

Die Charta der
Vereinten Nationen
S. 393, M 13

MATERIAL **5**

QUERVERWEIS

E3+3-Staaten
S. 383, Info

Das vorläufige Ende des Streits

INFO

Implementierung
hier: Umsetzung,
Durchführung

neuralgisch
besonders empfind-
lich, anfällig für
Störungen

Rede des ehemaligen Außenministers Guido Westerwelle (2009–2013) im Deutschen Bundestag am 28. November 2013 zur Genfer Vereinbarung der E3+3 mit Iran:

Herr Präsident! Meine sehr geehrten Damen und Herren Abgeordnete! Nach fast zehn Jahren sehr schwieriger Verhandlungen haben wir am vergangenen Wochenende erstmals
5 substanzielle Schritte mit dem Iran vereinbaren können. Diese Genfer Vereinbarung markiert einen sichtbaren Wendepunkt nach zehn Jahren Verhandlungen, auch Jahren des Stillstands und der Konfrontation.
10 Ich will vorab sehr deutlich sagen: Das, was in Genf vereinbart worden ist, bringt uns unserem gemeinsamen Ziel, eine atomare Bewaffnung des Iran zu verhindern, einen wichtigen und bedeutenden Schritt näher.
15 Wir wollen dieses Ziel mit diplomatischen, politischen Mitteln erreichen. Insoweit ist dieses zweifelsohne eine Wendemarke. Diejenigen, die in den letzten deutschen Bundestagen gewesen sind, wissen, dass wir
20 viele Jahre eine Phase der Sprachlosigkeit gehabt haben. Ich selbst habe hier oft gestanden und zur iranischen Nuklearfrage gesprochen und immer wieder auf die Notwendigkeit einer politischen und diplomatischen
25 Lösung hingewiesen. Diesem Ziel einer politisch-diplomatischen Lösung sind wir näher gekommen. Es gibt sie noch nicht, aber wir sind dieser Lösung näher gekommen.
Insoweit ist diese Vereinbarung ein Erfolg
30 für die Welt, für die Sicherheitsarchitektur der Welt, für die Sicherheit der Region und ausdrücklich auch für die Sicherheit unseres wichtigen Partners Israel. Die Bundesregierung sowie der gesamte Deutsche Bundestag
35 – das gilt auch für frühere Amtsperioden – haben bzw. hatten die Sicherheitsinteressen Israels und der gesamten Region stets fest im Blick.
Erstmals wird der weitere Ausbau des iranischen Atomprogramms gestoppt. Besonders
40 kritische Bereiche werden eingestellt oder zurückgeführt. Ich möchte ausdrücklich diesen Verhandlungserfolg würdigen, nicht nur im Hinblick auf die Geschlossenheit der
45 E3+3-Verhandlungspartner, sondern auch im Hinblick auf die geschickte Leitung der

Hohen Vertreterin [der Europäischen Union] Catherine Ashton. [...]
Wichtig ist allerdings, festzuhalten, dass dieses ein erster Schritt ist. Es ist nicht die fina-
50 le Vereinbarung, sondern es sind Eckpunkte einer finalen Vereinbarung skizziert worden. Das heißt, die eigentliche Arbeit im Detail, die eigentliche **Implementierung** steht uns
55 noch bevor. Deswegen will ich hier nur kursorisch einige Aspekte nennen:
Iran setzt seine 20-prozentige Urananreicherung aus. Er verdünnt seinen Vorrat an 20-prozentigem Material oder verarbeitet es
60 weiter in Richtung zivil nutzbarem Brennstoff. Auch hier ist es mir wichtig, deutlich zu machen: Das Recht Irans, die Atomkraft, die nukleare Energie, für nachgewiesenermaßen zivile Zwecke zu nutzen, ist von uns
65 nie in Zweifel gezogen worden. Insoweit ist es nicht zu kritisieren, dass eine solche Vereinbarung getroffen werden konnte.
Iran wird keine zusätzlichen oder leistungsfähigeren Zentrifugen zur Urananreicherung
70 installieren und in Betrieb nehmen. Der Ausbau des Plutoniumreaktors in Arak kommt faktisch zum Stillstand. Das ist natürlich auch deshalb von besonderer Bedeutung, weil es ja zwei Wege geben kann, um zu einer
75 nuklearen Bewaffnung zu gelangen, nämlich einmal den Weg der Anreicherung und auf der anderen Seite den Weg über den Schwerwasserreaktor. Insofern war die Einbeziehung von Arak von großer Bedeutung.
80 Übrigens war dies bis in die letzten Stunden einer der wichtigsten und **neuralgischen** Punkte unserer Verhandlungen.
Entscheidend ist, dass Iran sich im vereinbarten Aktionsplan zu sehr weitgehender Transparenz verpflichtet hat. Die internatio-
85 nale Gemeinschaft braucht Iran also nicht nur zu glauben, sondern sie wird auch vor Ort überprüfen, ob die Zusagen eingehalten werden. Tägliche Inspektionen sollen sicher-
90 stellen, dass Iran kein militärisches Nuklearprogramm betreibt. Dies ist auch vor dem Hintergrund einiger kritischer Bemerkungen wichtig, die nachzulesen waren; darauf möchte ich ausdrücklich eingehen. Es ist
95 Transparenz und es ist Kontrolle vereinbart worden. Insoweit ist das ein wesentlicher Fortschritt. Die Behauptung, man handele

hier im guten Glauben oder man sei ausschließlich auf das Vertrauen angewiesen, trifft nicht zu. „Vertrauen ist gut, Kontrolle ist besser", und deswegen ist die Kontrolle bei den Genfer Verhandlungen fest vereinbart worden. [...]

Meine sehr geehrten Damen und Herren, liebe Abgeordnete, im Gegenzug haben die E3+3-Staaten Iran Sanktionslockerungen in Aussicht gestellt. Iran darf für einen Zeitraum von sechs Monaten einen Anteil von insgesamt 4,2 Milliarden US-Dollar aus eingefrorenen Erlösen seiner Ölverkäufe ausbezahlt bekommen. Außerdem soll der Handel mit Edelmetallen und petrochemischen Produkten sowie auf dem Automobilsektor geöffnet werden. Die europäischen Obergrenzen für genehmigungsfreien Handel mit Iran werden angehoben. Aber auch hier ist es wieder wichtig, auf das zu achten, was wirklich vereinbart worden ist, und nicht auf das, was oberflächlich darüber berichtet oder auch kritisiert worden ist: Die Sanktionen werden **suspendiert**, jedoch nicht aufgehoben. Hält sich der Iran nicht an seine Zusagen, treten die Sanktionen wieder vollständig in Kraft, und der Kernbestand an Sanktionen, die Schlüsselsanktionen in den Bereichen Öl, Gas und Finanzen, bleibt von der Vereinbarung vorerst unberührt, das heißt unangetastet.

Wir haben in Genf einen wichtigen, aber eben nur einen ersten Schritt mit einer Laufzeit von sechs Monaten vereinbart. Das ist nicht zu unterschätzen ob seiner Bedeutung für die Verbesserung der Sicherheitslage in der gesamten Region. Die Verhandlungen über eine abschließende Lösung im Atomstreit stehen noch aus. Sie sollen binnen eines Jahres zum Abschluss gebracht werden. Es liegt jetzt an Iran, verlorenes Vertrauen zurückzugewinnen. Entscheidend ist eine transparente, überprüfbare Umsetzung der Vereinbarung, und es sind allein die Erfolge bei der Umsetzung der Genfer Vereinbarung, die das politische **Momentum** für eine abschließende Lösung im Atomstreit bringen können.

Ich möchte mit der Bemerkung schließen: Ich bin nach wie vor fest davon überzeugt, dass eine dauerhafte Lösung nur auf dem Verhandlungswege erzielt werden kann. Die jetzt amtierende, noch geschäftsführend sich im Amt befindende Bundesregierung hat in der letzten Legislaturperiode immer darauf Wert gelegt, dass wir eine politische und diplomatische Lösung finden. Wir wollen eine Verhandlungslösung. Wir beteiligen uns nicht an militärischen **Interventionsszenarien**. Ich glaube, das ist eine richtige Politik gewesen. Das wird unter anderem auch durch die Vereinbarung von Genf noch einmal eindrucksvoll bestätigt.

Eine Verhandlungslösung ist möglich. Sie ist noch nicht erreicht, aber wir sind in Genf einen wesentlichen Schritt, ein gutes Stück des Weges hin zu einer solchen Verhandlungslösung gegangen. Deswegen liegt dieses Abkommen meines Erachtens im Interesse unserer europäischen Überlegungen, im Interesse des Westens und der Welt insgesamt. Ich sage zum Schluss mit großem Nachdruck, meine sehr geehrten Damen und Herren Abgeordneten: Zu glauben, dass es hier „ausschließlich" – ich setze das in Anführungsstriche – um die Sicherheitsinteressen eines Landes ginge, nämlich unseres engen Partners und Freundes Israel, geht fehl. Es geht um die Sicherheitslage in der gesamten Region, es geht um die Sicherheitsarchitektur der gesamten Region.

Jedem, der sich wirklich mit der Sache befasst und mit der Frage, was es für Auswirkungen haben könnte, käme es zu einer militärischen Konfrontation, wird klar: Es geht hier in Wahrheit um die Sicherheitsarchitektur und um die Sicherheits- und Friedensinteressen der gesamten Welt.

Aus: Rede von Außenminister Guido Westerwelle im Deutschen Bundestag am 28.11.2013
zur Genfer Vereinbarung der E3+3 mit Iran, www.auswärtiges-amt.de, 29.11.2013 (Zugriff: 20.10.2014)

INFO

Momentum
richtiger Zeitpunkt

Intervention
Eingreifen,
Sich-Einmischen

suspendieren
hier: zeitweilig
aufheben

---

1 **Analysieren** Sie Westerwelles Rede zum Streit um das iranische Atomprogramm (M 5) mithilfe des Modells der Konfliktanalyse unter dem Gesichtspunkt „Perspektive".

2 **Stellen** Sie **dar,** welche Ziele Deutschland beim Streit um das iranische Atomprogramm verfolgt (M 5).

3 **Nehmen** Sie auf Basis der Materialien dieses Unterkapitels (S. 383–387) **Stellung** zu der Frage, ob der Konflikt als gelöst gelten kann.

QUERVERWEIS

METHODE
Eine Rede analysieren
S. 130 f.

METHODE
Konfliktanalyse
S. 382

Deutsche Außen- und Sicherheitspolitik im Rahmen von EU und UN

MATERIAL **6**

Deutsche Sicherheitspolitik im Wandel

INFO

Nordatlantische Allianz
Die North Atlantic Treaty Organization (NATO) ist die sicherheitspolitische Allianz fast aller EU-Staaten sowie der USA und Kanada und übt hauptsächlich militärische Funktionen aus. Ihre beiden größten Einsätze finden im Kosovo (KFOR) und in Afghanistan (ISAF) statt. Beide Einsätze sind von den UN mandatiert.

GLOSSAR

Europäische Union
NATO

Seit Mitte der 1990er-Jahre haben sich die für die Sicherheit Deutschlands maßgeblichen Organisationen – die **Nordatlantische Allianz**, die Europäische Union, die Vereinten Nationen – erheblich fortentwickelt und den neuen Risiken und Herausforderungen angepasst. Damit haben auch die Aufgaben der Mitgliedstaaten zugenommen. Seither leisten Soldaten der Bundeswehr auf dem Balkan, in der Kaukasusregion und am Horn von Afrika, im Nahen Osten, auf dem afrikanischen Kontinent sowie in Asien ihren Dienst für den Frieden. Die Bundeswehr beschreitet seit Jahren konsequent den Weg des Wandels zu einer Armee im Einsatz und verändert sich dabei tief greifend.

Dieser Prozess globaler Veränderungen wird anhalten. Deutschland stellt sich gemeinsam mit seinen Partnern und Verbündeten den Herausforderungen des Wandels und gestaltet ihn entsprechend seiner Verantwortung und seinen Interessen mit. Die Sicherheitspolitik Deutschlands wird von den Werten des Grundgesetzes und dem Ziel geleitet, die Interessen unseres Landes zu wahren, insbesondere:

- Recht und Freiheit, Demokratie, Sicherheit und Wohlfahrt für die Bürgerinnen und Bürger unseres Landes zu bewahren und sie vor Gefährdungen zu schützen,
- die Souveränität und die Unversehrtheit des deutschen Staatsgebietes zu sichern,
- regionalen Krisen und Konflikten, die Deutschlands Sicherheit beeinträchtigen

können, wenn möglich vorzubeugen und zur Krisenbewältigung beizutragen,
- globalen Herausforderungen, vor allem der Bedrohung durch den internationalen Terrorismus und der Weiterverbreitung von Massenvernichtungswaffen, zu begegnen,
- zur Achtung der Menschenrechte und Stärkung der internationalen Ordnung auf der Grundlage des Völkerrechts beizutragen,
- den freien und ungehinderten Welthandel als Grundlage unseres Wohlstands zu fördern und dabei die Kluft zwischen armen und reichen Weltregionen überwinden zu helfen.

Deutsche Sicherheitspolitik beruht auf einem umfassenden Sicherheitsbegriff, ist vorausschauend und multilateral angelegt. Sicherheit kann weder rein national noch allein durch Streitkräfte gewährleistet werden. Erforderlich ist vielmehr ein umfassender Ansatz, der nur in vernetzten sicherheitspolitischen Strukturen sowie im Bewusstsein eines umfassenden gesamtstaatlichen und globalen Sicherheitsverständnisses zu entwickeln ist. Das Gesamtkonzept der Bundesregierung „Zivile Krisenprävention, Konfliktlösung und Friedenskonsolidierung" ist ein Baustein hierzu.

Die nordatlantischen Beziehungen bleiben die Grundlage deutscher und europäischer gemeinsamer Sicherheit.

Aus: Bundesministerium der Verteidigung (Hrsg.), Weißbuch 2006 zur Sicherheitspolitik Deutschlands und zur Zukunft der Bundeswehr, S. 10–11

INFO

Weißbuch
Das Weißbuch des Bundesverteidigungsministeriums dient dazu, die sicherheitspolitische Situation Deutschlands darzustellen. Das zurzeit gültige Weißbuch stammt aus dem Jahr 2006.

1 **Arbeiten** Sie aus dem Weißbuch die Ziele der deutschen Sicherheitspolitik **heraus** (M 6).

2 **Erschließen** Sie aus der Grafik M 8, welche Ziele bei den internationalen Einsätzen der Bundeswehr besonders Berücksichtigung finden.

3 **Benennen** Sie anhand von M 7 die Grundsätze, denen die deutsche Außen- und Sicherheitspolitik nach dem Grundgesetz unterliegt.

4 **Erläutern** Sie mithilfe der Info auf S. 389, was unter der Parlamentsarmee und dem Parlamentsvorbehalt zu verstehen ist und welcher Grundgedanke beide Prinzipien bestimmt.

Außenpolitische Prinzipien im Grundgesetz

Präambel: Im Bewusstsein seiner Verantwortung vor Gott und den Menschen, von dem Willen beseelt, als gleichberechtigtes Glied in einem vereinten Europa dem Frieden der Welt zu dienen, hat sich das Deutsche Volk kraft seiner verfassungsgebenden Gewalt dieses Grundgesetz gegeben. [...]

Artikel 23 Abs. 1: Zur Verwirklichung eines vereinten Europas wirkt die Bundesrepublik Deutschland bei der Entwicklung der Europäischen Union mit, die demokratischen, rechtsstaatlichen, sozialen und föderativen Grundsätzen und dem Grundsatz der Subsidiarität verpflichtet ist und einen diesem Grundgesetz im Wesentlichen vergleichbaren Grundrechtsschutz gewährleistet. Der Bund kann hierzu durch Gesetz mit Zustimmung des Bundesrates Hoheitsrechte übertragen.

Artikel 24 Abs. 2: Der Bund kann sich zur Wahrung des Friedens einem System gegenseitiger kollektiver Sicherheit einordnen; er wird hierbei in die Beschränkungen seiner Hoheitsrechte einwilligen, die eine friedliche und dauerhafte Ordnung in Europa und zwischen den Völkern der Welt herbeiführen und sichern. [...]

Artikel 26 Abs. 1: Handlungen, die geeignet sind und in der Absicht vorgenommen werden, das friedliche Zusammenleben der Völker zu stören, insbesondere die Führung eines Angriffskrieges vorzubereiten, sind verfassungswidrig. Sie sind unter Strafe zu stellen.

Artikel 115 a Abs. 1: Die Feststellung, dass das Bundesgebiet mit Waffengewalt angegriffen wird oder ein solcher Angriff unmittelbar droht (Verteidigungsfall), trifft der Bundestag mit Zustimmung des Bundesrates.

INFO

Parlamentsarmee und Parlamentsvorbehalt
Zwar ist die Bundeswehr Teil der exekutiven Staatsgewalt und untersteht damit der Führung der Bundesregierung bzw. des Bundesverteidigungsministers, aber der Bundestag übt insofern Kontrolle über sie aus, als er nach einem Urteil des BVerfG von 1994 und nach dem Parlamentsbeteiligungsgesetz von 2005 jeden Auslandseinsatz mandatieren (billigen) muss. Angesichts dieses Parlamentsvorbehaltes, d.h. die Bundesregierung bestimmt über einen Auslandseinsatz vorbehaltlich der Zustimmung des Bundestages, wird die Bundeswehr als Parlamentsarmee bezeichnet.

Die Bundeswehr im internationalen Einsatz

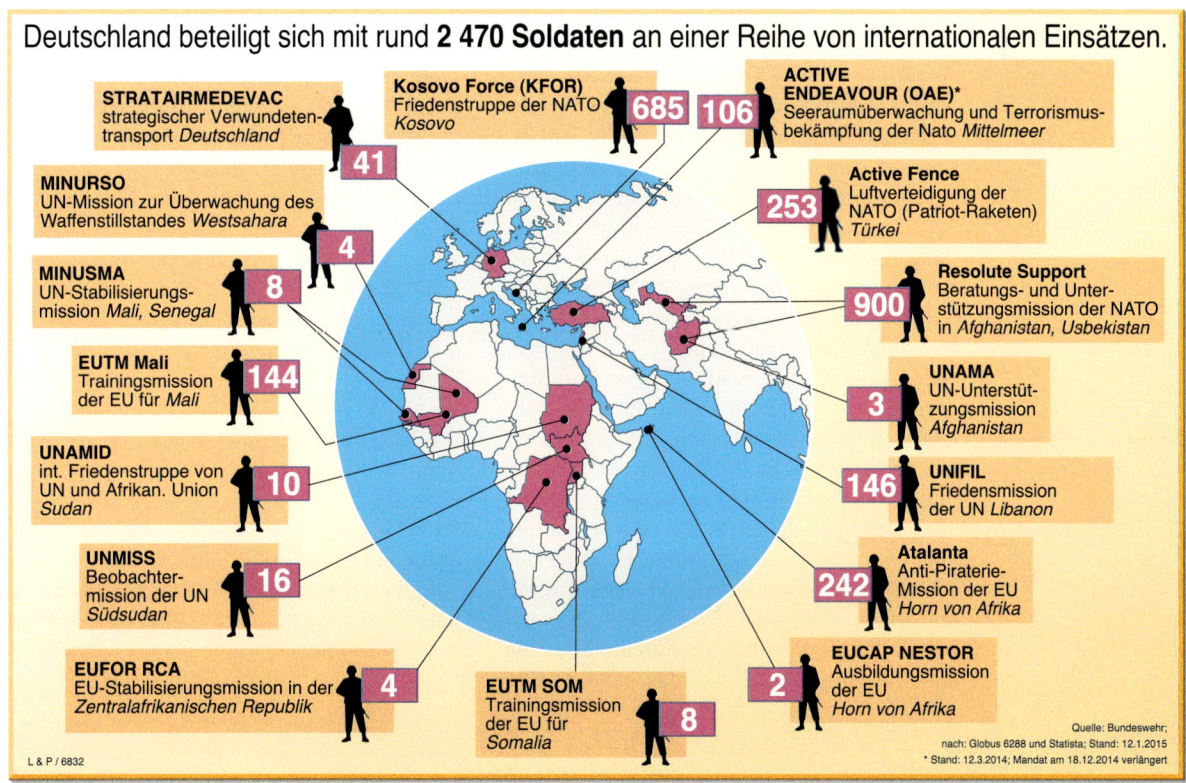

Deutschland beteiligt sich mit rund **2 470 Soldaten** an einer Reihe von internationalen Einsätzen.

STRATAIRMEDEVAC strategischer Verwundetentransport *Deutschland*

Kosovo Force (KFOR) Friedenstruppe der NATO *Kosovo* — 685, 106

ACTIVE ENDEAVOUR (OAE)* Seeraumüberwachung und Terrorismusbekämpfung der Nato *Mittelmeer*

41

MINURSO UN-Mission zur Überwachung des Waffenstillstandes *Westsahara* — 4

Active Fence Luftverteidigung der NATO (Patriot-Raketen) *Türkei* — 253

MINUSMA UN-Stabilisierungsmission *Mali, Senegal* — 8

Resolute Support Beratungs- und Unterstützungsmission der NATO in *Afghanistan, Usbekistan* — 900

EUTM Mali Trainingsmission der EU für *Mali* — 144

UNAMA UN-Unterstützungsmission *Afghanistan* — 3

UNAMID int. Friedenstruppe von UN und Afrikan. Union *Sudan* — 10

UNIFIL Friedensmission der UN *Libanon* — 146

UNMISS Beobachtermission der UN *Südsudan* — 16

Atalanta Anti-Piraterie-Mission der EU *Horn von Afrika* — 242

EUFOR RCA EU-Stabilisierungsmission in der *Zentralafrikanischen Republik* — 4

EUTM SOM Trainingsmission der EU für *Somalia* — 8

EUCAP NESTOR Ausbildungsmission der EU *Horn von Afrika* — 2

Quelle: Bundeswehr; nach: Globus 6288 und Statista; Stand: 12.1.2015
* Stand: 12.3.2014; Mandat am 18.12.2014 verlängert

L & P / 6832

Deutsche Sicherheitspolitik im Rahmen der EU

MATERIAL **9**

Beispiel: Die EU-Operation ATALANTA

INFO

**UN-Resolution 1816
vom 2.6.2008**
„Der Sicherheitsrat, [...]
tätig werdend nach
Kapitel VII der Charta
der Vereinten Nationen,
1. verurteilt und miss-
billigt alle seeräuberi-
schen Handlungen und
bewaffneten Raubüber-
fälle auf Schiffe in den
Hoheitsgewässern und auf
Hoher See vor der Küste
Somalias; [...]
7. beschließt, dass die
Staaten, die mit der Über-
gangs-Bundesregierung
[von Somalia] bei der
Bekämpfung der See-
räuberei und bewaffneter
Raubüberfälle auf See vor
der Küste Somalias zu-
sammenarbeiten, nach
vorheriger Unterrichtung
des Generalsekretärs
durch die Übergangs-Bun-
desregierung, für einen
Zeitraum von sechs Mona-
ten ab dem Datum dieser
Resolution ermächtigt
sind,
a) in die Hoheitsgewässer
Somalias einzulaufen, um
seeräuberische Handlun-
gen und bewaffnete Raub-
überfälle auf See im Ein-
klang mit den nach dem
einschlägigen Völkerrecht
auf Hoher See zulässigen
Maßnahmen gegen See-
räuberei zu bekämpfen;
[...]
b) innerhalb der Hoheits-
gewässer Somalias im Ein-
klang mit den nach dem
einschlägigen Völkerrecht
auf Hoher See zulässigen
Maßnahmen gegen See-
räuberei alle notwendigen
Mittel zur Bekämpfung
seeräuberischer Hand-
lungen und bewaffneter
Raubüberfälle
anzuwenden [...]."

Diese Resolution stellt
den Rahmen der Hand-
lungen der EU bei der
Mission ATALANTA dar.

In den Jahren von 2005 bis 2009 stieg sowohl die Zahl der versuchten als auch der erfolgreichen Angriffe in den küstennahen Gewässern Somalias, dem Golf von Aden, dem Roten und Arabischen Meer sowie vor der Küste von Oman und tief im Indischen Ozean an. Die Piraterieaktivitäten sind durch schwierige wirtschaftliche Bedingungen in Somalia, eine zergliederte somalische Stammesstruktur und fehlende staatliche Strukturen begründet. Kriminalität zur Sicherung des Lebensunterhalts ist in Somalia weit verbreitet. Neben Schmuggel und Raub schließt dies auch Piraterie ein. Der „Erfolg" der Piraten, die aus Lösegeldern um ein Vielfaches höhere Einkünfte erzielen als ihre Landsleute, ist ein permanenter Anreiz zur Nachahmung. Die Bundesregierung hat am 10. Dezember 2008 beschlossen, sich an der EU-geführten Operation ATALANTA zu beteiligen, welche im Rahmen der *Gemeinsamen Sicherheits- und Verteidigungspolitik der Europäischen Union* durchgeführt wird. Der Deutsche Bundestag hat diesem Einsatz erstmals am 19. Dezember 2008 zugestimmt und das Mandat im Mai 2013 erneut für ein weiteres Jahr verlängert. Die Operation ATALANTA soll die vor der Küste von Somalia operierenden Piraten abschrecken und bekämpfen. Dabei soll zum einen die durch Piratenüberfälle gefährdete humanitäre Hilfe, insbesondere des Welternährungsprogramms (WEP) für die Not leidende somalische Bevölkerung sichergestellt werden. Zum anderen soll die Operation den zivilen Schiffsverkehr auf den dortigen Handelswegen sichern, Geiselnahmen und Lösegelderpressungen unterbinden und das Völkerrecht durchsetzen. ATALANTA und andere Antipirateriemissionen können allerdings auf See nur die Symptome bekämpfen. Eine nachhaltige Bekämpfung der Wurzeln der Piraterie erfordert einen ganzheitlichen Ansatz. In Somalia ist über ein Drittel der Bevölkerung auf humanitäre Hilfe angewiesen. Damit gehört das Land zu den größten humanitären Krisengebieten weltweit. Die humanitäre Hilfe durch Lieferungen des WEP erfolgt zu 90 Prozent auf dem Seeweg. Der Schutz durch die Kräfte der EU-geführten Operation ATALANTA ist daher für die Versorgung der somalischen Bevölkerung mit Lebensmitteln von zentraler Bedeutung. Durch den Golf von Aden führen die wichtigsten Handelsrouten zwischen Europa, der Arabischen Halbinsel und Asien. Deutschland hat als Exportnation an sicheren Handelswegen ein besonderes Interesse, zumal es gleichzeitig auf den Import von Rohstoffen angewiesen ist, die zu einem großen Teil auf dem Seeweg ins Land gelangen. Auf der Grundlage des Mandats des Deutschen Bundestages beteiligt sich die deutsche Marine seit dem 19. Dezember 2008 an der Operation mit mindestens einer seegehenden Einheit mit einem auf die Pirateriebekämpfung ausgerichteten Fähigkeitspaket und einer Verbindungs- und Unterstützungsgruppe in Dschibuti. Der deutsche Kräftebeitrag wurde zeitweilig durch Fregatten, einen Einsatzgruppenversorger mit erweiterter sanitätsdienstlicher Versorgung, einen Betriebsstofftransporter, ein *Autonomous Vessel Protection Detachment* oder Seefernaufklärer verstärkt. Das Mandat ist vorsorglich für bis zu 1 400 Soldatinnen und Soldaten ausgelegt. Damit wird sichergestellt, dass zeitweise auch weitere deutsche Kräfte eingesetzt werden können, um bei Lageverschärfungen die temporäre Unterstützung der regulären Einsatzkräfte durch Verstärkungskräfte mit entsprechendem Fähigkeitsprofil zu ermöglichen. Die Kräfte der Operation ATALANTA haben über 100 mutmaßliche Piraten in Gewahrsam genommen und der Strafverfolgung zugeführt. Ingewahrsamnahme und Übergabe mutmaßlicher Piraten werden im Rahmen der Operation ATALANTA der EU zugerechnet. Die jeweiligen Streitkräfte der teilnehmenden Nationen agieren nicht national, sondern ausschließlich als EU-Verband.

Aus: Bundesministerium für Verteidigung, Die Bundeswehr im Einsatz, Berlin 2013, S. 114

Die Gemeinsame Sicherheits- und Verteidigungspolitik (GSVP) der EU

Die *Gemeinsame Sicherheits- und Verteidigungspolitik (GSVP)* stärkt die äußere Handlungsfähigkeit der Europäischen Union (EU). Sie ist Bestandteil der *Gemeinsamen Außen-*
5 *und Sicherheitspolitik (GASP)*. Diese erhält durch die GSVP zusätzlichen Rückhalt und Profil. Sie ist in den Artikeln 42 bis 46 des *Vertrags über die Europäische Union (EUV)* geregelt. Die Aufgaben des Bündnisses sind im
10 Einzelnen humanitäre Aufgaben und Rettungseinsätze, friedenserhaltende Aufgaben sowie Kampfeinsätze bei der Krisenbewältigung einschließlich friedensschaffender Maßnahmen.
15 Es handelt sich dabei um die sogenannten Petersberg-Aufgaben. Mit dem *Vertrag von Lissabon* [2009] wurden diese erweitert. Sie enthalten nun auch die Bekämpfung des Terrorismus. Zudem haben die Mitgliedstaaten
20 ihre gegenseitige Solidarität erklärt: Im Falle eines Angriffs auf das Territorium eines Mitgliedstaats verpflichten sich die anderen Mitgliedstaaten zu Hilfe und Unterstützung. Die gemeinsame Verteidigungspolitik könn-
25 te zu einer gemeinsamen Verteidigung der EU führen. Dies müsste der Europäische Rat einstimmig beschließen und die Mitgliedstaaten [müssten] einen entsprechenden Beschluss annehmen und ratifizieren. Die
30 GSVP berührt jedoch nicht den besonderen Charakter der Sicherheits- und Verteidigungspolitik der Mitgliedstaaten. Die EU verfügt über keine eigenen militärischen Kräfte. Ähnlich wie andere internatio-
35 nale Organisationen ist die EU daher auf die militärische Ausstattung ihrer Mitgliedstaaten angewiesen. Ob diese ihre Armeen in einen Kampfeinsatz entsenden, richtet sich nach dem jeweiligen innerstaatlichen Recht.

40 In Deutschland ist hierfür ein Beschluss des Bundestags notwendig. Das Gesamtziel der EU im Bereich der militärischen Fähigkeiten sieht vor, innerhalb von 60 Tagen bis zu 60 000 Soldaten für einen Einsatz von min-
45 destens einem Jahr verlegen zu können (*European Headline Goal*). Außerdem wurden sogenannte *Battlegroups* eingerichtet. Dabei handelt es sich um Gruppen von ungefähr 1 500 Soldaten, die innerhalb von 10 bis 15
50 Tagen nach einem Ratsbeschluss einsatzfähig sind. [...]
In der GSVP nehmen der Europäische Rat der Staats- und Regierungschefs (ER) und der Rat für Auswärtige Angelegenheiten die zentralen Positionen ein. Der ER formuliert
55 die Leitlinien, auf deren Grundlage der Rat für Auswärtige Angelegenheiten Beschlüsse fasst. Demgegenüber haben Kommission und Europäisches Parlament kaum Mitspracherechte und die Mitgliedstaaten behalten
60 großen Einfluss.
Der Hohe Vertreter leitet [...] die GASP (Artikel 18 EUV). Er trägt dem Rat seine Vorschläge vor und führt sie aus. Er ist gleichzeitig Vizepräsident der EU-Kommission und ver-
65 tritt gemeinsam mit dem EU-Ratspräsidenten die Union nach außen. Während in den übrigen Bereichen der GASP mittlerweile einige Entscheidungen mit qualifizierter Mehrheit getroffen werden, gilt in der GSVP
70 weiterhin das Einstimmigkeitsprinzip. [...]
Die GSVP steht nicht in Konkurrenz zur NATO und soll diese nicht ersetzen, sondern ergänzen. Im Dezember 2002 wurden Dauervereinbarungen zwischen EU und NATO ge-
75 schlossen. Im März 2003 schlossen beide ein Abkommen, das der EU den Rückgriff auf Mittel und Fähigkeiten der NATO ermöglicht.

Aus: Presse- und Informationsamt der Bundesregierung, Europa-Lexikon, Stichwort: GSVP, www.bundesregierung.de, 2014 (Zugriff: 20.1.2014)

GLOSSAR

Gemeinsame Außen- und Sicherheitspolitik (GASP)

Gemeinsame Sicherheits- und Verteidigungspolitik (GSVP)

Petersberg-Aufgaben

Vertrag von Lissabon

QUERVERWEIS

Zentrale Inhalte des Vertrags von Lissabon
S. 141, M 16

IIIII**1**III **Beschreiben** Sie, wie Deutschland in die Operation ATALANTA eingebunden ist und welche Interessen Deutschland bei dieser Operation verfolgt (M 9).

IIIII**2**I **Stellen** Sie die Grundsätze der GSVP in Form eines Schaubildes **dar** (M 10).

IIIII**3**I **Beurteilen** Sie die Möglichkeiten und Grenzen der deutschen Außen- und Sicherheitspolitik im Rahmen der Europäischen Union (M 9, M 10).

IIIII**4**I **Versuchen** Sie mithilfe der Materialien dieser Doppelseite, die Ziele und Interessen den Akteuren UN, EU und Deutschland zuzuordnen.

Deutsche Sicherheitspolitik im Rahmen von UN-Missionen

Die Bundeswehr im Südsudan und in Darfur

UNAMID
African Union / United
Nations Hybrid
UN-Operation in der Pro-
vinz Darfur im westafrika-
nischen Staat Sudan, in
der seit 2003 ein kriegerischer Konflikt verschiedener Bevölkerungsgruppen
um Ressourcen und
Macht herrscht; Start der
Operation: Ende 2007,
geplantes Ende: August
2014; Auftrag: Unter-
stützung des Darfur-Frie-
densabkommens vom
5.5.2006 und der Frie-
densverhandlungen

UNMISS
United Nations Mission
in the Republic of South
Sudan; Start: Juli 2011;
derzeit verlängert bis
Juli 2014; Auftrag: Unterstützung beim Staats-
und Institutionsaufbau
des Südsudans nach
der Unabhängigkeit vom
Sudan 2011, bei der friedlichen Entwicklung und
beim Schutz von Zivilisten

Nähere Informationen zu
beiden Missionen unter:
**www.un.org/en/peace-
keeping/**

Zwei Abstimmungen über die Bundeswehr-
präsenz in einer der instabilsten Weltregionen: Eigentlich bestand bei der Mandats-
verlängerung bei der **UNAMID**-Mission in
der westsudanesischen Provinz Darfur und
der UN-Friedensmission im Südsudan
(**UNMISS**) breiter Konsens. Mit Ausnahme
der Linksfraktion stimmte der Bundestag
mit großer Mehrheit für die Verlängerung
beider Einsätze. Alles wie gehabt also? Mit-
nichten. Verhandelt wurde in den Debatten
am vergangenen Donnerstag auch die Frage,
wie es Deutschland nach dem Abzug aus Afghanistan mit Auslandseinsätzen hält, wie
das Parlament seine Hoheit bei der Entsendung der Bundeswehr behauptet und welche
Rechte einer geschrumpften Opposition in
Zeiten einer Großen Koalition bleiben. [...]
[Der von 2011 bis 2013 amtierende] Verteidigungsminister Thomas de Maizière erinner-
te daran, dass beide Einsätze, UNAMID und
UNMISS, in einer Region stattfinden, in der
seit 50 Jahren ein Bürgerkrieg herrschte. Die
Ausgangsbedingungen für den jungen Staat
Südsudan seien trotz „erster kleinerer Erfolge" schwierig, UNMISS leiste einen Beitrag
zur Stabilisierung und habe eine „mäßigen-

de Wirkung" auf die Konfliktparteien. UNA-
MID in Darfur schaffe einen Rahmen, in dem
sich erst „politische Bemühungen um ein
Ende der Krise" entwickeln könnten. Christine Buchholz (Die Linke) hielt dem entgegen,
dass die Armee der südsudanesischen Regierung selbst Teil des Problems sei: Der Einsatz konsolidiere keinen Frieden. „Das kann
er auch nicht, denn Frieden kann nicht durch
die Entsendung von Truppen von außen gebracht werden." Ähnlich sah das ihre Frakti-
onskollegin Kathrin Vogler im Falle Darfurs:
„UNAMID kann schon deshalb keine frie-
denssichernde Maßnahme sein, weil es keinen Frieden gibt, den man sichern könnte."
[...]
Katja Keul (Grüne) betonte, dass aktuell
neun deutsche Soldaten und vier Polizisten
in Darfur an einer der größten UN-Friedens-
missionen weltweit beteiligt seien: „An der
übermäßigen Beteiligung Deutschlands liegt
es mit Sicherheit nicht, dass sich das Waffen-
stillstandsabkommen bislang nicht umsetzen ließ." Keul rief dazu auf, „endlich die
Kapazitäten für Peacekeeping-Missionen der
UN zu verstärken, statt mit bis zu 700 Soldaten im Mittelmeer Terroristen zu jagen".

Aus: Alexander Heinrich, Mit doppeltem Einsatz, in: Das Parlament, Nr. 49–51, 2.12.2013, S. 1

Das UN-Prinzip der kollektiven Sicherheit

Völkerbund
nach dem Ersten Welt-
krieg auf der im Januar
1919 beginnenden
Pariser Friedenskonfe-
renz gegründete inter-
nationale Friedensor-
ganisation von zuerst
45, bis 1937 dann 66
Staaten; mit Bildung
der Nachfolgeorgani-
sation UN aufgelöst

Integrität
hier: Unverletzlichkeit
(eines Staatsgebietes)

Der Hauptzweck des **Völkerbundes** als weltweiter Staatenbund, der seit 1945 Vereinte
Nationen heißt, ist nach wie vor – neben einer zunehmenden Fülle von ökonomischen,
sozialen, ökologischen und kulturellen
Funktionen der Organe der Vereinten Nationen und ihrer zahlreichen, rechtlich selbstständigen Sonderorganisationen –, den Weltfrieden und die internationale Sicherheit zu
gewährleisten. Dieser Friedensbund erklärt
jeden Angriff auf einen Staat, seine territoriale **Integrität** und Souveränität [...] zu einem
Angriff auf die gesamte Staatengemeinschaft
und berechtigt und verpflichtet sie zur kol-

lektiven Verteidigung des angegriffenen
Staates durch geeignete Mittel einschließlich
militärischer Mittel, sofern alle nichtmilitäri-
schen diplomatischen Mittel und auch ökonomische und sonstige Sanktionen versagen.
Der Friedensbund beruht also auf dem Prinzip der kollektiven Sicherheit. [...]
Um die Handlungsfähigkeit der Vereinten
Nationen gegenüber dem 1946 aufgelösten
Völkerbund zu erhöhen, erhielt der UN-Sicherheitsrat, der aus fünf ständigen Mitgliedern (USA, Russland, VR China, Großbritannien, Frankreich), deren Einstimmigkeit bei
wichtigen Beschlüssen dieses Organs erfor-

derlich ist, und aus zehn für jeweils zwei Jahre gewählten Mitgliedern aus den fünf großen Regionen des UN-Systems besteht, die
hauptsächliche Verantwortung für den Weltfrieden und die internationale Sicherheit.
Die fünf Weltregionen des UN-Systems sind:
Afrika, Asien, Osteuropa, Lateinamerika und
Karibik, Westeuropa und andere, d. h. Nordamerika, Australien, Neuseeland, Japan und
Israel. Sicherheitsratsresolutionen bedürfen

außer der Zustimmung oder Enthaltung
der ständigen Mitglieder einer qualifizierten
Mehrheit aller Sicherheitsratsmitglieder von
neun Stimmen. Der Sicherheitsrat allein hat
das Recht, neben zahlreichen friedlichen Instrumenten und Sanktionen auch militärische Maßnahmen gegen einen Staat zu ergreifen, der nach Ansicht des Sicherheitsrates
den Weltfrieden gebrochen hat oder ihn bedroht.

Aus: Egbert Jahn, Frieden und Konflikt, Wiesbaden 2012, S. 99 f.

Die Charta der Vereinten Nationen

MATERIAL **13**

Kapitel I: Ziele und Grundsätze

Artikel 1
Die Vereinten Nationen setzen sich folgende
Ziele:
1. den Weltfrieden und die internationale Sicherheit zu wahren und zu diesem Zweck
wirksame Kollektivmaßnahmen zu treffen,
um Bedrohungen des Friedens zu verhüten
und zu beseitigen, Angriffshandlungen und
andere Friedensbrüche zu unterdrücken und
internationale Streitigkeiten oder Situationen, die zu einem Friedensbruch führen
könnten, durch friedliche Mittel nach den
Grundsätzen der Gerechtigkeit und des Völkerrechts zu bereinigen oder beizulegen;
2. freundschaftliche, auf der Achtung vor
dem Grundsatz der Gleichberechtigung und
Selbstbestimmung der Völker beruhende Beziehungen zwischen den Nationen zu entwickeln und andere geeignete Maßnahmen zur
Festigung des Weltfriedens zu treffen [...].

Artikel 2
Die Organisation und ihre Mitglieder han-
deln im Verfolg der in Artikel 1 dargelegten
Ziele nach folgenden Grundsätzen:

1. Die Organisation beruht auf dem Grundsatz der souveränen Gleichheit aller ihrer
Mitglieder.
2. Alle Mitglieder erfüllen, um ihnen allen
die aus der Mitgliedschaft erwachsenden
Rechte und Vorteile zu sichern, nach Treu
und Glauben die Verpflichtungen, die sie mit
dieser Charta übernehmen.
3. Alle Mitglieder legen ihre internationalen
Streitigkeiten durch friedliche Mittel so bei,
dass der Weltfriede, die internationale Sicherheit und die Gerechtigkeit nicht gefährdet
werden.
4. Alle Mitglieder unterlassen in ihren internationalen Beziehungen jede gegen die territoriale Unversehrtheit oder die politische Unabhängigkeit eines Staates gerichtete oder
sonst mit den Zielen der Vereinten Nationen
unvereinbare Androhung oder Anwendung
von Gewalt.
5. Alle Mitglieder leisten den Vereinten Nationen jeglichen Beistand bei jeder Maßnahme,
welche die Organisation im Einklang mit dieser Charta ergreift; sie leisten einem Staat,
gegen den die Organisation Vorbeugungs-
oder Zwangsmaßnahmen ergreift, keinen
Beistand. [...]

Aus: Charta der Vereinten Nationen, 26.6.1945

INTERNET
Eine dt. Übersetzung
der UN-Charta findet
sich z. B. unter:
**www.documentar-
chiv.de/in/1945/
un-charta.html**
(Zugriff: 20.10.2014).

1 Stellen Sie ausgehend von M 11 **dar,** wie Deutschland in UN-Missionen eingebunden ist.
2 Beschreiben Sie anhand von M 12, wie die UN den Weltfrieden und die internationale
Sicherheit gewährleisten wollen.
3 Arbeiten Sie aus den Artikeln der UN-Charta in M 13 Ziele und Grundsätze **heraus,**
die den UN und ihren Mitgliedern als Orientierung dienen.
4 Beurteilen Sie die Möglichkeiten und Grenzen der deutschen Außen- und Sicherheitspolitik im Rahmen der UN (M 11 bis M 13).

Der UN-Sicherheitsrat

MATERIAL **14**

Die Struktur des UN-Sicherheitsrates

INFO

Kapitel VII UN-Charta
Maßnahmen bei Bedrohung oder Bruch des Friedens und bei Angriffshandlungen

Artikel 39
Der Sicherheitsrat stellt fest, ob eine Bedrohung oder ein Bruch des Friedens oder eine Angriffshandlung vorliegt; er gibt Empfehlungen ab oder beschließt, welche Maßnahmen aufgrund der Artikel 41 und 42 zu treffen sind, um den Weltfrieden und die internationale Sicherheit zu wahren oder wiederherzustellen.

Artikel 40
Um einer Verschärfung der Lage vorzubeugen, kann der Sicherheitsrat, bevor er nach Artikel 39 Empfehlungen abgibt oder Maßnahmen beschließt, die beteiligten Parteien auffordern, den von ihm für notwendig oder erwünscht erachteten vorläufigen Maßnahmen Folge zu leisten. Diese vorläufigen Maßnahmen lassen die Rechte, die Ansprüche und die Stellung der beteiligten Parteien unberührt. Wird den vorläufigen Maßnahmen nicht Folge geleistet, so trägt der Sicherheitsrat diesem Versagen gebührend Rechnung.

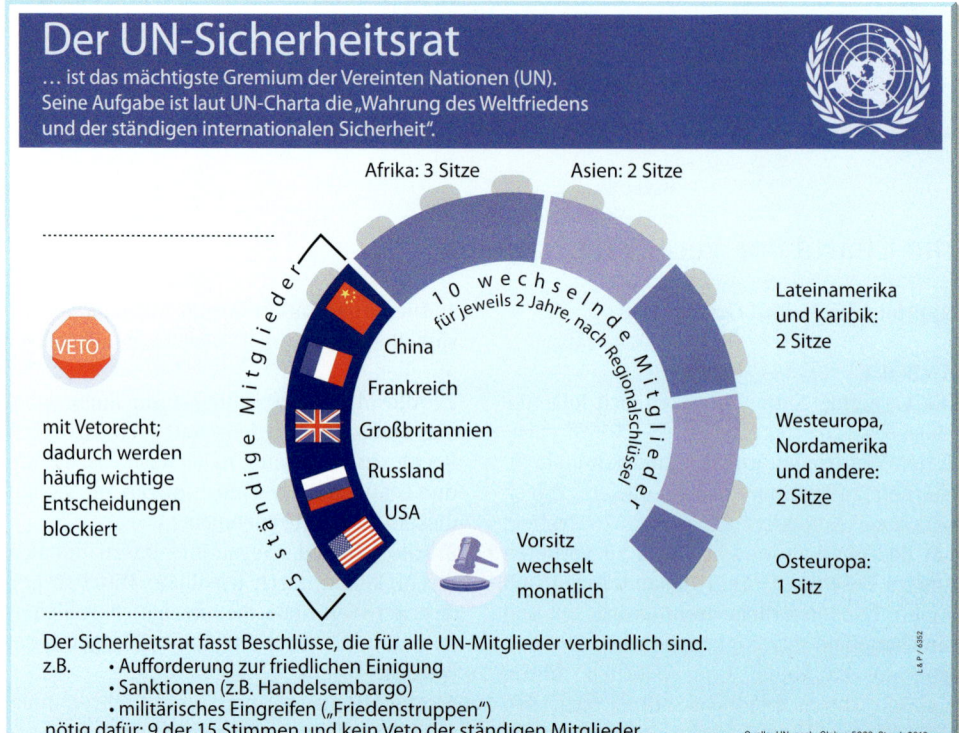

Der UN-Sicherheitsrat

… ist das mächtigste Gremium der Vereinten Nationen (UN). Seine Aufgabe ist laut UN-Charta die „Wahrung des Weltfriedens und der ständigen internationalen Sicherheit".

Afrika: 3 Sitze   Asien: 2 Sitze

Lateinamerika und Karibik: 2 Sitze

Westeuropa, Nordamerika und andere: 2 Sitze

Osteuropa: 1 Sitz

10 wechselnde Mitglieder für jeweils 2 Jahre, nach Regionalschlüssel

5 ständige Mitglieder

VETO mit Vetorecht; dadurch werden häufig wichtige Entscheidungen blockiert

China
Frankreich
Großbritannien
Russland
USA

Vorsitz wechselt monatlich

Der Sicherheitsrat fasst Beschlüsse, die für alle UN-Mitglieder verbindlich sind.
z.B.   • Aufforderung zur friedlichen Einigung
       • Sanktionen (z.B. Handelsembargo)
       • militärisches Eingreifen („Friedenstruppen")
nötig dafür: 9 der 15 Stimmen und kein Veto der ständigen Mitglieder

Quelle: UN; nach: Globus 5938; Stand: 2013

MATERIAL **15**

The Permanent Five

I'VE **TOLD** THEM IT'S UNBALANCED!

Zeichnung: Jonathan Shapiro, 26.9.2004; Kofi Annan war von 1997 bis 2006 Generalsekretär der Vereinten Nationen.

Vorschläge zur Reform des Sicherheitsrates

MATERIAL 16

Um im 21. Jahrhundert Legitimität zu besitzen, muss der Sicherheitsrat nicht nur leistungsfähig, sondern auch repräsentativ sein. In der Vergangenheit war er häufig beides nicht. Vor welchen Herausforderungen das kollektive Handeln auch stehen mag, klar ist, dass sich die wirtschaftliche und politische Machtverteilung in der Welt verändert hat. Die Frage, wieso Schwellenländer und Regionalmächte Strukturen hinnehmen sollten, die ihnen einen zweitklassigen Status zuweisen, hat noch niemand auf nachvollziehbare Weise beantworten können. Das Problem wird künftig nicht darin bestehen, dass solche Länder sich dem Sicherheitsrat aktiv entgegenstellen, sondern darin, dass sie ihn einfach ignorieren. Dieses Spiel ist bereits beim Gerangel um Plätze an anderen Verhandlungstischen zu beobachten – denen von G 8, G 20 und all den anderen Gs [G 8: Gruppe der 8 wichtigsten Industrieländer: USA, Großbritannien, Frankreich, Italien, Kanada, Japan, Russland, Deutschland; G 20: G 8 + weitere wichtige Industrie- und Schwellenländer + die EU]. [...]

Deshalb schlug ich im Rahmen meines Reformvorhabens, das ich nach der Rede im September 2003 in Angriff nahm, zwei mögliche Modelle vor. Beide sahen eine Vergrößerung des Sicherheitsrats von 15 auf 24 Mitglieder vor. Nach dem einen Modell sollte die Zahl der ständigen Mitglieder um sechs – ohne Veto – und die der wechselnden Mitglieder um drei erhöht werden. Das zweite Modell sah einen einzigen zusätzlichen Sitz für ein wechselndes Mitglied, aber acht „halbständige" Sitze vor, die vier Jahre lang – bei möglicher Wiederwahl – eingenommen

werden sollten. Diese Optionen schienen mir eine gute Grundlage für Verhandlungen über die künftige Zusammensetzung des Sicherheitsrats zu sein. Logischerweise bevorzugten Länder, die einen ständigen Sitz anstrebten, das erste Modell; Indien beschwerte sich sogar darüber, dass es kein Vetorecht erhalten sollte. Aber welche Länder sollten die neuen Sitze erhalten? Japan, Deutschland, Indien und Brasilien sahen ihre Kandidatur als gegeben an und drängten darauf, auf dieser Grundlage weiterzumachen, während sich die afrikanischen Länder zwischen den konkurrierenden Ansprüchen Nigerias, Südafrikas und Ägyptens nicht entscheiden konnten. [...] Manchen Staaten, die eine Erhöhung der Zahl der ständigen Mitglieder für falsch hielten – und natürlich als Gefahr für ihre privilegierte Stellung empfanden –, waren diese Meinungsverschiedenheiten willkommen. Tatsächlich schien es die Politik einiger Länder zu sein, eine Vergrößerung des Sicherheitsrats in der Theorie gutzuheißen, aber in der Praxis jeden konkreten Vorschlag abzulehnen. Manche hatten etwas gegen bestimmte Staaten einzuwenden. Pakistan erklärte, der Weg zu einem ständigen Sitz für Indien führe nur über seine Leiche; China stand Japan mit gemischten Gefühlen gegenüber – und so weiter. Diese Animositäten waren kurzsichtig. Wenn der Sicherheitsrat weiterhin eine Rolle spielen sollte, muss er vergrößert werden. Im Licht der vorherigen Erfahrungen war das halbständige Modell mit einem halben Dutzend Sitzen, die Regionalmächte über lange Zeit innehaben konnten – vielleicht mit einer Verlängerung alle zehn Jahre –, am vielversprechendsten.

Aus: Kofi Annan, Ein Leben in Krieg und Frieden, München 2013, S. 177 ff.

INFO

Artikel 41
Der Sicherheitsrat kann beschließen, welche Maßnahmen – unter Ausschluss von Waffengewalt – zu ergreifen sind, um seinen Beschlüssen Wirksamkeit zu verleihen; er kann die Mitglieder der Vereinten Nationen auffordern, diese Maßnahmen durchzuführen. Sie können die vollständige oder teilweise Unterbrechung der Wirtschaftsbeziehungen, des Eisenbahn-, See- und Luftverkehrs, der Post-, Telegrafen- und Funkverbindungen sowie sonstiger Verkehrsmöglichkeiten und den Abbruch der diplomatischen Beziehungen einschließen.

Artikel 42
Ist der Sicherheitsrat der Auffassung, dass die in Artikel 41 vorgesehenen Maßnahmen unzulänglich sein würden oder sich als unzulänglich erwiesen haben, so kann er mit Luft-, See- oder Landstreitkräften die zur Wahrung oder Wiederherstellung des Weltfriedens und der internationalen Sicherheit erforderlichen Maßnahmen durchführen. Sie können Demonstrationen, Blockaden und sonstige Einsätze der Luft-, See- oder Landstreitkräfte von Mitgliedern der Vereinten Nationen einschließen.

QUERVERWEIS

Kofi Annan
S. 422, Info

GLOSSAR

G 8, G 20

1 Erläutern Sie mithilfe von M 14 Zielsetzung, Aufbau und Arbeitsweise des UN-Sicherheitsrates.

2 Erklären Sie auf Basis von M 14, weshalb er als mächtigstes Gremium der UN gilt.

3 Beschreiben Sie anhand von M 14 die Eskalationsstufen, in denen der Sicherheitsrat vorgehen kann.

4 Analysieren Sie die Karikatur M 15 hinsichtlich ihrer Aussage über den Sicherheitsrat.

5 Arbeiten Sie aus M 16 die Vorschläge zur Reform des UN-Sicherheitsrates heraus.

6 Beurteilen Sie den UN-Sicherheitsrat unter dem Kriterium der Legitimität (M 13–M 16).

7 Diskutieren Sie weitere Möglichkeiten einer Reform des Sicherheitsrates.

Die Vereinten Nationen und innerstaatliche Konflikte

MATERIAL **17**

QUERVERWEIS
Frieden und Sicherheit
S. 206–211

INFO
Paradigma
hier: Leitbild,
Modell, Muster

Erosion
(allmähliche)
Zerstörung

GLOSSAR
Souveränität

INFO
humanitäres
Völkerrecht
Recht im Krieg, z. B.
humane Behandlung
von Kriegsgefangenen
und Schutz für die
Zivilbevölkerung

Die UN und staatliche Souveränität

Auf globaler Ebene haben vor allem die UN das Potenzial, staatliche Souveränitätsansprüche zu verkürzen. Art. 2 Nr. 7 der UN-Charta unterstreicht zwar das Interventionsverbot auch vis-à-vis den Organen der Vereinten Nationen; ausdrücklich ausgenommen sind aber verbindliche Beschlüsse, die der Sicherheitsrat zur Wahrung oder Wiederherstellung des Weltfriedens und der internationalen Sicherheit fasst. Wurde Frieden lange Zeit negativ als Abwesenheit zwischenstaatlicher Konflikte verstanden, ist der Sicherheitsrat seit den 1990er-Jahren zunehmend bereit, auch Situationen im Innern von Staaten als Friedensbedrohung anzuerkennen. [...] Ein prominentes Beispiel aus jüngster Zeit ist die Resolution 1973 vom 17.3.2011, mit der ein militärisches Eingreifen autorisiert wurde, um die libysche Zivilbevölkerung vor gewaltsamen Übergriffen durch das Gaddafi-Regime zu schützen. Die Durchsicht der Sicherheitsratspraxis aus den Jahren 2007–11 zeigt, dass den Resolutionen nach Kapitel VII der UN-Charta heute nur noch zu einem geringen Teil zwischenstaatliche Konflikte zugrunde liegen [...]. Nicht nur bei der Frage, was er als Friedensbedrohung einstuft, besitzt der Sicherheitsrat ein weites Ermessen.

Er hat auch seine Befugnisse unter Kapitel VII in den Jahrzehnten nach 1990 zunehmend weit interpretiert. Während das Friedenssicherungssystem der UN-Charta seiner ursprünglichen Anlage nach dem zwischenstaatlichen **Paradigma** verpflichtet ist, nimmt der Sicherheitsrat in jüngerer Zeit für sich ebenso in Anspruch, Hoheitsgewalt mit Rechtswirkungen auch gegenüber Einzelpersonen auszuüben. [...] Im Mittelpunkt der Diskussion steht dabei die Sperrung von Konten mutmaßlicher Unterstützer des internationalen Terrorismus. [...] Eine **Erosion** des klassischen Souveränitätskonzepts bewirkt das Zugriffsrecht des Sicherheitsrates aus Kapitel VII der UN-Charta daher nicht. Wohl aber muss dieses Recht in einem zeitgemäßen Konzept von Souveränität heute stets mitgedacht werden. Sieht man von den fünf ständigen Sicherheitsratsmitgliedern ab, die sich mit einem Veto vor Zwangsmaßnahmen schützen können, ist kein Staat vor UN-Sanktionen immun – vorausgesetzt es liegt eine aus Sicht des Sicherheitsrates friedensbedrohende Situation vor. Außer für die *Permanent Five* gilt somit für alle Staaten, dass Souveränität heute immer Souveränität unter Sicherheitsratsvorbehalt ist.

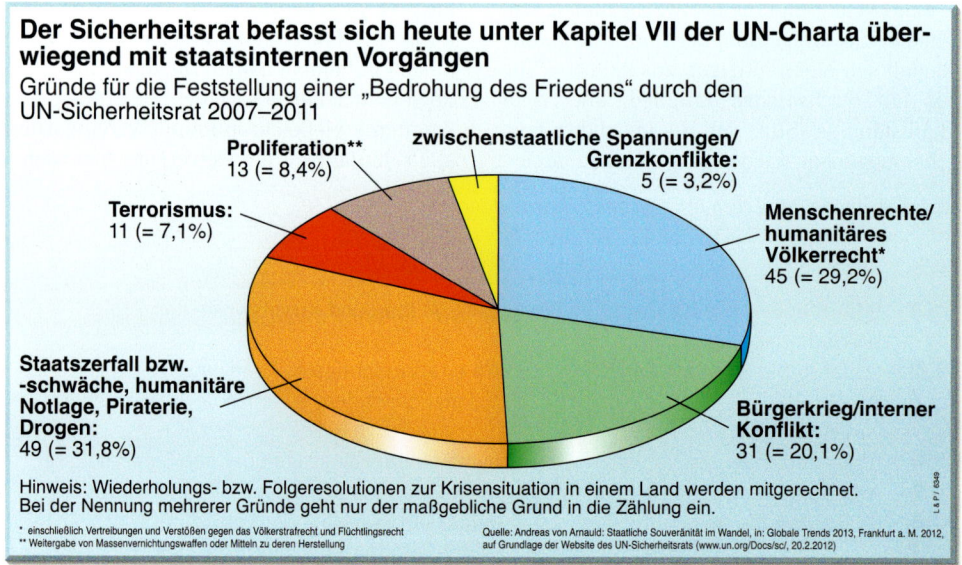

Abschlussdokument des UN-Weltgipfels (24.10.2005):

„139. [...] Wir sind [...] bereit, kollektive Maßnahmen zu ergreifen, zügig und entschlossen, durch den Sicherheitsrat, in Übereinstimmung mit der Charta, einschließlich Kapitel VII, von Fall zu Fall entscheidend und, wo dies sinnvoll ist, in Zusammenarbeit mit den relevanten Regionalorganisationen, sollten friedliche Mittel nicht angemessen und nationale Behörden offenkundig nicht in der Lage sein, ihre Bevölkerungen vor Völkermord, Kriegsverbrechen, ethnischen Säuberungen und Verbrechen gegen die Menschlichkeit zu schützen."

Aus: Andreas von Arnauld, Staatliche Souveränität im Wandel, in: Globale Trends 2013, Frankfurt a. M. 2012, S. 80–87

Kriege und Konflikte 2013

MATERIAL **18**

Im Jahr 2013 zählte das Heidelberger Institut für Internationale Konfliktforschung weltweit 414 Konflikte. Im Vorjahr waren es noch 405. 45 davon wurden als hochgewaltsame Konflikte eingestuft. 20 dieser hochgewaltsamen Konflikte gelten als Kriege (zwei mehr als 2012), von denen 15 Länder betroffen sind.

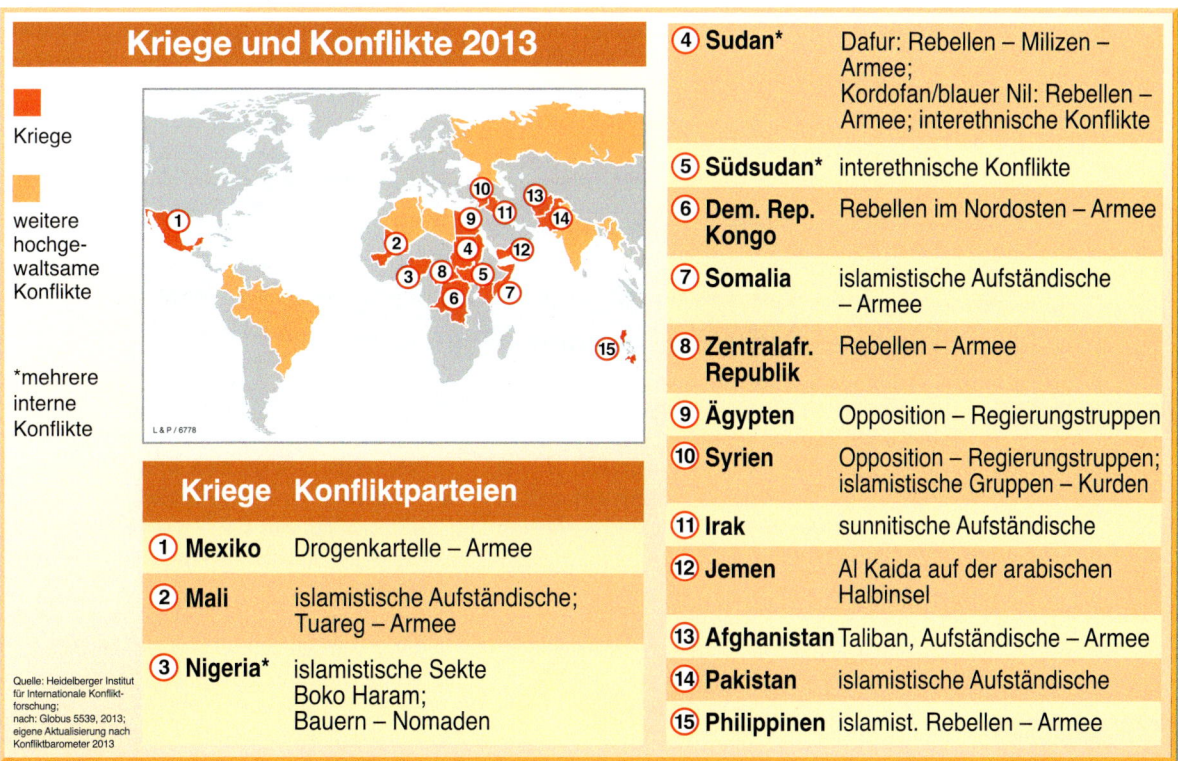

Kriege und Konflikte 2013

Kriege

weitere hochgewaltsame Konflikte

*mehrere interne Konflikte

L & P / 6778

Kriege	Konfliktparteien
① **Mexiko**	Drogenkartelle – Armee
② **Mali**	islamistische Aufständische; Tuareg – Armee
③ **Nigeria***	islamistische Sekte Boko Haram; Bauern – Nomaden

Quelle: Heidelberger Institut für Internationale Konfliktforschung; nach: Globus 5539, 2013; eigene Aktualisierung nach Konfliktbarometer 2013

④ **Sudan***	Dafur: Rebellen – Milizen – Armee; Kordofan/blauer Nil: Rebellen – Armee; interethnische Konflikte
⑤ **Südsudan***	interethnische Konflikte
⑥ **Dem. Rep. Kongo**	Rebellen im Nordosten – Armee
⑦ **Somalia**	islamistische Aufständische – Armee
⑧ **Zentralafr. Republik**	Rebellen – Armee
⑨ **Ägypten**	Opposition – Regierungstruppen
⑩ **Syrien**	Opposition – Regierungstruppen; islamistische Gruppen – Kurden
⑪ **Irak**	sunnitische Aufständische
⑫ **Jemen**	Al Kaida auf der arabischen Halbinsel
⑬ **Afghanistan**	Taliban, Aufständische – Armee
⑭ **Pakistan**	islamistische Aufständische
⑮ **Philippinen**	islamist. Rebellen – Armee

1 Beschreiben Sie mithilfe von M 17 das Verhältnis von UN und staatlicher Souveränität.
2 Erklären Sie die Grafik in M 17.
3 Werten Sie die Grafik M 18 aus. Recherchieren Sie dafür ggf. weitere Informationen.
4 Beurteilen Sie den UN-Sicherheitsrat unter dem Kriterium der Effizienz (M 17, M 18).
5 Aktualisieren Sie mithilfe des Internetlinks die Grafik M 18.

INTERNET

http://hiik.de/
Homepage des Heidelbergers Instituts für Internationale Konfliktforschung e.V.

Die Vereinten Nationen in Aktion

MATERIAL **19**

Die Blauhelme der UN

INFO

Kapitel VI UN-Charta

Artikel 33
(1) Die Parteien einer
Streitigkeit, deren Fort-
dauer geeignet ist, die
Wahrung des Welt-
friedens und der inter-
nationalen Sicherheit
zu gefährden, bemühen
sich zunächst um eine
Beilegung durch Ver-
handlung, Untersuchung,
Vermittlung, Vergleich,
Schiedsspruch, gericht-
liche Entscheidung, Inan-
spruchnahme regionaler
Einrichtungen oder
Abmachungen oder
durch andere friedliche
Mittel eigener Wahl.
(2) Der Sicherheitsrat
fordert die Parteien auf,
wenn er dies für not-
wendig hält, ihre
Streitigkeit durch solche
Mittel beizulegen.

Schon bald nach ihrer Gründung entwickelten die Vereinten Nationen ein friedenspoliti-
sches Instrument des Sicherheitsrates und
auch der Vollversammlung, das in ihrer Satzung nicht vorgesehen war und zwischen den
friedlichen Instrumenten des Kapitels VI und
den militärischen Zwangsinstrumenten des
Kapitels VII der UN-Satzung angesiedelt ist:
die friedenserhaltenden Aktionen oder Maßnahmen (*peacekeeping measures*). Dabei werden mit Zustimmung der Konfliktparteien im
Grenzgebiet oder auf dem Territorium einer
oder beider Konfliktparteien UN-Truppen mit
leichter Bewaffnung stationiert. Sie haben
keinen Kampfauftrag. Die Waffen sollen nur
zur persönlichen Selbstverteidigung der UN-
Soldaten im Falle vereinzelter bewaffneter
Anschläge dienen. Die Funktion der UN-
Truppen ist es, einen Waffenstillstand oder
Friedensvertrag zu überwachen, Störungen
derselben durch bewaffnete Personen oder
Gruppen an die Führungen der Konfliktparteien zu melden, um die Wiederherstellung
der Waffenruhe durch diese zu veranlassen.
Bei solchen Aktionen werden oftmals auch
Polizisten und Zivilisten eingesetzt. Hin und
wieder dienten auch friedenserhaltende Aktionen der Vereinten Nationen dazu, die Übergangsverwaltung in einem Gebiet zu gewährleisten, das seine staatliche Zugehörigkeit
wechselte. [...]. Nach den zahlreichen ethno-
nationalen Bürgerkriegen und friedenserhaltenden Aktionen der UN in den 1990er-Jah-
ren forderte der UN-Generalsekretär Boutros
Boutros-Ghali [1992–1996] ein weiteres frie-
denspolitisches Instrument, das zur Friedenskonsolidierung (*peacebuilding*) vor allem
nach nur notdürftig beigelegten Bürgerkriegen und bewaffneten Konflikten dienen soll,
von denen erfahrungsgemäß einige erneut in
bewaffnete Auseinandersetzungen mündeten
oder münden können.

Aus: Egbert Jahn, Frieden und Konflikt, Wiesbaden 2012, S. 101 f.

MATERIAL **20**

Die Agenda für den Frieden

GLOSSAR

Blauhelmsoldaten

INFO

konsolidieren
in seinem Bestand
festigen, sichern

etablieren
einrichten gründen

Der damalige Generalsekretär Boutros Boutros-Ghali legte [...] im Juni 1992 seinen Bericht „Agenda für den Frieden" vor. Hierin
führte er aus, dass die Vereinten Nationen in
vier verschiedenen Bereichen Verantwortung
übernehmen müssen, die eng miteinander
zusammenhängen:
■ *Vorbeugende Diplomatie:* Die Vereinten Nationen sollten dazu beitragen, dass Konflikte überhaupt nicht auftreten. Sollten
sie doch vorhanden sein, so soll die UN die
Eskalation und die Ausbreitung von Konflikten verhindern. Hierzu sind vertrauensbildende Maßnahmen, Tatsachenermittlun-
gen (*fact finding missions*), Frühwarnung
oder Mediation einzusetzen [..].
■ *Friedensschaffung (peacemaking):* Die UN
müssen feindliche Parteien dazu bringen,
ihre Streitigkeiten beizulegen. Hierzu sind
in erster Linie Maßnahmen der friedlichen
Streitbeilegung, wie sie in Kapitel VI der
UN-Charta beschrieben sind, anzuwenden.
■ *Friedenssicherung (peacekeeping):* Durch
die Präsenz von UN -Personal vor Ort soll
ein Friedensvertrag bzw. Waffenstillstand
eingehalten werden. Hierbei sollen u.a.
vertrauensbildende Maßnahmen eingesetzt werden [...]. Die Friedenssicherung
erfolgt mit der Zustimmung der verschiedenen Konfliktparteien.
■ *Friedenskonsolidierung:* Die UN soll Strukturen, die den Frieden festigen oder **konsolidieren**, **etablieren**, sodass ein Wie-
deraufflammen der gewalttätigen Konflikte verhindert werden kann. Hierzu zählt
der Auf- und Ausbau von ökonomischer
und sozialer Kooperation, die weitere Ge-
walttätigkeiten ausschließt [...].

Aus: Tanja Brühl/Elvira Rosert, Die UNO und Global Governance, Wiesbaden 2014, S. 131

Blauhelm-Missionen

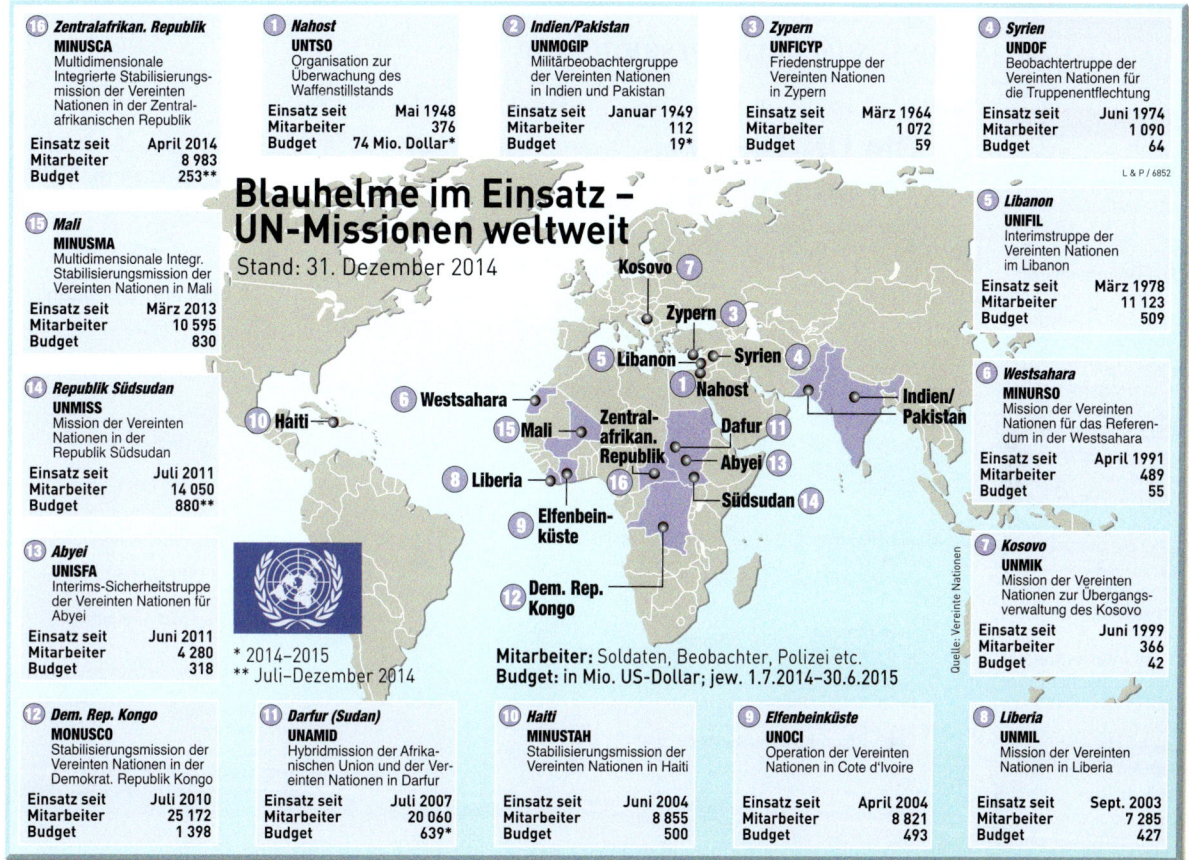

16 Zentralafrikan. Republik
MINUSCA
Multidimensionale
Integrierte Stabilisierungs-
mission der Vereinten
Nationen in der Zentral-
afrikanischen Republik

Einsatz seit April 2014
Mitarbeiter 8 983
Budget 253**

1 Nahost
UNTSO
Organisation zur
Überwachung des
Waffenstillstands

Einsatz seit Mai 1948
Mitarbeiter 376
Budget 74 Mio. Dollar*

2 Indien/Pakistan
UNMOGIP
Militärbeobachtergruppe
der Vereinten Nationen
in Indien und Pakistan

Einsatz seit Januar 1949
Mitarbeiter 112
Budget 19*

3 Zypern
UNFICYP
Friedenstruppe der
Vereinten Nationen
in Zypern

Einsatz seit März 1964
Mitarbeiter 1 072
Budget 59

4 Syrien
UNDOF
Beobachtertruppe der
Vereinten Nationen für
die Truppenentflechtung

Einsatz seit Juni 1974
Mitarbeiter 1 090
Budget 64

L & P / 6852

15 Mali
MINUSMA
Multidimensionale Integr.
Stabilisierungsmission der
Vereinten Nationen in Mali

Einsatz seit März 2013
Mitarbeiter 10 595
Budget 830

5 Libanon
UNIFIL
Interimstruppe der
Vereinten Nationen
im Libanon

Einsatz seit März 1978
Mitarbeiter 11 123
Budget 509

**Blauhelme im Einsatz –
UN-Missionen weltweit**
Stand: 31. Dezember 2014

Kosovo 7
Zypern 3
Libanon 5 Syrien 4
1 Nahost
Indien/
Pakistan
Westsahara 6
10 Haiti
15 Mali
Zentral-
afrikan. Dafur 11
Republik Abyei 13
16 Südsudan 14
8 Liberia
Elfenbein-
küste 9
12 Dem. Rep.
Kongo

14 Republik Südsudan
UNMISS
Mission der Vereinten
Nationen in der
Republik Südsudan

Einsatz seit Juli 2011
Mitarbeiter 14 050
Budget 880**

6 Westsahara
MINURSO
Mission der Vereinten
Nationen für das Referen-
dum in der Westsahara

Einsatz seit April 1991
Mitarbeiter 489
Budget 55

13 Abyei
UNISFA
Interims-Sicherheitstruppe
der Vereinten Nationen für
Abyei

Einsatz seit Juni 2011
Mitarbeiter 4 280
Budget 318

* 2014–2015
** Juli–Dezember 2014

Mitarbeiter: Soldaten, Beobachter, Polizei etc.
Budget: in Mio. US-Dollar; jew. 1.7.2014–30.6.2015

Quelle: Vereinte Nationen

7 Kosovo
UNMIK
Mission der Vereinten
Nationen zur Übergangs-
verwaltung des Kosovo

Einsatz seit Juni 1999
Mitarbeiter 366
Budget 42

12 Dem. Rep. Kongo
MONUSCO
Stabilisierungsmission der
Vereinten Nationen in der
Demokrat. Republik Kongo

Einsatz seit Juli 2010
Mitarbeiter 25 172
Budget 1 398

11 Darfur (Sudan)
UNAMID
Hybridmission der Afrika-
nischen Union und der Vereinten Nationen in Darfur

Einsatz seit Juli 2007
Mitarbeiter 20 060
Budget 639*

10 Haiti
MINUSTAH
Stabilisierungsmission der
Vereinten Nationen in Haiti

Einsatz seit Juni 2004
Mitarbeiter 8 855
Budget 500

9 Elfenbeinküste
UNOCI
Operation der Vereinten
Nationen in Cote d'Ivoire

Einsatz seit April 2004
Mitarbeiter 8 821
Budget 493

8 Liberia
UNMIL
Mission der Vereinten
Nationen in Liberia

Einsatz seit Sept. 2003
Mitarbeiter 7 285
Budget 427

Erläuterung:

Die Blauhelme kommen in der Regel zum Einsatz, wenn alle Konfliktparteien zugestimmt haben. Sie sollen z.B. darüber wa-
5 chen, dass Vereinbarungen zwischen den Konfliktparteien eingehalten werden.
Sie sind zur Unparteilichkeit verpflichtet und dürfen ihre Waffen nur zur Selbstverteidigung benutzen. Je nach UN-Resolution kann
10 es sich auch um ein sogenanntes robustes Mandat handeln, d.h., die Blauhelm-Soldaten haben die Möglichkeit, falls sich eine Partei nicht an die Vereinbarungen hält, auch Waffengewalt anzuwenden.
Diese Blauhelm-Missionen unterscheiden 15 sich also von den Militäreinsätzen nach Artikel 42 der UN-Charta. Ein solcher Militäreinsatz ist z.B. der Einsatz der International Security Assistance Force (ISAF) in Afghanistan.

1 Legen Sie dar, was man unter den Blauhelmen der Vereinten Nationen versteht (M 19 und Erläuterung zu M 21).

2 Ordnen Sie die Blauhelm-Missionen (M 21), die friedlichen Instrumente des Kapitels VI (Info auf S. 398) und die militärischen Zwangsinstrumente des Kapitels VII der UN-Charta (Info auf S. 394 f.) der Agenda für den Frieden (M 20) zu.

3 Beurteilen Sie Legitimität und Effizienz der Blauhelm-Missionen (M 19 bis M 21).

Die anderen Hauptorgane der Vereinten Nationen

Die UN-Generalversammlung

INFO

Neben dem Sicherheitsrat und der Generalversammlung gibt es drei weitere wichtige Organe:

a) UN-Generalsekretär
Er erfüllt administrative, aber auch politische Aufgaben. Zu Letzteren zählt, dass er die UN im internationalen Bereich und gegenüber den Mitgliedstaaten vertritt. Zugleich lenkt er die Aufmerksamkeit des Sicherheitsrats auf jeden Vorgang, der seiner Meinung nach geeignet ist, den Frieden und die internationale Sicherheit zu gefährden. Der Südkoreaner Ban Ki-moon ist UN-Generalsekretär seit 2007.

b) Internationaler Gerichtshof
Der IGH (15 Richter) hat für die Aufgabe der UN, den Frieden und die internationale Sicherheit zu wahren, keine wesentliche Rolle gespielt. Der Idee, dass Konflikte zwischen Staaten vor einem internationalen Gericht statt durch Krieg entschieden werden sollen, konnte er nicht zum Durchbruch verhelfen. Denn den Staaten ist es freigestellt, sich generell oder im Einzelfall seiner Zuständigkeit zu unterwerfen. Dies hat die Mehrheit bisher nicht getan, auch Deutschland nicht.

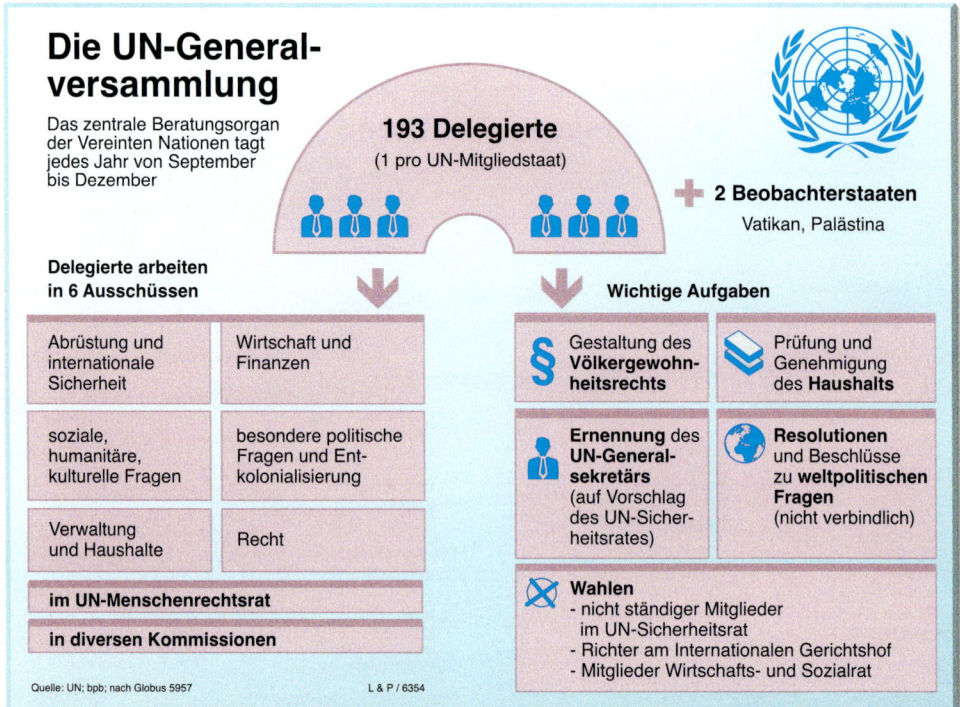

Die UN-Vollversammlung oder UN-Generalversammlung ist das Parlament der Vereinten Nationen. Sie repräsentiert alle 193 Mitgliedstaaten der Vereinten Nationen. Im Plenum ist jedes Land – egal ob groß oder klein – mit nur einer Stimme vertreten. Einmal im Jahr von September bis Dezember treffen sich die Abgesandten der Mitgliedstaaten zur Generaldebatte. Dort hat jedes Land 15 Minuten Rederecht. Zudem arbeiten die Abgesandten aus aller Welt in verschiedenen Ausschüssen und Kommissionen. Die Entscheidungen der UN-Vollversammlung sind völkerrechtlich nicht bindend.

Steigerung der Effizienz der UN-Generalversammlung?

c) Wirtschafts- und Sozialrat
Der Economic and Social Council (ECOSOC) ist zusammen mit der Generalversammlung für die in Kapitel IX der UN-Charta aufgeführten Aufgaben verantwortlich (Wirtschaft, Soziales, Gesundheit, Erziehung und Kultur). Im Prinzip ist er ein Koordinierungsorgan für wirtschaftliche und soziale Fragen. Seine Befugnisse unterliegen der Autorität der Generalversammlung, er ist eher ihr Hilfsorgan.

Die eigentliche Frage lautet also, wie [die Generalversammlung] reaktionsfähiger und effektiver gemacht werden kann, sodass sie verwunderten oder kritisch gesonnenen Beobachtern weniger als eine Quasselbude erscheint. Tatsächlich gibt es eine erstaunliche Zahl von Vorschlägen für die Verbesserung der Generalversammlung. Die meisten heben ihre spezielle Rolle als Weltdiskussionsforum hervor und verteidigen heftig die zweiwöchigen Sitzungen im September, in denen sich Staatsführer und Außenminister in New York zu Wort melden, als wichtiges, ja unverzichtbares Instrument der internationalen Verständigung. Doch sie geben rasch zu, dass die Tagesordnungen schwerfällig, ineffektiv und repetitiv sind – zu viele Regierungen verfolgen politische Ziele, die nicht zur Wirklichkeit unseres 21. Jahrhunderts passen, auch wenn sie 1970 einmal attraktiv gewesen sein mögen. [...] Die [...] ebenso wichtige Gruppe von Ideen dreht sich um die Verbesserung ihrer Beziehung zum Sicherheitsrat. [...] Warum nicht [...] eine bessere interaktive Struktur auf der Ebene der „Hauptorgane" (Sicherheitsrat – Generalversammlung) herstellen? Dieser Konsultationsprozess ließe sich ebenso fördern durch eine Stärkung der Befugnisse des **Präsidenten der Generalversammlung**, natürlich einem Rotationsamt. Es wäre sehr sinnvoll, wenn die Person in diesem Amt die Möglichkeit hätte, sowohl an regulären wie an Dringlichkeitssitzungen des Sicherheitsrats teilzunehmen.

Nach: Paul Kennedy, Parlament der Menschheit, München 2007, S. 311 f.

INFO

Präsident der UN-Generalversammlung
Er wird von der Generalversammlung gewählt und übernimmt die Koordinierung der jährlichen Tagung von September bis Dezember.

Irans Präsident Rohani vor der UN-Generalversammlung

MATERIAL 24

Ohne die USA ausdrücklich zu nennen, sprach der iranische Präsident von „militärischer Aggression gegen Afghanistan und den Irak" sowie „unangemessener Einmischung in die Entwicklungen in Syrien". Auch der Iran schaut mit Sorge auf die Jihadistenmiliz „Islamischer Staat" (IS), die Teile des Irak und Syriens unter ihre Kontrolle gebracht hat. Rohani verwahrte sich dagegen, die Extremistengruppe als „islamisch" zu bezeichnen. Der iranische Präsident warf den westlichen Medien vor, diese „falsche Behauptung" zu wiederholen und damit islamfeindliche Einstellungen zu befördern. Rohani erklärte, die internationalen Verhandlungen über das iranische Atomprogramm „in gutem Glauben" fortsetzen zu wollen. Zugleich warnte er, dass weitere Verzögerungen eines Abkommens „nur die Kosten erhöhen" würden. Die „repressiven" Sanktionen, die von der internationalen Gemeinschaft im Atomstreit verhängt wurden, seien ein „strategischer Fehler", fügte der iranische Staatschef hinzu. Der Iran werde jedenfalls an der Urananreicherung festhalten und auf seinen nuklearen Rechten im Rahmen des Völkerrechts bestehen.

Teheran verhandelt mit der sogenannten 5+1-Gruppe der fünf UN-Vetomächte und Deutschland über ein langfristiges Abkommen zu seinem Atomprogramm. Ziel ist eine Einigung bis zum 24. November. Die Verhandlungsfrist war verlängert worden, nachdem die Differenzen nicht wie ursprünglich geplant bis Mitte Juli beigelegt werden konnten. Zu den Hauptstreitpunkten zählt die Anzahl der Urananreicherungszentrifugen, die der Westen wesentlich verringert sehen will. Seit dem Amtsantritt des als moderat geltenden Rohani im Sommer 2013 haben sich die Beziehungen des Westens zur Führung in Teheran merklich verbessert. Bei der UN-Generaldebatte im vergangenen Jahr hatte der iranische Staatschef versöhnliche Töne angeschlagen. Von seinem Land gehe „absolut keine Gefahr für die Welt" aus, sagte er damals. Außerdem führte er ein historisches Telefonat mit US-Präsident Barack Obama.

Aus: Rohani macht Westen für Erstarken der Jihadisten verantwortlich (APA/AFP/dpa/Reuters), in: Tiroler Tageszeitung online, www.tt.com, 25.9.2014 (Zugriff: 7.10.2014)

1 **Erläutern** Sie Zielsetzung, Aufbau und Arbeitsweise der UN-Generalversammlung (M 22).

2 **Erklären** Sie auf Basis von M 22, warum man die UN-Generalversammlung als das Parlament der Vereinten Nationen bezeichnet.

3 **Arbeiten** Sie aus M 23 die Vorschläge zur Steigerung der Effizienz der UN-Generalversammlung **heraus**.

4 **Ermitteln** Sie aus M 24, was die Position des Autors und was die Position Rohanis ist.

5 **Erklären** Sie, was der iranische Präsident Hassan Rohani mit seiner Rede am 25.9.2014 vor der UN-Generalversammlung zum Ausdruck bringen wollte und wie der Stand der Atomverhandlungen ist (M 24).

6 **Beurteilen** Sie, ob man die UN-Generalversammlung als das Parlament der Vereinten Nationen bezeichnen kann bzw. sollte (M 22 bis M 24).

7 **Entwerfen** Sie ein zukünftiges Bild der UN in Bezug auf die Wahrung und Sicherung des Weltfriedens nach den Szenarien „Marginalisierung", „Weltregierung" und „Durchwursteln".

QUERVERWEIS

METHODE
Szenario
S. 224

WISSEN KOMPAKT

Die Organe der Vereinten Nationen*

Sicherheitsrat

- fünf ständige Mitglieder mit Vetorecht sowie zehn nichtständige Mitglieder
- bindende Entscheidungen bei Bedrohung oder Bruch des Friedens

schlägt zur Wahl vor →

Generalsekretär

- Amtszeit: fünf Jahre
- oberster „Verwaltungsbeamter" der UNO und ihr Vertreter nach außen

wählt jährlich fünf nichtständige Mitglieder für zwei Jahre

Sicherheitsrat und Generalversammlung wählen unabhängig voneinander von einer Vorschlagsliste; Kandidaten müssen in beiden Gremien die absolute Mehrheit erhalten.

General-versammlung

Vollversammlung der Mitgliedstaaten mit einer Stimme pro Mitglied in politischen Fragen Resolutionen mit empfehlendem Charakter

wählt →

Internationaler Gerichtshof

- 15 Richter aus verschiedenen Weltregionen
- Amtszeit: neun Jahre
- zuständig für Rechtsstreitigkeiten zwischen Staaten, die das Statut des IGH ratifiziert haben

wählt jährlich 18 Mitglieder für jeweils drei Jahre

in der Mehrzahl dem W.-u.-S.-rat berichtspflichtig

Nebenorgane der UNO

- UNICEF (Kinder)
- UNHCR (Flüchtlinge)
- UNDP (Entwicklung)
- UNEP (Umwelt)
- ... und über 20 weitere

Wirtschafts- und Sozialrat

- 54 Mitgliedstaaten, die nach Regionen gewählt werden
- zahlenmäßiges, Übergewicht der Entwicklungsländer
- Koordinierungsorgan für wirtschaftliche und soziale Fragen

koordiniert →

schließt Verträge mit →

Sonder-organisationen

rechtlich eigenständige Organisationen, die auf Vertragsbasis mit der UNO kooperieren, z. B. WHO (Gesundheit), WTO (Welthandel) UNESCO (Kultur) ... und 15 weitere

*ohne Treuhandrat

Quelle: Praxis Politik 6/2011: UNO. Wegweiser für den Frieden   L & P / 6350

Aufgabe der Vereinten Nationen

Die Vereinten Nationen (United Nations) haben die **Aufgabe, Sicherheit und Frieden auf der Welt zu gewährleisten**. Deutschlands Sicherheit ist mit den politischen, ökonomischen und gesellschaftlichen Entwicklungen in Europa und in der Welt verbunden. Deutschland ist nicht nur Mitglied der EU (und der NATO), sondern auch der Vereinten Nationen.

Interessen deutscher Sicherheitspolitik im Rahmen der EU und UN

Da deutsche Sicherheitspolitik **supranational**, also überstaatlich, übernational **(d.h. innerhalb der EU)** und **multilateral (d.h. innerhalb der UN)** angelegt ist, versucht Deutschland, seine Sicherheitsinteressen innerhalb dieser Institutionen zur Geltung zu bringen. Diese Interessen bestehen nicht nur in der **Landesverteidigung**, nämlich die Bürgerinnen und Bürger vor Gefährdungen zu schützen und die territoriale Unversehrtheit Deutschlands zu sichern, sondern auch im **Schutz vor globalen Problemen**, vor allem die Befriedung von regionalen Konflikten und Krisen, die mittel- oder langfristig negative Auswirkungen auf Deutschlands Sicherheit haben könnten. Als Exportnation hat Deutschland ein großes Interesse daran, den **freien und ungehinderten Welthandel** zu fördern und dabei nicht aus dem Auge zu verlieren, die soziale und ökonomische Schere zwischen armen und reichen Weltregionen zu verkleinern.

Ziviles und militärisches Engagement

Der Schwerpunkt der deutschen Sicherheitspolitik beruht auf der **zivilen Krisenprävention, Konfliktlösung und Friedenskonsolidierung**, d.h. auf friedlichen und diplomatischen Lösungen, was aber **militärische Auslandseinsätze** wie in Afghanistan (Beginn: 2001; Truppenrückzug 2014) nicht ausschließt. Die Einbindung in die **North Atlantic Treaty Organization (NATO)** und die Beziehungen zu den USA bleiben nach wie vor fester Bestandteil deutscher und europäischer Sicherheitspolitik. Die **Gemeinsame Sicherheits- und Verteidigungspolitik (GSVP) der EU** hat politische und militärische Strukturen für Einsätze aufgebaut, sich eine Europäische Sicherheitsstrategie gegeben und Battlegroups eingerichtet. Auch wenn die EU und die NATO gemäß ihren jeweiligen Sicherheitsstrategien sich selbst für Militäreinsätze mandatieren können, so handeln beide Organisationen dennoch grundsätzlich multilateral im Rahmen der Vereinten Nationen.

Die UN-Charta

Die UN sind die einzige internationale Organisation mit universellem Charakter. In ihrer **Charta** ist durch die **Prinzipien des Gewaltverbots und der kollektiven Sicherheit** der rechtliche Grundstein gelegt, den Weltfrieden zu wahren und die internationale Sicherheit zu gewährleisten. Allerdings war die Charta für die Verhältnisse nach dem Zweiten Weltkrieg entworfen worden, d. h., sie war nur für **Kriege zwischen Staaten**, nicht aber für Bürgerkriege innerhalb von Staaten ausgelegt. Im Laufe der Jahrzehnte hat der Sicherheitsrat Wege gefunden, **innerstaatliche Konflikte** ebenfalls als Bedrohung des Weltfriedens zu erklären und einzuschreiten, sowohl friedlich als auch militärisch. Trotzdem prägen nach wie vor Konflikte und Kriege das Weltgeschehen, können die UN längst nicht alle Konflikte lösen.

Reform des Sicherheitsrates?

Die z. T. mangelnde Durchsetzungskraft der UN rührt vor allem aus den unterschiedlichen Interessen der fünf ständigen Mitglieder im Sicherheitsrat. Insofern ist der Sicherheitsrat primär ein politisches Organ, in dem die fünf Vetomächte ihre eigenen Interessen durchzusetzen versuchen. Deshalb fordert man immer wieder eine **Reform des Sicherheitsrates**, damit die Weltgemeinschaft bei kriegerischen Konflikten noch handlungsfähiger wird. Da allerdings jede Reform am **Veto eines ständigen Mitglieds** scheitern kann, bestehen nur geringe Chancen auf eine Reform dieses Gremiums. Zugleich bleibt festzuhalten, dass die einzelnen (193) Nationalstaaten die entscheidenden Akteure der Friedens- und Sicherheitspolitik bleiben, die sich zwar in supra- und internationale Organisationen einordnen, dort aber auch ihre eigenen Interessen verfolgen.

4.5 Internationale Friedens- und Sicherheitspolitik

QUERVERWEIS

Frieden und Sicherheit
S. 206–211

INFO

Friede
Friede ist ein Zustand innerhalb eines Systems größerer Gruppen von Menschen, besonders von Nationen, bei dem keine organisierte, kollektive Anwendung oder Drohung von Gewalt stattfindet.
(Johan Galtung; siehe S. 412, Info)

Sicherheit
Sicherheit ist Werterhaltung und/oder Systemerhaltung über Zeit und die Abwesenheit einer darauf bezogenen Bedrohung.
(Helga Haftendorn; *1933; dt. Politikwissenschaftlerin)

Friedens- und Konfliktforschung
Friedensforschung ist die Beschreibung und Erklärung von Gewaltpolitik in den internationalen Beziehungen ebenso wie in binnengesellschaftlichen Prozessen sowie konstruktive Kritik daran, verbunden mit dem Ziel, zu deren Zurückdrängung, wenn nicht gar Überwindung beizutragen.
(Volker Rittberger; (1941–2011; dt. Politikwissenschaftler)

Der antike Philosoph Platon kam zu der bitteren Erkenntnis, dass nur für die Toten der Krieg endgültig vorbei sei. Kriege sind in den Medien allgegenwärtig, sie werden real geführt. Die internationale Friedens- und Sicherheitspolitik spielt hierbei eine besondere Rolle. Internationale Politik bezeichnet den überstaatlichen bzw. internationalen politischen Bereich, der durch die Beziehungen geprägt ist, die die Staaten untereinander unterhalten. Ihr Ziel ist es, eine für alle Staaten verbindliche Grundordnung zu schaffen, die gewaltsame Auseinandersetzungen verhindert, Krisen, Konflikte und Kriege möglichst nicht entstehen zu lassen oder wenigstens einzudämmen bzw. zu deeskalieren und nach einem Krieg die staatliche Ordnung wiederherzustellen.

Von besonderer Bedeutung ist bei der internationalen Friedens- und Sicherheitspolitik das sogenannte Sicherheitsdilemma: Es beschreibt das Problem, dass das Streben von Staaten nach Sicherheit von anderen Staaten als Bedrohung ihrer eigenen Sicherheit aufgefasst und somit Kooperation verhindert wird. Zugleich kann ein Teufelskreis in Gang kommen: Staaten, die sich durch Bewaffnung anderer Staaten weniger sicher fühlen, kaufen mehr Waffen zu ihrer Sicherheit. Verschärft wird das Sicherheitsdilemma durch die Unsicherheit über das Verhalten der anderen Staaten. Dieses führt zu Situationen, in denen es wegen der Unsicherheit, wie der Gegner sich verhalten wird und wie Verhaltensweisen einzelstaatlicher Politik zu deuten sind, eher zu einer Erhöhung als zu einem Abbau des Risikos kommt, in einen Konflikt oder Krieg zu geraten.

Grundsätzlich kann man wie bei der nationalstaatlichen Politik auch bei der internationalen Politik von einem Politikzyklus oder Politikkreislauf sprechen. Einer oder mehrere Nationalstaaten wenden sich an das internationale politische System mit der Forderung nach Unterstützung, z. B. bei einem Konflikt oder Krieg. Das internationale politische System erzeugt einen Output, der auf einen oder mehrere Nationalstaaten einwirkt. Entweder ist der Konflikt gelöst bzw. der Krieg beendet oder eben nicht, dann kommt es zu einem neuen Input eines oder mehrerer Nationalstaaten in das internationale politische System.

Basiswissen

Es gilt zwischen zwei Arten von Kriegen zu unterscheiden: **Innerstaatliche Kriege** sind Kriege innerhalb der Grenzen eines Staates, d. h. Bürgerkriege. Von **zwischenstaatlichen Kriegen** spricht man bei Kriegen zwischen zwei oder mehreren Staaten.

Von besonderer Wichtigkeit ist bei den innerstaatlichen Kriegen der Begriff der **Neuen Kriege**. Der kontrovers diskutierte Begriff geht auf den Politikwissenschaftler Herfried Münkler zurück; damit ist die Entstaatlichung von Gewalt gemeint. „Alte Kriege" wurden geführt mit dem Ziel, das Staatsterritorium auszuweiten, die „Neuen Kriege" finden in zerfallenden Staaten statt, die nicht mehr über das Gewaltmonopol verfügen. In dieses Vakuum treten bewaffnete Gruppen mit dem Ziel, Gewalt auszuüben und sich zu bereichern. Als Beispiel lassen sich die kriegerischen Auseinandersetzungen in der Demokratischen Republik Kongo nennen, bei denen lokale Milizen um Rohstoffe kämpfen.

Asymmetrische Kriege wiederum meint ungleiche Kriege, d. h., nicht mehr Soldaten oder Armeen kämpfen gegeneinander, sondern Bewaffnete gegen Armeen. Ein Beispiel dafür ist der Kampf zwischen der radikalislamischen Hamas im Gaza-Streifen und der israelischen Armee. Der Literatur- und Kulturwissenschaftler Bernd Hüppauf hingegen definiert als **neue Kriege** die sich durch die Entwicklung neuer Waffensysteme ergebende, neue Art der Kriegsführung, z. B. Hackerangriffe auf Atomkraftwerke („Cyberwar") oder Drohnenangriffe.

1 Stellen Sie mithilfe des Einstiegstextes **dar**, was man unter internationaler Friedens- und Sicherheitspolitik versteht.

2 Erklären Sie ausgehend vom Basiswissen die verschiedenen Arten von Kriegen.

Konflikte, Krisen und Kriege – Definitionen und Entwicklungen

Konflikte, Krisen und Kriege

MATERIAL **1**

QUERVERWEIS
Kriege und Konflikte 2013
S. 397, M 18

Im Jahr 2012 gab es weltweit 396 politische Konflikte. 43 davon wurden als hochgewaltsam eingestuft, weitere 165 Konflikte als gewaltsame Krisen und 188 als gewaltlose
5 Konflikte (105 Dispute und 83 gewaltlose Krisen). Diese Angaben sind dem vom Heidelberger Institut für Internationale Konfliktforschung (HIIK) am 21.2.2013 veröffentlichten „Conflict Barometer" zu entnehmen. Das
10 HIIK definiert einen politischen Konflikt nach einer 2011 eingeführten neuen Methodik als „eine Positionsdifferenz hinsichtlich gesamtgesellschaftlich relevanter Güter – den Konfliktgegenständen – zwischen min-
15 destens zwei maßgeblichen direkt beteiligten Akteuren, die mittels beobachtbarer und aufeinander bezogener Konfliktmaßnahmen ausgetragen wird, welche außerhalb etablierter Regelungsverfahren liegen und eine
20 staatliche Kernfunktion oder die völkerrechtliche Ordnung bedrohen oder eine solche Bedrohung in Aussicht stellen". Gewaltfreie Auseinandersetzungen stuft das Institut in „Disput" (vollständig ohne den Einsatz phy-
25 sischer Gewalt ausgetragener politischer Konflikt) und „gewaltlose Krise" (Einsatz von Mitteln, die im Vorfeld gewaltsamer Handlungen liegen – wie Androhung von Gewalt oder ökonomische Zwangsmaßnahmen)
30 ein, Gewaltkonflikte in „gewaltsame Krise" (Spannungszustand, in dem mindestens eine der Parteien vereinzelt Gewalt anwendet), „begrenzter Krieg" (sporadischer Einsatz organisierter Gewalt) und „Krieg" (kontinuier-
35 licher und systematischer Einsatz organisierter Gewalt). Kriterien zur Bestimmung des Gewaltgrades sind die jeweils eingesetzten Mittel (Waffen- und Personaleinsatz) und ihre Folgen (Todesopfer, Zerstörung und
40 Flüchtlinge).

Aus: Fischer Weltalmanach 2014, Frankfurt a. M. 2014, S. 16

Asymmetrische Kriege und neue Kriege

MATERIAL **2**

Innerhalb kurzer Zeit und überraschend ist das grausame Töten, das einige Zeit endgültig überwunden zu sein schien, zurückgekommen. [...] Viele dieser Kriege dienen
5 der Bereicherung, einige dem Glauben oder der Lust an Terror und Destruktion. Diese Aspekte hatte der Krieg schon immer, nun aber werden sie zur einzigen Grundlage von Kriegen. Keine Kriegsordnung liegt ihnen
10 zugrunde. Das gibt der Bezeichnung asymmetrischer Krieg ihre Berechtigung. Diese abstrakte Bezeichnung darf aber das innere Prinzip nicht verdecken: Es sind Kriege mit furchtbaren Gräueln. Das Kampffeld dieser
15 Kriege der Ordnungslosigkeit kann heute hier und morgen da liegen, in Bezirken von Städten oder in Afrika. Sie sind terroristisch und zielen auf moralische Destabilisierung, und sie sind nur durch die Verbreitung der
20 Bilder von Zerstörung, Furcht und Schrecken zu erreichen. . [...]
Die Frage: Was ist Krieg? wird durch die unaufhaltsame Entwicklung von Cyberwar und Drohnen eine neue Antwort bekommen.
25 [...] Das Prinzip Eigeninteresse wirkt im Krieg der Elektronik und der Drohnen dadurch, dass wir eigenes Leben schonen und das Leben der anderen nehmen.

Aus: Bernd Hüppauf, Was ist Krieg?, Bielefeld 2013, S. 485–488

1 Arbeiten Sie aus M 1 die Unterschiede zwischen Konflikt, Krise und Krieg heraus.
2 Vergleichen Sie die Kriegsdefinition von M 1 mit der von M 2.

Der Drohneneinsatz in Pakistan

MATERIAL **3**

Pakistan und islamistische Aufständische

Taliban

Die militant-islamistische Tehreek-e-Taliban Pakistan (TTP) demonstrierte ihre Gewaltbereitschaft nicht allein in der Behinderung der Parlamentswahlen. Zu den Zielen ihrer [5] Anschläge zählten auch Ärzte und Mitarbeiter des Programms der **WHO** zur Schutzimpfung gegen Kinderlähmung, das etwa 34 Mio. Kinder immunisieren sollte. Die nur mit Polizeischutz durchführbaren Impfun[10]gen wurden wegen der zahlreichen Morde an Mitarbeitern und Sicherheitskräften im Dezember 2012 zeitweise eingestellt.

Ein gezielter Mordanschlag auf ein Mädchen im Swat-Tal löste öffentliche Empörung über [15] den Terror der TTP aus: Am 9.10.2012 wurde die wegen ihres Einsatzes für das Recht auf Bildung für Mädchen bekannte 15 Jahre alte Bloggerin Malala Yousafzai in einem Schulbus in Mingora von einem Auftragsmörder [20] lebensgefährlich verletzt. Durch medizinische Hilfe in verschiedenen Krankenhäusern in Peshawar, Islamabad und im britischen Birmingham konnte ihr Leben gerettet werden. In Lahore und Karatschi kam es zu [25] Solidaritätsbekundungen mit Malala, Armeechef General Ashfaq Pervez Kayani besuchte sie am Krankenbett und nutzte die Gelegenheit zu einem Aufruf zur nationalen Einheit des Landes im Kampf gegen [30] die Taliban. Etwa 50 islamische Gelehrte verurteilten die Tat in einer Fatwa als unislamisch, während die islamistische **JUI** – ungeachtet des Bekennerschreibens der TTP [35] – sie als Aktion des US-amerikanischen Geheimdienstes hinstellte.

Eine von der regierenden **PPP** eingebrachte Parlamentsresolution scheiterte, in der eine wirkungsvolle Gegenwehr gegen den isla[40]mistischen Terror gefordert wurde; sie wurde am 17.10.[2012] zurückgezogen, weil sie keine Mehrheit im Parlament fand. Insbesondere die **PML**-N lehnte sie ab, weil sie in der Resolution eine Ermächtigung für eine Armeeoffensive in Nord-Waziristan sah. Zu [45] dieser kam es am 5.4.2013 nach Ablösung der PPP-Regierung im Grenzbezirk Khyber: Das Militär ging im Tirah-Tal massiv gegen Taliban vor; Zehntausende Zivilisten flohen vor den Kämpfen. [50]

Drohnenangriffe

Die USA setzten ihre Strategie fort, islamistische Führer in den Stammesgebieten durch unbemannte Lenkraketen zu töten: So wurden Ende August 2012 Badruddin Haqqani, [55] ein Führer des Haqqani-Netzwerks, und Maulvi Dadullah, Führer der Taliban in Bajaur, getötet. Der Forderung der Regierung, an der Planung und Durchführung solcher Angriffe beteiligt zu werden, um Opfer unter [60] der Zivilbevölkerung besser vermeiden zu können, erteilten die USA eine Absage, weil man den pakistanischen Geheimdienst der Zusammenarbeit mit einem Teil der Extremisten verdächtigte, die wesentlich zur De[65]stabilisierung in Afghanistan beitragen. [...] Am 3.8.2012 wurden fünf hohe Offiziere von einem Militärgericht wegen Zugehörigkeit zu einer verbotenen islamistischen Organisation zu Haftstrafen verurteilt. Der Haupt[70]angeklagte, Brigadegeneral Ali Khan, der zu den bekannten Kritikern der Militärkooperation mit den USA zählt und zu fünf Jahren Gefängnis verurteilt wurde, warf Teilen der Armeeführung Mithilfe bei der umstrittenen [75] Tötung Osama bin Ladens in Abbottabad im März 2011 vor.

Aus: Fischer Weltalmanach 2014, Frankfurt a. M. 2014, S. 353 f.

1 Stellen Sie anhand von M 3 Erscheinungsformen, Ursachen und Strukturen des Konfliktes in Pakistan **dar**.

2 Arbeiten Sie aus M 4 **heraus**, welche Kritik am Drohnenkrieg bzw. am „Targeted Killing" geübt wird.

3 Erörtern Sie, ob die Kritik, die in M 4 geübt wird, berechtigt ist.

Drohnen statt Bodenkrieg

Targeted Killing gilt heute als bevorzugtes Mittel in der Terrorismus- und Aufstandsbekämpfung. Das „gezielte Töten" wird manchmal von Kommandokräften durchgeführt, oft
5 von bewaffneten Drohnen. Kampfdrohnen setzen bisher Israel und Großbritannien ein, vor allem aber die USA. Unter Präsident Obama hat sich das Targeted Killing vervielfacht. Gab es von 2004 bis 2008 allein in Pa-
10 kistan 50 Drohneneinsätze, wuchs die Zahl seit dem Amtsantritt Obamas, je nach Quelle, auf 334 bis 366. Hinzu kommen seit 2002 42 bis 64 Drohnenangriffe im Jemen sowie drei bis neun in Somalia. Auch dass die Zah-
15 len je nach Quelle variieren, verweist auf den **klandestinen** Charakter dieser Angriffe.
Die Technologie bewaffneter Drohnen versetzt die USA in die Lage, Terroristen und Aufständische aus der Ferne zu bekämpfen,
20 ohne das Leben eigener Soldaten zu gefährden. Damit verliert der Krieg seinen Charakter eines „erweiterten Zweikampfs" (Carl von Clausewitz). Der nicht erklärte Krieg mit Drohnen ist einseitig. Er verspricht, ver-
25 gleichsweise zielgenau **Kollateralschäden** zu begrenzen, setzt sich dabei aber über Staatsgrenzen hinweg und ähnelt dem irregulären Kampf von Terroristen: Unerwartet und unsichtbar schlagen die Drohnen zu, für
30 die Opfer unberechenbar. In ganzen Regionen lebt die Bevölkerung inzwischen unter der ständigen Angst vor Drohnenangriffen.
Für die Mehrheit der Völkerrechtler bewegt sich der Einsatz von Kampfdrohnen in be-
35 waffneten Konflikten im Rahmen des geltenden Rechts. Für völkerrechtswidrig hingegen halten die meisten das „gezielte Töten" durch die USA im „Krieg gegen den Terror", also in Pakistan, im Jemen und in Somalia. Targeted
40 Killing in Ländern, gegen die man gar keinen Krieg führt, verstößt gegen die UN-Charta und untergräbt die internationale Rechtsordnung. [...] Die CIA – als nicht-militärische Einrichtung – erstellt Todeslisten für die An-
45 griffe. Gibt der Präsident grünes Licht, werden die Opfer per Knopfdruck eliminiert. In einigen Fällen erfolgten Attacken sogar nur aufgrund verdächtigen Verhaltens.
Exekutionen durch die Exekutive – ohne
50 Kriegserklärung, ohne politische Kontrolle

ferngesteuerte Drohne der US-Air Force beim Start

und ohne rechtsstaatliches Verfahren – hebeln eine Errungenschaft der modernen Demokratie aus: die Entscheidungshoheit des Souveräns über Krieg und Frieden. Die Möglichkeit, vermeintliche Terroristen oder 55 Aufständische überall auf der Welt zu eliminieren, ohne eigene Soldaten zu gefährden, senkt zudem die Hemmschwelle für den Griff zu militärischen Mitteln.
Was militärisch gesehen als Vorzug von Kampfdrohnen erscheint, weckt Begehrlich- 60 keiten. Das Monopol des Westens auf bewaffnete Drohnen war von kurzer Dauer. Mehr als 80 Staaten besitzen inzwischen Aufklärungsdrohnen. China stellte jüngst auf einer Luftfahrtmesse 27 Drohnentypen aus, dar- 65 unter bewaffnete Systeme aus eigener Produktion. Auch Iran behauptet, eine Kampfdrohne entwickelt zu haben.

Aus: Friedensgutachten 2013, Berlin 2013, S. 4 f.

Panorama: Geheimer Krieg – wie Deutschland im Drohnenkrieg mitmischt
ARD, 28.11.2013

INFO

klandestin
heimlich

Carl von Clausewitz
* 1.7.1780 in Burg bei Magdeburg
† 16.11.1831 in Breslau preußischer General, berühmt durch sein Buch *Vom Kriege*, in dem es überwiegend um strategische Fragen geht

Kollateralschäden
„Begleitschäden", d.h. unbeabsichtigte, aber in Kauf genommene Schäden im Zuge von militärischen Aktionen

Opferbilanz von US-Drohnenangriffen Pakistan 2004 – Juli 2013	
US-Drohnenangriffe insgesamt:	371
Unter der Präsidentschaft Barack Obamas:	320
Todesopfer insgesamt:	2 505 bis 3 584
Getötete Zivilisten:	407 bis 928
Getötete Kinder:	164 bis 195
Verletzte insgesamt:	1 111 bis 1 493

Aus: Peter Strutynski (Hrsg.), Töten per Fernbedienung, Wien 2013, S. 16

Friedensvorstellungen und Theorien der Konflikt- und Friedensforschung

Hobbes: Befriedung durch Gewalt

Hobbes' Analyse gilt für ein Leben im Zustand der Anarchie. Einen Ausweg deutet der
Titel seines Meisterwerks an: der Leviathan,
eine Monarchie oder eine andere Regie-
rungsautorität, die den Willen des Volkes
verkörpert und ein Monopol auf die Anwendung von Gewalt hat. Indem der Leviathan
Aggressoren mit Strafen belegt, kann er bei
diesen den Anreiz für die Aggressionen beseitigen; das wiederum entschärft die allgemeinen Ängste vor Präventivschlägen, und
es beugt dem Bedürfnis vor, beim geringsten
Anlass mit einem Vergeltungsschlag die eigene Entschlossenheit unter Beweis zu stellen. Da der Leviathan außerdem ein unin-
teressierter Dritter ist, leidet er auch nicht
unter der Voreingenommenheit, die bei anderen Parteien durch den Chauvinismus entsteht, weil jede Seite glaubt, der Gegner habe
ein finsteres Herz, während das eigene so
rein und weiß wie Schnee ist.
Die Logik des Leviathan lässt sich als Dreieck darstellen. Bei jedem Gewaltakt gibt es
drei interessierte Parteien: den Aggressor,
das Opfer und einen Zuschauer. Jeder von ihnen hat ein Motiv für die Gewalt: der Aggressor will das Opfer ausbeuten, das Opfer will
Vergeltung üben, und der Zuschauer will den
durch den Konflikt entstehenden Kollateral-
schaden so gering wie möglich halten. Gewalt zwischen Aggressor und Opfer kann
man Krieg nennen; Gewalt, die der Zuschauer gegenüber den Konfliktparteien ausübt,
nennt man häufig Gesetz.
Kurz gefasst, lautet die Leviathan-Theorie:
Gesetz ist besser als Krieg.

Aus: Steven Pinker, Gewalt. Eine neue Geschichte der Menschheit, Frankfurt a. M. 2013, S. 71 f.

Kant: Befriedung durch Völkerbund

[N]ämlich: aus dem gesetzlosen Zustande
der Wilden hinauszugehen, und in einen
Völkerbund zu treten; wo jeder, auch der
kleinste, Staat seine Sicherheit und Rechte,
nicht von eigener Macht, oder eigener rechtlichen Beurteilung, sondern allein von diesem großen Völkerbunde (Foedus Amphicty-
onum), von einer vereinigten Macht, und
von der Entscheidung nach Gesetzen des
vereinigten Willens, erwarten könnte. [...]
Alle Kriege sind demnach so viel Versuche
(zwar nicht in der Absicht der Menschen,
aber doch in der Absicht der Natur), neue
Verhältnisse der Staaten zustande zu bringen, und durch Zerstörung, wenigstens Zer-
stückelung alter, neue Körper zu bilden, die
sich aber wieder, entweder in sich selbst
oder nebeneinander, nicht erhalten können,
und daher neue ähnliche Revolutionen erleiden müssen; bis endlich einmal, teils
durch die bestmögliche Anordnung der bürgerlichen Verfassung innerlich, teils durch
eine gemeinschaftliche Verabredung und Gesetzgebung äußerlich, ein Zustand errichtet
wird, der, einem bürgerlichen gemeinen
Wesen ähnlich, so wie ein Automat sich
selbst erhalten kann.

*Aus: Immanuel Kant, Idee zu einer allgemeinen Geschichte in weltbürgerlicher Absicht, 7. Satz,
in: Ders., Werke in zehn Bänden, hrsg. von W. Weischedel, Darmstadt 1970 (1784), Bd. 9, S. 42 f.*

1 Vergleichen Sie Hobbes' und Kants Friedensvorstellungen miteinander (M 5 und M 6).
2 Geben Sie Hondrichs Position und Argumentation zur Weltgewaltordnung wieder (M 7).
3 Ermitteln Sie, inwieweit Hondrich (M 7) sich auf Hobbes (M 5) und Kant (M 6) bezieht.
4 Bewerten Sie M 7 im Hinblick darauf, wie offen bzw. geschlossen der Autor argumentiert.
5 Nehmen Sie Stellung zu Hondrichs These am Ende des Textes (M 7).

Hondrich: Befriedung durch einen Hegemon

MATERIAL 7

Gesellschaft ohne Gewalt ist möglich – unter drei Bedingungen, von denen nur eine erfüllt sein muss: Menschen müssen unverletzlich sein; oder ihre Lebensform muss ihnen nicht
5 durchsetzungswert, also im Vergleich zu andern nichts wert sein; oder sie braucht sich nicht durchzusetzen, weil Harmonie der Werte herrscht.

[...] Aber: Die drei Bedingungen gewaltfreier
10 Gesellschaft – sie rücken ferner, je mehr die Entwicklung sich dem nähert, was als „höhere" Kultur bezeichnet wird. Die USA nähren sogar den Traum, mithilfe der Raumfahrtwissenschaft ihren ganzen Kontinent gegen
15 fremde Waffen unversehrbar zu machen. Aber während dieses gigantische Unternehmen anläuft, wird die Weltmacht zum ersten Mal durch die Erfahrung erschüttert, auf eigenem Boden kollektiv verletzbar zu sein.
20 Und während der Irakkrieg (auch) geführt wird, um die Weiterverbreitung von Vernichtungswaffen zu stoppen, rasseln kleinere Mächte wie Nordkorea mit ebendiesen Waffen. Nicht nur die unerhört gesteigerte Ver-
25 nichtungskraft und Reichweite der Waffen steigert die Verletzbarkeit des modernen Menschen, sondern paradoxerweise auch die gesteigerte Moral, mit der er sich schützen will. Ausfluss dieser Moral ist etwa das Ge-
30 bot der Gewaltlosigkeit. Solange dieses aber nicht überall gleichermaßen gilt, macht es diejenigen verwundbarer, die ihm folgen. [...] Geht wenigstens das Eifern zu Ende, mit dem Lebensformen sich durchsetzen wollen?
35 Die westlichen Gesellschaften sehen sich ja auf dem Wege in die Toleranz. Aber prüfen wir selbst: Wenn Gleichberechtigung der Geschlechter, Freiheit der Religion und der Rede, demokratische Kontrolle der Macht
40 ernstlich angegriffen würden – würden wir uns nicht mit aller Gewalt zur Wehr setzen? Nur weil wir uns der eigenen Lebensform so sicher sind (und damit rechnen, dass sie sich wie von selbst durchsetzt, also in Beziehung
45 zu anderen dominant ist), können wir vergessen, dass sie auf gewaltsamer Durchsetzung beruht und des Gewaltschutzes bedarf, kurz, eine Gewaltordnung ist. [...] Bleibt die letzte Hoffnung: dass Gewalt sich erübrige,
50 weil der Widerstreit der Werte sich in einer universalen Weltmoral aufhebe. [...] Sechs Milliarden Menschen über den gleichen moralischen Leisten zu schlagen – das wird die Konflikte der Kulturen und Interessen nicht abmildern, sondern anheizen. [...] Das
55 „Gleichgewicht der Kräfte" zwischen Stämmen, Fürsten und Staaten: Immer brach es zusammen – zuletzt im **Kalten Krieg** – oder lud zu gewaltsamen Machtproben ein. Daraus erst ging die Bändigung von Gewalt hervor.
60 vor. Nicht durch Recht, sondern durch Gewalt selbst, nicht durch Gleichverteilung, sondern im Gegenteil durch äußerste Ungleichverteilung und Konzentration der Gewalt beim Staat entstand die Gewaltfreiheit,
65 die wir heute als zivile Gesellschaft genießen. Gewalt verletzt und stört nicht nur, sie schützt und ordnet auch – allerdings nur als überlegene, als hegemoniale Gewalt. Mit der Bildung nationaler Gewaltmonopole ist der
70 Prozess nicht zu Ende. In größerem Rahmen geht er weiter. In der Weltgesellschaft treffen viele und ungleiche Staatsgewalten aufeinander, dazu frei herumvagabundierende und marodierende Gewalten. Immer mehr Staa-
75 ten, Banden, Terrorgruppen verschaffen sich die modernsten Waffen, um bei der Ordnung der Gewalt mitzumischen – und vergrößern die Unordnung der Gewalt.

Dies schreit nach einer Weltgewaltordnung.
80 Wie soll sie aussehen? Lauter gleichberechtigte Staaten, wie es das Credo der UNO will? Die Staaten fordern auch das gleiche Recht auf Waffen. Zur Sicherheit trägt das nicht bei. Ordnung heißt, machen wir uns nichts
85 vor, nicht Gleichverteilung, sondern Unterdrückung von Gewalt durch noch größere Gewalt. [...] Kann eine solche Ordnung ohne Hegemon auskommen, der die Einzelgewalten entmachtet und im gleichen Zuge sich
90 selbst als Übergewalt herausbildet? [...] Die Vereinigten Staaten sind, nach dem Untergang des Sowjetimperiums und vor dem Aufgang Chinas und Indiens, die einzige Gewaltmacht auf der Welt, die sich dieser Aufgabe
95 wirklich stellt. [...] Die Welt ist US-hegemonial verfasst, weil es eine Ordnung ohne Gewalt nicht gibt. [...] Wer von ihrer [d.h. der USA] Hegemonie nichts wissen will, der kann die Hoffnung auf Weltfrieden begraben.
100

Aus: Karl Otto Hondrich, Auf dem Weg zu einer Weltgewaltordnung, in: Neue Zürcher Zeitung, 22.3.2003

INFO

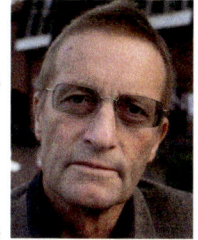

Prof. Dr. Karl Otto Hondrich
*1.9.1937 in Andernach
† 16.1.2007 in Frankfurt a. M.
lehrte Soziologie an der Goethe Universität Frankfurt a. M.

Hegemon
ein Staat, der die Vormachtstellung innehat

Kalter Krieg
So wird der von etwa 1947 bis 1989 dauernde Konflikt zwischen dem Westen unter der Führung der USA und dem Ostblock unter Führung der Sowjetunion genannt. Trotz aller Konflikte kam es nie zu einer direkten militärischen Auseinandersetzung („heißer Krieg") zwischen den Supermächten USA und Sowjetunion (siehe auch Glossar).

QUERVERWEIS
Theorien der Internationalen Politik
S. 435, M 3

GLOSSAR
Hegemonie

MATERIAL **8**

INFO

Senghaas: Zivile Konfliktbearbeitung auf nationaler Ebene

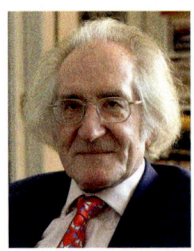

Dieter Senghaas
*27.8.1940 in Geislingen an der Steige Friedens- und Konfliktforscher; seit 1978 an der Universität Bremen Professor für internationale Politik und Gesellschaft; er untersuchte vor allem die westeuropäischen und nordamerikanischen Verhältnisse über größere Zeiträume hinweg und ermittelte dabei sechs Bedingungen, die alle erfüllt sein müssen, damit in einem Staat bzw. einer Gesellschaft Konflikte friedlich gelöst werden können. Dieses sog. zivilisatorische Hexagon ist ein Denkmodell, um die komplizierte Wirklichkeit in ihren wesentlichen Zusammenhängen zu begreifen. In der politischen Praxis spielt dieses Modell eine wichtige Rolle bei Überlegungen, wie Staaten, die im Innern zerfallen sind bzw. eine lange Bürgerkriegsperiode erlebt haben, wieder aufgebaut werden können.

Militärische und zivile Konfliktbearbeitung
Konflikte können auf zwei Arten gelöst werden: entweder militärisch mit Gewalt oder gewaltlos bzw. zivil, d.h. bürgerlich.

deliberative Politik
in öffentlicher Beratung unter Beteiligung der Bürger gestaltete Politik

Sublimierung
(lat.: sublimis = in die Höhe gehoben; erhaben) hier: Affekte (= Triebe) in künstlerische, kulturelle Leistung o. Ä. umsetzen

Vor allem sechs Bedingungen für eine zivilisierte, d.h. nachhaltig gewaltfreie Bearbeitung von unvermeidlichen Konflikten müssen hervorgehoben werden („zivilisatorisches Hexagon"):

Erstens: Da ist zunächst einmal das legitime Monopol staatlicher Gewalt, d.h. die Sicherung der Rechtsgemeinschaft, zu nennen, was für jede moderne Friedensordnung von grundlegender Bedeutung ist: Nur eine „Entwaffnung der Bürger", die Entprivatisierung von Gewalt, nötigt diese dazu, ihre Identitäts- und Interessenkonflikte mit Argumenten und nicht mit Gewalt auszutragen. Nur unter solchen Vorzeichen werden potenzielle Konfliktparteien zur argumentativen Auseinandersetzung und damit zu **deliberativer Politik** im öffentlichen Raum gezwungen. Die Bedeutung des Sachverhalts wird überall dort dramatisch erkennbar, wo das Gewaltmonopol zusammenbricht und es zu einer Wiederbewaffnung der Bürger kommt, also das Fehdewesen und die Kriegsherren in neuem Gewande wiederauferstehen, so wie das heute in vielen militanten Konfliktherden der Welt beobachtbar ist.

Das Gewaltmonopol bedarf aber, zweitens, der rechtsstaatlichen Kontrolle, soll es nicht einfach Ausdruck von Willkür sein. Ohne solche Kontrolle, die der Inbegriff des modernen Verfassungsstaates ist, wäre das Gewaltmonopol, rechtlich uneingehegt, nichts anderes als Diktatur, also pure Herrschaft des Stärkeren und damit des Faustrechts. Rechtsstaatlichkeit (*rule of law*) legt die Spielregeln des politischen Meinungs- und Willensbildungsprozesses und der Entscheidungsfindung, auch der Rechtsdurchsetzung von einmal gesetzten Rechtsgeboten fest. Neben allgemeinen Prinzipien, wie sie in Grundrechtskatalogen niedergelegt sind, sind diese verfassungsmäßig fixierten Spielregeln von grundlegender Bedeutung, gerade weil man sich in politisierten Gesellschaften hinsichtlich substanzieller Streitfragen meist nicht einig ist. [...]

Eine weitere wesentliche Bedingung für inneren Frieden besteht, drittens, in Affektkontrolle [...]. Affektkontrolle - Ergebnis einer **Sublimierung** von Affekten – meint dabei die in differenzierten Gesellschaften sich aus diversen Handlungszusammenhängen ergebende Selbstkontrolle bzw. Selbstbeherrschung. Sie ist Grundlage nicht nur von Aggressionshemmung und Gewaltverzicht, sondern darauf aufbauend von Toleranz und Kompromissfähigkeit [...]

Andererseits ist, viertens, aber demokratische Teilhabe erforderlich. Denn dort, wo Menschen sich nicht in öffentliches Geschehen einmischen können [...], entsteht [...] schlimmstenfalls ein Konfliktstau, der in politisierbaren Gesellschaften zur Produktionsstätte von Gewalt werden kann. Demokratie als die Grundlage von institutionell geregelter Rechtsfortbildung ist also kein Luxus, sondern eine notwendige Voraussetzung für friedliche Konfliktbearbeitung. [...]

Jedoch ist, fünftens, solche Konfliktbearbeitung in politisierten Gesellschaften nur von Dauer, wenn es anhaltende Bemühungen um soziale Gerechtigkeit gibt. [...] In Gesellschaften mit einem erheblichen Politisierungspotenzial ist eine aktive Politik der Chancen- und Verteilungsgerechtigkeit, letztlich ergänzt um Maßnahmen der Bedürfnisgerechtigkeit (Sicherung der Grundbedürfnisse), unerlässlich, weil nur dann sich die Masse der Menschen in einem solchen politischen Rahmen fair aufgehoben fühlt. [...]

Sechstens: Gibt es im öffentlichen Raum faire Chancen für die Artikulation von Identitäten und den Ausgleich von unterschiedlichen Interessen, kann unterstellt werden, dass ein solches Arrangement der Konfliktbearbeitung verlässlich verinnerlicht wird und also kompromissorientierte Konfliktfähigkeit einschließlich der hierfür erforderlichen Toleranz zu einer selbstverständlichen Orientierung politischen Handelns wird. Das Gewaltmonopol, die Rechtsstaatlichkeit und die Demokratie – kurz: der demokratische Verfassungsstaat – verankern sich in der politischen Kultur. Die Kultur konstruktiver Konfliktbearbeitung wird darüber zur emotionalen Grundlage des Gemeinwesens.

Aus: Dieter Senghaas, Zum irdischen Frieden, Frankfurt a. M. 2004, S. 39

Das zivilisatorische Hexagon

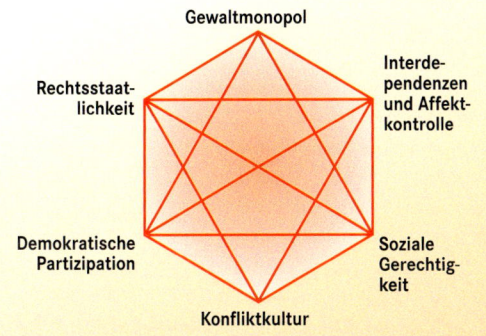

Rechtsstaatlichkeit:
Begrenzung der Staatsgewalt durch Prinzipien wie Gewaltenteilung und richterliche Unabhängigkeit

Demokratische Partizipation:
Beteiligung der Bürger am politischen Willensbildungs- und Entscheidungsprozess, z. B. durch Wahlen

Konfliktkultur:
Bereitschaft und Fähigkeit zur gewaltfreien konstruktiven Konfliktbewältigung

Staatliches Gewaltmonopol:
Vorherrschaft des Rechts, nicht Durchsetzung des jeweils Stärkeren

Interdependenzen/Affektkontrolle:
Wissen um „wechselseitige Abhängigkeiten" fördert Identitätsausbildung; ist Voraussetzung für Toleranz und Kompromissbereitschaft

Soziale Gerechtigkeit:
gerechte Verteilung von Rechten und Chancen in der Gesellschaft ist Voraussetzung für konstruktive Konfliktbearbeitung

Diagrammbeschriftungen: Gewaltmonopol, Interdependenzen und Affektkontrolle, Rechtsstaatlichkeit, Demokratische Partizipation, Soziale Gerechtigkeit, Konfliktkultur

Nach: Dieter Senghaas, Die Kultur des Friedens, in: Aus Politik und Zeitgeschichte B43/1995, S. 3

L & P / 6765

Die Weltzivilgesellschaft

Eine Übertragung des zivilisatorischen Hexagons von der staatlich-innergesellschaftlichen auf die internationale Ebene müsste die Welt entweder als eine Summe von Zivilge-
5 sellschaften oder gar als eine einzige Weltzivilgesellschaft begreifen. [...]
Existierte eine solche Weltgesellschaft als eine tendenziell homogene Wertegemeinschaft, so würde die heutige Staatenwelt
10 schließlich in eine Weltgemeinschaft transformiert, wobei den einzelnen Staaten in einem solchen Zusammenhang nur noch eine **subsidiäre** Rolle zukäme. Innerhalb eines solchen Gesamtgebildes – der Weltzivilge-
15 sellschaft – wäre, nunmehr auf höchst möglicher, nämlich weltweiter Ebene, die Realisierung des zivilisatorischen Hexagons vorstellbar: Herausbildung eines (wie immer im Einzelnen institutionell ausgestalteten) Ge-
waltmonopols; Kontrolle dieses Gewaltmo- 20
nopols analog zur Rechtsstaatlichkeit; weltweite Interdependenzgeflechte und daraus resultierende Disziplinierungszwänge mit dem Ergebnis der Affektkontrolle; Demokratisierung zumindest im Sinne angemessener 25
Vertretungsmöglichkeiten wesentlicher Kollektive oder Gruppierungen; ökonomischer Ausgleich, um soziale Gerechtigkeit auf weltweiter Ebene zu erreichen; sowie internalisierte Konfliktkultur vor allem im Sinne von 30
Toleranz als dem grundlegenden Inhalt eines Weltethos.
Nichts kann einen hindern, das zivilisatorische Hexagon in seinen einzelnen Komponenten und als Gesamtfigur abstrakt in eine 35
solche künftige Welt hineinzudenken, ungeachtet, ob man eine solche Entwicklung für wünschbar oder verwerflich hält [...].

Aus: Dieter Senghaas, Den Frieden denken, Frankfurt a. M. 1995, S. 209 f.

Subsidiarität
Prinzip, nach dem die Eigenleistung und Selbstverantwortung gestärkt werden sollen (siehe auch Glossar)

1 **Erklären** Sie mithilfe von M 8, was man unter dem zivilisatorischen Hexagon versteht.

2 Fertigen Sie eine Wandzeitung an, indem Sie sowohl das nationale (M 8 und M 9) als auch das internationale (M 10) Hexagon mit den sechs Begriffen großformatig **darstellen** und mithilfe von M 8 bis M 10 eigene Beispiele bzw. Erläuterungen zu den sechs Bedingungen ergänzen.

3 **Beurteilen** Sie, welche Relevanz das zivilisatorische Hexagon für die Diskussion um menschliche Sicherheit hat (M 8 bis M 10).

4 **Nehmen** Sie **Stellung** zu der Frage, ob Sie die Umsetzung der sechs Prinzipien des zivilisatorischen Hexagons für realistisch oder utopisch halten (M 8 bis M 10).

MATERIAL **11**

Galtung: Theorie der strukturellen Gewalt

INFO

Johan Galtung
*24.10.1930 in Oslo
Er ist ein bekann-
ter norwegischer
Friedensforscher,
der 1959 in Oslo
das erste Friedens-
forschungsinstitut
gegründet hat. Er hat
als Konfliktberater in
über 150 Konfliktfällen
auf allen Kontinenten
gearbeitet. Johan
Galtung fühlt sich dem
Eid des Hippokrates
und Gandhis Ansatz
der Gewaltlosigkeit
verpflichtet.

INFO
manifest
offenkundig, deutlich
erkennbar

Gewalt wird hier definiert als die Ursache für den Unterschied zwischen dem Potenziellen und dem Aktuellen, zwischen dem, was hätte sein können, und dem, was ist. Gewalt ist das, was den Abstand zwischen dem Potenziellen und dem Aktuellen vergrößert oder die Verringerung dieses Abstandes erschwert. Wenn also im 18. Jahrhundert ein Mensch an Tuberkulose starb, wird das schwerlich als Gewalt auszulegen sein, da es wohl kaum zu vermeiden gewesen sein dürfte; wenn er aber heute, trotz aller medizinischen Hilfsmittel der Welt, daran stirbt, dann haben wir es nach unserer Definition mit Gewalt zu tun. Ebensowenig ließe sich die Tatsache, dass Menschen heute infolge von Erdbeben sterben, durch eine Analyse rechtfertigen, die von dem Begriff Gewalt ausgeht; sollten Erdbeben aber eines Tages vielleicht zu verhindern sein, dann kann diese Todesart als die Folge von Gewalt angesehen werden. Mit anderen Worten, wenn das Potenzielle größer ist als das Aktuelle und das Aktuelle vermeidbar, dann liegt Gewalt vor. Wenn das Aktuelle nicht vermeidbar ist, liegt keine Gewalt vor, selbst wenn das Aktuelle sich auf einem sehr niedrigen Stand bewegt. Eine Lebenserwartung von nur dreißig Jahren war in der Steinzeit kein Ausdruck von Gewalt, aber dieselbe Lebenserwartung heute (ob aufgrund von Kriegen, sozialer Ungerechtigkeit oder beidem) wäre nach unserer Definition als Gewalt zu bezeichnen. [...]

Die [...] wichtigste Unterscheidung bezieht sich auf das Subjekt, d. h., gibt es ein handelndes Subjekt (eine Person) oder nicht? Wieder wäre zu fragen: Können wir von Gewalt sprechen, wenn niemand direkte Gewalt anwendet, niemand handelt? Dies wäre auch ein Fall von unvollkommener, verkürzter Gewalt [...], und wieder ist er von großer Bedeutung. Den Typ von Gewalt, bei dem es einen Akteur gibt, bezeichnen wir als personale oder direkte Gewalt: die Gewalt ohne einen Akteur als strukturelle oder indirekte Gewalt. In beiden Fällen können Individuen im doppelten Sinne der Wörter getötet oder verstümmelt, geschlagen oder verletzt und durch den strategischen Einsatz von Zuckerbrot und Peitsche manipuliert werden. Aber während diese Konsequenzen im ersten Fall

auf konkrete Personen als Akteure zurückzuführen sind, ist das im zweiten Fall unmöglich geworden: Hier tritt niemand in Erscheinung, der einem anderen direkt Schaden zufügen könnte; die Gewalt ist in das System eingebaut und äußert sich in ungleichen Machtverhältnissen und folglich in ungleichen Lebenschancen. Die Ressourcen sind ungleich verteilt; beispielhaft hierfür stehen die Ungleichheit der Einkommensverteilung und Bildungschancen sowie der Analphabetismus, ferner die Tatsache, dass Gesundheitsdienste nur in einigen Bezirken und nur für bestimmte Gruppen vorhanden sind, und anderes mehr. Vor allen Dingen ist die Entscheidungsgewalt bezüglich der Ressourcen ungleich verteilt. Die Situation wird noch weiter verschärft, wenn die Personen mit geringem Einkommen zugleich eine mangelhafte Bildung, schlechte Gesundheit und wenig Macht haben – wie das oft der Fall ist, denn diese Rangdimensionen bedingen sich wechselseitig aufgrund der Art, wie sie in der Gesellschaftsstruktur miteinander verklammert sind. [...] Entscheidend ist dabei Folgendes: Wenn Menschen in einer Zeit verhungern, in der dies objektiv vermeidbar ist, dann wird Gewalt ausgeübt, gleichgültig ob eine klare Subjekt-Objekt-Beziehung vorliegt (wie z. B. früher bei einer Belagerung), oder auch dann, wenn keine solche eindeutige Beziehung existiert (wie beispielsweise bei der Art der Organisation der Weltwirtschaftsbeziehungen heute). Wir haben eine doppelte Unterscheidung getroffen, indem wir jeweils die Wortpaare personal/strukturell und direkt/indirekt verwendeten. Gewalt mit einer klaren Subjekt-Objekt-Beziehung ist **manifest**, weil sie als Aktion sichtbar ist. Sie entspricht unseren Vorstellungen von dem, was ein Drama ist, und sie ist personal, weil Personen da sind, die Gewalt anwenden. Sie ist leicht zu verstehen und zu verbalisieren, weil sie dieselbe Struktur hat wie die elementaren Sätze in den (zumindest indoeuropäischen) Sprachen: Subjekt – Verb – Objekt, wobei sowohl das Subjekt als auch das Objekt Personen sind. Gewalt ohne diese Beziehung ist strukturell, in die Struktur eingebaut. Wenn also ein Ehemann seine Ehefrau schlägt, dann ist das ein klarer Fall von personaler Gewalt; wenn aber eine Million Ehemänner eine Million Ehefrauen in Unwissenheit halten, dann ist das strukturelle Gewalt. Ebenso ist in einer Gesellschaft, in der die Lebenserwartung der Oberschicht doppelt so hoch ist wie die der Unterschicht, Gewalt manifest, auch wenn keine konkreten Akteure sichtbar sind, die direkt gegen andere Vorgehen, wie etwa im Fall der Tötung eines Menschen durch einen anderen. Um das Wort Gewalt nicht zu sehr zu strapazieren, werden wir die Bedingung der strukturellen Gewalt zuweilen als soziale Ungerechtigkeit bezeichnen.

Aus: Johan Galtung, Strukturelle Gewalt. Beiträge zur Friedens- und Konfliktforschung, Hamburg 1975, S. 9–13

Das Gewaltdreieck

kulturelle Gewalt
religiös oder ideologisch begründete Diskriminierung und Ausgrenzung bestimmter Gruppen; Analphabetismus; Kultur, Relgion und Sprachen von Minderheiten werden unterdrückt.

Gewalt-dreieck

strukturelle Gewalt
Ausbeutung und Unterdrückung sozialer und ethnischer Gruppen (durch Kinderarbeit, Rassentrennung u. a.), soziale Ungerechtigkeit (wirtschaftliche Privilegierung), Massenelend

direkte Gewalt
Menschen werden gequält (durch Erpressung, Folter, Freiheitsberaubung u. a.), verletzt und getötet (durch Waffen, Bomben, Gifte, Krankheitserreger u. a.)

Nach: Duden Politik, Gymnasiale Oberstufe, Berlin 2005, S. 348

Positiver und negativer Frieden

Nach: ISB (Hrsg.), Handreichung für den Sozialkundeunterricht am Gymnasium, Donauwörth 1993, S. 147

1 Arbeiten Sie aus M 11 **heraus**, was Johan Galtung unter struktureller Gewalt versteht.
2 Erklären Sie den Unterschied von kultureller, direkter und struktureller Gewalt (M 12).
3 Erläutern Sie den Unterschied zwischen positivem und negativem Frieden (M 13).
4 Nehmen Sie Stellung zu Galtungs Definitionen von Gewalt und Frieden (M 11 bis M 13).

Galtung: Wege zum Frieden – vier Dimensionen

Demokratie ist eine großartige Idee, die aber im Hinblick auf die Beziehungen zwischen Staaten ziemlich missverstanden wird. Wenn die Demokratie in einem Land gut funktio-
5 niert, wird sie im Prinzip eine relativ zufriedene Bevölkerung schaffen, deren Wünsche im Allgemeinen und mit der Zeit im Rahmen des Machbaren erfüllt werden. Im Prinzip sollte das zu einem „Friedensüberschuss" im
10 Land führen, wobei die Demokratie als gewaltlose Vermittlerin zwischen den Teilen der Bevölkerung funktionieren sollte, die miteinander um Macht und Privilegien konkurrieren. Es gibt aber keine Garantie dafür,
15 dass dieser innerstaatliche Friedensüberschuss auch zu friedlichen Aktivitäten im zwischenstaatlichen System führt. Die Demokratie muss global sein, muss innerhalb des Staatensystems, im Weltsystem, beste-
20 hen; dieses System ist heutzutage jedoch konservativ-feudal und nicht liberal-demokratisch. Das ermöglicht zwei Ansätze: Das zwischenstaatliche System muss demokratischer, das innerstaatliche System mit demo-
25 kratischen Mitteln noch friedfertiger gemacht werden. [...] Demokratie bedeutet aber vor allem „ein Mensch – eine Stimme", und das weist ganz unzweideutig auf die Idee eines Weltparlaments [...].
30 Es geht darum, dem Militär neue Aufgaben zu geben, eine aggressive äußere Kriegführung zu ersetzen durch eine defensive Verteidigung mit defensiven Mitteln (konventionelle militärische, paramilitärische und
35 nicht-militärische Verteidigung für den Nahbereich). Reine Verteidigung provoziert niemanden und erzeugt keine Furcht, macht aber gleichzeitig deutlich, dass man gegen Angriffe starken Widerstand leisten wird.
[...] 40
Rücksichtnahme, die Bereitschaft, die Folgen von internationalen ökonomischen Transaktionen für andere (mindestens) ebenso ernst zu nehmen wie die Folgen für einen selbst, setzt grundsätzlich voraus, dass man sich 45 den anderen nahe, wie verwandt fühlt. Wie das auch in harmonischen Familienverhältnissen der Fall sein sollte. Eine Formel wäre „Nachbarländer", eine andere „gleichgesinnte Länder", eine weitere „Länder auf der 50 gleichen Entwicklungsstufe". [Sie] soll dazu dienen, eine derartige Verbundenheit zu entwickeln, und doch ist eine solche Verbundenheit gleichzeitig die Bedingung ihrer Entstehung. [...] 55
Warum töten Menschen? Zum Teil sicher, weil sie so erzogen sind – zwar nicht direkt zum Töten, aber doch dazu, das Töten unter bestimmten Bedingungen als legitim zu betrachten. Wir kommen also zur Kultur, die- 60 sem großen Rechtfertiger der Gewalt, aber auch des Friedens. Und wir stellen die Frage, in welchen Manifestationen der Kultur wir die Hauptträger der Gewalt finden. Die einfache Antwort wäre: „in Religion und Ideo- 65 logie", da Menschen bekanntlich im Namen beider töten. Nicht alle deren Formen sind jedoch gewalttätig, einige plädieren sogar heftig für Gewaltlosigkeit. [...]
Alle solchen Ideen sollten infrage gestellt 70 werden, sie sind durchtränkt von Gewalt und Krieg. [...] Und die beste Form der Infragestellung ist der Dialog.

Aus: Johan Galtung, Frieden mit friedlichen Mitteln, Münster 2007, S. 20–26

1 **Arbeiten** Sie aus M 14 **heraus,** welche Probleme Johan Galtung auf dem Weg zum Frieden sieht und welche Vorschläge er zur Lösung unterbreitet.

2 **Beschreiben** Sie, welche Rolle die kulturelle Gewalt nach Galtung dabei spielt (M 14).

3 **Nehmen** Sie **Stellung** zu Galtungs Lösungsansätzen (M 14).

4 **Diskutieren** Sie, ob Galtungs Lösungsansätze noch funktionieren, wenn ein mächtiger Staat nicht mitmacht.

5 **Bewerten** Sie die hier vorgestellten unterschiedlichen Friedensvorstellungen und Konzeptionen der Konflikt- und Friedensforschung hinsichtlich ihrer Reichweite (M 5 bis M 14).

Internationale Friedens- und Sicherheitspolitik: Definitionen

Konflikt: Politische Konflikte werden nicht gewaltsam ausgetragen; zwei Akteure streiten sich um Werte oder Güter von nationaler Bedeutung und bedrohen dabei eine staatliche Kernfunktion.

Krise: Bei einer Krise handelt es sich um einen Spannungszustand, bei dem die Schwelle zur Gewalt schon überschritten sein kann und vereinzelt Gewalt angewendet wird.

Krieg: Krieg nennt man den dauerhaften und systematischen Einsatz militärischer Gewalt.

Asymmetrische Kriege: Kriege, bei denen die Gegner mit höchst unterschiedlichen Mittel ausgestattet sind, vergleichbar mit dem Kampf zwischen David und Goliath; das Wesensmerkmal dieser Kriege ist die Ordnungslosigkeit.

Neue Kriege: Herfried Münkler versteht als „Neue Kriege" Kriege innerhalb zerfallender Staaten (*failed states*), die nach seiner Auffassung massiv stark zugenommen haben. Demgegenüber sind bei Bernd Hüppauf mit neuen Kriegen durch den technischen Fortschritt ermöglichte, neue Formen der Kriegsführung gemeint, z. B. Cyberwar oder der Einsatz von Drohnen.

Frieden: Darunter versteht man den Zustand der Gewaltlosigkeit.

Sicherheit: Sicherheit bedeutet die dauerhafte Abwesenheit von Bedrohung. Allerdings führt das Streben der Staaten nach Sicherheit paradoxerweise dazu, dass die Gefahr besteht, dass alle Staaten aufrüsten (**Sicherheitsdilemma**).

Friedensvorstellungen

Während **Thomas Hobbes** und **Karl Otto Hondrich** Frieden mithilfe von Gewalt herstellen wollen, indem eine stärkere Gewalt eine schwächere unterdrückt, bis eine einzige Gewalt übrigbleibt, die alle anderen Gewalten unterdrückt, plädieren **Immanuel Kant** und **Dieter Senghaas** dafür, Frieden durch Zusammenschluss und Kooperation zu erreichen.

Der norwegische Friedensforscher **Johan Galtung** kommt zu dem Schluss, dass **Gewalt der Unterschied zwischen dem Potenziellen und dem Aktuellen** ist. Gewalt liege nur dann vor, wenn das Aktuelle vermeidbar sei. Während z. B. eine sehr geringe Lebenserwartung im Mittelalter aufgrund der schlechten Lebensumstände (Hygiene, Mangelernährung) die Regel war, liegt sie heute deutlich höher, was eben durch gute Ernährung und Gesundheitsvorsorge erreicht werden kann. Der Unterschied zwischen dem Aktuellen (z. B. der geringen Lebenserwartung in Afghanistan, Somalia, Tschad, Südafrika – sie liegt bei etwa 50 Jahren) und dem Potenziellen (der erreichbaren, aber nicht erreichten Lebenserwartung, z. B. der in Deutschland – sie liegt bei ca. 80 Jahren), ist für Galtung ein Ergebnis von Gewalt. Gewalt geht nach Galtung aber nicht nur von Personen aus (personale bzw. direkte Gewalt), sondern auch von Strukturen (strukturelle bzw. indirekte Gewalt). Galtung spricht vom negativen Frieden, wenn keine personale Gewalt existiert, vom positiven Frieden, wenn weder personale noch strukturelle Gewalt vorliegen.

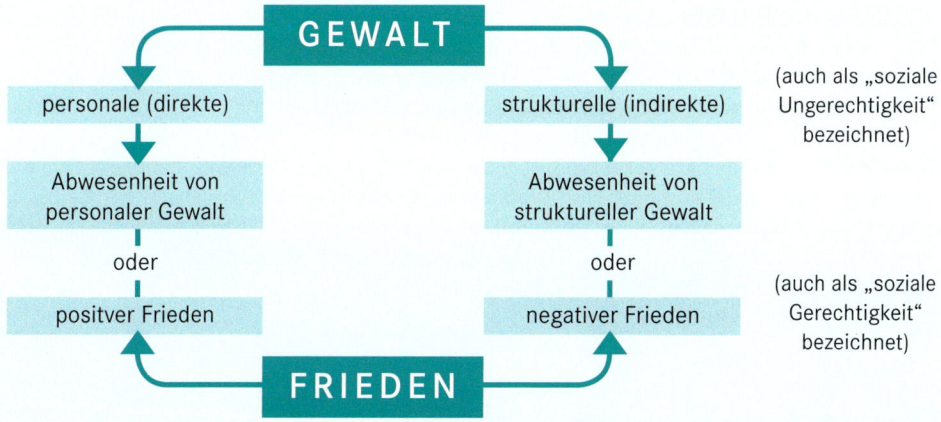

Johan Galtung will den Frieden vor allem durch Rücksichtnahme und Dialog erreichen.
Aus: Johan Galtung, Strukturelle Gewalt, Hamburg 1975, S. 33

4.6 Menschenrechte und Demokratie in der internationalen Politik

Menschenrechte sind vorstaatliche Rechte, die allen Menschen unabhängig von Rasse, Hautfarbe, Geschlecht, Sprache, Religion, politischer Anschauung, nationaler oder sozialer Herkunft,
Vermögen sowie Geburt und Stand, also gewissermaßen von Natur aus, zustehen. Menschenrechte gelten als angeboren und **unveräußerlich**.

Die Würde des Menschen, das Recht auf Leben und Freiheit, das Recht auf Religionsfreiheit
und das Recht auf Eigentum bilden den innersten Kern der Menschenrechte. Auch das Recht auf
Demokratie ist ein Bestandteil der Menschenrechte. Dennoch gibt es viele Staaten, die nicht
demokratisch, sondern **autokratisch** organisiert sind.

Die Vereinten Nationen rückten die Menschenrechte von Beginn an in das Zentrum ihrer politischen Bemühungen. Davon zeugt die Allgemeine Erklärung der Menschenrechte von 1948. Obwohl sie damals von den Mitgliedstaaten der UNO ohne Gegenstimme angenommen wurde, gibt
es bis heute in vielen Gegenden der Welt zum Teil eklatante Verstöße gegen die Menschenrechte.
Menschenrechte weltweit zu schützen, ist eine bleibende Aufgabe, der sich nicht nur die UNO,
sondern auch Nichtregierungsorganisationen annehmen.

Die Menschenrechte haben Eingang in viele Verfassungen gefunden. Die im Grundgesetz verankerten Menschenrechte heißen Grundrechte.

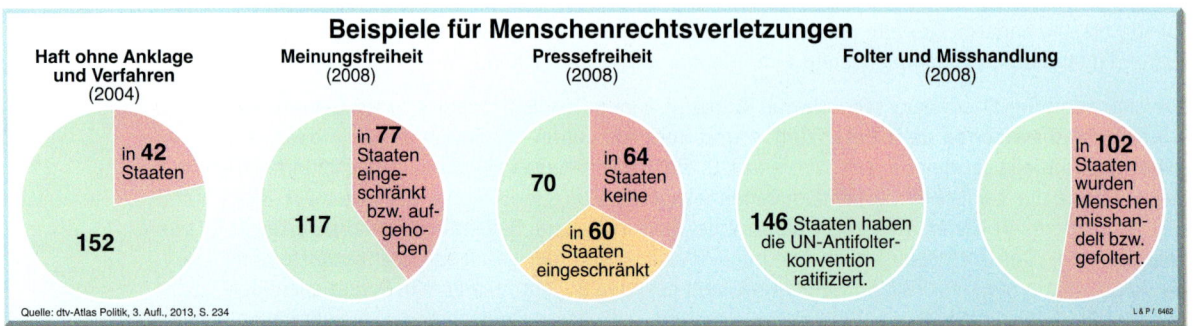

Beispiele für Menschenrechtsverletzungen

Haft ohne Anklage und Verfahren (2004): in **42** Staaten / 152

Meinungsfreiheit (2008): in **77** Staaten eingeschränkt bzw. aufgehoben / 117

Pressefreiheit (2008): 70 / in **64** Staaten keine / in **60** Staaten eingeschränkt

Folter und Misshandlung (2008): **146** Staaten haben die UN-Antifolterkonvention ratifiziert. / In **102** Staaten wurden Menschen misshandelt bzw. gefoltert.

Quelle: dtv-Atlas Politik, 3. Aufl., 2013, S. 234

L & P / 6462

Basiswissen

Grundrechte: Die Grundrechte des Grundgesetzes sind entweder **Gleichheits- oder Freiheitsrechte**. Freiheitsrechte gibt es als persönliche, politische und wirtschaftliche Rechte.
Wichtige persönliche Freiheitsrechte sind das Recht auf Leben und körperliche Unversehrtheit, die Glaubens- und Gewissensfreiheit und die Meinungsäußerungsfreiheit. Wichtige **politische Mitwirkungsrechte** sind die Versammlungsfreiheit, das Petitions- und das Wahlrecht. Wichtige **wirtschaftliche Rechte** sind die Berufswahlfreiheit und das Eigentumsrecht.

Demokratie: Die Demokratie ist eine Regierungsform, die aus dem Volk hervorgeht und
zum Wohle des Volkes ausgeübt wird (**Volksherrschaft**). Minimalbedingungen der Demokratie sind: Es muss **regelmäßige, freie und faire Wahlen** geben. Das Volk muss die Regierung nicht nur bestimmen, es muss sie auch absetzen können. **Meinungen** müssen frei geäußert werden können. **Opposition** muss erlaubt sein. Sie muss sich frei betätigen dürfen.
Die Politik ist an das **Recht** gebunden.

1 Beschreiben Sie die Grafiken.

2 Entwerfen Sie Hypothesen darüber, aus welchen Gründen Staaten Menschenrechte
verletzen.

Lohnsklaverei – eine gravierende Menschenrechtsverletzung

Sklavenähnliche Mädchenarbeit in Indien

MATERIAL **1**

QUERVERWEIS

Fair ist schwer
S. 353, M 10

Im südindischen Bundesstaat Tamil Nadu schuften zigtausende junge Mädchen in zwangsarbeitsähnlichen Verhältnissen. Für das Versprechen von guter Bezahlung, be-
5 quemer Unterkünfte und Geld für ihre Mitgift verpflichten sie sich als Arbeitskräfte bei Textil- und Bekleidungsfabriken. Dort erwarten sie elende Lebens- und Arbeitsbedingungen. Sowohl Discounter [...] [als auch] Mar-
10 kenfirmen [...] beziehen Waren von Fabriken, die diese Mädchen beschäftigen. [...]
„Sumangali Programm" wird die systematische Anwerbung von jungen, unverheirateten Mädchen aus armen Familien genannt.
15 Von sogenannten „Brokern", Vermittlern, wird den Familien angeboten, ihre Töchter an Bekleidungsfabriken zu vermitteln. Dort würden sie gutes Gehalt, Kost und Logis und weitere Ausbildungsmöglichkeiten bekom-
20 men. Zusätzlich wird ihnen nach Ablauf von drei bis fünf Dienstjahren eine Geldsumme von bis zu 860 Euro versprochen. Diese benötigen die Mädchen für ihre Mitgift. Während der drei Jahre sollen sie zudem mit
25 monatlichen 14 bis 54 Euro entlohnt werden. Viele Familien sehen dies als einzige Chance, eine Mitgift für die Heirat ihrer Töchter aufbringen zu können. [...]
Die Realität sieht allerdings anders aus, wie
30 zahlreiche Interviews mit Betroffenen aus vier Fabriken beweisen. Ist ein Vertrag unterzeichnet, werden die Mädchen zu den Fabriken gebracht und in Baracken einquartiert. Sie sind umgeben von Zäunen. Das
35 Gelände dürfen sie einmal im Monat unter Aufsicht verlassen. Besuche der Eltern werden nur gegen Vorlage eines Fotos erlaubt. Anrufe sind beschränkt und werden streng überwacht. Je nach Auftragslage werden die

40 Mädchen gezwungen, bis zu 16 Stunden, in Produktionshochzeiten sogar bis zu 24 Stunden, am Stück zu arbeiten. Wer Fehler macht wird, von den Aufsehern angebrüllt und sogar geschlagen. Auch von sexuellen Über-
45 griffen wurde in Interviews berichtet. Aus einer von der Katholischen Frauenbewegungen Österreichs (kfb) 2011 durchgeführten Studie geht hervor, dass 18 % der betroffenen Mädchen jünger sind als 15 Jahre, 60 % sind
50 zwischen 15 und 18 Jahre alt. Unter den vorherrschenden schlechten Bedingungen wird die Beschäftigung von Mädchen dieses Alters von der **Internationalen Arbeitsorganisation (ILO)** als Kinderarbeit bezeichnet.
55 [...] Wenn die Mädchen durch Unfälle arbeitsunfähig werden, durch die hohe Staubbelastung in den Fabriken oder vor Erschöpfung erkranken, werden sie fristlos und ohne jegliche Zahlungen entlassen. Viele, die die
60 vereinbarten Dienstjahre annähernd erfüllt haben, werden mit dem Vorwand von Kleinigkeiten entlassen und verlieren so den Anspruch auf die versprochene Geldsumme. Wer mehr als einmal innerhalb von 26 Tagen
65 fehlt, muss diese [Zeit] nach dem Ablauf der vereinbarten Dienstjahre „nacharbeiten". Diese Verhältnisse haben [...] in den letzten zwei Jahren über 100 Mädchen in den Selbstmord getrieben.
70 „Der tamilische Begriff ‚Sumangali' bezeichnet eigentlich eine glücklich verheiratete Frau – in der Bekleidungsindustrie wird er zum Synonym für menschenunwürdigste Ausbeutung. Unternehmen müssen gegen die Missstände vorgehen. Kein einziges T-
75 Shirt ist eine solche Tragödie wert!", zeigt sich Michaela Königshofer von der Clean Clothes Kampagne empört.

INFO

Internationale Arbeitsorganisation (ILO)
Sonderorganisation der UN mit Hauptsitz in Genf; zuständig für die Formulierung und Durchsetzung internationaler Arbeits- und Sozialstandards, die menschenwürdige Arbeit für alle Menschen auf der Welt sicherstellen sollen (siehe auch Glossar)

INTERNET

www.cleanclothes.at
Clean Clothes Kampagne (CCK) – Aktiv für faire Arbeitsbedingungen in der Bekleidungsindustrie; österreichische Organisationsplattform

Aus: Clean Clothes Kampagne (CCK), Zwangsarbeit für Modemarken, www.cleanclothes.at/presse/ sumangalipresse/, 26 4.2012 (Zugriff: 18.11.2014)

1 Geben Sie mit Ihren Worten die Aussagen von M 1 **wieder**.
2 **Ermitteln** Sie mögliche Ursachen für die Behandlung der Näherinnen in den Fabriken.
3 **Erörtern** Sie, was in Indien – und in Deutschland – geschehen muss, damit es zu einem Ausgleich Ihrer Interessen (z. B. als Konsumenten) und denen der Näherinnen kommt.

MATERIAL **2**

Charakteristika alter und neuer Formen der Sklaverei

alte Sklaverei	neue Sklaverei
als legales Eigentum verstanden	kein legales Eigentum
hohe Beschaffungskosten	sehr niedrige Beschaffungskosten
niedrige Gewinne	sehr hohe Gewinne
Mangel an potenziellen Sklaven	Überangebot an potenziellen Sklaven
langfristige Beziehung	kurzfristige Beziehung
Sklaven werden behalten	Sklaven sind disponibel

INFO

disponibel
hier: sofort verfügbar, griffbereit, damit auch jederzeit ersetzbar

Aus: Franz Nuscheler, Moderne Sklaverei: Formen, Dimensionen und Entwicklung des Völkerrechts, in: Stiftung Entwicklung und Frieden/Institut für Entwicklung und Frieden, Globale Trends 2013. Frieden, Entwicklung, Umwelt, Frankfurt a. M. 2012, S. 198

MATERIAL **3**

Der United Nations Global Compact

Der United Nations Global Compact ist ein weltweiter Pakt, der 1999 zwischen Unternehmen und der UNO geschlossen wurde. Er fordert die Unternehmen auf, sich zu einem Katalog von Grundwerten aus den Bereichen Menschenrechte, Arbeitsnormen, Umweltschutz und Korruptionsbekämpfung zu bekennen, sie zu unterstützen und innerhalb ihres Einflussbereichs in die Praxis umzusetzen.

Menschenrechte:
Prinzip 1: Unternehmen sollen den Schutz der internationalen Menschenrechte unterstützen und achten und
5 *Prinzip 2:* sicherstellen, dass sie sich nicht an Menschenrechtsverletzungen mitschuldig machen.
Arbeitsnormen:
Prinzip 3: Unternehmen sollen die Vereinigungsfreiheit und die wirksame Anerkennung des Rechts auf Kollektivverhandlungen wahren.

Prinzip 4: Unternehmen sollen sich für die Beseitigung aller Formen der Zwangsarbeit einsetzen. 15
Prinzip 5: Unternehmen sollen sich für die Abschaffung von Kinderarbeit einsetzen.
Prinzip 6: Unternehmen sollen sich für die Beseitigung von Diskriminierung bei Anstellung und Erwerbstätigkeit einsetzen. 20
Umweltschutz:
Prinzip 7: Unternehmen sollen im Umgang mit Umweltproblemen dem Vorsorgeprinzip folgen.
Prinzip 8: Unternehmen sollen Initiativen ergreifen, um größeres Umweltbewusstsein zu 25 fördern.
Prinzip 9: Unternehmen sollen die Entwicklung und Verbreitung umweltfreundlicher Technologien beschleunigen. 30
Korruptionsbekämpfung:
Prinzip 10: Unternehmen sollen gegen alle Arten der Korruption eintreten, einschließlich Erpressung und Bestechung.

Aus: United Nations Global Compact, Die Zehn Prinzipien, www.unglobalcompact.org/Languages/german/die_zehn_prinzipien.html (Zugriff: 18.11.2014)

1 **Vergleichen** Sie die Situation von Menschen, die alter bzw. neuer Sklaverei unterworfen sind (M 2).

2 **Diskutieren** Sie die These, dass die alte Form der Sklaverei menschlicher war als die neue.

3 **Arbeiten** Sie aus M 3 **heraus**, gegen welche Prinzipien des United Nations Global Compact die „Sumangali"-Praxis (M 1) verstößt. Versuchen Sie, Erklärungen für die Missachtung des Global Compact zu finden.

Menschenrechte und Menschenrechtsverletzungen

Aus der Allgemeinen Erklärung der Menschenrechte von 1948

MATERIAL **4**

Die von der Generalversammlung der Vereinten Nationen am 10. Dezember 1948 verabschiedete UN-Menschenrechtserklärung besteht aus insgesamt 30 Artikeln.

Artikel 1
Alle Menschen sind frei und gleich an Würde und Rechten geboren. Sie sind mit Vernunft und Gewissen begabt und sollen einander im
5 Geiste der Brüderlichkeit begegnen.

Artikel 2
Jeder hat Anspruch auf alle in dieser Erklärung verkündeten Rechte und Freiheiten, ohne irgendeinen Unterschied, etwa nach
10 Rasse, Hautfarbe, Geschlecht, Sprache, Religion, politischer oder sonstiger Anschauung, nationaler oder sozialer Herkunft, Vermögen, Geburt oder sonstigem Stand. [...]

Artikel 3
15 Jeder hat das Recht auf Leben, Freiheit und Sicherheit der Person.

Artikel 4
Niemand darf in Sklaverei oder Leibeigenschaft gehalten werden; Sklaverei und
20 Sklavenhandel in allen ihren Formen sind verboten.

Artikel 5
Niemand darf der Folter oder grausamer, unmenschlicher oder erniedrigender Behand-
25 lung oder Strafe unterworfen werden.

Artikel 6
Jeder hat das Recht, überall als rechtsfähig anerkannt zu werden.

Artikel 7
30 Alle Menschen sind vor dem Gesetz gleich und haben ohne Unterschied Anspruch auf gleichen Schutz durch das Gesetz. Alle haben Anspruch auf den gleichen Schutz gegen jede Diskriminierung, die gegen diese Erklä-
35 rung verstößt, und gegen jede Aufhetzung zu einer derartigen Diskriminierung.

Artikel 8
Jeder hat Anspruch auf einen wirksamen Rechtsbehelf bei den zuständigen innerstaatlichen Gerichten gegen Handlungen, durch
40 die seine ihm nach der Verfassung oder nach dem Gesetz zustehenden Grundrechte verletzt werden.

Artikel 9
Niemand darf willkürlich festgenommen, in
45 Haft gehalten oder des Landes verwiesen werden.

Artikel 10
Jeder hat bei der Feststellung seiner Rechte und Pflichten sowie bei einer gegen ihn
50 erhobenen strafrechtlichen Beschuldigung in voller Gleichheit Anspruch auf ein gerechtes und öffentliches Verfahren vor einem unabhängigen und unparteiischen Gericht.

Artikel 13
1. Jeder hat das Recht, sich innerhalb eines
55 Staates frei zu bewegen und seinen Aufenthaltsort frei zu wählen.
2. Jeder hat das Recht, jedes Land, einschließlich seines eigenen, zu verlassen und
60 in sein Land zurückzukehren.

Artikel 17
1. Jeder hat das Recht, sowohl allein als auch in Gemeinschaft mit anderen Eigentum innezuhaben.
65 2. Niemand darf willkürlich seines Eigentums beraubt werden.

Artikel 18
Jeder hat das Recht auf Gedanken-, Gewissens- und Religionsfreiheit; dieses Recht
70 schließt die Freiheit ein, seine Religion oder seine Weltanschauung zu wechseln, sowie die Freiheit, seine Religion oder seine Weltanschauung allein oder in Gemeinschaft mit anderen, öffentlich oder privat durch Lehre,
75 Ausübung, Gottesdienst und Kulthandlungen zu bekennen.

Aus: Menschenrechte. Dokumente und Deklarationen, 4. Aufl., Bonn 2004, S. 55 ff.

INFO

weitere Menschenrechtsabkommen:
– Internationaler Pakt über wirtschaftliche, soziale und kulturelle Rechte (1966)
– Internationaler Pakt über bürgerliche und politische Rechte (1966)
– Internationales Übereinkommen zur Beseitigung jeder Form von Rassendiskriminierung (1966)
– Übereinkommen zur Beseitigung jeder Form von Diskriminierung der Frau (1979)
– Übereinkommen gegen Folter und andere grausame, unmenschliche oder erniedrigende Behandlung oder Strafe (1984)
– Übereinkommen über die Rechte des Kindes (1989)

1 Erläutern Sie mithilfe von Beispielen die ausgewählten Menschenrechte (M 4)

2 Charakterisieren Sie ein Staatsgebilde, das sich nicht an die Artikel 3, 5, 6, 8, 9 und 10 hält.

MATERIAL 5 — Menschenrechtsverletzungen?

Einige fiktive Fälle zur Überprüfung:

Fall 1: In einem asiatischen Land wird ein Staudamm gebaut. Dabei wird ein von der Landwirtschaft lebendes Dorf überflutet. Die Bewohner werden zwangsweise in einem anderen Gebiet angesiedelt, in dem die Böden wesentlich schlechter sind. Forderungen nach Entschädigung werden zunächst zurückgewiesen, dann aber erfüllt. Das Geld wird jedoch nur zum Teil ausgezahlt.

Fall 2: In einem europäischen Land wird ein Verdächtiger von der Polizei „scharf" verhört: Er muss stundenlang stehen, er wird von einer Lampe geblendet und man geht sehr unhöflich mit ihm um.

Fall 3: In einer trockenen Gegend eines afrikanischen Staates sind seit mehreren Jahren nur schlechte Ernten erzielt worden. Die Regierung hilft aus Geldmangel den Betroffenen nicht. Zugleich verbietet sie ihnen, ihre Heimat zu verlassen und in anderen Provinzen nach Nahrung Ausschau zu halten.

Fall 4: In einem Land, in dem der Islam Staatsreligion ist, konvertiert ein Mann zum Christentum. Er wird daraufhin schwer bestraft.

MATERIAL 6 — Sind Menschenrechte universelle Rechte?

Frau Mihr, haben Menschenrechte und Coca-Cola etwas gemeinsam?
Auf den ersten Blick natürlich nicht. Aber beides wird ähnlich wahrgenommen. Das erlebe ich häufig, wenn ich mit Studenten aus nichteuropäischen Ländern spreche. Die Menschenrechte werden als westliches Produkt angesehen, das ähnlich wie Coca-Cola für einen westlichen Lebensstil steht und an alle Orte der Welt exportiert wird. Einen Satz höre ich immer wieder: Es ist schön, dass es die Menschenrechte gibt, aber bei uns würden sie nicht funktionieren.
Sind Menschenrechte demnach eine Erfindung des Westens?
Das ist ein Mythos. Die Geschichte der Menschenrechte fängt vor mehr als sechstausend Jahren in Mesopotamien und Indien an. Allerdings ist das gegenwärtige Menschenrechtssystem eindeutig westlich dominiert. Was wir heute unter Menschenrechten verstehen, ist seit 1945 und mit der Gründung der Vereinten Nationen unter Interpretationshoheit des Westens entstanden. Das schürt diesen Mythos. [...]
Die Menschenrechte sind universell und unteilbar, Sie gelten also für jeden [...]. Warum tun sich Länder wie China so schwer mit diesem Anspruch?
Die Universalität der Menschenrechte ist seit 2004 in der chinesischen Verfassung verankert. Dennoch werden in China täglich Menschen- und Freiheitsrechte verletzt. Die allgemeine Argumentation hier ist: Menschenrechte sind zwar wichtig, aber Sicherheit und Wohlergehen des Staates sind wichtiger und stehen an erster Stelle. Kurz gesagt. Das Individuum steht hinter dem Kollektiv zurück.
Kritiker weisen immer wieder auf kulturelle Besonderheiten hin. Ihre Argumentation lautet: Kulturen sind unvergleichlich. [...] Muss der Westen auch bei den Menschenrechten mehr Rücksicht auf kulturelle Unterschiede nehmen?
Die Unveräußerlichkeit der Menschenrechte liegt genau darin begründet, dass sie vor allen kulturellen Eigenarten stehen. Die Annahme dahinter lautet: In allen Kulturen gibt es ein universelles und vorkulturelles Verständnis für Recht und Unrecht. Keine Kultur belohnt Diebstahl, Mord oder Lüge – alle verurteilen das. Wenn der Einzelne zum Wohle der Gesamtheit diskriminiert, misshandelt oder mundtot gemacht wird, widerspricht das der Universalität der Menschenrechte.

Aus: Interview von Andreas Braun mit der Politikwissenschaftlerin Anja Mihr, in: fluter. Magazin der Bundeszentrale für politische Bildung, Nr. 29/Winter 2008, Thema: Menschenrechte, S. 44

Sind die Menschenrechte wirksam?

Herr Prantl, müssen Sie als Jurist und früherer Staatsanwalt nicht Mitleid mit den Institutionen haben, die für die Einhaltung der Menschenrechtsdeklaration kämpfen? Schließlich
5 *gibt es kaum rechtliche Verbindlichkeiten und Sanktionen für die Nichtbeachtung.*

Mitleid? Eigentlich möchte man ja verzweifeln. Es gibt keine Exekutive, die Menschenrechte so schützt, wie sie geschützt gehör-
10 ten; es gibt keine staatliche oder überstaatliche Gewalt, die sie konsequent verteidigt. Aber andererseits stellt man fest, dass sie trotzdem Autorität haben, dass eine Akzeptanz für die Menschenrechte gewachsen ist,
15 die man sich so vor 60 Jahren nicht hätte vorstellen können. Die Papierform der Menschenrechte ist vorzüglich. [...] Aber es gibt auch Hoffnung: Vielleicht kann man es ja schon als Erfolg werten, dass China im Vor-
20 feld der Olympischen Spiele [2008] nicht gesagt hat: „Die Menschenrechte akzeptieren wir nicht." China hat ja eher um Verständnis geworben, dass das Land noch nicht „so weit" ist. Das weckt die kleine Hoffnung,
25 dass sich die Menschenrechte nicht einfach in der Unverbindlichkeit auflösen, sondern dass sie eine innere Kraft haben. Eine innere Kraft, die so groß ist, auch Länder zu ergreifen, die lange abseits standen.

30 *Sie sehen die Entwicklung der Menschenrechte also durchaus als Erfolgsgeschichte?*

Sie werden in Serie verletzt. Aber: Sie sind der Maßstab, an dem Regierungen gemessen werden, ob sie nun die Menschenrechte im
35 Munde führen oder nicht. Und diesen Maßstab haben nicht nur die **NGOs** wie Amnesty

Zeichnung: Heiko Sakurai

in der Hand, dieser Maßstab liegt mittlerweile auch auf dem Tisch von Richtern, die das Verhalten von Regierungschefs, von Ministern und Militärs daran messen – frei- 40 lich immer nur dann, wenn deren Regime zusammengebrochen ist. Denken Sie an die Gründung des Weltstrafgerichtshofs in Den Haag, denken Sie an die internationalen Tribunale, welche die Verbrechen des Jugos- 45 lawienkriegs und den Völkermord in **Ruanda** untersuchen und bestrafen. Sicher: Strafe kommt immer zu spät. Aber solche Strafen können vielleicht abschreckend wirken und also vorbeugende Kraft haben. Bisher war es 50 so: Wenn einer einen Menschen ermordet hat, kam er ins Gefängnis. Wenn einer Tausende von Menschen ermordete, wurden ihm die Türen zu den internationalen Konferenzsälen geöffnet. Einen solchen verrückten 55 Automatismus gibt es jetzt nicht mehr.

QUERVERWEIS

Ruanda
S. 380, Info

INFO

NGOs
Nichtregierungs-
organisationen

Aus: Interview von Oliver Gehrs mit dem Juristen und Journalisten Heribert Prantl, in: fluter. Magazin der Bundeszentrale für politische Bildung, Nr. 29/Winter 2008, Thema: Menschenrechte, S. 5

1 Prüfen Sie die in M 5 aufgelisteten Fälle darauf, ob sie gegen die Menschenrechte (M 4) verstoßen.

2 Arbeiten Sie aus M 6 die Gründe **heraus,** warum die Menschenrechte entgegen ihrem Selbstverständnis nicht universell gelten.

3 Erschließen Sie aus M 7, auf welchen Faktoren nach Auffassung Heribert Prantls die Wirksamkeit der Menschenrechte beruht.

4 Analysieren Sie die Karikatur in M 7 hinsichtlich ihrer Aussage und der Position des Zeichners.

5 Recherchieren Sie die Menschenrechtslage in China und präsentieren Sie Ihre Ergebnisse.

Menschenrechtsschutz

MATERIAL **8**

Effektiver Menschenrechtsschutz durch die UN?

Menschenrechtskommission
1946 von der UN
eingerichtete und als
Unterorgan des Wirtschafts- und Sozialrates (ECOSOC; siehe
Kap. 4.5) etablierte
Organisation, die
zuletzt starker Kritik
bezüglich mangelnder Wirksamkeit
und Glaubwürdigkeit
ausgesetzt war; 2006
durch den Menschenrechtsrat abgelöst

Relativismus
Anschauung, nach der
jede Erkenntnis nur
relativ (bedingt durch
den Standpunkt des
Erkennenden) richtig,
jedoch nie allgemeingültig wahr ist

QUERVERWEIS

Der Menschenrechtsrat
S. 431, Grafik

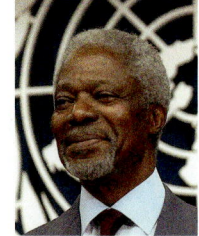

Kofi Annan
*8.4.1938 in der
britischen Kolonie Goldküste (heute Ghana)
1997–2006 7. Generalsekretär der Vereinten
Nationen; zusammen
mit diesen 2001 mit
dem Friedensnobelpreis
ausgezeichnet

Jahrzehntelang war die **Menschenrechtskommission (MRK)** die wichtigste zwischenstaatliche Institution des Menschenrechtsschutzes. [...] Doch die MRK war stets auch ein politisches Gremium, da ihre Mitglieder weisungsabhängige Vertreter der zuletzt 53 Mitgliedstaaten waren. Die Kontroversen um die Art und Reichweite des Menschenrechtsschutzes wurden immer stärker von der Grundspannung zwischen der Staatensouveränität und dem Anspruch der Staatengemeinschaft nach Beachtung der kollektiven Normen geprägt, die Menschenrechte immer häufiger zum politischen Schlagabtausch instrumentalisiert. So warfen die westlichen Demokratien autoritären Staaten in Asien und Afrika immer wieder vor, unter dem Vorwand kultureller Eigenheiten **Menschenrechtsrelativismus** zu betreiben. Diese wiederum konterten mit dem Vorwurf, westliche Länder würden unter Verfolgung ihrer wirtschaftlichen Interessen im Menschenrechtsbereich doppelte Standards anlegen. Die Debatte um die fortschreitende Politisierung spitzte sich zu, als Länder wie Sudan und Kuba Mitglieder der MRK blieben, die USA jedoch 2001 bei ihrer Wiederwahl scheiterten und Libyen 2003 den Vorsitz übernahm.

Die Tendenz, das Forum der MRK nicht zum Schutz der Menschenrechte zu nutzen, sondern dazu, Kritik am eigenen Staat zu verhindern und andere anzuklagen, führte die MRK in eine „Selbstzerstörung auf Raten", durch die sie ihre Glaubwürdigkeit immer weiter verspielte. So verwarf der damalige UN-Generalsekretär Kofi Annan schließlich einen Vorschlag zur Reform der MRK und forderte stattdessen einen scharfen Schnitt: In seinem Bericht an die Generalversammlung befand er, dass die MRK so stark diskreditiert sei, dass sie dem Ruf des gesamten UN-Systems schade, schlug deren Auflösung vor und regte die Schaffung eines permanenten Menschenrechtsrates an – zunächst als Nebenorgan, aber mit der Perspektive der Entwicklung zu einem Hauptorgan der Welt

organisation. Nach heftigen Diskussionen im Vorfeld des Jubiläumsgipfels einigten sich die UN-Mitgliedstaaten dann am 15. September 2005 im Kontext ihres Abschlussdokuments grundsätzlich auf die Einrichtung eines Menschenrechtsrates. [...]

Der Menschenrechtsrat wurde mit einem breiten Mandat ausgestattet. Als Forum für die Behandlung aller menschenrechtlichen Themen soll er sich für die Verbreitung der Menschenrechte weltweit einsetzen, den Staaten Hilfe bei deren Umsetzung anbieten und der Generalversammlung Vorschläge für die weitere menschenrechtliche Normenentwicklung unterbreiten. Festgelegt wurde zudem, dass der Rat einen Universal Periodic Review-Prozess (UPR-Prozess) einzurichten hat, in dessen Rahmen alle UN-Mitgliedstaaten nach einem festen Verfahren auf die Einhaltung menschenrechtlicher Standards hin überprüft werden sollen. [...]

Der Menschenrechtsrat, der seinen Sitz wie die MRK in Genf hat, besteht aus 47 Mitgliedstaaten, die dort durch weisungsgebundene Regierungsdelegationen vertreten sind. Damit ist der Rat nur unwesentlich kleiner als seine Vorgängerin. Wie auch bei der MRK folgt die Verteilung der Sitze dem Prinzip geografischer Ausgewogenheit auf der Grundlage der fünf Regionalgruppen, denen die UN-Mitgliedstaaten zugeordnet sind. Demnach verfügen Afrika und Asien über jeweils 13 Sitze, die osteuropäische Gruppe über 6 Sitze, Lateinamerika und die Karibik über 8 Sitze und die Gruppe der westeuropäischen und anderen Staaten (zu der auch die USA, Kanada, Australien, Neuseeland und Israel gehören) über 7 Sitze. [...]

Die Vorschriften zur Zusammensetzung des Menschenrechtsrates stießen vor allem in der demokratischen Welt auf Vorbehalte: Mit dem Regionalproporz in Verbindung mit dem 50-Prozent-Quorum seien die Hürden für den Einzug in den Rat zu niedrig, sodass auch Staaten mit fragwürdiger Menschenrechtsbilanz diese allzu leicht überwinden könnten. Die Hoffnung, im Menschenrechts-

95 rat vorrangig *clean states* zu versammeln, musste angesichts der Mehrheitsverhältnisse in der Generalversammlung jedoch schon frühzeitig aufgegeben werden. Die große Mehrheit der demokratischen Staaten, inklu-
100 sive aller EU-Mitglieder, stimmte aber dennoch für die konstituierende Resolution, weil für ein weiterreichendes Ergebnis ein Konsens nicht zu erzielen war. Allein die USA und Israel verweigerten dem neuen Rat ihre
105 Zustimmung. Immerhin traten Länder wie Sudan gar nicht erst zur Wahl an oder scheiterten wie zum Beispiel Iran mit ihrer Kandidatur. Allerdings waren mit China, Russland, Kuba und Pakistan gleich nach den ersten
110 Wahlen im Mai 2006 wieder eine Reihe von Staaten vertreten, die sich schon in der MRK nicht als wirkliche Verteidiger der Menschenrechte hervorgetan hatten. [...]
Mit der Einrichtung des UPR-Prozesses hat
115 der Menschenrechtsrat der Vereinten Nationen ein völlig neues Instrument geschaffen. Das Verfahren sieht die turnusmäßige Überprüfung der Menschenrechtspraxis in allen UN-Mitgliedstaaten vor. Als Maßstab die-
120 nen dabei die Verpflichtungen aus den internationalen Menschenrechtsverträgen, die Allgemeine Erklärung der Menschenrechte sowie die menschenrechtlichen Zusagen, welche Staaten bei ihren Kandidaturen für
125 den Menschenrechtsrat gegeben haben. Das Verfahren besteht im Wesentlichen in der Sammlung und Auswertung menschenrechtsrelevanter Informationen über ein Land, aufgrund derer dann Empfehlungen an die
130 überprüften Staaten ausgesprochen werden können. Diese Äußerungen des Rates sind nicht rechtsverbindlich, ihre Umsetzung liegt im Ermessen der Staaten und Regierungen. [...]
135 Das UPR-Verfahren ist grundsätzlich kooperativ angelegt, was eine wichtige Voraussetzung für die weltweite Akzeptanz dieses Mechanismus ist. Nicht öffentlichkeitswirk-

same Anklagen und Verurteilungen stehen im Vordergrund, sondern die Unterstützung 140 der Staaten bei der Verankerung menschenrechtlicher Standards sowie der Verbesserung ihrer Menschenrechtssituation insgesamt. Das Verfahren ist also ein eher „souveränitätsschonendes“, das immer dann 145 an seine Grenzen stößt, wenn Staaten nicht kooperieren. Andererseits erzeugen die öffentliche Behandlung der Berichte und die breite Informationsbasis durchaus einen Handlungsdruck – zumindest bei den Staaten, die Wert auf ihre internationale Reputation [ihren guten Ruf] legen. [...]
Eine bilanzierende Bewertung der bisherigen Arbeit des Menschenrechtsrates kann so kurz nach der Konstituierung und der Schaf- 155 fung aller Instrumente zwar nur eine vorläufige sein, aber einige Punkte lassen sich doch festhalten. Dazu gehört die Erkenntnis, dass auch der Menschenrechtsrat ein politisches Gremium ist, innerhalb dessen die Konflikt- 160 linien ganz ähnlich verlaufen wie in der gerade abgeschafften Menschenrechtskommission. Je nach politischem System, religiösem oder kulturellem Hintergrund halten die Staatenvertreter an ihren Interpretationen 165 von Menschenrechten fest: Ein universales Verständnis bleibt in weiter Ferne. [...]
Bislang hat der Rat es nicht für erforderlich gehalten, sich mit der Situation in Ländern wie **Simbabwe**, **Libyen** oder der **DR Kongo** 170 zu befassen, obwohl gerade das simbabwische Regime in Harare in aller Öffentlichkeit massive Menschenrechtsverletzungen begeht. Der Eindruck ist daher nicht von der Hand zu weisen, dass durch den neuen 175 Regionalproporz tendenziell das Gewicht autoritärer Staaten mit einem zumindest aus westlicher Sicht sehr problematischen Menschenrechtsverständnis zugenommen hat, und dass ein effektiver Menschenrechts- 180 schutz nicht zu den zentralen Anliegen vieler Mitglieder des Rates gehört.

Aus: Sven Bernhard Gareis, Der Menschenrechtsrat: Eine vorläufige Bilanz, in: Aus Politik und Zeitgeschichte, B 46/2008 (10.11.2008), S. 15 ff., 19 f.

INFO

clean states
hier: demokratische
Staaten

Republik Simbabwe
Das südafrikanische Binnenland galt nach seiner Unabhängigkeit 1980 zunächst als demokratischer Vorreiter; unter der Herrschaft Robert Mugabes (1980–1987 Ministerpräsident, seit 1987 Staats- und Regierungschef) entstand jedoch eine diktatorische Einheitsregierung, die eine kritische Öffentlichkeit und die zunehmende Oppositon unterdrückte. Trotz internationaler Wahlfälschungsvorwürfe herrscht Mugabe bis heute (Stand: Dez. 2014; Mugabe wurde am 21.2.2014 neunzig Jahre alt); die wirtschaftliche Situation des Landes ist nach wie vor prekär.

Libyen
Der nordafrikanische Staat wurde nach dem Sturz der Monarchie durch einen Militärputsch 1969 gut vierzig Jahre lang von dem Diktator Muammar al-Gaddafi regiert. Die sich im Zuge des „arabischen Frühlings" (siehe S. 429, M 15) auch in Libyen formierende, in sich allerdings uneinheitliche Opposition versuchte er, gewaltsam niederzuschlagen; Gaddafis Regime wurde schließlich 2011 durch das Eingreifen der NATO gestürzt.

DR Kongo
Demokratische Republik Kongo; von jahrelangem Krieg erschüttertes und trotz eines Friedensabkommens 2003 noch immer zwischen konkurrierenden Bürgerkriegsparteien, Armeen und Milizen schwer umkämpftes Land in Zentralafrika, in dem die Bevölkerung unter Vertreibungen, Armut und massiver Gewalt leidet.

Weitere und aktuelle Länderinfos u. a. unter:
www.auswaertiges-amt.de

1 Fassen Sie die wesentlichen Aussagen von M 8 mit Ihren Worten zusammen.
2 Arbeiten Sie aus M 8 die Konstruktion und die Funktionsweise des Menschenrechtsrates heraus.
3 Diskutieren Sie die Eignung des Menschenrechtsrates als Instrument des Menschenrechtsschutzes.

MATERIAL **9**

Effektiver Menschenrechtsschutz durch NGOs?

Amnesty International (ai):

ai deckt Menschenrechtsverletzungen auf und wird aktiv, wenn Menschen akut bedroht sind. Die 1961 von dem britischen Rechtsanwalt Peter Benensen gegründete Organisation sorgt sich nicht nur um politische Gefangene, sondern auch um Geiseln, Flüchtlinge, Arbeitslose, Obdachlose. Weltweit stehen zur Zeit drei Kampagnen im Vordergrund: „Stoppt die Todesstrafe in Asien" (neben China ist die Situation besonders in Japan alarmierend); „Schluss mit der Hexenjagd auf Roma" (das betrifft vor allem Italien) und die Petition „Guantánamo muss geschlossen werden" (USA).

Human Rights Watch (HRW):

Aufgabe ist die Recherche und Berichterstattung über Menschenrechtsverletzungen. HRW setzt sich für Opfer und Aktivisten ein und bringt Täter vor Gericht. So war die 1988 gegründete NGO mit Sitz in New York treibende Kraft im Kampf gegen Landminen. Der Einsatz trug Früchte: 1997 verbot die Ottawa-Konvention diese Waffen. Auch im aktuellen Kampf gegen Streubomben verzeichnet HRW einen Erfolg. Anfang Dezember unterzeichneten 100 Staaten eine Erklärung zur Ächtung dieser heimtückischen Waffe, die in Irak, Vietnam oder Kambodscha zum Einsatz kam

Aus: Andreas Braun, Das Universum der Guten, in: fluter, Nr. 29/Winter 2008, S. 26 f.

MATERIAL **10**

Effektiver Menschenrechtsschutz durch die internationale Strafjustiz?

Die Geschichte der internationalen Strafjustiz ist auch die Geschichte einer Emanzipation – des Rechts von der Macht. Als der UN-Sicherheitsrat in den 1990er-Jahren erstmals Kriegsverbrechertribunale schuf, für Jugoslawien und Ruanda, da achtete das UN-Gremium noch sehr genau darauf, nichts von seiner Macht aus der Hand zu geben. Der Sicherheitsrat schuf die Kriegsverbrechertribunale als vollständig untergeordnete Einrichtungen. Er wählte Richter und Ankläger aus und behielt so Einfluss bis hin zur Möglichkeit, diese Tribunale jederzeit wieder zu schließen. Erst 1998 kam die Zeitenwende. Der Internationale Strafgerichtshof (International Criminal Court, ICC), der 1998 auf einer Staatenkonferenz in Rom gegründet wurde, wurde als unabhängige Institution ins Leben gerufen. Er steht außerhalb des UN-Gefüges. Den Staaten steht es frei, ihm beizutreten.

Als im Sommer 2002 eine kritische Masse von 60 Ländern erreicht war, die das sogenannte „Rom-Statut" ratifiziert hatten, nahm der Gerichtshof in Den Haag seine Arbeit auf.

Laut Statut wird der Gerichtshof nur tätig bei Völkermord, schweren Kriegsverbrechen sowie Verbrechen gegen die Menschlichkeit. Zudem ist er nur dann zuständig, wenn Staaten diese Delikte auf nationaler Ebene nicht verfolgen können oder wollen. Angeklagt werden können Einzelpersonen, sofern das Land, in dem die Verbrechen begangen wurden, dem Gerichtshof beigetreten ist – oder wenn das Heimatland des Täters das Statut ratifiziert hat.

Zudem kann der UN-Sicherheitsrat dem Gerichtshof per Resolution auftragen, über die souveräne Entscheidung eines Staates hinwegzugehen und auch in Ländern zu ermitteln, die dem Gericht nicht beigetreten sind.

QUERVERWEIS

Internationaler Strafgerichtshof S. 430, Grafik; Glossar

Aus: Ronen Steinke, Der Internationale Strafgerichtshof, in: www.bpb.de/internationales/ weltweit/innerstaatliche-konflikte/169554/der-internationale-strafgerichtshof, 24.9.2013 (Zugriff: 7.11.2014)

1 Fassen Sie mit Ihren Worten M 9 und M 10 **zusammen**.

2 Beurteilen Sie die Wirksamkeit des Menschenrechtsschutzes durch die Nichtregierungsorganisationen (NGOs) und die internationale Strafjustiz (M 9 und M 10).

Ideologiekritik

Es gibt zwei Verständnisse dessen, was eine Ideologie ist. Zum einen wird Ideologie verstanden als Bezeichnung für politische Ideen oder Ideengebäude. Ideologie in diesem Sinne ist ein wertneutraler Begriff. Zum anderen wird Ideologie verstanden als Bezeichnung für unwahres, irriges oder falsches Bewusstsein. Ideologie in diesem Sinne ist ein negativ besetzter Begriff.

Der negativ besetzte Ideologiebegriff bildet den Hintergrund für die Ideologiekritik. Diese Kritik geht davon aus, dass Ideologien die gesellschaftliche Wirklichkeit verschleiern oder die Menschen über die Wirklichkeit bewusst täuschen wollen. Indem sie das Falsche einer Vorstellung aufdeckt, will Ideologiekritik den Blick für die Wirklichkeit frei machen. Das Unwahre einer Ansicht wird nun nicht dadurch aufgedeckt, dass man ihr eine **dogmatische** Wahrheit entgegensetzt, sondern dadurch, dass man sie auf verborgene, also nicht klar ausgesprochene Interessen hin befragt sowie auf **immanente** Widersprüche hin überprüft. Die betreffende Ansicht soll mithin an ihrem eigenen Wahrheitsanspruch gemessen werden. Häufig stellt sich als Ergebnis einer Ideologiekritik heraus, dass hinter einer behaupteten Wahrheit bestimmte Absichten oder Interessen stehen. Ohne Ideologiekritik wären diese nicht erkannt worden.

Vorgehensweise der Ideologiekritik:

1. Was genau wird in der Aussage behauptet?
2. Handelt es sich um eine verallgemeinerte Aussage?
3. Mit welcher Gewissheit wird sie vorgetragen (es kann so sein – es ist so – es muss so sein)?
4. Lässt die Aussage eine alternative Sichtweise zu oder wird sie zumindest angedeutet?
5. Enthält die Aussage unausgesprochene Bewertungen? Wenn ja, sind diese positiv oder negativ?
6. Wird die Aussage mit Argumenten (Fakten) begründet?
7. Lassen sich Widersprüche in der Aussage feststellen?
8. Welches Interesse verfolgt vermutlich derjenige, von dem die Aussage stammt?

Eine gute Gelegenheit zum Üben der Ideologiekritik bilden **Stereotype und Vorurteile**.

Stereotype sind verallgemeinerte Vereinfachungen von Verhaltensweisen bestimmter Gruppen. Sie sind ideologisch, wenn sie nicht mit der Realität übereinstimmen. Aber selbst wenn sie mit der Realität übereinstimmen, können sie ideologisch sein, wenn vergessen wird, dass sie Vereinfachungen sind. Beispiel: Die Deutschen sind arbeitsam; Italiener essen immer Spaghetti.

Vorurteile sind voreilige Urteile, also Urteile, die nicht oder nur ungenügend durch Reflexionen oder Erfahrungen gestützt sind. Sie neigen ebenfalls zu Verallgemeinerungen. Vor allem aber tragen sie bewertende Züge. Wenn sich die Bewertungen auf andere Menschen beziehen, sind sie fast immer negativ. Beispiele: Alle Schotten sind geizig; Politiker lügen; Arbeitslose sind faul.

Auch **politische Denkhaltungen** lassen sich ideologiekritisch analysieren. Besonders geeignet sind Einstellungen, die in Spannung zur Gleichheit der Menschen stehen. Dazu gehören der Rassismus, der Ethnozentrismus, der Chauvinismus und der Biologismus.

1 Führen Sie an folgendem Text eine ideologiekritische Analyse durch:

> An der Ostgrenze Estlands liegen zwei Festungen einander gegenüber. Auf dem westlichen Ufer der Narwa erhebt sich die vom Deutschen Ritterorden gebaute Hermannsburg: machtvoll aufragend und klar gegliedert, fest wurzelnd und zugleich hoch aufstrebend, von scharfem Umriss – das Bild einer Kraft, die, in sich ruhend, der Welt sich zuwendet, um sie geistig zu
> 5 beherrschen. Gegenüber auf dem östlichen Ufer zieht sich die slawische Feste Iwangorod hin. Immer neue Massen ansetzend, wälzt der kaum gegliederte Bau sich in den Raum. Seine Verhältnisse und Maße haben kaum mehr etwas Menschliches. Während der Turm hier im Westen uns an die Haltung eines Kriegers erinnert, der ruhig und sicher im Sattel sitzt, kann dort im Osten die Vorstellung von einer menschlich-ritterlichen Haltung sich nicht einstellen. Furcht-
> 10 bare Geheimnisse müssen diese ungefügten Mauern verbergen. Vor unserem geistigen Auge erscheint ein unmenschlicher Despotismus und eine ebenso unmenschliche Knechtseligkeit.

Aus: Alfred Baeumler, in: Hans-Jochen Gamm, Führung und Verführung, München 1964, S. 439

Demokratien und Autokratien im weltweiten Maßstab

MATERIAL **11**

Woran kann man einen demokratischen Staat erkennen?

INFO

Zur Checkliste der NGO Freedom House
Werden alle Fragen auf der Checkliste mit Ja beantwortet, handelt es sich bei dem betreffenden Land um eine vollständige Demokratie. Werden die Fragen überwiegend mit Nein beantwortet, handelt es sich 5 um eine Autokratie.

Übersetzungshilfen
to elect/election:
wählen/Wahlen
framework: 10
Rahmenbedinungen
significant:
nennenswert
to increase:
vergrößern, steigern
to gain:
gewinnen, erreichen 15
to determine:
bestimmen
pervasive:
allgegenwärtig, durchdringend
accountable: 20
verantwortlich, rechenschaftspflichtig
faith:
Glauben
extensive:
erheblich, umfassend,
beträchtlich 25
indoctrination:
massenhafte ideologische Beeinflussung
(freedom of) assembly:
Versammlung(sfreiheit)
trade unions: 30
Gewerkschaften
peasants:
Bauern, Landarbeiter
bargaining:
Tarifverhandlungen
to prevail:
herrschen, gelten 35
torture:
Folter
insurgencies:
Aufstände, Aufruhr
unduly:
übermäßig
exploitation:
Ausbeutung

Mit folgender Checkliste untersucht die NGO Freedom House in regelmäßigen Abständen die Staaten der Welt, ob sie als freie, d. h. demokratische Staaten gelten können.

Political rights
A. Electoral Process
1. Is the head of government or other chief national authority elected through free and fair elections?
2. Are the national legislative representatives elected through free and fair elections?
3. Are the electoral laws and framework fair?
B. Political pluralism and participation
1. Do the people have the right to organize in different political parties or other competitive political groupings of their choice, and is the system open to the rise and fall of these competing parties or groupings?
2. Is there a significant opposition vote and a realistic possibility for the opposition to increase its support or gain power through elections?
3. Are the people's political choices free from domination by the military, foreign powers, totalitarian parties, religious hierarchies, economic oligarchies, or any other powerful group?
4. Do cultural, ethnic, religious, or other minority groups have full political rights and electoral opportunities?
C. Functioning of government
1. Do the freely elected head of government and national legislative representatives determine the policies of the government?
2. Is the government free from pervasive corruption?
3. Is the government accountable to the electorate between elections, and does it operate with openness and transparency? [...]
Civil Liberties
D. Freedom of expression and belief
1. Are there free and independent media and other forms of cultural expression? [...]
2. Are religious institutions and communi-

ties free to practice their faith and express 40 themselves in public and private?
3. Is there academic freedom, and is the educational system free of extensive political indoctrination?
4. Is there open and free private discussion? 45
E. Associal and organizational rights
1. Is there freedom of assembly, demonstration, and open public discussion?
2. Is there freedom for nongovernmental organizations? [...] 50
3. Are there free trade unions and peasant organizations or equivalents, and is there effective collective bargaining? Are there free professional and other private organizations?
F. Rule of law
1. Is there an independent judiciary? 55
2. Does the rule of law prevail in civil and criminal matters? Are police under direct civilian control?
3. Is there protection from political terror, 60 unjustified imprisonment, exile, or torture, whether by groups that support or oppose the system? Is there freedom from war and insurgencies?
4. Do laws, policies, and practices guarantee 65 equal treatment of various segments of the population?
G. Personal autonomy and individual rights
1. Do citizens enjoy freedom of travel or 70 choice of residence, employment, or institution of higher education?
2. Do citizens have the right to own property and establish private businesses? Is private business activity [not] unduly influenced by 75 government officials, the security forces, political parties/organizations, or organized crime?
3. Are there personal social freedoms, including gender equality, choice of marriage 80 partners, and size of family?
4. Is there equality of opportunity and the absence of economic exploitation?

Nach: Freedom House, Checklist Questions and Guidelines, www.freedomhouse.org/report/freedomworld-2013/checklist-questions-and-guidelines, Stand: 2013 (Zugriff: 18.11.2014); bei G.2 sinnentsprechend verändert

Das Menschenrecht auf Demokratie

Artikel 20 UN-Menschenrechtserklärung
1. Alle Menschen haben das Recht, sich friedlich zu versammeln und zu Vereinigungen zusammenzuschließen.
5 **2.** Niemand darf gezwungen werden, einer Vereinigung anzugehören.
Artikel 21 UN-Menschenrechtserklärung
1. Jeder hat das Recht, an der Gestaltung der öffentlichen Angelegenheiten seines Landes
10 unmittelbar oder durch frei gewählte Vertreter mitzuwirken.

2. Jeder hat das Recht auf gleichen Zugang zu öffentlichen Ämtern in seinem Lande.
3. Der Wille des Volkes bildet die Grundlage für die Autorität der öffentlichen Gewalt; die- 15 ser Wille muss durch regelmäßige, unverfälschte, allgemeine und gleiche Wahlen mit geheimer Stimmabgabe oder einem gleichwertigen freien Wahlverfahren zum Ausdruck kommen. 20

Aus: Menschenrechte. Dokumente und Deklarationen, 4. Aufl., Bonn 2004, S. 57

Die Verbreitung der Demokratie in der Staatenwelt

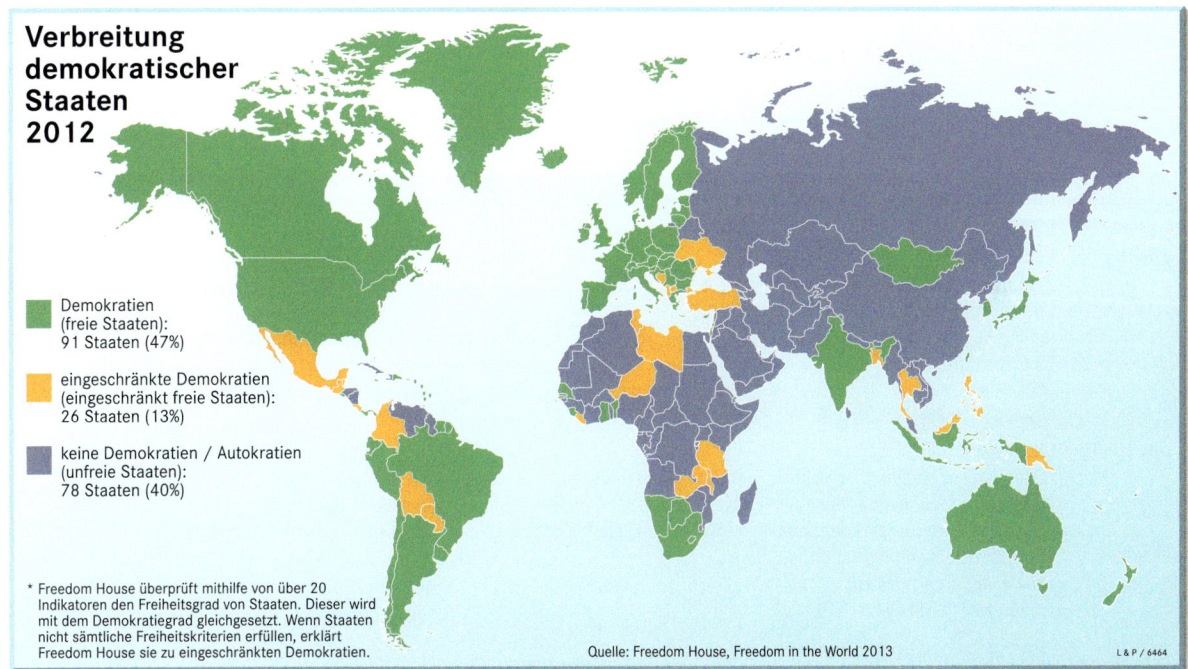

Verbreitung demokratischer Staaten 2012

- Demokratien (freie Staaten): 91 Staaten (47%)
- eingeschränkte Demokratien (eingeschränkt freie Staaten): 26 Staaten (13%)
- keine Demokratien / Autokratien (unfreie Staaten): 78 Staaten (40%)

* Freedom House überprüft mithilfe von über 20 Indikatoren den Freiheitsgrad von Staaten. Dieser wird mit dem Demokratiegrad gleichgesetzt. Wenn Staaten nicht sämtliche Freiheitskriterien erfüllen, erklärt Freedom House sie zu eingeschränkten Demokratien.

Quelle: Freedom House, Freedom in the World 2013

L & P / 6464

1 **Geben** Sie mit Ihren Worten die in M 11 aufgelisteten Fragen **wieder**.

2 **Vergleichen** Sie Artikel 20 und 21 der UN-Menschenrechtserklärung (M 12) mit den Demokratiekriterien in M 11. **Arbeiten** Sie dabei **heraus**, auf welche Aspekte der Demokratie aus M 11 die Artikel in M 12 fokussiert sind.

3 Beschäftigen Sie sich arbeitsteilig mit ausgesuchten Staaten, die als eingeschränkte Demokratien bzw. Autokratien klassifiziert sind (M 13). Recherchieren Sie, aus welchen Gründen diese Staaten nicht als Demokratien gelten; präsentieren Sie Ihre Ergebnisse.

4 Versuchen Sie, Erklärungen zu finden, warum Demokratien vor allem in Westeuropa und in Nordamerika vorhanden sind.

Von der Autokratie zur Demokratie: Wege des Systemwandels

Systematisiert man alle Demokratisierungs-prozesse von 1945 bis 2012 hinsichtlich der Rolle des alten Regimes und der Opposition, so lassen sich sechs Pfade unterscheiden, die
5 zum Ende eines autoritären Regimes führten und den Beginn eines Demokratisierungs-prozesses markierten:
1. die von Regime und/oder der Opposition getragene (Re-)Demokratisierung nach einer
10 autoritären Zwischenphase wie im Falle der Niederlande, Belgiens, Norwegens und Däne-marks nach der Befreiung von der Besatzung durch die deutsche Wehrmacht Mitte der 1940er-Jahre;
15 **2.** die (Re-)Demokratisierung durch politi-sche Eliten unter einer Besatzungsmacht wie in Westdeutschland unter westalliierter Be-satzung 1945–1959 oder unter einer inter-nationalen Übergangsverwaltung wie in Ost-
20 timor 1999–2002 und im Kosovo seit 1999;
3. die vom alten Regime selbst **induzierte** oder auf Betreiben des alten Regimes mit der

Opposition ausgehandelte Liberalisierung des politischen Systems wie in Griechenland, Portugal und Spanien in den 1970er-Jahren; 25
4. die von Oppositionsparteien und Massen-bewegungen „erzwungene" Abhaltung von demokratischen Wahlen, die den Sturz der alten Regierung herbeiführte und die demo-kratische Opposition ins Amt brachte, wie 30 in Polen und Ungarn 1989/90 sowie bei den Farbenrevolutionen in Serbien 2000, in Georgien 2003 und in der Ukraine 2004;
5. der Kollaps des alten Regimes, der den Weg für die demokratische Opposition wie 35 im Falle der Tschechoslowakei 1990 frei machte;
6. die Aushandlung eines Friedensvertrages zwischen Regierung und Opposition nach einem Gewaltkonflikt, einem Bürgerkrieg 40 oder einem Genozid, welcher die Demokrati-sierung des politischen Systems vorschrieb, wie in Ruanda 1994 oder Bosnien und Herze-gowina 1995.

induzieren
bewirken, hervorrufen,
auslösen

günstige und ungünstige Bedingungen für Demokratisierung		
	intern	**extern**
günstig	Elitenkonsens Institutionen, die klare Mehrheitsbildung erlauben und Zuständigkeiten regeln innergesellschaftlicher Frieden fortgeschrittene soziökonomische Entwicklung effizienter Staat, der das Gewaltmonopol kontrolliert lebendige Zivilgesellschaft, kritische Presse	konsistente internationale Demokratieförderung Demokratien in der Nachbarschaft keine regionalen Gewaltkonflikte internationaler demokratischer Konsens günstige Handels- und Wirtschaftsbedingungen mit dem Ausland, besonders mit Demokratien
ungünstig	Elitendissens fehlende Erfahrung mit Demokratie und Rechtsstaatlichkeit Institutionen, die dem Kontext nicht angepasst sind Gewaltkonflikte (Bürgerkrieg, ethnische Säuberung, Genozid) geringe soziöokonomische Entwicklung schwacher, fragiler Staat Fehlen einer Zivilgesellschaft	Fehlen internationaler Demokratieförderung Autokratien in der Nachbarschaft regionale Gewaltkonflikte ungünstige Handels- und Wirtschaftsbedingungen mit dem Ausland

Nach: Sonja Grimm, Demokratisierung, Reautokratisierung und internationale Demokratieförderung, in: Stiftung Entwicklung und Frieden/Institut für Entwicklung und Frieden, Globale Trends 2013. Frieden, Entwicklung, Umwelt, Frankfurt a. M. 2012, S. 122 ff. (Tabelle leicht verändert und ergänzt)

1 **Charakterisieren** Sie die Rolle der Gewalt sowie den Beitrag des bisherigen Regimes und der oppositionellen Kräfte beim Übergang zur Demokratie in den unterschiedlichen Pfaden (M 14).

2 **Erläutern** Sie unter Zuhilfenahme historischer oder aktueller Beispiele die günstigen bzw. ungünstigen Bedingungen für eine Demokratisierung (M 14).

3 **Beurteilen** Sie vor dem Hintergrund des Bedingungsgefüges die Chancen für die Demokratisierung eines von Ihnen ausgesuchten nichtdemokratischen Landes (M 13).

Die arabischen Staaten auf dem Weg zur Demokratie?

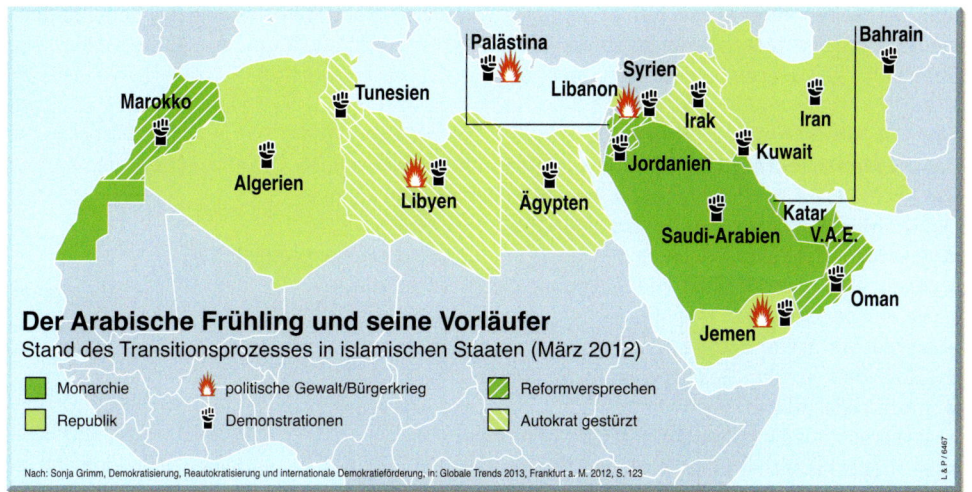

Der Arabische Frühling und seine Vorläufer
Stand des Transitionsprozesses in islamischen Staaten (März 2012)

- ■ Monarchie
- ■ Republik
- 🔥 politische Gewalt/Bürgerkrieg
- ✊ Demonstrationen
- ▨ Reformversprechen
- ▨ Autokrat gestürzt

Nach: Sonja Grimm, Demokratisierung, Reautokratisierung und internationale Demokratieförderung, in: Globale Trends 2013, Frankfurt a. M. 2012, S. 123

Internationale Demokratieförderung

MATERIAL **16**

Internationale Demokratieförderung meint die beratende und finanzielle Unterstützung des Demokratisierungsprozesses von außen, d. h. von anderen Staaten, aber auch von Nichtregierungsorganisationen. Welche Lehren kann man aus den bisherigen Erfahrungen ziehen?

Erstens: Demokratisierung muss von den Betroffenen selbst getragen werden, sonst verliert das Demokratisierungsprojekt Glaubwürdigkeit und Unterstützung in der Bevöl-
5 kerung. Die internationale Demokratieförderung sollte vor allem Demokratisierungsbewegungen effektiv unterstützen, die bereits im Gange sind, denn hier fallen Hilfen und Beratung auf fruchtbaren Boden. [...]
10 **Zweitens:** Demokratieförderer benötigen ei-
nen langen Atem, sollten ihre Erwartungen reduzieren und müssen bereit sein, in erheblichem Ausmaß Ressourcen zu investieren. [...]
Drittens: Fehler müssen erlaubt sein. Sofern 15 Demokratisierungsprozesse von internen Kräften getragen werden, die kaum Erfahrungen mit Demokratie und Rechtsstaat gesammelt haben, sind Entscheidungen, die aus externer Sicht ungünstig sind und den 20 weiteren Verlauf der Demokratisierung beeinträchtigen, kaum zu vermeiden. [...]
Viertens: Da jede Form der Demokratieförderung ein Eingriff in die Souveränität des Empfängerlandes ist, sollten Demokrati- 25 sierungsbemühungen glaubwürdig, kontextangepasst und zielgerichtet sein.

Aus: Menschenrechte. Dokumente und Deklarationen, 4. Aufl., Bonn 2004, S. 57

||||**4**| Verfolgen Sie arbeitsteilig die politische Entwicklung in einem von Ihnen ausgesuchten arabischen Staat (M 15) über einen längeren Zeitraum. **Beschreiben** Sie Entwicklungsschritte hin zur Demokratie oder weg von der Demokratie. **Erklären** Sie, sofern möglich, die Entwicklung mithilfe der Bedingungskriterien für eine Demokratisierung (M 14).

||||**5**| **Ermitteln** Sie aus M 16, welche Erfahrungen die internationale Demokratieförderung bislang gemacht hat.

||||**6**| Informieren Sie sich über die politische Situation in Ländern der früheren Sowjetunion wie Russland, Weißrussland und der Ukraine. **Beurteilen** Sie dann die Chancen für die internationale Demokratieförderung (M 16).

QUERVERWEIS

Frieden und Sicherheit (Ukrainekrise)
S. 208 f., M 26

WISSEN KOMPAKT

Merkmale von Menschenrechten

Menschenrechte sind **universell anerkannte Rechte**. Sie gelten als **angeboren und unveräußerlich**. Sie stehen **allen Menschen** unabhängig von Rasse, Hautfarbe, Geschlecht, Sprache, Religion, politischer Anschauung, nationaler oder sozialer Herkunft, Vermögen sowie Geburt und Stand, also gewissermaßen von Natur aus, zu.

Der UN-Menschenrechtskatalog

Die **UN-Menschenrechtserklärung von 1948** enthält einen aus 30 Artikeln bestehenden Katalog von Rechten, auf die sich die Staatengemeinschaft einigen konnte.

Die **wichtigsten Menschenrechte** sind:

- Alle Menschen sind frei und gleich an Würde und Rechten geboren. (Art. 1)
- Recht auf Leben, Freiheit und Sicherheit der Person. (Art. 3)
- Verbot der Sklaverei. (Art. 4)
- Verbot von Folter und unmenschlicher Strafe. (Art. 5)
- Gleichheit vor dem Gesetz. (Art. 7)
- Verbot willkürlicher Festnahme; Verbot, des Landes verwiesen zu werden. (Art. 9)
- Anspruch auf ein faires Gerichtsverfahren. (Art. 10)
- Verbot willkürlicher Eingriffe in das Privatleben; Wahrung des Briefgeheimnisses. (Art. 12)
- Recht auf Freizügigkeit und freie Wahl des Wohnsitzes; Recht auf Auswanderung. (Art. 13)
- Recht, in anderen Ländern Asyl zu suchen und zu genießen. (Art. 14)
- Recht auf Staatsangehörigkeit. (Art. 15)
- Recht auf Eigentum. (Art. 17)
- Recht auf Gedanken, Gewissens- und Religionsfreiheit. (Art. 18)
- Recht auf freie Meinungsäußerung. (Art. 19)
- Versammlungsfreiheit und Recht, Vereinigungen zu bilden. (Art. 20)
- Anspruch auf eine demokratische Ordnung des Staates. (Art. 21)

UN-Menschenrechtsschutz

Die UNO schützt die Menschenrechte zum einen gerichtsförmig, zum anderen politisch. So gibt es den **Internationalen Strafgerichtshof (Weltstrafgerichtshof)** in Den Haag. Anlässlich konkreter Menschenrechtsverletzungen in bestimmten Weltgegenden wurden **Spezialgerichtshöfe** (internationale Tribunale) eingerichtet, so das UN-Tribunal für das ehemalige Jugoslawien und das UN-Tribunal zur Aburteilung des Völkermordes in Ruanda.

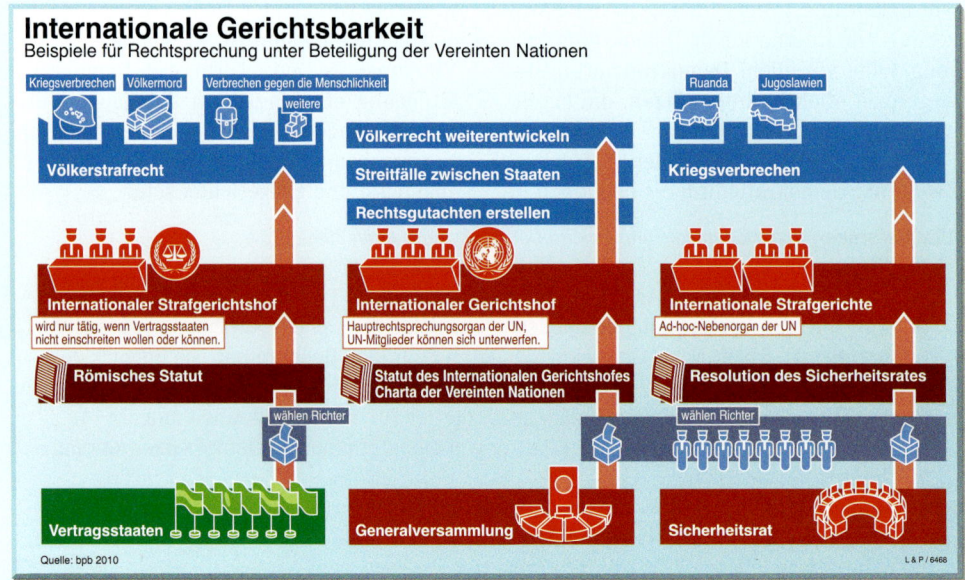

Internationale Gerichtsbarkeit
Beispiele für Rechtsprechung unter Beteiligung der Vereinten Nationen

Kriegsverbrechen | Völkermord | Verbrechen gegen die Menschlichkeit | weitere | Ruanda | Jugoslawien

Völkerstrafrecht | Völkerrecht weiterentwickeln | Kriegsverbrechen
| Streitfälle zwischen Staaten |
| Rechtsgutachten erstellen |

Internationaler Strafgerichtshof | Internationaler Gerichtshof | Internationale Strafgerichte
wird nur tätig, wenn Vertragsstaaten nicht einschreiten wollen oder können. | Hauptrechtsprechungsorgan der UN, UN-Mitglieder können sich unterwerfen. | Ad-hoc-Nebenorgan der UN

Römisches Statut | Statut des Internationalen Gerichtshofes Charta der Vereinten Nationen | Resolution des Sicherheitsrates

wählen Richter | wählen Richter

Vertragsstaaten | Generalversammlung | Sicherheitsrat

Quelle: bpb 2010

L & P / 6468

Politisch ist der **UN-Menschenrechtsrat** (früher: UN-Menschenrechtskommission) für den Schutz der Menschenrechte zuständig. Entsprechend der festgelegten regionalen Einteilung dominieren im Menschenrechtsrat die Länder aus Afrika und Asien. Länder wie China, Kuba oder Saudi-Arabien lassen aber Zweifel daran aufkommen, ob sie selbst Menschenrechtsstandards erfüllen.

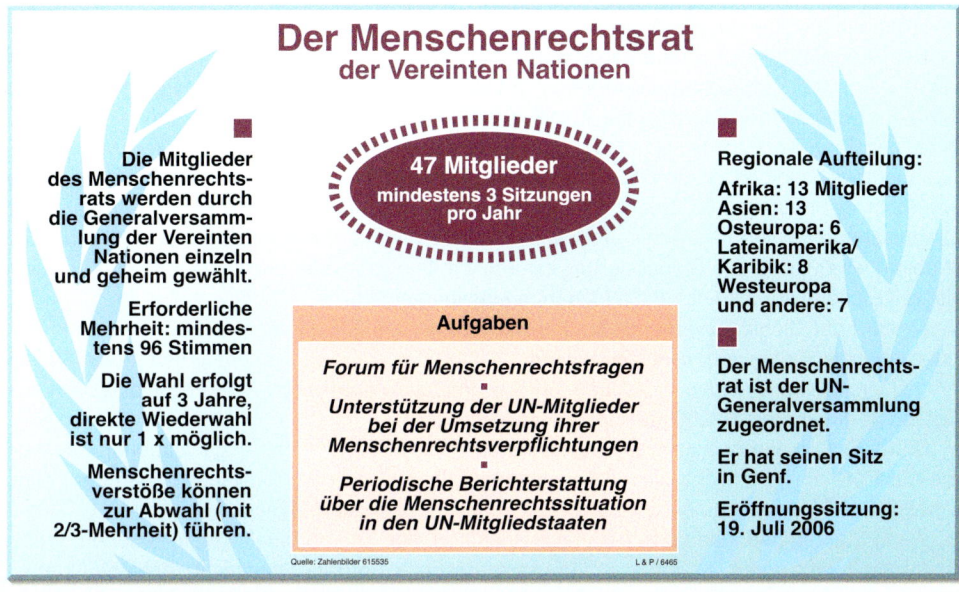

Der Menschenrechtsrat
der Vereinten Nationen

47 Mitglieder
mindestens 3 Sitzungen
pro Jahr

Die Mitglieder des Menschenrechts-rats werden durch die Generalversamm-lung der Vereinten Nationen einzeln und geheim gewählt.

Erforderliche Mehrheit: mindes-tens 96 Stimmen

Die Wahl erfolgt auf 3 Jahre, direkte Wiederwahl ist nur 1 x möglich.

Menschenrechts-verstöße können zur Abwahl (mit 2/3-Mehrheit) führen.

Aufgaben

Forum für Menschenrechtsfragen

Unterstützung der UN-Mitglieder bei der Umsetzung ihrer Menschenrechtsverpflichtungen

Periodische Berichterstattung über die Menschenrechtssituation in den UN-Mitgliedstaaten

Regionale Aufteilung:

Afrika: 13 Mitglieder
Asien: 13
Osteuropa: 6
Lateinamerika/
Karibik: 8
Westeuropa
und andere: 7

Der Menschenrechts-rat ist der UN-Generalversammlung zugeordnet.

Er hat seinen Sitz in Genf.

Eröffnungssitzung: 19. Juli 2006

Quelle: Zahlenbilder 615535   L & P / 6465

Menschenrechtsschutz durch Nichtregierungsorganisationen (NGOs)

NGOs tragen insofern zum Schutz der Menschenrechte bei, als sie Menschenrechtsverletzungen mithilfe von Kampagnen weltweit öffentlich machen.

Merkmale demokratischer Staaten

Die Nichtregierungsorganisation Freedom House hat zur Messung des demokratischen Charakters von Staaten einen umfangreichen Kriterienkatalog an *political and civil rights* aufgestellt. Demokratien unterscheiden sich hiernach unter anderem durch folgende Merkmale von Autokratien:

- **Erstes Kriterium „Beschaffenheit von Wahlen":** Bestimmung der Regierung durch freie und faire Wahlen; freie und faire Parlamentswahlen: faires Wahlrecht.
- **Zweites Kriterium „politischer Pluralismus und Partizipation":** Parteigründungsfreiheit und Parteienkonkurrenz; Oppositionsfreiheit; keine Ausübung von Druck auf das politische Denken der Menschen; volle politische Rechte für Minderheiten.
- **Drittes Kriterium „Qualität der Regierung":** entscheidender Einfluss der vom Volk Gewählten auf die politische Gestaltung; keine Korruption; Verantwortlichkeit der Gewählten vor der Wählerschaft.
- **Viertes Kriterium „Freiheit des Denkens und Meinens":** freie Medien; Religionsfreiheit; Wissenschaftsfreiheit; keine ideologische Indoktrination in den Schulen.
- **Fünftes Kriterium „Politische Partizipation":** Meinungsäußerungsfreiheit; Versammlungs-freiheit; Betätigungsfreiheit für Nichtregierungsorganisationen; Betätigungsfreiheit für Gewerk-schaften und Interessenverbände.
- **Sechstes Kriterium „Rechtsstaat":** unabhängige Gerichtsbarkeit; faire Gerichtsverfahren; zivile Kontrolle der Polizei; justizielle Grundrechte (wie Verbot von Folter und Schutz vor will-kürlicher Verhaftung); gleiche rechtliche Behandlung aller Bevölkerungsschichten.
- **Siebtes Kriterium „Individuelle Freiheitsrechte":** Freizügigkeit im Land; Berufswahlfreiheit; Schulwahlfreiheit; Recht auf Eigentum und wirtschaftliche Betätigungsfreiheit; Chancen-gleichheit; Freiheit von wirtschaftlicher Ausbeutung.

4.7 Global Governance

Die Welt wächst zusammen. Die Abhängigkeiten der Staaten voneinander nehmen zu. Dasselbe gilt für Gesellschaften und Wirtschaftsräume. Früher waren die Staaten insofern souverän, als sie die Lebensverhältnisse innerhalb ihrer Grenzen mehr oder minder ausschließlich bestimmen konnten. Viele Probleme konnten auf staatlicher Ebene geregelt werden, weil sie eben auf das jeweilige Staatsgebiet begrenzt waren.

Heutzutage gibt es aber zunehmend grenzüberschreitende, ja globale Probleme. Diese lassen sich nationalstaatlich nicht mehr befriedigend lösen. Der Staat hat daher auf Politikfeldern wie etwa der Umwelt-, der Energie-, der Klima-, der Sicherheits- und der Finanzpolitik als alleiniger Handlungsrahmen ausgedient. Globale Herausforderungen verlangen Kooperationen und Koordinationen zwischen den Staaten. Sie verlangen zusätzlich die Einbindung nichtstaatlicher Akteure wie Nichtregierungsorganisationen und Wirtschaftsunternehmen. Ebenso leisten internationale Organisationen, seien ihre Aktivitäten weltweit oder regional begrenzt, wertvolle Hilfe bei der Problembewältigung. Die Globalisierung erfordert mithin weltweite Regelungen. Hierfür hat sich der englische Ausdruck **Global Governance** eingebürgert.

Akteure der Global Governance sind etwas weniger als 200 Staaten, deutlich mehr als 200 internationale Organisationen, rund 7 000 Nichtregierungsorganisationen und etwa 40 000 grenzüberschreitend aktive Wirtschaftsunternehmen. Zwischen den Akteuren gibt es ein Geflecht von annähernd 26 000 internationalen Verträgen.

Unter Nichtregierungsorganisationen versteht man nichtstaatliche Organisationen, die sich als Ausdruck zivilgesellschaftlichen Engagements ohne Gewinnerzielungsabsicht an der Politik beteiligen. Häufig machen sie auf Defizite staatlicher Politik aufmerksam.

Wenn Staaten und staatliche Zusammenschlüsse, also internationale Organisationen, grenzüberschreitend agieren, spricht man von **internationaler Politik**. Wenn nichtstaatliche Akteure, also Nichtregierungsorganisationen und Unternehmen, grenzüberschreitend aktiv sind, spricht man von **transnationaler Politik**.

Basiswissen
Globalisierung:
Die Globalisierung besteht in der weltweiten Vermehrung und Verdichtung grenzüberschreitender Interaktionen in den Bereichen Politik, Wirtschaft, Umwelt und Kultur.

1 Entwerfen Sie unter Rückgriff auf die beiden Bilder eine eigene bildliche Darstellung von Global Governance.

Das Konzept der Global Governance

Die politischen Herausforderungen der Globalisierung

MATERIAL 1

Erstens: Die Globalisierung ist weder etwas völlig Neues, sondern die Beschleunigung der schon vor Jahrhunderten eingeleiteten „Europäisierung der Welt", noch ein schick-
5 salhaftes Naturereignis, sondern das Ergebnis politisch gewollter **Deregulierungsstrategien**. [...]
Zweitens: Globalisierung hat eine räumliche Dimension. Lokale, regionale, nationale und
10 globale Räume werden immer enger untereinander verwoben, sodass die Eine Welt nicht nur eine romantische Vision ist. Die Revolution in der Verkehrstechnik verkürzt Transportkosten und befördert die Internatio-
15 nalisierung der Produktion. Sie hat auch eine durch die Beschleunigung gekennzeichnete zeitliche Dimension. Menschen, Informationen, Kapital und Waren zirkulieren immer schneller rund um den Globus. [...]
20 **Drittens:** Globalisierung bedeutet nicht nur eine Vermehrung und Verdichtung grenzüberschreitender Interaktionen, die alle Staaten, Gesellschaften und Ökonomien in ein komplexes Geflecht von wechselseitigen
25 Abhängigkeiten und Verwundbarkeiten verstricken, freilich mit unterschiedlichen Graden der Verwundbarkeit. Diese Verdichtung der **Interdependenzen** bedeutet auch einen Verlust an **autonomen** Handlungsspiel-
30 räumen und eine **Erosion** von Souveränität nach innen und außen. Die zunehmende Entgrenzung der Staaten- und Wirtschaftswelt veränderte die Reichweite nationalstaatlicher Politik und löste Debatten über die
35 Streitfrage aus, ob der territoriale Nationalstaat nur noch ein historisches Relikt sei. [...]
Viertens: Die Tendenzen zur wirtschaftlichen Globalisierung sind gekennzeichnet durch eine zunehmend internationalisierte
40 Warenproduktion [...], vor allem durch konzerninterne Verflechtungen der multinationalen Unternehmen [...]. Sie schließen sich unter dem sich verschärfenden internationalen Konkurrenzdruck zu immer größeren multinationalen Konglomeraten zusammen.
45 Das politische Problem dieser nun auf globaler Ebene grassierenden „Fusionitis" ist, dass die Konzentration der Wirtschaftsmacht die Kontroll- und Regulationskraft der Staaten schwächt.
50 **Fünftens:** Die fast grenzenlose „Eine Finanzwelt" existiert bereits. Der wöchentliche Umsatz an den Devisen- und Derivatenmärkten übertrifft schon den weltweiten Güterhandel eines ganzen Jahres. Die Finanzmärkte ha-
55 ben sich weitgehend von der Realwirtschaft abgekoppelt und dienen nicht mehr vorrangig der Finanzierung von Handel und Dienstleistungen, sondern der buchstäblich grenzenlosen Jagd nach Spekulationsgewinnen.
60 [...]
Sechstens: Die sich verdichtenden Interdependenzen erzeugen auch kausale Interdependenzketten. Wirtschaftskrisen verursachen Verelendungsprozesse, die Migrations-
65 ströme auslösen können; Umweltkrisen können zu Kriegsursachen werden; die wachsenden Transportleistungen im Gefolge des wachsenden Welthandels vergrößern die Umweltbelastungen. [...]
Siebtens: Die Globalisierung birgt Chancen und Risiken; sie hat Gewinner und Verlierer, sowohl auf der Ebene der Staatenwelt als auch innerhalb der Gesellschaften in allen Weltregionen. Sie nützt einerseits der tech-
75 nologisch überlegenen „OECD-Welt" [...] und bietet wettbewerbsfähigen Schwellenländern in Ostasien und Lateinamerika neue Chancen auf dem durch die **WTO** deregulierten Weltmarkt; sie droht andererseits, ganze
80 Regionen wirtschaftlich und politisch noch weiter zu **marginalisieren**.

Aus: Franz Nuscheler, Global Governance, in: Mir A. Ferdowski (Hrsg.), Sicherheit und Frieden zu Beginn des 21. Jahrhunderts. Konzeptionen – Akteure – Regionen, München 2002, S. 77 ff.

INFO

Deregulierung
Abbau staatlicher Vorschriften für die Wirtschaft

Interdependenzen
wechselseitige Abhängigkeiten

autonom
unabhängig, eigenständig

Erosion
allmähliche Zerstörung

OECD
Organisation für wirtschaftliche Zusammenarbeit und Entwicklung (engl.: Organization for Economic Cooperation Development); Mitglieder sind die Staaten Westeuropas und Nordamerikas (siehe auch Glossar)

WTO
World Trade Organization = Welthandelsorganisation (siehe auch Glossar)

marginalisieren
an den Rand drängen, zu etwas Unwichtigem, Nebensächlichem machen

1 Fassen Sie M 1 **zusammen**. Versuchen Sie, jeden Punkt mit Beispielen zu illustrieren.

2 **Arbeiten** Sie aus M 1 diejenigen Aspekte der Globalisierung **heraus**, die eine Herausforderung für Staat oder Politik bilden.

MATERIAL **2**

Global Governance

a) Was bedeutet Global Governance?

[Im Zusammenhang mit der Debatte] über die Regierbarkeit der Welt unter den Bedingungen der Globalisierung tauchte zu Beginn der 1990er-Jahre im politikwissenschaftlichen Fachjargon und bald auch in der politischen Rhetorik ein neuer Begriff auf: *Global Governance* oder *International Governance* [...]. Alle deutschen Übersetzungsversuche als „Weltinnenpolitik", „Weltordnungspolitik" oder als „globale Ordnungs- und Strukturpolitik" stießen auf verschiedene Einwände, sodass der englische Originalbegriff in den wissenschaftlichen und politischen Sprachgebrauch übernommen wurde. [...] Ausgangspunkt der Überlegungen zur Notwendigkeit von *Global Governance* ist die Erfahrung, dass viele Probleme nicht mehr im nationalstaatlichen Alleingang gelöst werden können. Wenn sich die Probleme globalisieren, muss sich auch die Politik globalisieren.

b) Bausteine der Global-Governance-Architektur

Erstens: Global Governance heißt nicht Global Government, also Weltregierung oder Weltstaat. Ein solcher ist weder eine realistische noch eine erstrebenswerte Option, weil eine bürokratische Superbehörde kaum demokratische Legitimation gewinnen könnte und weit entfernt von den zu lösenden Problemen wäre. [...]

Zweitens: Global Governance beruht auf verschiedenen Formen und Ebenen der internationalen Koordination, Kooperation und kollektiven Entscheidungsfindung. Internationale Organisationen übernehmen diese Koordinierungsfunktion und tragen zur Herausbildung globaler Sichtweisen bei. **Regime** übersetzen den Willen zur Kooperation in verbindliche Regelwerke. In solchen Regimen verpflichten sich die Staaten durch vertragliche Vereinbarungen zur Bearbeitung von gemeinsamen Problemen. [...]

Drittens: Der Zwang zur Kooperation verlangt Souveränitätsverzichte [...]. Auch die Großmächte müssen sich, um sich als kooperationsfähig zu erweisen, mit „geteilten Souveränitäten" abfinden [...].

Viertens: Global Governance muss auf [...] regionalen Kooperationskernen aufbauen und sie als organisatorischen Unterbau nutzen, weil das **Subsidiaritätsprinzip** auch im globalen Kontext sinnvoll bleibt.

Fünftens: Global Governance ist kein Projekt, an dem nur Regierungen oder internationale Organisationen als Instrumente der Staatenwelt beteiligt sind. [Es geht um das] Zusammenwirken von staatlichen und nichtstaatlichen Akteuren von der lokalen bis zur globalen Ebene. [...]

Sechstens: Die Nichtregierungsorganisationen (NGOs) gehören längst zur Dramaturgie von Weltkonferenzen und verschafften sich durch die Sachkunde und medienwirksame Kampagnen in einzelnen „weichen" Politikbereichen (wie der Umwelt-, Menschenrechts- und Entwicklungspolitik) eine **konsultative** und korrektive Funktion. Regierungen binden sie in Konsultationsmechanismen ein, um ihre Expertise anzuzapfen und ihr Protestpotenzial zu neutralisieren. Ihr Druckpotenzial entsteht durch hohe gesellschaftliche Akzeptanz [...]. Ihre internationale Vernetzung ermöglicht es ihnen, die Rolle von „Globalisierungswächtern" zu spielen. [...]

[**Siebtens:**] Die Nationalstaaten verlieren zwar in vielen Politikbereichen im Gefolge ihrer Einbindung in Interdependenzstrukturen an autonomen Handlungsspielräumen, aber sie bleiben die Hauptakteure der internationalen Politik, die weiterhin allein **autoritative** Entscheidungen treffen können. Sie bilden deshalb auch die tragenden Stützpfeiler der Global-Governance-Architektur. [...] Das Gerede vom „Ende des Nationalstaates" ist substanzlos, solange die „Weltkultur der Nationalstaaten" nicht von einem Weltstaat überwölbt wird.

Aus: Franz Nuscheler, Global Governance (siehe M 1), S. 75, 79 f. (a), S. 87 ff. (b)

INFO

Subsidiarität
Prinzip, dass Aufgaben möglichst an der Basis (Individuum, Gemeinde, Land) bearbeitet werden sollen (siehe auch Glossar)

konsultativ
beratend

autoritativ
auf Autorität, Ansehen beruhend; maßgebend

Regime, internationales
hier: vertragliches Regelwerk (siehe auch Glossar)

---

1 Geben Sie die Bausteine der Global-Governance-Architektur nach M 2b **wieder**.

2 Erklären Sie unter Rückgriff auf M 2b, warum die diversen deutschen Übersetzungsversuche (M 2a, Z. 9–15) das von Global Governance Bezeichnete nicht treffen.

Theorien der Internationalen Politik

a) Realismus und Neorealismus

Der Realismus geht von einem schöpferischen und zerstörerischen menschlichen Potenzial aus. In der Realität dominieren Macht-
5 terwerb und Eigennutz. In einer feindlichen Umwelt muss daher die Sicherung des nationalen Interesses oberste **Priorität** haben. Die Fragestellung lautet hier: [...] Wie *ist* die internationale Politik tatsächlich beschaf-
10 fen? [...]

Die Mitte des 20. Jahrhunderts aufkommende realistische Schule der Internationalen Beziehungen ist insofern „realistisch", als deren Vertreter vorgeben, den Zustand der
15 Politik zur Anschauung zu bringen. Politisches Handeln orientiert sich demnach nicht an Idealen, sondern vor allem am jeweiligen Eigeninteresse der Akteure [...]. Nach diesem Modell ist die internationale Politik allein
20 von *Machtverhältnissen* bestimmt. Unmittelbares Ziel der Politik sei stets Macht, und jede Politik könne immer auf einen der drei Grundtypen *Machterhaltung*, *Machtvermehrung* oder *Machtdemonstration* zurückge-
25 führt werden. [...]

Die sich Ende der 1960er-Jahre herausbildende neorealistische Schule der Internationalen Politik lehnt das pessimistische Menschenbild der klassischen realistischen
30 Schule ab. Der wesentliche Unterschied zu dieser besteht in der Betonung der Sicherheit, nicht der Macht. Aus neorealistischer Sicht streben die politischen Akteure nicht aus **anthropologischer** Notwendigkeit nach
35 Macht, vielmehr ist es die *Struktur* des internationalen Systems, das die Politik bestimmt. Diese Struktur ist *dezentral* und *anarchisch*, d. h., es fehlt eine übergeordnete Regelungs- und Sanktionsinstanz. Weil das internatio-
40 nale System ein Selbsthilfesystem sei, müssten die Staaten wie beim Realismus selbst für ihre Sicherheit sorgen.

b) Idealismus, Liberalismus und Institutionalismus

Der Idealismus geht davon aus, dass der 45 Mensch von Natur aus vernunftbegabt und Idealen verpflichtet ist sowie in der Regel zu seinem Besten handelt. Das gilt analog für soziale Systeme. Demnach ist auch eine internationale Friedensordnung nicht nur 50 erstrebenswert, sondern auch möglich. Die entscheidende Fragestellung lautet daher: Welche Normen sind zu entwickeln, um politisches Handeln am Weltfrieden zu orientieren? Oder: Wie *soll* die internationale Poli- 55 tik beschaffen sein? [...]

Unter Liberalismus versteht man in den Internationalen Beziehungen eine – besonders Anfang des 20. Jahrhunderts einflussreiche – Strömung [...]. Meist wird der 60 Liberalismus mit einem internationalen Wirtschaftsliberalismus gleichgesetzt. Der Freihandel und die Vorteile internationaler Marktwirtschaft und Arbeitsteilung versprechen nach Adam Smith (1723–1790) und 65 David Ricardo (1772–1823) für alle Staaten einen Wohlfahrtsgewinn. Die einmal geknüpften wirtschaftlichen Verflechtungen reduzierten damit zugleich die Gefahr kriegerischer Auseinandersetzungen. [...] 70

Mit dem Liberalismus eng verwandt ist die Theorie des Institutionalismus, die Ende des 20. Jahrhunderts aufkam [...]. Dem Institutionalismus liegt die Annahme zugrunde, dass Kooperation zwischen den Staaten und eine 75 tragfähige Friedensordnung durch Institutionen wie die Vereinten Nationen konstituiert und gesichert werden können. Eine *Institution* muss dabei keine konkrete Organisation mit Gebäuden, Satzung, Haushalt und Ver- 80 waltung sein, sie kann auch bloß aus eingeübten Gewohnheiten und Praktiken bestehen, die auf Verwirklichung gemeinsamer Ziele ausgerichtet sind [...].

Aus: Andreas Vierecke/Bernd Mayerhofer/Franz Kohout, dtv-Atlas Politik, München 2013, S. 177, 179, 181

3 Global Governance verlangt die Zusammenarbeit von der lokalen bis zur globalen Ebene (M 2b, Z. 49–53). **Beurteilen** Sie die Rolle lokalen Handelns für globalen Umweltschutz.

4 **Vergleichen** Sie die Theorie des Realismus/Neorealismus mit der des Idealismus/ Liberalismus/Institutionalismus unter den Gesichtspunkten: **a)** Menschenbild, **b)** Rolle der Macht, **c)** Mittel der Friedenssicherung (M 3).

5 **Ermitteln** Sie das Verhältnis der beiden Theorien (M 3) zur Global Governance (M 2).

Funktionsbedingungen der Global Governance

MATERIAL **4**

Die Staaten – zentrale Akteure der Global Governance

GLOSSAR

Staat

INFO

normativ
als Richtschnur, Norm
dienend

Implementation
Umsetzung,
Durchführung

QUERVERWEIS

Atomwaffen-
sperrvertrag
S. 384, Info

Die Untersuchungen zur „Global Governance" weisen ein weites Spektrum von Gegenständen und Lösungsvorschlägen auf. In einem sind sich aber (fast) alle einig: Der 5 Staat verliert seine Rolle als zentrales Subjekt des Regierens jenseits der Grenzen. Waren früher Regeln für das Verhalten von Staaten, juristischen Personen und einzelnen Bürgern im internationalen und transnatio- 10 nalen Raum ausschließlich Ergebnis der Verhandlungen zwischen Regierungen und waren diese auch dafür verantwortlich, diese Ergebnisse in der Praxis um- und durchzusetzen, so tummelt sich bei Regelsetzung 15 und **Implementation** heute eine bunte Mischung von Akteuren: Die Staaten sind noch da, aber in ihrer Bedeutung arg geschrumpft. Internationale Organisationen, vor allem ihre tatkräftigen Sekretariate, spielen ihr 20 eigenständiges Spiel. Nichtregierungsorganisationen sind nicht nur durch Kampagnen tätig, in denen sie bestimmte Regierungen durch öffentlichen Druck dazu bewegen wollen, ihre Positionen in Verhandlungen zu 25 vertreten, sie nehmen vielmehr selbst an Verhandlungen teil und spielen eine wichtige Rolle bei der Implementation und der Überwachung der Vertragseinhaltung. Multinationale Unternehmen sind ohne Staaten 30 mit der Regelsetzung befasst, etwa im privaten Handelsrecht. [...]
Global Governance als Antwort auf die Herausforderungen der Globalisierung spielt sich also, so ihre Theoretiker, nur noch in 35 Ausnahmefällen als zwischenstaatliche Interaktion ab („Regieren durch den Staat"), häufiger in Netzwerken, an denen der Staat nur als einer unter vielen beteiligt ist („Regieren mit dem Staat"), und zunehmend durch die 40 freie Vereinbarung und eigenständige Regelsetzung nichtstaatlicher Akteure („Regieren ohne den Staat"). Mit alledem verbindet sich die Hoffnung, dieses bunte Allerlei sei bereits ein Fortschritt an Demokratie. [...]

Meine eigene Vorstellung von „Global Governance" 45 geht von der Einschätzung aus, dass die herrschende Meinung die Bedeutung des Staates in der Regelsetzung und -ausführung jenseits der Grenzen unterschätzt und den Sinn dafür eingebüßt hat, was der Staat in 50 dieser Beziehung leisten kann und – im **normativen** Sinne – leisten soll. Dabei bestreite ich nicht, dass andere Akteure mitwirken (sollen). Ich behaupte aber, dass für ein wirksames, nachhaltiges Weltregieren die zentra- 55 le Stellung des Staates unverzichtbar bleibt. [...]
Internationale Organisationen [...] gelten als der erste Normstifter und -wahrer, der sich dem Staat entziehen kann. Bei näherem Hin- 60 sehen entpuppen sich diese Organisationen indes als Modelle klassischer – wie der Name schon sagt – internationaler, also zwischenstaatlicher Kooperation. Das Kollektiv der Nationalstaaten bleibt „Herrin des Ver- 65 fahrens". [...] [Internationale Organisationen bleiben] effizient als Produzenten und Bewahrer von Normen nur dann, wenn diese Normen in die Praxis der Staaten eingeschrieben bleiben. Es sind die Staaten, die 70 die entscheidende „Stimme" bei der Normproduktion innehaben; und die Staaten verfügen auch über die Möglichkeit zum Rückzug aus den einschlägigen Vertragswerken und zugehörigen Organisationen. Diese 75 Möglichkeit tritt selten in den Vordergrund. Daher ist es verständlich, wenn die internationalen Organisationen als gegeben hingenommen werden und man ihnen eine größere Autonomie gegenüber ihren Mitgliedern 80 zuschreiben möchte, als durch ihre Konstitution gerechtfertigt ist. Erst wenn sich die USA aus der UNESCO zurückziehen, wenn Nordkorea den **Nichtverbreitungsvertrag** verlässt, wird einem die Vorläufigkeit und 85 auch die Zerbrechlichkeit der internationalen Organisationen und Regime als Governance-Strukturen schlagartig bewusst.

Aus: Harald Müller, Wie kann eine neue Weltordnung aussehen? Wege in eine nachhaltige Politik,
Bonn 2008, S. 76 ff.

Merkmale staatlicher Souveränität

MATERIAL 5

Die Idee souveräner Staatlichkeit ist ein Kind vor allem der Blütezeit der Nationalstaaten. Der souveräne Staat hat niemanden über sich, er ist die letzte Autorität und Quelle al-
5 ler Hoheitsgewalt; diese muss lediglich territorial von den gleichen Rechten anderer Staaten abgegrenzt werden. [...]
Was im Innern der Staaten vor sich geht, ist aus Sicht des internationalen Rechts nicht
10 von Belang, solange es nicht die Rechte anderer Staaten verletzt. Aus diesem Konzept der Souveränität fließt auch das **Interventions-verbot** – und das heißt umgekehrt das Recht jedes Staates, sich gegen Einmischungen an-
15 derer Staaten in seine inneren Angelegenheiten (*domaine réservé*) zu verwehren. [...]
Zudem ist ein wichtiger Inhalt des Souveränitätsrechts die Fähigkeit, Verpflichtungen einzugehen und sich selbst rechtlich zu binden.
20 Solche Bindungen bedeuten keine Einschrän-

kung der Souveränität als solcher. Der Staat beschränkt sich auf diese Weise nur selbst in der freien Ausübung bestimmter souveräner Rechte, indem er sich z. B. verpflichtet, schäd-
25 liche Emissionen zu drosseln oder auf das Mittel der Gewalt in der politischen Auseinandersetzung zu verzichten. Selbst dort, wo ein Staat einer internationalen Organisation das Recht gibt, ihn bindende Beschlüsse auch
30 über seinen Kopf hinweg zu fassen, bleibt der Staat sein eigener Herr. [...] Kraft seiner Souveränität kann der Staat einen solchen Ausübungsverzicht [nämlich] wieder rückgängig machen. Im Recht auf Kündigung eines Ab-
35 kommens bzw. auf Austritt aus einer internationalen Organisation liegt der Fluchtpunkt, der dafür sorgt, dass das Konzept der Souveränität, das sowohl eine Politik der Abschottung als auch der Verpflichtung trägt, in
40 sich widerspruchsfrei bleibt.

INFO
Intervention
(hier: militärisches) Eingreifen, Sich-Einmischen

Aus: Andreas von Arnauld, Staatliche Souveränität im Wandel: Neujustierung der staatlichen „Firewall", in: Stiftung Entwicklung u. Frieden/Inst. f. Entwicklung u. Frieden, Globale Trends 2013, Frankfurt a. M. 2012, S. 70 f.

Global Governance hängt vom Verhalten der Großmächte ab

MATERIAL 6

Spricht man über Souveränität, fallen einem sofort die Großmächte ein. Sie sind um die Souveränität kleiner Staaten nicht sonderlich bekümmert und gehen gelegentlich mit **Non-
5 chalance** darüber hinweg, neigen aber dazu, ihre eigene Souveränität bis an die Grenze des Grotesken eifersüchtig zu verteidigen. [...] Damit wären wir bei einer der wichtigsten Funktionsbedingungen einer nachhal-
10 tigen Ordnung zur Lösung der Weltprobleme: bei der Einstellung der Großmächte zur internationalen Kooperation. Es ist nicht übertrieben zu sagen, dass es der absolute „Show-stopper" für das Weltregieren sein kann,
15 wenn einer oder mehrere der politischen

Giganten – USA, China, Russland, Japan, die EU – den Spielverderber geben. [...] [Es] geht ja nicht darum, dass die Großmächte ganz auf die Verfolgung nationaler Interessen ver-
20 zichten; was vielmehr gefordert ist, sind zwei Einsichten. Erstens: Diese Interessen lassen sich nur kooperativ verwirklichen. Zweitens: Die Lösung der Weltprobleme, von denen ja letztlich auch das Überleben der Menschen in den mächtigen Ländern, aber auch der
25 Fortbestand ihrer Machtressourcen abhängt, sind im besten Interesse der Großmächte selbst. Nur wenn diese Einsichten sich Bahn brechen, können die Großmächte ihre Rolle(n) im globalen Regieren spielen.
30

INFO
Nonchalance
Lässigkeit, Unbekümmertheit

Aus: Harald Müller, Wie kann eine neue Weltordnung aussehen? (siehe M 4), S. 288 f.

1 Analysieren Sie M 4 hinsichtlich der Position des Autors zur Global Governance.
2 Erläutern Sie das in M 4 (Z. 32–44) erwähnte Konzept der Theoretiker der Global Governance und **vergleichen** Sie es mit dem vom Autor vertretenen Konzept.
3 Arbeiten Sie die zentralen Merkmale staatlicher Souveränität **heraus** (M 5).
4 Geben Sie mit Ihren Worten die Aussagen von M 6 **wieder**.
5 Diskutieren Sie ausgehend von M 3 und M 6 die Chancen einer Global Governance.

MATERIAL 7 — Das Wirken internationaler Regime

QUERVERWEIS

Der Beitrag der UN zur Konfliktbewältigung und Friedenssicherung
Kap. 4.4

Menschenrechte und Demokratie in der internationalen Politik
Kap. 4.6

GLOSSAR

Regime, internationales

Die Vereinten Nationen haben die Allzuständigkeit in der Weltpolitik. Natürlich lassen sich von einer solchen Zentrale aus die Weltprobleme mit ihren oft auch schwer zu verstehenden, kontroversen und komplexen De-
5 tails nicht wirklich steuern. Daher hat die Weltorganisation von Anbeginn an Sonderorganisationen ausgegliedert, die sich mit größerer Expertise und Erfahrung mit Detailfragen befassen. [...] Die Organisationen bilden
10 häufig den „harten Kern" dessen, was die Wissenschaft von der Internationalen Politik als „internationales Regime" bezeichnet. Solche Regelungssysteme gibt es auch „freistehend", ohne eine Anbindung an die UN. [...]
15 Ein Regime ist ein Geflecht von Prinzipien, Normen, Regeln und Verfahren, um Koopera-
tions- und Koordinationsprobleme in einem bestimmten Feld der Politik zu regeln; also beispielsweise für die Zusammenarbeit der 20 Polizeien (Interpol mit dem entsprechenden Abkommen), für das Verbot von Chemiewaffen (Chemiewaffenübereinkommen, Genfer Protokoll, Organisation zum Verbot von Chemiewaffen) oder das Montreal-Protokoll, 25 das Ozon-zerstörendes Gas verbietet. Meistens steht ein Vertrag oder ein Übereinkommen im Mittelpunkt, an das sich zusätzliche regionale Abmachungen und „weiche" politische Verpflichtungen anlehnen. [...] 30 Die Regime bilden den Kern globaler Kooperation, und sie bieten die beste Hoffnung, auch die noch ungelösten globalen Probleme Schritt für Schritt anzugehen.

Aus: Harald Müller, Wie kann eine neue Weltordnung aussehen? (siehe M 4), S. 274 f.

MATERIAL 8 — Die Rolle der NGOs in der Global Governance

Nichtregierungsorganisationen sind weder unbedeutendes Beiwerk der internationalen Politik noch der heilige Gral. In den Achtziger- und Neunzigerjahren gab es die Ten-
5 denz, sie als Träger der Weltdemokratie zu verklären. Dies ist einer gewissen Ernüchterung gewichen. Man hat erkannt, dass Nichtregierungsorganisationen nicht nur dem Gemeinwohl dienen, sondern auch ih-
10 ren eigenen Organisationsinteressen und gelegentlich dem Ego einzelner Führungsfiguren, dass sie gelegentlich das Spiel mit der Macht nur allzu gerne spielen. Und medienwirksamen Spektakeln den Vorzug vor hand-
15 fester Arbeit geben. Manche von ihnen sind nicht sehr demokratisch strukturiert, ihre Führungen sind von niemandem außer ihren Mitgliedern gewählt und repräsentieren daher auch nur diese [...]. Dennoch sind sie die
20 mittlerweile unentbehrlichen Ergänzungsstücke zu den Aktivitäten der Staatenwelt. Viele dieser Organisationen sind „Ein-Punkt-Bewegungen", das heißt, sie konzentrieren sich auf ein bestimmtes „öffentliches Gut",
25 einen Bestandteil des Gemeinwohls, und ver-
folgen dieses Thema mit höchstem Einsatz. Der vielleicht wichtigste Effekt dieser Organisationen ist es, solche Themen erst einmal auf die Tagesordnung der internationalen Politik zu bringen. [...] 30 Nichtregierungsorganisationen stellen höhere Transparenz über das internationale Geschehen her, als dies die Diplomaten mit ihrer Vorliebe für Verhandlungen hinter verschlossenen Türen von sich aus tun. [...] Die 35 Konzentration auf eine oder wenige Fragen bedeutet, dass die Organisationen hochspezialisiert sind. Sie unterhalten eine Expertise, die jene der Staatenvertreter – zumeist Diplomaten und damit Generalisten – übertrifft. 40 Dadurch bringen sie wertvolle Fachinformationen in internationale Verhandlungsprozesse ein, weshalb die Staaten bereit sind, sie als Beobachter bei solchen Verhandlungen zuzulassen [...]. 45 Nichtregierungsorganisationen überwachen die Regeltreue von Staaten und das Verhalten multinationaler Unternehmen und sind weit stärker als diese Akteure an moralischen Werten und Zielen orientiert. [...] 50

Aus: Harald Müller, Wie kann eine neue Weltordnung aussehen? (siehe M 4), S. 292 f.

Akteure der Global Governance*

Wichtige internationale (Regierungs-)Organisationen (IGOs): weltweite Ebene	
Themenfelder	**Organisationen**
Frieden und Sicherheit	UN (United Nations)
Arbeitsbedingungen	ILO (International Labour Organization)
Erziehung, Wissenschaft und Kultur	UNESCO (United Nations Education, Science and Culture Organization)
Gesundheit	WHO (World Health Organization)
Umwelt	UNEP (United Nations Environment Programme)
Handel	WTO (World Trade Organization)
Kinder	UNICEF (United Nations International Children's Emergency Fund)
Währung	IMF (International Monetary Fund)
Atomenergie	IAEO (International Atomic Energy Agency)
Ernährung und Landwirtschaft	FAO (Food and Agriculture Organization)
Wichtige internationale (Regierungs-)Organisationen (IGOs): regionale Ebene	
Themenfelder	**Organisationen**
militärische Verteidigung	NATO (North Atlantic Treaty Organization)
Sicherheit und Zusammenarbeit in Europa	OSZE (Organisation für Sicherheit und Zusammenarbeit in Europa)
Menschenrechte und Demokratie	Europarat
Wirtschaft, Bildung, Sozialpolitik	OECD (Organization for Economic Co-operation and Development)
viele Politikfelder	EU (Europäische Union)
Wirtschaft, Sicherheit	AU (African Union)
Freihandel (in Südamerika)	MERCOSUR (Mercado Común del Cono Sur)
Freihandel, wirtschaftliche Zusammenarbeit	NAFTA (North American Free Trade Agreement)
wirtschaftliche und politische Zusammenarbeit	ASEAN (Association of Southeast Asian Nations)
Wichtige internationale Nichtregierungsorganisationen (INGOs)	
Themenfelder	**Organisationen**
Menschenrechte	Amnesty International Anti-Slavery International Human Rights Watch Internationale Gesellschaft für Menschenrechte
Umweltschutz	Greenpeace World Wide Fund For Nature (WWF)
medizinische Hilfe	Ärzte ohne Grenzen
Frauen	Terre des Femmes
Kinder	Terre des Hommes
Korruptionsbekämpfung	Transparency International
internationale soziale Gerechtigkeit	Attac
Armutsbekämpfung	Oxfam
ethnische Minderheiten	Gesellschaft für bedrohte Völker

* ohne Staaten und Unternehmen

1 Beschreiben Sie, was internationale Regime sind (M 7).

2 Recherchieren Sie arbeitsteilig im Internet Details zu den in M 7 erwähnten Regimen und präsentieren Sie Ihre Ergebnisse im Kursverband.

3 Charakterisieren Sie die NGOs unter dem Aspekt ihrer Stärken und Schwächen (M 8).

4 Recherchieren Sie arbeitsteilig Details zu von Ihnen ausgesuchten Organisationen (M 9) und präsentieren Sie Ihre Ergebnisse im Kursverband. Konzentrieren Sie sich bei den IGOs auf die Anzahl der Mitglieder, das Gründungsdatum und die Organisationsstruktur, bei den INGOs zusätzlich auf die Länder, in denen sie aktiv sind.

Die Weltklimapolitik – ein gelungenes Beispiel für Global Governance?

MATERIAL **10**

Politische Bemühungen zur Bewältigung des Klimawandels

INFO

anthropogen
durch den Menschen
beeinflusst, verursacht

GLOSSAR

Klimawandel

Seit einigen Jahren darf die Gefahr, die von einem **anthropogenen** Klimawandel für die menschliche Zivilisation ausgeht, als universell anerkannt gelten. Der im vierten Sachstandsbericht des *Intergovernmental Panel on Climate Change (IPCC)* von 2007 erreichte Kenntnisstand über die Ursachen und die wahrscheinlichen Folgen der globalen Erwärmung wird weltweit als in hohem Maße besorgniserregend wahrgenommen.

2009 bestätigte die Weltklimakonferenz in Kopenhagen, dass die Erhöhung der globalen Mitteltemperatur 2 °C gegenüber dem vorindustriellen Niveau nicht übersteigen dürfe. Gleichzeitig scheiterte sie an der Herausforderung, dieser Einsicht problemgerechte Maßnahmen entgegenzusetzen. Auch die nachfolgenden Klimagipfel von Cancún [2010] und Durban [2011] vermochten es nicht, einen umfassenden und verbindlichen Weltklimavertrag auf den Weg zu bringen, der die globalen Treibhausgas-Emissionen derart regulieren könnte, dass zumindest die Chance erhalten bliebe, die globale Erwärmung im Rahmen dieser „2-°C-Leitplanke" zu begrenzen.

Meilensteine der Weltklimapolitik		
1979	Genfer Weltklima-konferenz	Diskussion der möglichen Konsequenzen einer steigenden Konzentration von Kohlendioxyd für die Erdatmosphäre.
1992	United Nations Framework Convention on Climate Change	154 Staaten verabschieden auf der UN-Konferenz über Umwelt und Entwicklung in Rio de Janeiro die Klimarahmenkonvention; sie tritt am 21.3.1994 in Kraft und hat mit inzwischen 195 Vertragsparteien quasi universelle Gültigkeit.
1997	Kyoto-Protokoll	COP-3 (Conference of the Parties) verabschiedet das Kyoto-Protokoll, das 38 Industriestaaten [...] verpflichtet, ihre gemeinsamen Treibhausgas-Emissionen bis 2012 gegenüber dem Basisjahr 1990 um 5,2 % zu reduzieren [Kohlendioxyd als Referenzwert].
2001	Rückzug der USA	US-Präsident George W. Bush verkündet den Ausstieg der USA aus dem Kyoto-Protokoll, wodurch sich der bis dahin weltweit größte Emittent von Treibhausgasen der internationalen Regulierung entzieht.
2009	Kopenhagen-Akkord	Unter aktiver Beteiligung führender Staats- und Regierungschefs scheitert COP-15 in Kopenhagen an der Aushandlung eines Kyoto-Nachfolgeabkommens und nimmt lediglich einen umstrittenen und unverbindlichen Kopenhagen-Akkord über das weitere Vorgehen zur Kenntnis.

Nach: Steffen Bauer, Fünfundzwanzig Jahre Weltklimapolitik: Sisyphus-Aufgabe der Weltgesellschaft, in: Stiftung Entwicklung und Frieden/Institut für Entwicklung und Frieden, Globale Trends 2013. Frieden, Entwicklung, Umwelt, Frankfurt a. M. 2012, S. 246 ff.

MATERIAL **11**

Eklat auf dem Weltklimagipfel in Warschau (November 2013)

Aus Protest gegen den schleppenden Fortgang der Verhandlungen auf dem Weltklimagipfel in Warschau sind am Donnerstag, einen Tag vor dem geplanten Abschluss der Beratungen, Umweltorganisationen aus dem Tagungszentrum ausgezogen. Die polnische Regierung habe als Gastgeber versagt und lasse sich, wie viele Industriestaaten, von den Interessen der Kohle- und Ölindustrie leiten, erklärten die Nichtregierungsorganisationen. [...]

„In Warschau fehlt jeglicher politischer Wille, um eine effektive Lösung für die globale Klimakrise zu finden", sagte Denise Loga vom WWF Deutschland. Es gehe „rückwärts und nicht vorwärts", klagte Martin Kaiser von Greenpeace. Japan kündige seine Reduktionsziele auf, Australien verzichte auf die CO_2-Steuer und Polen organisiere zum Klimagipfel eine Konferenz für die Kohleindustrie, die als Hauptverursacher für Kohlendioxydemissionen gilt.

Aus: Eklat auf dem Weltklimagipfel in Warschau (ami), in: Frankfurter Allgemeine Zeitung, 22.11.2013, S. 11

Die Ergebnisse des Warschauer Klimagipfels von 2013

Schwellenländer

Mit der Klärung wichtiger Detailfragen, aber ohne die von Europäern und Umweltgruppen verlangten Konkretisierungen für den 2015 angestrebten Abschluss eines weltweiten Klimavertrages, ist der Weltklimagipfel am Samstagabend in Warschau zu Ende gegangen. Wie oft bei den jährlichen Treffen hatte sich der Abschluss lange herausgezögert und die Konferenz nach Angaben aus Verhandlungskreisen wegen der unversöhnlichen Positionen großer Schwellen- und Industrieländer mehrfach vor dem Scheitern gestanden. [...] EU-Umweltkommissarin Connie Hedegaard, die noch Freitagnacht China und Indien öffentlich der Blockade der Verhandlungen bezichtigt hatte, sagte, nun müssten alle Staaten ihre Hausaufgaben machen und ihre Zusagen für Emissionsminderungen im ersten Quartal 2015 auf den Tisch legen. Die Einigung auf diesen Zeitraum stellt für Deutschland und die EU eine Niederlage dar. Denn ihr Ziel war es, die 195 Vertragsstaaten möglichst darauf zu verpflichten, bereits zum kommenden Herbst konkrete Zusagen für die Reduzierung der Treibhausgase und damit zur Begrenzung des Temperaturanstiegs auf der Erde zu machen. Die bislang von den Staaten gemeldeten freiwilligen Zusagen für Reduzierungen reichen nicht, um das Temperaturziel einzuhalten. Ende 2015 sollen in Paris möglichst konkrete und nachprüfbare Vorgaben für jeden Staat festgeschrieben werden. [...] Um die Ziele zu erreichen und wegen schlechter Erfahrungen auf früheren Konferenzen, wollten die Europäer den Fahrplan nach Paris dorthin möglichst genau festlegen. Das wurde vor allem von China und Indien torpediert, die sich nicht auf international bindende Zusagen festlegen lassen wollen. Zu dieser Staatengruppe gehörten auch Brasilien, die Philippinen oder der Erdölproduzent Saudi-Arabien. Sie konnten sich wiederum auf die Unterstützung vieler Entwicklungsländer verlassen. [...]

Dem Drängen gerade der EU nach einem konkreten Fahrplan hatten die Schwellenländer neue Finanzforderungen entgegengesetzt, die aber abgelehnt wurden. Das gilt für das Verlangen Chinas, Brasiliens, Südafrikas und Indiens, bis 2016 bereits mindestens 70 Milliarden Dollar im Jahr für arme Staaten zur Verfügung zu stellen, um ihnen bei der Anpassung an den Klimawandel zu helfen.

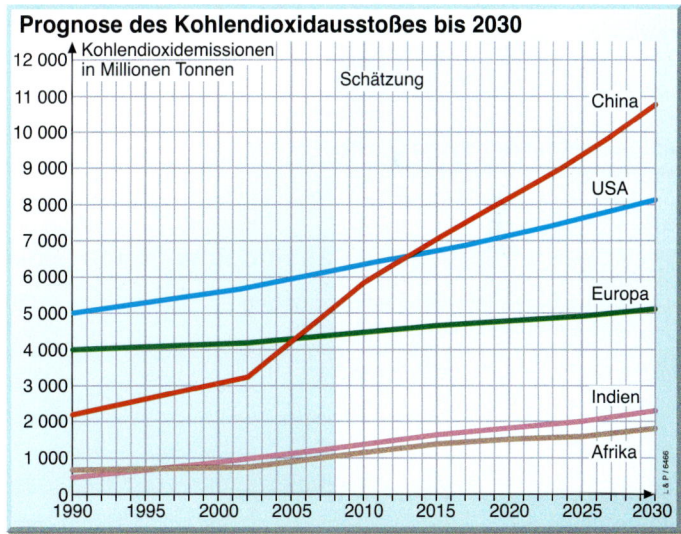

Prognose des Kohlendioxidausstoßes bis 2030

Aus: Warschauer Klimagipfel endet mit kleinen Fortschritten (ami), in: Frankfurter Allgemeine Zeitung, 25.11.2013, S. 6

1 **Beschreiben** Sie die Problematik des Klimawandels und die bis 2011 unternommenen Anstrengungen der Weltklimapolitik (M 10).

2 **Arbeiten** Sie aus M 11 und M 12 die Positionen der EU, von Schwellenländern und von Nichtregierungsorganisationen auf dem Weltklimagipfel 2013 in Warschau **heraus**.

3 **Versuchen** Sie, das Verhalten der Schwellenländer (M 12, Z. 14 f., 37–53) zu **erklären**.

4 **Entwerfen** Sie vor dem Hintergrund von M 10 bis M 12 (Text und Grafik) ein Szenario über den wahrscheinlichen Zustand des Weltklimas im Jahr 2030.

5 **Nehmen** Sie auf Basis der Materialien dieses Kapitels **Stellung** zu der Frage, ob Global Governance weltweite Probleme zu lösen vermag.

QUERVERWEIS

METHODE Szenario
S. 224

Ordnungsrahmen für Globale Governance:

● Welthandelsordnung   ● Weltumweltordnung   ● Internationale Wettbewerbsordnung   ● Weltsozialordnung
● Weltwährungs- und Finanzordnung   ● Weltfriedensordnung

Zivilisierung der Internationalen Beziehungen

Konsensuale Entscheidungsfindung und kooperative Problemlösung; globale Rechtsstaatlichkeit
und Rechtsdurchsetzung, Verwirklichung der Menschenrechte

Demokratie, Partizipation und Legitimation im Weltmaßstab

Stärkung der pluralistischen Demokratie, Aufbau von
Zivilgesellschaften, Partizipation der Zivilgesellschaft
an globalpolitischen Prozessen, »Good Governance«
und Bekämpfung von Korruption

Neues Verhältnis von Staat, Politik und Markt

Neudefinition der Rolle von Nationalstaaten,
Bildung/Reform multilateraler Institutionen,
Zusammenspiel der globalen Akteure,
Ausbau internationaler Regime

Globalisierte Welt

● **Akteure**
Staaten, internationale Organisationen,
Wirtschaft, Zivilgesellschaft mit NGOs

● **Handlungsebenen**
Nationale, regionale und globale Ebene

Das Fundament von Global Governance:

● **Elementares Interesse an der Lösung
grenzüberschreitender Probleme,**
die nicht mehr einzelstaatlich oder durch
»den Markt« geregelt werden können

● **Kulturelle Grundwerte
und zivilisatorische Grundlagen**
Achtung der Menschenwürde, Bewahrung der
kulturellen Vielfalt, interkultureller Dialog, »Weltethos«

L & P / 6461

Global Governance

Global Governance ist eine politische Antwort auf die Zunahme globaler, d. h. grenzüberschreitender Probleme. Diese Probleme lassen sich nicht mehr auf nationalstaatlicher Ebene lösen. Weltweite Probleme verlangen vielmehr Lösungen auf globaler Ebene. Global Governance besteht aus **internationaler sowie transnationaler Kooperation und Koordination. Internationale Akteure** sind Staaten und staatliche Zusammenschlüsse, d. h. internationale Organisationen. **Transnationale Akteure** sind Nichtregierungsorganisationen und Wirtschaftsunternehmen.

Global Governance ist nicht mit Global Government zu verwechseln. Es gibt **keine Weltregierung**. Es gibt vielmehr annähernd 200 Staaten mit ebenso vielen Regierungen. Die Staaten sind die Hauptakteure der Politik auch im Rahmen von Global Governance. Denn sie allein können autoritative Entscheidungen treffen.

Die Global Governance-Architektur

1) Akteure	<ul><li>Staaten</li><li>Regionalorganisationen [= internationale (Regierungs-)Organisationen; regionale Ebene; siehe M 9]</li><li>internationale Organisationen [= internationale [Regierungs-]Organisationen; weltweite Ebene; siehe M 9]</li><li>internationale Konzerne</li><li>nationale und internationale Nichtregierungsorganisationen</li></ul>
2) Regelungsformen	<ul><li>Abkommen, Organisationen</li><li>Regime, Konferenzen</li><li>Weltberichte, Kampagnen</li><li>Selbstverpflichtungen</li></ul>
3) Handlungsebenen	<ul><li>lokal, national, regional, global</li><li>entsprechend dem Subsidiaritätsprinzip</li></ul>

Tabelle aus: Ulrich Menzel, Imperium oder Global Governance, Vortrag an der Technische Universität Braunschweig, S. 22, www.ulrich-menzel.de/vortraege/Vortrag_Imp_oder_GlobGov.pdf (leicht modifiziert; Zugriff: 5.12.2014)

Theorien der Internationalen Politik

Es gibt zwei maßgebliche Theorien, die das Geschehen der internationalen Politik zu erklären versuchen: zum einen den Realismus mit seiner jüngeren Entwicklung, die als Neorealismus bezeichnet wird; zum anderen den Idealismus, dessen jüngere Ausformungen der Liberalismus und der Institutionalismus sind.

Den **Realismus** interessiert die Frage, wie die internationale Politik tatsächlich beschaffen ist. Illusionslos stellt er fest, dass Machterwerb, Machterhalt und Machtausweitung, also Eigennutz, die Politik der Staaten bestimmt. Die Sicherung des nationalen Interesses in einer als feindlich empfundenen Umwelt ist das maßgebliche Motiv außenpolitischen Handelns.

Der **Neorealismus** konzentriert sich auf das Sicherheitsbedürfnis der Staaten. Da es keine Weltregierung gibt, müssen die Staaten selbst für ihre Sicherheit sorgen. Dies tun sie in Konkurrenz zu den anderen Staaten.

Den **Idealismus** interessiert die Frage, wie die internationale Politik im Sinne eines friedlichen Miteinanders der Staaten beschaffen sein soll. Er lässt sich von der Hoffnung leiten, dass geeignete gemeinsame Einrichtungen den Weltfrieden sichern können.

Der **Liberalismus** argumentiert, dass wirtschaftliche Verflechtungen zwischen den Staaten die Gefahr kriegerischer Auseinandersetzungen reduzieren.

Der **Institutionalismus** setzt auf Institutionen, die die Staaten zur Kooperation anhalten.

Staatliche Souveränität

Staaten sind souveräne soziale Gebilde. Staatliche Souveränität meint, dass der Staat **niemandem untergeordnet** ist. Staatliche Souveränität heißt weiterhin, dass der Staat die **letzte Autorität auf dem Staatsgebiet** hat. Staatliche Souveränität heißt schließlich drittens, dass die Staatsgewalt auf dem Staatsgebiet das tun darf, was sie für richtig hält. Kein anderer Staat kann die Staatsgewalt hieran hindern. Die Souveränität **schützt** also **vor Einmischungen von außen**.

Der Souveränität widerspricht es nicht, wenn ein Staat rechtliche Verpflichtungen gegenüber anderen Staaten oder einer internationalen Organisation eingeht und entsprechende Pflichten erfüllt. Der Staat kann nämlich jederzeit solche Bindungen rückgängig machen.

Internationale Regime

Internationale Regime sind **Regel- und Normensysteme** einschließlich notwendiger **Entscheidungsverfahren**, die dazu dienen, bestimmte internationale oder globale Problemfelder zur allseitigen Zufriedenheit zu steuern. An internationalen Regimen sind in der Regel Staaten beteiligt, die sich freiwillig auf die Regelungen einlassen.

4.8 Globalisierung in der Kritik

GLOSSAR

Globalisierung

QUERVERWEIS

Qualitatives Wachstum und nachhaltige Entwicklung
Kap. 1.5

Kaum ein Land profitiert von der Globalisierung so wie Deutschland: Die Wirtschaft wächst, die Exporte steigen und die Arbeitnehmer haben im Vergleich zu anderen Ländern hohe Lohnzuwächse zu verzeichnen. In keinem anderen Land Europas ist die Arbeitslosenquote, auch bei Jugendlichen, so niedrig wie in Deutschland. Auch deutsche Konsumenten profitieren von der Globalisierung, egal, ob es sich um hochwertige IT-Produkte oder billige Kleidung aus dem Discounter handelt: Produkte jedweder Art haben sich – verglichen mit dem Reallohneinkommen – im Zuge der weltweiten Produktion verbilligt. Dass die günstigen Preise nur durch Importe und Billiglohnarbeit aus sogenannten „Dritte Welt"-Staaten oder Schwellenländern möglich sind, kümmert beim Einkauf die Wenigsten. Solange der Preis stimmt, wird zugegriffen.

Doch nicht allein Menschen in Entwicklungs- und Schwellenländern bekommen die negativen Folgen der Globalisierung zu spüren. Auch in den Industrieländern bestehen ungünstige Begleiterscheinungen der Globalisierung. Dazu gehört etwa die wachsende Macht multinationaler Konzerne, denen die nationalen Regierungen oftmals mehr oder weniger hilflos gegenüber stehen.

Forsa-Umfrage von 2013:

Die Globalisierung bringt für Sie persönlich …

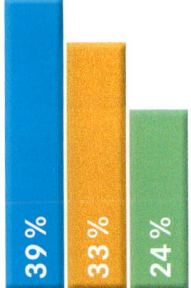

39 % | 33 % | 24 %

 eher Vorteile

 eher Nachteile

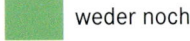 weder noch

Quelle: ISMO Management & Social Business Solutions

L & P / 6447

Basiswissen

Die **Globalisierung** hat neben vielen Vorteilen wie etwa wirtschaftlicher Prosperität auch etliche Nachteile wie zum Beispiel weltweite Konkurrenz um Arbeitsplätze. Die Nachteile der Globalisierung verängstigen viele Menschen. Diese Ängste verbalisieren globalisierungskritische Organisationen mit dem Ziel, die negativen Auswirkungen der Globalisierung einzudämmen.

1 Analysieren Sie die Grafik und führen Sie eine analoge Umfrage in Ihrem Kurs durch.
2 Analysieren Sie die Collage und beurteilen Sie deren Aussage.

Ziele und Organisationsformen von Globalisierungskritikern

Themen und Organisationsgrad

Parallel zur Globalisierung der Ökonomie hat sich auch die Kritik an diesem Prozess globalisiert. Durch den breiten Zugang zu Informations- und Kommunikationstechnologi-
5 en können sich auch diejenigen vernetzen, die globale soziale und ökologische Probleme benennen und beheben wollen: zahlreiche Nichtregierungsorganisationen, Gewerkschaften, Einzelaktivisten sowie soziale und
10 politische Netzwerke. Die Kritik an der Globalisierung fällt dabei nicht immer gleich aus. Sowohl bei der Identifizierung der Probleme als auch bei den Lösungsansätzen bestehen deutliche Unterschiede zwischen den
15 Akteuren. Häufig besteht auch keine Einigkeit darüber, ob einzelne Probleme allein durch die Globalisierung entstanden sind, durch diese verstärkt werden oder ob der Einfluss der Globalisierung vernachlässigbar
20 ist. Trotz dieser Einschränkungen lassen sich einige Themen benennen, die häufiger als andere im Zentrum der Kritik stehen: die Ungleichheit und Armut sowohl in ökonomisch sich entwickelnden als auch in ökono-
25 misch entwickelten Staaten, die Privatisierung öffentlicher Aufgaben (Bildung, Gesundheit, Altersvorsorge), der Verkauf öffentlicher Güter (zum Beispiel im Bereich der Wasser- und Energieversorgung), die zunehmende – nicht
30 demokratisch legitimierte – Macht der Multinationalen Unternehmen, die Entmachtung von Arbeitnehmerorganisationen, die Ausbeutung von Arbeitskräften, die Zerstörung der Umwelt sowie die Missachtung der Men-
35 schenrechte.
Eine der bekanntesten globalisierungskritischen Bewegungen ist das Politiknetzwerk Attac. Nach eigenen Aussagen ist Attac ein Netzwerk, das Akteure zusammenbringt, um

sich zusammen „für eine ökologische, soli- 40 darische und friedliche Weltwirtschaftsordnung" einzusetzen. [...]
Das hohe Niveau der öffentlichen Aufmerksamkeit ist eine Grundvoraussetzung dafür, die politische Agenda beeinflussen zu kön- 45 nen. Für Netzwerke wie Attac ist daher die Frage zentral, welche Forderungen und Themen im Mittelpunkt der eigenen Arbeit stehen. Der geringe Institutionalisierungsgrad und die vielschichtige Zusammensetzung 50 des Netzwerks haben jedoch zur Folge, dass die Vorstellungen in Bezug auf die Dringlichkeit der einzelnen Themen und vor allem die politischen Antworten weit auseinander gehen. Neben gemäßigten Reformern, die in 55 erster Linie an der Umsetzung einzelner Regulierungsinstrumente interessiert sind, stehen andere, die einen ganzen Katalog an Reformen in verschiedenen Politikbereichen umsetzen wollen. Hinzu kommen Revolutio- 60 näre, für die eine grundlegende Veränderung des gesamten ökonomischen Systems bzw. auch anderer gesellschaftlicher Bereiche unumgänglich ist.
Bisher hat Attac sein Themenspektrum ste- 65 tig erweitert, um die verschiedenen Strömungen aufzunehmen. Bei einzelnen Themen, wie zum Beispiel der Besteuerung von Finanzmarkttransaktionen, ist es dem Netzwerk gelungen, sich klar zu positionieren 70 und den politischen Diskurs zu beeinflussen. Aus der Vielzahl an Themen, mit denen sich Attac auseinandersetzt (Welthandel, Finanzmärkte, die öffentlichen Haushalte, Privatisierung, Europa, Lateinamerika, Ökologie, 75 Krieg, Feminismus, geistiges Eigentum, Kultur und Rechtsextremismus), kann jedoch auch Strukturlosigkeit entstehen.

INFO

Attac
Das globalisierungskritische Netzwerk Attac wurde 1998 in Frankreich gegründet, Attac Deutschland am 22.1.2000. Weltweit hat Attac ca. 90 000 Mitglieder in 50 Ländern, die meisten davon in Deutschland. Der Name ist eine Abkürzung für „**a**ssociation pour une ta**x**ation des **t**ransactions financières pour l'**a**ide aux **c**itoyens" (Vereinigung zur Besteuerung von Finanztransaktionen im Interesse der Bürger/innen). Er ergab sich aus der ursprünglichen Forderung von Attac nach der sog. Tobin-Tax (eine Steuer zur Eindämmung kurzfristiger Börsenspekulation).

Aus: Bundeszentrale für politische Bildung (Hrsg.), Globalisierung, www.bpb.de/nachschlagen/zahlen-und-
fakten/globalisierung/52525/globalisierungskritik, 30.6.2010 (Zugriff: 9.11.2014)

1 Stellen Sie die zentralen Themen der Globalisierungskritik zusammen (M 1).
2 Stellen Sie mithilfe von M 1 die Organisationsformen der Globalisierungskritiker **dar**.
3 Arbeiten Sie aus M 1 **heraus**, welchen strukturellen Problemen Attac gegenübersteht.
4 Recherchieren Sie Themenschwerpunkte und Organisationsformen anderer globalisierungskritischer Organisationen und **vergleichen** Sie sie z. B. mithilfe einer Wandzeitung.

MATERIAL **2**

Weltweite Verbreitung von Attac

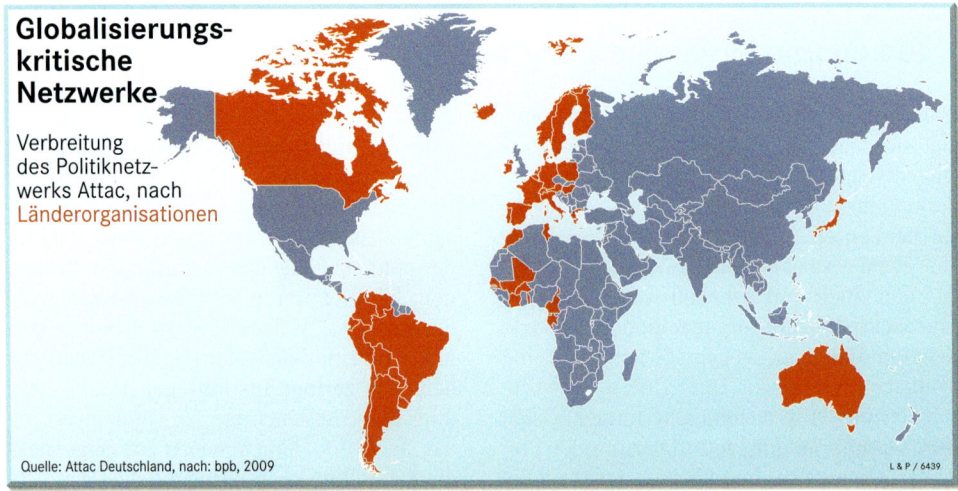

Globalisierungs-kritische Netzwerke

Verbreitung des Politiknetz-werks Attac, nach Länderorganisationen

Quelle: Attac Deutschland, nach: bpb, 2009

L & P / 6439

MATERIAL **3**

Was will Attac?

Die Globalisierung ist ein Umbruch von his-torischen Dimensionen. Sie verändert die Gesellschaft mit enormem Tempo und greift tief in unsere Lebensbedingungen ein. Sie
5 wird bisher einseitig von mächtigen Wirt-schaftsinteressen dominiert, von großen Ban-ken, Investmentfonds, Transnationalen Kon-zernen und anderen großen Kapitalbesitzern. Ihr Leitbild ist der **Neoliberalismus**. Nach
10 dieser Ideologie lassen sich die gesellschaft-lichen Probleme am besten lösen, wenn man sie dem Markt und den Privatunternehmen überlässt. [...]

Das neoliberale Versprechen, die Globalisie-
15 rung bringe Wohlstand für alle, hat sich je-doch nicht erfüllt, im Gegenteil:

- Die soziale Kluft zwischen Nord und Süd wird tiefer. Während die Reichen immer reicher werden, wächst die Armut in der Dritten Welt. Durch Finanz- und Wirt-schaftskrisen werden über Nacht ganze Volkswirtschaften ruiniert und verlieren Hunderttausende ihren Arbeitsplatz.
- Die Armut ist in die Industrieländer
25 zurückgekehrt. Auch bei uns nehmen soziale Unsicherheit, Ausgrenzung und Ungerechtigkeit zu. Die sozialen Siche-rungssysteme werden abgebaut und sind von Privatisierung bedroht. Renten, Ge-

sundheit, Bildung sollen zur Ware werden. 30
- Demokratie wird untergraben, weil Glo-bal Players mit der Drohung, den „Stand-ort" zu wechseln, zunehmend die Politik diktieren.
- Die Deregulierung der Arbeitsmärkte und 35 der Sozialabbau in Form von unter- und unbezahlter, flexibler Arbeit hat insbeson-dere die Situation von Frauen verschlech-tert. Dies führt zu neuen Ungleichheiten zwischen und innerhalb der Geschlechter. 40
- Die Lösung der Umweltprobleme wird ver-schleppt. Die natürlichen Lebensgrund-lagen werden durch die Unterwerfung unter die Marktlogik zerstört.
- Kulturelle Vielfalt wird durch eine öko- 45 nomisch mächtige Kulturindustrie einge-ebnet. Die Suggestivkraft von Werbung und Markenlogos bestimmt immer stär-ker Wertorientierungen und gesellschaft-liche Leitbilder. 50
- Neben anderen Gründen sind es **hege-moniale** Interessen und neue Rohstoff-quellen (Öl und Gas), zu deren Sicherung reiche Industriestaaten zunehmend mili-tärische Planungen und kriegerische In- 55 terventionen durchführen. Die neoliberale Globalisierung hat sehr viele Verlierer und nur wenige Gewinner hervorgebracht.

Sie begünstigt damit politische Destabi-
60 lisierung und ist ein Grund für Gewalt,
Krieg und Terrorismus. Dies führt zur
Rechtfertigung von weltweiter Aufrüstung,
von Militarisierung und zur Aushöhlung
demokratischer Rechte.
65 Wir brauchen eine andere Politik […], wir
setzen uns ein für eine ökologische und soli-

darische Weltwirtschaftsordnung. In ihr gibt
es mehr gleichberechtigte internationale Zusammenarbeit und eine nachhaltige, umwelt-
gerechte Entwicklung des Nordens wie des 70
Südens. Wir wollen eine Welt, in der Demokratie für alle Menschen gewährleistet ist
und kulturelle Vielfalt erhalten bleibt.

*Aus: Attac-Erklärung für eine demokratische Kontrolle der Finanzmärkte, www.attac.de/fileadmin/user_up-
load/bundesebene/attac-strukturen/Attac_Erklaerung.pdf, Frankfurt a. M., 26.5.2002 (erg.: 29.10.2006;
Zugriff: 9.11.2014)*

Hat Attac sich überlebt?

MATERIAL **4**

Attac Deutschland wurde am 22. Januar 2000
in Frankfurt am Main nach französischem
Vorbild gegründet. Anfangs machten ein
paar hundert Globalisierungsgegner mit. In-
5 zwischen hat die Organisation nach eigenen
Angaben rund 90 000 Mitglieder in rund 50
Ländern. […] Es scheint jedoch so, als hätte
Attac die besten Zeiten bereits hinter sich.
Ehemals radikale Forderungen haben inzwi-
10 schen die politische Mitte erreicht. Die sogenannte Finanztransaktionssteuer ist Mainstream: Außer der FDP sind alle etablierten
Parteien in Deutschland für diese Abgabe.
Auch europaweit setzen sich immer mehr
15 Länder, wie Frankreich, Großbritannien und
Schweden dafür ein. Sogar die Staats- und
Regierungschefs der G 20 haben den Internationalen Währungsfonds beauftragt, die
Einführung einer solchen Steuer zu prüfen.
20 „Jeder nimmt plötzlich Attac-Forderungen in
den Mund. Deshalb haben wir es schwerer,
in die Schlagzeilen zu kommen", sagt Attac-
Frau Sundermann. Ein großes Problem für
die Bewegung. In Zeiten der Finanz- und
25 Wirtschaftskrise, in denen nach Ursachen
und Lösungen für die weltweite Misere ge-

sucht wird, graben politische Parteien und
sogar Ökonomen der Bewegung das Wasser
ab. Auf die Entwicklung von Attac wirkt sich
die Finanzkrise auch strukturell negativ aus. 30
Die Zeit der sprunghaft ansteigenden Mitgliederzahlen scheint vorbei. Es sei falsch zu
denken, dass sich Menschen in der Krise
vermehrt sozialen Bewegungen anschließen.
Genau das Gegenteil sei der Fall, bedauert 35
[Attac-Mitglied] Franziska Drohsel.

*Aus: Sonja Bechtold, Protest-Jubiläum: Attac hat sich überlebt, in: Spiegel online, www.spiegel.de/politik/
deutschland/protest-jubilaeum-attac-hat-sich-ueberlebt-a-672755.html, 19.1.2010 (Zugriff: 9.11.2014)*

*Zeichnung:
Malcom Mayes*

1 Analysieren Sie die Karte M 2 hinsichtlich der Auffälligkeiten in der Verbreitung
von Attac und suchen Sie nach Erklärungen.
2 Fassen Sie Kritik und Zielsetzungen von Attac aus M 3 **zusammen**.
3 Analysieren Sie die Karikatur in M 4 hinsichtlich ihrer Aussage zur Globalisierungskritik.
4 Arbeiten Sie aus dem Text M 4 Gründe für die Mitgliederstagnation bei Attac **heraus**.
5 Beurteilen Sie die Ziele, Möglichkeiten und Grenzen des Einflusses globalisierungskritischer Organisationen (M 1 bis M 4).

Das Problem Armut

MATERIAL **5**

Kritik des Papstes an der Globalisierung der Gleichgültigkeit

INFO

Disparität 5
Ungleichheit

Baisse 10
Fallen der Börsenkurse

Ebenso wie das Gebot „du sollst nicht töten" eine deutliche Grenze setzt, um den Wert des menschlichen Lebens zu sichern, müssen wir heute ein „Nein zu einer Wirtschaft der Ausschließung und der **Disparität** der Einkommen" sagen. Diese Wirtschaft tötet. Es ist unglaublich, dass es kein Aufsehen erregt, wenn ein alter Mann, der gezwungen ist, auf der Straße zu leben, erfriert, während eine **Baisse** um zwei Punkte in der Börse Schlagzeilen macht. Das ist Ausschließung. Es ist nicht mehr zu tolerieren, dass Nahrungsmittel weggeworfen werden, während es Menschen gibt, die Hunger leiden. Das ist soziale Ungleichheit. Heute spielt sich alles nach den Kriterien der Konkurrenzfähigkeit und nach dem Gesetz des Stärkeren ab, wo der Mächtigere den Schwächeren zunichte macht. Als Folge dieser Situation sehen sich große Massen der Bevölkerung ausgeschlossen und an den Rand gedrängt: ohne Arbeit, ohne Aussichten, ohne Ausweg. [...] Es geht nicht mehr einfach um das Phänomen der Ausbeutung und der Unterdrückung, sondern um etwas Neues: Mit der Ausschließung ist die Zugehörigkeit zu der Gesellschaft, in der man lebt, an ihrer Wurzel getroffen, denn durch sie befindet man sich nicht in der Unterschicht, am Rande oder gehört zu den Machtlosen, sondern man steht draußen. Die Ausgeschlossenen sind nicht „Ausgebeutete", sondern Müll, „Abfall". [...] Um einen Lebensstil vertreten zu können, der die anderen ausschließt, oder um sich für dieses egoistische Ideal begeistern zu können, hat sich eine Globalisierung der Gleichgültigkeit entwickelt. Fast ohne es zu merken, werden wir unfähig, Mitleid zu empfinden gegenüber dem schmerzvollen Aufschrei der anderen, wir weinen nicht mehr angesichts des Dramas der anderen, noch sind wir daran interessiert, uns um sie zu kümmern, als sei all das eine uns fern liegende Verantwortung, die uns nichts angeht. Die Kultur des Wohlstands betäubt uns, und wir verlieren die Ruhe, wenn der Markt etwas anbietet, was wir noch nicht gekauft haben, während alle diese wegen fehlender Möglichkeiten unterdrückten Leben uns wie ein bloßes Schauspiel erscheinen, das uns in keiner Weise erschüttert. [...] Einer der Gründe dieser Situation liegt in der Beziehung, die wir zum Geld hergestellt haben, denn friedlich akzeptieren wir seine Vorherrschaft über uns und über unsere Gesellschaften. [...] Wir haben neue Götzen geschaffen. Die Anbetung des antiken goldenen Kalbs [...] hat eine neue und erbarmungslose Form gefunden im Fetischismus des Geldes und in der Diktatur einer Wirtschaft ohne Gesicht und ohne ein wirklich menschliches Ziel.

Aus: Apostolisches Schreiben Evangelii Gaudium des Heiligen Vaters Papst Franziskus, 24.11.2013

MATERIAL **6**

Armut zurückgedrängt

GLOSSAR

Armut

So viel Prozent der Bevölkerung hatten pro Tag weniger als 1,25 Dollar zum Leben						
	Ostasien/ Pazifik	Südasien	Subsahara-Afrika	Osteuropa/ Zentralasien	Latein-amerika	Mittlerer Osten/ Nordafrika
1981	77,2	61,1	51,5	1,9	11,9	9,6
1990	56,2	53,8	56,5	1,9	12,2	5,8
1999	35,6	45,1	57,9	3,8	11,9	5,0
2010	12,5	31,0	48,5	0,7	5,5	2,4

Aus: SchulBank 12/2013; Angaben kaufkraft- und inflationsbereinigt; Quelle: Weltbank

Unterernährung

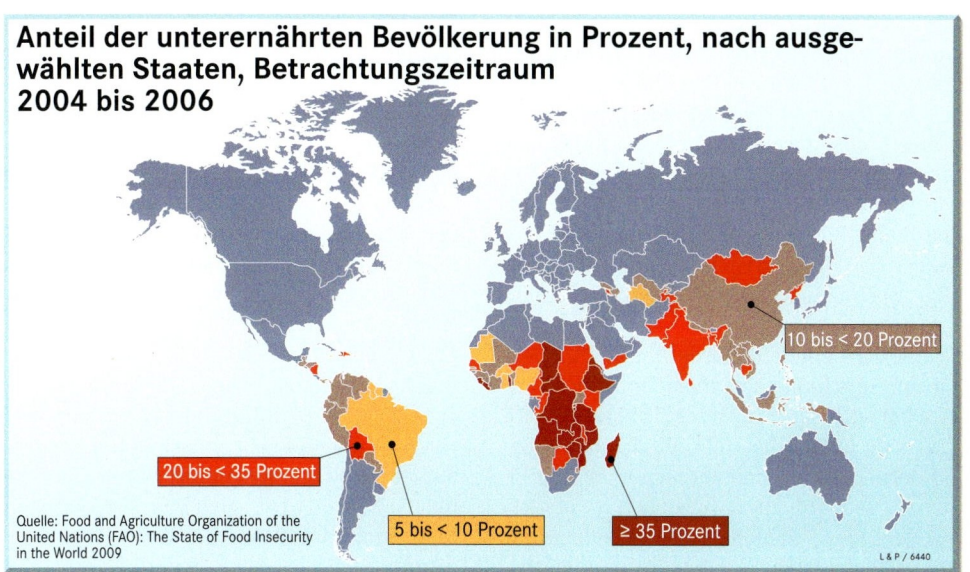

Anteil der unterernährten Bevölkerung in Prozent, nach ausgewählten Staaten, Betrachtungszeitraum 2004 bis 2006

10 bis < 20 Prozent

20 bis < 35 Prozent

5 bis < 10 Prozent

≥ 35 Prozent

Quelle: Food and Agriculture Organization of the United Nations (FAO): The State of Food Insecurity in the World 2009

L & P / 6440

Globale Ungleichheit

QUERVERWEIS

Globalisierungs-
gewinner
Deutschland
S. 347, M 4

Der Gini-Koeffizient
– ein Länderbeispiel
S. 249, M 10

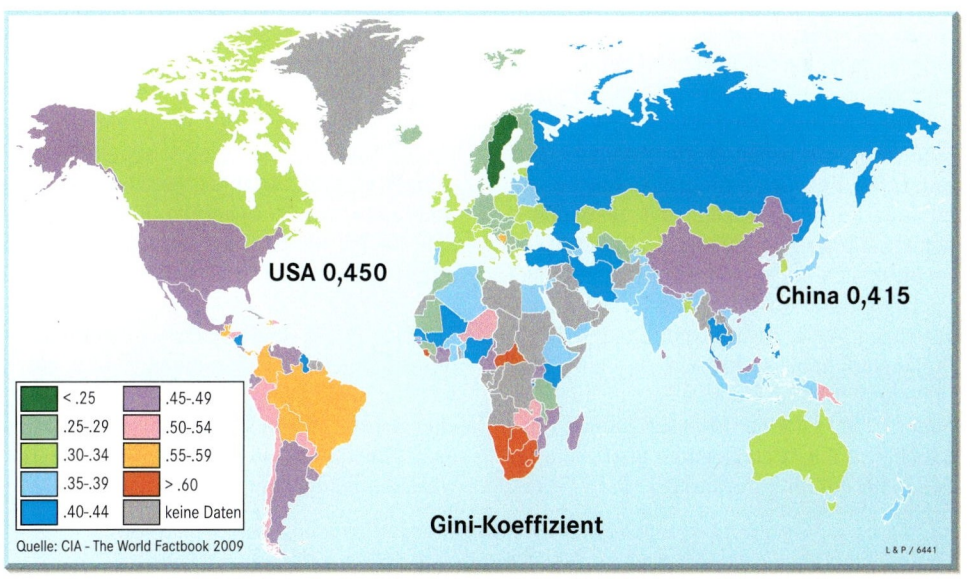

USA 0,450

China 0,415

< .25		.45-.49	
.25-.29		.50-.54	
.30-.34		.55-.59	
.35-.39		> .60	
.40-.44		keine Daten	

Gini-Koeffizient

Quelle: CIA - The World Factbook 2009

L & P / 6441

1 **Arbeiten** Sie aus M 5 die Kritik, die Papst Franziskus an der Globalisierung übt, **heraus**.

2 **Analysieren** Sie die Tabelle und die Grafiken M 6 bis M 8.

3 **Bewerten** Sie die Kritik des Papstes (M 5) und von Attac (M 1 bis M 3) mithilfe von M 6 bis M 8.

Finanztransaktionssteuer: Erfolg der Globalisierungskritiker?

Sie hat einen sperrigen Namen – aber sie kommt jetzt: Die Finanztransaktionssteuer, eine Steuer auf Börsen- und Finanzgeschäfte, soll künftig in elf Ländern der Europäischen Union erhoben werden. Für jeden Kauf einer Aktie, einer Anleihe oder eines Derivats soll ein **Obolus** fällig werden. Die Politiker wollen damit Banken und **Hedgefonds** an den Folgen der Finanzkrise beteiligen – und windige Spekulationsgeschäfte teurer machen. [...]

Damit wird eine alte Forderung der globalisierungskritischen Organisation Attac Wirklichkeit, die sogar in deren Namen steckt: Das erste „t" in Attac steht für „Taxation": die Forderung nach ebenjener Steuer. Mit der Finanzkrise wurde diese Idee auch im bürgerlichen Lager salonfähig: „Der Finanzsektor soll an den Kosten der Finanzkrise angemessen beteiligt werden", sagte Finanzminister Wolfgang Schäuble.

Doch die große Frage: Trifft die Steuer wirklich nur Banken und Spekulanten? [...] Ernstzunehmende Untersuchungen zeigen, dass es auch Sparer trifft. Die Idee war eigentlich, sie zu schützen, indem man relativ niedrige Steuersätze festsetzt. Käufe und Verkäufe von Aktien und Anleihen sollen mit 0,1 Prozent besteuert werden, Derivate mit 0,01 Prozent. Wenn man nur selten so ein Finanzgeschäft tätigt, ist die Steuer niedrig – macht man es dauernd, wie Banken oder Hedgefonds, kommt einiges zusammen.

Ausdrücklich nicht der Steuer unterliegen Sparbücher, der Abschluss von Versicherungsverträgen, Verbraucherkrediten und Hypothekendarlehen. Allerdings: Es gibt auch Finanzprodukte, bei denen Sparer mit einer hohen Zahl von Finanztransaktionen zu tun haben: vor allem langfristige Sparpläne mit Fonds für die Altersvorsorge. [...]

Wenn jemand in diesen Fonds 100 Euro im Monat einzahlt und das über 40 Jahre macht, kommt er am Ende auf 148 856 Euro. Dabei wurde eine Rendite von fünf Prozent im Jahr unterstellt. Wenn nun das Fondsvermögen jedes Jahr zu 90 Prozent umgeschichtet wird – Union Investment hält diesen Wert nach den Erfahrungen aus den vergangenen fünf Jahren für realistisch –, müssen daraus jedes Mal Steuern gezahlt werden, was den Gewinn schmälert. Der Sparer verliert 14 205 Euro. Das ist ganz schön viel.

Fairerweise muss man allerdings sagen, dass die Finanztransaktionssteuer nach wie vor politisch und ökonomisch heftig umstritten ist – und alle Rechnungen, wie teuer sie für die Sparer wird, auch von ideologischen Motiven getrieben werden. Wenn man an einigen Parametern etwas ändert, kommt man zu ganz anderen Ergebnissen.

So hat Max Otte, Finanzprofessor und Autor von Anlegerbüchern, für den Finanzausschuss des Bundestages eine Rechnung aufgestellt, bei der die Steuer für die Sparer viel kleiner ausfällt. Befürworter der Steuer, wie der Grünen-Bundestagsabgeordnete Gerhard Schick, berufen sich darauf. [...]

Das Deutsche Institut für Wirtschaftsforschung in Berlin, das der Steuer eher freundlich gesinnt ist, kommt nach seinen Berechnungen zu dem Ergebnis, je nach Konstruktion eines Fonds liege die Belastung des Sparers bei 40 Jahren Ansparzeit und 100 Euro Monatsrate zwischen 850 und 10 000 Euro. [...]

Ein bisschen Geld abtreten also von der Altersvorsorge, damit das Finanzsystem nicht vor der Rente zusammenbricht? Ein schwacher Trost – denn dass die Steuer wirklich dazu führt, dass das Finanzsystem stabiler wird, ist nicht sicher.

Aus: Christian Siedenbiedel, Es trifft die Sparer, in: Frankfurter Allgemeine Zeitung online, www.faz.net/aktuell/finanzen/meine-finanzen/finanztransaktionssteuer-es-trifft-die-sparer-12092215.html?printPagedArticle=true%20-%20pageIndex_2, 28.2.2013 (Zugriff: 9.11.2014)

QUERVERWEIS
LERNWEG Einen Zeitungskommentar verfassen S. 76 f.

1 Erklären Sie mithilfe von M 9 Inhalte und Zielsetzung der Finanztransaktionssteuer.

2 Stellen Sie die Vor- und Nachteile der Steuer einander gegenüber und **bewerten** Sie sie.

3 Nehmen Sie in Form eines Zeitungskommentars **Stellung** zur Einführung der Steuer.

Ziele und Organisationsformen von Globalisierungskritikern

Ziele und Organisationsformen der Globalisierungskritiker sind äußerst heterogen. Auch die identifizierten Probleme und die Vorschläge, durch die Globalisierung entstandene Schieflagen zu beheben, sind unterschiedlich. Die **Hauptkritikpunkte** der Globalisierungsgegner lassen sich aber meist auf die Felder **„Ungleichheit und Armut"**, die **„Privatisierung öffentlicher Aufgaben und Güter"**, die zunehmende **„Macht multinationaler Unternehmen"**, die **„Entmachtung von Arbeitnehmervertretungen und Ausbeutung von Arbeitskräften"**, die **„Missachtung von Menschenrechten"** sowie die **„Zerstörung der Umwelt"** beschränken.

Von den globalisierungskritisch engagierten Einzelaktivisten, Gewerkschaften und politischen Netzwerken hat die Nichtregierungsorganisation (NGO) **Attac** den höchsten Bekanntheitsgrad. Attac ist vor allem in (West-)Europa, Kanada, Australien und in vielen Staaten Südamerikas vertreten. Die meisten Mitglieder finden sich in Deutschland. Dabei ist Attac eher lose organisiert und sehr heterogen besetzt. Deswegen ist die Organisation selbst nur begrenzt durchsetzungsfähig, obschon ihr Bekanntheitsgrad relativ hoch ist. Die heterogene Struktur Attacs macht es auch schwierig, eine klare politische Aussage und Zielrichtung zu benennen.

Da inzwischen viele Parteien und Organisation die um die Jahrtausendwende noch als radikal geltenden Forderungen Attacs übernommen haben, schwindet damit korrespondierend die Bedeutung der Organisation als „Gewissen der Globalisierung". Dies zeigt sich zum Beispiel an stagnierenden Mitgliederzahlen und abnehmender Medienpräsenz.

Das Problem Armut

Von ganz anderer Seite, der **katholischen Kirche**, wird die Globalisierung ebenfalls kritisiert. Papst Franziskus bemängelt vor allem die durch die wirtschaftliche Globalisierung entstehende Armut und Ungerechtigkeit. Statt Nächstenliebe dominieren für ihn das Konkurrenzdenken und die Jagd nach Profit und Geld das globale Miteinander, was mit einer Gleichgültigkeit den Nöten anderer gegenüber einhergehe.

Statistisch gesehen ergibt sich ein widersprüchliches Bild bezüglich der **Entwicklung von Armut und Ungleichheit**. So wurde durch die ökonomische Globalisierung die Armut weltweit zurückgedrängt, vor allem in den bevölkerungsstärksten Staaten Indien und China. Im Schnitt haben alle Länder der Welt von der Globalisierung profitiert, und die Anzahl der Menschen, die mit weniger als einem Dollar 25 pro Tag auskommen müssen, hat sich weltweit seit den 1980er-Jahren verringert. Allerdings hat sich im Gegenzug die globale Ungleichheit der Einkommen vergrößert, da – bedingt durch bessere Startbedingungen zu Beginn der Globalisierung – das Pro-Kopf-Einkommen der industrialisierten Staaten stärker zugenommen hat als das der weniger entwickelten Staaten.

Erfolge der Globalisierungskritiker

Im Zuge der Finanzkrise 2007 fanden einige Überzeugungen der Globalisierungskritiker auch Eingang in die Forderungen führender Politiker. So beschlossen mehrere Länder der EU, eine **Finanztransaktionssteuer** einzuführen, mit der der Finanzsektor an den Kosten der von ihm ausgelösten Krise beteiligt werden soll. Für den Kauf oder Verkauf von Aktien oder Anleihen muss jetzt in den beteiligten Staaten, darunter auch Deutschland, ein Teil der Summe an den Staat abgeführt werden, um Spekulationsgeschäfte zu verteuern.

Kritiker bemängeln an der Initiative, dass auch Sparer, die ihr Geld in langfristig angelegten Aktienfonds investieren, von der Steuer betroffen sein werden, im Gegensatz zu Großanlegern, die es sich leisten können, bei Investitionen einen Umweg über Staaten zu machen, die sich an der Finanztransaktionssteuer nicht beteiligen. Daher wird das Vorhaben nur langfristig Erfolg haben, wenn die Steuer in allen Staaten der Welt – also global – eingeführt wird.

KLAUSUR   Auch der Freihandel hat Grenzen

INFO

Alexandra Endres
ist Journalistin und
Volkswirtin; seit 2006
bei Zeit online;
zuvor Redakteurin bei
FAZ.net und wissen-
schaftliche Mitarbei-
terin am wirtschafts-
geographischen Institut
der Uni Köln.

*Die indische Regierung lässt das WTO-Ab-
kommen zum Freihandel platzen, um weiter
staatlich subventionierte Nahrungsmittel an
die Armen verteilen zu können. Richtig so.*

5 Für die Welthandelsorganisation WTO ist es
ein schwerer Rückschlag: Indien hat das
neue globale Freihandelsabkommen platzen
lassen – in letzter Minute. Noch im vergangenen Dezember hatte das Land nach zähen
10 Verhandlungen auf Bali dem Abkommen
zugestimmt und sich damit bereit erklärt,
die staatlichen Subventionen für Nahrungsmittel einzuschränken. Alleine die Tatsache,
dass nach Jahren erfolgloser Verhandlungen
15 überhaupt ein neues WTO-Abkommen zustande kam, wurde damals als Durchbruch
gefeiert.

Jetzt zieht Indien seine Zusage zurück. Die
neue Regierung, die mittlerweile im Amt ist,
20 will auf die Subventionen nicht verzichten.
Sie tut gut daran. Denn das indische System
der staatlich geförderten Nahrungsmittel-
käufe hilft vor allem den Ärmsten der Armen. Gerade in Krisenzeiten kauft der indi-
25 sche Staat Grundnahrungsmittel auf und
verteilt sie an Notleidende. Das Verfahren
soll auch helfen, eine staatliche Nahrungs-
mittelreserve vorzuhalten. Eine solche Reserve empfehlen Vereinte Nationen, G 20
30 und andere internationale Organisationen
den Staaten, die Schwierigkeiten haben, den
Nahrungsbedarf der eigenen Bevölkerung zu
decken. Sie ist eine sinnvolle Sache.

Doch vor allem die USA werteten das als
Handelsverzerrung und drängten darauf, die 35
Subventionen stark einzuschränken. Dabei
gilt das indische System unter Entwicklungs-
experten als ausgesprochen effektiv. Es
schützt die Ärmsten vor Hunger, stärkt so
die Ernährungssicherheit im Land und funk- 40
tioniert nach klaren Regeln. Nebenbei stützt
es die Bauern, denen die Regierung etwas
höhere Preise zahlen kann als der Markt. Eigentlich lässt die WTO solche Subventionen
sogar zu. Aber weil die Nahrungspreise in 45
den vergangenen Jahren so stark gestiegen
sind, überstieg das Volumen des indischen
Programms die von der Freihandelsorganisa-
tion erlaubten Grenzen.

Bisher maß die WTO in solchen Fällen mit 50
zweierlei Maß. Den mächtigen Industrieländern gestand sie Ausnahmen von der Regel
zu. Auch die USA subventionieren ihre Bauern – aber ihnen geht es um Exporte und
Marktzugänge, nicht um die Bekämpfung 55
des Hungers.

Durch seine Weigerung, den im Dezember
auf Bali gefundenen Kompromiss mitzutra-
gen, wirft Indien eine wichtige Frage auf:
Was ist wichtiger, das Recht auf Nahrung 60
oder der Freihandel der Reichen? Bis jetzt
gaben die reichen Industrie- und Schwellenländer in der WTO den Ton an. Es wird Zeit,
dass auch die Entwicklungsländer Gehör finden. 65

*Aus: Alexandra Endres, Auch der Freihandel hat Grenzen, in: Die Zeit online, www.zeit.de/wirtschaft/
2014-08/indien-wto-recht-auf-nahrung, 1.8.2014 (Zugriff: 11.11.2014)*

1 **Beschreiben** Sie Entstehung, Aufbau, Arbeitsweise und Ziele der
Welthandelsorganisation (WTO).

2 **Analysieren** Sie den Text im Hinblick auf die Position der Autorin zum
Wechsel der Politik Indiens.

3 **Erörtern** Sie Chancen und Risiken von Freihandelsabkommen in den
internationalen Wirtschaftsbeziehungen.

Erwartungshorizont	max. Punkte
Verstehensleistung gesamt	**100**
Aufgabe = AFB I gesamt **Beschreiben** der Entstehung, des Aufbaus, der Arbeitsweise und der Ziele der WTO Der Prüfling …	**30**
1. stellt die Entstehung dar: GATT 1947 unterzeichnet; ursprüngl. geplant als Teil einer Internationalen Handelsorganisation als 3. Säule der Welthandelsordnung neben IWF und Weltbank; als Ergebnis der Uruguay-Runde wird 1995 die WTO gegründet.	8
2. stellt den Aufbau dar: internationale Organisation als rechtlicher Rahmen des GATT; Institution für Konfliktlösung.	7
3. nennt die Ziele: Vermeidung von Diskriminierung im Handel; Abbau von Importquoten; Durchsetzung von Handelsinteressen; Beseitigung von Handelsbarrieren.	8
4. beschreibt die Arbeitsweise: Welthandelskonferenzen, auf denen Reformen verabschiedet werden; Koordination der Verhandlungen.	7
Aufgabe 2 = AFB III gesamt **Text**analyse bezüglich der Position der Autorin zum Wechsel der Politik Indiens Der Prüfling …	**40**
1. ordnet den Text von Alexandra Endres „Auch der Freihandel hat Grenzen", der am 1.8.2014 in der Zeit online erschienen ist, als wertenden Beitrag (= Kommentar) zur Rücknahme der Unterschrift Indiens zum WTO-Freihandelsabkommen ein.	5
2. arbeitet die Position der Autorin in folgender oder gleichwertiger Weise heraus: Sie befürwortet Indiens Entschluss, das WTO-Freihandelsabkommen nicht abzuschließen, als wichtigen Schritt dahin, die Position von Entwicklungsländern zu stärken.	8
3. analysiert die Begründung der Autorin in folgender oder gleichwertiger Weise: Sie beschreibt, dass Indien seine erste Zustimmung zu dem Abkommen zurückgezogen habe, weil es sonst die staatlichen Subventionen von Nahrungsmitteln hätte beschränken müssen (Z. 1–16). Die Autorin hält dies für richtig, weil die Subventionen vor allem „den Ärmsten der Armen" (Z. 19 f.) helfen und zudem in Krisen eine Nahrungsmittelreserve gebildet werden könne, wie u. a. UN und G20 empfehlen (Z. 20–29). Auch die WTO erlaube eigentlich solche Subventionen, wegen gestiegener Nahrungsmittelpreise würden jedoch die bei Freihandelsabkommen erlaubten Grenzen überschritten (Z. 39–45). Ausnahmen würden aber derzeit nur für Industrieländer gemacht, obwohl es diesen um Exporte und nicht um die Bekämpfung von Hunger gehe (Z. 46-52). Indiens Handeln werfe daher die zentrale Frage danach auf, was wichtiger sei: „das Recht auf Nahrung oder der Freihandel der Reichen?" (Z. 57 f.)	16
4. analysiert die Argumentationsweise der Autorin, z. B.: sachliche Sprache, Verwendung von Fachbegriffen (Subventionen); klare Positionierungen der Autorin (Vorspann, Z. 29, 59 ff.); Kern des Kommentars als provokative Frage formuliert (Z. 57 f.).	6
5. erschließt die Intention der Autorin folgender oder gleichwertiger Weise: Sie übt Kritik an den Industrieländern und plädiert für eine Stärkung der Entwicklungsländer.	5
Aufgabe 3 = AFB III gesamt **Erörterung** der Chancen und Risiken von Freihandelsabkommen Der Prüfling …	**30**
1. geht auf mögliche Chancen von Freihandelsabkommen ein, z. B.: Förderung des Wettbewerbs; Sicherung von Arbeitsplätzen; Vermeidung von Handelskriegen; Ermöglichung von Wachstum	10
2. geht auf mögliche Risiken von Freihandelsabkommen ein, z. B.: Gefahr des Aussterbens einheimischer Industrien durch billige Importe; steigendes Armutsrisiko; Einnahmeausfälle des Staates	10
3. nimmt abschließend Stellung und kommt zu einem eigenständigen Gesamturteil, das auf einer Gewichtung der vorangegangenen Ausführungen beruht.	10
Darstellungsleistung gesamt Der Prüfling …	**20**
strukturiert seinen Text schlüssig, stringent sowie gedanklich klar und bezieht sich dabei genau und konsequent auf die Aufgabenstellung.	5
bezieht beschreibende, deutende und wertende Aussagen schlüssig aufeinander.	4
belegt seine Aussagen durch angemessene und korrekte Nachweise (Zitate etc.).	3
formuliert unter Berücksichtigung der Fachsprache präzise und begrifflich differenziert.	4
schreibt sprachlich richtig (Grammatik, Orthografie, Zeichensetzung) sowie syntaktisch korrekt und stilistisch sicher.	4

ACHTUNG

Bei der Bewertung der Darstellungsleistung kann es vonseiten des Schulministeriums NRW zu Änderungen kommen.
Die jeweils aktuellen Angaben finden Sie unter:
www.schroedel.de/ 11545
(unter: „Downloads").

QUERVERWEIS

möglicher **Notenschlüssel**
S. 239 unten

Vorbereitung auf das Abitur (Stand: 2014/15)

I. Die Entscheidung schriftliches oder mündliches Prüfungsfach

Beachten Sie für die Wahl als 4. Prüfungsfach: Orientieren Sie sich nicht zu stark an Ihrer Note in der Sonstigen Mitarbeit (SoMi). Bedenken Sie, dass der erste Prüfungsteil ein freier Vortrag ist und die Aufgabenstellungen in ihrer Art denen einer Klausur sehr ähnlich sind. Orientieren Sie sich also auch an Ihrer Klausurleistung.

II. Vorbereitung

- Strukturieren Sie die Inhalte des Unterrichts im Fach Sozialwissenschaften der vergangenen beiden Jahre. Fassen Sie die erworbenen Kompetenzen in einer für Ihr Lernen sinnvollen Art und Weise bzw. Darstellungsform zusammen.
- Bilden Sie Lerngruppen. Es ist immer vorteilhaft, sich im Vorfeld einer Prüfung mit Mitschülerinnen und Mitschülern auszutauschen. Sie erlangen neue Sichtweisen auf Themen, können sich bisher Unklares erläutern lassen und verfestigen eigenes Wissen durch Erklärungen auf Nachfragen.
- Informieren Sie sich rechtzeitig über Zeit und Ort der Prüfung. Betreten Sie beim mündlichen Abitur weder ungefragt den Prüfungsraum noch den Vorbereitungsraum.

III. Das schriftliche Abitur – allgemeine Hinweise

- Auswahlzeit: in der Regel 30 Minuten
- Bearbeitungszeit: 180 Minuten (Grundkurs); 255 Minuten (Leistungskurs); Sie können beginnen, sobald Sie Ihre Auswahl getroffen haben.
- Zur Auswahl stehen drei verschiedene Prüfungsvorschläge zu verschiedenen Themengebieten des Faches. Dabei ist immer eine inhaltsfeldübergreifende Aufgabenstellung vorhanden.

IV. Das mündliche Abitur

A. Aufbau und Ablauf der Prüfung

Die mündliche Prüfung im Fach Sozialwissenschaften ist in zwei Prüfungsteile untergliedert. Dabei stammen der erste und der zweite Prüfungsteil aus unterschiedlichen Kurshalbjahren und jeder der beiden Prüfungsteile beinhaltet Aufgaben aus allen drei Anforderungsbereichen, also z. B. Darstellung, Analyse und Erörterung.

Bevor die Vorbereitung zur Prüfung beginnt, werden Ihnen die Aufgaben und die Materialien vorgelegt und Sie werden gefragt, ob Sie sich in der Lage sehen, die Prüfung anzutreten. Anschließend werden Sie in den Vorbereitungsraum gebracht.
Achtung: Alle nicht für die Vorbereitung notwendigen Gegenstände wie Tasche, Handy, Jacke etc. dürfen nicht mitgenommen werden. Im Vorbereitungsraum erhalten Sie Papier, um die gestellten Aufgaben zu bearbeiten und sich Notizen für Ihren Vortrag zu machen. Dafür stehen Ihnen nach gegenwärtigem Stand 30 Minuten zur Verfügung.

Während der Vorbereitung sollten Sie sich möglichst zu allen zu bearbeitenden Aufgaben Notizen machen, allerdings besser keine vollständigen Sätze formulieren, die Sie später in der Prüfung ablesen. Denn der erste Prüfungsteil ist ein freier Vortrag, der auch als solcher gestaltet werden sollte!
Bei der Vorbereitung der Aufgabe aus dem Anforderungsbereich I, also der *Darstellungsaufgabe*, bietet es sich an, lediglich kurze Merkmale und Begriffe zu notieren, eine Mindmap zu entwerfen, ein Strukturdiagramm oder eine Logikkette zu erstellen oder ein schematisches Tafelbild zu gestalten. Wichtig dabei ist, dass Sie die Form der Darstellung wählen, mit der Sie im bisherigen Unterricht am besten zurechtgekommen sind. So können Sie während der Stresssituation der Prüfung den größtmöglichen Nutzen aus Ihrer eigenen Vorbereitung ziehen.
Bei der Vorbereitung der Aufgabe aus dem Anforderungsbereich II, also des *Analyseteils*, können

Sie sich – wenn es sich um eine Textanalyse handelt – ebenfalls an das Ihnen aus den Klausuren bekannte Analyseschema halten. Dies bietet Ihnen in der Vorbereitung eine gute Orientierung und sorgt dafür, dass Sie Ihren Vortrag bereits strukturiert haben. Unbedingt sollten Sie sich in Textquellen diejenigen Zeilen markieren oder vermerken, auf die Sie sich in Ihrem Vortrag beziehen möchten.

Bei der Vorbereitung der Aufgabe des Anforderungsbereiches III, also der *Beurteilung* oder *Erörterung*, ist es wichtig, dass später in der Prüfung zwei Aspekte deutlich werden: erstens, dass Sie nach Kriterien geordnete Argumente für und gegen eine bestimmte Aussage bzw. Maßnahme vorbringen können, und zweitens, dass Sie nach einer eigenen Gewichtung der vorgebrachten Argumente ein eigenes Urteil begründet treffen können. Daher ist es sinnvoll, die Argumente bereits nach Kriterien geordnet zu notieren, um den Vortrag strukturierter halten zu können.

Im ersten Prüfungsteil handelt es sich wie erwähnt um einen freien Vortrag. Dafür stehen Ihnen 10 bis 15 Minuten Zeit zur Verfügung. Sie sollten in den Wochen zuvor üben, einen Vortrag von etwa dieser Länge zu halten. Den Vortrag können Sie im Stehen oder sitzend hinter dem Tisch halten. Auch die Tafel können Sie nutzen, wenn Sie es als sinnvoll erachten, eine Skizze oder eine schematische Darstellung zu verwenden. Auch sollten Sie darauf achten, möglichst viele Ihrer in der Vorbereitung gemachten Notizen einzubringen. Aber Achtung: Zugleich besteht die Gefahr abzuschweifen. Daher gilt: Immer die Zeit im Auge behalten!

Der zweite Prüfungsteil ist ein Prüfungsgespräch, das durch die Prüferin oder den Prüfer gestaltet wird. Denken Sie immer daran, dass Sie gut vorbereitet sind. Die zeitliche Vorgabe orientiert sich an der Dauer des ersten Prüfungsteils, beide Teile sollten in etwa gleich lang sein und die Gesamtdauer der Prüfung liegt zwischen 20 und 30 Minuten. Dieser zweite Teil ist ein Gespräch, in dessen Verlauf durch die Prüfungskommission festgestellt wird, in welchem Maße Sie in einem zweiten Gebiet im Fach Sozialwissenschaften bewandert sind. Dieser Prüfungsteil ist flexibler als der erste, denn hier können verschiedene Schwerpunkte gesetzt werden und der Verlauf der Prüfung kann sich aus dem Gespräch ergeben.

Sie sollten auch in diesem Prüfungsteil darauf achten, Ihre Antworten klar zu strukturieren und bei Beurteilungs- und Erörterungsfragen Argumente einander gegenüberzustellen, abzuwägen und zu einem eigenen, begründeten Urteil zu kommen. Im Verlauf des Gesprächs sollten Sie möglichst Fachtermini verwenden und zu eventuell zu erläuternden Theorien auch die Namen ihrer Vertreter nennen.

Nach der Prüfung geben Sie alle Unterlagen für die Prüfungsmappe ab.

B. Allgemeine Hinweise und Empfehlungen

- Kleiden Sie sich am Prüfungstag der Situation angemessen, aber ebenfalls so, dass sie sich wohlfühlen.
- Nehmen Sie eine Uhr mit. Wenn Sie keine Armbanduhr tragen möchten, dann dürfen Sie auch eine etwas größere Uhr mitnehmen, die Sie auf Ihren Tisch stellen können, um so die Zeit während der Prüfung im Auge zu behalten.
- Wenn Sie den Prüfungsraum betreten und Ihre Kommission sehen, begrüßen Sie die anwesenden Personen durch ein allgemeines Grüßen.
- Wenn Sie Ihren Vortrag im ersten Prüfungsteil beginnen, nennen Sie zu Beginn das Themengebiet der Prüfung und verlesen Sie zur besseren Übersicht auch jeweils die Aufgabe, die Sie gerade in Ihrem Vortragsteil behandeln.
- Achten Sie auf Ihre Sprechgeschwindigkeit. Reden Sie nicht zu schnell und betonen Sie wichtige Aspekte.
- Üben Sie solche freien Vorträge mit einem Mitschüler/einer Mitschülerin. Er bzw. sie kann Ihnen ein Feedback geben bzw. Sie können sich gegenseitig austauschen.

MATERIAL **1**

Wie Europa unsere Heimat werden kann

INFO

Geschwurbel
Geschwafel;
inhaltslose, realitäts-
ferne Aussagen

Selbst diejenigen Deutschen, die sich für gute Europäer halten, haben es sich angewöhnt, über die EU zu lästern, wie es Schüler über die Schule tun: Man klagt über die Bürokratie von Brüssel, über die Demokratiedefizite, die Kosten, den Wirrwarr der Richtlinien, den Euro und die Rettungsschirme. Die Klagen sind berechtigt. Aber: Die Deutschen (und nicht nur sie) haben verlernt, das Wunder zu sehen.

Die EU ist trotz alledem das Beste, was Europa in seiner langen Geschichte passiert ist. Derweil die Ukrainer für Europa auf die Straße gehen und die Letten den Euro einführen, nimmt in den Ländern der Europäischen Union die Europaskepsis zu; in Deutschland auch. [...]

Die fünf Jahre seit der letzten Europawahl [2009] waren die Jahre der Finanzkrise. Es waren dramatische Jahre. Davon ist im Europawahlkampf 2014 aber wenig zu spüren, in Deutschland fast gar nichts. Dieser Wahlkampf läuft matt dahin. Die Krise sei überwunden, behauptet die Bundesregierung. Selbst in Griechenland gehe es wieder aufwärts und die Märkte hätten wieder Vertrauen. Es ist das alte Lied. Aber es geht nicht um das Vertrauen der Märkte, es geht um das Vertrauen der Menschen. Sie trauen diesen Erfolgsmeldungen nicht mehr, als sie den Rettungsschirmen getraut haben. [...]

Rettungsschirme: Gerettet wurden und werden damit nicht Menschen, schon gar nicht in Griechenland. Die Schutzschirme sind für Banken und Euro aufgespannt worden. Gerettet wurden Schuldverhältnisse, Finanzbeziehungen, Machtgefüge, Wirtschaftssysteme; sie sollen überleben.

Die meisten Menschen wollen Europa, aber sie wollen es anders. Sie wollen ein Europa, das Arbeitslosigkeit bekämpft und ihnen die Angst vor Billigkonkurrenz nimmt. Wie eine andere, eine bürgernahe EU aussehen könnte, das müsste das Thema des Europawahlkampfs sein. Europa muss Heimat werden für die Menschen. Europa darf nicht nur Wirtschaftsgemeinschaft sein, nicht nur Nutzgemeinschaft für die Industrie, sondern muss Schutzgemeinschaft werden für die Bürger. Das geht nicht mit **Geschwurbel,** das geht nur mit handfester sozialer Politik. [...]

Es reicht nämlich nicht, wenn Europapolitiker mit Pathos von der Friedensgemeinschaft Europa reden. Es reicht nicht, wenn sie auf die große Reisefreiheit hinweisen, auf das Europa ohne Grenzen. Erst eine kluge und fürsorgliche Sozialpolitik macht aus der etwas sperrigen EU eine Heimat für die Menschen, die darin leben. [...]

[D]ie Stärke Europas misst sich am Wohl der Schwachen – der schwachen Staaten und der schwachen Menschen; sie misst sich am Vertrauen, das die Bürger in dieses Europa setzen.

Die Europawahl in diesem Jahr wird kurz vor Pfingsten sein. Pfingsten ist das Fest des Geistes. Wenn dieser Geist in die Europäer fährt, dann sollte, dann müsste die Wahlbeteiligung eigentlich bei mindestens neunzig Prozent liegen. Jeder Wahlschein ist eine kleine Eintrittskarte – für eine hoffentlich soziale europäische Demokratie. Das neu zu wählende Europäische Parlament braucht die Kompetenz, Europa ein soziales Gesicht zu geben.

Aus: Heribert Prantl, Wie Europa unsere Heimat werden kann, in: Süddeutsche Zeitung online,
www.sueddeutsche.de, 17.4.2014 (Zugriff: 31.7.2014)

1 **Stellen** Sie die Zusammensetzung und die wesentlichen Merkmale zweier Hauptorgane der EU **dar**.

2 **Analysieren** Sie den Text M 1 im Hinblick auf die Position Prantls zur europäischen Integration.

3 **Entwickeln** Sie auf Grundlage des Textes M 1 eine Perspektive für eine bürgernahe EU.

Erwartungshorizont zu Beispiel A:

Zu Aufgabe 1:
Zum Beispiel:

- *Europäischer Rat:* wichtigstes Entscheidungsgremium der EU; „Rat der Chefs" (besteht aus Regierungs- und Staatschefs); Kommissionspräsident mit beratender Funktion; entscheidet über die Grundlinien und Ziele der europäischen Politik; nicht direkt am Gesetzgebungsprozess beteiligt
- *Europäische Kommission:* zentrale Rolle im Gesetzgebungsprozess und der Exekutive; supranationales Organ; jedes Land stellt einen Kommissar; alleiniges Initiativrecht in der Legislative; Überwachung der Einhaltung des europäischen Rechts, Vorgehen gegen Vertragsverletzungen
- *Weitere Organe:* vgl. Kap. 2.1

Zu Aufgabe 2:
- *Quelle:* Der Text „Wie Europa unsere Heimat werden kann" wurde am 17.4.2014 von Heribert Prantl in der Süddeutschen Zeitung online (www.sueddeutsche.de) veröffentlicht. Darin schildert der Autor die aktuellen Vorurteile der Bevölkerung gegen die EU und nennt als Ziel, dass Europa wieder zu einer Heimat für die Menschen werden müsse, die in ihr leben (vgl. Z. 58 f.).
- *Position:* Der Autor beschreibt, dass in vielen Ländern die Bürger über die EU klagen (Demokratiedefizit, Kosten, Rettungsschirme ...). Die Bürger hätten das Vertrauen in die EU verloren. Seit der letzten Europawahl gab es die dramatische Finanzkrise, diese spiele im aktuellen Wahlkampf aber keine Rolle. Der Autor mahnt, dass Europa nicht nur eine Wirtschaftsgemeinschaft sein dürfe, sondern sich auch als Schutzgemeinschaft der Bürger darstellen müsse (vgl. Z. 46–50). Er fordert eine neue europäische Sozialpolitik, die sich an den Bedürfnissen der Menschen orientiere.
- *Begründung:* Die Politik orientiere ihren Wahlkampf daran, dass die Finanzkrise überwunden sei. Allerdings könne sie dadurch das Vertrauen der Bürger nicht zurückgewinnen. Die Bürger vertrauten diesen Aussagen nicht. Die Notwendigkeit einer Neuausrichtung durch eine veränderte Sozialpolitik begründet der Autor mit der Forderung der Menschen nach einem Europa, das Arbeitslosigkeit bekämpfe, Angst vor Billigkonkurrenz nehme und eine fürsorgliche Sozialpolitik betreibe (vgl. Z. 40 ff.).
- *Argumentation:* Der Autor stellt zuerst die Probleme der EU dar und die Aspekte, die bei der Bevölkerung Kritik hervorrufen. Anschließend nennt er Wege, wie die Politik Europa voranbringen, eine höhere Legitimation erreichen und die EU wieder zu alter Akzeptanz bei der Bevölkerung zurückführen könne. Er endet mit einem positiven Ausblick, um die Bürger zur Wahl zu animieren. Der Text ist gut verständlich gehalten, um eine hohe Identifikation beim Leser zu erzielen, mit Ausnahme des umgangssprachlichen Begriffs „Geschwurbel" (Z. 50).
- *Intention:* Der Autor möchte die Bürger zu einer Teilnahme an der Europawahl aufrufen, um dem Parlament eine größere demokratische Legitimation für ein bürgernahes Europa zu geben. Außerdem will er darauf aufmerksam machen, dass sich die EU seines Erachtens in eine falsche Richtung entwickelt hat und nun stärker den Bürger wieder in den Mittelpunkt rücken sollte.

Zu Aufgabe 3:
- *Mögliche Maßnahmen:* Einführung von Referenden; höhere Transparenz; Direktwahl des Kommissionspräsidenten;
- *Pro:* stärkere Identifikation der Bürger mit Europa; besseres Verständnis der Prozesse in der EU; Chance der Einflussnahme auf EU-Gesetzgebung;
- *Kontra:* mangelnde Kenntnis der Kandidaten und daher sinkendes Interesse; personifizierter Wahlkampf; zu hohe Komplexität der Prozesse; zu viele Abstimmungen.
- *Mögliche Kriterien:* Umsetzbarkeit, Effizienz, Gerechtigkeit.

B. Beispiel für eine mündliche Abiturprüfung – 2. Prüfungsteil
Strukturen sozialer Ungleichheit, sozialer Wandel und soziale Sicherung

Im Folgenden finden Sie mögliche Fragen, mit denen der Verlauf eines Prüfungsgesprächs gestaltet werden könnte. Dabei ist weder die Reihenfolge der Fragen noch die Notwendigkeit des Verwendens aller Aufgaben in Betracht zu ziehen. Die Entwicklung und der Fortgang des Prüfungsgesprächs sind situationsgebunden.

Was versteht man unter sozialer Ungleichheit? Wie kann man diese messen?
Ressourcenausstattung oder Lebensbedingungen von Menschen sind so beschaffen, dass bestimmte Bevölkerungsteile regelmäßig bessere Lebens- und Verwirklichungschancen haben als andere;
Unterscheidung Verteilungsungleichheit und Chancenungleichheit;
Dimensionen: Wohlstand, Bildung, Macht, Prestige;
Indikatoren: Schulabschlüsse, Nettoäquivalenzeinkommen, Haushaltseinkommen, berufliches Ansehen.

Sind dabei einzelne Bevölkerungsgruppen stärker betroffen als andere?
Im Bereich Bildung: Kinder, deren Eltern aus unteren Schichten stammen, besuchen seltener ein Gymnasium als Kinder der Oberschicht; Kinder aus Familien mit Migrationshintergrund haben im Bildungsbereich teilweise mit Sprachproblemen zu kämpfen (Hochschulen verwenden komplexe Fachsprache; PISA zeigt v. a. Probleme in der Lesekompetenz).
Im Bereich Beruf: Die Aufstiegs- und Verdienstmöglichkeiten von Frauen liegen immer noch stark hinter denen ihrer männlichen Kollegen zurück.

Beschreiben Sie ein Modell, mit dessen Hilfe ein Gesellschaftsaufbau abgebildet wird.
Erweitertes Hausmodell (Geißler): Gesellschaft als relativ flexibles Klassen/Schichten-Gebäude in der Form eines Hauses, keine klaren Grenzen zwischen den Schichten, differenzierte Darstellung von Deutschen und Ausländern; Einstufungskriterien: Berufsposition versus Status, Bildungsgrad, Qualifikation, Einkommenshöhe, Prestige, Zuordnung (auch) durch Selbsteinschätzung; Gruppierungen: z. B. Machtelite, höhere und mittlere Dienstleistungsschicht, selbstständiger Mittelstand, gelernte, un- bzw. angelernte ausführende Dienstleistungsschicht, un- bzw. angelernte Arbeiter.

Als weiteres Modell gibt es die Sinus-Milieus. Wie beurteilen Sie deren Aussagekraft?
Die Sinus-Milieus entstehen aus Umfragen; Auftraggeber sind Unternehmen; ursprüngliches Ziel: Marktforschung, Konsumentenverhalten nach Gruppen aufschlüsseln; zugrunde liegt aber auch hier die soziale Lage, die mithilfe der klassischen Indikatoren erfasst wird; stärkere Überlappung und Übergänge vergleichbar mit Auflösungshypothese; hier sogar Möglichkeit der Zugehörigkeit zu zwei verschiedenen Milieus, was in bisherigen Modellen nicht klar zu sehen war.

Beurteilen Sie die Aussage, dass Chancengleichheit für sozialen Aufstieg durch die Überwindung der Spaltung der Gesellschaft in Arm und Reich geschaffen werden kann.
Pro: Investitionen in Bildung, Zugang zu Hochschulen kostenfrei, Bildungsgutscheine; bessere Familienpolitik, Ausbau von Kita-Plätzen, Verbesserung der Elternzeitmodelle; Ausweitung und Erhöhung von Hartz IV, um Berufseinstieg zu erleichtern.
Kontra: Bildungsinvestitionen greifen zu spät; Elternhaus und Umfeld tragen ebenfalls zu den unterschiedlichen Chancen bei; Erhöhung der Hartz-IV-Sätze führt nicht zu besseren Jobaussichten und trägt auch nicht zu einer Verringerung der sozialen Schere bei.

C. Beispiel für eine mündliche Abiturprüfung – 1. Prüfungsteil
Globale Strukturen und Prozesse: Sollten internationale Organisationen stärker an der Lösung von Krisen mitwirken?

US-Medizin hilft in Europa nicht

MATERIAL **1**

Vor einem Jahr konnte die deutsche Delegation um Bundesfinanzminister Wolfgang Schäuble und Notenbankchef Jens Weidmann noch ganz gelassen zum Herbsttreffen
5 des Internationalen Währungsfonds (IWF) nach Washington reisen. Damals herrschte in der größten Volkswirtschaft der Welt eine Haushaltssperre, weil sich Regierung und Opposition nicht auf eine Erhöhung der
10 Schuldenobergrenze einigen konnten. Die Hauptstadt lag zwar trotz des Zwangsurlaubs von Tausenden Regierungsangestellten nicht lahm, aber in den Diskussionen unter den IWF-Mitgliedern rückte die Lage in den USA
15 als größte Sorge in den Mittelpunkt. Europa spielte damals keine Rolle mehr.

Doch jetzt ist die Eurokrise zurück. Zumindest wenn man den Worten von IWF-Chefin Christine Lagarde Glauben schenkt. Die
20 Französin und ihre Volkswirte stehen allerdings nicht allein mit ihrer Einschätzung, dass vor allem die stockende Erholung in Europa derzeit ein weltwirtschaftliches Problem darstellt. Auch EZB-Präsident Mario Dra-
25 ghi hält die Situation für ernst – und drängt auf eine weitere Lockerung der ohnehin extrem lockeren Geldpolitik. Und auch die Amerikaner stimmen Christine Lagarde zu. Macht es doch wie wir, lautet der Rat der US-
30 Politiker und Ökonomen: Überschüttet den Markt mit unendlich viel Geld, dreht an ein paar Stellschrauben auf dem Arbeitsmarkt und bei der Infrastruktur, und schon wird der Laden wieder laufen. [...]
35 In Amerika hat die Medizin gewirkt, die Verbraucher kaufen wieder wie gewohnt, die noch vor einem Jahr auch in der Hauptstadt sichtbaren Zeichen der Armut vieler US-Bür-

ger sind verschwunden. Doch Europa ist anders – und daher wird die gleiche Medizin 40 nicht die gleiche Wirkung haben. Bundesbankpräsident Weidmann hat recht: Wenn die Bundesregierung ein wie auch immer geartetes und finanziertes Konjunkturprogramm starten und dies der deutschen Wirt- 45 schaft Schwung geben würde, würde es den Euroraum als Ganzes kaum voranbringen. Selbst wenn der Plan aufgehen sollte und Deutschlands Wirtschaft stärker wachsen würde, würde dies nur den Handelsüber- 50 schuss erhöhen – und dafür müssen doch nach Einschätzung der IWF-Ökonomen die Länder mit Defiziten zahlen, also gerade die Krisenländer in Europa.

Die Probleme in Griechenland, Spanien, Por- 55 tugal, Irland oder auch in Italien und Frankreich sind nicht über Nacht entstanden, sondern waren eine Fehlentwicklung der Strukturen über Jahrzehnte hinweg. Es fehlte zum Teil die politische Stabilität, um wirt- 60 schaftlich sinnvolle Reformen durchsetzen zu können. Das alles lässt sich nicht über Nacht beheben. Vieles spricht dafür, dass der deutsche Weg der nachhaltigen Haushaltskonsolidierung richtig ist. Alle Euroländer 65 müssen an sich arbeiten. Der Ruf nach mehr Investitionen ist durchaus gerechtfertigt, dennoch darf man auch die finanzielle Situation nicht aus den Augen verlieren. Vor einem Jahr noch galt der Abbau der hohen 70 Schuldenberge als ein vorrangiges Ziel. Langfristig gilt das immer noch. Die kurzfristigen Probleme lassen sich auch durch die Geldpolitik nicht mehr allein lösen. Es wird Zeit, dass die Regierungen ihren Worten Ta- 75 ten folgen lassen.

Aus: Klaus-Dieter Oehler, US-Medizin hilft in Europa nicht, in: Stuttgarter Zeitung online, www.stuttgarter-zeitung.de, 11.10.2014 (Zugriff: 12.11.2014)

1 Beschreiben Sie Entstehung, Aufbau, Arbeitsweise und Ziele des IWF.

2 Analysieren Sie den Text M 1 im Hinblick auf die Position des Autors zur Übertragbarkeit der US-amerikanischen Krisenlösungsstrategien auf Europa.

3 Erörtern Sie Chancen und Risiken einer unbegrenzten Liquiditätshilfe für Staaten bei Krisen – eine ins Spiel gebrachte Neuerung der Handlungsmöglichkeiten des IWF.

Erwartungshorizont zu Beispiel C:

Zu Aufgabe 1:

Zum Beispiel:

■ Der IWF hat 188 Mitgliedstaaten. Er besteht aus dem Gouverneursrat (je ein Vertreter pro Land; in der Regel Finanzminister oder Notenbankchef), dem Vorstand (24 Vertreter und Mitglieder; 19 gewählte und 5 ernannte aus USA, Japan, Deutschland, Frankreich, Großbritannien) und dem Direktorium (Lagarde und 3 Stellvertreter). Das Stimmgewicht im IWF richtet sich nach dem Kapitalanteil der Länder. Seine Ziele sind: die Förderung der internationalen Zusammenarbeit in der Währungspolitik, stabile Wechselkurse, Wachstum des Welthandels, Hilfe in bestimmten finanziellen Schwierigkeiten durch individuelle Kreditvereinbarungen.

Zu Aufgabe 2:

■ *Quelle:* Der Text „US-Medizin hilft in Europa nicht" wurde von Klaus-Dieter Oehler am 11.10.2014 in der Süddeutschen Zeitung online (www.sueddeutsche.de) veröffentlicht. Darin kommentiert der Autor das Herbsttreffen der IWF in Washington und stellt dar, warum das in den USA wirksame Konjunkturprogramm Europa nicht helfen könne.

■ *Position:* Der Autor beschreibt, dass im Gegensatz zum letzten Treffen, bei dem die amerikanische Haushaltssperre die Agenda dominierte, nun wieder die europäische Finanzkrise in den Fokus der Betrachtung rücke (Z. 1–17). Die US-Ökonomen unterbreiteten den Vertretern Europas die Strategie, dass man den Markt nur mit Geld „überschütten" müsse, damit sich die Wirtschaft erhole (Z. 30–34). Der Autor ist der Ansicht, dass dies Europa aber nichts nütze, da so vielleicht der deutsche Wirtschaftsraum nach vorne gebracht werde, Europa insgesamt jedoch nicht (Z. 39–47). Insbesondere zu leiden hätten die Krisenländer (Z. 48–54). Außerdem lobt der Autor die deutsche Politik der Haushaltskonsolidierung (Z. 63 ff.).

■ *Begründung:* Der Autor begründet seine Position der Wirksamkeit für die USA durch die Schilderung des mittlerweile wieder vorherrschenden Konsumklimas (Z. 35–39). Die mangelnde Übertragbarkeit begründet der Autor damit, dass eine Konjunktursteigerung in Deutschland einen Handelsüberschuss bedeuten würde und darunter vor allem die wirtschaftsschwachen Länder zu leiden hätten, was Europa als Ganzes zurückwerfen würde (Z. 39–54). Ferner begründet er die Richtigkeit der deutschen Konsolidierungspolitik mit einer langfristigen Sichtweise, da sich die strukturellen Probleme nicht allein durch eine kurzfristige Geldpolitik lösen ließen (Z. 55–63).

■ *Argumentation:* Der Autor nennt viele Personen und greift die Aussagen des Notenbankchefs Jens Weidmann auf, um den Leser von seiner Expertise zu überzeugen (vgl. Z. 41 f.). Daneben bedient sich der Autor der Umgangssprache, um die Argumentation dem Leser zugänglich zu machen und die Sichtweise der amerikanischen Ökonomen zu verspotten (Markt mit Geld überschütten, Z. 30 f.; an ein paar Stellschrauben drehen, Z. 31 ff.; der Laden läuft wieder, Z. 33 f.).

■ *Intention:* Der Autor möchte darauf aufmerksam machen, dass die Märkte je nach Nationalstaat unterschiedlich reagieren. Maßnahmen, die in den USA funktioniert haben, müssen dies nicht automatisch auch in Europa tun. Darüber hinaus will der Autor vor einer unüberlegten Geldpolitik warnen. Damit kritisiert er auch indirekt den EZB-Chef Draghi, da dieser eine lockere Geldpolitik befürwortet. Insbesondere aber will er die Politik ermahnen, die den Gesprächen auf dem IWF-Gipfel nun Taten folgen lassen solle.

Zu Aufgabe 3:

■ *Pro:* Staaten kann schnell geholfen und ihre Liquidität rasch wiederhergestellt werden; Finanzhilfen können die Wirtschaft stabilisieren und in Zeiten einer Krise für Wachstum, stabile Handelsbeziehungen und Sicherheit sorgen.

■ *Kontra:* Die Hilfe ist nicht von den nationalstaatlichen Zentralbanken kontrollierbar; es besteht die Gefahr einer Inflation und damit des Verlustes eines stabilen Preisniveaus; die Summe der Krisenkredite kann außer Kontrolle geraten; der Aufstieg der Schwellenländer sorgt für Machtverschiebungen und möglicherweise problematische Kreditvergaben.

D. Beispiel für eine mündliche Prüfung – 2. Prüfungsteil
Wirtschaftspolitik

Beschreiben Sie die Ziele der Wirtschaftspolitik in der Bundesrepublik Deutschland, wie sie im Stabilitäts- und Wachstumsgesetz festgelegt sind.
Das Gesetz wurde 1967 verabschiedet und befasst sich mit diesen Zielen:
- Preisniveaustabilität (Inflationsrate von jährlich nicht über 2 %, gemessen durch einen Warenkorb, der verschiedene Güter und Dienstleistungen beinhaltet);
- Vollbeschäftigung (ermittelt über Arbeitslosenquote; Vollbeschäftigung, wenn diese unter 2 %);
- stetiges Wirtschaftswachstum (gemessen am Bruttoinlandsprodukt, erreicht, wenn das reale BIP um zwei Prozent im Vergleich zum Referenzwert steigt);
- außenwirtschaftliches Gleichgewicht (Ermittlung der Quote des Außenbeitrags; Ziel erreicht bei ausgeglichener Leistungsbilanz).

Erklären Sie die Erweiterungsstufen des Magischen Vierecks.
Bei der Erweiterung zum Magischen Sechseck bzw. Achteck hinzugenommen wurden Umweltschutz und Ressourcensicherung (Nachhaltigkeitsgedanke) sowie eine gerechte Einkommens- und Vermögensverteilung und humane Arbeitsbedingungen (Aspekte der sozialen Gerechtigkeit).

Beurteilen Sie die Effizienz der Messbarkeit der einzelnen Indikatoren.
Arbeitslosenquote, Inflation, Außenhandel und BIP-Wachstum sind messbare Größen; Probleme, die bei der Messung des BIP bestehen (Schattenwirtschaft, Hobbys, unbezahlte Ehrenämter, häusliche Pflege, Haus- und Familienarbeit), schlagen sich aber auch bei den Erweiterungen nieder; Umweltschutz und Ressourcensicherung sind weiche Indikatoren, es besteht zwar eine Messbarkeit z. B. anhand des Emissionsausstoßes oder Ausbaus erneuerbarer Energien, es handelt sich jedoch nicht um einen festgelegten Indikator; bei Aspekten sozialer Gerechtigkeit besteht das Problem in der Frage danach, was der Begriff „gerecht" bedeutet und wie er zu messen ist.

Stellen Sie verschiedene Formen von Arbeitslosigkeit dar.
Saisonale Arbeitslosigkeit (kurzfristiges, teilwirtschaftliches Phänomen), friktionelle AL (Sucharbeitslosigkeit), strukturelle AL, konjunkturelle AL (temporäre AL in der Rezession).

Da Sie gerade von Rezession sprachen: Können Sie den Zusammenhang zwischen Arbeitslosigkeit und Konjunkturschwankungen anhand des Konjunkturzyklus genauer erläutern?
Wirtschaft zeichnet sich nicht durch stetiges Wachstum, sondern durch ein „Auf und Ab" aus:
- Rezession (Tiefpunkt; hohe Arbeitslosigkeit, geringe Nachfrage, sinkende Preise und Zinsen);
- Aufschwung (steigende Nachfrage, steigende Konsumneigung, steigende Unternehmensgewinne, steigende Löhne, sinkende Arbeitslosigkeit, steigende Zinsen);
- Boom (volle Auslastung der Produktion, stagnierende Nachfrage, sehr hohe Preise, Markträumung, Umschlagen der Stimmung);
- Abschwung (sinkende Nachfrage, Konsumenten erhöhen Sparneigung, sinkende Unternehmensgewinne, sinkende Löhne, Rückgang der Beschäftigung).

Ein Staat befindet sich in der Phase des Abschwungs. Sie werden in Ihrer Funktion als Wirtschaftsexperte zurate gezogen. Entwickeln Sie eine Handlungsstrategie auf Basis einer Ihnen bekannten wirtschaftspolitischen Konzeption und erörtern Sie deren Chancen und Risiken.
- Nachfrageorientierte Wirtschaftspolitik: Deficit-Spending, also Verschuldung, um Nachfrage anzukurbeln, Problem: steigende Staatsverschuldung, aufzufangen durch Steuererhöhungen in anschließendem Boom;
- angebotsorientierte Wirtschaftspolitik: Stärkung der Betriebe, Stärkung des Wettbewerbs, Senkung von Unternehmenssteuern, um Produktivität zu steigern;
- Politik-Mix: Absprache zwischen Zentralbank und Staat; sinkende Zinsen, um mehr Geld in Umlauf zu bringen, und korrespondierendes Staatshandeln, um die Wirtschaft anzuregen.

Operatorentrainer

Operatoren sind Formulierungen, die für die Aufgabenstellung in Klausuren und Abiturprüfungen verwendet werden. Hinter allen Operatoren steckt ein konkreter Arbeitsauftrag, den es zu bearbeiten gilt. Dabei gibt es Operatoren, hinter denen sich dieselbe Aufgabenstellung verbirgt, einige andere wiederum hören sich ähnlich an, verlangen aber von Ihnen eine andere Vorgehensweise. Der folgende Operatorentrainer soll Ihnen dabei helfen, die Aufgabenstellung in Klausuren zu verstehen, die Operatoren zu unterscheiden und richtig zu bearbeiten.

Die Operatoren gliedern sich in insgesamt drei Anforderungsbereiche, die sich vom Schwierigkeitsgrad und damit auch in der Punkteverteilung unterscheiden:

Darauf sollten Sie achten: Die Reihenfolge der Aufgabenstellung orientiert sich in der Regel am Schwierigkeitsgrad der Aufgaben, d.h.,

- Aufgabe 1 ist in der Regel dem AFB I zuzuordnen,
- Aufgabe 2 dem AFB II und
- Aufgabe 3 dem AFB III.

Es kann jedoch vorkommen, dass die Reihenfolge von AFB I und II vertauscht wird, d.h., Aufgabe 1 ist dann dem AFB II zuzurechnen, Aufgabe 2 dem AFB I.

Anforderungsbereich I (AFB I) verlangt in der Regel die Wiedergabe **(Reproduktion)** von Wissen. Dabei kann es sich um im Unterricht erlernte Theorien und Modelle handeln, aber auch um die Zusammenfassung der Textquelle. Da hier die wenigste Eigenleistung von Ihnen verlangt wird, erhalten Sie dafür maximal 30 von 100 Punkten.

(Im Abitur werden in der Regel 120 Punkte vergeben, davon maximal 100 für Ihre Verstehensleistung, d.h. die sachlich angemessene Beantwortung der Aufgaben, und maximal 20 für Ihre Darstellungsleistung, d.h. für sprachliche Angemessenheit und richtiges Zitieren.)

Operatoren des AFB I	Beschreibung laut Schulministerium NRW	Das wird von Ihnen verlangt
aufzählen **nennen** **wiedergeben** **zusammenfassen**	Kenntnisse (Fachbegriffe, Daten, Fakten, Modelle) und Aussagen in komprimierter Form unkommentiert darstellen	Hier sollen Sie, je nach Aufgabenstellung, eine Theorie, Modelle oder die Aussagen/Thesen der Ihnen vorliegenden Textquelle kurz, aber vollständig in eigenen Worten zusammenfassen. Wichtig ist, dass Sie die Wiedergabe sachlich, d.h. ohne eigene Wertung, vornehmen. Eine Analyse erfolgt an dieser Stelle noch nicht.
benennen **bezeichnen**	Sachverhalte, Strukturen und Prozesse begrifflich präzise aufführen	Dies sind häufig genutzte Operatoren zur Abgrenzung von Begrifflichkeiten. Zuvor erlernte Theorien und Modelle oder Aussagen/Thesen des Autors aus der Ihnen vorliegenden Textquelle sollen in eigenen Worten dargelegt werden. Hier wird besonders auf die richtige Verwendung von Fachbegriffen und -sprache Wert gelegt.
beschreiben **darlegen** **darstellen**	wesentliche Aspekte eines Sachverhaltes im logischen Zusammenhang unter Verwendung der Fachsprache wiedergeben	Auch hier sollen Sie eine Theorie oder die Aussagen des Textes in eigenen Worten zusammenfassen. Der Schwerpunkt liegt bei diesen Operatoren auf der Darstellung in einer logischen Textstruktur und dem Einbezug von Fachbegriffen und -sprache.

Im **Anforderungsbereich II (AFB II)** sollen Sie Ihr Wissen anwenden und auf einen Quellentext, eine Grafik oder eine Karikatur übertragen **(Reorganisation und Transfer)**. Hierfür gibt es in der Klausur bzw. Abiturprüfung maximal 40 Punkte.

Operatoren des AFB II	Beschreibung laut Schulministerium NRW	Das wird von Ihnen verlangt
analysieren	Materialien oder Sachverhalte kriterienorientiert oder aspektgeleitet erschließen, in systematische Zusammenhänge einordnen und Hintergründe und Beziehungen herausarbeiten	Hier sollen Sie einen Text oder einen Sachverhalt kriterienorientiert untersuchen. Handelt es sich um einen Text, können Sie die einzelnen Schritte der dann von Ihnen geforderten Textanalyse der *Methode Textanalyse in Sozialwissenschaften* in Band 1, S. 76 f. entnehmen. In diesem Band knüpft die *Methode Eine Rede analysieren* auf S. 130 f. daran an. Handelt es sich um eine Statistik/Tabelle, ein Bild, einen Vertrag, eine Rechtsbestimmung usw., müssen Sie genau auf die in der Aufgabenstellung genannten Aspekte oder Kriterien achten und den Gegenstand hierauf strukturiert untersuchen.
auswerten	Daten oder Einzelergebnisse zu einer abschließenden Gesamtaussage zusammenführen	Dies ist ein gängiger Operator zur Erschließung von Statistiken und Grafiken. Sie erarbeiten zunächst einzeln die Aussagen der Ihnen vorliegenden Statistiken/Grafiken und verknüpfen anschließend die Aussagen miteinander. Ziehen Sie ein abschließendes Fazit.
charakterisieren	Sachverhalte in ihren Eigenarten beschreiben und diese dann unter einem bestimmten Gesichtspunkt zusammenführen	Auch hier soll das Ihnen vorliegende Material erläutert werden, allerdings unter einem vorgegebenen Aspekt bzw. Schwerpunkt. Fassen Sie am Ende Ihre Ergebnisse kurz zusammen.
einordnen	eine Position zuordnen oder einen Sachverhalt in einen Zusammenhang stellen	Ordnen Sie die Position des Textautors, der Karikatur etc. einer Theorie, einem Modell oder einer Denkrichtung zu, die Sie zuvor im Unterricht besprochen haben. Ordnen Sie das Ihnen vorliegende Material in einen größeren Sinnzusammenhang ein, z. B. in die Inhalte der Unterrichtsreihe.
erklären	Sachverhalte durch Wissen und Einsichten in einen Zusammenhang (Theorie, Modell, Regel, Gesetz, Funktionszusammenhang) einordnen und deuten	Auch hier sollen Sie das Ihnen vorliegende Material mithilfe Ihres Fachwissens aus dem Unterricht einer Theorie etc. zuordnen bzw. in einen größeren Sinnzusammenhang bringen (siehe „einordnen"). Im Gegensatz zum Operator „einordnen" wird hier zusätzlich eine Deutung des Materials verlangt in dem Sinne, dass Zusammenhänge deutlich werden.
erläutern	wie erklären, aber durch zusätzliche Informationen und Beispiele verdeutlichen	Sie erläutern eine Theorie, ein Modell etc. mithilfe des Ihnen vorliegenden Materials, des Fachwissens aus dem Unterricht und eigener Beispiele, z. B. mit aktuellem Bezug.
herausarbeiten ermitteln erschließen	aus Materialien bestimmte Sachverhalte herausfinden, auch wenn sie nicht explizit genannt werden, und Zusammenhänge zwischen ihnen herstellen	Sie arbeiten aus dem Ihnen vorliegenden Material vorgegebene Aspekte heraus. Die Schwierigkeit besteht darin, dass nicht alle Punkte offensichtlich erkennbar sind, sondern evtl. durch Andeutungen etc. „versteckt". Haben Sie alle Sachverhalte herausgearbeitet, stellen Sie Verknüpfungen und Zusammenhänge zwischen den einzelnen Punkten her.

Operatoren des AFB II	Beschreibung laut Schulministerium NRW	Das wird von Ihnen verlangt
interpretieren	Sinnzusammenhänge aus Materialien erschließen	Stellen Sie Verknüpfungen zu den im Material genannten Aspekten her und erläutern Sie diese.
vergleichen	Sachverhalte gegenüberstellen, um Gemeinsamkeiten, Ähnlichkeiten und Unterschiede herauszufinden	Aus einem Material verschiedene Positionen (z. B. von Politikern oder Experten) miteinander vergleichen und Gemeinsamkeiten und Unterschiede exakt herausarbeiten. Aus verschiedenen Materialien (z. B. Text und Karikatur oder Statistik/Grafik) Gemeinsamkeiten und Unterschiede der Aussagen herausarbeiten. Wichtig ist hier, dass Sie sowohl Material 1 als auch Material 2 erst eigenständig bearbeiten und dann einen Vergleich anstellen.
widerlegen	Argumente anführen, dass Daten, eine Behauptung, ein Konzept oder eine Position nicht haltbar sind	Arbeiten Sie zunächst die Thesen/Behauptungen des vorliegenden Materials heraus, die Sie widerlegen möchten. Gehen Sie nun die Thesen durch und begründen Sie anhand Ihres Fachwissens aus dem Unterricht, warum diese nicht stimmen.

Im **Anforderungsbereich III (AFB III)** ist in der Regel Ihre Urteilskompetenz, aber auch Ihre Kreativität gefragt. An dieser Stelle wird die größte Eigenleistung von Ihnen erwartet **(Reflexion und Problemlösung).** Sie erhalten in den Klausuren bzw. Abiturprüfungen maximal 30 Punkte.

Operatoren des AFB III	Beschreibung laut Schulministerium NRW	Das wird von Ihnen verlangt
begründen	zu einem Sachverhalt komplexe Grundgedanken unter dem Aspekt der Kausalität argumentativ und schlüssig entwickeln	Der Operator steht in der Regel in Verbindung zu einer im Material aufgestellten These oder Meinung. Diese soll von Ihnen auf Basis von Fachwissen und -begriffen belegt oder widerlegt werden. Wichtig ist, dass Sie logisch/schlüssig argumentieren, warum Sie die These als belegt bzw. widerlegt ansehen.
beurteilen	den Stellenwert von Sachverhalten oder Prozessen in einem Zusammenhang bestimmen, um kriterienorientiert zu einem begründeten Sachurteil zu gelangen	Es wird von Ihnen verlangt, Ihr eigenes (Sach-)Urteil zum Thema vorzulegen. Nutzen Sie dabei Ihr Fachwissen aus dem Unterricht und verwenden Sie Fachbegriffe! Wichtig ist, dass Sie zu einem begründeten Sachurteil gelangen und dieses schlüssig mit Argumenten untermauern. Beachten Sie hierfür auch das *Modell Politische Urteilskompetenz* in Band 1, S. 112 f.
bewerten Stellung nehmen	wie beurteilen, aber zusätzlich mit Reflexion individueller und politischer Wertmaßstäbe, die Pluralität gewährleisten und zu einem begründeten eigenen Werturteil führen	Bei diesen Operatoren wird die Darlegung Ihrer eigenen Meinung zur Thematik unter Einbeziehung von Wertmaßstäben verlangt. Formulieren Sie Ihr Urteil auf Basis Ihres Fachwissens und unter Einbezug des Materials. Geben Sie eigene Beispiele, die Ihre Argumente unterstützen. Achten Sie auch hier auf eine schlüssige Struktur! Auch hierfür können Sie die Hinweise im *Modell Politische Urteilskompetenz* in Band 1, S. 112 f. nutzen.

Operatoren des AFB III	Beschreibung laut Schulministerium NRW	Das wird von Ihnen verlangt
entwerfen	ein Konzept in seinen wesentlichen Zügen erstellen	Hier sollen Sie Vorschläge oder Einschätzungen zur Thematik/Problemstellung vornehmen, die über das zuvor bearbeitete Material hinausreichen. Auch hier ist es wichtig, dass Sie Ihre Einschätzungen unter Einbezug Ihres Fachwissens logisch begründen.
entwickeln	zu einem Sachverhalt oder einer Problemstellung ein konkretes Lösungsmodell, eine Gegenposition, ein Lösungskonzept oder einen Regelentwurf begründend skizzieren	Entwerfen Sie in groben Zügen einen Lösungsvorschlag für ein im Material dargestelltes Problem. Beziehen Sie dabei die Perspektive der sich gegenüberstehenden Positionen mit ein. Begründen Sie Ihren Entwurf auf Basis Ihres Fachwissens.
erörtern	zu einer vorgegebenen Problemstellung eine reflektierte, kontroverse Auseinandersetzung führen und zu einer abschließenden, begründeten Bewertung gelangen	Bei diesem Operator steht der Einbezug der verschiedenen Positionen zu einer Thematik im Vordergrund. Wägen Sie diese mithilfe Ihres Fachwissens argumentativ schlüssig gegeneinander ab und formulieren Sie abschließend ein eigenes Urteil.
gestalten	Produktorientierte Bearbeitung von Aufgabenstellungen. Dazu zählen unter anderem das Entwerfen von eigenen Reden, Strategien, Beratungsskizzen, Karikaturen, Szenarien, Spots und von anderen medialen Produkten sowie das Entwickeln von eigenen Handlungsvorschlägen und Modellen.	Im Gegensatz zu den Operatoren „entwerfen" und „entwickeln" steht hier die kreative Bearbeitung der Problemlösung im Vordergrund. Wichtig ist, dass Sie dennoch auf Basis Ihres Fachwissens die Aufgabenstellung bearbeiten.
problematisieren	Widersprüche herausarbeiten, Positionen oder Theorien begründend hinterfragen	Der Operator bezieht sich auf das von Ihnen zuvor erarbeitete Material. Die aufgestellten Thesen oder Positionen sollen von Ihnen erneut aufgegriffen und anhand des Fachwissens kritisch beleuchtet und ggf. entkräftet werden.
prüfen überprüfen	Inhalte, Sachverhalte, Vermutungen oder Hypothesen auf der Grundlage eigener Kenntnisse oder mithilfe zusätzlicher Materialien auf ihre sachliche Richtigkeit bzw. auf ihre innere Logik hin untersuchen	Ähnlich wie beim Operator „problematisieren" sollen Sie die Richtigkeit der im Material aufgestellten Thesen etc. kritisch hinterfragen und ggf. widerlegen. Richtige Aussagen und Behauptungen sollten Sie allerdings ebenfalls hervorheben. Berücksichtigen Sie ebenso die Argumentationsstruktur (bzw. die logischen Verknüpfungen) im Material. Nutzen Sie dazu Ihr Fachwissen aus dem Unterricht. Hinweise zum Überprüfen statistischer Messgrößen finden Sie in diesem Band bei der *Methode Indikatoren auf ihre Validität überprüfen* auf S. 170 f.
sich auseinandersetzen diskutieren	zu einem Sachverhalt, zu einem Konzept, zu einer Problemstellung oder zu einer These etc. eine Argumentation entwickeln, die zu einer begründeten Bewertung führt	Bei diesem Operator ist Ihre Urteilskompetenz gefragt. Entwickeln Sie eine Argumentationsstruktur, die Ihre eigene Meinung zum Thema schlüssig und unter Berücksichtigung Ihres Fachwissens darlegt.

Selbstprüfung zu den erworbenen Kompetenzen

Seit 2014 hat das Land Nordrhein-Westfalen auch in der Sekundarstufe II kompetenzorientierte Kernlehrpläne eingeführt. **Kompetenzorientierung** bedeutet, dass die Lernergebnisse im Mittelpunkt stehen (Output- statt Inputorientierung). In den im Kernlehrplan Sozialwissenschaften aufgeführten Kompetenzen ist also definiert, was Sie am Ende der Einführungsphase bzw. der Qualifikationsphase können sollen.

Festgelegt werden dabei zum einen **übergeordnete Kompetenzerwartungen**, die grundlegende Sach-, Methoden-, Urteils- und Handlungskompetenzen bestimmen und thematisch übergeordnet sind. Zum anderen gibt es **konkretisierte Kompetenzerwartungen**, die die Sach- und Urteilskompetenzen bezogen auf bestimmte Inhaltsfelder präzisieren.

Mit der folgenden Liste können Sie überprüfen, ob Sie alle Kompetenzen für die Qualifikationsphase beherrschen und wo möglicherweise Nachbesserungsbedarf besteht.

Die Seitenangaben zeigen Ihnen, wo die entsprechende Kompetenz in diesem Schülerband schwerpunktmäßig (nicht ausschließlich) behandelt wird.

Farblegende der Zuordnung zum Grundkurs (GK) und Leistungskurs (LK)
sowie zum Kernlehrplan Sozialwissenschaften und Sozialwissenschaften/Wirtschaft

in allen vier Kursen vorhanden	beide LK	nur GK Sowi
nur GK/LK Sowi	nur LK Sowi	nicht GK Sowi
nur GK/LK Sowi/Wirtschaft	nur LK Sowi/Wirtschaft	nur GK Sowi/Wirtschaft
	nicht LK Sowi/Wirtschaft	nicht GK Sowi/Wirtschaft

Übergeordnete Kompetenzerwartungen*

Sachkompetenz Die Schülerinnen und Schüler …	Seiten im SB
analysieren komplexere gesellschaftliche Bedingungen (SK 1)	20, 29–33, 72 f., 152–156, 164, 168 f., 172, 178 f., 184 ff., 190–199, 204, S. 206 f., 243–247, 250–259, 268–271, 282–303, 313, 318 f., 324 f., 331 ff., 344–353, 356 f., 366–369, 417 f., 428 f., 448 f.
erläutern komplexere politische, ökonomische und soziale Strukturen, Prozesse, Probleme und Konflikte unter den Bedingungen von Globalisierung, ökonomischen und ökologischen Krisen sowie von Krieg und Frieden (SK 2)	85–103, 156, 164 f., 178 f., 190–215, 344–355, 380–403, 404–407, 410 f., 428 f., 440 f.
erklären komplexere sozialwissenschaftliche Modelle und Theorien im Hinblick auf Grundannahmen, Elemente, Zusammenhänge und Erklärungsleistung (SK 3)	18 f., 42 f. 54–67, 208 f., 222–224, 244 f., 264–281, 304–309, 313 f., 358–361, 381, 408–415, 435, 458
stellen Anspruch und Wirklichkeit von Partizipation in nationalen und supranationalen Prozessen dar (SK 4)	111–115, 120–125, 400 f., 432–443
analysieren komplexere Veränderungen gesellschaftlicher Strukturen und Lebenswelten sowie darauf bezogenes Handeln des Staates und von Nichtregierungsorganisationen (SK 5)	102 f., 150 f., 168 f., 172, 192 f. 206–209, 288–295, 298–301, 332 f., 336–341, 372–379, 422 ff., 436–441, 444–453, 459
analysieren komplexere Erscheinungsformen, Ursachen und Auswirkungen verschiedener Formen von Ungleichheiten (SK 6)	150 f., 186, 242–263, 268 f., 272 f., 448 f., 458

---

* Da die übergeordneten Kompetenzerwartungen sehr grundlegend definiert sind, finden sie sich an zahlreichen Stellen des Schülerbandes. Die Seitenangaben beziehen sich daher auf eine Auswahl prägnanter Beispiele.

Methodenkompetenz Die Schülerinnen und Schüler ...	Seiten im SB
Verfahren sozialwissenschaftlicher Informationsgewinnung und -auswertung	
erschließen fragegeleitet in selbstständiger Recherche aus sozialwissenschaftlich relevanten Textsorten zentrale Aussagen und Positionen sowie Intentionen und mögliche Adressaten der jeweiligen Texte und ermitteln Standpunkte und Interessen der Autoren (MK 1)	17, 29, 36, 46 f., 72, 88 f., 92 f., 96, 103, 106 f., 129, 130 f., 150 ff., 162, 190 f., 210–213, 220 f., 234, 236–239, 268 f., 272 f., 291, 307 ff., 334 ff., 338–341, 349, 406–409, 436 f., 448 f., 452 f., 456 f., 459 f.
erheben fragen- und hypothesengeleitet Daten und Zusammenhänge durch empirische Methoden der Sozialwissenschaften und wenden statistische Verfahren an (MK 2)	15, 111, 287, 306 f., 444
werten fragegeleitet Daten und deren Aufbereitung im Hinblick auf Datenquellen, Aussage- und Geltungsbereiche, Darstellungsarten, Trends, Korrelationen und Gesetzmäßigkeiten aus und überprüfen diese bezüglich ihrer Gültigkeit für die Ausgangsfrage (MK 3)	12, 17, 20, 29, 32 f., 42, 44 f., 57, 72, 97, 111, 151–155, 168–172, 178 ff., 196, 198 f., 203, 210, 245, 247, 250–256, 290, 292, 298, 300, 302 f., 306, 318 f., 322, 331 f., 347, 357, 365 f., 369, 396 f., 441, 448 f.
Verfahren sozialwissenschaftlicher Analyse und Strukturierung	
analysieren unterschiedliche sozialwissenschaftliche Textsorten wie kontinuierliche und diskontinuierliche Texte (u. a. positionale und fachwissenschaftliche Texte, Fallbeispiele, Statistiken, Karikaturen sowie andere Medienprodukte aus sozialwissenschaftlichen Perspektiven) (MK 4)	Texte: siehe MK 5 Fallbeispiele: 51 ff., 65, 78 f., 116–119, 122 f., 147, 173, 187, 196 f., 200 ff., 206 f., 218 f., 249, 272 f., 293, 320–323, 331, 334 ff., 346, 352 f., 359 ff., 364 f., 367, 383–387+401, 390, 392, 406, 417, 420, 440 f., 450, 452 Statistiken: siehe MK 3 Karikaturen: 10, 28, 39, 50, 59, 84, 88, 92, 94, 101, 108, 110, 133, 136 f., 139, 143, 150, 176, 192, 202, 216, 220, 240, 242, 252, 257, 264, 282, 289, 297, 312, 320, 328, 333, 334, 344, 347, 349, 385, 394, 421, 447 Andere Medienprodukte: u. a. 59, 168 f. 240 (Schlagzeilen); 102, 240, 444 (Transparent/Plakat/Collage); 108, 163, 200, 283 (Fotos)
ermitteln in themen- und aspektgeleiteter Untersuchung die Position und Argumentation sozialwissenschaftlich relevanter Texte (Textthema, Thesen/Behauptungen, Begründungen, dabei insbesondere Argumente, Belege und Prämissen, Textlogik, Auf- und Abwertungen – auch unter Berücksichtigung sprachlicher Elemente –, Autoren- bzw. Textintention) (MK 5)	17, 72, 88 f., 92 f., 96 f., 103, 106 f., 129, 130 f., 150 ff., 162, 190 f., 210–213, 220 f., 234, 236–239, 268 f., 272 f., 279, 291, 304 f., 306 f., 334 ff., 338–341, 349, 386 f., 406 f., 436 f., 452 f., 456 f., 459 f.
Verfahren sozialwissenschaftlicher Darstellung und Präsentation	
stellen themengeleitet komplexere sozialwissenschaftliche Fallbeispiele und Probleme in ihrer empirischen Dimension und unter Verwendung passender soziologischer, politologischer und wirtschaftswissenschaftlicher Fachbegriffe, Modelle und Theorien dar (MK 6)	64 f., 180 f., 187, 244 f., 385 ff.

präsentieren konkrete Lösungsmodelle, Alternativen oder Verbesserungsvorschläge zu einer konkreten sozialwissenschaftlichen Problemstellung (MK 7)	95, 125, 219, 231, 233, 252–257, 260f., 292–295, 298f., 325, 338f., 353, 395, 414, 417, 456f.
stellen fachintegrativ und modellierend sozialwissenschaftliche Probleme unter wirtschaftswissenschaftlicher, soziologischer und politikwissenschaftlicher Perspektive dar (MK 8)	15, 20f., 42f., 98f., 180f., 196f., 208f., 236f., 248f., 264, 268f., 292f., 313, 339, 356, 385
setzen Methoden und Techniken zur Präsentation und Darstellung sozialwissenschaftlicher Strukturen und Prozesse zur Unterstützung von sozialwissenschaftlichen Analysen und Argumentationen ein (MK 9)	bes. 230–234, 22f., dazu u.a. 47, 59f., 156, 207, 287, 367, 421, 427, 439
setzen bei sozialwissenschaftlichen Darstellungen inhaltliche und sprachliche Distanzmittel zur Trennung zwischen eigenen und fremden Positionen und Argumentationen ein (MK 10)	bes. 22f., 24f., dazu u.a. 107, 238f., 340f., 401, 453
Verfahren sozialwissenschaftlicher Erkenntnis- und Ideologiekritik	
ermitteln – auch vergleichend – Prämissen, Grundprinzipien, Konstruktion sowie Abstraktionsgrad und Reichweite sozialwissenschaftlicher Modelle und Theorien und überprüfen diese auf ihren Erkenntniswert (MK 11)	19, 42, 54–63, 98f., 153, 222–229, 264–281, 304–309, 313, 342, 381f., 396f., 408–414, 435, 458
arbeiten differenziert verschiedene Aussagemodi von sozialwissenschaftlich relevanten Materialien heraus (MK 12)	bes. 130f., dazu u.a. 30f., 106f., 129, 210f., 234, 236–339, 338–341, 401, 452f.
analysieren sozialwissenschaftlich relevante Situationen und Texte im Hinblick auf die in ihnen wirksam werdenden Perspektiven und Interessenlagen sowie ihre Vernachlässigung alternativer Interessen und Perspektiven (MK 13)	35, 36, 51ff., 88f., 95–97, 234, 258, 332–336, 390f., 408f.
identifizieren eindimensionale und hermetische Argumentationen ohne entwickelte Alternativen (MK 14)	234, 408f., 425
analysieren sozialwissenschaftlich relevante Situationen und Texte unter den Aspekten der Ansprüche einzelner Positionen und Interessen auf die Repräsentation des Allgemeinwohls, auf Allgemeingültigkeit sowie Wissenschaftlichkeit (MK 15)	15, 51ff., 63, 96–99, 103, 153, 278f. 332–336
identifizieren und überprüfen sozialwissenschaftliche Indikatoren im Hinblick auf ihre Validität (MK 16)	bes. 170f., dazu 44f., 153, 168f., 203, 248f.; siehe auch MK 3
ermitteln sozialwissenschaftliche Positionen aus unterschiedlichen Materialien im Hinblick auf ihre Funktion zum generellen Erhalt der gegebenen politischen, wirtschaftlichen und gesellschaftlichen Ordnung und deren Veränderung (MK 17)	96–99, 124f., 190f., 212f., 220f., 236f., 258f.
ermitteln typische Versatzstücke ideologischen Denkens (u.a. Vorurteile und Stereotypen, Ethnozentrismen, Chauvinismus, Rassismus, Biologismus) (MK 18)	bes. 425, dazu 234, 272f.
analysieren wissenschaftliche Modelle und Theorien im Hinblick auf die hinter ihnen stehenden Erkenntnis- und Verwertungsinteressen (MK 19)	44–47, 275, 278f.
analysieren die soziokulturelle Zeit- und Standortgebundenheit des eigenen Denkens, des Denkens anderer und der eigenen Urteilsbildung (MK 20)	146+153, 216+221+224, 264+276f., 282+309, 344, 352f., 417

Urteilskompetenz Die Schülerinnen und Schüler ...	Seiten im SB
ermitteln in Argumentationen Positionen bzw. Thesen und ordnen diesen aspektgeleitet Argumente und Belege zu (UK 1)	bes. 17, 103, 152, 268, 362 f., 421; siehe auch MK 5
ermitteln in Argumentationen Positionen und Gegenpositionen und stellen die zugehörigen Argumentationen antithetisch gegenüber (UK 2)	bes. 92 f., 150 f., 212 f., 258 f., 270 f., 436 f.
entwickeln auf der Basis der Analyse der jeweiligen Interessen- und Perspektivleitung der Argumentation Urteilskriterien und formulieren abwägend kriteriale selbstständige Urteile (UK 3)	40 f., 79, 81, 106 f., 264, 268 f., 284 f., 293, 332 f., 338–341
beurteilen politische, soziale und ökonomische Entscheidungen aus der Perspektive von (politischen) Akteuren, Adressaten und Systemen (UK 4)	53, 63, 75, 95, 208 f., 288 f., 323
beurteilen exemplarisch Handlungschancen und -alternativen sowie mögliche Folgen und Nebenfolgen von politischen Entscheidungen (UK 5)	53, 79, 95, 98 f., 134 f., 176 f., 220 f., 252 f., 294 f., 329 ff., 334 ff., 450
erörtern exemplarisch die gegenwärtige und zukünftige Gestaltung von politischen, ökonomischen und gesellschaftlichen nationalen und supranationalen Strukturen und Prozessen unter Kriterien der Effizienz und Legitimität (UK 6)	18 f., 54 f., 79, 88, 125, 185, 260 f., 322 f., 378, 385, 394 f., 396 f., 398 f., 400 f., 461
begründen den Einsatz von Urteilskriterien sowie Wertmaßstäben auf der Grundlage demokratischer Prinzipien des Grundgesetzes (UK 7)	124 f., 245, 322 f., 349
ermitteln in Argumentationen die jeweiligen Prämissen von Position und Gegenposition (UK 8)	55 f.+58 f., 92 f., 150 f., 212 f., 258 f., 265, 270 f.
beurteilen kriteriengeleitet Möglichkeiten und Grenzen der Gestaltung sozialen und politischen Zusammenhalts auf der Grundlage des universalen Anspruchs der Grund- und Menschenrechte (UK 9)	244 f., 250 f., 252 f., 260 f., 294 f., 348 f., 410 f., 424, 426–429

Handlungskompetenz Die Schülerinnen und Schüler ...	Seiten im SB
praktizieren im Unterricht selbstständig Formen demokratischen Sprechens und demokratischer Aushandlungsprozesse und übernehmen dabei Verantwortung für ihr Handeln (HK 1)	53, 119, 125, 143, 188, 199, 204 f., 213, 230–234, 251, 313, 323, 349, 353, 417
entwerfen für diskursive, simulative und reale sozialwissenschaftliche Handlungsszenarien zunehmend komplexe Handlungspläne und übernehmen fach-, situationsbezogen und adressatengerecht die zugehörigen Rollen (HK 2)	17, 63, 153, 224, 325, 401, 441
entwickeln aus der Analyse zunehmend komplexerer wirtschaftlicher, gesellschaftlicher und sozialer Konflikte angemessene Lösungsstrategien und wenden diese an (HK 3)	95, 254 f., 257, 261, 293 ff., 298 f., 325, 338 f., 353, 395, 461; siehe auch MK 7
nehmen in diskursiven, simulativen und realen sozialwissenschaftlichen Aushandlungsszenarien einen Standpunkt ein und vertreten eigene Interessen in Abwägung mit den Interessen anderer (HK 4)	53, 119, 188, 199, 205, 213, 323, 349
beteiligen sich, ggf. simulativ, an (schul-)öffentlichen Diskursen (HK 5)	76 f., 114, 125, 141, 203, 234, 253, 257, 336, 450

| entwickeln politische bzw. ökonomische und soziale Handlungsszenarien und führen diese selbstverantwortlich innerhalb bzw. außerhalb der Schule durch (HK 6) | bes. 224, 380; siehe auch HK 2 |
| vermitteln eigene Interessen mit den Interessen Nah- und Fernstehender und erweitern die eigene Perspektive in Richtung eines Allgemeinwohls (HK 7) | 88 f., 101, 353, 417, 435 |

Inhaltliche Schwerpunkte und konkretisierte Kompetenzerwartungen nach Inhaltsfeldern des Kernlehrplans

Inhaltsfeld 4: Wirtschaftspolitik

Inhaltliche Schwerpunkte:
- Legitimation staatlichen Handelns im Bereich der Wirtschaftspolitik — Kap. 1.2
- Zielgrößen der gesamtwirtschaftlichen Entwicklung in Deutschland — Kap. 1.2
- Qualitatives Wachstum und nachhaltige Entwicklung/Ökonomie und Ökologie — Kap. 1.5
- Konjunktur- und Wachstumsschwankungen/Konjunktur und Wachstum — Kap. 1.1
- Wirtschaftspolitische Konzeptionen — Kap. 1.3
- Bereiche und Instrumente der Wirtschaftspolitik — Kap. 1.4
- Europäische Wirtschafts- und Währungsunion sowie europäische Geldpolitik — Kap. 2.5

Sachkompetenz Die Schülerinnen und Schüler …	Seiten im SB
erläutern den Konjunkturverlauf und das Modell des Konjunkturzyklus auf der Grundlage einer Analyse von Wachstum, Preisentwicklung, Beschäftigung und Außenbeitrag sowie von deren Indikatoren	bes. 18 f., dazu u. a. 12 f., 14 f., 17, 20
beschreiben die Ziele der Wirtschaftspolitik und erläutern Zielharmonien und -konflikte innerhalb des magischen Vierecks sowie seiner Erweiterung um Gerechtigkeits- und Nachhaltigkeitsaspekte zum magischen Sechseck	34 f., 36 f., 38 f., 42 f.
unterscheiden ordnungs-, struktur- und prozesspolitische Zielsetzungen und Maßnahmen der Wirtschaftspolitik	bes. 37, 68 f., dazu u. a. 12, 81 f., 176, 184 f., 186 f., 189, 356
analysieren an einem Fallbeispiel Interessen und wirtschaftspolitische Konzeptionen von Parteien, NGOs, Arbeitgeberverbänden und Gewerkschaften	bes. 51 ff., dazu u. a. 46 f., 78 f.
unterscheiden die theoretischen Grundlagen sowie die Instrumente und Wirkungen angebotsorientierter, nachfrageorientierter und alternativer wirtschaftspolitischer Konzeptionen	54–67, 68–83
erläutern die Handlungsspielräume und Grenzen nationalstaatlicher Wirtschaftspolitik angesichts supranationaler Verflechtungen sowie weltweiter Krisen	30 f., 152–157, 162, 164, 176–189, 196–199
beschreiben die Grundlagen der Europäischen Wirtschafts- und Währungsunion	158–175
erklären Ursachen von Konjunktur- und Wachstumsschwankungen auf der Grundlage unterschiedlicher Theorieansätze	19
analysieren institutionelle Strukturen im Hinblick auf mikroökonomische und makroökonomische Folgen	60–65, dazu u. a. 150–153, 156, 170, 356

erläutern die Instrumente, Ziele und Möglichkeiten der Geldpolitik der Europäischen Zentralbank und analysieren diese im Spannungsfeld nationaler und supranationaler Anforderungen	163–175, 192–199
erläutern umweltpolitische Lösungsansätze zur Internalisierung externer Kosten auf der Grundlage des Einsatzes marktkonformer und ordnungspolitischer Instrumente	86–89
erläutern die Bedeutung von Stabilität und Instabilitäten für die gesamtwirtschaftliche Entwicklung	34 f., 37–41, 190 f., 212 f.
erläutern Möglichkeiten und Grenzen der Diagnose und Prognose bei ökonomischer Forschung und Politikberatung	44–47
beschreiben Ursachen von Markt- und Staatsversagen am Beispiel des möglichen Konfliktes zwischen Ökonomie und Ökologie	86 f., 96 f.
erläutern Grundprinzipien und Instrumente der Umweltpolitik	86 f., 90 f.
beschreiben politische Initiativen zum Schutze der Umwelt und des Weltklimas auf globaler Ebene	94 f.
unterscheiden Theorieansätze zur Erklärung von Inflation und deren Konsequenzen zur Inflationsbekämpfung	16 f., 168 f., 170 f.
analysieren das Zusammenspiel von Geld- und Fiskalpolitik zur makroökonomischen Stabilisierung	64 f., 158 f., 161–165 168 f.,
erläutern den Status, die Instrumente und die Ziele der Geldpolitik der Europäischen Zentralbank	163–175, 193–199
analysieren Möglichkeiten und Grenzen der Geldpolitik der EZB im Spannungsfeld nationaler und supranationaler Anforderungen	163–175, 193–199

Urteilskompetenz Die Schülerinnen und Schüler …	Seiten im SB
erörtern kontroverse Positionen zu staatlichen Eingriffen in marktwirtschaftliche Systeme	51–59, 68–71, 73 ff., 79, 81
erörtern die rechtliche Legitimation staatlichen Handelns in der Wirtschaftspolitik (u. a. Grundgesetz sowie Stabilitäts- und Wachstumsgesetz)	34–43, 68 f.
beurteilen die Reichweite des Modells des Konjunkturzyklus	18 f.
beurteilen Zielgrößen der gesamtwirtschaftlichen Entwicklung und deren Indikatoren im Hinblick auf deren Aussagekraft und die zugrunde liegenden Interessen	15 ff., 34 ff., 42, dazu u. a. 29 f.
beurteilen unterschiedliche Wohlstands- und Wachstumskonzeptionen im Hinblick auf nachhaltige Entwicklung - und soziale Gerechtigkeit - und ihre arbeitsmarktpolitischen Wirkungen	15, 60 f., 75, 78–81, 96–99, 152 f.
beurteilen die Funktion und die Gültigkeit von ökonomischen Prognosen	44–47
beurteilen wirtschaftspolitische Konzeptionen im Hinblick auf die zugrunde liegenden Annahmen und Wertvorstellungen sowie die ökonomischen, ökologischen und sozialen Wirkungen	54 f., 58 f., 68, 70 f.
erörtern die Möglichkeiten und Grenzen nationaler Wirtschaftspolitik	30 f., 70 f., 74, 152–156, 176–188, bes. 178 f.

erörtern das Spannungsverhältnis von ökonomischen Zielen und dem Ziel der Sicherung der Qualität des öffentlichen Gutes Umwelt	96 f.
erörtern die Reichweite unterschiedlicher konjunkturtheoretischer Ansätze	18 f.
beurteilen die Bedeutung der EZB in nationalen und internationalen Zusammenhängen	163–169, 192–199
erörtern die Aussagekraft des Bruttoinlandsproduktes als Wohlstandsindikator	14 f., 96–99
beurteilen die ökonomische Anreizwirkung umweltpolitischer Instrumente	86 ff., 92 f.
beurteilen Markt- und Staatsversagen am Beispiel des möglichen Konfliktes zwischen Ökonomie und Ökologie	88, 92 f., 102 f.
beurteilen Chancen und Grenzen globaler Umweltpolitik	94 f., 98–101
bewerten die Unabhängigkeit und die Ziele der EZB	163, 166–169, 172 f., 193 ff.

Inhaltsfeld 5: Europäische Union

Inhaltliche Schwerpunkte:

- EU-Normen, Interventions- und Regulationsmechanismen sowie Institutionen — Kap. 2.1
- Historische Entwicklung der EU als wirtschaftliche und politische Union — Kap. 2.2
- Europäischer Binnenmarkt — Kap. 2.3
- Europäische Integrationsmodelle — Kap. 2.7
- Europäische Währung und die europäische Integration — Kap. 2.4
- Wirtschafts-, Fiskal- und Strukturpolitik in der EU — Kap. 2.5
- Strategien und Maßnahmen europäischer Krisenbewältigung — Kap. 2.6

Sachkompetenz Die Schülerinnen und Schüler …	Seiten im SB
analysieren Elemente des Alltagslebens im Hinblick auf seine Regulation durch europäische Normen	120–123
beschreiben an einem Fallbeispiel Aufbau, Funktion und Zusammenwirken der zentralen Institutionen der EU	112–117
analysieren an einem wirtschaftlichen Fallbeispiel die zentralen Regulations- und Interventionsmechanismen der EU	118 f.
analysieren europäische politische/wirtschaftliche Entscheidungssituationen im Hinblick auf den Gegensatz nationaler Einzelinteressen und europäischer Gesamtinteressen	118 f., 132–137, 140–143, 154 f., 182 f., 185 ff., 201, 205
beschreiben und erläutern zentrale Stationen und wirtschaftliche Dimensionen des europäischen Integrationsprozesses	128–145, dazu 146, 148 f., 158–161, 164, 188
analysieren an einem Fallbeispiel Erscheinungen, Ursachen und Strategien/Ansätze zur Lösung aktueller europäischer Krisen	150 f., 190–199, 200–205, 206–209, 210 f.
erläutern die vier Grundfreiheiten des EU-Binnenmarktes	bes. 148 f., dazu u. a. 147–151, 153, 156
erläutern die Frieden stiftende sowie Freiheiten und Menschenrechte sichernde Funktion der europäischen Integration nach dem Zweiten Weltkrieg	128–145

beschreiben und erläutern zentrale Beitrittskriterien und Integrationsmodelle für die EU	216–229, 237
beschreiben Formen und Ziele wirtschafts- und fiskalpolitischer Koordinierung innerhalb der EU	158–162, 164 f., 168 f., 176–183, 188
erläutern Maßnahmen europäischer Strukturpolitik zum Ausgleich regionaler Unterschiede	184–188
erläutern die beabsichtigten und die eingetretenen Wirkungen des EU-Binnenmarktes im Hinblick auf Steigerung der Wohlfahrt, Schaffung von Arbeitsplätzen, Preissenkungen und Verbesserung der außenwirtschaftlichen Wettbewerbsposition der EU	152–157

Urteilskompetenz Die Schülerinnen und Schüler …	**Seiten im SB**
erörtern EU-weite Normen/Normierungen im Hinblick auf deren Regulationsdichte und Notwendigkeit	122 f.
beurteilen politische Prozesse in der EU im Hinblick auf regionale und nationale Interessen sowie das Ideal eines europäischen Gesamtinteresses	118 f., 132–135, 154 f., 158, 163, 179, 182–188, 200–203, 205, 216, 224
bewerten an einem Fallbeispiel vergleichend die Entscheidungsmöglichkeiten der einzelnen EU-Institutionen	114, 116 f.
erörtern Chancen und Probleme einer EU-Erweiterung	216, 219 ff., 224, 233
beurteilen die Vorgehensweise europäischer Akteure im Hinblick auf die Handlungsfähigkeit der EU	124 f., 136 f., 166–169, 172, 176 f., 179, 183–185, 188, 199, 206–211
bewerten unterschiedliche Definitionen von Europa (u. a. Europarat, Europäische Union, Währungsunion, Kulturraum)	110, 132 f., 142 f., 158–161, 218–229, 236 f.
bewerten die europäische Integration unter den Kriterien der Sicherung von Frieden und Freiheiten sowie/und der Steigerung der Wohlfahrt der EU-Bürger	128–145, 146–157
bewerten die Übertragung nationaler Souveränitätsrechte auf EU-Institutionen unter dem Kriterium demokratischer Legitimation	124 f., 176 f., 188, 236 f., 456
erörtern Vor- und Nachteile einer europäischen Währung für die europäische Integration und Stabilität	bes. 172, dazu u. a. 158, 162, 166–169, 172
bewerten verschiedene Integrationsmodelle für Europa im Hinblick auf deren Realisierbarkeit und dahinter stehende Leitbilder	222–225, 236 f.
bewerten die Wirkungen des EU-Binnenmarktes im Hinblick auf Steigerung der Wohlfahrt, Schaffung von Arbeitsplätzen, Preissenkungen und Verbesserung der außenwirtschaftlichen Wettbewerbsposition der EU	152–156
erörtern Chancen und Grenzen gemeinsamer europäischer Wirtschafts- und Fiskalpolitik	bes. 182 f., dazu u. a. 176 f., 179, 182 f., 188
bewerten Erfolge und Probleme strukturpolitischen Ausgleichs zwischen den Mitgliedsstaaten der EU unter den Aspekten wirtschaftlicher Effizienz und Solidarität	bes. 184 f., dazu u. a. 186–188
erörtern Möglichkeiten und Grenzen des europäischen Binnenmarktes auch für die eigene berufliche Zukunft	147

Inhaltsfeld 6: Strukturen sozialer Ungleichheit, sozialer Wandel und soziale Sicherung

Inhaltliche Schwerpunkte:
- Erscheinungsformen und Auswirkungen sozialer Ungleichheit — Kap. 3.1
- Sozialer Wandel/Wandel gesellschaftlicher und wirtschaftlicher Strukturen/ Tendenzen des Wandels in der Arbeitswelt — Kap. 3.3
- Modelle und Theorien gesellschaftlicher Ungleichheit — Kap. 3.2
- Sozialstaatliches Handeln — Kap. 3.4
- Lohnpolitische Konzeptionen — Kap. 3.5

Sachkompetenz Die Schülerinnen und Schüler …	Seiten im SB
erläutern aktuell diskutierte Begriffe und Bilder sozialen und wirtschaftlichen Wandels sowie eigene Gesellschaftsbilder	282–311
unterscheiden Dimensionen sozialer Ungleichheit und ihre Indikatoren	242–263
beschreiben Tendenzen des Wandels der Sozial- und Wirtschaftsstruktur in Deutschland auch unter der Perspektive der Realisierung von gleichberechtigten Lebensverlaufsperspektiven für Frauen und Männer	282–311
beschreiben Tendenzen des Wandels der Arbeitswelt in Deutschland	288–297, dazu u. a. 258 f., 331–335
erläutern Grundzüge und Kriterien von Modellen vertikaler und horizontaler Ungleichheit	264–281
erläutern Grundzüge und Kriterien – von Modellen und Theorien sozialer Entstrukturierung – eines Modells sozialer Entstrukturierung	270 f., 302–308
analysieren an einem Fallbeispiel mögliche – politische und ökonomische Verwendungszusammenhänge soziologischer Forschung – ökonomische, politische und soziale Verwendungszusammenhänge soziologischer Forschung – ökonomische Verwendungszusammenhänge milieutheoretischer Forschung	278 f., dazu 275
erläutern Grundprinzipien staatlicher Sozialpolitik und Sozialgesetzgebung	312–327, 338–341
analysieren alltägliche Lebensverhältnisse mithilfe der Modelle und Konzepte sozialer Ungleichheit	268–273, 277 ff.
analysieren an einem Beispiel sozialstaatliche Handlungskonzepte im Hinblick auf normative und politische Grundlagen, Interessengebundenheit sowie deren Finanzierung	320–323, 338–341
analysieren den sozioökonomischen Strukturwandel im Hinblick auf die gewandelte Bedeutung von Wirtschaftssektoren und die Veränderung der Erwerbsarbeitsverhältnisse	284–289
analysieren kritisch die Rollenerwartungen und Rollenausgestaltungsmöglichkeiten für Mädchen und Jungen sowie Frauen und Männer im Hinblick auf Gleichberechtigung und Selbstverwirklichung sowie eigenverantwortliche Zukunftssicherung beider Geschlechter	bes. 294 f., dazu u. a. 252 f., 292–295
analysieren an einem Fallbeispiel sozialpolitische Konzeptionen von Arbeitnehmer- und Arbeitgebervertretungen	320–323

beschreiben den Einfluss technologischer Entwicklungen auf die Arbeitswelt	284 f., 288–291
beschreiben Verteilungseffekte staatlicher Steuerpolitik und Transferleistungen	318 f., dazu 80 f.
analysieren die Entwicklung der Einkommens- und Vermögensverteilung	246–254
analysieren Lohn- und Arbeitszeitpolitik im Hinblick auf Umverteilungs- und Stabilitätsziele	328–337
analysieren exemplarisch sozialpolitische Konzeptionen von Parteien, Arbeitnehmer- und Arbeitgebervertretungen im Hinblick auf deren Interessengebundenheit	320–323, 338 f.
analysieren fallbeispielbezogen Ursachen und Folgen der Flexibilisierung der Arbeitswelt sowie der Veränderung des Anteils prekärer Beschäftigungsverhältnisse auch unter Berücksichtigung von Geschlechteraspekten	bes. 292 f., dazu u. a. 288–291

Urteilskompetenz Die Schülerinnen und Schüler …	Seiten im SB
beurteilen Tendenzen sozialen Wandels aus der Sicht ihrer zukünftigen sozialen Rollen als abhängig Arbeitende bzw. Unternehmerin und Unternehmer	bes. 289, 295, dazu 291, 297
beurteilen Tendenzen des Wandels in der Arbeitswelt aus der Sicht ihrer zukünftigen sozialen Rollen als Arbeitnehmer bzw. Unternehmer	bes. 289, 295, dazu 291
bewerten die Bedeutung von gesellschaftlichen Entstrukturierungsvorgängen/der Entwicklung der Einkommens- und Vermögensverteilung und gesellschaftlicher Entstrukturierungsvorgänge für den ökonomischen Wohlstand und den sozialen Zusammenhalt	248 f., 251, 258, 261, 270 f., 303 ff., 308 f.
bewerten die Bedeutung der Entwicklung der Einkommens- und Vermögensverteilung für die gesellschaftliche Integration	248–251, 258, 261
beurteilen die Reichweite von Modellen sozialer Ungleichheit im Hinblick auf die Abbildung von Wirklichkeit und ihren Erklärungswert	265–271, 274–277
beurteilen die politische und ökonomische Verwertung von Ergebnissen der Ungleichheitsforschung	278 f., dazu 275
beurteilen unterschiedliche Zugangschancen zu Ressourcen und deren Legitimationen vor dem Hintergrund des Sozialstaatsgebots und des Gebots des Grundgesetzes zur Herstellung gleichwertiger Lebensverhältnisse	bes. 323, dazu u. a. 254 f., 261, 315, 321, 325
beurteilen Machtkonstellationen und Interessenkonflikte von an der Gestaltung sozialer Prozesse Beteiligter	258, 320 f., 322 f., 328, 330 f.
nehmen zu Kontroversen um sozialstaatliche Interventionen und lohnpolitische Konzeptionen aus verschiedenen gesellschaftlichen Perspektiven Stellung	256 f., 260 f., 298 f., 301, 313, 323 ff., 330–336, 338–341
beurteilen Zielsetzungen und Ergebnisse staatlicher und nichtstaatlicher Umverteilungspolitik	250 f., 258, 293, 295, 298 f., 301, 315, 317–319, 321, 330 f., 334 ff., dazu u. a. 75, 80 f.
bewerten die Entwicklung der Erwerbsarbeitsverhältnisse und gesellschaftlicher Entstrukturierungsvorgänge im Hinblick auf ihre sozialen Folgen	258, 270 f., 286–293, 295, 304–309, 332–336

Inhaltsfeld 7: Globale Strukturen und Prozesse

Inhaltliche Schwerpunkte:
- Internationale Friedens- und Sicherheitspolitik — Kap. 4.5
- Beitrag der UN zur Konfliktbewältigung und Friedenssicherung — Kap. 4.4
- Internationale Bedeutung von Menschenrechten und Demokratie — Kap. 4.6
- Merkmale, Dimensionen und Auswirkungen der Globalisierung — Kap. 4.1
- Internationale Wirtschaftsbeziehungen — Kap. 4.2
- Wirtschaftsstandort Deutschland — Kap. 1.2 + 4.2
- Global Governance — Kap. 4.7
- Institutionen zur Gestaltung der ökonomischen Dimension der Globalisierung — Kap. 4.3
- Globalisierungskritik — Kap. 4.8

Sachkompetenz Die Schülerinnen und Schüler ...	Seiten im SB
unterscheiden und analysieren beispielbezogen Erscheinungsformen, Ursachen und Strukturen internationaler Konflikte, Krisen und Kriege	382–387, 390–393, 396 f., 401, 404 ff.
erläutern an einem Fallbeispiel die Bedeutung der Grund- und Menschenrechte sowie der Demokratie im Rahmen der internationalen Friedens- und Sicherheitspolitik/Globalisierung	348 f., 405 f., 417–424, 426–429
analysieren politische, gesellschaftliche, ökologische und wirtschaftliche Auswirkungen der Globalisierung (u. a. Migration, Klimawandel, nachhaltige Entwicklung)	344–355, 433, 441
analysieren aktuelle internationale Handels- und Finanzbeziehungen im Hinblick auf grundlegende Erscheinungsformen, Abläufe, Akteure und Einflussfaktoren	356–358, 362–365
erläutern die Standortfaktoren des Wirtschaftsstandorts Deutschland mit Blick auf den/im regionalen, europäischen und globalen Wettbewerb	366–369, dazu 29–33
erläutern die Friedensvorstellungen und Konzeptionen unterschiedlicher Ansätze der Konflikt- und Friedensforschung (u. a. der Theorie der strukturellen Gewalt)	408–415
erläutern fallbezogen Zielsetzung, Aufbau und Arbeitsweise der Hauptorgane der UN	383 ff., 392–402
erläutern die Dimensionen der Globalisierung am Beispiel aktueller Veränderungsprozesse	344–355, 368 f., 433
erläutern exemplarisch Konzepte und Erscheinungsformen der Global Governance für die zukünftige politische Gestaltung der Globalisierung	432–443
erläutern grundlegende Erklärungsansätze internationaler Handelsbeziehungen (u. a. im Hinblick auf die Kontroverse Freihandel versus Protektionismus)	362–365, 452 f.
erklären beispielbezogen Ursachen und Wirkungen von ökonomischen Ungleichgewichten zwischen Ländern und Ländergruppen	344–347, 350–353, 366–369, 374 f., 440 f., 452 f.
erläutern unterschiedliche Außenhandelstheorien als grundlegende Erklärungsansätze internationaler Handelsbeziehungen	358–361
stellen Ziele und Organisationsformen von Globalisierungskritikern dar	344–451
erläutern Ursachen für zunehmende weltweite wirtschaftliche Verflechtungen	344–347, 356, 358–361, 364 f., 433

| erläutern fallbezogen Zielsetzung, Aufbau und Arbeitsweise von supranationalen Institutionen zur Gestaltung der ökonomischen Dimension der Globalisierung (WTO, IWF und Weltbank) | 372–379, 452, 459 |

Urteilskompetenz Die Schülerinnen und Schüler …	**Seiten im SB**
beurteilen Konsequenzen eigenen lokalen Handelns vor dem Hintergrund globaler Prozesse und eigener sowie fremder Wertvorstellungen	352 f., 417, 434 f.
erörtern die Konkurrenz von Ländern und Regionen um die Ansiedlung von Unternehmen im Hinblick auf ökonomische, politische und gesellschaftliche Auswirkungen	360 f., 366–369, dazu 29–33
erörtern an einem Fallbeispiel internationale Friedens- und Sicherheitspolitik im Hinblick auf Menschenrechte, Demokratievorstellungen sowie Interessen- und Machtkonstellationen	348 f., 399, 406 f., 417 f., 420–424, 428 f.
bewerten unterschiedliche Friedensvorstellungen und Konzeptionen der Konflikt- und Friedensforschung hinsichtlich ihrer Reichweite und Interessengebundenheit	408–415
beurteilen die Struktur der UN an einem Beispiel unter den Kategorien Legitimität und Effektivität	384 f., 395–401
beurteilen Ziele, Möglichkeiten und Grenzen der deutschen Außen- und Sicherheitspolitik als Teil von EU und UN	386 f., 388–393
beurteilen ausgewählte Beispiele globaler Prozesse und deren Auswirkungen im Hinblick auf Interessen- und Machtkonstellationen	346 f., 349–353, 367, 369, 372–377, 440 f., 452
beurteilen Auswirkungen der Globalisierung für unterschiedlich entwickelte Länder im Hinblick auf mögliche Gewinner und Verlierer der Globalisierung	346 f., 350–353, 366 f., 448 f.
erörtern die Positionen globalisierungskritischer Organisationen	448 ff.
bewerten außenhandelspolitische Positionen im Hinblick auf die Kontroverse Freihandel versus Protektionismus	362–365
erörtern am Fallbeispiel /an Beispielen globaler ökonomischer Prozesse Interessen- und Machtkonstellationen internationaler Akteure zur Gestaltung der Globalisierung	374, 376 ff., 417
beurteilen Ziele, Möglichkeiten und Grenzen des Einflusses globalisierungskritischer Organisationen	446 f.

Glossar

Absolute Kostenvorteile: Von Adam Smith 1776 entwickelte Außenhandelstheorie, nach der sich jeder Staat auf die Produktion und den Export jener Produkte spezialisieren sollte, die er im Vergleich mit allen anderen Ländern am günstigsten anbieten kann, in denen er also einen absoluten Kostenvorteil besitzt.

Agenda 2010: Bezeichnet ein Bündel von Reformen (vor allem in den Bereichen → Wirtschaft, Arbeitslosen-, Kranken- und Rentenversicherung) der rot-grünen Bundesregierung in den Jahren 2003 bis 2005. Ziel war es, durch Senkung der Lohnnebenkosten, Flexibilisierung der Arbeitsverhältnisse sowie Kürzungen der Sozialleistungen die deutsche Wirtschaft international wettbewerbsfähiger zu machen. Bekanntestes Beispiel dieser Maßnahmen ist die → Hartz-IV-Reform zur Neuregelung des Arbeitslosengeldes.

Aktie: Anteilschein, der dem Aktionär einen Anteil am Grundkapital einer Aktiengesellschaft und die daran gekoppelten Eigentümerrechte verbrieft; mit der Ausgabe von Aktien finanzieren sich große Unternehmen unmittelbar beim Sparer, d. h. nicht über Bankkredite.

Angebotsorientierte Wirtschaftspolitik: (Ggs. → nachfrageorientierte Wirtschaftspolitik) Wirtschaftspolitisches Konzept, das das Wachstum der → Volkswirtschaft durch verbesserte Bedingungen für die Kapitalverwertung steigern will. Durch veränderte politische Rahmenbedingungen, z. B. durch Steuerentlastungen, Senkung der → Staatsquote, Abbau von die wirtschaftliche Aktivität hemmenden Vorschriften, Flexibilisierung der Löhne, Senkung der Lohnzusatzkosten usw., sollen die Gewinnerwartungen der Unternehmer erhöht und damit eine gesteigerte Investitionstätigkeit zur Steigerung des Angebots angeregt werden.

Arabischer Frühling: Eine Reihe von Protesten, Aufständen und Rebellionen, die im Dezember 2010 in Tunesien begannen. Die Proteste gegen die autokratischen Regime in der Region breiteten sich in vielen Ländern des Nahen Ostens und Nordafrikas aus. In einigen Ländern führte die Rebellion zum Sturz der Herrscher (Ägypten, Tunesien, Jemen, Libyen), in Libyen, Jemen und Syrien brachen (Bürger-)Kriege aus.

Arbeit: Arbeit ist eine menschliche, sowohl körperliche als auch geistige Tätigkeit, die dazu dient, die zur Existenzsicherung notwendigen Mittel zu beschaffen. Die Art und Weise ihrer Ausübung ist wesentlich vom sozialen Umfeld bestimmt. In kapitalistisch-industriellen → Gesellschaften unterscheidet man zwischen Erwerbsarbeit und Reproduktionsarbeit, die als Haus-, Familien-, Erziehungs- und Pflegearbeit unentgeltlich ausgeübt wird. Die Unterscheidung zwischen selbstständiger und unselbstständiger Arbeit zielt auf Über- und Unterordnungsverhältnisse (Weisungsbefugnis) im Arbeitsprozess, wobei diese Unterscheidung durch neue Beschäftigungsformen wie z. B. die „Scheinselbstständigkeit" zunehmend aufgeweicht wird.

Arbeitgeberverbände: Es gibt in Deutschland gut 1 000 Verbände von Unternehmenseigentümern bzw. -leitungen, die in der Bundesvereinigung der Deutschen Arbeitgeberverbände (BDA) zusammengeschlossen sind. Die BDA vertritt ihre Mitglieder in der Sozial- und Gesellschaftspolitik, dient als Plattform für die Koordinierung der Interessenvertretung gegenüber den Ländern, dem Bund und der → Europäischen Union. Die Arbeitgeberverbände der jeweiligen Branchen sind Verhandlungspartner der → Gewerkschaften bei den Tarifverhandlungen (→ Tarifautonomie, → Tarifvertrag). Im weiteren Sinne werden auch die im Bundesverband der Deutschen Industrie (BDI) zusammengeschlossenen Wirtschaftsfachverbände, in denen nach Angaben des BDI ca. 100 000 Unternehmen organisiert sind, zu den Arbeitgeberverbänden gezählt. Aufgabe des BDI ist die Wahrnehmung der wirtschaftspolitischen Interessen seiner Mitglieder; er ist Mitglied der Union der Industrie- und Arbeitgebervereinigungen Europas, die die Interessen ihrer Mitglieder gegenüber den EU-Organen vertritt.

Arbeitsmarktpolitik: Summe aller staatlichen Maßnahmen, die die Beziehungen zwischen Angebot und Nachfrage auf den Arbeitsmärkten ordnen und den Arbeitsmarktprozess beeinflussen.

Arbeitsteilung: Eine Arbeitsaufgabe wird in neben- und nacheinander ablaufende Teilprozesse zerlegt. Unterscheiden lassen sich insbesondere die berufliche bzw. personale, die innerbetriebliche bzw. gesellschaftlich-technische (zwischen verschiedenen Abteilungen), die zwischenbetriebliche bzw. volkswirtschaftliche (zwischen verschiedenen Unternehmen / Branchen in einem Land) und die internationale (zwischen verschiedenen Ländern) sowie ggf. die regionale Arbeitsteilung. Im Zuge zunehmender Arbeitsteilung kommt es zur → Spezialisierung und damit zur Steigerung der → Produktivität. Zugleich wachsen allerdings auch die wechselseitigen Abhängigkeiten.

Armut: Begriff, der nur relativ zur Entwicklung des gesellschaftlichen Reichtums zu bestimmen ist. Armut ist nicht nur eine Frage finanzieller Mittel (definiert durch ein Mindesteinkommen), sondern betrifft weitere Dimensionen der Unterversorgung (wie Gesundheit, Bildung, Erwerbsstatus) und auch die Verfügbarkeit von Handlungsspielräumen in Abhängigkeit von gesellschaftlichen Rahmenbedingungen.

Außenwirtschaftliches Gleichgewicht: Eines der Ziele des → Stabilitäts- und Wachstumsgesetzes. Außenwirtschaftliches Gleichgewicht meint den Ausgleich der → Leistungsbilanz, d. h., die durch das ursprüngliche Leistungsbilanzungleichgewicht entstandene Akkumulation von Verbindlichkeiten gegenüber dem Ausland muss durch Handelsbilanzüberschüsse bedient werden.

Banken: Unternehmen, die mit staatlicher Genehmigung vielerlei Geldanlagemöglichkeiten anbieten, Finanzierungsmöglichkeiten bereitstellen und den bargeldlosen Geldverkehr abwickeln.

Bildungsexpansion: Der steigende Anteil an Menschen mit höherwertigen Bildungsabschlüssen (Hochschulreife, Studium) seit den 1960er-Jahren.

Bipolarität: Zweipoligkeit im internationalen System während des → Kalten Krieges; sie war gekennzeichnet von der machtpolitischen Rivalität zwischen den Supermächten USA und UdSSR sowie vom weltanschaulichen Gegensatz zwischen planwirtschaftlichem Kommunismus des Ostblocks und marktwirtschaftlicher Demokratie des Westens.

Blauhelmsoldaten: Angehörige der Friedenstruppen der → Vereinten Nationen. Ihre friedenserhaltenden Maßnahmen (Peacekeeping) sind zumindest teilweise sehr erfolgreich verlaufen. Für die Entsendung der Blauhelmsoldaten ist die Zustimmung des UN-Sicherheitsrates und aller am Konflikt beteiligten Parteien notwendig. Von den beteiligten Truppen wird strikte Neutralität erwartet. Sie dürfen, außer zur Selbstverteidigung, keine Gewalt anwenden – es sei denn, sie verfügen über ein robustes Mandat. 1988 erhielten die UN-Friedenstruppen den Friedensnobelpreis.

Börse: Eine staatlich genehmigte Marktveranstaltung, auf der sich Kaufleute treffen, um → Aktien, Waren oder Devisen (→ Devisenmarkt), die nicht im Börsenraum körperlich vorhanden sind, zu standardisierten Börsen- und Vertragsbedingungen zu handeln.

Bretton-Woods-System: Noch während des 2. Weltkriegs (1944) beschlossenes, stabiles Währungssystem. Dabei waren die → Währungen der Teilnehmer fest an den US-Dollar und dessen Deckung durch Gold (Goldstandard) gekoppelt. Ziel war die reibungslose und von Handelsbarrieren befreite Abwicklung des Welthandels bei festen Wechselkursen. Das System hatte bis zu seinem Zusammenbruch 1973 Bestand.

Bruttoinlandsprodukt (BIP): Wert aller Güter und → Dienstleistungen, die in einem Jahr innerhalb der Landesgrenzen einer → Volkswirtschaft erwirtschaftet werden; das BIP enthält also auch die Leistungen der Ausländer, die innerhalb eines Landes arbeiten, während die Leistungen der Inländer, die im Ausland arbeiten, nicht berücksichtigt werden. Anders als das auf Einkommensgrößen hin orientierte → (Brutto-)Sozialprodukt misst das BIP die wirtschaftliche Leistung eines Landes von der Produktionsseite her.

Chancengerechtigkeit: Meint die Aufstiegs- und Entwicklungschancen von Individuen gemäß ihrer Begabung.

Chancengleichheit: Bezeichnet das Recht auf eine egalitäre Verteilung von Zugangs- und Lebenschancen. Ein wesentlicher Schritt zur Verwirklichung der C. ist es, allen Menschen, unabhängig von ihren persönlichen Voraussetzungen, einen Zugang insbesondere zu Bildungsangeboten zu ermöglichen. Als einzelne Aspekte können die Gleichstellung der Geschlechter oder von Menschen mit und ohne Migrationshintergrund (→ Migration) genannt werden.

Deficit-Spending: Bewusst in Kauf genommener Überschuss der Ausgaben über die Einnahmen der öffentlichen Haushalte (Haushaltsfehlbetrag), um während eines Konjunkturabschwungs bzw. einer Depression einen expansiven Effekt beim Wirtschaftswachstum und Beschäftigungsvolumen zu erzielen.

Deflation: (Ggs. → Inflation) Sinkendes Preisniveau in einer Volkswirtschaft.

Demografischer Wandel: Alle Veränderungen in der Zahl und Struktur der Bevölkerung eines Landes (Alter, Geschlecht, Lebensform, Kinderzahl, Religion), die grundlegender Natur sind, d. h. über eine längere Zeit hinweg die Zusammensetzung nachhaltig und nicht nur vorübergehend ändern. Dazu zählen z. B. die sinkenden Geburtenraten oder die Steigerung der Lebenserwartung in den meisten Industrieländern. In Deutschland gehört der demografische Wandel durch die steigende Zahl der Älteren gegenüber dem Anteil jüngerer Erwerbsfähiger zu den wichtigsten gesellschaftlichen Entwicklungen. Er wirkt sich vor allem auf die Arbeitswelt und die → Sozialversicherungssysteme aus, die an die veränderten Entwicklungen angepasst werden müssen. Geburtenrückgang und Alterung der → Gesellschaft lassen sich durch Zuwanderung verlangsamen, nicht jedoch gänzlich aufhalten.

Derivate: Sie berechtigen zum Kauf oder Verkauf der zugrunde gelegten Werte (Waren, → Aktien, Devisen usw.) an einem in der Zukunft liegenden Termin zu einem im Voraus vereinbarten Preis. Derivate lassen sich daher sowohl zur Absicherung gegen den Wertverlust als auch zur Spekulation auf Kursgewinne des Basiswertes verwenden.

Devisenmarkt: Markt für den Handel mit ausländischen → Währungen (Devisen). Hier bildet sich der Devisenkurs (Wechselkurs) als Preis (Gegenwert) einer ausländischen Währung im Verhältnis zur inländischen. Handelsobjekte sind Guthaben in frei konvertiblen Währungen. Handelspartner sind Notenbanken, Geschäftsbanken und große Unternehmen.

Desintegration: (Ggs.: → Integration) Auflösung eines Ganzen in seine Teile, in der → Soziologie Auflösung sozialer Gefüge (Gruppen, → Staaten, → Gesellschaften), oft bewirkt durch gesellschaftliche Umbrüche oder → Modernisierungsprozesse. Desintegration kann auf verschiedenen Ebenen (auch gleichzeitig) erfolgen: ökonomisch, sozial, kulturell und politisch. Für das Individuum kann die Auflösung des Gemeinschaftszusammenhangs zur Orientierungslosigkeit führen. Mögliche Folgen sind Gewalt oder Extremismus.

Dienstleistungen: In Abgrenzung zur Warenproduktion (materielle Güter) spricht man bei den Dienstleistungen von immateriellen Gütern. Diese zeichnen sich dadurch aus, dass sie unmittelbar verbraucht werden (z. B. Haarschnitt). In der → Volkswirtschaftlichen Gesamtrechnung werden Dienstleistungen als tertiärer → Sektor erfasst. Der Drei-Sektoren-Theorie zufolge dehnt sich der Dienstleistungsbereich in entwickelten Industriegesellschaften immer stärker aus.

Diktatur: Staatsform, in der sich eine Person, Gruppe, → Partei oder Regierung anmaßt, "von oben" bestimmen zu können, was dem allgemeinen Wohl der Bürger diene. Es werden zumeist autoritäre und totalitäre Diktatur unterschieden. Letztere, zu denen vor allem der Nationalsozialismus und der Stalinismus gerechnet werden, stehen im schärfsten möglichen Gegensatz zum demokratischen Verfassungsstaat. Kennzeichen totalitärer Diktatur sind eine geschlossene → Ideologie, staatlicher Terror gegen Andersdenkende, die Kontrolle der Massenmedien und des wirtschaftlichen Lebens sowie die Konzentration der → Macht bei einer hierarchisch strukturierten Massenpartei.

Elite: Personenkreis, der regelmäßig prägenden bzw. steuernden Einfluss auf gesamtgesellschaftlich wichtige Entscheidungen nehmen kann.

Entwicklungsländer: → Staaten, die im Vergleich zu den Industrieländern u. a. ein deutlich geringeres → Sozialprodukt pro Kopf, geringe Arbeitsproduktivität, hohe Analphabetenquoten und einen hohen Anteil landwirtschaftlicher Erwerbstätigkeit aufweisen.

Emanzipation: Befreiung aus einem bevormundenden Verhältnis, etwa das zwischen Eltern und Kindern, oder der mittlerweile historischen Hierarchie zwischen Ehemann und Ehefrau. Ziel eines emanzipatorischen Prozesses ist die Erlangung von Eigenständigkeit.

Erwerbstätige: Diejenigen Erwerbspersonen, die nicht erwerbslos sind, sondern eine Tätigkeit ausüben. Erwerbstätige können abhängig Beschäftigte sein (Arbeiter, Angestellte, Auszubildende, Beamte, Soldaten) oder Selbstständige bzw. mithelfende Familienangehörige.

Euro: Europäische Währungseinheit, die im Rahmen der → europäischen Wirtschafts- und Währungsunion nach dem → Vertrag von Maastricht seit dem 1. Januar 1999 in Europa in Ländern, die die festgelegten Kriterien erfüllen, eingeführt wurde. Die Gemeinschaftswährung gilt in 19 Ländern (2015).

Europarat: 1949 gegründet, befasst sich vorrangig mit Fragen der Harmonisierung des Rechts, dem Schutz der → Menschenrechte (Europäische Menschenrechtsdeklaration) und der Demokratie sowie der Erhaltung des kulturellen Erbes. Fast alle europäischen → Staaten sind Mitglieder.

Europäische Integration: Bezeichnet die Gründung und die Erweiterung der → Europäischen Union durch neue Mitgliedstaaten ebenso wie die Vertiefung der Zusammenarbeit zwischen den Mitgliedstaaten.

Europäische Union (EU): 1993 von den 12 EG-Mitgliedern (Belgien, Dänemark, Deutschland, Frankreich, Griechenland, Großbritannien, Irland, Italien, Luxemburg, Niederlande, Portugal, Spanien) gegründete → supranationale Organisation. Der Staatenverbund baut auf der Europäischen Gemeinschaft (EG) auf, deren Anfänge bis in das Jahr 1951 zurückreichen. Seit 2014 zählt die EU 28 Mitgliedstaaten, in 19 Ländern gilt seit 2015 der → Euro. Die EU bildet mit dem → Vertrag von Lissabon (2009) den rechtsverbindlichen Rahmen für eine → Gemeinsame Außen- und Sicherheitspolitik (GASP), die Zusammenarbeit in der Justiz und Innenpolitik (ZIJP) sowie für die Europäischen Gemeinschaften (Europäische Wirtschaftsgemeinschaft, Europäische Gemeinschaft für Kohle und Stahl, Europäische Atomgemeinschaft).

Die zentralen Organe der EU sind:
1. das Europäische Parlament,
2. der Europäische Rat (Gremium aus den Staats- bzw. Regierungschefs aller EU-Mitgliedstaaten, dem Kommissionspräsidenten, der Hohen Vertreterin für Außen- und Sicherheitspolitik sowie dem Präsidenten des Europäischen Rates),
3. der Rat der Europäischen Union, auch Ministerrat genannt (Gremium der Fachminister der Staaten),
4. die Kommission (Exekutivorgan),
5. der Gerichtshof der Europäischen Union,
6. die → Europäische Zentralbank,
7. der Rechnungshof.

Europäische Wirtschafts- und Währungsunion (EWWU): Koordination der Wirtschaftspolitiken der EU-Länder und Währungsvereinheitlichung im Euroraum; Ziel: Einbezug aller EU-Staaten in die EWWU. Für die EWWU werden im allgemeinen Sprachgebrauch oft auch die Bezeichnungen europäische Währungsunion (EWU) und Wirtschafts- und Währungsunion (WWU) verwendet.

Europäische Zentralbank (EZB): Unabhängige Zentralnotenbank in "Euroland" mit Sitz in Frankfurt am Main, die das exklusive Recht zur Ausgabe von Banknoten und Geldmünzen (→ Euro/Cent) hat und die → Geld- und die → Währungspolitik (Offenmarktpolitik, Ständige Fazilitäten, Mindestreservesätze) der → Europäischen Union durchführt. Geleitet wird die EZB von sechs Direktoren aus verschiedenen Euroländern, denen die Präsidenten der nationalen Zentralbanken aller → Staaten der Eurozone im EZB-Rat beratend zur Seite stehen.

Europäischer Binnenmarkt: Mit dem → Vertrag von Maastricht (1993) geschaffener einheitlicher Binnenmarkt als Wirtschaftsraum mit freiem Verkehr von Waren, → Dienstleistungen, Kapital und Personen.

Finanzpolitik: Sie verfolgt das Ziel, Struktur und Höhe des → Sozialprodukts einer → Volkswirtschaft mithilfe öffentlicher Einnahmen und öffentlicher Ausgaben zu beeinflussen. Sie wird als → Ordnungspolitik und als → Prozesspolitik betrieben. Unter ordnungspolitischem Aspekt gehört zu einer Wettbewerbswirtschaft z. B. ein Steuersystem, das den Wettbewerbsmechanismus möglichst wenig verfälscht; unter prozesspolitischem Aspekt verändern variierende staatliche Einnahmen bzw. Ausgaben die volkswirtschaftlichen Gesamtgrößen.

Fiskalpolitik: Alle finanzpolitischen Maßnahmen des Staates zwecks Gestaltung des Staatshaushalts bzw. des Ausgleichs von Einnahmen und Ausgaben des Staates, flankiert von der → Konjunkturpolitik. Dabei geht es oftmals um eine antizyklische → Finanzpolitik (antizyklische Wirtschaftspolitik) zur Beeinflussung der gesamtwirtschaftlichen Nachfrage gemäß den makroökonomischen Ansätzen der keynesianischen Theorie, häufig verbunden mit einer Verschuldungspolitik (→ Deficit-Spending, → nachfrageorientierte Wirtschaftspolitik).

Föderalismus: (lat. foedus = Bündnis, Vertrag) Gliederung eines → Staates in mehrere gleichberechtigte, in bestimmten politischen Bereichen selbstständige Teile (Bundesländer), die an der Willensbildung des Staates (des Bundes) mitwirken.

Fürsorgeprinzip: An Bedürftigkeit orientierte sozialstaatliche Leistungen aus öffentlichen Haushaltsmitteln. Typische Merkmale sind das Abstellen auf die

Lage des Einzelnen hinsichtlich der verfügbaren Mittel (→ Individualisierung) sowie die Nachrangigkeit zur Selbsthilfe wie zu anderen Hilfsmöglichkeiten, z. B. durch die Familie (→ Subsidiaritätsprinzip).

GATT (General Agreement on Tariffs and Trade): Allgemeines Zoll- und Handelsabkommen. Teil der → Welthandelsorganisation (WTO).

Geldmenge: Geldvolumen: Menge des Geldes in Händen inländischer Nichtbanken; Geldmenge M 1: Bargeld und Sichteinlagen inländischer Nichtbanken; M 2: M 1 zuzüglich Termineinlagen, M 3: M 2 zuzüglich Spareinlagen.

Geldpolitik: Alle Maßnahmen, die eine Zentralbank ergreift, um das oberste Ziel, die Sicherung des Binnenwerts der → Währung (Preisniveaustabilität), zu garantieren. Durch die Geldpolitik (bei der → Europäischen Zentralbank sind das die Offenmarktpolitik, die Ständigen Fazilitäten und die Mindestreservesätze) wird die → Geldmenge, die im Umlauf ist, gesteuert.

Gemeinsame Außen- und Sicherheitspolitik (GASP): In Weiterentwicklung der Europäischen Politischen Zusammenarbeit (EPZ) die → Intergouvernementale Säule der → Europäischen Union: Verpflichtung des → Vertrags von Maastricht, gemäß den Leitlinien des Europäischen Rates eine gemeinsame Außen- und Sicherheitspolitik zu "erarbeiten" und zu "verwirklichen". Entscheidungen werden einstimmig getroffen.

Gemeinsame Sicherheits- und Verteidigungspolitik (GSVP): Militärischer Arm der → Gemeinsamen Außen- und Sicherheitspolitik der → Europäischen Union. Ursprünglich unter dem Namen Europäische Sicherheits- und Verteidigungspolitik (ESVP) vom Europäischen Rat im Dezember 1999 gebilligte Übertragung der Fähigkeiten zur zivilmilitärischen Konfliktprävention und Krisenbewältigung von der (ehemaligen) Westeuropäischen Union (WEU) auf die EU. Diese soll damit in die Lage versetzt werden, autonom Beschlüsse zu fassen und in den Fällen, in denen die → NATO als Ganzes nicht involviert ist, eigene Militäreinsätze in Reaktion auf internationale Krisen einzuleiten und durchzuführen. Die EU handelt dabei im Spektrum der → Petersberg-Aufgaben. Mit dem → Vertrag von Lissabon wurde die ESVP in "Gemeinsame Sicherheits- und Verteidigungspolitik" (GSVP) umbenannt.

Gesamtwirtschaftliches Gleichgewicht: Wenn es gelänge, die im → Stabilitäts- und Wachstumsgesetz (StWG, 1967) benannten vier Ziele (Preisniveaustabilität, hoher Beschäftigungsstand, → außenwirtschaftliches Gleichgewicht, stetiges und angemessenes Wirtschaftswachstum) zugleich zu verwirklichen ("Magie"), so wäre das gesamtwirtschaftliche Gleichgewicht gegeben.

Gesellschaft: Unter Gesellschaft wird eine dauerhafte und strukturierte Vereinigung von Menschen in einem sozialen Raum zum Zweck der Befriedigung und Gewährleistung der Bedürfnisse ihrer Mitglieder verstanden. Die Gesellschaft umfasst nicht nur die Bürger eines → Staates, sondern alle dort Lebenden. Dabei sind die wechselseitigen Beziehungen dieser Menschen von entscheidender Bedeutung. Im Unterschied zu zufälligen Zusammentreffen oder Gemeinschaften sind Menschen einer Gesellschaft dauerhaft aufeinander angewiesen, etwa bezogen auf die → Arbeitsteilung in der → Wirtschaft. Es ist umstritten, ob wir uns aufgrund der → Globalisierung auf dem Weg zu einer europäischen Gesellschaft oder sogar einer Weltgesellschaft befinden.

Gewaltenteilung: Grundprinzip in der Organisation (demokratischer) staatlicher Gewalt; Ziel ist es, die Konzentration und den Missbrauch politischer → Macht zu verhindern, die Ausübung politischer Herrschaft zu begrenzen und zu mäßigen und damit die bürgerlichen Freiheiten zu sichern. Gemeinhin wird zwischen gesetzgebender Gewalt (Legislative), ausführender Gewalt (Exekutive) und rechtsprechender Gewalt (Judikative) unterschieden. Diese Funktionen werden unabhängigen Staatsorganen (z. B. in der Bundesrepublik Deutschland Bundestag, Bundesregierung, Bundeskanzler, Bundesrat, Bundesverfassungsgericht) zugewiesen. In der Praxis ergeben sich Abweichungen vom strikten Prinzip der Gewaltenteilung oder sind Abweichungen sogar vorgesehen (z. B. Verordnungen der Exekutive, Gesetzesinitiativen der Regierung). Auch die Prinzipien des → Föderalismus werden als Teil der Gewaltenteilung angesehen.

Gewerkschaften: Vereinigungen, in denen sich Arbeitnehmerinnen und Arbeitnehmer zusammenschließen, um gemeinsam ihre Interessen gegenüber den Arbeitgebern zu vertreten; die relative Schwäche der einzelnen Arbeitnehmer gegenüber ihren Arbeitgebern soll so ausgeglichen werden. Die Hauptziele der Gewerkschaften in Deutschland sind die Durchsetzung von Lohnforderungen, die soziale Absicherung der Arbeitenden sowie die Verbesserung der Arbeitsbedingungen. Auch der Ausbau der → Mitbestimmung der Arbeitnehmerinnen und Arbeitnehmer in den Betrieben gehört zu den Zielen gewerkschaftlicher Arbeit. Um diese Ziele zu erreichen, verhandeln die Gewerkschaften mit den Arbeitgebern bzw. den → Arbeitgeberverbänden (Tarifverhandlungen). Die Arbeitsniederlegung, der Streik, ist das letzte Druckmittel der Gewerkschaften. Die meisten und größten deutschen Gewerkschaften sind im Deutschen Gewerkschaftsbund (DGB) zusammengeschlossen.

Gini-Koeffizient: Der Gini-Koeffizient ist ein statistisches Maß der Wohlfahrtsökonomie und dient zur Quantifizierung der relativen Konzentration einer Vermögens- bzw. einer Einkommensverteilung. Im Falle der maximalen Gleichverteilung der Vermögen bzw. der Einkommen nimmt er den Wert Null an, während er im anderen Extremfall einer maximal ungleichen Vermögens- bzw. Einkommensverteilung den Wert Eins annimmt. Man kann den Gini-Koeffizienten mit der Lorenzkurve bestimmen. Der Gini-Koeffizient entspricht dabei der Fläche zwischen der Winkelhalbierenden (Gerade der perfekten Gleichverteilung) und der entsprechend ermittelten Lorenzkurve in Relation zur Gesamtfläche unterhalb der Winkelhalbierenden.

Global Governance: Der Begriff bezeichnet die grenzüberschreitende Bearbeitung und Regelung von globalen Problemen. Zu den Akteuren gehören → Staaten, internationale Organisationen, Nichtregierungsorganisationen sowie grenzüberschreitende Wirtschaftsunternehmen.

Globalisierung: Der Begriff bezeichnet eine Zunahme der Staatsgrenzen überschreitenden wirtschaftlichen, politischen, kulturellen und sozialen Beziehungen v. a. ab den 1990er-Jahren. Insbesondere werden zu den Merkmalen der Globalisierung eine starke Zunahme internationaler Wirtschafts- und Finanztransaktionen, die Ausdehnung der Kommunikationstechnologien (Internet usw.) sowie eine weltweite Ausdehnung (westlicher) Kultur gezählt. Ursachen sind neben der technischen Entwicklung vor allem der Abbau von wirtschaftlichen Schranken durch die wichtigsten Industriestaaten. Eine genaue historische Abgrenzung der Globalisierung von früheren Entwicklungen, z. B. des Weltmarktes, ist umstritten.

Grundgesetz (GG): Das Grundgesetz der Bundesrepublik Deutschland vom 23. Mai 1949 ist die deutsche Verfassung. Das GG hat Vorrang vor allen anderen deutschen Gesetzen, die mit ihm in Übereinstimmung stehen müssen. Es gliedert sich in 14 Abschnitte, denen eine Präambel (Vorwort) vorausgeht. Aufgrund ihrer Bedeutung stehen die → Grundrechte in Abschnitt I des GG (Art. 1–19). Das seit 1949 vielfach veränderte GG kann nur mit einer Zweidrittelmehrheit in Bundestag und Bundesrat geändert werden (Art. 79 Abs. 2); die → Grundrechte und der Grundsatz, dass die Länder bei der Gesetzgebung mitwirken, dürfen nicht geändert werden (Art. 79 Abs. 1 und 3). Die Bezeichnung Grundgesetz wählte der Parlamentarische Rat, um den provisorischen Charakter der (west-)deutschen Republik im geteilten Deutschland zu betonen. Im Zuge der Wiedervereinigung 1990 nach Art. 23 GG ("Beitrittsartikel") und der europäischen Integration wurden verschiedene Änderungen vorgenommen. Es kam aber nicht zur Ausarbeitung einer neuen gesamtdeutschen Verfassung nach Art. 146 GG.

Grundrechte: Verfassungsmäßige, vom jeweiligen → Staat garantierte Rechte, die den Bürger vor staatlichen Übergriffen schützen (Abwehr- bzw. Freiheitsrechte) und ihm die Teilnahme an der politischen Willensbildung garantieren (Teilhaberechte).

G 8 (Gruppe der Acht): Entstanden 1997 aus der Gruppe der sieben führenden Wirtschaftsnationen (G 7: Deutschland, Frankreich, Großbritannien, Italien, Japan, Kanada und USA) nach Umwandlung des Beobachterstatus Russlands in eine Vollmitgliedschaft. An den Gipfeltreffen der G 8 nimmt neben den Staats- und Regierungschefs auch der Präsident der EU-Kommission als Beobachter teil.

G 20 (Gruppe der Zwanzig): Die Gruppe der zwanzig wichtigsten Industrie- und → Schwellenländer. Ein seit 1999 bestehender, informeller Zusammenschluss aus 19 Staaten (USA, Japan, Deutschland, China, Vereinigtes Königreich, Frankreich, Italien, Kanada, Brasilien, Russland, Indien, Südkorea, Australien, Mexiko, Türkei, Indonesien, Saudi-Arabien, Südafrika, Argentinien) und der → Europäischen Union. Die Gruppe soll als Forum für die Kooperation und Konsultation in Fragen des internationalen Finanzsystems dienen.

Hartz IV: Durch das im Rahmen der → Agenda 2010 verabschiedete Hartz-IV-Gesetz wurde 2005 das Arbeitslosengeld II eingeführt. Es führte die bisherige Arbeitslosenhilfe und die Sozialhilfe für arbeitslose → Erwerbstätige zusammen. Damit ist dies heute die Grundsicherung für erwerbsfähige Hilfsbedürftige. Die Leistungen entsprechen dem Existenzminimum in Deutschland. Das Arbeitslosengeld II kann aber auch ergänzend zum Erwerbseinkommen oder anderen staatlichen Leistungen bezogen werden.

Hegemonie: Vormachtstellung eines → Staates gegenüber anderen. H. ergibt sich durch ein tatsächliches militärisches, kulturelles oder wirtschaftliches Übergewicht und ist häufig durch Verträge abgesichert.

Ideologie: Im neutralen Sinne die Lehre von den Ideen, d. h. der wissenschaftliche Versuch, die unterschiedlichen Vorstellungen über Sinn und Zweck des Lebens, die Bedingungen und Ziele des Zusammenlebens zu ordnen; im politischen Sinne dienen Ideologien der Rechtfertigung politischen Handelns, wobei eine bestimmte Weltanschauung und bestimmte Interessen kombiniert werden.

Individualisierung: Prozess, in dessen Mittelpunkt die wachsende Bedeutung des Individuums steht, das sich gegenüber den sozialen Gruppen und Herkunftsbindungen zunehmend → emanzipiert.

Industrialisierung: Ausbreitung der Industrie, d. h. der Produktion und Weiterverarbeitung von materiellen Gütern und Waren in Fabriken im Verhältnis zu Handwerk und Landwirtschaft; in Europa fand dieser Prozess grundlegend während des 19. Jahrhunderts statt. Inzwischen wurde er von der Tertiarisierung, der Ausweitung des Dienstleistungssektors, abgelöst.

Inflation: (Ggs. → Deflation) Ein Prozess anhaltender und signifikanter Preisniveausteigerungen und damit einhergehender Geldwertverlust: Mit einer Geldeinheit kann man weniger einkaufen; sie verliert also an → Kaufkraft. Zur Ermittlung der Inflation dient der sog. repräsentative Warenkorb. Hierzu werden Haushalte befragt, die ihr Kaufverhalten ein halbes Jahr lang dokumentieren. Aus den so gewonnenen Ergebnissen erstellt das Statistische Bundesamt eine Liste mit ca. 700 Produkten des täglichen Lebens. Die Preisveränderungen werden monatlich erfasst und mit dem Vorjahr verglichen. Der sich daraus ergebende Wert gibt den Grad der Inflation im Vergleich zum Vorjahr an. In → Volkswirtschaften gilt eine allzu starke Inflation gemeinhin als unerwünscht, so formuliert das → Stabilitäts- und Wachstumsgesetz (1967) das wirtschaftspolitische Ziel der Preisniveaustabilität. Schwerwiegende Folgen für die Bevölkerung der Weimarer Republik hatte die Hyperinflation zu Beginn der 1920er-Jahre mit einer Vervierfachung der Preise pro Woche. Den gegenteiligen Prozess des Preisniveaurückgangs bezeichnen Ökonomen als Deflation.

Integration: (Ggs.: → Desintegration) Im sozialwissenschaftlichen Sinne die Herstellung einer gesellschaftlichen Einheit.

Interessengruppen: Zusammenschluss von Personen mit gleicher Interessenlage, um auf → Parteien, Abgeordnete und Regierung Einfluss zu nehmen, ohne

– wie Parteien – sich an → Wahlen zu beteiligen oder selbst Regierungsgewalt anzustreben. Interessengruppen sind ein wesentliches Merkmal einer → pluralistischen Gesellschaftsordnung (→ Verbände).

Intergouvernementalismus: Zwischen Regierungen stattfindende Zusammenarbeit. Sie bedarf im Unterschied zur → supranationalen Integration der Einstimmigkeit unter den teilnehmenden Ländern.

Internalisierung externer Kosten: Anlastung von externen Kosten – z. B. der Umweltverschmutzung – beim Verursacher.

Internationale Arbeitsorganisation (International Labour Organization; ILO): Die ILO (mit Sitz in Genf) wurde 1919 mit dem Ziel gegründet, weltweite → Armut und Arbeitslosigkeit zu bekämpfen, zu sozialem Ausgleich und sozialer Gerechtigkeit beizutragen sowie die Verbesserung der Lebens- und Arbeitsbedingungen zu unterstützen. Seit 1946 ist die ILO eine Sonderorganisation der → Vereinten Nationen mit 185 Mitgliedstaaten (2014). Alle Organe der ILO sind dem Prinzip der Dreigliedrigkeit verpflichtet, d. h., sie sind jeweils mit Vertretern der Regierungen, der Arbeitgeber und der Arbeitnehmer besetzt.

Internationaler Strafgerichtshof (International Criminal Court, ICC): 1998 beschlossener internationaler Gerichtshof (mit Sitz in Den Haag) zur strafrechtlichen Verfolgung von Völkermord, Verbrechen gegen die Menschlichkeit und Kriegsverbrechen; dies betrifft auch interne Konflikte. Das Gericht kann sich eines Falles annehmen, wenn er vom Sicherheitsrat der → Vereinten Nationen überwiesen worden ist oder wenn das Land, in dem das Verbrechen stattgefunden hat, oder das Land, dessen Staatsangehöriger verdächtigt wird, die Jurisdiktion des ICC anerkannt hat. Der Ankläger arbeitet unabhängig. Künftig soll der Internationale Strafgerichtshof auch den Vorwurf des Angriffskriegs („Aggression") verhandeln können.

Internationaler Währungsfonds (IWF): 1944 als Sonderorganisation der → Vereinten Nationen gegründet, um das Weltwirtschaftssystem nach dem Zweiten Weltkrieg neu aufzubauen. Zur Zeit sind 188 Staaten Mitglied des IWF; ihr Stimmrecht orientiert sich an ihrem Kapitalanteil. Da die Beschlüsse im IWF mit einer Mehrheit von 85 Prozent getroffen werden, verfügen die USA und die 28 EU-Staaten de facto jeweils über eine Sperrminorität. 2011 trat eine Reform des IWF in Kraft, nach der → Schwellenländer wie China, Indien oder Brasilien mehr Einfluss erhalten. Der IWF verfolgt die Ziele, den Welthandel auszuweiten, die internationale Zusammenarbeit in der → Währungspolitik zu fördern, die internationalen Finanzmärkte zu stabilisieren und kurzfristige Kredite zum Ausgleich von Zahlungsbilanzdefiziten zu vergeben. Für die Regulierung der Weltwirtschaft hat er damit eine zentrale Bedeutung. Eine globale Finanzmarktkrise, wie sie im Herbst 2008 ihren Ausgang nahm, konnte aber auch er nicht vermeiden.

Investitionen: Langfristig gebundenes (Finanz-)Kapital in materielle oder immaterielle Vermögensgegenständen. Dabei steht die zielgerichtete Verwendung der Finanzmittel im Vordergrund. Unterschieden wird zwischen a) Rationalisierungsinvestitionen zum

Zweck der Verbesserung bzw. Modernisierung der zur langfristigen Nutzung bestimmten Produktionsmittel, b) Anlageinvestitionen mit dem Ziel der Vergrößerung und Verbesserung des Produktionsapparates, wozu die Ausrüstung (z. B. technische Anlagen, Maschinen, Fahrzeuge oder Betriebs- und Geschäftsausstattung) und Baumaßnahmen (z. B. Wohn- und Verwaltungsgebäude, Büros oder Straßen und andere Verkehrswege) gehören, und c) Vorratsinvestitionen, d. h. Investitionen in die Lagerhaltung, unter die die Bestände an nicht dauerhaften Produktionsmitteln wie Roh-, Hilfs- und Betriebsstoffe, unfertige Erzeugnisse, fertige Erzeugnisse oder Handelswaren fallen.

Kapitalismus: Besonders durch Karl Marx (1818–1883) und Friedrich Engels (1820–1895) geprägter Begriff für das System der → Wirtschaft, in dem wir leben. Es zeichnet sich durch Privateigentum an den Produktionsmitteln und Gewinnstreben aus, wobei Letzteres durch das Wirtschaftssystem selbst erzeugt wird (Marktsteuerung, Konkurrenz). K. geht von der Freiheit der einzelnen Wirtschaftssubjekte aus sowie von der Annahme, dass deren Austausch auf dem Markt nicht nur ihrem eigenen Gewinn, sondern letztlich dem Wohle aller diene. Marx kritisierte am K. demgegenüber besonders die „Ausbeutung der Arbeiterklasse", seine Krisenhaftigkeit sowie seine Neigung zur Verschwendung (durch Konkurse, Krisen usw.) und zur Hervorbringung von → Armut. Versuche, eine Wirtschaft statt über den Markt zentral durch den → Staat planwirtschaftlich zu steuern, sind in der jüngeren Geschichte mehrfach gescheitert.

Kalter Krieg: Bezeichnung für die feindselige Auseinandersetzung zwischen → Staaten unterhalb der Schwelle offener kriegerischer Handlungen. Als Kalter Krieg wurde vor allem die besondere Form der Beziehungen zwischen den USA und der UdSSR und ihren Verbündeten während des Ost-West-Konflikts zwischen 1946 und 1989 bezeichnet. Kennzeichen dieses → bipolaren Systems waren neben der Rüstungsspirale die „psychologische Kriegsführung" sowie wirtschaftlicher und militärischer Druck und eine entsprechende Bündnispolitik.

Kaufkraft: Geldsumme, die einem Wirtschaftssubjekt real zur Verfügung steht.

Klasse, soziale: Personen einer → Gesellschaft mit vergleichbaren ökonomischen Merkmalen, hauptsächlich den Besitz oder die Verfügung über Produktionsmittel betreffend.

Klassengesellschaft: Existiert, wenn die → Gesellschaft in verschiedene soziale → Klassen aufgeteilt ist. Nach der Marx'schen Analyse ist die kapitalistische Gesellschaft eine Klassengesellschaft mit dem Gegensatz von eigentumsloser Arbeiterklasse (Proletariat) und der Klasse der Produktionsmittel-Eigner bzw. Kapitalisten (Bourgeoisie). Das Modell der Klassengesellschaft ist durch ein flexibleres und verfeinertes Schichtmodell mit der Darstellung verschiedener Lebenslagen und → Milieus ersetzt worden.

Klimawandel: In den vergangenen Jahrzehnten hat sich die Durchschnittstemperatur der Erdatmosphäre und der Meere erhöht, eine weitere Erwärmung wird erwartet. Die meisten Naturwissenschaftler führen dies auf den vom Menschen verstärkten Treibhauseffekt zurück, besonders seit Beginn der → Industrialisierung. Das Verbrennen fossiler Energieträger und die großflächige Rodung von Sauerstoff produzierenden Wäldern reichern den Anteil von Kohlendioxid (CO_2) in der Luft an. Hinzu kommt der erhöhte Ausstoß von Methangas durch eine intensive Viehwirtschaft. Der Treibhauseffekt wird auf Wasserdampf, Kohlenstoffdioxid, Methan, Stickstoffoxid und fluorierte Verbindungen, z.B. FCKW, zurückgeführt. Verdoppelt sich der CO_2-Anteil in der Erdatmosphäre, rechnet die Klimaforschung mit einer Erhöhung der Erdmitteltemperatur um einen Wert von zwischen 1,5 bis 4,5 Grad Celsius. Folgen der globalen Erderwärmung sind schon heute erkennbar: verringerte Schneebedeckung, Inlandeis- und Gletscherschmelze, ein steigender Meeresspiegel, Überschwemmungen und Wetterveränderungen. Der K. war 1992 erstmals Gegenstand einer UN-Konferenz. Im Jahr 1997 entstand mit dem → Kyoto-Protokoll das erste völkerrechtlich verbindliche Abkommen mit konkreten Gegenmaßnahmen.

Komparative Kostenvorteile: Von David Ricardo weiterentwickelte Theorie der → absoluten Kostenvorteile. Ein → Staat sollte demnach auch mit jenen Gütern Handel treiben, die von einem anderen Staat vielleicht günstiger angeboten werden, aber dem eigenen Land – relativ gesehen – den größten Kostenvorteil gegenüber dem Ausland bringen.

Konjunktur: Bezeichnung für die zyklischen Schwankungen der wirtschaftlichen Aktivität. Ein Konjunkturzyklus kann unterteilt werden in Tief (Depression, Stagnation), Aufschwung (Wiederbelebung, Expansion), Hoch (Boom) und Abschwung (Krise, Rezession).

Konjunkturindikatoren: Ökonomische Zeitreihen und ihnen zugeordnete Messgrößen, die den Konjunkturverlauf anzeigen.

Konjunkturpolitik: Maßnahmen der Wirtschaftspolitik, die konjunkturelle Schwankungen der gesamtwirtschaftlichen Nachfrage vermindern sollen. Konjunkturpolitik hat zum Ziel, eine möglichst stetige Produktionsentwicklung mit geringen Schwankungen im Auslastungsgrad des Produktionspotenzials herbeizuführen.

Konvergenzthese: Nach dieser These nähern sich die Wirtschaftsordnungen in den Industriestaaten immer mehr an, weil sie vor vergleichbaren Problemen stehen und ähnliche Lösungswege einschlagen.

Kreditmarkt: Zusammentreffen von Angebot und Nachfrage nach kurz- und langfristigen Kreditverträgen; er umfasst den Geldmarkt (kurzfristig) und den Kapitalmarkt (langfristig).

Kyoto-Protokoll: Ein 1997 geschlossenes Abkommen der → Vereinten Nationen zum Schutz des Klimas. Es schreibt verbindliche Zielwerte für den Ausstoß von Treibhausgasen fest, die die Hauptursache der globalen Erwärmung sind (→ Klimawandel). Das Protokoll war am 16. Februar 2005 in Kraft getreten und sollte 2012 auslaufen. Auf der UN-Klimakonferenz in Doha, Katar 2012 wurde eine Verlängerung des Kyoto-Protokolls (Kyoto II) bis zum Jahr 2020 beschlossen, einige wichtige Mitglieder bzw. CO_2-Verursacher sind jedoch

inzwischen ausgetreten (Kanada, Russland, Japan) oder waren nie beigetreten (USA, China). Der → G20-Gipfel von Brisbane brachte 2014 neue Absprachen zur CO_2-Reduktion, auch zwischen den USA und China.

Legitimation: Anerkennung einer politischen Ordnung und ihrer Repräsentanten durch das Volk; Voraussetzung dafür ist die Übereinstimmung der politischen Ordnung mit den in der → Gesellschaft allgemein anerkannten Vorstellungen über die Begründung von politischer Herrschaft. In einer Demokratie wird die Legitimation der Herrschaftsausübung auf Zeit vor allem durch demokratische → Wahlen geschaffen.

Leistungsbilanz: Darin werden alle Waren und Dienstleistungen erfasst, die in das Ausland geliefert, bzw. von dort bezogen werden. Außerdem erfasst die Leistungsbilanz Erwerbs- und Vermögenseinkommen (z.B. Arbeitsentgelte) und laufende Übertragungen (z.B. Entwicklungshilfezahlungen). Die Leistungsbilanz ist Teil der Zahlungsbilanz.

Liberalismus: Politische Anschauung, in deren Mittelpunkt die Entfaltung des Einzelnen und einzelner Gruppen unter Zurückdrängen der Ansprüche des Staates steht.

Liquidität: Fähigkeit und Bereitschaft, bestehenden Zahlungsverpflichtungen termingerecht und betragsgenau nachzukommen.

Macht: Verhältnis der Über- und Unterordnung zwischen Personen, Gruppen, Organisationen oder → Staaten, das – im Unterschied zu Herrschaft und Autorität – nicht der Anerkennung der von ihr Betroffenen bedarf. Der Soziologe und Ökonom Max Weber (1864–1920) definierte Macht als „die Chance, innerhalb einer sozialen Beziehung den eigenen Willen auch gegen Widerstreben durchzusetzen, gleichviel, worauf diese Chance beruht".

Marktwirtschaft: Wirtschaftssystem des Wettbewerbs, in dem die Wirtschaftsprozesse dezentral geplant und über die Preisbildung auf den Märkten gelenkt werden. Gewerbe- und Vertragsfreiheit sowie die freie Wahl des Berufs bzw. des Arbeitsplatzes sind Grundvoraussetzungen der Marktwirtschaft (→ Kapitalismus). In Deutschland ist dies durch das Ziel sozialen Ausgleichs ergänzt (→ soziale Marktwirtschaft).

Menschenrechte: Rechte, die jedem Menschen zustehen, unabhängig von Herkunft, Geschlecht, Religion und Vermögen. Ihr Inhalt liegt darin, jedem Menschen eine gesicherte Existenz und Entfaltung zu ermöglichen. Im Gegensatz zu anderen Rechten sollen die Menschenrechte jedem Menschen von Natur aus zukommen, also nicht erst durch die Garantie eines → Staates (Bürger). Deshalb „gelten" sie nicht wie andere Rechte, sondern bezeichnen den Anspruch auf ein menschenwürdiges Leben.

Merkantilismus: Zur Zeit des Absolutismus von Jean-Babtiste Colbert entwickelte Wirtschaftspolitik. Ziel ist es, eine positive Handelsbilanz zu erreichen, indem der Wert der Exporte den der Importe übersteigt. Möglichst viele Güter sollen im eigenen Land hergestellt werden, um möglichst wenige Güter importieren

zu müssen. Diese Theorie betrachtet den weltweiten Außenhandel als ein Nullsummenspiel.

Migration: (lat.: migratio = Wanderung) Mit diesem Ausdruck werden verschiedene Formen der Ein- und Auswanderung zusammengefasst (Asylsuche, Arbeitswanderung, Flucht vor Krieg usw.). Das trägt der Tatsache Rechnung, dass alle diese Formen Gemeinsamkeiten aufweisen: einen Migrationsgrund, der in fast allen Fällen irgendeine Art von Zwang beinhaltet, und soziale Probleme, die aus der Situation im Aufnahmeland folgen.

Milieu, soziales: Das soziale Umfeld, in dem ein Mensch lebt und von dem er geprägt wird.

Mitbestimmung: Mitwirkungsrechte der Arbeiternehmer(-vertreter) bei unternehmerischen Entscheidungen; zu unterscheiden sind die betriebliche Mitbestimmung und die Mitbestimmung im Aufsichtsrat. Die betriebliche Mitbestimmung in der privaten Wirtschaft ist im Betriebsverfassungsgesetz festgelegt. Wichtigstes Organ der betrieblichen Mitbestimmung ist der Betriebsrat. Die Mitbestimmung im Aufsichtsrat (auch: Unternehmensmitbestimmung) wird durch mehrere Gesetze geregelt. Wesentliches Element ist die Vertretung der Arbeitnehmerinnen und Arbeitnehmer im Aufsichtsrat von Kapitalgesellschaften. Der Anteil der ihnen zustehenden Aufsichtsratsmandate hängt von der Zahl der Mitarbeiter ab.

Mobilität, soziale: positionell-soziale Bewegung von Personen, Personengruppen, Schichten oder → Klassen einer Gesellschaft. Wechsel der Position, die keine Änderung im Status einschließen, werden als horizontale Mobilität, soziale Auf- und Abstiegsprozesse werden als vertikale Mobilität bezeichnet.

Modernisierung: a) säkularer Prozess seit der Industriellen Revolution, in dem sich die kleine Gruppe der heute modernen → Gesellschaften entwickelt hat, b) die vielfältigen Aufholprozesse unterentwickelter Gesellschaften, c) Bemühungen der modernen Gesellschaften, durch Innovation und Reform die Entwicklung in Gang zu halten und neue Herausforderungen zu bewältigen.

Monetarismus: Wirtschaftspolitische Lehre, die von der Grundannahme ausgeht, dass eine stabilitätsorientierte → Geldpolitik unter bestimmten Rahmenbedingungen die → Wirtschaft stabilisieren kann.

Multilateralismus: Prozess oder Zustand in der internationalen → Politik, bei dem mehrere oder viele → Staaten kooperativ und prinzipiell gleichberechtigt Diplomatie betreiben und gemeinsam handeln. Dabei werden die Interessen aller Partner berücksichtigt. Oft existieren schriftliche, in Form von Verträgen vereinbarte Regelungen oder → Regime, die alle Beteiligten binden.

Multipolarität: Mehr- oder Vielpoligkeit. Sie geht davon aus, dass das internationale System nicht wie in der → Bipolarität durch zwei, sondern durch mehrere oder viele → Staaten bestimmt wird, die in etwa als gleich mächtig eingeschätzt werden.

Nachfrageorientierte Konjunkturpolitik: (Ggs. → angebotsorientierte Konjunkturpolitik) Auf John Maynard Keynes zurückgehender wirtschaftspolitischer Ansatz, nach dem mangelnde private Nachfrage die Ursache von Massenarbeitslosigkeit ist und nur durch zusätzliche staatliche Nachfrage beseitigt werden kann.

Nachhaltigkeit: Bezeichnung für das Prinzip, nach dem die wirtschaftliche Entwicklung so zu beeinflussen ist, dass der Umweltverbrauch zunehmend geringer wird und das ökologische System sich erholen kann; die Idee der nachhaltigen Entwicklung geht zurück auf den Bericht der Brundtland-Kommission der → Vereinten Nationen von 1987 und insbesondere auf die UN-Konferenz für Umwelt und Entwicklung (UNCED) 1992 in Rio de Janeiro.

NATO (North Atlantic Treaty Organization): Während des Ost-West-Konflikts war die Allianz unter Führung der USA in Europa das Gegengewicht zur militärischen Präsenz der Sowjetunion und des Warschauer Paktes. Das Militärbündnis wurde 1949 in Washington geschlossen; 1955 trat die Bundesrepublik bei. Sitz der NATO ist Brüssel. Mittlerweile zählt sie 28 Mitgliedstaaten, darunter viele ehemalige Mitglieder des Warschauer Paktes. Nach dem Ende des → Kalten Krieges wandelte sich die Allianz von einem defensiven Verteidigungsbündnis zu einer auch global agierenden Sicherheitsorganisation.

Neoliberalismus: Denkrichtung des Liberalismus, die eine freiheitliche, → marktwirtschaftliche Wirtschaftsordnung mit den entsprechenden Gestaltungsmerkmalen (z. B. Privateigentum an Produktionsmitteln, freie Preisbildung, Wettbewerbsfreiheit) anstrebt, staatliche Eingriffe in die → Wirtschaft jedoch auf ein Minimum beschränken will.

Nominaleinkommen: In Geld ausgedrücktes Einkommen ohne Rücksicht auf dessen → Kaufkraft.

Ordnungspolitik: Summe aller rechtlich-organisatorischen Maßnahmen des → Staates, durch die die Träger der Wirtschaftspolitik über eine entsprechende Ausgestaltung der Wirtschaftsverfassung die längerfristigen Rahmenbedingungen für den Wirtschaftsprozess innerhalb einer Wirtschaftsordnung setzen. Die ordnungspolitischen Maßnahmen müssen dem Grundtypus der Wirtschaftsordnung (→ Marktwirtschaft) entsprechen (z. B. marktkonform sein).

Organization for Economic Cooperation and Development (OECD): Als Nachfolgeorganisation der Organisation für europäische wirtschaftliche Zusammenarbeit (OEEC) 1961 gegründet; Sitz: Paris; Hauptaufgaben: Sicherung der Währungsstabilität, Förderung des Welthandels, Planung und Förderung des wirtschaftlichen Wachstums in Europa und Koordination der Wirtschaftshilfe für die → Entwicklungsländer.

Partei: Parteien sind auf Dauer angelegte Organisationen politisch gleichgesinnter Menschen. Sie verfolgen bestimmte wirtschaftliche, gesellschaftliche etc. Vorstellungen, die meist in Parteiprogrammen festgeschrieben sind, sowie das Ziel, Regierungsverantwortung zu übernehmen. Politische Parteien existierten bereits in der Antike, die Parteien im heutigen Sinne jedoch erst seit der Entwicklung des Parlamentarismus im 18. Jahrhundert und der Fran-

zösischen Revolution. In Deutschland ist ihre Stellung im → Grundgesetz besonders hervorgehoben (Art. 21 GG).

Partizipation: Beteiligung des Bürgers an der Willens- und Entscheidungsbildung im politischen Prozess, u. a. durch → Wahlen, Mitgliedschaft in → Parteien, → Verbänden, Bürgerinitiativen und Vereinen bzw. Wahrnehmung der in der Verfassung verankerten Artikulations- und Mitwirkungsrechte.

Pluralisierung: Prozess der Entwicklung vielfältiger Formen, Strukturen, Lebensstile usw.

Pluralismus: Auffassung, dass es mehrere, in Voraussetzungen und Zielsetzungen verschiedenartige politische und gesellschaftliche Vorstellungen gibt, die in der Gesellschaft gleichzeitig → legitim nebeneinander vorhanden sind, wobei allen das gleiche Recht auf Entfaltung ihrer Interessen zukommt.

Petersberg-Aufgaben: Die Petersberg-Aufgaben wurden 1992 bei einem Gipfel des Ministerrats der Westeuropäischen Union (WEU) auf dem Petersberg bei Bonn definiert und markierten seither deren operativen Aufgabenbereich. Sie umfassen humanitäre Aufgaben und Rettungseinsätze, friedenserhaltende Aufgaben sowie Kampfeinsätze bei der Krisenbewältigung einschließlich friedensschaffender Maßnahmen. Diese Aufgaben gingen 1999 auf die Europäische Sicherheits- und Verteidigungspolitik der → Europäischen Union über, ebenso wie die meisten Komponenten der WEU. Im → Vertag von Lissabon wurden die P. erweitert, insbesondere um Aufgaben der Terrorismusbekämpfung.

Politik: Im weiten Sinne jegliche Art der Einflussnahme und Gestaltung sowie die Durchsetzung von Forderungen und Zielen, sei es in privaten oder öffentlichen Bereichen; im engeren bzw. klassischen Sinne Staatskunst, das Öffentliche bzw. das, was alle Bürger betrifft und verpflichtet; das Handeln des → Staates und das Handeln in staatlichen Angelegenheiten (von griech.: polis = Stadtstaat); im modernen Sinne auf die Durchsetzung bestimmter Ziele besonders im staatlichen Bereich und auf die Gestaltung des öffentlichen Lebens gerichtetes Handeln von Regierungen, Parlamenten, → Parteien, Organisationen etc.

Produktionsfaktoren: Mittel, mit denen Menschen Güter und Dienstleistungen herstellen: Arbeit, Boden (Natur bzw. Umwelt) und Kapital; inzwischen wird als vierter Faktor z. T. Wissen bzw. der technische Fortschritt hinzugenommen.

Produktivität: Kennziffer für das Verhältnis zwischen dem Produktionsergebnis und den Mengen der eingesetzten → Produktionsfaktoren.

Protektionismus: Maßnahmen, mit denen versucht wird, inländische Produzenten vor ausländischer Konkurrenz zu schützen. Ausländische Produzenten sollen mithilfe von Verboten, mengenmäßigen Beschränkungen, Zöllen oder sonstigen Handelshemmnissen benachteiligt werden. Der Gegensatz von Protektionismus ist Freihandel.

Prozesspolitik: Wirtschaftspolitische Maßnahmen zur Steuerung des Wirtschaftsablaufs. Im Gegensatz zur → Ordnungspolitik greift der Staat direkt in Wirtschaftsabläufe ein.

Rassismus: Bezeichnet eine → Ideologie, die Menschen aufgrund körperlicher oder kultureller Eigenarten oder aufgrund ihrer ethnischen, nationalen oder religiösen Zugehörigkeit in angeblich naturgegebene Gruppen – sogenannte Rassen – einteilt und diese hierarchisiert. Rassisten glauben dabei an die Überlegenheit der eigenen „Rasse" bzw. Gruppe und betrachten andere kulturelle oder gesellschaftliche Gruppen als minderwertig.

Rationalisierung: In der → Wirtschaft der Sammelbegriff für alle technischen, personellen und organisatorischen Maßnahmen in Produktion und Verwaltung mit dem Ziel, Kosten zu sparen.

Rechtsstaat: Bezeichnung für einen → Staat, in dem das Handeln der staatlichen Organe gesetztem Recht (i. d. R. Verfassungen, in Deutschland dem → Grundgesetz) untergeordnet ist; den einzelnen Bürgerinnen und Bürgern stehen damit bestimmte unverbrüchliche → Grundrechte zu, während dem staatlichen Handeln bestimmte Grenzen gesetzt sind. Im Rechtsstaat soll alles staatliche Handeln dem (Verfassungs-)Recht und der Verwirklichung von Gerechtigkeit dienen.

Regime, internationales: Bezeichnet in der internationalen Politik ein von internationalen Akteuren (z. B. → Staaten) akzeptiertes Regel- und Normensystem (einschließlich notwendiger Entscheidungsverfahren), um bestimmte Problemfelder und Spannungssituationen dauerhaft zu steuern.

Schengener Abkommen: Abkommen von 1985, in dem die meisten EU-Staaten den Abbau der Grenzkontrollen und u. a. eine verstärkte grenzüberschreitende Zusammenarbeit der Polizeibehörden vereinbart haben.

Schwellenländer: Länder, die aufgrund ihrer fortgeschrittenen Wirtschaftskraft, ihrem (mittleren) Volkseinkommen und ihrer infrastrukturellen Entwicklung aus dem Status von → Entwicklungsländern herausgewachsen sind und damit vor der wirtschaftlichen Entwicklung her an der Schwelle zu den Industrieländern stehen. Vor allem die NIC-Länder oder NIE-Länder („newly industrialized countries" bzw. „economies") gehören hierzu.

Sektor: In den Wirtschaftswissenschaften wird die Wirtschaft in den primären, den sekundären und den tertiären Sektor eingeteilt: Die Wirtschaft des primären S. produziert Rohstoffe (z. B. Bergbau, Fischerei, Landwirtschaft und Forstwirtschaft). Der sekundäre S. umfasst das produzierende und das verarbeitende Gewerbe (z. B. Industrie und Handwerk). Im tertiären S. werden → Dienstleistungen erbracht (z. B. Pflegedienste, Schulen, Universitäten, Krankenhäuser, öffentlicher Nahverkehr, Banken, Polizei, Verwaltung).

Solidaritätsprinzip: In der gesetzlichen → Sozialversicherung der Grundsatz, dass alle zu versichernden Risiken solidarisch von allen Versicherten (durch nach Einkommen gestaffelte Beiträge) zu tragen sind, die Leistungen jedoch unabhängig von der Beitragshöhe gewährt werden. In der Bundesrepublik ist das Solidaritätsprinzip grundsätzlich durch das → Subsidiaritätsprinzip ergänzt.

Souveränität: Der Begriff ist ein Produkt des modernen → Staates und seiner Theorie und bezeichnet die höchste, nicht abgeleitete, umfassende und nach innen wie nach außen unbeschränkte Hoheitsgewalt – im Staatsinneren als staatliches Gewalt- und Rechtsetzungsmonopol, nach außen als „Völkerrechtsunmittelbarkeit", d. h. Hoheit über ein bestimmtes Staatsgebiet (Prinzip der Selbstregierung) und rechtliche Unabhängigkeit nach außen.

Soziale Marktwirtschaft: Von Alfred Müller Armack, Walter Eucken und Ludwig Erhard konzipiertes wirtschaftspolitisches Leitbild, das ab 1948/49 in der Bundesrepublik Deutschland verwirklicht worden ist. Es greift die Forderung des Ordoliberalismus nach staatlicher Gewährleistung einer funktionsfähigen Wettbewerbsordnung (→ Ordnungspolitik) auf, ergänzt jedoch den Katalog wirtschaftspolitischer Staatsaufgaben unter Betonung sozialpolitischer Ziele mit dem Zweck der → Integration aller Bürger.

Soziale Ungleichheit: Unterschiede in den Lebenschancen, die nicht nur durch Kriterien wie Berufs- und Bildungsstatus bzw. Einkommen und Vermögen beeinflusst werden, sondern auch durch Kriterien wie Geschlecht, Nationalität, Alter, Generation oder Region.

Sozialer Wandel: Beschreibt die grundlegende Veränderung von → Gesellschaften. Sozialer Wandel findet immer statt, hat aber auch Phasen der Verlangsamung und Beschleunigung und ist oft verbunden mit der Entwicklung neuer Begriffe für die veränderte Gesellschaft, z. B. Dienstleistungsgesellschaft, Informationsgesellschaft, Erlebnisgesellschaft usw.

Sozialprestige: Ansehen (Wertschätzung, Geltung), das bestimmte Personen oder Gruppen aufgrund ihrer Leistung, ihres Rangs bzw. ihrer sozialen Position, ihrer Kompetenz u. a. bei anderen Personen und Gruppen bzw. in der Öffentlichkeit genießen und das i. d. R. meinungsbildenden und verhaltensbestimmenden Einfluss zur Folge hat (→ Elite).

Sozialprodukt: Verkürzende Bezeichnung für die wirtschaftliche Leistung einer → Volkswirtschaft. Im Bruttosozialprodukt ist die gesamte Wertschöpfung einer Volkswirtschaft in einer Periode zusammengefasst, einschließlich der → Investitionen. Wird diese Größe um die Abschreibungen für Abnutzung vermindert, so spricht man vom Nettosozialprodukt. Wird der gesamte von Inländern erwirtschaftete Produktionswert berechnet, so spricht man vom Inlandsprodukt. Das Nettoinlandsprodukt entspricht dabei dem Volkseinkommen.

Sozialstaat: Eines der vier Grundprinzipien des politischen Systems der Bundesrepublik Deutschland – neben Demokratie, → Rechtsstaat und Bundesstaat (→ Föderalismus). Das Prinzip bedeutet, dass der → Staat seine Bürger gegen soziale Risiken absichern und → soziale Ungleichheit abzumildern hilft.

Sozialversicherung, gesetzliche: Die gesetzliche Sozialversicherung umfasst: a) die gesetzliche Krankenversicherung (GKV), die sich aus (jeweils etwa zur Hälfte entrichteten) Beiträgen der Arbeitgeber und der Arbeitnehmer finanziert; der Beitrag hängt vom individuellen Einkommen des Arbeitnehmers ab; b) die gesetzliche Pflegeversicherung; c) die gesetzliche Ren-

tenversicherung (GRV), die sich ebenfalls aus Beiträgen der Arbeitnehmer und der Arbeitgeber finanziert; d) die gesetzliche Unfallversicherung (GUV), deren Beiträge von den Unternehmen bzw. den öffentlichen Arbeitgebern entrichtet werden; e) die Arbeitslosenversicherung, die hauptsächlich durch (je zur Hälfte entrichtete) Beiträge der Versicherten und der Unternehmen finanziert wird.

Soziologie: Die Wissenschaft von der menschlichen → Gesellschaft; sie untersucht verschiedene Formen von Gesellschaften und ihren Untergruppen (z. B. Familien oder Vereine) sowie deren Wandlungen im Zeitablauf. Dabei erklärt die Soziologie das Zusammenspiel von Verhaltensweisen, Strukturen und Funktionen in diesen Gruppen.

Spezialisierung: Die Beschränkung auf einen Teil eines Ganzen; sie entsteht in der → Wirtschaft durch → Arbeitsteilung. Die einzelne Stelle oder Abteilung ist dabei auf eine Teilaufgabe innerhalb der gesamten Unternehmensaufgaben spezialisiert. Vorteile der Spezialisierung liegen in einer erhöhten → Produktivität durch die Beschränkung der Ausführenden auf Tätigkeiten, die von ihnen am besten erfüllt werden.

Staat: Erstmals seit der Renaissance für den obersten Herrschaftsverband verwendeter Begriff, der seit dem 19. Jahrhundert zunehmend Eingang in den Sprachgebrauch fand. Der Begriff umfasst das Staatsvolk, das Staatsgebiet und die Staatsgewalt. Als rechtlich verfasste Gemeinschaft ist der S. mit dem Gewaltmonopol ausgestattet, um Rechtsfrieden und Sicherheit zu gewährleisten.

Staatsquote: Verhältnis der öffentlichen Ausgaben zum → Sozialprodukt.

Staatsverschuldung: Zur Finanzierung von Defiziten haben in Deutschland Bund, Länder, Kommunen und die gesetzliche → Sozialversicherung Kredite aufgenommen. Die daraus entstehenden Verbindlichkeiten bezeichnet man als Staatsschulden. Die Schuldenquote, also das Verhältnis von staatlichem Schuldenstand und → Bruttoinlandsprodukt, ist in den Industriestaaten in den letzten Jahren stark angestiegen.

Stabilitätsgesetz: Kurzbezeichnung für das Gesetz zur Förderung der Stabilität und des Wachstums der Wirtschaft (StWG) vom 8. 6.1967. Bund und Länder haben danach die Pflicht, bei ihren wirtschafts- und finanzpolitischen Maßnahmen die Erfordernisse des → gesamtwirtschaftlichen Gleichgewichts zu beachten. Dieses wird definiert als das Zusammenspiel der Stabilität des Preisniveaus, eines hohen Beschäftigungsstands, des außenwirtschaftlichen Gleichgewichts und eines stetigen und angemessenen Wirtschaftswachstums („Magisches Viereck").

Strukturpolitik: Politische Maßnahmen verschiedener staatlicher Ebenen (→ Europäische Union, Bund, Länder, Kommunen), die das Ziel verfolgen, die vorhandene Wirtschaftsstruktur so zu beeinflussen bzw. zu verändern, dass sie die rapiden wirtschaftlichen und technischen Veränderungen bewältigen, also insbesondere dem globalen Wettbewerb standhalten kann. Die erforderliche Veränderung, → Modernisierung oder Anpassung kann sich auf einzelne Industrien oder Branchen (sektorale Strukturpolitik) oder be-

stimmte Regionen (regionale Strukturpolitik) beziehen; sie kann auf die Verbesserung der Infrastruktur (Verkehr, Telekommunikation) zielen, den Zusammenhalt bzw. die Angleichung von Regionen (Kohäsion) fördern oder auf eine Verbesserung der Bildung bzw. Aus- und Weiterbildung angelegt sein. Die wichtigsten Instrumente der Strukturpolitik sind Steuererleichterungen und → Subventionen, Ge- und Verbote sowie die finanzielle Förderung von Forschung, Bildung und Ausbildung.

Strukturwandel: Änderungen im Gefüge der → Wirtschaft, die sich auf bestimmte Regionen, Branchen oder ganze Sektoren (z. B. Landwirtschaft, gewerblicher Sektor/Industrie) beziehen können. So brachte etwa der Niedergang des Bergbaus und der Stahlindustrie im Ruhrgebiet vielfältige wirtschaftliche und soziale Veränderungen mit sich. Die → Politik versucht, den Strukturwandel zu beeinflussen, indem sie u. a. die Ansiedlung neuer Branchen für wegfallende Arbeitsplätze fördert.

Subsidiaritätsprinzip: Aus der katholischen Soziallehre stammendes gesellschaftliches Gestaltungsprinzip, das die Selbstbestimmung und Selbstverantwortung des Individuums bzw. der jeweils kleineren sozialen Gruppen im Verhältnis zum Staat sowie den Vorrang von Regelungen auf jeweils unterer Ebene gegenüber Regelungen „von oben" betont.

Subventionen: Finanzhilfen bzw. Steuervergünstigungen zur Unterstützung privater Unternehmen zur Verbesserung ihrer Marktposition.

Supranational: (lat. übernational, überstaatlich) Mit dem Adjektiv werden Organisationen, Zusammenschlüsse oder Vereinbarungen versehen, die durch völkerrechtliche Verträge begründet und deren Entscheidungen und Regelungen für die einzelnen Mitglieder (→ Staaten, Nationen) übergeordnet und verbindlich sind. So steht etwa das Recht der → Europäischen Union als s. Recht über dem der einzelnen Mitgliedstaaten; bestimmte Entscheidungen s. Institutionen der EU sind für alle EU-Staaten und die gesamte EU-Bevölkerung bindend. Im Gegensatz dazu haben z. B. Entscheidungen internationaler Organisationen nur dann bindende Wirkung, wenn sie von den Mitgliedern ausdrücklich anerkannt werden.

Tarifautonomie: Das aus Art. 9 Abs. 3 GG (Koalitionsfreiheit) folgende Recht der Tarifvertragsparteien (→ Gewerkschaften, → Arbeitgeberverbände, Einzelunternehmen), für ihre Mitglieder in → Tarifverträgen Arbeits- und Wirtschaftsbedingungen unabhängig von staatlichen Eingriffen verbindlich auszuhandeln und wieder aufzukündigen. Die Tarifautonomie umschließt besonders auch das Recht zu Arbeitskämpfen.

Tarifvertrag: Vertrag zwischen Parteien mit Tariffähigkeit zur Regelung ihrer Rechte und Pflichten und zur Festsetzung von arbeitsrechtlichen Normen.

Transferleistungen: Staatliche Finanzleistungen an ein Individuum bzw. an private Haushalte ohne die Verpflichtung zu einer wirtschaftlichen Gegenleistung; sie werden auch als Sozialleistungen bezeichnet (Zahlungen an Unternehmen als → Subventionen). Dazu zählen z. B. Leistungen der → Sozialversicherung, Kindergeld und Ausbildungsbeihilfen.

Umweltpolitik: Gesamtheit der Maßnahmen, die darauf zielen, die natürliche Umwelt als Lebensgrundlage der Menschen auch für die nachfolgenden Generationen zu erhalten (→ Nachhaltigkeit).

Verbände: Organisierte Gruppen mit bestimmten sachlichen und/oder ideellen Zielen und Interessen. Sie unterscheiden sich von → Parteien dadurch, dass sie kein allgemeines politisches Programm anbieten und keine Beteiligung an Wahlen anstreben. Stattdessen versuchen sie, politische Entscheidungen der Legislative und der Exekutive in ihrem Sinne zu beeinflussen (→ Interessengruppen).

Vereinte Nationen (United Nations, UN, oder United Nations Organization, UNO): Die UN wurde 1945 gegründet, ihr Hauptsitz ist New York (daneben: Genf und Wien), zurzeit gehören ihr 193 Staaten an. Laut der UN-Charta bestehen ihre Hauptaufgaben in der Sicherung des Friedens und in der Beseitigung von Friedensbedrohungen, der Verständigung der Völker untereinander, der internationalen Zusammenarbeit zur Lösung wirtschaftlicher, kultureller, sozialer und humanitärer Probleme u. a. m. – dies alles auf der Grundlage der Gleichberechtigung der Staaten und der Selbstbestimmung der Völker (Art. 1). Die wichtigsten Organe der UN sind:

1. die jährlich stattfindende Vollversammlung (jeder Mitgliedstaat hat eine Stimme) und deren Ausschüsse;
2. der Sicherheitsrat der UN mit zzt. fünf ständigen Mitgliedern (China, F, GB, Russland, USA), die über ein Vetorecht verfügen, und zehn jeweils für zwei Jahre gewählten Mitgliedern;
3. das Generalsekretariat mit einem Generalsekretär an der Spitze (auf fünf Jahre von der Vollversammlung gewählt);
4. der Wirtschafts- und Sozialrat mit 54 Mitgliedern (jährlich werden 18 Mitglieder für drei Jahre gewählt) und den fünf regionalen Kommissionen;
5. der Internationale Gerichtshof (15 Richter, die von der Vollversammlung und dem Sicherheitsrat für neun Jahre gewählt werden).

Zahlreiche Sonderorganisationen (UNICEF; UNESCO) erfüllen weitere Aufgaben der Vereinten Nationen.

Versicherungsprinzip: Die gegenseitige Deckung eines im Einzelnen zufälligen, im Ganzen aber schätzbaren Geldbedarfs durch eine Vielzahl gleichartig bedrohter Wirtschaftseinheiten.

Vertrag von Lissabon: Völkerrechtlicher Vertrag zwischen den 28 Mitgliedstaaten der → Europäischen Union, der am 13. Dezember 2007 unter portugiesischer Ratspräsidentschaft in Lissabon unterzeichnet wurde und am 1. Dezember 2009 in Kraft trat. Der V. übernimmt wesentliche Inhalte der in den Niederlanden und in Frankreich (2005) abgelehnten Europäischen Verfassung und gilt als wichtigster Reformschritt seit dem Vertrag von Nizza (2001). Neu geregelt wurden u. a. Abstimmungsregeln, die Rechte des Europäischen Parlaments wurden gestärkt sowie das Amt eines Hohen Vertreters für Außen- und Sicherheitspolitik sowie eines Ratspräsidenten eingeführt.

Vertrag von Maastricht: Mit dem am 7. Februar 1992 im niederländischen Maastricht von den Finanz- und Außenministern der zwölf EU-Mitgliedstaaten unterzeichneten Vertragswerk wurde die → Europäische Union gegründet. Ferner wurde die Einführung einer gemeinsamen → Währung (→ Euro) beschlossen. Um Haushalts-, Preisniveau-, Zinssatz- und Wechselkursstabilität der gemeinsamen Währung gewährleisten zu können, wurden wirtschaftliche Kriterien für die EU-Staaten formuliert (Konvergenz- oder auch Maastrichtkriterien).

Volkswirtschaft: Alle privaten Haushalte, Unternehmen und Einrichtungen eines → Staates bilden zusammen die Volkswirtschaft. Alle, die Güter erzeugen, verteilen und verbrauchen, gehören dazu. Zwei wichtige Merkmale sind eine gemeinsame → Währung und ein gemeinsames Wirtschaftssystem.

Volkswirtschaftliche Gesamtrechnung (VGR): Quantitative Darstellung des wirtschaftlichen Geschehens einer → Volkswirtschaft in einer abgelaufenen Periode.

Wahlen: In einem repräsentativen System werden Volksvertreter gewählt. Diese treffen dann die politischen Entscheidungen, die sie für richtig halten. Die Bundestagswahl ist eine „personalisierte Verhältniswahl".

Währung: Bezeichnet das gesetzliche Zahlungsmittel eines → Staates, der ihre Gültigkeit garantiert und sie in der Regel als gesetzliches Zahlungsmittel auf seinem Territorium vorschreibt. Bis weit in das 20. Jahrhundert hinein sollte die Verknüpfung einer Währungseinheit mit einer bestimmten Menge Edelmetall den Wert der Währung garantieren. Demgegenüber wird heute die Bewertung der Währung als frei handelbare Devise durch freie Geldmärkte (→ Devisenmarkt, Devisenbörse) vorgenommen.

Währungspolitik: Bezeichnet alle politischen Maßnahmen insbesondere der Zentralbank, um für eine volkswirtschaftliche Versorgung mit Geldmitteln, für Preisstabilität und für Wechselkursstabilität (den Wert der eigenen → Währung gegenüber anderen Währungen) zu sorgen. Seit der Einführung der gemeinsamen europäischen Währung (→ Euro) liegt die Währungspolitik in Deutschland nicht mehr in nationaler Verantwortung, sondern bei der → EZB.

Weltbank: 1944 als eine Sonderorganisation der → Vereinten Nationen gegründet; Ziel der Weltbank ist es, meist durch Kreditvergabe → Armut in → Entwicklungsländern zu bekämpfen.

Welthandelsorganisation (World Trade Organization; WTO): 1995 gegründet; Sitz: Genf; Sonderorganisation der → Vereinten Nationen mit derzeit 160 Mitgliedern neben dem → Internationalen Währungsfonds und der → Weltbank die wichtigste Institution zur Behandlung internationaler Wirtschaftsprobleme; zu den wichtigsten Aufgaben der nach dem Einstimmigkeitsprinzip arbeitenden WTO zählen die Liberalisierung des Welthandels, die Senkung von Zöllen und die Überwachung internationaler Handels- und Dienstleistungsregelungen.

Weltklimarat (Intergovernmental Panel on Climate Chance IPCC): Der IPCC wurde 1988 von den → Vereinten Nationen gegründet und soll den Stand der wissenschaftlichen Forschung in Bezug auf die globale Erwärmung zusammenzufassen. Die Berichte des IPCC unterstützen politische Entscheidungsträger. Neben dem aktuellen Wissensstand schätzt das Gremium Folgen des → Klimawandels ab und benennt Anpassungsstrategien.

Werte: Werte sind allgemeine und grundlegende Orientierungsmaßstäbe bei Handlungsalternativen. Aus Werten leiten sich Normen und Rollen ab, die das Alltagshandeln bestimmen.

Wertewandel: → Werte können sich grundsätzlich wandeln. Das gilt sowohl für institutionalisierte als auch für nicht institutionalisierte Werte. Vor allem letztere sind gemeint, wenn in den vergangenen Jahrzehnten von einem Wertewandel die Rede war. Der Wertewandel hat allerdings inzwischen auf die Institutionen übergegriffen. Zur Erklärung und Bewertung dieses Wandels gibt es sehr unterschiedliche Ansätze.

Wertpapiermarkt: Dem Wertpapiermarkt kommt im internationalen Finanzsystem die größte Bedeutung zu, denn der Handel mit Wertpapieren (→ Aktien, Schuldverschreibungen und → Derivaten) macht den Großteil der Kapitalbewegungen aus. Wertpapiere sind an den → Börsen handelsfähige Urkunden, die einen Vermögenswert verbriefen.

Wirtschaft (Ökonomie): Unter Wirtschaft versteht man die Gesamtheit aller menschlichen Tätigkeiten, die sich auf die Produktion und den Verbrauch von Gütern und → Dienstleistungen beziehen. Da unsere → Gesellschaft → arbeitsteilig arbeitet, können darunter auch Tätigkeiten fallen, die scheinbar mit der Güterproduktion gar nichts zu tun haben, wie z. B. Planungs- oder Kontrolltätigkeiten. Häufig werden unter „Wirtschaft" dabei nur die Teilbereiche von → Arbeit verstanden, in denen Menschen gegen Bezahlung tätig sind. Tatsächlich aber sind z. B. Arbeiten im Haushalt für eine → Gesellschaft von großer Wichtigkeit. Die Art und Weise, in der die Wirtschaft auf gesellschaftlicher Ebene organisiert ist, nennt man Wirtschaftsordnung.

Wirtschaftswunder: Der wirtschaftliche Aufschwung in der Bundesrepublik Deutschland nach den schweren Zerstörungen des Zweiten Weltkriegs; dieser Aufschwung währte von 1949 ununterbrochen bis 1966. Als Grundlage gelten die Währungsreform von 1948, ein großes Reservoir an gut ausgebildeten Arbeitskräften (später auch die sogenannten Gastarbeiter) sowie niedrige Löhne und Lohnnebenkosten.

Stichwortverzeichnis

Bildquellenverzeichnis

akg-images GmbH, Berlin: 55 (Album/Oronoz), 128 li.o., 131, 265 o. + 280, 283 Mi.li., 283 Mi.re., 284 u., 359; Artizans Entertainment, Edmonton, AB T5B 2C6: 447; Baaske Cartoons, Müllheim: 28 (B. Mohr), 143 (G. Mester), 176 (B. Mohr), 192 o. (B. Mohr), 228 (F. Behrendt), 252 u. (T. Plaßmann), 289 (T. Plaßmann), 320 u. (T. Plaßmann), 333 (T. Plaßmann), 334 o. (T. Plaßmann); Bergmoser + Höller Verlag AG, Aachen: 80, 110 u., 121 u., 132, 180 li., 185, 206, 431; bpk – Bildagentur für Kunst, Kultur und Geschichte, Berlin: 285 (L. Braun); Bundjugend, Berlin: 101 o.; cartoon-web, P. Undritz, München: 273; CartoonStock Ltd, GB-Bath: 264 li. (Brian Fray), 282 (Malcom McGookin); Clipdealer GmbH, München: 432 re.; Corbis, Berlin: 146 u. (Reuters/SRDJAN ZIVULOVIC), 286 o. (Sygma/J. Haillot); Cozacu, Ioan (NEL), Erfurt: 301; Das Bundesarchiv, Koblenz: 312 li. (Bild 146-1990-023-06A); Deutsche Gesellschaft Club of Rome, Hamburg: 96; Düsseldorf Institute for Competition Economics (DICE) – Heinrich-Heine-Universität Düsseldorf: 52; Erl, Martin, Ingolstadt: 385 re,u.; Europäische Kommission, Berlin: 147; fotolia.com, New York: Titel li. (VRD), Titel re.o. (Marco2811), Titel re.u. (I. Mojes), 10 o. (D. Junker), 146 Mi. (D. Junker), 218 (A. Mijatovic), 280 2. v.u. (E. Wetzig/CC-by-SA-3.0), 432 li. (M. Schauer); Geißler, Rainer, Siegen: 267 u.; Getty Images, München: 61 (BNP); Globe Cartoon/www.globecartoon.com, Geneva: 108 o. (© Chappatte in the International New York Times); Greenpeace Deutschland e.V., Hamburg: 102 (Tazz); Haitzinger, Horst, München: 216, 229; Haus der Geschichte, Bonn: 101 u. (J. Wolter), 134, 137 u.li. (J. Wolter), 137 u.re. (K. Pielert); HikingArtist.com – Frits Ahlefeldt-Laurvig, Kopenhagen: 39; Imago, Berlin: 422 (UPI Photo); INTERFOTO, München: 266 o. + 280 (Friedrich), 284 o. (La Collection21010387/J.-P. Dumontier); Janson, Jürgen, Landau: 349 u.; Klages, Helmut, Heidelberg-Neuenheim: 308; Koterba, Jeffrey, Bellevue: 344; Koufogiorgos, Kostas, Stuttgart: 59 li., 268, 312 re.; Maier-Reimer, Nicola, Hamburg: 10 u.; Mandzel, Waldemar, Bochum: 385 re.o.; Mester, Gerhard, Wiesbaden: 240 o., 257; Mohr, Burkhard, Königswinter: 139; National Geographic Society, Washington, D.C.: 85 (J. Treat); NGF Nikolaus Geyrhalter Filmproduktion GmbH, Wien: 200 li. (ABENDLAND. Ein Film von Nikolaus Geyrhalter. © NGF); Pfannenschmidt, Dirk, Hannover: 382; Picture-Alliance GmbH, Frankfurt/M.: 35 Mi. (BPA/B. Köhler), 35 o. (dpa/W. Kumm), 77 o. (ZB/J. Büttner), 95 (ZUMAPRESS.com/V. Henri), 103 (ZB/K. Schindler), 133 u. (dpa), 135 u. (dpa/Rohwedder), 137 Mi. (AFP), 146 o. (chromorange/A. Rose), 180 u. (ZB/Berliner Verlag/Steinach), 198 li. (E. Cabarcas), 225 (landov/STAFF), 234 o. (empics/ D. Lawson), 234 u. (epa/J. Warnand), 266 u. + 280 (dpa), 267 o. + 280 (dpa/R. Haid), 275 + 280 (Berliner Zeitung/M. Lautenschläger), 283 o.li. (akg-images/F. Profitlich), 294 + 304, 342 o. (dpa/S. Honda), 342 u.li. (dpa/D. Fischer), 349 o. (The Guardian Newspaper/G. Greenwald/L. Poitras), 372 o.re. (www.bildagentur-online.com/G. Fischer), 372 u.li. (Keystone/Gillieron), 372 u.re. (Photochot), 377 (EFE/M. Alipaz), 406 (University Hospitals Birmingham), 407 o. (US Air Force/Ferguson), 409 (akg-images/A. Pongs), 410 (dpa/I. Wagner), 412 (epa/Scanpix/Falch), nach dpa-infografik: 42 u., 51, 72 li. + re., 151, 155 li., 193 u., 195, 374 o. + u., 389, 394 o. 397, 399, 400; Plantureux, Jean (Plantu), Paris: 136; Presse- und Informationsamt der Bundesregierung – Bundesbildstelle, Berlin: 77 u., 135 o., 162 (A. Bienert); Sakurai, Heiko, Köln: 202, 421; Schneider, Brigitte, Gauting: 226; Schopf, Oliver, Wien: 92 o.; SINUS-Institut – Markt- und Sozialforschung GmbH, Heidelberg: 276, 277; Solarenergie-Förderverein Deutschland e.V., Aachen: 88 re.; Sozialverband VdK Deutschland e.V., Berlin: 240 u.; Statistisches Landesamt Baden-Württemberg, Referat 61, Stuttgart: 186; Stumpp, R., Balgheim: 242; Stuttmann, Klaus, Berlin: 59 re., 84, 88 li., 94, 220; Süddeutsche Zeitung Photo, München: 35 u., 56 (Scherl), 128 re.; Szewczuk-Zimmer, I., Hamburg: 133 o.; toonpool.com, Berlin: 150 (Schwarwel); ullstein bild, Berlin: 19, 128 li.u. (TopFoto), 129, 200 re. (JOKER/A. Stein), 227 o. (K. Forgacs), 283 o.re. (Archiv Gerstenberg), 283 u.re., 407 u. (AKG Pressebild); Universal Uclick, Kansas City MO: 347 o. (CARLSON © 2005 Milwaukee Journal Sentinel. Reprinted with permission of UNIVERSAL UCLICK. All rights reserved); vario images, Bonn: 108 u.Mi., 108 u.li., 137 o. (U. Baumgarten); Wiedenroth, Götz/www.wiedenroth-karikatur.de, Flensburg: 297; wikipedia.org: 42 o., 108 u.re. (J.P. Fischer), 163 (Epizentrum), 328 (Der Neue Postillon, Zürich 1896); Woessner, Freimut, Berlin: 50; www.dschungelcamp.net: 278; Zapiro, Cape Town: 394 u.; Zoonar.com, Hamburg: 372 o.li. (G. Fischer).